"나두 공무원 할 수 있다"

나두공

9급공무원 국어

써머리

구성 및 특징

핵심이론

시험에 출제되는 핵심 내용만을 모아 효율적인 학습이 가능하도록 구성하였습니다. 반드시 알아야 할 내용에 대한 충실한 이해와 체계적 정리가 가능합니다.

빈출개념

시험에서 자주 출제되는 개념들을 표시하여 중요한 부분을 한눈에 들어올 수 있도록 하였습니다. 합격에 필요한 핵심이론을 깔끔하게 학습하시기 바랍니다.

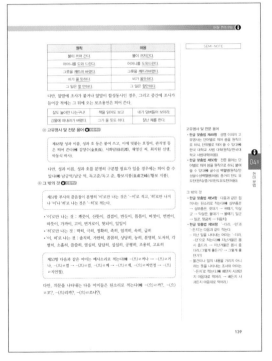

한눈에 쏙~

흐름이나 중요 개념들이 한눈에 쏙 들어올 수 있도록 도표로
정리하여 수록하였습니다. 한눈에 키워드와 흐름을 파악하여
수험에 도움이 되도록 하였습니다.

실력 up

더 알아두면 좋을 내용을 실력 up에 배치하고, 보조단에는
SEMI – NOTE를 배치하여 본문에 관련된 내용이나 중요한 개
념들을 수록하였습니다.

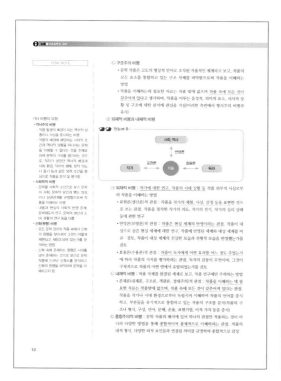

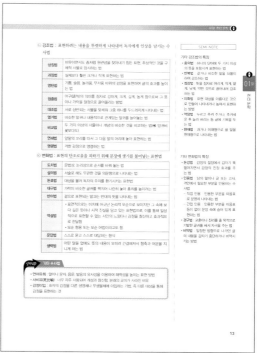

목 차

2025 출제기조 전환대비 현장직무형 예시문제

예시문제

제1회 예시문제 ·· 8

제2회 예시문제 ·· 17

제1회 정답 및 해설 ································· 26

제2회 정답 및 해설 ································· 32

현대문학

01장

01절 문학 일반론 ································· 40

02절 문학의 갈래 ································· 46

03절 현대시, 현대소설 ···················· 56

04절 기타 갈래의 작품 ···················· 74

고전 문학

02장

01절 고전 문법 ······································ 80

02절 고대, 중세, 근대 국어 ············ 87

03절 고전시가 ······································ 91

04절 고전산문 ································· 113

국문학사

03장

01절 고전 문학의 흐름 ···················· 122

02절 현대 문학의 흐름 ···················· 136

04장

현대 문법

01절　언어와 국어 ·· 150

02절　문법의 체계 ·· 153

03절　국어 생활과 규범 ··· 165

05장

논리적인 말과 글

01절　쓰기 및 말하기, 듣기의 본질 ··································· 186

02절　논리적 전개와 독해 ·· 189

06장

어휘력

01절　한자 ·· 198

02절　여러 의미를 나타내는 어휘 ····································· 214

9급공무원

국어

나두공

나두공

2025 출제기조 전환대비
현장직무형 예시문제

제1회 예시문제

제2회 예시문제

국어

제1차

정답 및 해설 26p |

01 〈공공언어 바로 쓰기 원칙〉에 따라 〈공문서〉의 ㉠~㉣을 수정한 것으로 적절하지 <u>않은</u> 것은?

〈공공언어 바로 쓰기 원칙〉

• 중복되는 표현을 삼갈 것.
• 대등한 것끼리 접속할 때는 구조가 같은 표현을 사용할 것.
• 주어와 서술어를 호응시킬 것.
• 필요한 문장 성분이 생략되지 않도록 할 것.

〈공문서〉

한국의약품정보원

수신 국립국어원

(경유)

제목 의약품 용어 표준화를 위한 자문회의 참석 ㉠ 안내 알림

1. ㉡ <u>표준적인 언어생활의 확립과 일상적인 국어 생활을 향상하기 위해</u> 일하시는 귀원의 노고에 감사드립니다.
2. 본원은 국내 유일의 의약품 관련 비영리 재단법인으로서 의약품에 관한 ㉢ <u>표준 정보가 제공되고 있습니다.</u>
3. 의약품의 표준 용어 체계를 구축하고 ㉣ <u>일반 국민도 알기 쉬운 표현으로 개선하여</u> 안전한 의약품 사용 환경을 마련하기 위해 자문회의를 개최하니 귀원의 연구원이 참석해 주시기를 바랍니다.

① ㉠: 안내
② ㉡: 표준적인 언어생활을 확립하고 일상적인 국어 생활의 향상을 위해
③ ㉢: 표준 정보를 제공하고 있습니다.
④ ㉣: 의약품 용어를 일반 국민도 알기 쉬운 표현으로 개선하여

02 다음 글에서 추론한 내용으로 적절하지 <u>않은</u> 것은?

'밤하늘'은 '밤'과 '하늘'이 결합하여 한 단어를 이루고 있는데, 이처럼 어휘 의미를 띤 요소끼리 결합한 단어를 합성어라고 한다. 합성어는 분류 기준에 따라 여러 방식으로 나눌 수 있다. 합성어의 품사에 따라 합성명사, 합성형용사, 합성부사 등으로 나누기도 하고, 합성의 절차가 국어의 정상적인 단어 배열법을 따르는지의 여부에 따라 통사적 합성어와 비통사적 합성어로 나누기도 하고, 구성 요소 간의 의미 관계에 따라 대등합성어와 종속합성어로 나누기도 한다.

합성명사의 예를 보자. '강산'은 명사(강) + 명사(산)로, '젊은이'는 용언의 관형사형(젊은)+명사(이)로, '덮밥'은 용언 어간(덮)+명사(밥)로 구성되어 있다. 명사끼리의 결합, 용언의 관형사형과 명사의 결합은 국어 문장 구성에서 흔히 나타나는 단어 배열법으로, 이들을 통사적 합성어라고 한다. 반면 용언 어간과 명사의 결합은 국어 문장 구성에 없는 단어 배열법인데 이런 유형은 비통사적 합성어에 속한다. '강산'은 두 성분 관계가 대

등한 관계를 이루는 대등합성어인데, '젊은이'나 '덮밥'은 앞 성분이 뒤 성분을 수식하는 종속합성어이다.

① 아버지의 형을 이르는 '큰아버지'는 종속합성어이다.
② '흰머리'는 용언 어간과 명사가 결합한 합성명사이다.
③ '늙은이'는 어휘 의미를 지닌 두 요소가 결합해 이루어진 단어이다.
④ 동사 '먹다'의 어간인 '먹'과 명사 '거리'가 결합한 '먹거리'는 비통사적 합성어이다.

03 다음 글의 ㉠의 사례가 포함되어 있지 않은 것은?

존경 표현에는 주어 명사구를 직접 존경하는 '직접존경'이 있고, 존경의 대상과 긴밀한 관련을 가지는 인물이나 사물 등을 높이는 ㉠ 간접존경도 있다. 전자의 예로 "할머니는 직접 용돈을 마련하신다."를 들 수 있고, 후자의 예로는 "할머니는 용돈이 없으시다."를 들 수 있다. 전자에서 용돈을 마련하는 행위를 하는 주어는 할머니이므로 '마련한다'가 아닌 '마련하신다'로 존경 표현을 한 것이다. 후자에서는 용돈이 주어이지만 할머니와 긴밀한 관련을 가진 사물이라서 '없다'가 아니라 '없으시다'로 존경 표현을 한 것이다.

① 고모는 자식이 다섯이나 있으시다.
② 할머니는 다리가 아프셔서 병원에 다니신다.
③ 언니는 아버지가 너무 건강을 염려하신다고 말했다.
④ 할아버지는 젊었을 때부터 수염이 많으셨다고 들었다.

04 다음 글의 ㉠~㉢에 들어갈 말을 적절하게 나열한 것은?

소설과 현실의 관계를 온당하게 살피기 위해서는 세계의 현실성, 문제의 현실성, 해결의 현실성을 구별해야 한다. 우리가 살고 있는 이 입체적인 시공간에서 특히 의미 있는 한 부분을 도려내어 서사의 무대로 삼을 경우 세계의 현실성이 확보된다. 그 세계 안의 인간이 자신을 둘러싼 세계와 고투하면서 당대의 공론장에서 기꺼이 논의해볼 만한 의제를 산출해낼 때 문제의 현실성이 확보된다. 한 사회가 완강하게 구조화하고 있는 '가능한 것'과 '불가능한 것'의 좌표를 흔들면서 특정한 선택지를 제출할 때 해결의 현실성이 확보된다.

최인훈의 「광장」은 밀실과 광장 사이에서 고뇌하는 주인공의 모습을 통해 '남(南)이냐 북(北)이냐'라는 민감한 주제를 격화된 이념 대립의 공론장에 던짐으로써 ㉠ 을 확보하였다. 작품의 시공간으로 당시 남한과 북한을 소설적 세계로 선택함으로써 동서 냉전 시대의 보편성과 한반도 분단 체제의 특수성을 동시에 포괄할 수 있는 ㉡ 도 확보하였다. 「광장」에서 주인공이 남과 북 모두를 거부하고 자살을 선택하는 결말은 남북으로 상징되는 당대의 이원화된 이데올로기를 근저에서 흔들었다. 이로써 ㉢ 을 확보할 수 있었다.

	㉠	㉡	㉢
①	문제의 현실성	세계의 현실성	해결의 현실성
②	문제의 현실성	해결의 현실성	세계의 현실성
③	세계의 현실성	문제의 현실성	해결의 현실성
④	세계의 현실성	해결의 현실성	문제의 현실성

05 다음 진술이 모두 참일 때 반드시 참인 것은?

> - 오 주무관이 회의에 참석하면, 박 주무관도 참석한다.
> - 박 주무관이 회의에 참석하면, 홍 주무관도 참석한다.
> - 홍 주무관이 회의에 참석하지 않으면, 공 주무관도 참석하지 않는다.

① 공 주무관이 회의에 참석하면, 박 주무관도 참석한다.

② 오 주무관이 회의에 참석하면, 홍 주무관은 참석하지 않는다.

③ 박 주무관이 회의에 참석하지 않으면, 공 주무관은 참석한다.

④ 홍 주무관이 회의에 참석하지 않으면, 오 주무관도 참석하지 않는다.

06 다음 글을 이해한 내용으로 가장 적절한 것은?

> 이육사의 시에는 시인의 길과 투사의 길을 동시에 걸었던 작가의 면모가 고스란히 담겨 있다. 가령, 「절정」은 크게 두 부분으로 나누어지는데, 투사가 처한 냉엄한 현실적 조건이 3개의 연에 걸쳐 먼저 제시된 후, 시인이 품고 있는 인간과 역사에 대한 희망이 마지막 연에 제시된다.
>
> 우선, 투사 이육사가 처한 상황은 대단히 위태로워 보인다. 그는 "매운 계절의 채찍에 갈겨 / 마침내 북방으로 휩쓸려" 왔고, "서릿발 칼날진 그 위에 서" 바라본 세상은 "하늘도 그만 지쳐 끝난 고원"이어서 가냘픈 희망을 품는 것조차 불가능해 보인다. 이러한 상황은 "한발 제겨디딜 곳조차 없다"는 데에 이르러 극한에 도달하게 된다. 여기서 그는 더
>
> 이상 피할 수 없는 존재의 위기를 깨닫게 되는데, 이때 시인 이육사가 나서면서 시는 반전의 계기를 마련한다.
>
> 마지막 4연에서 시인은 3연까지 치달아 온 극한의 위기를 담담히 대면한 채, "이러매 눈 감아 생각해" 보면서 현실을 새롭게 규정한다. 여기서 눈을 감는 행위는 외면이나 도피가 아니라 피할 수 없는 현실적 조건을 새롭게 반성함으로써 현실의 진정한 면모와 마주하려는 적극적인 행위로 읽힌다. 이는 다음 행, "겨울은 강철로 된 무지갠가보다"라는 시구로 이어지면서 현실에 대한 새로운 성찰로 마무리된다. 이 마지막 구절은 인간과 역사에 대한 희망을 놓지 않으려는 시인의 안간힘으로 보인다.

① 「절정」에는 투사가 처한 극한의 상황이 뚜렷한 계절의 변화로 드러난다.

② 「절정」에서 시인은 투사가 처한 현실적 조건을 외면하지 않고 새롭게 인식한다.

③ 「절정」은 시의 구성이 두 부분으로 나누어지면서 투사와 시인이 반목과 화해를 거듭한다.

④ 「절정」에는 냉엄한 현실에 절망하는 시인의 면모와 인간과 역사에 대한 희망을 놓지 않으려는 투사의 면모가 동시에 담겨 있다.

07 (가)~(라)를 맥락에 맞추어 가장 적절하게 나열한 것은?

> (가) 다음으로 시청자의 마음을 사로잡을 수 있는 참신한 인물을 창조해야 한다. 특히 주인공은 장애를 만나 새로운 목표를 만들고, 그것을 이루는 과정에서 최종적으로 영웅이 된다. 시청자는 주인공이 목표를 이루는 데 적합한 인물로 변화를 거듭할 때 그에게 매료된다.
>
> (나) 스토리텔링 전략에서 제일 먼저 해야 할 일이 로그라인을 만드는 것이다. 로그라인은 '장애, 목표, 변화, 영웅'이라는 네 가지 요소를 담아야 하며, 3분 이내로 압축적이어야 한다. 이를 통해 스토리의 목적과 방향이 마련된다.
>
> (다) 이 같은 인물 창조의 과정에서 스토리의 주제가 만들어진다. '사랑과 소속감, 안전과 안정, 자유와 자발성, 권력과 책임, 즐거움과 재미, 인식과 이해'는 수천 년 동안 성별, 나이, 문화를 초월하여 두루 통용된 주제이다.
>
> (라) 시청자가 드라마나 영화에 대해 시청 여부를 결정하는 데 걸리는 시간은 8초에 불과하다. 제작자는 이 짧은 시간 안에 시청자를 사로잡을 수 있는 스토리텔링 전략이 필요하다.

① (나)-(가)-(라)-(다)

② (나)-(다)-(가)-(라)

③ (라)-(나)-(가)-(다)

④ (라)-(나)-(다)-(가)

08 〈지침〉에 따라 〈개요〉를 작성할 때 ㉠ ~ ㉣에 들어갈 내용으로 적절하지 <u>않은</u> 것은?

〈지 침〉

- 서론은 중심 소재의 개념 정의와 문제 제기를 1개의 장으로 작성할 것.
- 본론은 제목에서 밝힌 내용을 2개의 장으로 구성하되 각 장의 하위 항목끼리 대응되도록 작성할 것.
- 결론은 기대 효과와 향후 과제를 1개의 장으로 작성할 것.

〈개 요〉

- 제목: 복지 사각지대의 발생 원인과 해소 방안

Ⅰ. 서론

 1. 복지 사각지대의 정의

 2. _____㉠_____

Ⅱ. 복지 사각지대의 발생 원인

 1. _____㉡_____

 2. 사회복지 담당 공무원의 인력 부족

Ⅲ. 복지 사각지대의 해소 방안

 1. 사회적 변화를 반영하여 기존 복지 제도의 미비점 보완

 2. _____㉢_____

Ⅳ. 결론

 1. _____㉣_____

 2. 복지 사각지대의 근본적이고 지속가능한 해소 방안 마련

① ㉠: 복지 사각지대의 발생에 따른 사회 문제의 증가

② ㉡: 사회적 변화를 반영하지 못한 기존 복지 제도의 한계

③ ㉢: 사회복지 업무 경감을 통한 공무원 직무 만족도 증대

④ ㉣: 복지 혜택의 범위 확장을 통한 사회 안전망 강화

09 다음 글의 빈칸에 들어갈 결론으로 가장 적절한 것은?

신경과학자 아이젠버거는 참가자들을 모집하여 실험을 진행하였다. 이 실험에서 그의 연구팀은 실험 참가자의 뇌를 'fMRI' 기계를 이용해 촬영하였다. 뇌의 어떤 부위가 활성화되는가를 촬영하여 실험 참가자가 어떤 심리적 상태인가를 파악하려는 것이었다. 아이젠버거는 각 참가자에게 그가 세 사람으로 구성된 그룹의 일원이 될 것이고, 온라인에 각각 접속하여 서로 공을 주고받는 게임을 하게 될 것이라고 알려주었다. 그런데 이 실험에서 각 그룹의 구성원 중 실제 참가자는 한 명뿐이었고 나머지 둘은 컴퓨터 프로그램이었다. 실험이 시작되면 처음 몇 분 동안 셋이 사이좋게 순서대로 공을 주고받지만, 어느 순간부터 실험 참가자는 공을 받지 못한다. 실험 참가자를 제외한 나머지 둘은 계속 공을 주고받기 때문에, 실험 참가자는 나머지 두 사람이 아무런 설명 없이 자신을 따돌린다고 느끼게 된다. 연구팀은 실험 참가자가 따돌림을 당할 때 그의 뇌에서 전두엽의 전대상피질 부위가 활성화된다는 것을 확인했다. 이는 인간이 물리적 폭력을 당할 때 활성화되는 뇌의 부위이다. 연구팀은 이로부터 ⬚⬚⬚⬚는 결론을 내릴 수 있었다.

① 물리적 폭력은 뇌 전두엽의 전대상피질 부위를 활성화한다
② 물리적 폭력은 피해자의 개인적 경험을 사회적 문제로 전환한다
③ 따돌림은 피해자에게 물리적 폭력보다 더 심각한 부정적 영향을 미친다
④ 따돌림을 당할 때와 물리적 폭력을 당할 때의 심리적 상태는 서로 다르지 않다

[10~11] 다음 글을 읽고 물음에 답하시오.

'크로노토프'는 그리스어로 시간과 공간을 뜻하는 두 단어를 결합한 것으로, 시공간을 통합적으로 이해하기 위한 개념이다. 크로노토프의 관점에서 보면 고소설과 근대소설의 차이를 명확하게 파악할 수 있다.

고소설에는 돌아가야 할 곳으로서의 원점이 존재한다. 그것은 영웅소설에서라면 중세의 인륜이 원형대로 보존된 세계이고, 가정소설에서라면 가장을 중심으로 가족 구성원들이 평화롭게 공존하는 가정이다. 고소설에서 주인공은 적대자에 의해 원점에서 분리되어 고난을 겪는다. 그들의 목표는 상실한 원점을 회복하는 것, 즉 그곳에서 향유했던 이상적 상태로 ㉠돌아가는 것이다. 주인공과 적대자 사이의 갈등이 전개되는 시간을 서사적 현재라 한다면, 주인공이 도달해야 할 종결점은 새로운 미래가 아니라 다시 도래할 과거로서의 미래이다. 이러한 시공간의 배열을 '회귀의 크로노토프'라고 한다.

근대소설 「무정」은 회귀의 크로노토프를 부정한다. 이것은 주인공인 이형식과 박영채의 시간 경험을 통해 확인된다. 형식은 고아지만 이상적인 고향의 기억을 갖고 있다. 그것은 박 진사의 집에서 영채와 함께하던 때의 기억이다. 이는 영채도 마찬가지이기에, 그들에게 박 진사의 집으로 표상되는 유년의 과거는 이상적 원점의 구실을 한다. 박 진사의 죽음은 그들에게 고향의 상실을 상징한다. 두 사람의 결합이 이상적 상태의 고향을 회복할 수 있는 유일한 방법이겠지만, 그들은 끝내 결합하지 못한다. 형식은 새 시대의 새 인물이 되어야 한다고 생각하며 과거로의 복귀를 거부한다.

10 윗글에서 추론한 내용으로 가장 적절한 것은?

① 「무정」과 고소설은 회귀의 크로노토프를 부정한다는 점에서 공통적이다.

② 영웅소설의 주인공과 「무정」의 이형식은 그들의 이상적 원점을 상실했다는 공통점을 가지고 있다.

③ 「무정」에서 이형식이 박영채와 결합했다면 새로운 미래로서의 종결점에 도달할 수 있었을 것이다.

④ 가정소설은 가족 구성원들이 평화롭게 공존하는 결말을 통해 상실했던 원점으로의 복귀를 거부한다.

11 문맥상 ㉠의 의미와 가장 가까운 것은?

① 전쟁은 연합군의 승리로 돌아갔다.

② 사과가 한 사람 앞에 두 개씩 돌아간다.

③ 그는 잃어버린 동심으로 돌아가고 싶었다.

④ 그녀는 자금이 잘 돌아가지 않는다며 걱정했다.

12 (가)와 (나)를 전제로 할 때 빈칸에 들어갈 결론으로 가장 적절한 것은?

> (가) 노인복지 문제에 관심이 있는 사람 중 일부는 일자리 문제에 관심이 있는 사람이 아니다.
> (나) 공직에 관심이 있는 사람은 모두 일자리 문제에 관심이 있는 사람이다.
> 따라서 [   ].

① 노인복지 문제에 관심이 있는 사람 중 일부는 공직에 관심이 있는 사람이 아니다

② 공직에 관심이 있는 사람 중 일부는 노인복지 문제에 관심이 있는 사람이 아니다

③ 공직에 관심이 있는 사람은 모두 노인복지 문제에 관심이 있는 사람이 아니다

④ 일자리 문제에 관심이 있지만 노인복지 문제에 관심이 없는 사람은 모두 공직에 관심이 있는 사람이 아니다

13 다음 글의 ㉠~㉣ 중 어색한 곳을 찾아 가장 적절하게 수정한 것은?

> 수명을 늘릴 수 있는 여러 방법 중 가장 좋은 방법은 노화 문제를 해결하는 것이다. 이 방법은 인간이 젊고 건강한 상태로 수명을 연장할 수 있다는 점에서 ㉠ 늙고 병든 상태에서 단순히 죽음의 시간을 지연시킨다는 기존 발상과 근본적으로 다르다. ㉡ 노화가 진행된 상태를 진행되기 전의 상태로 되돌린다거나 노화가 시작되기 전에 노화를 막는 장치가 개발된다면, 젊음을 유지한 채 수명을 늘리는 것은 충분히 가능하다.
>
> 그러나 노화 문제와 관련된 현재까지의 연구는 초라하다. 이는 대부분 연구가 신약 개발의 방식으로만 진행되어 왔기 때문이다. 현재 기준에서는 질병 치료를 목적으로 개발한 신약만 승인받을 수 있는데, 식품의약국이 노화를 ㉢ 질병으로 본 탓에 노화를 멈추는 약은 승인받을 수 없었다. 노화를 질병으로 보더라도 해당 약들이 상용화되기까지는 아주 오랜 시간이 필요하다.
>
> 그런데 노화 문제는 발전을 거듭하고 있는 인공지능 덕분에 신약 개발과는 다른 방식으로 극복될 수 있을지 모른다. 일반 사람들에 비해 ㉣ 노화가 더디게 진행되는 사람들

의 유전자 자료를 데이터화하면 그들에게서 노화를 지연시키는 생리적 특징을 추출할 수 있는데, 이를 통해 유전자를 조작하는 방식으로 노화를 막을 수 있다.

① ㉠: 늙고 병든 상태에서 담담히 죽음의 시간을 기다린다

② ㉡: 노화가 진행되기 전의 신체를 노화가 진행된 신체

③ ㉢: 질병으로 보지 않은 탓에 노화를 멈추는 약은 승인받을 수 없었다

④ ㉣: 노화가 더디게 진행되는 사람들의 유전자 자료를 데이터화하면 그들에게서 노화를 촉진

14 ㉠을 평가한 내용으로 적절한 것만을 〈보기〉에서 모두 고르면?

흔히 '일곱 빛깔 무지개'라는 말을 한다. 서로 다른 빛깔의 띠 일곱 개가 무지개를 이루고 있다는 뜻이다. 영어나 프랑스어를 비롯해 다른 자연언어들에도 이와 똑같은 표현이 있는데, 이는 해당 자연언어가 무지개의 색상에 대응하는 색채 어휘를 일곱 개씩 지녔기 때문이라고 할 수 있다.

언어학자 사피어와 그의 제자 워프는 여기서 어떤 영감을 얻었다. 그들은 서로 다른 언어를 쓰는 아메리카 원주민들에게 무지개의 띠가 몇 개냐고 물었다. 대답은 제각각 달랐다. 사피어와 워프는 이 설문 결과에 기대어, 사람들은 자신의 언어에 얽매인 채 세계를 경험한다고 판단했다. 이 판단으로부터, "우리는 모국어가 그어놓은 선에 따라 자연세계를 분단한다."라는 유명한 발언이 나왔다. 이에 따르면 특정 현상과 관련한 단어가 많을

수록 해당 언어권의 화자들은 그 현상에 대해 심도 있게 경험하는 것이다. 언어가 의식을, 사고와 세계관을 결정한다는 이 견해는 ㉠ 사피어-워프 가설이라 불리며 언어학과 인지과학의 논란거리가 되어왔다.

〈보기〉
ㄱ. 눈[雪]을 가리키는 단어를 4개 지니고 있는 이누이트족이 1개 지니고 있는 영어 화자들보다 눈을 넓고 섬세하게 경험한다는 것은 ㉠을 강화한다.

ㄴ. 수를 세는 단어가 '하나', '둘', '많다' 3개 뿐인 피라하족의 사람들이 세 개 이상의 대상을 모두 '많다'고 인식하는 것은 ㉠을 강화한다.

ㄷ. 색채 어휘가 적은 자연언어 화자들이 색채 어휘가 많은 자연언어 화자들에 비해 색채를 구별하는 능력이 뛰어나다는 것은 ㉠을 약화한다.

① ㄱ　　　　　　② ㄱ, ㄴ
③ ㄴ, ㄷ　　　　　④ ㄱ, ㄴ, ㄷ

[15~16] 다음 글을 읽고 물음에 답하시오.

한국 신화에 보이는 신과 인간의 관계는 다른 나라의 신화와 ㉠ 견주어 볼 때 흥미롭다. 한국 신화에서 신은 인간과의 결합을 통해 결핍을 해소함으로써 완전한 존재가 되고, 인간은 신과의 결합을 통해 혼자 할 수 없었던 존재론적 상승을 이룬다.

한국 건국신화에서 주인공인 신은 지상에 내려와 왕이 되고자 한다. 천상적 존재가 지상적 존재가 되기를 ㉡ 바라는 것인데, 인간들의 왕이 된 신은 인간 여성과의 결합을 통해 자식을 낳음으로써 결핍을 메운다. 무속신화에서는 인간이었던 주인공이 신과의 결합을 통해 신적 존재로 ㉢ 거듭나게 됨으로써 존재론적으로 상승하게 된다. 이처럼 한국 신

화에서 신과 인간은 서로의 존재를 필요로 한다는 점에서 상호의존적이고 호혜적이다.

　다른 나라의 신화들은 신과 인간의 관계가 한국 신화와 달리 위계적이고 종속적이다. 히브리 신화에서 피조물인 인간은 자신을 창조한 유일신에 대해 원초적 부채감을 지니고 있으며, 신이 지상의 모든 일을 관장한다는 점에서 언제나 인간의 우위에 있다. 이러한 양상은 북유럽이나 바빌로니아 등에 ㉣ 퍼져 있는 신체 화생 신화에도 유사하게 나타난다. 신체 화생 신화는 신이 죽음을 맞게 된 후 그 신체가 해체되면서 인간 세계가 만들어지게 된다는 것인데, 신의 희생 덕분에 인간 세계가 만들어질 수 있었다는 점에서 인간은 신에게 철저히 종속되어 있다.

15 윗글을 이해한 내용으로 적절하지 <u>않은</u> 것은?

① 히브리 신화에서 신과 인간의 관계는 위계적이다.
② 한국 무속신화에서 신은 인간을 위해 지상에 내려와 왕이 된다.
③ 한국 건국신화에서 신은 인간과의 결합을 통해 완전한 존재가 된다.
④ 한국 신화에 보이는 신과 인간의 관계는 신체 화생 신화에 보이는 신과 인간의 관계와 다르다.

16 ㉠~㉣과 바꿔 쓸 수 있는 유사한 표현으로 적절하지 <u>않은</u> 것은?

① ㉠: 비교해
② ㉡: 희망하는
③ ㉢: 복귀하게
④ ㉣: 분포되어

17 다음 대화를 분석한 내용으로 가장 적절한 것은?

갑: 전염병이 창궐했을 때 마스크를 착용하는 것은 당연한 일인데, 그것을 거부하는 사람이 있다니 도대체 이해가 안 돼.
을: 마스크 착용을 거부하는 사람들을 무조건 비난하지 말고 먼저 왜 그러는지 정확하게 이유를 파악하는 것이 필요해.
병: 그 사람들은 개인의 자유가 가장 존중받아야 하는 기본권이라고 생각하기 때문일 거야.
갑: 개인의 자유로운 선택이 타인의 생명을 위협한다면 기본권이라 하더라도 제한하는 것이 보편적 상식 아닐까?
병: 맞아. 개인이 모여 공동체를 이루는데 나의 자유만을 고집하면 결국 사회는 극단적 이기주의에 빠져 붕괴하고 말 거야.
을: 마스크를 쓰지 않는 행위를 윤리적 차원에서만 접근하지 말고, 문화적 차원에서도 고려할 필요가 있어. 어떤 사회에서는 얼굴을 가리는 것이 범죄자의 징표로 인식되기도 해.

① 화제에 대해 남들과 다른 측면에서 탐색하는 사람이 있다.
② 자신의 의견이 반박되자 질문을 던져 화제를 전환하는 사람이 있다.
③ 대화가 진행되면서 논점에 대한 찬반 입장이 바뀌는 사람이 있다.
④ 사례의 공통점을 종합하여 자신의 주장을 강화하는 사람이 있다.

[18~19] 다음 글을 읽고 물음에 답하시오.

영국의 유명한 원형 석조물인 스톤헨지는 기원전 3,000년경 신석기시대에 세워졌다. 1960년대에 천문학자 호일이 스톤헨지가 일종의 연산장치라는 주장을 하였고, 이후 엔지니어인 톰은 태양과 달을 관찰하기 위한 정교한 기구라고 확신했다. 천문학자 호킨스는 스톤헨지의 모양이 태양과 달의 배열을 나타낸 것이라는 의견을 제시해 관심을 모았다.

그러나 고고학자 앳킨슨은 ㉠ 그들의 생각을 비난했다. 앳킨슨은 스톤헨지를 세운 사람들을 '야만인'으로 묘사하면서, ㉡ 이들은 호킨스의 주장과 달리 과학적 사고를 할 줄 모른다고 주장했다. 이에 호킨스를 옹호하는 학자들이 진화적 관점에서 앳킨슨을 비판하였다. ㉢ 이들은 신석기시대보다 훨씬 이전인 4만 년 전의 사람들도 신체적으로 우리와 동일했으며 지능 또한 우리보다 열등했다고 볼 근거가 없다고 주장했다.

하지만 스톤헨지의 건설자들이 포괄적인 의미에서 현대인과 같은 지능을 가졌다고 해도 과학적 사고와 기술적 지식을 가지지는 못했다. ㉣ 그들에게는 우리처럼 2,500년에 걸쳐 수학과 천문학의 지식이 보존되고 세대를 거쳐 전승되어 쌓인 방대하고 정교한 문자 기록이 없었다. 선사시대의 생각과 행동이 우리와 똑같은 식으로 전개되지 않았으리라는 점은 매우 중요하다. 지적 능력을 갖췄다고 해서 누구나 우리와 같은 동기와 관심, 개념적 틀을 가졌으리라고 생각하는 것은 잘못이다.

18 윗글에 대해 평가한 내용으로 가장 적절한 것은?

① 스톤헨지가 제사를 지내는 장소였다는 후대 기록이 발견되면 호킨스의 주장은 강화될 것이다.

② 스톤헨지 건설 당시의 사람들이 숫자를 사용하였다는 증거가 발견되면 호일의 주장은 약화될 것이다.

③ 스톤헨지의 유적지에서 수학과 과학에 관련된 신석기시대 기록물이 발견되면 글쓴이의 주장은 강화될 것이다.

④ 기원전 3,000년경 인류에게 천문학 지식이 있었다는 증거가 발견되면 앳킨슨의 주장은 약화될 것이다.

19 문맥상 ㉠~㉣ 중 지시 대상이 같은 것만으로 묶인 것은?

① ㉠, ㉡

② ㉡, ㉣

③ ㉠, ㉡, ㉢

④ ㉠, ㉡, ㉣

20 다음 글의 밑줄 친 결론을 이끌어내기 위해 추가해야 할 것은?

문학을 좋아하는 사람은 모두 자연의 아름다움을 좋아하는 사람이다. 자연의 아름다움을 좋아하는 어떤 사람은 예술을 좋아하는 사람이다. 따라서 예술을 좋아하는 어떤 사람은 문학을 좋아하는 사람이다.

① 자연의 아름다움을 좋아하는 사람은 모두 문학을 좋아하는 사람이다.

② 문학을 좋아하는 어떤 사람은 자연의 아름다움을 좋아하는 사람이다.

③ 예술을 좋아하는 어떤 사람은 자연의 아름다움을 좋아하는 사람이다.

④ 예술을 좋아하지만 문학을 좋아하지 않는 사람은 모두 자연의 아름다움을 좋아하는 사람이다.

제2차

국 어

정답 및 해설 32p |

01 〈공공언어 바로 쓰기 원칙〉에 따라 수정한 것으로 적절하지 **않은** 것은?

〈공공언어 바로 쓰기 원칙〉

- 주어와 서술어의 호응
  - ㉠ 능동과 피동의 관계를 정확하게 사용함.
- 여러 뜻으로 해석되는 표현 삼가기
  - ㉡ 중의적인 문장을 사용하지 않음.
- 명료한 수식어구 사용
  - ㉢ 수식어와 피수식어의 관계를 분명하게 표현함.
- 대등한 구조를 보여 주는 표현 사용
  - ㉣ '-고', '와/과' 등으로 접속될 때에는 대등한 관계를 사용함.

① "이번 총선에서 국회의원 ○○○명을 선출되었다."를 ㉠에 따라 "이번 총선에서 국회의원 ○○○명이 선출되었다."로 수정한다.

② "시장은 시민의 안전에 관하여 건설업계 관계자들과 논의하였다."를 ㉡에 따라 "시장은 건설업계 관계자들과 시민의 안전에 관하여 논의하였다."로 수정한다.

③ "5킬로그램 정도의 금 보관함"을 ㉢에 따라 "금 5킬로그램 정도를 담은 보관함"으로 수정한다.

④ "음식물의 신선도 유지와 부패를 방지해야 한다."를 ㉣에 따라 "음식물의 신선도를 유지하고, 부패를 방지해야 한다."로 수정한다.

02 다음 글을 이해한 내용으로 적절하지 **않은** 것은?

조선시대 기록을 보면 오늘날 급성전염병에 속하는 병들의 다양한 명칭을 확인할 수 있는데, 전염성, 고통의 정도, 질병의 원인, 몸에 나타난 증상 등 작명의 과정에서 주목한 바는 각기 달랐다.

예를 들어, '역병(疫病)'은 사람이 고된 일을 치르듯[役] 병에 걸려 매우 고통스러운 상태를 말한다. '여역(癘疫)'이란 말은 힘들다[疫]는 뜻에다가 사납다[癘]는 의미가 더해져 있다. 현재의 성홍열로 추정되는 '당독역(唐毒疫)'은 오랑캐처럼 사납고[唐], 독을 먹은 듯 고통스럽다[毒]는 의미가 들어가 있다. '염병(染病)'은 전염성에 주목한 이름이고, 마찬가지로 '윤행괴질(輪行怪疾)' 역시 수레가 여기저기 옮겨 다니듯 한다는 뜻으로 질병의 전염성을 크게 강조한 이름이다.

'시기병(時氣病)'이란 특정 시기의 좋지 못한 기운으로 인해 생기는 전염병을 말하는데, 질병의 원인으로 나쁜 대기를 들고 있는 것이다. '온역(溫疫)'에 들어 있는 '온(溫)'은 이 병을 일으키는 계절적 원인을 가리킨다. 이밖에 '두창(痘瘡)'이나 '마진(痲疹)' 따위의 병명은 피부에 발진이 생기고 그 모양이 콩 또는 삼씨 모양인 것을 강조한 말이다.

① '온역'은 질병의 원인에 주목하여 붙여진 이름이다.

② '역병'은 질병의 전염성에 주목하여 붙여진 이름이다.

③ '당독역'은 질병의 고통스러운 정도에 주목하여 붙여진 이름이다.

④ '마진'은 질병으로 인해 몸에 나타난 증상에 주목하여 붙여진 이름이다.

03 다음 글의 중심 내용으로 가장 적절한 것은?

플라톤의 『국가』에는 사람들이 살아가면서 가장 중요하게 생각하는 두 가지 요소에 대한 언급이 있다. 우리가 만약 이것들을 제대로 통제하고 조절할 수 있다면 좋은 삶을 살 수 있다고 플라톤은 말하고 있다. 하나는 대다수가 갖고 싶어하는 재물이며, 다른 하나는 대다수가 위험하게 생각하는 성적 욕망이다. 소크라테스는 당시 성공적인 삶을 살고 있다고 사람들에게 잘 알려진 케팔로스에게, 사람들이 좋아하는 재물이 많아서 좋은 점과 사람들이 싫어하는 나이가 많아서 좋은 점은 무엇인지를 물었다. 플라톤은 이 대화를 통해 우리가 어떻게 좋은 삶을 살 수 있는지를 보여준다.

케팔로스는 재물이 많으면 남을 속이거나 거짓말하지 않을 수 있어서 좋고, 나이가 많으면 성적 욕망을 쉽게 통제할 수 있어서 좋다고 말한다. 물론 재물이 적다고 남을 속이거나 거짓말을 하는 것은 아니며, 나이가 적다고 해서 성적 욕망을 쉽게 통제할 수 없는 것은 아니다. 그렇지만 누구나 살아가면서 이것들로 인해 힘들어하고 괴로워하는 경우가 많다는 것은 분명하다. 삶을 살아가면서 돈에 대한 욕망이나 성적 욕망만이라도 잘 다스릴 수 있다면 낭패를 당하거나 망신을 당할 일이 거의 없을 것이다. 인간에 대한 플라톤의 통찰력과 삶에 대한 지혜는 현재에도 여전히 유효하다.

① 재물욕과 성욕은 과거나 지금이나 가장 강한 욕망이다.

② 재물이 많으면서 나이가 많은 자가 좋은 삶을 살 수 있다.

③ 성공적인 삶을 살려면 재물욕과 성욕을 잘 다스려야 한다.

④ 잘 살기 위해서는 살면서 가장 중요한 것이 무엇인지 알아야 한다.

04 다음 글의 ㉠~㉣ 중 어색한 곳을 찾아 가장 적절하게 수정한 것은?

언어는 랑그와 파롤로 구분할 수 있다. 랑그는 머릿속에 내재되어 있는 추상적인 언어의 모습으로, 특정한 언어공동체가 공유하고 있는 기호체계를 가리킨다. 반면에 파롤은 구체적인 언어의 모습으로, 의사소통을 위해 랑그를 사용하는 개인적인 행위를 의미한다.

언어학자들은 흔히 ㉠ 랑그를 악보에 비유하고, 파롤을 실제 연주에 비유하곤 하는데, 악보는 고정되어 있지만 실제 연주는 그 고정된 악보를 연주하는 사람에 따라 달라지기 마련이다. 그러니까 ㉡ 랑그는 여러 상황에도 불구하고 변하지 않고 기본을 이루는 언어의 본질적인 모습에 해당한다. 한편 '책상'이라는 단어를 발음할 때 사람마다 발음되는 소리는 다르기 때문에 '책상'에 대한 발음은 제각각일 수밖에 없다. 여기서 ㉢ 실제로 발음되는 제각각의 소리값이 파롤이다.

랑그와 파롤 개념과 비슷한 것으로 언어능력과 언어수행이 있다. 자기 모국어에 대해 사람들이 내재적으로 가지고 있는 지식이 언어능력이고, 사람들이 실제로 발화하는 행위가 언어수행이다. ㉣ 파롤이 언어능력에 대응한다면, 랑그는 언어수행에 대응한다.

① ㉠: 랑그를 실제 연주에 비유하고, 파롤을 악보에 비유하곤

② ㉡: 랑그는 여러 상황에 맞춰 변화하는 언어의 본질적인 모습

③ ㉢: 실제로 발음되는 제각각의 소리값이 랑그

④ ㉣: 랑그가 언어능력에 대응한다면, 파롤은 언어수행에 대응

05 다음 글의 핵심 논지로 가장 적절한 것은?

판타지와 SF의 차별성은 '낯섦'과 '이미 알고 있는 것'이라는 기준을 통해 드러난다. 이 둘은 일반적으로 상반된 의미를 갖는다. 이미 알고 있는 것은 낯설지 않고, 낯선 것은 새로운 것을 의미하기 때문이다.

판타지와 SF에는 모두 새롭고 낯선 것이 등장하는데, 비근한 예가 현실에 존재하지 않는 괴물의 출현이다. 판타지에서 낯선 괴물이 나오면 사람들은 '저게 뭐지?'하면서도 그 낯섦을 그대로 받아들인다. 그렇기에 등장인물과 독자 모두 그 괴물을 원래부터 존재했던 것으로 받아들이고, 괴물은 등장하자마자 세계의 일부가 된다. 결국 판타지에서는 이미 알고 있는 것보다 새로운 것이 더 중요한 의미를 갖는다. 이와 달리 SF에서는 '그런 괴물이 어떻게 존재할 수 있지?'라고 의심하고 물어야 한다. SF에서는 인물과 독자들이 작가의 경험적 환경을 공유하기 때문에 괴물은 절대로 자연스럽지 않다. 괴물의 낯섦에 대한 질문은 괴물이 존재하는 세계에 대한 지식, 세계관, 나아가 정체성의 문제로 확장된다. 이처럼 SF에서는 어떤 새로운 것이 등장했을 때 그 낯섦을 인정하면서도 동시에 그것을 자신이 이미 알고 있던 인식의 틀로 끌어들여 재조정하는 과정이 요구된다.

① 판타지와 SF는 모두 새로운 것에 의해 알고 있는 것이 바뀌는 장르이다.
② 판타지와 SF는 모두 알고 있는 것과 새로운 것을 그대로 인정하고 둘 사이의 재조정이 필요한 장르이다.
③ 판타지는 새로운 것보다 알고 있는 것이 더 중요하고, SF는 알고 있는 것보다 새로운 것이 더 중요한 장르이다.
④ 판타지는 알고 있는 것보다 새로운 것이 더 중요하고, SF는 알고 있는 것과 새로운 것 사이의 재조정이 필요한 장르이다.

06 다음 빈칸에 들어갈 말로 가장 적절한 것은?

로빈후드는 14세기 후반인 1377년경에 인기를 끈 작품 〈농부 피어즈〉에 최초로 등장한다. 로빈후드 이야기는 주로 숲을 배경으로 전개된다. 숲에 사는 로빈후드 무리는 사슴고기를 중요시하는데 당시 숲은 왕의 영지였고 사슴 밀렵은 범죄였다. 왕의 영지에 있는 사슴에 대한 밀렵을 금지하는 법은 11세기 후반 잉글랜드를 정복한 윌리엄 왕이 제정한 것이므로 아마도 로빈후드 이야기가 그 이전 시기로까지 거슬러 올라가지는 않을 것이다. 또한 이야기에서 셔우드 숲을 한 바퀴 돌고 로빈후드를 만났다고 하는 국왕 에드워드는 1307년에 즉위하여 20년간 재위한 2세일 가능성이 있다. 1세에서 3세까지의 에드워드 국왕 가운데 이 지역의 순행 기록이 있는 사람은 에드워드 2세뿐이다. 이러한 근거를 토대로 추론할 때, 로빈후드 이야기의 시대 배경은 아마도 [   ]일 가능성이 가장 크다.

① 11세기 후반   ② 14세기 이전
③ 14세기 전반   ④ 14세기 후반

07 (가)~(다)를 맥락에 맞게 순서대로 나열한 것은?

북방에 사는 매는 덩치가 크고 사냥도 잘한다. 그래서 아시아에서는 몽골 고원과 연해주 지역에 사는 매들이 인기가 있었다.

(가) 조선과 일본의 단절된 관계는 1609년 기유조약이 체결되면서 회복되었다. 하지만 이때는 조선과 일본이 서로 직접 상대했던 것이 아니라 두 나라 사이에 끼어있는 대마도를 매개로 했다. 대마도는 막부로부터 조선의 외교·무역권을 위임받았고, 조선은 그

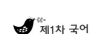

러한 대마도에게 시혜를 베풀어줌으로써 일본과의 교린 체계를 유지해 나가려고 했다.

(나) 일본에서 이 북방의 매에 접근할 수 있는 길은 한반도를 통하는 것 외에는 없었다. 그래서 한반도와 일본 간의 교류에 매가 중요한 물품으로 자리 잡았던 것이다. 하지만 임진왜란으로 인하여 교류는 단절되었다.

(다) 이러한 외교관계에 매 교역이 자리하고 있었다. 대마도는 조선과의 공식적, 비공식적 무역을 통해서도 상당한 이익을 취했다. 따라서 조선후기에 이루어진 매 교역은 경제적인 측면과 정치 · 외교적인 성격이 강했다.

① (가) – (다) – (나)   ② (나) – (가) – (다)
③ (나) – (다) – (가)   ④ (다) – (나) – (가)

08 다음 글에서 추론한 내용으로 가장 적절한 것은?

『성경』에 따르면 예수는 죽은 지 사흘 만에 부활했다. 사흘이라고 하면 시간상 72시간을 의미하는데, 예수는 금요일 오후에 죽어서 일요일 새벽에 부활했으니 구체적인 시간을 따진다면 48시간이 채 되지 않는다. 그렇다면 『성경』에서 3일이라고 한 것은 예수의 신성성을 부각하기 위한 것일까?

여기에는 수를 세는 방식의 차이가 개입되어 있다. 구체적으로 말하면 우리가 사용하는 현대의 수에는 '0' 개념이 깔려 있지만, 『성경』이 기록될 당시에는 해당 개념이 없었다. '0' 개념은 13세기가 되어서야 유럽으로 들어왔으니, '0' 개념이 들어오기 전 시간의 길이는 '1'부터 셈했다. 다시 말해 시간의 시작점 역시 '1'로 셈했다는 것인데, 금요일부터 다음 금요일까지는 7일이 되지만, 시작하는 금요일까지 날로 셈해서 다음 금요일은 8일

이 되는 식이다.

이와 같은 셈법의 흔적을 현대 언어에서도 찾을 수 있다. 오늘날 그리스 사람들은 올림픽이 열리는 주기에 해당하는 4년을 'pentaeteris'라고 부르는데, 이 말의 어원은 '5년'을 뜻한다. '2주'를 의미하는 용도로 사용되는 현대 프랑스어 'quinze jours'는 어원을 따지자면 '15일'을 가리키는데, 시간적으로는 동일한 기간이지만 시간을 셈하는 방식에 따라 마지막 날과 해가 달라진 것이다.

① '0' 개념은 13세기에 유럽에서 발명되었다.
② 『성경』에서는 예수의 신성성을 부각하기 위해 그의 부활 시점을 활용하였다.
③ 프랑스어 'quinze jours'에는 '0' 개념이 들어오기 전 셈법의 흔적이 남아 있다.
④ 'pentaeteris'라는 말이 생겨났을 때에 비해 오늘날의 올림픽이 열리는 주기는 짧아졌다.

[09~10] 다음 글을 읽고 물음에 답하시오.

생물은 자신의 종에 속하는 개체들과 의사소통을 한다. 꿀벌은 춤을 통해 식량의 위치를 같은 무리의 동료들에게 알려주며, 녹색원숭이는 포식자의 접근을 알리기 위해 소리를 지른다. 침팬지는 고통, 괴로움, 기쁨 등의 감정을 표현할 때 각각 다른 ㉠ 소리를 낸다.

말한다는 것을 단어에 대해 ㉡ 소리 낸다는 의미로 보게 되면, 침팬지가 사람처럼 말하도록 하는 것은 불가능하다. 침팬지는 인간과 게놈의 98 %를 공유하고 있지만, 발성 기관에 차이가 있다.

인간의 발성 기관은 아주 정교하게 작용하여 여러 ㉢ 소리를 낼 수 있는데, 초당 십여 개의 (가) 소리를 쉽게 만들어 낸다. 이는 성대, 후두, 혀, 입술, 입천장을 아주 정확하게 통제할 수 있기 때문에 가

능한 것이다. 침팬지는 이만큼 정확하게 통제를 하지 못한다. 게다가 인간의 발성 기관은 유인원의 그것과 현저하게 다르다. 주요한 차이는 인두의 길이에 있다. 인두는 혀 뒷부분부터 식도에 이르는 통로로 음식물과 공기가 드나드는 길이다. 인간의 인두는 여섯 번째 목뼈에까지 이른다. 반면에 대부분의 포유류에서는 인두의 길이가 세 번째 목뼈를 넘지 않으며 개의 경우는 두 번째 목뼈를 넘지 않는다. 다른 동물의 인두에 비해 과도하게 긴 인간의 인두는 공명 상자 기능을 하여 세밀하게 통제되는 ㉣ <u>소리</u>를 만들어 낸다.

09 윗글에서 추론한 내용으로 가장 적절한 것은?

① 개의 인두 길이는 인간의 인두 길이보다 짧다.
② 침팬지의 인두는 인간의 인두와 98 % 유사하다.
③ 녹색원숭이는 침팬지와 의사소통을 할 수 있다.
④ 침팬지는 초당 십여 개의 소리를 만들어 낼 수 있다.

10 ㉠~㉣ 중 문맥상 (가)에 해당하는 의미로 사용되지 <u>않은</u> 것은?

① ㉠   ② ㉡
③ ㉢   ④ ㉣

[11~12] 다음 글을 읽고 물음에 답하시오.

　방각본 출판은 책을 목판에 새겨 대량으로 찍어 내는 방식이다. 이 경우 소수의 작품으로 많은 판매 부수를 올리는 것이 유리하다. 즉, 하나의 책으로 500부를 파는 것이 세 권의 책으로 합계 500부를 파는 것보다 이윤이 높다. 따라서 방각본 출판업자는 작품의 종류를 늘리기보다는 시장성이 좋은 작품을 집중적으로 출판하였다. 또한 작품의 규모가 커서 분량이 많은 경우에는 생산 비용이 ㉠ <u>올라가</u> 책값이 비싸지기 때문에 자연스럽게 분량이 적은 작품을 선호하였다. 이에 따라 방각본 출판에서는 규모가 큰 작품을 기피하였으며, 일단 선택된 작품에도 종종 축약적 윤색이 가해지고는 하였다.
　일종의 도서대여업인 세책업은 가능한 여러 종류의 작품을 가지고 있는 편이 유리하고, 한 작품의 규모가 큰 것도 환영할 만한 일이었다. 소설을 빌려 보는 독자들은 하나를 읽고 나서 대개 새 작품을 찾았으니, 보유한 작품의 종류가 많을수록 좋았다. 또한 한 작품의 분량이 많아서 여러 책으로 나뉘어 있으면 그만큼 세책료를 더 받을 수 있으니, 세책업자들은 스토리를 재미나게 부연하여 책의 권수를 늘리기도 했다. 따라서 세책업자들은 많은 종류의 작품을 모으는 데에 주력했고, 이 과정에서 원본의 확장 및 개작이 적잖이 이루어졌다.

11 윗글에서 추론한 내용으로 가장 적절한 것은?

① 분량이 많은 작품은 책값이 비쌌기 때문에 세책가에서 취급하지 않았다.
② 세책업자는 구비할 책을 선정할 때 시장성이 좋은 작품보다 분량이 적은 작품을 우선하였다.
③ 방각본 출판업자들은 책의 판매 부수를 올리기 위해 원본의 내용을 부연하여 개작하기도 하였다.
④ 한 편의 작품이 여러 권의 책으로 나뉘어 있는 대규모 작품들은 방각본 출판업자들보다 세책업자들이 선호하였다.

12 밑줄 친 표현이 문맥상 ㉠의 의미와 가장 가까운 것은?

① 습도가 올라가는 장마철에는 건강에 유의해야 한다.

② 내가 키우던 반려견이 하늘나라로 올라갔다.

③ 그녀는 승진해서 본사로 올라가게 되었다.

④ 그는 시험을 보러 서울로 올라갔다.

13 갑~병의 주장을 분석한 내용으로 적절한 것만을 〈보기〉에서 모두 고르면?

> 갑: 오늘날 사회는 계급 체계가 인간의 생활을 전적으로 규정하지 않는다. 실제로 많은 사람이 사회 이동을 경험하며, 전문직 자격증에 대한 접근성 또한 증가하였다. 인터넷은 상향 이동을 위한 새로운 통로를 제공하고 있다. 이에 따라서 전통적인 계급은 사라지고, 이제는 계급이 없는 보다 유동적인 사회 질서가 새로 정착되었다.
>
> 을: 지난 30년 동안 양극화는 더 확대되었다. 부가 사회 최상위 계층에 집중되는 것에 대한 우려가 커지고 있다. 과거 계급 불평등은 경제 전반의 발전을 위해 치를 수밖에 없는 일시적 비용이었다고 한다. 하지만 경제 수준이 향상된 지금도 이 불평등은 해소되지 않고 있다. 오늘날 세계화와 시장 규제 완화로 인해 빈부 격차가 심화되고 계급 불평등이 더 고착되었다.
>
> 병: 오랫동안 지속되었던 계급의 전통적 영향력은 확실히 약해지고 있다. 하지만 현대사회에서 계급 체계는 여전히 경제적 불평등의 핵심으로 남아 있다. 사회 계급은 아직도 일생에 걸쳐 개인의 삶에 큰 영향을 미친다. 특정 계급의 구성원이라는 사실은 수명, 신체적 건강, 교육, 임금 등 다양한 불평등과 관련된다. 이는 계급의 종말이 사실상 실현될 수 없는 현실적이지 않은 주장이라는 점을 보여 준다.

> ─〈보기〉─
> ㄱ. 갑의 주장과 을의 주장은 대립하지 않는다.
> ㄴ. 을의 주장과 병의 주장은 대립하지 않는다.
> ㄷ. 병의 주장과 갑의 주장은 대립하지 않는다.

① ㄱ   ② ㄴ

③ ㄱ, ㄷ   ④ ㄴ, ㄷ

14 (가)와 (나)를 전제로 결론을 이끌어 낼 때, 빈칸에 들어갈 말로 가장 적절한 것은?

> (가) 축구를 잘하는 사람은 모두 머리가 좋다.
> (나) 축구를 잘하는 어떤 사람은 키가 작다.
> 따라서 _____.

① 키가 작은 어떤 사람은 머리가 좋다.

② 키가 작은 사람은 모두 머리가 좋다.

③ 머리가 좋은 사람은 모두 축구를 잘한다.

④ 머리가 좋은 어떤 사람은 키가 작지 않다.

15 다음 글의 ㉠과 ㉡에 대한 평가로 올바른 것은?

> 기업의 마케팅 프로젝트를 평가할 때는 유행 지각, 깊은 사고, 협업을 살펴본다. 유행지각은 유행과 같은 새로운 정보를 반영했느냐, 깊은 사고는 마케팅 데이터의 상관관계를 분석해서 최적의 해결책을 찾아내었느냐, 협업은 일하는 사람들이 해결책을 공유하며 성과를 창출했느냐를 따진다. ㉠ 이 세 요소 모두에서 목표를 달성하는 것은 마케팅 프로젝트가 성공적이기 위해 필수적이다. 하지만 ㉡ 이 세 요소 모두에서 목표를 달성했다고 해서 마케팅 프로젝트가 성공한 것은 아니다.

① 지금까지 성공한 프로젝트가 유행지각, 깊은 사고 그리고 협업 모두에서 목표를 달성했다면, ㉠은 강화된다.

② 성공하지 못한 프로젝트 중 유행지각, 깊은 사고 그리고 협업 중 하나 이상에서 목표를 달성하는 데 실패한 사례가 있다면, ㉠은 약화된다.

③ 유행지각, 깊은 사고 그리고 협업 중 하나 이상에서 목표를 달성하는 데 실패했지만 성공한 프로젝트가 있다면, ㉡은 강화된다.

④ 유행지각, 깊은 사고 그리고 협업 모두에서 목표를 달성했지만 성공하지 못한 프로젝트가 있다면, ㉡은 약화된다.

16 다음 글의 ㉠을 강화하는 것만을 〈보기〉에서 모두 고르면?

신석기시대에 들어 인류는 제대로 된 주거 공간을 만들게 되었다. 인류의 초기 주거 유형은 특히 바닥을 어떻게 만드느냐에 따라 구분된다. 이는 지면을 다지거나 조금 파고 내려가 바닥을 만드는 '움집형'과 지면에서 떨어뜨려 바닥을 설치하는 '고상(高床)식'으로 나눈다.

중국의 고대 문헌에 등장하는 '혈거'와 '소거'가 각각 움집형과 고상식 건축이다. 움집이 지붕으로 상부를 막고 아랫부분은 지면을 그대로 활용하는 지붕 중심 건축이라면, 고상식 건축은 지면에서 오는 각종 침해에 대비해 바닥을 높이 들어 올린 바닥 중심 건축이라 할 수 있다. 인류의 주거 양식은 혈거에서 소거로 진전되었다는 가설이 오랫동안 지배했다. 바닥을 지면보다 높게 만드는 것이 번거롭고 어렵다고 여겼기 때문이다. 그런데 1970년대에 중국의 허무두에서 고상식 건축

의 유적이 발굴되면서 새로운 ㉠ 주장이 제기되었다. 그것은 혈거와 소거가 기후에 따라 다른 자연환경에 적응해 발생했다는 것이다.

〈보기〉

ㄱ. 우기에 비가 넘치는 산간 지역에서는 고상식 주거 건축물 유적만 발견되었다.

ㄴ. 움집형 집과 고상식 집이 공존해 있는 주거 양식을 보여 주는 집단의 유적지가 발견되었다.

ㄷ. 여름에는 고상식 건축물에서, 겨울에는 움집형 건축물에서 생활한 집단의 유적이 발견되었다.

① ㄱ, ㄴ   ② ㄱ, ㄷ

③ ㄴ, ㄷ   ④ ㄱ, ㄴ, ㄷ

[17~18] 다음 글을 읽고 물음에 답하시오.

일반적으로 한 나라의 문학, 즉 '국문학'은 "그 나라의 말과 글로 된 문학"을 지칭한다. 그래서 우리나라에서 국문학에 대한 근대적 논의가 처음 시작될 무렵에는 (가) 국문학에서 한문으로 쓰인 문학을 배제하자는 주장이 있었다. 국문학 연구가 점차 전문화되면서, 한문문학 배제론자와 달리 한문문학을 배제하는 데 있어 신축성을 두는 절충론자의 입장이 힘을 얻었다. 절충론자들은 국문학의 범위를 획정하는 데 있어 (나) 종래의 국문학의 정의를 기본 전제로 하되, 일부 한문문학을 국문학으로 인정하자고 주장했다. 즉 한문으로 쓰여진 문학을 국문학에서 완전히 배제하지 않고, ㉠ 전자 중 일부를 ㉡ 후자의 주변부에 위치시키는 것으로 국문학의 영역을 구성한 것이다. 이에 따라 국문학을 지칭할 때에는 '순(純)국문학'과 '준(準)국문학'으로 구별하게 되었다. 작품에 사용된 문자의 범주에 따라서 ㉢ 전자는 '좁은 의미의 국문학', ㉣ 후자는 '넓은 의미의 국

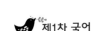

문학'이라고도 칭할 수 있다.

하지만 이런 절충안을 취하더라도 순국문학과 준국문학을 구분하는 데에는 논자마다 차이가 있다. 어떤 이는 국문으로 된 것은 ⑩ 전자에, 한문으로 된 것은 ⑪ 후자에 귀속시켰다. 다른 이는 훈민정음 창제 이전과 이후로 나누어 국문학의 영역을 구분하였다. 훈민정음 창제 이전의 문학은 차자표기건 한문표기건 모두 국문학으로 인정하고, 창제 이후의 문학은 국문문학만을 순국문학으로 규정하고 한문문학 중 '국문학적 가치'가 있는 것을 준국문학에 귀속시켰다.

17 윗글의 (가)와 (나)의 주장에 대해 평가한 내용으로 가장 적절한 것은?

① 국문으로 쓴 작품보다 한문으로 쓴 작품이 해외에서 문학적 가치를 더 인정받는다면 (가)의 주장은 강화된다.

② 국문학의 정의를 '그 나라 사람들의 사상과 정서를 그 나라 말과 글로 표현한 문학'으로 수정하면 (가)의 주장은 약화된다.

③ 표기문자와 상관없이 그 나라의 문화를 잘 표현한 문학을 자국 문학으로 인정하는 것이 보편적인 관례라면 (나)의 주장은 강화된다.

④ 훈민정음 창제 이후에도 차자표기로 된 문학작품이 다수 발견된다면 (나)의 주장은 약화된다.

18 윗글의 ㉠~㉮ 중 지시하는 바가 같은 것끼리 짝 지은 것은?

① ㉠, ㉢   ② ㉡, ㉣

③ ㉡, ㉮   ④ ㉢, ⑩

19 다음 빈칸에 들어갈 말로 가장 적절한 것은?

갑, 을, 병, 정 네 학생의 수강 신청과 관련하여 다음과 같은 사실들이 알려졌다.

• 갑과 을 중 적어도 한 명은 〈글쓰기〉를 신청한다.
• 을이 〈글쓰기〉를 신청하면 병은 〈말하기〉와 〈듣기〉를 신청한다.
• 병이 〈말하기〉와 〈듣기〉를 신청하면 정은 〈읽기〉를 신청한다.
• 정은 〈읽기〉를 신청하지 않는다.

이를 통해 갑이 [   ]를 신청한다는 것을 알 수 있게 되었다.

① 〈말하기〉   ② 〈듣기〉

③ 〈읽기〉   ④ 〈글쓰기〉

20 다음 글을 이해한 내용으로 가장 적절한 것은?

언어의 형식적 요소에는 '음운', '형태', '통사'가 있으며, 언어의 내용적 요소에는 '의미'가 있다. 음운, 형태, 통사 그리고 의미 요소를 중심으로 그 성격, 조직, 기능을 탐구하는 학문 분야를 각각 '음운론', '문법론'(형태론 및 통사론 포괄), 그리고 '의미론'이라고 한다. 그 가운데서 음운론과 문법론은 언어의 형식을 중심으로 그 체계와 기능을 탐구하는 반면, 의미론은 언어의 내용을 중심으로 체계와 작용 방식을 탐구한다.

이처럼 언어학은 크게 말소리 탐구, 문법 탐구, 의미 탐구로 나눌 수 있는데, 이때 각각에 해당하는 음운론, 문법론, 의미론은 서로 관련된다. 이를 발화의 전달 과정에서 살펴보자. 화자의 측면에서 언어를 발신하는 경우에는 의미론에서 문법론을 거쳐 음운론의 방향으로, 청자의 측면에서 언어를 수신하는 경우에는 반대의 방향으로 작용한다. 의사소통의 과정상 발신자의 측면에서는 의미론에, 수신자의 측면에서는 음운론에 초점이 놓인다. 의사소통은 화자의 생각, 느낌, 주장 등을 청자와 주고받는 행위이므로, 언어 표현의 내용에 해당하는 의미는 이 과정에서 중심적 요소가 된다.

① 언어는 형식적 요소가 내용적 요소보다 다양하다.
② 언어의 형태 탐구는 의미 탐구와 관련되지 않는다.
③ 의사소통의 첫 단계는 언어의 형식을 소리로 전환하는 것이다.
④ 언어를 발신하고 수신하는 과정에서 통사론은 활용되지 않는다.

제1차   # 정답 및 해설

정답

01 ②	02 ②	03 ③	04 ①	05 ④
06 ②	07 ③	08 ③	09 ④	10 ②
11 ③	12 ①	13 ③	14 ④	15 ②
16 ③	17 ①	18 ④	19 ②	20 ①

해설

01 ②

[정답해설]

대등한 것끼리 접속할 때는 구조가 같은 표현을 사용해야 한다는 〈공공언어 바로 쓰기 원칙〉에 따라 ⓒ은 '관형사 + 명사'의 구조인 '표준적인 언어생활의 확립과 일상적인 국어 생활의 향상을 위해' 또는 '주어 + 술어'의 구조인 '표준적인 언어생활을 확립하고 일상적인 국어 생활을 향상하기 위해'라고 수정하는 것이 적절하다.

[오답해설]

① ㉠에서 '안내'는 '어떤 내용을 소개하여 알려줌'의 의미이고 '알림'은 '알리는 일'로 그 의미가 중복된다. 따라서 중복되는 표현을 삼가야 한다는 〈공공언어 바로 쓰기 원칙〉에 따라 '알림'을 삭제한 것은 적절하다.

③ ㉢이 포함된 문장에서 주어는 '본원은'이므로 서술어는 '제공되다'라는 수동형이 아닌 '제공하다'라는 능동형이 되어야 한다. 따라서 주어와 서술어를 호응시켜야 한다는 〈공공언어 바로 쓰기 원칙〉에 따라 '표준 정보를 제공하고 있습니다.'라고 수정한 것은 적절하다.

④ ㉣에서 '개선'의 대상이 생략되어 불분명하므로 '의약품 용어를'이라는 목적어가 추가되어야 한다. 따라서 필요한 문장 성분이 생략되지 않도록 해야 한다는 〈공공언어 바로 쓰기 원칙〉에 따라 '의약품 용어를 일반 국민도 알기 쉬운 표현으로 개선하여'라고 수정한 것은 적절하다.

02 ②

[정답해설]

'흰머리'는 용언 어간과 명사가 결합한 합성명사가 아니라, 용언의 관형사형(흰) + 명사(머리)로 구성된 합성명사로, 앞 성분(흰)이 뒤 성분(명사)을 수식하는 종속합성어이다.

[오답해설]

① '큰아버지'는 용언의 관형사형(큰) + 명사(아버지)로 구성되어 있고 앞 성분(큰)이 뒤 성분(아버지)을 수식하는 종속합성어이다.

③ '늙은이'는 용언의 관형사형(늙은) + 명사(이)가 결합하여 한 단어를 이룬 합성어로, 어휘 의미를 지닌 두 요소가 결합해 이루어진 단어이다.

④ 동사 '먹다'의 어간인 '먹'과 명사 '거리'가 결합한 '먹거리'는 국어 문장 구성에 없는 단어 배열이므로 비통사적 합성어이다.

03 ③

[정답해설]

건강을 염려하는 행위를 하는 주어는 '아버지'이므로 '염려하다'가 아닌 '염려하신다'로 존경 표현을 한 것은 '직접존경'에 해당한다.

[오답해설]

① 주어인 '고모'를 높이기 위해 긴밀한 관련이 있는 인물인 '자식'을 '있으시다'라고 높인 것은 '간접존경'에 해당한다.

② 주어인 '할머니'를 높이기 위해 신체의 일부인 '다리'를 '아프셔서'라고 높인 것은 '간접존경'에 해당한다.

④ 주어인 '할아버지'를 높이기 위해 신체의 일부인 '수염'을 '많으셨다'라고 높인 것은 '간접존경'에 해당한다.

04 ①

[정답해설]

㉠ **문제의 현실성**: 1문단에서 '그 세계 안의 인간이 자신을 둘러싼 세계와 고투하면서 당대의 공론장에서 기꺼이 논의해볼 만한 의제를 산출해낼 때 문제의 현실성이 확보된다.'고 하였으므로, 밀실과 광장 사이에서 고뇌하는 주인공의 모습을 통해 '남(南)이냐 북(北)이냐'라는 민감한 주제를 격화된 이념 대립의 공론장에 던진 최인훈의 「광장」은 '문제의 현실성'을 확보했다고 할 수 있다.

㉡ **세계의 현실성**: 1문단에서 '우리가 살고 있는 이 입체적인 시공간에서 특히 의미 있는 한 부분을 도려내어 서사의 무대로 삼을 경우 세계의 현실성이 확보된다.'고 하였으므로, 작품의 시공간으로 당시 남한과 북한을 소설적 세계로 선택함으로써 동서 냉전 시대의 보편성과 한반도 분단 체

제의 특수성을 동시에 포괄한 최인훈의 「광장」은 '세계의 현실성'을 확보했다고 할 수 있다.

ⓒ 해결의 현실성: 1문단에서 '한 사회가 완강하게 구조화하고 있는 '가능한 것'과 '불가능한 것'의 좌표를 흔들면서 특정한 선택지를 제출할 때 해결의 현실성이 확보된다.'고 하였으므로, 주인공이 남과 북 모두를 거부하고 자살을 선택하는 결말은 남북으로 상징되는 당대의 이원화된 이데올로기를 근저에서 흔든 최인훈의 「광장」은 '해결의 현실성'을 확보했다고 할 수 있다.

05 ④

[정답해설]

'오 주무관이 회의에 참석하면, 박 주무관도 참석한다.'는 명제가 참이고, '박 주무관이 회의에 참석하면, 홍 주무관도 참석한다.'는 명제가 참일 때, '오 주무관이 회의에 참석하면, 홍 주무관도 회의에 참석한다.'라는 명제도 참이라는 결론을 도출할 수 있다. 이때 어떤 명제가 참일 경우 그 대우도 반드시 참이므로, '오 주무관이 회의에 참석하면, 홍 주무관도 회의에 참석한다.'라는 명제의 대우인 '홍 주무관이 회의에 참석하지 않으면, 오 주무관도 참석하지 않는다.'는 반드시 참이된다.

명제 : P → Q (참) ⇔ 대우 : ~Q → ~P (참)

06 ②

[정답해설]

3문단에 "이러매 눈감아 생각해"에서 눈을 감는 행위는 외면이나 도피가 아니라 피할 수 없는 현실적 조건을 새롭게 반성함으로써 현실의 진정한 면모와 마주하려는 적극적인 행위로 읽힌다고 서술되어 있다. 그러므로 「절정」에서 시인은 투사가 처한 현실적 조건을 외면하지 않고 새롭게 인식함을 알 수 있다.

[오답해설]

① 2문단에서 투사 이육사가 처한 상황은 "매운 계절의 채찍에 갈겨 / 마침내 북방으로 휩쓸려"온 것처럼 대단히 위태로워 보인다고 하였으나, 그런 극한의 상황이 봄, 여름, 가을, 겨울의 뚜렷한 계절의 변화로 드러나 있지는 않다.

③ 1문단에서 「절정」은 투사가 처한 냉엄한 현실적 조건을 제시한 3개의 연과 시인이 품고 있는 인간과 역사에 대한 희망이 제시된 마지막 연의 두 부분으로 크게 나누어지는 것을 확인할 수 있으나, 투사와 시인의 반목과 화해가 나타나 있지는 않다.

④ 1문단에서 「절정」은 크게 두 부분으로 나누어지는데, 투사가 처한 냉엄한 현실적 조건이 3개의 연에 걸쳐 먼저 제시된 후, 시인이 품고 있는 인간과 역사에 대한 희망이 마

지막 연에 제시된다고 서술되어 있다. 그러므로 「절정」에는 냉엄한 현실에 절망하는 시인(→ 투사)의 면모와 인간과 역사에 대한 희망을 놓지 않으려는 투사(→ 시인)의 면모가 동시에 담겨 있음을 알 수 있다.

07 ③

[정답해설]

(라)에서 시청자를 짧은 시간 안에 사로잡기 위해서는 스토리텔링 전략이 필요하다고 하였고, (나)에서 그러한 스토리텔링 전략에서 제일 먼저 해야 할 일은 로그라인을 만드는 것이라고 하였다. 그러므로 (라) 다음에 (나)가 와야 한다. 또한 (가)에서 다음으로 시청자의 마음을 사로잡을 수 있는 참신한 인물을 창조해야 한다고 하였고, (다)에서 이 같은 인물 창조의 과정에서 스토리의 주제가 만들어진다고 하였다. 그러므로 (가) 다음에 (다)가 와야 한다. 이를 종합해 볼 때, (라)-(나)-(가)-(다)순으로 나열하는 것이 글의 맥락상 가장 적절하다.

08 ③

[정답해설]

〈지침〉에 따르면 본론은 제목에서 밝힌 내용을 2개의 장으로 구성하되 각 장의 하위 항목끼리 대응되도록 작성하라고 지시되어 있다. 즉, 제목인 '복지 사각지대의 발생 원인과 해소 방안'에 따라 Ⅲ-2.의 ⓒ에는 Ⅱ-2.에 제시된 '사회복지 담당 공무원의 인력 부족'에 대한 해소 방안이 들어가야 한다. 그러나 '사회복지 업무 경감을 통한 공무원 직무 만족도 증대'는 Ⅱ-2.에 제시된 '사회복지 담당 공무원의 인력 부족'에 대한 해소 방안과 관련이 없으므로 ⓒ에 들어갈 내용으로 적절하지 않다.

[오답해설]

① 〈지침〉에 따르면 서론은 중심 소재의 개념 정의와 문제 제기를 1개의 장으로 작성하라고 지시되어 있다. Ⅰ-1.의 '복지 사각지대의 정의'는 중심 소재의 개념 정의에 해당하므로, Ⅰ-2.의 ⊙에는 문제 제기에 해당하는 '복지 사각지대의 발생에 따른 사회 문제의 증가'가 들어가는 것이 적절하다.

② 〈지침〉에 따르면 본론은 제목에서 밝힌 내용을 2개의 장으로 구성하되 각 장의 하위 항목끼리 대응되도록 작성하라고 지시되어 있다. 즉, Ⅱ가 '복지 사각지대의 발생 원인'이므로 Ⅱ-1.의 ⓛ에는 Ⅲ-1.의 '사회적 변화를 반영하여 기존 복지 제도의 미비점 보완'이라는 해소 방안의 대응 원인인 '사회적 변화를 반영하지 못한 기존 복지 제도의 한계'가 들어가는 것이 적절하다.

④ 〈지침〉에 따르면 결론은 기대 효과와 향후 과제를 1개의 장으로 작성하라고 지시되어 있다. Ⅳ-2.의 '복지 사각지대의 근본적이고 지속가능한 해소 방안 마련'은 향후 과제

에 해당하므로, Ⅳ-1.의 @에는 기대 효과에 해당하는 '복지 혜택의 범위 확장을 통한 사회 안전망 강화'가 들어가는 것이 적절하다.

09 ④

[정답해설]

신경과학자 아이젠버거는 뇌의 어떤 부위가 활성화되는가를 촬영하여 실험 참가자가 어떤 심리적 상태인가를 파악하려는 실험을 진행하였다. 연구팀은 실험 참가자가 따돌림을 당할 때 그의 뇌에서 전두엽의 전대상피질 부위가 활성화된다는 것을 확인하였고, 이는 인간이 물리적 폭력을 당할 때 활성화되는 뇌의 부위와 동일하다는 것을 확인하였다. 그러므로 제시문의 빈칸에 들어갈 결론은 ④의 '따돌림을 당할 때와 물리적 폭력을 당할 때의 심리적 상태는 서로 다르지 않다'가 가장 적절하다.

[오답해설]

① 인간이 물리적 폭력을 당할 때 활성화되는 뇌의 부위도 따돌림을 당할 때의 뇌의 부위와 마찬가지로 전두엽의 전대상피질 부위임을 앞에서 이미 언급하고 있다. 그러므로 물리적 폭력은 뇌 전두엽의 전대상피질 부위를 활성화한다는 내용은 앞의 내용과 중복되므로 적절하지 않다.

② 따돌림을 당할 때 활성화되는 뇌의 부위와 물리적 폭력을 당할 때 활성화되는 뇌의 부위가 전두엽의 전대상피질 부위로 동일하다고 밝히고 있으나, 물리적 폭력이 피해자의 개인적 경험을 사회적 문제로 전환하는지는 제시문의 내용을 통해 확인할 수 없다.

③ 따돌림을 당할 때 활성화되는 뇌의 부위와 물리적 폭력을 당할 때 활성화되는 뇌의 부위가 전두엽의 전대상피질 부위로 동일하다고 밝히고 있으나, 따돌림이 피해자에게 물리적 폭력보다 더 심각한 부정적 영향을 미치는지는 제시문의 내용을 통해 확인할 수 없다.

10 ②

[정답해설]

2문단에서 고소설의 주인공은 적대자에 의해 원점에서 분리되어 고난을 겪는다고 하였고, 3문단에서 박 진사의 집으로 표상되는 유년의 과거는 이상적 원점의 구실을 하며 박 진사의 죽음은 그들에게 고향의 상실을 상징한다고 하였다. 그러므로 영웅소설의 주인공과 「무정」의 이형식은 그들의 이상적 원점을 상실했다는 공통점을 가지고 있음을 알 수 있다.

[오답해설]

① 2문단에서 고소설의 주인공이 도달해야 할 종결점은 새로운 미래가 아니라 다시 도래할 과거로서의 미래인 '회귀의

크로노토프'라고 하였다. 반면에 3문단에서 근대소설 「무정」은 이러한 회귀의 크로노토프를 부정한다고 하였다. 그러므로 고소설은 회귀의 크로노토프를 긍정하고 「무정」은 부정한다는 점에서 서로 다르다.

③ 3문단의 '두 사람의 결합이 이상적 상태의 고향을 회복할 수 있는 유일한 방법이겠지만, 그들은 끝내 결합하지 못한다.'에서 이형식과 박영채의 결합은 이상적 상태의 고향을 회복하는 것을 의미한다. 즉, 「무정」에서 이형식이 박영채와 결합했다면 새로운 미래로서의 종결점에 도달하는 것이 아니라 과거로서의 미래에 도달할 수 있었을 것이다.

④ 2문단에서 '그들의 목표는 상실한 원점을 회복하는 것, 즉 그곳에서 향유했던 이상적 상태로 돌아가는 것'이라고 하였으므로, 가정소설은 가족 구성원들이 평화롭게 공존하는 결말을 통해 상실했던 원점으로의 복귀를 거부하는 것이 아니라 회복하는 것임을 알 수 있다.

11 ③

[정답해설]

㉠의 '돌아가는'은 '원래의 있던 곳으로 다시 가거나 다시 그 상태가 되다.'라는 의미이다. 마찬가지로 ③의 '그는 잃어버린 동심으로 돌아가고 싶었다.'에서 '돌아가고'도 '원래의 상태가 되다'라는 의미이므로 ㉠과 그 의미가 유사하다.

[오답해설]

①·② '전쟁은 연합군의 승리로 돌아갔다.'와 '사과가 한 사람 앞에 두 개씩 돌아간다.'에서 '돌아가다'는 모두 '차례나 몫, 승리, 비난 따위가 개인이나 단체, 기구, 조직 따위의 차지가 되다.'라는 의미로 사용되었다.

④ '그녀는 자금이 잘 돌아가지 않는다며 걱정했다.'에서 '돌아가다'는 '돈이나 물건 따위의 유통이 원활하다.'는 의미로 사용되었다.

> **TIP** 돌아가다 〈동사〉
>
> Ⅰ.
> 1. 물체가 일정한 축을 중심으로 원을 그리면서 움직여 가다.
>   예 바퀴가 돌아가다.
> 2. 일이나 형편이 어떤 상태로 진행되어 가다.
>   예 일이 너무 바쁘게 돌아가서 정신을 차릴 수가 없다.
> 3. 어떤 것이 차례로 전달되다.
>   예 술자리가 무르익자 술잔이 돌아가기 시작했다.
> 4. 차례대로 순번을 옮겨 가다.
>   예 우리는 돌아가면서 점심을 산다.
> 5. 기능이 제대로 작동하다.
>   예 기계가 잘 돌아간다.
> 6. 돈이나 물건 따위의 유통이 원활하다.
>   예 요즘은 자금이 잘 돌아간다.

7. 정신을 차릴 수 없게 아찔하다.
  예 머리가 핑핑 돌아간다.
8. (주로 '-시-'와 결합한 꼴로 쓰여) '죽다'의 높임말.
  예 할아버지께서 돌아가셨다.

Ⅱ. 「…에/에게,…으로」
1. 원래의 있던 곳으로 다시 가거나 다시 그 상태가 되다.
  예 아버지는 고향에 돌아가시는 게 꿈이다.
2. 차례나 몫, 승리, 비난 따위가 개인이나 단체, 기구, 조직 따위의 차지가 되다.
  예 사과가 한 사람 앞에 두 개씩 돌아간다.

Ⅲ. 「…으로」
1. 일이나 형편이 어떤 상태로 끝을 맺다.
  예 지금까지의 노력이 수포로 돌아갔다.
2. 원래의 방향에서 다른 곳을 향한 상태가 되다.
  예 입이 왼쪽으로 돌아가다.
3. 먼 쪽으로 둘러서 가다.
  예 그는 검문을 피해 일부러 옆길로 돌아갔다.

Ⅳ. 「…을」
1. 어떤 장소를 끼고 원을 그리듯이 방향을 바꿔 움직여 가다.
  예 모퉁이를 돌아가면 우리 집이 보인다.
2. 일정한 구역 안을 이리저리 왔다 갔다 하다.
  예 고삐를 뗀 소가 마당을 돌아가며 길길이 날뛰고 있다.

12 ①
[정답해설]
제시문의 내용을 논리 기호로 단순화하면 다음과 같다.

> (가) 노인복지 문제 일부 ∧ ~일자리 문제
> (나) 공직 → 일자리 문제 ≡ ~일자리 문제 → ~공직
> (결론) 노인복지 문제 일부 ∧ ~공직

그러므로 (가)와 (나)를 전제로 할 때 빈칸에 들어갈 결론은 ①의 '노인복지 문제에 관심이 있는 사람 중 일부는 공직에 관심이 있는 사람이 아니다'가 가장 적절하다.

TIP 정언 삼단 논법

(대전제) 모든 사람은 죽는다.	P → Q
(소전제) 소크라테스는 사람이다.	R → P
(결론) 그러므로 소크라테스는 죽는다.	R → Q

13 ③
[정답해설]
2문단에 따르면 현재 기준에서는 질병 치료를 목적으로 개발한 신약만 승인받을 수 있다고 하였으므로, 노화를 멈추는 약을 승인받을 수 없는 이유가 식품의약국이 노화를 질병으로 보지 않기 때문이라고 추론할 수 있다. 그러므로 ⓒ을 '질병으로 보지 않은 탓에 노화를 멈추는 약은 승인받을 수 없었다'로 수정한 것은 적절하다.

[오답해설]
① 노화 문제를 해결하는 것은 '인간이 젊고 건강한 상태로 수명을 연장할 수 있다는 점'에서 기존 발상과 다르다고 하였으므로, ㉠을 '늙고 병든 상태에서 담담히 죽음의 시간을 기다린다'로 수정한 것은 적절하지 못하다.
② ⓛ이 포함된 문장에서 '젊음을 유지한 채 수명을 늘리는 것은 충분히 가능하다'고 서술되어 있으므로, ⓛ에는 '젊음을 유지한 채 수명을 늘리는 것'과 관련된 조건이 들어가야 한다. 그러므로 ⓛ을 '노화가 진행되기 전의 신체를 노화가 진행된 신체'로 수정한 것은 적절하지 못하다.
④ ㉣이 포함된 문장에서 '이를 통해 유전자를 조작하는 방식으로 노화를 막을 수 있다'고 서술되어 있으므로, ㉣에는 '유전자를 조작하는 방식으로 노화를 막는 것'과 관련된 내용이 들어가야 한다. 그러므로 ㉣을 '노화가 더디게 진행되는 사람들의 유전자 자료를 데이터화하면 그들에게서 노화를 촉진'으로 수정한 것은 적절하지 못하다.

14 ④
[정답해설]
ㄱ. 눈[雪]을 가리키는 단어를 4개 지니고 있는 이누이트족이 1개 지니고 있는 영어 화자들보다 눈을 넓고 섬세하게 경험한다는 것은 특정 현상과 관련한 단어가 많을수록 해당 언어권의 화자들이 그 현상에 대해 심도 있게 경험한다는 것을 의미하므로, ㉠의 '사피어-워프 가설'을 강화한다고 평가한 것은 적절하다.
ㄴ. 수를 세는 단어가 '하나', '둘', '많다' 3개뿐인 피라하족의 사람들이 세 개 이상의 대상을 모두 '많다'고 인식하는 것은 언어가 의식과 사고를 결정한 것이므로, ㉠의 '사피어-워프 가설'을 강화한다고 평가한 것은 적절하다.
ㄷ. 특정 현상과 관련한 단어가 많을수록 해당 언어권의 화자들이 그 현상에 대해 심도 있게 경험한다고 하였으므로, 색채 어휘가 많은 자연언어 화자들이 색채 어휘가 적은 자연언어 화자들에 비해 색채를 구별하는 능력이 뛰어나야 한다. 그런데 색채 어휘가 적은 자연언어 화자들이 색채 어휘가 많은 자연언어 화자들에 비해 색채를 구별하는 능력이 뛰어나다는 것은 이와 반대되므로, ㉠의 '사피어-워프 가설'을 약화한다고 평가한 것은 적절하다.

15 ②

[정답해설]
2문단에 따르면 한국 건국신화에서 신이 지상에 내려와 왕이 되고자 한 것은 천상적 존재가 지상적 존재가 되기를 바라는 것이라고 하였으나, 신이 인간을 위해 지상에 내려와 왕이 되었는지는 알 수 없다. 그러므로 '한국 무속신화에서 신은 인간을 위해 지상에 내려와 왕이 된다.'는 ②의 설명은 윗글을 이해한 내용으로 적절하지 못하다.

[오답해설]
① 3문단에서 다른 나라의 신화들은 신과 인간의 관계가 한국 신화와 달리 위계적이고 종속적이라고 전제한 뒤, 히브리 신화에서 신은 언제나 인간의 우위에 있다고 서술되어 있다. 그러므로 히브리 신화에서 신과 인간의 관계는 위계적이라고 할 수 있다.
③ 1문단에 따르면 한국 신화에서 신은 인간과의 결합을 통해 결핍을 해소함으로써 완전한 존재가 된다고 하였고, 2문단에서도 인간들의 왕이 된 신은 인간 여성과의 결합을 통해 자식을 낳음으로써 결핍을 메운다고 서술하고 있다. 그러므로 한국 건국신화에서 신은 인간과의 결합을 통해 완전한 존재가 된다고 할 수 있다.
④ 2문단에 한국 신화에서 신과 인간은 서로의 존재를 필요로 한다는 점에서 상호의존적이고 호혜적이라고 밝힌 반면에, 3문단에서 신체 화생 신화는 신의 희생 덕분에 인간 세계가 만들어질 수 있었다는 점에서 인간은 신에게 철저히 종속되어 있다고 서술되어 있다. 그러므로 한국 신화에 보이는 신과 인간의 관계는 신체 화생 신화에 보이는 신과 인간의 관계와 다르다는 것을 확인할 수 있다.

16 ③

[정답해설]
ⓒ의 '거듭나다'는 '지금까지의 방식이나 태도를 버리고 새롭게 시작하다'라는 의미이고, '복귀하다'는 '본디의 자리나 상태로 되돌아가다'를 뜻하므로 서로 바꿔 쓸 수 없다.

[오답해설]
① ⓒ의 '견주다'는 '둘 이상의 사물을 질이나 양 따위에서 어떤 차이가 있는지 알기 위하여 서로 대어 보다'라는 의미이므로, '둘 이상의 사물을 견주어 서로 간의 유사점, 차이점, 일반 법칙 따위를 고찰하다'는 의미인 '비교하다'와 바꿔 쓸 수 있다.
② ⓒ의 '바라다'는 '생각이나 바람대로 어떤 일이나 상태가 이루어지거나 그렇게 되었으면 하고 생각하다'라는 의미이므로, '어떤 일을 이루거나 하기를 바라다'는 의미인 '희망하다'와 바꿔 쓸 수 있다.

④ ⓔ의 '퍼지다'는 '어떤 물질이나 현상 따위가 넓은 범위에 미치다'라는 의미이므로, '일정한 범위에 흩어져 퍼져 있다'라는 의미인 '분포되다'와 바꿔 쓸 수 있다.

17 ①

[정답해설]
갑과 병은 마스크 착용에 대해 '윤리적 차원'에서 접근하고 있지만, 을은 두 번째 발언에서 마스크를 쓰지 않는 행위를 윤리적 차원에서만 접근하지 말고, '문화적 차원'에서도 고려할 필요가 있다며 남들과 다른 측면에서 탐색하고 있다.

[오답해설]
② 갑이 두 번째 발언에서 '개인의 자유로운 선택이 타인의 생명을 위협한다면 기본권이라 하더라도 제한하는 것이 보편적 상식 아닐까?'라고 말한 것은 앞서 말한 병의 의견을 재반박한 것이지 자신의 의견이 반박되자 질문을 던져 화제를 전환한 것은 아니다.
③ 갑은 전염병이 창궐했을 때 마스크를 착용하는 것은 당연하다며 마스크 착용을 찬성하고 있고, 을은 마스크 착용에 대한 찬성 혹은 반대 입장을 밝히지 않고 있다. 병은 개인의 자유만을 고집하면 결국 사회가 극단적 이기주의에 빠져 붕괴한다며 마스크 착용을 찬성하고 있다. 그러므로 대화가 진행되면서 논점에 대한 찬반 입장이 바뀌는 사람은 없다.
④ 을은 두 번째 발언에서 어떤 사회에서는 얼굴을 가리는 것이 범죄자의 징표로 인식되기도 한다고 사례를 제시하며, 마스크를 쓰지 않는 행위를 문화적 차원에서도 고려할 필요가 있다고 하였다. 이는 사례의 공통점을 종합한 것이 아니라 다른 사례를 제시한 것이다.

18 ④

[정답해설]
2문단에 따르면 앳킨슨은 스톤헨지를 세운 사람들을 '야만인'으로 묘사하면서 이들은 과학적 사고를 할 줄 모른다고 주장하였다. 그러므로 기원전 3,000년경 인류에게 천문학 지식이 있었다는 증거가 발견되면 앳킨슨의 이러한 주장은 약화될 것이다.

[오답해설]
① 1문단에서 천문학자 호킨스는 스톤헨지의 모양이 태양과 달의 배열을 나타낸 것이라는 의견을 제시했지만, 스톤헨지가 제사를 지내는 장소였다고 언급한 적은 없다. 그러므로 스톤헨지가 제사를 지내는 장소였다는 후대 기록이 발견되면 호킨스의 주장이 강화될 것이라는 평가는 적절하지 않다.

② 1문단에서 천문학자 호일이 스톤헨지가 일종의 연산장치
라는 주장을 하였는데, 연산장치는 숫자 사용과 밀접한 관
련이 있다. 그러므로 스톤헨지 건설 당시의 사람들이 숫
자를 사용하였다는 증거가 발견되면 호일의 주장은 약화
(→ 강화)될 것이다.

③ 3문단에서 글쓴이는 스톤헨지의 건설자들이 현대인과 같
은 지능을 가졌다고 해도 수학과 천문학의 지식이 보존되
고 전승될 문자 기록이 없었으므로 우리와 똑같은 과학
적 사고와 기술적 지식을 가지지는 못했다고 주장하고 있
다. 그러므로 스톤헨지의 유적지에서 수학과 과학에 관련
된 신석기시대 기록물이 발견되면 글쓴이의 주장은 강화
(→ 약화)될 것이다.

19 ②

[정답해설]
ⓒ의 '이들'은 '스톤헨지를 세운 사람들'을 가리키고, ⓔ의 '그
들'은 '스톤헨지의 건설자들'을 가리킨다. 그러므로 문맥상 ⓒ
과 ⓔ의 지시 대상은 동일하다.

[오답해설]
㉠의 '그들'은 1문단에서 언급한 '천문학자 호일', '엔지니어인
톰', 그리고 '천문학자인 호킨스'를 가리킨다.
ⓒ의 '이들'은 앞서 언급한 '호킨스를 옹호하는 학자들'을 가
리킨다.

20 ①

[정답해설]
제시문의 내용을 논리 기호로 단순화하면 다음과 같다.

• 문학 → 자연의 아름다움
• 어떤 자연의 아름다움 ∧ 예술
(결론) 어떤 예술 ∧ 문학

삼단 논법을 통해 '예술을 좋아하는 어떤 사람은 문학을 좋아
하는 사람이다.'라는 결론을 이끌어내기 위해서는 '자연의 아
름다움'과 '문학'의 관련성을 언급하는 문장이 들어가야 한다.
그러므로 ①의 '자연의 아름다움을 좋아하는 사람은 모두 문
학을 좋아하는 사람이다.'가 빈칸에 들어갈 말로 가장 적절
하다.

제2차 정답 및 해설

▌정답

01 ②	02 ②	03 ③	04 ④	05 ④
06 ③	07 ②	08 ③	09 ①	10 ①
11 ④	12 ①	13 ②	14 ①	15 ①
16 ②	17 ③	18 ④	19 ④	20 ①

▌해설

01 ②

[정답해설]
"시장은 시민의 안전에 관하여 건설업계 관계자들과 논의하였다."라는 문장은 여러 뜻으로 해석될 수 있는 중의적 문장이 아니므로, 중의적 표현을 삼가기 위해 별도로 수정할 필요는 없다.

[오답해설]
① '국회의원'과 '선출되었다'는 피동의 관계에 있는 주어와 서술어가 되어야 하므로, 목적어인 '○○○명을'을 주어인 '○○○명이'로 수정한 것은 적절하다.
③ '5킬로그램 정도'가 '금'을 수식하는 지, '보관함'을 수식하는 지 분명하지 않으므로, '금 5킬로그램 정도'라고 수식어와 피수식어의 관계를 분명하게 밝혀 수정한 것은 적절하다.
④ "음식물의 신선도 유지와 부패를 방지해야 한다."는 '음식물의 신선도 유지를 방지해야 한다.'는 잘못된 의미가 포함될 수 있으므로, 대등한 관계를 사용하여 "음식물의 신선도를 유지하고, 부패를 방지해야 한다."로 수정한 것은 적절하다.

02 ②

[정답해설]
질병의 전염성에 주목하여 붙여진 이름은 '염병(染病)'과 '윤행괴질(輪行怪疾)'이며, '역병(疫病)'은 사람이 고된 일을 치르듯[役] 병에 걸려 매우 고통스러운 상태를 말한다.

[오답해설]
① '온역(瘟疫)'에 들어 있는 '온(瘟)'은 이 병을 일으키는 계절적 원인을 가리킨다고 하였으므로, '온역'은 질병의 원인

에 주목하여 붙여진 이름이라고 할 수 있다.
③ '당독역(唐毒疫)'은 오랑캐처럼 사납고[唐], 독을 먹은 듯 고통스럽다[毒]는 의미가 들어가 있다고 하였으므로, 질병의 고통스러운 정도에 주목하여 붙여진 이름이라고 할 수 있다.
④ '마진(痲疹)'은 피부에 발진이 생기고 그 모양이 삼씨 모양인 것을 강조한 말이므로, 질병으로 인해 몸에 나타난 증상에 주목하여 붙여진 이름이라고 할 수 있다.

03 ③

[정답해설]
제시문에 따르면 플라톤의 『국가』에서 사람들이 살아가면서 가장 중요하게 생각하는 두 가지 요소는 '재물'과 '성적 욕망'이며, 삶을 살아가면서 돈에 대한 욕망이나 성적 욕망만이라도 잘 다스릴 수 있다면 낭패를 당하거나 망신을 당할 일이 거의 없을 것이라고 서술하고 있다. 그러므로 '성공적인 삶을 살려면 재물욕과 성욕을 잘 다스려야 한다.'는 ③의 설명이 제시문의 중심 내용으로 가장 적절하다.

04 ④

[정답해설]
랑그는 특정한 언어공동체가 공유하고 있는 기호체계를 가리키므로, 자기 모국어에 대해 사람들이 내재적으로 가지고 있는 지식인 언어능력과 비슷한 개념이다. 반면, 파롤은 의사소통을 위한 개인적인 행위를 의미하므로, 사람들이 실제로 발화하는 행위인 언어수행과 비슷한 개념이다. 그러므로 ⓔ은 '랑그가 언어능력에 대응한다면, 파롤은 언어수행에 대응'이라고 수정해야 옳다.

[오답해설]
① 랑그는 특정한 언어공동체가 공유하고 있는 기호체계를 가리키므로 고정되어 있는 악보에 비유할 수 있고, 파롤은 의사소통을 위한 개인적인 행위를 의미하므로 악보를 연주하는 사람에 따라 달라지는 실제 연주에 비유할 수 있다. 그러므로 ⊙은 어색한 곳이 없다.
② 랑그가 고정된 악보와 같기 때문에 여러 상황에도 불구하고 변하지 않고 기본을 이루는 언어의 본질적 모습에 해당한다. 그러므로 ⓒ은 어색한 곳이 없다.
③ '책상'이라는 단어를 발음할 때 사람마다 발음되는 소리가

다르기 때문에 '책상'에 대한 발음이 제각각일 수밖에 없다면 실제로 발음되는 제각각의 소리값이 파롤에 해당한다. 그러므로 ⓒ은 어색한 곳이 없다.

05 ④

[정답해설]

제시문에 따르면 판타지에서는 이미 알고 있는 것보다 새로운 것이 더 중요한 의미를 가지며, SF에서는 어떤 새로운 것이 등장했을 때 그 낯섦을 인정하면서도 동시에 그것을 자신이 이미 알고 있던 인식의 틀로 끌어들여 재조정하는 과정이 요구된다고 하였다. 그러므로 '판타지는 알고 있는 것보다 새로운 것이 더 중요하고, SF는 알고 있는 것과 새로운 것 사이의 재조정이 필요한 장르이다'라는 ④의 설명이 핵심 논지로 가장 적절하다.

06 ③

[정답해설]

제시문에 따르면 로빈후드 이야기에서 셔우드 숲을 한 바퀴 돌고 로빈후드를 만났다고 하는 국왕 에드워드는 1세에서 3세까지의 에드워드 국왕 중 이 지역의 순행 기록이 있는 사람이 에드워드 2세뿐이므로 1307년에 즉위하여 20년간 재위한 2세일 가능성이 있다고 하였다. 그러므로 로빈후드 이야기의 시대 배경은 에드워드 2세의 재위 기간인 1307~1327년에 해당하는 14세기 전반으로 추정할 수 있다.

[오답해설]

① '왕의 영지에 있는 사슴에 대한 밀렵을 금지하는 법은 11세기 후반 잉글랜드를 정복한 윌리엄 왕이 제정한 것이므로 아마도 로빈후드 이야기가 그 이전 시기로까지 거슬러 올라가지는 않을 것이다.'라는 제시문의 내용을 고려할 때, 로빈후드 이야기의 시대 배경이 11세기 후반은 아니다.

② 제시문에서 로빈후드는 14세기 후반인 1377년경에 인기를 끈 작품 〈농부 피어즈〉에 최초로 등장하며, 로빈후드를 만났다고 하는 국왕 에드워드는 1307년에 즉위하여 20년간 재위한 2세일 가능성이 있다고 하였다. 여기서 1307년은 14세기이므로, 로빈후드 이야기의 시대 배경이 14세기 이전은 아니다.

④ 제시문에서 로빈후드를 만났다고 하는 국왕 에드워드는 1307년에 즉위하여 20년간 재위한 2세일 가능성이 있다고 하였다. 따라서 에드워드 2세의 마지막 재위 연도가 14세기 전반인 1327년으로 추정되므로 로빈후드 이야기의 시대 배경이 14세기 후반은 아니다.

07 ②

[정답해설]

(나)의 마지막 문장에서 임진왜란으로 인하여 교류가 단절되었다고 하였고, (가)에서 조선과 일본의 단절된 관계는 1609년 기유조약이 체결되면서 회복되었다고 하였으므로 (나) 다음에 (가)가 온다. 또한 (가)의 마지막 문장에서 조선은 대마도에 시혜를 베풀어줌으로써 일본과의 교린 체계를 유지해 나가려고 했고, (다)에서 이러한 외교관계에 매 교역이 자리하고 있었다고 서술되어 있으므로 (가) 다음에 (다)가 온다. 그러므로 이를 종합해 볼 때, 맥락에 맞는 글의 순서는 (나)−(가)−(다)이다.

08 ③

[정답해설]

제시문에서 '0' 개념이 들어오기 전 시간의 길이는 '1'부터 셈했고, 시간의 시작점 역시 '1'로 셈했으며 이와 같은 셈법의 흔적을 현대 언어에서도 찾을 수 있다고 하였다. 그러면서 '2주'를 의미하는 용도로 사용되는 현대 프랑스어 'quinze jours'가 그 어원이 '15일'을 가리키는 이유를 예로 들어 설명하고 있다. 그러므로 '프랑스어 'quinze jours'에는 '0' 개념이 들어오기 전 셈법의 흔적이 남아 있다.'는 ③의 설명은 적절하다.

[오답해설]

① 제시문에 '0' 개념은 13세기가 되어서야 유럽으로 들어왔고, '0' 개념이 들어오기 전 시간의 길이는 '1'부터 셈했다고 서술되어 있다. 그러므로 '0' 개념이 13세기에 유럽에서 발명된 것은 아니다.

② 『성경』에서 예수의 부활 시점을 3일이라고 한 것은 그의 신성성을 부각하기 위한 것이 아니라, 『성경』이 기록될 당시에 '0' 개념이 없었기 때문에 그 시작점을 '1'로 셈했던 것이다. 그러므로 『성경』에서 예수의 신성성을 부각하기 위해 그의 부활 시점을 활용한 것은 아니다.

④ 제시문에 오늘날 그리스 사람들이 올림픽이 열리는 주기에 해당하는 4년을 '5년'이라는 어원을 지닌 'pentaeteris'라고 부르는 까닭은 시간적으로는 동일한 기간이지만 시간을 셈하는 방식에 따라 마지막 해가 달라졌기 때문이라고 서술하고 있다. 즉, '0' 개념이 없었기 때문에 올림픽이 개최된 해를 '1년'부터 시작하면 다음 올림픽이 개최되는 해는 4년 후인 '5년'이 된다. 그러므로 'pentaeteris'라는 말이 생겨났을 때에 비해 오늘날의 올림픽이 열리는 주기가 짧아진 것은 아니다.

09 ①

[정답해설]

제시문에 인간의 인두는 여섯 번째 목뼈에까지 이르는 반면에, 대부분의 포유류에서는 인두의 길이가 세 번째 목뼈를 넘지 않으며, 개의 경우는 두 번째 목뼈를 넘지 않는다고 서술되어 있다. 그러므로 '개의 인두 길이는 인간의 인두 길이보다 짧다.'는 ①의 설명은 제시문의 내용과 일치한다.

[오답해설]

② 제시문에 침팬지는 인간과 게놈의 98%를 공유하고 있지만, 발성 기관에 차이가 있으며, 인간의 인두는 여섯 번째 목뼈에까지 이르는 반면에, 대부분의 포유류는 인두의 길이가 세 번째 목뼈를 넘지 않는다고 서술되어 있다. 그러므로 침팬지의 인두가 인간의 인두와 98% 유사한 것은 아니다.

③ 제시문에서 녹색원숭이는 포식자의 접근을 알리기 위해 소리를 지르며, 침팬지는 고통, 괴로움, 기쁨 등의 감정을 표현할 때 각각 다른 소리를 낸다고 서술되어 있다. 이는 자신의 종에 속하는 개체들과 의사소통을 하는 사례를 든 것이므로, 서로 다른 종인 녹색원숭이와 침팬지가 의사소통을 할 수 있는지의 여부는 알 수 없다.

④ 제시문에 따르면 초당 십여 개의 소리를 만들어 낼 수 있는 것은 침팬지가 아니라 인간이다.

10 ①

[정답해설]

(가)의 '소리'는 인간의 발성 기관을 통해 낼 수 있는 소리이며, ㉠의 '소리'는 고통, 괴로움, 기쁨 등의 감정을 표현할 때 내는 침팬지의 소리이므로 그 의미가 다르다.

[오답해설]

㉡·㉢·㉣은 (가)의 '소리'와 마찬가지로 인간의 발성 기관을 통해 낼 수 있는 소리를 의미한다.

11 ④

[정답해설]

본문에 따르면 방각본 출판업자들은 작품의 규모가 커서 분량이 많은 경우에는 생산 비용이 올라가 책값이 비싸지기 때문에 자연스럽게 분량이 적은 작품을 선호하였고, 세책업자들은 한 작품의 분량이 많아서 여러 책으로 나뉘어 있으면 그만큼 세책료를 더 받을 수 있기 때문에 스토리를 재미나게 부연하여 책의 권수를 늘렸다고 설명하고 있다. 그러므로 '한 편의 작품이 여러 권의 책으로 나뉘어 있는 대규모 작품들은 방각본 출판업자들보다 세책업자들이 선호하였다.'는 ④의 설명은 적절하다.

[오답해설]

① 제시문에 세책업자들은 한 작품의 분량이 많아서 여러 책으로 나뉘어 있으면 그만큼 세책료를 더 받을 수 있다고 서술되어 있다. 그러므로 분량이 많은 작품이 책값이 비쌌기 때문에 세책가에서 취급하지 않은 것은 아니다.

② 제시문에 방각본 출판업자들은 작품의 규모가 커서 분량이 많은 경우에는 생산 비용이 올라가 책값이 비싸지기 때문에 자연스럽게 분량이 적은 작품을 선호하였다고 서술되어 있다. 그러므로 구비할 책을 선정할 때 분량이 적은 작품을 우선시 한 것은 세책업자가 아니라 방각본 출판업자들이다.

③ 제시문의 마지막 문장에 세책업자들은 많은 종류의 작품을 모으는 데에 주력했고, 이 과정에서 원본의 확장 및 개작이 적잖이 이루어졌다고 서술되어 있다. 그러므로 원본의 내용을 부연하여 개작한 것은 방각본 출판업자들이 아니라 세책업자들이다.

12 ①

[정답해설]

㉠의 '올라가'는 값이나 통계 수치, 온도, 물가가 높아지거나 커지다의 의미로 사용되었다. 마찬가지로 ①의 '올라가는'도 습도가 상승한다는 의미로 사용되었으므로 ㉠과 같은 의미이다.

[오답해설]

② '내가 키우던 반려견이 하늘나라로 올라갔다.'에서 '올라갔다'는 ('하늘', '하늘나라' 따위와 함께 쓰여) '죽다'를 비유적으로 이르는 말이다.

③ '그녀는 승진해서 본사로 올라가게 되었다.'에서 '올라가게'는 지방 부서에서 중앙 부서로, 또는 하급 기관에서 상급 기관으로 자리를 옮기다의 의미이다.

④ '그는 시험을 보러 서울로 올라갔다.'에서 '올라갔다'는 지방에서 중앙으로 가다, 즉 '상경하다'의 의미이다.

> **TIP** 올라가다(동사)
>
> I. 「…에, …으로」
> 1. 낮은 곳에서 높은 곳으로 또는 아래에서 위로 가다.
>   예 나무에 올라가다.
> 2. 지방에서 중앙으로 가다.
>   예 서울에 올라가는 대로 편지를 올리겠습니다.
> 3. 지방 부서에서 중앙 부서로, 또는 하급 기관에서 상급 기관으로 자리를 옮기다.
>   예 이번에 발령받아 대검찰청에 올라가면 나 좀 잘 봐주세요.
> 4. 남쪽에서 북쪽으로 가다.
>   예 우리나라에 있던 태풍이 북상하여 만주에 올라가 있다.
> 5. 물에서 뭍으로 옮겨 가다.
>   예 물고기들이 파도에 밀려 뭍에 올라가 있었다.

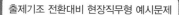

6. ('하늘', '하늘나라' 따위와 함께 쓰여) '죽다'를 비유적으로 이르는 말.
   예 가여운 성냥팔이 소녀는 하늘나라에 올라가서 어머니를 만났 겠지.
7. 하급 기관의 서류 따위가 상급 기관에 제출되다.
   예 나라에 상소가 올라가다.

Ⅱ. 「…으로」
1. 기준이 되는 장소에서 다소 높아 보이는 방향으로 계속 멀어져 가다.
   예 큰길로 조금만 올라가면 우체국이 있다.
2. 어떤 부류나 계통 따위의 흐름을 거슬러 근원지로 향하여 가다.
   예 윗대 조상으로 올라가면 그 집안도 꽤 전통이 있는 집안이다.
3. 등급이나 직급 따위의 단계가 높아지다.
   예 바둑 급수가 7급에서 6급으로 올라갔다.
4. 자질이나 수준 따위가 높아지다.
   예 수준이 올라가다.
5. 값이나 통계 수치, 온도, 물가가 높아지거나 커지다.
   예 집값이 자꾸 올라가서 큰 걱정이다.
6. 물의 흐름을 거슬러 위쪽으로 향하여 가다.
   예 그들은 강을 따라 올라가기 시작하였다.
7. 기세나 기운, 열정 따위가 점차 고조되다.
   예 장군의 늠름한 모습에 병사들의 사기가 하늘을 찌를 듯이 올라갔다.
8. 밑천이나 재산이 모두 없어지다.

Ⅲ. 「…을」
높은 곳을 향하여 가다.
예 산을 올라가다.

13 ②

[정답해설]
ㄴ. 을의 주장과 병의 주장은 대립하지 않는다. → (○)
을은 오늘날 사회는 계급 불평등이 더욱 고착화되었다고 주장하고, 병도 또한 현대사회에서 계급 체계는 여전히 경제적 불평등의 핵심으로 남아 있다고 주장한다. 그러므로 을의 주장과 병의 주장은 일치하며 대립하지 않는다.

[오답해설]
ㄱ. 갑의 주장과 을의 주장은 대립하지 않는다. → (×)
갑은 오늘날의 사회에서 전통적인 계급은 사라졌다고 주장하는 반면, 을은 오늘날의 사회가 계급 불평등이 더욱 고착되었다고 주장한다. 그러므로 갑과 을의 주장은 서로 대립한다.
ㄷ. 병의 주장과 갑의 주장은 대립하지 않는다. → (×)
갑은 오늘날의 사회에서 전통적인 계급은 사라졌다고 주장하는 반면, 병은 현대사회에서 계급 체계는 여전히 경제적 불평등의 핵심으로 남아 있다고 주장한다. 그러므로 갑과 병의 주장은 서로 대립한다.

14 ①

[정답해설]

(가) 축구를 잘하는 사람은 모두 머리가 좋다. → 전칭 명제
(나) 축구를 잘하는 어떤 사람은 키가 작다. → 특칭 명제

(가) 축구 → 머리

(나) 축구 ∧ 키 작음

(결론) 머리 ∧ 키 작음 ≡ 키 작음 ∧ 머리

위의 논리 조건을 종합해 보면 축구를 잘하는 사람은 모두 머리가 좋고, 축구를 잘하는 어떤 사람은 키가 작으므로, 머리가 좋은 어떤 사람은 키가 작다. 따라서 키가 작은 어떤 사람은 머리가 좋다.

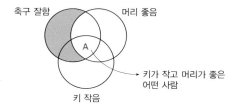

15 ①

[정답해설]

㉠ 마케팅 프로젝트 성공 → (유행지각 ∧ 깊은 사고 ∧ 협업)

㉡ (유행지각 ∧ 깊은 사고 ∧ 협업) → 마케팅 프로젝트 성공

①의 내용을 논리 기호로 나타내면, '마케팅 프로젝트 성공 → (유행지각 ∧ 깊은 사고 ∧ 협업)'이므로 ㉠의 논리 기호와 같다. 그러므로 '지금까지 성공한 프로젝트가 유행지각, 깊은 사고 그리고 협업 모두에서 목표를 달성했다면, ㉠은 강화된다'는 ①의 설명은 적절하다.

[오답해설]
② 논리 기호로 나타내면, '(~유행지각 ∨ ~깊은 사고 ∨ ~협업) → ~마케팅 프로젝트 성공'이므로 ㉠의 대우와 같다. 그러므로 성공하지 못한 프로젝트 중 유행지각, 깊은 사고 그리고 협업 중 하나 이상에서 목표를 달성하는 데 실패한 사례가 있다면, ㉠은 약화(→ 강화)된다.
③ 논리 기호로 나타내면, '(~유행지각 ∨ ~깊은 사고 ∨ ~협업) → 마케팅 프로젝트 성공'이므로 ㉡의 이에 해당한다. 그런데 어떤 명제가 참이라고 해서 그 명제의 이가 항상 참인 것은 아니므로 유행지각, 깊은 사고 그리고 협업 중 하나 이상에서 목표를 달성하는 데 실패했지만 성공한 프로젝트가 있다면, ㉡이 강화되는 것은 아니다.

장은 서로 대립한다.

④ 논리 기호로 나타내면, '(유행지각 ∧ 깊은 사고 ∧ 협업) → ~마케팅 프로젝트 성공'이므로 유행지각, 깊은 사고 그리고 협업 모두에서 목표를 달성했지만 성공하지 못한 프로젝트가 있다면, ㉢은 약화(→ 강화)된다.

16 ②

[정답해설]

ㄱ. 우기에 비가 넘치는 산간 지역에서 고상식 주거 건축물 유적만 발견된 것은 지면에서 오는 각종 침해에 대비해 바닥을 높이 들어 올린 고상식 건축의 특징이므로, 기후에 따라 다른 자연환경에 적응해 발생했다는 ㉠의 주장을 강화한다.

ㄷ. 여름에는 고상식 건축물에서, 겨울에는 움집형 건축물에서 생활한 집단의 유적이 발견된 것은 계절에 따라 건축물의 양식을 달리한 것이므로, 기후에 따라 다른 자연환경에 적응해 발생했다는 ㉠의 주장을 강화한다.

[오답해설]

ㄴ. 움집형 집과 고상식 집이 공존해 있는 주거 양식을 보여주는 집단의 유적지가 발견된 것은 기후에 따라 다른 자연환경에 적응해 발생한 주거 양식이 아니므로, ㉠의 주장을 약화시킨다.

17 ③

[정답해설]

제시문의 마지막 문장에서 한문문학 중 '국문학적 가치'가 있는 것을 준국문학에 귀속시켰다고 하였고, 준국문학은 '넓은 의미의 국문학'에 해당하므로 '종래의 국문학의 정의를 기본 전제로 하되, 일부 한문문학을 국문학으로 인정'하자는 (나)의 주장은 강화된다.

[오답해설]

① 국문학의 범위를 획정하는 데 있어 해외에서의 문학적 가치의 인정은 중요 요인이 아니므로, 국문학에서 한문으로 쓰인 문학을 배제하자는 (가)의 주장에 영향을 미치지 않는다.

② 글의 서두에서 한 나라의 문학, 즉 '국문학'은 "그 나라의 말과 글로 된 문학"을 지칭한다고 하였으므로, 국문학의 정의를 '그 나라 사람들의 사상과 정서를 그 나라 말과 글로 표현한 문학'으로 수정하면 (가)의 주장은 약화(→ 강화)된다.

④ 글의 말미에서 훈민정음 창제 이후에도 한문문학 중 '국문학적 가치'가 있는 것을 준국문학에 귀속시켰다고 하였으므로, 훈민정음 창제 이후에도 차자표기(한자의 음과 훈을 빌려 우리말을 기록하던 표기법)로 된 문학작품이 다수

발견된다면 (나)의 주장은 약화(→ 강화)된다.

18 ④

[정답해설]

ⓒ의 '전자'는 '순(純)국문학'을 가리키고, ⓜ의 '전자'도 '순(純)국문학'을 가리키므로 지시하는 바가 동일하다.

[오답해설]

① ㉠의 '전자'는 '한문으로 쓰여진 문학', 즉 한문학을 가리키고, ⓒ의 '전자'는 '순(純)국문학', 즉 국문학을 가리키므로 지시하는 바가 다르다.

② ㉡의 '후자'는 국문학을 가리키고, ㉣의 '후자'는 '준(準)국문학', 즉 한문학을 가리키므로 지시하는 바가 다르다.

③ ㉡의 '후자'는 국문학을 가리키고, ⓗ의 '후자'는 '준(準)국문학', 즉 한문학을 가리키므로 지시하는 바가 다르다.

19 ④

[정답해설]

• 갑과 을 중 적어도 한 명은 〈글쓰기〉를 신청한다.

갑 · 글쓰기 ∨ 을 · 글쓰기

• 을이 〈글쓰기〉를 신청하면 병은 〈말하기〉와 〈듣기〉를 신청한다.

을 · 글쓰기 → (병 · 말하기 ∧ 병 · 듣기)

대우: ~(병 · 말하기 ∧ 병 · 듣기) → ~을 · 글쓰기

• 병이 〈말하기〉와 〈듣기〉를 신청하면 정은 〈읽기〉를 신청한다.

(병 · 말하기 ∧ 병 · 듣기) → 정 · 읽기

대우: ~정 · 읽기 → ~(병 · 말하기 ∧ 병 · 듣기)

• 정은 〈읽기〉를 신청하지 않는다.

~정 · 읽기

위의 논리 조건을 밑에서 위로 따라가 보면, 정이 〈읽기〉를 신청하지 않으면 병은 〈말하기〉와 〈듣기〉를 신청하지 않고, 병이 〈말하기〉와 〈듣기〉를 신청하지 않으면 을이 〈글쓰기〉를 신청하지 않는다. 따라서 을이 〈글쓰기〉를 신청하지 않는 것이 판명되었고, 처음 조건에서 갑과 을 중 적어도 한 명은 〈글쓰기〉를 신청한다고 하였으므로, 갑이 〈글쓰기〉를 신청한다는 사실을 알 수 있다.

20 ①

[정답해설]

글의 서두에 언어의 형식적 요소에는 '음운', '형태', '통사'가 있으며, 언어의 내용적 요소에는 '의미'가 있다고 하였다. 그러므로 '언어는 형식적 요소가 내용적 요소보다 다양하다.'는

①의 설명은 적절하다.

[오답해설]

② 2문단에서 언어학은 크게 말소리 탐구, 문법 탐구, 의미 탐구로 나눌 수 있는데, 이때 각각에 해당하는 음운론, 문법론, 의미론은 서로 관련된다고 하였다. 그러므로 언어의 형태 탐구는 의미 탐구와 관련되지 않는다는 설명은 적절하지 못하다.

③ 2문단에서 의사소통의 과정상 발신자의 측면에서는 의미론에, 수신자의 측면에서는 음운론에 초점이 놓인다고 하였으나, 의사소통의 첫 단계가 언어의 형식을 소리로 전환하는 것인지는 제시문을 통해 확인할 수 없다.

④ 2문단에서 화자의 측면에서 언어를 발신하는 경우에는 의미론에서 문법론을 거쳐 음운론의 방향으로, 청자의 측면에서 언어를 수신하는 경우에는 반대의 방향으로 작용한다고 하였다. 여기서 문법론은 형태론 및 통사론을 포괄하므로, 언어를 발신하고 수신하는 과정에서 통사론이 활용되지 않는 것은 아니다.

9급공무원
국어

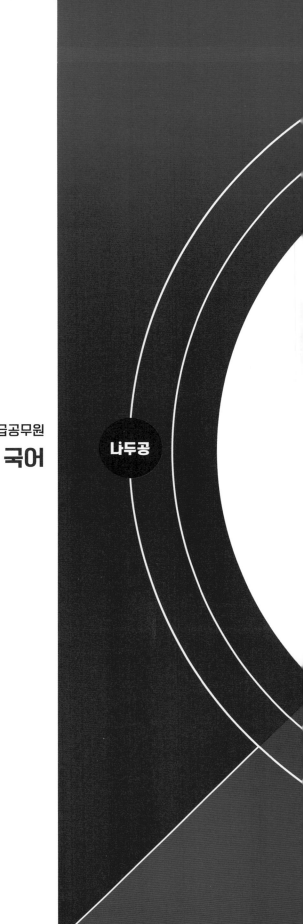

나두공

01장 현대 문학

01절 문학 일반론

02절 문학의 갈래

03절 현대시, 현대소설

04절 기타 갈래의 작품

01절 문학 일반론

1. 문학의 특성

(1) 문학의 본질과 기원

① 문학의 본질

⊙ 언어 예술 : 언어를 표현 매체로 하는 예술로서, 구비 문학과 기록 문학이 모두 문학에 포함됨

⊙ 개인 체험의 표현 : 개인의 특수한 체험이면서, 인류의 보편적 삶과 합일하는 체험

⊙ 사상과 정서의 표현 : 미적으로 정화되고 정서화된 사상의 표현

⊙ 개연성(蓋然性) 있는 허구의 세계 : 문학에서의 세계는 허구의 세계이나, 이는 실제 생활과 완전히 유리된 것이 아니라 작가의 상상을 통해 실제 생활에서 유추된 세계임

⊙ 통합된 구조 : 문학 속에는 대상에 의한 구체적 미적 표현인 '형상'과 경험을 의식 세계로 섭취하려는 정신 작용인 '인식'이 결합되어 작품을 이룸

② 문학의 기원

⊙ 심리학적 기원설

• 모방 본능설 : 인간의 모방 본능으로 문학이 생겼다는 설(아리스토텔레스, 플라톤)

• 유희 본능설 : 인간의 유희 충동에서 문학이 발생했다는 설(칸트, 스펜서, 실러)

• 흡인 본능설 : 남의 관심을 끌고 싶어 하는 흡인 본능 때문에 문학이 발생했다는 설(다윈 등 진화론자)

• 자기표현 본능설 : 자기의 사상과 감정을 드러내고 싶어 하는 본능에서 문학이 발생했다는 설(허드슨)

⊙ 발생학적 기원설 : 일상생활에서의 필요성 때문에 문학이 발생했다는 설(그로세)

⊙ 발라드 댄스(ballad dance)설 : 원시 종합 예술에서 음악, 무용, 문학이 분화 및 발생하였다는 설(몰톤)

(2) 문학의 요소와 미적 범주

① 문학의 요소

⊙ 미적 정서 : 어떤 대상을 접했을 때, 마음속에서 일어나는 본능적인 감정을 절제하고 걸러 냄으로써 생겨나는 정서로, 보편성 또는 항구성을 획득하게 하는 요소 → 희로애락(喜怒哀樂)과 같은 인간의 감정을 말함

문학의 정의와 조건

• 문학의 정의 : 문학이란 인간의 가치 있는 체험을 말과 글로 표현한 예술
• 문학의 조건
 – 내용 조건 : 가치 있는 경험(체험)
 – 형식 조건 : 형상화(形象化)된 언어

문학과 예술의 차이
문학이 다른 예술과 구분되는 점은 언어를 통해 표현되는 점에 있음

문학의 구조

• 유기적 구조 : 문학의 모든 요소들이 긴밀히 연결되어 있음
• 동적 구조 : 시간의 경과를 통해 우리의 의식 속에서 파악되는 동적인 구조

ⓛ **상상** : 문학을 창조하는 힘의 원천으로 이미지를 형성하고 문학의 독창성을 가능하게 하는 요소

ⓒ **사상** : 작품의 주제가 되는 작가의 인생관이나 세계관의 반영으로 작품 속에 숨겨진 의미

ⓔ **형식** : 작품의 구조와 문체로써 문학 내용을 구체적으로 형상화하는 요소

② 문학의 미적 범주

　ⓐ **숭고미(崇高美)** : 경건하고 엄숙한 분위기를 통해 고고한 정신적 경지를 체험할 수 있게 하는 미의식

　ⓑ **우아미(優雅美)** : 아름다운 형상이나 수려한 자태를 통해 고전적인 기품과 멋을 나타내는 미의식

　ⓒ **비장미(悲壯美)** : 슬픔이 극에 달하거나 한(恨)의 정서를 드러냄으로써 형상화되는 미의식

　ⓓ **골계미(滑稽美)** : 풍자나 해학 등의 수법으로 익살스럽게 표현하면서 어떤 교훈을 주는 경우 나타나는 미의식

2. 문학의 갈래와 작품 비평

(1) 문학의 갈래

① **서정 문학** : 인간의 정서 및 감정을 화자의 입을 통해서 독자에게 직접적으로 전달하는 양식으로, 강한 주관성과 서정적인 내용, 운율 있는 언어로 구성

② **서사문학**

　ⓐ 문자 언어로 기록되어 다양한 삶의 양상을 형상화하는 양식

　ⓑ 이야기를 전달하는 서술자가 존재하며 주로 과거시제로 진행

　ⓒ 연속적인 사건을 줄거리로 이야기하는 것

③ **극 문학**

　ⓐ 등장인물이 직접 등장하여 말과 행동으로 사건을 보여주는 양식

　ⓑ 서술자가 개입하지 않으며 갈등을 중심으로 이야기가 전개

④ **교술 문학**

　ⓐ 자아가 세계화되어 정서를 변함없이 전달하는 문학 양식

　ⓑ 현실속의 경험, 생각 등을 전달하므로 교훈성과 설득성이 강함

(2) 문학 작품의 비평 유형

① 비평의 유형(방법)

　ⓐ **심리주의(정신분석학적) 비평**

　　• 프로이트의 정신분석학이나 심리학 등의 이론에 근거하여 문학 작품에 반영된 작가의 창작 심리나 등장인물의 심리, 작자의 개인적 상징, 독자가 느끼는 심리적 영향 등을 분석하여 작품을 비평하는 방법

　　• 작품의 내용을 인간 심성의 측면에서 고찰하거나 무의식의 흐름을 심리학적으로 분석하는 등의 방법을 사용하기도 함

문학의 종류

• **운문 문학** : 언어의 운율을 중시하는 문학 → 시

• **산문 문학** : 언어의 전달 기능을 중시하는 문학 → 소설, 희곡, 수필

• **구비 문학** : 입에서 입으로 전해진 문학으로 민족의 보편적 성격 반영

• **기록 문학** : 문자로 기록되어 본격적인 개인의 창의가 반영되는 문학

작품 비평의 정의와 양상

• **비평의 정의** : 문학 작품을 해석하고 분류하며 평가하는 일체의 활동

• **비평의 기본 양상**

　– **원론 비평** : 문학의 원론과 장르에 대한 이론 비평

　– **실천(실제) 비평** : 원론 비평의 이론을 적용하여 실제의 작가와 작품을 연구, 분석하는 응용 비평

　– **제작 비평** : 실제 작품의 제작 기술에 관한 논의

　– **비평의 비평** : 원론 비평의 이론을 재검토하고 실천 비평의 타당성을 검토하여 대안을 제시하는 비평 자체에 대한 평가

ⓒ **구조주의 비평**
- 문학 작품은 고도의 형상적 언어로 조직된 자율적인 체계라고 보고, 작품의 모든 요소를 통합하고 있는 구조 자체를 파악함으로써 작품을 이해하는 방법
- 작품을 이해하는데 필요한 자료는 작품 밖에 없으며 작품 속에 모든 것이 갖추어져 있다고 생각하며, 작품을 이루는 음성적, 의미적 요소, 서사적 상황 및 구조에 대한 분석에 관심을 가짐(이러한 측면에서 형식주의 비평과 유사)

② **외재적 비평과 내재적 비평**

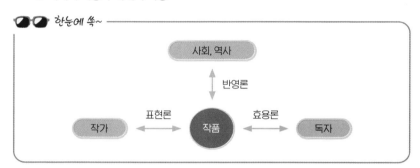

ⓐ **외재적 비평** : 작가에 대한 연구, 작품의 시대 상황 등 작품 외부적 사실로부터 작품을 이해하는 방법
- **표현론(생산론)적 관점** : 작품을 작가의 체험, 사상, 감정 등을 표현한 것으로 보는 관점. 작품을 창작한 작가의 의도, 작가의 전기, 작가의 심리 상태 등에 관한 연구
- **반영론(모방론)적 관점** : 작품은 현실 세계의 반영이라는 관점. 작품이 대상으로 삼은 현실 세계에 대한 연구, 작품에 반영된 세계와 대상 세계를 비교·검토, 작품이 대상 세계의 진실한 모습과 전형적 모습을 반영했는가를 검토
- **효용론(수용론)적 관점** : 작품이 독자에게 어떤 효과를 어느 정도 주었는가에 따라 작품의 가치를 평가하려는 관점. 독자의 감동이 무엇이며, 그것이 구체적으로 작품의 어떤 면에서 유발되었는가를 검토

ⓑ **내재적 비평** : 작품 자체를 완결된 세계로 보고, 작품 연구에만 주력하는 방법
- **존재론(내재론, 구조론, 객관론, 절대주의)적 관점** : 작품을 이해하는 데 필요한 자료는 작품밖에 없으며, 작품 속에 모든 것이 갖추어져 있다는 관점. 작품을 작가나 시대 환경으로부터 독립시켜 이해하며 작품의 언어를 중시하고, 부분들을 유기적으로 통합하고 있는 작품의 구조를 분석(작품의 구조나 형식, 구성, 언어, 문체, 운율, 표현기법, 미적 가치 등을 중시)

ⓒ **종합주의적 비평** : 문학 작품의 해석에 있어 하나의 관점만 적용하는 것이 아니라 다양한 방법을 통해 종합적이며 총체적으로 이해하려는 관점. 작품의 내적 형식, 다양한 외적 요인들과 연결된 의미를 규명하여 종합적으로 감상

기타 비평의 유형
- **역사주의 비평**
  - 작품 발생의 배경이 되는 역사적 상황이나 사실을 중시하는 비평
  - 작품의 배경에 해당하는 시대적 조건과 역사적 상황을 떠나서는 문학을 이해할 수 없다는 것을 전제로 하여 문학의 가치를 평가하는 것으로, 작자가 살았던 역사적 배경과 사회 환경, 작자의 생애, 창작 의도나 동기 등과 같은 외적 조건을 중심으로 작품을 분석 및 평가함
- **사회학적 비평**
  - 문학을 사회적 소산으로 보고 문학이 사회, 문화적 요인과 맺는 양상이나 상관관계를 규명함으로써 작품을 이해하는 비평
  - 내용과 현실의 사회적 반영 문제, 문학제도의 연구, 문학의 생산과 소비, 유통의 연구 등을 다룸
- **신화(원형) 비평**
  - 모든 문학 장르와 작품 속에서 신화의 원형을 찾아내어 그것이 어떻게 재현되고 재창조되어 있는가를 분석하는 방법
  - 신화 속에 존재하는 원형은 시대를 넘어 존재하는 것으로 보므로 문학 작품에 드러난 신화소를 분석하고 신화의 원형을 파악하여 문학을 이해하고자 함

3. 문예사조의 형성

(1) 문예사조의 발생과 특징

① 고전주의
  ㉠ 17세기 프랑스에서 발생하여 유럽으로 전파된 사조로 고대 그리스, 로마의 고전을 모범으로 삼음
  ㉡ 세계를 이성으로 파악하며, 합리성과 감각적 경험에 의한 사실의 실증을 중시
  ㉢ 전통적 감정과 상상은 이성으로 통제, 완전한 형식미, 몰개성적 특성
  ㉣ 내용과 형식의 조화와 엄격성, 규범 등을 중시

② 낭만주의
  ㉠ 고전주의의 몰개성적 성격에 반발하여 18세기 말~19세기 초에 독일, 프랑스에서 일어나 영국으로 전파됨, 비현실적 반항정신과 이상주의적 특성
  ㉡ 꿈이나 이상, 신비감, 이국적이며 초자연적 정서를 중시
  ㉢ 인간의 감정적 욕구와 감상적 자유, 개성, 독창성을 강조
  ㉣ 이성보다는 감성, 합리성보다는 비합리성, 감각성보다는 관념성을 강조

③ 사실주의
  ㉠ 19세기 후반 낭만주의의 비현실적인 성격에 반발하여 있는 그대로를 묘사하려는 경향을 지니며 현대 소설의 주류를 형성
  ㉡ 사회와 현실을 있는 그대로 직시하고, 과장이나 왜곡을 금함
  ㉢ 객관적, 과학적 현실의 진지한 재현을 중시

④ 자연주의
  ㉠ 19세기의 급진적 사실주의로 자연과학적 결정론에 바탕을 둠(환경 결정론적 사조)
  ㉡ 에밀 졸라가 창시했으며 실험적, 분석적, 해부적 특성에 사회의 추악한 측면을 폭로

⑤ 주지주의(모더니즘)
  ㉠ 20세기 초, 영국을 중심으로 유럽에서 발생한 사조로, 기성세대의 모든 도덕과 전통, 권위에서 벗어나 근대적 가치와 문명을 문학적 제재로 강조
  ㉡ 산업사회에 비판적이며, 감각과 정서보다 이성과 지성(知性)을 중시
  ㉢ 정확한 일상어 사용, 구체적인 심상 제시, 견고하고 투명한 시의 추구 등을 강조

⑥ 실존주의
  ㉠ 제2차 세계대전 이후 프랑스를 중심으로 발생한 현실 참여적 문학 운동(현실 참여적 성격이 강함)
  ㉡ 삶의 부조리나 불안, 고독 등 참된 의미의 실존적 자각과 형이상학적 문제들을 다룸

SEMI-NOTE

근대적, 현대적 문예사조
- 근대적 문예사조 : 사실주의, 자연주의
- 현대적 문예사조 : 주지주의, 초현실주의, 실존주의

상징주의, 유미주의
- 19세기 말 프랑스에서 사실주의나 자연주의에 대한 반동으로 등장한 사조
- 상징적 방법에 의한 표현(상징을 통한 암시적 표현)을 중시
- 음악성, 암시성을 중시, 이상향에의 동경, 감각의 형상적 표현, 영혼세계의 추구 등을 강조

초현실주의
- 프로이트의 정신분석학의 영향을 받고 다다이즘을 흡수하여 형성된 사조로, 이성과 논리에 억눌려 있는 비이성과 무의식의 세계를 강조
- 자동기술법을 바탕으로 하여 무의식의 세계를 표출하였고, 잠재의식 세계의 표현에 주목

포스트 모더니즘
- 1950년대 후반부터 서구에서 모더니즘의 가치와 관념을 거부하며 등장한 전위적, 실험적인 사조로, 후기 산업사회의 전반적인 문화 논리이자 예술 운동으로 평가됨
- 전통과 권위, 예술의 목적성 등을 거부하고 실험과 혁신, 경계의 파괴 등을 강조
- 모든 근대적 경계를 넘어서며, 개성과 자율성, 다양성, 대중성을 중시
- 패러디, 패스티시(pastiche)(혼성 모방) 등의 표현 기법을 강조

(2) 국내의 문예사조

① **계몽주의** : 봉건적 인습과 종교적 독단에서 벗어나 민중을 계몽하고자 하는 목적을 지님(예 이광수 「무정」, 최남선 「해에게서 소년에게」 등)

② **유미주의** : 예술지상주의와 상통하는 사조로, 계몽주의를 반대하며 순수문학적 가치를 내세움(예 김동인 「배따라기」, 김영랑 「모란이 피기까지는」 등)

③ **낭만주의** : 꿈의 세계에 대한 동경이나 병적인 감상을 특징으로 하며, 상징적인 언어를 유미적으로 나열(예 이상화 「나의 침실로」, 홍사용 「나는 왕이로소이다」 등)

④ **사실주의** : 계몽주의에 반대하고 인간 생활을 사실적이고 객관적으로 묘사(예 김동인 「약한 자의 슬픔」, 나도향 「물레방아」, 현진건 「빈처」 등)

⑤ **자연주의** : 인간의 추악한 본능에 대해 적나라하게 묘사하고 사회의 어두운 면을 과학적인 태도와 냉혹한 수법으로 표현(예 김동인 「감자」, 염상섭 「표본실의 청개구리」 등)

⑥ **모더니즘** : 개인적 감정보다 현대 문명을 이상으로 해야 한다고 선언하면서 서구적인 기법을 도입(예 김광균 「와사등」, 김기림 「기상도」, 정지용 「고향」 등)

⑦ **초현실주의** : 의식의 흐름, 자동기술법 등의 기법을 사용하는 실험적인 사조의식의 흐름, 자동기술법 등의 기법을 사용하는 실험적인 사조(예 이상 「날개」 등)

⑧ **실존주의** : 6 · 25 전쟁을 계기로 도입되어, 전후의 참담한 현실에서 인간의 실존 의미를 추구(예 장용학 「요한 시집」 등)

4. 다양한 언어표현기법

(1) 수사법

① **수사법의 개념** : 어떤 생각을 특별한 방식으로 전달하는 기술로 표현이나 설득에 필요한 다양한 언어표현기법

② **수사법의 분류** ★ 빈출개념

ㄱ **비유법** : 표현하려는 대상을 다른 대상에 빗대어 표현하는 수사법

직유법	비슷한 점을 지닌 두 대상을 직접적으로 비교하여 표현하는 방법으로, 보조관념에 '같이, ~처럼, ~인 양, ~듯이' 등의 연결어가 쓰임
은유법	'A는 B이다.'와 같이 비유하는 말과 비유되는 말을 동일한 것으로 단언하듯 표현하는 법
의인법	사람 아닌 사물을 사람처럼 나타내는 표현법
활유법	생명이 없는 것을 마치 있는 것처럼 비유하는 법
의태법	사물의 모양과 태도를 그대로 시늉하여 표현하는 법
의성법	자연계의 소리, 인간 또는 동물의 소리를 그대로 본떠 감각적으로 표현하는 법
풍유법	원관념을 숨기고, 비유하는 보조관념만으로 원관념을 간접적으로 드러내는 표현 방법. 속담, 격언, 풍자 소설 등에 많이 쓰임

기타 비유법의 특징

• **의물법** : 의인법과 반대로, 사람을 사물이나 동식물에 비유하여 표현하는 방법

• **대유법** : 하나의 사물이나 관념을 나타내는 말이 경험적으로 밀접하게 연관된 사물, 관념으로 나타내도록 표현하는 수사법

　－ **제유법** : 한 부분을 가지고 그 사물 전체를 나타내는 법

　－ **환유법** : 사물의 특징으로 표현하려는 대상을 나타내는 법

ⓒ 강조법 : 표현하려는 내용을 뚜렷하게 나타내어 독자에게 인상을 남기는 수사법

상징법	비유이면서도 좀처럼 원관념을 찾아내기 힘든 표현. 추상적인 것을 구체적 사물로 암시하는 법
과장법	실제보다 훨씬 크거나 작게 표현하는 법
영탄법	기쁨. 슬픔. 놀라움. 무서움 따위의 감정을 표현하여 글의 효과를 높이는 법
점층법	어구(語句)의 의미를 점차로 강하게. 크게. 깊게. 높게 함으로써 그 뜻이나 가락을 절정으로 끌어올리는 방법
대조법	서로 상반되는 사물을 맞세워 그중 하나를 두드러지게 나타내는 법
열거법	비슷한 말귀나 내용적으로 관계있는 말귀를 늘어놓는 법
비교법	두 가지 이상의 사물이나 개념의 비슷한 것을 비교하는 법(예 양귀비 꽃보다도)
연쇄법	앞말의 꼬리를 따서 그 다음 말의 머리에 놓아 표현하는 법
명령법	격한 감정으로 명령하는 법

ⓒ 변화법 : 표현의 단조로움을 피하기 위해 문장에 생기를 불어넣는 표현법

도치법	문법상. 논리상으로 순서를 바꿔 놓는 법
설의법	서술로 해도 무관한 것을 의문형으로 나타내는 법
돈호법	대상을 불러 독자의 주의를 환기시키는 표현법
대구법	가락이 비슷한 글귀를 짝지어 나란히 놓아 흥취를 높이려는 법
반어법	겉으로 표현되는 말과는 반대의 뜻을 나타내는 법
역설법	• 표면적으로는 이치에 어긋난 논리적 모순으로 보이지만 그 속에 보다 깊은 뜻이나 시적 진실을 담고 있는 표현법으로, 이를 통해 일상적으로 표현할 수 없는 시인의 느낌이나 감정을 참신하고 효과적으로 전달함 • 모순 형용 또는 모순 어법이라고도 함
문답법	스스로 묻고 스스로 대답하는 형식
생략법	어떤 말을 없애도 뜻의 내용이 오히려 간결해져서 함축과 여운을 지니게 하는 법

실력UP 기타 수사법

• 언어유희 : 말이나 문자, 음운, 발음의 유사성을 이용하여 해학성을 높이는 표현 방법
• 사비유(死比喩) : 너무 자주 사용되어 개성과 참신함, 본래의 묘미가 사라진 비유
• 감정이입 : 화자의 감정을 다른 생명체나 무생물체에 이입하는 기법, 즉 다른 대상을 통해 감정을 표현하는 것

기타 문체의 특성

- **개성적 문체** : 개인적이고 독자적인 성격이 드러나는 표현상에서의 특수성. 흔히 문장 양식을 가리키며 특정 작가와 그 작품 속 문장에서 나타남
- **유형적 문체** : 작품 속에서 인정되는 표현상의 공통적 특수성으로, 사회와 밀접한 관련을 맺고 있으며 표기 형식, 어휘, 어법, 수사, 문장 형식 또는 시대나 지역 사회에 따라 달라짐

시의 정의

인간의 사상과 감정을 운율 있는 언어로 압축하여 형상화한 문학

시의 3대 요소

- 음악적 요소(운율) : 반복되는 소리의 질서에 의해 창출되는 운율감
- 회화적 요소(심상) : 대상의 묘사나 비유에 의해 떠오르는 구체적인 모습
- 의미적 요소(주제) : 시에 담겨 있는 뜻에 의해 나타나는 요소

시어의 역할

- **매개체로서의 역할**
  - 시어는 시에서 추억을 떠올리게 하거나 과거를 회상하게 하는 매개체 역할을 수행함
  - 화자의 심경에 변화를 초래하는 매개체가 되기도 함
- **교훈의 대상으로서의 역할** : 바람직한 삶의 모습이나 자세를 주는 교훈의 대상이 되기도 함
- **장애물의 역할** : 화자의 소망이나 목표를 방해하는 장애물이나 난관

(2) 문체

① 문체의 의미와 구분

　㉠ **문체의 의미** : 언어 표현의 독특한 양상으로 문장의 개인적인 성벽(性癖)이나 범주를 의미함

　㉡ **문체의 구분**

구분		내용
문장의 호흡에 따라	간결체	문장의 길이가 짧고 수식어가 적어 글의 호흡이 빠른 문체
	만연체	문장이 길고 수식어가 많아 글의 호흡이 느린 문체
표현의 강약에 따라	강건체	글의 기세가 도도하고 거세며 탄력 있는 남성적인 문체
	우유체	글의 흐름이 우아하고 부드러워 여성적인 느낌을 주는 문체
수식의 정도에 따라	화려체	비유나 수식이 많아 찬란하고 화려한 느낌을 주는 문체
	건조체	비유나 수식이 거의 없고, 간결하며 선명한 압축, 요약된 문체

02절　문학의 갈래

1. 시

(1) 시의 특성과 시어

① 시의 특성

　㉠ **함축성** : 절제된 언어와 압축된 형태로 사상과 감정을 표현

　㉡ **운율성** : 운율로써 음악적 효과를 나타냄

　㉢ **정서성** : 독자에게 특정한 정서를 환기시킴

　㉣ **사상성** : 의미 있는 내용으로서 시인의 인생관, 세계관이 깔려 있음

　㉤ **고백성** : 시는 내면화된 세계의 주관적, 고백적 표현

② 시어(詩語)

　㉠ **의미** : 시어(시적 언어)는 '시에서 사용되는 언어', '시적인 방법으로 사용된 일단의 말'을 의미하며, 일상어와는 구별됨

　㉡ **시어의 특징**

　　• **함축적 의미(내포적 의미)** : 시어는 통상적인 의미를 넘어 시에서 새롭게 창조되는 의미를 지니며, 여기에는 시어가 지니는 분위기나 다의성, 비유, 상징적 의미 등이 포함됨

　　• **시적 허용(시적 자유)** : 시어는 일상적인 언어 규범과 다른 방식으로 정서나 사상을 표현할 수 있으며, 비문과 사투리, 신조어 등을 사용하여 개성적인 표현이 가능함

- 다의성(모호성) : 시어는 시 속에서 여러 가지 의미를 지니게 되며, 이는 시의 폭과 깊이를 넓힘
- 주관성 : 객관적으로 통용되는 의미를 넘어 주관적 · 개인적으로 해석될 수 있는 의미를 중시함
- 사이비 진술(의사 진술) : 일상적 상식이나 과학적 사실과 다르지만 시적 진실을 통해 감동을 유발함
- 정서의 환기 : 시어는 의미를 전달하는 외에도 시적 상황을 매개로 하여 시적 정서를 환기함

(2) 시의 갈래와 운율

① 시의 갈래

㉠ 형식상 갈래
- 자유시 : 특정한 형식에 얽매이지 않고 자유롭게 지은 시
- 정형시 : 일정한 형식에 맞추어 쓴 시
- 산문시 : 행의 구분 없이 산문처럼 쓰인 시

㉡ 내용상 갈래
- 서정시 : 개인의 주관적 정서를 짧게 압축한 시
- 서사시 : 신화나 역사, 영웅들의 이야기를 길게 읊은 시

㉢ 목적, 태도, 경향상 갈래
- 순수시 : 개인의 순수한 정서를 형상화한 시
- 주지시 : 인간의 지성에 호소하는 시로, 기지, 풍자, 아이러니, 역설 등으로 표출됨

② 시의 운율(韻律)

회형율	음수율		시어의 글자 수나 행의 수가 일정한 규칙을 가지는 데에서 오는 운율 → 3 · 4(4 · 4)조, 7 · 5조
	음위율		시의 일정한 위치에 일정한 음을 규칙적으로 배치하여 만드는 운율
		두운	일정한 음이 시행의 앞부분에 있는 것
		요운	일정한 음이 시행의 가운데 있는 것
		각운	일정한 음이 시행의 끝부분에 있는 것
	음성률		음의 장단이나 고저 또는 강약 등의 주기적 반복으로 만드는 운율
	음보율		소리의 반복과 시간의 등장성에 근거한 운율 → 3음보, 4음보
내재율			의미와 융화되어 내밀하게 흐르는 정서적 · 개성적 운율

(3) 시의 표현

① 심상(이미지)의 개념과 종류

㉠ 심상의 개념 : 시를 읽을 때 마음속에 떠오르는 느낌이나 상(象), 즉 체험을 바탕으로 감각기관을 통하여 형상화된 사물의 감각적 영상

01장 현대 문학

기타 시의 갈래
- 극시 : 극적인 내용을 시적 언어로 표현한 희곡 형식의 시
- 주정시 : 인간의 감정에 호소하는 시
- 사회시(참여시) : 사회의 현실에 참여하여 자신의 의견을 내놓는 시
- 주의시 : 지성과 감성을 동반하되 목적이나 의도를 지닌 의지적인 내용을 주로 표현한 시

운율의 개념
- 소리의 일정한 규칙적 질서
- 리듬을 형성하는 운(韻)과 동일한 소리움직가 일정하게 반복되는 현상인 율(律)로 구분
- 일정한 규칙성으로 안정감, 미적 쾌감으로 독특한 어조를 형성

운율을 이루는 요소
- 동음 반복 : 특정한 음운을 반복하여 사용
- 음수, 음보 반복 : 일정한 음절수나 음보를 반복하여 사용(음수율, 음보율)
- 의성어, 의태어 사용 : 의성어나 의태어 등 음성 상징어를 사용하여 운율을 형성
- 통사 구조의 반복 : 같거나 비슷한 문장의 짜임을 반복적으로 사용하여 운율을 형성

심상의 기능
- 함축적 의미 전달 : 시어의 의미와 느낌을 한층 함축성 있게 나타낼 수 있음
- 시적 대상의 구체화 : 단순한 서술에 비해 대상을 구체적이고 생생하게 표현할 수 있음
- 심리 상태의 효과적 표현 : 감각을 직접적으로 뚜렷이 전달할 수 있음

SEMI-NOTE

ⓒ 심상의 종류 ★빈출개념
- 시각적 심상 : 색깔, 모양, 명암, 동작 등 눈의 감각을 이용한 심상
- 청각적 심상 : 음성, 음향 등 소리의 감각을 이용한 심상
- 후각적 심상 : 냄새의 감각을 이용한 심상
- 미각적 심상 : 맛의 감각을 이용한 심상
- 촉각적 심상 : 감촉의 감각을 이용한 심상
- 공감각적 심상 : 두 가지 감각이 동시에 인식되는 심상, 또는 한 감각이 다른 감각으로 전이(轉移)되어 나타나는 표현
- 복합 감각적 심상 : 서로 다른 두 가지 이상의 관련이 없는 감각을 나열한 심상

② 비유 : 말하고자 하는 사물이나 의미를 다른 사물에 빗대어 표현하는 방법으로, 두 사물의 유사점에 근거하여 원관념과 보조관념의 결합으로 이루어짐

③ 상징의 개념과 종류
ⓒ 상징의 개념 : 어떤 사물이 그 자체의 뜻을 유지하면서 더 포괄적이고 내포적인 다른 의미까지 나타내는 표현 방법
ⓒ 상징의 특성
- 상징은 그 의미를 작품 전체에 조응할 때 비로소 파악할 수 있음
- 상징은 원관념이 생략된 은유의 형태를 띠지만, 그 뜻을 완벽하게 밝히지는 않음
- 비유에서는 원관념과 보조관념이 일대일로 대응하지만, 상징에서는 일대다수로 대응

2. 시상의 전개

(1) 시상의 개념과 유형

① 시상의 개념 : 시인의 사상이나 정서를 일정한 질서로 조직하는 것
② 전개 방식
ⓒ 기승전결(起承轉結)에 따른 전개 : 기승전결의 구성 방식, 즉 '시상의 제시 → 시상의 반복 및 심화 → 시상의 전환 → 중심 생각 · 정서의 제시'의 전개를 통해 완결성을 추구하는 방식
ⓒ 수미상관(首尾相關)에 따른 전개 : 시작과 끝을 같거나 비슷한 시구로 구성하는 전개 방식으로, 시의 균형감과 안정감을 획득할 수 있는 장점을 지님
ⓒ 선경후정(先景後情)에 따른 전개 : 앞에서는 풍경을 묘사하고, 뒤에서는 시적 화자의 정서를 표출하는 방식
ⓒ 점층적 기법에 따른 전개 : 의미나 단어 형태, 진행 과정 등을 점층적으로 변화시키며 시상을 전개하는 방식
ⓒ 연상 작용에 따른 전개 : 하나의 시어가 주는 이미지를 이와 관련된 다른 관념으로 꼬리에 꼬리를 무는 방식
ⓒ 어조의 전환에 따른 전개 : 화자의 정서가 절망과 희망, 기쁨과 슬픔, 체념과 극복의 의지 등으로 전환되면서 주제의식이 부각되는 전개 방식을 말함

비유의 기능
• 이미지를 형성하는 수단
• 추상적인 대상을 구체적으로 정확하게 전달할 수 있음

상징의 종류
• 제도적 상징(관습적, 사회적, 고정적 상징) : 사회적 관습에 의해 되풀이되어 널리 보편화된 상징
• 개인적 상징(창조적, 문학적 상징) : 개인에 의해 만들어져서 문학적 효과를 발휘하는 상징

시상의 전개방식
• 과거에서 현재, 미래로의 흐름
 - 이육사 「광야」 : 과거 → 현재 → 미래
 - 윤동주 「서시」 : 과거 → 미래 → 현재
• 밤에서 아침으로의 흐름
 - 김광균 「외인촌」 : 해질 무렵 → 아침
 - 박남수 「아침 이미지」 : 어둠 → 아침
• 시선의 이동에 따른 전개
 - 원경에서 근경으로의 이동 : 박목월 「청노루」, 김상옥 「사향」
 - 그 밖의 이동 : 이병기 「난초」(잎새 → 줄기(대공) → 꽃 → 이슬)
• 대조적 심상의 제시
 - 김기림 「바다와 나비」 → 흰나비와 바다의 대립
 - 김수영 「풀」 : 풀과 바람의 대립

(2) 시적 화자의 어조 및 태도

① 시적 화자와 정서적 거리

  ㉠ 시적화자의 개념

- 시적 화자란 시 속에서 말하는 사람을 말하며, 시인의 정서와 감정 등을 전달해주는 매개체에 해당함
- 시인 자신과 같을 수도 있고 다를 수도 있는데, 시인 자신이 화자인 경우 주로 자기 고백적이고 반성적인 성격을 지니며, 다른 인물이 화자인 경우 작품의 주제나 내용을 드러내는데 가장 적합한 인물이 선정됨

  ㉡ 정서적 거리의 개념

- 정서적 거리는 시적 화자가 대상에 대하여 느끼는 감정과 정서의 미적 거리
- 감정의 표출 정도와 방식에 따라 가까운 거리, 균제 또는 절제된 거리, 먼 거리 등으로 나뉨

  ㉢ 정서적 거리의 구분

- 정서적 거리가 가까운 경우 : 시적 대상에 대한 화자의 긍정적 정서가 강할 때 드러나며, 대상에 대해 주관적이고 직접적인 감정으로 표현됨
- 정서적 거리가 절제된 경우 : 시적 화자의 정서가 작품에 드러나기는 하나 직접적이고 적극적으로 표현되지 않고 절제된 어조와 태도를 통해 표현됨
- 정서적 거리가 먼 경우 : 시적 화자의 정서가 작품 속에 드러나지 않고 숨겨져 있으며 시적 대상만이 전면에 드러나는 경우를 말하며, 대상에 대한 주관적이고 감정적 표현은 자제되고 객관적인 모습의 묘사가 부각됨

② 시의 어조

  ㉠ 개념 : 시적 자아에 의해 표출되는 목소리의 성향으로, 제재 및 독자 등에 대한 시인의 태도를 말함

  ㉡ 어조의 유형

- 남성적 어조 : 의지적이고 힘찬 기백을 전달
- 여성적 어조 : 간절한 기원이나 한, 애상 등을 전달
- 성찰적, 명상적, 기원적 어조 : 경건하고 겸허한 자세로 삶의 가치를 추구하는 어조

③ 시적 화자의 태도

  ㉠ 개념 : 시적 자아가 대상을 바라보는 관점으로, 화자가 핵심으로 말하고 싶은 바를 다양한 감정을 가지고 시로써 표현하는 것을 일컬음

  ㉡ 태도의 유형

- 반성적 태도, 회한적 태도 : 개인이 처한 상황 또는 사회가 직면한 상황 속에서 적극적이지 못한 자신의 자세를 성찰하는 태도
- 자조적 태도 : 자기 자신 또는 사회에 부정적이며 염세적인 관점의 태도
- 미래 지향적 태도 : 미래의 가능성과 전망을 나타내는 시어들로 전달하는 태도

SEMI-NOTE

시적화자
시적화자를 다른 말로 시적 자아, 서정적 자아라고도 함

시적화자의 유형
• 남성적 화자
  - 이육사 「광야」 → 지사적이고 예언자적인 남성
  - 유치환 「일월」 → 불의에 타협하지 않고 맞서는 남성
• 여성적 화자
  - 한용운 「당신을 보았습니다」 → 권력자에게 능욕당하는 여인(주권을 상실한 백성)
  - 김소월 「진달래꽃」 → 이별의 슬픔을 승화하려는 여인

기타 어조의 유형
• 풍자, 해학의 어조 : 사회에 대하여 비판적인 태도를 전달
• 대화체 어조 : 시적 자아가 독자와 대화하듯 친근하고 자연스럽게 말하는 어조

기타 태도의 유형
• 찬양적 태도 : 초월적인 존재 및 위대한 존재를 찬양하는 단어들로 시의 분위기를 전달하는 태도
• 희망적 태도 : 긍정적이며 낙관적인 관점 아래에서 대상 및 세상을 바라보는 태도

소설의 특징
- **허구성** : 작가의 상상력에 의해 새롭게 창조된 개연성 있는 이야기(fiction)
- **산문성** : 주로 서술, 묘사, 대화 등으로 표현되는 대표적인 산문 문학
- **진실성** : 인생의 참의미를 깨닫게 하며, 인생의 진실을 추구
- **서사성** : 인물, 사건, 배경을 갖춘 이야기의 문학으로 일정한 시간의 흐름에 따라 전개
- **예술성** : 형식미와 예술미를 지닌 창조적인 언어 예술

길이에 따른 분류 – 엽편소설
'콩트', '장편(掌篇)소설'이라고도 하며, 구성이 고도로 압축된 형태(원고지 20~30매)

시대에 따른 분류 – 고대소설
갑오경장(1894년) 이전의 소설

내용에 따른 분류 – 전쟁소설
전쟁을 제재로 한 소설

소설의 개념
구성이란 주제를 효과적으로 표현하기 위해 사건을 인과관계에 따라 배열한 체계와 질서를 말함

구성(plot)과 줄거리(story)
- **구성** : 작가의 의도에 따라 재구성된 사건의 인과적인 미적 질서
- **줄거리** : 시간의 흐름에 따른 사건의 나열

3. 소설의 본질

(1) 소설의 정의와 요소

① **소설의 정의** : 소설은 개연성 있는 허구를 예술적으로 형상화한 산문 문학으로, 현실에서 있을 법한 이야기를 작가가 상상력에 의하여 구성하거나 꾸며내어 산문으로 표현한 서사 양식

② **소설의 3요소**
  ㉠ **주제(theme)** : 작가가 작품을 통하여 나타내고자 하는 인생관이나 중심 사상
  ㉡ **구성(plot)** : 이야기 줄거리의 짜임새(인물, 사건, 배경이 구성 요소)
  ㉢ **문체(style)** : 작품에 구체적으로 나타나는 작가의 개성적인 문장의 특성

(2) 소설의 갈래

① **길이에 따른 분류**
  ㉠ **장편(長篇)소설** : 복합적 구성과 다양한 인물의 등장으로 사회의 총체적 모습을 그림(원고지 1,000매 이상)
  ㉡ **중편(中篇)소설** : 장편과 단편의 특징을 절충한 것으로 구성은 장편소설과 비슷함(원고지 200~500매)
  ㉢ **단편(短篇)소설** : 단일한 주제·구성·문체로 통일된 인상을 줌(원고지 50~100매)

② **시대에 따른 분류**
  ㉠ **신소설** : 갑오경장 직후부터 이광수의 「무정(1917년)」이 발표되기 직전까지의 소설로 언문일치에 가까운 문장과 개화사상을 강조
  ㉡ **근대소설** : 이광수의 「무정」 이후 지금까지 발표된 소설

③ **내용에 따른 분류**
  ㉠ **역사소설** : 역사적 사건이나 인물을 제재로 한 소설
  ㉡ **계몽소설** : 독자가 모르는 것을 깨우쳐 주기 위한 소설
  ㉢ **사회소설** : 사회 문제, 정치 문제 등을 소재로 하며 그와 관련된 목적성을 지닌 소설
  ㉣ **심리소설** : 인간의 내부 심리 상태나 의식의 흐름을 묘사한 소설
  ㉤ **탐정소설** : 범죄와 그에 따른 수사 활동을 제재로 한 소설

④ **예술성에 따른 분류**
  ㉠ **순수소설** : 예술성이 강한 소설
  ㉡ **대중소설** : 예술성은 별로 고려하지 않은 흥미 위주의 소설

(3) 소설의 구성

① **소설의 구성 단계**
  ㉠ **발단** : 소설의 첫머리로 인물과 배경이 제시되고 사건의 방향을 암시
  ㉡ **전개** : 사건이 복잡해지고 구체적으로 전개되면서 갈등이 표면화되는 단계
  ㉢ **위기** : 극적인 발전을 가져오는 계기의 단계로서, 새로운 사태가 발생하기도

하며 위기감이 고조되고 절정을 유발하는 부분

ⓔ 절정 : 인물의 성격, 행동, 갈등 등이 최고조에 이르러 잘 부각되고 주제가 선명하게 드러나며 사건 해결의 실마리가 제시되는 단계

ⓜ 결말 : 갈등과 위기가 해소되고 주인공의 운명이 분명해지는 해결의 단계

② 구성의 유형

㉠ 이야기 수에 따른 구성

• 단순 구성(단일 구성) : 단일한 사건으로 구성되며, 주로 단편소설에 쓰임

• 복합 구성(산문 구성) : 둘 이상의 사건이나 플롯이 서로 교차하면서 진행되는 구성으로, 주로 중편이나 장편소설에 쓰임

㉡ 사건의 진행 방식에 따른 구성

• 평면적 구성(진행적 구성) : 시간적 흐름에 따라 진행되어 가는 구성

• 입체적 구성(분석적 구성) : 시간의 흐름에 관계없이 진행되어 가는 구성

㉢ 이야기 틀에 따른 구성

• 액자식 구성(격자식 구성) : 하나의 이야기(외화) 안에 또 하나의 이야기(내화)가 있는 구성, 즉 주요 이야기와 부차적 이야기의 이루어진 이중 구성

• 피카레스크식 구성 : 주제와 관련이 있는 내화가 핵심이 되는 이야기가 되며, 이야기의 전환 시 시점의 변화가 수반됨

③ 인물의 유형

㉠ 성격의 변화에 따른 유형

• 평면적 인물 : 작품 속에서 성격이 변화하지 않고 주위의 어떠한 변화에도 영향을 받지 않는 인물로, 정적 인물(Static Character)이라고도 함

• 입체적 인물 : 사건이 진행되면서 성격이 변화되고 발전하는 인물로 원형적 인물 또는 발전적 인물(Developing Character)이라고도 함

㉡ 역할에 따른 유형

• 주동 인물 : 작품의 주인공으로서 사건의 주체인 인물

• 반동 인물 : 작품 속에서 주인공과 대립하는 인물

④ 소설의 시점

㉠ 시점의 개념 : 시점이란 이야기를 하는 사람인 서술자가 사건이나 대상을 바라보는 관점, 시각을 의미

㉡ 시점의 분류 기준

구분	사건의 내부적 분석	사건의 외부적 관찰
서술자=등장인물	1인칭 주인공 시점	1인칭 관찰자 시점
서술자≠등장인물	전지적 작가 시점	작가 관찰자 시점

⑤ 시점의 종류

㉠ 1인칭 주인공 시점

• 소설 속의 주인공이 자기 자신의 이야기를 서술

• 인물과 서술의 초점이 일치(인물과 서술자의 거리가 가장 가까움)

• 심리 소설, 서간체 소설, 수기체 소설, 과거 회상식 소설, 사소설(私小說)등에 주로 쓰임

각 시점의 제약

- 1인칭 주인공 시점 : 객관성의 유지와 주인공 이외의 인물 및 사건 서술에 제약이 따름
- 1인칭 관찰자 시점 : 객관적인 관찰자의 눈에 비친 세계만을 다루므로 전체적으로 시야가 제한적이며, 주인공과 세계에 대한 깊이 있는 묘사에 한계가 있음
- 작가(3인칭) 관찰자 시점 : 서술자와 인물의 거리가 가장 멀며, 객관적 사실만 전달하므로 인물들의 심리 묘사와 명확한 해석에 어려움이 따름
- 전지적 작가 시점 : 서술자의 지나친 관여와 해석, 논평으로 인해 독자의 능동적인 참여 기회가 제한되고 객관성을 확보하기가 어려우며, 소설이 도식적이며 논설적 경향으로 흐르기 쉬움

대표 작품

- 1인칭 주인공 시점 : 김유정 「봄봄」, 이상 「날개」, 오정희 「중국인 거리」
- 1인칭 관찰자 시점 : 주요섭 「사랑 손님과 어머니」, 채만식 「치숙」
- 작가(3인칭) 관찰자 시점 : 김동인 「감자」, 황순원 「소나기」
- 전지적 작가 시점 : 이효석 「메밀꽃 필 무렵」, 최인훈 「광장」, 염상섭 「삼대」

주제와 중심내용

주제는 작품의 모든 요소들의 전체 효과에 의해 형상화된 중심 내용이자 소설의 모든 요소들이 유기적으로 결합되어 형성되는 총체적인 사상

기타 갈등의 양상

- 개인과 운명 간의 갈등 : 등장인물의 삶이 운명적으로 결정되거나 무너지면서 겪는 갈등
- 개인과 자연의 갈등 : 등장인물과 이들의 행동을 제약하는 자연현상과의 갈등

- 주인공과 서술자가 일치하므로 주인공의 내면심리 제시에 효과적이며, 독자에게 친근감과 신뢰감을 부여

ⓛ 1인칭 관찰자 시점
- 작품 속에 등장하는 부수적 인물인 '나'가 주인공의 이야기를 서술하는 시점으로, 어떠한 인물을 관찰자로 설정하는가에 따라 소설의 효과가 달라짐
- 주인공의 내면이 드러나지 않아 긴장과 경이감을 조성하며, '나'에 대한 주관적 해석과 관찰의 '대상'에 대한 객관적 묘사를 동시에 추구하여 독자에게 신뢰감을 형성함

ⓒ 작가(3인칭) 관찰자 시점
- 작가가 관찰자의 입장에서 객관적 태도로 이야기를 서술하는 방법
- 외부 관찰에 의거하여 해설이나 평가를 하지 않고 있는 그대로 제시하는 시점으로, 현대 사실주의 소설에서 흔히 쓰임
- 서술자와 인물의 거리는 가장 멀고, 작중 인물과 독자의 거리는 가까움
- 서술자는 해설이나 평가를 내리지 않고 인물의 대화와 행동, 장면 등을 관찰해 객관적으로 전달함으로써 극적 효과와 객관성(리얼리티)을 유지

ⓔ 전지적 작가 시점
- 작품에 등장하지 않는 서술자가 전지전능한 신과 같은 입장에서 소설의 모든 요소를 해설하고 논평할 수 있는 시점
- 서술자가 인물의 심리나 행동, 대화까지 설명하고 해석하며, 작품에 직접 개입하여 사건을 진행하고 평가
- 작가의 사상과 인생관이 직접 드러나며, 대부분의 고대 소설과 현대 소설(장편소설)에 사용됨
- 서술자가 작품의 모든 요소에 대해 설명할 수 있어, 서술의 폭이 넓고 주인공이 모르는 것 까지도 독자에게 제공할 수 있음

(4) 주제, 사건, 배경, 문체

① 주제의 개념과 제시 방법

ⓐ 주제의 개념 : 작가가 작품을 통해 제시하고자 하는 중심적인 사상이나 세계관, 인생관을 말함

ⓛ 주제 제시 방법
- 직접적 제시 : 작가나 작중 인물의 직접적 진술로 명확하게 제시하는 방법으로, 편집자적 논평으로 제시하거나 작중 인물들의 대화를 통해 제시됨
- 간접적 제시 : 작중 인물의 행동, 배경, 분위기, 갈등 구조와 그 해소, 플롯의 진행, 비유와 상징, 이미지 등을 통해 암시적으로 제시하는 방법

② 사건의 개념과 갈등의 양상

ⓐ 사건의 개념 : 사건이란 소설에서 인물의 행위나 서술에 의해 구체화되는 모든 일로, 개별 사건들은 유기적, 인과적으로 구성되어 전체 구조를 형성

ⓛ 갈등의 양상
- 내적 갈등(내면 갈등) : 인물의 마음속에서 일어나는 내적인 갈등

- 개인(인물) 간의 갈등 : 주동 인물과 대립하는 인물(반동 인물) 간에 발생하는 갈등
- 개인과 사회와의 갈등 : 등장인물과 그들이 처한 사회적 환경 사이에서 발생하는 갈등을 말하며 주로 인물과 사회의 관습, 제도 등의 대립에서 발생

③ 소설의 배경 : 배경의 개념과 종류
  ㉠ 배경의 개념 : 소설에서 사건이 일어나는 시간 및 공간 또는 소설 창작 당시의 시대, 사회적 환경 등 외적인 환경뿐만 아닌, 인물의 심리적 배경도 포함
  ㉡ 배경의 종류
- 시간적 배경 : 사건이 일어나는 구체적인 시간이나 시대로, 사건의 구체성을 확보
- 공간적 배경 : 행동과 사건이 일어나는 공간적인 무대로, 인물의 성격과 심리를 부각
- 사회적 배경 : 사건이 전개되는 사회의 구체적인 모습으로, 주제와 밀접한 관련을 가짐
- 심리적 배경 : 작중 인물의 심리 상태의 흐름을 말하는 것으로, 심리주의 소설에서 중시
- 자연적 배경 : 자연현상이나 자연환경 등과 같은 배경으로, 일정한 분위기와 정조를 만듦

④ 소설의 문체
  ㉠ 서술 : 작가가 인물, 사건, 배경 등을 직접 해설하는 방식으로, 해설적, 추상적, 요약적으로 표현하여 사건 진행을 빠르게 함
  ㉡ 묘사 : 작가가 인물, 사건, 배경 등을 장면화하여 대상을 구체적, 사실적으로 재현시킴으로써 독자에게 생생한 이미지를 전달
  ㉢ 대화 : 등장인물이 하는 말에 의한 표현으로, 사건을 전개시키고 인물의 성격을 제시하는 역할을 하며, 스토리와의 유기적 결합으로 자연스럽고 극적인 상황을 만듦

4. 기타 문학의 갈래

(1) 수필

① 수필의 개념 : 인생이나 자연의 모든 사물에서 보고, 듣고, 느낀 것이나 경험한 것을 형식과 내용상의 제한을 받지 않고 붓 가는 대로 쓴 글
② 수필의 종류
  ㉠ 경수필 : 일정한 격식 없이 개인적 체험과 감상을 자유롭게 표현한 수필로 주관적, 정서적, 자기 고백적이며 신변잡기적인 성격이 담김
  ㉡ 중수필 : 일정한 격식과 목적, 주제 등을 구비하고 어떠한 현상을 표현한 수필로 형식적이고 객관적이며 내용이 무겁고, 논증, 설명 등의 서술 방식을 사용
  ㉢ 서정적 수필 : 일상생활이나 자연에서 느낀 정서나 감정을 솔직하게 주관적으로 표현한 수필

배경의 기능
- 사건의 전개와 인물의 행동에 사실성을 부여
- 작품의 전반적인 분위기나 정조를 조성
- 주제나 인물의 심리 상태를 부각시키며, 배경 자체가 주제 의식을 효과적으로 드러내는 하나의 상징적인 의미를 지님

어조의 종류
- **해학적 어조** : 익살과 해학이 중심을 이루는 어조
- **냉소적 어조** : 차가운 냉소가 주조를 이루는 어조
- **반어적 어조** : 진술의 표리, 상황의 대조에 의한 어조
- **풍자적 어조** : 사물에 대한 풍자가 나타나는 어조

기타 수필의 종류
- **서사적 수필** : 어떤 사실에 대한 내용을 작가의 주관 없이 이야기를 전개하는 형식
- **희곡적 수필** : 극적 요소를 지닌 경험이나 사건을 희곡적으로 전개하는 수필로 사건이 유기적이며 통일적으로 전개됨

희곡의 제약

- 희곡은 무대 상연을 전제로 하기 때문에 시간적, 공간적 제약을 받음
- 등장인물 수가 한정
- 인물의 직접적 제시가 불가능. 대사와 행동만으로 인물의 삶을 드러냄
- 장면 전환의 제약을 받음
- 서술자의 개입 불가능. 직접적인 묘사나 해설, 인물 제시가 어려움
- 내면 심리의 묘사나 정신적 측면의 전달이 어려움

희곡의 구성단위

- 막(幕, act) : 휘장을 올리고 내리는 데서 유래된 것으로, 극의 길이와 행위를 구분
- 장(場, scene) : 배경이 바뀌면서, 등장인물이 입장하고 퇴장하는 것으로 구분되는 단위

기타 희곡의 갈래

- 소화(笑話) : 희극과 비슷한 결말을 갖고 있지만, 인물의 성격, 행동의 동기가 거의 드러나지 않는 극으로, 단지 과장되고 강렬한 방법으로 웃음을 자아내는 희극
- 레제드라마(lesedrama) : 무대 상연을 전제하지 않고, 읽기만을 위해 쓴 희곡

ⓔ 교훈적 수필 : 인생이나 자연에 대한 지은이의 체험이나 사색을 담은 교훈적 내용의 수필

(2) 희곡

① 희곡의 정의와 특성

ⓐ 희곡의 정의 : 희곡은 공연을 목적으로 하는 연극의 대본, 등장인물들의 행동이나 대화를 기본 수단으로 하여 관객들을 대상으로 표현하는 예술 작품

ⓑ 희곡의 특성
- 무대 상연을 전제로 한 문학 : 공연을 목적으로 창작되었기 때문에 여러 가지 제약(시간, 장소, 등장인물의 수)이 따름
- 대립과 갈등의 문학 : 희곡은 인물의 성격과 의지가 빚어내는 극적 대립과 갈등을 주된 내용으로 함
- 현재형의 문학 : 모든 사건을 무대 위에서 배우의 행동을 통해 지금 눈앞에 일어나는 사건으로 현재화하여 표현함

② 희곡의 구성 요소와 단계

ⓐ 희곡의 구성 요소
- 해설 : 막이 오르기 전에 필요한 무대 장치, 인물, 배경(때, 곳) 등을 설명한 글로, '전치 지시문'이라고도 함
- 대사 : 등장인물이 하는 말로, 인물의 생각, 성격, 사건의 상황을 드러냄
- 지문 : 배경, 효과, 등장인물의 행동(동작이나 표정, 심리) 등을 지시하고 설명하는 글로, '바탕글'이라고도 함
- 인물 : 희곡 속의 인물은 의지적, 개성적, 전형적 성격을 나타내며 주동 인물과 반동 인물의 갈등이 명확히 부각됨

ⓑ 희곡의 구성 단계
- 발단 : 시간적, 공간적 배경과 인물이 제시되고 극적 행동이 시작됨
- 전개 : 주동 인물과 반동 인물 사이의 갈등과 대결이 점차 격렬해지며, 중심 사건과 부수적 사건이 교차되어 흥분과 긴장이 고조
- 절정 : 주동 세력과 반동 세력 간의 대결이 최고조에 이름
- 반전 : 서로 대결하던 두 세력 중 뜻하지 않은 쪽으로 대세가 기울어지는 단계로, 결말을 향하여 급속히 치닫는 부분
- 대단원 : 사건과 갈등의 종결이 이루어져 사건 전체의 해결을 매듭짓는 단계

③ 희곡의 갈래

ⓐ 희극(喜劇) : 명랑하고 경쾌한 분위기 속에 인간성의 결점이나 사회적 병폐를 드러내어 비판하며, 주인공의 행복이나 성공을 주요 내용으로 삼는 것으로, 대개 행복한 결말로 끝남

ⓑ 비극(悲劇) : 주인공이 실패와 좌절을 겪고 불행한 상태로 타락하는 결말을 보여 주는 극

ⓒ 희비극(喜悲劇) : 비극과 희극이 혼합된 형태의 극으로 불행한 사건이 전개되다가 나중에는 상황이 전환되어 행복한 결말을 얻게 되는 구성 방식

ⓓ 단막극 : 한 개의 막으로 이루어진 극

(3) 시나리오(Scenario)

① 시나리오의 정의와 특징
- ㉠ 시나리오의 정의 : 영화나 드라마 촬영을 위해 쓴 글(대본)을 말하며, 장면의 순서, 배우의 대사와 동작 등을 전문 용어를 사용하여 기록
- ㉡ 시나리오의 특징
  - 등장인물의 행동과 장면의 제약 : 예정된 시간에 상영될 수 있도록 해야 함
  - 장면 변화와 다양성 : 장면이 시간이나 공간의 제약 없이 자유자재로 설정
  - 영화의 기술에 의한 문학 : 배우의 연기를 촬영해야 하므로, 영화와 관련된 기술 및 지식을 염두에 두고 써야 함

② 시나리오의 주요 용어

명칭	설명
scene number	장면 번호. 'S#'으로 표시
narration	등장인물이 아닌 사람에게서 들려오는 설명체의 대사
narratage	'내레이션(narration)'과 '몽타주(montage)'의 합성어로 화면이나 정경을 이중 화면으로 표현하는 기법
Crank in	영화의 촬영을 시작하는 것
Crank up	촬영 완료
sequence	한 삽화로서 묶어진 부분
Shot	카메라의 회전을 중단하지 않고 촬영한 일련의 필름. 이것이 모여 신(scene)을 이룸
F.I(fade in)	장면이 점점 밝아짐. '용명(溶明)'이라고도 함
F.O(fade out)	장면이 점점 어두워짐. '용암(溶暗)'이라고도 함
O.L(over lap)	화면이 겹치면서 장면이 바뀌는 수법. 시간 경과에 주로 씀
C.U(close up)	어떤 한 부분의 집중적인 확대
C.I(cut in)	하나의 장면에 다른 화면을 삽입하는 것
C.S(close shot)	조절거리
P.D(pan down)	카메라를 아래로 향해 선회하여 촬영하는 것. 틸트 다운(tilt down)

03절 현대시, 현대소설

1. 현대시

(1) 신체시부터 1920년대까지의 시

① 해에게서 소년에게(1908)

처……ㄹ썩, 처……ㄹ썩, 척, 쏴……아.
때린다, 부순다, 무너버린다.
태산 같은 높은 뫼, 집채 같은 바윗돌이나.
요것이 무어야, 요게 무어야.
나의 큰 힘 아느냐 모르느냐, 호통까지 하면서.
때린다, 부순다, 무너버린다.
처……ㄹ썩, 처……ㄹ썩, 척, 튜르릉, 콱.

처……ㄹ썩, 처……ㄹ썩, 척, 쏴……아.
내게는, 아무 것, 두려움 없어,
육상(陸上)에서, 아무런, 힘과 권(權)을 부리던 자라도.
내 앞에 와서는 꼼짝 못하고,
아무리 큰, 물건도 내게는 행세하지 못하네.
내게는 내게는 나의 앞에는.
처……ㄹ썩, 처……ㄹ썩, 척, 튜르릉, 콱.

처……ㄹ썩, 처……ㄹ썩, 척, 쏴……아.
나에게, 절하지, 아니한 자가,
지금까지, 있거든, 통기(通寄)하고 나서 보아라.
진시황, 나파륜, 너희들이냐.
누구누구누구냐, 너희 역시 내게는 굽히도다.
나하고 겨룰 이 있건 오너라.
처……ㄹ썩, 처……ㄹ썩, 척, 튜르릉, 콱.

처……ㄹ썩, 처……ㄹ썩, 척, 쏴……아.
조그만 산모를 의지하거나,
좁쌀 같은 작은 섬, 손뼉만한 땅을 가지고,
고 속에 있어서 영악한 체를,
부리면서, 나 혼자 거룩하다 하는 자,
이리 좀 오너라, 나를 보아라.
처……ㄹ썩, 처……ㄹ썩, 척, 튜르릉, 콱.

처……ㄹ썩, 처……ㄹ썩, 척, 쏴……아.
나의 짝될 이는 하나 있도다,
크고 길고, 넓게 뒤덮은 바 저 푸른 하늘.
저것은 우리와 틀림이 없어,

SEMI-NOTE

해에게서 소년에게
- **작자** : 최남선
- **갈래** : 신체시
- **특징** : 정형시와 자유시의 과도기적 형태
- **성격** : 계몽적
- **의의** : 우리 문학사 최초의 신체시
- **제재** : 바다
- **주제** : 새로운 세계에 대한 동경과 기대
- **출전** : 「소년」

시상전개
- **1연** : 모든 것을 부수는 바다의 위용
- **2연** : 육지에 존재하는 힘과 권력을 가진 것들도 두려워하지 않는 바다
- **3연** : 진시황, 나팔륜(나폴레옹)조차도 겨룰 수 없는 바다의 위용
- **4연** : 고상한 척, 영리한 척하는 개화에 부정적인 이들에 대한 비웃음
- **5연** : 고결한 바다와 연결되는 푸른 하늘의 모습
- **6연** : 세상 사람들은 부정적이나, 순수하며 담력 있는 소년배들이 새로운 세계를 이끌어 주기를 기대

작은 시비 작은 쌈 온갖 모든 더러운 것 없도다.
조따위 세상에 조 사람처럼.
처……ㄹ썩, 처……ㄹ썩, 척, 튜르릉, 콱.

처……ㄹ썩, 처……ㄹ썩, 척, 쏴……아.
저 세상 저 사람 모두 미우나
그 중에서 똑 하나 사랑하는 일이 있으니,
담 크고 순진한 소년배(少年輩)들이,
재롱처럼, 귀엽게 나의 품에 와서 안김이로다.
오너라 소년배, 입맞춰 주마.
처……ㄹ썩, 처……ㄹ썩, 척, 튜르릉, 콱.

② 진달래꽃(1922)

나 보기가 역겨워
가실 때에는
말없이 고이 보내 드리오리다.

영변의 약산
진달래꽃
아름 따다 가실 길에 뿌리오리다.

가시는 걸음걸음
놓인 그 꽃을
사뿐히 즈려 밟고 가시옵소서.

나보기가 역겨워
가실 때에는
죽어도 아니 눈물 흘리오리다.

실력UP 진달래꽃에서 사용된 표현과 기법

• 예스러운 어미와 방언의 사용
• 한시의 기승전결 구조로 구성
• 1연과 4연의 수미상관 구성으로 안정적 구조를 형성함
• 전통적 정서를 7·5조 3음보 율격으로 노래함
• 반어법과 역설법을 사용하여 이별의 정한을 부각시킴

진달래꽃
• 작자 : 김소월
• 갈래 : 자유시, 서정시
• 성격 : 전통적, 민요적, 향토적, 애상적, 서정적
• 어조 : 여성적이고 간결한 어조
• 특징 : 우리나라의 보편적 정서인 이별의 정한을 노래(공무도하가, 서경별곡, 송인, 황진이의 시조 등과 연결됨)
• 제재 : 임과의 이별
• 주제 : 이별의 정한과 승화
• 출전 : 『개벽』

시상전개
• 1연 : 이별의 정한과 체념
• 2연 : 떠나는 임에 대한 축복
• 3연 : 임을 향한 희생적 사랑
• 4연 : 고통을 무릅쓴 이별의 정한 극복

논개(論介)
• 작자 : 변영로
• 갈래 : 자유시, 서정시
• 성격 : 민족주의적, 상징적, 서정적
• 어조 : 경건하고 도도한 어조
• 제재 : 논개의 의로운 죽음
• 주제 : 청사(靑史)에 길이 빛날 논개의 헌신적 애국심
• 출전 : 「신생활 3호」

시상전개
• 1연 : 침략자에 대한 논개의 분노와 정열
• 2연 : 논개의 의로운 죽음을 석류, 강낭콩, 양귀비꽃 등의 은유적 시어로 형상화
• 3연 : 길이 남을 국가를 위해 희생한 논개의 충절

빼앗긴 들에도 봄은 오는가
• 작자 : 이상화
• 갈래 : 자유시 서정시, 낭만시
• 성격 : 저항적, 상징적, 격정적
• 제재 : 봄의 들(식민지 치하의 현실)
• 주제 : 국권 회복의 염원
• 출전 : 개벽(1926)

시상전개
• 1연 : 강탈당한 조국의 현실
• 2연 : 봄에 이끌리며 감격함
• 3연 : 조국 강토의 침묵에 답답해함
• 4연 : 강토 속에서 자연과 어우러지는 친밀감
• 5연 : 성장과 풍요에 대한 감사
• 6연 : 봄을 맞이한 강토의 활기
• 7연 : 동포와 하나가 되고픈 열망
• 8연 : 강토에 대한 애정
• 9연 : 강탈당한 조국의 현실을 자각
• 10연 : 강탈당한 조국의 현실을 재인식

③ 논개(論介, 1923)

거룩한 분노(憤怒)는
종교(宗敎)보다도 깊고,
불붙는 정열(情熱)은
사랑보다도 강하다.
아! 강낭콩꽃보다도 더 푸른
그 물결 위에
양귀비꽃보다도 더 붉은
그 마음 흘러라.

아리땁던 그 아미(蛾眉)
높게 흔들리우며
그 석류(石榴) 속 같은 입술
죽음을 입맞추었네!
아! 강낭콩꽃보다도 더 푸른
그 물결 위에
양귀비꽃보다도 더 붉은
그 마음 흘러라.

흐르는 강물은
길이길이 푸르리니
그대의 꽃다운 혼(魂)
어이 아니 붉으랴
아! 강낭콩꽃보다도 더 푸른
그 물결 위에
양귀비꽃보다도 더 붉은
그 마음 흘러라.

④ 빼앗긴 들에도 봄은 오는가(1926)

지금은 남의 땅 – 빼앗긴 들에도 봄은 오는가?

나는 온몸에 햇살을 받고
푸른 하늘 푸른 들이 맞붙은 곳으로
가르마 같은 논길을 따라 꿈속을 가듯 걸어만 간다.

입술을 다문 하늘아 들아
내 맘에는 내 혼자 온 것 같지를 않구나.
네가 끌었느냐 누가 부르더냐 답답어라 말을 해다오.

바람은 내 귀에 속삭이며
한 자국도 섰지 마라 옷자락을 흔들고
종다리는 울타리 너머에 아씨같이 구름 뒤에다 반갑다 웃네.

고맙게 잘 자란 보리밭아
간밤 자정이 넘어 내리던 고운 비로
너는 삼단같은 머리를 감았구나 내 머리조차 가뿐하다.

혼자라도 가뿐하게나 가자.
마른 논을 안고 도는 착한 도랑이
젖먹이 달래는 노래를 하고 제 혼자 어깨춤만 추고 가네.

나비 제비야 깝치지 마라.
맨드라미, 들마꽃에도 인사를 해야지.
아주까리 기름을 바른 이가 지심 매던 그 들이라 다 보고싶다.

내 손에 호미를 쥐어다오.
살진 젖가슴과 같은 부드러운 이 흙을
발목이 시도록 밟아도 보고 좋은 땀조차 흘리고 싶다.

강가에 나온 아이와 같이
짬도 모르고 끝도 없이 닫는 내 혼아
무엇을 찾느냐 어디로 가느냐 웃어웁다 답을 하려무나.

나는 온몸에 풋내를 띠고
푸른 웃음, 푸른 설움이 어우러진 사이로
다리를 절며 하루를 걷는다 아마도 봄 신령이 지폈나 보다.
그러나 지금은 – 들을 빼앗겨 봄조차 빼앗기겠네.

⑤ 나룻배와 행인(1926)

나는 나룻배,
당신은 행인.

당신은 흙발로 나를 짓밟습니다.
나는 당신을 안고 물을 건너갑니다.
나는 당신을 안으면 깊으나 옅으나 급한 여울이나 건너갑니다.

만일 당신이 아니 오시면 나는 바람을 쐬고 눈비를 맞으며 밤에서 낮까지 당신을 기다리고 있습니다.
당신은 물만 건너면 나를 돌아보지도 않고 가십니다 그려.
그러나 당신이 언제든지 오실 줄만은 알아요.
나는 당신을 기다리면서 날마다날마다 낡아갑니다.

나는 나룻배,
당신은 행인.

나룻배와 행인
- **작자** : 한용운
- **갈래** : 자유시, 서정시
- **성격** : 상징적, 명상적, 종교적, 여성적
- **운율** : 내재율
- **특징** : 수미상관, 쉬운 우리말 사용, 높임법을 통한 주제의식 강화
- **제재** : 나룻배와 행인
- **주제** : 참된 사랑의 본질인 희생과 믿음의 실천
- **출전** : 「님의 침묵」

시상전개
- **1연** : 나와 당신의 관계
- **2연** : 나의 희생하는 자세
- **3연** : 당신과의 만남을 기다리며 희생의 자세를 지킴
- **4연** : 나(나룻배), 행인(당신)의 관계를 재강조

찬송(讚頌)
• 작자 : 한용운
• 갈래 : 자유시, 서정시, 송축시
• 성격 : 기원적, 불교적, 열정적
• 제재 : 당신, 님(초월적 존재)
• 주제 : 님에 대한 송축과 기원
• 출전 : 『님의 침묵』

시상전개
• 1연 : 지고한 님에 대한 찬송
• 2연 : 의로운 님의 자비를 갈구
• 3연 : 님에게 자비의 보살이 되길 바라는 염원과 찬미

유리창 1
• 작자 : 정지용
• 갈래 : 자유시, 서정시
• 성격 : 애상적, 감각적, 회화적
• 어조 : 자식을 잃은 아버지의 애상적 어조
• 특징 : 시각적 이미지와 대위법을 통한 감정의 절제가 돋보임
• 제재 : 유리창에 서린 입김
• 주제 : 죽은 아이에 대한 그리움과 슬픔
• 출전 : 『조선지광』

시상전개
• 기 : 유리창에 서린 아이의 영상
• 승 : 죽은 아이를 그리워하는 화자
• 전 : 유리를 닦으며 아이와 교감하려는 화자
• 결 : 아이의 죽음을 자각하고 난 뒤의 탄식

⑥ 찬송(讚頌, 1926)

> 님이여, 당신은 백 번(百番)이나 단련한 금(金)결입니다.
> 뽕나무 뿌리가 산호(珊瑚)가 되도록 천국의 사랑을 받읍소서.
> 님이여, 사랑이여, 아침 볕의 첫걸음이여.
>
> 님이여, 당신은 의(義)가 무겁고 황금(黃金)이 가벼운 것을 잘 아십니다.
> 거지의 거친 밭에 복(福)의 씨를 뿌리옵소서.
> 님이여, 사랑이여, 옛 오동(梧桐)의 숨은 소리여.
>
> 님이여, 당신은 봄과 광명(光明)과 평화(平和)를 좋아하십니다.
> 약자(弱者)의 가슴에 눈물을 뿌리는 자비(慈悲)의 보살(菩薩)이 되옵소서.
> 님이여, 사랑이여, 얼음 바다에 봄바람이여.

(2) 1930년부터 1940년대까지의 시

① 유리창 1(1930)

> 유리에 차고 슬픈 것이 어른거린다.
> 열없이 붙어 서서 입김을 흐리우니
> 길들은 양 언 날개를 파다거린다.
> 지우고 보고 지우고 보아도
> 새까만 밤이 밀려나가고 밀려와 부딪히고,
> 물먹은 별이, 반짝, 보석처럼 박힌다.
> 밤에 홀로 유리를 닦는 것은
> 외로운 황홀한 심사이어니,
> 고운 폐혈관이 찢어진 채로
> 아아, 너는 산새처럼 날아갔구나!

실력UP 생명파

• 정지용, 김영랑, 박용철 등이 중심이 된 시문학파의 기교주의적, 감각주의적인 경향에 반대하여 정신적, 생명적 요소를 중시한 작가군
• 주로 고뇌로 가득한 삶의 문제, 인간의 생명과 우주의 근원적 문제 등을 주제로 삼음
• 『시인부락』의 동인인 서정주, 김동리 등과 유치환에 의해 주로 전개되었으며, 함형수, 오장환, 김광균, 김달진, 여상현, 김상원, 김진세, 이성범 등이 활동

② 거울(1933)

> 거울속에는소리가없소
> 저렇게까지조용한세상은참없을것이오

거울속에도내게귀가있소
내말을못알아듣는딱한귀가두개나있소

거울속의나는왼손잡이오
내악수를받을줄모르는—악수를모르는왼손잡이오

거울때문에나는거울속의나를만져보지를못하는구료마는
거울이아니었던들내가어찌거울속의나를만나보기만이라도했겠소

나는지금거울을안가졌소마는거울속에는늘거울속의내가있소
잘은모르지만외로된사업에골몰할께요

거울속의나는참나와는반대요마는
또꽤닮았소

나는거울속의나를근심하고진찰할수없으니퍽섭섭하오.

거울
- **작자** : 이상
- **갈래** : 초현실주의시, 관념시, 상징시
- **성격** : 자의식적, 주지적, 심리적, 관념적
- **특징** : 자동기술법의 사용과 띄어쓰기 무시를 통한 실험성의 표출
- **제재** : 거울에 비친 '나'(거울과 자아 의식)
- **주제** : 현대인의 자의식 분열에 대한 고뇌와 불안감
- **출전** : 「가톨릭청년」

시상전개
- **1연** : 현실적인 자아인 거울 밖의 화자와 반성적 자아인 거울 속의 나의 세계
- **2연** : 화자 간 의사소통의 단절
- **3연** : 화자 간 소외 의식의 표면화
- **4연** : 분열된 자아의 관계
- **5연** : 화자의 자아분열 심화
- **6연** : 분열된 자아의 역설적인 관계의 표면화

실력up 이상의 초현실주의

- 그의 문학에 나타나 있는 비상식적인 세계는 그의 시를 난해한 작품으로 특징짓는 요소가 됨
- 이상 자신의 개인적 기질과 환경, 자전적 체험과 관계되어 있을 뿐 아니라 현실에 대해 비극적이고 지적으로 반응하는 태도에 바탕을 두고 있음
- 이상의 문학적 태도는 한국시의 주지적 변화를 대변하였으며, 초현실주의적 색채는 억압된 의식과 욕구 좌절의 현실에서 새로운 대상 세계로의 탈출을 시도하는 과정
- 논리적 사고과정의 정신을 해방시키고자 무력한 자아가 주요한 주제로 나타남

③ 모란이 피기까지는(1934)

모란이 피기까지는,
나는 아직 나의 봄을 기다리고 있을 테요.
모란이 뚝뚝 떨어져 버린 날,
나는 비로소 봄을 여읜 설움에 잠길 테요.
오월 어느 날, 그 하루 무덥던 날,
떨어져 누운 꽃잎마저 시들어 버리고는
천지에 모란은 자취도 없어지고,
뻗쳐 오르던 내 보람 서운케 무너졌느니,
모란이 지고 말면 그뿐, 내 한 해는 다 가고 말아,
삼백 예순 날 하냥 섭섭해 우웁내다.
모란이 피기까지는,
나는 아즉 기달리고 있을 테요, 찬란한 슬픔의 봄을

모란이 피기까지는
- **작자** : 김영랑
- **갈래** : 자유시, 순수시
- **성격** : 낭만적, 유미적, 상징적
- **특징** : 수미상관의 구성으로 주제를 부각시킴
- **제재** : 모란의 개화
- **주제** : 소망이 이루어지기를 기다림
- **출전** : 「문학」

시상전개
- **기** : 모란이 피길 기다림
- **승** : 봄을 여읜 설움
- **전** : 모란을 잃은 슬픔
- **결** : 다시 모란이 피길 기다림

귀촉도
- 작자 : 서정주
- 갈래 : 자유시, 서정시
- 성격 : 전통적, 동양적, 상징적
- 어조 : 회한 어린 애틋한 어조
- 특징 : 설화를 현실에 접목시켜 한(恨)을 노래함
- 제재 : 귀촉도의 전설
- 주제 : 여읜 임에 대한 끝없는 사랑(이별의 한과 사랑의 영원함)
- 출전 : 『춘추』

시상전개
- 1연 : 임의 죽음으로 인한 영원한 이별
- 2연 : 임에게 다하지 못한 사랑의 탄식
- 3연 : 화자의 한과 그리움이 귀촉도로 형상화

고향(故鄕)
- 작자 : 백석
- 갈래 : 자유시, 서정시
- 성격 : 서정적, 서사적
- 특징 : 부드럽고 다정다감한 어조를 통해 고향에 대한 그리움을 드러냄
- 제재 : 고향
- 주제 : 고향과 혈육에 대한 그리움
- 출전 : 『삼천리문학』

시상전개
- 기 : 아픈 화자에게 의원이 찾아옴
- 승 : 의원의 모습이 아버지에게서 느꼈던 인상과 비슷함
- 전 : 의원이 고향을 묻고 아무개씨(아버지)의 고향임을 말하는 화자
- 결 : 아버지의 친구임을 알게 된 화자와 의원의 따뜻한 손길

④ 귀촉도(1934)

> 눈물 아롱아롱
> 피리 불고 가신 님의 밟으신 길은
> 진달래 꽃비 오는 서역 삼만리.
> 흰 옷깃 여며 여며 가옵신 님의
> 다시 오진 못하는 파촉(巴蜀) 삼만리.
>
> 신이나 삼아줄 걸 슬픈 사연의
> 올올이 아로새긴 육날 메투리.
> 은장도(銀粧刀) 푸른 날로 이냥 베혀서
> 부질없는 이 머리털 엮어 드릴걸.
>
> 초롱에 불빛, 지친 밤 하늘
> 굽이굽이 은하물 목이 젖은 새,
> 차마 아니 솟는 가락 눈이 감겨서
> 제 피에 취한 새가 귀촉도 운다.
> 그대 하늘 끝 호올로 가신 님아.

⑤ 고향(故鄕, 1938)

> 나는 북관(北關)에 혼자 앓아 누워서
> 어느 아침 의원(醫員)을 뵈이었다.
> 의원은 여래(如來) 같은 상을 하고 관공(關公)의 수염을 드리워서
> 먼 옛적 어느 나라 신선 같은데,
> 새끼손톱 길게 돋은 손을 내어
> 묵묵하니 한참 맥을 짚더니
> 문득 물어 고향이 어데냐 한다.
> 평안도 정주라는 곳이라 한즉
> 그러면 아무개씨 고향이란다.
> 그러면 아무개씨를 아느냐 한즉
> 의원은 빙긋이 웃음을 띠고
> 막역지간(莫逆之間)이라며 수염을 쓸는다.
> 나는 아버지로 섬기는 이라 한즉
> 의원은 또 다시 넌즈시 웃고
> 말없이 팔을 잡아 맥을 보는데
> 손길은 따스하고 부드러워
> 고향도 아버지도 아버지의 친구도 다 있었다.

⑥ 바다와 나비(1939)

> 아무도 그에게 수심(水深)을 일러 준 일이 없기에
> 흰 나비는 도무지 바다가 무섭지 않다.
>
> 청(靑)무우 밭인가 해서 내려갔다가는
> 어린 날개가 물결에 저려서
> 공주(公主)처럼 지쳐서 돌아온다.
>
> 삼월(三月) 달 바다가 꽃이 피지 않아서 서글픈
> 나비 허리에 새파란 초생달이 시리다.

⑦ 승무(僧舞, 1939)

> 얇은 사(紗) 하이얀 고깔은
> 고이 접어서 나빌레라.
>
> 파르라니 깎은 머리
> 박사(薄紗) 고깔에 감추오고,
>
> 두 볼에 흐르는 빛이
> 정작으로 고와서 서러워라.
>
> 빈 대(臺)에 황촉불이 말없이 녹는 밤에
> 오동(梧桐)잎 잎새마다 달이 지는데,
>
> 소매는 길어서 하늘은 넓고,
> 돌아설 듯 날아가며 사뿐히 접어 올린 외씨보선이여.
>
> 까만 눈동자 살포시 들어
> 먼 하늘 한 개 별빛에 모두오고,
>
> 복사꽃 고운 뺨에 아롱질 듯 두 방울이야
> 세사(世事)에 시달려도 번뇌(煩惱)는 별빛이라.
>
> 휘어져 감기우고 다시 접어 뻗는 손이
> 깊은 마음 속 거룩한 합장(合掌)인 양하고,
>
> 이 밤사 귀또리도 지새우는 삼경(三更)인데,
> 얇은 사(紗) 하이얀 고깔은 고이 접어서 나빌레라.

SEMI-NOTE

바다와 나비

• 작자 : 김기림
• 갈래 : 자유시, 서정시
• 성격 : 감각적, 상징적 주지주의
• 특징 : 바다, 청무 밭, 초승달의 푸른빛과 흰나비로 대표되는 흰빛의 색채 대비
• 제재 : 바다와 나비
• 주제 : 새로운 세계에 대한 동경과 좌절감
• 출전 : 『여성』

시상전개

• 1연 : 바다의 무서움을 모르는 순수한 나비
• 2연 : 바다를 날다가 지쳐 돌아온 나비
• 3연 : 냉혹한 현실에 좌절된 나비의 꿈

승무(僧舞)

• 작자 : 조지훈
• 갈래 : 자유시, 서정시
• 성격 : 전통적, 선적(禪的), 불교적, 고전적
• 특징 : 고전적 정서와 불교의 선(禪) 감각
• 제재 : 승무
• 주제 : 삶과 번뇌의 종교적 승화
• 출전 : 『문장』

시상전개

• 1연 : 승무를 시작하려는 여승의 모습
• 2연 : 승무를 시작하려 박사 고깔을 쓰는 여승
• 3연 : 승무를 시작하기 전, 여승의 옷차림과 인상
• 4연 : 승무를 출 무대의 묘사
• 5연 : 승무의 춤동작과 화자의 시선
• 6연 : 여승의 눈동자에서 의식이 내면으로 흘러감
• 7연 : 승무로써 번뇌를 승화시키는 모습
• 8연 : 번뇌를 승화시키고 느려지는 춤동작
• 9연 : 남아있는 승무의 여운

01장

현대 문학

실력up 청록파

- 조지훈, 박두진, 박목월 세 사람은 자연을 바탕으로 인간의 염원과 가치를 성취하기 위한 공통된 주제로 시를 써옴
- 1946년 시집 『청록집(靑鹿集)』을 함께 펴냄
- 자연미의 재발견과 국어미의 순화 및 생명의 원천에 대해 추구함
- 어두운 현실 아래 빼앗긴 고향과 자연을 노래하였으며 그 속에서 잃어버린 인간 생명의 원천과 역사의 전통을 찾기 위해 노력함

절정(絕頂)

- **작자** : 이육사
- **갈래** : 자유시, 서정시
- **성격** : 상징적, 의지적, 남성적, 지사적, 참여적
- **어조** : 의지적, 남성적 어조
- **특징** : 역설적 표현을 통해 주제를 형상화
- **제재** : 쫓기는 자의 극한 상황
- **주제** : 극한 상황에 대한 초극 의지
- **출전** : 『문장』

시상전개

- **1연** : 현실의 시련과 고통
- **2연** : 현실 속에서 가해지는 고통의 심화
- **3연** : 극한 상황에 대한 인식
- **4연** : 현실의 고통을 정신적으로 초극하려는 의지

⑧ 절정(絕頂, 1941)

> 매운 계절(季節)의 채찍에 갈겨
> 마침내 북방(北方)으로 휩쓸려 오다.
>
> 하늘도 그만 지쳐 끝난 고원(高原)
> 서릿발 칼날진 그 위에 서다.
>
> 어데다 무릎을 꿇어야 하나
> 한 발 재겨 디딜 곳조차 없다.
>
> 이러매 눈 감아 생각해 볼밖에
> 겨울은 강철로 된 무지갠가 보다.

⑨ 참회록(1948)

> 파란 녹이 낀 구리 거울 속에
> 내 얼굴이 남아 있는 것은
> 어느 왕조의 유물이기에
> 이다지도 욕될까.
>
> 나는 나의 참회의 글을 한 줄에 줄이자.
> ─ 만(滿) 이십사 년 일 개월을
> 무슨 기쁨을 바라 살아 왔던가.
>
> 내일이나 모레나 그 어느 즐거운 날에
> 나는 또 한 줄의 참회록을 써야 한다.
> ─ 그 때 그 젊은 나이에
> 왜 그런 부끄런 고백을 했던가.
>
> 밤이면 밤마다 나의 거울을
> 손바닥으로 발바닥으로 닦아 보자.
>
> 그러면 어느 운석(隕石) 밑으로 홀로 걸어가는
> 슬픈 사람의 뒷모양이
> 거울 속에 나타나온다.

참회록

- **작자** : 윤동주
- **갈래** : 자유시, 서정시
- **성격** : 반성적, 고백적, 상징적
- **제재** : 녹이 낀 구리 거울, 자아의 생활
- **주제** : 자기 성찰을 통한 순결성추구. 역사 속에서의 자아 성찰과 고난 극복 의지
- **출전** : 『하늘과 바람과 별과 시』

시상전개

- **1연** : 과거의 역사에 대한 참회
- **2연** : 지나온 삶에 대한 참회
- **3연** : 현재의 참회에 대해 미래에도 참회할 것임을 암시
- **4연** : 암담한 현실 속에서도 스스로를 성찰하고자 하는 의지
- **5연** : 미래의 삶에 대한 전망

(3) 1950년대 이후의 시

① 목마와 숙녀(1955)

한 잔의 술을 마시고
우리는 버지니아 울프의 생애(生涯)와
목마(木馬)를 타고 떠난 숙녀(淑女)의 옷자락을 이야기한다.
목마(木馬)는 주인(主人)을 버리고 그저 방울 소리만 울리며
가을 속으로 떠났다, 술병에서 별이 떨어진다.
상심(傷心)한 별은 내 가슴에 가벼웁게 부숴진다.
그러한 잠시 내가 알던 소녀(少女)는
정원(庭園)의 초목(草木) 옆에서 자라고
문학(文學)이 죽고 인생(人生)이 죽고
사랑의 진리마저 애증(愛憎)의 그림자를 버릴 때
목마(木馬)를 탄 사랑의 사람은 보이지 않는다.

세월은 가고 오는 것
한때는 고립(孤立)을 피하여 시들어 가고
이제 우리는 작별하여야 한다.
술병이 바람에 쓰러지는 소리를 들으며
늙은 여류 작가(女流作家)의 눈을 바라보아야 한다.
…… 등대(燈臺)에……
불이 보이지 않아도
그저 간직한 페시미즘의 미래(未來)를 위하여
우리는 처량한 목마(木馬) 소리를 기억(記憶)하여야 한다.
(후략)

② 추천사(鞦韆詞, 1956)

향단아 그넷줄을 밀어라.
머언 바다로
배를 내어 밀듯이, 향단아.

이 다소곳이 흔들리는 수양버들나무와
베갯모에 놓이듯 한 풀꽃데미로부터,
자잘한 나비 새끼 꾀꼬리들로부터,
아주 내어 밀듯이, 향단아.

산호도 섬도 없는 저 하늘로
나를 밀어 올려 다오.
채색(彩色)한 구름같이 나를 밀어 올려 다오.
이 울렁이는 가슴을 밀어 올려 다오.
서(西)으로 가는 달같이는
나는 아무래도 갈 수가 없다.

새들도 세상을 뜨는구나

• 작자 : 황지우
• 갈래 : 자유시, 참여시
• 성격 : 풍자적, 냉소적
• 어조 : 현실 비판적 어조
• 특징 : 영화 상영 전 애국가 시작과 끝, 화면의 전개에 맞추어 인간 사회를 표현
• 제재 : 새
• 주제 : 암울한 현실을 벗어 나고 싶은 소망과 좌절감
• 출전 : 「새들도 세상을 뜨는구나」

시상전개

• 1~2행 : 상영 전 애국가를 경청
• 3~10행 : 이상향을 향한 새들의 비상하는 것을 바라봄
• 11~20행 : 시적 화자의 이상과 현실적 좌절감

혈의 누

• 작자 : 이인직
• 갈래 : 신소설
• 성격 : 교훈적, 계몽적
• 배경
　－ 시간 : 청일전쟁(1884)~고종 6년(1902)
　－ 공간 : 평양, 일본(오사카), 미국(워싱턴)
• 시점 : 전지적 작가 시점
• 문체 : 국한문 혼용체, 구어체, 묘사체, 산문체
• 특징 : 신소설의 효시이며, 고전 소설에서 현대 소설로 넘어가는 교량 역할
• 주제 : 신교육 사상과 개화의식의 고취
• 출전 : 만세보

작품의 구성

• 발단 : 옥련이 청일전쟁으로 인해 부모와 헤어짐
• 전개 : 일본인 군의관의 도움으로 구출되어 성장함
• 위기 : 군의관이 전사하자 옥련은 집에서 나와 자살을 기도함
• 절정 : 유학생 구완서를 만나 그를 따라 미국으로 건너감
• 결말 : 문명개화한 신학문을 배운 후, 나라를 위해 봉사할 것을 다짐함

바람이 파도를 밀어 올리듯이
그렇게 나를 밀어 올려 다오.
향단아.

③ 새들도 세상을 뜨는구나(1987)

영화가 시작하기 전에 우리는
일제히 일어나 애국가를 경청한다.
삼천리 화려 강산의
을숙도에서 일정한 군(群)을 이루며
갈대숲을 이룩하는 흰 새떼들이
자기들끼리 끼룩거리면서
자기들끼리 낄낄대면서
일렬 이열 삼렬 횡대로 자기들의 세상을
이 세상에서 떼어 메고
이 세상 밖 어디론가 날아간다.
우리도 우리들끼리
낄낄대면서
깔쭉대면서
우리의 대열을 이루며
한 세상 떼어 메고
이 세상 밖 어디론가 날아갔으면
하는데 대한 사람 대한으로
길이 보전하세로
각각 자기 자리에 앉는다.
주저 앉는다.

2. 현대소설

(1) 신소설부터 1920년대까지의 소설

① 혈의 누(1903)

"네가 고국에 가기가 그리 바쁠 것이 아니라 우선 네가 고생하던 이야기나 어서 좀 하여라. 네가 어떻게 살아났으며 어찌 여기를 왔느냐?"

옥련이가 얼굴빛을 천연히 하고 고쳐 앉더니, 모란봉에서 총 맞고 야전병원으로 가던 일과, 정상 군의의 집에 가던 일과, 대판서 학교에서 졸업하던 일과, 불행한 사기로 대판을 떠나던 일과, 동경 가는 기차를 타고 구완서를 만나서 절처봉생(絶處逢生)하던 일을 낱낱이 말하고, 그 말을 마치더니 다시 얼굴빛이 변하며 눈물이 도니, 그 눈물은 부모의 정에 관계한 눈물도 아니요, 제 신세 생각하는 눈물도 아니요, 구완서의 은혜를 생각하는 눈물이라.

"아버지, 아버지께서 나 같은 불효의 딸을 만나 보시고 기쁘신 마음이 있거든

구씨를 찾아보시고 치사의 말씀을 하여 주시면 좋겠습니다."

김관일이가 그 말을 듣더니, 그 길로 옥련이를 데리고 구씨의 유하는 처소로 찾아가니, 구씨는 김관일을 만나 보매 옥련의 부친을 본 것 같지 아니하고 제 부친이나 만난 듯이 반가운 마음이 있으니, 그 마음은 옥련의 기뻐하는 마음이 내 마음 기쁜 것이나 다름없는 데서 나오는 마음이요, 김씨는 구씨를 보고 내 딸 옥련을 만나 본 것이나 다름없이 반가우니, 그 두 사람의 마음이 그러할 일이라. 김씨가 구씨를 대하여 하는 말이 간단한 두 마디뿐이라.

② 만세전(1922)

지금 내 주위는 마치 공동묘지 같습니다. 생활력을 잃은 백의(白衣)의 백성과, 백주(白晝)에 횡행하는 이매망량(魑魅魍魎) 같은 존재가 뒤덮은 이 무덤 속에 들어앉은 나로서 어찌 '꽃의 서울'에 호흡(呼吸)하고 춤추기를 바라겠습니까. 눈에 보이는 것, 귀에 들리는 것이 하나나 내 마음을 부드럽게 어루만져 주고 용기와 희망을 돋우어 주는 것은 없으니, 이러다가는 이 약한 나에게 찾아올 것은 질식밖에 없을 것이외다. 그러나 그것은 장미꽃 송이 속에 파묻히어 향기에 도취한 행복한 질식이 아니라, 대기(大氣)에서 절연된 무덤 속에서 화석(化石)되어 가는 구더기의 몸부림치는 질식입니다. 우선 이 질식에서 벗어나야 하겠습니다. …… 소학교 선생님이 '사벨(환도)'을 차고 교단에 오르는 나라가 있는 것을 보셨습니까? 나는 그런 나라의 백성이외다. 고민하고 오뇌하는 사람을 존경하시고 편을 들어 주신다는 그 말씀은 반갑고 고맙기 짝이 없습니다. 그러나 스스로 내성(內省)하는 고민이요 오뇌가 아니라, 발길과 채찍 밑에 부대끼면서도 숨을 죽여 엎디어 있는 거세(去勢)된 존재에게도 존경과 동정을 느끼시나요? 하도 못생겼으면 가엾다가도 화가 나고 미운증이 나는 법입니다. 혹은 연민(憐憫)의 정이 있을지 모르나, 연민은 아무것도 구(救)하는 길은 못 됩니다. …… 이제 구주(歐洲)의 천지는 그 참혹한 살육의 피비린내가 걷히고 휴전 조약이 성립되었다 하지 않습니까. 부질없는 총칼을 거두고 제법 인류의 신생(新生)을 생각하려는 것 같습니다. 그러나 이 땅의 소학교 교원의 허리에서 그 장난감 칼을 떼어 놓을 날은 언제일지? 숨이 막힙니다. …… 우리 문학의 도(徒)는 자유롭고 진실된 생활을 찾아가고, 이것을 세우는 것이 그 본령인가 합니다. 우리의 교유(交遊), 우리의 우정이 이것으로 맺어지지 않는다면 거짓말입니다. 이 나라 백성의, 그리고 당신의 동포의, 진실 된 생활을 찾아나가는 자각(自覺)과 발분(發憤)을 위하여 싸우는 신념(信念) 없이는 우리의 우정도 헛소리입니다……."

③ 감자(1925)

왕서방은 아무 말도 못하였다. 눈만 정처 없이 두룩두룩하였다. 복녀는 다시 한번 왕서방을 흔들었다.

"자, 어서."

"우리, 오늘은 일이 있어 못가."

"일은 밤중에 무슨 일."

"그래두 우리 일이……."

작품의 구성

- **발단** : 칠성문 밖 빈민굴에 살고 있는 복녀의 모습
- **전개** : 복녀에게 닥친 환경의 변화와 점차 타락하기 시작함
- **위기** : 새장가를 드는 왕서방에 대한 강한 질투
- **절정** : 복녀가 왕서방의 신방에 뛰어 드나 도리어 자신의 낫에 살해당함
- **결말** : 복녀의 주검을 둘러싸고 오가 는 돈거래

탈출기

- **작자** : 최서해
- **갈래** : 단편소설
- **성격** : 사실적, 자전적, 저항적
- **경향** : 신경향파 문학. 사실주의
- **배경** : 일제 강점기, 간도 지방
- **시점** : 1인칭 주인공 시점
- **특징** : 서간문 형식으로 사실성과 신 뢰성을 높임
- **주제** : 가난한 삶의 원인과 구조적 모 순을 해결하기 위한 저항
- **출전** : 『조선문단』

작품의 구성

- **발단** : 가족과 함께 간도로 떠나게 되 는 '나'
- **전개** : 간도에서 겪게 되는 비참한 생활
- **절정** : 두부장수를 하며 겪는 생활고 와 극한 상황
- **결말** : 가난에 대한 분노와 비관을 사 회 참여로 전환시킴

술 권하는 사회

- **작자** : 현진건
- **갈래** : 단편소설
- **경향** : 사실주의
- **배경** : 일제시대(1920년대)의 도심지
- **시점** : 작가 관찰자 시점
- **주제** : 일제 치하의 부조리한 사회에 적응하지 못하고 가정에서도 이해받 지 못하는 지식인의 좌절과 고뇌
- **출전** : 『개벽』

복녀의 입에 여태껏 떠돌던 이상한 웃음은 문득 없어졌다.

"이까짓것!"

그는 발을 들어서 치장한 신부의 머리를 찼다.

"자, 가자우, 가자우."

왕서방은 와들와들 떨었다. 왕서방은 복녀의 손을 뿌리쳤다. 복녀는 쓰러졌 다. 그러나 곧 일어섰다. 그가 다시 일어설 때는 그의 손에 얼른얼른하는 낫이 한 자루 들리어 있었다.

"이 되놈 죽어라. 이놈, 나 때렸니! 이놈아, 아이구 사람 죽이누나."

그는 목을 놓고 처울면서 낫을 휘둘렀다. 칠성문 밖 외따른 밭 가운데 홀로 서 있는 왕 서방의 집에서는 일장의 활극이 일어났다. 그러나 그 활극도 곧 잠 잠하게 되었다. 복녀의 손에 들리어 있던 낫은 어느덧 왕서방의 손으로 넘어가 고 복녀는 목으로 피를 쏟으며 그 자리에 고꾸라져 있었다.

④ **탈출기(1925)**

김군! 나는 더 참을 수 없었다. 나는 나부터 살려고 한다. 이때까지는 최면술 에 걸린 송장이었다. 제가 죽은 송장으로 남(식구들)을 어찌 살리랴. 그러려면 나는 나에게 최면술을 걸려는 무리를 험악한 이 공기의 원류를 쳐부수어야 하 는 것이다.

나는 이것을 인간의 생의 충동이며 확충이라고 본다. 나는 여기서 무상의 법 열(法悅)을 느끼려고 한다. 아니 벌써부터 느껴진다. 이 사상이 나로 하여금 집 을 탈출케 하였으며, ㅇㅇ단에 가입케 하였으며, 비바람 밤낮을 헤아리지 않고 벼랑 끝보다 더 험한 선에 서게 한 것이다.

김군! 거듭 말한다. 나도 사람이다. 양심을 가진 사람이다. 내가 떠나는 날부 터 식구들은 더욱 곤경에 들 줄로 나는 안다. 자칫하면 눈속이나 어느 구렁에서 죽는 줄도 모르게 굶어죽을 줄도 나는 잘 안다. 그러므로 나는 이곳에서도 남의 집 행랑어멈이나 아범이며, 노두에 방황하는 거지를 무심히 보지 않는다.

아! 나의 식구도 그럴 것을 생각할 때면 자연히 흐르는 눈물과 뿌직뿌직 찢기 는 가슴을 덮쳐 잡는다.

그러나 나는 이를 갈고 주먹을 쥔다. 눈물을 아니 흘리려고 하며 비애에 상하 지 않으려고 한다. 울기에는 너무도 때가 늦었으며 비애에 상하는 것은 우리의 박약을 너무도 표시하는 듯싶다. 어떠한 고통이든지 참고 분투하려고 한다.

⑤ **술 권하는 사회(1921)**

"흥 또 못 알아 듣는군. 묻는 내가 그르지, 마누라야 그런 말을 알 수 있겠소. 내가 설명해 드리지. 자세히 들어요. 내게 술을 권하는 것은 홧증도 아니고 하 이칼라도 아니요, 이 사회란 것이 내게 술을 권한다오. 이 조선 사회란 것이 내 게 술을 권한다오. 알았소? 팔자가 좋아서 조선에 태어났지, 딴 나라에 났더면 술이나 얻어 먹을 수 있나……."

사회란 무엇인가? 아내는 또 알 수가 없었다. 어찌하였든 딴 나라에는 없고 조선에만 있는 요리집 이름이어니 한다.

"조선에 있어도 아니 다니면 그만이지요."

남편은 또 아까 웃음을 재우친다. 술이 정말 아니 취한 것같이 또렷또렷한 어조로,

"허허, 기막혀. 그 한 분자(分子)된 이상에야 다니고 아니 다니는 게 무슨 상관이야. 집에 있으면 아니 권하고, 밖에 나가야 권하는 줄 아는가 보아. 그런게 아니야. 무슨 사회란 사람이 있어서 밖에만 나가면 나를 꼭 붙들고 술을 권하는 게 아니야……무어라 할까……저 우리 조선 사람으로 성립된 이 사회란 것이, 내게 술을 아니 못 먹게 한단 말이요. ……어쩌 그렇소?……또 내가 설명을 해 드리지. 여기 회를 하나 꾸민다 합시다. 거기 모이는 사람놈 치고 처음은 민족을 위하느니, 사회를 위하느니 그러는데, 제 목숨을 바쳐도 아깝지 않으니 아니 하는 놈이 하나도 없어. 하다가 단 이틀이 못 되어 단 이틀이 못되어……."

(2) 1930년부터 광복 이후까지의 소설

① 만무방(1935)

한 식경쯤 지났을까, 도적은 다시 나타난다. 논뚝에 머리만 내노코 사면을 두리번 거리 드니 그제서 기여 나온다. 얼골에는 눈만 내노코 수건인지 뭔지 흔겁이 가리엇다. 봇짐을 등에 질머 메고는 허리를 구붓이 빽손을 놋는다. 그러자 응칠이가 날쌔게 달겨들며

"이 자식, 남우 벼를 훔쳐 가니---"

하고 대포처럼 고함을 지르니 논뚝으로 고대로 데굴데굴 굴러서 떨어진다. 얼결에 호되히 놀란 모양이엇다.

응칠이는 덤벼들어 우선 허리께를 나려조것다. 어이쿠쿠, 쿠--, 하고 처참한 비명이다. 이 소리에 귀가 뻔쩍 띄어 그 고개를 들고 팔부터 벗겨보앗다. 그러나 너머나 어이가 업엇음인지 시선을 치거드며 그 자리에 우두망철한다.

그것은 무서운 침묵이엇다. 살풍마즌 바람만 공중에서 북새를 논다.

한참을 신음하다 도적은 일어나드니

"성님까지 이러케 못살게 굴기유?"

제법 눈을 부라리며 몸을 홱 돌린다. 그리고 늣기며 울음이 복바친다. 봇짐도 내버린 채

"내것 내가 먹는데 누가 뭐래?"

하고 대퉁스러히 내뱃고는 비틀비틀 논 저쪽으로 업서 진다.

형은 너머 꿈속 가태서 멍허니 섯을뿐이다.

그러다 얼마 지나서 한 손으로 그 봇짐을 들어본다. 가쁜 하니 끽 밀 가웃이나 될는지.

② 봄봄(1935)

내가 여기에 와서 돈 한푼 안 받고 일하기를 삼 년하고 꼬박 일곱 달 동안을 했다. 그런데도 미처 못 자랐다니까 이 키는 언제야 자라는 겐지 짜장 영문 모른다. 일을 좀 더 잘해야 한다든지, 혹은 밥을 많이 먹는다고 노상 걱정이니까 좀 덜 먹어야 한다든지 하면 나도 얼마든지 할말이 많다. 허지만 점순이가 아직 어리니까 더 자라야 한다는 여기에는 어쩌 볼 수 없이 고만 빙빙하고 만다.

봄봄
- **작자** : 김유정
- **갈래** : 단편소설
- **성격** : 해학적, 풍자적
- **배경** : 1930년대 봄, 강원도 산골 마을
- **시점** : 1인칭 주인공 시점
- **문체** : 간결체
- **구성** : 역순행적 구성(주인공 '나'의 회상으로, 과거와 현재가 교차)
- **표현** : 토속어, 비속어, 구어체 문장의 사용
- **주제** : 교활한 장인과 어리숙한 데릴사위 간의 성례를 둘러싼 해학적인 갈등
- **출전** : 『조광』

작품의 구성
- **발단** : '나'는 점순이와 성례하기 위해 삼 년 칠 개월 동안 보수 없이 일을 함
- **전개** : 점순이의 충동질로 장인과 함께 구장에게 판단을 받으러 가나 실패하여 뭉태에게 비난을 듣게 됨
- **절정** : 점순이의 두 번째 충동질에 장인과 희극적인 몸싸움을 벌임
- **결말** : '나'와 장인의 일시적인 화해가 이루어지고 '나'는 다시 일하러 감

날개
- **작자** : 이상
- **갈래** : 단편소설
- **성격** : 고백적, 상징적
- **경향** : 심리주의, 초현실주의, 모더니즘
- **배경**
  - 시간 : 일제 강점기
  - 공간 : 48가구가 살고 있는 33번지 유곽
- **시점** : 1인칭 주인공 시점
- **특징** : 기성 문법을 거스르는 충격적 문체
- **주제** : 뒤바뀐 삶과 자아 분열의 의식 속에서 본래의 자아를 지향하는 인간의 내면 의지
- **출전** : 『조광』

이래서 나는 애초 계약이 잘못된 걸 알았다. 이태면 이태, 삼년이면 삼년, 기한을 딱 작정하고 일을 해야 원할 것이다. 덮어놓고 딸이 자라는 대로 성례를 시켜 주마, 했으니 누가 늘 지키고 섰는 것도 아니고, 그 키가 언제 자라는지 알 수 있는가. 그리고 난 사람의 키가 무럭무럭 자라는 줄 만 알았지 붙배기 키에 모로만 벌어지는 몸도 있는 것을 누가 알았으랴. 때가 되면 장인님이 어련하랴 싶어서 군소리 없이 꾸벅꾸벅 일만 해 왔다.

그럼 말이다. 장인님이 제가 다 알아채서, "어참, 너 일 많이 했다. 고만 장가 들어라." 하고 살림도 내주고 해야 나도 좋을 것이 아니냐.

시치미를 딱 떼고 도리어 그런 소리가 나올까 봐서 지레 펄펄뛰고 이 야단이다. 명색이 좋아 데릴사위지 일하기에 싱겁기도 할 뿐더러 이건 참 아무것도 아니다.

숙맥이 그걸 모르고 점순이의 키 자라기만 까맣게 기다리지 않았나.

언젠가는 하도 갑갑해서 자를 가지고 덤벼들어서 그 키를 한번 재 볼까 했다. 마는 우리는 장인님이 내외를 해야 한다고 해서 마주 서 이야기도 한마디하는 법 없다. 우물길에서 언제나 마주칠 적이면 겨우 눈어림으로 재보고 하는 것인데 그럴 적마다 나는 저만침 가서 '제에미 키두!'하고 논둑에다 침을 튀, 뱉는다. 아무리 잘 봐야 내 겨드랑(다른 사람보다 좀 크긴 하지만) 밑에서 넘을락 말락 밤낮 요모양이다.

개 돼지는 푹푹 크는데 왜 이리도 사람은 안 크는지, 한동안 머리가 아프도록 궁리도 해보았다.

아하, 물동이를 자꾸 이니까 뼉다귀가 움츠라 드나보다, 하고 내가 넌즈시 그 물을 대신 길어도 주었다. 뿐만 아니라 나무를 하러 가면 서낭당에 돌을 올려놓고 '점순이의 키 좀 크게 해줍소사. 그러면 담엔 떡 갖다 놓고 고사드립죠니까.' 하고 치성도 한두 번 드린 것이 아니다. 어떻게 되먹은 긴지 이래도 막무가내니……

③ 날개(1936)

우리들은 서로 오해하고 있느니라. 설마 아내가 아스피린 대신에 아달린의 정량을 나에게 먹여 왔을까? 나는 그것을 믿을 수는 없다. 아내가 대체 그럴 까닭이 없을 것이니, 그러면 나는 날밤을 새면서 도둑질을 계집질을 하였나? 정말이지 아니다.

우리 부부는 숙명적으로 발이 맞지 않는 절름발이인 것이다. 내나 아내나 제 거동에 로직을 붙일 필요는 없다. 변해할 필요도 없다. 사실은 사실대로 오해는 오해대로 그저 끝없이 발을 절뚝거리면서 세상을 걸어가면 되는 것이다. 그렇지 않을까?

그러나 나는 이 발길이 아내에게로 돌아가야 옳은가 이것만은 분간하기가 좀 어려웠다. 가야하나? 그럼 어디로 가나?

이때 뚜우 하고 정오 사이렌이 울었다. 사람들은 모두 네 활개를 펴고 닭처럼 푸드덕거리는 것 같고 온갖 유리와 강철과 대리석과 지폐와 잉크가 부글부글 끓고 수선을 떨고 하는 것 같은 찰나! 그야말로 현란을 극한 정오다.

나는 불현듯 겨드랑이가 가렵다. 아하, 그것은 내 인공의 날개가 돋았던 자국이다. 오늘은 없는 이 날개. 머릿속에서는 희망과 야심이 말소된 페이지가 딕셔너리 넘어가듯 번뜩였다.

나는 걷던 걸음을 멈추고 그리고 일어나 한 번 이렇게 외쳐 보고 싶었다.

날개야 다시 돋아라.

날자. 날자. 한 번만 더 날자꾸나.

한 번만 더 날아 보자꾸나.

④ 치숙(1938)

내 이상과 계획은 이렇거든요.

우리집 다이쇼가 나를 자별히 귀여워하고 신용을 하니깐 인제 한 십 년만 더 있으면 한밑천 들여서 따루 장사를 시켜 줄 눈치거든요.

그러거들랑 그것을 언덕삼아 가지고 나는 삼십 년 동안 예순 살 환갑까지만 장사를 해서 꼭 십만 원을 모을 작정이지요. 십만 원이면 죄선 부자로 쳐도 천석군이니 머, 떵떵거리고 살 게 아니라구요.

신식 여자는 식자가 들었다는 게 건방져서 못쓰고 도무지 그래서 죄선 여자는 신식이고 구식이고 다아 제에발이요.

내지 여자가 참 좋지 머. 인물이 개개 일짜로 예쁘겠다. 얌전하겠다. 상냥하겠다. 지식이 있어도 건방지지 않겠다. 조음이나 좋아!

그리고 내지 여자한테 장가만 드는 게 아니라 성명도 내지인 성명으로 갈고, 집도 내지인 집에서 살고, 옷도 내지 옷을 입고 밥도 내지 식으로 먹고, 아이들도 내지인 이름을 지어서 내지인 학교에 보내고……

내지인 학교래야지 죄선 학교는 너절해서 아이를 버려 놓기나 꼭 알맞지요.

그리고 나도 죄선말은 싹 걷어치우고 국어만 쓰고요.

이렇게 다아 생활법식부텀도 내지인처럼 해야만 돈도 내지인처럼 잘 모으게 되거든요.

내 이상이며 계획은 이래서 이십만 원짜리 큰 부자가 바루 내다뵈고 그리루 난 길이 환하게 트이고 해서 나는 시방 열심으로 길을 가고 있는데 글쎄 그 미처 살기 든 놈들이 세상 망쳐버릴 사회주의를 하려 드니 내가 소름이 끼칠 게 아니라구요? 말만 들어도 끔찍하지!

⑤ 사랑손님과 어머니(1935)

그 날 밤, 저녁밥 먹고 나니까 어머니는 나를 불러 앉히고 머리를 새로 빗겨 주었습니다. 댕기를 새 댕기로 드려 주고, 바지, 저고리, 치마, 모두 새것을 꺼내 입혀 주었습니다.

"엄마, 어디 가?" 하고 물으니까,

"아니." 하고 웃음을 띠면서 대답합니다. 그러더니, 풍금 옆에서 내리어 새로 다린 하얀 손수건을 내리어 내 손에 쥐어 주면서,

"이 손수건, 저 사랑 아저씨 손수건인데, 이것 아저씨 갖다 드리구 와, 응. 오래 있지 말구 손수건만 갖다 드리구 이내 와, 응." 하고 말씀하셨습니다.

손수건을 들고 사랑으로 나가면서 나는 접어진 손수건 속에 무슨 발각발각하는 종이가 들어 있는 것처럼 생각되었습니다마는, 그것을 펴 보지 않고 그냥 갖다가 아저씨에게 주었습니다.

SEMI-NOTE

작품의 구성

- **발단** : 옥희네 집에 사랑손님(아저씨)이 하숙을 하게 됨
- **전개** : 아저씨와 친해지는 '나'와 서로 관심을 보이는 어머니와 아저씨
- **위기** : 어머니와 아저씨의 연모의 정과 갈등
- **절정** : '나'가 거짓말로 준 꽃으로 인한 어머니의 갈등과 결심
- **결말** : 아저씨가 떠나고 나서, 어머니는 마른 꽃을 '나'에게 주며 버리라고 시킴

광장

- **작자** : 최인훈
- **갈래** : 분단소설, 사회소설, 장편소설
- **성격** : 관념적, 철학적
- **배경** : 광복 직후에서 한국 전쟁 후까지의 남한과 북한
- **시점** : 전지적 작가 시점
- **특징** : 밀실, 광장 등의 상징적 공간과 사변적 주인공을 통해 관념적이고 철학적인 주제를 표현
- **주제** : 분단 현실에 대한 인식과 이상적인 사회의 염원과 좌절, 이념의 갈등 속에서 이상과 사랑을 추구하는 인간의 모습
- **의의** : 남북한 이데올로기를 비판적으로 고찰한 최초의 실존주의 소설
- **출전** : 「새벽」

작품의 구성

- **발단** : 명준은 월북한 아버지 때문에 이념 문제로 고초를 겪다가 결국 월북하게 됨
- **전개** : 북한 사회의 부자유와 이념의 허상에 환멸을 느낌
- **위기** : 한국 전쟁이 발발하고, 인민군으로 종군하다가 포로가 됨
- **절정** : 포로교환 현장 속에서 명준은 중립국을 택함
- **결말** : 인도로 가는 타고르 호에서 투신하는 명준

　　아저씨는 방에 누워 있다가 벌떡 일어나서 손수건을 받는데, 웬일인지 아저씨는 이전처럼 나보고 빙그레 웃지도 않고 얼굴이 몹시 파래졌습니다. 그리고는, 입술을 질근질근 깨물면서 말 한 마디 아니하고 그 손수건을 받더군요.

　　나는 어째 이상한 기분이 들어서 아저씨 방에 들어가 앉지도 못하고, 그냥 되돌아서 안방으로 도로 왔지요. 어머니는 풍금 앞에 앉아서 무엇을 그리 생각하는지 가만히 있더군요. 나는 풍금 옆으로 가서 가만히 옆에 앉아 있었습니다. 이윽고, 어머니는 조용조용히 풍금을 타십니다. 무슨 곡조인지는 몰라도 어째 구슬프고 고즈넉한 곡조야요. 밤이 늦도록 어머니는 풍금을 타셨습니다. 그 구슬프고 고즈넉한 곡조를 계속하고 또 계속하면서……

> **실력up　신빙성 없는 화자**
>
> 화자인 옥희는 어린아이의 눈으로 있는 그대로를 설명하지만 아직 어리기 때문에 어머니와 아저씨의 연정을 눈치 채지 못하기에, 화자가 미성숙 또는 교양이 낮거나 어린 탓에 사건을 잘못 파악하여 서술하는 시점을 신빙성 없는 화자(unrealiable narrator)라 일컬음

(3) 1950년 이후의 소설

① 광장(1960)

> 　　펼쳐진 부채가 있다. 부채의 끝 넓은 테두리 쪽을, 철학과 학생 이명준이 걸어간다. 가을이다. 겨드랑이에 낀 대학 신문을 꺼내 들여다본다. 약간 자랑스러운 듯이. 여자를 깔보지는 않아도, 알 수 없는 동물이라고 여기고 있다.
>
> 　　책을 모으고, 미이라를 구경하러 다니다.
>
> 　　정치는 경멸하고 있다. 그 경멸이 실은 강한 관심과 아버지 일 때문에 그런 모양으로 나타난 것인 줄은 알고 있다. 다음에, 부채의 안쪽 좀 더 좁은 너비에, 바다가 보이는 분지가 있다. 거기서 보면 갈매기가 날고 있다. 윤애에게 말하고 있다. 윤애 날 믿어 줘. 알몸으로 날 믿어 줘. 고기 썩는 냄새가 역한 배 안에서 물결에 흔들리다가 깜빡 잠든 사이에, 유토피아의 꿈을 꾸고 있는 그 자신이 있다. 조선인 콜호스 숙소의 창에서 불타는 저녁놀의 힘을 부러운 듯이 바라보고 있는 그도 있다. 구겨진 바바리코드 속에 시래기처럼 바랜 심장을 하고 은혜가 기다리는 하숙으로 돌아가고 있는 9월의 어느 저녁이 있다. 도어에 뒤통수를 부딪히면서 악마도 되지 못한 자기를 언제까지나 웃고 있는 그가 있다. 그의 삶의 터는 부채꼴, 넓은 데서 점점 안으로 오므라들고 있었다. 마지막으로 은혜와 둘이 안고 뒹굴던 동굴이 그 부채꼴 위에 있다. 사람이 안고 뒹구는 목숨의 꿈이 다르지 않으니. 어디선가 그런 소리도 들렸다.
>
> 　　그는 지금, 부채의 사북자리에 서 있다. 삶의 광장은 좁다가 못해 끝내 그의 두 발바닥이 차지하는 넓이가 되고 말았다. 자 이제는? 모르는 나라, 아무도 자기를 알 리 없는 먼 나라로 가서, 전혀 새사람이 되기 위해 이 배를 탔다. 사람은, 모르는 사람들 사이에서는, 자기 성격까지도 마음대로 골라잡을 수도 있다고 믿는다. 성격을 골라잡다니! 모든 일이 잘 될 터이었다. 다만 한 가지만 없었다면. 그는 두 마리 새들을 방금까지 알아보지 못한 것이었다. 무덤 속에서 몸을 푼 한 여자의 용기를, 방금 태어난 아기를 한 팔로 보듬고 다른 팔로 무덤

을 깨뜨리고 하늘 높이 치솟는 여자를, 그리고 마침내 그를 찾아 내고야만 그들의 사랑을.

돌아서서 마스트를 올려다본다. 그들은 보이지 않는다. 바다를 본다. 큰 새와 꼬마 새는 바다를 향하여 미끄러지듯 내려오고 있다. 바다. 그녀들이 마음껏 날아다니는 광장을 명준은 처음 알아본다. 부채꼴 사북까지 뒷걸음질친 그는 지금 핑그르르 뒤로 돌아선다. 제정신이 든 눈에 비친 푸른 광장이 거기 있다.

② 장마(1973)

"자네 오면 줄라고 노친께서 여러 날 들여 장만헌 것일세. 먹지는 못헐 망정 눈요구라도 허고 가소. 다아 자네 노친 정성 아닌가. 내가 자네를 쫓을라고 이러는 건 아니네. 그것만은 자네도 알어야 되네. 냄새가 나드라도 너무 섭섭타 생각 말고, 집안일일랑 아모걱정 말고 먼언 걸음 부데 펜안히 가소."

이야기를 다 마치고 외할머니는 불씨가 담긴 그릇을 헤집었다. 그 위에 할머니의 흰머리를 올려놓자 지글지글 끓는 소리를 내면서 타오르기 시작했다. 단백질을 태우는 노린내가 멀리까지 진동했다. 그러자 눈앞에서 벌어지는 그야말로 희한한 광경에 놀라 사람들은 저마다 탄성을 올렸다. 외할머니가 아무리 타일러도 그때까지 움쩍도 하지 않고 그토록 오랜 시간을 버티던 그것이 서서히 움직이기 시작한 것이다. 감나무 가지를 친친 감았던 몸뚱이가 스르르 풀리면서 구렁이는 땅바닥으로 툭 떨어졌다. 떨어진 자리에서 잠시 머뭇거린 다음 구렁이는 꿈틀꿈틀 기어 외할머니 앞으로 다가왔다. 외할머니가 한쪽으로 비켜서면서 길을 터주었다. 이리저리 움직이는 대로 뒤를 따라가며 외할머니는 연신 소리를 질렀다. 새막에서 참새떼를 쫓을 때처럼 "쉬이! 쉬이!" 하고 소리를 지르면서 손뼉까지 쳤다. 누런 비늘 가죽을 번들번들 뒤틀면서 그것은 소리 없이 땅바닥을 기었다. 안방에 있던 식구들도 마루로 몰려나와 마당 한복판을 가로질러 오는 기다란 그것을 모두 질린 표정으로 내려다보고 있었다. 꼬리를 잔뜩 사려 가랑이 사이에 감춘 워리란 놈이 그래도 꼴값을 하느라고 마루 밑에서 다 죽어가는 소리로 짖어대고 있었다. 몸뚱이의 움직임과는 여전히 따로 노는 꼬리 부분을 왼쪽으로 삐딱하게 흔들거리면서 그것은 방향을 바꾸어 헛간과 부엌 사이 공지를 천천히 지나갔다.

"쉬이! 쉬어이!"

외할머니의 쉰 목청을 뒤로 받으며 그것은 우물곁을 거쳐 넓은 뒤란을 어느덧 완전히 통과했다. 다음은 숲이 우거진 대밭이었다.

"고맙네, 이 사람! 집안 일은 죄다 성님한티 맡기고 자네 혼잣 몸띵이나 지발 성혀서면 걸음 펜안히 가소. 뒷일은 아모 염려 말고 그저 펜안히 가소. 증말 고맙네, 이 사람아."

장마철에 무성히 돋아난 죽순과 대나무 사이로 모습을 완전히 감추기까지 외할머니는 우물곁에 서서 마지막 당부의 말로 구렁이를 배웅하고 있었다.

SEMI-NOTE

장마
- **작자** : 윤흥길
- **갈래** : 중편소설
- **성격** : 샤머니즘
- **배경** : 6·25 전쟁 중 어느 농촌 마을
- **시점** : 1인칭 관찰자 시점
- **특징** : 전라북도 사투리 사용을 통한 사실적인 표현
- **주제** : 이념 대립의 극한적 분열상과 정서적 일체감에 의한 극복
- **출전** : 『문학과 지성』

작품의 구성
- **발단** : 두 할머니의 아들이 각각 국군과 인민군 빨치산으로 나감
- **전개** : 외할머니의 아들이 전사한 뒤부터 두 할머니의 갈등이 시작됨
- **위기** : 빨치산에 대한 외할머니의 저주로 갈등이 고조됨
- **절정** : 아이들에게 쫓겨 집안에 들어온 구렁이를 외할머니가 극진히 대접해 돌려보냄
- **결말** : 두 할머니가 화해함

전후소설
전후소설은 6·25를 직접 체험한 작가들이 당시의 현실 상황이나 전쟁 직후의 비극과 인간성 상실에 대해 사실적으로 그려낸 작품으로, 갈라진 우리 민족이 나아가야 할 길을 제시해 주며, 고뇌를 통해 새로운 인간의 형상화를 보여줌

③ 난장이가 쏘아올린 작은 공(1976)

난장이가 쏘아올린 작은 공
- 작자 : 조세희
- 갈래 : 중편소설, 연작소설
- 경향 : 사회 고발적
- 배경 : 1970년대, 서울의 재개발 지역
- 시점 : 1인칭 주인공 시점
- 특징 : 우화적인 분위기의 실험적 기법의 도입과 70년대의 어두운 이면을 직접적으로 드러냄
- 주제 : 도시 빈민이 겪는 삶의 고통과 좌절
- 출전 : 『문학과 지성』

작품의 구성
- 1부 : (서술자 영수) 집을 철거 한다는 계고장을 받은 난쟁이 가족의 모습과 생활상
- 2부 : (서술자 영호) 입주권을 투기업자에게 파는 난쟁이 가족과 남는 돈이 없어 학교를 그만두는 영호와 영희
- 3부 : (서술자 영희) 영희는 투기업자에게 순결을 빼앗기고, 금고 안에서 되찾은 입주권과 돈으로 입주 절차를 마치나 아버지의 죽음을 확인하고 사회를 향해 절규함

> 아주머니가 말했다.
> "네가 집을 나가구 식구들이 얼마나 찾았는지 아니? 이 방 창문에서도 보이지. 어머니가 헐린 집터에 서 계셨었다. 너는 둘째치구 이번엔 아버지가 어딜 가셨는지 모르게 됐었단다. 성남으로 가야하는데 아버지가 안 계셨어. 길게 얘길 해 뭘 하겠니. 아버지는 돌아가셨어. 벽돌 공장 굴뚝을 허는 날 알았단다. 굴뚝 속으로 떨어져 돌아가신 아버지를 철거반 사람들이 발견했어."
> 그런데– 나는 일어날 수가 없었다. 눈을 감은 채 가만히 누워 있었다. 다친 벌레처럼 모로 누워 있었다. 숨을 쉴 수 없었다. 나는 두 손으로 가슴을 쳤다. 헐린 집 앞에 아버지가 서 있었다. 아버지는 키가 작았다. 어머니가 다친 아버지를 업고 골목을 돌아 들어왔다. 아버지의 몸에서 피가 뚝뚝 흘렀다. 내가 큰 소리로 오빠들을 불렀다. 오빠들이 뛰어나왔다. 우리들은 마당에 서서 하늘을 쳐다보았다. 까만 쇠공이 머리 위 하늘을 일직선으로 가르며 날아갔다.
> 아버지가 벽돌 공장 굴뚝 위에 서서 손을 들어 보였다. 어머니가 조각마루 끝에 밥상을 올려 놓았다. 의사가 대문을 들어서는 소리가 들렸다. 아주머니가 나의 손을 잡았다. 아아아아아아아 하는 울음이 느리게 나의 목을 타고 올라왔다.
> "울지 마, 영희야." 큰오빠가 말했었다.
> "제발 울지 마. 누가 듣겠어." 나는 울음을 그칠 수 없었다.
> "큰오빠는 화도 안 나?"
> "그치라니까."
> "아버지를 난장이라고 부르는 악당은 죽여 버려."
> "그래. 죽여 버릴게."
> "꼭 죽여."
> "그래. 꼭."
> "꼭."

04절 기타 갈래의 작품

1. 현대 수필, 희곡, 시나리오

(1) 현대 수필

① 그믐달(1925)

그믐달
- 작자 : 나도향
- 갈래 : 경수필
- 성격 : 서정적, 낭만적, 감상적
- 문체 : 우유체, 화려체
- 특징
  - 대조의 방법으로 대상을 부각시킴
  - 직유법과 은유법을 통해 대상의 특성을 표현
- 제재 : 그믐달
- 주제 : 외롭고 한스러워 보이는 그믐달을 사랑하는 마음
- 출전 : 『조선문단』

> 나는 그믐달을 몹시 사랑한다.
> 그믐달은 요염하여 감히 손을 댈 수도 없고, 말을 붙일 수도 없이 깜찍하게 예쁜 계집 같은 달인 동시에 가슴이 저리고 쓰리도록 가련한 달이다.
> 서산 위에 잠깐 나타났다가 숨어 버리는 초생달은 세상을 후려 삼키려는 독부(毒婦)가 아니면 철모르는 처녀 같은 달이지마는, 그믐달은 세상의 갖은 풍상을 다 겪고, 나중에는 그 무슨 원한을 품고서 애처롭게 쓰러지는 원부와 같이

애절하고 애절한 맛이 있다.

보름에 둥근 달은 모든 영화와 끝없는 숭배를 받는 여왕과 같은 달이지마는, 그믐달은 애인을 잃고 쫓겨남을 당한 공주와 같은 달이다.

초생달이나 보름달은 보는 이가 많지마는, 그믐달은 보는 이가 적어 그만큼 외로운 달이다. 객창한등에 정든 임 그리워 잠 못 들어 하는 분이나, 못 견디게 쓰린 가슴을 움켜잡은 무슨 한 있는 사람이 아니면 그 달을 보아주는 이가 별로 없을 것이다.

그는 고요한 꿈나라에서 평화롭게 잠들은 세상을 저주하며, 홀로이 머리를 풀어 뜨리고 우는 청상(靑孀)과 같은 달이다. 내 눈에는 초생달 빛은 따뜻한 황금빛에 날카로운 쇳소리가 나는 듯하고, 보름달은 치어다 보면 하얀 얼굴이 언제든지 웃는 듯하지마는, 그믐달은 공중에서 번듯하는 날카로운 비수와 같이 푸른빛이 있어 보인다. 내가 한 있는 사람이 되어서 그러한지는 모르지마는, 내가 그 달을 많이 보고 또 보기를 원하지만, 그 달은 한 있는 사람만 보아주는 것이 아니라 늦게 돌아가는 술주정꾼과 노름하다 오줌 누러 나온 사람도 보고, 어떤 때는 도둑놈도 보는 것이다.

어떻든지, 그믐달은 가장 정 있는 사람이 보는 중에, 또는 가장 한 있는 사람이 보아주고, 또 가장 무정한 사람이 보는 동시에 가장 무서운 사람들이 많이 보아준다.

내가 만일 여자로 태어날 수 있다 하면, 그믐달 같은 여자로 태어나고 싶다.

② 낙엽을 태우면서(1938)

가을이 깊어지면 나는 거의 매일 뜰의 낙엽을 긁어 모으지 않으면 안 된다. 날마다 하는 일이언만, 낙엽은 어느덧 날고 떨어져서 또다시 쌓이는 것이다. 낙엽이란 참으로 이 세상의 사람의 수효보다도 많은가 보다. 30여 평에 차지 못하는 뜰이건만, 날마다의 시중이 조련치 않다.

벚나무, 능금나무 ─ 제일 귀찮은 것이 담쟁이다. 담쟁이란 여름 한철 벽을 온통 둘러싸고, 지붕과 연돌(煙突)의 붉은 빛만을 남기고 집안을 통째로 초록의 세상으로 변해 줄때가 아름다운 것이지 잎을 다 떨어트리고 앙상하게 드러난 벽에 메마른 줄기를 그물같이 둘러칠 때쯤에는, 벌써 다시 지릅떠볼 값조차 없는 것이다. 귀찮은 것이 그 낙엽이다.

가령 벚나무 잎같이 신선하게 단풍이 드는 것도 아니요, 처음부터 칙칙한 색으로 물들어 재치 없는 그 넓은 잎이 지름길 위에 떨어져 비라도 맞고 나면 지저분하게 흙 속에 묻히는 까닭에 아무래도 날아 떨어지는 쪽쪽 그 뒷시중을 해야 한다. 벚나무 아래에 긁어모은 낙엽의 산더미를 모으고 불을 붙이면 속엣것부터 푸슥푸슥 타기 시작해서 가는 연기가 피어오르고 바람이나 없는 날이면 그 연기가 낮게 드리워서 어느덧 뜰 안에 가득히 담겨진다.

낙엽 타는 냄새같이 좋은 것이 있을까. 갓 볶아낸 커피의 냄새가 난다. 잘 익은 개금냄새가 난다. 갈퀴를 손에 들고는 어느 때까지든지 연기 속에 우뚝 서서 타서 흩어지는 낙엽의 산더미를 바라보며 향기로운 냄새를 맡고 있노라면 별안간 맹렬한 생활의 의욕을 느끼게 된다. 연기는 몸에 배서 어느 결엔지 옷자락과 손등에서도 냄새가 나게 된다. 나는 그 냄새를 한없이 사랑하면서 즐거운 생활감에 잠겨서는 새삼스럽게 생활의 제목을 진귀한 것으로 머릿속에 떠올린다.

SEMI-NOTE

작품의 구성

- 기 : 가슴 저리게 가련한 그믐달을 사랑하는 나의 모습
- 승 : 독부와 같은 그믐달. 애인을 잃고 쫓겨난 그믐달
- 전 : 사연 있는 사람만 보는 달. 보는 이가 적은 그믐달
- 결 : 만일 여자로 태어난다면 그믐달 같은 여자로 태어나고픈 나의 모습

경수필

내용과 분위기가 친근하며, 주관적, 정서적, 자기 고백적이며 신변잡기적인 성격을 지님

낙엽을 태우면서

- 작자 : 이효석
- 갈래 : 경수필
- 성격 : 주관적, 감각적, 사색적
- 문체 : 우유체
- 특징
  - 은유와 직유, 점층법을 구사
  - 예시와 열거를 통한 '나'의 행동과 상념의 전개가 인상적인 흐름에 따라 표현
- 주제 : 낙엽을 태우면서 느끼는 일상 생활의 보람
- 출전 : 『조선 문학 독본』

작품의 구성

- 기 : 낙엽 쓸기를 귀찮은 시중들기로 표현
- 승 : 쓸어 모은 낙엽을 태우며 낙엽이 타는 냄새를 맡으며 생활의 의욕을 느낌
- 전 : 불을 쬐며 가을의 생활미를 느끼는 화자의 모습
- 결 : 가을에 하는 일거리에서 찾는 창조적이며 생산적인 의미

음영과 윤택과 색채가 빈곤해지고 초록이 전혀 그 자취를 감추어 버린 꿈을 잃은 헌출한 뜰 복판에 서서 꿈의 껍질인 낙엽을 태우면서 오로지 생활의 상념에 잠기는 것이다. (후략)

③ 피딴문답(1978)

"존경이라니…, 존경할 요리란 것도 있나?"

"있고말고. 내 얘기를 들어 보면 자네도 동감일 걸세. 오리알을 껍질째 진흙으로 싸서 겨 속에 묻어 두거든…. 한 반 년쯤 지난 뒤에 흙덩이를 부수고, 껍질을 까서 술안주로 내놓는 건데, 속은 굳어져서 마치 삶은 계란 같지만, 흙덩이 자체의 온기 외에 따로 가열(加熱)을 하는 것은 아니라네."

"오리알에 대한 조예가 매우 소상하신데…."

"아니야, 나도 그 이상은 잘 모르지. 내가 아는 건 거기까지야. 껍질을 깐 알맹이는 멍이 든 것처럼 시퍼런데도, 한 번 맛을 들이면 그 풍미(風味—음식의 멋스런 맛)가 기막히거든. 연소(제비집)나 상어 지느러미처럼 고급 요리 축에는 못 들어가도, 술안주로는 그만이지…."

"그래서 존경을 한다는 건가?"

"아니야, 생각을 해 보라고. 날것째 오리알을 진흙으로 싸서 반 년씩이나 내버려 두면, 썩어 버리거나, 아니면 부화해서 오리 새끼가 나와야 할 이치 아닌가 말야…. 그런데 썩지도 않고, 오리 새끼가 되지도 않고, 독자의 풍미를 지닌 피딴으로 화생(化生—생물의 몸이 다르게 변함)한다는 거, 이거 놀라운 일이 아닐 수 없지. 허다한 값나가는 요리를 제쳐 두고, 내가 피딴 앞에 절을 하고 싶다는 연유가 바로 이것일세."

"그럴싸한 얘기로구먼. 썩지도 않고, 오리 새끼도 되지 않는다…?"

"그저 썩지만 않는다는 게 아니라, 거기서 말 못 할 풍미를 맛볼 수 있다는 거, 그것이 중요한 포인트지……. 남들은 나를 글줄이나 쓰는 사람으로 치부하지만, 붓 한 자루로 살아 왔다면서, 나는 한 번도 피딴만한 글을 써 본 적이 없다네. '망건을 십 년 뜨면 문리(文理—글의 뜻을 깨달아 아는 힘)가 난다.'는 속담도 있는데, 글 하나 쓸 때마다 입시를 치르는 중학생마냥 긴장을 해야 하다니, 망발도 이만저만이지……."

"초심불망(初心不忘—처음에 먹은 마음을 잊지 않는다)이라지 않아……. 늙어 죽도록 중학생일 수만 있다면 오죽 좋아 ……."

"그런 건 좋게 하는 말이고, 잘라 말해서, 피딴만큼도 문리가 나지 않는다는 거야……. 이왕 글이라도 쓰려면, 하다못해 피딴 급수(級數)는 돼야겠는데……."

"썩어야 할 것이 썩어 버리지 않고, 독특한 풍미를 풍긴다는 거, 멋있는 얘기로구먼. 그런 얘기 나도 하나 알지. 피딴의 경우와는 좀 다르지만……." (후략)

(2) 희곡, 시나리오

① 토막(1932)

> 명서 처 : 음, 그 애에게서 물건이 온 게로구면.
> 명서 : 뭘까?
> 명서 처 : 세상에, 귀신은 못 속이는 게지!(아들의 좋은 소식을 굳게 믿고 싶은 심정) 오늘 아침부터 이상한 생각이 들더니, 이것이 올려구 그랬던가 봐. 당신은 우환이니 뭐니 해도 …….
> 명서 : (소포의 발송인의 이름을 보고) 하아 하! 이건 네 오래비가 아니라 삼조가 …….
> 명서 처 : 아니, 삼조가 뭣을 보냈을까? 입때 한 마디 소식두 없던 애가 …….(소포를 끌러서 궤짝을 떼어 보고)
> 금녀 : (깜짝 놀라) 어머나!
> 명서 처 : (자기의 눈을 의심하듯이) 대체 이게 …… 이게? 에그머니, 맙소사! 이게 웬일이냐?
> 명서 : (되려 멍청해지며, 궤짝에 쓰인 글자를 읽으며) 최명수의 백골.
> 금녀 : 오빠의?
> 명서 처 : 그럼, 신문에 난 게 역시! 아아, 이 일이 웬일이냐? 명수야! 네가 왜 이 모양으로 돌아왔느냐! (백골상자를 꽉 안는다.)
> 금녀 : 오빠!
> 명서 : 나는 여태 개돼지같이 살아 오문서, 한 마디 불평두 입 밖에 내지 않구 꾸벅꾸벅 일만 해 준 사람이여. 무엇 때문에, 무엇 때문에 내 자식을 이 지경을 맨들어 보내느냐? 응, 이 육실헐 눔들! (일어서려고 애쓴다.)
> 금녀 : (눈물을 씻으며) 아버지! (하고 붙든다.)
> 명서 : 놓아라! 명수는 어디루 갔니? 다 기울어진 이 집을 뉘게 맽겨 두구 이눔은 어딜?
> 금녀 : 아버지! 아버지!
> 명서 : (궤짝을 들구 비틀거리며) 이눔들아, 왜 뺏다구만 내게 갖다 맽기느냐? 내 자식을 죽인 눔이 이걸 마저 처치해라! (기진하여 쓰러진다. 궤짝에서 백골이 쏟아진다. 받은기침 한동안)
> 명서 처 : (흩어진 백골을 주우며) 명수야, 내 자식아! 이 토막에서 자란 너는 백골이나마 우리를 찾아왔다. 인제는 나는 너를 가다려서 애태울 것두 없구 동지섯달 기나긴 밤을 울어 새우지 않아두 좋다! 명수야, 이제 너는 내 품안에 돌아왔다.
> 명서 : ……아아, 보기 싫다! 도로 가져 가래라.
> 금녀 : 아버지, 서러 마세요. 서러워 마시구 이대루 꾹참구 살아가세유. 네 아버지! 결코 오빠는 우릴 저바라진 않을 거예요. 죽은 혼이라두 살아 있어, 우릴 꼭 돌봐 줄거예유. 그때까지 우린 꼭 참구 살아 가세유, 예, 아버지!
> 명서 : ……아아, 보기 싫다! 도로 가져 가래라!
> (금녀의 어머니는 백골을 안치하여 놓고 열심히 무어라고 중얼거리며 합장한다. 바람 소리 정막(靜幕) 을 찢는다)

SEMI-NOTE

토막

• 작가 : 유치진
• 갈래 : 현대극, 장막극(전 2막), 사실주의 극
• 성격 : 현실 고발적, 비판적, 사실적
• 배경 : 1920년대, 어느 가난한 농촌 마을
• 특징
  - 사실주의 희곡의 전형(1920년대 농민의 궁핍한 생활상을 사실적으로 묘사)
  - 상징적인 배경의 설정('토막'은 일제 수탈로 인해 피폐해진 우리 조국을 상징, 명서 일가의 비극과 명수의 죽음은 독립에 대한 희망의 좌절을 상징함)
  - 희극적 인물인 경선을 통해 비극의 효과를 극대화
  - 비유, 상징을 통해 당시 사회상을 완곡하게 표현
  - 비극적 상황에서도 희망을 버리지 않는 민족의 끈기를 표현
• 제재 : 일제 강점기 아래의 비참한 생활상
• 주제 : 일제의 가혹한 억압과 수탈의 참상과 현실 고발
• 의의 : 리얼리즘을 표방한 본격적인 근대극이며, 한국 근대극의 출발이 됨
• 출전 : 「문예월간」

작품의 구성

• 발단 : 가난한 농부인 명서 가족은 일본으로 떠난 명수가 돈을 많이 벌어 올 것을 고대
• 전개 : 명수가 독립운동을 하다가 경찰에 붙잡혔다는 소식을 듣는 명서 가족
• 절정 : 명서 처는 명수가 종신형을 선고 받을지 모른다는 말에 실성해버림
• 결말 : 명수의 죽음과 백골이 담긴 상자가 도착, 명서 부부의 오열과 금녀의 위로

SEMI-NOTE

오발탄

- **작자** : 나소운, 이종기 각색(1959년 이범선의 동명 원작을 각색)
- **갈래** : 각색 시나리오
- **성격** : 비판적, 사회 고발적, 사실적
- **배경** : 한국 전쟁 직후, 서울 해방촌 일대
- **특징**
  - 원작 소설 「오발탄」의 특징과 감동을 잘 살림(전후 암담한 현실을 사실적으로 묘사하여 가치관이 상실된 어두운 사회상을 비판·고발)
  - 인물 심리의 효과적 전달과 비극적 인물상의 조명을 위해 여러 가지 고도의 영화 기법을 활용
  - 문제의 명확한 해결이 아닌 절망적 상태를 보여 주는 것으로 끝을 맺어 여운을 남김
  - 주인공(송철호)의 인간성과 내면의 허무 의식 표출에 역점을 두고 표현
- **주제** : 전후(戰後)의 빈곤하고 비참한 삶과 가치관이 상실된 세태에 대한 비판
- **출전** : 『한국 시나리오 선집』

작품의 구성

- **발단** : 아내와 동생 영호, 여동생 명숙 사이에서 무기력하게 생활하는 철호
- **전개** : 6·25 전쟁으로 정신 이상자가 된 어머니와 철호 일가의 비참한 생활상
- **절정** : 강도 혐의로 붙잡힌 영호와 아내의 죽음으로 충치를 뽑음
- **결말** : 충치를 뽑고 난 뒤 현기증을 느끼며 택시를 타고, 횡설수설하는 철호

② 오발탄(1961)

#103. 철호의 방 안

철호가 아랫방에 들어서자 웃방 구석에서 고리짝을 뒤지고 있던 명숙이가 원망스럽게

명숙 : 오빠 어딜 그렇게 돌아다니슈.

철호는 들은 척도 않고 아랫목에 털썩 주저앉아 버린다.

명숙 : 어서 병원에 가 보세요.

철호 : 병원에라니?

명숙 : 언니가 위독해요.

철호 : ……

명숙 : 점심때부터 진통이 시작되어 죽을 애를 다 쓰고 그만 어린애가 걸렸어요.

#118. 동대문 부인과 산실

아이는 몇 번 앙! 앙! 거리더니 이내 그친다. 그 옆에 허탈한 상태에 빠진 명숙이가 아이를 멍하니 바라보며 앉아 있다.

명숙 : 오빠 돌아오세요 빨리. 오빠는 늘 아이들의 웃는 얼굴이 세상에서 젤 좋으시다고 하셨죠? 이 애도 곧 웃을 거예요. 방긋방긋 웃어야죠. 웃어야 하구 말구요. 또 웃도록 우리가 만들어 줘야죠.

#120. 자동차 안

조수가 뒤를 보며

조수 : 경찰섭니다.

혼수상태의 철호가 눈을 뜨고 경찰서를 물끄러미 내다보다가 뒤로 쓰러지며

철호 : 아니야. 가!

조수 : 손님 종로 경찰선데요.

철호 : 아니야. 가!

조수 : 어디로 갑니까?

철호 : 글쎄 가재두……

조수 : 참 딱한 아저씨네.

철호 : ……

운전수가 자동차를 몰며 조수에게

운전수 : 취했나?

조수 : 그런가 봐요.

운전수 : 어쩌다 오발탄 같은 손님이 걸렸어. 자기 갈 곳도 모르게.

철호가 그 소리에 눈을 떴다가 스르르 감는다. 밤거리의 풍경이 쉴새없이 뒤로 흘러간다.

02장 고전 문학

01절 고전 문법

02절 고대, 중세, 근대 국어

03절 고전시가

04절 고전산문

SEMI-NOTE

01절 고전 문법

1. 음운

(1) 훈민정음의 제자 원리와 문자체계

① 훈민정음의 제자 원리 ★ 빈출개념

㉠ 초성(자음 17자) : 발음기관 상형(기본자) + 가획의 원리(가획자) + 이체(이체자)

구분	기본자	가획자	이체자
아음	ㄱ	ㅋ	ㆁ
설음	ㄴ	ㄷ, ㅌ	ㄹ
순음	ㅁ	ㅂ, ㅍ	
치음	ㅅ	ㅈ, ㅊ	△
후음	ㅇ	ㆆ, ㅎ	

㉡ 중성(모음 11자) : 천지인(天地人)의 상형 및 기본자의 합성

구분	기본자	조출자	재출자
양성모음	•	ㅗ, ㅏ	ㅛ, ㅑ
음성모음	―	ㅜ, ㅓ	ㅠ, ㅕ
중성모음	ㅣ		

㉢ 종성 : 종성부용초성(終聲復用初聲)의 원칙에 따라, 따로 만들지 않고 초성을 다시 씀

실전UP 훈민정음 초성 체계

• 구성

구분		전청음	차청음	전탁음	불청불탁음
아음		ㄱ	ㅋ	ㄲ	ㆁ
설음		ㄷ	ㅌ	ㄸ	ㄴ
순음		ㅂ	ㅍ	ㅃ	ㄹ
치음		ㅈ	ㅊ	ㅉ	
		ㅅ		ㅆ	
후음		ㆆ	ㅎ	ㆅ	ㅇ
반설음					ㄹ
반치음					△

• 특징
– 전청음을 가획(加劃)하여 차청음을 만들고, 해당 전청음을 한 번 더 사용하여 전탁음을 만듦
– 23자음 체계는 동국정운식 한자음에서 사용(순수 국어의 자음은 22자음)

자음의 제자 원리

• **아음(牙音)** : 아음(어금닛소리) 'ㄱ'은 혀뿌리가 목구멍을 막는 것을 본뜬 형태
• **설음(舌音)** : 설음(혓소리) 'ㄴ'은 혀가 윗잇몸에 닿는 것을 본뜬 형태
• **순음(脣音)** : 순음(입술소리) 'ㅁ'은 입 모양을 본뜬 형태
• **치음(齒音)** : 치음(잇소리) 'ㅅ'은 이(齒)의 모양을 본뜬 형태
• **후음(喉音)** : 후음(목구멍소리) 'ㅇ'은 목구멍 모양을 본뜬 형태

종성부용초성(終聲復用初聲)

「종성해」에서는 8자만 사용한다고 규정하였으며, 각각 'ㄱ, ㆁ, ㄷ, ㄴ, ㅂ, ㅁ, ㅅ, ㄹ'임

음운

• **전청음(全淸音)** : 현대 언어의 무성음의 파열음, 파찰음, 마찰음을 포함하는 발음 분류
• **차청음(次淸音)** : 현대 언어의 격음(激音)에 해당하는 발음 분류
• **전탁음(全濁音)** : 현대 언어에서 유성 장애음을 가리키는 발음 분류, 「훈민정음」에서는 각자병서로 표기
• **불청불탁음(不淸不濁音)** : 현대 언어에서 비음(鼻音)과 유음(流音), 유성마찰음에 해당하는 발음 분류

② 훈민정음의 문자 체계

ㄱ 전탁음은 훈민정음 28자에 속하지 않는다(ㄲ, ㄸ, ㅃ, ㅆ, ㅉ, ㆅ).

ㄴ 순경음은 훈민정음 28자에 속하지 않는다(ㅸ, ㆄ, ㅹ, ㅱ).

ㄷ 'ㆆ, ㅇ'은 한자음을 표기하기 위한 것이었으므로, 국어의 음운 단위에서는 형식적인 자음이고 실질적 자음은 아님

ㄹ 'ㆅ'은 순수 국어에도 사용 하였으나 의미 분화의 기능이 없었으므로 (국어에서는 항상 'ㅕ' 앞에서만 쓰였음) 음운 단위가 될 수 없고, 'ㅎ'의 이형태에 지나지 않음

(2) 훈민정음의 글자 운용

① 훈민정음의 글자 운용 : 훈민정음 예의부 자모운용편(例義部 字母運用篇)에 있는 규정으로, 자음을 옆으로 나란히 붙여 쓰는 것을 병서(竝書)라 하고, 상하로 잇대어 쓰는 것을 연서(連書)라 함

ㄱ 연서법(이어쓰기)

- 순음 'ㅂ, ㅍ, ㅁ, ㅃ' 아래에 'ㅇ'을 이어 쓰면 각각 순경음 'ㅱ, ㅸ, ㅹ, ㆄ'이 되며 'ㆄ, ㅱ, ㅹ'은 한자음 표기에 쓰임

- 우리말에 쓰이던 'ㅸ'이 15세기에 소멸되었으므로 현대 국어에서 연서법은 적용하지 않음

ㄴ 병서법(나란히 쓰기) : 초성을 합하여 사용할 때는 나란히 씀, 종성도 같음

- 각자 병서 : ㄲ, ㄸ, ㅃ, ㅉ, ㅆ, ㆅ

- 합용 병서 : ㅅㄱ, ㅅㄷ, ㅅㅂ, ㅆ, ㅂㄷ, ㅄ, ㅂㅅㄱ, ㅂㅅㄷ, ㄳ, ㅈ, ㄼ, ㄺ, ㅀ, ㄽ, ㅄ, ㅴ

② 성음법(음절 이루기) : 모든 글자는 초성, 중성, 종성을 갖추어야 음절을 이룬다는 규정, 이에 따라 받침 없는 한자에 소릿값 없는 'ㅇ'을 붙여 종성을 갖추게 하였고, 현대 음성학의 견지에서 보면 모음 단독으로도 발음이 되며 자음 중 'ㄴ, ㄹ, ㅁ, ㅅ, ㅿ, ㅇ, ㅸ' 등도 단독으로 소리가 난다고 보지만, 훈민정음에서는 초성, 중성, 종성이 합쳐져야만 소리가 이루어진다고 봄(예 世솅宗종御엉製졩 : 세종어제)

(3) 표기법

① 표음적 표기법

ㄱ 8종성법 : 종성에서는 'ㄱ, ㄴ, ㄷ, ㄹ, ㅁ, ㅂ, ㅅ, ㅇ'의 8자만 허용되는 것이 원칙인데, 이는 체언과 용언의 기본 형태를 밝히지 않고 소리 나는 대로 적는 것으로 표음적 표기라 할 수 있음

ㄴ 이어적기(연철) : 받침 있는 체언이나 용언의 어간에 모음으로 시작되는 조사나 어미가 붙을 때는 그 받침을 조사나 어미의 초성으로 이어 적음

② 표의적 표기법 : 8종성법의 예외

ㄱ 체언과 용언의 기본 형태를 밝혀 적은 일이 있음

ㄴ 반치음과 겹받침이 종성으로 적히는 일이 있음

③ 끊어적기(분철) : 「월인천강지곡」에 나타나는 예로서 'ㄴ, ㄹ, ㅁ, ㅇ' 등의 받침소리에 한해 끊어 적는 일이 있음

SEMI-NOTE

표음적 표기

음소적 표기(소리 나는 대로 적기)로서 15세기 문헌 대부분이 표음적 표기를 사용

중철

연철과 분철의 중간적 표기 형태로, 16세기 초기 문헌에서부터 나타남 표기에 받음과 기본형을 모두 표기하려는 의도가 반영된 것으로 보이며, 19세기까지 그 명맥을 유지하였음

④ 사잇소리 : 명사와 명사가 연결되거나 선행 명사가 울림소리로 끝날 때 들어가는 형태소, 현대어의 사잇소리로 쓰이는 'ㅅ'에 해당

   ㉠ 사잇소리의 기능

     • 의미상 : 관형격조사와 같은 구실을 함

     • 발음상 : 울림소리 사이에 끼이는 안울림소리(무성음)의 울림소리 되기를 방지하며, 다음 소리를 되게 또는 강하게 소리 나게 함

   ㉡ 사잇소리의 위치 : 체언 뒤, 울림소리 뒤

     • 순수 국어 뒤 : 선행 음절의 종성에 붙음(예 님금ㅿ말씀 → 님긊말씀)

     • 한자어 뒤 : 선행 음절과 후행 음절의 중간에 붙음(예 君군ㄷ字쫑)

     • 훈민정음에서 보인 예 : 후행 음절의 초성에 붙음(예 엄ㅅ소리 → 엄쏘리)

   ㉢ 사잇소리의 용례 : 세조 이후 'ㅅ'으로 쓰이기 시작하다가 성종 이후(초간본 「두시언해」부터)는 'ㅅ'만 사용(15세기 문헌이라도 「월인천강지곡에서」는 'ㅅ'만 사용)

⑤ 동국정운식 한자음

   ㉠ 우리나라에서 사용되는 현실적인 한자음을 중국 원음에 가깝게 정해 놓기 위한 것으로, 실제로 통용되는 한자음이 아니라 이상적인 한자음

   ㉡ 대표적으로 「석보상절」, 「훈민정음 언해본」, 「월인석보」 등에 나타나며 세조 (1480년 경) 이후 소멸

⑥ 사성법의 의미와 종류

   ㉠ 사성법의 의미 : 음의 높낮이를 표시하기 위해 글자의 왼쪽에 점을 찍는 표기법

   ㉡ 사성법의 종류

성조	방점	성질(해례본)	해설
평성(平聲)	없음	안이화(安而和)	처음과 끝이 모두 낮은 소리
상성(上聲)	2점	화이거(和而擧)	처음은 낮으나 끝이 높은 소리
거성(去聲)	1점	거이장(擧而壯)	처음과 끝이 모두 높은 소리
입성(入聲)	없음, 1~2점	촉이색(促而塞)	촉급하게 끝나는 소리로 ㄱ, ㄷ, ㅂ, ㅅ, 한자음 받침 'ㅭ'과 같은 안울림소리 받침을 가진 것

중세 국어의 사잇소리
중세 국어에는 사이시옷 외에도 'ㄱ, ㄷ, ㅂ, ㅸ, ㆆ, ㅿ'이 사잇소리로 쓰임

이영보래(以影補來)
영모(影母) 'ㆆ'로 래모(來母) 'ㄹ'을 돕는다는 뜻으로 받침에 'ㅭ' 형태로 하여 당시 중국 한자음에 맞게 국어의 한자음을 조정하려는 의도가 담겨 있음

성조와 방점
중세 국어에서 음절 안에서 나타나는 소리의 높낮이인 성조를 표시하기 위해 왼쪽에 찍은 점을 방점이라고 함. 방점은 각 음절마다 찍는 것이 규칙

(4) 음운현상

① 이화(異化) : 한 낱말 안에 같거나 비슷한 음운 둘 이상이 겹쳐 있을 때, 한 음운을 다른 소리로 바꾸어 표현을 명료하게 하고 생신(生新)한 맛을 나타내는 음운 변화로, 이는 동화와 반대되는 변화

   ㉠ 자음의 이화 : 표현의 명료화를 위해 동일하거나 같은 계열의 자음 중복을 피함(예 붚>북(鼓), 거붑>거붑>거북, 브섭>브엌>부엌)

   ㉡ 모음의 이화 : 일종의 강화 현상으로 동일하거나 같은 계열의 모음 중복을 피함(예 처섬>처엄>처음, 즁싱(衆生)>즘싱>즘승>짐승, 나모>나무, 서르>서로)

② 강화(强化) : 청각 인상을 분명하게 하기 위하여 불분명한 음운을 명료한 음운으로 바꾸는 현상인데, 모음의 강화는 모음조화와는 관계없이 청각 인상을 뚜렷하게

하기 위한 음운의 변화(예 서르〉서로, ᄀᄅ〉가루, 펴어〉퍼아, 아ᅀ〉아ᄋ〉아우)

③ 모음조화

  ㉠ 실질형태소에 형식형태소가 붙을 때, 또는 한 명사나 용언의 어간 자체에서 양성 음절은 양성 음절, 음성 음절은 음성 음절, 중성 음절은 양음 어느 모음과도 연결될 수 있는 현상

  ㉡ 음성학적으로 발음 위치가 가까운 것끼리 연결하여 발음하기 위한 것

  ㉢ 15세기 국어에서는 이 현상이 매우 엄격하였으나, '·'음의 소실, 'ㅓ'소리의 변함, 한자어와의 혼용에서 많이 약화됨

④ 원순모음화 : 순음인 'ㅁ, ㅂ, ㅍ' 아래에 'ㅡ'가 같은 고설모음(高舌母音)이면서, 또 조음위치에도 인접해 있으므로 해서 순모음인 'ㅜ'로 동화되는 현상

⑤ 전설모음화

  ㉠ 치음(ㅅ, ㅈ, ㅊ) 아래에서 중설모음인 'ㅡ'가 전설모음인 'ㅣ'로 변하는 현상(예 즛〉짓, 거츨다〉거칠다, 슳다〉싫다, 어즈러이〉어지러이)

  ㉡ 전설모음화는 뒤에 오는 'ㅣ' 모음 때문에 앞에 오는 모음이 변하는 현상이므로 역행동화에 해당하여 'ㅣ' 모음 역행동화라고도 함

⑥ 구개음화(口蓋音化) : 현대 국어와 같이 치조음(ㄷ, ㅌ)이 구개음(ㅈ, ㅊ)으로 변하는 현상(예 디다[落]〉지다, 고티다〉고치다, 뎌[笛]〉저, 둏다〉좋다)

⑦ 모음 충돌 회피 : 두 개의 모음이 연결되는 것을 피하려는 현상

  ㉠ 두 모음 중 앞의 것을 탈락시키는 경우(예 ᄐ아〉타[乘], 쓰어〉써[用])

  ㉡ 두 모음을 줄여 한 음절로 축약시키는 경우(예 가히〉가이〉개, 입시울〉입술, 히다〉버이다〉베다)

⑧ 도치

  ㉠ 단음도치(單音倒置) = 음운전위(音韻轉位) : 한 단어 안에서 음운이 서로 위치를 바꾸는 현상으로, 두 단음이 서로 자리를 바꾸는 것

  ㉡ 단절도치(單節倒置) = 음절전위(音節轉位) : 한 단어 안에서 음절과 음절이 서로 위치를 바꾸는 현상으로, 넓은 뜻에서 단음도치와 음절도치를 아울러 음운도치라고도 함

⑨ 활음조 현상 : 듣기나 말하기에 불편하고, 거친 말소리를 어떤 음을 첨가 또는 바꿈으로써 듣기 좋고 말하기 부드러운 소리로 변화시키는 현상(예 한아버지 〉할아버지, 미양 〉ᄆ양 〉마냥)

2. 체언, 용언, 접사

(1) 명사, 대명사, 수사

① 명사

  ㉠ 현대어와 마찬가지로 보통 명사는 중세 국어에서도 보편적으로 나타남

  ㉡ 의존명사 'ᄃ, ᄉ'는 경우에 따라 사물, 연유, 시간, 처소 및 말의 가락을 부드럽게 하는 접사 구실 등 여러 가지 기능으로 쓰임

  ㉢ 'ㅣ' 모음으로 끝나는 명사

인칭 대명사의 용례
- 1인칭(예 나는 늘거 ᄒ마 無想天으로 가리니. 우리들히 필연히 디옥애 ᄢ러디면)
- 2인칭(예 王볏 너를 ᄉ랑티 아니ᄒ시린댄, 너희돌히 또 모로매 念ᄒ야 受持ᄒ슨 ᄫ라)
- 부정칭(예 將軍氣를 아모 爲ᄒ다 ᄒ시니 님금 말ᄊ미 긔 아니 올ᄒ시니)

지시대명사의 용례
- 근칭(예 塗香올 이 經 디닐 싸ᄅ미 이어긔 이셔도 다 能히 굴히며)
- 중칭(예 盗利 가 보니 그어긔 수제 섯드러 잇고 香ᄂ 섯버므러 잇고)
- 미지칭(예 머리 우흰 므스거시 잇ᄂ니오, 聖人 神力을 어ᄂ 다 술ᄫ리)

주격조사의 용례
- 'ㅣ' 형태(예 우리 始祖ㅣ 慶興에 사ᄅ샤 王業을 여르시니)
- '이' 형태(예 사ᄅ미 살며 주그미 이실씨 모로매 늙ᄂ니라)
- '가' 형태(예 두드럭이가 불의예 ᄃ라 브어 오르니)

관형격 조사
- 무정명사 : -ㅅ(예 나못니픈)
- 유정명사
  - 존칭 : -ㅅ(예 岐王ㅅ집 안해)
  - 비칭 : 이/의(예 최구의 집 알픠)

부사격조사
- 선행하는 체언으로 하여금 부사어가 되도록 하는 조사
- 형태
  - 애 : 체언 끝 음절의 모음이 양성일 때(예 ᄀ ᄅ매 드러도 두터비 좁디 아니ᄒᄂ니)
  - 에 : 체언 끝 음절의 모음이 음성일 때(예 굴허에 ᄆ룰 디내샤 도즈기 다 ᄃ라가니)

- 주격 및 보격 조사를 취할 때 : 'Ø'의 조사를 취함
- 서술격 조사를 취할 때 : 'Ø라'로 변함
- 처소 부사격 조사를 취할 때 : '에'가 체언의 'ㅣ' 모음에 동화되어 '예'가 됨
- 관형격 조사를 취할 때 : 체언이 유정명사이면 체언의 'ㅣ' 모음이 탈락

② **대명사**

㉠ **인칭대명사**

구분	1인칭	2인칭	3인칭	3인칭 재귀대명사	미지칭	부정칭
단수	나	너, 그듸 (높임말)	없음	저, 즈갸(높임말)	누	아모
복수	우리(돌)	너희(돌)	없음	저희(돌)		

㉡ **지시대명사**

구분	근칭	중칭	원칭	미지칭	부정칭
사물	이	그	뎌	므슥, 므섯, 므스, 므슴, 어ᄂ/어느, 현마, 엇뎨	아모것
장소	이어긔	그어긔	뎌어긔	어듸, 어드러, 어듸메	아모듸

③ **수사**

㉠ 양수사는 소멸된 '온[百], 즈믄[千]'을 제외하고는 현대어와 직접 연결

㉡ 양수사 중 1, 2, 3, 4, 10, 20과 부정수가 끝에 'ㅎ'을 간직하는 것이 현대어와 다름

㉢ 서수사는 양수사에 차례를 나타내는 접미사 '자히, 차히, 재(째)'가 양수사에 붙어 이루어짐(예 ᄒ나ᄒ + 차히〉ᄒ나차히(첫째))

(2) 조사

① **주격 조사**

㉠ 중세 국어에서는 '이/ㅣ' 등이 주격 조사로 쓰임

㉡ 주격조사의 형태

형태	사용 조건	형태	현대어
ㅣ	'ㅣ' 모음 이외의 모음으로 끝난 체언 다음에	부텨 + ㅣ〉부톄	
이	자음(받침)으로 끝난 체언 다음에	사ᄅᆷ + 이〉사ᄅ미, 말ᄊ미	이/가
영형태 (Ø)	'ㅣ' 모음으로 끝난 체언 다음에 ('ㅣ'+'ㅣ' → 'ㅣ')	비 + ㅣ〉비	

② **서술격 조사**

㉠ 서술격 조사의 본체(어간)는 '이다' 중 '이-'에 해당함

㉡ 서술격 조사는 주격 조사가 사용되는 조건과 같음(예 香風이 時로 와 이운 곳 부리 아ᄉ도 다시 새룰 비허)

③ 목적격 조사

　㉠ 목적격 조사의 원형태는 'ㄹ'로, '올/을'은 자음 충돌을 피하기 위한 매개모음 '오/으'가 삽입된 형태

　㉡ '롤/를'도 'ㄹ + (오/으) + ㄹ'의 형태로, 이는 목적격 조사의 중가법(重加法)에 의한 것

　㉢ 'ㄹ'는 모음 뒤에 오는 형태로, 비규칙적으로 삽입된 형태(예 하나빌 미드니 잇가)

③ 접속조사 : 현대어의 용례와 다른 점은 '와/과'가 고어에서는 끝 단어에까지 붙으나, 현대어에서는 붙지 않음

④ 보조사

　㉠ 강세 보조사

　　• ㄱ : 보조적 연결어미, 조사 아래에 쓰임(예 사람마닥(마다))

　　• 곰 : 부사나 보조적 연결어미, 명사 아래에 쓰임(예 달하, 노피곰 도두샤)

　　• 곳(옷) : 체언 아래에서 '만'의 뜻으로 쓰임(예 ㅎ다가 戒行곳 업스면, 외로왼 비옷 잇도다)

　　• 사 : 명사의 처소 부사격 및 용언 아래에 쓰임(예 來日사 보내요리다, 오늘사 이라고야)

　　• 이쓴 : 명사 아래에 쓰임(예 山行잇둔 가설가, 긴힛둔 그츠리잇가)

　　• 붓(봇) : '곳(옷)'과 같음(예 그윗 請봇 아니어든, ㅁᄉ맷 벋봇 아니면)

　㉡ 기타 보조사

종류	형태	종류	형태
대조	-온/-은, -논/-는	선택	-이나, -이어나
동일	-도	어림셈	-이나
단독	-쑨	첨가	-조차
각자	-마다, -족족	고사(姑捨)	-이야ㅋ니와
시작	-브터, -로셔, -으(으)로	물론	-은ㅋ니와
도급(都給)	-ᄉ장, -ᄉ지	한정	-만
역동	-(이)ㄴ들, -이라도	감탄	-여, -(이)야, -도, -근여

접속조사의 활용

• -와/-과 : 와ᅳ와 ㅜ와 ㅛ와 ㅠ와란 첫소리 아래 브터쓰고

• -이며/-며 : 머릿바기며 눖즈쉬며 骨髓며 가시며

• -이랑/-랑 : 멀위랑 두래랑 먹고 靑山에 살어리랏다

• -이여/-여 : 一千이여 一萬이여 무수히 얻고져 ᄒ야도

• -이야/-야 : 이리야 교퇴야 어즈러이 구돗썬디

주요 단어 풀이

• 고사(姑捨) : 어떤 일이나 그에 관련된 능력, 경험, 지불 따위를 배제함

• 도급(都給) : 일정 기간 또는 시간 내에 끝내야 할 일의 양을 몰아서 맡거나 맡김

호격조사

• -하 : 명사의 지위가 높을 때(예 世尊하 아뫄나 이 經을 디녀 닐거 외오며)

• -아, -야 : 명사의 지위가 낮을 때(예 아히아, 아히야 粥早飯 다오)

(3) 용언의 활용

① 어간의 활용

　㉠ 'ㅅ' 불규칙 : 어간 'ㅅ' 받침이 모음 앞에서 'ㅿ'으로 변하는 규칙으로, 현대 국어에서는 'ㅅ'이 탈락

　㉡ 'ㅂ' 불규칙 : 어간의 'ㅂ' 받침이 모음 앞에서 'ᄫ'으로 변하는 규칙으로, 현대 국어에서는 '오/우'로 바뀜

　㉢ 'ㄷ' 불규칙 : 어간의 'ㄷ' 받침이 모음 앞에서 'ㄹ'로 변하며, 현대 국어와 같음

② 어미의 활용

　㉠ ㄷ → ㄹ : 모음 'ㅣ' 아래에서 어미 첫소리 'ㄷ'이 'ㄹ'로 바뀜

어간의 활용

• 'ㅅ' 불규칙(예 짓 + 어 → 지ㅿ어(지어))

• 'ㅂ' 불규칙(예 덥 + 어 → 더ᄫ어(더워))

• 'ㄷ' 불규칙(예 묻 + 어 → 무러(물어))

어미의 활용

• ㄷ → ㄹ(예 이 + 더 + 라 → 이러라)

• ㄱ → ㅇ(예 알 + 거 + 늘 → 알어늘)

• -오 → -로(예 이 + 옴 → 이롬)

• '-야' 불규칙(예 그 便을 得ᄒ야)

선어말어미 '오'와 '우'
- 삽입 모음 + 형태소로서의 기능
- 종결형과 연결형에서는 일반적으로 1인칭 주체를 표시
- 관형사형에서는 목적격 활용을 표시

접두사
- **치-** : '힘껏'의 뜻(**예** 넌즈시 치혀시니 (넌지시 잡아당겼으니))
- **티-** : '위로'의 뜻(**예** 누눌 티쁘니(눈을 위로 뜨니))
- **즛–(짓-)** : '마구'의 뜻(**예** 즛두드린 즙을(마구 두드린 즙을))

접미사
- 부사 파생 접미사 : -이, -히, -로, -오(우)
- 명사 파생 접미사
  - ㄱ형(-악, -억, -옥…)
  - ㅇ형(-앙, -엉, -웅…)
  - 이/의형
  - 형용사 파생 접미사 : -ᄇ/-브
- 부사 파생 접미사
  - (-오/-우)ㅁ
  - ㅇ
  - 곰(옴)
  - ㄱ

감탄문
'-ㄹ셔, -ㄴ뎌', '-어라, -애라' 등 사용 (**예** 내 아드리 어딜셔)

명령문
명령형 어미 '-라'를 사용하거나 '-쇼셔'를 사용(**예** 이 쁘들 닛디 마르쇼셔)

청유문
청유형어미 '-새', '-쟈스라, -져'나 '-사이다'를 사용(**예** 나조히 釣水(조수)ᄒ새)

ⓛ ㄱ → ㅇ : 모음 'ㅣ', 반모음 'ｊ', 유음 'ㄹ' 아래에서 어미의 첫소리 'ㄱ'이 'ㅇ'으로 바뀜

ⓒ -오 → -로 : '오' 계통의 어미가 서술격조사 아래에서 '로' 계통의 어미로 바뀜

ⓔ '-야' 불규칙 : 현대국어의 '여' 불규칙의 소급형. '-ᄒ다' 동사의 어간 끝 모음이 탈락하지 않고 '-야' 계통의 어미로 바뀜

(4) 접사

① 파생법
  ㄱ 명사 파생 : 동사 어간 + 명사 파생 접사 '-옴/-움', 형용사 어간 + 명사 파생 접사 '-이/의'
  ㄴ 부사 파생 : 형용사 어간 + 부사 파생 접사 '-이', 어근 + '-이, -오, -우, -애, -여'
  ㄷ 용언 파생 : 명사, 부사 + ᄒ다, 명사, 동사 어근 + 'ㅂ'계 접사

② 합성법
  ㄱ 동사 합성법 : 동사 어간 + 동사 어간(**예** 듣보다(듣 + 보 + 다), 그치누르다(그치 + 누르 + 다))
  ㄴ 형용사 합성법 : 형용사 어간 + 형용사 어간(**예** 됴쿷다(둏 + 궂 + 다 : 좋고 궂다), 횩뎍다(횩 + 뎍 + 다 : 작고 적다))

3. 문장의 종결과 높임법

(1) 문장의 종결

① 평서문
  ㄱ '-다, -라, -니라' 등을 사용
  ㄴ '-다'는 선어말어미 '-더-, -리-, -과-, -니-, -오-' 뒤에서 '-라'로 교체되며 '-니라'는 '-다' 보다 보수성을 띰

② 의문문
  ㄱ 판정의문문 : 조사나 어미의 모음이 '아/어' 계통인 '-니여', '-녀', '-리여', '-려', '-ㄴ 가', '-ㄹ까', '-가' 등을 사용(**예** 앗가볼 쁘디 잇ᄂ니여)
  ㄴ 설명의문문 : 조사나 어미의 모음이 '오' 계통인 '-니오', '-뇨', '-리오', '-료', '-ㄴ고', '-ㄹ꼬', '-고' 등을 사용(**예** 네 어드러로 가ᄂ니오)

(2) 높임법

① 주체높임법(존경법)
  ㄱ 행위의 주체를 높여 부르는 것으로 '-시-/-샤-'를 사용
  ㄴ '-샤-'는 '-시-'가 '-아'나 '-오'로 된 어미나 선어말어미 '-오' 등의 모음어미가 교체된 형태

② 객체높임법(겸양법)

⊙ 행위의 대상 높임. '숩'을 기본 형태소로 함

ⓛ 어간 끝소리에 따라 '숩, 습, 줍, ᄉᆞᄫᆞ, ᄉᆞᄫᆞ, ᄌᆞᄫᆞ'를 사용

종류	조건	용례
숩	어간의 끝소리가 'ㄱ, ㅂ, ㅅ, ㅎ'일 때	늿외예 밋븐 사ᄅᆞᆷ이 이만ᄒᆞ니 업숩고
습	어간의 끝소리가 'ㄷ, ㅈ, ㅊ, ㅌ'일 때	ᄒᆞᆫ ᄆᆞᅀᆞᄆᆞ로 뎌 부텨를 보습고
줍	어간의 끝소리가 유성음일 때	一聲白螺롤 듣줍고 놀라니

02절   고대, 중세, 근대 국어

1. 고대국어 및 중세 국어

(1) 고대국어

① 고대국어의 시기, 자료

⊙ 고대국어의 시기 : 고구려, 백제, 신라의 삼국시대부터 통일 신라 시대까지의 약 1,000년간의 국어로, 경주 중심의 표준어 형성기

ⓛ 고대국어의 자료 : 『삼국지』(289년경)의 「위지 동이전(魏志東夷傳)」의 기록, 한 자로 차자(借字) 표기된 『삼국사기』의 인명(人名), 지명(地名), 관직명 자료, 『삼국유사』의 향가를 표기한 향찰 자료, 그리고 당시의 비문(碑文)에 나타난 이두(吏讀) 자료 등이 있음

② 고유명사의 표기

⊙ 차자(借字)식 표기

• 한자의 의미를 버리고 음만 빌려 오는 경우(예) '소나'를 표기하기 위해 '素那'로 적고 그 음을 빌려 옴)

• 한자의 음을 버리고 의미만 빌려 오는 경우(예) '소나'를 표기하기 위해 '金川'으로 적고 그 뜻을 빌려 옴)

ⓛ 고대국어의 어휘

• 외래 요소가 거의 없는 순수 고유어 중심의 체계

• 중국과의 교섭이 빈번해지면서 한자어가 들어오고, 불교의 영향으로 한자로 된 불교 어휘가 증가

ⓒ 고대국어의 문법

• 이두와 향찰 자료 등 한정된 자료에서 문법 현상을 찾아볼 수 있음

• 이두와 향찰의 차이는 한국어 어순으로 이루어진 문장을 향찰(鄕札)이라 하며, 한문에 토(吐)를 달아 읽기 쉽게 기호로 단 것을 이두(吏讀)라고 함

SEMI-NOTE

시제

• 현재 시제
  - 동사어간 + 선어말어미 '-ᄂᆞ-'(예) 네 이제 ᄯᅩ 묻ᄂᆞ다.)
  - 형용사, 서술격 조사는 기본형이 현재 시제(예) 내 오ᄂᆞᆯ 實로 無情호라.)
• 과거 시제 : 선어말어미 없이 과거가 표시
• 미래 시제 : 용언 어간과 선어말 어미를 합친 '-리-'와 관형사형의 '-ㄹ'이 표시(예) 더욱 구드시리이다.)

국어 역사의 흐름

원시 부여어와 원시 삼한어 → 삼국의 언어 → 통일 신라어 → 중세국어(고려, 조선중기) → 근대국어(임진왜란 이후) → 현대국어

고유어와 한자어의 경쟁

한자어의 세력이 우세한 경우 한자어 형태로 표기됨((예) 吉同郡(길동군) → 永同郡(영동군))

향찰의 문법형태

- 격조사
  - 주격 : −이[伊, 是]
  - 속격 : −의[矣, 衣]
  - 처격 : −이/−의[中, 中]
  - 대격 : −올/−을[乙]
- 보조사 : 은/는[隱], 두[置]
- 대명사 : 내[吾], 우리[吾里], 네[汝]
- 동사의 활용
  - 명사형어미 : −ㄹ[尸], −ㄴ[隱]
  - 연결어미 : −래[良], −매[米], −다가[如可], −고[古]
  - 종결어미 : −다[如], −저[齊], −고[古] : 의문문 어미]

후기중세국어의 자료

- 조선관역어(朝鮮館譯語) : 15세기 초에 간행한 중국어와 외국어 대역 어휘집
- 세종 시기 간행물 : 훈민정음(1446), 용비어천가(1447), 석보상절(1447), 월인천강지곡(1447), 동국정운(1448) 등
- 세조 시기 간행물 : 월인석보(1459) 등
- 성종 시기 간행물 : 두시언해(1481), 삼강행실도언해(1481) 등
- 중종 시기 간행물 : 번역노걸대(1517), 훈몽자회(1527)
- 선조 시기 간행물 : 소학언해(1587) 등

세종어제훈민정음의 사상적 특징

- 자주(自主) 사상 : 중국과 말이 통하지 않음
- 애민(愛民) 사상 : 어리석은 백성들이 쓰고 싶어도 쓰지 못함
- 실용(實用) 사상 : 쉽게 익혀, 쓰는 데 편하게 함

주요 단어 풀이

- 여름 : 열매(實)
- 하누니 : 많다(多)
- 궃업스시니 : 끝이 없으시니

---

③ 향찰(鄕札)

표기	東	京	明	期	月	良
훈	서라벌(시벌)		밝(볼)	기약하다	달(두)	어질다
음	동	경	명	기	월	량(래)
차자법	훈		훈	음	훈	음
해석	서라벌(서울) 밝은 달밤에					

- ㉠ 한자의 음(音)과 훈(訓)을 빌려 표기하려던 신라 시대의 표기법
- ㉡ 음과 훈으로 문자를 자국어의 문법에 맞추어 사용할 수 있게 되었으며 문법 표기로 발전된 이두 표기도 활용됨

(2) 중세국어

① 중세국어의 시기
- ㉠ 10세기 고려 건국부터 16세기 말 임진왜란 전까지의 기간
- ㉡ 조선 초 훈민정음 창제(1443)를 기준으로 구분하여, 그 이전을 전기 중세 국어라 하고 그 이후의 국어를 후기 중세 국어라 부르기도 함

② 중세국어의 성립
- ㉠ 중세 국어의 토대가 된 개경 방언은 신라의 한 방언
- ㉡ 개경은 고구려어를 사용하던 지역이었으므로 개경 방언에는 고구려어가 저층(底層)에 남아 있었을 것으로 추정됨
- ㉢ 조선의 건국으로 수도가 서울로 이동하면서 국어의 중심지도 서울로 이동하였고, 이 지역의 말이 국어의 중심을 이루게 됨

③ 중세국어의 특징 : 전기중세국어는 된소리의 등장이 특징, 후기중세국어에는 어두자음군이 형성됨(예 白米日漢菩薩(=흰 ㅂ 술, 계림유사) → '뿔'(15세기))

(3) 중세국어의 모습

① 세종어제훈민정음(世宗御製訓民正音)

> 나·랏 :말쏘·미 中듕國·귁·에 달·아 文문字·쭝·와·로 서르 스뭇·디 아·니홀·씨 ·이런 젼·ㅊ·로 어·린 百·빅姓·셩·이 니르·고·져 ·홇 ·배이·셔·도 무·춤:내 제·뜨·들 시·러 펴·디 :몯 홇·노·미 하·니·라 ·내·이·를 爲·윙·호·야 :어엿·비 너·겨 ·새·로 ·스·믈여·듧字·쭝·롤 밍·ᄀ노·니 :사름:마·다 :히·여 :수·비 니·겨 ·날·로 ·뿌·메 便뼌安한·킈 호·고·져 홇 ᄯ르·미니·라

현대역

우리나라 말이 중국과는 달라 한자와는 서로 통하지 아니하여서, 이런 까닭으로 어리석은 백성들이 말하고자 하는 바가 있어도 마침내 제 뜻을 능히 펴지 못하는 사람이 많다. 내가 이것을 가엾게 생각하여 새로 스물여덟 자를 만드니, 모든 사람들로 하여금 쉽게 익혀서 날마다 쓰는 데 편하게 하고자 할 따름이다.

㉠ 창작연대 : 세조 5년(1459)

㉡ 출전 :『월인석보』

㉢ 특징

- 표음적 표기법 : 이어적기(연철), <u>8종성법의 사용</u>
- 한자음 표기 : 동국정운식 한자음 표기(예 世솅, 中듕, 字ㆍ쭝, 爲ㆍ윙)
- 방점의 사용 : <u>성조를 엄격히 적용</u>
- 다양한 사잇소리를 규칙적으로 사용
- 선어말 어미 '오'의 규칙적 사용, <u>모음조화의 규칙적 적용</u>

② 용비어천가(龍飛御天歌)

제1장
海東(해동) 六龍(육룡)이 ᄂᆞᄅᆞ샤 일마다 天福(천복)이시니
古聖(고성)이 同符(동부)ᄒᆞ시니

제2장
불휘 기픈 남ᄀᆞᆫ ᄇᆞᄅᆞ매 아니 뮐씨, 곶 됴코 여름 하ᄂᆞ니
ᄉᆡ미 기픈 므른 ᄀᆞ무래 아니 그츨씨, 내히 이러 바ᄅᆞ래 가ᄂᆞ니

제125장
千世(천세) 우희 미리 定(정)ᄒᆞ샨 漢水(한수) 北(북)에 累仁開國(누인개국)ᄒᆞ샤
卜年(복년)이 ᄀᆞᆺ 업스시니
聖神(성신)이 니ᅀᅡ샤도 敬天勤民(경천근민)ᄒᆞ샤ᅀᅡ, 더욱 구드시리이다
님금하 아ᄅᆞ쇼셔 洛水(낙수)예 山行(산행) 가이셔 하나빌 미드니잇가

현대역
(제1장) 해동(우리나라)의 여섯 용(임금)이 날으시어서, 그 하시는 일마다 모두
하늘이 내린 복이시니, (이것은) 중국 고대의 여러 성군이 하신 일과 부절을 맞
춘 것처럼 일치하십니다.

(제2장) 뿌리가 깊은 나무는 바람이 불어도 흔들리지 아니하므로, 꽃이 좋고 열
매가 많습니다. 원천이 깊은 물은 가뭄에도 끊이지 아니하므로, 내를 이루어 바
다까지 흘러갑니다.

(제125장) 천세 전부터 미리 정하신 한강 북쪽(한양)에 어진 덕을 쌓아 나라를
여시어, 나라의 운수가 끝이 없으시니 훌륭한 후대왕이 (왕위를) 이으셔도 하늘
을 공경하고 백성을 부지런히 다스리셔야 (왕권이) 더욱 굳으실 것입니다.
(후대의) 임금이시여, 아소서. (정사는 뒷전인 하나라 태강왕이) 낙수에 사냥 가
서 (백일이 되어도 돌아오지 않아, 드디어 폐위를 당했으니) 할아버지(우왕, 조
상의 공덕)만 믿으시겠습니까?

㉠ 창작연대 : 창작(세종 27년(1445)), 간행(세종 29년(1447))

㉡ 갈래

- 형식 : 악장(각 장마다 2절 4구의 대구 형식, 125장의 연장체)

SEMI-NOTE

세종어제훈민정음 기타 특징
- 어두자음군 사용
- 'ㅸ'의 소실 과정이 나타남

02장 고전 문학

용비어천가의 창작동기
- 내적 동기 : 조선 건국의 합리화 및 정
당성, 후대 왕에 대한 권계 및 귀감
- 외적 동기 : 훈민정음의 실용성 여부
시험, 국자(國字)의 권위 부여

용비어천가의 용도
- 궁중연락(宮中宴樂)이나 제악(祭樂)에
쓰이는 아악(雅樂)
- 주로 조선 건국의 정당성과 육조의 위
업 찬양

용비어천가의 의의
- 훈민정음으로 기록된 최초의 작품
- 15세기 국어 연구에 귀중한 자료
- 「월인천강지곡」과 함께 악장 문
학의 대표작

주요 단어 풀이
- 권계(勸戒) : 타일러 훈계함
- 이며 : 접속조사 -과(-와)
- 솔혼 : 솔은(솔ㅎ온 : ㅎ종성체언)
- 일홈 : 이름
- 들온 것 한 이 : 식견이 많은 사람

• 성격 : 예찬적, 송축적, 서사적
• 내용 : 조선 창업의 정당성 확보와 후대왕에 대한 권계(勸戒)
ⓒ 문체 : 악장체, 운문체
ⓔ 출전 : 『용비어천가』

2. 근대국어

(1) 근대국어의 시기와 자료 및 특징

① 시기 : 임진왜란 직후인 17세기 초부터 19세기 말까지의 국어
② 자료
  ⓐ 『동국신속삼강행실도(東國新續三綱行實圖)』(1617), 『오륜행실도』(1797) 등
  ⓑ 『노걸대언해』(老乞大諺解)(1670), 『박통사언해』(朴通事諺解)(1677) 등
③ 근대국어의 특징
  ⓐ 음운
    • ㅂ계 어두 자음군(ㅄ, ㅳ, ㅄ, ㅵ)과 ㅅ계 어두 자음군(ㅺ, ㅼ, ㅽ)이 혼란을 일으키면서 중세 국어의 어두 자음군이 된소리로 변함
    • 'ᆞ'(아래아)는 중세 국어에서의 일 단계 소실(두 번째 음절에서의 소실)에 이어 18세기에는 첫 음절에서마저 소실되었고, 1933년 한글 맞춤법 통일안에 의해 폐지
    • 아래아의 소실은 모음조화의 파괴를 초래하였으며 'ㅐ, ㅔ' 등의 단모음화로 인해 8모음 체계를 이루게 됨
  ⓑ 문법
    • 주격 조사 : '-가'가 쓰이기 시작했으며 명사형 어미 '옴/움'이 '음'으로 변함
    • 중세 국어에 없던 과거 시제 선어말어미 '-앗/엇-'이 확립되었다. 이것은 동사 어미 '-아/어'와 '잇-[有]'의 결합
    • 국어의 'ㅎᄂ다'와 같은 현재를 나타내는 표현이 'ᄒ다' 또는 '-는다'와 같은 현대적 형태로 변화
  ⓒ 문자 체계와 표기법
    • 방점과 성조가 사라지고 상성(上聲)은 긴소리로 바뀌었으며, 'ㆁ, ㆆ, ㅿ' 등이 완전히 자취를 감춤
    • 중세 국어에서와 달리 'ㅼ, ㅅ'이 'ㅳ, ㅺ' 등과 혼동되어 쓰였다가 19세기 들어 모두 'ㅅ'계열 된소리 표기로 통일
    • 음절 말의 'ㅅ'과 'ㄷ'이 잘 구별되었으나 이 시기에 들어 혼란을 겪은 후에 'ㅅ'으로 표기가 통일
  ⓓ 어휘, 의미
    • '뫼[山]', 'ᄀᄅᆷ[江]', '괴다[寵]' 등의 고유어가 소멸되고 '산', '강', '총애하다' 등의 한자어로 대체됨
    • 한자어 증가 당시 사용하던 한자어 중에는 오늘날과 의미가 다른 것이 많았음(예 인정(人情 : 뇌물), 방송(放送 : 석방), 발명(發明 : 변명))

- 중세국어의 '어엿브다[憐]', '어리다[愚]' 등의 단어가 '어여쁘다(귀엽다)', '어리다[幼]' 등으로 변함

(2) 근대국어의 모습

① 노걸대언해(老乞大諺解)

너볖 高麗ㅅ 사름이어니 또 엇디 漢語니름을 잘 ᄒᆞᄂᆞ뇨
내 漢ㅅ 사름의 손ᄃᆡ 글 빅호니 이런 젼ᄎᆞ로 져기 漢ㅅ 말을 아노라.
네 뉘손ᄃᆡ 글 빅혼다.
내 漢흑당의셔 글 빅호라.
네 므슴 글을 빅혼다.
論語孟子小學을 닐그라.
네 每日므슴 공부ᄒᆞᄂᆞ다.
每日이른 새배 니러 學堂의 가 스승님씌 글 빅호고 學堂의셔 노하든 집의 와 밥먹기 믓고 또 흑당의 가 셔품쓰기 ᄒᆞ고 셔품쓰기 믓고 년구기 ᄒᆞ고 년구ᄒᆞ기 믓고 글읇기 ᄒᆞ고 글읇기 믓고 스승 앏픠셔 글을 강ᄒᆞ노라.
므슴 글을 강ᄒᆞᄂᆞ뇨.
小學論語孟子을 강ᄒᆞ노라.

현대역

너는 고려 사람인데 또 어떻게 중국말을 잘하는가?/내가 중국 사람에게 글을 배웠으니 이런 까닭으로 조금 중국말을 아노라.
너는 누구에게 글을 배우는가?/나는 중국 학당에서 글을 배우노라.
너는 무슨 글을 배우는가?/논어, 맹자, 소학을 읽노라.
너는 매일 무슨 공부를 하는가?/매일 이른 새벽에 일어나 학당에 가 스승님께 글을 배우고, 방과 후는 집에 와서 밥 먹기를 마치고, 또 학당에 가 글씨쓰기를 하고, 글씨쓰기를 마치고 연구하기 하고, 연구하기 마치고는 글 읊기를 하고, 글 읊기를 마치고는 스승님 앞에서 글을 강하노라.
무슨 글을 강하는가?/소학, 논어, 맹자를 강하노라.

㉠ 창작연대 : 현종 11년(1670)
㉡ 갈래 : 중국어 학습서
㉢ 특징
- 방점과 'ㅿ, ㅇ'등이 소멸
- 분철(끊어 적기)과 혼철(거듭 적기)을 사용
- 표음주의 표기가 사용됨(종성 표기에 있어 7종성법 사용)

03절 고전시가

1. 고대부터 고려 후기까지의 시가

근대 국어의 배경
- **한글 사용의 확대** : 한글로 쓴 소설 문학이 대중들에게 인기를 모으고, 한글을 사용하던 계층의 사회참여가 활발해지면서 이러한 현상이 두드러지게 나타남
- **문장의 현대화** : 개화기에 한글 사용이 확대되면서 문장의 구성 방식이 현대의 그것과 거의 비슷하게 바뀜

노걸대언해의 의의
- 당시 외국어의 음가(音價)를 한글로 언해하여 당시 음운을 연구하는 데 중요한 역할을 하고 있음
- 다른 시기의 이본(異本)이 있어 언어변화를 파악할 수 있음
- 당시 역관들이 통역학 언어에 대한 학습서이었기에 생활상 파악에 용이함

주요 단어 풀이
- **니롬** : 말하기
- **젼ᄎᆞ** : 까닭
- **뉘손ᄃᆡ** : 누구에게
- **의셔** : -에서
- **새배** : 새벽에

분철 및 혼철과 7종성법의 사용
- 분철 및 혼철(예 앏픠셔(혼철))
- 7종성법(예 믓다)

노걸대언해의 기타 특징
- '-ㄴ다'는 2인칭 문장에서 현재 평서형 어미가 아니라 의문형 어미이며, '-라'가 평서형 어미에 해당
- 두 사람의 대화체 형식으로 되어 있으며, 17세기 당대의 구어(口語)를 알 수 있음

(1) 고대와 삼국시대 초기의 시가

① 공무도하가(公無渡河歌)

	현대역
公無渡河(공무도하)	임이여, 물을 건너지 마오.
公竟渡河(공경도하)	임은 그예 물을 건너셨네.
墮河而死(타하이사)	물에 쓸려 돌아가시니,
當奈公何(당내공하)	가신 임을 어이할꼬.

② 구지가(龜旨歌)

	현대역
龜何龜何(구하구하)	거북아 거북아
首其現也(수기현야)	머리를 내어라.
若不現也(약불현야)	내놓지 않으면,
燔灼而喫也(번작이끽야)	구워서 먹으리.

③ 정읍사(井邑詞)

	현대역
둘하 노피곰 도두샤	달님이시여, 높이높이 돋으시어
어긔야 머리곰 비취오시라	멀리멀리 비춰주소서.
어긔야 어강됴리	어기야 어강드리
아으 다롱디리	아으 다롱디리
져재 녀러신고요	장터에 가 계십니까.
어긔야 즌 두를 드디욜셰라	진 데를 밟을까 두렵습니다.
어긔야 어강됴리	어기야 어강드리
어느이다 노코시라	어느 곳에나 놓으십시오.
어긔야 내 가논 딕 졈그를셰라	우리 임 가시는 데 저물까 두렵습니다.
어긔야 어강됴리	어기야 어강드리
아으 다롱디리	아으 다롱디리

공무도하가
- **작자** : 백수 광부의 아내
- **연대** : 고조선
- **주제** : 임의 죽음에 대한 슬픔
- **특징** : 한역시가, 상징적 수법의 사용, 감정의 직접적 표출
- **출전** : 「해동역사」
- **의의** : 문헌상 최고(最古)의 서정 시가이며 민족적 '한(恨)'의 정서와 서정시로서 변화하는 과도기적 작품

구지가
- **작자** : 구간 등
- **연대** : 신라 유리왕
- **주제** : 왕의 강림 기원
- **성격** : 주술요, 집단노동요, 의식요
- **출전** : 「삼국유사」
- **의의** : 현전하는 최고(最古)의 집단가요로 영군가, 영신군가, 가락국가로도 불림

정읍사
- **작자** : 행상인의 아내
- **연대** : 백제
- **주제** : 행상 나간 남편의 안전을 기원
- **형식** : 전연시, 후렴구를 제외하면 3장 6구
- **출전** : 「악학궤범」
- **의의** : 현전하는 유일한 백제 가요이며 국문으로 표기된 가요 중에서 가장 오래됨

실력UP 고대가요의 특징

- 구비문학(口碑文學)으로, 입으로 전해 내려온 이야기 등이 한문문학으로 기록
- 대체적으로 인물에 관련된 설화와 함께 구전되는 성격을 지니는데, 인물의 신성화(神聖化)와 권위의 정당성을 부각시키는 효과가 있었음
- 「구지가」 등의 집단 주술의 양식이 「황조가」 등의 개인적인 서정가요로 넘어가는 과정을 엿볼 수 있음

(2) 향가

① 제망매가(祭亡妹歌) 빈출개념

	현대역
生死(생사) 길흔	삶과 죽음의 길은
이에이샤매 머믓거리고	여기에 있으므로 두렵고
나ᄂᆞᆫ가ᄂᆞ다 말ㅅ도	'나는 간다'는 말도
몯다 니르고 가ᄂᆞ닛고	다하지 못하고 갔는가.
어느 ᄀᆞᅀᆞᆯ이른 ᄇᆞᄅᆞ매	어느 가을 이른 바람에
이에 뎌에 ᄠᅥ러딜 닙ᄀᆞᆫ	여기저기 떨어지는 나뭇잎처럼
ᄒᆞᄃᆞᆫ 가지라 나고	한 가지에서 태어나고서도
가논 곧 모ᄃᆞ론뎌	가는 곳을 모르겠구나.
아야 彌陀刹(미타찰)아 맛보올 나	아아, 극락에서 만날 나는
道(도) 닷가 기드리고다.	불도를 닦으며 기다리겠노라.

② 안민가(安民歌)

	현대역
君(군)은 어비여	임금은 아버지요,
臣(신)은 ᄃᆞᅀᆞ샬 어ᅀᅵ여,	신하는 사랑하시는 어머니요,
民(민)ᄋᆞᆫ 얼ᄒᆞᆫ 아ᄒᆡ고 ᄒᆞ샬디	백성은 어린 아이라고 생각하신다면,
民(민)이 ᄃᆞᅀᆞᆯ 알고다.	백성이 사랑을 알 것입니다.
구믈ㅅ다히 살손 物生(물생)	꾸물거리며 사는 백성은
이흘 머기 다ᄉᆞ라	이를 먹임으로써 다스려져
이 ᄯᅡ흘 ᄇᆞ리곡 어듸 갈뎌 ᄒᆞᆯ디	'내가 이 땅을 버리고 어디 가랴?'라고 할 때
나라악 디니디 알고다.	나라 안이 유지될 줄 알 것입니다.
아으, 君(군)다이 臣(신)다이 民(민)다이 ᄒᆞᄂᆞᆯᄃᆞᆫ	아, 임금답게, 신하답게, 백성답게 한다면
나라악 太平(태평)ᄒᆞ니잇다.	나라 안이 태평할 것입니다.

③ 모죽지랑가(慕竹旨郎歌)

	현대역
간 봄 그리매	간 봄을 그리워함에
모ᄃᆞᆫ 것ᅀᅡ 우리 시름	모든 것이 서러워 시름하는데
아ᄅᆞᆷ 나토샤온 즈ᅀᅵ	아름다움 나타내신 얼굴이
샬쯈 디니져	주름살을 지으려고 하옵니다.
눈 돌칠 ᄉᆞ이예	눈 돌이킬 사이에
맛보ᄋᆞᆸ디지소리	만나뵙도록 지으리이다.
郎(낭)이여 그릴 ᄆᆞᅀᆞᄆᆡ녀올 길	낭이여, 그리운 마음의 가는 길에,
다봊 ᄆᆞᅀᆞᄒᆡ 잘 밤 이시리	다북쑥 우거진 데서 잘 밤인들 있으리이까.

SEMI-NOTE

제망매가(祭亡妹歌)
- **작자** : 월명사
- **연대** : 신라 경덕왕
- **주제** : 죽은 누이의 명복을 빎
- **특징** : 10구체 향가로 추모적, 불교적 성격(추도가)을 취하고 있으며 비유법(직유)과 상징법을 세련되게 사용
- **출전** : 『삼국유사』
- **의의** : 현존 향가 중 '찬기파랑가'와 함께 표현 기교와 서정성이 가장 뛰어난 작품으로 평가받음

안민가
- **작자** : 충담사
- **연대** : 신라 경덕왕
- **주제** : 국태민안의 도와 이상
- **특징** : 직설적이며 논리적인 어법과 비유를 활용하여 유교적인 교훈과 권계(勸誡)적 권하는 10구체 향가
- **출전** : 『삼국유사』
- **의의** : 유일하게 유교적 이념을 노래한 향가로 국가적 이념과 당위를 표현함

모죽지랑가
- **작자** : 득오
- **연대** : 신라 효소왕
- **주제** : 죽지랑에 대한 연모의 정
- **출전** : 『삼국유사』
- **의의** : 주술성이나 종교적 색채가 전혀 없는 개인의 정회가 깃든 서정가요

02장 고전 문학

상저가
- **형식** : 4구체, 비연시
- **주제** : 촌부의 소박한 효심
- **특징** : 노동요로서, 농촌의 소박한 풍속과 정서가 드러나며 경쾌한 여음구가 돋보임
- **출전** : 『시용향악보』
- **의의** : 고려속요 중 유일한 노동요

가시리
- **형식** : 분절체
- **주제** : 이별의 정한
- **특징** : 민요풍의 서정시이자 이별가로 3, 3, 2조의 3음보, 후렴구를 사용
- **출전** : 『악장가사』, 『악학편고』, 『시용향악보』
- **의의** : 고려속요 중 문학적으로 가장 뛰어난 작품으로 평가 받음

작품의 구성
- **서사** : 이별에 대한 슬픔과 강조
- **본사** : 슬픔의 절제와 체념
- **결사** : 이별 후의 소망

서경별곡
- **형식** : 3음보, 분연체
- **주제** : 이별의 슬픔
- **특징** : 반복법과 설의법, 비유법의 사용과 '가시리'보다 적극적이고 진솔하게 표현
- **출전** : 『악장가사』, 『시용향악보』
- **의의** : 고려속요 중 청산별곡과 함께 문학성이 뛰어난 작품으로 평가받음

작품의 구성
- **서사** : 이별 거부와 연모의 정
- **본사** : 임에 대한 변함없는 사랑을 맹세
- **결사** : 이별한 임에 대한 원망

(3) 고려속요

① 상저가(相杵歌)

현대역

듥긔동 방해나 디허 히얘   덜커덩 방아나 찧어 히얘
게우즌 바비나 지서 히얘   거친 밥이나 지어 히얘
아바님 어머님씌 받줍고 히야해   아버님 어머님께 바치고 히야해
남거시든 내 머고리, 히야해 히야해   남거든 내가 먹으리, 히야해 히야해

② 가시리

현대역

가시리 가시리잇고 나는   가시렵니까 가시렵니까
브리고 가시리잇고 나는   버리고 가시렵니까
위 증즐가 大平盛代(대평셩디)   위 증즐가 태평성대
날러는 엇디 살라 ᄒ고   날더러는 어찌 살라하고
브리고 가시리잇고 나는   버리고 가시렵니까
위 증즐가 大平盛代(대평셩디)   위 증즐가 태평성대
잡스와 두어리마 나는   붙잡아 두고 싶지만
선ᄒ면 아니 올셰라   서운하면 아니올까 두렵습니다
위 증즐가 大平盛代(대평셩디)   위 증즐가 태평성대
셜온 님 보내옵노니 나는   서러운 임 보내오니
가시는 ᄃᆞᆺ 도셔 오셔셔 나는   가시자마자 돌아서서 오소서
위 증즐가 大平盛代(대평셩디)   위 증즐가 태평성대

③ 서경별곡(西京別曲)

西京(서경)이 아즐가 西京(서경)이 셔울히 마르는
위 두어렁셩 두어렁셩 다링디리
닷곤ᄃᆡ 아즐가 닷곤ᄃᆡ 쇼셩경 고외마른
위 두어렁셩 두어렁셩 다링디리
여히므론 아즐가 여히므론 질삼뵈 브리시고
위 두어렁셩 두어렁셩 다링디리
괴시란ᄃᆡ 아즐가 괴시란ᄃᆡ 우러곰 좃니노이다.
위 두어렁셩 두어렁셩 다링디리
구스리 아즐가 구스리 바회예 디신ᄃᆞᆯ
위 두어렁셩 두어렁셩 다링디리
긴히ᄯᆞᆫ 아즐가 긴힛ᄯᆞᆫ 그츠리잇가 나는
위 두어렁셩 두어렁셩 다링디리
즈믄히를 아즐가 즈믄히를 외오곰 녀신ᄃᆞᆯ
위 두어렁셩 두어렁셩 다링디리
信(신)잇ᄃᆞᆫ 아즐가 信(신)잇ᄃᆞᆫ 그츠리잇가 나는

위 두어렁셩 두어렁셩 다링디리
大同江(대동강) 아즐가 大同江(대동강) 너븐디 몰라셔
위 두어렁셩 두어렁셩 다링디리
빈내여 아즐가 빈내여 노혼다 샤공아
위 두어렁셩 두어렁셩 다링디리
네가시 아즐가 네가시 럼난디 몰라셔
위 두어렁셩 두어렁셩 다링디리
녈비예 아즐가, 녈비예 연즌다 샤공아.
위 두어렁셩 두어렁셩 다링디리
대동강(大同江) 아즐가, 대동강(大同江) 건너편 고즐여
위 두어렁셩 두어렁셩 다링디리
빈타들면 아즐가, 빈타들면 것고리이다 나는
위 두어렁셩 두어렁셩 다링디리

현대역

서경(평양)이 서울이지마는/중수(重修)한 작은 서울을 사랑합니다마는
임과 이별하기보다는/길쌈하던 베를 버리고서라도/사랑해주신다면 울면서 따르겠습니다.
구슬이 바위에 떨어진들/끈이야 끊어지겠습니까.
천 년을 홀로 살아간들/믿음이야 끊어지겠습니까.
대동강이 넓은지 몰라서/배를 내어 놓았느냐, 사공아.
네 각시 음란한지 몰라서/떠나는 배에 내 임을 태웠느냐, 사공아.
대동강 건너편 꽃을/배를 타면 꺾을 것입니다.

주요 단어 풀이
• 아즐가, 나는 : 운을 맞추기 위한 여음구
• 닷곤티 : 새로이 고친 곳
• 고외마른 : 사랑하지마는, '괴요마른'의 잘못된 표기
• 여히므론 : 이별하기 보다는
• 질삼뵈 : 길쌈하던 베
• 우러곰 : 울면서
• 그츠리잇가 : 끊어지겠습니까
• 즈믄히 : 천년(千年)
• 외오곰 : 외로이, 홀로
• 노혼다 : 놓았느냐
• 네가시 : 네 각시, 네 아내
• 고즐 : 꽃을
• 빈타들면 : 배 타고 들어가면

고려속요

고려시대 평민의 감정과 정서가 담긴 민요 시가로 장가(長歌), 여요(麗謠), 가요(歌謠) 등으로 불림
본래 평민의 노래였다가 고려 말에 궁중 가사로 연주된 것

④ 동동(動動) ⭐ 빈출개념

德(덕)으란 곰비예 받줍고 福(복)으란 림비예 받줍고
德이여 福이라 호늘 나ᅀᆞ라 오소이다.
아으 動動(동동)다리.

正月(정월)ㅅ 나릿므른 아으 어져 녹져 ᄒᆞ논디.
누릿 가온디 나곤 몸하 ᄒᆞ올로 녈셔.
아으 動動다리.

二月(이월)ㅅ 보로매 아으 노피 현 燈(등)ㅅ블 다호라.
萬人(만인) 비취실 즈싀샷다.
아으 動動다리.

三月(삼월) 나며 開(개)혼 아으 滿春(만춘) 돌욋고지여.
ᄂᆞᄆᆞ 브롤 즈슬 디뎌 나샷다.
아으 動動다리.

동동
• 작자 : 미상
• 갈래 : 고려 속요
• 형식 : 분절체(13연), 월령체
• 주제 : 외로움과 슬픔, 임에 대한 송도와 애련, 회한 및 한탄(각 연마다 주제가 다름)
• 특징 : 송도가, 월령체(달거리)의 성격을 지닌 가요로, 비유법, 영탄법을 사용함
• 출전 : 「악학궤범」
• 의의 : 우리 문학 최초이자 고려 속요 중 유일한 월령체가요(조선 후기 「농가월령가」에 영향)

작품의 구성

- 전개 : 임에 대한 덕과 복을 빎
- 1월 : 화자의 고독을 한탄함
- 2월 : 임의 고매한 인품을 예찬함
- 3월 : 임의 아름다운 모습을 송축함
- 4월 : 무심한 임에 대한 그리움과 원망
- 5월 : 임의 장수(長壽)를 기원
- 6월 : 임에게 버림받은 것에 대한 슬픔을 한탄
- 7월 : 버림받음에도 임과 함께하고자 하는 소망
- 8월 : 임이 없는 고독한 한가위
- 9~10월 : 임이 없는 쓸쓸함과 슬픔
- 11~12월 : 사랑을 이루지 못하고 한탄할 수밖에 없는 심정

아박(牙拍)

「악학궤범」에서는 「동동」을 '아박(牙拍)'이라고도 하는데, 2인 또는 4인이 두 손에 상아로 만든 작은 박(拍)을 들고 장단에 맞추어 치면서 춤춘다는 뜻에서 나온 말

청산별곡

- 갈래 : 고려 속요
- 형식 : 분장체(전 8연)
- 주제 : 유랑민의 삶의 고뇌와 비애, 실연의 고통, 고뇌와 방황
- 특징 : 3·3·2조의 3음보 형식을 갖추고 있으며 현실도피적이고 은둔적 분위기를 자아냄
- 출전 : 「악장가사」, 「악학편고」
- 의의 : 「서경별곡」과 함께 꼽히는 고려 가요의 대표적인 작품

작품의 구성

- 1연 : 청산에 대한 동경
- 2연 : 삶의 고통과 비애
- 3연 : 속세에 대한 미련
- 4연 : 처절한 고독 토로
- 5연 : 운명에 대한 체념
- 6연 : 다른 도피처에 대한 소망
- 7연 : 기적에 대한 기대
- 8연 : 술로 인생의 비애를 달램

四月(사월) 아니 니저 아으 오실셔 곳고리새여.
므슴다 錄事(녹사)니믄 녯 나를 닛고신뎌.
아으 動動(동동)다리.

六月(유월)ㅅ 보로매 아으 별해 ㅂ룐 빗 다호라.
도라보실 니믈 젹곰 좃니노이다.
아으 動動(동동)다리.

현대역

덕은 뒷잔에 바치고 복은 앞잔에 바치고 덕이라 복이라 하는 것을 드리러 오십시오.
정월의 냇물이 아아 얼고 녹아 봄이 다가오는데 세상 가운데 태어난 이 몸은 홀로 살아가는구나.
이월 보름에 아아 높이 켠 등불 같구나. 만인을 비추실 모습이도다.
삼월이 지나며 핀 아아 늦봄의 진달래꽃이여 남이 부러워할 모습을 지니고 태어나셨도다.
사월을 아니 잊고 아아 오셨구나, 꾀꼬리 새여 무엇 때문에 녹사님은 옛날을 잊고 계신가.
유월 보름에 아아 벼랑에 버린 빗 같구나. 돌아보실 임을 잠시나마 좇아갑니다.

⑤ **청산별곡(靑山別曲)**

살어리 살어리랏다. 靑山(청산)애 살어리랏다.
멀위랑 ᄃ래랑 먹고, 靑山(청산)애 살어리랏다.
얄리얄리 얄랑셩, 얄라리 얄라.
우러라 우러라 새여, 자고 니러 우러라 새여.
널라와 시름 한 나도 자고 니러 우니노라.
얄리얄리 얄라셩, 얄라리 얄라.
가던 새 가던 새 본다. 믈 아래 가던 새 본다.
잉무든 장글란 가지고, 믈 아래 가던 새 본다.
얄리얄리 얄라셩, 얄라리 얄라.
이링공 뎌링공 ᄒ야 나즈란 디내와손뎌.
오리도 가리도 업슨 바므란 또 엇디 호리라.
얄리얄리 얄라셩, 얄라리 얄라.
어듸라 더디던 돌코, 누리라 마치던 돌코.
믜리도 괴리도 업시 마자셔 우니노라.
얄리얄리 얄라셩, 얄라리 얄라.
살어리 살어리랏다. 바ᄅ래 살어리랏다.
ᄂᆞᄆ자기 구조개랑 먹고 바ᄅ래 살어리랏다.
얄리얄리 얄라셩, 얄라리 얄라.
가다가 가다가 드로라, 에정지 가다가 드로라.
사스미 짒대예 올아셔 奚琴(해금)을 혀거를 드로라.
얄리얄리 얄라셩, 얄라리 얄라.
가다니 빈브른 도긔 설진 강수를 비조라.

조롱곳 누로기 미와 잡스와니, 내 엇디 ᄒ리잇고.
얄리얄리 얄라셩, 얄라리 얄라.

현대역

살겠노라, 살겠노라. 청산에서 살겠노라/머루와 다래를 먹고 청산에서 살겠노라
우는구나, 우는구나, 새여. 자고 일어나 우는구나, 새여./너보다 시름 많은 나
도 자고 일어나 울고 있노라.
가는 새, 가는 새 본다. 물 아래쪽으로 가는 새 본다./이끼 묻은 쟁기를 가지고
물 아래쪽으로 가는 새본다.
이럭저럭하여 낮은 지내왔건만/올 이도 갈 이도 없는 밤은 또 어찌하리오.
어디다 던지는 돌인가. 누구를 맞히려는 돌인가./미워할 이도 사랑할 이도 없
이 사랑할 이도 없이 맞아서 울고 있노라.
살겠노라, 살겠노라. 바다에서 살겠노라./나문재, 굴, 조개를 먹고 바다에서 살
겠노라.
가다가, 가다가 듣노라. 외딴 부엌을 지나가다가 듣노라./사슴이 장대에 올라
가서 해금을 켜는 것을 듣노라.
가더니 불룩한 독에 진한 술을 빚는구나./조롱박꽃 모양의 누룩이 매워 (나를)
붙잡으니 나는 어찌하리오.

(4) 경기체가

① 한림별곡(翰林別曲)

제1장
元淳文원슌문 仁老詩인노시 公老四六공노ᄉ륙
李正言니졍언 陳翰林딘한림 雙韻走筆솽운주필
冲基對策튱긔ᄃᆡ칙 光鈞經義광균경의 良鏡詩賦량경시부
위 試場시댱ᄉ 景경 긔 엇더ᄒ니잇고
(葉)琴學士玉금흑ᄉ의 玉笋門生옥슌문싱 琴學士금흑ᄉ의 玉笋門生옥슌문싱
위 날조차 몃부니잇고

제2장
唐漢書당한셔 莊老子장로ᄌ 韓柳文集한류문집
李杜集니두집 蘭臺集난ᄃᆡ집 白樂天빅락텬집
毛詩尙書모시샹셔 周易春秋주역춘츄 周戴禮記주ᄃᆡ례기
위 註조쳐 내 외옩 景경 긔 엇더ᄒ니잇고
(葉)太平光記태평광긔 四百餘卷ᄉ빅여권 太平光記태평광긔 四百餘卷ᄉ빅여권
위 歷覽력남ᄉ 景경 긔 엇더ᄒ니잇고

제8장
唐唐唐당당당 唐楸子당츄ᄌ 皂莢조협남긔
紅홍실로 紅홍글위 미요이다
혀고시라 밀오시라 鄭小年뎡쇼년하
위 내 가논 ᄃᆡ ᄂᆞᆷ 갈셰라

주요 단어 풀이
- **이링공 뎌링공** : 이럭저럭
- **나즈란 디내와손뎌** : 지내왔건만
- **마치던** : 맞히려던
- **믜리도 괴리도** : 미워할 사람도 사랑할 사람도
- **바ᄅ래** : 바다에
- **ᄂᆞ 무자기** : '나문재(해초)'의 옛말
- **嵇琴(히금)을 혀거를** : 해금을 켜는 것을
- **민와** : 매워

한림별곡
- **작가** : 한림제유(翰林諸儒)
- **연대** : 고려 고종
- **주제** : 귀족들의 향락적 풍류생활, 유생들의 학문적 자부심
- **특징**
  - 최초의 경기체가로, 한자를 우리말 어순과 운율에 맞춰 노래
  - 전8장의 분절체로 3 · 3 · 4조의 3음보 형식
  - 시부, 서적, 명필, 명주(名酒), 화훼, 음악, 누각, 추천(鞦韆)의 8경을 노래
- **출전** : 『악장가사』

주요 단어 풀이
- **葉** : 가사가 붙는 후렴구를 구분하기 위한 표시
- **公老四六** : 사륙변려문. 중국 육조, 당나라 시기에 성행하던 한문 문체
- **太平光記(태평광기)** : 중국 송나라 시기에 편찬된 설화집으로 종교, 소설적인 이야기가 주요 내용
- **歷覽(역람)** : 여러 곳을 두루 다니면서 구경함
- **鄭小年(정소년)** : 방탕하게 유흥을 즐기는 젊은이

SEMI-NOTE

경기체가(景幾體歌)

- 고려 중기 이후에 발생한 장가(長歌)로 경기하여가(景幾何如歌)라고도 함
- 景幾何如(景경 긔 엇더ᄒ니잇고) 구가 붙는 특징이 있기 때문에 이러한 명칭이 붙음

독락팔곡

- 작자 : 권문호
- 연대 : 조선 선조
- 주제 : 강호에 묻혀 여유롭게 살아가는 즐거움
- 특징
  - 경기체가 소멸기에 쓰인 작품으로 현존하는 경기체가 가운데 가장 마지막 작품
  - 임진왜란 이후로 과시하고 찬양할 외적 여건을 상실하여 경기체가 특유의 주제의식이 붕괴됨
- 출전 : 「송암별집」

(葉)削玉纖纖(샥옥셤셤) 雙手(솽슈ㅅ)길혜 削玉纖纖(샥옥셤셤) 雙手(솽슈ㅅ)길혜
위 携手同遊(휴슈동유)ㅅ 景경 긔 엇더ᄒ니잇고

> **현대역**
>
> 제1장 시부(詩賦)
> 유원순의 문장, 이인로의 시, 이공로의 사륙변려문/이규보와 진화의 쌍운을 맞추어 써 내려간 글/유충기의 대책문, 민광균의 경서 해의(解義), 김양경의 시와 부(賦)/아, 과거시험의 광경, 그것이 어떠합니까?
> 금의가 배출한 죽순처럼 많은 제자들, 금의가 배출한 죽순처럼 많은 제자들/아, 나까지 몇 분입니까?
>
> 제2장 서적(書籍)
> 당서와 한서, 장자와 노자, 한유와 유종원의 문집/이백과 두보의 시집, 난대여사의 시문집, 백낙천의 문집/시경과 서경, 주역과 춘추, 예기/아, 주석마저 줄곧 외우는 모습 그것이 어떠합니까?
> 태평광기 사백여권, 태평광기 사백여권/아, 두루두루 읽는 모습 그것이 어떠합니까?
>
> 제8장 추천(鞦韆)
> 당당당 당추자(호도나무) 쥐엄나무에/붉은 실로 붉은 그네를 맵니다/당기시라 미시라 정소년이여/아, 내가 가는 곳에 남이 갈까 두렵구나
> 옥을 깎은 듯 고운 손길에, 옥을 깎은 듯 고운 손길에/아, 손 마주잡고 노니는 정경, 그것이 어떠합니까?

② **독락팔곡(獨樂八曲)**

> 1장
> 太平聖代(태평성대) 田野逸民(전야일민) 再唱(재창)
> 耕雲麓(경운록) 釣烟江(조연강)이 이밧긔 일이업다.
> 窮通(궁통)이 在天(재천)ᄒ니 貧賤(빈천)을 시름ᄒ랴.
> 玉堂(옥당) 金馬(금마)는 내의 願(원)이 아니로다.
> 泉石(천석)이 壽域(수역)이오 草屋(초옥)이 春臺(춘대)라.
> 於斯臥(어사와) 於斯眠(어사면) 俯仰宇宙(부앙우주) 流觀(유관) 品物(품물)ᄒ야,
> 居居然(거거연) 浩浩然(호호연) 開襟獨酌(개금독작) 岸幘長嘯(안책장소) 景(경)
> 긔엇다 ᄒ니잇고.
>
> 2장
> 草屋三間(초옥삼간) 容膝裏(용슬리) 昻昻(앙앙) 一閒人(일한인) 再唱(재창)
> 琴書(금서)를 벗을 삼고 松竹(송죽)으로 울을ᄒ니
> 脩脩(소소) 生事(생사)와 淡淡(담담) 襟懷(금회)예 塵念(진념)이 어딋나리.
> 時時(시시)예 落照趂淸(낙조진청) 蘆花(노화) 岸紅(안홍)ᄒ고,
> 殘烟帶風(잔연대풍) 楊柳(양류) 飛(비)ᄒ거든,
> 一竿竹(일간죽) 빗기안고 忘機伴鷗(망기반구) 景(경) 긔엇다 ᄒ니잇고.

현대역

(1장) 태평스럽고 성스러운 시대에, 시골에 은거하는 절행이 뛰어난 선비가 (재창)/구름 덮인 산기슭에 밭이랑을 갈고, 내 낀 강에 낚시를 드리우니, 이밖에는 일이 없다./빈궁과 영달이 하늘에 달렸으니, 가난함과 천함을 걱정 하리오, 한 나라 때 궁궐 문이나 관아 앞에 동마(銅馬)를 세워 명칭한 금마문과, 한림원의 별칭인 옥당서가 있어, 이들은 임금을 가까이서 뫼시는 높은 벼슬아치로, 이것은 내가 원하는 바가 아니다. 천석으로 이루어진 자연에 묻혀 사는 것도, 인덕이 있고 수명이 긴 수역으로 성세가 되고, 초옥에 묻혀 사는 것도, 봄 전망이 좋은 춘대로 성세로다./어사와! 어사와! 천지를 굽어보고 쳐다보며, 삼라만상이 제각기 갖춘 형체를 멀리서 바라보며, 안정된 가운데 넓고도 큰 흉금을 열어 제쳐 놓고 홀로 술을 마시니, 두건이 높아 머리 뒤로 비스듬히 넘어가, 이마가 드러나 예법도 없는데다 길게 휘파람 부는 광경, 그것이야말로 어떻습니까.

(2장) 초가삼간이 너무 좁아, 겨우 무릎을 움직일 수 있는 방에, 지행 높고 한가한 사람이, 가야금을 타고 책 읽는 일을 벗 삼아 집 둘레에는 소나무와 대나무로 울을 하였으니, 찢겨진 생계와 산뜻하게 가슴 깊이 품고 있는 회포는, 속세의 명리를 생각하는 마음이 어디서 나리오./저녁 햇빛이 맑게 갠 곳에 다다르고, 흰 갈대꽃이 핀 기슭에 비치서 붉게 물들었는데, 남아 있는 내에 섞여 부는 바람결에 버드나무가 날리거든, 하나의 낚싯대를 비스듬히 끼고 세속 일을 잊고서 갈매기와 벗이 되는 광경, 그것이야말로 어떻습니까.

(5) 고려시대의 시조

① 다정가(多情歌)

梨花(이화)에 月白(월백)ᄒ고 銀漢(은한)이 三更(삼경)인제
一枝春心(일지춘심)을 子規(자규)야 알랴마ᄂᆞᆫ
多情(다정)도 病(병)인 냥ᄒᆞ여 ᄌᆞᆷ못 드러 ᄒᆞ노라.

현대역

배꽃에 달이 하얗게 비치고 은하수는 자정 무렵을 알리는 때에
나뭇가지에 깃들어 있는 봄의 정서를 소쩍새야 알 리 있으랴마는
다정한 것도 그것이 병인 양, 잠 못 들어 하노라.

② 탄로가(嘆老歌)

春山(춘산)에 눈 녹인 바롬 건듯 불고 간 듸 업다.
져근덧 비러다가 마리 우희 불니고져
귀 밋틔 ᄒᆡ묵은 서리를 녹여 볼가 ᄒᆞ노라.

SEMI-NOTE

주요 단어 풀이

• 太平聖代(태평성대) : 어진 임금이 잘 다스려 태평한 세상 또는 시대
• 窮通(궁통) : 빈궁과 영달
• 泉石(천석) : 물과 돌로 이루어진 자연의 경치
• 壽域(수역) : 오래 살 수 있는 경지(境地)의 비유
• 於斯臥(어사와) : '어여차'를 예스럽게 이르는 의성어. 한자어 표기는 음만 빌린 것
• 開襟(개금) : 옷섶을 열어 가슴을 헤침
• 岸幘(안책) : '두건을 비스듬히 치올려 쓰고 이마를 드러냄'의 의미로 친한 사이에 예법을 무시하고 익숙한 모습을 이름
• 襟懷(금회) : 마음속에 깊이 품고 있는 생각
• 楊柳(양류) : 버드나뭇과 식물을 통틀어 이르는 말
• 伴鷗(반구) : 갈매기와 짝이 됨

다정가
• 작자 : 이조년
• 갈래 : 평시조
• 주제 : 봄밤의 애상
• 특징 : 직유법과 의인법의 사용 및 시각적 심상과 청각적 심상의 조화를 통해 애상적 분위기를 표현
• 출전 : 『청구영언』

탄로가
• 작자 : 우탁
• 갈래 : 평시조
• 주제 : 늙음에 대한 안타까움과 인생에 대한 달관
• 특징 : 가장 오래된 시조 중 하나로 비유법을 사용하여 달관의 여유를 표현
• 출전 : 『청구영언』

현대역
봄 산에 쌓인 눈을 녹인 바람이 잠깐 불고 어디론지 간 데 없다.
잠시 동안 빌려다가 머리위에 불게 하고 싶구나.
귀 밑에 해묵은 서리(백발)를 녹여 볼까 하노라.

③ 하여가(何如歌)

이런들 엇더하며 져런들 엇더하료
만수산(萬壽山) 드렁칡이 얽어진들 긔 어떠하리
우리도 이갓치 얽어져 백 년까지 누리리라

현대역
이런들 어떠하며 저런들 어떠하리
만수산 칡덩굴이 얽혀져 있은들 그것이 어떠하리
우리도 이같이 하여 백년까지 누리리라.

④ 단심가(丹心歌)

이 몸이 주거주거 一百(일백) 番(번) 고쳐 주거
白骨(백골)이 塵土(진토)되어 넉시라도 잇고 업고
님 向(향)ᄒᆞᆫ 一片丹心(일편단심)이야 가싈줄이 이시랴.

현대역
이 몸이 죽고 죽어 일백 번 고쳐 죽어
백골이 진토되어 넋이라도 있고 없고
임 향한 일편단심이야 가실 줄이 있으랴.

⑤ 회고가(懷古歌)

오백 년(五百年) 도읍지(都邑地)를 필마(匹馬)로 도라드니
산천(山川)은 의구(依舊)하되 인걸(人傑)은 간 듸 업다.
어즈버 태평연월(太平烟月)이 꿈이런가 하노라.

현대역
오백 년이나 이어 온 고려의 옛 도읍지를 한 필의 말로 돌아 들어오니
산천(山川)은 예와 다름이 없으되 인재(고려의 유신)는 간 데 없구나.
아아, 태평하고 안락한 세월(고려의 융성기)은 꿈인가 하노라.

2. 조선시대 시가의 형성

(1) 조선 전기의 시가

① 강호사시가(江湖四時歌)

江湖(강호)에 봄이 드니 미친 興(흥)이 절로 난다.
濁醪溪邊(탁료계변)에 錦鱗魚(금린어)ㅣ 안쥐로다.
이 몸이 閑暇(한가)히름도 亦軍恩(역군은)이샷다.

江湖(강호)에 녀름이 드니 草堂(초당)에 일이 업다.
有信(유신)혼 江波(강파)는 보내느니 부람이로다.
이 몸이 서늘히옴도 亦軍恩(역군은)이샷다.

江湖(강호)에 フ을이 드니 고기마다 슬져 잇다.
小艇(소정)에 그믈 시러 흘니 씌여 더져 두고
이 몸이 消日(소일)히옴도 亦軍恩(역군은)이샷다.

江湖(강호)에 겨월이 드니 눈 기픠 자히 남다.
삿갓 빗기 쓰고 누역으로 오슬 삼아
이 몸이 칩지 아니히옴도 亦軍恩(역군은)이샷다.

> **현대역**
> 강호에 봄이 드니 참을 수 없는 흥이 절로 난다./탁주를 마시며 노는 시냇가에 금린어(쏘가리)가 안주로다./이 몸이 한가롭게 지냄도 역시 임금의 은혜로다.
> 강호에 여름이 드니 초당에 일이 없다./신의 있는 강 물결은 보내는 것이 시원한 강바람이다./이 몸이 서늘하게 지내는 것도 역시 임금의 은혜로다.
> 강호에 가을이 드니 물고기마다 살이 올랐다./작은 배에 그물 실어 물결 따라 흐르게 던져 두고/이 몸이 고기잡이로 세월을 보내는 것도 역시 임금의 은혜로다.
> 강호에 겨울이 드니 눈의 깊이가 한 자가 넘는다./삿갓을 비스듬히 쓰고 도롱이를 둘러 덧옷을 삼아/이 몸이 춥지 않게 지내는 것도 역시 임금의 은혜로다.

② 동짓달 기나긴 밤을 ★ 빈출개념

> 冬至(동지)ㅅ둘 기나긴 밤을 한 허리를 버혀 내여
> 春風(춘풍) 니불 아레 서리서리 너헛다가
> 어론님 오신 날 밤이여든 구뷔구뷔 펴리라.

> **현대역**
> 동짓달 기나긴 밤 한가운데를 베어 내어
> 봄바람 이불 아래 서리서리 넣었다가
> 정든 서방님 오신 날 밤이거든 굽이굽이 펴리라.

강호사시가
• 작자 : 맹사성
• 갈래 : 평시조, 연시조(전 4수)
• 주제 : 유유자적한 삶과 임금의 은혜에 대한 감사
• 특징 : 강호가도(江湖歌道)의 선구적인 작품으로 이황의 「도산십이곡」과 이이의 「고산구곡가」에 영향을 끼침
• 출전 : 「청구영언」

작품의 구성
• 춘사(春思) : 냇가에서 쏘가리(금린어)를 안주삼아 탁주를 마시는 강호한정
• 하사(夏詞) : 초당에서 지내는 한가로운 생활
• 추사(秋詞) : 강가에서 살찐 고기를 잡는 생활
• 동사(冬詞) : 쌓인 눈을 두고 삿갓과 도롱이로 추위를 견디며 따뜻하게 지내는 생활

연시조(연형시조)
두 개 이상의 평시조가 하나의 제목으로 엮어져 있는 시조. 다양하고 체계적인 서정성을 표현할 수 있었음

동짓달 기나긴 밤을
• 작자 : 황진이
• 갈래 : 평시조
• 주제 : 임을 기다리는 절실한 그리움
• 특징 : 추상적인 시간을 구체화, 감각화하며 음성 상징어를 적절하게 사용함
• 출전 : 「청구영언」

SEMI-NOTE

이화우 흩뿌릴 제
• 작자 : 계랑
• 갈래 : 평시조
• 주제 : 임을 그리는 마음
• 특징 : 은유법을 사용하여 임과 이별한 애상적인 분위기를 부각시킴
• 출전 : 『청구영언』

조홍시가
• 작자 : 박인로
• 갈래 : 평시조
• 주제 : 풍수지탄(風樹之嘆)
• 특징
  – 사친가(思親歌)로 '조홍시가'라고도 함
  – 부모의 부재(不在)가 전개의 바탕이 됨
• 출전 : 『노계집』

어부사시사
• 작자 : 윤선도
• 갈래 : 연시조(전 40수, 사계절 각 10수)
• 주제 : 사계절의 어부 생활과 어촌 풍경을 묘사, 강호한정과 물아일체의 흥취
• 특징
  – 후렴구가 있으며, 우리말의 아름다움을 잘 살림
  – 시간에 따른 시상 전개. 원근법 등이 나타남
  – 각수의 여음구를 제외하면 초, 중, 종장 형태의 평시조와 동일(동사(冬詞) 제10장은 제외)
• 출전 : 『고산유고』

작품의 구성
• 춘사(春詞) : 어부 일을 하며 자연 속에서 유유자적한 심정
• 하사(夏詞) : 한가로이 어부 일을 하는 도중에 자연과 물아일체의 경지에 도달
• 추사(秋詞) : 어지러운 속세를 떠나 자연 속에서 살아가는 즐거움
• 동사(冬詞) : 속세에 더 이상 물들지 않고 싶은 심정과 어부의 흥취

③ 이화우 흩뿌릴 제

> 梨花雨(이화우) 훗쑤릴 제 울며 잡고 이별(離別)한 님
> 秋風落葉(추풍낙엽)에 저도 날 싱각는가.
> 千里(천 리)에 외로운 쑴만 오락가락 ᄒ노매.
>
> **현대역**
> 배꽃이 비처럼 흩뿌릴 때 울며 잡고 이별한 임
> 가을바람에 떨어지는 나뭇잎에 임도 날 생각하시는가.
> 천 리에 외로운 꿈만 오락가락하는구나.

④ 조홍시가(早紅柿歌) ★빈출개념

> 盤中(반중) 早紅(조홍)감이 고아도 보이ᄂ다.
> 유자(柚子)ㅣ 아니라도 품엄즉도 ᄒ다마ᄂ
> 품어 가 반길 이 업슬씌 글로 설워ᄒ ᄂ이다.
>
> **현대역**
> 쟁반에 놓인 일찍 익은 홍시가 곱게도 보이는구나.
> 유자는 아니더라도 품어 가고 싶다마는
> 품어 가도 반겨줄 이(부모님) 안 계시니 그것을 서러워합니다.

⑤ 어부사시사(漁父四時詞) ★빈출개념

> 春詞 4
> 우ᄂ 거시 벅구기가, 프른 거시 버들숩가.
> 이어라, 이어라
> 漁村(어촌) 두어 집이 닛 속의 나락들락.
> 至匊悤(지국총) 至匊悤(지국총) 於思臥(어사와)
> 말가ᄒ 기픈 소희 온갇 고기 쒸노ᄂ다.
>
> 夏詞 2
> 년닙희 밥싸 두고 반찬으란 쟝만마라.
> 닫 드러라 닫 드러라
> 靑蒻笠(청약립)은 써 잇노라 綠蓑衣(녹사의) 가져오냐.
> 至匊悤(지국총) 至匊悤(지국총) 於思臥(어사와)
> 無心(무심)ᄒ 白鷗(백구)ᄂ 내 좃ᄂ가, 제 좃ᄂ가.
>
> 秋詞 1
> 物外(물외)예 조흔 일이 漁父生涯(어부생애) 아니러냐.
> 빈 떠라 빈 떠라
> 漁翁(어옹)을 욷디마라 그림마다 그렷더라.
> 至匊悤(지국총) 至匊悤(지국총) 於思臥(어사와)

四時興(사시흥)이 흔 가지나 秋江(추강)이 은듬이라.

冬詞4
간밤의 눈 갠 後(후)에 景物(경물)이 달고야.
이어라 이어라
압희는 萬頃琉璃(만경유리) 뒤희는 千疊玉山(천첩옥산).
至匊悤(지국총) 至匊悤(지국총) 於思臥(어사와)
仙界(선계)ㄴ가 佛界(불계)ㄴ가 人間(인간)이 아니로다.

현대역

(춘사 4) 우는 것이 뻐꾸기인가, 푸른 것이 버들 숲인가./노 저어라 노 저어라/어촌 두어 집이 안개 속에 들락날락하는구나./찌그덩 찌그덩 어여차/맑고 깊은 못에 온갖 고기 뛰논다.
(하사 2) 연잎에 밥 싸두고 반찬일랑 장만 마라./닻 올려라 닻 올려라/삿갓은 쓰고 있노라. 도롱이는 가져오느냐./찌그덩 찌그덩 어여차/무심한 갈매기는 내가 저를 좇는가, 제가 나를 좇는가.
(추사 1) 세속을 떠난 곳에서의 깨끗한 일이 어부의 생애 아니더냐./배 띄워라 배 띄워라/늙은 어부라고 비웃지 마라. 그림마다 그렸더라./찌그덩 찌그덩 어여차/사계절의 흥취가 다 좋지만 그중에서도 가을 강이 으뜸이라.
(동사 4) 간밤에 눈 갠 뒤에 경치가 달라졌구나./노 저어라 노 저어라/앞에는 유리처럼 반반하고 아름다운 바다, 뒤에는 수없이 겹쳐 있는 아름다운 산./찌그덩 찌그덩 어여차/신선의 세계인가, 부처의 세계인가. 사람의 세계는 아니로다.

(2) 조선 중후기의 시가

① 장진주사(將進酒辭)

한 盞(잔) 먹새 그려, 쏘 한 잔 먹새 그려
곳 걱거 算(산)노코 無盡無盡(무진무진) 먹새 그려
이 몸 주근 後(후)에 지게 우히 거적 더퍼 주리혀 미여 가나
流蘇寶帳(유소보장)의 萬人(만인)이 우레 너나
어욱새 속새 덥가나무 白楊(백양)수페 가기곳 가면
누른 히 흰 둘 가는 비 굴근 눈 쇼쇼리 브람 불제 뉘 혼 잔 먹쟈 홀고
흐믈며 무덤 우히 진나비 프람 불 제 뉘우츤들 엇디리

현대역

한 잔 마시세 그려 또 한 잔 마시세 그려/꽃 꺾어 술잔을 세며 무진무진 마시세 그려/이 몸 죽은 후면 지게 위에 거적 덮어 줄로 묶어 매어가니/유소보장에 수많은 사람이 울며 따라오더라도
어욱새, 속새, 덥가나무, 백양나무 숲으로 들어가기만 하면/누런 해와 흰 달, 가는 비, 굵은 눈, 회오리바람 불 때 누가 한 잔 마시자고 할 것인가?/하물며 무덤 위에 원숭이가 휘파람 불 때, 그제서 뉘우친들 어쩔 것인가?

창을 내고자 창을 내고자
- 작자 : 미상
- 갈래 : 사설시조, 해학가
- 주제 : 답답한 심정의 하소연
- 특징 : 유사어의 반복과 사물의 열거, 과장법과 비유법의 사용하여 평민의 애환을 반영
- 출전 : 『청구영언』

귓도리 져 귓도리
- 작자 : 미상
- 갈래 : 사설시조, 연모가
- 주제 : 독수공방의 외롭고 쓸쓸함
- 특징 : 의인법, 반어법, 반복법의 사용으로 섬세한 감정이입을 나타냄
- 출전 : 『청구영언』

상춘곡
- 작자 : 정극인
- 갈래 : 정격가사, 서정가사, 양반가사
- 연대
  - 조선 성종(15세기) 때 창작
  - 정조(18세기) 때 간행
- 주제 : 상춘과 안빈낙도의 삶에 대한 예찬(만족)
- 특징
  - 3 · 4(4 · 4)조, 4음보, 전 79구의 연속체(가사체, 운문체)
  - 여러 표현 기교를 사용(설의법, 의인법, 대구법, 직유법 등)
  - 공간의 이동(공간 확장)을 통한 시상 전개
  - 창작자의 시대인 15세기의 표기법이 아니라 수록된 〈불우헌집〉이 간행된 18세기 음운과 어법이 반영됨
- 출전 : 『불우헌집』

② 창을 내고자 창을 내고자

> 窓(창) 내고쟈 窓(창)을 내고쟈 이 내 가슴에 窓(창) 내고쟈.
> 고모장지 셰살장지 들장지 열장지 암돌져귀 수돌져귀 비목걸새 크나큰 쟝도리로 똥닥 바가 이 내 가슴에 窓(창) 내고쟈.
> 잇다감 하 답답할 제면 여다져 볼가 ᄒ노라.
>
> **현대역**
> 창 내고 싶다. 창 내고 싶다. 이내 가슴에 창 내고 싶다.
> 고무래 장지, 세살(가는 살)장지, 들장지, 열장지, 암톨쩌귀, 수톨쩌귀, 배목걸쇠를 크나큰 장도리로 뚝딱 박아 이내 가슴에 창 내고 싶다.
> 이따금 너무 답답할 때면 여닫아 볼까 하노라.

③ 귓도리 져 귓도리

> 귓도리 져 귓도리 어엿부다 져 귓도리
> 어인 귓도리 지는 달 새는 밤의 긴 소리 쟈른 소리 節節(절절)이 슬픈 소리 제 혼자 우러 녜어 紗窓(사창) 여왼 줌을 슬드리도 쐬오는고야.
> 두어라 제 비록 微物(미물)이나 無人洞房(무인동방)에 내 뜻 알 리는 저뿐인가 ᄒ노라.
>
> **현대역**
> 귀뚜라미, 저 귀뚜라미, 불쌍하다 저 귀뚜라미. 어찌된 귀뚜라미인가.
> 지는 달 새는 밤에 긴소리, 짧은 소리, 마디마디 슬픈 소리로 저 혼자 울면서 사창 안에서 살짝 든 잠을 잘도 깨우는구나.
> 두어라, 제 비록 미물이나 임이 안 계시는 외로운 방에서 내 뜻을 알 이는 저 귀뚜라미뿐인가 하노라.

(3) 가사문학

① 상춘곡(賞春曲)

> 紅塵(홍진)에 뭇친 분네 이내 生涯(생애) 엇더ᄒ고, 녯 사ᄅᆷ 風流(풍류)를 미츨가 못미츨가. 天地間(천지간) 男子(남자) 몸이 날 만흔 이 하건마ᄂᆞᆫ, 山林(산림)에 뭇쳐 이셔 至樂(지락)을 ᄆᆞ를 것가. 數間茅屋(수간모옥)을 碧溪水(벽계수) 앏 픠여 두고, 松竹(송죽) 鬱鬱裏(울울리)예 風月主人(풍월주인) 되어셔라.
>
> 엇그제 겨을 지나 새봄이 도라오니, 桃花杏花(도화행화)ᄂᆞᆫ 夕陽裏(석양리)예 픠여 잇고, 錄楊芳草(녹양방초)ᄂᆞᆫ 細雨中(세우중)에 프르도다. 칼로 몰아 낸가, 붓으로 그려 낸가, 造化神功(조화신공)이 物物(물물)마다 헌ᄉᆞ롭다. 수풀에 우ᄂᆞᆫ 새ᄂᆞᆫ 春氣(춘기)를 ᄆᆞᆺ내 계워 소리마다 嬌態(교태)로다. 物我一體(물아일체)어니, 興(흥)이이 다를소냐. 柴扉(시비)예 거러 보고, 亭子(정자)애 안자보니, 逍遙吟詠(소요음영)ᄒ야, 山日(산일)이 寂寂(적적)ᄒ듸, 閑中眞味(한중진미)를

알 니 업시 호재로다.

이바 니웃드라, 山水(산수)구경 가쟈스라. 踏靑(답청)으란 오놀 ᄒ고, 浴沂(욕기)란 來日ᄒ새. 아츰에 採山(채산)ᄒ고, 나조ᄒ 釣水(조수)ᄒ새. ᄀᆺ 괴여 닉은 술을 葛巾(갈건)으로 밧타 노코, 곳나모 가지 것거, 수 노코 먹으리라. 和風(화풍)이 건ᄃᆺ 부러 綠水(녹수)를 건너오니, 淸香(청향)은 잔에 지고, 落紅(낙홍)은 옷새진다.

樽中(준중)이 뷔엿거든 날ᄃᆞ려 알외여라. 小童(소동) 아ᄒᆡᄃᆞ려 酒家(주가)에 술을 믈어, 얼운은 막대 집고, 아ᄒᆡᄂᆞᆫ 술을 메고, 微吟緩步(미음완보)ᄒ야 시냇ᄀᆞ의 호자 안자, 明沙(명사) 조ᄒᆞᆫ 믈에 잔 시어 부어 들고, 淸流(청류)를 굽어보니, ᄯ여오ᄂᆞ니 桃花(도화) ㅣ로다. 武陵(무릉)이 갓갑도다. 져 ᄆᆡ이 귄 거인고. 松間(송간) 細路(세로)에 杜鵑花(두견화)를 부치 들고, 峰頭(봉두)에 급픠 올나 구름 소긔 안자 보니, 千村萬落(천촌만락)이 곳곳이 버려 잇닉. 煙霞日輝(연하일휘)ᄂᆞ 錦繡(금수)를 재폇ᄂᆞᆫ 듯. 엇그제 검은 들이 봄빗도 有餘(유여)ᄒ샤.

功名(공명)도 날 끠우고, 富貴(부귀)도 날 끠우니, 淸風明月(청풍명월) 外(외)예 엇던 벗이 잇ᄉᆞ올고. 單瓢陋巷(단표누항)에 흣튼 혜음 아니 ᄒ닉. 아모타, 百年行樂(백년행락)이 이만ᄒᆞᆫ ᄃᆞᆯ 엇지ᄒ리.

현대역

속세에 묻혀 사는 사람들이여. 이내 생활이 어떠한가. 옛 사람들의 풍류에 미칠까 못 미칠까? 이 세상에 남자로 태어난 몸으로서 나만한 사람이 많건마는, 산림에 묻혀 사는 지극한 즐거움을 모르는 것인가. 초가삼간을 맑은 시냇물 앞에 두고, 소나무와 대나무가 울창한 속에 자연을 즐기는 사람이 되었구나.

엊그제 겨울 지나 새봄이 돌아오니, 복숭아꽃과 살구꽃은 석양 속에 피어 있고 푸른 버들과 꽃다운 풀은 가랑비 속에 푸르도다. 칼로 재단해 내었는가, 붓으로 그려 내었는가. 조물주의 신기한 솜씨가 사물마다 야단스럽다. 수풀에 우는 새는 봄기운을 끝내 못 이겨 소리마다 아양을 떠는 모습이로다. 자연과 내가 한 몸이니 흥겨움이야 다르겠는가. 사립문 주위를 걸어 보고 정자에 앉아 보니 천천히 거닐며 나직이 시를 읊조려 산 속의 하루가 적적한데, 한가로움 속의 참된 즐거움을 아는 이 없이 혼자로구나.

여보게, 이웃 사람들이여. 산수 구경을 가자꾸나. 산책은 오늘 하고 냇물에서 목욕하는 것은 내일하세. 아침에 산나물을 캐고 저녁에 낚시질을 하세. 갓 익은 술을 갈건으로 걸러 놓고 꽃나무 가지 꺾어 잔 수를 세면서 먹으리라. 화창한 바람이 잠깐 불어 푸른 물을 건너오니, 맑은 향기는 잔에 지고, 떨어진 꽃은 옷에 진다.

술통 안이 비었거든 나에게 아뢰어라. 심부름하는 아이를 시켜 술집에서 술을 사 가지고 어른은 지팡이 짚고 아이는 술을 메고 나직이 읊조리며 천천히 걸어 시냇가에 혼자 앉아, 깨끗한 물에 잔 씻어 부어 들고, 맑게 흐르는 물을 굽어보니 떠오는 것이 복숭아꽃이로다. 무릉도원이 가깝도다. 저 들이 그곳인가? 소나무 사이 좁은 길에 진달래꽃을 붙들어 잡고, 산봉우리에 급히 올라 구름 속에

02장 고전 문학

앉아 보니, 수많은 촌락이 곳곳에 널려 있네. 안개와 노을과 빛나는 햇살은 수를 놓은 비단을 펼쳐 놓은 듯. 엊그제까지 검었던 들이 봄빛이 넘치는구나.

공명도 날 꺼리고, 부귀도 날 꺼리니, 맑은 바람과 밝은 달 외에 어떤 벗이 있을까. 누항에서 먹는 한 그릇의 밥과 한 바가지의 물에 잡스러운 생각 아니 하네. 아무튼 한평생 즐겁게 지내는 것이 이만하면 족하지 않겠는가.

실력UP 조선후기의 가사문학

조선후기에 이르러 평민층, 여자에 이르기까지 다양한 계층으로 확대되며 변격가사가 출현하는 계기가 되었고, 여자가 지은 가사문학을 규방가사(閨房歌詞)라고 함

② 사미인곡(思美人曲)

이 몸 삼기실 제 님을 조차 삼기시니, 혼 성 緣分(연분)이며 하늘 모론 일이런가. 나 혼나 졈어 잇고 님 혼나 늘 괴시니, 이 무음 이 스랑 견졸 딕 노여 업다.

平生(평싱)애 願(원)ᄒᆞ요딕 혼딕 녜쟈 ᄒᆞ얏더니, 늙거야 므스 일로 외오 두고 글이고. 엊그제 님을 뫼셔 廣寒殿(광한뎐)의 올낫더니, 그 더딕 엇디ᄒᆞ야 下界(하계)예 ᄂᆞ려오니, 올 적의 비슨 머리 얼킈연디 三年(삼년)이라. 臙脂粉(연지분) 잇ᄂᆞ마는 눌 위ᄒᆞ야 고이 홀고. 무음의 미친 실음 疊疊(텹텹)이 ᄡᅡ혀이셔, 짓ᄂᆞ니 한숨이오 디ᄂᆞ니 눈물이라. 人生(인싱)은 有限(유혼)혼딕 시름도 그지 업다.

(중략)

乾坤(건곤)이 閉塞(폐식)ᄒᆞ야 白雪(빅셜)이 혼 빗친 제, 사름은 ᄏᆞ니와 눌새도 긋쳐잇다. 瀟湘南畔(쇼샹남반)도 치오미 이러커든 玉樓高處(옥누고쳐)야 더옥 닐너 므슴ᄒᆞ리.

陽春(양츈)을 부쳐내여 님 겨신 딕 쏘이고져. 茅簷(모쳠) 비쵠 히롤 玉樓(옥루)의 올리고져. 紅裳(홍샹)을 니믜ᄎᆞ고 翠袖(취슈)를 半(반)만 거더 日暮脩竹(일모슈듁)의 혬가림도 하도 할샤. 댜론 히 수이 디여 긴 밤을 고초 안자, 靑燈(쳥등) 거른 鈿箜篌(연공후) 노하 두고, 꿈의나 님을 보려 틱밧고 비겨시니, 鴦衾(앙금)도 츠도 챨샤 이 밤은 언제 샐고.

ᄒᆞ로도 열두 째, 혼 둘도 셜흔 날, 져근덧 싱각 마라. 이 시름 닛쟈 ᄒᆞ니 무음의 미쳐 이셔 骨髓(골슈)의 쎄텨시니, 扁鵲(편쟉)이 열히 오나 이 병을 엇디ᄒᆞ리. 어와 내 병이야 이 님의 타시로다. 출하리 싀어디여 범나븨 되오리라. 곳나모 가지마다 간딕 죡죡 안다가, 향 므든 날애로 님의 오시 올므리라. 님이야 날인줄 모르샤도 내님 조ᄎᆞ려 ᄒᆞ노라.

현대역

이 몸이 태어날 때에 임을 좇아 태어나니, 한평생 함께 살 인연임을 하늘이 모를 일이던가. 나는 오직 젊어 있고 임은 오로지 나만을 사랑하시니 이 마음과

사미인곡

- **작자** : 정철
- **갈래** : 정격가사, 서정가사, 양반가사
- **연대** : 조선 선조
- **주제** : 연군지정(戀君之情)
- **특징**
  - 동일 작자의 속미인곡과 더불어 가사문학의 극치를 보여줌
  - 자연의 변화에 따라 정서의 흐름을 표현하고 있음
  - 비유법, 변화법과 점층법을 사용하여 임에 대한 연정을 심화시킴
- **출전** : 『송강가사』

작품의 구성

- **서사** : 임과의 인연과 변함없는 그리움
- **본사** : 임의 선정(善政)의 기원과 멀리 떨어진 임에 대한 염려
- **결사** : 죽더라도 임을 따르겠다는 의지

이 사랑을 견줄 데가 다시없다.

평생에 원하되 함께 살아가려고 하였더니, 늙어서야 무슨 일로 홀로 두고 그리워하는가. 엊그제는 임을 모시고 광한전에 올라 있더니, 그동안에 어찌하여 속세에 내려왔는지, 내려올 때 빗은 머리가 헝클어진 지 삼 년이다. 연지와 분이 있지마는 누구를 위하여 곱게 단장할까. 마음에 맺힌 시름 겹겹이 싸여 있어, 짓는 것이 한숨이요, 흐르는 것이 눈물이라. 인생은 유한한데 시름은 끝이 없다.
(중략)
천지가 얼어붙어 생기가 막히어 흰 눈이 일색으로 덮여 있을 때 사람은 말할 것도 없거니와 날짐승도 끊겨져 있다. 따뜻한 지방이라 일컬어지는 중국에 있는 소상강 남쪽 둔덕(전남 창평)도 추움이 이렇거늘, 북쪽 임 계신 곳이야 더욱 말해 무엇 하리.

따뜻한 봄기운을 부쳐내어 임 계신 곳에 쏘이게 하고 싶다. 초가집 처마에 비친 해를 옥루에 올리고 싶다. 붉은 치마를 여미어 입고 푸른 소매를 반만 걷어, 해질 무렵 밋밋하게 자란 가늘고 긴 대나무에 기대어서 여러 가지 생각이 많기도 많구나. 짧은 해가 이내 넘어가고 긴 밤을 꼿꼿이 앉아, 청등을 걸어둔 곁에 자개로 장식한 공후(악기)를 놓아두고, 꿈에나 임을 보려 턱 받치고 기대어 있으니, 원앙을 수놓은 이불이 차기도 차구나. 이 밤은 언제나 샐까.

하루도 열두 때 한 달도 서른 날, 잠시라도 (임) 생각 말고 이 시름 잊자 하니, 마음에 맺혀 있어 뼛속까지 사무쳤으니, 편작(중국 전국 시대의 명의)이 열 명이 오더라도 이 병을 어찌 하리. 아아, 내 병이야 임의 탓이로다. 차라리 죽어서 범나비가 되리라. 꽃나무 가지마다 간 데 족족 앉아 있다가, 향 묻은 날개로 임의 옷에 옮으리라.

③ 속미인곡(續美人曲)

뎨 가는 뎌 각시 본 듯도 ᄒᆞ뎌이고. 天텬上샹 白ᄇᆡᆨ玉옥京경을 엇디ᄒᆞ야 離니別별ᄒᆞ고, 히 다 뎌 져믄 날의 눌을 보라 가시ᄂᆞᆫ고.

어와 네여이고. 내 소셜 드러보오. 내 얼굴 이 거동이 님 괴얌즉 ᄒᆞ가마ᄂᆞᆫ 엇딘디 날보시고 네로다 녀기실ᄉᆡ 나도 님을 미더 군ᄠᅳ디 젼혀 업서 이리야 교티야 어ᄌᆞ러이 구돗ᄯᅥᆫ디 반기시ᄂᆞᆫ 눗비치 녜와 엇디 다ᄅᆞ신고. 누어 싱각ᄒᆞ고 니러 안자 혜여ᄒᆞ니 내 몸의 지은 죄 뫼ᄀᆞ티 ᄡᅡ혀시니 하ᄂᆞᆯ히라 원망ᄒᆞ며 사ᄅᆞᆷ이라 허믈ᄒᆞ랴. 셜워 플텨 혜니 造조物믈의 타시로다.

글란 싱각마오. 미친 일이 이셔이다. 님을 뫼셔 이셔 님의 일을 내 알거니 믈ᄀᆞ튼 얼굴이 편ᄒᆞ실 적 몃 날일고. 春츈寒한 苦고熱열은 엇디ᄒᆞ야 디내시며 秋츄日일冬동天텬은 뉘라셔 뫼셧ᄂᆞᆫ고. 粥쥭早조飯반 朝죠夕셕뫼 녜와 ᄀᆞᆺ티 셰시ᄂᆞᆫ가. 기나긴 밤의 줌은 엇디 자시ᄂᆞᆫ고.

님 다히 消쇼息식을 아므려나 아쟈 ᄒᆞ니 오ᄂᆞᆯ도 거의로다. ᄂᆡ일이나 사ᄅᆞᆷ 올가. 내 ᄆᆞᄋᆞᆷ 둘 ᄃᆡ 업다. 어드러로 가잣말고. 잡거니 밀거니 놉픈 뫼ᄒᆡ 올라가

속미인곡
- 작자 : 정철
- 연대 : 조선 선조
- 갈래 : 양반가사, 서정가사, 유배가사
- 주제 : 연군의 정
- 특징
  - 두 여인의 대화 형식으로 구성해 참신함이 돋보임
  - 우리말 구사가 돋보이는 가사 문학의 백미
  - 화자의 정서에 따라 '기다림 → 방황 → 안타까움 → 소망' 순으로 시상이 변함
  - 화자가 자연물에 의탁해 외로움을 표현함
- 출전 : 「송강가사」

SEMI-NOTE

작품의 구성
- 서사 : 임과 이별하게 된 연유
- 본사 : 임에 대한 그리움과 사랑으로 인한 방황
- 결사 : 죽어서라도 이루려 하는 임에 대한 간절한 사랑

주요 단어 풀이
- 白玉京(백옥경) : 옥황상제의 거처. 임이 있는 궁궐을 비유함
- 스셜 : 사셜(辭說). 늘어놓는 이야기
- 괴얌즉 ᄒᆞ가마ᄂᆞᆫ : 사랑함직 한가마는
- 엇딘디 : 어쩐지
- 군ᄠᅳ디 : 딴 생각
- 이리야 : 아양
- 어ᄌᆞ러이 구돗썬디 : 어지럽게 굴었던지 → 지나치게 굴었던지
- ᄂᆞᆺ비치 : 낯빛이
- 녜와 : 옛날과
- 혜여ᄒᆞ니 : 헤아려 보니
- ᄡᅡ혀시니 : 쌓였으니
- 허믈ᄒᆞ랴 : 탓하랴
- 프텨 혜니 : 풀어내어 헤아려 보니
- 다히 : 방향. 쪽(方)
- 아므려나 : 어떻게라도
- 아쟈 ᄒᆞ니 : 알려고 하니
- 거의로다 : 거의 저물었구나
- 둘 ᄃᆡ 업다 : 둘 곳이 없다
- ᄏᆞ니와 : 물론이거니와
- 디ᄂᆞᆫ ᄒᆡᄅᆞᆯ : 지는 해를
- 결의 : 잠결에
- 조ᄎᆞᆯ ᄯᆞᆫ이로다 : 따라 있을 뿐이로다
- 둘이야ᄏᆞ니와 : 달은커녕

니 구롬은 ᄏᆞ니와 안개는 므스 일고. 山산川쳔이 어둡거니 日일月월을 엇디 보며 咫지尺쳑을 모르거든 千쳔里리ᄅᆞᆯ ᄇᆞ라보랴. 출하리 믈ᄀᆞ의 가 ᄇᆡ 길히나 보쟈 ᄒᆞ니 ᄇᆞ람이야 믈결이야 어둥졍 된뎌이고. 샤공은 어ᄃᆡ 가고 뷘 ᄇᆡ만 걸렷ᄂᆞ니 江강天텬의 혼쟈 셔셔 디ᄂᆞᆫ ᄒᆡᄅᆞᆯ 구버보니 님다히 消쇼息식이 더옥 아득ᄒᆞ뎌이고.

茅모簷쳠 ᄎᆞᆫ 자리의 밤듕만 도라오니 反반壁벽 靑쳥燈등은 눌 위ᄒᆞ야 ᄇᆞᆯ갓ᄂᆞᆫ고. 오ᄅᆞ며 ᄂᆞ리며 헤쓰며 바니니 져근덧 力녁盡진ᄒᆞ야 픗ᄌᆞᆷ을 잠간 드니 精졍誠셩이 지극ᄒᆞ야 ᄭᅮᆷ의 님을 보니 玉옥 ᄀᆞᆮᄐᆞᆫ 얼굴이 半반이나마 늘거셰라. ᄆᆞᄋᆞᆷ의 머근 말ᄉᆞᆷ 슬ᄏᆞ장 ᄉᆞᆲ쟈 ᄒᆞ니 눈물이 바라 나니 말인들 어이ᄒᆞ며 情졍을 못다ᄒᆞ야 목이조차 몌여ᄒᆞ니 오뎐된 鷄계聲셩의 ᄌᆞᆷ은 엇디 ᄭᆡ돗던고.

어와, 虛허事ᄉ로다. 이 님이 어ᄃᆡ간고. 결의 니러 안자 窓창을 열고 ᄇᆞ라보니 어엿븐 그림재 날 조출 ᄯᆞᆫ이로다. 출하리 싀여디여 落낙月월이나 되야이셔 님 겨신 窓창 안히 번드시 비최리라. 각시님 둘이야ᄏᆞ니와 구ᄌᆞᆫ비나 되쇼셔.

현대역

(갑녀) 저기 가는 저 부인, 본 듯도 하구나. 임금이 계시는 대궐을 어찌하여 이별하고, 해가 다 져서 저문 날에 누구를 만나러 가시는고?

(을녀) 아, 너로구나. 내 사정 이야기를 들어 보오. 내 몸과 이 나의 태도는 임께서 사랑함직 한가마는 어쩐지 나를 보시고 너로구나 하고 특별히 여기시기에 나도 임을 믿어 딴 생각이 전혀 없어, 응석과 아양을 부리며 지나치게 굴었던지 반기시는 낯빛이 옛날과 어찌 다르신고. 누워 생각하고 일어나 앉아 헤아려 보니, 내 몸의 지은 죄가 산같이 쌓였으니, 하늘을 원망하며 사람을 탓하랴. 서러워서 여러 가지 일을 풀어내어 헤아려 보니, 조물주의 탓이로다.

(갑녀) 그렇게 생각하지 마오. (을녀) 마음속에 맺힌 일이 있습니다. 예전에 임을 모시어서 임의 일을 내가 알거니, 물같이 연약한 몸이 편하실 때가 몇 날일까? 이른 봄날의 추위와 여름철의 무더위는 어떻게 지내시며, 가을날 겨울날은 누가 모셨는고? 자릿조반과 아침, 저녁 진지는 예전과 같이 잘 잡수시는가? 기나긴 밤에 잠은 어떻게 주무시는가?

(을녀) 임 계신 곳의 소식을 어떻게라도 알려고 하니, 오늘도 거의 저물었구나. 내일이나 임의 소식 전해 줄 사람이 있을까? 내 마음 둘 곳이 없다. 어디로 가자는 말인가? (나무 바위 등을) 잡기도 하고 밀기도 하면서 높은 산에 올라가니, 구름은 물론이거니와 안개는 또 무슨 일로 저렇게 끼어 있는고? 산천이 어두운데 일월을 어떻게 바라보며, 눈앞의 가까운 곳도 모르는데 천 리나 되는 먼곳을 바라볼 수 있으랴? 차라리 물가에 가서 뱃길이나 보려고 하니 바람과 물결로 어수선하게 되었구나. 뱃사공은 어디 가고 빈 배만 걸렸는고? 강가에 혼자 서서 지는 해를 굽어보니 임 계신 곳의 소식이 더욱 아득하구나.

초가집 찬 잠자리에 한밤중에 돌아오니, 벽 가운데 걸려 있는 등불은 누구를 위하여 밝은고? 산을 오르내리며 (강가를) 헤매며 시름없이 오락가락하니, 잠깐 사이에 힘이 지쳐 풋잠을 잠깐 드니, 정성이 지극하여 꿈에 임을 보니, 옥과 같

이 곱던 얼굴이 반 넘어 늙었구나. 마음속에 품은 생각을 실컷 아뢰려고 하였더니, 눈물이 쏟아지니 말인들 어찌 하며, 정회(情懷)도 못 다 풀어 목마저 메니, 방정맞은 닭소리에 잠은 어찌 깨었던고?

아, 허황한 일이로다. 이 임이 어디 갔는고? 즉시 일어나 앉아 창문을 열고 밖을 바라보니, 가엾은 그림자만이 나를 따라 있을 뿐이로다. 차라리 사라져서(죽어서) 지는 달이나 되어서 임이 계신 창문 안에 환하게 비치리라. (갑녀) 각시님, 달은커녕 궂은비나 되십시오.

④ 누항사(陋巷詞)

어리고 우활(迂闊)홀산 이 닉 우히 더니 업다. 길흉화복(吉凶禍福)을 하날긔 부처 두고, 누항(陋巷) 깁푼 곳의 초막(草幕)을 지어 두고, 풍조우석(風朝雨夕)에 석은 딥히 섭히 되야, 셔 홉 밥 닷 홉 죽(粥)에 연기(煙氣)도 하도 할샤. 설데인 숙냉(熟冷)애 뷘배 쇡일 뿐이로다. 생애 이러호다 장부(丈夫) 쯔을 옴길넌가. 안빈일념(安貧一念)을 적을망정 품고 이셔, 수의(隨宜)로 살려 호니 날로조차 저어(齟齬)호다.

ㄱ올히 부족(不足)거든 봄이라 유여(有餘)호며, 주머니 뷔엿거든 병(瓶)의라 담겨시랴. 빈곤(貧困)홀 인생(人生)이 천지간(天地間)의 나뿐이라. 기한(飢寒)이 절신(切身)호다 일단심(一丹心)을 이질눈가. 분의망신(奮義忘身)호야 죽어야 말녀녀겨, 우탁우랑(于橐于囊)의 쥬롬이 모아 녀코, 병과(兵戈) 오재(五載)예 감사심(敢死心)을 가져이셔, 이시섭혈(履尸涉血)호야 몃 백전(百戰)을 지닉연고.
(중략)

헌 먼덕 수기 스고 측 업슨 집신에 설피설피 물너 오니, 풍채(風採) 저근 형용(形容)애 긔 즈칠 쑤일이로다. 와실(蝸室)에 드러간들 잠이 와사 누어시랴. 북창(北牕)을 비겨 안자 식배를 기다리니, 무정(無情)한 대승(戴勝)은 이닉 한(恨)을 도우ᄂ다. 종조추창(終朝惆悵)호야 먼 들흘 바라보니, 즐기ᄂ 농가(農歌)도 흥(興) 업서 들리ᄂ다. 세정(世情) 모른 한숨은 그칠 줄을 모른ᄂ다. 아쌰온 져 소뷔ᄂ 벗보님도 됴흘세고. 가시 엉귄 묵은 밧도 용이(容易)케 갈련마ᄂ, 허당반벽(虛堂半壁)에 슬듸업시 걸려고야. 춘경(春耕)도 거의거다 후리쳐 더뎌 두쟈.

강호(江湖) 흔 꿈을 쑤언지도 오릭러니, 구복(口腹)이 위루(爲累)호야 어지버 이져 떠다. 첨피기욱(瞻彼淇燠)혼듸 녹죽(綠竹)도 하도 할샤. 유비군자(有斐君子)들아 낙듸 호나 빌려ᄉ라. 노화(蘆花) 깁푼 곳에 명월청풍(明月淸風) 벗이 되야, 님ᄌ 업슨 풍월강산(風月江山)애 절로절로 늘그리라. 무심(無心)한 백구(白鷗)야 오라 호며 말라 호랴. 다토리 업슬슨 다문 인가 너기로라.

무상(無狀)한 이 몸애 무슨 지취(志趣) 이스리마ᄂ, 두세 이렁 밧논를 다 무겨 더뎌두고, 이시면 죽(粥)이오 업시면 굴물망졍, 남의 집 남의 거슨 전혀 부러 말렷스라. 빈천(貧賤) 슬히 너겨 손을 헤다 물너가며, 남의 부귀(富貴) 불리 너겨 손을 치다 나아오랴. 인간(人間) 어닉일이 명(命) 밧긔 삼겨시리. 빈이무원(貧而無怨)을 어렵다 ᄒ건마ᄂ 닉 생애(生涯) 이러호듸 설온 쯧즌 업노왜라. 단사

SEMI-NOTE

누항사
• 작자 : 박인로
• 연대 : 조선 광해군
• 주제 : 누항에 묻혀 안빈낙도 하며 충효, 우애, 신의를 바라며 살고 싶은 마음
• 특징
  – 대화의 삽입을 통해 현장감을 살림
  – 일상 체험을 통해 현실과 이상 사이의 갈등을 표현
  – 조선 전기 가사와 후기 가사의 과도기적 성격을 지님
• 출전 : 「노계집」

작품의 구성
• 서사 : 길흉화복을 하늘에 맡기고 안빈일념(安貧一念 : 가난한 가운데 편안한 마음으로 한결같이 지냄)의 다짐
• 본사 : 전란 후, 몸소 농사를 지으며 농우(農牛)를 빌리지 못해 봄 경작을 포기함
• 결사 : 자연을 벗 삼아 살기를 희망하여 민이무원의 자세로 충효, 화형제, 신붕우에 힘씀

주요 단어 풀이

- **어리고** : 어리석고
- **우활(迂闊)** : 세상물정에 어두움
- **더니 업다** : 더한 이가 없다
- **부쳐 두고** : 맡겨 두고
- **풍조우석(風朝雨夕)** : 아침저녁의 비바람
- **숙냉(熟冷)** : 숭늉
- **뷘 배 속일 뿐이로다** : 빈 배 속일 뿐이로다
- **수의(隨宜)** : 옳은 일을 좇음
- **저어(齟齬)** : 익숙치 아니하여 서름서름하다
- **ㄱ울히** : 가을이
- **기한(飢寒)** : 굶주리고 헐벗어 배고프고 추움
- **분의망신(奮義忘身)** : 의에 분발하여 제 몸을 잊고 죽어야
- **우탁우랑(于橐于囊)** : 전대(허리에 매거나 어깨에 두르기 편하게 만든 자루)와 망태(어깨에 메고 다닐 수 있도록 만든 그릇)
- **이시섭혈(履尸涉血)** : 주검을 밟고 피를 건너는 혈전
- **먼덕** : 멍석
- **수기 스고** : 숙여 쓰고
- **와실(蝸室)** : 작고 초라한 집
- **종조추창(終朝惆愴)** : 아침이 끝날 때까지 슬퍼함
- **허당반벽(虛堂半壁)** : 빈 집 벽 가운데
- **아싸온** : 아까운
- **소뷔** : 밭 가는 기구의 하나
- **됴홀세고** : 좋구나
- **후리쳐 더뎌 두쟈** : 팽개쳐 던져두자
- **지취(志趣)** : 의지와 취향
- **불리 너겨** : 부럽게 여겨
- **어닉일** : 어느 일
- **설온** : 서러운
- **뉘 이시리** : 누가 있겠느냐

정격가사(正格歌辭)와 변격가사(變格歌辭)
- **정격가사** : 3·4조의 음수율이 많고 결사는 시조 종장과 같은 구조로, 조선 전기 대부분의 가사가 이에 속함
- **변격가사** : 낙구가 음수율의 제한을 받지 않는 가사를 말하는 것으로, 조선 후기 가사가 이에 속함

표음(簞食瓢飮)을 이도 족(足)히 너기로라. 평생(平生) 흔 쯧이 온포(溫飽)애는 업노왜라. 태평천하(太平天下)애 충효(忠孝)를 일을 삼아 화형제(和兄弟) 신붕우(信朋友) 외다 ㅎ리 뉘 이시리. 그 밧긔 남은 일이야 삼긴 딕로 살렷노라.

현대역

어리석고 세상 물정에 어두운 것은 나보다 더한 이가 없다. 길흉화복을 하늘에 맡겨 두고, 누추한 깊은 곳에 초가집을 지어 두고, 아침저녁 비바람에 썩은 짚이 섶이 되어, 세 홉 밥, 닷 홉 죽에 연기가 많기도 많다. 설 데운 숭늉에 빈 배 속일 뿐이로다. 생활이 이러하다고 장부가 품은 뜻을 바꿀 것인가. 가난하지만 편안하여, 근심하지 않는 한결같은 마음을 적을망정 품고 있어, 옳은 일을 좇아 살려 하니 날이 갈수록 뜻대로 되지 않는다.

가을이 부족하거든 봄이라고 넉넉하며, 주머니가 비었거든 술병이라고 술이 담겨 있겠느냐. 가난한 인생이 이 세상에 나뿐인가. 굶주리고 헐벗음이 절실하다고 한 가닥 굳은 마음을 잊을 것인가. 의에 분발하여 제 몸을 잊고 죽어야 그만두리라 생각한다. 전대와 망태에 한 줌 한 줌 모아 넣고, 임진왜란 5년 동안에 죽고야 말리라는 마음을 가지고 있어, 주검을 밟고 피를 건너는 혈전을 몇 백 전이나 지내었는가.

(중략)

헌 멍석을 숙여 쓰고, 축이 없는 짚신에 맥없이 물러나오니 풍채 작은 모습에 개가 짖을 뿐이로다. 작고 누추한 집에 들어간들 잠이 와서 누워 있으랴? 북쪽 창문에 기대어 앉아 새벽을 기다리니, 무정한 오디새는 이내 원한을 재촉한다. 아침이 마칠 때까지 슬퍼하며 먼 들을 바라보니 즐기는 농부들의 노래도 흥이 없이 들린다. 세상 인정을 모르는 한숨은 그칠 줄을 모른다. 아까운 저 쟁기는 벗의 빔도 좋구나! 가시가 엉긴 묵은 밭도 쉽게 갈련마는, 텅 빈 집 벽 가운데 쓸데없이 걸렸구나! 봄갈이도 거의 지났다. 팽개쳐 던져두자.

자연을 벗 삼아 살겠다는 한 꿈을 꾼 지도 오래더니, 먹고 마시는 것이 거리낌이 되어, 아아! 슬프게도 잊었다. 저 기수의 물가를 보건대 푸른 대나무도 많기도 많구나! 교양 있는 선비들아, 낚싯대 하나 빌려 다오. 갈대꽃 깊은 곳에 밝은 달과 맑은 바람이 벗이 되어, 임자 없는 자연 속 풍월강산에 절로 늙으리라. 무심한 갈매기야 나더러 오라고 하며 말라고 하겠느냐? 다툴 이가 없는 것은 다만 이것뿐인가 여기노라.

보잘 것 없는 이 몸이 무슨 소원이 있으련마는 두세 이랑 되는 밭과 논을 다 묵혀 던져두고, 있으면 죽이요 없으면 굶을망정 남의 집, 남의 것은 전혀 부러워하지 않겠노라. 나의 빈천함을 싫게 여겨 손을 헤친다고 물러가며, 남의 부귀를 부럽게 여겨 손을 친다고 나아오랴? 인간 세상의 어느 일이 운명 밖에 생겼겠느냐? 가난하여도 원망하지 않음을 어렵다고 하건마는 내 생활이 이러하되 서러운 뜻은 없다. 한 주먹밥을 먹고, 한 주박 물을 마시는 어려운 생활도 만족하게 여긴다. 평생의 한 뜻이 따뜻이 입고, 배불리 먹는 데에는 없다. 태평스런 세상에 충성과 효도를 일로 삼아, 형제간 화목하고 벗끼리 신의 있음을 그르다 할 사람이 누가 있겠느냐? 그 밖에 나머지 일이야 태어난 대로 살아가겠노라.

⑤ 농가월령가(農家月令歌) – 정월령(正月令)

천지(天地) 조판(肇判)하매 일월성신 비치거다. 일월은 도수 있고 성신은 전차
있어 일년 삼백 육십일에 제 도수 돌아오매 동지, 하지, 춘, 추분은 일행(日行)
을 추측하고, 상현, 하현, 망, 회, 삭은 월륜(月輪)의 영휴(盈虧)로다. 대지상 동
서남북, 곳을 따라 틀리기로 북극을 보람하여 원근을 마련하니 이십사절후를
십 이삭에 분별하여 매삭에 두 절후가 일망(一望)이 사이로다. 춘하추동 내왕하
여 자연히 성세(成歲)하니 요순 같은 착한 임금 역법을 창제하사 천시(天時)를
밝혀내어 만민을 맡기시니 하우씨 오백 년은 인월(寅月)로 세수(歲首)하고 주나
라 팔백 년은 자월(子月)로 신정(新定)이라. 당금에 쓰는 역법 하우씨와 한 법이
라. 한서온량(寒暑溫涼) 기후 차례 사시에 맞아 드니 공부자의 취하심이 하령을
행하도다.

정월령(正月令)
정월은 맹춘(孟春)이라 입춘우수(立春雨水) 절기로다. 산중 간학(澗壑)에 빙설
은 남았으나 평교 광야에 운물(雲物)이 변하도다. 어와 우리 성상 애민중농(愛
民重農) 하오시니 간측하신 권농 윤음 방곡(坊曲)에 반포하니 슬프다. 농부들아
아무리 무지한들 네 몸 이해 고사(姑舍)하고 성의(聖意)를 어길소냐 산전수답
(山田水畓) 상반(相半)하여 힘대로 하오리라. 일년 흉풍은 측량하지 못하여도
인력이 극진하면 천재는 면하리니 제각각 근면하여 게을리 굴지 마라.

일년지계 재춘하니 범사(凡事)를 미리 하라. 봄에 만일 실시하면 종년(終年) 일
이 낭패되네. 농기(農器)를 다스리고 농우(農牛)를 살펴 먹여 재거름 재워 놓고
한편으로 실어 내니 보리밭에 오줌치기 작년보다 힘써 하라. 늙은이 근력 없어
힘든 일은 못하여도 낮이면 이엉 엮고 밤이면 새끼 꼬아 때 맞게 집 이으면 큰
근심 덜리로다. 실과 나무 보굿 깎고 가지 사이 돌 끼우기 정조(正朝)날 미명시
(未明時)에 시험조로 하여 보자. 며느리 잊지 말고 소국주(小麴酒) 밑하여라. 삼
촌 백화시에 화전일취(花前一醉) 하여 보자. 상원(上元)날 달을 보아 수한(水旱)
을 안다하니 노농(老農)의 징험(徵驗)이라 대강은 짐작느니.

정초에 세배함은 돈후한 풍속이라. 새 의복 떨쳐입고 친척 인리(隣里) 서로 찾
아 남녀노소 아동까지 삼삼오오 다닐 적에 와삭버석 울긋불긋 물색(物色)이 번
화(繁華)하다. 사내아이 연날리기 계집아이 널뛰기요. 윷놀아 내기하니 소년들
놀이로다. 사당(祠堂)에 세알(歲謁)하니 병탕에 주과로다. 움파와 미나리를 무
엄에 곁들이면 보기에 신선하여 오신채(五辛菜)를 부러 하랴. 보름날 약밥 제도
신라적 풍속이라. 묵은 산채 삶아 내니 육미(肉味)와 바꿀 소냐. 귀 밝히는 약술
이며 부스럼 삭는 생밤이라. 먼저 불러 더위팔기 달맞이 횃불 켜기 흘러오는 풍
속이요 아이들 놀이로다.

현대역

하늘땅이 생겨나며 해와 달, 별이 비쳤다. 해와 달은 뜨고 지고 별들은 길이 있
어 일 년 삼백 육십일엔 제길로 돌아온다. 동지, 하지, 춘, 추분은 해로써 추측
하고 상현달, 하현달, 보름, 그믐, 초하루는 달님이 둥글고 이즈러져 알 수 있
다. 땅위의 동서남북 곳을 따라 다르지만 북극성을 표로 삼고 그것을 밝혀낸다.
이십사절기를 열두 달에 나누어 매달에 두 절기가 보름이 사이로다. 춘하추동

SEMI-NOTE

농가월령가
- **작자** : 정학유
- **갈래** : 월령체(달거리) 가사
- **연대** : 조선 헌종
- **주제** : 농가의 일과 풍속
- **특징**
  - 각 월령의 구성이 동일함. 절기의
    소개 → 감상 → 농사일 → 세시 풍
    속 소개
  - 농촌 생활의 부지런한 활동을 사실
    감 있게 제시
  - 월령체 가운데 규모가 가장 큼
  - 시간에 따른 시상의 전개
- **출전** : 『가사육종』

작품의 구성
- **서사** : 일월성신과 역대 월령, 역법에
  대한 해설
- **정월령** : 맹춘(孟春) 정월의 절기와 일
  년 농사의 준비, 세배, 풍속 등을 소개
- **이월령** : 중춘(仲春) 2월의 절기와 춘
  경(春耕 : 봄갈이), 가축 기르기, 약재
  등을 소개
- **삼월령** : 모춘(暮春) 3월의 절기와 논
  및 밭의 파종(播種), 접붙이기, 장 담
  그기 등을 노래
- **사월령** : 맹하(孟夏) 4월의 절기와 이
  른 모내기, 간작(間作 : 사이짓기), 분
  봉(分蜂), 천렵 등을 노래
- **오월령** : 중하(中夏) 5월의 절기와 보
  리타작, 고치따기, 그네뛰기, 민요 등
  을 소개
- **유월령** : 계하(季夏) 6월의 절기와 북
  돋우기, 풍속, 장 관리, 길쌈 등을 소개
- **칠월령** : 맹추(孟秋) 7월의 절기와 칠
  월 칠석, 김매기, 피 고르기, 벌초하기
  등을 노래
- **팔월령** : 중추(仲秋) 8월의 절기와 수
  확 등을 노래함
- **구월령** : 계추(季秋) 9월의 절기와 가
  을 추수의 이모저모, 이웃 간의 온정
  을 노래
- **시월령** : 맹동(孟冬) 10월의 절기와 무,
  배추 수확, 겨울 준비와 화목 등을 권
  면함
- **십일월령** : 중동(仲冬) 11월의 절기와
  메주 쑤기, 동지 풍속과 가축 기르기,
  거름 준비 등을 노래
- **십이월령** : 계동(季冬) 12월의 절기와
  새해 준비
- **결사** : 농업에 힘쓰기를 권면함

주요 단어 풀이

- **조판(肇判)** : 처음 쪼개어 갈라짐. 또는 그렇게 가름
- **간학(澗壑)** : 물 흐르는 골짜기
- **상반(相半)** : 서로 절반씩 어슷비슷함
- **소국주(小麴酒)** : 막걸리의 하나
- **징험(徵驗)** : 어떤 징조를 경험함
- **인리(隣里)** : 이웃 마을
- **세알(歲謁)** : 섣달그믐 또는 정초에 웃어른께 인사로 하는 절
- **오신채(五辛菜)** : 자극성이 있는 다섯 가지 채소류로, 불가에서는 '마늘, 달래, 무릇, 김장파, 실파'를 가리킴

오고가며 저절로 한 해를 이루나니, 요임금, 순임금과 같이 착한 임금님은 책력을 만들어, 하늘의 때를 밝혀 백성을 맡기시니, 하나라 오백 년 동안은 정월로 해의 머리를 삼고, 주나라 팔백 년 동안은 십이월로 해의 머리를 삼기로 정하니라. 지금 우리들이 쓰고 있는 책력은 하나라 때 것과 한 가지니라. 춥고, 덥고, 따뜻하고, 서늘한 철의 차례가 봄, 여름, 가을, 겨울 네 때에 맞추어 바로 맞으니, 공자의 취하심도 하나라 때의 역법을 행하였도다.

(정월령) 정월은 초봄이라 입춘, 우수 절기일세. 산중 골짜기엔 눈과 얼음이 남아 있어도 저 들판 넓은 벌의 자연경치는 변한다. 어화 나라님 백성들을 사랑하고 농사를 중히 여겨 농사를 잘 지으라는 간절한 타이름을 온 나라에 전하니 어화 농부들아 나라의 뜻 어길소냐 논과 밭에 다함께 힘을 넣어 해보리라. 한 해의 풍년 흉년 헤아리진 못하여도 사람 힘이 극진하면 자연재해 피해가니 모두 다 부지런해 게을리 굴지 마소.

한 해 일은 봄에 달려 모든 일을 미리 하라 봄에 만일 때 놓치면 그해 일을 그르친다. 농기구 쟁기를 다스리고 부림소를 살펴 먹여 재거름 재워놓고 한편으로 실어 내어 보리밭에 오줌주기 세전보다 힘써하소. 노인들은 근력이 없어 힘든 일을 못하지만 낮이면 이영 엮고 밤이면 새끼 꼬아 때맞추어 이영하면 큰 근심 덜 수 있다. 과실나무 보굿 깎고 가지 사이 돌 끼우기 초하룻날 첫 새벽에 시험삼아 해보세. 며느리는 잊지 말고 약주술을 담가야 한다. 봄날 꽃필 적에 화전놀이 하며 술 마시세. 정월보름 달을 보아 수재한재 안다하니 늙은 농군 경험이라 대강은 짐작하네.

설날에 세배함은 인정 후한 풍속이라. 새 의복 떨쳐입고 친척 이웃 서로 찾아 남녀노소 아동까지 삼삼오오 다닐 적에 스치는 울긋불긋 차림새가 번화하다. 사내아이는 연날리기를, 계집아이는 널뛰기를 하며 윷놀이 내기하는 것은 소년들의 놀이로다. 사당에 설 인사는 떡국에 술과 과일, 그리고 파와 미나리를 무엄에 곁들이면 보기에 신선하여 오신채가 부럽지 않다. 보름날 약밥제도 신라적 풍속이라 묵은 산채 삶아내니 고기 맛을 바꿀쏘냐. 귀 밝히는 약술과 부스럼 삭는 생밤도 있다. 먼저 불러 더위팔기, 달맞이, 횃불 켜기 등은 풍속이며 아이들 놀이로다.

⑥ 시집살이 노래

SEMI-NOTE

형님 온다 형님 온다 　　　보고 저즌 형님 온다
형님 마중 누가 갈까 　　　형님 동생 내가 가지
형님 형님 사촌 형님 　　　시집살이 어뗍까?

이애 이애 그 말 마라 　　　시집살이 개집살이
앞밭에는 당추(唐椒) 심고 　뒷밭에는 고추 심어
고추 당추 맵다 해도 　　　시집살이 더 맵더라

둥글둥글 수박 식기(食器) 　밥 담기도 어렵더라
도리도리 도리소반(小盤) 　수저 놓기 더 어렵더라
오 리(五里) 물을 길어다가 　십 리(十里) 방아 찧어다가
아홉 솥에 불을 때고 　　　열두 방에 자리 걷고
외나무다리 어렵대야 　　　시아버니같이 어려우랴?
나뭇잎이 푸르대야 　　　　시어머니보다 더 푸르랴?

시아버니 호랑새요 　　　　시어머니 꾸중새요
동세 하나 할림새요 　　　　시누 하나 뾰족새요
시아지비 뾰중새요 　　　　남편 하나 미련새요
자식 하난 우는 새요 　　　나 하나만 썩는 샐세

귀먹어서 삼 년이요 　　　　눈 어두워 삼 년이요
말 못해서 삼 년이요 　　　석 삼 년을 살고 나니
배꽃 같던 요 내 얼굴 　　　호박꽃이 다 되었네
삼단 같던 요 내 머리 　　　비사리춤이 다 되었네
백옥 같던 요 내 손길 　　　오리발이 다 되었네

열새 무명 반물치마 　　　　눈물 씻기 다 젖었네
두 폭 붙이 행주치마 　　　콧물 받기 다 젖었네
울었던가 말았던가 　　　　베개 머리 소(沼) 이겼네
그것도 소이라고 　　　　　거위 한 쌍 오리 한 쌍
쌍쌍이 때 들어오네

시집살이 노래
- **작자** : 미상
- **갈래** : 민요, 부요(婦謠)
- **형식** : 4 · 4조, 4음보의 부요
- **주제** : 고된 시집살이의 한과 체념
- **특징**
  - 대화체, 가사체(4 · 4조, 4음보 연속체)
  - 생활감정의 진솔한 표현
  - 시댁 식구들의 특징을 비유적, 해학적으로 묘사
  - 경북. 경산 지방의 민요

작품의 구성
- **서사** : 형님 가족의 친정 방문과 동생의 시집살이 질문
- **본사** : 고되고 힘든 시집살이에 대한 육체적 정신적 고통
- **결사** : 고생 끝에 초라해진 모습을 한탄

주요 단어 풀이
- **보고 저즌** : 보고 싶은
- **당추** : 당초(고추)
- **할림새** : 남의 허물을 잘 고해 바치는 새
- **뾰중새** : 무뚝뚝하고 불만이 많은 새
- **삼단 같던** : 숱이 많고 길던
- **비사리춤** : 댑싸리비 모양으로 거칠고 뭉뚝해진 머리털
- **열새 무명** : 고운 무명
- **소(沼) 이겼네** : 연못을 이루었네

04절　고전산문

1. 고전소설과 가전문학

(1) 고전소설

① 구운몽(九雲夢)

구운몽
- **작자** : 김만중
- **갈래** : 한글소설, 몽자류(夢字類)소설, 전기(傳奇)소설, 염정소설
- **연대** : 조선 숙종
- **주제** : 인생무상의 자각과 불도의 정진
- **배경** : 당나라 남악 형상의 연화봉(현실)과 중국 일대(꿈)
- **특징**
  - 몽자류 소설의 효시
  - '발단 → 전개 → 위기 → 절정 → 결말' 순의 전개
  - 유(입신양명), 불(공(空)사상, 선(신선 사상)의 혼합

작품의 구성

- **현실세계(선계)** : 성진은 팔선녀에게 미혹되어 불도 수련은 뒷전이다가 파계(破戒)됨
- **환몽세계(인간계)** : 양소유로 환생한 성진은 영웅으로서 입신양명과 8부인과 향락적인 생활을 함
- **현실세계(선계)** : 인생무상을 느끼던 성진이 긴 꿈에서 깨어나 죄를 뉘우치고 대각(大覺 : 도를 닦아 크게 깨달음)의 경지에 이름

주요 단어 풀이

- **소화상** : 젊은 화상(和尙)
- **위의(威儀)** : 위엄 있는 태도나 차림새
- **도량(道量)** : 불도를 얻으려고 수행하는 곳
- **출장입상(出將入相)** : 문무를 다 갖추어 장상의 벼슬을 모두 지냄
- **공명신퇴(功名身退)** : 공을 세워 이름을 날리고 벼슬에서 물러남

호질

- **작자** : 박지원
- **갈래** : 한문소설, 풍자소설
- **연대** : 조선 영조
- **주제** : 양반 계급의 허위적이고, 이중적인 도덕관을 통렬하게 풍자적으로 비판
- **특징**
  - 인간의 부정적인 이면을 희화화
  - 우의적인 수법을 사용하여 당시 지배층의 허위를 비판
- **출전** : 『열하일기』

호승이 소왈,

"상공이 오히려 춘몽을 깨지 못하였도소이다."

승상 왈,

"사부, 어쩌면 소유로 하여금 춘몽을 깨게 하리오?"

호승 왈,

"이는 어렵지 아니하니이다."

하고, 손 가운데 석장을 들어 석난간을 두어 번 두드리니, 홀연 네 녘 뫼골에서 구름이 일어나 대상에 끼이어 지척을 분변치 못하니, 승상이 정신이 아득하여 마치 취몽 중에 있는 듯하더니 오래게야 소리질러 가로되,

"사부가 어이 정도로 소유를 인도치 아니하고 환술로 서로 희롱하나뇨?"

말을 맞지 못하여 구름이 걷히니 호승 즉 육관대사가 간 곳이 없고, 좌우를 돌아보니 팔 낭자가 또한 간 곳이 없는지라 정히 경황(驚惶)하여 하더니, 그런 높은 대와 많은 집이 일시에 없어지고 제 몸이 한 작은 암자 중의 한 포단 위에 앉았으되, 향로(香爐)에 불이 이미 사라지고, 지는 달이 창에 이미 비치었더라.

스스로 제 몸을 보니 일백여덟 낱 염주(念珠)가 손목에 걸렸고, 머리를 만지니 갓 깎은 머리털이 가칠가칠하였으니 완연히 소화상의 몸이요, 다시 대승상의 위의(威儀) 아니니, 정신이 황홀하여 오랜 후에 비로소 제 몸이 연화 도량(道場) 성진(性眞) 행자인 줄 알고 생각하니, 처음에 스승에게 수책(受責)하여 풍도(酆都)로 가고, 인세(人世)에 환도하여 양가의 아들 되어 장원 급제 한림학사 하고, 출장입상(出將入相)하여 공명신퇴(功名身退)하고, 양 공주와 육 낭자로 더불어 즐기던 것이 다 하룻밤 꿈이라. 마음에 이 필연(必然) 사부가 나의 염려(念慮)를 그릇함을 알고, 나로 하여금 이 꿈을 꾸어 인간 부귀(富貴)와 남녀 정욕(情欲)이 다 허사(虛事)인 줄 알게 함이로다.

급히 세수(洗手)하고 의관(衣冠)을 정제하며 방장(方丈)에 나아가니 다른 제자들이 이미 다 모였더라. 대사, 소리하여 묻되,

"성진아, 인간 부귀를 지내니 과연 어떠하더뇨?"

성진이 고두하며 눈물을 흘려 가로되,

"성진이 이미 깨달았나이다. 제자 불초(不肖)하여 염려를 그릇 먹어 죄를 지으니 마땅히 인세에 윤회(輪廻)할 것이어늘, 사부 자비하사 하룻밤 꿈으로 제자의 마음 깨닫게 하시니, 사부의 은혜를 천만 겁(劫)이라도 갚기 어렵도소이다."

② 호질(虎叱)

범이 사람을 잡아먹은 것이 사람이 서로 잡아먹은 것만큼 많지 않다. 지난해 관중(關中)이 크게 가물자 백성들이 서로 잡아먹은 것이 수만이었고, 전해에는 산동(山東)에 홍수가 나자 백성들이 서로 잡아먹은 것이 수만이었다. 그러나 사람들이 서로 많이 잡아먹기로야 춘추(春秋) 시대 같은 때가 있었을까? 춘추 시대에 공덕을 세우기 위한 싸움이 열에 일곱이었고, 원수를 갚기 위한 싸움이 열에 셋이었는데, 그래서 흘린 피가 천 리에 물들었고, 버려진 시체가 백만이나 되었더니라. 범의 세계는 큰물과 가뭄의 걱정을 모르기 때문에 하늘을 원망하지 않고, 원수도 공덕도 다 잊어버리기 때문에 누구를 미워하지 않으며, 운명을 알아서 따르기 때문에 무(巫)와 의(醫)의 간사에 속지 않고, 타고난 그대로 천성을 다하기 때문에 세속의 이해에 병들지 않으니, 이것이 곧 범이 예성(睿聖)한

것이다. 우리 몸의 얼룩무늬 한 점만 엿보더라도 족히 문채(文彩)를 천하에 자랑할 수 있으며, 한 자 한 치의 칼날도 빌리지 않고 다만 발톱과 이빨의 날카로움을 가지고 무용(武勇)을 천하에 떨치고 있다. 종이(宗彝)와 유준은 효(孝)를 천하에 넓힌 것이며, 하루 한 번 사냥을 해서 까마귀나 솔개, 청머구리, 개미 따위에게까지 대궁을 남겨 주니 그 인(仁)한 것이 이루 말할 수 없고, 굶주린 자를 잡아먹지 않고, 병든 자를 잡아먹지 않고, 상복(喪服) 입은 자를 잡아먹지 않으니 그 의로운 것이 이루 말할 수 없다. 불인(不仁)하기 짝이 없는. 너희들의 먹이를 얻는 것이여! 덫이나 함정을 놓는 것만으로도 오히려 모자라서 새 그물, 노루 망(網), 큰 그물, 고기 그물, 수레 그물, 삼태그물 따위의 온갖 그물을 만들어 냈으니, 처음 그것을 만들어 낸 놈이야말로 세상에 가장 재앙을 끼친 자이다. 그 위에 또 가지각색의 창이며 칼 등속에다 화포(火砲)란 것이 있어서, 이것을 한번 터뜨리면 소리는 산을 무너뜨리고 천지에 불꽃을 쏟아 벼락 치는 것보다 무섭다. 그래도 아직 잔학(殘虐)을 부린 것이 부족하여, 이에 부드러운 털을 쪽 빨아서 아교에 붙여 붓이라는 뾰족한 물건을 만들어 냈으니, 그 모양은 대추씨 같고 길이는 한 치도 못 되는 것이다. 이것을 오징어의 시커먼 물에 적셔서 종횡으로 치고 찔러 대는데, 구불텅한 것은 세모창 같고, 예리한 것은 칼날 같고, 두 갈래 길이 진 것은 가시창 같고, 곧은 것은 화살 같고, 팽팽한 것은 활 같아서, 이 병기(兵器)를 한번 휘두르면 온갖 귀신이 밤에 곡(哭)을 한다. 서로 잔혹하게 잡아먹기를 너희들보다 심히 하는 것이 어디 있겠느냐?

③ 양반전

양반이라는 것은 선비계급을 높여 부르는 말이다.

정선(旌善) 고을에 양반이 한 명 살고 있었다. 그는 성품이 어질고 독서를 매우 좋아했으며, 매번 군수(郡守)가 새로 부임하면 반드시 그를 찾아 예의를 표하곤 했다. 그러나 집이 매우 가난해서 해마다 나라 곡식을 꾸어 먹었는데, 해가 거듭되니 꾸어 먹은 것이 천 석(石)에 이르게 되었다.

어느 날 관찰사(觀察使)가 여러 고을을 순행(巡行)하다가 정선에 이르러 관곡을 검열(檢閱)하고는 크게 노했다.

"그 양반이 대체 어떻게 생겨먹은 물건이건대, 이토록 군량(軍糧)을 축내었단 말이냐."

그리고 그 양반을 잡아 가두라는 명령을 내렸다. 군수는 그 양반을 불쌍히 여기지 않는 바 아니었지만, 워낙 가난해서 관곡을 갚을 길이 없으니, 가두지 않을 수도 없고 그렇다고 가둘 수도 없었다.

당사자인 양반은 밤낮으로 울기만 할 뿐 어려움에서 벗어날 계책도 세우지 않고 있었다. 그 처는 기가 막혀서 푸념을 했다.

"당신은 평생 글읽기만 좋아하더니 관곡을 갚는 데는 전혀 소용이 없구려. 허구한 날 양반, 양반 하더니 그 양반이라는 것이 한 푼의 값어치도 없는 것이었구려."

그 마을에는 부자가 살고 있었는데 이 일로 인해 의논이 벌어졌다.

"양반은 비록 가난하지만 늘 존경받는 신분이야. 나는 비록 부자지만 항상 비천(卑賤)해서 감히 말을 탈 수도 없지. 그뿐인가? 양반을 만나면 몸을 구부린 채 종종걸음을 쳐야 하질 않나. 엉금엉금 마당에서 절하기를 코가 땅에 닿도록 해야 하며 무릎으로 기어야하니, 난 항상 이런 더러운 꼴을 당하고 살았단 말이야.

SEMI-NOTE

작품의 구성
• 발단 : 선비로서 존경받는 북곽 선생은 과부인 동리자와 밀회를 즐김
• 전개 : 동리자의 다섯 아들이 천년 묵은 여우로 알고 방으로 쳐들어옴
• 위기 : 똥구덩이에 빠지는 북곽 선생과 먹잇감을 찾아 마을로 내려온 범
• 절정 : 범과 마주쳐 목숨을 구걸하는 북곽 선생과 그의 위선에 크게 호통치는 범
• 결말 : 범이 사라지고 연유를 묻는 농부와 자기변명을 하는 북곽 선생

02장
고전 문학

양반전
• 작자 : 박지원
• 갈래 : 한문소설, 풍자소설
• 연대 : 조선 후기
• 주제 : 양반들의 무기력하고 위선적인 생활과 특권의식에 대한 비판과 풍자
• 배경
  – 시간적 배경 : 18세기 말
  – 사상적 배경 : 실학사상
• 특징
  – 풍자적, 고발적, 비판적 성격(몰락 양반의 위선을 묘사하고 양반의 전횡을 풍자적으로 비판)
  – 평민 부자의 새로운 인간형 제시
• 출전 : 「연암집」

작품의 구성
• 발단 : 무능한 양반이 관아에서 빌린 곡식을 제때 갚지 못해 투옥될 상황이 됨
• 전개 : 마을 부자가 양반 신분을 댓가로 빌린 곡식을 대신 갚아줌
• 위기 : 군수가 부자에게 양반으로서 지켜야 할 신분 요구서 증서를 작성함
• 절정 : 부자의 요구로 양반이 누릴 수 있는 권리를 추가한 두 번째 신분 매매 증서를 작성함
• 결말 : 부자는 양반을 도둑놈 같은 존재라 생각해 양반이 되기를 포기함

그런데 지금 가난한 양반이 관가 곡식을 갚지 못해 옥에 갇히게 되었다고 하니, 더 이상 양반 신분을 지탱할 수 없지 않겠어? 이 기회에 우리가 빚을 갚아 주고 양반이 되어야겠어."

말을 마친 후 부자는 양반을 찾아가서 빌린 곡식을 대신 갚아 주겠다고 자청했다. 이 말을 들은 양반은 크게 기뻐하며 단번에 허락했다. 그리고 부자는 약속대로 곡식을 대신 갚아 주었다.

(2) 가전문학

① 국순전(麴醇傳)

국순(麴醇)의 자는 자후(子厚)다. 국순이란 '누룩술'이란 뜻이요, 자후는 글자대로 '흐뭇하다'는 말이다. 그 조상은 농서(隴西) 사람으로 90대 할아버지 모(牟)가 순(舜)임금 시대에 농사에 대한 행정을 맡았던 후직(后稷)이라는 현인을 도와서 만백성을 먹여 살리고 즐겁게 해준 공로가 있었다.

모라는 글자는 보리를 뜻한다. 보리는 사람이 먹는 식량이 되고 있다. 그러니까 보리의 먼 후손이 누룩술이 되었다는 이야기다. 옛적부터 인간을 먹여 살린 공로를 『시경(詩經)』에서는 이렇게 노래했다.

"내게 그 보리를 물려주었도다."

모는 처음에 나아가서 벼슬을 하지 않고 농토 속에 묻혀 숨어 살면서 말했다.

"나는 반드시 농사를 지어야 먹으리라."

이러한 모에게 자손이 있다는 말을 임금이 듣고, 조서를 내려 수레를 보내어 그를 불렀다. 그가 사는 근처의 고을에 명을 내려, 그의 집에 후하게 예물을 보내도록 했다. 그리고 임금은 신하에게 명하여 친히 그의 집에 가서 신분이 귀하고 천한 것을 잊고 교분을 맺어서 세속 사람과 사귀게 했다. 그리하여 점점 상대방을 감화하여 가까워지는 맛이 있게 되었다. 이에 모는 기뻐하며 말했다.

"내 일을 성사시켜 주는 것은 친구라고 하더니 그 말이 과연 옳구나."

이런 후로 차츰 그가 맑고 덕이 있다는 소문이 퍼져 임금의 귀에까지 들리게 되었다.

임금은 그에게 정문(旌門)을 내려 표창했다. 그리고 임금을 좇아 원구(圓丘)에 제사 지내게 하고, 그의 공로로 해서 중산후(中山候)를 봉하고, 식읍(食邑), 공신에게 논공행상(論功行賞)으로 주는 영지(領地) 1만 호에 실지로 수입하는 것은 5천 호가 되게 하고 국씨(麴氏) 성(姓)을 하사했다.

그의 5대 손은 성왕(成王)을 도와서 사직(社稷)지키는 것을 자기의 책임으로 여겨 태평스러이 술에 취해 사는 좋은 세상을 이루었다. 그러나 강왕(康王)이 왕위에 오르면서부터 점점 대접이 시원찮아지더니 마침내는 금고형(禁錮刑)을 내리고 심지어 국가의 명령으로 꼼짝 못하게 했다. 그래서 후세에 와서는 현저한 자가 없이 모두 민간에 숨어 지낼 뿐이었다.

위(魏)나라 초년이 되었다. 순(醇)의 아비 주(酎)의 이름이 세상에 나기 시작했다. 그는 실상 소주다. 상서랑(尙書郞) 서막(徐邈)과 알게 되었다. 서막은 조정에 나아가서까지 주의 말을 하여 언제나 그의 말이 입에서 떠나지 않았다.

어느 날 임금에게 아뢰는 자가 있었다.

"서막이 국주(麴酎)와 사사로이 친하게 지내오니 이것을 그대로 두었다가는

국순전

- **작자** : 임춘
- **갈래** : 가전(假傳) 소설
- **연대** : 고려 중엽
- **주제** : 향락에 빠진 임금과 이를 따르는 간신들에 대한 풍자
- **특징**
  - 일대기 형식의 순차적 구성
  - 인물의 성격과 행적을 주로 묘사
  - 사물(술)을 의인화하는 우화적 기법을 사용
  - 계세징인의 교훈성이 엿보임
  - 현전하는 가전체 문학의 효시로, 이규보의 「국선생전」에 영향
- **출전** : 『서하선생집』, 『동문선』

작품의 구성

- **발단** : 국순의 가계 소개
- **전개** : 국순의 성품과 정계 진출
- **절정** : 임금의 총애와 국순의 전횡, 국순의 은퇴와 죽음
- **결말** : 국순의 생애에 대한 평가

주요 단어 풀이

- **모(牟)** : 모맥. 보리의 일종으로, 이것으로 술의 원료인 누룩을 만듦
- **후직(后稷)** : 중국 주나라의 시조. 순임금을 섬겨 사람들에게 농사를 가르침
- **정문(旌門)** : 충신, 효자, 열녀 들을 표창하기 위해 그 집 앞에 세우던 붉은 문
- **원구(圓丘)** : 천자(天子)가 동지(冬至)에 하늘에 제사 지내던 곳

장차 조정을 어지럽힐 것이옵니다."

이 말을 듣고 임금은 서막을 불러 그 내용을 물었다. 서막은 머리를 조아리면서 사과했다.

"신(臣)이 국주와 친하게 지내는 것은 그에게 성인(聖人)의 덕이 있사옵기에 때때로 그 덕을 마셨을 뿐이옵니다."

임금은 서막을 책망해 내보내고 말았다.

2. 판소리, 민속극과 수필

(1) 판소리, 민속극

① 흥보가(興甫歌)

[아니리]

흥보, 좋아라고 박씨를 딱 주어들더니마는,

"여보소, 마누라. 아, 제비가 박씨를 물어 왔네요."

흥보 마누라가 보더니,

"여보, 영감. 그것 박씨가 아니고 연실인갑소, 연실."

"어소, 이 사람아. 연실이라는 말이 당치 않네. 강남 미인들이 초야반병 날 밝을 적에 죄다 따 버렸는데 제까짓 놈이 어찌 연실을 물어 와? 뉘 박 심은 데서 놀다가 물고 온 놈이제. 옛날 수란이가 배암 한 마리를 살려, 그 은혜 갚느라고 구실을 물어 왔다더니마는. 그 물고 오는 게 고마운께 우리 이놈 심세."

동편처마 담장 밑에 거름 놓고, 신짝 놓고 박을 따독따독 잘 묻었겄다. 수일이 되더니 박순이 올라달아 오는듸 북채만, 또 수일이 되더니 홍두깨만, 지둥만, 박순이 이렇게 크더니마는, 박 잎사귀 삿갓만썩 하야 가지고 흥보 집을 꽉 얽어 놓으매, 구년지수 장마 져야 흥보 집 샐 배 만무하고, 지동해야 흥보 집 쓰러질 수 없것다. 흥보가 그때부터 박 덕을 보던가 보더라. 그때는 어느 땐고? 팔월 대 명일 추석이로구나. 다른 집에서는 떡을 헌다, 밥을 헌다, 자식들을 곱게곱게 입혀서 선산 성묘를 보내고 야단이 났는듸, 흥보 집에는 먹을 것이 없어, 자식들이 모다 졸라싸니까 흥보 마누라가 앉아 울음을 우는 게 가난타령이 되얏던가 보더라.

[진양]

"가난이야, 가난이야, 원수년의 가난이야. 잘 살고 못 살기는 묘 쓰기에 매였는가? 북두칠성님이 집자리으 떨어칠 적에 명과 수복을 점지허는거나? 어떤 사람 팔자 좋아 고대광실 높은 집에 호가사로 잘 사는듸 이년의 신세는 어찌허여 밤낮으로 벌었어도 삼순구식을 헐 수가 없고, 가장은 부황이 나고, 자식들을 아사지경이 되니, 이것이 모두 다 웬일이냐? 차라리 내가 죽을라네."

이렇닷이 울음을 우니 자식들도 모두 따라서 우는구나.

흥보가

- 작자 : 미상
- 갈래 : 판소리 사설
- 주제 : 형제간의 우애와 권선징악
- 특징
  - 표현상 3 · 4조, 4 · 4조 운문과 산문이 혼합
  - 양반의 한문투와 서민들의 비속어 표현 공존
  - 박타령 → 흥보가 → 흥보전 → 연의 각 등으로 재창작됨
  - 「춘향가」, 「심청가」와 함께 3대 판소리계 소설로 평민문학의 대표작
- 배경설화 : 「방이설화」, 몽골의 「박 타는 처녀」, 동물 보은 설화

작품의 구성

- 발단 : 욕심이 많은 놀보는 부모님의 유신을 독차지하고 흥보를 내쫓음
- 전개 : 품팔이를 하지만 가난에서 벗어나지 못하는 흥보네 가족
- 위기 : 제비를 구해주고 받은 박씨를 심고, 금은보화를 얻음
- 절정 : 부자가 된 흥보를 따라하다 벌을 받는 놀보
- 결말 : 자신의 잘못을 깨닫는 놀보, 화목해진 형제

흥보가의 형성과 계승

근원설화(방이 설화, 박 타는 처녀, 동물 보은 설화) → 판소리 사설(흥보가) → 판소리계 소설(흥보전) → 신소설(연(燕)의 각(脚))

춘향가

- **작자** : 미상
- **갈래** : 판소리 사설
- **주제** : 신분적 갈등을 초월한 남녀 간의 사랑
- **특징**
  - 율문체, 가사체, 만연체
  - 풍자적, 해학적, 서사적 성격
  - 인물과 사건에 대한 편집자적 논평이 많음
- **배경설화** : 열녀설화, 암행어사설화, 신원설화, 염정설화

작품의 구성

- **발단** : 몽룡이 광한루에서 그네를 뛰고 있는 춘향에게 반해 백년가약을 맺음
- **전개** : 서울로 올라간 몽룡은 과거에 급제하여 암행어사가 됨
- **위기** : 춘향은 변 사또가 수청을 들라는 것을 거절하고 옥고를 치름
- **절정** : 변 사또의 생일잔치에 몽룡이 어사출또하여 춘향을 구함
- **결말** : 몽룡이 춘향 모녀를 서울로 데려가 춘향을 부인으로 맞이하고 백년해로함

봉산 탈춤 – 제6과장 양반춤

- **작자** : 미상
- **갈래** : 탈춤(가면극)
- **주제** : 양반에 대한 서민들의 저항과 풍자의식
- **특징**
  - 풍자적, 해학적, 비판적, 골계미
  - 옴니버스 구성으로 각 과장 사이의 연관성은 떨어짐
  - 각 재담은 '말뚝이의 조롱 → 양반의 호통 → 말뚝이의 변명 → 일시적 화해'로 구성

② 춘향가(春香歌)

[아니리]

　어사또 다시 묻지 않으시고, 금낭(金囊)을 어루만져 옥지환을 내어 행수 기생을 불러주며,

　"네, 이걸 갖다 춘향 주고 얼굴을 들어 대상을 살피래라."

　춘향이 받아 보니, 서방님과 이별시에 드렸던 지가 찌든 옥지환이라. 춘향이 넋을 잃은 듯이 보드니만,

　"네가 어데를 갔다 이제야 나를 찾아왔느냐?" 대상을 바라보고 "아이고, 서방님!"

　부르더니, 그 자리에 엎드러져 정신없이 기절헌다. 어사또 기생들을 분부허사 춘향을 부축허여 상방에 누여 놓고, 찬물도 떠먹이며 수족을 주무르니, 춘향이 간신이 정신을 차려 어사또를 바라보니,

[창조]

　어제 저녁 옥문 밖에 거지되어 왔던 낭군이 분명쿠나! 춘향이가 어사또를 물그러미 바라보더니,

[중모리]

　"마오 마오, 그리 마오. 서울양반 독합디다. 기처불식(其妻不識)이란 말이 사기에난 있지마는 내게조차 이러시오? 어제저녁 모시었을 제, 날 보고만 말씀허였으면 마음놓고 잠을 자지. 지나간 밤 오날까지 간장 탄 걸 헤아리면 살아 있기가 뜻밖이오. 반가워라, 반가워라, 설리춘풍이 반가워라. 외로운 꽃 춘향이가 남원 옥중 추절이 들어 떨어지게 되얏드니, 동헌에 새봄이 들어 이화춘풍이 날 살렸네. 우리 어머니는 어디를 가시고 이런 경사를 모르시나."

③ 봉산 탈춤 – 제6과장 양반춤

말뚝이 : (벙거지를 쓰고 채찍을 들었다. 굿거리장단에 맞추어 양반 삼 형제를 인도하여 등장)

양반 삼 형제 : (말뚝이 뒤를 따라 굿거리장단에 맞추어 점잖을 피우나, 어색하게 춤을추며 등장. 양반 삼 형제 맏이는 샌님[生員], 둘째는 서방님[書房], 끝은 도련님[道令]이다. 샌님과 서방님은 흰 창옷에 관을 썼다. 도련님은 남색 쾌자에 복건을 썼다. 샌님과 서방님은 언청이이며(샌님은 언청이 두줄, 서방님은 한줄이다.) 부채와 장죽을 가지고 있고, 도련님은 입이 삐뚤어졌고, 부채만 가졌다. 도련님은 일절 대사는 없으며, 형들과 동작을 같이 하면서 형들의 면상을 부채로 때리며 방정맞게 군다.

말뚝이 : (가운데쯤에 나와서) 쉬이. (음악과 춤 멈춘다.) 양반 나오신다아! 양반이라고 하니까 노론(老論), 소론(少論), 호조(戶曹), 병조(兵曹), 옥당(玉堂)을 다 지내고 삼정승(三政丞), 육판서(六判書)를 다 지낸 퇴로 재상(退老宰相)으로 계신 양반인 줄 아지 마시오. 개잘량이라는 '양'자에 개다리소반이라는 '반'자를 쓰는 양반이 나오신단 말이오.

양반들 : 야아! 이놈, 뭐야아!

말뚝이 : 아, 이 양반들. 어찌 듣는지 모르갔소. 노론, 소론, 호조, 병조, 옥당을

다 지내고 삼정승, 육판서 다 지내고 퇴로 재상으로 계신 이 생원네 삼 형제분이 나오신다고 그리 하였소.

양반들 : (합창) 이 생원이라네. (굿거리장단으로 모두 춤을 춘다. 도령은 때때로 형들의 면상을 치며 논다. 끝까지 그런 행동을 한다.)

말뚝이 : 쉬이. (반주 그친다.) 여보, 구경하시는 양반들, 말씀 좀 들어 보시오. 짤따란 곰방대로 잡숫지 말고 저 연죽전(煙竹廛)으로 가서 돈이 없으면 내게 기별이래도 해서 양칠간죽(洋漆竿竹), 자문죽(自紋竹)을 한 발가웃씩 되는 것을 사다가 육모깍지 희자죽(喜子竹), 오동수복(梧桐壽福) 연변죽을 이리저리 맞추어 가지고 저 재령(載寧) 나무리 거이 낚시 걸 듯 죽 걸어 놓고 잡수시오.

양반들 : 뭐야아!

말뚝이 : 아, 이 양반들. 어찌 듣소. 양반 나오시는데 담배와 훤화(喧譁)를 금하라 그리 하였소.

양반들 : (합창) 훤화(喧譁)를 금하였다네. (굿거리장단으로 모두 춤을 춘다.)

(2) 수필

① 조침문(弔針文)

아깝다 바늘이여, 어여쁘다 바늘이여, 너는 미묘(微妙)한 품질(品質)과 특별(特別)한 재치(才致)를 가졌으니, 물중(物中)의 명물(名物)이요, 철중(鐵中)의 쟁쟁(錚錚)이라. 민첩(敏捷)하고 날래기는 백대(百代)의 협객(俠客)이요, 굳세고 곧기는 만고(萬古)의 충절(忠節)이라. 추호(秋毫) 같은 부리는 말하는 듯하고, 두렷한 귀는 소리를 듣는 듯한지라. 능라(綾羅)와 비단(緋緞)에 난봉(鸞鳳)과 공작(孔雀)을 수놓을 제, 그 민첩하고 신기(神奇)함은 귀신(鬼神)이 돕는 듯하니, 어찌 인력(人力)의 미칠 바리요. 오호통재(嗚呼痛哉)라, 자식(子息)이 귀(貴)하나 손에서 놓일 때도 있고, 비복(婢僕)이 순(順)하나 명(命)을 거스릴 때 있나니, 너의 미묘(微妙)한 재질(才質)이 나의 전후(前後)에 수응(酬應)함을 생각하면, 자식에게 지나고 비복(婢僕)에게 지나는지라. 천은(天銀)으로 집을 하고, 오색(五色)으로 파란을 놓아 곁고름에 채였으니, 부녀(婦女)의 노리개라. 밥 먹을 적 만져 보고 잠잘 적 만져 보아, 널로 더불어 벗이 되어, 여름 낮에 주렴(珠簾)이며, 겨울밤에 등잔(燈盞)을 상대(相對)하여, 누비며, 호며, 감치며, 박으며, 공 그릴 때에, 겹실을 꿰었으니 봉미(鳳尾)를 두르는 듯, 땀땀이 떠 갈 적에, 수미(首尾)가 상응(相應)하고, 솔솔이 붙어 내매 조화(造化)가 무궁(無窮)하다.

이생에 백년동거(百年同居)하렸더니, 오호애재(嗚呼哀哉)라, 바늘이여. 금년 시월초십일 술시(戌時)에, 희미한 등잔 아래서 관대(冠帶) 깃을 달다가, 무심중간(無心中間)에 자끈동 부러지니 깜짝 놀라와라. 아야 아야 바늘이여, 두 동강이 났구나. 정신(精神)이 아득하고 혼백(魂魄)이 산란(散亂)하여, 마음을 빻아 내는 듯, 두골(頭骨)을 깨쳐 내는 듯, 이윽토록 기색혼절(氣塞昏絶)하였다가 겨우 정신을 차려, 만져 보고이어 본들 속절없고 하릴없다. 편작(扁鵲)의 신술(神術)로도 장생불사(長生不死) 못하였네. 동네 장인(匠人)에게 때이련들 어찌 능히 때일손가. 한 팔을 베어 낸 듯, 한다리를 베어 낸 듯, 아깝다 바늘이여, 옷섶을 만져 보니, 꽂혔던 자리 없네.

오호통재(嗚呼痛哉)라, 내 삼가지 못한 탓이로다. 무죄(無罪)한 너를 마치니,

작품의 구성

- 제1과장(사상좌춤) : 사방신(四方神)에게 배례하며 놀이를 시작하는 의식무
- 제2과장(팔목중춤) : 팔목중들이 차례로 파계하는 춤놀이
- 제3과장(사당춤) : 사당과 거사들이 한바탕 놂
- 제4과장(노장춤) : 노장이 신장수, 취발이와 대립하는 마당
- 제5과장(사자춤) : 사자가 노중을 파계시킨 먹중을 벌하려 함께 놀다가는 마당
- 제6과장(양반춤) : 양반집 머슴인 말뚝이가 양반을 희롱하는 마당
- 제7과장(미얄춤) : 영감과 미얄 할멈, 첩(妾) 덜머리집의 삼각관계

조침문

- 작자 : 유씨 부인
- 갈래 : 수필, 제문(祭文), 추도문
- 연대 : 조선 순조
- 주제 : 부러진 바늘에 대한 애도
- 특징
  - 사물(바늘)을 의인화하여 표현(고려의 가전체 문학과 연결됨)
  - 여성 작자 특유의 섬세한 감정이 잘 표현됨
  - 「의유당 관북 유람일기」, 「규중칠우 쟁론기」와 함께 여성 수필의 백미로 손꼽힘

작품의 구성

- 서사 : 바늘과 영원히 결별하게 된 취지
- 본사 : 바늘을 얻게 된 경위와 바늘의 신묘한 재주, 각별한 인연, 끝내 부러진 바늘
- 결사 : 바늘을 애도하는 심정과 후세에 다시 만날 것을 기약

주요 단어 해설

- 추호(秋毫) : 가는 털
- 능라(綾羅) : 두꺼운 비단과 얇은 비단
- 난봉(鸞鳳) : 난조(鸞鳥)와 봉황
- 재질(才質) : 재주와 기질
- 수응(酬應) : 요구에 응함
- 자식에게 지나고 : 자식보다 낫고
- 천은(天銀) : 품질이 가장 뛰어난 은
- 무심중간(無心中間) : 아무 생각이 없는 사이
- 유아이사(由我而死) : 나로 말미암아 죽음

백인(伯仁)이 유아이사(由我而死)라, 누를 한(恨)하며 누를 원(怨)하리요. 능란(能爛)한 성품(性品)과 공교(工巧)한 재질을 나의 힘으로 어찌 다시 바라리요. 절묘(絕妙)한 의형(儀形)은 눈 속에 삼삼하고, 특별한 품재(稟才)는 심회(心懷)가 삭막(索莫)하다. 네 비록 물건(物件)이나 무심(無心)치 아니하면, 후세(後世)에 다시 만나 평생 동거지정(平生同居之情)을 다시 이어, 백년 고락(百年苦樂)과 일시생사(一時生死)를 한 가지로 하기를 바라노라. 오호애재(嗚呼哀哉)라, 바늘이여.

한중록

- **작자** : 혜경궁 홍씨
- **갈래** : 궁정 수필, 한글 수필
- **연대** : 조선 정조
- **주제** : 사도세자의 참변을 중심으로 한 파란만장한 인생 회고
- **특징**
  - 전아한 궁중 용어의 사용
  - 적절하고 간곡한 묘사로 내간체 문학의 백미

작품의 구성

- **1편** : 혜경궁 홍씨의 생애 및 입궁 이후의 생활
- **2편** : 동생 홍낙임의 사사(賜死)와 친정의 몰락에 대한 자탄
- **3편** : 정조가 말년에 외가에 대해 뉘우치고 효성이 지극하였다는 점을 서술
- **4편** : 임오화변에 대한 진상. 영조와 사도세자의 갈등 및 궁중비사를 서술

주요 단어 해설

- **용포(龍袍)** : 임금이 입는 정복. 곤룡포(袞龍袍)의 준말
- **붕열(崩裂)** : 무너지고 갈라짐
- **소주방(燒廚房)** : 대궐 안의 음식을 만들던 곳
- **황황(遑遑)** : 마음이 몹시 급하여 허둥지둥하는 모양
- **거조(擧措)** : 행동거지
- **촌철(寸鐵)** : 작고 날카로운 쇠붙이나 무기
- **소조(小朝)** : 섭정하는 왕세자
- **촌촌(寸寸)** : 한 치 한 치마다 또는 갈기갈기
- **용력(勇力)** : 씩씩한 힘. 뛰어난 역량
- **장기(壯氣)** : 건장한 기운. 왕성한 원기
- **안연(晏然)히** : 마음이 편안하고 침착한 모양

② 한중록(閑中錄)

그러할 제 날이 늦고 재촉하여 나가시니, 대조(大朝)께서 휘녕전(徽寧殿)에 좌(坐)하시고 칼을 안으시고 두드리오시며 그 처분(處分)을 하시게 되니, 차마 차마 망극(罔極)하니 이 경상(景狀)을 차마 기록(記錄)하리오. 섧고 섧다.

나가시며 대조께서 엄노(嚴怒)하오신 성음(聲音)이 들리오니, 휘녕전이 덕성합(德成閤)과 멀지 아니하니 담 밑에 사람을 보내어 보니, 벌써 용포(龍袍)를 벗고 디어 계시더라 하니, 대처분(大處分)이 오신 줄 알고 천지 망극(天地罔極)하여 흉장(胸腸)이 붕열(崩裂)하는지라.

게 있어 부질없어 세손(世孫) 계신 델 와서 서로 붙들고 어찌할 줄 모르더니, 신시전후(申時前後) 즈음에 내관(內官)이 들어와 밖소주방(燒廚房) 쌀 담는 궤를 내라 한다 하니, 어쩐 말인고 황황(遑遑)하여 내지 못하고, 세손궁(世孫宮)이 망극한 거조(擧措) 있는 줄 알고 문정(門庭) 전(前)에 들어가,

"아비를 살려 주옵소서."

하니 대조께서

"나가라."

엄히 하시니, 나와 왕자(王子) 재실(齋室)에 앉아 계시더니, 내 그 때 정경(情景)이야 천지고금간(天地古今間)하고 일월(日月)이 회색(晦塞)하니, 내 어찌 일시나 세상에 머물 마음이 있으리오. 칼을 들어 명(命)을 그츠려 하니 방인(傍人)의 앗음을 인(因)하여 뜻같이 못하고, 다시 죽고자 하되 촌철(寸鐵)이 없으니 못하고, 숭문당(崇文堂)으로 말미암아 휘녕전(徽寧殿) 나가는 건복문(建福門)이라 하는 문 밑으로 가니, 아무것도 뵈지 아니하고 다만 대조께서 칼 두드리시는 소리와 소조(小朝)께서,

"아바님 아바님, 잘못하였으니 이제는 하라 하옵시는 대로 하고, 글도 읽고, 말씀도 다 들을 것이니 이리 마소서."

하시는 소리가 들리니, 간장(肝腸)이 촌촌(寸寸)이 끊어지고 앞이 막히니 가슴을 두드려 한들 어찌하리오. 당신 용력(勇力)과 장기(壯氣)로 궤에 들라 하신들 아무쪼록 아니 드시지, 어이 필경(畢境) 들어가시던고, 처음엔 뛰어나오려 하옵시다가 이기지 못하여 그 지경(地境)에 미치오시니 하늘이 어찌 이대도록 하신고. 만고(萬古)에 없는 설움뿐이며, 내 문 밑에서 호곡(號哭)하되 응(應)하심이 아니 계신지라.

03장 국문학사

01절 고전 문학의 흐름

02절 현대 문학의 흐름

01절 고전 문학의 흐름

1. 고대 문학의 갈래

(1) 전달 방식, 향유 계층에 따른 갈래

① 전달 방식에 따른 갈래

㉠ 구비 문학(口碑文學)

• 문자의 발명 이전에 입에서 입으로 전해져 구연되는 문학

• 사람들에 의해 개작, 첨삭되면서 전승되는 적층성(積層性)이 강해 민족의 보편적 성격이 반영됨(민중 공동작의 성격을 지님)

• 기록 문학에 소재와 상상력을 제공하는 원초적 자산으로 작용함

㉡ 기록 문학(記錄文學)

• 구비문학을 문자 언어로 기록하여 전승하는 문학으로, 오늘날 문학의 주류

• 개인의 창의력과 상상력이 반영되는 문학이므로 지적, 개인적 성격을 지님

㉢ 시가 문학(운문 문학) : 일정한 율격을 지닌 운문 문학을 말하며, 가창(歌唱)되기에 용이함

㉣ 산문 문학(散文文學)

• 의미 : 운율성보다 전달성을 중시하는 문학으로, 이야기 형태에 적합함(예 설화 문학, 패관 문학, 가전체 문학, 소설 등)

• 산문 문학의 전개 : 운문성과 산문성이 혼재된 대표적 문학으로 가사와 판소리를 들 수 있음

• 가사 : 3 · 4조(또는 4 · 4조), 4음보의 운문이면서 내용상 수필적 산문에 해당함

• 판소리 : 연행 중심이 되는 창(唱)은 운문체이나, 아니리 부분은 산문체에 해당함

② 향유 계층에 따른 갈래

㉠ 귀족, 양반 문학

• 경기체가 : 고려 중기 무신의 난 이후 새로 등장한 신흥 사대부들이 창안하여 귀족층에서만 향유한 문학 갈래로서, 일반 서민의 의식이나 삶과는 거리가 있음

• 악장 : 궁중 음악으로 사용된 송축가에 해당하는 문학 갈래로서, 주로 특권 귀족층에서 향유됨

㉡ 평민 문학

• 속요 : 평민층이 향유한 집단적, 민요적 성격의 노래

• 사설시조 : 평민층의 의식과 체험을 노래한 시조

• 민속극 : 일상적 구어(口語)를 토대로 평민층이 놀고 즐긴 놀이 문학

구비문학의 종류

설화, 고려가요, 민요, 판소리, 무가, 민속극, 속담 등

기록문학의 종류

향가, 패관문학, 가전체, 시조, 악장, 가사, 경기체가, 소설, 수필 등

시가문학의 전개

• 서정시가 : 민요(서정 민요) → 고대 가요 → 향가 → 향가계 여요 → 고려 속요 → 시조

• 교술시가 : 민요(교술 민요) → 경기체가 → 악장 → 가사

산문 문학의 전개

• 일반 소설 : 설화 → 패관 문학 → 가전체 문학 → 고소설

• 판소리계 소설 : 설화 → 판소리 사설 → 판소리계 소설

- 잡가 : 하층의 소리꾼들이 부른 세속적 성향의 노래로, 주로 평민층이 향유함
ⓒ 양반과 평민이 공유한 대표 문학
  - 향가 : 4구체 향가의 작가층은 10구체 향가의 작가층과 달리 하층민까지 포함
  - 판소리 : 이전에 평민층의 문학이었으나, 19세기 이후 양반층이 가세하여 향유층이 확대됨

(2) 고대 문학사

① 고대 문학
  ㉠ 고대 문학은 제의(祭儀) 형식에서 행하여진 집단 가무가 그 연원이며, 점차 분화되어 독자적 예술 장르로 변천
  ㉡ 구비 전승되다가 2, 3세기경 한자와 한문이 유입되면서 문학으로 정착
  ㉢ 집단적 서사 문학에서 점차 개인적 서정 문학으로 발달
  ㉣ 신라 시대에 형성된 향가는 우리말로 기록된 최초의 정형시
  ㉤ 설화는 서사 문학의 원류가 되었고, 고대 가요는 서정 문학의 원형이 됨

② 시가 문학
  ㉠ 고대 시가의 개념 : 집단적, 서사적 문학에서 개인적, 서정적 시가(詩歌)로 분화되면서 형성된 것으로, 고려 이전의 노래 중 향가와 한시를 제외한 시가
  ㉡ 고대 가요의 특징
  - 집단적이고 서사적인 원시 종합 예술에서 개인적이고 서정적인 시가로 분리 발전
  - 고대 가요는 설화 속에 삽입되어 전하는데, 이는 서사 문학과 시가가 완전히 분리되지 않은 상태를 보여주는 것
  - 고대 가요는 대부분 배경 설화를 가지며, 설화와 함께 구전되다 문헌에 한역되어 기록됨
  ㉢ 부전가요(不傳歌謠)
  - 도솔가(兜率歌) : 신라 유리왕 5년에 창작됨. 최초의 정형시인 신라 향가의 모태가 된 작품으로 평가
  - 회소곡(會蘇曲) : 신라 유리왕 때, 한가위에 길쌈에서 패배한 무리에서 음식을 접대하며 부른 노동요
  - 치술령곡 : 박제상의 아내가 남편을 기다리다 죽자 후인들이 이를 애도한 노래로 백제 가요 「정읍사」, 「망부석 설화」와 연결
  - 목주가(木州歌) : 목주에 사는 어느 효녀에 대한 노래로, 효심(孝心)에 대한 노래라는 점에서 고려가요인 「사모곡」과 연결
  - 대악(碓樂) : 가난했던 백결 선생이 떡방아 찧는 소리로 아내를 위로한 노래로, 고려가요인 「상저가」와 연결

③ 향가(鄕歌)
  ㉠ 개념
  - 넓게는 중국 노래에 대한 우리나라의 노래를 의미하며, 좁게는 향찰로 표기된 신라 시대에서 고려 초기까지의 정형화된 노래
  - 도솔가, 시내가(詩內歌), 사내악(思內樂) 등 여러 명칭으로 사용됨

SEMI-NOTE

기타 양반과 평민이 공유한 문학
- 시조, 가사 : 조선 전기까지는 사대부 층의 전유물이었다가 그 이후 평민 가객들이 향유 계층으로 등장
- 소설 : 양반과 평민 계층이 모두 향유한 설화와 마찬가지로 이를 모태로 하는 소설도 국민 문학의 성격을 지님

고대 문학의 개념
- 국문학의 태동기부터 고려 시대 이전까지 창작된 모든 문학을 의미함
- 일반적으로 고대 제천의식에서 행해진 원시 종합예술 형태의 집단 가무(歌舞)에서 발생하였다고 봄

고대 시가의 대표 작품
- 집단 가요 : 구지가(龜旨歌), 해가(海歌) 등
- 개인 가요 : 공무도하가(公無渡河歌), 황조가(黃鳥歌), 정읍사(井邑詞) 등

부전가요
설화와 함께 이름만 전하는 고대 가요

고대 국가의 부전가요
- 신라 : 「원사」, 「대악」
- 백제 : 「방등산가」, 「지리산가」, 「무등산가」, 「선운산가」
- 고구려 : 「내원성가」, 「영양가」, 「명주가」

현재 전하는 향가의 연대
- 백제
  - 무왕 : 「서동요」
- 신라
  - 진평왕 : 「혜성가」
  - 선덕여왕 : 「풍요」
  - 문무왕 : 「원왕생가」
  - 효소왕 : 「모죽지랑가」, 「원가」
  - 성덕왕 : 「헌화가」
  - 경덕왕 : 「제망매가」, 「도솔가」, 「찬기파랑가」, 「안민가」, 「천수대비가」
  - 원성왕 : 「우적가」
  - 헌강왕 : 「처용가」

향가별 특징
- 민요로 정착된 향가 : 「서동요」, 「풍요」, 「헌화가」, 「처용가」
- 노동요의 일종 : 「풍요」
- 주술성을 지닌 향가 : 「도솔가」, 「처용가」, 「혜성가」, 「원가」
- 유교 이념을 반영한 향가 : 「안민가」
- 추모의 향가 : 「모죽지랑가」, 「제망매가」
- 높은 문학성을 지닌 향가 : 「제망매가」, 「찬기파랑가」

기타 향가 작품
- 풍요
  - 작자 : 만성 남녀
  - 형식 : 4구체
  - 내용 : 양지가 영묘사 장육존상을 주조할 때 성 안의 남녀들이 진흙을 나르며 불렀다는 노동요
- 원왕생가
  - 작자 : 광덕
  - 형식 : 10구체
  - 내용 : 극락왕생을 바라는 불교 신앙의 노래, 달을 서방정토의 사자로 비유
- 보현십원가
  - 작자 : 균여대사
  - 형식 : 10구체
  - 내용 : 불교의 교리를 대중에게 펴기 위해 지은 노래

- 4구체와 8구체, 10구체가 있으며, 10구체 향가를 '사뇌가(詞腦歌)'라 함

ⓛ 특징
- 불교적 내용과 사상이 주를 이루었고, 현전하는 향가의 작가로는 승려가 가장 많음
- 신라 때의 작품 14수가 『삼국유사』에 전하고 고려 초의 작품 11수가 『균여전』에 전하여, 현재 모두 25수가 전함
- 진성여왕 때 각간(角干) 위홍(魏弘)과 대구화상(大矩和尙)이 편찬하였다는 『삼대목(三代目)』에 대한 기록이 있으나, 현재 전하지 않음

ⓒ 형식
- 4구체 : 구전되던 민요가 정착되어 형성된 것으로 보이는 초기 향가 형식
- 8구체 : 4구체에서 10구체로 발전하던 과도기에 발생한 형식
- 10구체 : 가장 정제되고 완성된 향가 형식

ⓔ 문학사적 의의
- 우리나라 시가 중 최초의 정형화된 서정시
- 한글이 없던 시기에 민족적 주체성과 국문 의식을 반영
- 10구체 향가는 본격적 기록 문학의 효시가 되며, 이후 시조와 가사의 3단 형식과 종장에 영향

ⓜ 현재 전하는 대표 향가

작품명(작자)	형식	내용
서동요(백제 무왕)	4구체	서동(백제 무왕)이 선화 공주를 사모하여 아내로 맞기 위해 아이들에게 부르게 한 동요
혜성가(융천사)	10구체	최초의 10구체 향가로, 노래를 지어 내침한 왜구와 큰 별을 범한 혜성을 물리쳤다는 축사(逐邪) 성격의 주술적인 노래
모죽지랑가(득오)	8구체	죽지랑의 고매한 인품을 추모하여 부른 노래
헌화가(어느 노인)	4구체	소를 몰고 가던 노인이 수로 부인에게 꽃을 꺾어 바치며 불렀다는 노래
제망매가(월명사)	10구체	죽은 누이를 추모하여 재를 올리며 부른 추도의 노래
도솔가(월명사)	4구체	두 해가 나타난 괴변을 없애기 위해 부른 산화공덕(散花功德)의 노래
찬기파랑가(충담사)	10구체	기파랑을 찬양하여 부른 노래. 추모시. 문답식으로 된 최초의 노래
안민가(충담사)	10구체	군신민(君臣民)이 할 바를 노래한 치국의 노래
천수대비가(희명)	10구체	눈이 먼 아들을 위해 희명이 천수관음 앞에서 지어 아들에게 부르게 하자 눈을 떴다는 노래
처용가(처용)	8구체	아내를 침범한 역신에게 관용을 베풀어 역신을 감복시킨 주술적인 노래

④ 설화 문학

㉠ 설화 문학의 개념

- 민족 집단이라는 공동체 속에서 공통의 의식을 바탕으로 구비, 전승되는 허구적 이야기
- 평민층에서 창작, 전승되어 강한 민중성을 지니며, 민족 문학으로서 고전 소설과 판소리의 기원이 되기도 함

㉡ 설화의 성격 : 구전성(口傳性), 서사성, 허구성, 산문성, 민중성

㉢ 설화의 종류

구분	신화	전설	민담
의미	신(神) 또는 신이(神異)한 능력을 지닌 주인공을 통해 민족의 기원, 건국 등 신성한 업적을 그리는 이야기	신적인 요소 없이 비범한 인간과 그 업적, 특정 지역이나 사물, 사건 등을 다루는 이야기	신화, 전설과 달리 일상적 인물을 통해 교훈과 흥미를 주는 허구적 이야기
성격	민족을 중심으로 전승되며, 신성성과 숭고미가 강조됨	역사성, 진실성을 중시하며, 비장미가 강조됨	민족과 지역을 초월하여 전승되며, 골계미, 해학미가 강조됨
전승자의 태도	신성하다고 믿음	진실하다고 믿음	흥미롭다고 믿음
시간과 장소	태초, 신성한 장소	구체적인 시간과 장소	뚜렷한 시간과 장소 없음
증거물	포괄적(우주, 국가 등)	개별적(바위, 개울 등)	보편적
주인공과 그 행위	신적 존재, 초능력 발휘	비범한 인간, 비극적 결말	평범한 인간, 운명 개척
전승 범위	민족적 범위	지역적 범위	세계적 범위

⑤ 한문학

㉠ 개념 : 한자의 전래와 함께 성립하여 한자로 표기된 문학을 말하며, 통일 신라 이후 본격적으로 발달함

㉡ 작자층 : 구비 문학과 달리 귀족, 화랑, 승려 등 상류층이 주로 창작하여 상층의 귀족 문학으로 발달함

㉢ 주요 작품 : 을지문덕 「여수장우중문시」, 최치원 「추야우중」, 최치원 『계원필경』, 「토황소격문」, 진덕여왕 「치당태평송」, 설총 「화왕계」, 혜초 『왕오천축국전』

2. 고려시대의 문학

(1) 고려 문학사 개관

① 고려 문학의 개념 : 통일 신라 멸망 후부터 조선이 건국되기까지의 문학

② 고려 문학의 특징

㉠ 과도기적 문학의 성격을 지님

㉡ 문학의 계층적 분화가 발생하여 귀족 문학과 평민 문학으로 구분

설화문학의 전개

- 고조선
  - 단군 신화 : 우리나라의 건국 신화. 홍익인간의 이념 제시
- 고구려
  - 주몽 신화 : 시조인 동명왕의 출생에서부터 건국까지를 서술
- 신라
  - 박혁거세 신화 : 알에서 태어나 6촌 사람들의 추대로 임금이 된 박씨의 시조 설화
  - 석탈해 신화 : 알에서 나와 버려진 뒤 후일 임금으로 추대된 석씨의 시조 설화
  - 김알지 신화 : 계림의 나무에 걸렸던 금궤에서 태어났다고 전해지는 경주 김씨의 시조 설화
- 가락국
  - 수로왕 신화 : 알에서 태어나 가락국의 왕이 된 김해 김씨의 시조 설화

신라의 한문학자

- 강수(强首) : 외교 문서 작성에 뛰어남 (한문의 능숙한 구사)
- 설총(薛聰) : 「화왕계(花王戒)」를 지음
- 김대문(金大問) : 「화랑세기」를 지음
- 최치원(崔致遠) : 한문학의 본격적인 발달을 주도한 문인

고려 시대 시가 문학의 전개

- 귀족 문학 : 경기체가
- 평민 문학 : 고려속요
- 귀족 + 평민 문학 : 시조

ⓒ 패관 문학이 발달하고, 가전(假傳)과 조선 시대에 발생하는 소설의 기반이 됨
ⓔ 고려 후기에 시조가 완성되면서, 조선대에 이르러 꽃을 피워 귀족 문학과 평민 문학이 통합되는 계기를 마련
ⓜ 과거 제도의 시행과 교육 기관의 설립으로 한문학은 크게 융성한 반면, 국문학은 위축되어 정형 시가인 향가가 고려 초에 소멸

(2) 고려 문학의 갈래

① 고려속요(고려 가요)
  ㉠ 고려속요의 개념
    • 고려 시대 평민들이 부르던 민요적 시가로, 고려 말 궁중의 속악 가사로 사용되다 한글 창제 후 기록 및 정착
    • 평민의 소박함과 함축적인 표현, 풍부한 정서를 반영한 고려 문학의 정수
  ㉡ 특징
    • 작자층 : 문자를 알지 못한 평민 계층으로, 대부분 미상
    • 형식 : 분절체(분장체, 연장체), 후렴구와 반복구, 감탄사 발달, 3음보 율격
    • 내용 : 평민들의 진솔한 생활 감정이 주된 내용(남녀 간의 사랑, 이별의 정한, 자연 예찬 등)
    • 성격 : 평민 문학, 구전 문학, 서정 문학
  ㉢ 대표적인 고려속요

작품명	형식	내용
동동(動動)	전 13연 분절체	월별로 그 달의 자연 경물이나 행사에 따라 남녀 사이의 애정을 읊음
처용가(處容歌)	비연시	향가인 「처용가」를 부연한 축사(逐邪)의 노래
청산별곡(靑山別曲)	전 8연 분절체	현실 도피적인 생활상과 실연의 슬픔
가시리(歸乎曲)	전 4연 분절체	연인과의 이별을 안타까워함
서경별곡(西京別曲)	전 3연 분절체	대동강을 배경으로 남녀 간의 이별의 정한
정석가(鄭石歌)	전 6연 분절체	임금의 만수무강을 축원
쌍화점(雙花店)	전 4연	유녀(遊女)가 남녀 간의 적나라한 애정을 표현
만전춘(滿殿春)	전 5연	남녀 간의 애정을 대담하고 솔직하게 읊음
상저가(相杵歌)	비연시	방아를 찧으면서 부르는 노동요
정과정곡(鄭瓜亭曲)	비연시	귀양살이의 억울함과 연군의 정을 노래
도이장가(悼二將歌)	8구체 2연	개국 공신 김낙과 신숭겸 두 장군의 공덕을 예종이 찬양

② 경기체가
  ㉠ 경기체가의 개념
    • 고려 중기 이후부터 조선 초까지 신흥 사대부 계층에서 유행한 정형시로, 사대부의 득의에 찬 삶과 향락적 여흥을 위해 만들어진 귀족 문학 양식
    • 후렴구에 '경기하여(景幾何如)' 또는 '경(景) 긔 엇더ㅎ니잇고'라는 후렴구가 반복되어 '경기체가(경기하여가)'라 불림

고려속요의 수록
한글 창제 후 『악학궤범』, 『악장가사』, 『시용향악보』 등에 수록되었으나, 이 과정에서 당대 유학자들에 의해 '남녀상열지사(男女相悅之詞)'로 간주되어 많은 작품이 수록되지 못함

주요 고려 속요의 의의
• 동동 : 월령체(달거리) 노래의 효시
• 서경별곡 : 「가시리」와는 달리 이별의 정한을 직설적으로 노래. 정지상의 「송인」과 연관됨
• 정석가 : 불가능한 상황 설정으로 만수무강을 송축
• 만전춘 : 속요 중 시조와 가장 유사
• 상저가 : 백결 선생의 「대악」의 후신

경기체가와 고려 속요의 비교
• 공통점 : 분연체, 분절체, 4음보 율격
• 차이점
  – 경기체가 : 귀족 문학으로 문자(한문)로 기록하였고, 조선 시대에 새로운 이념을 담은 악장으로 발전
  – 고려 속요 : 평민문학으로 구전(口傳)되다가 한글로 기록되었으며 남녀상열지사로 비판 받음

ⓛ 경기체가의 특징

- 형식 : 3음보의 분절체, 보통 3 · 3 · 2조의 율조(律調)를 갖춤, 각 절 끝마다 한자 어구의 나열과 이두식 후렴구 사용
- 내용 : 문인 귀족층의 향락적 생활과 자부심, 호기를 반영
- 의의 및 영향 : 가사 문학의 기원, 조선 전기에는 건국과 도덕적 이념을 노래

ⓒ 대표적인 경기체가

작품명(작자)	내용
한림별곡 (한림제유)	• 현전하는 최초의 경기체가 • 시부, 서적, 명필, 명주, 음악, 누각, 추천, 화훼 등 8경을 노래하여 삶의 자부심을 표현
관동별곡 (안축)	강원도 순찰사로 갔다 돌아오는 길에 관동의 절경을 노래함. 전 8연
죽계별곡 (안축)	고향인 풍기 땅 순흥의 경치를 노래함. 전 5연
상대별곡 (권근)	• 조선 문물제도의 왕성함을 칭송. 전 5장 • 궁중연락(宮中宴樂)으로 사용됨
독락팔곡 (권호문)	• 자연에서 노닐며 도학을 닦는 자세를 노래 • 경기체가의 마지막 작품

③ 시조

㉠ 시조의 개념

- 신라의 향가와 고려 속요의 영향을 받아 고려 중기에 발생해 고려 말에 완성된 정형 시가로, 조선 시대를 거쳐 지금까지 전승되고 있는 정형시
- 고려 중엽 이후 신흥 사대부들의 유교적 이념을 표출하고 정서를 담을 수 있는 장르를 찾는 과정에서 창안되었으며, 기원은 10구체 향가의 3단 구성과 「만전춘별사」와 같은 속요의 분장 과정에서 형성되었다고 보는 것이 일반적

㉡ 시조의 갈래

구분		내용
형식상 갈래	평시조(단형시조)	3장 6구의 기본 형식을 갖춘 시조
	엇시조(중형시조)	종장 첫 구를 제외하고 어느 한 구절이 평시조보다 긴 시조
	사설시조(장형시조)	종장 첫 구를 제외하고 두 구절 이상이 평시조보다 긴 시조로, 정철의 '장진주사'가 효시
	연시조	2수 이상의 평시조가 모여서 된 시조(3장 한 수만으로 된 시조는 단시조)
배행상 갈래	장별 배행 시조	초장, 중장, 종장이 각 한 행으로 되어, 3행으로 한 수(首)가 이루어진 시조
	구별 배행 시조	장(章)을 한 행으로 하지 않고, 구(句)를 한 행으로 하여 6행으로 한 수가 이루어진 시조

㉢ 대표적인 시조

- 다정가(이조년) : 봄밤의 애상적인 정서가 유려하게 표현

경기체가의 창작 연대

- 고려 고종 : 「한림별곡」
- 고려 충숙왕 : 「관동별곡」, 「죽계별곡」
- 조선 세종 : 「상대별곡」, 「화산별곡」
- 조선 성종 : 「불우헌곡」
- 조선 중종 : 「화전별곡」, 「도동곡」
- 조선 선조 : 「독락팔곡」

시조의 역사

- 고려 말~조선 초 : 역사적 전환기에 처한 고뇌를 반영하는 회고가(回顧歌) 등이 주로 만들어짐
- 조선 전기 : 유교 이념과 규범, 충의(忠義)의 내용이 주류를 이루다 점차 도학, 애정 등의 내용으로 확대됨
- 조선 후기 : 관념적 내용에서 탈피해 다양한 삶의 현실을 반영하는 내용으로 변모

시조의 형식

- 3 · 4 또는 4 · 4조의 4음보 율격에 3장 6구 45자 내외로 구성
- 각 장은 2구, 4음보, 15자 내외로 구성
- 각 음보는 3 · 4조 또는 4 · 4조의 기본 음수율
- 종장의 첫 구 3자는 고정(조선 후기의 사설시조에서도 지켜짐)

시조 명칭의 변천

단가(短歌), 시여(時餘), 영언(永言), 신조(新調) 등으로 불리다, 영조 때 가객 이세춘이 당대 유행하는 곡조라는 의미로 '시절가조(時節歌調)'라 명명한데서 '시조'라는 명칭이 탄생되었음

패관 문학의 연대
- 고려 문종 : 「수이전」
- 고려 고종 : 「백운소설」, 「파한집」, 「보한집」
- 고려 충혜왕 : 「역옹패설」
- 조선 연산군 : 「용재총화」

기타 패관 문학 작품
- 백운소설(이규보) : 삼국 시대부터 고려 문종 때까지의 시인과 시에 대한 논평과 잡기 등이 수록된 시화집
- 보한집(최자) : 파한집의 자매편. 거리에 떠도는 이야기나 흥미 있는 사실 등을 기록

가전체 문학의 창작 연대
- 서하선생집 : 「국순전」, 「공방전」
- 동국이상국집 : 「국선생전」, 「청강사자현부전」
- 가정집 : 「죽부인전」
- 동문선 : 「저생전」, 「정시자전」, 「국순전」, 「공방전」, 「국선생전」, 「청강사자현부전」

한문학의 특징
- 당대(唐代)에 완성된 형식인 근체시(近體詩)는 매우 복잡한 규칙을 가지고 있음
- 어수(語數), 압운(押韻), 평측(平仄)의 안배, 대구(對句)에 따라 엄격하게 전개되며 배열에 따라 각각 5언과 7언으로 나뉨
- 창작 상 채용한 형식으로는 근체시가 가장 많으며, 그 다음으로는 고시(古詩)로 나타남

- 하여가(이방원) : 정적에 대한 우회적, 간접적인 회유를 표현
- 단심가(정몽주) : 고려 왕조에 대한 강한 충성심을 노래한 작품. 이방원의 「하여가」에 대한 화답가
- 탄로가(우탁) : 늙음을 한탄하지만, 인생을 달관한 여유가 돋보이는 작품

④ 서사 문학 : 구비로 전승되던 것을 문자로 기록한 설화와 고려 시대에 와서 창작된 패관 문학이나 가전체 문학으로 나눌 수 있음

ㄱ 패관 문학
- 민간의 가담(街談)과 항설(巷說) 등을 토대로 한 문학
- 채록자인 패관이 수집한 설화에 자기 취향에 따라 윤색함

ㄴ 대표적인 패관 문학

작품명(작자)	내용
수이전(박인량)	최초의 순수 설화집이나 오늘날 전하지 않으며, 그 중 9편만이 「해동고승전」, 「삼국유사」, 「대동운부군옥」 등에 전함
파한집(이인로)	최초의 시화집으로 시화, 문담, 기사, 자작, 고사, 풍물 등을 기록
역옹패설(이제현)	「익재난고」의 권말에 수록. 이문(異聞), 기사(奇事), 시문, 서화, 인물에 관한 이야기 수록
용재총화(성현)	「대동야승」에 수록. 풍속, 지리, 역사, 문물, 음악, 예술, 인물, 설화 등 각 방면에 대하여 유려한 산문으로 생생하게 묘사한 글

ㄷ 가전체 문학
- 사물을 의인화하여 전기적 형식으로 기록한 글
- 계세징인(戒世懲人)을 목적으로 하는 의인(擬人)전기체로 물건을 의인화함
- 순수한 개인의 창작물로 소설의 발생에 한 발짝 접근한 형태

ㄹ 대표적인 가전체 문학

작품명(작자)	내용
국순전(임춘)	술을 의인화하여 술이 사람에게 미치는 영향을 말함
공방전(임춘)	돈을 의인화하여 재물을 탐하는 것을 경계함
국선생전(이규보)	술과 누룩을 의인화. 군자의 처신을 경계함
청강사자현부전(이규보)	거북을 의인화하여 어진 사람의 행적을 기림
죽부인전(이곡)	대나무를 의인화하여 절개를 나타냄
저생전(이첨)	종이를 의인화

⑤ 한문학
ㄱ 과거 제도의 실시, 국자감의 설치, 불교의 발달 등으로 한문학 융성
ㄴ 대표적 작가로는 최승로, 박인량, 김부식, 정지상, 이인로, 이규보, 이제현, 임춘 등이 있음
ㄷ 한문학 작품 및 작품집

작품명(작자)	내용
송인(정지상)	이별의 정서를 표현한 칠언절구(七言絕句)의 노래

부벽루(이색)	고려에 대한 회고와 국운 회복의 소망을 표현한 오언(五言) 율시
삼국사기(김부식)	삼국의 정사의 성격을 띠고 있음
삼국유사(일연)	건국 이래 삼국 시대까지의 이면사를 다룸
동명왕편(이규보)	동명왕의 영웅적 행위를 노래한 서사시
해동고승전(각훈)	고구려, 신라 시대의 고승의 전기
제왕운기(이승휴)	중국 역대 사적과 우리의 사적을 노래한 서사시

SEMI-NOTE

3. 조선 전기 문학

(1) 조선 전기 문학사 개관

① 조선 전기 문학의 개념 : 조선 건국으로부터 임진왜란까지의 약 200년간의 문학

② 조선 전기 문학의 특징

㉠ 훈민정음 창제는 진정한 의미에서의 국문학의 출발을 가져왔으며, 문자 생활의 일대 변혁을 가져왔고, 기존의 구비 문학이 기록 문학으로 정착되어 각종 언해 작업이 진행되었음

㉡ 형식면에서는 운문 문학이 주류를 이루어 시조, 악장, 경기체가, 가사 등이 지어졌고, 내용 면에서는 유교적인 이념과 상류 사회의 생활이 중심이 되었음

㉢ 문화의 향유 계급은 주로 상류층인 귀족 양반들이었으며, 평민의 참여는 거의 없음

㉣ 시조가 확고한 문학 양식으로 자리 잡았고, 선초 건국을 정당화하는 악장이 발생하였다 곧 소멸하고 뒤이어 운문과 산문의 중간 형태인 가사가 출현

기타 조선 전기 문학의 특징

- 설화 문학의 발전과 중국 소설의 영향으로 소설 발생, 산문 문학과 자연 문학이 태동
- 성리학이 발달하였으며, 문학 작품에 있어서도 유교적이며 철학적인 사상의 형상화

(2) 조선 전기 문학의 갈래

① 악장(樂章)

㉠ 악장의 개념

- 조선의 창업과 번영을 정당화하고 송축하기 위한 조선 초기의 송축가
- 작자층이 주로 개국 공신인 유학자들이었으므로 일반 백성들과는 동떨어진 문학

㉡ 대표적인 악장(樂章)

작품명(작자)	내용
용비어천가 (정인지, 권제, 안지 등)	• 조선 육조의 위업을 찬양하고 번영을 송축하며, 후대의 왕에게 권계의 뜻을 일깨움 • 한글로 기록된 최초의 작품(서사시) • 제2장 '뿌리 깊은 나무…'는 한자어가 없는 순우리말로 높은 평가를 받음
월인천강지곡 (세종)	• 『석보상절』을 보고 세종이 악장 형식으로 고쳐 쓴 석가모니 찬송가 • 석가의 인격과 권능을 신화적으로 미화하여 전형적인 서사시의 구조를 지님 • 형식이 『월인석보』로 이어졌을 가능성이 있음

악장의 문학성

새 왕조에 대한 송축과 과장, 아유(阿諛)가 심하여 문학성이 떨어졌고, 세종 때 유행하다 15세기 중엽 이후에 소멸)

기타 악장 작품

- 조선 태조의 공덕을 찬양한 작품
  - 정도전 : 「납씨가」, 「문덕곡」, 「정동방곡」, 「궁수분곡」, 「신도가」
  - 하륜 : 「근천정」
- 조선의 개국을 찬양한 작품
  - 윤회 : 「봉황음」, 「유림가」
  - 권근 : 「상대별곡」
  - 변계량 : 「화산별곡」

가사의 발생 견해

경기체가가 붕괴되면서 악장이라는 과도기적 형태를 거쳐 형성되었다는 견해와, 교술 민요가 기록 문학으로 전환되면서 형성되었다는 견해가 있음

기타 가사 작품

• **강촌별곡(차천로)** : 벼슬을 버리고 자연에 묻혀 생활하는 정경을 노래
• **일동장유가(김인겸)** : 일본에 가는 사신의 일행이 되어 다녀온 체험을 노래한 장편 기행 가사

시조의 발달 양상

• 평시조를 여러 수로 묶어 한 주제를 나타내는 연시조도 창작됨
• 16세기에 들어 송순, 황진이 등에 의하여 문학성이 심화됨

주요 한시 작품

• **봄비(허난설헌)** : 고독한 정서를 나타냄
• **습수요(이달)** : 수탈에 시달리는 농촌의 모습을 노래함

② **가사(歌辭)**

㉠ **가사의 개념** : 연속체 장가(長歌) 형태의 교술 시가로, 조선 초 정극인의 「상춘곡」을 가사 문학의 효시로 봄

㉡ **내용** : 유교적 이념, 연군, 자연 예찬, 강호한정, 음풍농월, 기행(紀行) 등

㉢ **형식** : 3 · 4조, 4 · 4조의 음수율과 4음보격을 취하는 운문

㉣ **가사의 특징**

• 운문과 산문의 중간적, 과도기적 형태로, 운문의 형식과 산문적 내용으로 이루어졌으며 서정성과 서사성, 교술성 등 다양한 특성이 혼재
• 시조와 함께 조선 전기를 대표하는 갈래이며, 시조와 상보적 관계를 이루며 발전

㉤ **대표적인 가사(歌辭)**

작품명(작자)	내용
상춘곡(정극인)	태인에 은거하면서 봄 경치를 노래. 가사의 효시
면앙정가 (송순)	담양에 면앙정을 짓고 주위의 아름다움과 정취를 노래한 작품으로, 「상춘곡」이 「성산별곡」으로 넘어가는 교량적 역할을 한 작품
관동별곡 (정철)	관동의 산수미에 감회를 섞은 기행 가사. 홍만종이 「순오지」에서 '악보의 절조'라 이른 작품
사미인곡 (정철)	임금을 그리는 정을 비유적으로 노래한 연가(충신연주지사). 홍만종이 「순오지」에서 초의 「백설곡」에 비유한 작품
속미인곡 (정철)	• 김만중이 최고의 수작으로 평가한 작품으로, 송강 가사의 백미로 손꼽힘 • 두 여인의 문답으로 된 연군가로, 「사미인곡」의 속편
규원가 (허난설헌)	가정에 묻혀 있으면서 남편을 기다리는 여인의 애원을 노래한 내방 가사로, '원부가(怨婦歌)'라고도 함
농가월령가 (정학유)	농촌에서 다달이 해야 할 연중행사와 풍경을 월령체로 노래한 최대 규모의 월령체 가요

③ **시조**

㉠ 고려 말에 완성된 시조는 조선 시대에 들어와 유학자들의 검소하고 담백한 정서 표현에 알맞아 크게 발전

㉡ 건국 초에는 왕조 교체에 따른 지식인의 고뇌와 유교적 충의와 절의를 표현한 노래, 회고가(懷古歌) 등이 만들어졌고, 왕조의 안정 후에는 자연 예찬, 애정, 도학 등에 대한 노래가 다수 만들어짐

④ **한시(漢詩)**

㉠ 감성과 서정, 당과 송의 시풍을 중시한 사장파(詞章派)와 이성적이며 실천적인 도의 추구와 경학을 강조한 도학파(道學派)로 나뉨

㉡ 사장파는 서거정, 성렬, 남곤, 도학파는 길재, 김종직, 조광조 등에 의해 주도됨

㉢ 선조 무렵에 송시풍(宋詩風)에서 당시풍(唐詩風)으로 전환됨

(3) 서사 문학

① 고대 소설

㉠ 고대 소설의 개념과 대표 작품

- 고대 소설은 설화를 바탕으로 형성된 서사 문학으로, 설화적인 단순성을 지양하고 소설의 조건인 허구성을 갖춤
- 조선 전기의 한문 소설은 고려의 패관 문학과 가전체 문학, 중국의 전기 소설의 영향으로 전기적(傳奇的) 요소를 지님

㉡ 대표 작품 : 최초의 고대 소설인 김시습의 「금오신화」, 몽유록계 소설인 임제의 「원생몽유록」, 「수성지(愁城志)」, 「화사(花史)」, 심의의 「대관재몽유록」 등

② 고대 수필

㉠ 고대 수필의 개념 : 고려의 수필부터 갑오개혁 이전까지 창작된 수필을 지칭하며, 한문 수필과 한글 수필로 구분됨

㉡ 고대 수필의 구분

- 한문 수필 : 고려와 조선 전기의 패관 문학 작품, 조선 후기의 대부분의 문집이 여기에 속하며, 독창적, 개성적 성격보다 보편적, 객관적 성격
- 한글 수필 : 조선 후기 산문정신의 영향으로 한글로 창작된 일기나 서간, 기행, 잡기류 등이 여기에 속하며, 관념성, 규범성을 벗어나 일상 체험과 느낌을 진솔하게 표현

㉢ 고대 수필과 평론

- 고대 수필과 평론은 장르 의식에 따른 격식이 제대로 갖춰지지 않음
- 설화, 전기, 야담(野談), 시화(詩話), 견문, 기행, 일기, 신변잡기(身邊雜記) 등 다양한 내용을 서술
- 패관 문학집, 시화집, 개인 문집에 수록되어 전함
- 고려 시대부터 출발한 비평 문학은 문학을 인간의 성정(性情)을 교화하는 계몽적 성격으로 파악

4. 조선 후기 문학

(1) 조선 후기 문학사 개관

① 조선 후기 문학의 개념 : 임진왜란(1592) 이후부터 갑오경장(1894)에 이르는 약 300년간의 문학

② 조선 후기 문학의 특징

㉠ 현실에 대한 비판과 평민 의식을 구가하는 새로운 내용이 작품 속에 투영

㉡ 현실적이고 구체적인 삶의 의미를 추구하는 실학 문학으로 발전

㉢ 운문 중심에서 산문 중심의 문학으로 이행과 평민 의식 소설, 사설시조의 발달, 여성 문학의 등장

(2) 조선 후기 문학의 갈래

① 소설

㉠ 소설 시대의 형성

- 평민 의식의 자각, 산문 정신, 실학사상 등이 소설 발생의 배경
- 조선 후기에는 한문 소설 외에도 한글 소설이 다양하게 창작

소설 시대의 특징
- 일대기적, 행복한 결말, 순차적 구성
- 사건의 비현실적, 우연성
- 운문체, 문어체, 만연체
- 유교, 도교, 불교, 무속 사상
- 전형적, 평면적 인물이며 작가가 직접 제시하는 방법을 사용
- 대부분이 권선징악(勸善懲惡), 인과응보(因果應報)의 주제를 담음
- 중국(명)을 배경으로 한 것이 많음

조선 후기 소설의 대표작
- 군담 소설
  - 역사 군담 소설 : 「임진록」, 「임경업전」, 「박씨전」 등
  - 창작 군담 소설 : 「유충렬전」 등
- 가정 소설 : 「장화홍련전」, 「사씨남정기」, 「콩쥐팥쥐전」 등
- 대하 소설 : 「완월회맹연」, 「임화정연」 등
- 애정 소설 : 「운영전」, 「영영전」, 「춘향전」, 「숙향전」, 「숙영낭자전」, 「채봉감별곡」, 「구운몽」 등
- 풍자 소설 : 「배비장전」, 「양반전」, 「호질」, 「삼선기」 등
- 사회 소설 : 「홍길동전」, 「전우치전」 등
- 몽자류 소설 : 「구운몽」, 「옥루몽」, 「옥련몽」 등
- 의인화 소설 : 「수성지」, 「토끼전」, 「장끼전」, 「두껍전」, 「호질」 등
- 판소리계 소설 : 「춘향전」, 「흥부전」, 「심청전」, 「토끼전」, 「배비장전」, 「옹고집전」, 「장끼전」, 「숙영낭자전」

윤선도의 주요 작품
- 오우가 : 다섯 가지 자연의 대상을 노래
- 어부사시사 : 어부의 흥취를 계절마다 10수씩 노래, 모두 40수로 구성된 연시조

- 최초의 국문 소설인 「홍길동전」의 출현과, 평민 문학이 본격화되기 시작

ⓛ 대표적인 소설

분류	내용
군담 소설	주인공이 전쟁에서 영웅적 활약을 전개하는 소설
가정 소설	가정 내의 문제를 주요 내용으로 하는 소설
대하 소설	흔히 여러 편이 연작 형태를 띠고 있으며 고소설의 모든 유형이 융합되어 복합적인 구성을 보임
애정 소설	남녀 간의 사랑 이야기를 다룬 소설
풍자 소설	동물을 의인화한다든지 하는 수법을 사용하여 당시의 시대상을 풍자한 소설
사회 소설	사회 모순에 대한 저항과 개혁 의식을 담은 소설
몽자류 소설(몽유록)	꿈과 현실의 이중 구조로 된 소설
의인화 소설	꿈과 현실의 이중 구조로 된 소설
판소리계 소설	판소리와 밀접하게 관련을 맺고 있는 소설을 통칭하는 것으로 현실적인 경험을 생동감있게 표현

ⓒ 박지원의 한문 소설

작품명	출전	내용 및 특성
허생전	열하일기	선비 '허생'의 상행위를 통해 양반 사대부의 무능과 당시의 경제체제의 취약점을 비판, 이용후생의 실학정신 반영
호질	열하일기	도학자들의 위선과 '정절부인'의 가식적 행위를 폭로
양반전	방경각외전	양반 사회의 허위와 부패, 무능, 특권의식을 폭로하고 풍자
광문자전	방경각외전	거지인 '광문'을 통해 교만에 찬 양반생활과 부패를 풍자하고 신분에 귀천이 없음을 표현
예덕선생전	방경각외전	인분을 나르는 '예덕선생(엄 행수)'을 통해 양반의 위선을 비판하고 직업 차별의 타파를 표현
열녀함양박씨전	방경각외전	'박 씨 부인'의 불운한 삶을 통해 개가(改嫁) 금지 등 당대 사회의 모순을 비판

② 시조

㉠ 조선 후기 시조의 특징
- 조선 후기에는 산문 의식, 평민 의식의 성장 등으로 엇시조, 사설시조와 같은 장형(長型) 형태의 증가 및 유교적, 관념적 내용에서 탈피
- 평민 작자층의 등장과 평민 중심의 가단 형성, 시조집의 편찬, 시조창(時調唱)과 전문 가객의 등장 등 시조의 대중화가 이루어짐

㉡ 시조 문학의 대표 작가, 윤선도
- 『고산유고』에 시조 35수, 「어부사시사(漁父四時詞)」를 남김
- 윤선도는 자연 속에서의 풍류와 물아일체의 경지를 아름다운 우리말로 표

현하였고, 수사법과 문학적 기교가 뛰어나 시조 문학의 수준을 높임

• 조선 전기 사대부들이 이룩한 강호가도(江湖歌道)의 성과를 한층 더 끌어올리는데 기여함

ⓒ 대표적인 연시조

작품명(작자)	내용 및 특징
강호사시사(맹사성)	• 강호에서 자연을 즐기고 사계절을 노래하며 임금에 대한 충정을 표현 • 최초의 연시조로서, 총 4수로 구성
어부사(이현보)	늙은 어부의 즐거움을 노래한 것으로, 윤선도의 「어부사시사」에 영향을 미침
도산십이곡(이황)	전 6곡은 '언지(言志)'를, 후 6곡은 '언학(言學)'을 노래한 12수의 연시조
고산구곡가(이이)	주자의 「무이구곡가」를 본 따 학문 정진을 노래한 10수의 연시조

③ 사설시조

㉠ 사설시조의 등장

• 17세기에 등장해 18세기에 유행하였으며, 전 3장 중 2장 이상이 평시조보다 길어 시조의 산문화 경향을 반영함

• 서민들의 생활 감정과 일상의 모습, 사회 모순에 대한 비판 등을 표현

• 가사투와 민요풍의 혼합, 반어와 풍자, 해학미 등도 두드러짐

㉡ 대표 시조집

• 『청구영언』 : 영조 때 김천택이 지은 최초의 시조집, 곡조별로 998수를 분류

• 『해동가요』 : 영조 때 김수장이 지은 것으로, 작가별로 883수를 분류

• 『병와가곡집(악학습령)』 : 정조 때 이형상이 지어 곡조별로 1,100여 수를 분류

• 『가곡원류』 : 고종 때 박효관과 안민영이 지어 곡조별로 800수를 분류

④ 가사 문학

㉠ 가사의 변모

• 작자층이 다양화되면서 작품 계열도 여러 방향으로 분화

• 현실적인 문제에 많은 관심을 갖기 시작했으며 여성 및 평민 작자층의 성장

㉡ 주요 작품

• 허전, 이원익의 가사 : 「고공가」는 허전이 국정을 개탄하고 근면을 권하는 내용의 가사이며, 이원익의 「고공답주인가」는 이에 대한 화답의 가사임

• 박인로의 가사 : 중후한 문체로 「선상탄」, 「누항사」, 「태평사」 등의 작품을 통해 현실의 문제를 인식하는 길을 개척

• 내방 가사 : 주로 영남 지방의 부녀자들에 의해서 지어진 규방 가사

• 유배 가사 : 안조환 「만언사」, 김진형 「북천가」 등

⑤ 잡가

㉠ 잡가의 개념 : 조선 후기 하층계급의 전문 소리꾼(사계춘)이나 기생들이 부르던 긴 노래를 말하며, 양반 가사에 대비하여 '잡가(雜歌)'라 칭함

㉡ 내용 : 자연의 아름다움과 풍류, 삶의 애환, 남녀 간의 애정, 해학과 익살 등

SEMI-NOTE

기타 연시조 작품

• **훈민가(정철)** : 유교적 이념을 토대로 하여 백성을 교화하는 연시조로, 총 16수가 전함

• **매화사(안민영)** : 스승인 박효관의 매화를 보고 지은 8수의 연시조

대표적인 가단(歌壇)

영조 때 김천택, 김수장이 결성한 '경정산가단'과 고종 때 박효관, 안민영 등이 중심이 된 '승평계'가 대표적

기타 시조집

• **고금가곡** : 영조 때 송계 연월홍이 지은 것으로, 주제별로 313수를 분류

• **남훈태평가** : 철종 때 순 한글로 표기된 시조집으로, 음악적 의도에서 종장, 종구를 생략함

조선 후기 가사의 특징

• 조선 후기의 가사는 작자층이 평민층과 부녀자층으로 다양화되었고, 작품 계열도 여러 감정으로 분화됨

• 현실적인 문제에 관심을 갖기 시작했으며, 일상적인 체험과 감정을 사실적으로 표현함

휘몰이 잡가와 십이장가

• **휘몰이 잡가** : 맹꽁이 타령, 바위 타령

• **십이장가** : 유산가, 적벽가, 선유가, 소춘향가, 평양가, 십장가, 형장가, 제비가, 월령가, 방물가, 출인가 등

남도 잡가
전라도에서 유행한 것으로 전라도 지방의 억양을 느낄 수 있음

기타 한문학 작품
• **시화총림(홍만종)** : 역옹패설, 어우야담, 이봉유설에서 시화만을 뽑아 기록한 시화집
• **순오지(홍만종)** : 정철, 송순 등의 시가에 대한 평론을 수록한 평론집
• **북학의(박제가)** : 청나라를 시찰하고 돌아와서 우리 사회 개혁의 필요성을 적은 책
• **연려실기술(이긍익)** : 조선의 야사(野史)를 기록한 문집

기타 수필 작품
• **인현왕후전(궁녀)** : 인현왕후의 폐비 사건과 숙종과 장희빈과의 관계를 그린 글
• **을병연행록(홍대용)** : 계부 홍억의 군관으로 연경에 가서 쓴 기행문. 국문 연행록 중 최장편
• **무오연행록(서유문)** : 중국에 서장관으로 갔다 보고 들은 것을 기록한 글
• **제문(숙종)** : 숙종이 막내아들 연령군의 죽음에 대하여 그 애통한 심정을 기록한 글
• **어우야담(유몽인)** : 민간의 야담과 설화를 모아 엮은 설화적인 창작 수필

ⓒ 형식 : 4 · 4조 4음보 가사의 율격을 기본으로 하나 파격이 심함
ⓔ 특징
  • 기본적으로 세속적, 유흥적, 쾌락적 성격을 지님
  • 상층 문화에 대한 모방심리로 현학적 한자 어구와 중국 고사 등이 나열되는 것이 많음
ⓜ 잡가의 종류
  • 경기 잡가 : 서울, 경기도 지방에서 유행한 것으로 맑고 깨끗한 느낌을 줌
  • 서도 잡가 : 평안도, 황해도 지방에서 유행한 것으로 애절한 느낌을 줌

⑥ 한문학
  ㄱ 한문학의 특징
    • 전기의 사장파(詞章派) 문학을 계승하고 경전에 따른 관념적 문학을 추구
    • 현실적 실리 추구, 평이하고 사실적인 표현, 고문체의 배격 등을 특징으로 하는 실학파 문학이 대두
  ㄴ 대표적인 한문학 작품

작품명(작자)	내용
서포만필(김만중)	신라 이후의 시에 대한 평론이 실린 평론집
반계수록(유형원)	여러 제도에 대한 고증을 적고, 개혁의 경위를 기록한 책
성호사설(이익)	평소에 기록해 둔 글과 제자들의 질문에 답한 내용을 집안 조카들이 정리한 것. 주제에 따라 다섯 부분으로 나누어짐
열하일기(박지원)	열하의 문인들과 사귀고 연경 문물제도를 견문한 것을 적은 책
목민심서(정약용)	지방 장관의 치민에 관한 도리를 논한 책

⑦ 수필
  ㄱ 국문 수필 : 주로 여인들에 의해 쓰인 수필로, 주로 기행문이나 일기 형식으로 쓰임
  ㄴ 궁정 수필 : 궁중에서 생활하던 여인들에 의해 쓰인 수필로 분량이 가장 많음
  ㄷ 대표적인 수필

분류	작품명(작자)	내용 및 특징
궁정	한중록(혜경궁 홍씨)	남편인 사도세자의 비극과 궁중의 음모, 당쟁과 더불어 자신의 기구한 생애를 회고
일기	의유당일기(의유당)	순조 29년 함흥 판관으로 부임한 남편 이희찬을 따라가 부근의 명승 고적을 찾아다닌 감흥을 적은 글
제문	윤씨 행장(김만중)	모친인 윤 씨 부인을 추모하여 생전의 행장을 적은 추도문
	조침문(유씨 부인)	자식 없는 미망인이 바느질로 생계를 유지하다가 바늘이 부러지자 그 섭섭한 감회를 적은 글
기담	요로원야화기(박두세)	선비들의 병폐를 대화체로 파헤친 풍자 문학
	규중칠우쟁론기(미상)	부인들이 쓰는 바늘, 자, 가위, 인두, 다리미, 실, 고무 등의 쟁공(爭功)을 의인화하여 쓴 글

(3) 판소리와 민속극, 민요의 성장

① 판소리

㉠ 판소리의 개념

- 직업적 소리꾼인 광대가 고수(鼓手)의 북 장단에 맞추어 창(唱)과 아니리, 발림으로 연행하는 구비 서사시
- '창(唱)과 아니리, 발림'의 요소로 이루어진다는 점에서, 노래와 문학, 연극적 요소가 결합되어 형성된 종합 예술 양식이라 할 수 있음

㉡ 형성 및 발전과정

- 형성 : 17세기 말에서 18세기 초반 무렵에 설화나 소설을 창으로 만들어 생계를 삼은 광대들에 의해 새로운 양식으로 형성
- 18세기 : 판소리가 지방의 민속 예술에서 벗어나 중앙 무대에 진출하고, 중, 상류층까지 향유층이 확대
- 19세기 : 본격적인 대중 예술의 성격을 갖게 되면서 급격히 발전
- 20세기 : 창극(唱劇)으로의 변신을 모색하고 극장 체제를 갖추었으나, 점차 쇠퇴

㉢ 판소리의 특징

- 서사성 : 서민들의 현실적 생활을 이야기 구조로 표현
- 극성 : 음악적 요소와 연극적 요소가 강한 종합예술의 성격을 지님
- 율문성 : 노래 형식의 가창
- 전문성 : 전문 가객인 광대가 연행
- 풍자 및 해학성 : 당대 사회에 대한 풍자와 해학을 표현
- 다양성 : 표현과 수식, 율격, 구성 원리 등이 다른 구비 문학보다 다양
- 구전성과 공유성 : 연행 방식이 구전되었으며, 서민층에서 양반층까지 폭넓게 향유
- 부분의 독자성 : 정해진 대본이 있는 것이 아니라 전승되는 이야기를 근간으로 흥미로운 부분을 확장, 부연하는 방식으로 발전
- 문체의 이중성 : 양반과 평민들의 언어가 함께 공존
- 주제의 양면성 : 유교 이념에 따른 표면적 주제와 서민의 비판 정신에 기반한 이면적 주제가 공존

② 민속극

㉠ 민속극의 개념 : 일정한 역할로 가장한 배우가 대화와 몸짓으로 사건을 표현하는 전승형태를 말하며, '전통극'이라고도 함

㉡ 민속극의 특징

- 서민 정신과 풍자와 해학이 있음
- 춤, 대사, 음악으로 인물, 관객이 어우러지는 축제성을 지님

㉢ 유형

- 무극(巫劇) : 굿에서 연행되는 굿놀이
- 가면극 : 탈춤, 산대놀이, 오광대놀이, 야유 등으로 불림
- 인형극 : 배우 대신 인형을 쓰는 극. 꼭두각시놀음은 우리나라 유일의 인형극

SEMI-NOTE

주요 단어 풀이

- 창 : 판소리 또는 잡가 따위를 가락에 맞춰 높은 소리로 부름
- 아니리 : 창을 하는 중간마다 가락을 붙이지 않고 이야기하듯 엮는 사설
- 발림 : 소리의 극적 전개를 돕기 위해 몸짓, 손짓으로 하는 동작

판소리 열두 마당과 여섯 마당

- 열두 마당 : 춘향가, 심청가, 흥부가, 수궁가, 적벽가, 변강쇠타령, 배비장타령, 강릉매화전, 옹고집, 장끼타령, 무숙이타령, 가짜신선타령
- 여섯 마당 : 춘향가, 심청가, 흥보가(박타령), 적벽가, 수궁가(토끼 타령), 변강쇠타령(현재 변강쇠타령을 제외한 다섯 마당이 전함)

대표 무극

- 제주도 : 입춘굿, 세경놀이, 영감놀이
- 경기도 : 소놀이굿
- 평안도 : 재수굿 방아놀이

대표 가면극

- 서울, 경기도 : 송파 산대놀이, 양주 별산대놀이, 퇴계원 산대놀이
- 황해도 : 봉산 탈춤, 강령 탈춤, 은율 탈춤
- 경남 : 수영 야류, 동래 야류, 통영 오광대, 고성 오광대, 진주 오광대

SEMI-NOTE

• 창극 : 여러 가객들이 무대에서 연기하며 판소리조로 연행하는 극

③ 민요

ⓐ 민요의 개념 : 민중 속에서 자연스럽게 구전되어 온 노래로, 민족성과 국민성을 나타내기도 하며 민중의 보편적 정서가 담겨 있고, 입에서 입으로 전해지기 때문에 가사와 곡조가 시대에 따라 변하기도 함

ⓑ 민요의 특징

• 구전성, 서민성, 향토성이 특징

• 민중의 정서를 직접 표출하여 서정성을 지님

• 누구나 부를 수 있어 비전문성을 지니며, 창자(唱子)와 청자(聽子)가 일치

• 두 연이 대칭구조를 이루고, 3 · 4조, 4 · 4조의 율격을 가짐

ⓒ 대표적인 민요(民謠)

민요의 내용상 특징

• 부녀자들의 애환을 표현한 부요(婦謠)가 많음

• 생활고와 삶의 어려움이 폭넓게 드러남

• 농업을 기반으로 하는 농가(農歌)가 많으며, 여기에 남녀의 애정을 함께 담아냄

• 현실의 문제를 우회적으로 표현하여 해학성이 풍부

기타 민요의 특징

• 관용구, 애용구가 빈번히 사용되고, 음의 반복이 많음

• 민속, 음악, 문학의 복합체

• 민요의 가창 방식은 선후창, 교환창, 독창, 합창으로 구분

분류		내용
기능요	노동요	농업, 어업, 벌채, 길쌈, 제분, 잡역 노동요 등(예 논매기 노래, 타작 노래, 해녀 노래)
	의식요	세시, 장례, 신앙 의식요 등(예 지신밟기 노래, 상여 노래, 달구질 노래)
	유희요	놀이에 박자를 맞추면서 부르는 노래(예 강강술래, 줄다리기 노래, 널뛰기 노래, 놋다리 노래)
비기능요		특정한 행동에 관련 없이 언제든 흥이 나면 부르는 노래이며, 내용 및 형태상의 제약이 크게 없음(예 아리랑, 강원도 아리랑, 정선 아리랑, 밀양 아리랑)

02절　현대 문학의 흐름

1. 개화기 문학

(1) 개화기 문학사 개관

① 개화기 문학의 시대 배경 : 갑오개혁에서 삼일절에 이르는 시기의 문학, 이 시기의 문학은 새로운 서구의 문화와 독립 의식을 강조

② 개화기 문학의 특징

ⓐ 문어체 문장에서 구어체에 가까운 문장으로 변화하였고, 국한문 혼용체와 국문체 등 새로운 문체가 확립됨

ⓑ 자주 정신의 각성으로 계몽적 이념을 강조하는 내용이 주를 이룸

ⓒ 전통적 문학 형식을 기반으로 개화 가사, 창가, 신체시, 신소설 등 새로운 장르가 모색됨

ⓓ 신교육의 영향으로 국문 문학이 확대되었고, 신문의 보급과 인쇄술 발달 등의 영향으로 문학의 대중화가 진행됨

언문일치

글로 쓰는 문장이 말하는 언어와 일치하는 현상으로 중국에 대한 대타의식 및 자국 의식의 강화와 국문의 지위 향상과 맞물려 있음

서유견문

조선후기 정치가 유길준이 저술한 서양 기행문으로 환경 및 인종과 정치 체계 등을 서술하고 있음

(2) 대표 개화기 문학의 갈래 및 작품

① 개화 가사

ㄱ 개화 가사의 개념 : 가사의 운율 형식을 계승하고 개화기 계몽사상을 담아 노래한 가사를 말함

ㄴ 개화 가사의 특징 : 가사의 율격인 4 · 4조 4음보의 율격을 토대로 하여 분절체, 후렴구 등의 민요적 요소를 가미하였고, 자주 독립정신과 신교육 강조, 외세에 대한 비판 등의 내용을 주로 표현

② 창가(唱歌)

ㄱ 창가의 개념 : 전통적 가사체에 개화사상을 담은 시가와, 찬송가 및 서양음악 등의 영향으로 형성된 새로운 시가로, 개화 가사가 변모되는 과정에서 만들어져 신체시 발생의 모태가 됨

ㄴ 창가의 특징
- 문명개화의 시대적 필연성, 신교육 예찬, 새 시대의 의욕 고취, 청년들의 진취적 기상 등 계몽적 내용을 주로 담음
- 초기에는 3 · 4조, 4 · 4조 율격으로 짧았다가 후기로 가면서 7 · 5조, 8 · 5조 등으로 길어지고 다양화됨

③ 신체시

ㄱ 신체시의 개념 : 개화 가사, 창가의 단계를 거쳐 종래의 정형시 형식을 탈피하여 자유로운 율조로 새로운 사상을 담으려 했던 실험적이고 과도기적인 시

ㄴ 신체시의 특징
- 이전의 형식을 깨뜨리고 부분적인 7 · 5조, 3 · 4 · 5조의 새로운 형태를 취하고 있으며 정형시와 자유시 사이의 과도기적 형식
- 『소년(少年)』의 창간호에 실린 최남선의 「해에게서 소년에게」(1908)가 효시

④ 신소설

ㄱ 신소설의 개념 : 1900년대 중반부터 1917년 이광수의 「무정」이 발표되기까지 당대의 시대적 문제와 사회의식을 반영했던 과도기적 소설의 형태. 계몽사상의 구체적인 실천에 대한 이야기를 다루고 있지만, 현실에 대한 깊은 인식의 결여로, 낙관적인 개화의 꿈에 그쳤다는 평가를 받음

ㄴ 신소설의 특징
- 주제 : 개화와 계몽사상의 고취(자주독립사상, 자유연애, 인습과 미신 타파, 신교육 장려, 유교적 가치관과 질서 비판 등)를 주로 표현
- 구성 : 평면적 구성을 탈피해 역전적 구성을 시도 주로 시간적 역행, 사건과 장면의 뒤바꿈 등이 있음
- 문체 : 언문일치 문체에 근접, 전기체 형식에서 벗어나 묘사체로 전환

ㄷ 신소설의 의의
- 고대 소설과 현대 소설의 과도기적 역할을 수행
- 비현실적 내용에서 현실적 사건 중심의 내용으로 전환

이해조의 개작 신소설

근원 설화	판소리계 소설	개작 소설
열녀 설화	춘향전	옥중화(獄中花)
연권녀 설화	심청전	강상련(江上蓮)
방이 설화	흥부전	연(燕)의 각(脚)
구토 설화	별주부전	토(兎)의 간(肝)

기타 신소설 작품

- **은세계(이인직)** : 원각사에서 공연된 최초의 신극 대본, 정치 소설의 성격
- **모란봉(이인직)** : 이인직「혈의 누」의 속편으로, 애정 소설
- **추월색(최찬식)** : 남녀 간의 애정 문제와 외국 유학을 통해, 새로운 혼인관과 교육관 제시

ⓔ 대표적인 신소설

작품	작가	특징 및 내용
혈의 누	이인직	최초의 신소설로, 자유결혼과 신문명 수용 및 신교육 사상의 고취
귀의 성	이인직	양반층의 부패, 신구의 대립을 폭로하고, 처첩 간의 갈등과 가정의 비극 등을 드러냄
자유종	이해조	축첩으로 인한 폐단과 패가망신하는 가정을 묘사
금수회의록	안국선	8가지 동물들의 토의를 통해 인간세태와 사회부패를 풍자

⑤ 번안 신소설

ㄱ 번안 신소설의 개념 : 외국 소설의 내용을 원작대로 유지하면서 배경이나 인물 등을 자기 것으로 고쳐서 번역한 소설

ㄴ 주요 작품

- 박은식「서사건국지」 : 스위스의 건국 영웅 '빌헬름 텔'의 이야기를 번안
- 장지연「애국 부인전」 : 프랑스의 '잔 다르크'의 이야기를 번안
- 이해조「철세계」 : 줄 베르너의「철세계」를 번안
- 구연학「설중매」 : 일본 소설「설중매」를 번안한 것으로, 이인직이 각색하여 원각사에서 공연
- 조중환「장한몽」 : 일본 소설「금색야차」를 번안한 애정 소설
- 이상협「해왕성」 : 뒤마의「몽테크리스토 백작」을 번안한 소설
- 민태원「애사(哀史)」 : 위고의「레미제라블」을 번안한 소설

2. 1910년대 문학

(1) 1910년대 문학사 개관

① **1910년대 문학의 배경** : 1910년대에는 일제의 식민 통치가 본격화되어, 서양 문학의 영향을 받아 우리나라 현대 문학사의 근간을 이루게 됨

② **1910년대 문학의 특징**

ㄱ 계몽주의적 경향으로 최남선, 이광수 2인 문단 시대가 도래

ㄴ 서구 문예 사조의 유입으로 서구 문학의 개념을 따른 문학의 출현

ㄷ 개인의 내면과 개성의 자각으로 시대적 문제를 작품에 투영

근대 잡지의 출현

- 민족의식 재고와 외국 문학을 통한 계몽의식 고취를 위한 잡지가 주류
- 이 시기의 잡지로「소년」,「청춘」,「학지광」,「태서문예신보」 등이 있고, 대표 작품으로는 김억「봄은 간다」, 주요한「불놀이」, 황석우「벽모의 묘」 등이 있음

(2) 1910년대 문학의 갈래

① 자유시

ㄱ **자유시의 형성 배경** : 근대적 잡지의 간행, 서구 근대 문학의 영향

ㄴ **자유시의 특징**

- 계몽의식으로부터의 탈피
- 운율에 대한 새로운 모색과 실험 정신 추구
- 관습적 형태에서 벗어나 미의식의 표현에 집착
- 서구의 상징주의 시와 시론 소개를 통해 개성적 내면 탐구와 사물에 대한

감각적 조응의 시적 태도를 지니게 됨

② 근대 소설

　　㉠ 근대 소설의 형성 배경 : 출판업이 활발해지며 신소설과 근대소설이 쏟아졌으며 고전소설에 익숙하던 독자를 대상으로 개작한 작품과 외국 문학을 수입하여 번안한 작품이 주를 이루었음

　　㉡ 근대 소설의 특징

　　　• 현실적 소재를 바탕으로 한 작품의 등장

　　　• 사실적 문체를 바탕으로 시대정신을 반영

　　　• 서술과 묘사를 통한 이야기 전개로 이야기의 전개를 구체화

　　　• 플롯의 다양성으로 고전문학에서는 한정되었던 이야기의 범위를 확장

③ 희곡

　　㉠ 희곡의 형성 배경 : 판소리, 산대놀이, 탈춤으로 대표되는 고전희곡은 민중에 의한 자연발생적인 갈래였기 때문에 서양처럼 일정한 작가가 없는 것이 특징이었고, 근대에 들어서 서양 희곡을 수용한 신극이 등장하였음

　　㉡ 새로운 희곡의 출현

　　　• 창작극 : 1912년 조중환이 우리나라 최초의 창작 희곡인 「병자삼인」을 발표, 윤백남의 「운명」, 이광수의 「규한」 등이 함께 등장

　　　• 번역극 : 신극 운동의 전개와 함께 서양과 일본의 희곡이 번역됨

　　　• 신파극 : 1910년대 유행하기 시작해 1930년대까지 대중적으로 이어진 연극으로, 흥미 위주의 통속적, 상업적 성격이 강함, 임성구의 '혁신단'을 통해 본격적으로 출발

3. 1920년대 문학

(1) 1920년대 문학의 갈래

① 1920년대 문학의 배경 : 3·1운동의 실패로 좌절감과 패배 의식이 증가하였고, 일제의 수탈 등으로 큰 위기를 맞았지만 국내외의 독립운동이 활성화되는 한편, 각종 신문과 동인지가 등장

② 시

　　㉠ 1920년대 시의 특징

　　　• 낭만적, 퇴폐적 상징시의 유행

　　　• 경향시의 등장과 사회의식의 대두

　　　• 전통 계승의 시와 시조 부흥 운동의 전개를 통해 전통 지향의 흐름 형성

　　㉡ 낭만주의 시의 등장 배경 : 3·1운동의 실패, 서구 상징주의 시의 영향으로 퇴폐주의의 만연

③ 경향파 시

　　㉠ 경향파 시의 등장 배경 : 지식인들의 일본 유학을 통해 사회주의 사상을 유입, 일제 식민 통치에 대응하려는 사회단체 결성, 계급주의 문학 단체인 카프(KAPF)의 결성과 본격적인 사회주의 문학 이론의 도입

1920년대의 시조
- 민족 정서의 회복을 위한 시어를 사용
- 연시조, 양장시조 등 현대 시조로서의 형태 혁신
- 님에 대한 그리움, 국토 예찬, 조국의 역사 회고 등의 주제 형상화

전통적, 민요적 서정시의 대표 시인
김동환, 주요한, 김소월, 한용운 등

1920년대 소설의 경향
- 식민지 궁핍 체험의 소설화
- 계급 대립의 구도와 노동 소설의 등장
- 살인과 방화 등 극단적인 결말 처리
- 자아의 각성을 통한 사회와 현실의 재인식

기타 대표 소설가와 특징
- 전영택 : 사실주의 경향의 작가로, 인간애와 인도주의정신에 기초한 작품을 남겼으며 대표작으로 「화수분」, 「흰닭」, 「생명의 봄」이 있음
- 나도향 : 낭만적 감상주의 경향, 어두운 농촌 현실을 묘사했으며 대표작으로 「물레방아」, 「벙어리 삼룡이」, 「뽕」이 있음

ⓒ 경향파 시의 특징
- 막연한 울분으로부터 당대의 현실에 대한 인식과 저항 의식으로 확대
- 무산 계급(노동자, 농민)의 현실을 부각시키는 소재를 선택
- 사회주의 사상의 주입과 선전을 목적으로 한 선전, 선동적인 구호나 개념서술의 표현
- 산문투의 문체 및 인물과 사건 전개의 요소를 도입하여 서사적인 양식 개발

④ 민족주의 시
 ㄱ 민족주의 시의 등장 배경 : 1920년대 중반 최남선, 주요한, 이은상 등을 중심으로 한 '국민문학파'가 대두되어 전통적 문화유산의 계승과 역사를 연구함
 ㄴ 민족주의 시의 특징
- 창작에 있어서 민족주의 이념의 구현
- 모국어에 대한 애정과 찬양의 태도
- 문화, 학술적 연대에 의한 문예 부흥 운동
- 민족적 개성 및 향토성의 옹호
 ㄷ 전통적, 민요적 서정시
- 민중적 정서와 향토적 정조의 표현
- 일상적이고 평이한 우리말 구사
- 민족 현실에 대한 자각을 전통적인 시(詩)정신에 입각하여 형상화하려는 태도를 지님

(2) 1920년대 소설과 기타 갈래

① 1920년대 소설의 배경 : 단편소설의 등장으로 새로운 서사양식을 확립하여 다양한 소설적 경향을 보여줌. 서사 주체의 내면 분석이 가능해지면서 일인칭 소설이 등장하게 됨
② 1920년대 소설의 특징
 ㄱ 근대적 소설 문체의 발전 : 문장 어미의 시제 표현, 3인칭 단수인 '그'의 사용
 ㄴ 사실주의적 소설 인식 : 개화기의 계몽주의 문학관을 버리고, 문학의 자율성을 인정하는 한편 인생과 사회의 모습을 있는 그대로 그리려는 사실주의 및 자연주의 문학관을 수용
 ㄷ 소설 기법의 발전 : 어휘의 신중한 선택, 치밀한 구성과 객관적 묘사, 인상적인 결말 처리 방법 등 기법상의 두드러진 변화를 가져옴
 ㄹ 사회 비판 의식의 소설화 : 1925년 카프 결성을 계기로 사회적 비판과 투쟁 의식을 강조하는 경향 소설 등장
③ 1920년대 소설가의 특징 및 대표작

작가	특징	대표작
김동인	현대 단편소설 확립, 순수문학 주장	「감자」, 「배따라기」, 「운현궁의 봄」
염상섭	식민지적 암울한 현실에서 지식인의 고뇌, 도시 중산층의 일상적인 삶을 다룸	「표본실의 청개구리」, 「만세전」, 「두 파산」, 「삼대」
현진건	치밀한 구성과 객관적 묘사로 사실주의적 단편소설을 씀	「빈처」, 「운수좋은 날」, 「불」

최서해	체험을 바탕으로 한 하층민의 가난을 주요문제로 삼음	「탈출기」, 「홍염」
주요섭	신경향파 문학에서 출발하여 서정적이고 휴머니즘적인 소설을 씀	「사랑손님과 어머니」, 「인력거꾼」

④ 수필

　㉠ 수필의 등장 배경 : 수필의 체계가 정립되며 기행수필과 수상수필이 병립됨

　㉡ 특징

　　• 현대 수필의 초창기로서 수필의 형태가 아직 정립되지 못함

　　• 우리 국토에 대한 애정을 담은 기행 수필이 많음

⑤ 희곡

　㉠ 신극 단체가 결성되고 근대 희곡이 창작됨

　㉡ '극예술 협회'와 '토월회' 등의 연극 단체 결성, 영화의 분립과 시나리오가 창작됨

⑥ 주요 민족 신문과 동인

구분	특징	동인
창조(1919)	최초의 순문예 동인지	김동인, 주요한, 전영택
폐허(1920)	퇴폐주의적 성향의 동인지	염상섭, 오상순, 황석우, 김억
개벽(1920)	천도교 기관지, 카프의 기관지화됨	박영희, 김기진
백조(1922)	낭만주의적 경향의 문예지	현진건, 나도향, 이상화, 박종화
조선문단(1924)	카프에 대항한 민족주의의 문예지	이광수, 방인근
해외문학(1927)	외국 문학 소개에 치중함	김진섭, 김광섭, 정인섭, 이하윤
문예공론(1929)	민족주의와 사회주의의 절충	양주동

4. 1930년대 문학

(1) 1930년대 문학의 갈래

① 1930년대 문학의 등장 배경 : 일제의 탄압이 더욱 심해진 시기로, 특히 사상 통제가 심화되었으며, 국제적으로는 중일 전쟁, 만주 사변 등이 발생하였음

② 시문학파 시

　㉠ 배경

　　• 1920년대 중반 이후 프로 문학과 민족주의 문학의 대립으로 인한 이념적 문학 풍토에 반발

　　• 박용철, 김영랑의 주도로 『시문학』, 『문예월간』, 『문학』 등의 순수시 잡지가 간행되고, 구인회 및 해외문학파와 같은 순수 문학 동인을 결성

　㉡ 특징

　　• 시어의 조탁과 시의 음악성 중시

수필의 대표 작가와 작품
민태욱의 「청춘예찬」, 방정환의 「어린이 찬미」, 최남선의 「심춘순례」, 「백두산 근참기」, 이병기의 「낙화암을 찾는 길에」 등

기타 민족 신문과 동인

• **장미촌(1921)** : 최초의 시 전문 동인지로, 박종화, 변영로, 황석우, 노자영 등이 활동

• **금성(1923)** : 낭만주의적 경향의 시 중심 동인지로, 양주동, 이장희, 유엽, 백기만 등이 활동

• **영대(1924)** : 창조의 후신으로 평양에서 창간된 순 문예 동인지로, 주요한, 김소월, 김억, 김동인, 이광수 등이 활동

1930년대 시의 경향

• **순수시** : 순수 서정시의 등장

• **주지시** : 모더니즘 시의 등장

• **저항시, 참회시** : 화자 내면의 저항과 참회의 관점으로 노래함

• **청록파의 등장** : 자연과의 친화를 노래

• **생명파의 등장** : 반주지적 관점으로 생명성의 탐구

SEMI-NOTE

시문학파 시인의 대표작
• 김영랑 : 「모란이 피기까지는」, 「오월」
• 정지용 : 「떠나가는 배」, 「싸늘한 이마」
• 박용철 : 「유리창」, 「향수」, 「바다」
• 이하윤 : 「들국화」, 「물레방아」

모더니즘 시의 경향
서구의 신고전주의 철학 및 초현실주
의, 다다이즘, 입체파, 미래파, 이미지
즘 등 현대적 문예 사조의 이념을 본격
적으로 수용

모더니즘 시인의 대표작
• 김기림 : 「바다와 나비」
• 이상 : 「오감도」, 「거울」
• 김광균 : 「와사등」, 「외인촌」, 「추일서
정」, 「설야」, 「뎃상」
• 장만영 : 「달 포도 잎사귀」

전원파 시인의 대표작
• 신석정 : 「슬픈 구도」, 「그 먼 나라를
알으십니까」
• 김동명 : 「파초」, 「내 마음은」, 「진주만」
• 김상용 : 「남으로 창을 내겠소」, 「마음
의 조각」

생명파 시의 경향
• 1930년대 후반 시문학 전반의 침체
현상에 대한 타개 노력

• 시적 변용에 의거하는 순수 서정시의 창작 과정 강조
• 자율적인 존재로서 시의 본질 탐구

ⓒ 대표 시인 및 문학적인 경향

시인	경향
김영랑	투명한 감성의 세계를 운율감 있는 고운 시어로 표현
정지용	감각적 인상을 세련된 시어와 향토적 정취로 표현
박용철	감상적인 가락으로 삶에 대한 회의 노래

③ 모더니즘 시

㉠ 배경 : 1920년대 감상적 낭만주의와 같은 전근대적인 요소를 배격하고 현대
적인 시의 면모를 확립하고자 하는 의도

㉡ 특징

• 구체적 이미지에 의한 즉물적(即物的)이고 지성적인 시 강조
• 현대 도시 문명에 대한 상황적 인식과 비판적 감수성 표출
• 객관적이고 과학적인 시학에 의거한 의도적인 시의 창작
• 전통에 대한 거부와 언어에 대한 실험 의식 및 내면 심리 탐구

ⓒ 대표 시인 및 문학적인 경향

시인	경향
김기림	현대 문명을 현상적으로 관찰하였으며, 해학과 기지를 동반한 감각적 시어 사용
이상	전통적 관습에서 벗어난 초현실주의적 언어 실험의 난해시 창작
김광균	회화적 이미지의 구사로 도시적 서정과 소시민 의식을 표현
장만영	농촌과 자연을 소재로 감성과 시각을 기교적으로 표현

④ 전원파 시

㉠ 배경 : 1930년대 후반 극심한 일제의 탄압으로 현실 도피 의식의 반영

㉡ 특징

• 이상향으로서의 전원생활에 대한 동경과 안빈낙도의 세계관
• 서경적 묘사를 토대로 한 자족적 정서, 자연 친화적이며 관조적인 태도

ⓒ 대표 시인 및 문학적인 경향

시인	경향
신석정	자연 친화의 목가적 시풍으로 이상향에 대한 동경의 노래
김동명	낭만적인 어조로 전원적 정서와 민족적 비애를 노래
김상용	농촌 귀의의 자연 친화적 태도가 두드러지며, 동양적인 관조의 세계 노래

⑤ 생명파 시

㉠ 배경

• 모더니즘 시의 서구 지향적 태도와 기교 위주의 시 창작에 대한 반발
• 『시인부락』, 『자오선』, 『생리』지를 중심으로 한 시인들의 부각

ⓛ 특징

- 삶의 깊은 고뇌와 본원적 생명력의 탐구 정신 강조
- 토속적인 소재와 전통적인 가치 의식 추구
- 철학적 사색으로 시의 내부 공간 확대

ⓒ 대표 시인 및 문학적인 경향

시인	경향
서정주	원시적 생명의식과 전통적 정서에 의거한 인생의 성찰
유치환	삶의 허무와 본원적 생명에 대한 형이상학적, 사변적 탐구

⑥ 청록파 시

㉠ 배경

- 일제 말 군국주의 통치에 따른 문학적 탄압에 대한 소극적 대응
- 『문장』을 통해 순수 서정을 지향하는 시인들의 등단

ⓛ 특징

- 자연을 소재로 한 자연 친화적인 태도 표출
- 향토적 정조와 전통 회귀 정신의 강조, 해방 후 전통적 서정시의 흐름 주도

ⓒ 대표 시인 및 문학적인 경향

시인	경향
박목월	민요적 율조에 의한 향토적 정서의 표현
박두진	이상향으로서 자연에 대한 신앙과 생명력 넘치는 교감의 표현
조지훈	고전적 감상을 바탕으로 옛것에 대한 향수와 선적 관조를 노래함

⑦ 저항시

㉠ 배경

- 일제에 대한 저항 의지를 승화한 시
- 현실에 대한 철저한 내면적 인식을 바탕

ⓛ 특징

- 식민지 현실에 대한 비판적인 인식을 구현, 민족적 자기 정체성을 시로 형상화
- 끝까지 포기하지 않는 저항 의지를 구체화

ⓒ 대표 시인 및 문학적인 경향

시인	경향
이육사	고도의 상징성 및 절제된 언어, 남성적 어조로 불굴의 지사적 기개와 강인한 대결 정신을 노래함
윤동주	자기 반성적 사색, 양심적인 삶에 대한 의지와 순교자적 정신을 노래함
심훈	격정적 언어와 예언자적 어조를 통해 해방의 열망을 노래함

⑧ 전통적 현실주의

㉠ 배경

- 1930년대 중반 카프의 해산으로 이념 지향적인 시가 퇴조

SEMI-NOTE

생명파 시인의 대표작

- 서정주 : 「화사」, 「자화상」, 「귀촉도」
- 유치환 : 「깃발」, 「울릉도」, 「일월」, 「생명의 서」, 「바위」

청록파 시의 경향과 작가

- 물질문명에 대한 거부로서 운둔과 관조의 태도 형성
- 모더니즘 시의 퇴조 이후, 김상용, 김동명, 신석정 등의 목가풍 전원시 창작

청록파 시인의 대표작

- 박목월 : 「나그네」, 「이별가」
- 박두진 : 「도봉」, 「향현」, 「해」
- 조지훈 : 「승무」, 「봉황수」, 「민들레꽃」

저항시의 경향

미래에 대한 전망을 구도자 내지 예언자적인 자세로 표현

저항시 시인의 대표작

- 이육사 : 「광야」, 「절정」, 「청포도」, 「교목」
- 윤동주 : 「서시」, 「자화상」, 「참회록」, 「또 다른 고향」, 「쉽게 씌여진 시」
- 심훈 : 「그 날이 오면」

03장
국문학사

• 전통적인 민중들의 삶을 소재로 민중적 정서를 그려냄

ⓒ 대표 시인 및 문학적인 경향

시인	경향
백석	민속적 소재와 서사적 이야기 시의 구조로 향토적 정서와 공동체 의식을 추구함
이용악	일제 치하 만주 유민의 생활 현실과 감정을 사실적으로 표현하여 민중시적 전통을 확립함

⑨ 소설

㉠ 특징

• 장편소설의 활발한 창작과 농촌을 제재로 한 소설의 확산
• 일제하 지식인 문제와 역사 소설의 유행
• 현대 문명과 세태에 대한 비판 및 인간의 근원적 문제에 대한 탐구

ⓒ 대표 소설가 및 대표작

소설가	경향	대표작
채만식	일제하 사회 현실을 풍자적으로 그림	「태평천하」, 「탁류」, 「치숙」
심훈	민족주의와 사실주의적 경향의 농촌 계몽 소설	「상록수」, 「직녀성」
김유정	농촌의 현실을 해학적으로 그림	「동백꽃」, 「봄봄」, 「만무방」
이상	심리주의적 내면 묘사 기법인 의식의 흐름을 추구	「날개」, 「종생기」
김동리	토속적, 신비주의적, 사실주의적 경향과 무속	「무녀도」, 「황토기」, 「바위」, 「역마」
황순원	범생명적 휴머니즘 추구	「카인의 후예」, 「독 짓는 늙은이」

(2) 기타 문단의 동향

① 극문학

㉠ 본격적 근대극과 시나리오의 창작(극예술 연구회를 중심으로 사실주의적인 희곡 창작)

ⓒ 대표작으로는 유치진의 「토막」, 「소」, 채만식의 「제향날」 등

② 수필

㉠ 근대적 수필의 본격화(해외문학파를 중심으로 서구의 근대 수필 이론 도입)

ⓒ 잡지 『동광』, 『조광』 등을 통해 다수 작품이 발표되었고, 김진섭, 이양하 등 전문적 수필가가 등장

ⓒ 대표작으로는 이양하의 「신록 예찬」, 「나무」, 김진섭의 「생활인의 철학」, 「매화찬」, 이희승의 「청추 수제」 등

③ 1930년대 주요 잡지

잡지명(연도)	특징	발행인, 주관
시문학(1930)	언어의 기교, 순수한 정서를 중시하는 순수시 지향	박용철 주관

시인부락(1936)	시 전문지, 창작시 및 외국의 시와 시론 소개	서정주 발행
자오선(1937)	시 전문지, 모든 경향과 유파를 초월함	민태규 발행
문장(1939)	월간 종합 문예지, 고전 발굴에 주력, 신인 추천제	김연만 발행

5. 해방 이후 문학

(1) 해방 공간의 문학

① 해방 공간의 시

㉠ 배경 : 8·15 해방의 감격과 역사적 의미에 대한 시적 인식의 보편화 및 이념적 갈등의 반영

㉡ 특징

- 해방의 현실에 대한 시대적 소명 의식을 예언자적 목소리로 표출
- 직접적 체험에 의한 열정적 정서 표출과 급박한 호흡의 언어 구사
- 해방 전사를 추모하는 헌사(獻詞)나 찬가(讚歌)의 성격을 띤 대중적인 시
- 인생에 대한 관조와 전통 정서의 추구

㉢ 작품 경향

좌익 진영의 시	우익 진영의 시
• 인민 민주주의 노선에 의거하여 강렬한 투쟁의식과 선전, 선동의 정치성 짙은 이념적 작품 • 문학의 적극적 현실 참여를 강조하려는 목적 아래, 혁명적 낭만주의를 계기로 한 진보적 리얼리즘 문학 노선을 따름	• 이념적, 정치적 색채를 동반하지 않은 순수 서정시 계열의 작품 및 민족의 전통적 문화유산과 가치관을 옹호하려는 입장 • 인생에 대한 관조와 전통 정서의 탐구로 집약되는 순수 서정시의 성격은 분단 이후 시단의 주도적 흐름을 형성함

② 해방 공간의 소설

㉠ 특징

- 식민지적 삶의 극복 : 일제 시대를 반성하고 그 체험을 승화시켜 해방의 의미를 되새기고자 함
- 귀향 의식과 현실적 삶의 인식 : 해방 직후의 삶에 대한 인식을 바탕으로 지식인 문제와 귀향 의식을 묘사함
- 분단 의식 : 분단의 문제 및 미국과 소련 양측의 진주와 군정을 그림
- 순수 소설 : 순수 문학적 입장에서 보편적 삶을 다룬 소설이 부각됨
- 역사 소설 : 민족의식을 고취하기 위한 역사 소설이 창작됨

(2) 전후 문학(1950년대 문학)

① 전후 시

㉠ 특징

- 전쟁 체험과 전후의 사회 인식을 바탕으로 한 시적 소재의 영역 확산
- 현실 참여적인 주지시와 전통 지향적인 순수시의 대립

SEMI-NOTE

해방 이후 문학의 배경
- 광복은 우리 민족 문학의 역사적 전환점이 되었음
- 이데올로기의 갈등으로 문단이 좌익과 우익으로 양분되어 대립이 심화되어 문학 발전이 저해되는 데에 영향을 줌

해방 직후의 시집 분류
- 민족 정서의 표현 : 정인보 「담원 시조」, 김상옥 「초적」, 박종화 「청자부」
- 생명파 : 신석초 「석초 시집」, 유치환 「생명의 서」, 서정주 「귀촉도」
- 청록파(자연파) : 청록파 공동시집 「청록집」
- 유고 시집 : 이육사 「육사 시집」, 윤동주 「하늘과 바람과 별과 시」

해방 공간 문학의 대표 작품
- 식민지적 삶의 극복 : 채만식 「논 이야기」, 김동인 「반역자」, 계용묵 「바람은 그냥 불고」
- 분단 의식 : 염상섭 「삼팔선」, 「이합」, 채만식 「역로」, 계용묵 「별을 헨다」
- 순수 소설 : 염상섭 「임종」, 김동리 「역마」, 황순원 「독 짓는 늙은이」

전후 시의 대표작
- 전쟁 체험의 형상화 : 신석정 「산의 서곡」, 유치환 「보병과 더불어」, 구상 「초토의 시」
- 후기 모더니즘 시
 - 문명 비판 : 박인환 「목마와 숙녀」, 조향 「바다의 층계」
 - 내면적 의지 표현 : 김춘수 「꽃을 위한 서시」, 송욱 「하여지향」
- 전통적 서정시
 - 휴머니즘 지향 : 정한모 「가을에」, 박남수 「새」
 - 고전주의 지향 : 박재삼 「울음이 타는 가을 강」, 이동주 「강강술래」

- 실존주의의 영향에 따른 존재에 대한 형이상학적 통찰 및 휴머니즘의 회복 강조
- 풍자와 역설의 기법과 현실에 대한 지적 인식을 통한 비판 정신의 첨예화

ⓒ 작품 경향

전쟁 체험을 형상화한 시	후기 모더니즘 시	전통적 서정시
• 시대에 대한 적극적인 대응 방식을 모색 • 절망적 인식을 민족적 차원으로 끌어올려 시적 보편성 획득	• 문명 비판 • 내면적 의지를 표현	• 휴머니즘 지향 • 고전주의 지향

② 전후 소설

ㄱ 인간 문제를 다룬 작품의 특징
- 인간의 삶의 문제를 서정적 필치로 다룬 순수 소설의 대두(예 오영수「갯마을」, 강신재「절벽」, 전광용「흑산도」)
- 인간의 본질 문제, 인간 존재의 해명 등을 다룬 서구 실존주의 문학 작품들이 등장(예 김성한「오분간」, 장용학「요한시집」)

ㄴ 전쟁 체험을 다룬 작품의 특징
- 전쟁 체험의 작품화 및 현실 참여 의식(예 오상원「유예」, 안수길「제3인간형」, 김성한「바비도」, 선우휘「불꽃」)
- 전쟁의 상처와 고통의 극복과 전후 사회의 고발(예 하근찬「수난 이대」, 황순원「학」, 이범선「오발탄」, 손창섭「비오는 날」, 「잉여 인간」)

③ 기타 갈래의 동향

ㄱ 희곡 : 전후 문학의 성격을 띤 것과 현실 참여적인 성격의 희곡이 중심이고, 기타 개인과 사회의 갈등, 문명 비판을 다룸(예 이근삼「원고지」)

ㄴ 시나리오 : 전쟁극이 주류를 이루었으며, 오영진은 전통적 삶을 해학적으로 표현(예 이범선「오발탄」)

ㄷ 수필 : 예술적 향기가 짙은 작품들이 다수 등장(예 조지훈「지조론」)

(3) 1960년대 문학

① 시

ㄱ 현실 참여의 시
- 시민 의식의 각성과 사회 현실의 모순 비판(예 박두진「우리는 아직 깃발을 내린 것이 아니다」, 김수영「푸른 하늘은」, 「폭포」)
- 분단의 비극과 민중적 역사의식의 형상화(예 신동엽「껍데기는 가라」, 「금강」, 박봉우「휴전선」)

ㄴ 순수 서정시
- 휴머니즘적 서정시(예 정한모「가을에」, 조병화「의자」)
- 전원적 서정시(예 이동주「혼야」, 「강강술래」, 박재삼「춘향이 마음」)

② 현대 시조의 활성화

기타 전후 문학의 대표작
- 희곡 : 유치진「나도 인간이 되련다」, 「왜 싸워」, 차범석「불모지」, 하유상「젊은 세대의 백서」
- 수필 : 노천명「나의 생활 백서」, 마해송「사회와 인생」, 이희승「벙어리 냉가슴」, 계용묵「상아탑」

　　㉠ 주제가 다양하고 여러 수가 이어지는 연시조가 많음

　　㉡ 고향에 대한 그리움과 어린 시절의 추억 및 마을의 정경을 표현(예 김상옥 「사향」, 「봉선화」, 이호우 「살구꽃 피는 마을」)

　　㉢ 분단된 조국의 현실과 생명의 경이로움을 표현(예 정완영 「조국」, 이호우 「개화」)

(4) 1970년대 문학

① 시

　㉠ 민중시

　　• 민중의 현실적 삶과 정서의 형상화(예 조태일 「국토」, 신경림 「농무」)

　　• 정치, 사회적 현실 비판(예 김지하 「타는 목마름으로」, 「오적」)

　　• 소외된 사람들에 대한 관심(예 정호승 「맹인 부부 가수」, 김창완 「인동 일기」)

　㉡ 모더니즘 시

　　• 지성과 서정의 조화(예 황동규 「기항지」, 오세영 「그릇」)

　　• 현대적 언어 탐구(예 김영태 「첼로」, 이승훈 「어휘」)

　　• 자유로운 상상력의 확장(예 정현종 「사물의 꿈」)

② 소설

　㉠ 농촌 공동체 파괴의 현실 고발(예 이문구 「관촌수필」)

　㉡ 산업화와 노동자의 삶의 조건 반성(예 황석영 「삼포 가는 길」, 조세희 「난장이가 쏘아올린 작은 공」)

　㉢ 일상적 삶의 모럴과 휴머니즘 탐구(예 박완서 「지렁이 울음소리」, 최인호 「별들의 고향」)

　㉣ 분단 현실의 조망(예 박완서 「나목」, 윤흥길 「장마」)

　㉤ 민족사의 재인식(예 박경리 「토지」)

1960년대 기타 문학의 동향

• 희곡 : 사실주의를 토대로 현실을 객관적으로 투영(예 차범석 「산불」, 천승세 「만선」)

• 수필 : 다양한 삶의 의미와 모습을 표현한 작품이 다수 창작 (예 윤오영 「마고자」, 「방망이 깎던 노인」)

1970년대 기타 소설 작품

• 농촌 공동체 파괴의 현실 고발 : 송기숙 「자랏골의 비가」

• 산업화와 노동자의 삶의 조건 반성 : 황석영 「객지」

• 일상적 삶의 모럴과 휴머니즘 탐구 : 최일남 「노란 봉투」

• 분단 현실의 조망 : 박완서 「엄마의 말뚝」

• 민족사의 재인식 : 황석영 「장길산」

03장

국문학사

9급공무원
국어

나두공

⊕나두공

04장 현대 문법

01절 언어와 국어

02절 문법의 체계

03절 국어 생활과 규범

01절 언어와 국어

1. 언어와 국어의 본질

(1) 언어의 이해

언어의 일반적 요소
- 주체 : 언어의 주체는 인간
- 형식 : 언어의 형식은 음성 기호
- 내용 : 언어의 내용은 의미(사상과 감정)

① 언어의 정의 : 언어는 음성과 문자를 형식으로 하여 일정한 뜻을 나타내는 <u>사회적 성격을 띤 자의적 기호 체계</u>이며, 창조력이 있는 무한한 개방적 기호 체계
② 언어의 구조 : 음운 → 형태소 → 단어 → 어절 → 문장 → 이야기의 단위들이 체계적으로 모여 이루어진 구조
③ 언어의 특성 ★ 빈출개념

특성	내용
자의성	• 형식인 음성과 내용인 의미의 결합은 자의적, 임의적 결합관계 • 지시되는 사물과 지시하는 기호 사이의 관계에 아무런 필연적 인과 관계가 없음(예) 동음이의어, 이음동의어, 음성상징어(의성어, 의태어), 시간에 따른 언어 변화(역사성) 등)
사회성 (불가역성)	언어는 사회적 약속이므로 임의로 바꾸거나 변화시켜 사용할 수 없음(예) 표준어의 지정)
기호성	의미를 내용으로 하고, 음성을 형식으로 하는 하나의 기호
창조성 (개방성)	언어를 통해 상상의 사물이나 관념적이고 추상적인 개념까지도 무한하게 창조적으로 표현(예) 연속체인 계절의 개념을 '봄 – 여름 – 가을 – 겨울' 등으로 경계 지음)
분절성	연속되어 존재하는 사물을 불연속적인 것으로 인식하고 표현하는 것 → 언어의 불연속성
역사성 (가역성)	언어는 시간의 흐름, '신생 → 성장 → 사멸'에 따라 변화함(예) 컴퓨터(생겨난 말), 어리다 : 어리석다 → 나이가 어리다(의미의 변화), 온 : 百(사라져 버린 말))
추상성	언어는 구체적인 낱낱의 대상에서 공통적 속성만을 뽑아내는 추상화 과정을 통해서 개념을 형성함. 즉, 개념은 언어에 의해서 분절이 이루어져 형성된 한 덩어리의 생각을 말함(예) 장미, 수선화, 벚꽃, 진달래, 국화 → 꽃)

언어의 주요 기능
- **정보 전달 및 보존 기능** : 말하는 이가 듣는 이에게 정보 전달 기능 및 지식을 보존, 축적하는 기능
- **표출적 기능** : 표현 의도나 전달 의도 없이 거의 본능적으로 사용하는 기능
- **감화적(지령적) 기능** : 듣는 사람으로 하여금 특정 행동을 하도록 하는 기능
- **미학적 기능** : 언어를 예술적 재료로 삼는 문학에서 주로 사용되는 기능으로 음성이 주는 효과를 중시
- **표현적 기능** : 화자의 심리(감정이나 태도)를 표현하는 기능
- **친교적 기능** : 말하는 이와 듣는 이의 친교를 돕는 기능
- **관어적 기능** : 언어 수행에 필요한 매체로서 언어가 관계하는 기능

(2) 국어의 이해

① 국어의 분류

국어의 개념
- 언어는 일반성과 함께 특수성을 가진 개별적이고 구체적 언어로서 국가를 배경으로 함
- 한 나라의 국민들이 공동으로 쓰는 말로서, 정치상 공식어이자 교육상 표준어를 의미
- 원칙적으로 한 국가 안에서는 하나의 국어가 사용되지만, 경우에 따라 둘 이상이 사용되기도 함

　㉠ 계통상 분류 : 우랄 알타이어족(만주어, 몽고어, 터키어, 한국어, 일본어 등)에 속함
　㉡ 형태상 분류 : 첨가어(교착어, 부착어)에 속함
　㉢ 문자상 분류 : 표음 문자, 단음 문자

② 국어의 종류

어원에 따라		고유어	우리 민족이 옛날부터 사용해 오던 토박이 말(예 생각, 고뿔, 고주망태, 후미지다)
	외래어	귀화어	차용된 후에 거의 우리말처럼 되어 버린 말
		차용어	우리말로 되지 않고 외국어 의식이 조금 남아 있는 외래어(예 타이어, 빵, 오뎅)
사회성에 따라		표준어	한 나라의 기본, 표준이 되는 말(예 교양 있는 사람들이 두루 쓰는 현대 서울말)
		방언	지역에 따라 각기 특이한 언어적 특징을 가진 말
		은어	어떤 특수한 집단에서 비밀을 유지하기 위해 사용하는 말(예 심마니, 히데기(雪), 왕초, 똘마니)
		속어	통속적이고 저속한 말(예 큰집(교도소), 동그라미(돈), 짝퉁(가짜))
		비어	점잖지 못하고 천한 말(예 촌놈, 주둥아리, 죽여준다)

③ 국어의 특질

구분	내용
음운상 특질	• 두음법칙, 구개음화, 음절의 끝소리 규칙, 모음조화, 자음동화, 동화작용, 활음조, 연음현상 등 • 파열음과 파찰음은 예사소리, 된소리, 거센소리의 삼지적 상관속을 이룸 • 음의 장단이나 음상의 차이로 뜻이나 어감이 달라지며, 의미 분화가 일어남 • 외래어 중 한자어가 많음
어휘상 특질	• 높임말 발달 • 감각어, 의성어, 의태어 등 상징어 발달 • 친족관계를 표현하는 어휘 발달 • 문법적 관계를 나타내는 조사와 어미 발달 • 수식어는 피수식어 앞에 위치 • 서술어가 문장 맨 끝에 위치
문법상 특질	• 문장 요소를 생략하는 일이 많음 • 단어에 성과 수의 구별이 없음 • 관계대명사, 관사, 접속사 등이 없음 • 문장 구성 요소의 자리 이동이 비교적 자유로움 • 높임법 발달

(3) 국어의 순화

① 국어 순화의 의미 : 외래어(외국어)나 비속어를 순 우리말 등을 활용하여 다듬는 것

② 국어 순화의 대상 ★ 빈출개념

한자어	순화어	한자어	순화어
가면무도회	탈놀이	가부동수	찬반 같음

04장
현대 문법

일본식 단어의 순화

일본어	순화어
공구리	콘크리트
노가다	노동자
구루마	수레
명찰	이름표
야끼만두	군만두
오봉	쟁반
찌라시	선전물
고참	선임자
기라성	빛나는 별
백묵	분필
사라	접시
시다	보조원
오뎅	어묵
가라오케	노래방
덴푸라	튀김
추리닝	운동복
화이바	안전모

기타 일본식 한자어의 순화

일본식 한자어	순화어
고지(告知)	알림
구좌(口座)	계좌
가필(加筆)	고쳐 씀
고사(固辭)	끝내 사양함
공람(供覽)	돌려봄
급사(給仕)	사환, 사동
매점(買占)	사재기
부락(部落)	마을
견본(見本)	본(보기)
과년도(過年度)	지난해
담수어(淡水魚)	민물고기
시말서(始末書)	경위서
투기(投棄)하다	버리다
취사(炊事)	밥 짓기
예인(曳引)하다	끌다
할증료(割增料)	웃돈, 추가금

가전(加錢)	웃돈	각선미	다리맵시
각반병	모무늿병	간석지	개펄
간선도로	중심도로, 큰 도로	간언(間言)	이간질
검인(檢印)	확인도장	게기하다	붙이거나 걸어서 보게 하다
견적하다	어림셈하다	공탁하다	맡기다
구랍(舊臘)	지난해 섣달	근속하다	계속 근무하다
기부채납	기부 받음, 기부받기	기장하다	장부에 적다
내사하다	은밀히 조사하다	법에 저촉(抵觸)되다	법에 걸리다
보결	채움	비산(飛散)먼지주의	날림 먼지 주의
병역을 필하다	병역을 마치다	사고 다발 지역	사고 잦은 곳
사실을 지득한 경우	사실을 안 경우	선하차 후승차	내린 다음 타기
순치(馴致)	길들이기	식별이 용이하다	알아보기 쉽다
약을 복용하다	약을 먹다	장물을 은닉하다	장물을 숨기다
적색등이 점등되다	빨간 등이 켜지다	전력을 경주하다	온 힘을 기울이다
지난(至難)한 일	매우 어려운 일	초도순시	처음 방문, 첫 방문
촉수를 엄금하시오	손대지마시오	총기 수입(手入)	총기손질
콘크리트 양생중	콘크리트 굳히는 중	품행이 방정함	행실이 바름
화재를 진압하다	불을 끄다	화훼 단지	꽃 재배지

③ 주요 일본식 한자어의 순화

일본식 한자어	순화어	일본식 한자어	순화어
견습(見習)	수습(收拾)	담합(談合)	짬짜미
도료(塗料)	칠	보정(補正)하다	바로잡다
선택사양	선택사항	게양(揭揚)하다	달다, 걸다
노임(勞賃)	품삯	독거노인	홀로 사는 노인
고수부지(高水敷地)	둔치(마당)	간극(間隙)	틈
대하(大蝦)	큰새우, 왕새우	망년회(忘年會)	송년회, 송년모임
오지(奧地)	두메(산골)	수취(受取)	수령, 받음
취조(取調)	문초	택배(宅配)	집 배달, 문 앞 배달
혹성(惑星)	행성	십장(什長)	반장, 작업반장

④ 서구어의 순화

서구어	순화어	서구어	순화어
그린벨트	개발제한구역, 녹지대	데코레이션	장식(품)
러시아워	혼잡 시간	리사이클링	재활용
마타도어	흑색선전, 모략 선전	모니터링	감시, 검색

바캉스	여름 휴가, 휴가	백미러	뒷거울
부킹	예약	브랜드	상표
비하인드 스토리	뒷이야기	스타트	출발
스폰서	후원자, 광고 의뢰자	스프레이	분무(기)
써클	동아리	시드	우선권
아웃사이더	문외한, 국외자	에러	실수
엠티(M.T)	수련 모임	오리엔테이션	예비교육, 안내(교육)
워밍업	준비(운동), 몸 풀기	이미테이션	모조, 모방, 흉내
인테리어	실내 장식	카운터	계산대, 계산기
카탈로그	목록, 일람표	캐주얼	평상(복)
커트라인	한계선, 합격선	티타임	휴식 시간
파트타임	시간제 근무	펀드	기금
프러포즈	제안, 청혼	프리미엄	웃돈
하모니	조화	헤게모니	주도권
헤드라인	머리기사	호치키스	박음쇠
홈시어터	안방극장	히든카드	숨긴 패, 비책

02절 문법의 체계

1. 음운론

(1) 음운의 종류

① 분절음운과 비분절 음운
  ㉠ 분절 음운 : 자음, 모음과 같이 분절되는 음운(음소)
  ㉡ 비분절 음운 : 소리의 장단과 높낮이, 세기 등으로 말의 뜻을 분화시킴
② 자음 : 발음기관의 장애를 받고 나는 소리(19개)

음운의 개념
말의 뜻을 구별해 주는 최소의 소리 단위로 자음과 모음의 변화를 통해 단어의 의미가 달라짐

조음방법 \ 조음위치		입술소리 (순음)	허끝소리 (설단음)	구개음	연구개음	목청소리 (후음)
안울림 소리 (무성음)	파열음	ㅂ, ㅃ, ㅍ	ㄷ, ㄸ, ㅌ		ㄱ, ㄲ, ㅋ	
	파찰음			ㅈ, ㅉ, ㅊ		
	마찰음		ㅅ, ㅆ			ㅎ
울림 소리 (유성음)	비음	ㅁ	ㄴ		ㅇ	
	유음		ㄹ			

비분절 음운의 종류

짧은소리	긴소리
말[馬, 斗]	말:[言]
눈[眼]	눈:[雪]
밤[夜]	밤:[栗]
성인[成人]	성:인[聖人]
가정[家庭]	가:정[假定]

153

③ 단모음 : 발음할 때 입술이나 혀가 고정되어 움직이지 않는 모음(10개)

구분	전설모음		후설모음	
	평순	원순	평순	원순
고모음	ㅣ	ㅟ	ㅡ	ㅜ
중모음	ㅔ	ㅚ	ㅓ	ㅗ
저모음	ㅐ		ㅏ	

④ 이중모음 : 발음할 때 입술 모양이나 혀의 위치가 처음과 나중이 달라지는 모음 (11개)

상향 이중모음	'ㅣ'계 상향 이중 모음	ㅑ, ㅒ, ㅕ, ㅖ, ㅛ, ㅠ
	'ㅜ'계 상향 이중 모음	ㅘ, ㅙ, ㅝ, ㅞ
하향 이중모음	ㅢ	

(2) 음운의 변동

① 교체
　㉠ 음절의 끝소리 규칙 : 음절의 끝소리가 'ㄱ, ㄴ, ㄷ, ㄹ, ㅁ, ㅂ, ㅇ' 중 하나로 바뀌어 발음되는 현상
　㉡ 7가지 이외의 자음이 끝소리 자리에 오면, 7가지 중 하나로 바뀌어 발음됨(예) 낮[낟], 앞[압])
　㉢ 끝소리에 두 개의 자음이 올 때, 둘 중 하나로 소리 남(예) 넋[넉], 값[갑])
② 동화
　㉠ 자음동화 : 음절의 끝 자음이 그 뒤에 오는 자음과 만날 때 서로 같아지거나 비슷하게 바뀌는 현상
　㉡ 구개음화 : 끝소리가 'ㄷ, ㅌ'인 음운이 'ㅣ'모음을 만나 센 입천장 소리 'ㅈ, ㅊ'으로 바뀌어 발음되는 현상
　㉢ 모음동화 : 'ㅏ, ㅓ, ㅗ, ㅜ' 뒤 음절에 전설모음 'ㅣ'가 오면 'ㅐ, ㅔ, ㅚ, ㅟ'로 변하는 현상
　㉣ 모음조화 : 양성모음(ㅗ, ㅏ)은 양성모음끼리, 음성모음(ㅓ, ㅜ, ㅡ)은 음성모음끼리 어울리는 현상으로 의성어와 의태어에서 뚜렷이 나타남
　㉤ 원순모음화 : 순음 'ㅁ, ㅂ, ㅍ'의 영향을 받아서 평순모음인 'ㅡ'가 원순모음인 'ㅜ'로 바뀌는 현상
　㉥ 전설모음화 : 치음인 'ㅅ, ㅈ, ㅊ'의 바로 밑에 있는 'ㅡ(후설모음)'가 치음의 영향으로 'ㅣ(전설모음)'로 변하는 현상
　㉦ 연구개음화 : 'ㄴ, ㄷ, ㅁ, ㅂ'이 연구개음인 'ㄱ, ㅇ, ㅋ, ㄲ'을 만나 연구개음으로 잘못 발음하는 현상
　㉧ 양순음화 : 'ㄴ, ㄷ'이 양순음인 'ㅂ, ㅃ, ㅍ, ㅁ'를 만나 양순음으로 잘못 발음하는 현상

③ 축약과 탈락

　　㉠ 축약 : 두 음운이 합쳐져서 하나의 음운이 되는 현상
　　　　• 자음축약 : 'ㄱ, ㄷ, ㅂ, ㅈ'이 'ㅎ'과 만나 거센소리 'ㅋ, ㅌ, ㅍ, ㅊ'으로 발음되는 현상
　　　　• 모음축약 : 'ㅣ'나 'ㅗ, ㅜ'가 다른 모음과 결합해 이중모음이 되는 현상
　　㉡ 탈락 : 두 형태소가 만나면서 한 음운이 아예 발음되지 않는 현상

종류	조건	예시
모음탈락	• 'ㅐ, ㅔ'가 'ㅏ, ㅓ'와 결합할 때 • 같은 모음이 연속할 때(동음탈락)	가– + –아서 → 가서
		따르– + –아 → 따라
'으' 탈락	'으'가 모음으로 시작하는 어미를 만날 때	쓰– + –어 → 써
자음탈락	• 앞 자음이 탈락할 때 • 뒤 자음이 탈락할 때	울– + –는 → 우는
		딸 + 님 → 따님
'ㄹ' 탈락	• 파생어나 합성어가 될 때 • 어간 받침 'ㄹ'이 탈락할 때	불나비 → 부나비
		가을내 → 가으내
'ㅎ' 탈락	'ㅎ'뒤에 모음으로 시작하는 어미와 결합 때	좋은[조은]
		낳은[나은]

④ 된소리와 사잇소리 현상

　　㉠ 된소리되기(경음화)
　　　　• 받침 'ㄱ(ㄲ, ㅋ, ㄳ, ㄺ), ㄷ(ㅅ, ㅆ, ㅈ, ㅊ, ㅌ), ㅂ(ㅍ, ㄼ, ㄿ, ㅄ)' 뒤에 연결되는 예사소리는 된소리로 발음
　　　　• 'ㄹ'로 발음되는 어간 받침 'ㄼ, ㄾ'이나 관형사형 '–ㄹ' 뒤에 연결되는 예사소리는 된소리로 발음
　　　　• 끝소리가 'ㄴ, ㅁ'인 용언 어간에 예사소리로 시작되는 활용어미가 이어지면 그 소리는 된소리로 발음
　　㉡ 사잇소리 현상
　　　　• 두 개의 형태소 또는 단어가 합쳐져서 합성 명사를 이룰 때, 앞말의 끝소리가 울림소리이고 뒷말의 첫소리가 안울림 예사소리이면 뒤의 예사소리가 된소리로 변하는 현상
　　　　• 합성어에서, 뒤에 결합하는 형태소의 첫소리로 'ㅣ, ㅑ, ㅕ, ㅛ, ㅠ' 등의 소리가 올 때 'ㄴ'이 첨가되는 현상이나, 앞말이 모음으로 끝나 있고, 뒷말이 'ㄴ, ㅁ'으로 시작되면 'ㄴ' 소리가 덧나는 현상

⑤ 두음법칙과 활음조 현상

　　㉠ 두음법칙 : 첫음절 첫소리에 오는 자음이 본래의 음가를 잃고 다른 음으로 발음되는 현상

음운 축약의 예
• 자음축약 : 좋고[조코], 많다[만타], 잡히다[자피다]
• 모음축약 : 뜨 + 이다 → 띠다, 되 + 어 → 돼, 오 + 아서 → 와서

음운 변동 핵심요약
• 교체 : 어떤 음운이 형태소의 끝에서 다른 음운으로 바뀌는 현상
• 동화 : 한 쪽의 음운이 다른 쪽 음운의 성질을 닮아 가는 현상
• 축약 : 두 음운이 하나의 음운으로 줄어드는 현상
• 탈락 : 두 음운 중 어느 하나가 없어지는 현상
• 첨가 : 형태소가 합성될 때 그 사이에 음운이 덧붙는 현상

된소리되기(경음화)의 예
• 받침 'ㄱ, ㄷ, ㅂ' 뒤에 연결되는 예사소리 : 국밥[국빱], 옷고름[옫꼬름], 낯설다[낟썰다], 넓죽하다[넙쭈카다], 값지다[갑찌다], 입고[입꼬]
• 'ㄹ'로 발음되는 어간받침과 관형사형 '–ㄹ' 뒤에 연결되는 예사소리 : 넓게[널께], 핥다[할따]
• 끝소리가 'ㄴ, ㅁ'인 용언 어간에 예사소리 활용어미가 이어짐 : 넘고[넘꼬], 더듬지[더듬찌], 넘더라[넘떠라]

사잇소리 현상의 예
• 울림소리인 끝소리 뒤에 안울림 예사소리일 경우 : 문–고리[문꼬리], 눈–동자[눈똥자], 손–재주[손째주], 그믐–달[그믐딸], 초–불[초뿔], 강–줄기[강쭐기], 강–개[강까], 밤–길[밤낄]
• 'ㄴ' 첨가 현상 또는 뒷말이 'ㄴ, ㅁ'일 경우 : 꽃 + 잎[꼰닙], 집 + 일[짐닐], 물 + 약[물략], 코 + 날[콘날], 이 + 몸[인몸]

SEMI-NOTE

종류	예시
'ㄹ'이 'ㄴ'으로 발음	락원(樂園) → 낙원, 래일(來日) → 내일, 로인(老人) → 노인
'ㅣ' 모음이나 'ㅣ' 선행 모음에서 'ㄹ'과 'ㄴ'이 탈락	• 'ㄹ' 탈락 : 리발(理髮) → 이발, 력사(歷史) → 역사 • 'ㄴ' 탈락 : 녀자(女子) → 여자, 닉사(溺死) → 익사
예외로, 'ㄴ'이나 '모음' 다음에 오는 '렬'과 '률'은 '열'과 '율'로 발음	나렬(羅列) → 나열, 환률(換率) → 환율

ⓛ 활음조 현상 : 듣기 좋고 말하기 부드러운 소리로 변화하는 현상

종류	예시
'ㄴ'이 'ㄹ'로 변화	한아버지 → 할아버지, 한나산(漢拏山) → 한라산, 희노(喜怒)[희로]
'ㄴ' 첨가	그양 → 그냥, 마양 → 마냥
'ㄹ' 첨가	지이산(智異山) → 지리산, 폐염(肺炎) → 폐렴

2. 형태론

(1) 형태소

① 형태소 : 뜻을 가진 가장 작은 말의 단위로 자립성의 여부와 실질적 의미의 여부에 따라 그 종류가 나뉨
② 자립성 여부

종류	의미	문법요소	예시
자립형태소	홀로 쓰일 수 있는 형태소	명사, 대명사, 수사, 관형사, 부사, 감탄사	꽃, 나비
의존형태소	자립형태소에 붙어서 쓰이는 형태소	조사, 접사, 용언의 어간/어미	-의, -는, 먹-, -다, -이

③ 의미 여부

종류	의미	문법요소	예시
실질형태소	구체적 대상이나 상태를 나타내는 실질적 의미를 지닌 형태소	자립형태소 모두, 용언의 어간	강, 낮-
형식형태소	문법적 관계나 의미만을 더해주는 형태소	조사, 접사, 용언의 어미	-가, -았-, -다

(2) 단어의 형성

① 단일어 : 하나의 어근으로 된 단어로 더 이상 나눌 수 없음
② 파생어 : 어근의 앞이나 뒤에 파생접사가 붙어서 만들어진 단어

문법 단위
• 문장 : 이야기의 기본 단위(예 동생이 빠르게 걷고 있다.)
• 어절 : 문장을 구성하고 있는 마디(예 동생이/빠르게/걷고/있다.)
• 단어 : 일정한 뜻을 가지는 말의 최소 단위(예 동생/이/빠르게/걷고/있다.)
• 형태소 : 뜻을 가진 가장 작은 말의 단위(예 동생/이/빠르/게/걷/고/있/다.)

단어
자립할 수 있거나, 자립형태소에 붙어서 쉽게 분리되는 말

파생어 형성의 예
• 접두사에 의한 파생어 : 군말, 짓밟다, 헛고생, 풋사랑, 엿듣다, 샛노랗다
• 접미사에 의한 파생어
 – 어근의 뜻을 제한하는 경우 : 구경꾼, 살림꾼, 풋내기, 시골내기, 사람들, 밀치다
 – 품사를 바꾸는 경우 : 가르침, 걸음, 물음, 슬픔, 말하기, 읽기, 크기, 공부하다, 구경하다, 이용되다, 가난하다, 값지다, 어른답다, 많이, 없이, 끝내

③ 합성어

㉠ 합성어 형성법(합성법의 유형에 따른 분류)

유형	설명	예시
통사적 합성어	우리말의 문장이나 구절의 배열 구조, 즉 통사적 구성과 일치하는 합성어	밤낮, 새해, 젊은이, 큰집, 작은아버지, 장가들다, 애쓰다, 돌아가다, 앞서다, 힘쓰다, 돌다리, 곧잘
비통사적 합성어	우리말의 문장이나 단어의 배열 구조, 즉 통사적 구성과 일치하지 않는 합성어	높푸르다, 늦잠, 부슬비, 굳세다, 검푸르다, 굶주리다, 산들바람

㉡ 합성어의 종류(합성법의 의미에 따른 분류)

유형	설명	예시
병렬 합성어 (대등 합성어)	단어나 어근이 원래의 뜻을 유지하면서 대등하게 연결된 말	마소(馬牛)
유속 합성어 (종속 합성어)	단어나 어근이 서로 주종 관계(수식 관계)로 연결되어 '의'를 넣을 수 있는 말	밤나무, 소금물, 싸움터
융합 합성어	단어와 어근이 본래의 의미를 상실하고, 새로운 제3의 뜻으로 바뀐 말	春秋(나이), 돌아가다(죽다), 밤낮

④ 통사적 합성어와 비통사적 합성어의 유형

㉠ 통사적 합성어
- 명사 + 명사(예 논밭, 눈물)
- 관형어 + 체언 : 첫사랑, 새해, 군밤, 어린이
- 조사가 생략된 유형 : 본받다, 힘들다, 애쓰다, 꿈같다
- 연결어미로 이어진 경우 : 어간 + 연결어미 + 어간(예 뛰어가다, 돌아가다, 찾아보다)

㉡ 비통사적 합성어
- 관형사형 어미가 생략된 경우(어근 + 명사) : 검버섯(검은 + 버섯)
- 용언의 연결어미(아, 어, 게, 지, 고)가 생략된 경우 : 굳세다(굳고 + 세다)

(3) 품사

① 품사의 개념 : 문법적 성질이 공통된 것끼리 모아 놓은 단어의 갈래
② 품사의 분류

형태적	통사적	의미적	기능적
불변어	체언	명사, 대명사, 수사	주어, 목적어, 보어
	수식언	관형사, 부사	수식어
	독립언	감탄사	독립어
	관계언	조사	성분 간의 관계 표시
가변어	용언	동사, 형용사	주로 서술어

명사, 대명사의 개념
- 명사 : 구체적인 대상이나 사물의 명칭을 표시하는 단어
- 대명사 : 사람의 이름, 장소, 사건 등을 대신하여 가리키는 단위

인칭대명사(미지칭, 부정칭)
- 미지칭 대명사 (예) 어느, 누구)
- 부정칭 대명사 (예) 아무, 누구, 어느)

조사의 개념
- 격조사 : 체언 뒤에서 선행하는 체언에 문법적 기능을 부여하는 조사
- 보조사 : 체언 뒤에서 선행하는 체언에 특정한 의미를 부여하는 조사
- 접속조사 : 단어나 문장을 대등하게 연결하는 조사

보조사의 분류
- −은/−는 : '대조' 또는 '주체'를 나타냄
- −도 : '동일', '첨가'를 나타냄
- −만/−뿐 : '단독', '한정'을 나타냄
- −까지/−마저/−조차 : '미침', '추종', '극단(한계)' 또는 '종결'을 나타냄
- −부터 : '시작', '출발점'을 나타냄
- −마다 : '균일'을 나타냄
- −(이)야 : '필연', '당위'를 나타냄
- −야(말로) : '한정'을 나타냄
- −커녕/−(이)나 : '불만'을 나타냄(예) 사람은커녕 개미 한 마리도 없더라.
- 밖에 : '더 없음'을 나타냄(예)믿을 사람이라고는 너밖에 없다.)
- −(이)나 : '최후 선택'을 나타냄
- −든지 : '수의적 선택'을 나타냄

접속조사의 종류
와/과, −하고, −에(다), −(이)며, −(이)랑, −(이)나

③ 명사, 대명사

명사	쓰이는 범위	보통명사	같은 종류의 사물에 두루 쓰이는 명사
		고유명사	특정한 사람이나 물건에 붙는 명사
	자립성 유무	자립명사	다른 말의 도움을 받지 않고 여러 성분으로 쓰이는 명사
		의존명사	의미가 형식적이어서 다른 말 아래에 쓰이는 명사
대명사	인칭대명사	1인칭	말하는 이를 가리킴(예) 나, 우리, 저, 저희)
		2인칭	듣는 이를 가리킴(예) 너, 자네, 그대, 당신)
		3인칭	다른 사람을 가리킴(예) 저이, 그이, 그분, 이분, 이이)
	지시대명사	사물대명사	사물을 대신하여 가리킴(예) 이것, 무엇, 아무것)
		처소대명사	처소나 방향을 가리킴(예) 거기, 어디)

④ 조사 ★빈출개념

격조사	주격조사	선행하는 체언에 주어의 자격을 부여하는 조사로, '−이/−가, −은/−는, −께서, −이서, −에서, −서'가 있음(예) 친구가 한 명 있었다. 그 친구는 친구였다. 둘이서 자주 놀았다. 친구가 오면 어머니께서 용돈을 주셨고, 동네가게에서 과자를 사먹었다.)
	서술격조사	'체언 + −(이)다'의 형태로 사용되는 격조사로, 활용을 하는 특성을 지님(예) 나는 학생이다.)
	목적격조사	체언이 타동사의 목적어가 되게 하는 격조사로 '−을/−를'이 있음(예) 그는 수영을 잘한다.)
	보격조사	체언에 보어의 자격을 부여하는 격조사로, 이/가가 있으며 '되다', '아니다' 앞에 위치함(예) 그녀는 교사가 되었다. 학생들은 실험 대상이 아니다.)
	부사격조사	• 선행하는 체언에 부사의 자격을 부여하는 동사 • −에게(에), −에서, −한테 : '처소', '소유', '때'를 나타냄(예) 집에서 공부한다. 너한테 주었다.) • −에(게), −(으)로, −한테 : '지향', '방향', '낙착'을 나타냄(예) 집에 돌아왔다. 학교로 갔다.) • −에(게)서, −한테서 : '출발'을 나타냄(예) 집에서 왔다. 영희한테 그 말을 들었다.) • −에, −으로 : '원인', '이유'를 나타냄(예) 기침 소리에 잠을 깼다. 병으로 앓아 누었다.) • −으로(써) : '재료(원료)', '도구(방법)', '경로'를 나타냄 • −으로(서) : '자격(지위, 신분)'을 나타냄 • −(으)로 : '변화(변화 방향)'를 나타냄(예) 물이 얼음으로 되었다.) • −와/−과, −하고 : '동반'을 나타냄(예) 그는 그 노인과 같이 갔다.) • −와/−과, −보다, −처럼, −만큼 : '비교'를 나타냄(예) 그는 나와 동갑이다. 배보다 배꼽이 크다.)
	호격조사	부름의 자리에 놓여 독립어의 자격을 부여하는 격조사(예) 님이여. 동수야.)

⑤ 동사와 형용사

㉠ 동사 : 문장의 주체가 되는 사람의 동작이나 자연의 작용을 표시

ⓛ 형용사 : 사물의 속성이나 상태를 표시

ⓒ 동사 및 형용사의 구별

- 동작을 의미하는 어미와 결합하면 동사, 결합할 수 없으면 형용사
- 명령형, 청유형 어미와 결합하면 동사, 그렇지 않으면 형용사
- 동작의 양상과 결합하면 동사, 그렇지 않으면 형용사
- '없다, 계시다, 아니다'는 형용사, '있다'는 동사, 형용사로 통용

⑥ 용언의 활용 ★ 빈출개념

ⓐ 형태가 바뀌지 않는 규칙 활용 : 먹다 → 먹어, 먹어라

ⓑ 형태가 바뀌는 규칙 활용

- 'ㄹ' 탈락 : 어간의 끝이 'ㄹ'인 용언 다음에 'ㄴ, ㄹ/-ㄹ수록, ㅂ, ㅅ, -(으)ㄹ, (으)오' 등이 오는 경우 용언의 'ㄹ'이 탈락함(예 밀다 → 미시오/밉시다, 살다 → 사네/사세/살수록(살 + ㄹ수록 → 살수록))
- 'ㅡ' 탈락 : 어간의 끝이 'ㅡ'인 용언 다음에 'ㅏ', 'ㅓ' 어미가 올 때(예 잠그다 → 잠가, 담그다 → 담가, 들르다 → 들러)

ⓒ 용언의 어간이 바뀌는 불규칙 활용

- 'ㅅ' 불규칙 : 어간의 끝소리 'ㅅ'이 모음 앞에서 탈락함
- 'ㄷ' 불규칙 : 어간의 끝소리 'ㄷ'이 모음 앞에서 'ㄹ'로 바뀜
- 'ㅂ' 불규칙 : 어간의 끝소리 'ㅂ'이 모음 앞에서 '오/우'로 바뀜
- '르' 불규칙 : 어간의 끝소리 'ㅡ'가 탈락하고 'ㄹ'이 덧 생김
- '우' 불규칙 : 어간의 끝소리 '우'가 사라짐

ⓓ 용언의 어미가 바뀌는 불규칙 활용

- '여' 불규칙 : 어미의 첫소리 '아/어'가 '여'로 바뀜
- '러' 불규칙 : 어미의 첫소리 '어'가 '러'로 바뀜
- '너라' 불규칙 : 명령형 어미 '아라/어라'가 '너라'로 바뀜

ⓔ 용언의 어간, 어미가 모두 바뀌는 불규칙 활용

- 'ㅎ' 불규칙 : 어간의 'ㅎ'이 탈락하고 어미의 '아/어'가 '애/에'로 바뀜

⑦ 관형사 : 내용을 자세하게 꾸며 주는 말로 조사가 붙지 않고, 어미가 붙어 활용하지 않음

ⓐ 성상관형사 : 체언이 가리키는 사물의 성질이나 상태를 '어떠한'의 방식으로 꾸며 줌

ⓑ 지시관형사 : 지시성을 띄는 관형사

ⓒ 수관형사 : 뒤에 오는 명사의 수량을 표시함

⑧ 부사

ⓐ 개념 : 오는 용언이나 다른 말을 꾸며 그 의미를 분명히 함

ⓑ 부사의 종류

	성상(性狀)부사	'어떻게'의 방식으로 꾸며 주는 부사
성분부사	지시부사	방향, 거리, 시간, 처소 등을 지시하는 부사
	부정부사	용언의 의미를 부정하는 부사

규칙 활용
문법적 관계를 표시하기 위해 용언의 어간 또는 어미를 다른 형태로 바꾸는 것

불규칙 활용의 예

- 'ㅅ' 불규칙 : 붓다 → 부어, 잇다 → 이어, 짓다 → 지어
- 'ㄷ' 불규칙 : 걷다 → 걸어, 묻다 → 물어, 싣다 → 실어
- 'ㅂ' 불규칙 : 곱다 → 고와, 눕다 → 누워, 돕다 → 도와, 줍다 → 주워
- '르' 불규칙 : 가르다 → 갈라, 누리다 → 눌러, 부르다 → 불러, 오르다 → 올라, 흐르다 → 흘러
- '우' 불규칙 : 푸다 → 퍼(하나뿐임)
- '여' 불규칙 : -하다 → -하여
- '러' 불규칙 : 이르다(到, 도달하다) → 이르러, 푸르다 → 푸르러
- '너라' 불규칙 : 명령형 어미 '아라/어라'가 '너라'로 바뀜
- 'ㅎ' 불규칙 : 어간의 'ㅎ'이 탈락하고 어미의 '아/어'가 '애/에'로 바뀜

자주 사용하는 부사

- 성상(性狀)부사 : 너무, 자주, 매우, 몹시, 아주
- 지시부사 : 이리, 내일, 그리
- 부정부사 : 못, 안, 잘못
- 양태부사 : 과연, 다행히, 제발
- 접속부사 : 그리고, 즉, 및, 또는
- 파생부사 : 깨끗 + 이

감탄사의 개념과 특징

- **감탄사의 개념** : 말하는 이의 본능적 놀람이나 느낌, 부름과 대답, 입버릇으로 내는 단어들을 말함
- **감탄사의 특징**
  - 활용(용언의 어간이나 서술격 조사에 붙어 문장의 성격을 바꾸는 것) 하지 않음
  - 위치가 아주 자유로워서 문장의 아무데나 놓을 수 있음
  - 조사가 붙지 않고 언제나 독립어로만 쓰임

수사의 수식

구분	관형사	형용사
명사	받음	받음
대명사	받지 못함	받음
수사	받지 못함	받지 못함

구와 절의 종류
- 구(句) : 명사구, 동사구, 형용사구, 관형사구, 부사구, 독립어구
- 절(節) : 명사절, 서술절, 관형절, 부사절, 인용절

문장 성분의 품사 및 구조
- 주성분
  - 주어 : '체언 + 주격 조사', '체언 + 보조사'
  - 서술어 : 동사, 형용사, '체언 + 서술격 조사'
  - 목적어 : '체언 + 목적격 조사', '체언 + 보조사'
  - 보어 : '체언 + 보격 조사(이/가) + 되다/아니다'

문장부사	양태부사	말하는 이의 마음이나 태도를 표시하는 부사
	접속부사	앞뒤 문장을 이어주면서 뒷말을 꾸며주는 부사
파생부사		부사가 아닌 것에 부사 파생 접미사를 붙여만든 부사

⑨ 접속어

　㉠ 개념 : 단어와 단어, 구절과 구절 또는 문장과 문장을 잇는 문장성분

　㉡ 접속어의 종류 ★ 빈출개념

접속 관계		접속어
순접	원인	왜냐하면
	결과	그러므로, 따라서, 그러니까, 그런즉
	해설	그래서, 그러면, 요컨대, 이른바
역접		그러나, 그래도, 그렇지만, 하지만
병렬		그리고, 또한(또), 한편, 또는, 및
첨가		또, 더욱, 특히, 더욱이
전환		그런데, 아무튼, 하여튼

⑩ 수사

　㉠ 수사의 개념 : 명사의 수량이나 순서를 가리키는 단위

　㉡ 수사의 종류

　　• 양수사 : 수량을 가리키는 단어(예 하나, 열, 일, 이, 백)

　　• 서수사 : 순서를 가리키는 수사(예 첫째, 둘째, 제일, 제이)

3. 통사론

(1) 문장의 성분

① 문장 성분의 개념 : 어느 어절에 다른 어절이나 단어에 대해 갖는 관계, 즉 한 문장을 구성하는 요소들

② 문장 성분의 재료

　㉠ 단어 : 자립할 수 있는 말

　㉡ 구(句) : 중심이 되는 말과 그것에 부속되는 말들을 한데 묶은 것

　㉢ 절(節) : 하나의 온전한 문장으로 한 문장의 재료가 되는 것

③ 문장 성분의 갈래

	주어	문장의 주체가 되는 문장 성분, 즉 '무엇이'에 해당하는 말
주성분	서술어	주어를 풀이하는 기능을 수행하는 문장 성분, 즉 '어찌한다, 어떠하다, 무엇이다'에 해당하는 말
	목적어	서술어(행위, 상태)의 대상이 되는 문장 성분, 즉 '무엇을, 누구를'에 해당하는 말
	보어	'되다', '아니다'와 같은 서술어를 꼭 필요로 하는 문장 성분

주성분	관형어	체언을 수식하는 문장 성분('어떠한, 무엇이'에 해당하는 말)
	부사어	용언이나 부사어 등을 수식하는 문장 성분('어떻게, 어찌' 등에 해당하는 말)
독립성분	독립어	문장의 어느 성분과도 직접적인 관계가 없는 말(감탄, 부름, 응답)

④ 부속성분 ⭐빈출개념

㉠ 관형어 : 관형사, 체언 + 관형격 조사(의), 용언 어간 + 관형사형 어미

㉡ 부사어 : 부사, '체언 + 부사격 조사', 부사 + 보조사

㉢ 독립어 : 감탄사, '체언 + 호격 조사', 제시어(표제어), 문장 접속 부사('및, 또는'은 제외)

(2) 문장의 짜임새

① 홑문장 : 주어와 서술어가 각각 하나씩 있는 문장

② 겹문장 : 한 개의 홑문장이 한 성분으로 안겨 들어가서 이루어지거나, 홑문장 여러 개가 이어져서 여러 겹으로 된 문장

분류	형태	예문
안은문장	명사절을 안은문장	• 목적어 : 나는 그가 승리했음을 안다. • 목적어 : 나는 그가 승리했다는 것을 안다. • 부사어 : 아직은 승리를 확신하기에 이르다. • 주어 : 그가 승리했음이 밝혀졌다.
	서술절을 안은문장	• 나는 키가 크다. • 선생님께서는 정이 많으시다. • 그녀는 얼굴이 예쁘다.
	관형절을 안은문장	• 이 책은 선생님께서 주신 책이다. • 나는 그가 좋은 교사라는 생각이 들었다. • 도서관은 공부를 하는 학생들로 가득했다.
	부사절을 안은문장	• 비가 소리도 없이 내린다. • 철수는 발에 땀이 나도록 뛰었다.
	인용절을 안은문장	• 선생님은 당황하여 "무슨 일이지?"라고 물으셨다. • 그 사람은 자기가 학생이라고 주장하였다.
이어진문장	대등하게 이어진문장	• 낮말은 새가 듣고 밤 말은 쥐가 듣는다. • 나는 파란색을 좋아하지만 그녀는 노란색을 좋아한다. • 여름이라 아이스크림이라든지 팥빙수라든지 잘 팔린다. • 지금은 고통스러울지 모르지만 먼 미래에 반드시 성공할 것이다.
	종속적으로 이어진문장	• 비가 와서 경기가 연기되었다. • 당신이 오지 못하면 내가 직접 가겠다. • 아버지가 출장길에서 돌아오시거든 꼭 안부 여쭤 보거라. • 푹 자고 일어나니까 공부가 더 잘 되는 것 같다.

🎯
04장
현대 문법

안은문장과 안긴문장의 개념
• 안은문장 : 속에 다른 문장을 안고 있는 겉의 전체 문장
• 안긴문장 : 절의 형태로 바뀌어서 전체 문장 속에 안긴문장

안은문장의 형태와 개념
• 명사절을 안은문장 : 문장 속에서 주어, 목적어, 부사어 등의 역할을 하며, '-ㅁ, -기, ㄴ + 것'의 형태가 됨
• 서술절을 안은문장 : 서술어 부분이 절로 이루어진 형태
• 관형절을 안은문장 : 절이 관형사형으로 활용하거나, 용언에 관형사형 어미가 붙은 형태
• 부사절을 안은문장 : 절이 부사어 구실을 하여 서술어를 수식하며, '-없이, -달리, -도록' 등의 형태를 취함
• 인용절을 안은문장 : 남의 말을 인용한 부분을 말하며, '-고, -라고, -하고' 등의 형태를 취함

이어진문장의 형태와 개념
• 대등하게 이어진문장 : 대등적 연결어미, 즉 나열(-고, -며, -아서), 대조(-나, -지만 -아도/어도), 선택(-거나, -든지)의 연결어미를 사용하여 대등한 관계로 결합된 문장
• 종속적으로 이어진문장 : 종속적 연결어미, 즉 이유(-므로, -니까, -아서), 조건(-면, -거든, -라면), 의도(-려고, -고자)의 연결어미를 통해 문장을 연결하여 종속적인 관계를 표시한 문장

사동문과 피동문의 형성

• 사동문
 - 자동사 어근 + 접사(이, 히, 리, 기, 우, 구, 추)
 - 타동사 어근 + 접사
 - 형용사 어근접사
 - 어근 + '-게'(보조적 연결어미) + '하다'(보조동사)
 - 일부 용언은 사동 접미사 두 개를 겹쳐 씀(예 자다 → 자이우다 → 재우다)
• 피동문
 - 타동사 어근 + 접사(이, 히, 리, 기)
 - 모든 용언의 어간 + '-아/-어'(보조적 연결어미) + '지다'(보조동사)

부정문의 개념과 형식

• '안' 부정문 : 주체의 의지에 의한 행동의 부정을 나타냄
 - 긴 부정문 : '용언의 어간 + -지 + 않다(아니하다)'로 쓰임
 - 짧은 부정문 : '안(아니) + 동사, 형용사'로 쓰임
 - 중의성 : 어떤 대상에 부정을 수식하는지, 전체 또는 부분적으로 부정을 수식하는 지에 따라 문장의 의미가 달라짐
• '못' 부정문 : 주체의 의지가 아닌, 그의 능력상 불가능하거나 또는 외부의 어떤 원인 때문에 그 행위가 일어나지 못하는 것을 표현
 - 긴 부정문 : '동사의 어간 + -지 + 못하다'로 쓰임
 - 짧은 부정문 : 못 + 동사(서술어)로 쓰임
 - 중의성 : '안' 부정문의 중의성 구조와 같음

(3) 문법의 기능

① 사동과 피동 ★ 빈출개념
 ㉠ 사동사 : 남으로 하여금 어떤 동작을 하도록 하는 것
 ㉡ 피동사 : 남의 행동을 입어서 행해지는 동작을 나타냄

② 잘못된 사동 표현
 ㉠ '-시키다'는 표현을 '-하다'로 할 수 있는 경우 그렇게 고침
  • 내가 소개시켜 줄게 → 내가 소개해 줄게
  • 근무환경을 개선시켜 나가야 한다. → 근무환경을 개선해 나가야 한다.
 ㉡ 의미상 불필요한 사동 표현은 사용하지 않음
  • 그녀를 보면 가슴이 설레인다. → 그녀를 보면 가슴이 설렌다.
  • 다른 차선에 함부로 끼여들면 안 된다. → 다른 차선에 함부로 끼어들면 안 된다.

③ 잘못된 피동 표현(이중 피동 표현)
 ㉠ '이, 히, 리, 기' 다음에 '-어지다'의 표현을 붙이는 것은 이중 피동 표현에 해당
  • 개선될 것으로 보여집니다. → 개선될 것으로 보입니다.
  • 열려져 있는 대문 → 열려 있는 대문
  • 게임 중독의 한 유형으로 꼽혀지고 있다. → 게임 중독의 한 유형으로 꼽히고 있다.
 ㉡ '-되어지다', '-지게 되다'는 이중 피동 표현에 해당
  • 잘 해결될 것이라 생각되어진다. → 잘 해결될 것이라 생각된다.
  • 합격이 예상되어집니다. → 합격이 예상됩니다.
  • '갈리우다', '불리우다', '잘리우다', '팔리우다' 등은 피동사(갈리다, 불리다, 잘리다, 팔리다)에 다시 접사가 붙은 형태이므로 잘못된 표현임

④ 부정문
 ㉠ '안' 부정문의 예
  • 긴 부정문 : 그는 오늘 밀린 일을 해결하느라 점심을 먹지 않았다.
  • 짧은 부정문 : 오늘은 겨울인데도 안 춥다.
  • 중의성 : '점심시간에 예약한 손님이 다 오지 않았다. → 점심시간에 온 손님이 한명도 없음, 손님이 오긴 왔지만 모두 온 것이 아님'으로 해석될 수 있음
 ㉡ '못' 부정문의 예
  • 긴 부정문 : 철수는 제 시간에 일을 처리하지 못해 퇴근하지 못했다.
  • 짧은 부정문 : 철수는 당직으로 새벽까지 일해 그날 집에 못 갔다.
  • 중의성 : 내가 간이침대에 누워있는 철수를 보지 못했다. → '철수를 보지 못한 것은 나, 내가 보지 못한 것은 철수, 내가 철수를 보지만 못했을 뿐'으로 해석될 수 있음

(4) 높임과 낮춤

① 높임법

　㉠ 주체높임법 : 서술어의 주체를 높이는 방법으로, 높임 선어말 어미 '-(으)시-'를 붙이고 주어에는 주격 조사 '께서'나 접사 '-님' 등을 붙여 높이며, '계시다', '잡수시다' 등의 일부 특수 어휘를 사용하여 높이기도 함

　㉡ 객체높임법 : 동작의 대상인 서술의 객체를 높이는 방법으로, 통상 부사격 조사 '께'를 사용해 높이며, '드리다', '뵈다', '여쭙다', '모시다'와 같은 특수 어휘를 사용하기도 함(예 나는 선생님께 책을 드렸다.)

　㉢ 상대 높임법 : 화자가 청자에 대하여 높이거나 낮추어 말하는 방법으로, 일정한 종결어미를 사용하여 듣는 상대방을 높이거나 낮춤

격식체	해라체(아주 낮춤)	-다, -냐, -자, -어라, -거라, -라
	하게체(보통 낮춤)	-게, -이, -나
	하오체(보통 높임)	-오, -(으)ㅂ시다
	합쇼체(아주 높임)	-습니다/-ㅂ니다, -습니까/-ㅂ니까, -으십시오/-ㅂ시오
비격식체	해체(두루 낮춤)	-아/-어, -지, -을까 (해라체 + 하게체)
	해요체(두루 높임)	-아/어요, -지요, -을까요 (하오체 + 합쇼체)

② 기타 높임법의 사용

　㉠ 해라체와 하라체 : 문어체로 쓰일 때 '해라' 대신 높임과 낮춤이 중화된 '하라'를 쓰기도 함. '해라'의 변형인 '하라'는 격식체나 비격식체가 간접 인용문으로 바뀔 때도 쓰임

　㉡ 말씀의 쓰임 : '말씀'은 높임말도 되고 낮춤말도 됨

　㉢ 계시다와 있으시다 : '계시다, 안 계시다'는 직접 높임에 사용하고, '있으시다, 없으시다'는 간접 높임에 사용함

4. 의미론

(1) 의미

① 의미의 개념 : 언어가 가지는 용법, 기능, 내용 등을 이르지만 '의미'를 정의하기는 매우 어려운 일이며 지시설, 개념설, 반응설, 용법설 등을 들어 정의하기도 함

② 의미의 종류

중심적 의미	가장 기본적이고 핵심적인 의미(기본적 의미)
주변적 의미	문맥이나 상황에 따라 그 의미가 확장되어 다르게 쓰이는 의미(문맥적 의미, 전의적 의미)
사전적 의미	가장 기본적, 객관적인 의미로 정보 전달이 중심이 되는 설명문 같은 경우에 사용(개념적, 외연적, 인지적 의미)
함축적 의미	사전적 의미에 덧붙여 연상이나 관습 등에 의해 형성되는 개인적, 정서적인 의미로, 시 등의 문예문에 사용(연상적, 내포적 의미)

SEMI-NOTE

주체높임법의 조건
• 문장의 주어가 말하는 이도, 말 듣는 이도 아닌 제삼자인 경우
• 듣는 이가 동시에 문장의 주어가 되는 경우
• 주체가 말하는 이보다 높아서 높임의 대상이 된다하더라도, 듣는 이가 주체보다 높은 경우에는 '-시-'를 쓰지 않음(압존법)

높임말과 낮춤말
• 직접 높임 : 아버님, 선생님, 주무시다, 계시다, 잡수시다
• 간접 높임 : 진지, 댁(집), 따님(딸), 치아(이), 약주(술), 말씀(말)
• 직접 낮춤 : 저(나), 어미(어머니)
• 간접 낮춤 : 졸고(원고), 말씀(말)

언어의 개념
언어는 말소리와 의미로 이루어진 것으로 말소리는 언어의 형식, 의미는 언어의 내용이 되며 말소리가 있어도 의미가 없으면 언어가 될 수 없음

단어들의 의미 관계
• 동의 관계 : 두 개 이상의 단어가 서로 소리는 다르나 의미가 같은 경우 → 이음동의어
• 이의 관계 : 두 개 이상의 단어가 소리는 같으나 의미는 다른 경우 → 동음이의어

SEMI-NOTE

사회적 의미	사용하는 사람의 사회적 환경과 관련되는 의미를 전달할 때 사회적 의미라 하며, 선택된 단어의 종류나 말투, 글의 문체 등에 의해 전달
정서적 의미	말하는 사람의 태도나 감정을 드러내는 의미
주제적 의미	특별히 드러나는 의미. 이는 흔히 어순을 바꾸거나 특정 부분을 강조하여 발음함으로써 드러남
반사적 의미	어떤 말을 사용할 때 그 말의 원래 의미와는 아무런 관계없이 특정한 반응을 불러일으키게 되는 경우를 말함

③ 의미의 사용

　㉠ 중의적 표현 ★ 빈출개념

　　• 어휘적 중의성 : 그것이 정말 사과냐? → 과일인 '사과(沙果)'인지, 용서를 비는 '사과(謝過)'인지 불분명함

　　• 구조적 중의성 : 철수는 아내보다 딸을 더 사랑한다. → 철수가 아내보다 딸을 더 사랑하는지, 철수가 딸을 더 사랑하는지, 아내보다 딸을 더 사랑하는지 불분명함

　　• 은유적 중의성 : 김 선생님은 호랑이다. → 김 선생님이 호랑이처럼 무섭다는 것인지, (연극에서) 호랑이 역할을 맡았다는 것인지 불분명함

　㉡ 간접적 표현 : 에어컨 좀 꺼 줄래요? → 에어컨을 끄는 것은 표면적인 의미이지만 화자의 상황에 따라 몸이 춥거나, 에어컨에서 나는 소리 등이 원인이 되어 청자에게 명령 또는 요청하는 표현

　㉢ 잉여적 표현 : 역전 앞, 빈 공간, 참고 안내하다 → 각각 의미가 중복된 표현

　㉣ 관용적 표현 : 마른벼락을 맞다 → 문자 그대로 마른벼락을 맞은 것이 아니라 '갑자기 뜻밖의 재난을 당함'이라는 특별한 의미를 담고 있음

(2) 의미의 변화

① 의미 변화의 원인

　㉠ 언어적 원인 : 하나의 단어가 다른 단어와 자주 인접하여 나타남으로써 그 의미까지 변화된 경우

　㉡ 역사적 원인 : 단어가 가리키는 대상은 변모하였음에도 불구하고 단어는 그대로 남아 있는 경우

　㉢ 사회적 원인 : 일반적 단어가 특수 사회 집단에서 사용되거나, 특수 집단에서 사용 되던 단어가 일반 사회에서 사용됨으로써 의미에 변화가 일어나는 경우

　㉣ 심리적 원인 : 비유적 용법이나 완곡어 등에 자주 사용되는 동안 해당 단어의 의미에 대한 인식이 변화하면서 단어의 의미까지 변화된 경우

② 의미 변화의 유형 ★ 빈출개념

　㉠ 의미의 확장(확대) : 단어의 의미 영역이 넓어진 것

　　• 의미가 확장된 경우 : 온(백(百) → 모든), 겨레(종친 → 동포, 민족), 왕초(거지 두목 → 두목, 직장상사 등), 세수(손을 씻다 → 손과 얼굴을 씻다)

　㉡ 의미의 축소 : 단어의 외연적 의미가 좁아진 것

　　• 의미가 축소된 경우 : 중생(모든 생물체 → 인간), 얼굴(형체 → 안면), 계집

중의적 표현의 개념
• 어휘적 중의성 : 한 단어가 둘 이상의 의미를 지님
• 구조적 중의성 : 수식 구조나 문법적 성질로 인해 둘 이상의 의미로 해석되는 경우
• 은유적 중의성 : 둘 이상의 의미로 해석되는 은유적 표현

간접, 잉여, 관용적 표현의 개념
• 간접적 표현 : 문장의 표면적 의미와 속뜻이 다른 표현
• 잉여적 표현 : 의미상 불필요한 단어가 사용된 표현으로, 의미의 중복(중첩)이라 함
• 관용적 표현 : 두 개 이상의 단어로 이루어져 있으면서 그 단어들의 의미만으로 전체적 의미를 알 수 없는 특별한 의미를 담고 있는 표현

의미 변화의 원인과 사례
• 언어적 원인 : 생략이나 전염에 의해 발생(예 아침밥 → 아침, 아파트먼트 → 아파트, 콧물이 흐른다 → 코가 흐른다, 머리털을 깎다 → 머리를 깎다)
• 역사적 원인(예 (감옥소)형무소)교도소, 돛단배)증기선)잠수함)
• 사회적 원인(예 복음 : 기쁜 소식)그리스도의 가르침, 왕 : 왕정의 최고 권력자)1인자, 최대, 최고)
• 심리적 원인
　– 다른 분야의 어휘가 관심 있는 쪽의 어휘로 견인된 경우(예 바가지 → 철모, 갈매기 → 하사관)
　– 금기(Taboo)에 의한 변화(예 산신령 → 호랑이, 손님 → 홍역)

(여성의 일반적 지칭어 → 여성의 낮춤말), 미인(남녀에게 사용 → 여성에게만 사용)

ⓒ 의미의 이동 : 가치관의 변화, 심리적 연상으로 의미가 달라진 것

- 의미가 이동된 경우 : 어리다(어리석다 → 나이가 적다), 수작(술잔을 주고받음 → 말을 주고받음), 젊다(나이가 어리다 → 혈기가 한창 왕성하다)

03절 국어 생활과 규범

1. 한국어 어문 규범

(1) 한글 맞춤법

① 총칙

> 제1항 한글 맞춤법은 표준어를 소리대로 적되, 어법에 맞도록 함을 원칙으로 한다.
> 제2항 문장의 각 단어는 띄어 씀을 원칙으로 한다.
> 제3항 외래어는 '외래어 표기법'에 따라 적는다.

② 자모

> 제4항 한글 자모의 수는 스물넉 자로 하고, 그 순서와 이름은 다음과 같이 정한다.

ㄱ(기역)	ㄴ(니은)	ㄷ(디귿)	ㄹ(리을)	ㅁ(미음)	ㅂ(비읍)	ㅅ(시옷)
ㅇ(이응)	ㅈ(지읒)	ㅊ(치읓)	ㅋ(키읔)	ㅌ(티읕)	ㅍ(피읖)	ㅎ(히읗)
ㅏ(아)	ㅑ(야)	ㅓ(어)	ㅕ(여)	ㅗ(오)	ㅛ(요)	ㅜ(우)
ㅡ(으)	ㅣ(이)					

③ 소리에 관한 것

ㄱ 된소리

> 제5항 한 단어 안에서 뚜렷한 까닭 없이 나는 된소리는 다음 음절의 첫소리를 된소리로 적는다.

- 두 모음 사이에서 나는 된소리(예 소쩍새, 어깨, 오빠, 으뜸, 아끼다, 깨끗하다, 가끔, 거꾸로 등)
- 'ㄴ, ㄹ, ㅁ, ㅇ' 받침 뒤에서 나는 된소리(예 산뜻하다, 잔뜩, 훨씬, 담뿍, 움찔, 몽땅 등)

다만, 'ㄱ, ㅂ' 받침 뒤에서 나는 된소리는, 같은 음절이나 비슷한 음절이 겹

소리대로 적기와 어법대로 적기

- 소리대로 적기 : 한국어를 적는데 소리를 충실하게 표기하는 방식을 말함(예 백분율, 비율, 실패율, 스포츠난, 드러나다, 쓰러지다, 어우러지다, 가까워, 괴로워, 그어, 무덤, 미덥다, 너비)
- 어법대로 적기 : 소리보다는 뜻을 쉽게 파악할 수 있도록 단어나 형태소의 모양을 한 가지로 고정시키는 방식을 말함(예 합격률, 등록률, 성공률, 넘어지다, 떨어지다, 지껄이다, 가깝다, 괴롭다, 긋다)

한글 맞춤법 제7항

'ㄷ' 소리로 나는 받침 중에서 'ㄷ'으로 적을 근거가 없는 것은 'ㅅ'으로 적는다(예 덧저고리, 돗자리, 엇셈, 웃어른, 핫옷, 무릇, 사뭇, 얼핏, 자칫하면, 뭇[衆], 옛, 첫, 헛).

모음

- 한글 맞춤법 제8항 : '계, 례, 몌, 폐, 혜'의 'ㅖ'는 'ㅔ'로 소리나는 경우가 있더라도 'ㅖ'로 적는다(예 계수, 혜택, 사례, 계집, 연몌, 핑계, 폐품, 계시다). 다만, 게송(偈頌), 게시판(揭示板), 휴게실(休憩室) 등의 말은 본음대로 적는다.
- 한글 맞춤법 제9항 : '의'나, 자음을 첫소리로 가지고 있는 음절의 'ㅢ'는 'ㅣ'로 소리 나는 경우가 있더라도 'ㅢ'로 적는다(예 의의, 본의, 무늬, 보늬, 오늬, 하늬바람, 늴리리, 닁큼, 띄어쓰기).

한글 맞춤법 제11항 [붙임 4, 5]

- [붙임 4] : 접두사처럼 쓰이는 한자가 붙어서 된 말이나, 합성어에서 뒷말의 첫소리가 'ㄴ' 또는 'ㄹ' 소리로 나더라도 두음법칙에 따라 적는다(예 역이용(逆利用), 연이율(年利率), 열역학(熱力學), 해외여행(海外旅行)).
- [붙임 5] : 둘 이상의 단어로 이루어진 고유명사를 붙여 쓰는 경우나 십진법에 따라 쓰는 수(數)도 [붙임 4]에 준하여 적는다(예 서울여관, 신흥이발관, 육천육백육십육(六千六百六十六)).

처 나는 경우가 아니면 된소리로 적지 아니한다(예 국수, 깍두기, 딱지, 색시, 법석, 갑자기, 몹시).

ⓛ **구개음화**

> 제6항 'ㄷ, ㅌ' 받침 뒤에 종속적 관계를 가진 '-이(-)'나 '-히-'가 올 적에는, 그 'ㄷ, ㅌ'이 'ㅈ, ㅊ'으로 소리 나더라도 'ㄷ, ㅌ'으로 적는다(예 마지 → 맏이, 해도지 → 해돋이, 가치 → 같이, 다치다 → 닫히다, 무치다 → 묻히다).

ⓒ **두음법칙** ⭐ 빈출개념

> 제10항 한자음 '녀, 뇨, 뉴, 니'가 단어 첫머리에 올 적에는, 두음법칙에 따라 '여, 요, 유, 이'로 적는다(예 녀자 → 여자(女子), 년세 → 연세(年歲), 뇨소 → 요소(尿素), 닉명 → 익명(匿名)).

다만, 냥(兩), 냥쭝(兩重), 년(年)(몇 년) 같은 의존명사에서는 '냐, 녀' 음을 인정한다.

[붙임 1] 단어의 첫머리 이외의 경우에는 본음대로 적는다(예 남녀(男女), 당뇨(糖尿), 결뉴(結紐), 은닉(隱匿)).

[붙임 2] 접두사처럼 쓰이는 한자가 붙어서 된 말이나 합성어에서, 뒷말의 첫소리가 'ㄴ' 소리로 나더라도 두음법칙에 따라 적는다(예 신여성(新女性), 공염불(空念佛), 남존여비(男尊女卑)).

[붙임 3] 둘 이상의 단어로 이루어진 고유명사를 붙여 쓰는 경우에도 [붙임 2]에 준하여 적는다(예 한국여자대학, 대한요소비료회사).

> 제11항 한자음 '랴, 려, 례, 료, 류, 리'가 단어의 첫머리에 올 적에는, 두음 법칙에 따라 '야, 여, 예, 요, 유, 이'로 적는다(예 양심(良心), 용궁(龍宮), 역사(歷史)). 다만, 다음과 같은 의존명사는 본음대로 적는다.(예 리(里) : 몇 리냐?, 리(理) : 그럴 리가 없다.)

[붙임 1] 단어의 첫머리 이외의 경우에는 본음대로 적는다(예 개량(改良), 선량(善良), 수력(水力), 협력(協力), 사례(謝禮), 혼례(婚禮), 와룡(臥龍), 쌍룡(雙龍), 하류(下流)).

다만, 모음이나 'ㄴ' 받침 뒤에 이어지는 '렬, 률'은 '열, 율'로 적는다(예 나열(羅列), 분열(分裂), 치열(齒列), 선열(先烈), 비열(卑劣), 진열(陳列), 규율(規律), 선율(旋律), 비율(比率)).

[붙임 2] 외자로 된 이름을 성에 붙여 쓸 경우에도 본음대로 적을 수 있다(예 신립(申砬), 최린(崔麟), 채륜(蔡倫), 하륜(河崙)).

[붙임 3] 준말에서 본음으로 소리 나는 것은 본음대로 적는다(예 국련(국제연합), 대한교련(대한교육연합회)).

> 제12항 한자음 '라, 래, 로, 뢰, 루, 르'가 단어의 첫머리에 올 적에는, 두음법칙에 따라 '나, 내, 노, 뇌, 누, 느로 적는다(예 낙원(樂園), 내일(來日), 노인(老人)).

[붙임 1] 단어의 첫머리 이외의 경우에는 본음대로 적는다(예 쾌락(快樂), 극락(極樂), 거래(去來), 왕래(往來), 부로(父老), 연로(年老), 지뢰(地雷), 낙뢰(落雷), 고루(高樓), 광한루(廣寒樓), 동구릉(東九陵)).

[붙임 2] 접두사처럼 쓰이는 한자가 붙어서 된 단어는 뒷말을 두음법칙에 따라 적는다(예 내내월(來來月), 상노인(上老人), 중노동(重勞動), 비논리적(非論理的)).

④ 형태에 관한 것

　㉠ 체언과 조사

> 제14항 체언은 조사와 구별하여 적는다(예 떡이, 떡을, 떡에, 떡도, 떡만/손이, 손을, 손에, 손도, 손만).

　㉡ 어간과 어미

> 제15항 용언의 어간과 어미는 구별하여 적는다(예 먹다, 먹고, 먹어, 먹으니/신다, 신고, 신어, 신으니).

[붙임 1] 두 개의 용언이 어울려 한 개의 용언이 될 적에, 앞말의 본뜻이 유지되고 있는 것은 그 원형을 밝히어 적고, 그 본뜻에서 멀어진 것은 밝히어 적지 아니한다.

• 앞말의 본뜻이 유지되고 있는 것(예 넘어지다, 늘어나다, 늘어지다, 돌아가다, 되짚어가다, 들어가다, 떨어지다, 벌어지다, 엎어지다, 접어들다, 틀어지다, 흩어지다)

• 본뜻에서 멀어진 것(예 드러나다, 사라지다, 쓰러지다)

[붙임 2] 종결형에서 사용되는 어미 '-오'는 '요'로 소리 나는 경우가 있더라도 그 원형을 밝혀 '오'로 적는다(예 이것은 책이오, 이리로 오시오, 이것은 책이 아니오).

[붙임 3] 연결형에서 사용되는 '이요'는 '이요'로 적는다.(예 이것은 책이요, 저것은 붓이요, 또 저것은 먹이다.)

　㉢ 접미사가 붙어서 된 말 ★빈출개념

> 제19항 어간에 '-이'나 '-음/-ㅁ'이 붙어서 명사로 된 것과 '-이'나 '-히'가 붙어서 부사로 된 것은 그 어간의 원형을 밝히어 적는다.

• '-이'가 붙어서 명사로 된 것(예 길이, 깊이, 높이, 다듬이, 땀받이, 달맞이, 먹이, 미닫이, 벌이, 벼훑이, 살림살이, 쇠붙이, 넓이)

접미사가 붙어서 된 말

• 한글 맞춤법 제22항 : 용언의 어간에 다음과 같은 접미사들이 붙어서 이루어진 말들은 그 어간을 밝히어 적는다.
  - '-기-, -리-, -이-, -히-, 구-, 우-, -추-, -으키, 이키-, -애-'가 붙는 것 : 맡기다. 옮기다. 웃기다. 쫓기다. 뚫리다.
  다만, '-이-, -히-, -우-'가 붙어서 된 말이라도 본뜻에서 멀어진 것은 소리대로 적는다(예 도리다(칼로 ~). 드리다(용돈을 ~). 고치다. 미루다. 이루다).
  - '-치-, -뜨리-, -트리-'가 붙는 것 : 놓치다. 덮치다. 떠받치다. 받치다. 발치다. 부딪치다. 뻗치다. 엎치다. 부딪뜨리다/부딪트리다
  [붙임] '-업-, -읍-, -브-'가 붙어서 된 말은 소리대로 적는다(예 미덥다. 우습다. 미쁘다).

• 한글 맞춤법 제24항 : '-거리다'가 붙을 수 있는 시늉말 어근에 '-이다'가 붙어서 된 용언은 그 어근을 밝히어 적는다.(예 꼬더기다 → 끄덕이다. 지꺼리다 → 지껄이다. 퍼더기다 → 퍼덕이다. 망서리다 → 망설이다)

• 한글 맞춤법 제26항 : '-하다'나 '-없다'가 붙어서 된 용언은 그 '-하다'나 '-없다'를 밝히어 적는다.
  '-하다'가 붙어서 용언이 된 것(예 딱하다. 숱하다. 착하다. 텁텁하다. 푹하다)
  '-없다'가 붙어서 용언이 된 것(예 부질없다. 상없다. 시름없다. 열없다. 하염없다)

• '-음/-ㅁ'이 붙어서 명사로 된 것(예 걸음, 묶음, 믿음, 얼음, 엮음, 울음, 웃음, 졸음, 죽음, 앎, 만듦, 삶)
• '-이'가 붙어서 부사로 된 것(예 같이, 굳이, 길이, 높이, 많이, 실없이, 좋이, 짓궂이, 깊이, 깨끗이)
• '-히'가 붙어서 부사로 된 것(예 밝히, 익히, 작히, 부지런히)

다만, 어간에 '-이'나 '-음'이 붙어서 명사로 바뀐 것이라도 그 어간의 뜻과 멀어진 것은 원형을 밝히어 적지 아니한다(예 굽도리, 다리[髢], 목거리(목병), 무녀리, 코끼리, 거름(비료), 고름[膿]).

[붙임] 어간에 '-이'나 '-음' 이외의 모음으로 시작된 접미사가 붙어서 다른 품사로 바뀐 것은 그 어간의 원형을 밝히어 적지 아니한다.

> 제20항 명사 뒤에 '-이'가 붙어서 된 말은 그 명사의 원형을 밝히어 적는다.

• 부사로 된 것(예 곳곳이, 낱낱이, 몫몫이, 샅샅이, 앞앞이, 집집이)
• 명사로 된 것(예 곰배팔이, 바둑이, 삼발이, 애꾸눈이, 육손이, 절뚝발이/절름발이)

[붙임] '-이' 이외의 모음으로 시작된 접미사가 붙어서 된 말은 그 명사의 원형을 밝히어 적지 아니한다(예 꼬락서니, 끄트머리, 모가치, 바가지, 바깥, 사타구니, 싸라기, 이파리, 지붕, 지푸라기, 짜개).

> 제21항 명사나 혹은 용언의 어간 뒤에 자음으로 시작된 접미사가 붙어서 된 말은 그 명사나 어간의 원형을 밝히어 적는다.

• 명사 뒤에 자음으로 시작된 접미사가 붙어서 된 것(예 값지다, 홑지다, 넋두리, 빛깔, 옆댕이, 잎사귀)
• 어간 뒤에 자음으로 시작된 접미사가 붙어서 된 것(예 낚시, 늙정이, 덮개, 뜯게질, 굵다랗다)

다만, 다음과 같은 말은 소리대로 적는다.
• 겹받침의 끝소리가 드러나지 아니하는 것(예 할짝거리다, 널따랗다, 널찍하다, 말끔하다, 말쑥하다)
• 어원이 분명하지 아니하거나 본뜻에서 멀어진 것(예 넙치, 올무, 골막하다, 납작하다)

> 제23항 '-하다'나 '-거리다'가 붙는 어근에 '-이'가 붙어서 명사가 된 것은 그 원형을 밝히어 적는다(예 살살이 → 살살이, 오뚜기 → 오뚝이, 홀쭈기 → 홀쭉이, 배불뚜기 → 배불뚝이).

[붙임] '-하다'나 '-거리다'가 붙을 수 없는 어근에 '-이'나 또는 다른 모음으로 시작되는 접미사가 붙어서 명사가 된 것은 그 원형을 밝히어 적지 아니한다(예 개구리, 귀뚜라미, 기러기, 깍두기, 꽹과리).

SEMI-NOTE

> 제25항 '-하다'가 붙는 어근에 '-히'나 '-이'가 붙어서 부사가 되거나, 부사에 '-이'가 붙어서 뜻을 더하는 경우에는 그 어근이나 부사의 원형을 밝히어 적는다.

- '-하다'가 붙는 어근에 '-히'나 '-이'가 붙는 경우(예 급히, 꾸준히, 도저히, 딱히, 어렴풋이, 깨끗이)

[붙임] '-하다'가 붙지 않는 경우에는 소리대로 적는다(예 갑자기, 반드시(꼭), 슬며시).

- 부사에 '-이'가 붙어서 역시 부사가 되는 경우(예 곰곰이, 더욱이, 생긋이, 오뚝이, 일찍이, 해죽이)

ㄹ 합성어 및 접두사가 붙는 말 ⭐빈출개념

> 제27항 둘 이상의 단어가 어울리거나 접두사가 붙어서 이루어진 말은 각각 그 원형을 밝히어 적는다(예 국말이, 꽃잎, 끝장, 물난리, 젖몸살, 첫아들, 칼날, 팥알, 헛웃음, 샛노랗다).

[붙임 1] 어원은 분명하나 소리만 특이하게 변한 것은 변한 대로 적는다(예 할아버지, 할아범).
[붙임 2] 어원이 분명하지 아니한 것은 원형을 밝히어 적지 아니한다(예 골병, 골탕, 끌탕, 며칠).
[붙임 3] '이[齒, 虱]'가 합성어나 이에 준하는 말에서 '니' 또는 '리'로 소리날 때에는 '니'로 적는다(예 송곳니, 앞니, 어금니, 윗니, 젖니, 톱니, 틀니, 가랑니, 머릿니).

> 제30항 사이시옷은 다음과 같은 경우에 받치어 적는다.

- 순우리말로 된 합성어로서 앞말이 모음으로 끝난 경우

뒷말의 첫소리가 된소리로 나는 것	고랫재, 귓밥, 나룻배, 나뭇가지, 냇가, 댓가지, 뒷갈망, 맷돌, 핏대
뒷말의 첫소리 'ㄴ, ㅁ' 앞에서 'ㄴ' 소리가 덧나는 것	멧나물, 아랫니, 텃마당, 아랫마을, 뒷머리, 잇몸, 깻묵, 냇물, 빗물
뒷말의 첫소리 모음 앞에서 'ㄴㄴ' 소리가 덧나는 것	도리깻열, 뒷윷, 두렛일, 뒷일, 뒷입맛, 베갯잇, 욧잇, 깻잎, 나뭇잎

- 순우리말과 한자어로 된 합성어로서 앞말이 모음으로 끝난 경우

뒷말의 첫소리가 된소리로 나는 것	귓병, 머릿방, 뱃병, 봇둑, 사잣밥, 샛강, 아랫방
뒷말의 첫소리 'ㄴ, ㅁ' 앞에서 'ㄴ' 소리가 덧나는 것	곗날, 제삿날, 훗날, 툇마루, 양칫물
뒷말의 첫소리 모음 앞에서 'ㄴㄴ' 소리가 덧나는 것	가욋일, 사삿일, 예삿일, 훗일

합성어 및 접두사가 붙는 말
- 한글 맞춤법 제28항 : 끝소리가 'ㄹ'인 말과 딴 말이 어울릴 적에 'ㄹ' 소리가 나지 아니하는 것은 아니 나는 대로 적는다(예 다달이(달-달-이), 따님(딸-님), 마되(말-되), 마소(말-소)).
- 한글 맞춤법 제29항 : 끝소리가 'ㄹ'인 말과 딴 말이 어울릴 적에 'ㄹ' 소리가 'ㄷ' 소리로 나는 것은 'ㄷ'으로 적는다(예 반짇고리(바느질~), 사흗날(사흘~), 삼짇날(삼질~), 숟가락(술~), 이튿날(이틀~)).
- 한글 맞춤법 제31항 : 두 말이 어울릴 적에 'ㅂ' 소리나 'ㅎ' 소리가 덧나는 것은 소리대로 적는다.
  - 'ㅂ' 소리가 덧나는 것 : 멥쌀(메ㅂ쌀), 볍씨(벼ㅂ씨), 입때(이ㅂ때)
  - 'ㅎ' 소리가 덧나는 것 : 머리카락(머리ㅎ가락), 안팎(안ㅎ밖), 암탉(암ㅎ닭)

준말

- **한글 맞춤법 제38항** : 'ㅏ, ㅗ, ㅜ, ㅡ' 뒤에 '-이어'가 어울려 줄어질 적에는 준 대로 적는다(예 싸이어 : 쌔어/싸여, 보이어 : 뵈어/보여, 쓰이어 : 씌어/쓰여, 트이어 : 틔어/트여).
- **한글 맞춤법 제39항** : 어미 '-지' 뒤에 '않-'이 어울려 '-잖-'이 될 적과 '-하지' 뒤에 '않-'이 어울려 '-찮-'이 될 적에는 준 대로 적는다(예 적지않은(본말) → 적잖은(준말), 변변하지 않다(본말) → 변변찮다(준말)).

띄어쓰기

- **한글 맞춤법 제43항** : 단위를 나타내는 명사는 띄어 쓴다(예 한 개, 차 한 대, 금 서 돈, 소 한 마리, 열 살, 연필 한 자루, 조기 한 손).
- **한글 맞춤법 제44항** : 수를 적을 적에는 '만(萬)' 단위로 띄어 쓴다(예 십이억 삼천사백오십육만 칠천팔백구십팔, 12억 3456만 7898).
- **한글 맞춤법 제46항** : 단음절로 된 단어는 연이어 나타날 적에는 붙여 쓸 수 있다(예 그때 그곳, 좀더 큰것, 이말 저말, 한잎 두잎).

- 두 음절로 된 다음 한자어 : 곳간(庫間), 셋방(貰房), 숫자(數字), 찻간(茶間), 툇간(退間), 횟수(回數)

ⓓ 준말 ⭐빈출개념

> 제35항 모음 'ㅗ, ㅜ'로 끝난 어간에 '-아/-어, -았-/-었-'이 어울려 'ㅘ/ㅝ, 놨/궜'으로 될 적에는 준 대로 적는다(예 보아(본말) → 봐(준말), 두었다(본말) → 뒀다(준말), 쑤었다(본말) → 쒔다(준말)).

[붙임 1] '놓아'가 '놔'로 줄 적에는 준 대로 적는다.
[붙임 2] 'ㅚ' 뒤에 '-어, -었-'이 어울려 'ㅙ, 됐'으로 될 적에도 준 대로 적는다(예 쇠었다(본말) → 쇘다(준말), 되었다(본말) → 됐다(준말)).

> 제40항 어간의 끝 음절 '하'의 'ㅏ'가 줄고 'ㅎ'이 다음 음절의 첫소리와 어울려 거센소리로 될 적에는 거센소리로 적는다(예 간편하게(본말) → 간편케(준말), 흔하다(본말) → 흔타(준말)).

[붙임 1] 'ㅎ'이 어간의 끝소리로 굳어진 것은 받침으로 적는다(예 아무렇지, 어떻든지, 이렇고).
[붙임 2] 어간의 끝음절 '하'가 아주 줄 적에는 준 대로 적는다(예 생각하건대 → 생각건대, 넉넉하지 않다 → 넉넉지 않다, 익숙하지 않다 → 익숙지 않다).
[붙임 3] 다음과 같은 부사는 소리대로 적는다(예 결단코, 결코, 아무튼, 요컨대, 하마터면, 하여튼).

⑤ **띄어쓰기**

㉠ 조사

> 제41항 조사는 그 앞말에 붙여 쓴다(예 꽃이, 꽃마저, 꽃밖에, 꽃입니다, 어디까지나, 거기도, 멀리는, 웃고만).

㉡ 의존명사, 단위를 나타내는 명사 및 열거하는 말 등

> 제42항 의존명사는 띄어 쓴다(예 아는 것이 힘이다, 나도 할 수 있다, 먹을 만큼 먹어라, 그가 떠난 지가 오래다).

> 제45항 두 말을 이어 주거나 열거할 적에 쓰이는 말들은 띄어 쓴다(예 국장 겸 과장, 열 내지 스물, 청군 대 백군, 이사장 및 이사들, 사과, 귤 등등).

㉢ 보조용언 ⭐빈출개념

> 제47항 보조용언은 띄어 씀을 원칙으로 하되, 경우에 따라 붙여 씀도 허용한다.

원칙	허용
불이 꺼져 간다.	불이 꺼져간다.
어머니를 도와 드린다.	어머니를 도와드린다.
그릇을 깨뜨려 버렸다.	그릇을 깨뜨려버렸다.
비가 올 듯하다.	비가 올듯하다.
그 일은 할 만하다.	그 일은 할만하다.

다만, 앞말에 조사가 붙거나 앞말이 합성동사인 경우, 그리고 중간에 조사가 들어갈 적에는 그 뒤에 오는 보조용언은 띄어 쓴다.

잘도 놀아만 나는구나!	책을 읽어도 보고	네가 덤벼들어 보아라.
강물에 떠내려가 버렸다.	그가 올 듯도 하다.	잘난 체를 한다.

㉣ **고유명사 및 전문 용어** ⭐빈출개념

> 제48항 성과 이름, 성과 호 등은 붙여 쓰고, 이에 덧붙는 호칭어, 관직명 등은 띄어 쓴다(예 김양수(金良洙), 서화담(徐花潭), 채영신 씨, 최치원 선생, 박동식 박사).

다만, 성과 이름, 성과 호를 분명히 구분할 필요가 있을 경우에는 띄어 쓸 수 있다(예 남궁억/남궁 억, 독고준/독고 준, 황보지봉(皇甫芝峰)/황보 지봉).

⑥ **그 밖의 것** ⭐빈출개념

> 제51항 부사의 끝음절이 분명히 '이'로만 나는 것은 '-이'로 적고, '히'로만 나거나 '이'나 '히'로 나는 것은 '-히'로 적는다.

- '이'로만 나는 것 : 깨끗이, 산뜻이, 겹겹이, 반듯이, 틈틈이, 버젓이, 번번이, 따뜻이, 가까이, 고이, 번거로이, 헛되이, 일일이
- '히'로만 나는 것 : 딱히, 극히, 정확히, 족히, 엄격히, 속히, 급히
- '이, 히'로 나는 것 : 솔직히, 가만히, 꼼꼼히, 상당히, 능히, 분명히, 도저히, 각별히, 소홀히, 쓸쓸히, 열심히, 답답히, 섭섭히, 공평히, 조용히, 고요히

> 제53항 다음과 같은 어미는 예사소리로 적는다(예 -(으)ㄹ꺼나 → -(으)ㄹ거나, -(으)ㄹ껄 → -(으)ㄹ걸, -(으)ㄹ께 → -(으)ㄹ게, -(으)ㄹ찌언정 → -(으)ㄹ지언정).

다만, 의문을 나타내는 다음 어미들은 된소리로 적는다(예 -(으)ㄹ까?, -(으)ㄹ꼬?, -(으)ㄹ까?, -(으)ㄹ쏘냐?).

고유명사 및 전문 용어

- 한글 맞춤법 제49항 : 성명 이외의 고유명사는 단어별로 띄어 씀을 원칙으로 하되, 단위별로 띄어 쓸 수 있다(예 한국 대학교 사범 대학(원칙)/한국대학교 사범대학(허용)).
- 한글 맞춤법 제50항 : 전문 용어는 단어별로 띄어 씀을 원칙으로 하되, 붙여 쓸 수 있다(예 골수성 백혈병(원칙)/만성골수성백혈병(허용), 중거리 탄도 유도탄(원칙)/중거리탄도유도탄(허용)).

그 밖의 것

- 한글 맞춤법 제54항 : 다음과 같은 접미사는 된소리로 적는다(예 심부름군 → 심부름꾼, 귓대기 → 귀때기, 익살군 → 익살꾼, 볼대기 → 볼때기, 일군 → 일꾼, 뒷굼치 → 뒤꿈치).
- 한글 맞춤법 제56항 : '-더라, -던'과 '-든지'는 다음과 같이 적는다.
  - 지난 일을 나타내는 어미는 '-더라, -던'으로 적는다.(예 지난겨울은 몹시 춥드라. → 지난겨울은 몹시 춥더라./그렇게 좋든가? → 그렇게 좋던가?)
  - 물건이나 일의 내용을 가리지 아니하는 뜻을 나타내는 조사와 어미는 '-든지'로 적는다.(예 배던지 사과던지 마음대로 먹어라. → 배든지 사과든지 마음대로 먹어라.)

기타 구별하여 적는 말

- **안치다** : 밥을 안친다.
- **앉히다** : 윗자리에 앉힌다.
- **어름** : 두 물건의 어름에서 일어난 현상
- **얼음** : 얼음이 얼었다.
- **거치다** : 영월을 거쳐 왔다.
- **걷히다** : 외상값이 잘 걷힌다.
- **다리다** : 옷을 다린다.
- **달이다** : 약을 달인다.
- **─느니보다(어미)** : 나를 찾아오느니보다 집에 있거라.
- **─는 이보다(의존명사)** : 오는 이가 가는 이보다 많다.
- **─(으)러(목적)** : 공부하러 간다.
- **─(으)려(의도)** : 서울 가려 한다.

제57항 다음 말들은 각각 구별하여 적는다.

가름 : 둘로 가름	갈음 : 새 책상으로 갈음하였다.
거름 : 풀을 썩인 거름	걸음 : 빠른 걸음
걷잡다 : 걷잡을 수 없는 상태	겉잡다 : 겉잡아서 이틀 걸릴 일
그러므로(그러니까) : 그는 부지런하다. 그러므로 잘 산다.	그럼으로(써)(그렇게 하는 것으로) : 그는 열심히 공부한다. 그럼으로(써) 은혜에 보답한다.
노름 : 노름판이 벌어졌다.	놀음(놀이) : 즐거운 놀음
느리다 : 진도가 너무 느리다.	• 늘이다 : 고무줄을 늘인다. • 늘리다 : 수출량을 더 늘린다.
다치다 : 부주의로 손을 다쳤다.	• 닫히다 : 문이 저절로 닫혔다. • 닫치다 : 문을 힘껏 닫쳤다.
마치다 : 벌써 일을 마쳤다.	맞히다 : 여러 문제를 더 맞혔다.
목거리 : 목거리가 덧났다.	목걸이 : 금 목걸이, 은 목걸이
바치다 : 나라를 위해 목숨을 바쳤다.	• 받치다 : 우산을 받치고 간다. • 받히다 : 쇠뿔에 받혔다. • 밭치다 : 술을 체에 밭친다.
반드시 : 약속은 반드시 지켜라.	반듯이 : 고개를 반듯이 들어라.
부딪치다 : 차와 차가 마주 부딪쳤다.	부딪히다 : 마차가 화물차에 부딪혔다.
부치다 : 힘이 부치는 일이다.	붙이다 : 우표를 붙인다.
시키다 : 일을 시킨다.	식히다 : 끓인 물을 식힌다.
아름 : 세 아름 되는 둘레	• 알음 : 전부터 알음이 있는 사이 • 앎 : 앎이 힘이다.
이따가 : 이따가 오너라.	있다가 : 돈은 있다가도 없다.
저리다 : 다친 다리가 저린다.	절이다 : 김장 배추를 절인다.
조리다 : 생선을 조리다.	졸이다 : 마음을 졸인다.
주리다 : 여러 날을 주렸다.	줄이다 : 비용을 줄인다.
─노라고 : 하노라고 한 것이 이 모양이다.	─느라고 : 공부하느라고 밤을 새웠다.
─(으)리만큼(어미) : 나를 미워하리만큼 그에게 잘못한 일이 없다.	─(으)ㄹ 이만큼(의존명사) : 찬성할 이도 반대할 이만큼이나 많을 것이다.
(으)로서(자격) : 사람으로서 그럴 수는 없다.	(으)로써(수단) : 닭으로써 꿩을 대신했다.
─(으)므로(어미) : 그가 나를 믿으므로 나도 그를 믿는다.	(─ㅁ, ─음)으로(써)(조사) : 그는 믿음으로(써) 산 보람을 느꼈다.

(2) 표준어 규정

① 표준어 사정 원칙 – 총칙

> 제1항 표준어는 교양 있는 사람들이 두루 쓰는 현대 서울말로 정함을 원칙으로
> 한다.
> 제2항 외래어는 따로 사정한다.

② 발음 변화에 따른 표준어 규정

㉠ 자음

> 제5항 어원에서 멀어진 형태로 굳어져서 널리 쓰이는 것은, 그것을 표준어
> 로 삼는다(예 강남콩 → 강낭콩, 삭월세 → 사글세).

다만, 어원적으로 원형에 더 가까운 형태가 아직 쓰이고 있는 경우에는, 그것
을 표준어로 삼는다(예 저으기 → 적이, 구젓 → 굴젓).

> 제7항 수컷을 이르는 접두사는 '수–'로 통일한다(예 숫놈 → 수놈, 숫소 →
> 수소, 수펑, 수퀑 → 수꿩).

다만 1. 다음 단어에서는 접두사 다음에서 나는 거센소리를 인정한다. 접두사
'암–'이 결합되는 경우에도 이에 준한다(예 숫–강아지 → 수캉아지, 숫–개 →
수캐, 숫–닭 → 수탉, 숫–당나귀 → 수탕나귀, 숫–돼지 → 수퇘지, 숫–병아
리 → 수평아리).
다만 2. 다음 단어의 접두사는 '숫–'으로 한다(예 숫양, 숫염소, 숫쥐).

㉡ 모음

> 제8항 양성모음이 음성모음으로 바뀌어 굳어진 다음 단어는 음성모음 형태
> 를 표준어로 삼는다(예 깡총깡총 → 깡충깡충, 오똑이 → 오뚝이, 바람동이
> → 바람둥이, 발가송이 → 발가숭이, 봉족 → 봉죽, 뻗장다리 → 뻗정다리,
> 주초 → 주추(주춧돌)).

다만, 어원 의식이 강하게 작용하는 다음 단어에서는 양성모음 형태를 그대로
표준어로 삼는다(예 부주금 → 부조금(扶助金), 사둔 → 사돈(査頓), 삼촌 →
삼촌(三寸)).

> 제9항 'ㅣ' 역행동화 현상에 의한 발음은 원칙적으로 표준 발음으로 인정하
> 지 아니하되, 다만 다음 단어들은 그러한 동화가 적용된 형태를 표준어로 삼
> 는다(예 풋나기 → 풋내기, 남비 → 냄비, 동당이치다 → 동댕이치다).

[붙임 1] 다음 단어는 'ㅣ' 역행동화가 일어나지 아니한 형태를 표준어로 삼는
다(예 아지랭이 → 아지랑이).

[붙임 2] 기술자에게는 '-장이', 그 외에는 '-쟁이'가 붙는 형태를 표준어로 삼는다(예 미쟁이 → 미장이, 유기쟁이 → 유기장이, 멋장이 → 멋쟁이, 골목장이 → 골목쟁이, 소금장이 → 소금쟁이, 담장이 덩굴 → 담쟁이 덩굴).

> 제12항 '웃-' 및 '윗-'은 명사 '위'에 맞추어 '윗-'으로 통일한다(예 웃니 → 윗니, 웃도리 → 윗도리, 웃목 → 윗목, 웃몸 → 윗몸).

다만 1. 된소리나 거센소리 앞에서는 '위-'로 한다(예 웃쪽 → 위쪽, 웃층 → 위층).
다만 2. '아래, 위'의 대립이 없는 단어는 '웃-'으로 발음되는 형태를 표준어로 삼는다(예 윗어른 → 웃어른, 윗옷 → 웃옷, 윗돈 → 웃돈, 윗국 → 웃국, 윗비 → 웃비).

> 제13항 한자 '구(句)'가 붙어서 이루어진 단어는 '귀'로 읽는 것을 인정하지 아니하고, '구'로 통일한다(예 귀절 → 구절(句節), 경귀 → 경구(警句), 대귀 → 대구(對句), 문귀 → 문구(文句), 성귀 → 성구(成句), 시귀 → 시구(詩句), 어귀 → 어구(語句)).

다만, 다음 단어는 '귀'로 발음되는 형태를 표준어로 삼는다(예 구글 → 귀글, 글구 → 글귀).

ⓒ 준말

> 제16항 준말과 본말이 다 같이 널리 쓰이면서 준말의 효용이 뚜렷이 인정되는 것은 두 가지를 다 표준어로 삼는다.

거짓-부리/거짓-불	노을/놀
막대기/막대	망태기/망태
머무르다/머물다	서두르다/서둘다
서투르다/서툴다	석새-삼베/석새-베
시-누이/시-뉘, 시-누	오-누이/오-뉘, 오-누
외우다/외다	이기죽-거리다/이죽-거리다

③ 어휘 선택의 변화에 따른 표준어 규정

㉠ 고어

> 제20항 사어(死語)가 되어 쓰이지 않게 된 단어는 고어로 처리하고, 현재 널리 사용되는 단어를 표준어로 삼는다. ( )안은 쓰이지 않는 말이다(예 난봉(봉), 낭떠러지(낭), 설거지-하다(설겆다), 애달프다(애닯다), 오동-나무(머귀나무), 자두(오얏)).

© 복수 표준어

> 제26항 한 가지 의미를 나타내는 형태 몇 가지가 널리 쓰이며 표준어 규정에 맞으면, 그 모두를 표준어로 삼는다.

가는-허리/잔-허리	가락-엿/가래-엿
가뭄/가물	가엾다/가엽다
감감-무소식/감감-소식	개수-통/설거지-통
게을러-빠지다/게을러-터지다	고깃-간/푸줏-간
곰곰/곰곰-이	관계-없다/상관-없다
극성-떨다/극성-부리다	기세-부리다/기세-피우다
기승-떨다/기승-부리다	넝쿨/덩굴
녘/쪽	다달-이/매-달
-다마다/-고말고	다박-나룻/다박-수염
덧-창/겉-창	돼지-감자/뚱딴지
들락-날락/들랑-날랑	딴-전/딴-청
-뜨리다/-트리다	마-파람/앞-바람
만큼/만치	멀찌감치/멀찌가니/멀찍이
모-내다/모-심다	모쪼록/아무쪼록
물-봉숭아/물-봉선화	민둥-산/벌거숭이-산
밑-층/아래-층	변덕-스럽다/변덕-맞다
보-조개/볼-우물	보통-내기/여간-내기/예사-내기
서럽다/섧다	성글다/성기다
-(으)세요/-(으)셔요	송이/송이-버섯
아무튼/어떻든/어쨌든/하여튼/여하튼	알은-척/알은-체
어이-없다/어처구니-없다	어저께/어제
여쭈다/여쭙다	여태-껏/이제-껏/입때-껏
옥수수/강냉이	욕심-꾸러기/욕심-쟁이
우레/천둥	을러-대다/을러-메다
의심-스럽다/의심-쩍다	-이에요/-이어요
자물-쇠/자물-통	재롱-떨다/재롱-부리다
제-가끔/제-각기	좀-처럼/좀-체
차차/차츰	척/체
천연덕-스럽다/천연-스럽다	철-따구니/철-딱서니/철-딱지
한턱-내다/한턱-하다	혼자-되다/홀로-되다
흠-가다/흠-나다/흠-지다	

표준어 규정(복수 표준어)

- **표준어 규정 제18항** : 다음 언어는 전자를 원칙으로 하고, 후자도 허용한다 (예 쇠-/소-, 괴다/고이다, 꾀다/꼬이다, 쐬다/쏘이다, 죄다/조이다).
- **표준어 규정 제19항** : 어감의 차이를 나타내는 단어 또는 발음이 비슷한 단어들이 다 같이 널리 쓰이는 경우에는 그 모두를 표준어로 삼는다(예 거슴츠레-하다/게슴츠레-하다, 고까/꼬까, 고린-내/코린-내, 구린-내/쿠린-내, 꺼림-하다/께름-하다, 나부랭이/너부렁이).

표준어 규정(한자어)

- **표준어 규정 제21항** : 고유어 계열의 단어가 널리 쓰이고 그에 대응되는 한자어 계열의 단어가 용도를 잃게 된 것은, 고유어 계열의 단어만을 표준어로 삼는다(예 말약 → 가루약, 방돌 → 구들장, 보행샷 → 길품삯, 맹눈 → 까막눈, 노닥다리 → 늙다리, 병암죽 → 떡암죽, 건빨래 → 마른빨래, 배달나무 → 박달나무, 답-전 → 논-밭, 화곽 → 성냥, 벽지다 → 외지다, 솟을문 → 솟을무늬, 피죽 → 죽데기, 분전 → 푼돈).
- **표준어 규정 제22항** : 고유어 계열의 단어가 생명력을 잃고 그에 대응되는 한자어 계열의 단어가 널리 쓰이면, 한자어 계열의 단어를 표준어로 삼는다(예 개다리 밥상 → 개다리 소반, 맞상 → 겸상, 높은 밥 → 고봉밥, 마바리집 → 마방집, 민주스럽다 → 민망스럽다, 구들고래 → 방고래, 뜸단지 → 부항단지, 둥근 파 → 양파, 군달 → 윤달, 알무 → 총각무, 잇솔 → 칫솔).

04장
현대
문법

(3) 표준 발음법

① 자음과 모음의 발음

> 제4항 'ㅏ, ㅐ, ㅓ, ㅔ, ㅗ, ㅚ, ㅜ, ㅟ, ㅡ, ㅣ'는 단모음(單母音)으로 발음한다.

[붙임] 'ㅚ, ㅟ'는 이중 모음으로 발음할 수 있다.

> 제5항 'ㅑ, ㅒ, ㅕ, ㅖ, ㅘ, ㅙ, ㅛ, ㅝ, ㅞ, ㅠ, ㅢ'는 이중 모음으로 발음한다.

다만 1. 용언의 활용형에 나타나는 '져, 쪄, 쳐'는 [저, 쩌, 처]로 발음한다(예 가지어 → 가져[가저], 찌어 → 쪄[쩌], 다치어 → 다쳐[다처]).
다만 3. 자음을 첫소리로 가지고 있는 음절의 'ㅢ'는 [ㅣ]로 발음한다(예 늴리리, 닁큼, 무늬, 띄어쓰기, 씌어, 틔어, 희어, 희떱다, 희망, 유희).
다만 4. 단어의 첫음절 이외의 '의'는 [ㅣ]로, 조사 '의'는 [ㅔ]로 발음함도 허용한다(예 주의[주의/주이], 협의[혀븨/혀비], 우리의[우리의/우리에], 강의의[강:의의/강:이에]).

② 음의 길이

> 제6항 모음의 장단을 구별하여 발음하되, 단어의 첫음절에서만 긴소리가 나타나는 것을 원칙으로 한다(예 눈보라[눈:보라], 말씨[말:씨], 밤나무[밤:나무], 많다[만:타], 멀리[멀:리], 벌리다[벌:리다]).

다만, 합성어의 경우에는 둘째 음절 이하에서도 분명한 긴소리를 인정한다(예 반신반의[반:신바:늬/반:신바:니], 재삼재사[재:삼재:사]).
[붙임] 용언의 단음절 어간에 어미 '-아/-어'가 결합되어 한 음절로 축약되는 경우에도 긴소리로 발음한다(예 보아 → 봐[봐:], 기어 → 겨[겨:], 되어 → 돼[돼:], 두어 → 둬[둬:], 하여 → 해[해:]).
다만, '오아 → 와, 지어 → 져, 찌어 → 쪄, 치어 → 쳐' 등은 긴소리로 발음하지 않는다.

> 제7항 긴소리를 가진 음절이라도, 다음과 같은 경우에는 짧게 발음한다.

- 단음절인 용언 어간에 모음으로 시작된 어미가 결합되는 경우(예 감다[감:따] – 감으니[가므니], 밟다[밥:따] – 밟으면[발브면])
  다만, 다음과 같은 경우에는 예외적이다(예 끌다[끌:다] – 끌어[끄:러], 떫다[떨:따] – 떫은[떨:븐], 벌다[벌:다] – 벌어[버:러], 썰다[썰:다] – 썰어[써:러]).
- 용언 어간에 피동, 사동의 접미사가 결합되는 경우(예 감다[감:따] – 감기다[감기다], 꼬다[꼬:다] – 꼬이다[꼬이다], 밟다[밥:따] – 밟히다[발피다])
  다만, 다음과 같은 경우에는 예외적이다(예 끌리다[끌:리다], 벌리다[벌:리다], 없애다[업:쌔다]).

[붙임] 다음과 같은 복합어에서는 본디의 길이에 관계없이 짧게 발음한다(예 밀−물, 썰−물, 쏜−살−같이, 작은−아버지).

③ 받침의 발음

> 제10항 겹받침 'ㄳ', 'ㄵ', 'ㄼ, ㄽ, ㄾ', 'ㅄ'은 어말 또는 자음 앞에서 각각 [ㄱ, ㄴ, ㄹ, ㅂ]으로 발음한다(예 넋[넉], 넋과[넉꽈], 앉다[안따], 여덟[여덜], 넓다[널따], 외곬[외골], 핥다[할따], 값[갑]).

다만, '밟−'은 자음 앞에서 [밥]으로 발음하고, '넓−'은 다음과 같은 경우에 [넙]으로 발음한다(예 밟다[밥:따], 밟소[밥:쏘], 밟지[밥:찌], 밟는[밥:는 → 밤:는], 밟게 [밥:께], 밟고[밥:꼬], 넓−죽하다[넙쭈카다], 넓−둥글다[넙뚱글다]).

> 제12항 받침 'ㅎ'의 발음은 다음과 같다.

- 'ㅎ(ㄶ, ㅀ)' 뒤에 'ㄱ, ㄷ, ㅈ'이 결합되는 경우에는, 뒤 음절 첫소리와 합쳐서 [ㅋ, ㅌ, ㅊ]으로 발음한다(예 놓고[노코], 좋던[조:턴], 쌓지[싸치], 많고[만: 코], 않던[안턴], 닳지[달치]).
  [붙임 1] 받침 'ㄱ(ㄺ), ㄷ, ㅂ(ㄼ), ㅈ(ㄵ)'이 뒤 음절 첫소리 'ㅎ'과 결합되는 경우에도, 역시 두 음을 합쳐서 [ㅋ, ㅌ, ㅍ, ㅊ]으로 발음한다(예 각하[가카], 먹히다[머키다], 밝히다[발키다], 맏형[마텽], 좁히다[조피다], 넓히다[널피다], 꽂히다[꼬치다], 앉히다[안치다]).
  [붙임 2] 규정에 따라 'ㄷ'으로 발음되는 'ㅅ, ㅈ, ㅊ, ㅌ'의 경우에도 이에 준한다 (예 옷 한 벌[오탄벌], 낮 한때[나탄때], 꽃 한 송이[꼬탄송이], 숱하다[수타다]).
- 'ㅎ(ㄶ, ㅀ)' 뒤에 'ㅅ'이 결합되는 경우에는, 'ㅅ'을 [ㅆ]으로 발음한다(예 닿소 [다:쏘], 많소[만:쏘], 싫소[실쏘]).
- 'ㅎ' 뒤에 'ㄴ'이 결합되는 경우에는, [ㄴ]으로 발음한다(예 놓는[논는], 쌓네[싼 네]).
  [붙임] 'ㄶ, ㅀ' 뒤에 'ㄴ'이 결합되는 경우에는, 'ㅎ'을 발음하지 않는다(예 않네 [안네], 않는[안는], 뚫네[뚤네 → 뚤레], 뚫는[뚤는 → 뚤른]).
- 'ㅎ(ㄶ, ㅀ)' 뒤에 모음으로 시작된 어미나 접미사가 결합되는 경우에는, 'ㅎ'을 발음하지 않는다(예 낳은[나은], 놓아[노아], 쌓이다[싸이다], 많아[마:나], 않 은[아는], 닳아[다라], 싫어도[시러도]).

> 제15항 받침 뒤에 모음 'ㅏ, ㅓ, ㅗ, ㅜ, ㅟ'들로 시작되는 실질형태소가 연결 되는 경우에는, 대표음으로 바꾸어서 뒤 음절 첫소리로 옮겨 발음한다(예 밭 아래[바다래], 늪 앞[느밥], 젖어미[저더미], 겉옷[거돋], 꽃 위[꼬뒤]).

다만, '맛있다, 멋있다'는 [마싣따], [머싣따]로도 발음할 수 있다.
[붙임] 겹받침의 경우에는, 그 중 하나만을 옮겨 발음한다(예 넋 없다[너겁따], 닭 앞에[다가페], 값어치[가버치], 값있는[가빈는]).

SEMI-NOTE

표준 발음법(받침의 발음)

- **표준 발음법 제9항** : 받침 'ㄲ, ㅋ', 'ㅅ, ㅆ, ㅈ, ㅊ, ㅌ', 'ㅍ'은 어말 또는 자음 앞에서 각각 대표음[ㄱ, ㄷ, ㅂ]으로 발음한다(예 닦다[닥따], 키읔[키윽], 키읔과[키윽꽈], 옷[옫], 웃다[욷:따], 있다[읻따], 젖[젇]).
- **표준 발음법 제11항** : 겹받침 'ㄺ, ㄻ, ㄿ'은 어말 또는 자음 앞에서 각각 [ㄱ, ㅁ, ㅂ]으로 발음한다(예 닭[닥], 흙과 [흑꽈], 맑다[막따], 늙지[늑찌], 삶[삼:], 젊다[점:따], 읊고[읍꼬], 읊다[읍따]). 다만, 용언의 어간 말음 'ㄺ'은 'ㄱ' 앞에서 [ㄹ]로 발음한다(예 맑게[말께], 묽고[물꼬], 얽거나[얼꺼나]).
- **표준 발음법 제14항** : 겹받침이 모음 으로 시작된 조사나 어미, 접미사와 결합되는 경우에는, 뒤엣것만을 뒤 음 절 첫소리로 옮겨 발음한다. 이 경우, 'ㅅ'은 된소리로 발음한다(예 넋이[넉 씨], 앉아[안자], 닭을[달글], 젊어[절 머], 곬이[골씨], 핥아[할타], 읊어[을 퍼], 값을[갑쓸], 없어[업:써]).

④ 음의 동화

제17항 받침 'ㄷ, ㅌ(ㄾ)'이 조사나 접미사의 모음 'ㅣ'와 결합되는 경우에는, [ㅈ, ㅊ]으로 바꾸어서 뒤 음절 첫소리로 옮겨 발음한다(예 곧이듣다[고지듣따], 굳이[구지], 미닫이[미:다지], 땀받이[땀바지], 밭이[바치]).

[붙임] 'ㄷ' 뒤에 접미사 '히'가 결합되어 '티'를 이루는 것은 [치]로 발음한다(예 굳히다[구치다], 닫히다[다치다], 묻히다[무치다]).

제18항 받침 'ㄱ(ㄲ, ㅋ, ㄳ, ㄺ), ㄷ(ㅅ, ㅆ, ㅈ, ㅊ, ㅌ, ㅎ), ㅂ(ㅍ, ㄼ, ㄿ, ㅄ)'은 'ㄴ, ㅁ' 앞에서 [ㅇ, ㄴ, ㅁ]으로 발음한다(예 먹는[멍는], 국물[궁물], 깎는[깡는], 키읔만[키응만], 몫몫이[몽목씨], 긁는[긍는], 흙만[흥만]).

[붙임] 두 단어를 이어서 한 마디로 발음하는 경우에도 이와 같다(예 책 넣는다[챙넌는다], 흙 말리다[흥말리다], 옷 맞추다[온맏추다], 밥 먹는다[밤멍는다]).

제21항 위에서 지적한 이외의 자음 동화는 인정하지 않는다(예 감기[감:기](×[강:기]), 옷감[옫깜](×[옥깜]), 있고[읻꼬](×[익꼬]), 꽃길[꼳낄](×[꼭낄]), 젖먹이[전머기](×[점머기]), 문법[문뻡](×[뭄뻡])).

⑤ 된소리되기(경음화) ★ 빈출개념

제24항 어간 받침 'ㄴ(ㄵ), ㅁ(ㄻ)' 뒤에 결합되는 어미의 첫소리 'ㄱ, ㄷ, ㅅ, ㅈ'은 된소리로 발음한다(예 신고[신:꼬], 껴안다[껴안따], 앉고[안꼬], 더듬지[더듬찌], 닮고[담:꼬], 젊지[점:찌]).

다만, 피동, 사동의 접미사 '-기-'는 된소리로 발음하지 않는다(예 안기다, 감기다, 굶기다, 옮기다).

제25항 어간 받침 'ㄼ, ㄾ' 뒤에 결합되는 어미의 첫소리 'ㄱ, ㄷ, ㅅ, ㅈ'은 된소리로 발음한다(예 넓게[널께], 핥다[할따], 훑소[훌쏘], 떫지[떨:찌]).

제26항 한자어에서, 'ㄹ' 받침 뒤에 연결되는 'ㄷ, ㅅ, ㅈ'은 된소리로 발음한다(예 갈등[갈뜽], 발전[발쩐], 갈증[갈쯩]).

다만, 같은 한자가 겹쳐진 단어의 경우에는 된소리로 발음하지 않는다(예 허허실실(虛虛實實)[허허실실], 절절하다(切切-)[절절하다]).

제27항 관형사형 '-(으)ㄹ' 뒤에 연결되는 'ㄱ, ㄷ, ㅂ, ㅅ, ㅈ'은 된소리로 발음한다(예 바를[할빠를], 할 도리[할또리], 할 적에[할쩌게]).

다만, 끊어서 말할 적에는 예사소리로 발음한다.

[붙임] '-(으)ㄹ'로 시작되는 어미의 경우에도 이에 준한다(예 할걸[할껄], 할밖에 [할빠께], 할세라[할쎄라], 할수록[할쑤록], 할지라도[할찌라도]).

⑥ 음의 첨가

> 제29항 합성어 및 파생어에서, 앞 단어나 접두사의 끝이 자음이고 뒤 단어나 접 미사의 첫음절이 '이, 야, 여, 요, 유'인 경우에는, 'ㄴ' 음을 첨가하여 [니, 냐, 녀, 뇨, 뉴]로 발음한다(예 솜-이불[솜:니불], 홑-이불[혼니불], 삯-일[상닐], 맨-입[맨닙], 내복-약[내:봉냑], 한-여름[한녀름], 남존-여비[남존녀비], 색-연필[생년필], 직행-열차[지캥녈차], 늑막-염[능망념], 콩-엿[콩녇], 눈-요기 [눈뇨기], 식용-유[시굥뉴], 밤-윷[밤:뉻]).

다만, 다음과 같은 말들은 'ㄴ'음을 첨가하여 발음하되, 표기대로 발음할 수 있다 (예 이죽-이죽[이중니죽/이주기죽], 야금-야금[야금냐금/야그먀금], 검열[검: 녈/거:멸], 욜랑-욜랑[욜랑뇰랑/욜랑욜랑], 금융[금늉/그뮹]).

[붙임 1] 'ㄹ' 받침 뒤에 첨가되는 'ㄴ' 음은 [ㄹ]로 발음한다(예 들-일[들:릴], 솔-잎[솔립], 설-익다[설릭따], 물-약[물략], 서울-역[서울력], 물-엿[물렫], 유들-유들[유들류들]).

[붙임 2] 두 단어를 이어서 한 마디로 발음하는 경우에도 이에 준한다(예 한 일 [한닐], 옷 입다[온닙따], 서른여섯[서른녀섣], 3연대[삼년대], 1연대[일련대], 할 일[할릴], 잘 입다[잘립따], 스물여섯[스물려섣], 먹을 엿[머글렫]).

다만, 다음과 같은 단어에서는 'ㄴ(ㄹ)' 음을 첨가하여 발음하지 않는다(예 6·25[유기오], 3·1절[사밀쩔], 송별-연[송:벼련], 등-용문[등용문]).

> 제30항 사이시옷이 붙은 단어는 다음과 같이 발음한다.

- 'ㄱ, ㄷ, ㅂ, ㅅ, ㅈ'으로 시작하는 단어 앞에 사이시옷이 올 때는 이들 자음만 을 된소리로 발음하는 것을 원칙으로 하되, 사이시옷을 [ㄷ]으로 발음하는 것 도 허용한다(예 냇가[내:까/낻:까], 샛길[새:낄/샏:낄], 콧등[코뜽/콛뜽], 깃발 [기빨/긷빨]).
- 사이시옷 뒤에 'ㄴ, ㅁ'이 결합되는 경우에는 [ㄴ]으로 발음한다(예 콧날[콛날 → 콘날], 아랫니[아랟니 → 아랜니], 툇마루[퇻:마루 → 퇸:마루]).
- 사이시옷 뒤에 '이' 음이 결합되는 경우에는 [ㄴㄴ]으로 발음한다(예 베갯잇[베 갣닏 → 베갠닏], 깻잎[깯닙 → 깬닙], 나뭇잎[나묻닙 → 나문닙]).

(4) 외래어 표기법

① 본문

> 제1항 외래어는 국어의 현용 24자모만으로 적는다.
> 제2항 외래어의 1음운은 원칙적으로 1기호로 적는다.

SEMI-NOTE

표준 발음법('ㄴ'음의 첨가 조건)
- '영업용'과 같이 접미사 '-용'이 결합 된 경우에도 'ㄴ'이 첨가되지만 이때 의 '-용'은 어휘적인 의미를 강하게 지님
- 소리적인 측면에서 앞말은 자음으로 끝나고 뒷말은 단모음 '이' 또는 이중 모음 '야, 여, 요, 유'로 시작해야 하므 로, 이때 첨가되는 'ㄴ'은 뒷말의 첫소 리에 놓임

표준 발음법(사이시옷 표기)
- 다음 단어들은 사잇소리현상은 있으 되 한자와 한자 사이에 사이시옷 표기 를 하지 않는다는 규정을 따른다(예 소주잔(燒酒盞)[--짠], 맥주잔(麥酒盞) [-쭈짠]).
- 한자와 고유어로 이루어진 다음의 단 어들은 사이시옷 표기를 한다(예 소줏 집, 맥줏집, 전셋집).

꼭 알아 두어야 할 외래어 표기 규정

- 7종성 받침만 쓰는 규정(ㄱ, ㄴ, ㄹ, ㅁ, ㅂ, ㅅ, ㅇ) : 케잌(×) → 케이크(○), 커피숖(×) → 커피숍(○), 맑스(×) → 마르크스, 테잎(×) → 테이프(○), 디스켙(×) → 디스켓(○)
- 장모음 금지 규정 : 보오트(×) → 보트(○), 처칠(×) → 처칠(○), 티임(×) → 팀(○)
- 'ʒ'계 후행 모음의 단모음 표기 규정 (복모음 금지) : 비젼(×) → 비전(○), 쥬스(×) → 주스(○), 스케쥴(×) → 스케줄(○), 레져(×) → 레저(○), 챠트 (×) → 차트(○)
- 파열음 표기에서의 된소리 금지 규정 : 까스(×) → 가스(○), 써비스(×) → 서비스(○), 도꾜(×) → 도쿄(○), 꽁트 (×) → 콩트(○), 빠리(×) → 파리(○)
- 한 음운을 한 기호로 표기('f'는 'ㅍ'로 적음) : 후라이(×) → 프라이(○), 플렛홈(platform)(×) → 플랫폼, 화이팅 (×) → 파이팅(○)
- 어말의 [ʃ]는 '시'로, 자음 앞의 [ʃ]는 '슈'로, 모음 앞의 [ʃ]는 뒤에 오는 모음 따라 표기 : flash[플래시], shrub[슈러브], fashion[패션], supermarket[슈퍼마켓]
- 어중의 [l]이 모음 앞에 오거나 모음이 따르지 않는 비음 [m], [n] 앞에 올 때는 'ㄹㄹ'로 표기 하는데 비해, 비음 [m], [n] 뒤의 [l]은 모음이 뒤에 오는 경우 'ㄹ'로 표기 : slide[슬라이드], film[필름], Hamlet[햄릿]

제3항 받침에는 'ㄱ, ㄴ, ㄹ, ㅁ, ㅂ, ㅅ, ㅇ'만을 쓴다(7종성법 적용, 'ㄷ'은 제외됨).

제4항 파열음 표기에는 된소리를 쓰지 않는 것을 원칙으로 한다.

제5항 이미 굳어진 외래어는 관용을 존중하되, 그 범위와 용례는 따로 정한다.

② 제 2장 표기 일람표(표1 국제 음성 기호와 한글 대조표)

자음			반모음		모음	
국제 음성 기호	한글		국제 음성 기호	한글	국제 음성 기호	한글
	모음 앞	자음 앞				
p	ㅍ	ㅂ, ㅍ	j	이	i	이
b	ㅂ	ㅂ	ɥ	위	y	위
t	ㅌ	ㅅ, ㅌ	w	오, 우	e	에
d	ㄷ	드			ø	외
k	ㅋ	ㄱ, 크			ɛ	에
g	ㄱ	그			ɛ̃	앵
f	ㅍ	프			œ	외
v	ㅂ	브			œ̃	욍
θ	ㅅ	스			æ	애
ð	ㄷ	드			a	아
s	ㅅ	스			ɑ	아
z	ㅈ	즈			ɑ̃	앙
ʃ	시	슈, 시			ʌ	어
ʒ	ㅈ	지			ɔ	오
ts	ㅊ	츠			ɔ̃	옹
dz	ㅈ	즈			o	오
ʧ	ㅊ	치			u	우
ʤ	ㅈ	지			ə	어
m	ㅁ	ㅁ			ɚ	어
n	ㄴ	ㄴ				
ɲ	니	뉴				
ŋ	ㅇ	ㅇ				
l	ㄹ, ㄹㄹ	ㄹ				
r	ㄹ	르				
h	ㅎ	흐				
ç	ㅎ	히				
x	ㅎ	흐				

③ 외래어 표기법 제3장 제1절 영어의 표기 ★ 빈출개념

제1항 무성 파열음([p], [t], [k])
• 짧은 모음 다음의 어말 무성 파열음([p], [t], [k])은 받침으로 적는다(예 gap[gæp] 갭, cat[kæt] 캣, book[buk] 북).
• 짧은 모음과 유음, 비음([l], [r], [m], [n]) 이외의 자음 사이에 오는 무성 파열음([p], [t], [k])은 받침으로 적는다(예 apt[æpt] 앱트, setback[setbæk] 셋백, act[ækt] 액트).
• 위 경우 이외의 어말과 자음 앞의 [p], [t], [k]는 '으'를 붙여 적는다(예 stamp[stæmp] 스탬프, cape[keip] 케이프, part[pɑ:t] 파트, desk[desk] 데스크, make[meik] 메이크, apple[æpl] 애플, mattress[mætris] 매트리스, sickness[siknis] 시크니스).

제3항 마찰음([s], [z], [f], [v], [θ], [ð], [ʃ], [ʒ])
• 어말 또는 자음 앞의 [s], [z], [f], [v], [θ], [ð]는 '으'를 붙여 적는다(예 mask[mɑ:sk] 마스크, jazz[dʒæz] 재즈, graph[græf] 그래프, olive[ɔliv] 올리브, thrill[θril] 스릴, bathe[beið] 베이드).
• 어말의 [ʃ]는 '시'로 적고, 자음 앞의 [ʃ]는 '슈'로, 모음 앞의 [ʃ]는 뒤따르는 모음에 따라 '샤', '섀', '셔', '셰', '쇼', '슈', '시'로 적는다(예 flash[flæʃ] 플래시, shrub[ʃrʌb] 슈러브, shark[ʃɑ:k] 샤크, shank[ʃæŋk] 섕크, fashion[fæʃən] 패션, sheriff[ʃerif] 셰리프, shopping[ʃɔpiŋ] 쇼핑, shoe[ʃu:] 슈).
• 어말 또는 자음 앞의 [ʒ]는 '지'로 적고, 모음 앞의 [ʒ]는 'ㅈ'으로 적는다(예 mirage[mirɑ:ʒ] 미라지, vision[viʒən] 비전).

제6항 유음([l])
• 어말 또는 자음 앞의 [l]은 받침으로 적는다(예 hotel[houtel] 호텔, pulp[pʌlp] 펄프).
• 어중의 [l]이 모음 앞에 오거나, 모음이 따르지 않는 비음([m], [n]) 앞에 올 때에는 'ㄹㄹ'로 적는다. 다만, 비음([m], [n]) 뒤의 [l]은 모음 앞에 오더라도 'ㄹ'로 적는다(예 slide[slaid] 슬라이드, film[film] 필름, helm[helm] 헬름, swoln[swouln] 스월른, Hamlet[hæmlit] 햄릿, Henley[henli] 헨리).

제9항 반모음([w], [j])
• [w]는 뒤따르는 모음에 따라 [wə], [wɔ], [wou]는 '워', [wa]는 '와', [wæ]는 '왜', [we]는 '웨', [wi]는 '위', [wu]는 '우'로 적는다(예 word[wə:d] 워드, want[wɔnt] 원트, woe[wou] 워, wander[wandə] 완더, wag[wæg] 왜그, west[west] 웨스트, witch[witʃ] 위치, wool[wul] 울).
• 자음 뒤에 [w]가 올 때에는 두 음절로 갈라 적되, [gw], [hw], [kw]는 한 음절로 붙여 적는다(예 swing[swiŋ] 스윙, twist[twist] 트위스트, penguin[peŋgwin] 펭귄, whistle[hwisl] 휘슬, quarter[kwɔ:tə] 쿼터).

SEMI-NOTE

외래어 표기법 제3장
• 2항 유성 파열음([b], [d], [g]) : 어말과 모든 자음 앞에 오는 유성 파열음은 '으'를 붙여 적는다(예 bulb[bʌlb] 벌브, land[lænd] 랜드, zigzag[zigzæg] 지그재그, lobster[lɔbstə] 로브스터, kidnap[kidnæp] 키드냅, signal[signəl] 시그널).
• 제4항 파찰음([ts], [dz], [tʃ], [dʒ])
– 어말 또는 자음 앞의 [ts], [dz]는 '츠', '즈'로 적고, [tʃ], [dʒ]는 '치', '지'로 적는다(예 keats[ki:ts] 키츠, odds[ɔdz] 오즈, switch[switʃ] 스위치, bridge[bridʒ] 브리지, hitchhike[hitʃhaik] 히치하이크).
– 모음 앞의 [tʃ], [dʒ]는 'ㅊ', 'ㅈ'으로 적는다(예 chart[tʃɑ:t] 차트, virgin[və:dʒin] 버진).
• 제5항 비음([m], [n], [ŋ])
– 어말 또는 자음 앞의 비음은 모두 받침으로 적는다(예 steam[sti:m] 스팀, corn[kɔ:n] 콘, ring[riŋ] 링, lamp[læmp] 램프, hint[hint] 힌트, ink[iŋk] 잉크).
– 모음과 모음 사이의 [ŋ]은 앞 음절의 받침 'ㅇ'으로 적는다(예 hanging[hæŋiŋ] 행잉, longing[lɔŋiŋ] 롱잉).
• 제7항 장모음 : 장모음의 장음은 따로 표기하지 않는다(예 team[ti:m] 팀, route[ru:t] 루트).
• 제8항 중모음([ai], [au], [ei], [ɔi], [ou], [auə]) : 중모음은 각 단모음의 음가를 살려서 적되, [ou]는 '오'로, [auə]는 '아워'로 적는다(예 time[taim] 타임, house[haus] 하우스, skate[skeit] 스케이트, oil[ɔil] 오일, boat[bout] 보트, tower[tauə] 타워).

• 반모음 [j]는 뒤따르는 모음과 합쳐 '야', '얘', '여', '예', '요', '유', '이'로 적는다. 다만, [d], [l], [n] 다음에 [jə]가 올 때에는 각각 '디어', '리어', '니어'로 적는다 (예 yard[jaːd] 야드, yearn[jəːn] 연, yellow[jelou] 옐로, yawn[jɔːn] 욘, you[juː] 유, year[jiə] 이어, Indian[indiən] 인디언, union[juːnjən] 유니언).

제10항 복합어
• 따로 설 수 있는 말의 합성으로 이루어진 복합어는 그것을 구성하고 있는 말이 단독으로 쓰일 때의 표기대로 적는다(예 cuplike[kʌplaik] 컵라이크, bookend[bukend] 북엔드, headlight[hedlait] 헤드라이트, touchwood[tʌtʃwud] 터치우드, sit-in[sitin] 싯인, bookmaker[bukmeikə] 북메이커, flashgun[flæʃgʌn] 플래시건).
• 원어에서 띄어 쓴 말은 띄어 쓴 대로 한글 표기를 하되, 붙여 쓸 수도 있다(예 Los Alamos[lɔs æləmous] 로스 앨러모스/로스앨러모스, top class[tɔpklæs] 톱 클래스/톱클래스).

주의해야 할 기타 외래어 표기법

단어	표기
handling	핸들링
chocolate	초콜릿
jacket	재킷
ambulance	앰뷸런스
juice	주스
balance	밸런스
montage	몽타주
business	비즈니스
original	오리지널
cake	케이크
finale	피날레
champion	챔피언
calendar	캘린더
sunglass	선글라스
symbol	심벌

④ **주의해야 할 외래어 표기법**

단어	표기	단어	표기	단어	표기
accelerator	액셀러레이터	carpet	카펫	accessory	액세서리
adapter	어댑터	catalog	카탈로그	imperial	임피리얼
christian	크리스천	climax	클라이맥스	coffee shop	커피숍
badge	배지	conte	콩트	margarine	마가린
barbecue	바비큐	counselor	카운슬러	massage	마사지
battery	배터리	cunning	커닝	mass-game	매스게임
biscuit	비스킷	curtain	커튼	message	메시지
boat	보트	cut	컷	milkshake	밀크셰이크
body	보디	data	데이터	dessin	데생
Burberry	바바리	dynamic	다이내믹	narration	내레이션
endorphin	엔도르핀	enquete	앙케트	eye-shadow	아이섀도
offset	오프셋	centimeter	센티미터	pamphlet	팸플릿
chandelier	샹들리에	frontier	프런티어	pierrot	피에로
chassis	섀시	caramel	캐러멜	shadow	섀도
sponge	스펀지	royalty	로열티	trot	트로트
washer	와셔	sandal	샌들	tumbling	텀블링
sash	새시	ValentineDay	밸런타인데이	sausage	소시지
symposium	심포지엄	windows	윈도	workshop	워크숍
saxophone	색소폰	talent	탤런트	yellow-card	옐로카드
scarf	스카프	target	타깃	schedule	스케줄
teamwork	팀워크	leadership	리더십	buffet	뷔페

(5) 국어의 로마자 표기법

① 제 1장 표기의 기본 원칙

제1항 국어의 로마자 표기는 국어의 표준 발음법에 따라 적는 것을 원칙으로 한다.
제2항 로마자 이외의 부호는 되도록 사용하지 않는다.

② 제2장 표기 일람

제1항 모음은 다음 각호와 같이 적는다.

단모음	ㅏ	ㅓ	ㅗ	ㅜ	ㅡ	ㅣ	ㅐ	ㅔ	ㅚ	ㅟ
	a	eo	o	u	eu	i	ae	e	oe	wi
이중 모음	ㅑ	ㅕ	ㅛ	ㅠ	ㅒ	ㅖ	ㅘ	ㅙ	ㅝ	ㅞ	ㅢ
	ya	yeo	yo	yu	yae	ye	wa	wae	wo	we	ui

제2항 자음은 다음 각호와 같이 적는다.

파열음		파찰음		마찰음		비음		유음	
ㄱ	g, k	ㄲ	kk	ㅈ	j	ㅅ	s	ㄴ	n	ㄹ	r, l
ㅋ	k	ㄷ	d, t	ㅉ	jj	ㅆ	ss	ㅁ	m		
ㄸ	tt	ㅌ	t			ㅊ	ch	ㅎ	h	ㅇ	ng
ㅂ	b, p	ㅃ	pp								

③ 제3장 표기상의 유의점

제1항 음운 변화가 일어날 때에는 변화의 결과에 따라 다음 각호와 같이 적는다.

- 자음 사이에서 동화 작용이 일어나는 경우(예 백마[뱅마] Baengma, 신문로[신문노] Sinmunno, 종로[종노] Jongno, 왕십리[왕심니] Wangsimni)
- 'ㄴ, ㄹ'이 덧나는 경우(예 학여울[항녀울] Hangnyeoul)
- 구개음화가 되는 경우(예 해돋이[해도지] haedoji, 같이[가치] gachi)
- 'ㄱ, ㄷ, ㅂ, ㅈ'이 'ㅎ'과 합하여 거센소리로 소리 나는 경우(예 좋고[조코] joko, 놓다[노타] nota)

다만, 체언에서 'ㄱ, ㄷ, ㅂ' 뒤에 'ㅎ'이 따를 때에는 'ㅎ'을 밝혀 적는다(예 집현전(Jiphyeonjeon)).

[붙임] 된소리되기는 표기에 반영하지 않는다(예 압구정(Apgujeong), 낙성대(Nakseongdae)).

제2장 표기 일람
- 제1항 붙임
  - [붙임 1] : 'ㅢ'는 'ㅣ'로 소리 나더라도 ui로 적는다(예 광희문 Gwanghuimun).
  - [붙임 2] : 장모음의 표기는 따로 하지 않는다.
- 제2항 붙임
  - [붙임 1] : 'ㄱ, ㄷ, ㅂ'은 모음 앞에서는 'g, d, b'로, 자음 앞이나 어말에서는 'k, t, p'로 적는다(예 구미 Gumi, 영동 Yeongdong).
  - [붙임 2] : 'ㄹ'은 모음 앞에서는 'r'로, 자음 앞이나 어말에서는 'l'로 적는다. 단, 'ㄹㄹ'은 'll'로 적는다(예 옥천 Okcheon, 태백 Taebaek).

제 3장 표기상의 유의점
- 제2항 : 발음상 혼동의 우려가 있을 때에는 음절 사이에 붙임표(-)를 쓸 수 있다(예 중앙(Jung-ang), 해운대(Hae-undae)).
- 제3항 : 고유 명사는 첫 글자를 대문자로 적는다(예 부산(Busan), 세종(Sejong)).
- 제5항 : '도, 시, 군, 구, 읍, 면, 리, 동'의 행정 구역 단위와 '가'는 각각 'do, si, gun, gu, eup, myeon, ri, dong, ga'로 적고, 그 앞에는 붙임표(-)를 넣는다. 붙임표(-) 앞뒤에서 일어나는 음운 변화는 표기에 반영하지 않는다(예 충청북도(Chungcheongbuk-do), 제주도(Jeju-do)).
  [붙임] '시, 군, 읍'의 행정 구역 단위는 생략할 수 있다.
- 제7항 : 인명, 회사명, 단체명 등은 그동안 써 온 표기를 쓸 수 있다.

제4항 인명은 성과 이름의 순서로 띄어 쓴다. 이름은 붙여 쓰는 것을 원칙으로 하되 음절 사이에 붙임표(−)를 쓰는 것을 허용한다(예 민용하 Min Yongha (Min Yong-ha), 송나리 Song Nari (Song Na-ri)).

• 이름에서 일어나는 음운 변화는 표기에 반영하지 않는다.
• 성의 표기는 따로 정한다.

제6항 자연 지물명, 문화재명, 인공 축조물명은 붙임표(−) 없이 붙여 쓴다(예 남산(Namsan), 속리산(Songnisan), 경복궁(Gyeongbokgung)).

나두공

05장 논리적인 말과 글

01절 쓰기 및 말하기, 듣기의 본질

02절 논리적 전개와 독해

논리적인 말과 글

주제의 개념과 기능

• **주제의 개념** : 글을 통해서 나타내고자 하는 글쓴이의 중심 생각
• **주제의 기능**
 – 글의 내용에 통일성 부여
 – 소재 선택의 기준이 됨
 – 글쓴이의 생각과 의도를 명확하게 만들어 줌

구성, 개요의 개념

• **구성의 개념** : 수집, 정리한 제재에 질서에 알맞게 배열하는 것으로 글의 짜임 또는 글의 뼈대가 되는 설계도
• **개요의 개념** : 주제와 목적에 맞게 글감을 효과적으로 배치하는 글의 설계도

주제문의 위치에 따른 구성

두괄식	주제문 + 뒷받침 문장 → 연역적 구성
미괄식	뒷받침 문장 + 주제문 → 귀납적 구성
양괄식	주제문 + 뒷받침 문장 + 주제문
중괄식	뒷받침 문장 + 주제문 + 뒷받침 문장

01절 쓰기 및 말하기, 듣기의 본질

1. 쓰기 및 말하기와 듣기

(1) 쓰기

① **쓰기의 개념** : 글 쓰는 사람의 생각이나 느낌을 글로 정확하게 표현하는 일
② **쓰기의 과정** : 주제 설정 → 재료의 수집 및 선택 → 구성 및 개요 작성 → 집필 → 퇴고
③ **구성 및 개요 작성**

전개식 구성 (자연적 구성)	시간적 구성	사건의 시간적 순서에 따라 전개되는 구성(기행문, 일기, 전기문, 기사문 등)
	공간적 구성	사물의 위치, 공간의 변화에 따라 전개되는 구성
종합적 구성 (논리적 구성)	단계식 구성	구성 단계에 따라 전개되는 구성(3단, 4단, 5단 구성)
	포괄식 구성	중심 문장과 뒷받침 문장을 효과적으로 배열하는 방식(두괄식, 미괄식, 양괄식, 중괄식)
	열거식 구성 (병렬식 구성)	글의 중심 내용이 여러 곳에 산재해 있는 방식(대등한 문단들이 병렬적으로 배열되는 구성)열거식 구성(병렬식 구성)
	점층식 구성	중요성이 작은 것에서 큰 것으로 전개(↔ 점강식 구성)
	인과식 구성	원인 + 결과, 결과 + 원인

④ **집필**
 • **집필의 개념** : 조직된 내용을 목적과 절차에 따라 글로 표현하는 것(구상의 구체화)
 • **집필의 순서** : 제목 정하기 → 서두 쓰기 → 본문 쓰기 → 결말 쓰기
⑤ **퇴고(고쳐 쓰기)**
 • **퇴고의 개념** : 글을 쓰고 나서 내용, 맞춤법이나 띄어쓰기 등을 검토하여 바르게 고치는 것으로 글 전체를 다듬는 마지막 과정
⑥ **글 다듬기** ★ 빈출개념
 ㉠ 잘못된 단어의 선택
  • 어젯밤에는 눈이 많이 내리더니 밤에는 <u>강추위</u>까지 겹쳤다. → 어젯밤에는 눈이 많이 내리더니 밤에는 <u>추위</u>까지 겹쳤다.
  • 서울에서 대구까지 비행기 <u>값</u>이 얼마냐? → 서울에서 대구까지 비행기 <u>삯</u>이 얼마냐?
  • 나는 <u>굉장히</u> 작은 찻잔을 보았다. → 나는 <u>무척</u> 작은 찻잔을 보았다.

잘못된 단어의 선택

• **강추위** : 눈도 오지 않고 바람도 불지 않으면서 몹시 추운 추위
• **값과 삯**
 – 값 : 물건에 일정하게 매긴 액수
 – 삯 : 어떤 물건이나 시설을 이용하고 주는 대가
• **굉장하다** : 규모가 아주 크고 훌륭함

ⓒ 잘못된 시제의 사용
- 영화를 보고 나니 열두 시가 넘겠다. → 영화를 보고 나니 열두 시가 넘었다.
- 많은 관심 부탁드리겠습니다. → 많은 관심 부탁드립니다.
- 내가 일본에 2년 전에 갔을 때보다 지금이 훨씬 좋았다. → 내가 일본에 2년 전에 갔었을 때보다 지금이 훨씬 좋았다.

ⓒ 잘못된 높임의 사용
- 철우야, 너 선생님이 빨리 오래. → 철우야, 너 선생님께서 빨리 오라서.
- 총장님의 말씀이 계시겠습니다. → 총장님의 말씀이 있으시겠습니다.
- 우리 아버지께서는 눈이 참 밝아요. → 우리 아버지께서는 눈이 참 밝으세요.

ⓒ 필수 성분의 생략
- 본격적인 도로 복구공사가 언제 시작되고, 언제 개통될지 모르는 상황이다. → 본격적인 도로 복구공사가 언제 시작되고, (도로가) 언제 개통될지 모르는 상황이다.
- 인간은 자연을 정복하기도 하고, 때로는 순응하기도 하면서 살아간다. → 인간은 자연을 정복하기도 하고, 때로는 (자연에) 순응하기도 하면서 살아간다.
- 이 차에는 짐이나 사람을 더 태울 수 있는 자리가 남아 있다. → '이나'는 둘 이상의 사물을 같은 자격으로 이어 주는 접속 조사고, 이에 의해 구문을 잇는 과정에서는 공통된 요소만 생략할 수 있다.

ⓒ 불필요한 성분
- 방학 기간 동안 잠을 실컷 잤다.
- 돌이켜 회고해 보건대 나는 파란만장한 삶을 살았다.
- 순간 그녀의 머릿속에는 뇌리를 스치는 기억이 있었다.

(2) 말하기, 듣기의 정의와 유형

① 말하기, 듣기의 정의 : 자신의 생각과 감정을 말로써 표현하고, 상대방의 생각과 감정을 말로써 이해하는 것

② 말하기의 유형
- ⓒ 설명 : 정보 전달을 통해 상대를 이해시키는 것을 목적으로 하는 말하기 유형
- ⓒ 설득 : 주장 입증을 통해 상대를 설득하는 것을 목적으로 하는 말하기 유형
- ⓒ 대화 : 대표적 유형으로 토의와 토론이 있음
- ⓒ 대담(對談) : 마주 대하고 말함. 또는 그런 말
- ⓒ 좌담(座談) : 여러 사람이 한자리에 모여 앉아서 어떤 문제에 대하여 의견이나 견문을 나누는 일이나 그런 이야기
- ⓒ 정담(鼎談) : 세 사람이 솥발처럼 벌려 마주 앉아서 하는 이야기

2. 토의와 토론

(1) 토의 ★빈출개념

① 토의의 개념과 목적

ㄱ 토의의 개념 : 두 사람 이상이 모여 집단 사고의 과정을 거쳐 어떤 문제의 해결을 시도하는 논의의 형태

ㄴ 토의의 목적 : 집단 사고를 통한 최선의 문제 해결방안 모색

② 토의의 절차 : 문제에 대한 의미 확정 → 문제의 분석과 음미 → 가능한 모든 해결안 제시와 검토 → 최선의 해결안 선택 → 해결안 시행 방안 모색

③ 토의의 종류

각 토의의 의의

- **심포지엄의 의의** : 어떤 논제를 가지고 그 분야의 전문가 및 권위자(3~6명)가 사회자의 진행 아래 강연식으로 발표하고, 다수의 청중과 질의 응답하는 형식
- **포럼의 의의** : 개방된 장소에서 공공 문제에 대해 청중과 질의 응답하는 공개 토의
- **패널의 의의** : 배심 토의라고도 하며 특정 문제에 관심과 경험이 있는 배심원(4~8명)들을 뽑아 청중 앞에서 각자의 지식, 견문, 정보를 발표하고 여러 가지 의견을 제시하는 공동 토의
- **원탁 토의의 의의** : 10명 내외의 소규모 집단이 평등한 입장에서 자유롭게 의견을 나누는 비공식적인 토의

구분	특징
심포지엄	• 공통 주제에 대한 전문가의 다양하고 권위적, 체계적인 설명이 이루어짐(강연과 유사한 형태로 진행되며, 전문성이 강조됨) • 사회자는 청중이 토의 문제와 주제를 잘 파악할 수 있게 하고, 토의의 요점을 간략히 정리해 이해를 도움
포럼	• 청중이 처음부터 참여하여 주도하는 형태로, 간략한 주제 발표 외에 강연이나 연설은 없음(공청회와 유사한 형태로, 공공성이 강조됨) • 사회자는 질문 시간을 조정하고 산회(散會) 시간을 결정(사회자의 비중이 큰 토의 유형)
패널	• 시사적, 전문적 문제해결 수단으로 적합하며, 이견 조정 수단으로 의회나 일반 회의에서 자주 사용됨(대표성이 강조되는 토의 형태) • 배심원의 토의 후 청중과의 질의응답을 수행함
원탁 토의	• 주제의 범위가 넓고 개방적이며, 사회자 없이 자유롭게 이야기하는 형태(평등성이 강조됨) • 사회자가 없는 것이 일반적이나, 진행을 위한 의장을 따로 두기도 함 • 참가자가 토의에 익숙하지 않은 경우 산만할 수 있고, 시간낭비를 초래할 수 있다는 단점이 있음

(2) 토론

① 토론의 개념 및 목적

ㄱ 개념 : 어떤 의견이나 제안에 대해 찬성과 반대의 뚜렷한 의견 대립을 가지는 사람들이 논리적으로 상대방을 설득하는 형태

ㄴ 목적 : 논리적 설득을 통해 상대의 주장을 논파하고 자기주장의 정당성을 인정하게 함으로써, 궁극적으로 집단의 의견 일치를 구하는 것

② 토론의 절차 : 자기주장의 제시 → 상대 논거의 확인 → 자기주장의 근거 제시 → 상대 주장에 대한 논파 → 자기주장의 요점 반복(상대의 행동화 촉구)

③ 토론의 종류

토론 시작 시, 사회자의 역할

- 장소와 참가자 자리 선정
- 지나친 대립 상황의 조정
- 논점 환기, 발언 내용 요약
- 보다 유연한 토론 진행
- 가능한 한 사회자 자신의 발언은 억제함

토론의 논제

- 논제는 원칙적으로 '~해야 한다.' 또는 '~인가?'의 형식으로 표현되어야 함
- 명백한 긍정, 부정의 양측에 설 수 있는 형식이어야 함
- 내용이 분명해야 하고, 하나의 명백한 주장에 한정되어야 함

구분	특징
2인 토론	2인의 토론자와 사회자가 토론을 진행하는 형태로, 단시간에 논리적인 주장을 선택하는 것이 목적

직파 토론	2~3인이 짝을 이루어 함께 대항하는 토론 형태로, 한정된 시간에 논의의 핵심을 파악해 논점에 집중하기 위한 형태
반대 신문식 토론	토론의 형식에 법정의 반대 신문을 도입한 형태로 유능하고 성숙한 토론자에게 적합하며, 청중의 관심을 유도하는 것이 목적

실력UP 토론과 토의의 비교

구분	토론	토의
목적	자기주장의 관철 및 집단의 의견 일치	최선의 문제 해결안 모색 및 선택
참가자	찬성, 반대의 의견 대립자	특정 문제에 대한 공통 인식의 이해자
태도	상대방 주장의 모순, 취약점 등을 지적하는 비판적인 태도	다른 사람의 제안이나 의견을 모두 검토, 수용하려는 협력적인 태도
문제 해결 방법	자기주장의 근거, 증거 제시 → 정당성의 입증과 상대방 주장의 모순을 논박	전원 협력하여 최대한 공동 이익을 반영할 수 있는 최선의 해결안 선택

02절 논리적 전개와 독해

1. 글의 진술 방식과 논리적 전개

(1) 설명의 정의와 방법

① 설명의 정의 : 어떤 '말'이 가지고 있는 '뜻'을 설명하는 것, 즉 어떤 대상이나 용어의 의미, 법칙 등을 명백히 밝혀 진술하는 방식

② 설명의 방법(글의 전개 방식) ★ 빈출개념

    ㉠ 비교와 대조

      • 비교 : 둘 이상의 사물이나 현상 등을 견주어 공통점이나 유사점을 설명하는 방법

      • 대조 : 둘 이상의 사물이나 현상 등을 견주어 상대되는 성질이나 차이점을 설명하는 방법

    ㉡ 분류와 구분

      • 분류 : 작은 것(부분, 하위 항목 또는 범주, 종개념)을 일정한 기준에 따라 큰 것(전체, 상위 항목 또는 범주, 유개념)으로 묶어 가면서 전개하는 방식 (예) 시는 내용상 서정시, 서사시, 극시로 나누어진다.)

      • 구분 : 큰 항목을 일정한 기준에 따라 작은 항목으로 나누어 설명하는 방법 (예) 시, 소설, 희곡, 수필은 모두 문학에 속한다.)

    ㉢ 예시 : 일반적, 추상적, 관념적인 것 또는 알기 어려운 것을 이해하기 쉽게 예를 들어 설명하는 방법

SEMI-NOTE

토론과 토의의 공통점과 의의

• **공통점**
  – 집단 사고를 통한 문제 해결
  – 해결안 모색
  – 둘 이상의 참가자

• **의의**
  – 토론 : 대립적 주장을 통한 바람직한 의견 일치
  – 토의 : 집단적이고 협력적인 사고 과정

설명의 개념과 목적

• **설명의 개념** : 청자가 잘 모르고 있는 사실, 사물, 현상, 사건 등을 알기 쉽게 풀어서 말하는 것

• **설명의 목적** : 객관적인 정보나 사실을 전달하여 독자를 이해시키는 것으로, 주로 설명문에 사용됨

분류의 조건

• 분류는 반드시 일정한 기준이 있어야 함

• 분류된 하위 개념은 모두 대등함

기타 설명의 방법

• **지정** : '그는 누구인가?', '그것은 무엇인가?'와 같은 질문에 대답하는 것으로 설명 방법 중 가장 단순함

• **인과(因果)** : 어떤 결과를 가져오게 한 원인 또는 그 원인에 의해 결과적으로 초래된 현상에 초점을 두고 글을 전개하는 방식

ⓔ 유추 : 생소하고 복잡한 개념이나 현상을 친숙하고 단순한 것과 비교하여 설명하는 것

ⓜ 과정(過程) : 어떤 특정한 목표나 결말을 가져오게 하는 일련의 행동, 변화, 기능, 단계, 작용 등에 초점을 두고 글을 전개하는 방식으로, '어떻게'와 관련된 사항이 주가 됨

(2) 논증의 개념과 종류

① 논증의 개념

ⓐ 아직 밝혀지지 않은 사실이나 문제에 대하여 자신의 의견을 밝히고 진실 여부를 증명하여, 그에 따라 행동하도록 하는 진술 방식

ⓑ 여러 가지 명제를 근거로 하여 어느 하나의 결론이 참이라는 사실을 증명하는 것으로, 주로 논설문에 사용됨

② 논증의 분류와 종류 및 유형

ⓐ 명제의 분류

사실 명제	진실성과 신빙성에 근거하여 존재의 진위를 판별할 수 있는 명제
정책 명제	타당성에 근거하여 어떤 대상에 대한 의견을 내세운 명제
가치 명제	공정성에 근거하여 주관적 가치 판단을 내린 명제

ⓑ 논거의 종류

사실 논거	누구나 객관적으로 의심 없이 인정할 수 있는 확실한 사실로 자연 법칙, 역사적 사실, 상식, 실험적 사실 등을 들 수 있음. 그러나 사람에 따라 다르게 판단할 수 있는 것은 사실 논거로 볼 수 없음
소견 논거	그 방면의 권위자, 전문가, 목격자, 경험자의 의견으로 확실성이 있다고 인정되는 것

ⓒ 묘사의 유형

객관적(과학적, 설명적) 묘사	대상의 세부적 사실을 객관적으로 표현하는 진술 방식으로, 정확하고 사실적인 정보 전달이 목적
주관적(인상적, 문학적) 묘사	대상에 대한 글쓴이의 주관적인 인상이나 느낌을 그려내는 것으로, 상징적 언어를 사용하며 주로 문학 작품에 많이 쓰임

ⓓ 서사

• 행동, 상태가 진행되어 가는 움직임 또는 사건의 전개 양상을 시간의 경과에 따라 진술하는 방식

• '사건', 즉 '무엇이 발생하였는가?'에 관한 답과 관련된 것으로, 사건에 대한 기본적인 이해와 충분한 검토를 전제로 함

③ 일반적 진술과 구체적 진술

ⓐ 일반적 진술

• 구체적 사실을 포괄하여 일반적으로 진술하는 방법을 말하며, 추상적 진술이라고도 함

• 문단의 중심적 화제와 그 속성을 포괄적으로 담고 있는 중심 문장에 해당됨

05장 논리적인 말과 글

ㄴ **구체적 진술**

- 중심 문장을 구체적으로 뒷받침하는 내용을 표현하는 진술 방법을 말함
- 뒷받침 문장에 해당하며, 구체적 진술 방법으로는 상세화(상술)와 예시, 비유, 인용, 이유 제시 등이 있음

(3) 논리적 전개와 사고

① 문단의 개념과 요건

　ㄱ **문단의 개념** : 문단이란 생각의 완결 단위로서, 진술의 완결 단위인 문장으로 구성됨

　ㄴ **문단의 요건**

- 통일성 : 문단 또는 단락의 내용이 하나의 주제나 중심 생각으로 통일
- 완결성 : 주제문이나 소주제문과 이를 뒷받침하는 문장(구체적 진술)들이 함께 제시되어야 함
- 일관성 : 문단이나 단락을 구성하는 문장들이 논리적이며, 긴밀하게 연결되어야 함(글의 배열하는 방식과 관련된 요건)

② 문단의 유형

　ㄱ **주지 문단(중심 문단)** : 필자가 말하고자 하는 중심 내용이 담긴 문단으로, 일반적 진술로 이루어짐

　ㄴ **보조 문단(뒷받침 문단)**

- 도입 문단 : 시작 부분에 위치하여 글의 동기나 방향, 새로운 논제를 제시
- 전제 문단 : 주장이나 결론을 이끌어 내는 데 필요한 근거나 이유를 제시하는 문단
- 예증, 예시 문단 : 중심 문단의 내용을 예를 통해 뒷받침하는 문단
- 부연, 상술 문단 : 중심 문단에서 다룬 내용에 덧붙이거나 좀 더 상세하게 설명하는 문단
- 전환 문단 : 다음에 나올 논의의 방향을 전환하는 문단

　ㄷ **문단의 관계**

- 문제 제기와 해결 방안 : 문제 제기 → 문제 규명 → 해결 방안 제시
- 주장과 근거 : 주장 제시 → 이유, 근거 제시
- 인과 관계 : 원인 → 결과 제시, 원인 규명
- 추론 관계 : 전제 제시 → 결론 유도(사례 제시 → 일반적 진술 유도)
- 부연 관계 : 주지 → 보충적 내용
- 상세화 관계 : 주지 → 구체적 설명(비교, 대조, 유추, 분류, 분석, 인용, 예시, 비유 등)
- 비판 관계 : 일반적 견해 → 긍정(부연, 첨가, 심화), 부정(반론, 논박)
- 열거 관계 : 주장에 부합되는 두 개 이상의 사례 연결
- 대조 관계 : 주장에 상반되는 사례를 연결(주로 역접의 접속어로 연결)
- 전환 관계 : 앞의 내용(문장)과 다른 내용(문장)을 제시

구체적 진술 방식

- **상세화(상술)** : 구체적 사례를 들거나 자세히 풀어서 명확히 밝히는 방식
- **예시(例示)** : 구체적인 사례를 직접 제시하는 방식
- **비유** : 보조 관념에 비유하여 쉽고 구체적으로 표현하는 방식
- **인용** : 특정 권위자의 말이나 글 등을 자신의 말과 글 속에 끌어들여 표현하는 방식

문단의 구성

하나의 문단은 주제문(일반적 진술)과 뒷받침 문장(구체적 진술)로 구성됨

보조 문단

중심 문단의 내용을 뒷받침해 주는 문단

기타 보조 문단

- **첨가, 보충 문단** : 중심 문단에서 빠뜨린 내용을 덧붙여 설명하는 문단
- **발전 문단** : 제기된 문제를 구체적으로 논의하는 문단

문단 간의 관계

문단과 문단 간의 관계는 대등한 경우도 있고, 원인과 결과, 주지와 부연, 주장과 논거, 문제 제기와 문제 해결 등과 같이 다양하게 존재할 수 있음

05장 논리적인 말과 글

추론의 세부적 종류
• 연역추론 : 삼단논법(대전제 → 소전제 → 결론)으로 정언삼단논법, 가언삼단논법, 선언삼단논법으로 구성됨
• 귀납추론 : 일반화(추상화)로 통계적 귀납추론, 인과적 귀납추론, 유추적 귀납추론(유비추론)으로 구성됨

③ 추론의 종류

구분	추론의 방식	추론의 단점
연역추론	일반적인 주장으로부터 구체적이고 특수한 주장으로 나아가는 방식	완전한 새로운 지식이 성립되지 못함
귀납추론	구체적이고 특수한 근거로부터 일반적인 결론으로 나아가는 방식	모든 표본을 관찰한 결과가 아니므로 반론을 제기할 수 있는 사례가 없을 것이라고 확신할 수 없음
변증법	정(正)과 반(反)을 대립시키고 정과 반의 합(合), 즉 새로운 주장을 제시하는 방식	회피적 결과나 오류가 생길 수 있음

④ 추론의 오류(비형식적 오류)
　㉠ 오류의 개념
　　• 언어적 오류 : 언어를 잘못 사용하거나 이해하는 데서 발생하는 오류
　　• 심리적 오류 : 어떤 주장에 대해 논리적으로 타당한 근거를 제시하지 않고, 심리적인 면에 기대어 상대방을 설득하려고 할 때 발생하는 오류
　　• 자료적 오류 : 주장의 전제 또는 논거가 되는 자료를 잘못 해석하거나 판단하여 결론을 이끌어 내거나 원래 적합하지 못한 것임을 알면서도 의도적으로 논거를 삼음으로써 범하게 되는 오류
　㉡ 언어적 오류
　　• 애매어(문)의 오류(은밀한 재정의의 오류) : 둘 이상의 의미를 가진 단어나 문장을 달리 해석해서 생기는 오류
　　• 강조의 오류 : 일부 단어만 강조해서 생기는 오류
　　• 범주의 오류 : 단어의 범주를 잘못 인식해서 생기는 오류
　㉢ 심리적 오류
　　• 인신공격의 오류 : 타인의 단점을 잡아 비판하는 오류
　　• 대중에 호소하는 오류 : 다수의 의견에 호소하여 그것이 옳다고 주장하는 오류
　　• 연민에 호소하는 오류 : 논점에 관계없이 동정이나 연민 등의 감정을 이용하는 오류
　　• 권위에 호소하는 오류 : 인용을 들어 주장을 정당화하려는 오류
　　• 원천 봉쇄의 오류 : 반론의 가능성을 원천적으로 봉쇄하여 자신의 주장을 옹호하는 오류
　　• 역공격(피장파장)의 오류 : 상대에게도 같은 잘못을 지적하여 그 상황을 피하는 오류
　㉣ 자료적 오류
　　• 성급한 일반화의 오류 : 부분으로 전체를 말해서 생기는 오류
　　• 논점 일탈(무관한 결론)의 오류 : 논점과 관계없는 것을 제시하여 생기는 오류
　　• 우연의 오류 : 일반적인 것으로 특수한 것을 말해서 생기는 오류

기타 심리적 오류
• 정황에 호소하는 오류 : 개인적 주변 정황을 이유로 비판하는 오류
• 위력(공포)에 호소하는 오류 : 공포나 위협 등의 감정을 이용하여 어떤 결론을 받아들이게 하는 오류

- 잘못된 인과 관계의 오류 : 인과 관계를 혼동하여 생기는 오류
- 의도 확대의 오류 : 의도하지 않은 것에 대해 의도가 성립했다고 보는 오류
- 순환 논증의 오류 : 전제와 결론의 내용을 비슷하게 제시하는 오류
- 흑백 사고의 오류 : 논의의 대상을 두 가지로만 구분하는 오류
- 발생학적 오류 : 발생 기원이 갖는 성격을 어떤 사실도 갖는다고 생각하는 오류

2. 독해

(1) 독해와 배경지식

① 독해의 개념 : 글을 읽어 뜻을 이해하는 것으로 단어와 문장이 의미하는 것만 이해하는 것뿐만 아니라 독해 자료의 각 부분에 있는 유기적인 관계를 결합하여 만든 의미를 이해하는 것도 포함됨
② 배경지식의 정의 : 직접, 간접 경험을 통해 독자의 머릿속에 구조화, 조직화되어 저장되어 있는 경험의 총체로 사전 지식 혹은 스키마(schema)라고도 함
③ 배경지식의 이해

구분		내용
사실적 이해	내용의 사실적 이해	주어진 내용의 정보와 그 관계를 정확하게 이해하고 표현하는 능력
	구조의 사실적 이해	글 전체의 구조나 문장 또는 단락 간의 관계를 파악하는 능력
추리 상상적 이해	내용의 추리 상상적 이해	글에 제시된 정보나 사실을 바탕으로 드러나 있지 않은 내용을 논리적 추리나 상상력을 통해 미루어 짐작하는 사고능력
	과정의 추리 상상적 이해	글의 바탕에 놓여 있는 필자나 작중 인물의 입장, 태도 또는 필자의 집필 동기나 의도 등을 추리해 내는 사고 능력
	구조의 추리 상상적 이해	글의 구성상 특징이나 논리적 전개 방식 등을 통해 필자의 의도, 글의 특징적인 표현 효과와 작품의 분위기 등을 추리해 내는 사고 능력
비판적 이해	내적 준거에 의한 비판	글의 표현이나 내용에 대하여 글의 부분들과 전체의 관계를 중심으로 비판하는 것
	외적 준거에 의한 비판	사회와 시대적 상황, 독자의 배경지식과 관련하여 글의 가치를 평가하는 것

(2) 논설문 ⊕ 빈출개념

① 논설문의 정의와 짜임
  ㉠ 논설문의 정의 : 독자를 설득하거나 이해시키기 위하여 자신의 주장을 논리적으로 쓴 글
  ㉡ 논설문의 짜임
    - 대체로 '서론 → 본론 → 결론'의 3단 구성을 취함
    - 서론 : 중심 논제 제시, 집필 동기, 서술 방법, 용어의 개념 등을 씀

기타 자료적 오류

- **잘못된 유추의 오류** : 부당하게 적용된 비유가 결론을 이끌어 내는 오류
- **무지에 호소하는 오류** : 증명(입증, 증거)하지 못하는 사실로 결론을 내는 오류
- **분할 또는 합성의 오류** : 나누거나 합쳤을 때 그 의미가 옳다고 생각하는 오류
- **복합 질문의 오류** : '예, 아니오'로 답하기 곤란한 것을 질문함으로서 수긍하게 하는 오류

배경지식의 특징

- 경험의 소산으로 사람마다 다르므로 글에 대한 해석과 반응도 달라짐
- 유기적으로 구조화된 배경지식은 상호 위계적인 관계를 지님
- 독서 과정 중에 동원된 내용을 추론, 예견하며 정보를 선별
- 배경지식과 독해 능력의 관계는 서로 상보적 관계를 지님

05장 논리적인 말과 글

논설문의 특징

- 독자를 설득하거나 이해시키기 위하여 자신의 주장을 논리적으로 쓴 글
- 주장에는 근거가 제시되어 있음
- 간결하고 명료한 문장으로 구성
- 독창적인 내용, 일관적인 논지, 통일된 구성을 유지
- 논증문 – 건조체, 설득문 – 강건체

논설문 형식을 사용하는 유형
• **논증적 논설문** : 학술적 논문, 평론
• **설득적 논설문** : 사설, 칼럼, 연설문

논설문의 논증
논증이란 아직 명백하지 않은 사실이나 문제에 대해 타당한 이유와 자료를 근거로 그 진실 여부를 증명하고, 독자를 설득하는 진술 방식을 말함

논설문의 요건
• 명제의 공정성
• 명제의 명료성
• 논거의 적합성
• 추론의 논리성
• 용어의 정확성

설명문의 특징
• **객관성** : 사전적 의미의 언어를 사용하며 객관적으로 사실을 과장 없이 설명하고 주관적인 의견이나 느낌은 배제함
• **평이성** : 간단하고 분명한 문장으로 독자들이 이해하기 쉽게 써야 함
• **정확성** : 뜻이 정확하게 전달되도록 문장을 분명히 씀
• **사실성** : 정확한 지식이나 정보를 사실에 근거하여 전달
• **체계성** : 내용을 짜임새 있게 구성

• 본론 : 글의 중심 부분으로, 논제에 대한 자신의 의견과 주장을 제시하고, 이를 입증하기 위한 과제 해명과 논거의 제시, 논리적 반박, 해결 방안 등을 씀
• 결론 : 글을 끝맺는 부분으로 논지(주장)의 요약 또는 정리, 행동의 촉구, 앞으로의 전망, 새로운 과제의 제시 등을 내용으로 함
© 논설문의 갈래
• 논증적 논설문 : 어떤 일이나 문제에 대해 객관적인 증거를 제시하여 그 일이나 문제의 옳고 그름을 분명하게 드러내는 글로, 객관적 논거와 언어를 통해 독자의 지적, 논리적 측면에 호소함
• 설득적 논설문 : 의견을 논리적으로 전개하여 독자로 하여금 글쓴이의 의견에 찬동하여 따르게 하는 글로, 독자의 지적이면서 감성적인 측면에 호소함
② 논증의 3요소
⊙ 명제
• 사실 명제 : 어떤 사실에 대한 진위 판단으로 '이다'의 형태로 진술
• 정책 명제 : 어떤 문제에 대한 해결책이나 바람직한 행동에 대한 판단
• 가치 명제 : 인간, 사상, 윤리, 예술 등에 대한 판단으로 '하다'의 꼴로 진술
© 증명(논거)
• 논증법 : 아직 명백하지 않은 사실이나 문제에 대하여 그 진술 여부를 증명하여 독자로 하여금 그에 따라 행동하게 하는 진술 방법
• 예증법 : 예를 들어 밝히는 방법
• 비유법 : 비유를 들어 밝히는 방법
• 인용법 : 유명한 사람의 주장이나 권위 있는 연구 결과를 끌어다 밝히는 방법
© 추론 : 논거를 근거로 어떤 문제나 사실에 대해 주관적 판단을 유도하는 것

(3) 설명문 ★빈출개념

① 설명문의 정의와 짜임
⊙ 설명문의 정의 : 어떤 지식이나 정보를 알기 쉽게 풀이하여, 독자들이 그 대상을 쉽고 정확하게 이해할 수 있도록 쓴 글
© 설명문의 짜임(구성)
• 머리말 : 설명할 대상이나 집필 동기, 용어 정의 등을 제시하는 부분
• 본문 : 설명할 대상을 구체적으로 설명해 가는 부분
• 맺음말 : 본문에서 설명한 내용을 정리, 마무리하는 부분
② 설명문의 기술 방법
⊙ 추상적 진술 : 의견이나 주장 또는 일반적 사실을 말하는 부분으로, 구체적 진술 부분과 어울려 완전한 내용이 될 수 있으며, 주요 문단이 됨
© 구체적 진술 : 추상적(일반적) 진술에서 언급된 내용에 대해 구체적이고 특수한 사실을 들어 진술하는 부분으로 상세화, 예시, 인용, 이유 제시 등의 방법이 쓰임

실력 up **설명문의 독해 요령**

추상적 진술과 구체적 진술을 구분해 가면서 주요 단락과 보조 단락을 나누고, 배경지식을 적극적으로 활용하며, 단락의 통일성과 일관성을 확인한다. 또 글의 설명 방법과 전개 순서를 파악하며 읽어야 한다.

(4) 기행문

① 기행문의 정의와 요소

- ㉠ 기행문의 정의 : 여행하는 도중에 보고, 듣고, 느낀 바를 거쳐 온 경로에 따라 적은 글
- ㉡ 기행문의 요소
  - 여정(旅程) : 언제, 어디를 거쳐 여행했다는 내용 → 여행의 기록
  - 견문(見聞) : 여행지에서 보고, 듣고, 경험한 내용 → 다양하고 흥미 있는 글
  - 감상(感想) : 보고, 듣고, 경험한 사실에 대한 글쓴이의 생각과 느낌 → 개성적인 글

② 기행문의 형식상 갈래

- ㉠ 수필체 기행문 : 산문의 문장으로 수필처럼 쓴 기행문
- ㉡ 일기체 기행문 : 긴 여행을 하는 경우, 일기처럼 하루를 단위로 날짜를 밝혀 쓴 기행문
- ㉢ 서간체 기행문 : 편지처럼 누군가에게 보내는 형식으로 쓴 기행문
- ㉣ 보고문체 기행문 : 견학 여행을 할 경우, 보고문 형식으로 쓴 기행문

기행문의 특징
- 여행의 체험을 기본 조건으로 함
- 보통 여행의 경로에 따라 적음
- 보고 들은 바가 사실대로 드러나 있음
- 구성 형식에 일정한 틀이 없음

기행문의 내용상 갈래
- 견문 중심의 기행문
- 감상 중심의 기행문
- 감상 중심의 기행문

(5) 기사문

① 기사문의 정의 : 생활 주변에서 일어난 사건을 신속하고 정확하게 전달하기 위해 육하원칙에 의해 객관적으로 적은 글

② 기사문의 특징

- ㉠ 객관성 : 사실을 객관적으로 쓰고, 가급적 주관적인 요소는 피함
- ㉡ 정확성 : 결과를 거짓 없이 써야 하며, 될 수 있는 대로 추측은 하지 않도록 함
- ㉢ 시의성 : 지금의 상황에 적절한 대상(사건)을 선별해서 다루어야 함
- ㉣ 보도성 : 보도할 만한 가치가 있는 대상을 다루어야 함
- ㉤ 흥미성, 저명성 : 대상이 독자들에게 잘 알려진 것이거나 흥미 있는 것이어야 함
- ㉥ 그밖에 근접성, 신속성, 공정성, 간결성, 평이성 등을 특징으로 한다.

기사문의 형식
- '표제 → 부제 → 전문 → 본문 → 해설'의 역피라미드형 형식을 취함
- 표제 : 내용의 전모를 간결하게 나타낸 것으로 제목이라고도 함
- 부제 : 표제를 뒷받침하며, 내용을 좀 더 구체적으로 표시
- 전문 : 기사의 핵심 내용을 육하원칙에 따라 요약
- 본문 : 기사 내용을 구체적으로 자세히 서술하는 부분
- 해설 : 본문 뒤에 덧붙여 사건의 전망, 분석, 평가 등을 다루는 부분으로, 필자의 주관성이 드러날 수 있음

05장

논리적인 말과 글

9급공무원

국어

나두공

나두공

06장 어휘력

01절 한자

02절 여러 의미를 나타내는 어휘

SEMI-NOTE

01절 · 한자

1. 한자의 이해

(1) 한자의 구성 및 한자어

① 한자의 형성 원리와 육서

ㄱ. 한자의 형성 원리 : 기본적으로 한자는 사물의 모양을 본떠서 만든 글자이기 때문에 각 글자마다 특정한 뜻을 내포하고 있는 표의문자(表意文字)에 해당

ㄴ. 육서(六書) : 한자의 구조 및 사용에 관한 여섯 가지의 명칭으로, 상형(象形), 지사(指事), 회의(會意), 형성(形聲), 전주(轉注), 가차(假借)가 있음

② 한자의 육서

ㄱ. 글자의 창조 원리

• 상형(象形) : 구체적인 사물의 모양을 본떠서 만든 문자(예 月, 山, 川)

• 지사(指事) : 추상적인 뜻을 점이나 선으로 표시한 문자(예 上, 中, 下)

ㄴ. 글자의 결합 원리

• 회의(會議) : 두 개 이상의 글자를 그 뜻으로 합쳐 새로운 뜻으로 만든 글자 (예 木(나무 목) → 林(수풀 림), 火(불 화) → 炎(불탈 염))

• 형성(形聲) : 뜻 부분과 음 부분의 결합으로 만든 문자로 한자의 대부분을 차지함(예 鷺(해오라기 로) → 路(길 로 : 음만 사용함) + 鳥(새 조 : 뜻만 사용함))

ㄷ. 글자의 운용 원리

• 전주(轉注) : 이미 있는 한자의 뜻을 확대 또는 발전시켜 다른 뜻으로 사용하는 방법(예 樂(즐거울 락) → 본디 악기를 의미하였으나 노래, 즐기다, 좋아하다 등으로 뜻이 확장됨)

• 가차(假借) : 어떤 뜻을 나타낼 한자가 없을 때, 뜻은 다르지만 음이 같으면 빌려 쓰는 방법(예 來(올 래) → 본디 보리를 뜻하는 '來'라는 한자를 '오다'라는 의미를 나타내기 위해 빌림)

③ 부수의 개념과 자전 찾기

ㄱ. 부수(部首)의 개념 : 부수란 옥편이나 자전에서 한자를 찾는 데 필요한 길잡이가 되는 글자로서, 소리글자인 한글의 자모나 영어의 알파벳에 해당됨

ㄴ. 자전 찾기 : 자전은 부수에 따라 배열된 것으로, 부수의 획수가 적은 것부터 차례대로 수록되어 있다. 자전을 찾을 때는 부수색인, 자음 색인, 총획색인을 활용함

④ 익혀두어야 할 한자어

ㄱ. 'ㄱ'으로 시작하는 한자어

• 가식(假飾) : 말이나 행동 따위를 거짓으로 꾸밈

한자의 3요소

• 모양(形) : 시각적으로 구분되는 요소로 한자가 지니고 있는 자체의 글자 형태

• 소리(音) : 1자 1음이 원칙이나, 1자 2음 또는 1자 3음의 예도 있음

• 뜻(義) : 한자의 뜻을 우리말로 새긴 것을 훈(訓)이라고 함

육서를 기반으로 한 대표 한자

• 상형(象形) : 日, 月, 山, 川, 人, 水, 雨, 手, 足, 目

• 지사(指事) : 一, 二, 三, 四, 七, 八, 上, 中, 下, 本, 末, 寸, 丹

• 회의(會議) : 日(날일) + 月(달월) → 明(밝을 명)

• 형성(形聲) : 門(문 문 : 음) + 口(입 구 : 뜻) → 問 (물을 문)

• 전주(轉注)
 − 惡(악할 악) : 惡習(악습), 惡鬼(악귀)
 − 惡(미워할 오) : 憎惡(증오), 惡寒(오한)
 − 惡(부끄러워할 오) : 羞惡之心(수오지심)

- 각축(角逐) : 서로 이기려고 다투며 덤벼듦
- 간과(看過) : 큰 관심 없이 대강 보아 넘김
- 간주(看做) : 상태, 모양, 성질 따위가 그와 같다고 봄. 또는 그렇다고 여김
- 간헐(間歇) : 얼마 동안의 시간 간격을 두고 되풀이하여 일어났다 쉬었다 함
- 객수(客愁) : 객지에서 느끼는 쓸쓸함이나 시름
- 게시(揭示) : 여러 사람들에게 알리기 위하여 내붙이거나 내걸어 두루 보게 함
- 경시(輕視) : 대수롭지 않게 보거나 업신여김
- 경질(硬質) : 단단하고 굳은 성질
- 계륵(鷄肋) : '닭의 갈비'라는 뜻으로 그다지 소용은 없으나 버리기에는 아까운 것을 이르는 말
- 고루(固陋) : 낡은 관념이나 습관에 젖어 고집이 세고 새로운 것을 잘 받아들이지 아니함
- 고배(苦杯) : 쓰라린 경험을 비유적으로 이르는 말
- 고역(苦役) : 몹시 힘들고 고되어 견디기 어려운 일
- 고혹(蠱惑) : 아름다움이나 매력 같은 것에 홀려서 정신을 못 차림
- 골계(滑稽) : 익살을 부리는 가운데 어떤 교훈을 주는 일
- 골자(骨子) : 말이나 일의 내용에서 중심이 되는 줄기를 이루는 것
- 공모(公募) : 일반에게 널리 공개하여 모집함
- 공약(公約) : 정부, 정당, 입후보자 등이 어떤 일에 대하여 국민에게 실행할 것을 약속함
- 공황(恐慌) : 근거 없는 두려움이나 공포로 갑자기 생기는 심리적 불안 상태
- 관건(關鍵) : 어떤 사물이나 문제 해결의 가장 중요한 부분
- 광음(光陰) : 빛과 그늘, 즉 낮과 밤이라는 뜻으로 시간이나 세월을 이름
- 괴리(乖離) : 서로 어그러져 동떨어짐
- 괴멸(壞滅) : 조직이나 체계 따위가 모조리 파괴되어 멸망함
- 괴벽(怪癖) : 괴이한 버릇
- 교란(攪亂) : 마음이나 상황 따위를 뒤흔들어서 어지럽고 혼란하게 함
- 구황(救荒) : 흉년 따위로 기근이 심할 때 빈민들을 굶주림에서 벗어나도록 도움
- 구휼(救恤) : 사회적 또는 국가적 차원에서 재난을 당한 사람이나 빈민에게 금품을 주어 구제함
- 구가(謳歌) : 행복한 처지나 기쁜 마음 따위를 거리낌 없이 나타냄. 또는 그런 소리
- 권면(勸勉) : 알아듣도록 권하고 격려하여 힘쓰게 함
- 궤변(詭辯) : 상대편을 이론으로 이기기 위하여 상대편의 사고(思考)를 혼란시키거나 감정을 격앙시켜 거짓을 참인 것처럼 꾸며 대는 논법
- 귀감(龜鑑) : 거울로 삼아 본받을 만한 모범
- 귀추(歸趨) : 일이 되어 가는 형편
- 규탄(糾彈) : 잘못이나 옳지 못한 일을 잡아내어 따지고 나무람

SEMI-NOTE

여러 의미를 지닌 한자어(ㄱ)

- 각성(覺醒)
  - 깨어 정신을 차림
  - 깨달아 앎
- 견문(見聞)
  - 보고 들음
  - 보거나 듣거나 하여 깨달아 얻은 지식
- 경색(梗塞)
  - 소통되지 못하고 막힘
  - 혈액 속에 떠다니는 혈전(血栓) 따위의 물질이 혈관을 막는 일
- 경원(敬遠)
  - 공경하되 가까이하지는 않음 – 겉으로는 공경하는 체하면서 실제로는 꺼리어 멀리함
- 계시(啓示)
  - 깨우쳐 보여 줌
  - 사람의 지혜로서는 알 수 없는 진리를 신(神)이 가르쳐 알게 함
- 고갈(枯渴)
  - 물이 말라서 없어짐
  - 어떤 일의 바탕이 되는 돈이나 물자, 소재, 인력 따위가 다하여 없어짐
  - 느낌이나 생각 따위가 다 없어짐
- 균열(龜裂)
  - 거북의 등에 있는 무늬처럼 갈라져 터짐
  - 친하게 지내는 사이에 틈이 남
- 기치(旗幟)
  - 예전에 군에서 쓰던 깃발
  - 일정한 목적을 위하여 내세우는 태도나 주장

06장

어휘력

여러 의미를 지닌 한자어(ㄴ)

• 나락(奈落)
- 불교에서 말하는 지옥
- 벗어나기 어려운 절망적인 상황을 비유적으로 이르는 말

• 낙오(落伍)
- 무리에서 처져 뒤떨어짐
- 사회나 시대의 진보에 뒤떨어짐

• 낙인(烙印)
- 쇠붙이로 만들어 불에 달구어 찍는 도장
- 다시 씻기 어려운 불명예스럽고 욕된 판정이나 평판을 이르는 말

• 난항(難航)
- 폭풍우와 같은 나쁜 조건으로 배나 항공기가 몹시 어렵게 항행함
- 여러 가지 장애 때문에 일이 순조롭게 진행되지 않음을 비유적으로 이르는 말

• 내력(來歷)
- 지금까지 지내온 경로나 경력
- 부모나 조상으로부터 내려오는 유전적인 특성

• 농성(籠城)
- 적에게 둘러싸여 성문을 굳게 닫고 성을 지킴
- 어떤 목적을 이루기 위하여 한자리를 떠나지 않고 시위함

• 농후(濃厚)
- 맛, 빛깔, 성분 따위가 매우 짙음
- 어떤 경향이나 기색 따위가 뚜렷함

여러 의미를 지닌 한자어(ㅁ)

• 묘연(杳然)
- 그윽하고 멀어서 눈에 아물아물함
- 소식이나 행방 따위를 알 길이 없음

• 문외한(門外漢)
- 어떤 일에 직접 관계가 없는 사람
- 어떤 일에 전문적인 지식이 없는 사람

• 미궁(迷宮)
- 들어가면 나올 길을 찾을 수 없게 되어 있는 곳
- 사건, 문제 따위가 얽혀서 쉽게 해결하지 못하게 된 상태

• 근황(近況) : 요즈음의 상황
• 기린아(麒麟兒) : 지혜와 재주가 썩 뛰어난 사람
• 기아(飢餓) : 굶주림
• 기우(杞憂) : 앞일에 대해 쓸데없는 걱정을 함 또는 그 걱정
• 기지(機智) : 경우에 따라 재치 있게 대응하는 지혜
• 금자탑(金字塔) : 길이 후세에 남을 뛰어난 업적을 비유적으로 이르는 말

ⓛ 'ㄴ'으로 시작하는 한자어
• 난만(爛漫) : 꽃이 활짝 많이 피어 화려함
• 날인(捺印) : 도장을 찍음
• 날조(捏造) : 사실이 아닌 것을 사실인 것처럼 거짓으로 꾸밈
• 남상(濫觴) : 사물의 처음이나 기원을 이르는 말
• 노정(路程) : 목적지까지의 거리. 또는 목적지까지 걸리는 시간
• 뇌쇄(惱殺) : 애가 타도록 몹시 괴로워함 또는 그렇게 괴롭힘
• 누항(陋巷) : 좁고 지저분하며 더러운 거리
• 눌변(訥辯) : 더듬거리는 서툰 말솜씨
• 능욕(陵辱) : 남을 업신여겨 욕보임

ⓒ 'ㄷ'으로 시작하는 한자어
• 다담(茶啖) : 손님을 대접하기 위하여 내놓은 다과(茶菓) 따위
• 단말마(斷末魔 · 斷末摩) : 숨이 끊어질 때의 모진 고통
• 담수(淡水) : 짠맛이 없는 맑은 물
• 담합(談合) : 경쟁 입찰을 할 때에 입찰 참가자가 서로 의논하여 미리 입찰 가격이나 낙찰자 따위를 정하는 일
• 당면(當面) : 바로 눈앞에 당함
• 도야(陶冶) : 훌륭한 사람이 되도록 몸과 마음을 닦아 기름을 비유적으로 이르는 말
• 도원경(桃源境) : 이 세상이 아닌 무릉도원처럼 아름다운 경지
• 도외시(度外視) : 상관하지 아니하거나 무시함
• 동요(動搖) : 생각이나 처지 또는 어떤 체제나 상황 따위가 확고하지 못하고 흔들림
• 등용문(登龍門) : 어려운 관문을 통과하여 크게 출세하게 됨 또는 그 관문을 이르는 말

ⓔ 'ㅁ'으로 시작하는 한자어
• 마모(磨耗) : 마찰 부분이 닳아서 없어짐
• 망중한(忙中閑) : 바쁜 가운데 잠깐 얻어 낸 틈
• 매몰(埋沒) : 보이지 않게 파묻히거나 파묻음
• 매진(邁進) : 어떤 일을 전심전력을 다하여 해 나감
• 맹아(萌芽) : 사물의 시초가 되는 것
• 모순(矛盾) : 앞뒤가 맞지 않음. 혹은 그런 말
• 몽상(夢想) : 실현성이 없는 헛된 생각을 함

- 몽진(蒙塵) : 먼지를 뒤집어쓴다는 뜻으로, 임금이 난리를 피하여 안전한 곳으로 떠남
- 묘령(妙齡) : 스무 살 안팎의 여자 나이
- 무단(無斷) : 사전에 허락이 없음 또는 아무 사유가 없음
- 무산(霧散) : 안개가 걷히듯 흩어져 없어짐 또는 그렇게 흐지부지 취소됨
- 묵인(默認) : 모르는 체하고 하려는 대로 내버려 둠으로써 슬며시 인정함
- 미연(未然) : 어떤 일이 아직 그렇게 되지 않은 때
- 미증유(未曾有) : 지금까지 한 번도 있어 본 적이 없음
- 미흡(未洽) : 아직 흡족하지 못하거나 만족스럽지 않음

ⓓ 'ㅂ'으로 시작하는 한자어

- 박빙(薄氷) : 근소한 차이를 비유적으로 이르는 말
- 박탈(剝奪) : 남의 재물이나 권리, 자격 등을 빼앗음
- 반박(反駁) : 어떤 의견, 주장, 논설 따위에 반대하여 말함
- 발췌(拔萃) : 책, 글 따위에서 필요하거나 중요한 부분을 가려 뽑아냄
- 발탁(拔擢) : 여러 사람 가운데서 쓸 사람을 뽑음
- 방기(放棄) : 내버리고 아예 돌아보지 아니함
- 백미(白眉) : '흰 눈썹'이란 뜻으로, 여럿 가운데서 가장 뛰어난 사람이나 훌륭한 물건을 비유적으로 이르는 말
- 백안시(白眼視) : 남을 업신여기거나 무시하는 태도로 흘겨봄
- 병치(倂置) : 두 가지 이상의 것을 한곳에 나란히 두거나 설치함
- 보전(保全) : 온전하게 보호하여 유지함
- 부고(訃告) : 사람의 죽음을 알림. 또는 그런 글
- 부득이(不得已) : 마지못하여 하는 수 없이
- 부상(扶桑) : 해가 뜨는 동쪽 바다
- 불후(不朽) : 썩지 아니함이라는 뜻으로, 영원토록 변하거나 없어지지 아니함을 비유적으로 이르는 말
- 비견(比肩) : 앞서거나 뒤서지 않고 어깨를 나란히 한다는 뜻으로, 낫고 못할 것이 정도가 서로 비슷하게 함을 이르는 말
- 비단(非但) : 부정하는 말 앞에서 '다만', '오직'의 뜻으로 쓰이는 말
- 비유(比喻) : 어떤 현상이나 사물을 직접 설명하지 아니하고 다른 비슷한 현상이나 사물에 빗대어서 설명하는 일
- 비호(庇護) : 편들어서 감싸 주고 보호함

ⓔ 'ㅅ'으로 시작하는 한자어

- 상쇄(相殺) : 상반되는 것이 서로 영향을 주어 효과가 없어지는 일
- 서거(逝去) : 죽어서 세상을 떠남을 높이는 말
- 서한(書翰) : 편지
- 선망(羨望) : 부러워하여 바람
- 섭렵(涉獵) : 물을 건너 찾아다닌다는 뜻으로, 많은 책을 널리 읽거나 여기 저기 찾아다니며 경험함을 이르는 말

SEMI-NOTE

여러 의미를 지닌 한자어(ㅂ)

- 반추(反芻)
  - 한번 삼킨 먹이를 다시 게워 내어 씹음
  - 어떤 일을 되풀이하여 음미하거나 생각함
- 변별(辨別)
  - 사물의 옳고 그름이나 좋고 나쁨을 가림
  - 세상에 대한 경험이나 식견에서 나오는 생각이나 판단
- 보수(保守)
  - 보전하여 지킴
  - 새로운 것이나 변화를 반대하고 전통적인 것을 옹호하며 유지하려 함
- 부상(浮上)
  - 물 위로 떠오름
  - 어떤 현상이 관심의 대상이 되거나 어떤 사람이 훨씬 좋은 위치로 올라섬
- 부유(浮游)
  - 물 위나 물속. 또는 공기 중에 떠다님
  - 행선지를 정하지 아니하고 이리저리 떠돌아다님
- 빙자(憑藉)
  - 남의 힘을 빌려서 의지함
  - 말막음을 위하여 핑계로 내세움

여러 의미를 지닌 한자어(ㅅ)

- 선회(旋回)
  - 둘레를 빙글빙글 돎
  - 항공기가 곡선을 그리듯 진로를 바꿈
- 소강(小康)
  - 병이 조금 나아진 기색이 있음
  - 소란이나 분란, 혼란 따위가 그치고 조금 잠잠함

여러 의미를 지닌 한자어(ㅇ)

- **어폐(語弊)**
  - 적절하지 아니하게 사용하여 일어나는 말의 폐단이나 결점
  - 남의 오해를 받기 쉬운 말
- **여과(濾過)**
  - 거름종이나 여과기를 써서 액체 속에 들어 있는 침전물이나 입자를 걸러 내는 일
  - 주로 부정적인 요소를 걸러 내는 과정을 비유적으로 이르는 말
- **여파(餘波)**
  - 큰 물결이 지나간 뒤에 일어나는 잔물결
  - 어떤 일이 끝난 뒤에 남아 미치는 영향
- **운운(云云)**
  - 글이나 말을 인용하거나 생략할 때에, 이러이러하다고 말함의 뜻으로 쓰는 말
  - 여러 가지의 말
- **이완(弛緩)**
  - 바짝 조였던 정신이 풀려 늦추어짐
  - 잘 조성된 분위기 따위가 흐트러져 느슨해짐
  - 굳어서 뻣뻣하게 된 근육 따위가 원래의 상태로 풀어짐

- 소급(遡及) : 과거에까지 거슬러 올라가서 미치게 함
- 쇄도(殺到) : 전화, 주문 따위가 한꺼번에 세차게 몰려듦
- 쇄신(刷新) : 나쁜 폐단이나 묵은 것을 버리고 새롭게 함
- 수긍(首肯) : 옳다고 인정함
- 수렴(收斂) : 의견이나 사상 따위가 여럿으로 나뉘어 있는 것을 하나로 모아 정리함
- 수심(愁心) : 매우 근심함 또는 그런 마음
- 수작(酬酌) : 남의 말이나 행동, 계획을 낮잡아 이르는 말
- 숙맥(菽麥) : 사리 분별을 못하고 세상 물정을 잘 모르는 사람
- 슬하(膝下) : 무릎의 아래라는 뜻으로, 어버이나 조부모의 보살핌 아래
- 시사(示唆) : 어떤 것을 미리 간접적으로 표현해 줌
- 시의적절(時宜適切) : 그 당시의 사정이나 요구에 아주 알맞음
- 시정(市政) : 인가가 모인 곳
- 신예(新銳) : 새롭고 기세나 힘이 뛰어남 또는 그런 사람
- 심안(心眼) : 사물을 살펴 분별하는 능력

ⓢ **'ㅇ'으로 시작하는 한자어**

- 아성(牙城) : 아주 중요한 근거지를 비유적으로 이르는 말
- 아집(我執) : 자기중심의 좁은 생각에 집착하여 다른 사람의 의견이나 입장을 고려하지 아니하고 자기만을 내세우는 것
- 알력(軋轢) : 수레바퀴가 삐걱거린다는 뜻으로, 서로 의견이 맞지 아니하여 사이가 안 좋거나 충돌하는 것을 이르는 말
- 알선(斡旋) : 남의 일이 잘되도록 주선하는 일
- 압권(壓卷) : 여럿 가운데 가장 뛰어난 것
- 야합(野合) : 좋지 못한 목적 밑에 서로 어울림
- 억측(臆測) : 이유와 근거가 없이 짐작함. 또는 그런 짐작
- 여론(輿論) : 사회 대중의 공통된 의견
- 여반장(如反掌) : 손바닥을 뒤집는 것 같다는 뜻으로, 일이 매우 쉬움
- 역량(力量) : 어떤 일을 해낼 수 있는 힘
- 열반(涅槃) : 모든 번뇌의 얽매임에서 벗어나고 진리를 깨달아 불생불멸의 법을 체득한 경지
- 염세(厭世) : 세상을 괴롭고 귀찮은 것으로 여겨 비관함
- 엽기(獵奇) : 비정상적이고 괴이한 일이나 사물에 흥미를 느끼고 찾아다님
- 영전(榮轉) : 전보다 더 좋은 자리나 직위로 옮김
- 오열(嗚咽) : 목메어 욺. 또는 그런 울음
- 오인(誤認) : 잘못 보거나 잘못 생각함
- 와전(訛傳) : 사실과 다르게 전함
- 왜곡(歪曲) : 사실과 다르게 해석하거나 그릇되게 함
- 왜소(矮小) : 몸뚱이가 작고 초라함
- 우려(憂慮) : 근심하거나 걱정함 또는 그 근심과 걱정

- 위계(位階) : 지위나 계층 따위의 등급
- 위항(委巷) : 좁고 지저분한 거리
- 위해(危害) : 위험한 재해를 아울러 이르는 말
- 유예(猶豫) : 일을 결행하는 데 날짜나 시간을 미룸
- 유착(癒着) : 사물들이 서로 깊은 관계를 가지고 결합하여 있음
- 응대(應待) : 부름이나 물음 또는 요구 따위에 응하여 상대함
- 이반(離反) : 인심이 떠나서 배신함
- 익명(匿名) : 이름을 숨김. 또는 숨긴 이름이나 그 대신 쓰는 이름
- 인멸(湮滅) : 자취도 없이 모두 없어짐. 또는 그렇게 없앰
- 인습(因習) : 이전부터 전하여 내려오는 습관
- 일체(一切) : 모든 것
- 일탈(逸脫) : 사회적인 규범으로부터 벗어나는 일
- 잉여(剩餘) : 쓰고 난 후 남은 것

◎ 'ㅈ'으로 시작하는 한자어
- 자문(諮問) : 어떤 일을 좀 더 효율적이고 바르게 처리하려고 그 방면의 전문가나, 전문가들로 이루어진 기구에 의견을 물음
- 재고(再考) : 어떤 일이나 문제 따위에 대해 다시 생각함
- 재고(在庫) : 창고 따위에 쌓여 있음
- 전말(顚末) : 처음부터 끝까지 일이 진행되어 온 경과
- 전철(前轍) : 앞에 지나간 수레바퀴 자국이라는 뜻으로, 이전 사람의 그릇된 일이나 행동의 자취
- 조예(造詣) : 학문이나 예술, 기술 따위의 분야에 대한 지식이나 경험이 깊은 경지에 이른 정도
- 종언(終焉) : 계속하던 일이 끝장이 남
- 주도(主導) : 주동적인 처지가 되어 이끎
- 지략(智略) : 어떤 일이나 문제든지 명철하게 포착하고 분석 또는 평가하여 해결대책을 능숙하게 세우는 뛰어난 슬기와 계략
- 지척(咫尺) : 아주 가까운 거리

㉢ 'ㅊ, ㅌ'으로 시작하는 한자어
- 찰나(刹那) : 어떤 일이나 사물 현상이 일어나는 바로 그때
- 창궐(猖獗) : 못된 세력이나 전염병 따위가 세차게 일어나 걷잡을 수 없이 퍼짐
- 척결(剔抉) : 나쁜 부분이나 요소들을 깨끗이 없애 버림
- 천거(薦擧) : 어떤 일을 맡아 할 수 있는 사람을 그 자리에 쓰도록 소개하거나 추천함
- 천명(闡明) : 진리나 사실, 입장 따위를 드러내어 밝힘
- 천추(千秋) : 오래고 긴 세월. 또는 먼 미래
- 초야(草野) : '풀이 난 들'이라는 뜻으로, 궁벽한 시골을 이르는 말
- 추앙(推仰) : 높이 받들어 우러러 봄

여러 의미를 지닌 한자어(ㅈ)
- 잔재(殘滓)
  - 쓰고 남은 찌꺼기
  - 과거의 낡은 사고방식이나 생활양식의 찌꺼기
- 전복(顚覆)
  - 차나 배 따위가 뒤집힘
  - 사회 체제가 무너지거나 정권 따위를 뒤집어엎음
- 질곡(桎梏)
  - 옛 형구인 차꼬(죄수를 가두어 둘 때 쓰던 형구(刑具))와 수갑을 아울러 이르는 말
  - 몹시 속박하여 자유를 가질 수 없는 고통의 상태를 비유적으로 이르는 말

여러 의미를 지닌 한자어(ㅊ~ㅌ)
- 천착(穿鑿)
  - 어떤 원인이나 내용 따위를 따지고 파고들어 알려고 하거나 연구함
  - 억지로 이치에 닿지 아니한 말을 함
- 투영(投影)
  - 물체의 그림자를 어떤 물체 위에 비추는 일
  - 어떤 일을 다른 일에 반영하여 나냄을 비유적으로 이르는 말

여러 의미를 지닌 한자어(ㅍ)

· 패권(覇權)
  – 어떤 분야에서 우두머리나 으뜸의 자리를 차지하여 누리는 공인된 권리와 힘
  – 국제 정치에서, 어떤 국가가 경제력이나 무력으로 다른 나라를 압박하여 자기의 세력을 넓히려는 권력

· 편협(偏狹)
  – 한쪽으로 치우쳐 도량이 좁고 너그럽지 못함
  – 땅 따위가 좁음

잘못 읽기 쉬운 한자어

· 可矜 : 가긍(○) 가금(×)
· 戡定 : 감정(○) 심정(×)
· 醵出 : 갹출(○) 거출(×)
· 陶冶 : 도야(○) 도치(×)
· 明澄 : 명징(○) 명증(×)
· 撲滅 : 박멸(○) 복멸(×)
· 水洗 : 수세(○) 수선(×)
· 凝結 : 응결(○) 의결(×)
· 憎惡 : 증오(○) 증악(×)
· 褒賞 : 포상(○) 보상(×)

· 추이(推移) : 일이나 형편이 시간의 경과에 따라 변하여 나감 또는 그런 경향
· 추호(秋毫) : 매우 적거나 조금인 것을 비유적으로 이르는 말
· 치적(治績) : 잘 다스린 공적. 또는 정치상의 업적
· 칩거(蟄居) : 나가서 활동하지 아니하고 집 안에만 틀어박혀 있음
· 타산(打算) : 자신에게 도움이 되는지를 따져 헤아림
· 퇴고(推敲) : 글을 지을 때 여러 번 생각하여 고치고 다듬음. 또는 그런 일

ⓩ 'ㅍ'으로 시작하는 한자어
· 파락호(擺落戶) : 재산이나 세력이 있는 집안의 재산을 몽땅 털어먹는 난봉꾼을 이르는 말
· 파천황(破天荒) : 이전에 아무도 하지 못한 일을 처음으로 해냄
· 판별(判別) : 옳고 그름이나 좋고 나쁨을 판단하여 구별함
· 판촉(販促) : 여러 가지 방법을 써서 수요를 불러일으키고 자극하여 판매가 늘도록 유도하는 일
· 폄하(貶下) : 가치를 깎아내림
· 포폄(褒貶) : 옳고 그름이나 선하고 악함을 판단하여 결정함
· 폭주(暴注) : 어떤 일이 처리하기 힘들 정도로 한꺼번에 몰림
· 풍문(風聞) : 바람처럼 떠도는 소문
· 풍자(諷刺) : 문학 작품 따위에서, 현실의 부정적 현상이나 모순 따위를 빗대어 비웃으면서 씀
· 피상적(皮相的) : 본질적인 현상은 추구하지 아니하고 겉으로 드러나 보이는 현상에만 관계하는 것
· 피폐(疲弊) : 지치고 쇠약하여짐
· 필경(畢竟) : 끝장에 가서는
· 핍박(逼迫) : 바싹 죄어서 몹시 괴롭게 굶

㉠ 'ㅎ'으로 시작하는 한자어
· 할거(割據) : 땅을 나누어 차지하고 굳게 지킴
· 함구(緘口) : 입을 다문다는 뜻으로, 말하지 아니함을 이르는 말
· 함양(涵養) : 능력이나 품성을 기르고 닦음
· 해이(解弛) : 긴장이나 규율 따위가 풀려 마음이 느슨함
· 향수(鄕愁) : 고향을 그리워하는 마음이나 시름
· 혈안(血眼) : 기를 쓰고 달려들어 독이 오른 눈
· 홀대(忽待) : 소홀히 대접함. 탐탁하지 않은 대접
· 홀연(忽然) : 뜻하지 아니하게 갑자기
· 확정(確定) : 일을 확실하게 정함
· 환기(喚起) : 주의나 여론, 생각 따위를 불러일으킴
· 환대(歡待) : 반갑게 맞아 정성껏 후하게 대접함
· 회동(會同) : 일정한 목적으로 여러 사람이 한데 모임
· 회자(膾炙) : 회와 구운 고기라는 뜻으로, 칭찬을 받으며 사람의 입에 자주 오르내림을 이르는 말

- 효시(嚆矢) : 어떤 사물이나 현상이 시작되어 나온 맨 처음을 비유적으로 이르는 말
- 휘하(麾下) : 장군의 지휘 아래. 또는 그 지휘 아래에 딸린 군사
- 흡사(恰似) : 거의 같을 정도로 비슷한 모양
- 힐난(詰難) : 트집을 잡아 거북할 만큼 따지고 듦
- 힐책(詰責) : 잘못된 점을 따져 나무람

ⓔ 나이를 나타내는 한자어
- 15세 : 지학(志學), 『논어』 위정(爲政)편에서 공자가 열다섯에 학문에 뜻을 두었다고 한 데서 유래함
- 20세 : 약관(弱冠), 『논어』 위정(爲政)편에서 공자가 스무 살에 관례를 한다고 한 데서 유래함
- 30세 : 이립(而立), 『논어』 위정(爲政)편에서 공자가 서른 살에 자립했다고 한데서 유래함.
- 40세 : 불혹(不惑), 『논어』 위정(爲政)편에서 공자가 마흔 살부터 세상일에 미혹되지 않았다고 한 데서 유래함
- 48세 : 상년(桑年), '桑'의 속자를 분해하여 보면 '十'자가 넷이고 '八'자가 하나인 데서 유래함
- 50세 : 지천명(知天命), 『논어』 위정(爲政)편에서 공자가 쉰 살에 하늘의 뜻을 알았다고 한 데서 유래함
- 60세 : 이순(耳順), 『논어』 위정(爲政)편에서 공자가 예순 살부터 생각하는 것이 원만하여 어떤 일을 들으면 곧 이해가 된다고 한 데서 유래함
- 61세 : 환갑(還甲), 회갑(回甲), 육십갑자의 '갑(甲)'으로 되돌아온다는 뜻
- 62세 : 진갑(進甲), 환갑이 지나 새로운 '갑(甲)'으로 나아간다는 뜻
- 70세 : 종심(從心), 『논어』의 위정(爲政)편에서 공자가 칠십이 되면 욕망하는 대로 해도 도리에 어긋남이 없다고 한 데서 유래함
- 71세 : 망팔(望八), '여든'을 바라본다는 뜻
- 77세 : 희수(喜壽), '喜'를 초서(草書)로 쓸 때 '七十七'처럼 쓰는 데서 유래함
- 81세 : 망구(望九), 사람의 나이가 아흔을 바라본다는 뜻
- 88세 : 미수(米壽), '米'자를 풀어 쓰면 '八十八'이 되는 데서 유래함
- 91세 : 망백(望百), 사람의 나이가 백세를 바라본다는 뜻
- 99세 : 백수(白壽), '百'에서 '一'을 빼면 99가 되고, '白'자가 되는 데서 유래함

(2) 한자 성어 ⭐빈출개념

① 주요 한자 성어
ⓐ 'ㄱ'으로 시작하는 한자성어
- 가렴주구(苛斂誅求) : 세금을 가혹하게 거두어들이고, 무리하게 재물을 빼앗음
- 각고면려(刻苦勉勵) : 어떤 일에 고생을 무릅쓰고 몸과 마음을 다하여, 무척 애를 쓰면서 부지런히 노력함

기타 한자성어(가~갑)

- 가급인족(家給人足) : 집집마다 먹고 사는 것에 부족함이 없이 넉넉함
- 가정맹어호(苛政猛於虎) : 가혹한 정치는 호랑이보다 무섭다는 뜻으로, 혹독한 정치의 폐가 큼을 이르는 말
- 가인박명(佳人薄命) : 미인은 불행하거나 병약하여 요절하는 일이 많음
- 간난신고(艱難辛苦) : 몹시 힘들고 어려우며 고생스러움
- 갑론을박(甲論乙駁) : 여러 사람이 서로 자신의 주장을 내세우며 상대편의 주장을 반박함

기타 한자성어(격~경)

- 격물치지(格物致知) : 실제 사물의 이치를 연구하여 지식을 완전하게 함
- 견리망의(見利忘義) : 눈앞의 이익을 보면 의리를 잊음
- 견리사의(見利思義) : 눈앞의 이익을 보면 의리를 먼저 생각함
- 견마지로(犬馬之勞) : 개나 말 정도의 하찮은 힘이라는 뜻으로, 윗사람에게 충성을 다하는 자신의 노력을 낮추어 이르는 말
- 계명구도(鷄鳴狗盜) : 비굴하게 남을 속이는 하찮은 재주 또는 그런 재주를 가진 사람을 이르는 말
- 경거망동(輕擧妄動) : 경솔하여 생각 없이 망령되게 행동함

- 각골난망(刻骨難忘) : 남에게 입은 은혜가 뼈에 새길 만큼 커서 잊히지 아니함
- 각자도생(各自圖生) : 제각기 살아 나갈 방법을 꾀함
- 각자무치(角者無齒) : 뿔이 있는 짐승은 이가 없다는 뜻으로, 한 사람이 여러 가지 재주나 복을 다 가질 수 없다는 말
- 각주구검(刻舟求劍) : 융통성 없이 현실에 맞지 않는 낡은 생각을 고집하는 어리석음을 이르는 말
- 간담상조(肝膽相照) : 서로 속마음을 털어놓고 친하게 사귐
- 감언이설(甘言利說) : 귀가 솔깃하도록 남의 비위를 맞추거나 이로운 조건을 내세워 꾀는 말
- 감탄고토(甘呑苦吐) : 달면 삼키고 쓰면 뱉는다는 뜻으로, 자신의 비위에 따라서 사리의 옳고 그름을 판단함을 이르는 말
- 개과천선(改過遷善) : 지난날의 잘못이나 허물을 고쳐 올바르고 착하게 됨
- 거두절미(去頭截尾) : 머리와 꼬리를 잘라 버린다는 말로 어떤 일의 요점만 간단히 말함
- 건곤일척(乾坤一擲) : 주사위를 던져 승패를 건다는 뜻으로, 운명을 걸고 단판걸이로 승부를 겨룸을 이르는 말
- 격화소양(隔靴搔癢) : 신을 신고 발바닥을 긁는다는 뜻으로, 성에 차지 않거나 철저하지 못한 안타까움을 이르는 말
- 견강부회(牽强附會) : 이치에 맞지 않는 말을 억지로 끌어 붙여 자기에게 유리하게 함
- 견문발검(見蚊拔劍) : 모기를 보고 칼을 뺀다는 뜻으로, 사소한 일에 크게 성내어 덤빔을 이르는 말
- 견물생심(見物生心) : 어떠한 실물을 보게 되면 그것을 가지고 싶은 욕심이 생김
- 결자해지(結者解之) : 맺은 사람이 풀어야 한다는 뜻으로, 자기가 저지른 일은 자기가 해결해야 함을 이르는 말
- 결초보은(結草報恩) : 풀을 맺어 은혜를 갚는다는 뜻으로 죽은 뒤에라도 은혜를 잊지 않고 갚음을 이르는 말
- 계구우후(鷄口牛後) : 닭의 주둥이와 소의 꼬리라는 뜻으로, 큰 단체의 꼴찌보다는 작은 단체의 우두머리가 되는 것이 오히려 나음을 이르는 말
- 계란유골(鷄卵有骨) : 달걀에도 뼈가 있다는 뜻으로, 운수가 나쁜 사람은 모처럼 좋은 기회를 만나도 역시 일이 잘 안됨을 이르는 말
- 고군분투(孤軍奮鬪) : 도움을 받지 못하게 된 군사가 많은 수의 적군과 잘 싸움을 뜻하는 말로 남의 도움을 받지 않고 일을 잘해 나가는 것을 비유적으로 이르는 말
- 고립무원(孤立無援) : 고립되어 구원을 받을 데가 없음
- 고식지계(姑息之計) : 우선 당장 편한 것만을 택하는 꾀나 방법. 한때의 안정을 얻기위하여 임시로 둘러맞추어 처리하거나 이리저리 주선하여 꾸며

내는 계책을 이르는 말
- **고육지책(苦肉之策)** : 자기 몸을 상해 가면서까지 꾸며 내는 계책이라는 뜻으로, 어려운 상태를 벗어나기 위해 어쩔 수 없이 꾸며 내는 계책을 이르는 말
- **고장난명(孤掌難鳴)** : 외손뼉만으로는 소리가 울리지 아니한다는 뜻으로, 혼자의 힘만으로 어떤 일을 이루기 어려움을 이르는 말
- **곡학아세(曲學阿世)** : 바른 길에서 벗어난 학문으로 세상 사람에게 아첨함
- **과유불급(過猶不及)** : 정도를 지나침은 미치지 못함과 같음을 이르는 말
- **관포지교(管鮑之交)** : 관중과 포숙의 사귐이란 뜻으로, 우정이 아주 돈독한 친구 관계를 이르는 말
- **괄목상대(刮目相對)** : 눈을 비비고 상대편을 본다는 뜻으로, 남의 학식이나 재주가 놀랄 만큼 부쩍 늚을 이르는 말
- **교각살우(矯角殺牛)** : 소의 뿔을 바로잡으려다가 소를 죽인다는 뜻으로, 잘못된 점을 고치려다가 그 방법이나 정도가 지나쳐 오히려 일을 그르침을 이르는 말
- **교언영색(巧言令色)** : 아첨하는 말과 알랑거리는 태도
- **구사일생(九死一生)** : 아홉 번 죽을 뻔하다 한 번 살아난다는 뜻으로, 죽을 고비를 여러 차례 넘기고 겨우 살아남음을 이르는 말
- **구우일모(九牛一毛)** : 아홉 마리의 소 가운데 박힌 하나의 털이란 뜻으로, 매우 많은 것 가운데 극히 적은 수를 이르는 말
- **구절양장(九折羊腸)** : 아홉 번 꼬부라진 양의 창자라는 뜻으로, 꼬불꼬불하며 험한 산길을 이르는 말
- **궁여지책(窮餘之策)** : 궁한 나머지 생각다 못하여 짜낸 계책
- **권모술수(權謀術數)** : 목적 달성을 위하여 수단과 방법을 가리지 아니하는 온갖 모략이나 술책
- **권불십년(權不十年)** : 권세는 십 년을 가지 못한다는 뜻으로, 아무리 높은 권세라도 오래가지 못함을 이르는 말
- **권토중래(捲土重來)** : 한 번 실패하였으나 힘을 회복하여 다시 쳐들어옴을 이르는 말
- **굴화위지(橘化爲枳)** : 회남의 귤을 회북에 옮겨 심으면 탱자가 된다는 뜻으로, 환경에 따라 사람이나 사물의 성질이 변함을 이르는 말
- **근묵자흑(近墨者黑)** : 먹을 가까이하는 사람은 검어진다는 뜻으로, 나쁜 사람과 가까이 지내면 나쁜 버릇에 물들기 쉬움을 비유적으로 이르는 말
- **금상첨화(錦上添花)** : 비단 위에 꽃을 더한다는 뜻으로, 좋은 일 위에 또 좋은 일이 더하여짐을 비유적으로 이르는 말
- **금의야행(錦衣夜行)** : 비단옷을 입고 밤길을 다닌다는 뜻으로, 자랑삼아 하지 않으면 생색이 나지 않음을 이르는 말
- **금의환향(錦衣還鄉)** : 비단옷을 입고 고향에 돌아온다는 뜻으로, 출세를 하여 고향에 돌아가거나 돌아옴을 비유적으로 이르는 말

기타 한자성어(낙~능)

- **낙담상혼(落膽喪魂)** : 몹시 놀라거나 마음이 상해서 넋을 잃음
- **노승발검(怒蠅拔劍)** : 성가시게 구는 파리를 보고 화가 나서 칼을 뺀다는 뜻으로, 사소한 일에 화를 내거나 또는 작은 일에 큰 대책을 세움을 비유적으로 이르는 말
- **논공행상(論功行賞)** : 공적의 크고 작음 따위를 논의하여 그에 알맞은 상을 줌
- **능소능대(能小能大)** : 모든 일에 두루 능함

기타 한자성어(다~대)

- **다다익선(多多益善)** : 많으면 많을수록 더욱 좋음
- **다사다난(多事多難)** : 여러 가지 일도 많고 어려움이나 탈도 많음
- **대동소이(大同小異)** : 큰 차이 없이 거의 같음

기타 한자성어(등~동)

- **등고자비(登高自卑)** : 높은 곳에 오르려면 낮은 곳에서부터 오른다는 뜻으로, 일을 순서대로 해야 함을 이르는 말
- **동상이몽(同床異夢)** : 같은 자리에 자면서 다른 꿈을 꾼다는 뜻으로, 겉으로는 같이 행동하면서도 속으로는 각각 딴생각을 하고 있음을 이르는 말

ⓛ 'ㄴ'으로 시작하는 한자성어

- **낙양지가(洛陽紙價)** : 훌륭한 글을 서로 필사하느라고 낙양 땅의 종이 값이 치솟는다는 말로 훌륭한 문장이나 글을 칭송하여 이르는 말
- **난공불락(難攻不落)** : 공격하기가 어려워 쉽사리 함락되지 아니함
- **난형난제(難兄難弟)** : 누구를 형이라 하고 누구를 아우라 하기 어렵다는 뜻으로, 두 사물이 비슷하여 낫고 못함을 정하기 어려움을 이르는 말
- **남선북마(南船北馬)** : 중국의 남쪽은 강이 많아서 배를 이용하고 북쪽은 산과 사막이 많아서 말을 이용한다는 뜻으로, 늘 쉬지 않고 여기저기 여행을 하거나 돌아다님을 이르는 말
- **낭중지추(囊中之錐)** : 주머니 속의 송곳이라는 뜻으로, 재능이 뛰어난 사람은 숨어있어도 저절로 사람들에게 알려짐을 이르는 말
- **내우외환(內憂外患)** : 나라 안팎의 여러 가지 어려움
- **노심초사(勞心焦思)** : 몹시 마음을 쓰며 애를 태움

ⓒ 'ㄷ'으로 시작하는 한자성어

- **다기망양(多岐亡羊)** : 갈림길이 많아 잃어버린 양을 찾지 못한다는 뜻으로, 두루 섭렵하기만 하고 전공하는 바가 없어 끝내 성취하지 못함을 이르는 말
- **단금지계(斷金之契)** : 쇠도 자를 만큼의 굳은 약속이라는 뜻으로, 매우 두터운 우정을 이르는 말
- **단기지계(斷機之戒)** : 학문을 중도에서 그만두면 짜던 베의 날을 끊는 것처럼 아무쓸모 없음을 경계한 말
- **당구풍월(堂狗風月)** : 서당에서 기르는 개가 풍월을 읊는다는 뜻으로, 그 분야에 대하여 경험과 지식이 전혀 없는 사람이라도 오래 있으면 얼마간의 경험과 지식을 가짐을 이르는 말
- **당랑거철(螳螂拒轍)** : 제 역량을 생각하지 않고, 강한 상대나 되지 않을 일에 덤벼드는 무모한 행동거지를 비유적으로 이르는 말
- **대기만성(大器晩成)** : 큰 그릇을 만드는 데는 시간이 오래 걸린다는 뜻으로, 크게 될 사람은 늦게 이루어짐을 이르는 말
- **도청도설(道聽塗說)** : 길에서 듣고 길에서 말한다는 뜻으로, 길거리에 퍼져 돌아다니는 뜬소문을 이르는 말
- **동가홍상(同價紅裳)** : 같은 값이면 다홍치마라는 뜻으로, 같은 값이면 좋은 물건을 가짐을 이르는 말
- **동고동락(同苦同樂)** : 괴로움도 즐거움도 함께함
- **동병상련(同病相憐)** : 같은 병을 앓는 사람끼리 서로 가엾게 여긴다는 뜻으로, 어려운 처지에 있는 사람끼리 서로 가엾게 여김을 이르는 말
- **동분서주(東奔西走)** : 동쪽으로 뛰고 서쪽으로 뛴다는 뜻으로, 사방으로 이리저리 몹시 바쁘게 돌아다님을 이르는 말
- **등하불명(燈下不明)** : '등잔 밑이 어둡다'라는 뜻으로, 가까이에 있는 물건이나 사람을 잘 찾지 못함을 이르는 말

㉣ 'ㅁ'으로 시작하는 한자성어

- 마부위침(磨斧爲針) : 도끼를 갈아 바늘을 만든다는 뜻으로 아무리 힘든 일이라도 끝까지 열심히 하다보면 결실을 맺을 수 있음을 이르는 말
- 마이동풍(馬耳東風) : 동풍이 말의 귀를 스쳐간다는 뜻으로, 남의 말을 귀담아듣지 아니하고 지나쳐 흘려버림을 이르는 말
- 만사휴의(萬事休矣) : 모든 것이 헛수고로 돌아감을 이르는 말
- 망양보뢰(亡羊補牢) : 양을 잃고 우리를 고친다는 뜻으로, 이미 어떤 일을 실패한 뒤에 뉘우쳐도 아무 소용이 없음을 이르는 말
- 망양지탄(亡羊之歎) : 갈림길이 매우 많아 잃어버린 양을 찾을 길이 없음을 탄식한다는 뜻으로, 학문의 길이 여러 갈래여서 한 갈래의 진리도 얻기 어려움을 이르는 말
- 맥수지탄(麥秀之嘆) : 고국의 멸망을 한탄함을 이르는 말
- 명불허전(名不虛傳) : 명성이나 명예가 헛되이 퍼진 것이 아니라는 뜻으로, 이름날만한 까닭이 있음을 이르는 말
- 명약관화(明若觀火) : 불을 보듯 분명하고 뻔 함
- 목불식정(目不識丁) : 아주 간단한 글자인 '丁'자를 보고도 그것이 '고무래'인 줄을 알지 못한다는 뜻으로, 아주 까막눈임을 이르는 말
- 목불인견(目不忍見) : 눈앞에 벌어진 상황 따위를 눈 뜨고는 차마 볼 수 없음
- 무지몽매(無知蒙昧) : 아는 것이 없고 사리에 어두움
- 문일지십(聞一知十) : 하나를 듣고 열 가지를 미루어 안다는 뜻으로, 지극히 총명함을 이르는 말
- 문전성시(門前成市) : 찾아오는 사람이 많아 집 문 앞이 시장을 이루다시피 함을 이르는 말
- 물아일체(物我一體) : 외물(外物)과 자아, 객관과 주관, 또는 물질계와 정신계가 어울려 하나가 됨

㉤ 'ㅂ'으로 시작하는 한자성어

- 반면교사(反面敎師) : 사람이나 사물 따위의 부정적인 면에서 얻는 깨달음이나 가르침을 주는 대상을 이르는 말
- 발본색원(拔本塞源) : 좋지 않은 일의 근본 원인이 되는 요소를 완전히 없애 버려서 다시는 그러한 일이 생길 수 없도록 함
- 방약무인(傍若無人) : 곁에 사람이 없는 것처럼 아무 거리낌 없이 함부로 말하고 행동하는 태도가 있음
- 백골난망(白骨難忘) : 죽어서 백골이 되어도 잊을 수 없다는 뜻으로, 남에게 큰 은덕을 입었을 때 고마움의 뜻으로 이르는 말
- 백절불굴(百折不屈) : 어떠한 난관에도 결코 굽히지 않음
- 백중지세(伯仲之勢) : 서로 우열을 가리기 힘든 형세
- 부화뇌동(附和雷同) : 줏대 없이 남의 의견에 따라 움직임
- 분골쇄신(粉骨碎身) : 뼈를 가루로 만들고 몸을 부순다는 뜻으로, 정성으로 노력함을 이르는 말

SEMI-NOTE

기타 한자성어(만)
- 만경창파(萬頃蒼波) : 만 이랑의 푸른 물결이라는 뜻으로, 한없이 넓고 넓은 바다를 이르는 말
- 만면수색(滿面愁色) : 얼굴에 가득 찬 근심의 빛
- 만시지탄(晚時之歎) : 시기에 늦어 기회를 놓쳤음을 안타까워하는 탄식

기타 한자성어(면~무)
- 면목가증(面目可憎) : 얼굴 생김생김이 남에게 미움을 살 만한 데가 있음
- 멸사봉공(滅私奉公) : 사욕을 버리고 공익을 위하여 힘씀
- 무념무상(無念無想) : 무아의 경지에 이르러 일체의 상념을 떠남
- 무위도식(無爲徒食) : 하는 일 없이 놀고먹음
- 무주공산(無主空山) : 임자 없는 빈산

기타 한자성어(박~백)
- 박람강기(博覽强記) : 여러 가지의 책을 널리 많이 읽고 기억을 잘함
- 백면서생(白面書生) : 한갓 글만 읽고 세상일에는 전혀 경험이 없는 사람
- 백아절현(伯牙絕絃) : 자기를 알아주는 참다운 벗의 죽음을 슬퍼함

기타 한자성어(변~불)
- 변화무쌍(變化無雙) : 비할 데 없이 변화가 심함
- 별유건곤(別有乾坤) : 좀처럼 볼 수 없는 아주 좋은 세상. 또는 딴 세상
- 불문곡직(不問曲直) : 옳고 그름을 따지지 아니함

기타 한자성어(사~삼)
- 사생취의(捨生取義) : 목숨을 버리고 의를 좇는다는 뜻으로, 목숨을 버릴지 언정 옳은 일을 함을 이르는 말
- 사필귀정(事必歸正) : 모든 일은 반드시 바른길로 돌아감
- 삼삼오오(三三五五) : 서너 사람 또는 대여섯 사람이 떼를 지어 다니거나 무슨 일을 함. 또는 그런 모양

기타 한자성어(새~송)
- 새옹지마(塞翁之馬) : 인생의 길흉화복은 변화가 많아서 예측하기가 어렵다는 말
- 생면부지(生面不知) : 서로 한 번도 만난 적이 없어서 전혀 알지 못하는 사람. 또는 그런 관계
- 선견지명(先見之明) : 어떤 일이 일어나기 전에 미리 앞을 내다보고 아는 지혜
- 송구영신(送舊迎新) : 묵은해를 보내고 새해를 맞음

기타 한자성어(시~십)
- 시시비비(是是非非) : 옳고 그름을 따지며 다툼
- 식자우환(識字憂患) : 학식이 있는 것이 오히려 근심을 사게 됨
- 심기일전(心機一轉) : 어떤 동기가 있어 이제까지 가졌던 마음가짐을 버리고 완전히 달라짐
- 십시일반(十匙一飯) : 밥 열 술이 한 그릇이 된다는 뜻으로, 여러 사람이 조금씩 힘을 합하면 한 사람을 돕기 쉬움을 이르는 말

- 불가항력(不可抗力) : 사람의 힘으로는 저항할 수 없는 힘
- 불언가지(不言可知) : 아무 말을 하지 않아도 능히 알 수가 있음
- 불요불굴(不撓不屈) : 한번 먹은 마음이 흔들리거나 굽힘이 없음
- 불철주야(不撤晝夜) : 어떤 일에 몰두하여 조금도 쉴 사이 없이 밤낮을 가리지 아니함
- 불치하문(不恥下問) : 손아랫사람이나 지위나 학식이 자기만 못한 사람에게 모르는 것을 묻는 일을 부끄러워하지 아니함
- 비일비재(非一非再) : 같은 현상이나 일이 한두 번이나 한둘이 아니고 많음
- 빈천지교(貧賤之交) : 가난하고 천할 때 사귄 사이. 또는 그런 벗

ⓗ 'ㅅ'으로 시작하는 한자성어
- 사고무친(四顧無親) : 의지할 만한 사람이 아무도 없음
- 사분오열(四分五裂) : 여러 갈래로 갈기갈기 찢어짐
- 사상누각(砂上樓閣) : 모래 위에 세운 누각이라는 뜻으로, 기초가 튼튼하지 못하여 오래 견디지 못할 일이나 물건을 이르는 말
- 산계야목(山鷄野鶩) : 산 꿩과 들오리라는 뜻으로, 성질이 사납고 거칠어서 제 마음대로만 하며 다잡을 수 없는 사람을 비유적으로 이르는 말
- 산해진미(山海珍味) : 산과 바다에서 나는 온갖 진귀한 물건으로 차린 맛이 좋은 음식
- 살신성인(殺身成仁) : 자기의 몸을 희생하여 인(仁)을 이룸
- 삼고초려(三顧草廬) : 인재를 맞아들이기 위하여 참을성 있게 노력함
- 삼수갑산(三水甲山) : 우리나라에서 가장 험한 산골이라 이르던 삼수와 갑산
- 삼인성호(三人成虎) : 세 사람이 짜면 거리에 범을 만든다는 뜻으로, 근거 없는 말이라도 여러 사람이 말하면 곧이듣게 됨을 이르는 말
- 상전벽해(桑田碧海) : 뽕나무밭이 변하여 푸른 바다가 된다는 뜻으로, 세상일의 변천이 심함을 비유적으로 이르는 말
- 선공후사(先公後私) : 공적인 일을 먼저 하고 사사로운 일은 뒤로 미룸
- 설상가상(雪上加霜) : 눈 위에 서리가 덮인다는 뜻으로, 난처한 일이나 불행한 일이 잇따라 일어남을 이르는 말
- 설왕설래(說往說來) : 서로 변론을 주고받으며 옥신각신함. 또는 말이 오고 감
- 소탐대실(小貪大失) : 작은 것을 탐하다가 큰 것을 잃음
- 속수무책(束手無策) : 손을 묶은 것처럼 어찌할 도리가 없어 꼼짝 못함
- 솔선수범(率先垂範) : 남보다 앞장서서 행동해서 몸소 다른 사람의 본보기가 됨
- 수구초심(首丘初心) : 여우가 죽을 때에 머리를 자기가 살던 굴 쪽으로 둔다는 뜻으로, 고향을 그리워하는 마음
- 수서양단(首鼠兩端) : 구멍에서 머리를 내밀고 나갈까 말까 망설이는 쥐라는 뜻으로, 머뭇거리며 진퇴나 거취를 정하지 못하는 상태를 이르는 말
- 수원수구(誰怨誰咎) : 누구를 원망하고 누구를 탓하겠냐는 뜻으로, 남을 원망하거나 탓할 것이 없음을 이르는 말

- 순망치한(脣亡齒寒) : 입술이 없으면 이가 시리다는 뜻으로, 서로 이해관계가 밀접한 사이에 어느 한쪽이 망하면 다른 한쪽도 그 영향을 받아 온전하기 어려움을 이르는 말
- 시종여일(始終如一) : 처음부터 끝까지 변함없이 한결같음
- 신상필벌(信賞必罰) : 공이 있는 자에게는 반드시 상을 주고, 죄가 있는 사람에게는 반드시 벌을 준다는 뜻으로, 상과 벌을 공정하고 엄중하게 하는 일을 이르는 말
- 십벌지목(十伐之木) : 열 번 찍어 베는 나무라는 뜻으로, 열 번 찍어 안 넘어가는 나무가 없음을 이르는 말

ⓢ 'ㅇ'으로 시작하는 한자성어

- 아비규환(阿鼻叫喚) : 아비지옥과 규환지옥을 아울러 이르는 말로 비참한 지경에 빠져 울부짖는 참상을 비유적으로 이르는 말
- 악전고투(惡戰苦鬪) : 매우 어려운 조건을 무릅쓰고 힘을 다하여 고생스럽게 싸움
- 안하무인(眼下無人) : 눈 아래에 사람이 없다는 뜻으로, 방자하고 교만하여 다른 사람을 업신여김을 이르는 말
- 오리무중(五里霧中) : 오 리(理)나 되는 짙은 안개 속에 있다는 뜻으로, 무슨 일에 대하여 방향이나 갈피를 잡을 수 없음을 이르는 말
- 오매불망(寤寐不忘) : 자나 깨나 잊지 못함
- 오월동주(吳越同舟) : 서로 적의를 품은 사람들이 한자리에 있게 된 경우나 서로 협력하여야 하는 상황을 비유적으로 이르는 말
- 외유내강(外柔內剛) : 겉으로는 부드럽고 순하게 보이나 속은 곧고 굳셈
- 요산요수(樂山樂水) : 산수(山水)의 자연을 즐기고 좋아함
- 용두사미(龍頭蛇尾) : 용의 머리와 뱀의 꼬리라는 뜻으로, 처음은 왕성하나 끝이 부진한 현상을 이르는 말
- 용호상박(龍虎相搏) : 용과 범이 서로 싸운다는 뜻으로, 강자끼리 서로 싸움을 이르는 말
- 우공이산(愚公移山) : 우공이 산을 옮긴다는 뜻으로, 어떤 일이든 끊임없이 노력하면 반드시 이루어짐을 이르는 말
- 우후죽순(雨後竹筍) : 비가 온 뒤에 여기저기 솟는 죽순이라는 뜻으로, 어떤 일이 한때에 많이 생겨남을 비유적으로 이르는 말
- 원화소복(遠禍召福) : 화를 물리치고 복을 불러들임
- 유구무언(有口無言) : 입은 있어도 말은 없다는 뜻으로, 변명할 말이 없거나 변명을 못함을 이르는 말
- 음풍농월(吟風弄月) : 맑은 바람과 밝은 달을 대상으로 시를 짓고 흥취를 자아내어 즐겁게 놂
- 이여반장(易如反掌) : 손바닥을 뒤집는 것과 같이 쉬움
- 인면수심(人面獸心) : 사람의 얼굴을 하고 있으나 마음은 짐승과 같다는 뜻으로, 마음이나 행동이 몹시 흉악함을 이르는 말
- 인산인해(人山人海) : 사람이 산을 이루고 바다를 이루었다는 뜻으로, 사람

SEMI-NOTE

기타 한자성어(어~역)
- 어불성설(語不成說) : 말이 조금도 사리에 맞지 아니함
- 언어도단(言語道斷) : 말할 길이 끊어졌다는 뜻으로, 어이가 없어서 말하려 해도 말할 수 없음을 이르는 말
- 역지사지(易地思之) : 처지를 바꾸어서 생각하여 봄

기타 한자성어(오~우)
- 오합지졸(烏合之卒) : 임시로 모여들어서 규율이 없고 무질서한 병졸 또는 군중을 이르는 말
- 온고지신(溫故知新) : 옛것을 익히고 그것을 미루어서 새것을 앎
- 우여곡절(迂餘曲折) : 뒤얽혀 복잡하여진 사정

기타 한자성어(유~읍)
- 유명무실(有名無實) : 이름만 그럴듯하고 실속은 없음
- 은인자중(隱忍自重) : 마음속에 감추어 참고 견디면서 몸가짐을 신중하게 행동함
- 읍참마속(泣斬馬謖) : 큰 목적을 위하여 자기가 아끼는 사람을 버림을 이르는 말

기타 한자성어(인~입)
- 인지상정(人之常情) : 사람이면 누구나 가지는 보통의 마음
- 일거양득(一擧兩得) : 한 가지 일을 하여 두 가지 이익을 얻음
- 일언지하(一言之下) : 한 마디로 잘라 말함. 또는 두말할 나위 없음
- 입화습률(入火拾栗) : 불 속에 들어가서 밤을 줍는다는 뜻으로, 사소한 이익을 얻기 위하여 큰 모험을 하는 어리석음을 이르는 말

이 수없이 많이 모인 상태를 이르는 말

- 인자무적(仁者無敵) : 어진 사람은 모든 사람이 사랑하므로 세상에 적이 없음
- 일도양단(一刀兩斷) : 칼로 무엇을 대번에 쳐서 두 도막을 낸다는 뜻으로, 어떤 일을 머뭇거리지 않고 선뜻 결정함을 비유적으로 이르는 말
- 일모도원(日暮途遠) : 날은 저물고 갈 길은 멀다는 뜻으로, 늙고 쇠약한데 앞으로 해야 할 일은 많음을 이르는 말
- 일희일비(一喜一悲) : 한편으로는 기뻐하고 한편으로는 슬퍼함
- 임기응변(臨機應變) : 그때그때 처한 사태에 맞추어 즉각 그 자리에서 결정하거나 처리함

◎ 'ㅈ'으로 시작하는 한자성어

- 자가당착(自家撞着) : 같은 사람의 말이나 행동이 앞뒤가 서로 맞지 아니하고 모순됨
- 자승자박(自繩自縛) : 자기의 줄로 자기 몸을 옭아 묶는다는 뜻으로, 자기가 한 말과 행동에 자기 자신이 옭혀 곤란하게 됨을 비유적으로 이르는 말
- 자포자기(自暴自棄) : 절망에 빠져 자신을 스스로 포기하고 돌아보지 아니함
- 적반하장(賊反荷杖) : 도둑이 도리어 매를 든다는 뜻으로, 잘못한 사람이 아무 잘못도 없는 사람을 나무람을 이르는 말
- 적수공권(赤手空拳) : 맨손과 맨주먹이라는 뜻으로, 아무것도 가진 것이 없음을 이르는 말
- 전전긍긍(戰戰兢兢) : 몹시 두려워서 벌벌 떨며 조심함
- 절치부심(切齒腐心) : 몹시 분하여 이를 갈며 속을 썩임
- 점입가경(漸入佳境) : 들어갈수록 점점 재미가 있음. 또는 시간이 지날수록 더욱 꼴불견임을 비유적으로 이르는 말
- 조령모개(朝令暮改) : 아침에 명령을 내렸다가 저녁에 다시 고친다는 뜻으로, 법령을 자꾸 고쳐서 갈피를 잡기가 어려움을 이르는 말
- 종두득두(種豆得豆) : 콩을 심으면 반드시 콩이 나온다는 뜻으로, 원인에 따라 결과가 생김을 이르는 말
- 좌고우면(左顧右眄) : 이쪽저쪽을 돌아본다는 뜻으로, 앞뒤를 재고 망설임을 이르는 말
- 좌불안석(坐不安席) : 앉아도 자리가 편안하지 않다는 뜻으로, 마음이 불안하거나 걱정스러워서 한군데에 가만히 앉아 있지 못하고 안절부절못하는 모양을 이르는 말
- 주마가편(走馬加鞭) : 달리는 말에 채찍질한다는 뜻으로, 잘하는 사람을 더욱 장려함을 이르는 말
- 주마간산(走馬看山) : 말을 타고 달리며 산천을 구경한다는 뜻으로, 자세히 살피지 아니하고 대충대충 보고 지나감을 이르는 말
- 중과부적(衆寡不敵) : 적은 수효로 많은 수효를 대적하지 못함
- 중구난방(衆口難防) : 뭇사람의 말을 막기가 어렵다는 뜻으로, 막기 어려울 정도로 여럿이 마구 지껄임을 이르는 말

기타 한자성어(자~전)

- 자수성가(自手成家) : 물려받은 재산이 없이 자기 혼자의 힘으로 집안을 일으키고 재산을 모음
- 자중지란(自中之亂) : 같은 편끼리 하는 싸움
- 전대미문(前代未聞) : 이제까지 들어 본 적이 없음

기타 한자성어(제~종)

- 제행무상(諸行無常) : 우주의 모든 사물은 늘 돌고 변하여 한 모양으로 머물러있지 아니함
- 조변석개(朝變夕改) : 아침저녁으로 뜯어고친다는 뜻으로, 계획이나 결정 따위를 일관성이 없이 자주 고침을 이르는 말
- 조족지혈(鳥足之血) : 새 발의 피라는 뜻으로, 매우 적은 분량을 비유적으로 이르는 말
- 종횡무진(縱橫無盡) : 자유자재로 행동하여 거침이 없는 상태

기타 한자성어(중~지)

- 중인환시(衆人環視) : 여러 사람이 둘러싸고 지켜봄
- 지기지우(知己之友) : 자기의 속마음을 참되게 알아주는 친구
- 지리멸렬(支離滅裂) : 이리저리 흩어지고 찢기어 갈피를 잡을 수 없음

- 중언부언(重言復言) : 이미 한 말을 자꾸 되풀이함. 또는 그런 말
- 지란지교(芝蘭之交) : 지초(芝草)와 난초(蘭草)의 교제라는 뜻으로, 벗 사이의 맑고도 고귀한 사귐을 이르는 말
- 지록위마(指鹿爲馬) : 사슴을 가리켜 말이라고 한 데서 유래한 말로 윗사람을 농락하여 권세를 마음대로 함을 이르는 말

ⓩ 'ㅊ~ㅋ'으로 시작하는 한자성어

- 천고마비(天高馬肥) : 하늘이 높고 말이 살찐다는 뜻으로, 하늘이 맑아 높 푸르게 보이고 온갖 곡식이 익는 가을철을 이르는 말
- 천려일실(千慮一失) : 천 번 생각에 한 번 실수라는 뜻으로, 슬기로운 사람이라도 여러 가지 생각 가운데에는 잘못된 것이 있을 수 있음을 이르는 말
- 천신만고(千辛萬苦) : 천 가지 매운 것과 만 가지 쓴 것이라는 뜻으로, 온갖 어려운 고비를 다 겪으며 심하게 고생함을 이르는 말
- 천인공노(天人共怒) : 하늘과 사람이 함께 노한다는 뜻으로, 누구나 분노할 만큼 증오스럽거나 도저히 용납할 수 없음을 이르는 말
- 천태만상(千態萬象) : 천 가지 모습과 만 가지 형상이라는 뜻으로, 세상 사물이 한결같지 아니하고 각각 모습과 모양이 다름을 이르는 말
- 천편일률(千篇一律) : 여럿이 개별적 특성이 없이 모두 엇비슷한 현상을 비유적으로 이르는 말
- 촌철살인(寸鐵殺人) : 한 치의 쇠붙이로도 사람을 죽일 수 있다는 뜻으로, 간단한 말로도 남을 감동하게 하거나 남의 약점을 찌를 수 있음을 이르는 말
- 쾌도난마(快刀亂麻) : 잘 드는 칼로 마구 헝클어진 삼 가닥을 자른다는 뜻으로, 어지럽게 뒤얽힌 사물을 강력한 힘으로 명쾌하게 처리함을 이르는 말

ⓩ 'ㅌ~ㅍ'으로 시작하는 한자성어

- 타산지석(他山之石) : 본이 되지 않는 남의 말이나 행동도 자신의 지식과 인격을 수양하는 데에 도움이 될 수 있음을 비유적으로 이르는 말
- 토사구팽(兎死狗烹) : 필요할 때는 쓰고 필요 없을 때는 야박하게 버리는 경우를 이르는 말
- 파죽지세(破竹之勢) : 대를 쪼개는 기세라는 뜻으로, 적을 거침없이 물리치고 쳐들어가는 기세를 이르는 말
- 평지풍파(平地風波) : 평온한 자리에서 일어나는 풍파라는 뜻으로, 뜻밖에 분쟁이 일어남을 비유적으로 이르는 말

ⓩ 'ㅎ'으로 시작하는 한자성어

- 하석상대(下石上臺) : 아랫돌 빼서 윗돌 괴고 윗돌 빼서 아랫돌 괸다는 뜻으로, 임시변통으로 이리저리 둘러맞춤을 이르는 말
- 함구무언(緘口無言) : 입을 다물고 아무 말도 하지 아니함
- 허송세월(虛送歲月) : 하는 일 없이 세월만 헛되이 보냄
- 허심탄회(虛心坦懷) : 품은 생각을 터놓고 말할 만큼 아무 거리낌이 없고 솔직함
- 혈혈단신(子子單身) : 의지할 곳이 없는 외로운 홀몸

기타 한자성어(천~청)

- 천양지차(天壤之差) : 하늘과 땅 사이와 같이 엄청난 차이
- 천우신조(天佑神助) : 하늘이 돕고 신령이 도움. 또는 그런 일
- 천재일우(千載一遇) : 천 년 동안 단 한 번 만난다는 뜻으로, 좀처럼 만나기 어려운 좋은 기회를 이르는 말
- 청출어람(靑出於藍) : 쪽에서 뽑아낸 푸른 물감이 쪽보다 더 푸르다는 뜻으로, 제자나 후배가 스승이나 선배보다 나음을 비유적으로 이르는 말

기타 한자성어(탁~필)

- 탁상공론(卓上空論) : 현실성이 없는 허황한 이론이나 논의
- 파안대소(破顔大笑) : 매우 즐거운 표정으로 활짝 웃음
- 필마단기(匹馬單騎) : 혼자 한 필의 말을 탐. 또는 그렇게 하는 사람

기타 한자성어(학~허)

- 학수고대(鶴首苦待) : 학의 목처럼 목을 길게 빼고 간절히 기다림
- 함흥차사(咸興差使) : 심부름을 가서 오지 아니하거나 늦게 온 사람을 이르는 말
- 허장성세(虛張聲勢) : 실속은 없으면서 큰소리치거나 허세를 부림

기타 한자성어(호)
- **호사다마(好事多魔)** : 좋은 일에는 흔히 방해되는 일이 많음. 또는 그런 일이 많이 생김
- **호시탐탐(虎視眈眈)** : 남의 것을 빼앗기 위하여 형세를 살피며 가만히 기회를 엿봄. 또는 그런 모양
- **호언장담(豪言壯談)** : 호기롭고 자신 있게 말함. 또는 그 말

기타 한자성어(회 ~ 흥)
- **회자정리(會者定離)** : 만난 자는 반드시 헤어짐
- **흥진비래(興盡悲來)** : 즐거운 일이 다하면 슬픈 일이 닥쳐온다는 뜻으로, 세상일은 순환되는 것임을 이르는 말

- **호가호위(狐假虎威)** : 남의 권세를 빌려 위세를 부림
- **호각지세(互角之勢)** : 역량이 서로 비슷비슷한 위세
- **호사유피(虎死留皮)** : 호랑이는 죽어서 가죽을 남긴다는 뜻으로, 사람은 죽어서 명예를 남김을 이르는 말
- **혹세무민(惑世誣民)** : 세상을 어지럽히고 백성을 미혹하게 하여 속임
- **혼정신성(昏定晨省)** : 밤에는 부모의 잠자리를 보아 드리고 이른 아침에는 부모의 밤새 안부를 묻는다는 뜻으로, 부모를 잘 섬기고 효성을 다함
- **화룡점정(畫龍點睛)** : 무슨 일을 하는 데에 가장 중요한 부분을 완성함을 비유적으로 이르는 말
- **화사첨족(畫蛇添足)** : 뱀을 다 그리고 나서 있지도 아니한 발을 덧붙여 그려 넣는다는 뜻으로, 쓸데없는 군짓을 하여 도리어 잘못되게 함을 이르는 말
- **화이부동(和而不同)** : 남과 사이좋게 지내기는 하나 무턱대고 어울리지는 아니함
- **환골탈태(換骨奪胎)** : 뼈대를 바꾸어 끼고 태를 바꾸어 쓴다는 뜻으로, 고인의 시문의 형식을 바꾸어서 그 짜임새와 수법이 먼저 것보다 잘되게 함을 이르는 말
- **후생가외(後生可畏)** : 젊은 후학들을 두려워할 만하다는 뜻으로, 후진들이 선배들보다 젊고 기력이 좋아, 학문을 닦음에 따라 큰 인물이 될 수 있으므로 가히 두렵다는 말

02절 여러 의미를 나타내는 어휘

1. 속담과 관용어

(1) 속담의 의미와 주요 속담

① 속담의 의미 : 예로부터 민간에서 전해 내려오는 격언이나 잠언(箴言)으로, 교훈 또는 풍자를 위해 어떤 사실을 비유를 사용하여 나타냄

② 주요 속담

  ㉠ 'ㄱ'으로 시작하는 속담
- **가게 기둥에 입춘** : 추하고 보잘것없는 가겟집 기둥에 '입춘대길'이라 써 붙인다는 뜻으로, 제격에 맞지 않음을 비유적으로 이르는 말
- **가난이 소 아들이라** : 소처럼 죽도록 일해도 가난에서 벗어날 수 없음을 이르는 말
- **가난한 집 제사 돌아오듯** : 가난한 집에 제삿날이 자꾸 돌아와서 그것을 치르느라 매우 어려움을 겪는다는 뜻으로, 힘든 일이 자주 닥침을 뜻함
- **가난할수록 기와집 짓는다** : 실상은 가난한 사람이 남에게 업신여김을 당하기 싫어서 허세를 부리려는 심리를 비유적으로 이르는 말
- **가는 말에 채찍질** : 열심히 하는데도 더 빨리 하라고 독촉함을 비유적으로

이르는 말

- **가랑비에 옷 젖는 줄 모른다** : 아무리 사소한 것이라도 그것이 거듭되면 무시하지 못할 정도로 크게 됨을 비유적으로 이르는 말
- **가물에 콩 나듯** : 어떤 일이나 물건이 어쩌다 하나씩 드문드문 있는 경우를 비유적으로 이르는 말
- **가재는 게 편** : 모양이나 형편이 서로 비슷하고 인연이 있는 것끼리 서로 잘 어울리고, 사정을 보아주며 감싸 주기 쉬움을 비유적으로 이르는 말
- **간에 붙었다 쓸개에 붙었다 한다** : 자기에게 조금이라도 이익이 되면 지조 없이 이편에 붙었다 저편에 붙었다 함을 비유적으로 이르는 말
- **강원도 포수냐** : 한 번 간 후 다시 돌아오지 않거나, 매우 늦게야 돌아오는 사람을 비유적으로 이르는 말
- **개 발에 주석 편자** : 옷차림이나 지닌 물건 따위가 제격에 맞지 아니하여 어울리지 않음을 비유적으로 이르는 말
- **개똥도 약에 쓰려면 없다** : 평소에 흔하던 것도 막상 긴하게 쓰려고 구하면 없다는 말
- **구슬이 서 말이라도 꿰어야 보배라** : 아무리 훌륭하고 좋은 것이라도 다듬고 정리하여 쓸모 있게 만들어 놓아야 값어치가 있음을 비유적으로 이르는 말

ⓛ 'ㄴ'으로 시작하는 속담

- **낙숫물이 댓돌을 뚫는다** : 작은 힘이라도 꾸준히 계속하면 큰일을 이룰 수 있음을 비유적으로 이르는 말
- **남의 집 제사에 절하기** : 상관없는 남의 일에 참여하여 헛수고만 함을 비유적으로 이르는 말
- **낫 놓고 기역 자도 모른다** : 기역 자 모양으로 생긴 낫을 보면서도 기역 자를 모른다는 뜻으로, 아주 무식함을 비유적으로 이르는 말
- **낮말은 새가 듣고 밤말은 쥐가 듣는다** : 아무도 안 듣는 데서라도 말조심해야 한다는 말
- **내 코가 석 자** : 내 사정이 급하고 어려워서 남을 돌볼 여유가 없음을 비유적으로 이르는 말
- **누울 자리 봐 가며 발을 뻗어라** : 어떤 일을 할 때 그 결과가 어떻게 되리라는 것을 생각하여 미리 살피고 일을 시작하라는 말
- **눈 뜨고 도둑맞는다** : 번번이 알면서도 속거나 손해를 본다는 말

ⓒ 'ㄷ'으로 시작하는 속담

- **달리는 말에 채찍질** : 기세가 한창 좋을 때 더 힘을 가함
- **달면 삼키고 쓰면 뱉는다** : 옳고 그름이나 신의를 돌보지 않고 자기의 이익만 꾀함
- **닭 소 보듯, 소 닭 보듯** : 서로 아무런 관심도 두지 않고 있는 사이임을 비유적으로 이르는 말
- **닭 쫓던 개 지붕 쳐다보듯** : 애써 하던 일이 실패로 돌아가거나 남보다 뒤떨어져 어찌할 도리가 없이 됨

SEMI-NOTE

기타 속담(ㄱ)

- **가난도 비단 가난** : 아무리 가난하여도 몸을 함부로 가지지 않고, 본래의 지체와 체통을 더럽히지 않는다는 말
- **가난한 양반 씻나락 주무르듯** : 어떤 일에 닥쳐 우물쭈물하기만 하면서 선뜻 결정을 내리지 못하고 있는 모양을 이르는 말
- **갈수록 태산이라** : 갈수록 더욱 어려운 지경에 처하게 되는 경우를 비유적으로 이르는 말
- **같은 값이면 다홍치마** : 값이 같거나 같은 노력을 한다면 품질이 좋은 것을 택한다는 말
- **개밥에 도토리** : 따돌림을 받아서 여럿의 축에 끼지 못하는 사람을 비유적으로 이르는 말
- **겨 묻은 개가 똥 묻은 개를 나무란다** : 결점이 있기는 마찬가지이면서, 조금 덜한 사람이 더한 사람을 흉볼 때 지적하는 말

기타 속담(ㄴ)

- **나무도 쓸 만한 것이 먼저 베인다**
  - 능력 있는 사람이 먼저 뽑혀 쓰임을 비유적으로 이르는 말
  - 능력 있는 사람이 일찍 죽음을 비유적으로 이르는 말
- **누워서 침 뱉기** : 남을 해치려고 하다가 도리어 자기가 해를 입게 된다는 것을 비유적으로 이르는 말
- **눈 가리고 아웅**
  - 얕은 수로 남을 속이려 한다는 말
  - 실제로 보람도 없을 일을 공연히 형식적으로 하는 체하며 부질없는 짓을 함을 비유적으로 이르는 말

기타 속담(ㄷ)

- **뒤웅박 팔자** : 신세를 망치면 거기서 헤어 나오기가 어려움을 비유적으로 이르는 말
- **등잔 밑이 어둡다** : 대상에서 가까이 있는 사람이 도리어 대상에 대하여 잘 알기 어렵다는 말
- **떡 줄 사람은 꿈도 안 꾸는데 김칫국부터 마신다** : 해 줄 사람은 생각지도 않는데 미리부터 다 된 일로 알고 행동한다는 말

기타 속담(ㅁ)

- **말이 씨가 된다** : 늘 말하던 것이 마침내 사실대로 되었을 때를 이르는 말
- **말 한마디에 천 냥 빚도 갚는다** : 말만 잘하면 어려운 일이나 불가능해 보이는 일도 해결할 수 있다는 말
- **목마른 놈이 우물 판다** : 제일 급하고 일이 필요한 사람이 그 일을 서둘러 하게 되어 있다는 말
- **물 밖에 난 고기**
  - 제 능력을 발휘할 수 없는 처지에 몰린 사람을 이르는 말
  - 운명이 이미 결정 나 벗어날 수 없음을 비유적으로 이르는 말

기타 속담(ㅂ)

- **바늘 도둑이 소도둑 된다** : 작은 나쁜 짓도 자꾸 하게 되면 큰 죄를 저지르게 됨을 비유적으로 이르는 말
- **배 먹고 이 닦기** : 한 가지 일에 두 가지 이로움이 있음을 비유적으로 이르는 말
- **백지장도 맞들면 낫다** : 쉬운 일이라도 협력하여 하면 훨씬 쉽다는 말
- **뱁새가 황새를 따라가면 다리가 찢어진다** : 힘에 겨운 일을 억지로 하면 도리어 해만 입는다는 말

- 도둑이 제 발 저리다 : 지은 죄가 있으면 자연히 마음이 조마조마하여짐을 비유적으로 이르는 말
- 도토리 키 재기 : 정도가 고만고만한 사람끼리 서로 다툼을 이르는 말
- 돼지에 진주 목걸이 : 값어치를 모르는 사람에게는 보물도 아무 소용없음을 비유적으로 이르는 말
- 두 손뼉이 맞아야 소리가 난다 : 무슨 일이든지 두 편에서 서로 뜻이 맞아야 이루어질 수 있다는 말

② 'ㅁ'으로 시작하는 속담
- 마른논에 물 대기 : 일이 매우 힘들거나 힘들여 해 놓아도 성과가 없는 경우를 이르는 말
- 맑은 물에 고기 안 논다 : 물이 너무 맑으면 고기가 모이지 않는다는 뜻으로 사람이 너무 강직하여 융통성이 없으면 다른 사람들과 어울리기 어려움을 이르는 말
- 모로 가도 서울만 가면 된다 : 옆으로 가도 서울에만 가면 그만이라는 뜻으로 과정이야 어떠하든 결과만 좋으면 됨을 이르는 말
- 모르면 약이요 아는 게 병 : 아무것도 모르면 차라리 마음이 편하여 좋으나, 무엇이나 좀 알고 있으면 걱정거리가 많아 도리어 해롭다는 말
- 물에 빠지면 지푸라기라도 움켜쥔다 : 위급한 때를 당하면 무엇이나 닥치는 대로 잡고 늘어지게 됨을 이르는 말
- 물은 건너 보아야 알고 사람은 지내보아야 안다 : 사람은 겉만 보고는 알 수 없으며, 서로 오래 겪어 보아야 알 수 있음을 이르는 말
- 밑돌 빼서 윗돌 고인다 : 일한 보람이 없이 어리석은 짓을 하는 경우를 비유적으로 이르는 말
- 밑 빠진 독에 물 붓기 : 아무리 힘이나 밑천을 들여도 보람 없이 헛된 일이 되는 상태를 비유적으로 이르는 말

⑩ 'ㅂ'으로 시작하는 속담
- 바늘 가는 데 실 간다 : 바늘이 가는 데 실이 항상 뒤따른다는 뜻으로, 사람의 긴밀한 관계를 비유적으로 이르는 말
- 배 주고 속 빌어먹는다 : 자기의 배를 남에게 주고 다 먹고 난 그 속을 얻어먹는다는 뜻으로, 자기의 큰 이익은 남에게 주고 거기서 조그만 이익만을 얻음을 비유적으로 이르는 말
- 번갯불에 콩 볶아 먹겠다 : 번쩍하는 번갯불에 콩을 볶아서 먹을 만하다는 뜻으로, 행동이 매우 민첩함을 이르는 말
- 벙어리 냉가슴 앓듯 : 답답한 사정이 있어도 남에게 말하지 못하고 혼자만 괴로워하며 걱정하는 경우를 비유적으로 이르는 말
- 뿌리 없는 나무가 없다 : 모든 나무가 다 뿌리가 있듯이 무엇이나 그 근본이 있음을 비유적으로 이르는 말

⑪ 'ㅅ'으로 시작하는 속담
- 사공이 많으면 배가 산으로 간다 : 주관하는 사람 없이 여러 사람이 자기주

장만 내세우면 일이 제대로 되기 어려움을 비유적으로 이르는 말

- 사람은 죽으면 이름을 남기고 범은 죽으면 가죽을 남긴다 : 인생에서 가장 중요한 것은 생전에 보람 있는 일을 해놓아 후세에 명예를 떨치는 것임을 비유적으로 이르는 말
- 산 입에 거미줄 치랴 : 아무리 살림이 어려워 식량이 떨어져도 사람은 그럭저럭 죽지 않고 먹고 살아가기 마련임을 비유적으로 이르는 말
- 선무당이 사람 잡는다 : 능력이 없어서 제구실을 못하면서 함부로 하다가 큰일을 저지르게 됨을 비유적으로 이르는 말
- 소경이 코끼리 만지고 말하듯 : 객관적 현실을 잘 모르면서 일면만 보고 해석하는 경우를 비유적으로 이르는 말
- 소 잃고 외양간 고친다 : 소를 도둑맞은 다음에서야 빈 외양간의 허물어진 데를 고치느라 수선을 떤다는 뜻으로, 일이 이미 잘못된 뒤에는 손을 써도 소용이 없음을 비꼬는 말
- 손톱 밑의 가시 : 손톱 밑에 가시가 들면 매우 고통스럽고 성가시다는 뜻으로, 늘 마음에 꺼림칙하게 걸리는 일을 이르는 말
- 송충이가 갈잎을 먹으면 죽는다 : 솔잎만 먹고 사는 송충이가 갈잎을 먹게 되면 땅에 떨어져 죽게 된다는 뜻으로, 자기 분수에 맞지 않는 짓을 하다가는 낭패를 봄
- 쇠뿔도 단김에 빼랬다 : 든든히 박힌 소의 뿔을 뽑으려면 불로 달구어 놓은 김에 해치워야 한다는 뜻으로, 어떤 일이든지 하려고 생각했으면 한창 열이 올랐을 때 망설이지 말고 곧 행동으로 옮겨야 함을 비유적으로 이르는 말

ⓑ 'ㅇ'으로 시작하는 속담

- 아닌 밤중에 홍두깨 : 별안간 엉뚱한 말이나 행동을 함을 비유적으로 이르는 말
- 얌전한 고양이가 부뚜막에 먼저 올라간다 : 겉으로는 얌전하고 아무것도 못할 것처럼 보이는 사람이 딴짓을 하거나 자기 실속을 다 차리는 경우를 비유적으로 이르는 말
- 어물전 망신은 꼴뚜기가 시킨다 : 지지리 못난 사람일수록 같이 있는 동료를 망신시킨다는 말
- 언 발에 오줌 누기 : 언 발을 녹이려고 오줌을 누어 봤자 효력이 별로 없다는 뜻으로, 임시변통은 될지 모르나 그 효력이 오래가지 못할 뿐만 아니라 결국에는 사태가 더 나빠짐을 비유적으로 이르는 말
- 여럿의 말이 쇠도 녹인다 : 여러 사람이 함께 모여 의견을 합치면 쇠도 녹일 만큼 무서운 힘을 낼 수 있음을 비유적으로 이르는 말
- 오 리를 보고 십 리를 간다 : 사소한 일도 유익하기만 하면 수고를 아끼지 아니한다는 말
- 입은 비뚤어져도 말은 바로 해라 : 상황이 어떻든지 말은 언제나 바르게 하여야 함을 이르는 말

SEMI-NOTE

기타 속담(ㅅ)

- 사모에 갓끈 영자 : 끈이 필요 없는 사모에 갓끈이나 영자를 달았다는 뜻으로, 차림새가 제격에 어울리지 아니함을 비유적으로 이르는 말
- 소도 언덕이 있어야 비빈다 : 누구나 의지할 곳이 있어야 무슨 일이든 시작하거나 이룰 수가 있음을 비유적으로 이르는 말
- 소문난 잔치에 먹을 것 없다 : 떠들썩한 소문이나 큰 기대에 비하여 실속이 없거나 소문이 실제와 일치하지 아니하는 경우를 비유적으로 이르는 말
- 술에 술 탄 듯 물에 물 탄 듯 : 주견이나 주책이 없이 말이나 행동이 분명하지 않음을 비유적으로 이르는 말

기타 속담(ㅇ)

- 아니 땐 굴뚝에 연기 날까
  - 원인이 없으면 결과가 있을 수 없음을 비유적으로 이르는 말
  - 실제 어떤 일이 있기 때문에 말이 남을 비유적으로 이르는 말
- 엎드려 절 받기 : 상대편은 마음에 없는데 자기 스스로 요구하여 대접을 받는 경우를 비유적으로 이르는 말
- 원숭이 이 잡아먹듯
  - 샅샅이 뒤지는 모양을 비유적으로 이르는 말
  - 사람이 무슨 일을 하는체하면서 실제로는 아무것도 하지 않는 경우를 비유적으로 이르는 말

06장 어휘력

기타 속담(ㅈ)

- 잘 자랄 나무는 떡잎부터 안다 : 잘될 사람은 어려서부터 남달리 장래성이 엿보인다는 말
- 종로에서 뺨 맞고 한강에서 눈 흘긴다 : 욕을 당한 자리에서는 아무 말도 못 하고 뒤에 가서 불평함을 비유적으로 이르는 말

기타 속담(ㅎ)

- 하늘 보고 손가락질 한다 : 보잘것없는 사람이 상대가 되지도 아니하는 대상에게 무모하게 시비를 걸며 욕함을 비유적으로 이르는 말
- 하룻강아지 범 무서운 줄 모른다 : 철없이 함부로 덤비는 경우를 비유적으로 이르는 말

ⓐ 'ㅈ, ㅊ'으로 시작하는 속담

- 자라 보고 놀란 가슴 솥뚜껑 보고 놀란다 : 어떤 사물에 몹시 놀란 사람은 비슷한 사물만 보아도 겁을 냄을 이르는 말
- 자빠져도 코가 깨진다 : 일이 안되려면 하는 모든 일이 잘 안 풀리고 뜻밖의 큰 불행도 생긴다는 말
- 찬물도 위아래가 있다 : 무엇에나 순서가 있으니, 그 차례를 따라 하여야 한다는 말
- 천 리 길도 한 걸음부터 : 무슨 일이나 그 일의 시작이 중요하다는 말
- 치마가 열두 폭인가 : 남의 일에 쓸데없이 간섭하고 참견함을 비꼬는 말

ⓑ 'ㅋ, ㅌ, ㅍ'으로 시작하는 속담

- 콩 심은 데 콩 나고 팥 심은 데 팥 난다 : 모든 일은 근본에 따라 거기에 걸맞은 결과가 나타나는 것임을 비유적으로 이르는 말
- 티끌 모아 태산 : 아무리 작은 것이라도 모이고 모이면 나중에 큰 덩어리가 됨을 비유적으로 이르는 말

ⓒ 'ㅎ'으로 시작하는 속담

- 하루가 여삼추라 : 하루가 삼 년과 같다는 뜻으로, 짧은 시간이 매우 길게 느껴짐을 비유적으로 이르는 말
- 호랑이도 제 말 하면 온다 : 깊은 산에 있는 호랑이조차도 저에 대하여 이야기하면 찾아온다는 뜻으로, 어느 곳에서나 그 자리에 없다고 남을 흉보아서는 안 된다는 말
- 혹 떼러 갔다 혹 붙여 온다 : 자기의 부담을 덜려고 하다가 다른 일까지도 맡게 된 경우를 비유적으로 이르는 말
- 황소 뒷걸음치다가 쥐 잡는다 : 어쩌다 우연히 이루거나 알아맞힘을 비유적으로 이르는 말

(2) 관용어의 의미와 주요 관용어

① 관용어의 의미 : 두 개 이상의 단어로 이루어져 있으면서 그 단어의 의미만으로는 전체의 의미를 알 수 없는 특수한 의미를 나타내는 어구(語句)

② 주요 관용어 ★ 빈출개념

㉠ 'ㄱ'으로 시작하는 관용어

- 가닥이 잡히다 : 분위기, 상황, 생각 따위를 이치나 논리에 따라 바로 잡게 함
- 가려운 곳을 긁어 주듯 : 남에게 꼭 필요한 것을 잘 알아서 그 욕구를 시원스럽게 만족시켜 줌을 비유적으로 이르는 말
- 가재(를) 치다 : 가재가 뒷걸음질을 잘 친다는 뜻으로, 샀던 물건을 도로 무르는 것을 비유적으로 이르는 말
- 감투(를) 쓰다 : 벼슬자리나 높은 지위에 오름을 속되게 이르는 말
- 개 발에 땀 나다 : 땀이 잘 나지 아니하는 개 발에 땀이 나듯이, 해내기 어려운 일을 이루기 위하여 부지런히 움직임을 이르는 말
- 경종을 울리다 : 잘못이나 위험을 미리 경계하여 주의를 환기시킴
- 고배를 들다 : 패배, 실패 따위의 쓰라린 일을 당함

- 고삐를 늦추다 : 경계심이나 긴장을 누그러뜨림
- 골(을) 박다 : 제한된 범위 밖을 나가지 못하게 함
- 굴레(를) 쓰다 : 일이나 구속에 얽매여 벗어나지 못하게 됨
- 귀가 열리다 : 세상 물정을 알게 됨
- 귀를 씻다 : 세속의 더러운 이야기를 들은 귀를 씻는다는 뜻으로, 세상의 명리를 떠나 깨끗한 삶을 비유적으로 이르는 말
- 귓등으로 듣다 : 듣고도 들은 체 만 체 함
- 기지개를 켜다 : 서서히 활동하는 상태에 듦

ⓛ 'ㄴ'으로 시작하는 관용어
- 낙동강 오리알 : 무리에서 떨어져 나오거나 홀로 소외되어 처량하게 된 신세를 비유적으로 이르는 말
- 너울을 쓰다 : 속이나 진짜 내용은 그렇지 않으면서 그럴듯하게 좋은 명색을 내걸음
- 난장을 치다 : 함부로 마구 떠듦
- 눈에 밟히다 : 잊히지 않고 자꾸 눈에 떠오름
- 눈 위에 혹 : 몹시 미워 눈에 거슬리는 사람을 비유적으로 이르는 말

ⓔ 'ㄷ'으로 시작하는 관용어
- 닭 물 먹듯 : 무슨 일이든 그 내용도 모르고 건성으로 넘기는 모양을 비유적으로 이르는 말
- 도마 위에 오르다 : 어떤 사물이 비판의 대상이 됨
- 돌(을) 던지다 : 남의 잘못을 비난함
- 된서리를 맞다 : 모진 재앙이나 억압을 당함
- 뒤(가) 나다 : 자기의 잘못이나 약점으로 뒤에 가서 좋지 않은 일이 생길 것 같아 마음이 놓이지 않음
- 뒤가 든든하다 : 뒤에서 받쳐 주는 세력이나 사람이 있음
- 뒷손(을) 쓰다 : 은밀히 대책을 강구하거나 뒷수습을 함
- 뜸(을) 들이다 : 일이나 말을 할 때에, 쉬거나 여유를 갖기 위해 서둘지 않고 한동안 가만히 있는 경우를 비유적으로 이르는 말

ⓡ 'ㅁ'으로 시작하는 관용어
- 마각을 드러내다 : 말의 다리로 분장한 사람이 자기 모습을 드러낸다는 뜻으로, 숨기고 있던 일이나 정체를 드러냄을 이르는 말
- 마른벼락을 맞다 : 갑자기 뜻밖의 재난을 당함
- 말허리를 자르다 : 상대방이 말하는 도중에 말을 중지시킴
- 맥(도) 모르다 : 내막이나 까닭 따위를 알지도 못함
- 멍석을 깔다 : 하고 싶은 대로 할 기회를 주거나 마련함
- 무릎(을) 치다 : 갑자기 어떤 놀라운 사실을 알게 되었거나 희미한 기억이 되살아날 때, 또는 몹시 기쁠 때 무릎을 탁 침을 이르는 말

ⓜ 'ㅂ'으로 시작하는 관용어
- 발(이) 묶이다 : 몸을 움직일 수 없거나 활동할 수 없는 형편이 됨

SEMI-NOTE

기타 관용어(ㄱ)
- 간도 모르다 : 일의 내막을 짐작도 하지 못함을 이르는 말
- 감정(을) 사다 : 남의 감정을 언짢게 만듦
- 격(을) 두다 : 사람과 사람 사이에 일정한 간격을 둠
- 곁눈(을) 주다 : 남이 모르도록 곁눈질로 상대편에게 어떤 뜻을 알림
- 구미가 당기다 : 욕심이나 관심이 생김
- 구색(을) 맞추다 : 여러 가지가 고루 갖추어지게 함

기타 관용어(ㄴ)
- 눈독(을) 들이다 : 욕심을 내어 눈여겨 봄
- 눈 밖에 나다 : 신임을 잃고 미움을 받게 됨

기타 관용어(ㄷ)
- 덜미가 잡히다 : 죄가 드러남
- 된서리를 맞다
  - 되게 내리는 서리를 맞음
  - 모진 재앙이나 억압을 당함
- 등(을) 돌리다 : 뜻을 같이하던 사람이나 단체와 관계를 끊고 배척함
- 등을 떠밀다 : 일을 억지로 시키거나 부추김

기타 관용어(ㅁ)
- 말뚝(을) 박다 : 어떤 지위에 오랫동안 머무름
- 문턱을 낮추다 : 쉽고 편하게 접할 수 있게 만듦

기타 관용어(ㅂ)

- 바닥(을) 긁다 : 생계가 곤란함
- 바람을 일으키다
  – 사회적으로 많은 사람에게 영향을 미침
  – 사회적 문제를 만들거나 소란을 일으킴
- 발(을) 끊다 : 오가지 않거나 관계를 끊음
- 발(이) 넓다 : 사귀어 아는 사람이 많아 활동하는 범위가 넓음
- 벌집을 건드리다 : 건드려서는 안 될 것을 공연히 건드려 큰 화근을 만듦

기타 관용어(ㅅ)

- 사족(을) 못 쓰다 : 무슨 일에 반하거나 혹하여 꼼짝 못함
- 사타구니를 긁다 : 알랑거리며 남에게 아첨함
- 살얼음을 밟다 : 위태위태하여 마음이 몹시 불안함
- 손바닥(을) 뒤집듯 : 태도를 갑자기 또는 노골적으로 바꾸기를 아주 쉽게
- 식은 죽 먹듯 : 거리낌 없이 아주 쉽게 예사로 하는 모양을 이르는 말

기타 관용어(ㅇ)

- 어깨를 나란히 하다
  – 나란히 서거나 나란히 서서 걸음
  – 서로 비슷한 지위나 힘을 가짐
  – 같은 목적으로 함께 일함
- 의가 나다 : 사이가 나빠짐
- 이 잡듯이 : 샅샅이 뒤지어 찾는 모양을 비유적으로 이르는 말
- 임자(를) 만나다 : 어떤 사물이나 사람이 적임자와 연결되어 능력이나 기능을 제대로 발휘할 수 있게 됨

- 발등을 밟히다 : 자기가 하려는 일을 남이 앞질러서 먼저 함
- 발목(을) 잡히다 남에게 어떤 약점이나 단서(端緖)를 잡힘
- 발 벗고 나서다 : 적극적으로 나섬
- 배(를) 내밀다 : 남의 요구에 응하지 아니하고 버팀
- 백지 한 장의 차이 : 아주 근소한 차이를 비유적으로 이르는 말
- 뱃가죽이 두껍다 : 염치가 없어 뻔뻔스럽거나 배짱이 셈
- 보따리(를) 풀다 : 숨은 사실을 폭로함
- 붓을 꺾다 : 문필 활동을 그만둠
- 빙산의 일각(一角) : 대부분이 숨겨져 있고 외부로 나타나 있는 것은 극히 일부분에 지나지 아니함을 비유적으로 이르는 말

ⓗ 'ㅅ'으로 시작하는 관용어

- 사시나무 떨듯 : 몸을 몹시 떠는 모양을 비유적으로 이르는 말
- 사이(가) 뜨다 : 사람 사이의 관계가 친밀하지 않거나 벌어짐
- 산통(을) 깨다 : 다 잘되어 가던 일을 이루지 못하게 뒤틀음
- 삿갓(을) 씌우다 : 손해를 입히거나 책임을 지움
- 색안경을 끼고 보다 : 주관이나 선입견에 얽매여 좋지 아니하게 봄
- 성미(가) 마르다 : 도량이 좁고 성질이 급함
- 손(을) 끊다 : 교제나 거래 따위를 중단함
- 손(을) 거치다 : 어떤 사람을 경유함
- 손(을) 떼다 : 하던 일을 그만두고 다시 손대지 않음
- 손(을) 씻다 : 부정적인 일이나 찜찜한 일에 대하여 관계를 청산함
- 손사래(를) 치다 : 거절이나 부인을 하며 손을 펴서 마구 휘저음
- 쓸개(가) 빠지다 : 하는 짓이 사리에 맞지 아니하고 줏대가 없음
- 씨가 마르다 : 어떤 종류의 것이 모조리 없어짐

ⓢ 'ㅇ'으로 시작하는 관용어

- 아귀(가) 맞다 : 앞뒤가 빈틈없이 들어맞음
- 아닌 밤중에 : 뜻밖의 때에
- 안고 돌아가다 : 맡은 일을 제대로 하지 못하고 질질 끎
- 앞 짧은 소리 : 앞일을 짧게 내다보고 하는 소리라는 뜻으로, 앞일을 제대로 내다보지 못하고 하는 말을 뜻함
- 어안이 벙벙하다 : 뜻밖에 놀랍거나 기막힌 일을 당하여 어리둥절함
- 언질(을) 주다 : 어떤 일이나 현상 따위의 결과를 예측할 수 있는 단서를 제공함
- 염불 외듯 : 알아듣지 못할 소리로 중얼거리는 경우를 비유적으로 이르는 말
- 오금(을) 박다 : 큰소리치며 장담하던 사람이 그와 반대되는 말이나 행동을 할 때에, 장담하던 말을 빌미로 삼아 몹시 논박함
- 온실 속의 화초 : 어려움이나 고난을 겪지 아니하고 그저 곱게만 자란 사람을 비유적으로 이르는 말
- 우레(와) 같은 박수 : 많은 사람이 치는 매우 큰 소리의 박수를 비유적으로

이르는 말

- 이(가) 빠지다 : 갖추어져야 할 것 가운데서 어떤 부분이 빠져서 온전하지 못함
- 입방아(를) 찧다 : 말을 방정맞게 자꾸 함
- 입에 거미줄 치다 : 가난하여 먹지 못하고 오랫동안 굶음

◎ 'ㅈ'으로 시작하는 관용어

- 젖비린내가 나다 : 정신적으로나 육체적으로 성숙하지 못한 태도나 기색이 보임을 이르는 말
- 좀이 쑤시다 : 마음이 들뜨거나 초조하여 가만히 있지 못함
- 직성(이) 풀리다 : 제 성미대로 되어 마음이 흡족함
- 진(을) 치다 : 자리를 차지함

㉪ 'ㅊ~ㅋ'으로 시작하는 관용어

- 채(를) 잡다 : 주도적인 역할을 하거나 주도권을 잡고 조종함
- 책상머리나 지키다 : 현실과 부딪치며 책임감을 가지고 일하지 아니하고 사무실에서만 맴돌거나 문서만 보고 세월을 보냄
- 첫 삽을 들다 : 건설 사업이나 그 밖에 어떤 일을 처음으로 시작함
- 촉각을 곤두세우다 : 정신을 집중하고 신경을 곤두세워 즉각 대응할 태세를 취함
- 출사표를 던지다 : 경기, 경쟁 따위에 참가 의사를 밝힘
- 코(가) 빠지다 : 근심에 싸여 기가 죽고 맥이 빠짐
- 코에 걸다 : 무엇을 자랑삼아 내세움

㉫ 'ㅌ~ㅍ'으로 시작하는 관용어

- 토(를) 달다 : 어떤 말끝에 그 말에 대하여 덧붙여 말함
- 퇴박(을) 놓다 : 마음에 들지 아니하여 물리치거나 거절함
- 파리 목숨 : 남에게 손쉽게 죽음을 당할 만큼 보잘것없는 목숨을 이르는 말
- 판에 박은 듯하다 : 사물의 모양이 같거나 똑같은 일이 되풀이됨
- 피도 눈물도 없다 : 조금도 인정이 없음
- 피를 말리다 : 몹시 괴롭히거나 애가 타게 만듦
- 핏대(를) 세우다 : 목의 핏대에 피가 몰려 얼굴이 붉어지도록 화를 내거나 흥분함

㉬ 'ㅎ'으로 시작하는 관용어

- 학을 떼다 : 괴롭거나 어려운 상황을 벗어나느라고 진땀을 빼거나, 그것에 거의 질려 버림
- 한술 더 뜨다 : 이미 어느 정도 잘못되어 있는 일에 대하여 한 단계 더 나아가 엉뚱한 짓을 함
- 허두를 떼다 : 글이나 말의 첫머리를 시작함
- 혀(가) 굳다 : 놀라거나 당황하여 말을 잘하지 못함
- 화촉을 밝히다 : 혼례식을 올림
- 회가 동하다 : 구미가 당기거나 무엇을 하고 싶은 마음이 생김

SEMI-NOTE

기타 관용어(ㅈ)

- **재를 뿌리다** : 일, 분위기 따위를 망치거나 훼방을 놓음
- **쥐 잡듯** : 꼼짝 못하게 하여 놓고 잡는 모양을 비유적으로 이르는 말

기타 관용어(ㅊ~ㅋ)

- **찬물을 끼얹다** : 잘되어 가고 있는 일에 뛰어들어 분위기를 흐리거나 공연히 트집을 잡아 헤살을 놓음
- **철퇴를 가하다** : 호되게 처벌하거나 큰 타격을 줌
- **첫 단추를 잘못 끼우다** : 시작을 잘못함
- **코가 납작해지다** : 몹시 무안을 당하거나 기가 죽어 위신이 뚝 떨어짐

기타 관용어(ㅌ~ㅍ)

- **트집(을) 잡다** : 조그만 흠집을 들추어 내거나 없는 흠집을 만듦
- **파김치(가) 되다** : 몹시 지쳐서 기운이 아주 느른하게 됨
- **피를 빨다** : 재산이나 노동력 따위를 착취함

기타 관용어(ㅎ)

- **한 우물(을) 파다** : 한 가지 일에 몰두하여 끝까지 함
- **허울 좋다** : 실속은 없으면서 겉으로는 번지르르함
- **혀를 내두르다** : 몹시 놀라거나 어이없어서 말을 못함
- **활개(를) 치다** : 의기양양하게 행동함. 또는 제 세상인 듯 함부로 거들먹거리며 행동함

06장

어휘력

다의어의 개념
다의어에는 기본적이며 핵심적인 중
심의미와 문맥에 따라 중심의미가 확
장되어 쓰이는 의미를 주변의미가 있음

위치, 장소와 관련된 다의어

• 길
  - 지나갈 수 있게 땅 위에 낸 일정한 너비의 공간
  - 걷거나 탈것을 타고 어느 곳으로 가는 노정
  - 어떤 자격이나 신분으로서 '주어진 일의 분야나 방면', '도리', '임무'
  - 지향하는 방향이나 지침, 목적, 분야

• 앞
  - 장차 다가 올 시간, 이 시간 이후
  - 나아가는 방향이나 장소
  - (방향이 있는 사물에서) 정면을 향하는 부분
  - 먼저 지나간 시간이나 차례
  - '어떤 사람이 떠맡은 몫' 또는 '차례에 따라 돌아오는(받는) 몫'

행동과 관련된 다의어

• 받다
  - (떨어지거나 던지는 물건 등을) 손으로 잡음
  - (다른 사람에게 받은 돈이나 물건 등을) 응하여 자기의 것으로 가짐
  - 어떤 행동이나 심리적 작용 등을 당하거나 입음

• 사다
  - (물건이나 권리 등을) 대가나 값을 치르고 자기 것으로 만듦
  - (다른 사람에게 음식 등을) 함께 먹기 위해 값을 치름
  - 대가를 치르고 사람을 부림
  - (다른 사람에게 호감 또는 원한, 비난, 의심 등의) 감정을 가지게 함

2. 다의어, 동음이의어와 고유어 ★빈출개념

(1) 다의어의 의미와 여러 종류의 다의어

① 다의어의 의미 : 하나의 낱말에 두 가지 이상의 뜻을 가진 단어

② 신체와 관련된 다의어

ㄱ 눈
- 시력, 물체를 볼 수 있는 능력
- 사람의 시선, 눈길
- 사물을 보고 판단하는 힘, 식견, 안목
- 사물을 보는 관점이나 생각
- 어떤 것을 보는 '표정'이나 '태도', '모양'

ㄴ 손
- 어떤 사람의 '영향력'이나 '권력과 권한이 미치는 범위', '손아귀'
- 육체적 노동을 하기 위한 '일손이나 노동력', '품'
- 어떤 일을 처리하거나 해결할 수 있는 '힘이나 능력', '솜씨', '재주'
- 어떤 것을 마음대로 다루는 사람의 '수완이나 꾀', '농간', '속임수'

ㄷ 다리
- 사람이나 동물의 몸통 아래 붙어 있는 신체의 부분
- 물체의 아래쪽에 붙어, 그 물체를 받치거나 직접 땅에 닿지 아니하게 하거나 높이 있도록 버티어 놓은 부분
- 오징어나 문어 따위의 동물의 머리에 여러 개 달려 있어, 헤엄을 치거나 먹이를 잡거나 촉각을 가지는 기관
- 안경의 테에 붙어서 귀에 걸게 된 부분

③ 동작, 감각, 상태와 관련된 다의어

ㄱ 가볍다
- 무게가 적음
- (실수나 죄, 질병 등의) 정도가 심하지 않음
- (중요성이나 가치 등이) 대수롭지 않고 예사로움
- (동작이) 재빠르고 경쾌함
- 움직임에 힘들임이 별로 없음
- (옷차림이나 마음 등이) 가뿐하고 경쾌함
- (생각이나 언행 등이) 침착하지 못하고 경솔함

ㄴ 무겁다
- (물건 등의) 무게가 많음
- 책임이나 부담이 큼
- 기운이나 힘이 빠져서 움직이기 힘듦
- 언행이 신중하고 조심스러움
- 분위기나 기분 등이 진지하고 심각함

ㄷ 보다

- 만남, 얼굴을 마주 대함
- (책, 신문 등을) 읽거나 구독함
- (아이, 집 등을) 맡아서 보살핌
- (공연, 예술품 등을) 관람, 감상함
- 전망하다, 앞날을 헤아려 내다봄

(2) 동음이의어의 의미와 주요 동음이의어

① 동음이의어의 의미 : 낱말의 소리는 같으나 의미가 다른 단어
② 주요 동음이의어

　㉠ 배
- 배나무의 열매
- 사람이나 동물의 몸에서 위장, 창자, 콩팥 따위의 내장이 들어 있는 곳으로 가슴과 엉덩이 사이의 부위
- 일정한 수나 양이 그 수만큼 거듭됨을 이르는 말

　㉡ 발
- 사람이나 동물의 다리 맨 끝부분
- 가늘고 긴 대를 줄로 엮거나, 줄 따위를 여러 개 나란히 늘어뜨려 무엇을 가리는 데 쓰는 물건
- 두 팔을 양옆으로 펴서 벌렸을 때 한쪽 손끝에서 다른 쪽 손끝까지의 길이를 한 발이라 함

　㉢ 타다
- 탈것이나 짐승의 등에 몸을 얹음
- 불씨나 높은 열로 불이 붙어 번지거나 일어남
- 돈이나 물건 따위를 몫으로 받음
- 다량의 액체에 소량의 액체나 가루 따위를 넣어 섞음
- 먼지나 때 따위가 쉽게 달라붙는 성질을 가짐

　㉣ 쓰다
- 붓, 펜, 연필과 같은 도구로 획을 그어 일정한 글자의 모양이 이루어짐
- 모자 따위를 머리에 얹어 덮거나 어떤 물건을 얼굴에 덮어 씀
- 일을 하는 데에 재료나 도구, 수단을 이용함
- 혀로 느끼는 맛이 한약이나 소태, 씀바귀의 맛

(3) 고유어의 개념과 어휘 ⭐빈출개념

① 고유어의 개념 : '토박이말'이라고도 하며 한 나라에서 본래부터 쓰이던 어휘를 의미
② 고유어 어휘(명사)

　㉠ 신체 및 생리현상과 관련된 어휘
- 가는귀 : 작은 소리까지 듣는 귀 또는 그런 귀의 능력
- 거스러미 : 손발톱 뒤의 살 껍질이나 나무의 결 따위가 가시처럼 얇게 터져 일어나는 부분

SEMI-NOTE

기타 동음이의어
- 미치다
  – (분량, 수치) 닿거나 이름
  – (정신) 정신에 이상이 생겨 말, 행동이 보통 사람과 다르게 됨
- 싸다
  – 물건 값이나 사람, 물건을 쓰는 데 드는 비용이 보통보다 낮음
  – 물건을 안에 넣고 보이지 않게 씌워 가림
  – 들은 말 따위를 여러 곳에 잘 떠벌림
- 이르다
  – 어떤 곳이나 시간에 닿음
  – 대중 또는 기준을 잡은 때보다 앞서거나 빠름
  – 무엇이라 말함
- 잡다
  – 손으로 움켜 놓지 않음
  – 어림하여 셈함
  – 동물 따위를 죽임
  – 의복에 주름을 냄

기타 고유어 어휘(신체)
- 가르마 : 이마에서 정수리까지의 머리카락을 양쪽으로 갈랐을 때 생기는 금
- 구레나룻 : 귀밑에서 턱까지 잇따라 난 수염
- 활개
  – 사람의 어깨에서 팔까지 또는 궁둥이에서 다리까지의 양쪽 부분
  – 새의 활짝 편 두 날개

기타 고유어 어휘(행위)

• 가탈
  – 일이 순조롭게 나아가는 것을 방해하는 조건
  – 이리저리 트집을 잡아 까다롭게 구는 일
• 떠세 : 재물이나 힘 따위를 내세워 젠체하고 억지를 씀 또는 그런 짓
• 뒷배 : 겉으로 나서지 않고 뒤에서 보살펴 주는 일
• 소드락질 : 남의 재물 따위를 빼앗는 짓
• 옴살 : 매우 친밀하고 가까운 사이
• 해찰 : 마음에 썩 내키지 아니하여 물건을 부질없이 이것저것 집적거려 해침 또는 그런 행동

기타 고유어 어휘(성격, 심리, 관계)

• 꼭두각시
  – 꼭두각시놀음에 나오는 여러 가지 인형
  – 남의 조종에 따라 움직이는 사람이나 조직을 비유적으로 이르는 말
• 만무방
  – 염치가 없이 막된 사람
  – 아무렇게나 생긴 사람
• 쭉정이 : 쓸모없게 되어 사람 구실을 제대로 하지 못하는 사람을 비유적으로 이르는 말

• 고리눈 : 주로 동물의 눈동자 주위에 흰 테가 둘린 눈
• 귓불 : 귓바퀴의 아래쪽에 붙어 있는 살
• 눈시울 : 눈언저리의 속눈썹이 난 곳
• 모두숨 : 한 번에 크게 몰아쉬는 숨
• 허울 : 실속이 없는 겉모양

ⓛ 행위나 행동과 관련된 어휘

• 갈무리 : 일을 처리하여 마무리함
• 꼼수 : 쩨쩨한 수단이나 방법
• 내친걸음 : 이왕에 시작한 일
• 너스레 : 수다스럽게 떠벌려 늘어놓는 말이나 짓
• 덤터기 : 남에게 넘겨씌우거나 남에게서 넘겨받은 허물이나 걱정거리
• 마수걸이 : 맨 처음으로 물건을 파는 일 또는 맨 처음으로 부딪는 일
• 말미 : 일정한 직업이나 일 따위에 매인 사람이 다른 일로 말미암아 얻는 겨를
• 몽짜 : 음흉하고 심술궂게 욕심을 부리는 짓. 또는 그런 사람
• 선걸음 : 이미 내디뎌 걷고 있는 그대로의 걸음
• 소걸음 : 소처럼 느릿느릿 걷는 걸음
• 아람치 : 개인이 사사로이 차지하는 몫
• 어둑서니 : 어두운 밤에 아무것도 없는데, 있는 것처럼 잘못 보이는 것
• 옴니암니 : 다 같은 이인데 자질구레하게 어금니 앞니 따진다는 뜻으로, 아주 자질구레한 것을 이르는 말
• 짜깁기 : 기존의 글이나 영화 따위를 편집하여 하나의 완성품으로 만드는 일
• 주전부리 : 때를 가리지 아니하고 군음식을 자꾸 먹음. 또는 그런 입버릇

ⓒ 성격, 심리, 관계 등과 관련된 어휘

• 가달 : 몹시 사나운 사람을 이르는 말
• 가르친사위 : 창조성이 없이 무엇이든지 남이 가르치는 대로만 하는 사람을 낮잡아 이르는 말
• 가시버시 : '부부'를 낮잡아 이르는 말
• 깜냥 : 스스로 일을 헤아림. 또는 헤아릴 수 있는 능력
• 달랑쇠 : 침착하지 못하고 몹시 담방거리는 사람
• 뜨내기 : 일정한 거처가 없이 떠돌아다니는 사람
• 몽니 : 정당한 대우를 받지 못할 때 권리를 주장하기 위하여 심술을 부리는 성질
• 모도리 : 조금도 빈틈없이 아주 여무진 사람
• 우렁잇속 : 품은 생각을 모두 털어놓지 아니하는 의뭉스러운 속마음을 비유적으로 이르는 말
• 지체 : 어떤 집안이나 개인이 사회에서 차지하고 있는 신분이나 지위

ⓔ 동식물과 관련된 어휘

• 가라말 : 털빛이 온통 검은 말

- 귀다래기 : 귀가 작은 소
- 까막까치 : 까마귀와 까치를 아울러 이르는 말
- 멱부리 : 턱 밑에 털이 많은 닭
- 불강아지 : 몸이 바싹 여윈 강아지
- 영각 : 소가 길게 우는 소리
- 자귀 : 짐승의 발자국
- 푸새 : 산과 들에 저절로 나서 자라는 풀을 통틀어 이르는 말

ⓜ 구체적 사물과 관련된 어휘

- 검부러기 : 검불의 부스러기
- 골갱이 : 식물이나 동물의 고기 따위의 속에 있는 단단하거나 질긴 부분
- 꿰미 : 물건을 꿰는 데 쓰는 끈이나 꼬챙이 따위. 또는 거기에 무엇을 꿴 것
- 바자 : 대, 갈대, 수수깡, 싸리 따위로 발처럼 엮거나 결어서 만든 물건
- 베잠방이 : 베로 지은 짧은 남자용 홑바지
- 살피 : 땅과 땅 사이의 경계선을 간단히 나타낸 표
- 세간 : 집안 살림에 쓰는 온갖 물건

ⓗ 공간 및 장소와 관련된 어휘

- 가풀막 : 몹시 가파르게 비탈진 곳
- 노루막이 : 산의 막다른 꼭대기
- 두메 : 도회에서 멀리 떨어져 사람이 많이 살지 않는 변두리나 깊은 곳
- 둔치 : 강, 호수 따위의 물이 있는 곳의 가장자리
- 멧부리 : 산등성이나 산봉우리의 가장 높은 꼭대기
- 기스락 : 기슭의 가장자리
- 산기슭 : 산의 비탈이 끝나는 아랫부분
- 서덜 : 냇가와 강가의 돌이 많은 곳

③ 고유어 어휘(동사)

㉠ 'ㄱ'으로 시작하는 어휘

- 가루다 : 자리 따위를 함께 나란히 함
- 가물다 : 땅의 물기가 바싹 마를 정도로 오랫동안 계속하여 비가 오지 않음
- 갈마들다 : 서로 번갈아듦
- 궁굴리다 : 이리저리 돌려서 너그럽게 생각함
- 꾀다 : 그럴듯한 말이나 행동으로 남을 속이거나 부추겨서 자기 생각대로 이끎

㉡ 'ㄴ, ㄷ'으로 시작하는 어휘

- 뇌까리다 : 아무렇게나 되는대로 마구 지껄임
- 닦아세우다 : 꼼짝 못하게 휘몰아 나무람
- 더위잡다 : 높은 곳에 오르려고 무엇을 끌어 잡음
- 되바라지다 : 사람됨이 남을 너그럽게 감싸주지 않고 적대적으로 대함
- 듣보다 : 듣기도 하고 보기도 하며 알아보거나 살핌
- 소쿠라지다 : 급히 흐르는 물이 굽이쳐 용솟음침

기타 고유어 어휘(동식물)

- 남새 : 채소
- 멧나물 : 산나물
- 워낭 : 마소의 귀에서 턱 밑으로 늘여 단 방울 또는 마소의 턱 아래에 늘어뜨린 쇠고리
- 하릅강아지 : 나이가 한 살 된 강아지
- 푸성귀 : 사람이 가꾼 채소나 저절로 난 나물 따위를 통틀어 이르는 말

기타 고유어 어휘(사물)

- 깁 : 명주실로 바탕을 조금 거칠게 짠 비단
- 마고자 : 저고리 위에 덧입는 웃옷
- 삯 : 일한 데 대한 품값으로 주는 돈이나 물건

기타 고유어 어휘(공간, 장소)

- 갈피
  - 겹치거나 포갠 물건의 하나하나의 사이 또는 그 틈
  - 일이나 사물의 갈래가 구별되는 어름
- 언저리
  - 둘레의 가 부분
  - 어떤 나이나 시간의 전후
  - 어떤 수준이나 정도의 위아래

기타 고유어 어휘(동사)

- 가위눌리다 : 자다가 무서운 꿈에 질려 몸을 마음대로 움직이지 못하고 답답함을 느낌
- 바루다 : 비뚤어지거나 구부러지지 않도록 바르게 함
- 버금가다 : 으뜸의 바로 아래가 됨
- 얼넘기다 : 일을 대충 얼버무려서 넘김
- 켱기다
  - 단단하고 팽팽하게 되다
  - 마음속으로 겁이 나고 탈이 날까 불안해함

기타 고유어 어휘(성격, 태도)

- **곰살맞다** : 몹시 부드럽고 친절함
- **괄괄스럽다** : 보기에 성질이 세고 급한 데가 있음
- **옹골지다** : 실속이 있게 속이 꽉 차 있음
- **의뭉하다** : 겉으로 보기에는 어리석어 보이나 속으로는 엉큼함

기타 고유어 어휘(심리)

- **같잖다**
  - 하는 짓이나 꼴이 제격에 맞지 않고 눈꼴사나움
  - 말하거나 생각할 거리도 못 됨
- **계면쩍다** : 쑥스럽거나 미안하여 어색함
- **멋쩍다** : 어색하고 쑥스러움
- **애꿎다** : 아무런 잘못 없이 억울함

기타 고유어 어휘(상황, 상태)

- **간데없다** : 갑자기 자취를 감추어 사라지거나 어디로 갔는지 알 수가 없음
- **난데없다** : 갑자기 불쑥 나타나 어디서 왔는지 알 수 없음
- **메케하다** : 연기나 곰팡이 따위의 냄새가 맵고 싸함
- **스산스럽다** : 어수선하고 쓸쓸한 분위기가 있음
- **추레하다** : 겉모양이 깨끗하지 못하고 생기가 없음
- **케케묵다** : 물건 따위가 아주 오래되어 낡음

- **움키다** : 손가락을 우그리어 물건 따위를 놓치지 않도록 힘 있게 잡음
- **틔격나다** : 서로 뜻이 맞지 아니하여 사이가 벌어짐

④ 고유어 어휘(형용사)

  ㉠ 성격, 태도와 관련된 어휘

  - **가즈럽다** : 가진 것도 없으면서 가진 체하며 뻐기는 티가 있음
  - **간살맞다** : 매우 간사스럽게 아양을 떠는 태도가 있음
  - **다부지다** : 벅찬 일을 견디어 낼 만큼 굳세고 야무짐
  - **모나다** : 말이나 짓 따위가 둥글지 못하고 까다로움
  - **머줍다** : 동작이 느리고 굼뜨다
  - **바지런스럽다** : 놀지 아니하고 하는 일에 꾸준한 데가 있음
  - **습습하다** : 마음이나 하는 짓이 활발하고 너그러움
  - **암상궂다** : 몹시 남을 시기하고 샘을 잘 내는 마음이나 태도가 있음
  - **암팡스럽다** : 몸은 작아도 야무지고 다부진 면이 있음
  - **야멸치다** : 남의 사정은 돌보지 아니하고 자기만 생각함

  ㉡ 심리와 관련된 어휘

  - **거추장스럽다** : 일 따위가 성가시고 귀찮음
  - **고깝다** : 섭섭하고 야속하여 마음이 언짢음
  - **기껍다** : 마음속으로 은근히 기쁨
  - **눈꼴사납다** : 보기에 아니꼬워 비위에 거슬리게 미움
  - **뜨악하다** : 마음이 선뜻 내키지 않아 꺼림칙하고 싫음
  - **맥쩍다** : 심심하고 재미가 없음
  - **버겁다** : 물건이나 세력 따위가 다루기에 힘에 겹거나 거북함
  - **삼삼하다** : 잊히지 않고 눈에 보이는 듯 또렷함
  - **시름없다** : 근심과 걱정으로 맥이 없음
  - **알싸하다** : 어떤 냄새의 자극으로 조금 알알한 느낌이 있음
  - **헛헛하다** : 채워지지 아니한 허전한 느낌이 있음

  ㉢ 상황 또는 상태, 외양과 관련된 어휘

  - **가년스럽다** : 보기에 가난하고 어려운 데가 있음
  - **가멸다** : 재산이나 자원 따위가 넉넉하고 많음
  - **녹녹하다** : 촉촉한 기운이 약간 있음
  - **도담하다** : 탐스럽고 아담함
  - **마뜩잖다** : 마음에 들 만하지 아니함
  - **몽실하다** : 통통하게 살이 쪄서 보드랍고 야들야들한 느낌이 있음
  - **부산스럽다** : 보기에 급하게 서두르거나 시끄럽게 떠들어 어수선한 데가 있음
  - **새살궂다** : 성질이 차분하지 못하고 가벼워 말이나 행동이 실없고 부산함
  - **옴팡지다** : 보기에 가운데가 좀 오목하게 쏙 들어가 있음
  - **텁텁하다** : 입안이 시원하거나 깨끗지 못함

⑤ 고유어 어휘(부사)

ⓐ 주요 부사어

- 거슴츠레 : 졸리거나 술에 취하여서 눈이 정기가 풀리고 흐리멍덩하며 거의 감길 듯한 모양
- 미주알고주알 : 아주 사소한 일까지 속속들이
- 사부자기 : 별로 힘들이지 않고 가볍게
- 아슴푸레 : 빛이 약하거나 멀어서 조금 어둑하고 희미한 모양
- 어슴푸레 : 빛이 약하거나 멀어서 어둑하고 희미한 모양
- 오목조목 : 자그마한 것이 모여서 야무진 느낌을 주는 모양
- 함초롬 : 젖거나 서려 있는 모습이 가지런하고 차분한 모양

ⓑ 첩어(疊語)

- 가들막가들막 : 신이 나서 잘난 체하며 얄미울 정도로 자꾸 버릇없이 행동하는 모양
- 가랑가랑 : 액체가 많이 담기거나 괴어서 가장자리까지 찰 듯한 모양
- 간들간들 : 바람이 가볍고 부드럽게 살랑살랑 부는 모양
- 감실감실 : 사람이나 물체, 빛 따위가 먼 곳에서 자꾸 아렴풋이 움직이는 모양
- 나긋나긋 : 사람을 대하는 태도가 매우 상냥하고 부드러운 모양
- 남실남실 : 물결 따위가 보드랍게 자꾸 굽이쳐 움직이는 모양
- 다문다문 : 시간적으로 잦지 아니하고 좀 드문 모양
- 몰큰몰큰 : 냄새 따위가 자꾸 풍기는 듯한 모양
- 몽긋몽긋 : 나아가는 시늉만 하면서 앉은 자리에서 자꾸 머뭇거리는 모양
- 실쭉샐쭉 : 마음에 차지 아니하여서 좀 고까워하는 태도를 자꾸 나타내는 모양

기타 고유어 어휘(부사어)

- **모로** : 바로 서거나 앉지 않고 약간 옆으로 비스듬히
- **애오라지**
  - '겨우'를 강조하여 이르는 말
  - '오로지'를 강조하여 이르는 말
- **티격태격** : 서로 뜻이 맞지 아니하여 이러니저러니 시비를 따지며 가리는 모양

기타 고유어 어휘(첩어)

- **가리가리** : 여러 가닥으로 갈라지거나 찢어진 모양
- **가붓가붓** : 여럿이 다 조금 가벼운 듯한 느낌
- **거치적거치적** : 거추장스럽게 여기저기 자꾸 걸리거나 닿는 모양
- **고분고분** : 말이나 행동이 공손하고 부드러운 모양
- **산들산들** : 사늘한 바람이 가볍고 보드랍게 자꾸 부는 모양
- **싱숭생숭** : 마음이 들떠서 어수선하고 갈팡질팡하는 모양

핵심이론

시험에 출제되는 핵심 내용만을 모아 효율적인 학습이 가능하도록 구성하였습니다. 반드시 알아야 할 내용에 대한 충실한 이해와 체계적 정리가 가능합니다.

빈출개념

시험에서 자주 출제되는 개념들을 표시하여 중요한 부분을 한눈에 들어올 수 있도록 하였습니다. 합격에 필요한 핵심이론을 깔끔하게 학습하시기 바랍니다.

한눈에 쏙~

흐름이나 중요 개념들이 한눈에 쏙 들어올 수 있도록 도표로 정리하여 수록하였습니다. 한눈에 키워드와 흐름을 파악하여 수험에 도움이 되도록 하였습니다.

실력 up

더 알아두면 좋을 내용을 실력 up에 배치하고, 보조단에는 SEMI − NOTE를 배치하여 본문에 관련된 내용이나 중요한 개념들을 수록하였습니다.

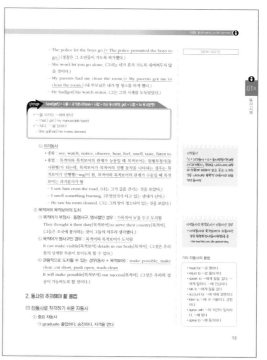

목 차

예시문제

2025 출제기조 전환대비 현장직무형 예시문제

제1회 예시문제 ·· 7
제2회 예시문제 ·· 15
제1회 정답 및 해설 ·· 23
제2회 정답 및 해설 ·· 31

01장

동사(Verb)/시제(Tense)

01절 문형과 동사 ·· 40
02절 시제(Tense) ··· 47

02장

조동사(Auxiliary Verb)

01절 조동사 표현 ·· 56

03장

법(Mood)/태(Voice)

01절 법(Mood) ··· 66
02절 태(Voice) ·· 72

04장

일치(Agreement)/화법(Narration)

01절 일치(Agreement) ··· 80
02절 화법(Narration) ··· 84

05장

부정사(Infinitive)/동명사(Gerund)/분사(Participle)

01절 부정사(Infinitive) ··· 88
02절 동명사(Gerund) ··· 96
03절 분사(Participle) ··· 101

06장

명사(Noun)/관사(Article)

01절 명사(Noun) ·· 108

02절 관사(Article) ·· 117

07장

대명사(Pronoun)/관계사(Relatives)

01절 대명사(Pronoun) ································· 124

02절 관계사(Relatives) ······························· 135

08장

형용사(Adjective)/부사(Adverb)/비교(Comparison)

01절 형용사(Adjective) ······························· 146

02절 부사(Adverb) ···································· 153

03절 비교(Comparison) ······························· 159

09장

접속사(Conjunction)/전치사(Preposition)

01절 접속사(Conjunction) ···························· 168

02절 전치사(Preposition) ···························· 173

10장

특수구문(Particular Sentences)

01절 도치 및 강조구문 ································ 182

02절 부정구문 ··· 185

03절 생략구문 ··· 187

11장

문제유형별 연습

01절 글의 내용 이해 ································· 190

02절 글의 흐름 이해 ································· 191

03절 중요 이론 정리 ································· 192

04절 생활영어 ··· 194

05절 중요 숙어 및 관용어구 정리 ············· 201

![나두공 로고]

2025 출제기조 전환대비
현장직무형 예시문제

제1회 예시문제

제2회 예시문제

제1차

영 어

정답 및 해설 23p

[01~03] 밑줄 친 부분에 들어갈 말로 가장 적절한 것을 고르시오.

01

Recently, increasingly _____ weather patterns, often referred to as "abnormal climate," have been observed around the world.

① irregular　　　② consistent

③ predictable　　④ ineffective

02

Most economic theories assume that people act on a _____ basis; however, this doesn't account for the fact that they often rely on their emotions instead.

① temporary　　② rational

③ voluntary　　④ commercial

03

By the time she _____ her degree, she will have acquired valuable knowledge on her field of study.

① will have finished　② is finishing

③ will finish　　　　④ finishes

[04~05] 밑줄 친 부분 중 어법상 옳지 않은 것을 고르시오.

04

You may conclude that knowledge of the sound systems, word patterns, and sentence structures ①are sufficient to help a student ② become competent in a language. Yet we have ③all worked with language learners who understand English structurally but still have difficulty ④communicating.

05

Beyond the cars and traffic jams, she said it took a while to ①get used to have so many people in one place, ②all of whom were moving so fast. "There are only 18 million people in Australia ③ spread out over an entire country," she said, "compared to more than six million people in ④the state of Massachusetts alone."

7

[06~07] 밑줄 친 부분에 들어갈 말로 가장 적절한 것을 고르시오.

06

A: Hello. I'd like to book a flight from Seoul to Oakland.

B: Okay. Do you have any specific dates in mind?

A: Yes. I am planning to leave on May 2nd and return on May 14th.

B: Okay, I found one that fits your schedule. What class would you like to book?

A: Economy class is good enough for me.

B: Any preference on your seating?

A: _____

B: Great. Your flight is now booked.

① Yes. I'd like to upgrade to business class.

② No. I'd like to buy a one-way ticket.

③ No. I don't have any luggage.

④ Yes. I want an aisle seat.

07

Kate Anderson
Are you coming to the workshop next Friday?
10:42

 Jim Henson
I'm not sure. I have a doctor's appointment that day.
10:42

Kate Anderson
You should come! The workshop is about A.I. tools that can improve our work efficiency.
10:43

 Jim Henson
Wow, the topic sounds really interesting!
10:44

Kate Anderson
Exactly. But don't forget to reserve a seat if you want to attend the workshop.
10:45

 Jim Henson
How do I do that?
10:45

Kate Anderson
_____
_____
10:46

① You need to bring your own laptop.

② I already have a reservation.

③ Follow the instructions on the bulletin board.

④ You should call the doctor's office for an appointment.

[08~09] 다음 글을 읽고 물음에 답하시오.

To whom it may concern,

I hope this email finds you well. I am writing to express my concern and frustration regarding the excessive noise levels in our neighborhood, specifically coming from the new sports field.

As a resident of Clifton district, I have always appreciated the peace of our community. However, the ongoing noise disturbances have significantly impacted my family's well-being and our overall quality of life. The sources of the noise include crowds cheering, players shouting, whistles, and ball impacts.

I kindly request that you look into this matter and take appropriate steps to address the noise disturbances. Thank you for your attention to this matter, and I appreciate your prompt response to help restore the tranquility in our neighborhood.

Sincerely,
Rachael Beasley

08 윗글의 목적으로 가장 적절한 것은?

① 체육대회 소음에 대해 주민들의 양해를 구하려고
② 새로 이사 온 이웃 주민의 소음에 대해 항의하려고
③ 인근 스포츠 시설의 소음에 대한 조치를 요청하려고
④ 밤시간 악기 연주와 같은 소음의 차단을 부탁하려고

09 밑줄 친 "steps"의 의미와 가장 가까운 것은?

① movements ② actions
③ levels ④ stairs

[10~11] 다음 글을 읽고 물음에 답하시오.

(A)

We're pleased to announce the upcoming City Harbour Festival, an annual event that brings our diverse community together to celebrate our shared heritage, culture, and local talent. Mark your calendars and join us for an exciting weekend!

Details
• **Dates**: Friday, June 16－Sunday, June 18
• **Times**: 10:00 a.m.－8:00 p.m. (Friday & Saturday)
  10:00 a.m.－6:00 p.m. (Sunday)
• **Location**: City Harbour Park, Main Street, and surrounding areas

Highlights

• Live Performances

Enjoy a variety of live music, dance, and theatrical performances on multiple stages throughout the festival grounds.

• Food Trucks

Have a feast with a wide selection of food trucks offering diverse and delicious cuisines, as well as free sample tastings.

For the full schedule of events and activities, please visit our website at www.cityharbourfestival.org or contact the Festival Office at (552) 234-5678.

10 (A)에 들어갈 윗글의 제목으로 가장 적절한 것은?

① Make Safety Regulations for Your Community

② Celebrate Our Vibrant Community Events

③ Plan Your Exciting Maritime Experience

④ Recreate Our City's Heritage

11 City Harbour Festival에 관한 윗글의 내용과 일치하지 <u>않는</u> 것은?

① 일 년에 한 번 개최된다.

② 일요일에는 오후 6시까지 열린다.

③ 주요 행사로 무료 요리 강습이 진행된다.

④ 웹사이트나 전화 문의를 통해 행사 일정을 알 수 있다.

12 Enter-K 앱에 관한 다음 글의 내용과 일치하지 <u>않는</u> 것은?

Use the new Enter-K app upon your arrival at the airport. One notable feature offered by Enter-K is the Advance Declaration, which allows travellers the option to submit their customs declaration in advance, enabling them to save time at all our international airports. As part of the ongoing Traveller Modernization initiative, Enter-K will continue to introduce additional border-related features in the future, further improving the overall border experience. Simply download the latest version of the app from the online store before your arrival. There is also a web version of the app for those who are not comfortable using mobile devices.

① It allows travellers to declare customs in advance.

② More features will be added later.

③ Travellers can download it from the online store.

④ It only works on personal mobile devices.

13 Office of the Labor Commissioner에 관한 다음 글의 내용과 일치하는 것은?

Office of the Labor Commissioner (OLC) Responsibilities

The OLC is the principal labor regulatory agency for the state. The OLC is responsible for ensuring that minimum wage, prevailing wage, and overtime are paid to employees, and that employee break and lunch periods are provided. In addition, the OLC has authority over the employment of minors. It is the vision and mission of this office to resolve labor-related problems in an efficient, professional, and effective manner. This includes educating employers and employees regarding their rights and responsibilities under the law. The OLC takes enforcement action when necessary to ensure that workers are treated fairly and compensated for all time worked.

① It ensures that employees pay taxes properly.

② It has authority over employment of adult workers only.

③ It promotes employers' business opportunities.

④ It takes action when employees are unfairly treated.

14 다음 글의 주제로 가장 적절한 것은?

The Ministry of Food and Drug Safety warned that cases of food poisoning have occurred as a result of cross-contamination, where people touch eggs and neglect to wash their hands before preparing food or using utensils. To mitigate such risks, the ministry advised refrigerating eggs and ensuring they are thoroughly cooked until both the yolk and white are firm. Over the past five years, a staggering 7,400 people experienced food poisoning caused by Salmonella bacteria. Salmonella thrives in warm temperatures, with approximately 37 degrees Celsius being the optimal growth condition. Consuming raw or undercooked eggs and failing to separate raw and cooked foods were identified as the most common causes of Salmonella infection. It is crucial to prioritize food safety measures and adhere to proper cooking practices to minimize the risk of Salmonella-related illnesses.

① Benefits of consuming eggs to the immune system

② Different types of treatments for Salmonella infection

③ Life span of Salmonella bacteria in warm temperatures

④ Safe handling of eggs for the prevention of Salmonella infection

15 다음 글의 요지로 가장 적절한 것은?

Despite ongoing efforts to address educational disparities, the persistent achievement gap among students continues to highlight significant inequities in the education system. Recent data reveal that marginalized students, including those from low-income back grounds and vulnerable groups, continue to lag behind their peers in academic performance. The gap poses a challenge to achieving educational equity and social mobility. Experts emphasize the need for targeted interventions, equitable resource allocation, and inclusive policies to bridge this gap and ensure equal opportunities for all students, irrespective of their socioeconomic status or background. The issue of continued educational divide should be addressed at all levels of education system in an effort to find a solution.

① We should deal with persistent educational inequities.

② Educational experts need to focus on new school policies.

③ New teaching methods are necessary to bridge the achievement gap.

④ Family income should not be considered in the discussion of education.

16 다음 글의 흐름상 어색한 문장은?

Every parent or guardian of small children will have experienced the desperate urge to get out of the house and the magical restorative effect of even a short trip to the local park. ①There is probably more going on here than just letting off steam. ②The benefits for kids of getting into nature are huge, ranging from better academic performance to improved mood and focus. ③Outdoor activities make it difficult for them to spend quality time with their family. ④ Childhood experiences of nature can also boost environmentalism in adulthood. Having access to urban green spaces can play a role in children's social networks and friendships.

17 주어진 문장이 들어갈 위치로 가장 적절한 것은?

> In particular, in many urban counties, air pollution, as measured by the amount of total suspended particles, had reached dangerous levels.

> Economists Chay and Greenstone evaluated the value of cleaning up of air pollution after the Clean Air Act of 1970. (①) Before 1970, there was little federal regulation of air pollution, and the issue was not high on the agenda of state legislators. (②) As a result, many counties allowed factories to operate without any regulation on their pollution, and in several heavily industrialized counties, pollution had reached very high levels. (③) The Clean Air Act established guidelines for what constituted excessively high levels of five particularly dangerous pollutants. (④) Following the Act in 1970 and the 1977 amendment, there were improvements in air quality.

18 주어진 글 다음에 이어질 글의 순서로 가장 적절한 것은?

> Before anyone could witness what had happened, I shoved the loaves of bread up under my shirt, wrapped the hunting jacket tightly about me, and walked swiftly away.

> (A) When I dropped them on the table, my sister's hands reached to tear off a chunk, but I made her sit, forced my mother to join us at the table, and poured warm tea.
>
> (B) The heat of the bread burned into my skin, but I clutched it tighter, clinging to life. By the time I reached home, the loaves had cooled somewhat, but the insides were still warm.
>
> (C) I sliced the bread. We ate an entire loaf, slice by slice. It was good hearty bread, filled with raisins and nuts.

① (A) − (B) − (C)

② (B) − (A) − (C)

③ (B) − (C) − (A)

④ (C) − (A) − (B)

[19~20] 밑줄 친 부분에 들어갈 말로 가장 적절한 것을 고르시오.

19

Falling fertility rates are projected to result in shrinking populations for nearly every country by the end of the century. The global fertility rate was 4.7 in 1950, but it dropped by nearly half to 2.4 in 2017. It is expected to fall below 1.7 by 2100. As a result, some researchers predict that the number of people on the planet would peak at 9.7 billion around 2064 before falling down to 8.8 billion by the century's end. This transition will also lead to a significant aging of populations, with as many people reaching 80 years old as there are being born. Such a demographic shift _____, including taxation, healthcare for the elderly, caregiving responsibilities, and retirement. To ensure a "soft landing" into a new demographic landscape, researchers emphasize the need for careful management of the transition.

① raises concerns about future challenges
② mitigates the inverted age structure phenomenon
③ compensates for the reduced marriage rate issue
④ provides immediate solutions to resolve the problems

20

Many listeners blame a speaker for their inattention by thinking to themselves: "Who could listen to such a character? Will he ever stop reading from his notes?" The good listener reacts differently. He may well look at the speaker and think, "This man is incompetent. Seems like almost anyone would be able to talk better than that." But from this initial similarity he moves on to a different conclusion, thinking "But wait a minute. I'm not interested in his personality or delivery. I want to find out what he knows. Does this man know some things that I need to know?" Essentially, we "listen with our own experience." Is the speaker to be held responsible because we are poorly equipped to comprehend his message? We cannot understand everything we hear, but one sure way to raise the level of our understanding is to _____.

① ignore what the speaker knows
② analyze the character of a speaker
③ assume the responsibility which is inherently ours
④ focus on the speaker's competency of speech delivery

영 어

제2차

정답 및 해설 31p |

[01~03] 밑줄 친 부분에 들어갈 말로 가장 적절한 것을 고르시오.

01

> In order to exhibit a large mural, the museum curators had to make sure they had _____ space.

① cozy   ② stuffy

③ ample   ④ cramped

02

> Even though there are many problems that have to be solved, I want to emphasize that the safety of our citizens is our top _____.

① secret   ② priority

③ solution   ④ opportunity

03

> Overpopulation may have played a key role: too much exploitation of the rain-forest ecosystem, on which the Maya depended for food, as well as water shortages, seems to _____ the collapse.

① contribute to

② be contributed to

③ have contributed to

④ have been contributed to

[04~05] 밑줄 친 부분 중 어법상 옳지 않은 것을 고르시오.

04

> It seems to me that any international organization ①designed to keep the peace must have the power not merely to talk ②but also to act. Indeed, I see this ③as the central theme of any progress towards an international community ④which war is avoided not by chance but by design.

05

> We have already ①arrived in a digitized world. Digitization affects not only traditional IT companies, but companies across the board, in all sectors. New and changed business models ②are emerged: cars ③are being shared via apps, languages learned online, and music streamed. But industry is changing too: 3D printers make parts for machines, robots assemble them, and entire factories are intelligently ④connected with one another.

[06~07] 밑줄 친 부분에 들어갈 말로 가장 적절한 것을 고르시오.

06

Tim Jones

Hi, I'm interested in renting one of your meeting rooms.

3:10 pm

Jane Baker

Thank you for your interest. We have several spaces available depending on the size of your meeting We can accommodate groups of 5 to 20 people.

3:11 pm

Tim Jones

That sounds great. We need a room for 17, and the meeting is scheduled for next month.

3:13 pm

Jane Baker

_____
_____

3:14 pm

Tim Jones

Tme meeting is going to be on Monday, July 15th. Do you have a meeting room available for that day?

3:15 pm

Jane Baker

Yes, we do. I can reserve the space for you and send you a confirmation email with all the details.

3:17 pm

① Could I have your contact information?

② Can you tell me the exact date of your meeting?

③ Do you need a beam projector or a copy machine?

④ How many people are going to attend the meeting?

07

A: What do you think of this bicycle?

B: Wow, it looks very nice! Did you just get it?

A: No, this is a shared bike. The city launched a bike sharing service.

B: Really? How does it work? I mean, how do I use that service?

A: It's easy. _____.

B: It doesn't sound complicated. Maybe I'll try it this weekend.

A: By the way, it's an electric bicycle.

B: Yes, I can tell. It looks cool.

① You can save energy because it's electric

② Just apply for a permit to park your own bike

③ Just download the bike sharing app and pay online

④ You must wear a helmet at all times for your safety

[08~09] 다음 글을 읽고 물음에 답하시오.

Agricultural Marketing Office

—

Mission

We administer programs that create domestic and international marketing opportunities for national producers of food, fiber, and specialty crops. We also provide the agriculture industry with valuable services to ensure the quality and availability of wholesome food for consumers across the country and around the world.

Vision

We facilitate the strategic marketing of national agricultural products in domestic and international markets while ensuring <u>fair</u> trading practices and promoting a competitive and efficient marketplace to the benefit of producers, traders, and consumers of national food, fiber, and specialty crops.

Core Values

• Honesty & Integrity: We expect and require complete honesty and integrity in all we do.

• Independence & Objectivity: We act independently and objectively to create trust in our programs and services.

08 윗글에서 Agricultural Marketing Office에 관한 내용과 일치하는 것은?

① It creates marketing opportunities for domestic producers.

② It limits wholesome food consumption around the world.

③ It is committed to benefiting consumers over producers.

④ It receives mandates from other agencies before making decisions.

09 밑줄 친 fair의 의미와 가장 가까운 것은?

① free   ② mutual

③ profitable   ④ impartial

[10~11] 다음 글을 읽고 물음에 답하시오.

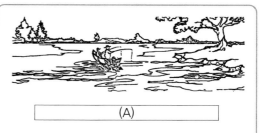

(A)

As a close neighbor, you will want to learn how to save your lake.

While it isn't dead yet, Lake Dimmesdale is heading toward this end. So pay your respects to this beautiful body of water while it is still alive.

Some dedicated people are working to save it now. They are having a special

meeting to tell you about it. Come learn what is being done and how you can help. This affects your property value as well.

Who wants to live near a dead lake?

Sponsored by Central State Regional Planning Council

- Location: Green City Park Opposite Southern State College (in case of rain: College Library Room 203)
- Date: Saturday, July 6, 2024
- Time: 2:00 p.m.

For any questions about the meeting, please visit our website at www. planningcouncilsavelake.org or contact our office at (432) 345-6789.

10 (A)에 들어갈 윗글의 제목으로 가장 적절한 것은?

① Lake Dimmesdale Is Dying

② Praise to the Lake's Beauty

③ Cultural Value of Lake Dimmesdale

④ Significance of the Lake to the College

11 위 안내문의 내용과 일치하지 <u>않는</u> 것은?

① 호수를 살리기 위해 노력하는 사람들이 있다.

② 호수를 위한 활동이 주민들의 재산에 영향을 미친다.

③ 우천 시에는 대학의 구내식당에서 회의가 열린다.

④ 웹사이트 방문이나 전화로 회의에 관해 질문할 수 있다.

12 다음 글의 목적으로 가장 적절한 것은?

Dear Valued Clients,

In today's world, cybercrime poses a serious threat to your security. As your trusted partner, we want to help you protect your personal and business information. Here are five easy ways to safeguard yourself from cyber threats:

1. Use strong passwords and change them frequently.
2. Keep your software and devices up to date.
3. Be wary of suspicious emails, links, or telephone calls that pressure you to act quickly or give out sensitive information.
4. Enable Two Factor authentication and use it whenever possible. When contacting California Bank & Savings, you will be asked to use a One Time Passcode (OTP) to verify your identity.
5. Back up your data regularly.

Visit our Security Center to learn more about how you can stay safe online. Remember, cybersecurity is a team effort. By working together, environment for ourselves and the world.

Sincerely,

California Bank & Savings

① to inform clients of how to keep themselves safe from cyber threats

② to inform clients of how to update their software and devices

③ to inform clients of how to make their passwords stronger

④ to inform clients of how to safeguard their OTPs

① evaluation of sustainability of global ecosystems

② successful training projects of Russian astronauts

③ animal experiments conducted in the orbiting outpost

④ innovative wildlife monitoring from the space station

13 다음 글의 주제로 가장 적절한 것은?

The International Space Station, orbiting some 240 miles above the planet, is about to join the effort to monitor the world's wildlife — and to revolutionize the science of animal tracking. A large antenna and other equipment aboard the orbiting outpost, installed by spacewalking Russian astronauts in 2018, are being tested and will become fully operational this summer. The system will relay a much wider range of data than previous tracking technologies, logging not just an animal's location but also its physiology and environment. This will assist scientists, conservationists and others whose work requires close monitoring of wildlife on the move and provide much more detailed information on the health of the world's ecosystems.

14 다음 글의 내용과 일치하지 <u>않는</u> 것은?

The David Williams Library and Museum is open 7 days a week, from 9:00 a.m. to 5:00 p.m. (NOV－MAR) and 9:00 a.m. to 6:00 p.m. (APR－OCT). Online tickets may be purchased at the link below. You will receive an email confirmation after making a purchase (be sure to check your SPAM folder). Bring this confirmation—printed or on smart device—as proof of purchase.

• **Online tickets:** buy.davidwilliams. com/events

The David Williams Library and Museum and the Home of David Williams (operated by the National Heritage Service) offer separate $10.00 adult admission tickets. Tickets for tours of the Home may be purchased on-site during normal business hours.

• **CLOSED:** Thanksgiving, Christmas and New Year's Day

There is no charge for conducting research in the David Williams Library research room.

For additional information, call 1 (800) 333-7777.

① The Library and Museum closes at 5:00 p.m. in December.

② Visitors can buy tour tickets for the Home on-site.

③ The Home of David Williams is open all year round.

④ One can do research in the Library research room for free.

15 다음 글의 요지로 가장 적절한 것은?

Animal Health Emergencies
Preparedness for animal disease outbreaks has been a top priority for the Board of Animal Health (BOAH) for decades. A highly contagious animal disease event may have economically devastating effects as well as public health or food safety and security consequences.

Foreign Animal Diseases
A foreign animal disease (FAD) is a disease that is not currently found in the country, and could cause significant illness or death in animals or cause extensive economic harm by eliminating trading opportunities with other countries and states.

Several BOAH veterinarians who are trained in diagnosing FADs are available 24 hours a day to investigate suspected cases of a FAD. An investigation is triggered when report of animals with clinical signs indicative of a FAD is received or when diagnostic laboratory identifies a suspicious test result.

① BOAH focuses on training veterinarians for FADs.

② BOAH's main goal is to repsond to animal disease epidemic.

③ BOAH actively promotes international trade opportunities.

④ BOAH aims to lead laboratory research on the causes of FADs.

16 다음 글의 흐름상 어색한 문장은?

A very common type of writing task—one that appears in every academic discipline—is a reaction or response. ①In a reaction essay, the writer is usually given a "prompt"— a visual or written stimulus — to think about and then respond to. ② It is very important to gather reliable facts so that you can defend your argument effectively. ③Common prompts or stimuli for this type of writing include quotes, pieces of literature, photos, paintings, multimedia presentations, and news events. ④A reaction focuses on the writer's feelings, opinions, and personal observations about the particular prompt. Your task in writing a reaction essay is twofold: to briefly summarize the prompt and to give your personal reaction to it.

17 주어진 문장이 들어갈 위치로 가장 적절한 것은?

For others, activism is controversial and disruptive; after all, it often manifests as confrontational activity that directly challenges the order of things.

Activism is frequently defined as intentional, vigorous or energetic action that individuals and groups practice to bring about a desired goal. (①) For some, activism is a theoretically or ideologically focused project intended to effect a perceived need for political or social change. (②) Activism is uncomfortable, sometimes messy, and almost always strenuous. (③) In addition, it does not occur without the presence and commitment of activists, that is, folks who develop workable strategies, focus a collective spotlight onto particular issues, and ultimately move people into action. (④) As a noted scholar suggests, effective activists also make noise, sometimes loudly.

18 주어진 글 다음에 이어질 글의 순서로 가장 적절한 것은?

Nick started a fire with some chunks of pine he got with the ax from a stump. Over the fire he stuck a wire grill, pushing the four legs down into the ground with his boot.

(A) They began to bubble, making little bubbles that rose with difficulty to the surface. There was a good smell. Nick got out a bottle of tomato ketchup and cut four slices of bread.

(B) The little bubbles were coming faster now. Nick sat down beside the fire and lifted the frying pan off.

(C) Nick put the frying pan on the grill over the flames. He was hungrier. The beans and spaghetti warmed. He stirred them and mixed them together.

① (B) — (A) — (C)

② (B) — (C) — (A)

③ (C) — (A) — (B)

④ (C) — (B) — (A)

[19~20] 밑줄 친 부분에 들어갈 말로 가장 적절한 것을 고르시오.

19

Technological progress can destroy jobs in a single industry such as textiles. However, historical evidence shows that technological progress does not produce unemployment in a country as a whole. Technological progress increases productivity and incomes in the overall economy, and higher incomes lead to higher demand for goods and thus _____.
As a result, workers who lose jobs in one industry will be able to find jobs in others, although for many of them this might take time and some of them, like the Luddites, will end up with lower wages in their new jobs.

① increased job losses

② delayed promotion at work

③ greater work satisfaction

④ higher demand for labor

20

There is no substitute for oil, which is one reason _____, taking the global economy along with it. While we can generate electricity through coal or natural gas, nuclear or renewables — switching from source to source, according to price—oil remains by far the predominant fuel for transportation. When the global economy heats up, demand for oil rises, boosting the price and encouraging producers to pump more. Inevitably, those high prices eat into economic growth and reduce demand just as suppliers are overproducing. Prices crash, and the cycle starts all over again. That's bad for producers, who can be left holding the bag when prices plummet, and it hurts consumers and industries uncertain about future energy prices. Low oil prices in the 1990s lulled U.S. auto companies into disastrous complacency; they had few efficient models available when oil turned expensive.

① the automobile industry thrives

② it creates disruptions between borders

③ it is prone to big booms and deep busts

④ the research on renewable energy is limited

| 제1차 | # 정답 및 해설 |

정답

01 ①	02 ②	03 ④	04 ①	05 ①
06 ④	07 ③	08 ③	09 ②	10 ②
11 ③	12 ④	13 ④	14 ①	15 ①
16 ③	17 ③	18 ②	19 ①	20 ③

해설

01 ①

[정답해설] 전 세계에서 관찰되고 있는 날씨 패턴이 '이상 기후(abnormal climate)'에 해당하므로, 날씨가 변화무쌍하고 불규칙적이라는 의미가 되어야 한다. 그러므로 빈칸에는 'irregular(불규칙적인)'가 들어갈 말로 가장 적절하다.

[오답해설] ② 지속적인
③ 예측할 수 있는
④ 비효과적인

[핵심어휘] □ refer to 언급하다, 지칭하다
□ abnormal 비정상적인
□ irregular 고르지 못한, 불규칙적인
□ consistent 지속적인, 한결같은
□ predictable 예측[예언]할 수 있는
□ ineffective 효과 없는, 비효과적인

[본문해석] 최근, 흔히 "이상 기후"라고 불리는 점점 더 불규칙한 날씨 패턴이 전 세계에서 관찰되고 있다.

02 ②

[정답해설] 주어진 문장이 역접의 접속부사 'however(그러나)'로 연결되어 앞뒤의 내용이 상반되므로, 빈칸에는 글의 내용상 감정(emotions)에 반대되는 말이 와야 한다. 그러므로 빈칸에는 'rational(이성적인)'이 들어갈 말로 가장 적절하다.

[오답해설] ① 일시적인
③ 자발적인
④ 상업적인

[핵심어휘] □ assume 가정하다, 추정하다
□ on a basis ~의 근거에 따라
□ account for 설명하다
□ temporary 임시의, 일시적인

□ rational 합리적인, 이성적인
□ voluntary 자발적인, 자원봉사의
□ commercial 상업의, 상업적인

[본문해석] 대부분의 경제 이론들은 사람들이 이성적인 근거에 따라 행동한다고 추정하지만, 그러나 이는 그들이 종종 감정에 대신 의존한다는 사실을 설명하지 못한다.

03 ④

[정답해설] 주절의 시제가 'will have acquired'로 미래완료이고, 종속절이 때나 조건의 부사절이므로 현재가 미래를 대용한다. 그러므로 빈칸에는 3인칭 단수 현재 시제의 동사인 'finishes'를 사용하는 것이 적절하다.

[오답해설] ① · ③ 주절의 시제가 미래완료이지만, 때나 조건의 부사절은 현재가 미래를 대용하므로 종속절에 미래 또는 미래완료 시제를 사용하는 것은 적절하지 못하다.
② 'finish'가 의미상 '완료'의 의미이므로, '진행'이나 '계속'을 나타내는 현재 진행형 시제인 'is finishing'의 사용은 적절하지 못하다.

[핵심어휘] □ by the time ~때쯤, ~무렵
□ degree 학위
□ valuable, 소중한, 귀중한
□ field 분야

[본문해석] 학위를 마칠 때쯤이면, 그녀는 자신의 연구 분야에서 귀중한 지식을 습득하게 될 것이다.

04 ①

[정답해설] are → is
종속절을 이끄는 접속사 that의 주어가 knowledge이므로 be동사의 형태는 3인칭 단수 현재 시제인 'is'가 적절하다. 그러므로 ①의 'are'는 'is'로 고쳐 써야 옳다.

[오답해설] ② 동사 'help'는 목적격 보어로 'to부정사' 또는 '원형부정사'를 취하므로 원형부정사 형태인 'become'을 사용한 것은 적절하다.
③ 현재완료 시제인 'have worked'에서 'have'는 조동사이고 'worked'는 일반동사이므로 부사 'all'이 그 사이에 위치한 것은 적절하다.
④ 'have difficulty (in) ~ ing(~하는 데 어려움을 겪다)' 구문이므로 'communicating'의 형태는 적절하다.

[핵심어휘] □ conclude 결론짓다, 결론을 내리다
□ sufficient 충분한, 족한

23

□ competent 능숙한, 만족할 만한

□ structurally 구조상, 구조적으로

[본문해석] 음성 체계, 단어 패턴, 문장 구조에 대한 지식이 학생이 어떤 언어에 능숙하도록 돕는데 충분하다고 결론지을 수도 있다. 그러나 우리 모두 영어를 구조적으로 이해하는 언어 학습자들과 함께 연구해왔지만 여전히 의사소통에 어려움을 겪는다.

05 ①

[정답해설] to have → to having

글의 내용상 '~에 익숙해지다'의 의미인 'get used to ~ing' 구문을 사용해야 한다. 이때 'to'가 전치사이므로 뒤에는 동명사 형태가 와야 하고, 따라서 'to have'를 'to having'으로 고쳐 써야 옳다.

[오답해설] ② all, some, both, each 등의 부분을 나타내는 말과 함께 사용된 'of + 목적격 관계대명사' 구문이다. 선행사가 앞의 'so many people'로 '사람'이므로 목적격 관계대명사 'whom'을 사용한 것은 적절하다.

③ 'spread out'이 '퍼져 있는'의 뜻으로 앞의 '18 million people'을 수식하고, 수동의 의미를 지니므로 과거분사를 사용해야 한다. 그런데 동사 'spread'는 기본형과 과거, 과거분사의 형태가 모두 동일한 'A-A-A'형 불규칙 동사이므로 'spread out'은 옳게 사용되었다.

④ 'the state of Massachusetts' 뒤에 쓰인 'alone'은 형용사로 명사 또는 대명사 뒤에 쓰여 특정한 것 하나만을 가리킬 때 사용된다. 그러므로 해당 문장에서 'alone'의 위치가 옳게 사용되었다.

[핵심어휘] □ take a while to ~하는데 시간이 걸리다

□ get used to ~ing ~에 익숙해지다

□ spread out 떨어져 나가다, 더 널리 퍼지다

□ entire 전체의, 전역의

□ compared to ~와 비교하여

[본문해석] 차와 교통 체증은 말할 것도 없고, 그녀는 한 장소에서 모두가 그렇게 분주하게 움직이는 너무나 많은 사람들에 익숙해지는데 시간이 좀 걸렸다고 말했다. 그녀는 "매사추세츠 주 한 곳에만 600만 명 이상의 사람들이 있는 것과 비교하면, 호주에는 나라 전체에 퍼져 있는 사람들이 겨우 1,800만 명에 불과하다."고 말했다.

06 ④

[정답해설] 비행기 티켓을 예매하기 위한 대화 내용으로, B가 선호하는 좌석을 A에게 묻고 있으므로 통로 쪽 좌석을 원한다(Yes, I want an aisle seat.)는 ④의 내용이 빈칸에 들어갈 말로 가장 적절하다.

[오답해설] ① 네, 비즈니스석으로 업그레이드하고 싶습니다. → A가 이코노미석이면 충분하다고 하였으므로 틀린 내용임

② 아니요, 편도 티켓을 구매하고 싶습니다. → A가 5월 2일에 출발해서 5월 14일에 돌아올 계획이라고 밝히고 있으므로 왕복 티켓을 구매하고 있음을 알 수 있음

③ 아니요, 수하물은 없습니다. → 수하물에 관한 사항은 대화 내용에 나타나 있지 않음

[핵심어휘] □ book 예약하다

□ have ~ in mind ~을 염두에 두다

□ preference 선호

□ one-way 편도

□ luggage 가방, 수하물

□ aisle 통로, 복도

[본문해석] A: 안녕하세요, 서울발 오클랜드행 비행기를 예약하고 싶은데요.

B: 알겠습니다. 생각하고 계신 특정 날짜가 있으신가요?

A: 네, 저는 5월 2일에 출발해서 5월 14일에 돌아올 계획입니다.

B: 네, 고객님 일정에 맞는 것을 하나 찾았습니다. 어떤 등급으로 예약하시겠어요?

A: 저는 이코노미석이면 충분합니다.

B: 원하시는 좌석이 있으신가요?

A: 네, 저는 통로 쪽 좌석을 원합니다.

B: 알겠습니다. 고객님의 비행편이 지금 예약되었습니다.

07 ③

[정답해설] 워크숍 참석 여부와 좌석 예약 방법에 대한 메신저 내용이다. 워크숍에 참석하고 싶다면 좌석을 예약하라는 Kate Anderson의 말에 Jim Henson이 어떻게 하면 되는지 그 방법을 묻고 있으므로, ③의 'Follow the instructions on the bulletin board.(게시판의 지침을 따르세요.)'가 빈칸에 들어갈 말로 가장 적절하다.

[오답해설] ① 노트북을 가지고 와야 합니다. → 예약하는 방법을 묻고 있으므로 준비물에 대한 내용과는 관련 없음

② 이미 예약을 했습니다. → 예약에 대한 확인 여부가 아니라 예약 하는 방법에 대한 설명이 와야 함

④ 예약을 하려면 병원에 전화를 해야 합니다. → 병원 진료 예약이 아니라 워크숍에 참석하기 위한 좌석 예약 방법을 묻고 있음

[핵심어휘] □ doctor's appointment 진료[진찰] 예약

□ improve 개선한다, 향상시키다

□ reserve 예약하다

□ laptop 노트북

□ reservation 예약

□ instruction 설명, 지시, 지침
□ bulletin board 게시판

[본문해석] Kate Anderson: 다음 주 금요일에 워크숍에 오시나요?

Jim Henson: 잘 모르겠어요. 그날 진료 예약이 있어서요.

Kate Anderson: 오셔야 합니다! 그 워크숍은 우리의 업무 효율을 향상시킬 수 있는 인공지능 도구에 관한 것입니다.

Jim Henson: 와, 주제가 정말 흥미롭게 들리네요!

Kate Anderson: 맞아요. 하지만 워크숍에 참석하고 싶다면 좌석을 예약해야 하는 것을 잊지 마세요.

Jim Henson: 어떻게 하면 되죠?

Kate Anderson: 게시판의 지침을 따르세요.

08 ③

[정답해설] 글의 서두에서 새로운 스포츠 경기장에서 발생하는 소음 수준에 대한 우려와 불만을 전달하기 위해 이 편지를 쓴다고 이메일의 목적을 구체적으로 밝히고 있다. 그러므로 윗글을 쓴 목적은 ③의 '인근 스포츠 시설의 소음에 대한 조치를 요청하려고'가 가장 적절하다.

[오답해설] ① 체육대회 소음에 대해 주민들의 양해를 구하려고
→ 항의의 주체가 주민이며, 그 대상은 인근의 새로 생긴 스포츠 경기장에서 발생하는 소음임
② 새로 이사 온 이웃 주민의 소음에 대해 항의하려고
→ 이웃 주민이 아니라 새로 생긴 스포츠 경기장 소음에 항의하기 위한 이메일임
④ 밤시간 악기 연주와 같은 소음의 차단을 부탁하려고 → 소음 공해에 대한 조치를 요청하고 있지만, 밤시간 악기 연주의 소음 차단이 아님

[핵심어휘] □ district office 구청, 군청, 지점
□ excessive 과도한, 지나친
□ neighborhood 이웃, 인근, 동네
□ to whom it may concern 관계자 제위, 관계자에게
□ concern 근심, 걱정, 우려
□ frustration 좌절, 불만
□ specifically 분명히, 특별히, 구체적으로 말하면
□ resident 거주자
□ appreciate 고마워하다, 감사하다
□ disturbance 방해, 소란, 장애
□ significantly 상당히, 중요하게
□ whistle 호각 소리
□ impact 충돌하다, 영향을 주다
□ look into 조사하다, 주의 깊게 살피다
□ appropriate 적절한, 타당한
□ take steps 조치를 취하다
□ address 해결하다, 해소하다
□ tranquility 평온, 평정

□ sincerely 정말로, 진심으로 cf) Yours sincerely 올림

[본문해석] **수신자**: Clifton 군청
발신자: Rachael Beasley
날짜: 6월 7일
제목: 우리 동네의 과도한 소음

관계당사자 분께

이 이메일이 귀하에게 잘 도착하기를 바랍니다. 우리 동네, 구체적으로 말하면 새로운 스포츠 경기장에서 발생하는 소음 수준에 대한 우려와 불만을 전달하기 위해 이 편지를 씁니다.

Clifton 지역 주민으로서, 저는 항상 우리 지역 사회의 평화에 감사해 왔습니다. 하지만, 계속되는 소음 공해로 인해 우리 가족의 안녕과 전반적인 삶의 질에 큰 영향을 미치고 있습니다. 소음의 원인은 관중의 환호, 선수들의 외침, 호각 소리, 그리고 공에 의한 충격 등입니다.

이 문제를 살펴보시고 소음 공해를 해결하기 위해 적절한 조치를 취해 주시기를 정중히 요청합니다. 이 문제에 관심을 가져주셔서 감사드리며, 우리 동네의 평온을 회복하기 위한 신속한 대응에 감사드립니다.

Rachale Beasley 올림

09 ②

[정답해설] 'step'은 '계단'이라는 뜻 외에 '필요한 대책을 세워 행하다'는 의미의 '조치'라는 뜻으로도 사용된다. 해당 문장에서도 'take steps'은 '조치하다'라는 의미로 사용되어, 글쓴이가 소음 공해를 해결하기 위해 적절한 조치를 취해 달라고 요청하고 있다. ②의 'actions'가 '조치'라는 뜻의 'steps'와 그 의미가 가장 유사하다.

[오답해설] ① 운동
③ 수준
④ 계단

10 ②

[정답해설] 글의 서두에서 곧 있을 지역 사회의 연례행사인 City Harbour Festival의 개최를 축하하고 있으므로, (A)에 들어갈 윗글의 제목으로는 ②의 'Celebrate Our Vibrant Community Events(활기찬 지역 행사 축하하기)'가 가장 적절하다.

[오답해설] ① 지역 사회를 위한 안전 규정 만들기 → 지역 사회의 축제를 소개하고 있을 뿐 안전 규정과는 관련이 없음
③ 신나는 해양 경험을 계획하기 → 해양 경험과 활동에 대한 사항이 아니라 지역 사회의 축제에 대한 소개임
④ 우리 도시의 유산을 되살리기 → 지역 사회의 공동 유산을 기념하기 위한 연례행사를 소개하고 있으나, 도

시의 유산을 되살리자는 내용은 언급되어 있지 않음

[핵심어휘] □ upcoming 다가오는, 곧 있을

□ annual 매년의, 일 년에 한 번의

□ diverse 다양한, 여러 가지의

□ heritage 유산

□ surrounding 인근의, 주위의

□ theatrical performance 연극

□ multiple 많은, 여러, 다수의

□ feast 연회, 축제일

□ cuisine 요리, 음식

□ regulation 규정, 규율, 규제

□ vibrant 활기찬, 힘찬

□ maritime 해양의, 바다의

□ recreate 되살리다, 재현하다

[본문해석] 공동 유산, 문화, 그리고 지역 재능을 기념하기 위해 우리의 다양한 지역 공동체를 화합하게 하는 연례행사인 곧 있을 City Harbour Festival을 발표하게 되어 기쁩니다. 달력에 표시하시고 신나는 주말을 보내기 위해 우리와 함께 하세요!

세부사항

• 날짜: 6월 16일(금요일) ~ 6월 18일(일요일)

• 시간 : 오전 10:00 ~ 오후 8:00(금 · 토요일)

오전 10:00 ~ 오후 6:00(일요일)

• 장소 : 시티하버파크, 메인스트리트, 주변 지역

하이라이트

• 라이브 공연

축제장 곳곳의 여러 무대에서 다양한 라이브 음악, 춤, 연극 공연을 즐기실 수 있습니다.

• 푸드트럭

무료 시식뿐만 아니라 다양하고 맛있는 요리를 제공하는 여러 엄선된 푸드 트럭에서 만찬을 즐기세요.

행사 및 활동의 전체 일정은 당사 홈페이지(www. cityharbourfestival.org)를 방문하시거나 (552) 234-5678 번호로 축제 사무실에 문의하시기 바랍니다.

11 ③

[정답해설] 푸드트럭에서 무료 시식을 제공하고 있으나, 무료로 요리 강습이 진행되는 행사 내용은 윗글에 언급되어 있지 않다. 그러므로 '주요 행사로 무료 요리 강습이 진행된다.'는 ③의 설명은 윗글의 내용과 일치하지 않는다.

[오답해설] ① 일 년에 한 번 개최된다. → 다양한 지역 공동체를 화합하게 하는 연례행사라고 소개하고 있음

② 일요일에는 오후 6시까지 열린다. → 세부사항의 '시간'에서 일요일은 '오전 10:00 ~ 오후 6:00'까지

임을 알 수 있음

④ 웹사이트나 전화 문의를 통해 행사 일정을 알 수 있다. → 행사의 전체 일정은 당사 웹사이트를 방문하거나 축제 사무실에 전화로 문의하라고 안내되어 있음

12 ④

[정답해설] 제시문의 마지막 문장에서 모바일 기기 사용이 불편한 분들을 위한 웹 버전의 앱도 또한 있다고 설명하고 있다. 그러므로 '개인용 모바일 기기에서만 작동한다.'는 ④의 설명은 윗글의 내용과 일치하지 않는다.

[오답해설] ① 여행객이 미리 세관 신고를 할 수 있도록 해준다. → Enter-K가 제공하는 주요 기능 중의 하나는 사전 신고로, 여행객에게 미리 세관 신고서를 제출할 수 있는 옵션을 제공함

② 더 많은 기능이 향후 추가될 것이다. → Enter-K가 향후에도 국경 관련 추가 기능을 계속 도입하여 전반적인 국경 체험을 더욱 향상시킬 것이라고 설명함

③ 여행객은 온라인 상점에서 그것을 다운로드 할 수 있다. → 도착하기 전에 온라인 상점에서 최신 버전의 앱을 단지 다운로드하기만 하면 된다고 언급되어 있음

[핵심어휘] □ customs declaration 세관 신고

□ notable 주목할 만한, 주요한

□ feature 특징, 특색

□ the Advance Declaration 사전 신고

□ submit 제출하다

□ in advance 미리, 사전에

□ modernization 현대화, 근대화

□ initiative 계획, 착수

□ additional 부가적인, 추가적인

□ device 장치, 기기, 기구

[본문해석] 세관 신고를 위해 신규 Enter-K 앱을 사용하세요.

공항에 도착하자마자 신규 Enter-K 앱을 사용하세요. Enter-K가 제공하는 주요 기능 중의 하나는 사전 신고인데, 이는 여행객에게 미리 세관 신고서를 제출할 수 있는 옵션을 제공하여 모든 국제공항에서 시간을 절약할 수 있도록 해줍니다. 현재 진행 중인 여행객 현대화 계획의 일환으로 Enter-K는 향후에도 국경 관련 추가 기능을 계속 도입하여 전반적인 국경 체험을 더욱 향상시킬 것입니다. 도착하기 전에 온라인 상점에서 최신 버전의 앱을 단지 다운로드하기만 하면 됩니다. 모바일 기기 사용이 불편한 분들을 위한 웹 버전의 앱도 또한 있습니다.

13 ④

[정답해설] 제시문의 마지막 문장에서 OLC는 근로자들이 공정하게 대우받고 근무한 모든 시간에 대해 보상받는 것을 보장하기 위해 필요 시 강제 조치를 취한다고 서술되어 있다. 그러므로 '직원들이 부당한 대우를 받았을 때 조치를 취한다.'는 ④의 설명은 제시문의 내용과 일치한다.

[오답해설] ① 직원들이 세금을 제대로 납부하도록 보장한다. → 본문에 직원들의 세금 납부에 대한 언급은 없음
② 성인 근로자의 고용에 대한 권한만을 갖는다. → OLC는 성인 근로자뿐만 아니라 미성년자의 고용에 대한 권한도 가지고 있음
③ 고용주의 사업 기회를 촉진한다. → OLC는 노동 규제 기관으로 고용주가 아닌 노동자를 위한 단체임

[핵심어휘] □ labor 노역, 노동
□ commissioner 위원, 장관
□ responsibility 책임, 의무, 맡은 일(업무)
□ principal 주요한, 주된
□ regulatory 규제하는, 단속하는
□ agency 기관, 단체
□ minimum wage 최저 임금
□ prevailing wage 일반 직종별 임금
□ overtime 초과 근무 (수당), 야근 (수당)
□ employee 종업원, 직원
□ authority 권한, 권위
□ minor 미성년자
□ resolve 풀다, 해결하다
□ efficient 효율적인, 능률적인
□ enforcement 강제, 시행, 집행
□ take action 조치를 취하다
□ compensate 갚다, 보상하다
□ properly 적절하게, 알맞게
□ unfairly 불공평하게, 부당하게

[본문해석] 노동 위원회 사무국

노동 위원회 사무국(OLC)의 업무

OLC는 주(州)의 주요 노동 규제 기관입니다. OLC는 최저 임금, 일반 직종별 임금 및 초과 근무 수당이 직원들에게 지급되고 직원 휴식 및 점심시간이 제공되도록 보장할 책임이 있습니다. 또한, OLC는 미성년자의 고용에 대한 권한도 가지고 있습니다. 노동 관련 문제를 능률적이고 전문적이며 효과적인 방식으로 해결하는 것이 이 사무국의 비전이자 임무입니다. 이것은 법에 따른 그들의 권리와 책임에 관해 고용주와 직원들을 교육하는 것을 포함합니다. OLC는 근로자들이 공정하게 대우받고 근무한 모든 시간에 대해 보상받는 것을 보장하기 위해 필요 시 강제 조치를 취합니다.

14 ④

[정답해설] 제시문은 날계란이나 설익은 계란을 섭취하고 익히지 않은 음식과 조리된 음식을 분리하지 않는 등 살모넬라균 감염의 원인을 설명하고, 이런 위험을 최소화하기 위해 식품 안전 조치와 적절한 요리법을 지킬 것을 당부하고 있다. 그러므로 ④의 '살모넬라균 감염 예방을 위한 계란의 안전한 처리'가 윗글의 주제로 가장 적절하다.

[오답해설] ① 계란 섭취가 면역계에 미치는 이점 → 살모넬라균에 감염되지 않고 계란을 섭취하는 방법에 대해 설명하고 있으나, 계란 섭취가 면역계에 어떠한 이점이 있는지에 대한 언급은 없음
② 다양한 종류의 살모넬라균 감염 치료제 → 살모넬라균 감염을 최소화하는 방법에 대한 설명은 있으나, 감염 치료제에 대한 언급은 없음
③ 따뜻한 온도에서의 살모넬라균의 수명 → 살모넬라균의 최적 성장 조건만 언급되어 있으며 구체적인 수명에 대한 언급은 없음

[핵심어휘] □ the Ministry of Food and Drug Safety 식품의약품안전처
□ food poisoning 식중독
□ cross-contamination 교차오염
□ neglect 방치하다, 소홀히 하다
□ utensil 식기, 도구
□ mitigate 완화[경감]시키다, 줄이다
□ refrigerate 냉장하다, 냉장고에 보관하다
□ the yolk and white 노른자와 흰자
□ staggering 충격적인, 믿기 어려운
□ Salmonella bacteria 살모넬라균
□ thrive 성장하다, 자라다
□ approximately 약, 대략
□ Celsius 섭씨
□ optimal 최적의
□ consume 먹다, 소모하다, 섭취하다
□ raw 날것의, 익히지 않은
□ undercooked 설익은, 덜익은
□ identify 확인하다, 알아보다
□ infection 감염, 전염병
□ crucial 중대한, 결정적인
□ prioritize 우선시하다, 우선순위를 매기다
□ adhere to ~을 고수하다, 지키다
□ immune 면역
□ life span 수명

[본문해석] 식품의약품안전처는 계란을 만지고 음식을 준비하거나 식기를 사용하기 전에 손 씻기를 소홀히 하는 교차오염의 결과로 식중독 사례가 발생했다고 경고했다. 이러

한 위험을 줄이기 위해 해당 부처는 계란을 냉장 보관하고 노른자와 흰자가 모두 굳을 때까지 완전히 익힐 것을 권고했다. 지난 5년 동안 충격적이게도 7,400명의 사람들이 살모넬라균에 의한 식중독을 경험했다. 살모넬라균은 따뜻한 온도에서 번식하며, 대략 섭씨 37도가 최적의 성장 조건이다. 날계란이나 설익은 계란을 섭취하고 익히지 않은 음식과 조리된 음식을 분리하지 않는 것이 살모넬라균 감염의 가장 흔한 원인으로 확인되었다. 살모넬라균과 관련된 질병의 위험을 최소화하기 위해 식품 안전 조치를 우선시하고 적절한 요리법을 지키는 것이 중요하다.

15 ①

[정답해설] 글의 서두에서 교육 불균형을 해소하기 위한 지속적인 노력에도 불구하고 학생들 사이의 학업 격차는 교육 시스템의 상당한 불평등을 계속해서 야기한다고 문제를 제기하고 있고, 마지막 문장에서 이러한 교육 분열 문제를 모든 교육 시스템 단계에서 찾아 해결할 것을 주문하고 있다. 그러므로 ①의 '우리는 지속적인 교육 불평등에 대처해야 한다.'가 윗글의 요지로 가장 적절하다.

[오답해설] ② 교육 전문가들은 새로운 학교 정책에 집중할 필요가 있다. → 새로운 학교 정책이 아니라 모든 교육 시스템에서의 포괄적인 정책의 필요성을 강조함

③ 성적 격차를 메우기 위해서는 새로운 교수법이 필요하다. → 표적 개입, 공평한 자원 할당 및 포괄적인 정책의 필요성을 제시하고 있으나, 새로운 교수법의 필요성에 대해서는 언급되어 있지 않음

④ 가정 소득은 교육 논의에서 고려되어서는 안 된다. → 학업 성취도가 뒤처지는 학생들의 저소득 배경 사례를 예로 들고 있을 뿐, 교육적 논의의 대상 여부를 밝히고 있지는 않음

[핵심어휘] □ address 해결하다, 해소하다
□ disparity 불균형, 불평등, 격차
□ persistent 끊임없는, 지속되는
□ significant 중요한, 의미심장한
□ inequity 불평등, 불공평
□ reveal 드러내다, 폭로하다
□ marginalized 하찮은, 소외된
□ vulnerable 취약한, 연약한
□ lag behind 뒤처지다, 뒤떨어지다
□ peer 동료, 또래
□ pose a challenge to ~에 도전하다, ~에 직면하다
□ emphasize 강조하다, 역설하다
□ intervention 개입, 조정, 중재
□ equitable 공정한, 공평한
□ allocation 할당, 분배
□ inclusive 포함된, 포괄적인
□ bridge a gap 공백[간격]을 메우다, 틈을 좁히다
□ irrespective of ~와 무관하게, ~와 관계없이
□ socioeconomic 사회 경제적인
□ status 신분, 지위
□ divide 분할, 분열, 차이

[본문해석] 교육 불균형을 해소하기 위한 지속적인 노력에도 불구하고, 학생들 사이의 지속적인 학업 격차는 교육 시스템의 상당한 불평등을 계속해서 강조하고 있다. 최근 자료는 저소득 배경과 취약 계층의 학생들을 포함하여 소외된 학생들이 학업 성취에서 또래 학생보다 계속 뒤처지고 있다는 것을 보여준다. 이러한 격차는 교육 형평성과 사회적 이동성을 달성하기 위한 도전에 직면해 있다. 전문가들은 사회 경제적 지위나 배경에 관계없이 이 간극을 메우고 모든 학생들에게 동등한 기회를 보장하기 위해 표적 개입, 공평한 자원 할당 및 포괄적인 정책의 필요성을 강조한다. 지속적인 교육 분열 문제는 해결책을 찾기 위한 노력으로 모든 교육 시스템 단계에서 해결되어야만 한다.

16 ③

[정답해설] 제시문은 아이들이 어렸을 때 자연과 함께 함으로써 얻는 이점에 대해 서술하고 있다. 그런데 ③에서 야외 활동은 아이들이 그들의 가족과 양질의 시간을 보내는 것을 어렵게 만든다며 야외 활동의 단점에 대해 언급하고 있다. 그러므로 ③은 글의 전체적인 흐름상 어울리지 않는다.

[핵심어휘] □ guardian 수호자, 보호자
□ desperate 절박한, 간절한
□ urge 욕구, 욕망, 충동
□ restorative 회복시키는, 복원하는
□ let off steam 발산하다, 기분을 풀다
□ huge 거대한, 엄청난
□ range from ~에 걸치다, 범위가 ~부터이다
□ boost 신장시키다, 북돋우다, 후원[지지]하다
□ environmentalism 환경보호론, 환경보호주의
□ adulthood 성인, 성년
□ urban 도심의, 도시의

[본문해석] 어린 아이들의 모든 부모나 보호자들은 집 밖으로 나가고 싶은 간절한 충동과 근처 공원으로의 잠깐 동안의 산책조차 마법 같은 회복 효과가 있음을 경험했을 것이다. ① 여기에는 아마도 단지 기분을 푸는 것 이상의 일들이 있을 것이다. ② 아이들이 자연과 함께 하는 이점은 학업 성적을 더 올리고 기분과 집중력을 향상시키기까지 엄청 크다. ③ 야외 활동은 아이들이 그들의 가족과 양질의 시간을 보내는 것을 어렵게 만든다.

④ 자연에 대한 어린 시절의 경험은 또한 성인기에 환경보호주의를 지지할 수도 있다. 도심의 녹지공간에 대한 접근성은 아이들의 소셜네트워크와 우정에 어떤 역할을 수행할 수 있다.

17 ③

[정답해설] ③ 이전에는 대기오염에 대한 연방정부의 규제가 없어서 공장 가동으로 인한 대기오염 수준이 매우 심각했다고 서술되어 있고, ③ 이후에는 대기오염 방지법이 제정되어 대기의 질이 호전되었다고 서술되어 있다. 주어진 문장이 '특히 많은 도시 자치주에서, 부유 입자의 총량으로 측정된 대기 오염이 위험한 수준에 도달했다.'고 ②의 내용을 보충하고 있으므로, 주어진 문장은 ③에 들어가는 것이 가장 적절하다.

[핵심어휘]
- county 자치주[군]
- suspend particle 부유 입자
- evaluate 평가하다, 측정하다
- pollution 오염(물질), 공해
- the Clean Air Act 대기오염 방지법
- federal 연방정부의, 연방제의
- regulation 규제, 규정
- issue 주제, 문제
- be high on ~열광하다, ~에 주목하다
- agenda 의제, 행동 강령
- legislator 입법자, 국회의원
- guideline 지침, 지도
- constitute 구성하다, 설립하다
- excessively 과도하게, 매우, 심히
- pollutant 오염 물질, 오염원
- amendment 개정, 수정
- improvement 향상, 개선, 호전

[본문해석]
> 특히 많은 도시 자치주에서, 부유 입자의 총량으로 측정된 대기 오염이 위험한 수준에 도달했다.

경제학자인 Chay와 Greenstone은 1970년 대기오염 방지법 이후 대기오염의 정화 가치를 측정했다. (①) 1970년 이전에는 대기오염에 대한 연방정부의 규제가 거의 없었고, 그 문제가 주 의원들의 의제로 주목받지도 못했다. (②) 결과적으로 많은 자치주들이 오염에 대한 아무런 규제 없이 공장 가동을 허용했고, 몇몇 중공업화된 자치주에서는 오염이 매우 높은 수준에 이르렀다. (③) 대기오염 방지법은 특히 위험한 다섯 가지 오염물질을 심히 높은 수준으로 구성하는 지침을 제정했다. (④) 1970년 이 법안과 1977년 개정 이후 대기의 질이 호전되었다.

18 ②

[정답해설] 주어진 지문은 화자가 빵을 훔쳐 셔츠 속에 넣고 달아나는 장면이며, (B)는 화자가 훔친 빵을 가지고 집으로 돌아오는 장면이다. (A)는 화자가 훔친 빵을 식탁 위에 올려놓자 가족들이 모이는 장면이며, 마지막으로 (C)는 화자가 가족들과 함께 빵을 나눠 먹는 모습이다. 그러므로 주어진 글 다음에 (B) – (A) – (C)의 순으로 이어져야 한다.

[핵심어휘]
- witness 보다, 목격하다
- shove 아무렇게나 놓다[넣다]
- loaf (빵 등의) 덩어리
- swiftly 재빨리, 신속히
- chunk (두툼한) 덩어리
- tear off 떼어내다, 뜯다
- pour 쏟다, 붓다
- clutch 움켜잡다
- cling to ~에 매달리다, ~에 집착하다
- slice 썰다, 베다
- entire 전체의, 모든
- hearty 풍부한, 푸짐한
- raisin 건포도

[본문해석]
> 무슨 일이 있었는지 누군가 보기 전에, 나는 셔츠 속에 빵 덩어리를 넣고, 사냥 재킷을 몸에 꽉 두른 채 재빨리 걸어 나갔다.

(B) 빵의 열기로 피부가 타들어갔지만, 나는 그것을 더 꽉 움켜쥐고 삶에 집착했다. 이윽고 집에 도착했을 때, 빵은 다소 식었지만, 속은 여전히 따뜻했다.

(A) 그것들을 식탁 위에 내려놓았을 때, 여동생의 손이 빵 덩어리를 떼려 다가왔지만, 나는 그녀를 자리에 앉힌 후 어머니를 우리와 함께 식탁에 앉도록 하고 따뜻한 차를 따라주었다.

(C) 나는 빵을 얇게 썰었다. 우리는 빵 한 덩어리를 한 조각 한 조각씩 전부 먹었다. 건포도와 견과류로 가득 찬 푸짐한 빵이었다.

19 ①

[정답해설] 제시문은 출산율 하락을 통계적 수치로 제시한 후 이러한 인구학적 변화로 인해 발생하는 세금, 노인 의료, 부양 책임, 은퇴 등의 문제점을 지적하고 있다. 그러므로 빈칸에는 이러한 문제점들에 대한 우려를 나타내는 말이 와야 하므로, ①의 'raises concerns about future challenges(미래의 도전에 대한 우려를 증가시킨다)'가 들어갈 말로 가장 적절하다.

[오답해설] ② 역연령 구조 현상을 완화하다 → 출산율 하락으로 인한 인구 고령화의 문제점에 대해 설명하고 있으므로, 역연령 구조 현상의 완화는 글의 흐름과 어울리지 않음

③ 결혼율 감소 문제를 보완하다 → 출산율 하락에 대
한 문제이며, 결혼율 감소 문제에 대한 내용은 나타
나 있지 않음

④ 문제 해결을 위한 즉각적인 해결책을 제공하다 →
출산율 하락으로 인한 문제점을 부각하고 있으나,
이를 위한 해결책을 제시하고 있지는 않음

[핵심어휘]　□ fertility rate 출산율, 출생률
　　　　　□ project 예상하다, 추정하다
　　　　　□ shrink 줄어들다, 감소하다
　　　　　□ population 인구, 주민
　　　　　□ peak 절정[최고조]에 달하다
　　　　　□ transition 변화, 변천, 전환
　　　　　□ significant 상당한, 중요한
　　　　　□ aging of population 인구 고령화[노령화]
　　　　　□ demographic 인구학의, 인구통계학의
　　　　　□ shift 변화, 이동
　　　　　□ taxation 조세, 과세
　　　　　□ caregiving 부양, 돌봄
　　　　　□ retirement 은퇴, 퇴직
　　　　　□ ensure 확신시키다, 보장하다
　　　　　□ soft landing 연착륙
　　　　　□ raise 높이다, 올리다, 인상하다
　　　　　□ mitigate 완화시키다, 경감시키다
　　　　　□ inverted 역의, 반대의
　　　　　□ phenomenon 현상
　　　　　□ compensate for 보상하다, 보완하다
　　　　　□ reduce 줄이다, 낮추다
　　　　　□ immediate 즉각적인, 당면한

[본문해석]　출산율 하락은 금세기 말까지 거의 모든 국가의 인구
가 감소하는 결과를 초래할 것으로 예상된다. 전 세계
출산율은 1950년에 4.7명이었지만, 2017년에는 2.4명
으로 거의 절반까지 떨어졌다. 2100년에는 1.7명 밑으
로 떨어질 것으로 예상된다. 그 결과, 일부 연구원들은
지구상의 인구수가 2064년 무렵에 97억 명으로 정점
을 찍은 후 금세기 말까지 88억 명으로 떨어질 것으로
예측한다. 이러한 변화는 또한 인구의 상당한 고령화를
초래하여, 80세에 이르는 사람들이 출생하는 아이들
의 수만큼 많을 것이다. 이러한 인구학적 변화는 세금,
노인 의료, 부양 책임 및 은퇴를 포함한 <u>미래의 도전에
대한 우려를 증가시킨다.</u> 새로운 인구학적 지형으로의
'연착륙'을 보장하기 위해 연구원들은 이러한 변화를
신중히 관리할 필요가 있다고 강조한다.

20 ③

[정답해설]　제시문은 화자의 말에 집중하지 못하는 것을 화자의
성격이나 전달 태도를 비난하며 화자에게 책임을 돌리

기보다는 청자 스스로에게 책임이 있음을 주지시키고
있다. 즉, 화자의 메시지에 대한 이해 수준을 높이는 것
은 청자 자신에게 달려 있다는 내용이므로, ③의 '본질
적으로 우리 자신이 책임을 지는 것이다.'가 빈칸에 들
어갈 말로 가장 적절하다.

[오답해설]　① 화자가 아는 것을 무시하다 → 좋은 청자는 화자가
알고 있는 것을 알고 싶어 한다고 하였으므로, 화자
가 아는 것을 무시한다는 내용은 적절하지 않음

② 화자의 성격을 분석하다 → 화자의 성격이나 전달
태도에는 관심이 없다고 하였으므로, 화자의 성격을
분석하는 것은 아님

④ 화자의 연설 전달 능력에 초점을 맞추다 → 화자의
성격이나 전달 태도에는 관심이 없다고 하였으므로,
화자의 전달 능력에 초점을 맞추는 것은 아님

[핵심어휘]　□ blame A for B B를 A의 탓으로 돌리다
　　　　　□ inattention 부주의, 무관심
　　　　　□ incompetent 무능한, 쓸모없는
　　　　　□ initial 초기의, 처음의
　　　　　□ similarity 비슷함, 유사성
　　　　　□ personality 개성, 성격
　　　　　□ delivery 전달[발표] (태도)
　　　　　□ find out 알아내다, 이해하다
　　　　　□ essentially 본질적으로, 근본적으로
　　　　　□ equipped 장비를 갖춘
　　　　　□ analyze 분석하다
　　　　　□ assume the responsibility 책임을 떠맡다, 책임을 지다
　　　　　□ inherently 본질적으로, 내재적으로
　　　　　□ competency 능숙함, 유능함, 능력

[본문해석]　많은 청자들은 "누가 그런 사람의 말을 들을 수 있겠
어? 그는 메모지 읽는 것을 언제쯤 그만둘까?"라고 스
스로 생각함으로써 그들의 무관심을 화자 탓으로 돌
린다. 좋은 청자는 다르게 반응한다. 그는 화자를 보
고 "이 사람은 무능해. 어느 누구도 그보다는 더 잘 말
할 수 있을 것 같아."라고 생각할 수 있다. 그러나 이러
한 초기 유사함으로부터 그는 다른 결론으로 나아가고,
"하지만 잠시만. 나는 그의 성격이나 전달 태도에는 관
심이 없어. 나는 그가 알고 있는 것을 알고 싶을 뿐이
야. 이 사람이 내가 알아야 할 것들을 알고 있나?"라고
생각한다. 본질적으로, 우리는 "우리 자신의 경험으로
듣는다." 우리가 그의 메시지를 이해할 수 있는 준비가
제대로 되어 있지 않기 때문에 말하는 사람이 책임을
져야 할까? 우리가 듣는 모든 것을 이해할 수는 없지
만, 우리의 이해 수준을 높이는 한 가지 확실한 방법은
<u>본질적으로 우리 자신이 책임을 지는 것이다.</u>

제2차

정답 및 해설

▌정답

01 ③	02 ②	03 ③	04 ④	05 ②
06 ②	07 ③	08 ①	09 ④	10 ①
11 ③	12 ①	13 ④	14 ③	15 ②
16 ②	17 ②	18 ③	19 ④	20 ③

▌해설

01 ③

[정답해설] 대형 벽화를 전시하기 위해 필요한 공간을 확보하는 것이므로, 빈칸에는 ③의 'ample(충분한, 넓은)'이 들어갈 말로 가장 적절하다.

[오답해설] ① 편안한
② 답답한
④ 비좁은

[핵심어휘] □ exhibit 전시하다, 진열하다
□ mural 벽화
□ make sure 확실하게 하다, 반드시 하다
□ cozy 편안한, 안락한
□ stuffy 답답한, 딱딱한
□ ample 충분한, 넓은
□ cramped 비좁은, 갑갑한

[본문해석] 대형 벽화를 전시하기 위해 박물관 큐레이터들은 넓은 공간을 반드시 확보해야 했다.

02 ②

[정답해설] 양보의 부사절을 이끄는 'Even though(비록 ~일지라도)'는 주절과 종속절의 내용이 서로 대비된다. 많은 문제점들이 있지만 시민의 안전이 가장 우선시 된다는 내용이므로, 빈칸에는 앞의 'top'과 함께 '최우선'이라는 의미로 ②의 'priority(우선)'가 들어갈 말로 가장 적절하다.

[오답해설] ① 비밀
③ 해결책
④ 기회

[핵심어휘] □ emphasize 강조하다, 역설하다
□ safety 안전, 안전성
□ top priority 최우선
□ opportunity 기회, 호기

[본문해석] 해결해야 할 문제가 많음에도 불구하고, 나는 우리 시민의 안전이 최우선이라는 점을 강조하고 싶다.

03 ③

[정답해설] 글의 흐름상 'exploitation(이용)'이 'collapse(몰락)'에 기여한 것이고, 'contribute'는 전치사 to를 동반하여 자동사로 쓰이므로 능동태가 되어야 한다. 또한 주절의 시제가 'may have + p.p'로 과거 사실에 대한 추측을 나타내므로 'seems' 다음에 현재보다 더 이전의 사실을 나타내는 완료형 부정사를 사용해야 한다. 그러므로 빈칸에는 ③의 'have contributed to'가 들어갈 말로 가장 적절하다.

[오답해설] ① · ② 능동태의 형태는 옳으나 시제가 일치하지 않는다.
④ 완료형 시제는 맞으나 수동태이므로 옳지 않다.

[핵심어휘] □ overpopulation 인구 과밀[과잉]
□ exploitation 착취, 개발, 이용
□ rain-forest 열대 우림
□ ecosystem 생태계
□ A as well as B B뿐만 아니라 A도
□ shortage 부족, 결핍
□ collapse 붕괴, 몰락
□ contribute to ~에 기여하다

[본문해석] 인구 과밀이 중요한 역할을 했을지도 모른다. 즉, 물 부족뿐만 아니라 마야인들이 식량을 위해 의존했던 열대 우림 생태계의 과도한 이용이 몰락에 기여했던 것으로 보인다.

04 ④

[정답해설] which → where / in which
주어진 문장에서 ④의 'which' 이하의 절은 선행사인 'an international community'를 수식하므로 관계대명사가 이끄는 형용사절이다. 그런데 'which' 이하의 종속절이 완전한 문장이므로, 'which'를 장소를 나타내는 관계부사 'where' 또는 '전치사+관계대명사'의 형태인 'in which'로 고쳐 써야 옳다.

[오답해설] ① 'international organization(국제기구)'가 '조직된' 것이므로 수동의 관계이다. 그러므로 과거분사의 형태인 'designed'를 사용한 것은 적절하다.
② 'not merely A but also B' 구문에서 A와 B는 동일 형태를 사용해야 한다. A에 to부정사의 형태인 'to talk'가 왔으므로 B도 to부정사의 형태인 'to act'를 사용한 것은 적절하다.
③ 'see A as B(A를 B로 생각하다[여기다, 간주하다])' 구문으로 접속사 'as'를 사용한 것은 적절하다.

[핵심어휘] □ it seems to me that 나는 ~하고 생각한다. 내 생각에는 ~인 것 같다

□ international organization 국제 기구

□ not merely A but also B A뿐만 아니라 B도

□ see A as B A를 B로 생각하다[여기다, 간주하다]

□ international community 국제 사회

□ by chance 우연히

□ by design 의도적으로, 계획적으로

[본문해석] 나는 평화를 유지하기 위해 조직된 어떤 국제 기구든 말뿐만 아니라 행동할 수 있는 힘도 있어야 한다고 생각한다. 정말로 이것이 우연이 아닌 의도적으로 전쟁을 피할 수 있는 국제 사회로 나아가는 모든 발전의 핵심 주제라고 생각한다.

05 ②

[정답해설] are emerged → are emerging

'emerge'는 완전자동사이므로 'are emerged'처럼 수동태로 만들 수 없으며, 글의 흐름상 다음 문장의 'industry is changing'와 마찬가지로 현재진행형 시제인 'are emerging'로 고쳐 써야 옳다.

[오답해설] ① 'arrive'는 자동사로 전치사 'in'과 함께 '~에 도착하다'라는 의미로 사용되며, 앞의 'have'와 함께 'have+p.p'의 현재완료 시제를 구성하므로 'arrived in'은 옳게 사용되었다.

③ 내용상 자동차가 공유되는 것이므로 수동형이고, 현재 발생중인 일이므로 'be being+p.p'의 수동형 현재진행 시제인 'are being shared'는 옳게 사용되었다.

④ 내용상 전체 공장들이 서로 연결된 것이므로, 'connect A with B' 구문이 수동형으로 바뀌어 'are (intelligently) connected with'로 사용된 것은 적절하다.

[핵심어휘] □ digitization 디지털화

□ across the board 전반에 걸쳐

□ in all sectors 모든 부문[분야]에서

□ emerge 나타나다, 출현하다, 등장하다

□ assemble 모이다, 조립하다

□ entire 전체의, 모든

□ intelligently 똑똑하게, 지능적으로

[본문해석] 우리는 이미 디지털화된 세상에 도착해 있다. 디지털화는 전통적인 IT 회사들뿐만 아니라, 전반적으로 모든 분야의 회사들에 영향을 미친다. 새롭게 변화된 비즈니스 모델들이 등장하고 있는데, 즉 자동차는 앱으로 공유되고 있고, 언어는 온라인에서 학습되며, 그리고 음악은 스트리밍되고 있다. 그러나 산업도 또한 변화하고 있는데, 3D 프린터는 기계 부품을 만들고, 로봇은 그것들을 조립하며, 전체 공장들은 서로 지능적으로 연결되어 있다.

06 ②

[정답해설] 회의실 대여에 관련된 대화 내용으로, Tim Jones이 회의가 7월 15일 월요일에 있을 예정이라고 구체적 회의 날짜와 요일을 답하고 있으므로, 빈칸에는 ②의 '정확한 회의 날짜를 알려주실 수 있나요?'가 들어갈 말로 가장 적절하다.

[오답해설] ① 연락처를 알 수 있을까요? → 회의 날짜를 제시하고 있으므로 연락처를 묻는 내용은 부적절함

③ 빔 프로젝터나 복사기가 필요하십니까? → 회의할 때 필요한 장비를 묻는 질문은 없음

④ 회의에 몇 명이 참석할 예정입니까? → 17인실이 필요하다고 앞에서 이미 언급되어 있음

[핵심어휘] □ rent 대여하다, 임차[임대]하다

□ available 활용할 수 있는, 이용할 수 있는

□ accommodate 수용하다, 공간을 제공하다

□ reserve 예약하다, 비축하다

□ confirmation 확인, 확정

[본문해석] Tim Jones: 안녕하세요, 저는 회의실 중 하나를 대여하는 것에 관심이 있습니다.

Jane Baker: 관심에 감사드립니다. 회의 규모에 따라 이용 가능한 공간이 여럿 있습니다. 5~20명의 단체를 수용할 수 있습니다.

Tim Jones: 좋습니다. 17인실이 필요하고, 회의는 다음 달로 예정되어 있습니다.

Jane Baker: 정확한 회의 날짜를 알려주실 수 있나요?

Tim Jones: 회의는 7월 15일 월요일에 있을 예정입니다. 그날 가능한 회의실이 있나요?

Jane Baker: 네, 있습니다. 자리를 예약하고 모든 세부 사항이 포함된 확인 이메일을 보내드릴 수 있습니다.

07 ③

[정답해설] B가 그 서비스를 어떻게 이용하느냐고 질문한 후 A의 답변을 듣고 복잡하지는 않은 것 같다며 주말에 한 번 해보겠다고 답하고 있다. 따라서 빈칸에는 공유 자전거 서비스를 이용하는 방법에 대한 설명이 오면 된다. 그러므로 ③의 '자전거 공유 앱을 다운받고 온라인으로 결제하면 돼'가 빈칸에 들어갈 말로 가장 적절하다.

[오답해설] ① 그건 전기식이라 에너지를 절약할 수 있어 → 공유 자전거가 전기 자전거라는 사실은 대화 후미에 등장함

② 네 소유의 자전거를 주차하려면 꼭 허가증을 신청해 → 공유 자전거에 대한 내용이므로, 자가 소유 자전거의 주차 허가 신청과는 관련 없음

④ 안전을 위해 항상 헬멧을 써야만 해 → 공유 자전거 서비스 이용 방법을 묻는 질문에 헬멧 착용 답변은 어울리지 않음

[핵심어휘] □ launch 시작하다, 개시하다

□ sharing service 공유 서비스

□ by the way 그런데

□ I can tell 딱 보니 알겠네, 확실해

□ it looks cool 멋있어 보이네

□ apply for ~에 지원하다, 신청하다

□ permit 허가(증)

□ at all times 항상

□ safety 안전, 안심

[본문해석] A: 이 자전거에 대해 어떻게 생각해?

B: 와, 정말 좋아 보인다! 금방 산거야?

A: 아니, 이건 공유 자전거야. 시가 자전거 공유 서비스를 시작했어.

B: 정말? 그건 어떻게 작동해? 내 말은, 그 서비스는 어떻게 이용해?

A: 간단해. 자전거 공유 앱을 다운받고 온라인으로 결제하면 돼.

B: 복잡하지는 않은 것 같네. 이번 주말에 한 번 해봐야겠어.

A: 그런데, 그건 전기 자전거야.

B: 그래, 딱 보니 알겠네. 멋있어 보이네.

08 ①

[정답해설] 첫 번째 문장에서 우리는 식품, 섬유 및 특산작물의 자국 생산자를 위한 국내외 마케팅 기회를 창출하는 프로그램을 운영한다고 그 임무를 소개하고 있다. 그러므로 '국내 생산자를 위한 마케팅 기회를 창출한다.'는 ①의 설명은 윗글의 내용과 일치한다.

[오답해설] ② 전 세계의 건강한 식품의 소비를 제한한다. → 자국 및 전 세계 소비자에게 건강에 좋은 식품의 품질과 유용성을 보장함

③ 생산자보다 소비자에게 이익이 되도록 전념한다. → 생산자, 상인 및 소비자 모두에게 이익이 되도록 함

④ 결정을 내리기 전에 다른 기관으로부터 명령을 받는다. → 프로그램과 서비스에 대한 신뢰를 구축하기 위해 독립성과 객관성을 보장받음

[핵심어휘] □ agricultural 농업의

□ administer 운영하다, 관리하다

□ domestic 국내의

□ opportunity 기회

□ fiber 섬유

□ specialty crops 특수작물

□ valuable 귀중한, 가치 있는

□ ensure 보장하다, 보증하다

□ availability 이용성, 유용성

□ wholesome 건강에 좋은, 건전한

□ facilitate 촉진하다, 가능하게 하다

□ strategic 전략적인, 전략상 중요한

□ competitive 경쟁적인, 경쟁을 하는

□ integrity 청렴, 고결, 성실

□ independence 독립, 자립

□ objectivity 객관성

□ independently 독립하여, 자주적으로

□ be committed to ~에 전념[헌신]하다

□ mandate 권한, 명령

□ mutual 서로의, 상호의

□ profitable 수익성이 있는, 이익이 되는

□ impartial 공평한, 공정한

[본문해석] 농업 마케팅 사무소

임무

우리는 식품, 섬유 및 특산작물의 자국 생산자를 위한 국내외 마케팅 기회를 창출하는 프로그램을 운영한다. 우리는 또한 전국 및 전 세계 소비자를 위한 건강에 좋은 식품의 품질과 유용성을 보장하는 가치 있는 서비스를 농업계에 제공한다.

비전

우리는 국내외 시장에서 자국 농산품의 전략적 마케팅을 촉진하는 동시에 공정한 거래 관행을 보장하고 자국의 식품, 섬유 및 특산작물의 생산자, 상인 및 소비자에게 이익이 되도록 경쟁적이고 효율적인 시장을 촉진한다.

핵심 가치

• 정직과 성실: 우리는 우리가 하는 모든 일에 완벽한 정직과 성실을 기대하고 요구한다.

• 독립성과 객관성: 우리는 프로그램과 서비스에 대한 신뢰를 구축하기 위해 독립적이고 객관적으로 행동한다.

09 ④

[정답해설] 'fair'는 '공정한'의 의미로 ④의 'impartial(공평한, 공정한)'과 그 의미가 가장 유사하다.

[오답해설] ① 무료의

② 상호의

③ 이익이 되는

10 ①

[정답해설] 제시문은 죽어가고 있는 Dimmesdale 호수를 살리기 위한 대책을 논의하기 위해 특별 회의를 개최한다고 주민들의 참여를 독려하며 장소, 날짜, 시간 등을 공지한 게시물이다. 그러므로 (A)에 들어갈 윗글의 제목은 ①의 'Dimmesdale 호수가 죽어가고 있어요'가 가장 적절하다.

[오답해설] ② 호수의 아름다움에 대한 찬사 → 죽어 가는 호수를

33

살리기 위한 대책 회의가 중심 주제이지 호수의 아름다움이 중심 주제는 아님

③ Dimmesdale 호수의 문화적 가치 → 호수를 살리는 것이 주민의 재산 가치에 영향을 미친다고 서술하고 있으나, 호수의 문화적 가치에 대한 언급은 없음

④ 그 대학에 있어서 호수의 중요성 → 우천 시 회의가 대신 개최되는 장소일 뿐 호수와의 연관성은 없음

[핵심어휘] □ head toward ~를 향하다
□ pay one's respect to ~에게 경의[존경]를 표하다
□ body of water 수역
□ dedicated 전념하는, 헌신적인
□ affect 영향을 미치다
□ property 재산, 부동산
□ regional 지역의, 지방의
□ council 의회, 평의회, 심의회
□ opposite 맞은편의, 반대편의
□ significance 중요성, 의미

[본문해석] 가까운 이웃으로서, 호수를 살리는 방법을 알고 싶을 것입니다.

아직 죽지는 않았지만, Dimmesdale 호수는 종말을 향해 가고 있습니다. 그러므로 살아있을 때 이 아름다운 수역에 경의를 표하세요.

일부 헌신적인 사람들이 지금 그것을 살리기 위해 일하고 있습니다. 그들은 그 사실을 여러분에게 알리기 위해 특별 회의를 개최할 것입니다. 오셔서 무엇을 하고 있고 여러분이 어떻게 도울 수 있는지 알아보세요. 이것은 여러분의 재산 가치에도 영향을 미칩니다.

누가 죽은 호수 근처에서 살고 싶겠습니까?

중부 주 지역 계획 위원회 후원

• 장소: 남부 주립대학 맞은편 그린 시티 파크 (우천 시: 대학도서관 203호)
• 일시: 2024년 7월 6일, 토요일
• 시간: 오후 2시

회의에 대한 질문은 당사 웹사이트 www.planningcouncilsavelake.org를 방문하시거나 (432) 345-6789로 저희 사무실에 연락주세요.

11 ③

[정답해설] 회의가 개최될 장소는 남부 주립대학 맞은편 그린 시티 파크이며, 우천 시에는 대학도서관 203호에서 회의가 열린다가 공지하고 있다. 그러므로 '우천 시에는 대학의 구내식당에서 회의가 열린다.'는 ③의 설명은 윗글의 내용과 일치하지 않는다.

[오답해설] ① 일부 헌신적인 사람들이 호수를 살리기 위해 일하고 있다고 서술하고 있다.

② 호수를 살리기 위한 활동이 주민들의 재산 가치에도 영향을 미친다고 서술하고 있다.

④ 제시문의 마지막 줄에 회의에 대한 질문은 웹사이트를 방문하거나 전화로 사무실에 연락 달라고 서술하고 있다.

12 ①

[정답해설] 제시문은 보안에 심각한 위협이 되고 있는 사이버 범죄로부터 개인 및 비즈니스 정보를 보호하기 위한 다섯 가지 방법을 안내하고 있다. 그러므로 윗글의 목적은 ①의 '고객에게 사이버 위협으로부터 자신을 안전하게 보호하는 방법을 알려주기 위해'서이다.

[오답해설] ② 고객에게 소프트웨어 및 장치를 업데이트하는 방법을 알려주기 위해 → 소프트웨어와 장치를 최신 상태로 유지할 것을 권고하고 있으나, 업데이트하는 방법을 알려주고 있지는 않음

③ 고객에게 비밀번호를 더 강화하는 방법을 알려주기 위해 → 강력한 비밀번호를 사용하고 자주 바꿔줄 것을 권고하고 있으나, 비밀번호를 더 강화하는 방법에 대한 설명은 없음

④ 고객에게 OTP를 보호하는 방법을 알려주기 위해 → 본인 확인을 위한 OTP 사용 요청을 안내하고 있으나, OTP를 보호하는 방법은 제시되어 있지 않음

[핵심어휘] □ client 고객, 단골
□ cybercrime 사이버 범죄
□ security 안전, 보안
□ safeguard 보호하다
□ threat 위협, 협박
□ frequently 자주, 빈번히
□ up to date 최신의
□ wary 경계하는, 주의하는
□ suspicious 수상한, 의심스러운
□ give out 발설하다, 내뱉다, 제공하다
□ sensitive 민감한, 예민한
□ two factor authentication 이중 인증
□ passcode 암호, 비밀번호
□ verify 확인하다, 입증하다
□ identity 신원

[본문해석] 친애하는 고객 여러분께.

오늘날의 세계에서, 사이버 범죄는 여러분의 보안에 심각한 위협이 되고 있습니다. 여러분의 신뢰할 수 있는 파트너로서, 여러분의 개인 및 비즈니스 정보를 보호하는 데 도움을 드리고자 합니다. 사이버 위협으로부터 여러분을 보호하는 다섯 가지 쉬운 방법이 있습니다.

1. 강력한 비밀번호를 사용하고 자주 바꿔주세요.
2. 소프트웨어와 장치를 최신 상태로 유지하세요.

3. 독촉하거나 민감한 정보를 제공하도록 압박하는 의심스러운 이메일, 링크 또는 전화를 주의하세요.

4. 이중 인증을 활성화하고 가능한 한 언제든지 사용하세요. California Bank & Savings에 연락하시면 본인 확인을 위해 일회용 비밀 번호(OTP)를 사용하라는 요청을 받으실 겁니다.

5. 데이터를 정기적으로 백업하세요.

어떻게 하면 온라인상에서 안전할 수 있는지 더 알고 싶다면 보안 센터를 방문하세요. 사이버 보안은 팀의 노력이라는 것을 기억하세요. 함께 협력함으로써, 우리는 우리 자신과 세계를 위해 더 안전한 온라인 환경을 구축할 수 있습니다.

California Bank & Savings 올림

13 ④

[정답해설] 제시문은 동물 추적 과학에 혁신을 가져다 줄 국제 우주 정거장의 야생 동물 감시 장비에 대해 소개한 후 향후 가동 일정과 기대효과 등에 대해 설명하고 있다. 그러므로 ④의 '우주 정거장에서의 혁신적인 야생 동물 감시'가 윗글의 주제로 가장 적절하다.

[오답해설] ① 지구 생태계의 지속 가능성 평가 → 지구 생태계의 지속 가능성이 아니라, 우주 정거장에서의 혁신적인 야생 동물 감시 장비에 대해 소개하고 있음

② 러시아 우주비행사들의 성공적인 훈련 프로젝트 → 우주 정거장에 야생 동물 감시 장비를 설치한 것은 러시아 우주 비행사들임을 언급하고 있으나, 이들의 훈련 프로젝트에 대한 내용은 없음

③ 우주 정거장에서 실행된 동물 실험 → 우주 정거장에 야생 동물 감시 장비가 설치되었을 뿐이며, 우주 정거장에서 동물 실험 자체가 시행된 것은 아님

[핵심어휘] □ orbit 궤도를 돌다
□ be about to 막 ~하려 하다
□ revolutionize 혁명[혁신]을 일으키다
□ equipment 장비, 설비
□ orbiting outpost 우주 정거장, 궤도 정거장
□ install 설치하다
□ spacewalk 우주 유영을 하다
□ astronaut 우주비행사
□ operational 가동상의, 작동하는
□ relay 중계하다, 전달하다
□ log 기록하다
□ physiology 생리(학)
□ assist 돕다, 보조하다
□ conservationist 환경보호론자
□ ecosystem 생태계

□ evaluation 평가
□ sustainability 지속 가능성, 유지 가능성
□ innovative 획기적인, 혁신적인

[본문해석] 지구 상공 약 240마일을 돌고 있는 국제 우주 정거장은 세계 야생 동물 감시 즉, 동물 추적 과학에 혁신을 일으키기 위한 노력에 곧 동참할 예정이다. 2018년 우주 유영 중인 러시아 우주 비행사들에 의해 설치된 우주 정거장에 탑재된 대형 안테나와 다른 장비들이 시험 중이며 올 여름에 완전히 가동될 예정이다. 이 시스템은 동물의 위치뿐만 아니라 생리와 환경 또한 기록하여 이전의 추적 기술보다 훨씬 더 넓은 범위의 데이터를 전달할 것이다. 이는 이동 중에 야생 동물을 면밀히 감시해야 하는 과학자, 환경보호론자 및 기타 작업을 수행하는 사람들을 보조하고 지구 생태계의 건강에 대해 훨씬 더 자세한 정보를 제공할 것이다.

14 ③

[정답해설] 본문 중간에 추수감사절, 크리스마스, 설날은 휴무일이라고 밝히고 있다. 그러므로 David Williams의 생가는 연중무휴라는 ③의 설명은 윗글의 내용과 일치하지 않는다.

[오답해설] ① 도서관과 박물관은 12월 오후 5시에 문을 닫는다. → David Williams 도서관과 박물관은 11월부터 3월까지는 오전 9시부터 오후 5시까지 개방한다고 서술되어 있음

② 방문객은 현장에서 생가 투어 티켓을 구입할 수 있다. → 생가 투어 티켓은 정상 영업시간 동안 현장에서 구매할 수 있다고 서술되어 있음

④ 도서관 연구실에서 무료로 연구를 할 수 있다. → David Williams 도서관 연구실에서 연구를 수행하는 것은 무료라고 서술되어 있음

[핵심어휘] □ purchase 구입하다, 구매하다
□ confirmation 확인, 확정
□ heritage 유산, 물려받은 것
□ offer 제공하다, 제안하다
□ separate 각각의, 개별의
□ admission 입장(료)
□ on-site 현장에서, 현지에서
□ normal business hours 정상 영업시간
□ additional 부가적인, 추가적인

[본문해석] David Williams 도서관과 박물관은 1주일에 7일, 11월부터 3월까지는 오전 9시부터 오후 5시까지 개방하고, 4월부터 10월까지는 오전 9시부터 오후 6시까지 개방합니다. 온라인 티켓은 아래 링크 주소에서 구매할 수 있습니다. 구매 후 이메일 확인서를 받으실 겁니다(스팸 폴더를 반드시 확인하세요). 구매 증빙을 위해 인쇄되

거나 스마트 기기에 저장된 이 확인서를 가져오세요.

- **온라인 티켓**: buy.davidwilliams.com/events
  David Williams 도서관과 박물관 및 David Williams 생가(국립 유산 관리소에서 운영)는 10달러의 성인 입장권을 별도로 판매합니다. 생가 투어 티켓은 정상 영업시간 동안 현장에서 구매할 수 있습니다.

- **휴무일** : 추수감사절, 크리스마스, 설날
  David Williams 도서관 연구실에서 연구를 수행하는 것은 무료입니다.

추가 정보를 원하시면 1 (800) 333-7777로 전화주세요.

15 ②

[정답해설] 글의 서두에 동물 질병 발병에 대한 대비가 수십 년 동안 동물보건위원회(BOAH)의 최우선 과제였다고 소개한 후 외래 동물 질병(FAD)의 피해와 동물 질병과 관련한 BOAH의 활동들을 서술하고 있다. 그러므로 ②의 'BOAH의 주요 목적은 동물 질병 유행에 대응하는 것이다.'가 윗글의 요지로 가장 적절하다.

[오답해설] ① BOAH는 FAD를 대비한 수의사 훈련에 집중한다.
→ BOAH의 수의사들이 FAD 의심 사례를 조사하기 위해 하루 24시간 대기하고 있으나, 수의사 훈련이 BOAH의 직접적인 목적은 아님
③ BOAH는 적극적으로 국제 무역 기회를 촉진한다.
→ FAD로 인한 경제적 피해로 국제 무역 기회의 박탈을 거론하고 있으나, BOAH가 국제 무역 기회를 촉진한다는 내용은 없음
④ BOAH는 FAD의 원인에 대한 실험실 연구를 주도하는 것을 목표로 한다. → BOAH의 최우선 목표는 동물 질병에 대비하는 것이지 FAD의 원인에 대한 실험실 연구 주도가 아님

[핵심어휘] □ emergency 긴급, 비상 (사태)
□ preparedness 준비, 대비
□ outbreak 발생, 발발
□ top priority 최우선, 최우선 순위
□ the Board of Animal Health(BOAH) 동물보건위원회
□ decade 10년
□ contagious 전염성의, 전염병에 걸린
□ devastating 파괴적인, 치명적인
□ security 보안, 안전
□ a foreign animal disease(FAD) 외래 동물 질병
□ significant 중요한, 심각한
□ extensive 광범위한, 대규모의
□ eliminate 없애다, 제거하다
□ veterinarian 수의사
□ diagnose 진단하다

□ investigate 수사하다, 조사하다
□ suspected 의심나는, 미심쩍은, 수상한
□ trigger 촉발하다, 시작하다
□ clinical sign 임상 증상
□ indicative of ~을 가리키는, 나타내는
□ diagnostic 진단의, 진단상의
□ identify 확인하다, 알아보다
□ suspicious 의심스러운, 수상한
□ epidemic 유행병, 전염병

[본문해석] 동물 건강 비상사태

동물 질병 발병에 대한 대비는 수십 년 동안 동물보건위원회(BOAH)의 최우선 순위였습니다. 전염성이 높은 동물 질병의 발발은 공중 보건 혹은 식품 안전 및 안보 결과뿐만 아니라 경제적으로 치명적인 영향을 미칠 수 있습니다.

외래 동물 질병

외래 동물 질병(FAD)은 현재 국내에서 발견되지 않는 질병으로, 동물에게 심각한 질병이나 사망을 유발하거나 다른 국가 및 주(州)와의 무역 기회를 없애 광범위한 경제적 피해를 초래할 수 있습니다.

FAD 진단 훈련을 받은 몇몇 BOAH 수의사들이 FAD 의심 사례를 조사하기 위해 하루 24시간 대기하고 있습니다. FAD를 나타내는 임상 증상이 있는 동물에 대한 보고가 접수되거나 진단 실험실에서 의심스러운 검사 결과를 확인했을 때 조사가 시작됩니다.

16 ②

[정답해설] 제시문은 일반적인 글쓰기 유형 중의 하나인 반응 글쓰기(reaction essay)에 대해 소개한 후, '프롬프트'와 관련된 사례와 과제 등에 대해 서술하고 있다. 그런데 ②는 주장을 효과적으로 변호할 수 있는 믿을 만한 자료 수집에 대해 언급하고 있으므로, 전체적인 글의 흐름과 어울리지 않는다.

[핵심어휘] □ academic discipline 학문 영역[분야]
□ essay 과제물, 글, 수필
□ prompt 자극, 촉진
□ stimulus 자극(제)
□ reliable 믿을 수 있는, 믿을 만한
□ argument 논쟁, 주장
□ effectively 효과적으로
□ quote 인용구
□ observation 관찰, 의견, 소견
□ twofold 두 배의
□ summarize 요약하다

[본문해석] 모든 학문 분야에서 나타나는 매우 일반적인 글쓰기 과

제 유형은 반응 또는 응답이다. ① 반응 글쓰기에서, 글쓴이는 대개 시각적 또는 문자로 된 자극제인 '프롬프트'를 제공받아 생각한 후 응답한다. ② 당신의 주장을 효과적으로 변호할 수 있도록 믿을 만한 사실들을 수집하는 것은 매우 중요하다. ③ 이러한 글쓰기 유형의 일반적인 프롬프트 또는 자극제는 인용문, 문학 작품, 사진, 그림, 멀티미디어 자료 및 뉴스 기사가 포함된다. ④ 반응은 특정 프롬프트에 대한 글쓴이의 감정, 의견 및 개인적인 소견에 중점을 둔다. 반응 글쓰기를 작성하는 데 있어 과제는 두 가지인데, 프롬프트를 간략하게 요약하는 것과 그것에 대한 개인적인 반응을 제공하는 것이다.

17 ②

[정답해설] 제시문은 행동주의의 개념에 대해 설명한 글로, ①에서는 '몇몇 사람들(For some)'이 이해하는 행동주의의 이론적 또는 이념적 개념에 대해 서술하고 있고, 주어진 문장에서는 '다른 사람들(For others)'이 이해하는 대립적 활동으로써의 행동주의에 대해 서술하고 있다. 그러므로 'some'과 'others'의 부정대명사 용법과 행동주의에 대한 이론과 실천의 개념을 설명한 글의 흐름상 주어진 문장은 ②에 들어가는 것이 가장 적절하다.

[핵심어휘] □ activism 행동주의, 활동주의
□ controversial 논쟁을 일으키는, 논란이 많은
□ disruptive 분열[붕괴]시키는, 파괴적인
□ manifest 나타내다, 드러내 보이다
□ confrontational 대립적인, 모순되는
□ define 정의하다, 규정하다
□ intentional 의도적인, 고의의
□ vigorous 활발한, 격렬한
□ bring about 성취하다, 달성하다
□ theoretically 이론적으로, 이론상으로
□ ideologically 이념적으로
□ perceived 인지된, 지각된
□ messy 지저분한, 골치 아픈
□ strenuous 몹시 힘든, 격렬한
□ commitment 헌신, 전념
□ folk 사람들
□ workable 실행 가능한, 운용 가능한
□ strategy 전략, 계획
□ collective 집단의 공동의, 집합적인
□ noted 유명한, 저명한

[본문해석] 다른 사람들에게 행동주의는 논란을 일으키고 파괴적인데, 결국 그것은 종종 기존 질서에 직접적으로 도전하는 대립적 활동으로 나타난다.

행동주의는 흔히 개인과 집단이 원하는 목표를 달성하기 위해 실행하는 의도적이며, 활발하고 정렬적인 행동으로 정의된다. (①) 몇몇 사람들에게 행동주의는 정치적 또는 사회적 변화에 대한 인지된 필요에 영향을 미치기 위한 이론적 또는 이념적으로 초점을 맞춘 프로젝트이다. (②) 행동주의는 불편하고, 때로는 골치 아프며, 거의 항상 격렬하다. (③) 게다가, 실행 가능한 전략을 개발하고, 특정 사안에 집단적인 스포트라이트를 집중시키고, 궁극적으로 사람들을 행동하게 만드는 사람들, 즉 행동가들의 존재와 헌신 없이 그 일은 일어나지 않는다. (④) 한 저명한 학자가 말했듯이, 유능한 행동가들 또한 때때로 큰 소리로 소음을 유발한다.

18 ③

[정답해설] Nick이 야외에서 불을 피우고 식사를 준비하는 과정을 다음의 시간적 순서에 따라 배열하면 ③의 (C)-(A)-(B) 순이 가장 적절하다.

> 주어진 글 : 불 위에 석쇠를 고정시킴
> (C) 석쇠에 프라이팬을 올리고 콩과 스파게티를 데움
> (A) 작은 거품을 내며 끓기 시작함
> (B) 석쇠에서 프라이팬을 들어 올림

[핵심어휘] □ chunk (두툼한) 덩어리, 토막
□ pine 소나무
□ ax 도끼
□ stick 찌르다, 박다, 고정하다
□ wire grill 석쇠
□ stump 그루터기
□ bubble 거품이 일다, 보글보글 끓다
□ flame 불꽃, 불길
□ stir 휘젓다, 뒤섞다

[본문해석]
> Nick은 그가 도끼로 그루터기에서 잘라 낸 소나무 장작으로 불을 피웠다. 그는 부추로 네 다리를 땅바닥에 밀어 넣어 불 위에 석쇠를 고정했다.

(C) Nick은 불길 위의 석쇠에 프라이팬을 올렸다. 그는 점점 더 배가 고팠다. 콩과 스파게티가 데워졌다. 그는 그것들을 저어 함께 섞었다.

(A) 그것들은 어렵게 표면으로 올라오는 작은 거품들을 만들며 보글보글 끓기 시작했다. 좋은 냄새가 났다. Nick은 토마토케첩 한 병을 꺼내고 빵을 네 조각으로 잘랐다.

(B) 이제 작은 거품들이 더 빨리 올라오고 있었다. Nick은 불 옆에 앉아 프라이팬을 들어 올렸다.

19 ④

[정답해설] 제시문에 따르면 기술의 발전은 한 산업에서 일자리를 잃은 노동자들이 다른 산업에서 일자리를 찾을 수 있

기 때문에 한 국가 전체로 볼 때 실업을 유발하지는 않는다고 서술되어 있다. 그러므로 기술의 발전이 생산성과 소득을 증가시키고, 더 높은 소득은 상품에 대한 더 높은 수요로 이어지며, 이에 따라 노동에 대한 수요도 증가할 것으로 예상된다. 그러므로 빈칸에는 ④의 'higher demand for labor(노동에 대한 더 높은 수요)'가 들어갈 말로 가장 적절하다.

[오답해설]　① 증가하는 실직 → 상품에 대한 수요 증가가 실직의 증가를 가져오지는 않음

② 직장에서의 승진 지연 → 상품에 대한 수요 증가와 직장에서의 승진 지연은 무관한 내용임

③ 더 높은 직장 만족도 → 상품에 대한 수요 증가와 직장 만족도와는 무관한 내용임

[핵심어휘]　□ textile 직물, 섬유, 방직
　　　　　　□ unemployment 실업(률), 실업자 수
　　　　　　□ as a whole 전체적으로
　　　　　　□ productivity 생산성
　　　　　　□ Luddite 러다이트, 신기술 반대자
　　　　　　□ end up with 결국 ~하게 되다
　　　　　　□ delayed 지연된
　　　　　　□ promotion 승진, 승격
　　　　　　□ labor 노동

[본문해석]　기술의 발전은 방직과 같은 단일 산업의 일자리를 빼앗을 수 있다. 그러나 역사적 증거는 기술의 발전이 한 국가 전체로 볼 때 실업을 유발하지 않는다는 사실을 나타낸다. 기술의 발전은 경제 전체에서 생산성과 소득을 증가시키고, 더 높은 소득은 상품에 대한 더 높은 수요로 이어지며 따라서 노동에 대한 더 높은 수요로 이어진다. 결과적으로, 그들 중 많은 사람들에게 이것은 시간이 걸릴 수도 있고 러다이트와 같은 일부 사람들은 새로운 일자리에서 더 낮은 임금을 받게 될 것이지만, 한 산업에서 일자리를 잃은 노동자들은 다른 산업에서 일자리를 찾을 수 있을 것이다.

20 ③

[정답해설]　제시문에 따르면 석유를 대체할 수 있는 에너지원이 없기 때문에, 세계 경제가 호황일 때 석유에 대한 수요가 증가하여 과잉 생산을 유발하고, 이것이 석유 가격의 폭락으로 이어진다고 진술하고 있다. 즉, 석유 가격에 따라 세계 경제가 요동치므로, ③의 '큰 호황과 깊은 불황에 빠지기 쉽다'가 빈칸에 들어갈 말로 가장 적절하다.

[오답해설]　① 자동차 산업이 번창하다 → 석유를 대체할 수 있는 것이 없기 때문에 자동차 산업이 번창하는 것은 아님

② 국경 간에 분열을 일으키다 → 석유 가격과 국경 분쟁에 대한 관련성은 언급되지 않음

④ 재생 가능 에너지에 대한 연구가 제한적이다 → 전기 생산을 위한 에너지원으로 재생 가능 에너지를 예로 들고 있으나, 재생 가능 에너지에 대한 연구는 서술되어 있지 않음

[핵심어휘]　□ substitute 대체, 대리, 대용
　　　　　　□ generate 발생시키다, 만들어 내다
　　　　　　□ coal 석탄
　　　　　　□ renewables 재생 가능 에너지, 신재생 에너지
　　　　　　□ switch 바꾸다, 전환하다
　　　　　　□ predominant 우세한, 지배적인
　　　　　　□ fuel 연료
　　　　　　□ boost 북돋우다, 신장시키다
　　　　　　□ inevitably 필연적으로, 불가피하게
　　　　　　□ eat into 잠식하다, 부식시키다
　　　　　　□ overproduce 과잉 생산하다
　　　　　　□ crash 추락하다, 폭락하다
　　　　　　□ hold the bag 혼자 덮어쓰다, 빈털터리가 되다
　　　　　　□ plummet 곤두박질치다, 급락하다
　　　　　　□ uncertain 불확실한, 확신이 없는
　　　　　　□ lull into 안심시켜 ~하게 만들다
　　　　　　□ disastrous 처참한, 심각한
　　　　　　□ complacency 무사안일, 자기만족, 안주
　　　　　　□ disruption 분열, 와해, 방해
　　　　　　□ be prone to ~하기 쉽다
　　　　　　□ big booms and deep busts 큰 호황과 깊은 불황

[본문해석]　석유를 대체할 수 있는 것이 없기 때문에, 그것이 세계 경제가 큰 호황과 깊은 불황에 빠지기 쉬운 한 가지 이유이다. 우리가 가격에 따라 한 에너지원에서 다른 에너지원으로 전환하면서 석탄이나 천연 가스, 원자력이나 재생 가능한 에너지를 통해 전기를 생산할 수 있지만, 석유는 여전히 수송을 위한 가장 우세한 연료이다. 세계 경제가 활기를 띨 때, 석유에 대한 수요가 증가하여 가격이 상승하고 생산자들에게 더 많이 공급할 것을 주문한다. 필연적으로 이러한 높은 가격은 공급업체들이 과잉 생산을 하는 것처럼 경제 성장을 잠식시키고 수요를 감소시킨다. 가격은 폭락하고, 순환은 처음부터 다시 시작된다. 그것은 가격이 곤두박질칠 때 혼자 부담을 떠안게 될 생산자들에게는 좋지 않은 일이며, 장래의 에너지 가격에 대해 확신이 없는 소비자와 산업에 피해를 입힌다. 1990년대의 저유가는 미국 자동차 회사들을 심각한 무사안일주의에 빠뜨렸고, 석유가 비싸졌을 때 판매 가능한 유효 모델이 거의 없었다.

01장 동사(Verb)/시제(Tense)

01절   문형과 동사

02절   시제(Tense)

8품사와 4요소

명사	주어
대명사	
동사	동사
형용사	
부사	목적어
전치사	
접속사	보어
감탄사	

동사의 종류

• be동사
 - am
 - are
 - is

완전 자동사의 종류

• 동작과 관련
 - He runs well.
 - The sun rises in the east.
• 존재와 관련
 - Korea lies east of Japan.

01절 문형과 동사

1. 문장의 5형식

(1) 1형식 문형

① 문형

> S + V (주어 + 완전 자동사)

㉠ Time flies. (시간은 흘러간다[시간은 유수와 같다].)

㉡ The sun rises in the east. (해는 동쪽에서 뜬다.)

㉢ The train has just arrived. (기차가 지금 막 도착했다.)

㉣ I go to church on Sundays. (나는 일요일마다 교회에 간다.)

㉤ There lived a dwarf. (한 난쟁이가 살았다.) ※ there는 유도부사

㉥ There is nothing there. (거기에는 아무것도 없다.)

㉦ Here comes the bus! (여기 버스가 온다) ※ here는 유도부사

② 완전 자동사 : 동사만으로 의미 표현이 가능하며, 보어나 목적어가 필요하지 않은 동사

fly, fight, grow, smile, sneeze, rise, twinkle, weep 등

실력up 완전동사와 불완전동사의 구별

보어를 필요로 하지 않는 동사는 완전동사, 보어를 필요로 하는 동사는 불완전동사

③ 의미에 주의할 완전 자동사

㉠ do(충분하다, 도움이 되다)

 Any book will do. (아무 책이라도 됩니다.)

㉡ matter(중요하다, 문제가 되다)

 It doesn't matter if we flunk. (우리는 낙제해도 상관없다.)

㉢ count(중요하다)

 He doesn't count in our team. (그는 우리 팀에서 중요한 존재가 아니다)

㉣ pay(수지맞다, 이익이 되다)

 Kindness sometimes does not pay. (때때로 친절이 이익이 되지 않는다./ 때때로 친절을 베풀어도 보답을 받지 못한다.)

㉤ work(작동하다, 잘 돌아가다)

 This TV doesn't work. (이 TV는 작동하지 않는다.)

㉥ read(~이라고 쓰여 있다, ~으로 해석되다)

It reads as follows. (그것은 다음과 같이 적혀 있다.)

㉅ sell(팔리다)

This sells for one dollars. (이것은 1달러에 팔린다.)

(2) 2형식 문형

① 문형

> S + V + C (주어 + 불완전 자동사 + 보어)

㉠ He is a doctor. (그는 의사다.)

㉡ That sounds great! (좋은 의견이에요!)

㉢ They remained silent for some time. (그들은 한동안 침묵했다.)

㉣ It proved (to be) true. (그것은 사실임이 판명되었다.)

㉤ My teacher seemed disappointed. (내 선생님은 실망한 듯 했다.)

② 불완전 자동사

👓👓 한눈에 쏙~

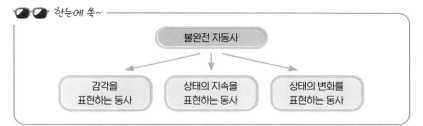

㉠ 의미의 완전한 표현을 위해 동사를 보충하는 보어(형용사, 명사 및 명사 상당어구)를 필요로 하는 동사

- 감각을 표현하는 동사 : smell, look, taste, feel, sound 등
  This flower smells sweet(sweetly ×).
- 상태의 지속('~이다', '~있다')을 표현하는 동사(be 유형) : be, seem, appear, look, remain, keep, hold, lie, stand, sit, stay 등(※ 'be'가 완전자동사로 쓰일 때는 '존재하다'의 의미를 지님)
  – He remained silent(silently ×) for an hour.
  – The apple appears rotten(rottenly ×) inside.

㉡ 상태의 변화('~이 되다', '~해지다')를 표현하는 동사(become 유형) : become, go, get, grow, come, run, fall, make, turn, prove, turn out 등
He grew weary(wearily ×).

(3) 3형식 문형 ⭐빈출개념

① 문형

> S + V + O (주어 + 완전 타동사 + 목적어)

자동사와 타동사의 구별

동사가 목적어를 필요로 하면 타동사, 목적어를 필요로 하지 않으면 자동사임. 자동사는 동사의 작용이 다른 것에 미치지 않고 오직 주어 자신에서만 끝남

4형식 동사로 혼동하기 쉬운 3형식 동사

수여동사로 착각하기 쉬운 3형식 동사는 타동사로서 반드시 목적어를 갖지만 수여동사처럼 간접목적어와 직접목적어를 동시에 사용할 수 없음

군동사의 타동사화의 종류

• 전치사적 동사 : 동사 + 전치사
 – A taxi ran over a dog.
 – She depends on her husband.
• 어구 동사 : 동사 + 부사
 – I called off the meeting.
 – We put off the conference.

ⓐ She loves Mr. Kim. (그녀는 김 씨를 사랑한다.)
ⓑ Mr. Wilson attended the meeting. (윌슨 씨는 회의에 참석했다.)
ⓒ He robbed me of my watch. (그가 내 시계를 훔쳤다.)
ⓓ They went on a strike. (그들은 동맹 파업에 들어갔다.)

② 완전 타동사 ★ 빈출개념

동작을 받는 목적어가 필요하고, 그 목적어만으로 표현이 가능한 동사

see, catch, smile, know, enter, attend, join, reach, marry, obey 등

③ 4형식 동사(수여동사)로 혼동하기 쉬운 3형식 동사

ⓐ explain, introduce, announce, admit, describe, confess, complain, suggest, propose, rob, deprive, rid, cure, remind, notify 등

ⓑ 구조 : 동사 + 목적어 + 전치사 + 사람 / 동사 + 전치사 + 사람 + 목적어(목적어가 후치될 때)

  • The investor explained us the situation. (×) → They explained the situation to us.
  • He introduced me his parents. (×) → He introduced his parents to me.
  • He suggested me that I apply for a scholarship. (×) → He suggested to me that I (should) apply for a scholarship.

④ 3형식 동사의 특수한 유형

ⓐ 동족목적어 : 자동사가 그 동사와 같은 의미의 목적어와 어울리며 타동사로 변하는 경우, 같은 의미의 목적어를 동족목적어라고 함

  • live, sleep, dream, nod, fight, die, smile, sing, sigh, breathe 등
  • The boy lived a happy life. (그 소년은 행복한 삶을 살았다.)
  • I dreamed a weird dream. (나는 이상한 꿈을 꾸었다.)
  • They fought a good battle. (그들은 잘 싸웠다.)

ⓑ 군동사(群動詞)의 타동사화 : look at, call up, call off, give in, bring up, make out, account for, make up for, make use of, put up with, pay attention to, find fault with 등

실력up 군동사(群動詞)의 타동사화 예문

• The union called off the strike. (노조는 파업을 중지했다.)
• They could not account for the missing funds. (그들은 없어진 자금에 대해 설명하지 못했다.)
• He must make up for the loss. (그는 손실을 변상해야 한다.)
• We should pay attention to the fact. (우리는 그 사실에 유의해야 한다.)

(4) 4형식 문형

① 문형

> S + V + IO + DO (주어 + 수여동사 + 간접 목적어 + 직접 목적어)

ⓐ She gave me her necklace. (그녀는 내게 자신의 목걸이를 주었다.)

ⓑ He bought her a book. (그는 그녀에게 책을 한 권 사주었다.)

ⓒ I envy him his bravery. (나는 그의 용기를 부러워한다.)

② 수여동사

어떤 것을 주고받는다는 의미를 가진 <u>타동사</u>로서, <u>간접 목적어와 직접 목적어를 필요로 함</u>

ask, bring, buy, give, lend, make, show, send 등

③ 4형식 문장의 전환(4형식 ⇔ 3형식)

　ⓐ 4형식 문장의 「주어 + 동사 + 간접 목적어 + 직접 목적어」형식을 「주어 + 동사 + 직접 목적어 + 전치사 + 간접 목적어」로 바꾸어 3형식 문장으로 전환 가능

　ⓑ 4형식 전환 시의 전치사 유형

　　• 'to' 사용 : <u>give, pay, hand, sell, send, lend, show, teach, write, offer, mail, owe</u> 등

　　　− I send her my baggage. (나는 그녀에게 내 짐을 보냈다.) [4형식] → I send my baggage to her. [3형식]

　　　− I owe him my success. [4형식] → I owe my success to him. [3형식]

　　• 'for' 사용 : <u>buy, build, make, get, order, find, choose, save, spare, do</u>(~을 베풀다) 등

　　　− I will buy my father an overcoat. (나는 아버지에게 외투를 사드릴 것이다.) [4형식] → I will buy an overcoat for my father. [3형식]

　　　− Will you do me a favor? (부탁하나 들어줄래?) [4형식] → Will you do a favor for me? [3형식]

　　• 'on' 사용 : <u>play, impose, bestow</u> 등

　　• 'of' 사용 : <u>ask, beg, inquire</u> 등

　　　− The student asked me a question. [4형식] → The student asked a question of me. [3형식]

④ <u>4형식 형태로만 사용되는 동사(3형식으로 쓸 수 없는 수여동사)</u> : '주어 + 수여동사 + 간접목적어 + 직접목적어'의 형태로만 쓰이며, '주어 + 수여동사 + 직접목적어 + 전치사 + 간접목적어'의 형태는 불가함

　ⓐ envy, pardon, forgive, save, spare, cost, charge, grudge, answer, deny, take, strike 등

　ⓑ I envy you your fortune. [4형식] / I envy your fortune to you. [3형식] (×)

　ⓒ That saves me much time. [4형식]

　ⓓ It costs me ten dollars. [4형식]

(5) 5형식 문형

① 문형

> S + V + O + OC (주어 + 불완전 타동사 + 목적어 + 목적보어)

수여동사

• 수여동사
　− 수여동사에서 수여는 주다를 의미
　− '누군가에게 무엇을' 주어야만 성립 가능함

• 수여동사 뒤에 오는 두 개의 목적어
　− '사람'에 해당하는 간접목적어
　− '물건'에 해당하는 직접목적어

do의 4형식 전환 시 전치사 유형

> • 'to' 사용 : <u>harm, damage, good</u>을 직접 목적어로 취할 경우
> 　− Too much light does the eyes harm. [4형식]
> 　　→ Too much light does harm to the eyes. [3형식]
> • 'for' 사용 : <u>favor</u>를 직접 목적어로 취할 경우
> 　− Will you do me a favor? [4형식]
> 　　→ Will you do a favor for me? [3형식]

4형식 동사

4형식 형태로만 사용되는 동사들이 사용된 4형식 문장에서는 간접목적어를 생략 가능함

for와 직접목적어

• 'I envy you your fortune.'에서 직접 목적어 앞에 for를 쓸 수도 있음
　− I envy you for your fortune.

43

불완전 타동사
– 주어 + 동사 + 목적어 + 목적격 보어

ㄱ I believe him honest. (나는 그가 정직하다고 믿는다.)

ㄴ I saw her play the piano. (나는 그녀가 피아노 연주하는 것을 보았다.)

ㄷ Willy heard his name called. (Willy는 그의 이름이 불리는 것을 들었다.)

② 불완전 타동사

목적어와 더불어 그 목적어를 설명하는 목적보어(명사, 형용사, 분사, to부정사 등)를 필요로 하는 동사 call, elect, find, leave, make, name 등

③ 목적보어와 동사 유형

ㄱ '명사(구)'가 목적보어인 동사 : make, elect, appoint, call, name, think 등

• We elected John president. (우리는 John을 의장으로 선출했다.)

• I thought him a man of ability. (나는 그가 능력 있는 사람이라 생각했다.)

ㄴ '형용사'와 '분사'가 목적보어인 동사 : make, believe, leave, hold, have, render, keep, see, push, paint, strike, set 등

• Please leave the door open. (문을 열어두세요.)

• They painted their house blue. (그들은 집을 파란색으로 칠했다.)

• I found the boys playing baseball. (나는 그 아이들이 야구를 하고 있는 것을 발견했다.)

ㄷ 'to부정사'가 목적보어인 동사 : allow, ask, expect, cause, enable, encourage, order, force, forbid, believe 등

• Professor Kim ordered me to do this first. (김 교수는 나에게 이것을 먼저 하라고 명령했다.)

• The rain caused the river to rise. (비는 그 강이 넘치게 했다.)

ㄹ 'as + (동)명사' 형태가 목적보어인 동사(S + V + O + as + OC) : consider, treat, describe, look on[upon], regard, think of, refer to, define

• They considered her (as) stupid. (그들은 그녀를 우둔한 사람으로 간주했다.)

• We treated it as a joke. (우리는 그것을 농담으로 여겼다.)

• We regard his argument as logical. (우리는 그의 주장이 논리적이라 생각한다.)

ㅁ 'for + 형용사 · 분사 · 명사' 형태가 목적보어인 동사 : take, mistake, give up 등
She took his help for granted. (그녀는 그의 도움을 당연한 것으로 생각했다.)

④ 사역동사와 지각동사 ★ 빈출개념

ㄱ 사역동사

• 종류 : make, let, have

• 용법 : 목적어와 목적보어의 관계가 능동일 때 목적보어는 원형부정사(동사원형)가 되며, 목적어와 목적보어의 관계가 수동일 때 목적보어는 과거분사가 됨

– I will make him change his plans.(= I will compel him to change his plans.) (나는 그가 계획을 바꾸도록 만들 것이다.)

목적보어가 'to be + 형용사[분사]'인 경우 'to be'는 생략 가능

• want 유형(want, like, wish, get, find) 일반적으로 'to be'를 생략

– We want it (to be) ready.

• think 유형(think, consider, order, feel, prove, believe, imagine) → 'to be' 생략 가능

– I thought him (to be) wise.

• know 유형(know, allow, permit, expect) → 일반적으로 'to be' 생략 불가

– He expected her to be reliable.

목적보어 to부정사의 that절 전환

• to부정사를 that절로 전환할 수 있는 동사 : admit, ask, beg, believe, consider, expect, feel, find, know, report, suppose, warn

• to부정사를 that절로 전환할 수 없는 동사 : allow, appoint, cause, compel, condemn, dare, get, help, mean, permit, require

– The police let the boys go. (= The police permitted the boys to go.) (경찰은 그 소년들이 가도록 허가했다.)

– She won't let you go alone. (그녀는 네가 혼자 가도록 내버려두지 않을 것이다.)

– My parents had me clean the room. (= My parents got me to clean the room.) (내 부모님은 내가 방 청소를 하게 했다.)

– He had[got] his watch stolen. (그는 그의 시계를 도둑맞았다.)

실력UP have[get] + 사물 + 과거분사(have + 사람 + (to) 동사원형, get + 사람 + to 동사원형)

- '~을 시키다, ~하여 받다'
  – I had [got] my manuscripts typed.
- '~되다', '~을 당하다'
  – She got[had] her knees skinned.

   ⓒ **지각동사**

- 종류 : see, watch, notice, observe, hear, feel, smell, taste, listen to
- 용법 : 목적어와 목적보어의 관계가 능동일 때 목적보어는 원형부정사(동사원형)가 되는데, 목적보어가 목적어의 진행 동작을 나타내는 경우는 목적보어가 진행형(–ing)이 됨. 목적어와 목적보어의 관계가 수동일 때 목적보어는 과거분사가 됨

  – I saw him cross the road. (나는 그가 길을 건너는 것을 보았다.)
  – I smell something burning. (무엇인가 타고 있는 냄새가 난다.)
  – He saw his room cleaned. (그는 그의 방이 청소되어 있는 것을 보았다.)

⑤ **목적어와 목적보어의 도치**

   ㉠ 목적어가 부정사 · 동명사구, 명사절인 경우 : 가목적어 'it'을 두고 도치됨

They thought it their duty[목적보어] to serve their country[목적어]. (그들은 조국에 봉사하는 것이 그들의 의무라 생각했다.)

   ⓒ 목적어가 명사구인 경우 : 목적어와 목적보어가 도치됨

It can make visible[목적보어] details in our body[목적어]. (그것은 우리 몸의 상세한 부분이 보이도록 할 수 있다.)

   ⓒ 관용적으로 도치될 수 있는 경우(동사 + 목적보어) : make possible, make clear, cut short, push open, wash clean

It will make possible[목적보어] our success[목적어]. (그것은 우리의 성공이 가능하도록 할 것이다.)

2. 동사의 주의해야 할 용법

(1) 타동사로 착각하기 쉬운 자동사

  ① 중요 자동사

    ㉠ graduate 졸업하다, 승진하다, 자격을 얻다

기타 자동사의 용법

- head for ~로 향하다
- return to ~로 돌아가다
- speak to ~에게 말을 걸다, ~에게 말하다, ~에 언급하다
- talk to ~에게 말을 걸다
- account for ~에 대해 설명하다
- listen to ~에 귀 기울이다, 경청하다
- agree with ~와 의견이 일치하다, ~에 맞다
- agree to ~에 동의하다

완전타동사로 착각하기 쉬운 완전 자동사

- happen 일어나다
- occur 일어나다
- emerge 나타나다
- apologize 사과하다
- arrive 도착하다
- wait 기다리다

attend
- attend의 경우 '~에 참석하다'의 의미로는 타동사지만 다른 의미의 자동사로 쓰이기도 함
- attend on 시중들다, 수반하다
- attend to ~을 처리하다, ~을 돌보다

기타 타동사
- reach ~에 도착[도달]하다(= get to)
  cf. reach to[at] (×)
- attack 공격하다, 착수하다
- survive 살아남다
- inhabit ~에 살다, 거주[서식]하다
- obey 복종[순종]하다, 준수하다

3형식 동사 explain, introduce
explain/introduce + 목적어(사물) + to 사람 [3형식]

When did you graduate college? (×)

→ When did you graduate from college? (언제 대학을 졸업하셨습니까?) (○)

ⓛ complain 불평하다, 푸념하다

I have nothing to complain. (×)

→ I have nothing to complain of. (나는 불만 없습니다.) (○)

ⓒ wait 기다리다(~for), 시중들다(~on, at)

Who are you waiting? (×)

→ Who are you waiting for? (누구를 기다리고 있니?) (○)

(2) 자동사로 착각하기 쉬운 타동사

① 중요 타동사(3형식 동사)

㉠ resemble ~을 닮다

The boy resembles with his father. (×)

→ The boy resembles his father. (그 소년은 아버지를 닮았다.) (○)

ⓛ attend 출석[참석]하다

cf. attend to(〈자동사〉 보살피다, 돌보다, 전념하다, 귀를 기울이다, 주의하여 듣다)

I forgot to attend to the meeting. (×)

→ I forgot to attend the meeting. (그 회의에 참석할 것을 잊었다.) (○)

ⓒ discuss 논의하다, 토의하다

We will discuss about the situation tomorrow. (×)

→ We will discuss the situation tomorrow. (그 상황에 대해서는 내일 논의할 것이다.) (○)

② 기타 타동사

㉠ approach ~에 다가가다

cf. approach to (×)

ⓛ enter 들어가다, 참가하다

cf. enter into (~에 착수하다), enter for an examination(시험에 응시하다)

ⓒ marry ~와 결혼하다

cf. marry with (×)

ⓔ mention 언급하다, 간단히 말하다

cf. mention about (×)

(3) 4형식 동사(수여동사)로 착각하기 쉬운 3형식 동사

① 중요 3형식 동사

㉠ explain 설명하다

John explained me the situation. [4형식] (×)

→ John explained the situation to me. [3형식] (○)

ⓛ introduce 소개하다, 도입하다

He introduced us his family. [4형식] (×)

→ He introduced his family to us. [3형식] (○)

02절 시제(Tense)

1. 현재시제와 과거시제

(1) 현재시제

① 현재형의 구조

- be 동사의 경우에는 am, are, is
- have 동사의 경우에는 have, has
- 그 외의 경우에는 동사의 원형과 같음
- 단, 주어가 3인칭 단수인 경우에는 동사의 원형에 −s나 −es를 붙임

👓👓 한눈에 쏙~

현재형

과거 ← 현재 → 미래

② 현재시제의 용법

ⓐ 일반적 사실이나 불변의 진리 · 격언

- Teachers teach students at schools. (교사들은 학교에서 학생들을 가르친다.)
- Honesty is the best policy. (정직이 최선의 방책이다.)
- The moon goes around the earth. (달은 지구 주위를 돈다.)
- The early bird catches the worm. (일찍 일어나는 새가 벌레를 잡는다.)

ⓑ 현재의 반복적 · 습관적인 일이나 현재의 동작 · 상태(사실)

- I usually leave for work at 7:00 A.M. (나는 아침 7시에 출근한다.)
- She goes to school. (그녀는 학교에 다닌다.)
- We live in an apartment. (우리는 아파트에 산다.)
- Mary has beautiful eyes. (Mary는 아름다운 눈을 가지고 있다.)

③ 현재시제의 미래시제 대용

ⓐ 시간 · 조건의 부사절(※ 명사절 · 형용사절에서는 미래시제 사용)

ⓑ 시간 · 조건의 부사절에서 현재(현재완료)시제가 미래(미래완료)시제를 대신함

기타 3형식 동사

- suggest 암시하다, 제의[제안]하다
- propose 제의하다, 작정하다, 꾸미다, 신청하다
- announce 알리다, 공고하다
- admit 들이다, 넣다, 허락하다
- describe 묘사하다, 기술하다
- confess 자백[고백]하다, 인정하다
- complain 불평하다, 호소하다
- provide, supply, furnish 공급하다

시제

- 대과거
  - had gone
- 과거
  - went
- 현재
  - go
- 미래
  - will go

왕래발착동사

- 왕래발착동사의 현재형(현재진행형) + 가까운 미래를 나타내는 부사 · 부사구
- 왕래발착동사 : go, come, start, leave, return, arrive, depart, reach, open, close, begin, end 등
  - He comes back tonight.
  - She returns next Monday.

시간 · 조건의 부사절 예문

- I will go if he comes[will come(×)] back. (그가 돌아오면 나는 갈 것이다.)
- Do you mind if I open[will open(×)] the window? (제가 창문을 열어도 괜찮을까요?)
- I will have read this book four times if I read[will read(×)] it once again. (내가 이 책을 한 번 더 읽으면 네 번째 읽는 셈이 될 것이다.)

– The next time I go[will go(×)] to New York, I am going to see a ballet. (다음번에 내가 뉴욕에 갈 때에, 나는 발레를 볼 것이다.)

– When he comes[will come(×)], I will talk with him. (그가 돌아올 때, 나는 그와 대화할 것이다.)

실력up 시간·조건 부사절을 이끄는 접속사

• 시간 · 때 : after, before, when, as soon as
• 조건 : if, unless

(2) 현재진행형

① 구조

> • 주어 + be + 동사의 진행형
> • I + am + going / doing
> • He / She / It + is + going / doing
> • You / We / They + are + going / doing

진행 시제

• 과거진행
 – was going
 – were going
• 현재진행
 – am going
 – are going
 – is going
• 미래진행
 – will be going

👓 한눈에 쏙~

② 현재진행시제의 용법

㉠ 현재 이루어지고 있는 일

• Please don't make so much noise. I'm reading. (시끄럽게 하지 말아 주세요. 지금 책 읽고 있습니다.) → I read. (×)

• "Where's Mr. Park?" "He's taking a bath." ("박 씨는 어디 있죠?" "지금 목욕 중입니다.") → He takes a bath. (×)

㉡ 반드시 현재 일어나는 일일 필요는 없음

I'm reading the book. I'll lend it to you when I'm done with it. (지금 그 책을 읽고 있습니다. 다 읽으면 당신에게 빌려드리죠.)

※ 화자는 말하는 현재 책을 읽고 있지 않음. 책 읽기를 시작했지만 아직 끝나지 않은 상태이기 때문에 현재진행시제를 사용

③ 진행형으로 쓸 수 없는 동사

㉠ 진행형이 가능한 동사 : 반복행위나 활동, 변이 등을 표현하는 동적 동사

• That girl is always grumbling. (저 소녀는 항상 불평한다.)

• My father is watering the flowers. (아버지는 꽃에 물을 주고 있다.)

현재진행형 + 빈도부사

• 현재진행형 + 빈도부사(always, continuously 등)는 습관·성질, 반복된 동작의 표현

 - They are always quarrelling. (그들은 항상 다툰다.)

 - He is constantly complaining that he cannot find time to do what he wants to. (그는 항상 하고 싶은 일을 할 시간이 없다고 불평한다.)

ⓒ **진행형 불가 동사** : 지각 · 인식 · 감정 · 상황 · 소유 등을 표시하는 상태 동사

무의식적 지각동사	see, hear, smell, taste, feel cf. 의지가 포함된 지각동사(look, watch, listen 등)는 진행형 가능
인식 · 사고 동사	know, suppose, mean, think, believe, doubt, understand, remember, wonder(※ wonder는 구어체에서 진행형 가능)
감정 · 심리 동사	like, love, prefer, hate, want, hope, fear
소유 · 존재 · 소속 동사	have, belong, possess, seem, appear, exist, consist, contain cf. 소유의 의미가 아닌 다른 의미로 사용되는 경우 진행형 가능
기타 상태 동사	be, resemble, differ, lack 등

- Are you seeing the girl walking down the street? (×)
  → Do you see the girl walking down the street? (길을 걸어가는 저 소녀를 보고 있습니까?)
  cf. She is seeing a doctor. (○) (seeing = consulting)
- I'm knowing Mr. Kim very well. (×)
  → I know Mr. Kim very well. (나는 김 씨를 잘 알고 있습니다.)
- Tony is resembling his grandfather. (×)
  → Tony resembles his grandfather. (Tony는 그의 할아버지를 닮았다.)
- I'm wanting to eat something because I'm hungry. (×)
  → I want to eat something because I'm hungry. (배가 고파서 무언가 먹고 싶다.)

(3) 과거시제 ⭐빈출개념

① 과거형

ⓐ **일반적 형태** : 일반적으로 동사 뒤에 –ed를 붙여줌. 의문문은 「Did + you/she + 원형 ~?」의 형태로 만듦

ⓑ **주의할 동사의 변화형(불규칙 형태)** : 현재형 – 과거형 – 과거분사형
bite(물다) – bit – bitten / creep(기다) – crept – crept / dig(파다) – dug – dug / fight(싸우다) – fought – fought / forbid(금지하다) – forbade – forbidden / hang(매달다) – hung – hung / hang(교수형에 처하다) – hanged – hanged / lay(눕히다) – laid – laid / lie(눕다) – lay – lain

② **과거시제의 용법** : 과거의 동작이나 상태, 경험, 습관

ⓐ He was born in 1972. (그는 1972년에 태어났다.)

ⓑ Do you remember the incident that took place at our first meeting? (우리의 첫 회의에서 일어났던 사고를 기억합니까?)

ⓒ The recital was a great success. (그 연주회는 큰 성공을 거두었다.)

SEMI-NOTE

have가 '소유하다'의 의미일 때
- 진행형으로 쓸 수 없음
- I have a good laptop computer. (나는 좋은 휴대용 컴퓨터를 가지고 있다.)
  → I'm having a good laptop computer. (×)
- I'm having a great time. (나는 즐거운 시간을 보내고 있다.) (○)

resemble
- resemble은 진행형을 쓸 수 없는 상태동사/타동사
- 전치사 with 불가
- 수동태 불가

지각동사가 본래의 의미 이외의 뜻을 가진 경우
- 진행형을 쓸 수 있음
- I'm seeing my client next Monday. (오는 월요일에 내 고객을 만날 것이다.)

주의할 동사의 변화형
- lie(거짓말하다) – lied – lied
- ride(타다) – rode – ridden
- seek(찾다) – sought – sought
- sink(가라앉다) – sank – sunk
- slide(미끄러지다) – slid – slid
- sting(찌르다) – stung – stung
- swear(맹세하다) – swore – sworn
- swim(수영하다) – swam – swum

역사적 사실
- Columbus discovered America in 1492. (콜럼버스는 1492년 미국을 발견했다.)
- The Korean War broke out in 1950. (한국전은 1950년 발발했다.)

과거

• 과거에 같은 기간에 걸쳐 발생한 두 가지의 사건이나 행동에 대해 말할 때, 과거진행형 또는 단순 과거 사용 가능
• 과거진행형을 사용하면 어떤 행동이나 사건이 과거의 해당 기간 중에 진행되는 상황이었음을 강조

과거형

- I walked home after the class. (수업이 끝난 후 나는 집에 걸어갔다.) [집까지 걸어가는 행위가 끝났다.]

완료시제

• 과거완료
  – had gone
• 현재완료
  – have[has] gone
• 미래완료
  – will have gone

been (to)

• 방문하다(= visit)
  – I've never been to the Republic of South Africa.

(4) 과거진행형

① 구조

> • 주어 + be동사의 과거형 + −ing
> • I / He / She / It + was + going / doing
> • We / You / They + were + going / doing

② 과거진행시제의 용법 : 과거의 특정 시점에 진행 중이었던 일

ㄱ Allen was reading a book when Jamie entered the room. (Jamie가 방에 들어갔을 때 Allen은 책을 읽고 있었다.)

ㄴ What were you doing at 8 : 00 P.M. last night? (어제 밤 8시에 무엇을 하고 있었니?)

③ 과거형과의 비교

ㄱ **구분** : 과거형에서 행위는 진행이 끝나지만 과거진행형에서는 행위가 진행중에 있음을 표현

ㄴ **예문**

과거진행형

I was walking home when I met Kelly. (Kelly를 만났을 때 나는 집으로 걸어가고 있었다.) [집으로 걸어가고 있는 도중에 만났다.]

2. 완료시제

(1) 현재완료시제 ★빈출개념

① 현재완료형의 구조

> • 현재완료 : 주어 + have[has] + p.p.(과거분사형)
> • I / We / You / They + have(= 've) + gone / done
> • He / She / It + has(= 's) + gone / done
> • 현재완료 진행 : 주어 + have[has] + been + −ing
> • I / We / You / They + have(= 've) + been + going / doing
> • He / She / It + has(= 's) + been + going / doing

② 현재완료시제의 용법

ㄱ **경험** : 과거부터 현재까지의 경험(→ 주로 ever, never, often, once, seldom, before, sometimes 등과 함께 쓰임)

• Have you ever been to London? (런던에 가 본적이 있습니까?)

• This is the first time I've flown an airplane. (비행기를 조종하는 건 처음입니다.)

• I'm surprised that you haven't heard of Mark Twain, the American novelist. (당신이 미국 소설가 Mark Twain에 대해 들어본 적이 없다는 것은 놀랍습니다.)

ⓛ 계속 : 과거부터 현재까지 계속되는 일이나 사실(→ 주로 how long, for, since, always, so far, these days 등이 함께 사용됨)

- How long have you been in Busan? (부산에는 얼마나 오랫동안 계셨습니까?)
- I have lived here for a year. (나는 여기에 일 년째 살고 있다.)
- I've known Corey very well since I was in high school. (나는 고등학교 때부터 Corey를 잘 알았다.)
- It has been raining for three hours. (비가 세 시간 동안 내리고 있다.)

ⓒ 완료 : 과거 사실이 현재 완료되어 있음을 강조(→ 주로 already, yet, just, lately, this week, today, this year, recently, by the time 등의 표현과 함께 사용됨)

- He has just finished the work. (그는 막 그 일을 끝냈다.)
- The investors have already arrived. (투자자들이 이미 도착했다.)

ⓔ 결과 : 과거 사실이나 행위의 결과가 현재 나타남을 강조할 때

- Hank has lost his eyesight. (Hank는 시력을 잃었다.) → 그 결과 현재 앞을 볼 수 없다.
- The old man has cut his finger. (그 노인은 손가락을 베었다.) → 현재 손가락이 아프다.
- Mr. Jung has gone out. (정 씨는 밖에 나갔다.) → 현재 밖에 있다.

(2) 과거완료시제

① 과거완료형의 구조

- 과거완료 : 주어 + had + p.p.(과거분사형)
- I/ We / You / They / He / She / It + had(= 'd) + gone / done
- 과거완료 진행 : 주어 + had + been + -ing
- I / We / You / They / He / She / It + had(= 'd) + been + going / doing

② 과거완료시제의 용법 : 과거의 기준이 되는 시점보다 과거에 일어난 일을 표현

ⓐ The train had left when I got to the station. (내가 역에 도착했을 때 기차는 이미 떠났었다.)

ⓑ I was very tired when I got home. I had been studying hard all day. (집에 돌아갔을 때 굉장히 피곤했다. 그날 하루는 열심히 공부했었다.)

③ No sooner, scarcely, hardly 구문 : ~하자마자 ~했다

No sooner + had + 주어 + 과거분사 + than + 과거형 = Scarcely[Hardly] + had + 주어 + 과거분사 + when / before + 과거형

실력UP No sooner had I arrived at home, than it began to rain. (내가 집에 도착하자마자 비가 내리기 시작했다.)

= I had no sooner arrived at home than it began to rain.

= Hardly[Scarcely] had I arrived at home, before[when] it began to rain.

= I had hardly[scarcely] arrived at home before[when] it began to rain.

= The minute[moment, instant] I arrived at home, it began to rain.

= Immediately[Directly, Instantly] I arrived at home, it began to rain.

= As soon as I arrived at home, it began to rain.

= On my arriving at home, it began to rain.

3. 미래시제

(1) 미래시제의 다양한 표현

① will / shall의 용법

   ㉠ 행위를 하기로 결정한 경우

     • I'll have some vanilla milk shake. (바닐라 밀크셰이크로 주세요.)

     • I'll let you have this magazine. (내가 이 잡지 너 줄게.)

   ㉡ 이미 결정한 사실에 대해 말할 때는 will을 사용하지 않음

     • Will you work next Sunday? (×)

      → Are you working next Sunday? (다음주 일요일에 일하세요?)

     • I will watch the football game this evening. (×)

      → I'm going to watch the football game this evening. (오늘 저녁에는 축구 경기를 볼 생각이다.) ※ 이미 결정한 사실(가까운 시간에 일어날 것)에 대해서는 'be going to'를 사용하는 것이 일반적임

   ㉢ 미래에 일어날 일을 예측하는 경우에 will을 사용

     • Where will you be this time next year? / I'll be in France.

      (내년 이맘때에 어디에 계실 건가요? / 프랑스에 있을 겁니다.)

     • Ron won't pass the exam for he hasn't studied hard.

      (공부를 열심히 안 했기 때문에 Ron은 시험을 통과하지 못할 것이다.)

② 미래시제를 대신하는 주요 표현

   ㉠ be going to + 동사원형(~할 예정이다)

     • It is going to rain. (비가 올 것이다.)

     • He is going to buy a new car. (그는 새 자동차를 살 것이다.)

   ㉡ be to + 동사원형(하기로 되어 있다, ~할 예정이다)(= be supposed to + 동사원형)

     • The concert is to be held in November. (콘서트는 11월에 열릴 것이다.)

     • We are to meet there at 9. (우리는 그곳에서 9시에 만나기로 되어 있다.)

     • So what are we supposed to do? (그럼 우리는 어떻게 해야 되죠?)

ⓒ be about to + 동사원형(막~ 하려고 한다)(= be ready to + 동사원형 = be on the point[brink, verge] of –ing)

- I'm about to go to the airport. (나는 공항으로 가려고 한다.)
- The film is about to start. (영화가 곧 시작하려고 한다.)
- What are you about to do? (뭘 하려는 겁니까?)
- I am on the point of posting the letter. (나는 지금 막 편지를 보내려한다.)

(2) 미래진행시제와 미래완료시제

① 미래진행형

ⓐ 미래의 진행 중인 동작 등을 표현

ⓑ 'will be + –ing'

- He will be working at 2P.M. tomorrow. (내일 오후 2시에 그는 일하고 있을 것이다.)
- I will be watching TV if they go out. (그들이 나가면 나는 TV를 보고 있을 것이다.)

② 미래완료형

ⓐ 미래의 어느 시점을 기준으로 그때까지의 완료 · 경험 · 계속 · 결과를 표현

ⓑ 'will have + p.p.(과거분사)'

- She will have finished her work by tonight. (그녀는 오늘 밤까지 일을 끝내게 될 것이다.)
- The task will have been done by me. (그 일은 나에 의해 완수될 것이다.) [미래완료형수동태]

실력UP 동사의 12시제

현재	am, are, is	현재진행	am, are, is + ing
과거	was, were	과거진행	was, were + –ing
미래	will + 동사원형	미래진행	will be + –ing
현재완료	have[has] p.p	현재완료진행	have[has] been + –ing
과거완료	had p.p	과거완료진행	has been + –ing
미래완료	will have p.p	미래완료진행	will have been + –ing

미래시제를 대신하는 주요 표현

- be bound to + 동사원형(반드시 ~하다, ~할 의무가 있다)
  - They are bound to lose in the game. (그들은 반드시 경기에서 지게 될 것이다.)
  - You are bound to observe the regulation. (너는 그 규정을 준수해야 한다.)
- be likely to + 동사원형(~할 [일] 것 같다)
  - It is likely to rain(= It looks like rain). (비가 올 것 같다.)
  - The event is likely to be a great success. (그 행사는 대단한 성공을 이룰 것 같다.)
- be supposed + to동사원형 (~하기로 되어있다)
- intend to ~할 작정이다

미래의 어느 시점을 기준으로 그때까지의 완료 · 경험 · 계속 · 결과를 표현
The train will already have started by the time we get to the station.
(우리가 역에 도착했을 때 이미 기차는 떠난 뒤일 것이다.)

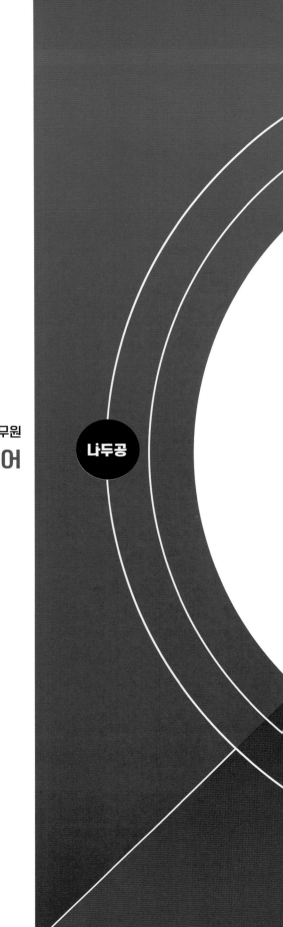

9급공무원

영어

나두공

02장 조동사(Auxiliary Verb)

01절 조동사 표현

01절 조동사 표현

1. Can/Could

(1) 주요 용법

① **능력 · 가능성** : can(~할 수 있다)(= be able to do = be capable of doing)

  ㉠ Can you speak Japanese? (일본어를 말할 수 있습니까?)

  ㉡ I can help you if you want. (원한다면 너를 도와줄 수 있다.)

  ㉢ Anyone can make mistakes. (누구나 실수를 할 수 있다.)

  ㉣ The word 'water' can be a noun or a verb. ('water'라는 단어는 명사도, 동사도 될 수 있다.)

  ㉤ You can take a horse to the water, but you cannot make him drink. (말을 물가로 몰고 갈 수는 있지만 그 말에게 물을 먹게 할 수는 없다.)

② **추측 · 추정**

  ㉠ cannot(~일[할] 리 없다) (↔ must)

  ㉡ cannot have p.p.(~이었을[했을] 리 없다)

  ㉢ It cannot be true. (그것은 사실일 리 없다.) (↔ It must be true)

  ㉣ He cannot have said so. (그가 그렇게 말했을 리 없다.)

③ **허가**

  ㉠ Can I go back now? (지금 돌아가도 되나요?)

  ㉡ Can I stay here a little longer? (여기 조금 더 머무를 수 있을까요?)

  ㉢ Could I borrow your book? (책 좀 빌려도 되겠습니까?)['Can ~', 'Will~' 보다 공손한 표현]

④ **could의 주요 용법**

  ㉠ **과거의 능력** : '~할 수 있었다'는 의미의 could는 마음만 먹으면 언제든지 발휘할 수 있는 일반적인 능력을 나타내며, 반드시 '(과거에) 실제로 ~했다'를 의미하지는 않음

  ㉡ **가능성 · 추측** : 현재나 미래에 가능한 일에 대해 말할 때(can도 사용 가능)
    What would you like to do this evening? We could go to a ballpark. (오늘 저녁에 뭐하실래요? 야구장에 가는 건 어때요.)

  ㉢ **정중한 표현** : 정중히 요청하거나 부탁할 때 사용
    Could you help you in any way? (어떻게든 도와드릴 수 있을까요?)

조동사 + 동사원형

• 조동사 다음에는 동사원형의 형태로 본동사가 와야 함
  – The energy can be transferred to power.
  – All students must keep quiet in the library.

can과 be able to

• 의미상 유사하나, can이 사람이나 사물을 주어로 할 수 있음에 비해 'be able to'는 사람이 주어인 경우에만 사용

• can의 미래의 의미는 'will be able to'를 사용

과거의 능력

• He could pass the test. (그는 시험에 합격할 수 있었다.) [실제로 합격했다는 것을 의미하지는 않음]
  cf. 과거에 실제로 일어난 일은 'was able to', 'managed to', 'succeeded in –ing' 등으로 나타냄
  단, 부정문에 쓰인 could는 실제로 일어난 일을 나타냄

• I could not pass the exam. (나는 시험에 합격할 수 없었다.) [실제로 합격하지 못했음]

(2) 관용적 표현

① cannot but + 원형부정사

SEMI-NOTE

> cannot (choose) but + 원형부정사(~하지 않을 수 없다)
>
> = cannot help + doing
>
> = cannot help but do
>
> = have no choice but to do
>
> = have no other way but to do
>
> = have no alternative[option] but to do

cannot but + 원형부정사

• I cannot but laugh at his hairdo. (나는 그의 머리 모양을 보고 웃지 않을 수 없다.)

= I cannot help laughing at his hairdo.

② cannot[never] … without ~

> cannot[never] … without ~(…하면[할 때마다] 반드시 ~한다) [부정어 + without]
>
> = cannot[never] … but + 주어 + 동사
>
> = Whenever 주어 + 동사, 주어 + 동사
>
> = When 주어 + 동사, 주어 + always + 동사

cannot[never] … without ~

• I cannot[never] see her without thinking of my mother. (그녀를 볼 때마다 내 어머니가 생각난다.)

= Whenever I see her, I think of my mother.

= When I see her, I always think of my mother.

③ cannot … too

> cannot … too(아무리 …해도 지나치지 않다)
>
> = It is impossible to … enough

You cannot study too hard. (너는 아무리 공부를 열심히 해도 지나치지 않다.)

2. May/Might

(1) 주요 용법

① 추측 · 추정

㉠ may + 동사원형(~일[할]지도 모른다)

㉡ may have + 과거분사(~이었을[하였을]지 모른다)

• Tom may have been hurt. (Tom은 다쳤을지 모른다.)(= Perhaps Tom was hurt.)

• I may have left the book in my room. (그 책을 내 방에 둔 것 같다.)

실력up may와 might

• 둘은 일반적으로 같은 용법으로 사용되지만 현실이 아닌 것에 관해 말할 때는 might를 사용

– If I knew him better, I might invite him to the party.

(내가 그를 더 잘 알았다면, 그를 파티에 초대할 것이다.) → 그를 잘 모르므로 그를 초대하지 않을 것이다. (may ×)

May/Might 양보 용법

- The businessman may be rich, but he is not refined. (그는 부자인지는 몰라도 세련되지는 못하다.)[뒤에 등위접속사 but 등을 동반]
= Though the businessman may be rich, he is not refined.
- Try as she may, she will not succeed. (그녀가 아무리 노력해 보았자 성공하지 못할 것이다.)[양보의 부사절에서 사용됨]
- Whatever you may say, I will not believe you. (당신이 무슨 말을 한다 해도 나는 당신을 믿지 않을 것이다.)

명사 might

- (강력한) 힘[에너지], 권력
 - I pushed the rock with all my might. (나는 온 힘을 다해 그 바위를 밀었다.)

might의 용법

- 과거사실을 반대로 추측 예문
 - World history might have been changed if they had won the war. (만약 그들이 전쟁에서 이겼더라면 세계의 역사가 바뀔 수도 있었을 텐데.)
 - She might have come to meet him. (그녀가 그를 만나러 왔을 수도 있었는데. – 그렇지 못했다.)

so that … may ~ (~하기 위해서)
= in order that … may ~
= that … may ~
- He studied hard so that he might pass the exam.
(그는 시험에 통과하기 위해서 열심히 공부했다.)

② 허가 · 가능 · 기원(소망)
  ㉠ 허가(=can)
   - You may leave now. (지금 가도 됩니다.)
   - Might I smoke in here? (여기서 담배를 피워도 될까요?)['may ~'보다 공손한 표현]
   - You may not borrow my car. (제 차를 빌릴 수 없습니다.)[may not : 불허가, 금지]
  ㉡ 가능(= can)
   - The road may be blocked. (길이 막혔을 것이다.)
   - Gather roses while you may[can]. (할 수 있을 때 장미꽃을 모아라. 즐길 수 있을 때[젊을 때] 즐겨라.)
  ㉢ 기원(소망)
   - May you live long! (오래 사시길 바랍니다!)
   - May you always be happy and healthy! (언제나 행복하시고 건강하시길 바랍니다!)
③ might의 용법
  ㉠ 현재 · 미래에 관한 추측 : may보다는 자신이 없는 추측
  ㉡ 과거사실의 불확실한 추측 : 'might have + p.p.'(어쩌면 ~했을지도 모른다)['may have + p.p.'보다 약한 가능성을 나타냄]
    She might have left yesterday. (그녀는 어제 떠났을지도 모른다.)
  ㉢ 과거사실을 반대로 추측 : 가정법 과거완료(might have p.p.)에 사용되어 '어쩌면 ~할 수도 있었는데 실제로는 ~하지 않았다'는 의미가 됨, 주로 과거사실에 대한 '유감'의 뜻을 나타낼 때가 많으며, 조건절은 생략되는 경우가 많음

(2) 관용적 표현

① may well(~하는 것이 당연하다)
  = have good reason to + 동사원형
  = It is natural that + 주어 + should 동사원형
  He may well refuse the offer. (그가 그 제안을 거절하는 것이 당연하다.)
  = He has good reason to refuse the offer.
  = It is natural that he should refuse the offer.
② might(may) as well(~하는 편이 낫다)
  = had better + 동사원형
  ㉠ We might as well begin at once. (지금 즉시 시작하는 게 낫겠다.)
  ㉡ You may as well consult your lawyer. (변호사와 상의하는 게 좋겠습니다.)
    (= You had better consult your lawyer.)

③ might[may] as well A as B(B하느니 차라리 A하는 편이 낫다)

   ㉠ You might as well reason with the wolf as try to persuade him. (그를 설득하려고 하느니 늑대를 설득하는 편이 더 낫다.) ※ reason with ~을 설득하다

   ㉡ You might as well expect the river to flow back as expect me to change my mind. (내가 마음을 바꾸기를 기대하기보다는 차라리 강물이 거꾸로 흐르기를 기대하는 것이 더 낫다.)

3. Must

(1) 강한 추측

① 현재의 추측 : must + be(~임에 틀림없다) [↔ cannot + be(~일 리가 없다)]

   ㉠ He has been working all day. He must be tired.
     (그는 하루 종일 일했다. 그는 피곤해할 것이다.)

   ㉡ She must be honest. (그녀는 정직한 사람임이 틀림없다.)

   ㉢ He must be a liar. (그는 거짓말쟁이임에 틀림없다.)
     (↔ He cannot be a liar.)

② 과거의 추측 : must have + p.p.(~이었음에[하였음에] 틀림없다)

   ㉠ It must have rained during the night. (간밤에 비가 왔음에 틀림없다.)

   ㉡ She must have been beautiful. (그녀는 예전에 예뻤던 것이 틀림없다.)

   ㉢ He must have been smoking too much when he was young. (그는 젊었을 때 담배를 너무 많이 피운 것이 틀림없다.)

(2) 의무, 필연

① 의무 · 필요

   ㉠ 의무 · 필요(~해야 한다)(= have to)

     • I must get up early tomorrow. (나는 내일 아침 일찍 일어나야 한다.)

     • You must hurry for it's too late. (너무 늦었으니 서둘러야 한다.)

   ㉡ 명령 · 금지 : must not(~해서는 안 된다)

     • You must not accept their offer. (당신은 그들의 제안을 수용해서는 안 된다.)(= You are not allowed to accept their offer.)

     cf. need not(= don't have to)(~할 필요가 없다 ; 불필요)

     • You need not accept their offer.
     = You don't have to accept their offer.

실력UP 필연(반드시 ~하다, ~하기 마련이다)

Man must die sometime. (인간은 언젠가 죽기 마련이다.)

SEMI-NOTE

may/might

	may	might
추측	○	○
허가	○	
능력	○	
공손		○
목적	○	○
양보	○	○
기원문	○	

must
- must + 동사원형 : 의무(~해야 한다)
- must + not + 동사원형 : 금지(~하면 안 된다)

must와 have to

같은 의미이나 과거의 경우는 'had to', 미래의 경우는 'will have to'를 사용

추측의 확신 정도
• must>should>may
  – The boy must be hungry.
   (그 소년은 배고픔에 틀림없다.)
  – The boy should be hungry.
   (그 소년은 배고플 것이다.)
  – The boy may be hungry.
   (그 소년은 배고플지도 모른다.)

4. Will / Would

(1) 주요 용법

① will

 ㉠ 단순미래(~할[일] 것이다)

  You'll be in time if you hurry. (서두르면 제시간에 도착할 수 있을 것이다.)

 ㉡ 의지미래(~할 작정이다[~하겠다])

  • I will do as I like. (내가 원하는 대로 할 것이다.)

  • I will do my best. (최선을 다하겠습니다.)

 ㉢ 현재에 대한 추측

  Mom will be downstairs now. (어머니는 지금 아래층에 계실 것이다.)

② would

 ㉠ will의 과거

 ㉡ 고집 · 강한거절

  • He would not listen to my advice. (그는 내 충고를 들으려 하지 않았다.)

  • His income was still small, but she would marry him. (그의 수입은 여전히 적었지만 그녀는 기필코 그와 결혼하려 했다.)

 ㉢ 공손한 표현

  Would you please help me? (저를 도와주시지 않겠습니까?)

 ㉣ 과거의 불규칙적 습관 · 습성(~하곤 했다, 흔히 ~하였다)

  I would often swim in this river when I was a child. (내가 어렸을 때 이 강에서 종종 수영을 하곤 했다.)

(2) 관용적 표현

① would like to + 동사원형(~하고 싶다)

 I would like to see her. (나는 그녀가 보고 싶다.)

② would rather A(동사원형) than B(동사원형)(B 하느니 차라리 A 하겠다)

 I would rather[sooner] go than stay. (여기 머무르느니 떠나겠다.)

 = I had better go than stay.

 = I prefer going to staying.

 = I prefer to go than (to) stay.

③ A would rather B + C(과거동사)(A는 B가 차라리 C 하기를 바란다.)

 I'd rather he didn't know my name. (나는 그가 내 이름을 몰랐으면 좋겠다.)

5. Should / Ought to

(1) should의 일반적 용법

① 의무(~해야 한다)(= ought to) → must보다 약한 의미를 지님

㉠ You should take this medicine. (이 약을 먹어야 한다. → 이 약을 먹으면 좋다.)

㉡ You must take this medicine. (이 약을 먹어야 한다. → 반드시 이 약을 먹어야 한다.)

㉢ You should take the responsibility for your own conduct. (당신은 당신 자신의 행위에 대해 책임을 져야 한다.)

② 충고, 가능성 · 기대 · 양보

　㉠ 충고 · 의견

　　• You should take a bus to go there. (그곳에 가려면 버스를 타야 한다.)

　　• We should do more to improve the quality of the products. (우리는 제품의 질을 높이기 위해 더 노력해야 한다.)

　㉡ 가능성 · 기대 · 당연한 추측

　　Since they left at noon, they should have arrived there. (그들은 정오에 출발했으니까 그곳에 도착해 있을 것이다.)

　㉢ 실현 가능성이 적은 사항에 대한 가정 · 양보

　　If you should leave me, I will miss you forever. (당신이 나를 떠난다면, 나는 당신을 영원히 그리워할 것이다.)

(2) 감정에 관한 표현

① 과거 사실에 대한 후회 · 유감 · 원망

> should[ought to] have + p.p.(~했어야 했는데)
> → 과거에 이루어지지 않은 일이나 사실에 대해 사후에 후회하는 표현

㉠ You should have come to the party last night. (네가 어젯밤 파티에 왔어야 하는데.)(= You had to come to the party, but you didn't.)

㉡ She should have been here one hour ago. (그녀는 한 시간 전에는 여기 왔어야 하는데.)

② 걱정 · 염려 · 두려움

> lest … should ~(…가 ~하지 않도록)
> = so that … may not ~
> = for fear of + −ing
> = for fear (that) … should ~

She woke up early lest she (should) be late at work. (그녀는 직장에 늦지 않도록 일찍 일어났다.)

= She woke up early so that she may not be late at work.

= She woke up early for fear of being late at work.

= She woke up early for fear that she should be late at work.

should와 must
- must는 반드시 해야 하는 의무를 표현
- should는 하는 편이 좋겠다는 의견을 표현

'should[ought to] have + p.p.'의 부정
'should[ought to] have + p.p.'의 부정문은 'should not have + p.p.'와 'ought not to have + p.p.'이다. [~하지 말았어야 했다(그런데 했다)]

'lest … should ~' 구문
• 부정어 'not'을 함께 사용하지 않도록 주의
• I hurried to the station lest I should not miss the train. (X)
→ I hurried to the station lest I (should) miss the train. (O)

유감 · 놀람(수사적 감정표현)

• Who should come in but your mother?
  (당신의 어머니 말고 과연 누가 들어오겠는가?)
  * 여기서 but은 except의 의미
• I'm surprised that your wife should object.
  (당신의 아내가 반대했다니 놀랐다.)

이성적 판단의 형용사 구문
• It is necessary + that + S + should + 동사원형
• It is necessary + that S + 동사원형
• It is necessary + that + S + be

해당동사

• insist that : ~을 주장하다(앞으로의 일에 대한 주장)
• suggest that : ~을 제안하다(앞으로의 일에 대한 제안)

요구 · 주장 · 명령 · 제안 · 충고 · 희망 · 기대 동사가 있는 경우

• I proposed that the loan (should) be reduced. (나는 대부금을 감액할 것을 제의했다.)
• The doctor advised that she (should) stop smoking. (그 의사는 그녀가 담배를 끊어야 한다고 충고했다.)

실력up **ought to의 용법**

• 의무(~해야 한다)(= should)
• 추측(~임이 분명하다)(= must)
• 과거사실에 대한 후회 · 유감 (~했어야 했는데) : ought to have + p.p.(= should have p.p.)
• 과거사실에 대한 추정(~하였음이 분명하다) : ought to have + p.p.(= must have p.p.)

(3) should 중요 용법

① 이성적 판단의 형용사가 있는 경우
  ㉠ 구조 : 이성적 판단의 형용사가 주절에 있는 경우 다음의 that절의 동사는 '(should) + 동사원형'이 됨
  ㉡ 해당 형용사 : impossible, necessary, important, essential, imperative, mandatory, urgent, natural, good, right, proper, wrong 등
    It is necessary that he (should) stop drinking. (그는 금주할 필요가 있다.)

② 감정적 판단의 형용사가 있는 경우
  ㉠ 구조 : 주절에 감정적 판단을 표현하는 형용사가 있는 경우 that절의 동사는 '(should) + 동사원형'이 됨
  ㉡ 해당 형용사 : strange, surprising, regrettable, wonderful, depressed, sorry, a pity, no wonder 등
    It is strange that she (should) do such a thing. (그녀가 그런 일을 하다니 이상하군.)

③ 요구 · 주장 · 명령 · 제안 · 충고 · 희망 · 기대 동사가 있는 경우

• 구조 : 요구 · 주장 · 명령 · 제안 · 충고 · 희망 · 기대 동사 + that + S + (should) + 동사원형
• 해당 동사
  – 요구 : demand, require, request, ask, desire
  – 주장 · 결정 : insist, urge, decide, determine
  – 명령 : order, command
  – 제안 · 충고 : suggest, propose, move, recommend, advise

  ㉠ He required that I (should) pay the money. (그는 나에게 돈을 지불하라고 말했다.)
  ㉡ He insisted that the plan (should) be reconsidered. (그는 그 계획이 재고되어야 한다고 주장했다.)
  ㉢ The commander ordered that the deserter (should) be shot to death. (지휘관은 그 탈영병을 총살하라고 명령했다.)

6. 기타 조동사

(1) do 동사

① 조동사

    ㉠ 의문문과 부정문 : be 동사 이외의 동사의 문장에서 의문문과 부정문을 만듦

      • Do you have any money? (돈이 좀 있습니까?)

      • Did he phone? (그가 전화했습니까?)

    ㉡ 강조 · 도치구문 : 긍정문을 강조하거나 강조 · 균형 등을 위하여 술어를 문두에 놓을 때 사용됨

② 일반동사: 주로 '(행)하다', '(이익 · 손해 등을) 주다'의 의미로 사용됨

    ㉠ You can do what you like. (당신은 하고 싶은 일을 해도 좋습니다.)

    ㉡ Do your duty. (당신의 의무를 다해라.)

    ㉢ The medicine will do you good. (그 약을 먹으면 나을 겁니다.)

(2) need와 dare

① 조동사 : need와 dare는 의문문, 부정문에서 조동사의 역할을 할 수 있음

    ㉠ Need we go that place? (우리가 거기 갈 필요가 있는가?)

    ㉡ How dare you speak to me like that? (어찌 감히 나에게 그렇게 말할 수 있는가?)

    ㉢ He need not go there. (그는 거기에 갈 필요가 없다.)(= He doesn't need to go there.)

② 일반동사 : need와 dare는 긍정문에서 일반동사(본동사)로 쓰임

    Her composition needs correction. (그녀의 작문은 고칠 필요가 있다.)

(3) 기타 준조동사

① used to + 동사원형 : 과거의 규칙적 행동 · 습관

    cf. would : 과거의 불규칙적 습관

    ㉠ I used to drink much when I was young. (나는 젊었을 때 술을 많이 마셨다.)

    ㉡ She used to call on me every Sunday. (그녀는 일요일마다 나를 방문하곤 했었다.)

② had better + 동사원형(~하는 것이 낫다)

    ㉠ We had better streamline our bureaucracy. (우리의 관료제를 보다 효율화 하는 것이 낫다.)

    ㉡ You had better take an umbrella with you. (우산을 가져가는 게 좋겠습니다.)

③ be going to + 동사원형

    ㉠ 할 작정이다(= will)

      What are you going to do tonight? (당신은 오늘밤 무엇을 할 것입니까?)

ⓛ 막 ~하려 하다(= be about to)

They are going to leave. (그들은 막 떠나려 한다.)

실력up   be supposed to + 동사원형(~하기로 되어 있다, ~할 것으로 예상된다 / (부정문에서) ~해서는 안 된다)

- Were we supposed to do something? (우리가 뭔가 하기로 했었나?)
- We are supposed to obey the rule. (우리는 그 규칙에 따라야 한다.)

⊕ 나두공

03장 법(Mood)/태(Voice)

01절 법(Mood)

02절 태(Voice)

01절   법(Mood)

1. 직설법과 명령법

(1) 법의 의의 및 종류

① 법(Mood)의 의미 : 말하는 사람의 심리 · 태도에 의한 동사의 표현 형식
② 종류 : 일반적으로 법에는 직설법, 명령법, 가정법이 있음
  ㉠ She always tells a lie. [직설법] (그 여자는 항상 거짓말을 한다.)
  ㉡ Open your eyes. [명령법] (눈을 떠라.)
  ㉢ If I were a bird, I could fly to you. [가정법] (내가 새라면 너에게 날아갈 수 있을 텐데.)

(2) 직설법·명령법

① 직설법
  ㉠ 실제 사실을 있는 그대로 진술하는 법
  ㉡ 평서문, 의문문, 감탄문, 조건문 등이 있음
  ㉢ I have two sisters. [평서문] (나에게는 두 명의 누이가 있다.)
  ㉣ Should I take the 9 : 30 train? [의문문] (9시 반 기차를 타야 합니까?)
  ㉤ What a beautiful flower it is! [감탄문] (꽃이 정말 아름답군요!)
② 명령법
  ㉠ 상대방에 대한 명령 · 요구 · 금지 등을 진술하는 법(명령문)
  ㉡ 보통 주어를 생략하고 문장을 동사의 원형으로 시작하며, 상대방의 주의를 끌려고 할 때는 주어 'You'를 사용
  ㉢ 강조의 의미를 나타낼 때에는 감탄부호를 쓰기도 함
    • Look at those children. (저 아이들을 보아라.)
    • You open the door, Rick. (네가 문을 열어, Rick.)
    • Be careful! (조심해!)
  ㉣ 조건 명령
    •「명령문 + and」: ~ 하라, 그러면 ~ 할 것이다
      - Work hard, and you will succeed. (열심히 일하라, 그러면 너는 성공할 것이다.)
      = If you work hard, you will succeed.
    •「명령문 + or」: ~ 하라, 그렇지 않으면 ~ 할 것이다
      - Work hard, or your life will be meaningless. (열심히 일하라, 그렇지 않으면 너의 삶은 의미가 없어질 것이다.)
      = If you do not work hard, your life will be meaningless.
      = Unless you work hard, your life will be meaningless.

명령문 + 관계사 + will[may]~한다 해도[양보명령]

Go where you will, you will not be employed.

= Wherever you may go, you will not be employed.

명령법
• 직접 명령
• 간접 명령
• 청유 명령

조건명령
• Let us
  - Let us go. (→ Let's go.)
  [권유] (갑시다.)
  - Let us go.
  [허가] (우리들을 보내주시오.)

2. 가정법

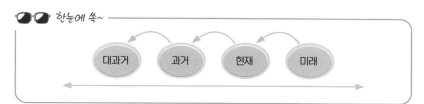 한눈에 쏙~

가정법

일반적으로 가정법은 실제 사실에 대한 의심·반대의 가정을 표현한 것으로, 가정법 현재와 미래, 과거, 과거완료, 특수한 형태의 가정법 등이 있음

(1) 가정법 현재

① 현재 또는 미래에 대한 단순한 가정이나 불확실한 상상, 의심 등을 표현

> 가정법 현재의 기본구조 : If + 주어 + 동사원형[현재형], 주어 + 현재형 조동사 + 동사원형

㉠ If it be[is] true, he will be disappointed. (그것이 사실이라면 그는 실망할 것이다.) (현재의 불확실한 사실)

㉡ If she come[comes] this weekend, I will go to meet her. (그녀가 이번 주말에 온다면 나는 그녀를 보러 가겠다.) [미래의 불확실한 사실]

② 요구, 주장, 제안, 추천, 명령, 충고, 결정 등을 나타내는 동사

> • 기본구조 : 주어 + 동사 + that + 주어 + (should) + 동사원형
> • 해당 동사 : demand, require, request, ask, desire, insist, urge, suggest, propose, recommend, order, command, advise 등

㉠ He insisted that the plan (should) be reconsidered. (그는 그 계획이 재고되어야 한다고 주장했다.)

㉡ I suggested that he (should) be stay there another day. (그가 거기서 하루 더 머물러야 된다고 주장했다.)

③ 당연, 의무, 권고 등을 나타내는 형용사(이성적 판단의 형용사)

> • 기본구조 : It is + 형용사 + that + 주어 + (should) + 동사원형
> • 해당 형용사 : impossible, necessary, important, essential, imperative, mandatory, urgent, natural, good, right, desirable, proper, wrong 등

It is necessary that the bill (should) be passed. (그 법안은 통과되는 것이 마땅하다.)

④ 놀람·후회·유감 등을 나타내는 형용사(감정적 판단의 형용사)

> • 기본구조 : It is + 형용사 + that + 주어 + (should) + 동사원형
> • 해당 형용사 : strange, surprising, wonderful, depressed, regrettable, sorry, a pity, no wonder 등

SEMI-NOTE

㉠ It is strange that she (should) do such a thing. (그녀가 그런 일을 하다니 이상하군.)

㉡ It is regrettable that the teacher (should) get angry with me. (그 선생님이 나에게 화를 내다니 유감이다.)

(2) 가정법 과거

① 현재의 사실과 반대되는 가정이나 상상 · 희망을 표현(시점 : 현재)

> • 기본구조
>   – If + 주어 + were ～, 주어 + 과거형 조동사(would, could, should, might) + 동사원형
>   – If + 주어 + 과거형 동사 ～, 주어 + 과거형 조동사 + 동사원형
> • 가정법 과거의 경우 be동사는 인칭이나 수에 관계없이 were를 사용하며, If가 생략되면 주어와 동사가 도치됨

If I were rich, I could go abroad. (내가 부자라면 해외에 갈 수 있을 텐데.)

= As I am not rich, I cannot go abroad. [직설법]

= Were I rich, I could go abroad. [도치]

② If it were not for ～

> If it were not for ～ : (사실은 있지만) ～이 없다면(가정법 과거)
> = Were it not for ～ = If there were no ～
> = But for ～ = Without ～

If it were not for water, nothing could live. (물이 없다면 어떤 것도 살 수 없다.)

= Were it not for water, nothing could live. [도치]

= But for[Without] water, nothing could live.

= If there were no water, nothing could live.

③ 「It is time + 가정법 과거동사(should + 동사원형)」 : ～할 시간[때]이다(당연, 필요의 뜻을 나타냄)

It is time you went to bed. (잠자리에 들 시간이다.)

= It is time you should go to bed.

= It is time for you to go to bed.

(3) 가정법 과거완료

① 과거의 사실과 반대되는 가정이나 상상 · 희망을 표현(시점 : 과거)

> • 기본구조 : If + 주어 + had + 과거분사(p.p.) ～, 주어 + 과거형 조동사 (would · could · should · might) + have + 과거분사
> • If가 생략되면 주어와 조동사가 도치 : Had + S + 과거분사(p.p.) ～, 주어 + 과거형 조동사 + have + 과거분사

가정법 과거
• If I had enough money, I could buy a house. (충분한 돈이 있다면 집을 한 채 살 수 있을 텐데.)
= As I don't have enough money, I cannot buy a house. [직설법]
= Had I enough money, I could buy a house. [도치]

가정법 현재와 가정법 과거 비교
• 가정법 현재
  – if + 주어 + 현재 동사～
  – 주어 + will[can/may] + 동사원형
• 가정법 과거
  if + 주어 + 과거 동사/were～
  – 주어 + would[should/could/might] + 동사원형

It is time + 가정법 과거
It is time + 가정법 과거는 It is high time + 가정법 과거, It is about time + 가정법 과거의 형태로 쓰이기도 함

But for[Without] ～
가정법 과거와 가정법 과거완료 양쪽에 모두 사용됨

㉠ If I had been rich, I could have gone abroad. (내가 부자였다면 해외에 나갈 수 있었을 텐데.)

= As I was not rich, I could not go abroad. [직설법]

= Had I been rich, I could have gone abroad. [도치]

㉡ If I had had enough money, I could have bought a house. (내게 돈이 많았더라면 집을 한 채 살 수 있었을 텐데.)

= As I didn't have enough money, I could not buy a house. [직설법]

= Had I had enough money, I could have bought a house. [도치]

㉢ If (only) I had listened to her advice then. (내가 그때 그녀의 충고를 들었더라면.) [주절의 생략]

㉣ You should have left. (당신은 떠났어야 했다.) [조건절의 생략]

② If it had not been for ~

> If it had not been for ~ : (사실은 있었지만) ~이 없었더라면(가정법 과거완료)
> = Had it not been for ~ = If there had been no ~
> = But for ~ = Without ~

(4) 가정법 미래

① 미래에 대한 강한 의심을 나타내는 경우(가능성이 희박한 경우)

> • 기본구조 : If + 주어 + should / would + 동사원형 ~, 주어 + 과거형 조동사(should, would 등) + 동사원형

㉠ If she should smile at you, I would give you her first solo album. (그녀가 너에게 (그럴 리 없겠지만) 미소를 보내면 너에게 그녀의 첫 번째 솔로앨범을 주겠다.)

㉡ If you should fail the exam, your parents would be disappointed. (네가 시험에 불합격한다면 너의 부모님께서는 실망하실 것이다.)

② 실현 불가능한 미래 사실을 가정하는 경우(순수가정)

> If + 주어 + were to + 동사원형 ~, 주어 + 과거형 조동사(should, would등) + 동사원형

3. 주의해야 할 가정법

(1) 혼합 가정법

① 의의

㉠ 가정법 과거완료 ~ 과거완료와 가정법 과거가 혼합된 가정법으로, 종속절(조건절)은 가정법 과거완료, 주절(귀결절)은 가정법 과거의 형태로 표현

가정법 현재·과거·미래

- **가정법 현재와 가정법 미래** : 가정법 현재는 미래에 대한 추측에 있어 가능성이나 기대치가 어느 정도 있는 경우 주로 사용하며, 가정법 미래는 가능성이나 기대치가 희박한 경우 사용
- **가정법 과거와 가정법 미래** : 가정법 과거는 현재 사실에 대한 반대되는 가정을 표현하는데 비해, 가정법 미래는 미래의 실현 가능성이 희박하거나 불가능한 내용을 가정할 때 주로 사용

명령문 + or ~(하라, 그렇지 않으면 ~할[일] 것이다)

Work hard, or you will fail in the exam. (열심히 노력하라, 그렇지 않으면 당신은 그 시험에 실패할 것이다.)
= If you do not work hard, you will fail in the exam.
= Unless you work hard, you will fail in the exam.

I wish (that) ~

= I would(= I'd) rather (that) ~

I wish + 가정법 과거완료 예문

- I wished it had been true. (그것이 사실이었다면 좋았을 텐데.)
  = I was sorry it had not been true.
- I wish/wished I had been a bird.

ⓛ 과거 사건의 결과가 현재에 영향을 주는 경우로서, 종속절이 주절보다 앞선 시제인 경우 사용됨

② 기본구조 : If + 가정법 과거완료, S + 가정법 과거

> If + 주어 + had + 과거완료, 주어 + 조동사 과거형 + 동사원형(과거에 ~했더라면, 현재 …할[일] 것이다)

㉠ If she had married the first lover, she would be happier now. (그녀가 첫사랑과 결혼을 했더라면 지금 더 행복할 것이다.)

㉡ If you had not helped me, I would not be alive now. (네가 나를 돕지 않았다면, 나는 지금 살아있지 않을 것이다.)(→ You helped me, so I can be alive now.)

㉢ If they had listened to me, they wouldn't be in danger. (그들이 내 말을 들었더라면 위기에 처하지 않을 텐데.)

(2) '명령문 + and'

명령문 + and ~(하라, 그러면 ~할[일] 것이다)

Work hard, and you will pass the exam. (열심히 노력하라, 그러면 당신은 시험을 통과할 것이다.)

= If you work hard, you will pass the exam.

(3) I wish 가정법

① I wish + 가정법 과거 : 현재에 실현할 수 없는 일을 나타내며, 종속절의 시점이 주절과 동일

㉠ I wish you told me that. (당신이 나에게 그것을 말해주면 좋을 텐데.)(현재사실에 대한 유감)

= I am sorry you don't tell me that.

㉡ I wish it were fine today. (오늘 날씨가 좋으면 좋을 텐데.)

= I am sorry it is not fine today.

㉢ I wished it were true. (그것이 사실이라면 좋았을 텐데.)

= I was sorry it was not true.

㉣ I wish/wished I were a bird. (내가 지금 새라면 좋겠다./내가 새였으면 하고 바랐다.)

② I wish + 가정법 과거완료 : 과거에 실현하지 못한 일을 나타내며, 종속절의 시점이 주절의 주어보다 앞선 시점임

㉠ I wish you had told me that. (당신이 그것을 말했더라면 좋을 텐데.)(과거사실에 대한 유감)

= I am sorry you didn't tell me that.

㉡ I wish I could have bought the house. (그 집을 살 수 있었더라면 좋을 텐데.)

= I am sorry I could not buy the house.

(4) as if[as though] + 가정법

① as if + 가정법 과거(마치 ~ 처럼) : 주절의 동사와 같은 때의 내용을 나타냄, 즉 종속절의 시점이 주절과 동일

   ㉠ She talks as if she knew it. (그녀는 그것을 아는 것처럼 말한다.)

     → In fact she doesn't know it.

   ㉡ The old man talked as if he were rich. (그 노인은 마치 부자인 것처럼 말했다.)

② as if + 가정법 과거완료(마치 ~ 이었던(했던) 것처럼) : 주절의 동사보다 이전의 내용을 나타냄, 즉 종속절의 시점이 주절보다 앞선 시점임

   ㉠ She talks as if she had seen it. (그녀는 그것을 보았던 것처럼 말한다.)

     → In fact she didn't see it.

   ㉡ The old man talked as if he had been rich. (그 노인은 마치 부자였던 것처럼 말했다.)

(5) 'if '를 대신하는 표현

① unless, suppose, provided, otherwise, in case 등은 if절을 대신해서 조건 절을 이끎

   ㉠ unless(~하지 않으면)(= if … not ~)

     You'll miss the train unless you make haste. (서두르지 않으면 당신은 기차를 놓칠 것이다.)

     = You'll miss the train if you don't make haste.

   ㉡ suppose(만약 ~이라면)(= supposing, provided, providing)

     • Suppose you were left alone on a desert island, what would you do? (네가 무인도에 홀로 있다고 한다면 무엇을 하겠는가?)

      = If you were left alone on a desert island, what would you do?

     • Providing that all your task is done, you may go home. (만약 당신의 일이 끝난다면 집에 가도 좋습니다.)

   ㉢ otherwise(그렇지 않다면)(= or, or else)

     • I was poor; otherwise I could have bought it. (나는 가난했다; 그렇지 않다면 그것을 살 수 있었을 것이다.)

      = If I had not been poor, I could have bought it.

     • in case (that) (~하는 경우에는, ~의 경우에 대비하여)

     In case I am late, don't wait to start dinner. (제가 늦을 경우엔 저녁을 먼저 드십시오.)

② 전치사구가 if절을 대신하는 경우

   ㉠ With more experience, he would succeed. (경험이 더 많다면 그는 성공할 것이다.)

     = If he had more experience, he would succeed.

I wish ~와 as if(though) 구문

'I wish ~' 가정법 구문과 'as if(though)' 가정법 구문의 경우, 종속절의 시점이 주절과 동일하면 가정법 과거동사를 쓰며, 종속절의 시점이 주절보다 앞서면 가정법 과거완료를 씀

as if 절

• seem, look 등의 동사 뒤에 오는 as if 절에서 실제로 그렇게 보이는 경우의 내용을 나타낼 때에는 직설법 동사를 사용하기도 함

  – It seems as if the quarrel will never end.

  – It looks as if it is going to snow.

'If'를 대신하는 표현

• 부정사구가 if절을 대신하는 경우

  – To hear him speak French, you would take him for a Frenchman. (그가 불어로 말하는 것을 들으면 너는 그를 프랑스 인으로 생각할 것이다.)

  = If you heard him speak French, you would take him for a Frenchman.

• 분사구문이 if절을 대신하는 경우

  – Left to himself, he could not have accomplished it. (그가 혼자 남았더라면 그 일을 이루지 못했을 것이다.)

  = If he had been left to himself, he could not have accomplished it.

ⓛ With guns, they could defend themselves. (총이 있다면 그들은 자신들을 방어할 수 있을 것이다.)

= If they had guns, they could defend themselves.

③ 명사구가 if절을 대신하는 경우(조건절이 없는 경우로 주어에 조건의 의미가 있는 경우)

㉠ A man of sense would not do such a thing. (지각 있는 사람이라면 그런 일을 하지 않을 텐데.)

= If he were a man of sense, he would not do such a thing.

ⓛ A more cautious driver could have avoided the accident. (좀 더 조심성 있는 운전자라면 그 사고를 피할 수 있었을 것이다.)

= If he had been a more cautious driver, he could have avoided the accident.

'if' 대용의 'given that'

- I will take you to the party if you come home by 6.
  = I will take you to the party given that you come home by 6.

02절 태(Voice)

1. 수동태와 능동태 ⭐ 빈출개념

(1) 태(Voice)의 의미와 종류

① 태의 의미 : 태는 동작의 관점 차이에 의해 생기는 동사의 표현 형식, 능동태는 동작을 하는 쪽에 중점을, 수동태는 동작을 받는 쪽에 중점

② 태의 종류

㉠ 능동태 : 주어가 동작을 하는 어법으로, 'S(주어) + V(동사) + O(목적어)'의 구조를 취함(여기서 동사는 목적어를 취하는 타동사)

He painted this house. (그가 이 집을 칠했다.)

ⓛ 수동태 : 주어가 동작을 받는 어법으로, 'S + be동사 + p.p.(과거분사) + by + O'의 구조를 취함

This house was painted by him. (이 집은 그에 의해 칠해졌다.)

수동태 만드는 방법

- 능동태의 목적어를 수동태의 주어 자리에 씀
- 동사를 be + p.p.로 씀
- 주어를 by + 목적격의 형태로 씀

(2) 수동태로 쓸 수 없는 동사

- 자동사
- have, possess, belong to, own 등의 소유동사
- resemble, lack(부족하다), become(어울리다), befall, hold(유지하다, 수용하다), reach, escape, suit(맞다, 어울리다), meet, cost(소요되다), weigh, let 등의 상태동사
  cf. have가 '먹다'의 의미인 경우와 hold가 '붙잡다', '개최하다'의 의미인 경우 등은 수동태 가능

have(시키다), let(허락하다)의 수동태 사용 시 형태 변화

- have → be asked to
  - She had me sing. → I was asked to sing by her.
- let → be allowed to
  - She let me go. → I was allowed to go by her.

① He resembles his mother. (그는 그의 어머니를 닮았다.)

　　→ His mother is resembled by him. (×)

② We can't let you go. (우리는 너를 보낼 수 없다.)

　　→ You can't be let to go. (×)

③ Thanks to the newly invented vaccine, that disease has now disappeared. (새로 발명된 백신 덕분에, 그 질병은 이제 사라졌다.)

　　→ Thanks to the newly invented vaccine, that disease has been disappeared. (×)[disappear는 자동사이므로 수동태 불가]

(3) 관용적인 수동 동사구

① be born (태어나다)

② be wounded (= be hurt, be injured, 부상을 입다)

③ be starved to death (굶어 죽다)

④ be drowned (익사하다)

⑤ be burnt to death (타 죽다)

⑥ be frozen to death (얼어 죽다)

⑦ be seated (앉아 있다)

⑧ be held (개최되다)

　　The meeting will be held tomorrow. (그 회의는 내일 개최될 것이다.)

2. 문장 형식과 수동태

(1) 3형식(S + V + O)의 수동태 전환

① 수동태 구조 : 능동태의 목적어 + be동사 + 과거분사 + by + 능동태 주어

> • 능동태의 목적어는 수동태의 주어가 됨(→ 주격으로 전환)
> • 능동태의 동사는 수동태에서 'be + p.p.'의 구조가 됨(→ be동사는 주어의 수와 인칭, 시제에 따라 적절히 전환)
> • 능동태의 주어는 'by + 목적어'의 구조가 됨(→ 목적격으로 전환)

② 구동사(phrasal verb)가 있는 문장의 수동태 전환

　㉠ '자동사 + 전치사'의 전환

　　• The spectators laughed at him. (구경꾼들은 그를 비웃었다.) (laugh at : 비웃다)

　　　→ He was laughed at by the spectators.

　　• A car ran over the child. (자동차가 그 아이를 쳤다.) (run over : (차가 사람·물건을) 치다)

　　　→ The child was run over by a car.

　　cf. account for(설명하다), depend on(~에 의존하다), look after(보살피다, 돌보다), send for(데리러(가지러, 부르러) 보내다)

관용적인 수동 동사구

> • be possessed of (소유하다)
> 　– She was possessed of magical power. (그녀는 마법의 힘을 갖고 있었다.)
> • be situated (= be located, 위치하다)
> 　– The house is situated on the hill. (그 집은 언덕에 위치해 있다.)
> • be engaged in (~에 종사하다)
> 　– He is engaged in foreign trade. (그는 해외 무역에 종사하고 있다.)
> • be engaged to (~와 약혼한 상태이다)
> 　– He is engaged to Jane.(그는 Jane과 약혼한 상태이다.)

03장

법/태

수동태 가능 문장

수동태의 문장이 되기 위해서는 능동태의 문장이 목적어가 포함된 3형식 이상의 문장이어야 함

3형식(S + V + O)의 수동태 전환

• Shakespeare wrote Hamlet. (셰익스피어가 햄릿을 썼다.)
　→ Hamlet was written by Shakespeare.

• He repaired the bike. (그는 자전거를 수리했다.)
　→ The bike was repaired by him.

73

'타동사 + 명사 + 전치사'의 전환

• My mother took good care of the baby. (나의 어머니는 그 아기를 잘 돌봤다.) (take care of : 돌보다, 소중히 하다)

→ The baby was taken good care of by my mother. [주로 사용되는 형태]

→ Good care was taken of the baby by her.

cf. catch sight of(찾아내다), make fun of(놀리다, 조소하다), make use of(사용하다), pay attention to(유의하다), take notice of(주의하다, 알아차리다), take (a) pride in(자랑하다)

직접목적어를 주어로 하는 수동태

• 3형식 문장으로 전환 후 수동태 전환

– She sold me a pretty doll.

→ She sold a pretty doll for me. [3형식 전환]

→ A pretty doll was sold for me by her. [수동태 전환]

간접목적어만 수동태 주어로 할 수 있는 경우

I envied her beauty. (나는 그녀의 미모를 부러워했다.)

→ Her beauty was envied her by me. (×)

→ She was envied her beauty by me. (○)

목적격 보어의 원형부정사 형태

지각동사, 사역동사가 있는 5형식 문장에서 목적격 보어가 원형부정사인 경우 수동태로 전환 시 보어는 to부정사로 써야 함

ⓛ '자동사 + 부사 + 전치사'의 전환

• We looked up to the professor. (우리는 그 교수를 존경했다.) (look up to : 존경하다)

→ The professor was looked up to by us.

cf. look down on(낮추어보다, 경멸하다), do away with(폐지하다), keep up with(지지 않다), make up for(벌충하다), put up with(참다, 견디다)

(2) 4형식(S + V + IO + DO)의 수동태 전환

① 2개의 수동태로 전환할 수 있는 경우

㉠ 간접목적어(IO)와 직접목적어(DO)를 주어로 하는 2개의 수동태가 가능

㉡ 4형식 동사 중 일부의 경우만 가능하며, 일반적으로는 직접목적어만 주어가 될 수 있음

My uncle gave me an English book. (나의 삼촌이 나에게 영어책을 주었다.)

→ I was given an English book by my uncle. [능동태의 IO가 수동태의 주어]

→ An English book was given (to) me by my uncle. [능동태의 DO가 수동태의 주어]

② 직접목적어만을 수동태 주어로 할 수 있는 경우

㉠ 간접목적어는 수동태의 주어로 할 수 없으며 직접목적어만 가능

㉡ bring, buy, do, make, pass, read, sell, sing, throw, write 등 대부분의 4형식 동사

㉢ He bought me a book. (그는 나에게 책 한 권을 사주었다.)

→ I was bought a book by him. (×)

→ A book was bought for me by him. (○)

㉣ She made me a doll. (그녀는 나를 위해 인형을 만들어주었다.)

→ I was made a doll by mother. (×)

→ A doll was made me by her. (○)

③ 간접목적어만 수동태 주어로 할 수 있는 경우

㉠ 직접목적어는 수동태의 주어로 할 수 없으며 간접목적어만 가능

㉡ answer, call, deny, envy, kiss, refuse, save 등의 동사

(3) 5형식(S + V + O + O.C)의 수동태 전환

① 목적어를 수동태의 주어로 하는 수동태만 가능

㉠ They elected Lincoln President of the United States. (링컨은 미국의 대통령으로 선출되었다.)

→ Lincoln was elected President of the United States (by them). (○)

→ President of the United States was elected Lincoln (by them). (×)

→ [목적보어는 수동태의 주어가 될 수 없음]

ⓛ They thought him to be clever. (그들은 그가 영리한 사람이라 생각했다.)

　　→ He was thought to be clever.

ⓒ I often heard him sing a song. (나는 종종 그가 노래하는 것을 들었다.)

　　→ He was often heard to sing a song by me.

② 지각동사가 있는 문장의 수동태

　　㉠ 지각동사의 목적보어(원형부정사)는 수동태에서 to부정사로 전환됨

　　I saw her enter the room. (나는 그가 방으로 들어가는 것을 보았다.)

　　→ She was seen to enter the room by me.

　　㉡ 분사가 지각동사의 목적보어인 경우는 수동태에서도 그대로 사용됨

　　We saw the car stopping. (우리는 차가 멈추는 것을 보았다.)

　　→ The car was seen stopping[to stop (×)/to be stopping (×)].

③ 사역동사가 있는 문장의 수동태

　　사역동사의 목적보어(원형부정사)는 수동태에서 to부정사로 전환됨

　　My mother made me clean the room. (어머니가 방을 청소하라고 시켰다.)

　　→ I was made to clean the room by my mother.

3. 주의해야 할 수동태

(1) 부정문의 수동태

「be동사 + not + 과거분사」의 형태로 쓰임

Nobody paid much attention to his speech. (아무도 그의 연설에 주의를 기울이지 않았다.)

　→ His speech was paid no attention to by anybody. (○)

　→ His speech was paid much attention to by nobody. (×)

(2) 의문문의 수동태

① 의문사가 이끄는 의문문의 수동태

　㉠ Who broke the window? (누가 창을 깼느냐?) (the window가 목적어)

　　→ By whom was the window broken? [By whom + be + S + p.p.]

　㉡ What do you call this in English? (this가 목적어이며 what은 목적보어)

　　→ What is this called in English (by you)?

② 의문사 없는 의문문의 수동태

　Did she write a letter? (그녀는 편지를 썼나요?)

　→ Was a letter written by her?

(3) 명령문의 수동태

① 긍정문 : Let + 목적어 + be + 과거분사 (+ by ~)

　Do the homework at once. (당장 숙제를 해라.)

　→ Let the homework be done at once.

SEMI-NOTE

목적어와 목적보어 간의 수동태 전환

- 목적보어가 to부정사이고 그 to
  부정사가 다른 목적어를 갖는
  경우 원래의 목적어와 목적보
  어 사이에 수동태 전환이 가능
  - No one expected Jason to
    marry Kathy.
    → No one expected Kathy
    to be married to Jason.

명사절 수동태 예문

They say that he was rich. (그는 부자
였다고 한다.)
→ It is said that he was rich.
→ He is said to have been rich. [완료
부정사]

steal과 rob

- steal은 사물을 주어로 한 수동태 문장
  에, rob은 사람을 주어로 한 문장에 주
  로 사용됨
  - He stole the car from me.
    (그는 나에게서 차를 훔쳤다.)
    → The car was stolen from me by
    him.
  - He robbed me of my wallet.
    (그는 내 지갑을 털었다(훔쳤다).)
    → I was robbed of my wallet by
    him.

② 부정문

　㉠ Let + 목적어 + not + be + 과거분사 (+ by ~)

　㉡ Don't let + 목적어 + be + 과거분사 (+ by ~)

　　Don't open the door. (문을 열지 마라.)

　　　→ Let the door not be opened.

　　　→ Don't let the door be opened.

(4) 명사절 수동태(목적어가 절인 문장의 수동태 : They say ~ 구문)

> 일반인 주어(They/People) + 완전타동사 + that + 주어 + 동사
> → It + be + 과거분사 + that + 주어 + 동사
> → 주어 + be + 과거분사 + to 부정사
> ※ to 부정사의 경우 시제가 주절과 명사절의 시제가 같으면 단순부정사(to + 동사
> 원형), 명사절의 시제가 주절의 시제보다 앞선 시제이면 완료부정사(to + have
> + 과거분사)를 씀

They say that he works 11 hours a day. (그는 하루에 11시간을 일한다고 한다.)

→ It is said that he works 11 hours a day.

→ He is said to work 11 hours a day. [단순부정사]

(5) 완료형, 진행형의 수동태

① 완료형 수동태 : have + been + p.p.

　㉠ He has written a poem. (그를 시를 썼다.)

　　　→ A poem has been written by him. [현재완료형 수동태]

　㉡ I will have done the task. (나는 그 일을 끝낼 것이다.)

　　　→ The task will have been done by me. [미래완료형 수동태]

② 진행형 수동태 : be + being + p.p.

　㉠ She is cleaning her room. (그녀는 그녀의 방을 청소하고 있다.)

　　　→ Her room is being cleaned by her. [현재진행형 수동태]

　㉡ The doctor was treating the patient. (그 의사는 환자를 치료하고 있었다.)

　　　→ The patient was being treated by the doctor. [과거진행형 수동태]

(6) 기타 주의할 수동태

① 「have + 목적어 + 과거분사」의 수동태 : 피해(~당하다)를 나타냄

I had my pocket picked. (소매치기를 당했다.) [pick a person's pocket:
~의 호주머니에서 소매치기하다]

② 혼동하기 쉬운 능동 · 수동 표현

　㉠ 형태상 능동이나 의미상 수동인 경우

　　These oranges peel easily. (이 오렌지는 잘 벗겨진다.)

　㉡ 형태상 수동이나 의미상 능동인 경우

　　- I was born in Seoul. (나는 서울에서 태어났다.)(be born : 태어나다)

- Are you married? (당신은 결혼했습니까?)(be married : 결혼하다)
- The girl was drowned in the river. (그 소녀는 강에서 익사했다.) (be drowned : 익사하다)

4. 수동태에서의 전치사 by

(1) by의 생략

① 행위자가 we, you, they, people, one 등 일반인인 경우 종종 생략
They[People] speak English in Australia. (호주에서는 영어를 사용한다.)
→ English is spoken in Australia (by them).

② 행위자가 불분명한 경우 생략
He was hurt in a traffic accident. (그는 교통사고로 다쳤다.)

③ 행위자가 유추할 수 있거나 중요하지 않은 경우 생략
He passed by a beehive and was stung (by bees). (그는 벌집을 지나치다가 벌에 쏘였다.)

(2) by 이외의 전치사를 사용하는 수동태

① be surprised/astonished at(~에 놀라다)
I was surprised at the news. (나는 소식을 듣고 놀랐다.)

② be frightened at(~에 겁먹다, 질겁하다)
The woman was frightened to death at the sight. (그 여성은 그 광경을 보고 까무러칠 만큼 놀랐다.)

③ be interested in(~에 흥미[관심]가 있다)
He is much interested in music. (그는 음악에 흥미를 느끼고 있다.)

④ be absorbed in(~에 몰두하다)
He was absorbed in thought. (그는 생각에 깊이 잠겼다.)

⑤ be caught in(~에 걸리다, ~에 빠지다)
I was caught in a shower. (나는 소나기를 만났다.)

⑥ be made of/from
　㉠ be made of(~로 만들어지다 : 물리적 변화)
　　Formerly all ships were made of wood. (전에 모든 배는 나무로 만들었다.)
　㉡ be made from(~로 만들어지다 : 화학적 변화)
　　Cheese is made from milk. (치즈는 우유로 만들어진다.)

⑦ be beloved of(~에게 사랑받다)
He is beloved of all. (그는 모든 사람들에게 사랑을 받는다.)

⑧ be tired of/with
　㉠ be tired of(~에 싫증나다, 지겹다)
　　I am tired of feeling sick. (나는 아픔을 느끼는 것이 지겹다.)
　㉡ be tired with(~에 지치다)
　　I am tired with walking. (나는 걷는 데 지쳤다.)

by + 행위자를 사용하지 않는 예외의 경우
능동태의 주어는 수동태의 대개 전치사구로 나타나는데 그때의 대표적인 전치사는 by이지만, 동사에 따라 다른 전치사가 오는 경우도 있음

수동태에서의 전치사 at

- 놀람이나 충격의 감정을 나타내는 경우
  - be alarmed at, be amazed at, be astonished at, be frightened at, be shocked at, be surprised at 등

by 이외의 전치사를 사용하는 수동태
- be filled with(~로 가득 차다)
  - The room was filled with smoke. (그 방이 연기로 가득 찼다.)
- be surrounded with(~에 둘러싸이다)
  - It was surround with a wall. (그것은 담에 둘러싸여 있었다.)
- be disappointed at[in](~에 실망하다)
  - I was disappointed in him. (나는 그에게 실망했다.)
- be delighted at[with](~에 기뻐하다)
  - We are just absolutely delighted with it. (우리는 그것에 너무나 기쁩니다.)

⑨ be ashamed of(~을 부끄러워하다)

I am ashamed of what I did. (나는 내가 했던 일을 부끄러워한다.)

⑩ be married to(~와 결혼하다)

She is married to a rich man. (그녀는 돈 많은 남자와 결혼해 살고 있다.)

⑪ be known to/as/for/by

㉠ be known to(~에 알려져 있다)

The story is known to everybody. (그 이야기는 모든 사람들에게 알려져 있다.)

㉡ be known as(~로 알려지다 : 자격)

He is known as a movie star. (그는 영화배우로 알려져 있다.)

㉢ be known for(~로 유명하다 : 이유)

He is known for his savage. (그는 잔인한 사람으로 유명하다.)

㉣ be known by(~으로 알 수 있다)

A man is known by the company he keeps. (사람은 그가 어울리는 사람에 의해 알 수 있다.)

⑫ be pleased with(~에 기뻐하다)

She was pleased with his present. (그녀는 그의 선물에 기뻐했다.)

⑬ be satisfied with(~에 만족하다)

He was satisfied with my answer. (그는 나의 대답에 만족했다.)

⑭ be covered with(~로 덮여 있다)

㉠ The top of the mountain is covered with snow. (산마루는 눈으로 덮여 있다.)

㉡ The ground was covered with snow. (땅이 눈으로 덮였다.)

04장 일치(Agreement)/화법(Narration)

01절   일치(Agreement)

02절   화법(Narration)

01절 일치(Agreement)

1. 주어와 동사의 수의 일치

(1) 기본적 일치 원칙

① 주어와 동사의 일치 : 주어의 인칭과 수에 따라서 동사의 형태가 결정됨

② 수의 일치

    ㉠ 원칙적으로 주어가 단수이면 단수동사(is, was, does, has 등)로, 주어가 복수이면 복수동사(are, were, do, have 등)로 받음

      • That pretty girl is very sick. (저 예쁜 소녀는 많이 아프다.)[단수동사]

      • They are playing baseball. (그들은 야구를 하고 있다.)[복수동사]

    ㉡ 예외적으로 주어의 형태가 아닌 의미에 따라 동사의 수가 결정되는 경우도 많이 있음

일치

주어	전명구	동사
	to부정사	
	분사구	
	관계사절	
	동격 that	

(2) A and B

① 주어가 'A and B'인 경우 원칙적으로 복수 취급

    ㉠ You and I are the only survivors. (당신과 내(우리)가 유일한 생존자이다.)

    ㉡ Oil and water do not mix. (기름과 물은 섞이지 않는다.)

② 동일인이나 불가분의 단일 개념인 경우 예외적으로 단수 취급

    ㉠ 동일인 : 한 사람을 의미하므로 단수 취급

      A poet and novelist was present. (시인 겸 소설가가 참석하였다.)(동일인을 의미)

      cf. A poet and a novelist were present. (시인과 소설가가 참석하였다.) (다른 사람을 의미)

    ㉡ 불가분의 단일 개념 : 하나 또는 하나의 단위를 가리키므로 단수 취급

      Bread and butter is his usual breakfast. (버터를 바른 빵이 그의 일상적인 아침식사이다.)

단일 개념으로 보아 단수 취급되는 표현

a needle and thread(실을 꿴 바늘, 실과 바늘), ham and eggs(계란을 넣은 햄, 햄에그), curry and rice(카레라이스), brandy and water(물 탄 브랜디), a watch and chain(줄 달린 시계), a horse and cart(말 한 마리가 끄는 마차), trial and error(시행착오), all work and no play(일[공부]만 하고 놀지 않는 것) 등

(3) 근접주어의 일치

A or B, either A or B, neither A nor B, not only A but also B, not A but B 등은 동사를 동사와 가까운 쪽(일반적으로 B)의 주어와 일치(다만, 오늘날 이를 구분하지 않고 쓰는 경향이 있음에 유의)

① A or B(A 또는 B) : 동사는 B에 일치시킴

    You or he has to attend the meeting. (너 아니면 그가 그 회의에 참석해야 한다.)

② Either A or B(A든 B든 어느 하나; 양자택일) : 동사는 B에 일치시킴

A (together) with B 'A (together) with B(= A as well as B)'는 A에 동사를 일치시킴

A bat together with some balls is missing. (공 몇 개와 함께 야구 배트가 없어졌다.)

ⓐ Either you or Tom is in the wrong. (당신과 Tom 어느 한 사람이 틀렸다.)

ⓑ Either you or she is in the wrong. (너와 그녀 어느 한 사람이 틀렸다.)

③ Neither A nor B(A도 B도 ~아니다; 양자부정) : 동사는 B에 일치시킴

Neither he nor I am responsible for the accident. (그도 나도 그 사고에 대해 책임이 없다.)

④ not only A but also B(= B as well as A)(A뿐만 아니라 B도) : 동사는 B에 일 치시킴

Not only he but also I am right. (그뿐만 아니라 나도 옳다.)

= I as well as he am[is] right.

SEMI-NOTE

동사를 A에 일치시키는 표현
• A accompanied with B
• A along with B
• A as well as B
• A occupied with B
• A together with B
• A with B

(4) 집합명사의 일치

① 집합명사 + 단수동사

ⓐ 단수 취급 : 집합명사는 사람·사물의 집합체를 나타내는 명사로, 집합체를 의미한다는 측면에서 단수동사로 받음

ⓑ 해당 명사 : family, class, public, nation 등

ⓒ My family is a large one. (나의 가족은 대가족이다.)[family는 가족 전체를 말하므로 집합명사]

② 군집명사 + 복수동사

ⓐ 복수취급 : 군집명사는 집합명사의 일종으로, 집합체의 구성원을 개별적으로 표현하는 명사를 말하므로 복수동사로 받음

ⓑ 집합명사 중 어떤 것이 군집명사가 되는지는 문맥의 의미를 통해서 판별

실력UP 군집명사와 정관사

• 정관사 the를 동반하는 군집명사 : the police, the English, the gentry 등
  – The police are chasing the criminal.
• 무관사로 사용하는 군집명사 : cattle, poultry, vermin 등
  – Cattle are grazing on grass.

군집명사 + 복수동사 예문
My family are all early risers. (나의 가족들은 모두 일찍 일어난다.)[이 문장에서 family는 가족 구성원 개개인을 의미하므로 군집명사]

(5) 전체나 일부를 나타내는 표현에서의 일치

[all, most, more than, some, half, one, the part, the rest, the remain, 분수, a lot, plenty 등] + of + 명사 + 동사
⇒ 앞의 명사가 복수명사인 경우 복수동사가, 단수명사인 경우 단수동사가 됨

① Most of them are his friends. (그들 대부분은 그의 친구들이다.)

② Half of this apple is rotten. (이 사과의 반은 썩었다.)[한 개의 사과]

③ Half of these apples are rotten. (이 사과들의 반은 썩었다.)[여러개의 사과]

④ The rest of the students were absent. (학생들 중 나머지는 결석을 했다.)

⑤ Two-thirds of the task has finished. (직무의 2/3가 완료되었다.)

부분, 일부를 표현하는 대명사
half, some, most 등 부분이나 일부를 표현하는 대명사 다음에 'of the + 복수명사'가 오는 경우는 복수 동사를, 'of the + 불가산 명사(단수형)'가 오는 경우는 단수 동사를 사용

04장
일치/화법

---

many, all

- many + 복수명사 / many + of + 복수명사 : 복수동사로 받음
  - Many people have to move before the coming spring.
  - Many of us were tired.
- all : 사람('모든 사람', '모두')을 의미할 때는 복수 취급, '모든 것(만사)'을 의미할 때는 단수 취급
  - All were happy.
  - All I want is money.

every 관련 영어 숙어 표현

- every day 매일, 날마다
- every year 매년
- every week 매주
- in every case 모든 경우에

주어와 동사의 수의 일치
- 주격 관계대명사가 이끄는 절의 동사는 선행사의 수에 일치시킴
  - 주격 관계대명사(who, which, that 등)가 이끄는 절의 동사의 경우는 주어가 선행사이므로, 선행사의 수와 인칭에 일치시켜야 함
  - Mr. Kim, who has a lot of teaching experience, will be joining the school in September.
  [관계대명사(who) 다음의 동사(has)는 선행사(Mr. Kim)에 일치 (김 선생님은, 가르쳐 본 경험이 많은 분인데, 9월에 우리 학교에서 함께 일하시게 됩니다.)

(6) 「the number of ~」와 「a number of ~」에서의 일치

① the number of ~(~의 수) : 단수동사로 받음

The number of students has been increasing. (학생들의 수가 증가하고 있다.)

② a number of ~(다수의 ~, 많은 ~) : 복수동사로 받음

A number of students were injured in the traffic accident. (수많은 학생들이 그 교통사고로 다쳤다.)

(7) 「many + a + 단수명사」는 단수 취급

① Many a young man has tried and failed. (많은 젊은이들이 시도했으나 실패했다.)

② Many a landowner has become bankrupt due to the law. (그 법률 때문에 많은 지주들이 몰락했다.)

(8) 「every + 단수명사」와 「every + 단수명사 + and + (every) + 단수명사」는 단수 취급

① Every dog has his day. (쥐구멍에도 볕 들 날이 있다.)

② Every boy and (every) girl wants to see the movie. (모든 소년 소녀들이 그 영화를 보고자 한다.)

cf. Everyone[Everybody] knows that. (모두 그것을 알고 있다.)(everyone [everybody]도 단수 취급)

cf. each, no로 수식받는 명사도 단수 취급

③ Each boy and each girl was given a book. (각 소년소녀들은 책을 한권 받았다.)

④ No student is to leave the room. (어떤 학생도 교실을 나갈 수 없다.)

(9) 복수형의 학문명, 병명, 게임명 등은 단수 취급

① 복수형의 학과·학문명 : ethics(윤리학), politics(정치학), economics(경제학), statistics(통계학), mathematics(수학), linguistics(언어학), phonetics(음성학) 등 → 단수 취급

② 복수형의 병명 : measles(홍역), mumps(유행성 이하선염), blues(우울증), rickets(구루병) 등 → 단수 취급

③ 복수형의 오락·게임명 : billiards(당구), bowls(볼링), checkers(체커, 서양장기), cards 등 → 단수 취급

실력UP   지명·국가명을 나타내는 복수 고유명사의 수

- 단수 취급 : Athens(아테네), Naples(나폴리), the United Nations(유엔), the United States(미국) [※복수형의 국가명은 대부분 단수 취급]
- 복수 취급 : the Netherlands (네덜란드), the Alps(알프스) 등

(10) 「시간, 거리, 금액, 중량」 등이 한 단위 또는 단일 개념을 나타내는 경우 단수 취급

    ① Thirty years is a long time. (30년은 긴 세월이다.)

       cf. Thirty years have passed since my mother died. (어머니가 돌아가신 지 30년이 지났다.)[시간의 경과를 나타내는 경우 복수 취급]

    ② Twenty miles is a long way to walk. (20마일은 걸어가기에 먼 길이다.)

    ③ Five thousand dollars is a big money. (5천 달러는 거금이다.)

(11) 명사절이나 명사구 등이 주어 역할을 하는 경우 단수 취급

    ① That he said so is true. (그가 그렇게 말했다는 것은 사실이다.)[명사절(That ~ so)이 주어이므로 단수동사(is)로 받음]

    ② Whether he will succeed is doubtful. (그가 성공할 것인지는 의심스럽다.)

    ③ Beating a child does more harm than good. (아이를 때리는 것은 득보다 해가 크다.)[동명사(구)가 주어가 되는 경우 단수 취급하므로 단수동사(does)로 받음]

    ④ To know oneself is not easy. (자신을 아는 것은 쉽지 않다.)[부정사(구)가 명사기능을 하여 주어가 되는 경우 단수 취급]

2. 시제의 일치

(1) 시제 일치의 일반원칙

    ① 주절의 시제가 현재, 현재완료, 미래인 경우에는 종속절의 시제는 어느 것이든 가능

       ㉠ I think that he is rich. (나는 그가 부자라고 생각한다.)

       ㉡ I think that he will be rich. (나는 그가 부자가 될 거라고 생각한다.)

       ㉢ I think that he was rich. (나는 그가 부자였다고 생각한다.)

       ㉣ He will say that he was busy. (그는 바빴었다고 말할 것이다.)

       ㉤ He has said that he will be busy. (그는 바쁠 것이라고 말했다.)

    ② 주절의 시제가 과거인 경우 종속절의 시제는 과거나 과거완료가 됨(단, 과거완료는 주절의 시제(과거)보다 먼저 일어난 경우)

       ㉠ I thought that he was rich. (나는 그가 부자라고 생각하였다.)

       ㉡ I thought that he would be rich. (나는 그가 부자가 될 거라고 생각하였다.)

       ㉢ I thought that he had been rich. (나는 그가 부자였었다고 생각하였다.)

(2) 시제일치의 예외

    ① 불변의 진리, 격언 등은 주절의 시제와 관계없이 종속절에서 현재를 씀

       ㉠ We were taught that the earth is round like a ball. (우리는 지구가 공처럼 둥글다고 배웠다.)

       ㉡ The professor said that time is money. (그 교수는 시간이 돈이라고 말했다.)

SEMI-NOTE

한 단위 또는 단일 개념을 나타내는 문장

한 단위 또는 단일 개념을 나타내는 문장의 구별시간, 거리, 금액, 중량 등이 한 단위 또는 단일 개념을 나타내는 경우에는 형태상으로 시간, 거리, 금액, 중량 등을 나타내는 어구 다음에 be동사가 옴

「There be ~」는 다음의 주어 수에 따라 be동사가 결정 됨

- There is a man who wants to go with you. (당신과 같이 가고자 하는 사람이 있습니다.)[‘There be’ 다음의 주어가 단수인 경우 be동사도 단수]
- There are some nice gold rings. (예쁜 금반지가 꽤 있다.)[‘There be’ 다음의 주어가 복수인 경우 be동사도 복수]

시제 일치란

- 주절과 종속절로 이루어진 복문 구조에서 주절의 시제와 종속절의 시제를 일치시키는 것을 의미
- 종속절의 시제 일치
  - 주절 시제
  - 현재, 현재완료, 미래
  - 과거
- 종속절 시제
  - 어느 시제나 사용 가능
  - 과거, 과거완료

시제 일치의 예외 조동사 must, should, ought to 등[의무·추측]

- must가 의무(~해야 한다)를 나타내는 경우 ‘have to’로 바꾸어 쓸 수 있음
  - His father said that he must[had to] work hard. (그의 아버지는 그가 열심히 공부해야 한다고 말했다.)

주의할 시제 일치 관련 어구

• in + (과거) 시간명사 : 과거시제에 쓰임

 - The foundation was founded in 2009. (그 재단은 2009년에 설립되었다.)

• during : 주로 과거의 특정한 기간 동안에 관하여 씀

 - The renowned singer stayed in Hawaii during a six-year gap. (그 유명한 가수는 6년간의 공백 기간 동안 하와이에 머물렀다.)

• since : 앞의 주절 동사는 완료시제를 씀

 - I have known him since he was a child. (나는 그가 어릴 때부터 그를 알고 있다.)

• so far : 현재완료시제에 쓰임

 - She has written only two novel so far. (그녀는 지금까지 단지 두 편의 소설만을 썼다.)

• by this time : 주로 미래완료시제에 쓰임

 - He should have arrived by this time. (그는 지금쯤 도착했을 것이다.)

② 현재의 습관 · 관례, 현재의 사실은 주절의 시제와 관계없이 종속절에서 현재를 씀

  ㉠ My grandfather said that he takes a walk everyday. (내 할아버지는 매일 산책을 한다고 말씀하셨다.)

  ㉡ It is an accepted custom to say 'Excuse me' when he sneezes. (재채기를 할 때 'Excuse me'라고 말하는 것은 일반적으로 받아들여지는 관례이다.)

  ㉢ He said that he has breakfast at seven every morning. (그는 매일 아침 7시에 아침을 먹는다고 말하였다.)

③ 역사적 사실은 주절의 시제와 관계없이 종속절에서 과거를 씀

  ㉠ She said that Columbus discovered America in 1492. (그녀는 1492년 Columbus가 미국을 발견했다고 말했다.)

  ㉡ We learned that World War II broke out in 1939. (우리는 1939년에 2차 세계대전이 일어났다고 배웠다.)

④ 가정법의 시제는 주절의 시제와 관계없이 종속절에서 원래 그대로 씀

  ㉠ He said, "If I were well, I could swim in the river."

   → He said that if he were well he could swim in the river. (그는 자신이 건강하다면 강에서 수영을 할 수 있다고 말하였다.)

  ㉡ I wish I were a bird. (나는 내가 새라면 하고 바란다.)

   → I wished I were a bird. (나는 내가 새라면 하고 바랐다.)

⑤ 비교의 부사절에서는 내용에 따라 시제를 씀

  ㉠ She was then more generous than she is now. (그녀는 지금보다 그때 더 관대했다.)

  ㉡ She speaks English better than you did. (그녀는 예전의 당신보다 영어를 더 잘한다.)

02절 화법(Narration)

1. 화법전환(직접화법 ⇒ 간접화법)의 일반 공식

(1) 전달동사 등의 전환

① 전달동사 : say(said) → say(said), say(said) to → tell(told)

② 인용부호를 없애고 접속사 that을 사용

(2) 피전달문의 인칭 및 시제의 전환

① 직접화법에서의 1인칭은 간접화법에서 주어와 일치시킴

He said to me, "I will do my best."

→ He told me that he would do his best.

② 2인칭은 목적어와 일치시키며, 3인칭은 그대로 둠

I said to her, "You look fine."

화법(Narration)

화법이란 사람의 말을 전하는 방식을 말하는 것으로, 어떤 사람이 한 말을 그대로 인용부호로 전하는 것을 직접화법(Direct narration), 말의 의미 · 내용만을 자신의 말로 고쳐서 전하는 것을 간접화법(Indirect narration)이라 함

→ I told her that she looked fine.

③ 전달동사의 시제가 과거일 경우 종속절의 시제는 시제 일치 원칙에 따라 바뀜

She said, "It is too expensive."

→ She said that it was too expensive.

④ 지시대명사나 부사(구) 등을 문맥에 맞게 전환함

㉠ She said, "I am busy today."

→ She said that she was busy that day.

㉡ He said, "I reached here yesterday."

→ He said that he had reached there the day before.

2. 문장의 종류에 따른 화법전환

(1) 평서문의 화법전환

① 전달동사 say는 say로, say to는 tell로 전환

② 전달동사 뒤에 접속사 that을 놓음. 이 that은 생략이 가능

③ 전달동사가 과거인 경우 종속절의 시제를 일치시킴

④ 피전달문의 인칭대명사를 문맥에 맞도록 고침

⑤ 부사나 부사구, 지시대명사 등을 문맥에 맞도록 고침

실력Up 문맥에 맞게 고치기

• now → then / ago → before

• today → that day / tonight → that night

• yesterday → the day before(the previous day)

• last night → the night before(the previous night)

• tomorrow → the next day(the following day)

• next week → the next week(the following week)

• this → that / these → those / here → there / thus → so

의문사 있는 의문문의 간접화법 어순

• 의문사가 접속사 역할을 하므로 '의
문사 + 주어 + 동사'의 순서가 됨

- I said to the boy, "What is your
name?"

→ I asked the boy what his
name was.

(나는 그 소년에게 이름이 무
엇이냐고 물었다.)

04장

일치/화법

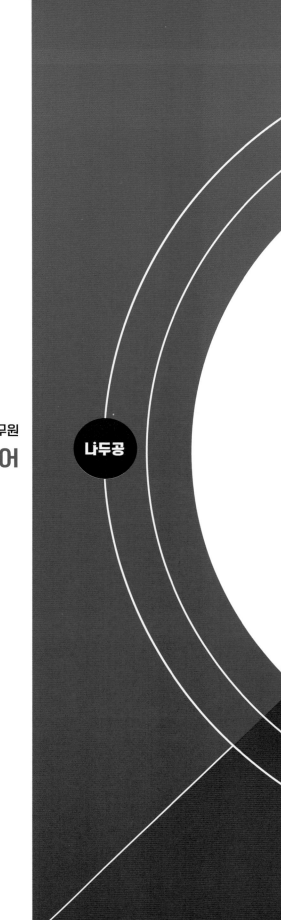

9급공무원
영어

나두공

ⓘ 나두공

05장 부정사(Infinitive)/동명사 (Gerund)/분사(Participle)

01절 부정사(Infinitive)

02절 동명사(Gerund)

03절 분사(Participle)

01절 부정사(Infinitive)

1. 부정사의 의의

(1) 부정사의 의미

① 부정사는 복문을 단문으로 만들어 문장을 간결하게 하는 준동사의 일종
② 부정사는 동사의 성질을 지니므로 목적어나 보어를 취할 수 있음
③ 부정사는 그 용법에 따라 문장에서 명사(구), 형용사(구), 부사(구)의 역할을 함
④ 부정사는 '~하는 것', '~하기 위해', '~할' 등과 같은 미래의 의미가 내포되어 있음
⑤ 문장의 간결성 차원에서 부정사가 있는 문장에서는 같은 단어의 반복이 안 됨

미래(소망)에 관한 동사의 과거형 +
완료부정사

• expected, forgot, hoped,
intended, promised, wanted,
remembered, wished 등 미래
(소망)에 관한 동사의 과거형 뒤
에 오는 완료부정사는 과거에
~했으나 이루어지지 않은 동
작 등을 나타냄
 − I intended to have met her.
 = I had intended to meet
   her.
 = I intended to meet her, but
   I didn't.

(2) 부정사의 종류

① to부정사 : to + 동사원형(기본형) / to + be + p.p(수동형) / to + have +
p.p(완료형)
② 원형부정사 : 동사원형
③ 기타 : 대부정사(to), 분리부정사(to + 부사 + 동사원형)

(3) 부정사의 시제

① 단순부정사
 ㉠ 동사의 시제와 같거나 늦은 시제를 나타냄
 ㉡ 'to + 동사원형' 또는 'to be + p.p(단순형 수동부정사)'의 형태를 지님
 ㉢ He seems to be ill. (그는 아픈 것처럼 보인다.)
   = It seems that he is ill.
 ㉣ He seemed to be ill. (그는 아픈 것처럼 보였다.)
   = It seemed that he was ill.
 ㉤ He seemed to be shocked. (그는 충격을 받은 것처럼 보였다.)
   = It seemed that he was shocked.

② 완료부정사
 ㉠ 동사의 시제보다 앞선 시제를 나타냄

'to have + p.p' 또는 'to have been
+ p.p(수동형 완료부정사)'

• He seemed to have been shocked.
(그는 충격을 받았던 것처럼 보였다.)
= It seemed that he had been
  shocked.

 ㉡ 'to have + p.p' 또는 'to have been + p.p(수동형 완료부정사)'의 형태를
지님
   • He seems to have been ill. (그는 아팠던 것처럼 보인다.)
     = It seems that he was ill.
   • He seemed to have been ill. (그는 아팠던 것처럼 보였다.)
     = It seemed that he had been ill.

(4) 부정사의 부정 : 부정사 앞에 부정어(not, never 등)를 사용

① I told him not to go out. But he went out. (나는 그에게 나가지 말라고 하였다. 그러나 그는 나갔다.)

② He made it a principle never to be late for school. (그는 학교에 지각하지 않는 것을 원칙으로 삼았다.)

2. 부정사를 목적어나 목적보어로 취하는 동사

(1) to부정사를 목적어나 목적보어로 취하는 동사

① 소망 · 기대 · 요구 · 노력동사 등은 to부정사를 목적어로 취함(⇒ S + V + to부정사[-ing(×)]) : want, wish, hope, long(간절히 바라다), desire, expect, ask, demand, endeavor, contrive, learn, manage, decide 등

  ㉠ We want to get back to the six-party talks as soon as possible. (우리는 가능한 한 빨리 6자회담에 복귀하기를 바란다.)

  ㉡ We expect to succeed. (우리는 성공할 것이다.)

  ㉢ They contrived to escape from the castle. (그들은 성을 빠져나갈 궁리를 했다.)

  ㉣ Tom did not choose to accept their proposal. (Tom은 그들의 제안을 받아들이려 하지 않았다.)

  ㉤ The president promised to clean up government. (대통령은 정부를 일소할 것이라 약속했다.)

  ㉥ He arranged to start early in the morning. (그는 아침 일찍 출발할 준비를 했다.)

② (준)사역동사 get, cause, induce, persuade, compel, force 등은 목적보어로 to부정사를 취함(⇒ S + V + O + to부정사)

  ㉠ Get your parents to help you. (당신의 부모님께 도와 달라고 하시오.)

  ㉡ The policeman compelled Tom to confess. (그 경찰관은 Tom이 자백하도록 강요했다.)

(2) 원형부정사를 취하는 동사

① 조동사 뒤에 오는 동사는 원형부정사(동사원형)를 취함

Cancer can be cured when it is discovered in its earliest stages. (암은 초기 단계에 발견되면 치료될 수 있다.)

② 사역동사 make, have, let, bid(명령하다) 등은 목적보어로 원형부정사를 취함(⇒ S + 사역동사 + O + 원형부정사)

  ㉠ Her song always makes me feel happy. (그녀의 노래는 언제나 나를 행복하게 한다.)

  ㉡ Our teacher made us learn the poem by heart. (우리 선생님은 우리에게 그 시를 암송하라고 시켰다.)

SEMI-NOTE

지각동사

see, watch, behold, look at, observe, hear, listen to, smell, taste, feel, find, notice 등

had better 구문 정리

- **기본형** : had better + 동사원형 (~하는 편이 낫다)
- **부정형** : had better not + 동사원형(~하지 않는 편이 낫다)
- **과거형** : had better have + p.p(~하는 편이 나았을 텐데)
- **과거부정형** : had better not have + p.p(~하지 않는 편이 나았을 텐데)

→ We were made to learn the poem by heart (by our teacher). [수동태가 되면 원형부정사가 아닌 to부정사가 사용됨]

③ 지각동사는 목적보어로 원형부정사를 취함(⇒ S + 지각동사 + O + 원형부정사)

㉠ I heard the singer sing on TV last night. (나는 어젯밤 TV에서 그 가수가 노래하는 것을 들었다.)

㉡ I saw him cross the street. (나는 그가 길을 건너는 것을 보았다.)

→ He was seen to cross the street (by me).[수동태가 되면 원형부정사가 아닌 to부정사가 사용됨]

④ 원형부정사(동사원형)를 취하는 관용적 표현

㉠ had better + 원형부정사(~하는 편이 낫다)

You had better not say anything. (아무 말도 하지 않는 것이 낫다.)

㉡ do nothing but + 원형부정사(단지[오직] ~할 뿐이다[~만 하다])

cf. nothing but = only

She did nothing but complain. (그녀는 오직 불평만 했다.)

㉢ cannot (choose) but + 원형부정사(~하지 않을 수 없다)

= cannot help V -ing

= have no choice but + to부정사

= have no other way but + to부정사

= have no alternative[option] but + to부정사

㉣ I cannot (choose) but accept the offer. (나는 그 제안을 받아들이지 않을 수 없다.)

= I have no choice[alternative, option, other way] but to accept the offer.

㉤ would rather + 원형부정사 (than 원형부정사) ((~하느니) 차라리[오히려] ~하고 싶다)

I would rather stay here alone. (나는 여기 혼자 있는 것이 낫겠다.)

실력UP would rather 구문 정리

- **기본형** : would rather + 동사원형(차라리 ~하고 싶다)
- **부정형** : would rather not + 동사원형(차라리 ~하지 않겠다)
- **과거형** : would rather have + p.p(차라리 ~했어야 했다)
- **과거부정형** : would rather not have + p.p(차라리 ~하지 말았어야 했다)

원형부정사를 취하는 기타 구문

- but, except + 원형부정사 (~ 제외하면)
  - I will do anything but work on a construction site. (나는 건설 현장에서 일하는 것만 제외하면 무엇이든 하겠다.)

⑤ 원형부정사를 취하는 기타 구문

㉠ let go (놓아주다)

Don't let go the rope. (줄을 놓지 마라)

㉡ make believe (~하는 체하다)

The kids are making believe that they are bride and bridegroom. (애들이 신랑 신부 놀이를 하고 있다.)

ⓒ Why not + 원형부정사? (~하지 그래? ~하세요.)

Why not put an ad in the paper? (신문에 광고를 내지 그래? = 신문에 광고를 내세요.)

3. 부정사의 용법

(1) 명사적 용법 : 부정사가 명사의 역할(주어·목적어·보어 등)을 함

① 문장에서 주어 역할을 함

ㄱ To know oneself is not easy. (자신을 아는 것은 쉽지 않다.)

ㄴ To get up early is good for the health. (일찍 일어나는 것은 건강에 좋다.)

= It is good for the health to get up early.

= Getting up early is good for the health.

② 문장에서 목적어 역할을 함

ㄱ She likes to play the piano. (그녀는 피아노 치는 것을 좋아한다.)

ㄴ I hate to accept it. (나는 그것을 받아들이고 싶지 않다.)

③ 문장에서 보어 역할을 함

ㄱ My desire is to be a pilot. (나의 소망은 조종사가 되는 것이다.)

ㄴ His hobby is to collect stamps. (그의 취미는 우표 수집이다.)

= His hobby is collecting stamps.

④ 명사와 '동격'이 되는 경우

My desire, to be a pilot, never came true. (조종사가 되고자 하는 나의 소망은 결코 실현되지 않았다.)

⑤ 「의문사 + to부정사」

ㄱ What to do is very important. (무엇을 하느냐가 아주 중요하다.)[주어]

ㄴ I don't know what to do. (나는 무엇을 해야 할지를 모르겠다.) [목적어]

ㄷ The difficulty is what to do. (어려운 것은 무엇을 하느냐이다.) [보어]

(2) 형용사적 용법

① 한정적 용법 : 부정사가 명사(주어 · 목적어 · 보어)를 수식

ㄱ 부정사가 수식하는 명사가 부정사의 의미상의 주어인 경우

• She has no friend to help her. (그녀는 도와줄 친구가 없다.)[to부정사가 명사(friend)를 수식]

• He is the last man to betray his friends. (그는 자기 친구들을 배신할 사람이 결코 아니다.)

= He is not a man who will betray his friends.

ㄴ 부정사가 수식하는 명사가 부정사의 의미상의 목적어인 경우

• I bought a book to read. (나는 읽을 책을 샀다.)[to부정사가 명사(book)을 수식]

준동사

• 부정사, 동명사, 분사와 같은 준동사는 동사에 준해서 사용되는 것으로, 기본적인 동사 기능 외에 명사나 형용사, 부사의 기능을 수행

• 준동사는 주어에 따라 인칭이나 수가 정해지는 정동사(be동사나 일반동사 등)와는 달리 주어에 따른 인칭과 수의 변화가 없음

• 정동사가 일반적 의미의 주어와 함께 사용되는 데 비해, 준동사는 의미상의 주어와 함께 사용

의문사구(의문사 + to부정사)

• what to do : 무엇을 해야 할지

• how to do : 어떻게 해야 할지

• where to do : 어디서 해야 할지

• when to do : 언제 해야 할지

한정적 용법

명사 뒤에서 수식하며 형용사와 같은 역할을 하는 부정사를 의미

• money to buy a car
  − 차 한 대 살 돈

• time to go home
  − 집에 갈 시간

• money to live on
  − 생활비

준동사의 부정

- 준동사(부정사 · 동명사 · 분사)를 부정할 때, not, never 등의 부정어를 준동사 앞에 붙이는데, 이는 부정어가 부사로서 형용사로 기능하는 준동사 앞에 위치하기 때문임
  - I made up my mind not to oversleep again.

불완전자동사(2형식 동사)의 주격 보어가 되는 경우

- He seems to be sad. (그는 슬픈 것 같다.)
- His wound turned out to be fatal. (그의 상처는 치명적인 것으로 판명되었다.)
- We soon came to like her. (우리는 곧 그녀를 좋아하게 되었다.)

be + to부정사 용법

예정 : ～을 하려고 하다(will, be going to)
의무 : ～해야 한다(should)
가능 : ～할 수 있다(can)
운명 : ～할 운명이다
의도 : ～할 작정이다

부사적 용법 지정(～하기에, ～하기가)

- The book is easy to read. (그 책은 읽기가 쉽다.)
  = It is easy to read the book.
- This river is dangerous to swim in. (이 강은 수영하기에 위험하다.)
  = It is dangerous to swim in this river.
  cf. 부사적 용법은 to부정사가 형용사를 수식하는 경우, 이러한 구문에 사용되는 형용사에는 easy, hard, difficult, good, dangerous, convenient, impossible이 있음

- Please give me something hot to drink. (제게 뜨거운 음료를 주세요.)
  [to부정사가 대명사(something)를 수식]
  = Please give me something hot that I can drink.

ⓒ '부정사 + 전치사'가 수식하는 명사가 전치사의 목적어인 경우
- The child had a spoon to eat with. (아이는 갖고 먹을 스푼이 있었다.)
  [명사(spoon)는 전치사(with)의 목적어]
- I have no house to live in, nor money to buy a house with. (나는 살 집이 없고, 집을 살 돈도 없다.)
  - a chair to sit on, paper to write on, a pencil to write with 등

ⓔ 부정사가 수식하는 명사가 부정사와 동격 관계
- Give me your promise never to smoke. (절대 금연하겠다고 약속해라.)[to부정사와 명사(promise)가 동격]
- I have no opportunity to speak English these days. (나는 요즈음 영어를 말할 기회가 없다.)
  = I have no opportunity of speaking English these days.

실력up 수식 관계

It is time to go to bed now. (이제 잠자리에 들 시간이다.)

② 서술적 용법 : 부정사가 동사의 보어가 됨
  ㉠ 불완전자동사(2형식 동사)의 주격 보어가 되는 경우
  - The news proved to be false. (그 뉴스는 거짓임이 판명되었다.)
  - I happened to meet her. (나는 우연히 그녀를 만났다.)
  ㉡ 불완전타동사(5형식 동사)의 목적격 보어가 되는 경우
  - He thought her to be unkind. (그는 그녀가 불친절하다고 생각했다.)
  - I believe him to be cruel. (나는 그가 잔인하다고 믿는다.)
  ㉢ be + to부정사 : 의무 · 예정 · 운명 · 가능 · 소망 · 의도를 표현
  - We are to observe the law. (우리는 법을 지켜야 한다.)[의무]
  - He is to make a speech this weekend. (그는 이번 주말에 연설을 할 예정이다.)[예정]
  - Nothing was to be seen but waves and gulls. (파도와 갈매기 외에는 아무 것도 볼 수 없었다.)[가능]
  - If you are to get a high score, you have to study hard. (당신이 높은 점수를 얻으려 한다면, 열심히 공부해야 한다.)[의도]

(3) 부사적 용법

① 부정사가 부사처럼 동사 · 형용사 · 다른 부사 등을 수식하는 경우
  ㉠ 목적(～하기 위하여)(= in order to ～ = so as to ～)
  We eat to live, not live to eat. (우리는 살기 위해 먹는 것이지 먹기 위해 사는 것이 아니다.)

ⓛ 원인(~하니, ~하고서)

I am glad to meet you. (당신을 만나서 반갑습니다.)

ⓒ 이유 · 판단의 근거(~하는 것을 보니, ~을 하다니)

He must be a liar to say such a thing. (그런 말을 하는 것을 보니 그는 분명히 거짓말쟁이다.)

ⓔ 결과(~해서 …하다 / ~하여[하지만] …하다)(= and ~ / = but ~)

- He grew up to be a great scientist. (그는 커서 위대한 과학자가 되었다.)
- She worked hard only to fail. (그녀는 열심히 일했지만 실패했다.)

  = She worked hard but she failed.
- The good old days have gone never to return. (좋은 시절은 가고 다시는 돌아오지 않는다.)

ⓜ 조건(~하다면)(= if ~)

- I should be very glad to go with you. (당신과 함께 간다면 나는 아주 기쁠 것이다.)

  = I should be very glad if I could go with you.
- To hear him speak English, you would mistake him for an American. (너는 그가 영어로 말하는 것을 들으면 그를 미국인으로 착각할 것이다.)

ⓗ 양보(~에도 불구하고)(= though ~)

To do my best, I couldn't help it. (최선을 다했지만 어쩔 수 없었다.)

ⓢ 형용사 + enough to + 원형부정사(~할 정도로 …하다)(= so … that + S + can ~)

It is hot enough to swim today. (오늘은 수영하기에 충분히 덥다.)

= It is so hot that we can swim today.

cf. 여기서의 부사적 용법은 to부정사가 앞의 부사(enough)를 수식하는 경우임

ⓞ too ~ to + 원형부정사(너무 ~해서 …할 수 없다)(= so ~ that + S + can't + 원형부정사)

You are too young to understand it. (너는 너무 어려서 그것을 이해할 수 없다.)

= You are so young that you can't understand it.

② 독립부정사 : 문장 전체를 수식

to tell the truth 사실[진실]을 말하자면(= truth to tell = to be honest) / to be frank with 솔직히 말하면, 사실은 / to do ~ justice 공평히 말해서 / to be brief[short] 간단히 말하면(= to make a long story short) / to begin with 우선, 무엇보다도 / to be sure 확실히 / to say nothing of ~은 말할 것도 없이 (= not to speak of = not to mention) / to say the least (of it) 적어도, 줄잡아 말하더라도 / to make matters worse 설상가상으로 / so to speak 말하자면 / strange to say 이상한 말이지만 / needless to say 말할 필요도 없이

SEMI-NOTE

부정사가 부사처럼 동사 · 형용사 · 다른 부사 등을 수식하는 경우

- so ~ as to …(…할 만큼 ~하[대]정도 / 너무 ~해서 …하[대]경우])
  - She was so kind as to show me around the town. (그녀는 내게 시내를 구경시켜줄 만큼 친절하였다.)[정도]
  - He got up so late as to miss the train. (그는 너무 늦게 일어나서 기차를 놓쳤다.)[결과]

'too ~ to' 구문의 특수용법

- not too ~ to …(…할 수 없을 정도로 ~하지는 않다)(= not so ~ that …not)
- too ~ not to …(대단히 ~하므로 …할 수 있다)(= so ~ that can[cannot but])
- only too(매우, 대단히)(= very, exceedingly)

독립부정사 예문

- To tell the truth, I can't understand what you are saying. (진실을 말하면, 나는 네가 말하는 것을 이해할 수가 없다.)
- To do him justice, the work does not suit him. (공평히 말해서 그는 그 일에 어울리지 않는다.)
- He is, so to speak, a celibate. (그는 말하자면 독신주의자이다.)

SEMI-NOTE

실력up **to부정사가 포함된 관용구**

be likely[apt, liable, inclined] to ~(~하는 경향이 있다) / be ready to ~(~할 준비가 되어 있다) / be sure to ~(반드시 ~하다) / be willing to ~(기꺼이 ~하다) / be anxious[eager] to ~(~을 바라다) / be free to ~ (자유롭게 ~하다)

4. 기타 부정사 관련 용법

(1) 대부정사 : 같은 동사의 반복을 피하기 위하여 to부정사에서 to만을 쓰는 것을 의미

You may smoke if you want to smoke. (원한다면 담배를 피워도 좋습니다.)

(2) 분리 부정사 : to와 원형 사이에 to부정사를 수식하는 부사를 두는 것을 의미

I failed to entirely understand the poem. (나는 그 시를 완전히 이해하지 못했다.)

(3) 과거에 이루지 못한 희망·기대

- 희망 · 기대 동사 + 완료부정사 : 희망 · 기대 · 의지 등을 나타내는 동사가 완료부정사의 형태를 취하여 과거에 이루지 못한 희망 · 기대 등을 표현
- wanted[hoped, wished, intended, expected 등] + to have p.p.
  = had wanted[hoped, wished, intended, expected 등] + to부정사

I hoped to have seen her before her death. (나는 그녀가 죽기 전에 그녀를 보기를 바랐다. (그러나 보지 못했다.))
= I had hoped to see her before her death.
= I hoped to see her before her death, but I couldn't.

5. 부정사의 의미상 주어

(1) 의미상 주어를 따로 쓰지 않는 경우

① 의미상 주어가 문장의 주어(술어동사의 주어)와 일치하는 경우
  ㉠ I want to go to Japan. (나는 일본에 가고 싶다.)
  ㉡ He intended to visit there. (그는 그곳을 방문하려고 했다.)
② 의미상 주어가 일반주어(people, we, they 등의 일반인)인 경우
  ㉠ This book is easy to read. (이 책은 읽기 쉽다.)
  ㉡ It is wrong to cheat on an exam. (시험에서 부정행위를 하는 것은 잘못된 것이다.)
③ 독립부정사 구문의 경우
  ㉠ To make matters worse, he lost his money. (설상가상으로 그는 돈을 잃어버렸다.)

흔히 사용되는 대부정사의 예

- want to
- wish to
- hope to
- like to
- love to
- hate to
- need to
- try to
- have to
- be going to
- would like to
- be sorry to

현수부정사

문장 앞 부정사의 의미상 주어는 주절의 주어가 되어야 함

ⓛ To be frank with you, I think he has little chance of passing the exam.
(솔직히 말하면, 나는 그가 시험에 통과할 가능성이 거의 없다고 생각한다.)

④ 의미상 주어가 문장의 목적어와 일치하는 경우

- 일반적으로 'S + V + O + OC(to부정사)'의 5형식 문장이 됨
- 해당 동사
  - 희망 · 기대 동사 : want, wish, desire, expect, intend, mean 등
  - 명령 · 권고 동사 : tell, order, warn, ask, beg, advise, require 등
  - 생각 · 사유 동사 : believe, think, consider, suppose, imagine 등
  - 허용 · 금지 동사 : allow, permit, forbid 등
  - 사역동사 : get, cause, compel, force, lead, enable, encourage 등

(2) 의미상 주어를 따로 쓰는 경우

① 의미상 주어가 'for + 목적어'가 되는 경우(for + 목적어 + to부정사)

- 부정사의 의미상 주어를 'for + 목적어(사람)' 형태로 따로 씀
- 해당 유형 : 의미상 주어를 따로 쓰지 않는 경우나 'of + 목적어'가 의미상 주어가 되는 경우를 제외하고 대부분 이러한 형태로 씀 → to부정사가 (대)명사의 역할(문장의 주어, 목적어, 보어 역할)을 하는 경우, to부정사가 명사를 수식하는 형용사 역할을 하는 경우 등

② 의미상 주어가 'of + 목적어'가 되는 경우(of + 목적어 + to부정사)

- 사람의 성품 · 성향, 감정표현의 형용사가 있는 경우 부정사의 의미상 주어를 'of + 목적어(사람)' 형태로 씀
- 사람의 성품 · 성향, 감정표현의 형용사가 있는 경우 부정사의 의미상 주어를 'of + 목적어(사람)' 형태로 씀
- 해당 형용사 : good, nice, kind, generous, polite, considerate, careful, selfish, impudent, cruel, rude, wrong, wise, clever, foolish, silly, stupid 등

실력up 의미상 주어가 'of + 목적어'가 되는 경우 예문

- It is kind of you to invite us to the party. (우리를 잔치에 초대하여 주셔서 고맙습니다.)
  = You are kind to invite us to the party.
- It was wise of her not to spend the money. (그녀가 돈을 낭비하지 않은 것은 현명했다.)
- It is foolish of him to do such a thing. (그가 그런 일을 하다니 어리석다.)

SEMI-NOTE

의미상 주어가 문장의 목적어와 일치하는 경우

- I want you to go to Japan. (나는 네가 일본에 가기를 원한다.)
- He advised Jennifer to tell the truth. (그는 Jennifer에게 진실을 말하라고 충고했다.)
- I believed him (to be) honest. (나는 그가 정직하다고 생각했다.)
  = I believed (that) he was honest.

의미상 주어가 'for + 목적어'가 되는 경우(for + 목적어 + to부정사)

- It is necessary for you to go there at once. (네가 거기에 즉시 가는 것이 필요하다.)
  = It is necessary that you should go there at once.
- It is impossible for you to do so. (네가 그렇게 하는 것은 불가능하다.)
- It is very difficult for me to speak Spanish. (내가 스페인어를 하는 것은 아주 어렵다.)
- It is time for us to begin that work. (우리가 그 일을 시작할 시간이다.)
- I opened the door for them to enter. (나는 그들이 들어오도록 문을 열었다.)

05장

부정사/동명사/분사

02절 동명사(Gerund)

1. 동명사의 성질 및 기능

(1) 동명사가 가진 동사의 성질

① 시제와 수동형이 있음

㉠ **시제** : 단순동명사(V-ing), 완료동명사(having+p.p.)

㉡ **수동형** : 단순 수동형(being+p.p.), 완료 수동형(having been+p.p.)

② 동사처럼 목적어를 취할 수 있음

My hobby is collecting stamps. (나의 취미는 우표 수집이다.)[동명사 collecting은 stamps를 목적어로 취함]

③ 동사처럼 보어를 취할 수 있음

Becoming a singer is her dream. (가수가 되는 것이 그녀의 꿈이다.)

④ 동사처럼 부사(구) 등의 수식어를 동반할 수 있음

Playing on the field is forbidden. (운동장에서 노는 것은 금지되어 있다.)
[부사구 'on the field'가 동명사 playing을 수식]

(2) 동명사의 명사 기능

① 문장의 주어로 쓰임

㉠ Walking in the snow is very romantic. (눈 위를 걷는 것은 아주 낭만적이다.)

㉡ Speaking English fluently is very difficult. (영어를 유창하게 말하는 것은 매우 어렵다.)

= To speak English fluently is very difficult.

② 문장의 보어로 쓰임

My hobby is collecting stamps. (나의 취미는 우표 수집이다.)

= My hobby is to collect stamps.

③ 동사의 목적어로 쓰임

㉠ This car needs washing. (이 차는 세차를 할 필요가 있다.)

= This car needs to be washed.

㉡ I regret having said so. (나는 그렇게 말했던 것을 후회한다.)

④ 전치사의 목적어로 쓰임

㉠ The woman went out without saying. (그 여자는 말없이 나갔다.)

㉡ He is proud of being an engineer. (그는 기술자인 것을 자랑스럽게 여긴다.)

전치사 'in'이 자주 생략되는 구문

spend[waste] money[time] (in) V-ing (~하는 데 돈[시간]을 쓰다[허비하다])

(3) 동명사의 부정

① 동명사의 부정은 부정어(not, never 등)를 동명사 바로 앞에 위치시켜 표현

② I can't excuse her for not having answered my letter. (나는 그녀가 내 편지에 답장하지 않은 것을 용서할 수 없다.)

실력up 동명사와 현재분사

동명사	현재분사
• 명사이므로 문장 내에서 주어 · 목적어 · 보어 등 명사의 역할을 함 • 주로 '용도 · 목적'을 나타내며, '~ 것'으로 해석됨 • 「동명사 + 명사」는 「동사 + 주어」의 관계가 성립하지 않는 경우가 많음	• 형용사이므로 문장 내에서 주로 명사를 수식하거나 보어가 됨 • 주로 '상태나 동작'을 나타내며, '~하고 있는', '~주는', '~한' 등으로 해석됨 • 「현재분사 + 명사」는 「동사 + 주어」의 관계가 성립하는 경우가 많음

2. 동명사의 시제 및 수동형

(1) 동명사의 시제

① 단순동명사(V-ing) : 일반적으로 동사의 시제와 같은 시제이거나 이후 시제

I know his being rich. (나는 그가 부자라는 것을 안다.)

= I know (that) he is rich.

② 완료동명사(having + p.p) : 동사의 시제보다 앞선 시제

I know his having been rich. (나는 그가 부자였다는 것을 안다.)

= I know (that) he was rich.

(2) 동명사의 수동형

① 단순 수동형(being + p.p)

㉠ He is afraid of being scolded. (그는 꾸중들을 것을 두려워하고 있다.)

= He is afraid that he will be scolded.

㉡ After being interviewed, the applicant was employed in the company. (인터뷰 후에, 그 지원자는 그 회사에 채용되었다.)

② 완료 수동형(having been + p.p)

She was not aware of her husband having been fired. (그녀는 남편이 해고되었다는 것을 알지 못했다.)

= She was not aware that her husband had been fired.

3. 동명사의 의미상 주어

(1) 의미상 주어를 따로 쓰지 않는 경우

① 의미상 주어가 문장의 주어와 같은 경우

㉠ I am sorry for being late. (늦어서 미안합니다.)[의미상 주어와 문장의 주어(I)가 동일]

SEMI-NOTE

동명사와 현재분사

• 동명사의 예
  - a sleeping car(= a car for sleeping)
  - a smoking room(= a room for smoking)
• 현재분사의 예
  - a sleeping baby(= a baby who is sleeping)
  - a smoking chimney(= a chimney which is smoking)

능동 동명사가 수동의 의미를 표현하는 경우

• 의미상 수동태이나 능동형 동명사를 쓰는 것을 의미
• need [want, require, deserve 등] + 동명사(= to be + p.p.)
  - My phone needs[wants] repairing.
  = My phone needs [wants] to be repaired.
  - Your opinion deserves thinking.
  = Your opinion deserves to be thought.

의미상 주어를 따로 쓰지 않는 경우

• 의미상 주어가 일반인(our, your, their 등)인 경우
  - Teaching is learning. (가르치는 것은 배우는 것이다.)
  - Seeing is believing. (보는 것이 믿는 것이다.)

ⓛ I am sure of winning the first prize. (나는 1등 상을 받을 것이라 확신하고 있다.)

= I am sure that I will win the first prize.

② 의미상 주어가 목적어와 일치하는 경우

㉠ Excuse me for being late. (늦어서 죄송합니다.)[의미상 주어와 목적어(me)가 동일]

ⓛ Thank you for coming to my birthday party. (제 생일 파티에 와주셔서 감사합니다.)

(2) 의미상 주어의 일반적 형태

① 동명사의 의미상 주어는 소유격으로 나타내는 것이 원칙

㉠ I am sure of his passing the exam. (나는 그가 시험에 합격하리라는 것을 확신한다.)

= I am sure that he will pass the exam.

ⓛ I don't like your speaking ill of your mother. (나는 당신이 당신의 어머니를 비난하는 것을 좋아하지 않는다.)

= I don't like that you should speak ill of your mother.

② 의미상 주어는 소유격이 원칙이나, 오늘날 구어체 등에서 목적격으로 나타내기도 함

㉠ I don't like his/him coming here. (나는 그가 여기에 오는 것을 좋아하지 않는다.)

ⓛ I can't understand your brother/brother's refusing to join our club. (나는 너의 남동생이 우리 클럽에 가입하기를 거부하는 것을 이해할 수 없다.)

4. 동명사와 부정사를 목적어로 취하는 동사

(1) 동명사를 목적어로 취하는 동사

① '동사 + 동명사(-ing)'의 구조를 취하며, '동사 + to부정사(to do)'의 구조는 불가능한 동사

② 해당 동사

admit, anticipate, appreciate, avoid, consider, defer, delay, deny, dislike, dispute, doubt, enjoy, escape, excuse, finish, forgive, give up, imagine, involve, keep, mention, 등

(2) 부정사를 목적어로 취하는 동사

① '동사 + to부정사(to do)'의 구조를 취하며, '동사 + 동명사(-ing)'의 구조는 불가능한 동사

② 해당 동사

의미상 주어(examination)가 무생물인 경우

We were glad of the examination being over. (우리는 시험이 끝나서 기뻤다.) [의미상 주어(examination)가 무생물인 경우 목적격으로 씀]

동명사를 목적어로 취하는 동사 예문

• The company can consider hiring him. (그 회사는 그를 고용하는 것을 고려할 수 있다.)[to hire (×)]

• They dislike listening to jazz. (그들은 재즈음악 듣는 것을 싫어한다.)

• Would you mind closing the window? (창문을 닫아도 괜찮겠습니까?)

• Are you going to postpone going home? (당신은 집에 가는 것을 미룰 것입니까?)

afford, agree, arrange, ask, choose, contrive, decide, demand, desire, endeavor, expect, fail, hope, learn, long, manage, offer, pretend, promise, refuse, threaten, want, wish 등

㉠ He arranged to start early in the morning. (그는 아침 일찍 출발할 준비를 했다.)

㉡ Tom did not choose to accept their proposal. (Tom은 그들의 제안을 받아들이려 하지 않았다.)

㉢ I promised to write to her soon. (나는 편지를 그녀에게 곧 쓰겠다고 약속하였다.)

(3) 목적어로 동명사와 부정사가 모두 가능한 동사

① 목적어로 동명사·부정사 모두 가능하며, 의미상의 차이도 거의 없는 동사

② 해당동사 : begin, start, commence, continue, intend, neglect 등

  ㉠ They began borrowing[to borrow] money. (그들은 돈을 빌리기 시작했다.)

  ㉡ It started raining[to rain]. (비가 내리기 시작했다.)

  ㉢ I intend going[to go]. (나는 갈 작정이다.)

(4) 동명사와 부정사를 목적어로 취할 때 의미상의 차이가 있는 동사

① 일반적·구체적 의미 차이가 있는 경우

  ㉠ 동사가 일반적 기호를 나타내는 경우는 동명사를 목적어로 가지며, 구체적·특정적 기호를 나타내는 경우는 to부정사를 목적어로 가짐

  ㉡ 해당 동사 : like, prefer, love, hate, dread, intend 등 [호불호·기호 동사]

    • I hate getting up early in the morning. (나는 아침에 일찍 일어나는 것이 싫다.) [일반적 의미]

    • I hate to get up early that cold morning. (나는 그렇게 추운 아침에는 일찍 일어나는 것이 싫다.) [구체적·특정적 의미]

② 시차에 따른 의미 차이가 있는 경우

  ㉠ 해당 동사보다 과거의 일인 경우에는 동명사를 목적어로 하며, 동사와 동일시점이나 미래의 일인 경우에는 to부정사를 목적어로 함

  ㉡ 해당 동사 : remember, recall, forget, regret 등[기억·회상·회고 동사]

    • I remember mailing the letter. (편지를 보낸 것을 기억한다.)[동사(remember)보다 과거의 일인 경우 동명사(mailing)를 목적어로 함]

      = I remember that I mailed the letter.

    • I remember to mail the letter. (편지를 보내야 하는 것을 기억한다.) [동사(remember)보다 미래의 일인 경우 to부정사(to mail)를 목적어로 함]

      = I remember that I will have to mail the letter.

    • She forgot going to the bank. 그녀는 그 은행에 갔던 것을 잊어버렸다 (갔다는 사실을 잊어버렸다.).

동명사와 부정사를 목적어로 취할 때 문맥상 의미 차이가 있는 경우

• 동명사는 그 자체가 해당 동사의 목적어가 되며, to부정사는 부정사의 '목적'(부사적 용법)의 의미를 나타냄

• 해당 동사 : stop, propose 등

 – He stopped eating. (그는 먹는 것을 멈추었다.)

 – He stopped to eat. 그는 먹기 위해서 멈추었다(그는 먹기 위해 하던 것을 멈추었다).

05장

부정사/동명사/분사

try + 동명사, try + to부정사

• try ~ing(시험 삼아 ~하다), try to do(~하려고 애쓰다)

 – He tried writing in pencil. (그는 연필로 (시험삼아서) 써 보았다.)

 – He tried to write in pencil. (그는 연필로 써보려고 했다.)

시차에 따른 의미 차이가 있는 경우

• I'll never forget hearing her say so. (나는 그녀가 그렇게 말한 것을 결코 잊지 않겠다.)

 = I'll never forget that I heard her say so.

• Don't forget to turn off the light. (전등을 끄는 것을 잊지 말아라.)

 = Don't forget that you will have to turn off the light.

• She forgot to go to the bank. 그녀는 은행에 가는 것을[가야 한다는 것을] 잊어버렸다(잊고 가지 못했다).

5. 동명사 관련 중요 표현

(1) 전치사 to이므로 동명사를 취하는 구문

① look forward to ~ing(~하기를 기대하다)

I'm looking forward to seeing you. (나는 너를 만나기를 고대하고 있다.)

② be used[accustomed] to ~ing(~하는 데 익숙해져 있다)

She is used to washing the dishes. (그녀는 설거지하는 데 익숙해져 있다.)

③ be opposed to ~ing(~하는 데 반대하다)

= object to ~ing

They were opposed to discussing the matter with me. (그들은 나와 그 문제에 대해 논의하는 데 반대했다.)

④ have an/no objection to ~ing(~에 이의가 있다/없다)

I have no objection to having a party. (나는 파티를 여는 데 이의가 없다.)

cf. object to –ing(~하는 데 반대하다)

⑤ with a view to ~ing(~할 의도[목적]으로)

He painted the house with a view to selling it for a good price. (그는 좋은 가격으로 집을 팔 목적으로 페인트칠을 하였다.)

⑥ be devoted to ~ing(~하는 데 전념하다)

The author was devoted entirely to writing. (그 작가는 오직 저술에만 전념했다.)

(2) 관용적 표현

① cannot help ~ing(~하지 않을 수 없다)

= cannot (choose) but + R

I could not help laughing at the sight. (나는 그 광경을 보고 웃지 않을 수 없었다.)

= I could not but laugh at the sight.

② feel like ~ing(~하고 싶은 기분이다)

I don't feel like eating now. (나는 지금 먹고 싶지 않다.)

③ be busy ~ing(~하느라 바쁘다)

She is busy preparing for the trip. (그녀는 여행을 준비하느라 바쁘다.)

④ be on the point[brink, verge] of ~ing(막 ~하려고 하다, ~할 지경에 있다)

= be about[ready] to do

The ship is on the point of sailing. (배가 막 출항하려고 한다.)

⑤ come near[close] ~ing(거의[하마터면] ~할 뻔하다)

The boy came near being drowned. (그 소년은 하마터면 익사할 뻔했다.)

⑥ go ~ing(~을 하러 가다)

He went fishing/hunting. (그는 낚시/사냥하러 갔다.)

⑦ have difficulty[a hard time] (in) ~ing(~에 어려움을 겪다[애먹다])

I had difficulty[a hard time] discussing some of the question. (나는 그 문제들 중 일부를 논의하는 데 어려움을 겪었다.)

⑧ of one's own ~ing(자기가 직접 ~한)

This is the tree of his own planting. (이것이 그가 손수 심은 나무이다.)

⑨ be worth ~ing(~할 가치가 있다)

= be worthy of ~ing

This book is worth reading. (이 책은 읽을 만한 가치가 있다.)

⑩ It is no use[good] ~ing(~해야 소용없다)

= It is useless to do

It is no use[good] getting angry with him. (그에게 화를 내봤자 소용이 없다.)

= It is useless to get angry with him.

⑪ There is no ~ing(도저히 ~할 수 없다)

= It is impossible to do

There is no telling what will happen tomorrow. (내일 무슨 일이 일어날지 아무도 모른다.)

= It is impossible to tell what will happen tomorrow.

⑫ on[upon] ~ing(~하자마자)

On[Upon] seeing me, she ran away. (그녀는 나를 보자마자 도망갔다.)

= As soon as she saw me, she ran away.

03절   분사(Participle)

1. 분사의 종류와 기능

👓👓 한눈에 쏙~

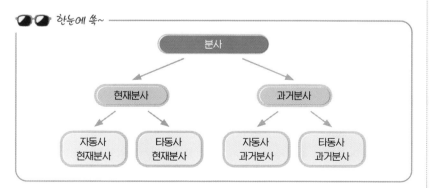

분사의 구별 방법
• 주어나 목적어가 동작을 능동적으로 행하는 경우는 현재분사를 씀
• 주어나 목적어가 동작을 수동적으로 받는 입장인 경우는 과거분사를 씀

과거분사

• are tired policeman (퇴직한 경찰관)(= a policeman who has retired)[완료] / a returned soldier (돌아온 군인)[완료] / fallen leaves (낙엽)(= leaves which are fallen)[완료] / decayed tooth (충치)[완료] / an excited spectator (흥분한 관중)(= a spectator who is excited)[수동] / a broken window (깨진 창문)[수동] / All of us are satisfied. (우리는 모두 만족한다.)[수동]

의사분사
• '명사 + -ed'가 분사처럼 명사를 수식하는 것을 의사분사라 하며, 한정용법으로만 사용됨
  – a one-eyed man (애꾸눈의 남자)
  – a red-haired girl (빨간 머리를 가진 소녀)
  – a kind-hearted woman (인자한 여성)
  – three two-headed snakes(두 개의 머리를 가진 뱀 세 마리)

분사의 한정적 용법

• 전치수식
  – 수식어가 피수식어 앞에서 수식하는 것
• 후치수식
  – 수식어가 피수식어 뒤에서 수식하는 것

(1) 분사의 종류

① 현재분사 : 동사원형 + ing
   ㉠ 현재분사는 be동사와 함께 진행형을 만들거나 명사를 수식함
   ㉡ 자동사의 현재분사는 '진행(~하고 있는, ~주는)'의 의미를 지님
   ㉢ 타동사의 현재분사는 '능동(~을 주는, ~하게 하는[시키는])'의 의미를 지님
     • an sleeping baby (잠자고 있는 아이)(=a baby who is sleeping)[진행]
     • A lark is flying in the sky. (종달새가 하늘을 날고 있다.)[진행]
     • an exciting story (흥미진진한 이야기)(=a story which excites the one) [능동]
     • The result is satisfying. (그 결과는 만족을 준다.)[능동]
② 과거분사 : 동사원형 + ed / 불규칙동사의 과거분사
   ㉠ 과거분사는 be동사와 함께 수동태를 만들거나 have동사와 함께 완료형을 만들며, 명사를 수식하기도 함
   ㉡ 자동사의 과거분사는 '완료(~한, ~해 버린)'의 의미를 지니며, 타동사의 과거분사는 '수동(~해진, ~받은, ~당한, ~된)'의 의미를 지님

(2) 분사의 기능

① 동사적 기능 : 분사는 시제와 수동형이 있으며, 목적어 · 보어 · 수식어를 동반할 수 있음
   She sat reading a novel. (그녀는 앉아 소설을 읽고 있었다.)[분사가 목적어 (novel)를 동반]
② 형용사의 기능 : 명사를 직접 수식(한정적 용법)하거나 보어로 쓰임(서술적 용법)
   ㉠ broken leg (부러진 다리)[명사를 앞에서 수식] / people living in Mexico (멕시코에 사는 사람들)[명사를 뒤에서 수식]
   ㉡ I found him lying in the bed. (나는 그가 침대에 누워 있는 것을 발견했다.)[목적격 보어로 쓰임]

2. 분사의 용법

(1) 분사의 한정적 용법

① 한정적 용법은 분사가 명사 앞에서 또는 뒤에서 수식하는 용법으로, 현재분사는 능동과 진행의 의미가 있고, 과거분사는 수동과 상태의 의미가 있음
② 전치 수식 : 분사가 다른 수식어구 없이 단독으로 명사를 수식하는 경우로, 명사 앞에서 수식
   ㉠ A rolling stone gathers no moss. (구르는 돌에는 이끼가 끼지 않는다.)
   ㉡ The crying child is my son. (울고 있는 아이가 나의 아들이다.)
   ㉢ Look at those red fallen leaves. (저 붉은 낙엽을 보아라.)
③ 후치 수식 : 분사에 다른 수식어구(보어 · 목적어 · 부사(구) 등)가 딸린 경우는 형용사(구)가 되어 명사 뒤에서 수식

㉠ The girl (who is) playing the piano in the room is my daughter. (방에서 피아노를 치고 있는 소녀는 내 딸이다.)

㉡ Look at the mountain (which is) covered with snow. (눈으로 덮인 저 산을 보아라.)

㉢ Of those invited, all but Tom came to the party. (초대받은 사람들 중, Tom을 제외한 모든 사람들이 파티에 왔다.)[대명사(those)를 수식하는 경우 분사 단독으로 후치 수식이 가능]

(2) 분사의 서술적 용법

① 서술적 용법은 분사가 주어를 설명하는 주격보어와 목적어를 설명하는 목적격 보어로 쓰이는 용법으로, 현재분사는 능동과 진행, 과거분사는 수동과 상태의 의미가 있음

② 주격보어로 현재분사 또는 과거분사를 취하는 자동사 : come, go, keep, remain, stand, lie, look, seem, appear, become, get 등

㉠ She sat reading a newspaper. (그녀는 앉아서 신문을 읽고 있었다.)

㉡ He stood astonished at the sight of the big tiger. (그는 큰 호랑이를 보고 놀라서 서 있었다.)

3. 분사구문

(1) 분사구문의 정의 및 특징

① 분사구문의 정의

㉠ 주절을 수식하는 부사절(종속절)을 접속사를 사용하지 않고 분사를 사용하여 부사(구)로 만든 것(따라서 분사구문은 이를 다시 부사절[접속사+주어+동사]로 바꾸어 쓸 수 있음)

㉡ 분사구문은 부사적 역할을 하여 시간, 이유, 조건, 양보, 부대상황 등의 의미를 지님

② 분사구문의 특징

㉠ 주절의 주어와 분사구문의 의미상 주어는 일치하는 것이 원칙(이 경우 분사구문의 주어는 생략됨)

Living next door, I hate her. (나는 그녀의 옆집에 살지만 그녀를 싫어한다.) [분사(living)의 주어는 주절의 주어(I)와 일치됨]

= Though I live next door, I hate her.

㉡ 주절의 주어와 분사구문의 주어가 다른 경우 분사구문의 주어를 표시 → 독립분사구문

It being fine, he went hiking. (날씨가 좋아 그는 하이킹을 갔다.) [분사구문의 주어(It)와 주절의 주어(he)가 다름]

㉢ 접속사의 의미를 강조하는 경우 분사구문에 접속사를 삽입(when, while, if, though 등)

분사의 서술적 용법

• 목적격 보어로 현재분사를 취하는 타동사
  - see, watch, hear, listen to, have, get, set, start, leave, keep 등
  - I heard her playing the guitar. (나는 그녀가 기타를 치고 있는 것을 들었다.)

• 목적격 보어로 과거분사를 취하는 타동사
  - have, get, make, keep, leave, want, like 등
  - I had my bag stolen. (나는 가방을 도난 당했다.)

'being' 이나 'having been'은 생략이 가능

• (Being) Wounded in the legs, he could not walk.
  - (다리에 부상을 당해 그는 걸을 수 없었다.)

• Though (being) very tired, he went on foot.
  - (아주 피곤했지만 그는 도보로 갔다.)

종속절의 분사구문으로의 전환

- 접속사 생략(→ 필요시 전치사 사용)
- 주절과 종속절 주어가 동일한 경우 종속절 주어를 생략하며, 동일하지 않은 경우 그대로 둠
- 주절과 종속절 시제가 같은 경우 동사를 단순형 분사(동사원형 –ing)로 하며, 종속절 시제가 주절보다 이전인 경우 완료형 분사(having + p.p.)로 전환

분사구문의 의미

- 조건을 나타내는 경우 : if, unless 등
  - Turning to the left there, you will find the bank. (거기서 왼쪽으로 돌면, 은행을 찾을 수 있다.)
    = If you turn to the left there, you will find the bank.
- 양보를 나타내는 경우 : though, although 등
  - Living near his house, I seldom see him. (나는 그의 집 옆에 살지만 그를 좀처럼 보지 못한다.)
    = Though I live near his house, I seldom see him.

독립분사구문

분사의 의미상 주어와 문장의 주어가 다른 경우 문장의 의미를 명확히 하기 위해 반드시 분사의 의미상 주어를 표시해야 하는데, 이 경우 분사구문은 그 자체가 주어를 가진 하나의 독립된 절과 같은 역할을 하므로 이를 독립분사구문이라 함

While walking along street, I met her. (길을 따라 걷다가 나는 그녀를 만났다.)

(2) 분사구문의 의미

① **시간을 나타내는 경우** : while, when, as, after, as soon as 등

Walking down the street, I met an old friend of mine. (나는 길을 걸어가다가 옛 친구를 한 명 만났다.)

= While I was walking down the street, I met an old friend of mine.

② **이유를 나타내는 경우** : because, as, since 등

Being poor, he could not afford to buy books. (그는 가난했기 때문에 책을 살 수가 없었다.)

= Because he was poor, he could not afford to buy books.

③ **부대상황을 나타내는 경우** : as, while[동시동작], ~ and[연속동작] 등

ㄱ He extended his hand, smiling brightly. (그는 밝게 웃으면서 그의 손을 내밀었다.)

= He extended his hand, while he smiled brightly.

ㄴ He picked up a stone, throwing it at a dog. (그는 돌을 주워 그것을 개에게 던졌다.)

= He picked up a stone, and threw it at a dog.

ㄷ Saying goodbye to them, he left their house. (그는 그들에게 인사를 하면서 그들의 집을 떠났다.)

= He left their house as he said goodbye to them.

= He said goodbye to them, and he left their house.

4. 독립분사구문

(1) 독립분사구문

① 주절의 주어와 분사의 의미상 주어가 다른 경우, 분사의 주어를 분사구문에 표시(주격으로 표시)

ㄱ The weather being rainy, we played indoors. (비가 와서 우리는 실내에서 놀았다.) [분사구문의 주어(whether)가 주절의 주어(we)와 달라 따로 표시]

= Because the weather was rainy, we played indoors.

ㄴ I will come, weather permitting. (날씨가 좋으면 가겠다.)

= I will come if the weather permits.

ㄷ He was reading a book, his wife knitting beside him. (그의 아내가 그의 옆에서 뜨개질을 하고 있는 동안 그는 책을 읽고 있었다.)

= He was reading a book, while his wife was knitting beside him.

(2) 「with + 독립분사구문」

① 부대상황을 나타내는 독립분사구문에는 with를 붙이는 경우가 있음

ㄱ I fell asleep with my television set turned on. (나는 텔레비전을 켜둔 채 잠이 들었다.)

ㄴ With night coming on, we came home. (밤이 다가오자 우리는 집으로 돌아왔다.)

ㄷ The girl ran to her mother, with tears running down her cheeks. (그 소녀는 두 뺨에 눈물을 흘리면서 엄마에게 달려갔다.)

ㄹ Don't speak with your mouth full. (먹으면서 말하지 마라.)

실력up with 분사구문

• with + 목적어 + 현재분사/과거분사/형용사/부사구/전명구

(3) 비인칭 독립분사구문

① 분사의 의미상 주어가 일반인(we, you, they 등)인 경우 이를 생략(분사구문의 주어가 주절의 주어와 달라도 따로 쓰지 않음)

ㄱ Generally speaking, the Koreans are diligent and polite. (일반적으로 말하면, 한국인은 부지런하고 공손하다.)

= If we speak generally, the Koreans are diligent and polite.

ㄴ Strictly speaking, this is not correct. (엄격히 말해, 이것은 정확하지 않다.)

ㄷ Frankly speaking, I don't like either of his brothers. (솔직히 말해, 나는 그의 형제들을 어느 쪽도 좋아하지 않는다.)

ㄹ Roughly speaking, they are diligent. (대체로 그들은 부지런하다.)

5. 분사구문의 주의할 용법

(1) 분사구문의 시제

① 단순분사구문 : 주절의 시제와 같은 시제를 나타냄

Feeling very tired, I went to bed early. (매우 피곤해서 나는 일찍 잠자리에 들었다.)

= Because I felt very tired, I went to bed early.

② 완료분사구문 : 주절의 시제보다 앞선 시제를 나타냄

Having written my composition, I have nothing else to do. (작문을 마쳤기 때문에, 나는 달리 할 일이 없다.)

= As I wrote[have written] my composition, I have nothing else to do.

(2) 분사구문의 수동태

① 분사가 수동의 의미가 되는 경우 수동형 분사구문으로 나타냄

SEMI-NOTE

with 분사구문 형식
• with + 목적어 + 현재분사
  - 목적어와 분사의 관계가 능동일 경우 → 현재분사 사용
• with + 목적어 + 과거분사
  - 목적어와 분사의 관계가 수동일 경우 → 과거분사 사용
• with + 목적어 + 형용사
• with + 목적어 + 부사어/전명구

비인칭 독립분사구문 예문
• Judging from her accent, she must be a foreigner.
  - 그녀의 억양으로 판단한다면, 그녀는 외국인임이 분명하다.
• Granting that this is true, you were in the wrong.
  - 이것이 사실이라 인정하더라도 당신은 잘못했다.

완료분사구문
Having overworked himself, he fell ill. (그는 과로를 하였기 때문에 병에 걸렸다.)
= Because he had overworked himself, he fell ill.

분사구문의 수동태

(Having been) Born in the U.S., she is fluent in English. (미국에서 태어났기 때문에 그녀는 영어를 유창하게 한다.)

= Because she was born in the U.S., she is fluent in English.

ㄱ 단순수동형 분사 : being + p.p [주절의 시제와 같은 수동형 분사구문]

ㄴ 완료수동형 분사 : having been + p.p [주절의 시제보다 앞선 수동형 분사구문]

② 문두의 'Being' 또는 'Having been'은 종종 생략됨

(Being) Written in plain English, this book is easy to read. (이 책은 쉬운 영어로 쓰였기 때문에 읽기 쉽다.)

= Because this book is written in plain English, it is easy to read.

실력up   분사구문의 부정

• 분사구문이 부정의 의미를 지닌 경우 분사 바로 앞에 부정어(not, never)를 씀
• Not knowing what to do, she came to me for my advice. (그녀는 무엇을 해야 할지 몰라 나에게 와서 조언을 구했다.)
  = Because she didn't know what to do, she came to me for my advice.
• Never having seen the movie, I couldn't criticize it. (그 영화를 본적이 없었기 때문에, 나는 그것을 비평할 수 없었다.)
  = As I had never seen the movie, I couldn't criticize it.

감정형 분사

• 감정 제공 형용사(현재분사)
  - pleasing 기쁘게 하는
  - satisfying 만족시키는
  - interesting 흥미를 일으키는
• 감정 상태 형용사(과거분사)
  - pleased 기쁜
  - satisfied 만족한
  - interested 흥미를 가진

(3) 감정동사의 분사

주어가 감정을 느끼는 것이면 과거분사, 대상에게 감정을 초래하는 것이면 현재 분사를 사용

The drama bored me. (그 연극은 나를 따분하게 했다.)

= The drama was boring me.

= I was bored with the drama.

06장 명사(Noun)/관사(Article)

01절   명사(Noun)

02절   관사(Article)

명사(Noun)/관사(Article)

01절 · 명사(Noun)

1. 가산명사(Countable Noun)

(1) 보통명사

① 보통명사의 의미와 종류

ⓐ 흔히 존재하는 것으로, 유·무형의 형태로 존재할 수 있으나 구분이 가능한 것을 지칭함

student, book, house, day, year, spring, minute 등

ⓑ '하나, 둘' 등으로 셀 수 있으며, 단수형과 복수형이 있음

- I have one pencil.
- She has two pencils.

ⓒ 구체적인 수를 나타내는 경우 : one, two, three, ten 등 수사(數詞)를 사용

- I have four books.
- I was five minutes behind time for school.

ⓓ 불특정인 수를 나타내는 경우 : (a) few, several, some, many, a lot of 등 사용

- I have a few books.
- I have many friends.
- There's a lot of flu going around.

ⓔ 두 부분으로 이루어진 의류, 도구 등의 경우 : a pair of, two pairs of 등을 사용

- I need a pair of trousers. (나는 바지 한 벌이 필요하다.)
- Two pairs of his socks are full of holes. (그의 양말 두 켤레가 다 구멍이 났다.)

② 보통명사의 특수용법

ⓐ 전체를 나타내는 방법(대표단수)

A dog is a faithful animal. (개는 충실한 동물이다.)

= The dog is a faithful animal.

= Dogs are faithful animals.

ⓑ 'the + 보통명사'가 추상명사를 나타내는 경우

- What is learned in the cradle is carried to the tomb. (요람에서 배운 것이 무덤까지 간다./어려서 배운 것은 죽을 때까지 간다./세 살 버릇 여든까지 간다.)
- The pen is mightier than the sword. (펜은 칼보다 더 강하다./문(文)은 무(武)보다 강하다.)

명사와 관사

• 가산명사(보통명사 · 집합명사)
 – 셀 수 있는 가산명사는 단수와 복수의 구별이 있으며, 단수에 부정관사를 취할 수 있음
 – 문맥상 특정한 것을 지정하는 경우 정관사를 취함

• 불가산명사(물질명사 · 추상명사 · 고유명사)
 – 셀 수 없는 불가산명사는 양이나 정도를 나타내므로 원칙적으로 복수형을 쓸 수 없으며, 부정관사를 취할 수도 없음
 – 문맥상 특정한 것을 지정하는 경우 정관사를 취함

(2) 집합명사

① 집합명사는 같은 종류의 여러 사람[사물]이 모여 집합체를 이루는 명사를 말함
family, class, committee, group 등

② Family형 집합명사 : family, audience, class, committee, crowd, government, group, jury(배심원), party, people(민족, 국민), team, army, assembly, public, nation, crew, staff 등

㉠ 단수형과 복수형이 있음

㉡ 집합명사는 집합체를 하나의 단위로 보는 것으로, 단수형은 단수 취급하며 복수형은 복수 취급함

㉢ 군집명사는 집합체를 개별적 단위로 보는 것으로 복수 취급함(구성원이나 구성 요소 하나하나를 의미)

• My family is a large one. [family는 집합명사]

• Two families live under the same roof. [집합명사의 복수 형태]

• My family are all early risers. [family는 군집명사로 구성원 하나하나를 말함]

③ Police형 집합명사 : police, aristocracy, clergy, gentry, nobility, peasantry 등

㉠ 보통 정관사(the)를 동반하며, 단수형으로만 씀

㉡ 항상 복수 취급함

The police are after you.

④ Cattle형 집합명사 : cattle, people(사람들), poultry, foliage(잎, 군엽), vermin 등

㉠ 단수형으로만 쓰며, 관사를 붙이지 않음

㉡ 항상 복수 취급함

⑤ 그 밖에 주의해야 할 집합명사의 용법

㉠ fish : 단 · 복수 동형으로, 한 마리를 나타낼 때에는 a를 붙임, 물고기의 종류를 말할 때는 복수형도 가능

• I caught a fish. (나는 물고기 한 마리를 잡았다.)

• I caught many kinds of fishes. (나는 많은 종류의 물고기를 잡았다.)

㉡ people : '사람들'이란 뜻일 때에는 항상 단수형으로 쓰고 복수 취급하며, '국민', '민족', '종족'의 뜻일 때에는 단수형(people)과 복수형(peoples)이 모두 가능하다.

• Many people are jobless in these days. (요즘에는 많은 사람들이 실직한 상태이다.)

• the French people (프랑스 국민)

• the peoples of Asia (아시아의 여러 민족들)

㉢ fruit : 과일 전체를 나타낼 때에는 무관사 · 단수형이고, 종류와 관련하여 쓰일 때에는 보통명사가 됨

고유명사

- 「가족, 부부」(the + 복수형)
  - The Kims moved. (김 씨네 가족이 이사를 갔다.)
    = The Kim family moved.
  - The Bakers watched TV last night. (어젯밤 Baker 씨 가족 (부부)은 TV를 봤다.)
    = The Baker family watched TV last night.
- 「~의 작품, 제품」
  - There is a Monet on the wall. (벽에 모네의 작품이 걸려 있다.)
  - He has a Ford. (그는 포드 자동차를 가지고 있다.)
  - Two Picassos and a Gogh will also be displayed. (피카소 작품 2점과 고흐 작품 1점도 역시 전시될 것이다.)

정관사(the)가 붙는 고유명사
- 신문·잡지책, 공공건물, 바다·강·대양, 운하, 반도, 사막, 복수형의 고유명사(산맥, 군도, 국가) 등
  - the Newsweek
  - the White House
  - the Thames
  - the Suez Canal
  - the Sahara
  - the Alps
  - the Philippines

물질명사
- 물질명사는 부정관사를 붙일 수 없는 불가산 명사
- 단위명사를 이용하여 셈
- 다른 명사로 전용가능
- 물질명사를 수량으로 나타내야 하는 경우
  - 수사 + 단위명사 + of + 물질명사

2. 불가산명사(Uncountable Noun)

(1) 불가산명사의 종류

① 고유명사
  ㉠ 오직 하나인 사람이나 사물 등의 이름이나 명칭을 말함
  ㉡ 개개의 보통명사에 이름을 부여한 것으로, 첫 글자는 언제나 대문자로 씀
    Tom, July, Namdaemun, Seoul, Korea, Sunday[요일(曜日)], January[월(月)], Sun, Moon 등

② 물질명사
  ㉠ 주로 기체·액체·고체나 재료, 식품 등 물질의 이름을 말함
  ㉡ 일정 형태가 있는 것도 없는 것도 있음
    air, water, coffee, wood, stone, bread, paper, money 등

③ 추상명사
  ㉠ 감각기관으로 직접 인식되지는 않지만 인간의 머릿속에서 생각되는 것을 말함
  ㉡ 주로 인간 활동의 결과물로 사람과 관련된 추상적 단어들이 이에 해당
    love, friendship, beauty, life, peace 등

(2) 고유명사

① 고유명사는 문장 가운데 쓰여도 대문자로 시작하며, 부정관사나 복수형 없이 사용됨
  ㉠ This is Tom.
  ㉡ I wish to speak to Mr. Johnson.

② 고유명사의 보통명사화 : 「~라는 사람」, 「~같은 인물」, 「~가문의 사람」, 「~의 작품」 등의 의미로 쓰이면, 보통명사처럼 관사가 붙거나 복수형으로 쓰일 수 있음
  ㉠ 「~라는 사람」
    • A Mr. Johnson came to see you. (Johnson 씨라는 분이 당신을 찾아왔습니다.)
    • A Mr. Kim is waiting for you. (김 씨라는 사람이 당신을 기다리고 있습니다.)
  ㉡ 「~같은 인물」
    He wants to be an Edison. (그는 에디슨과 같은 과학자가 되고자 한다.)
    cf. I want to make this place the Eden of Korea. (나는 이곳을 한국의 에덴동산으로 만들고 싶다.)[수식어가 있는 경우 'the'를 붙임]
  ㉢ 「~가문(집안)의 사람」
    • He is a Park. (그는 박씨(氏) 가문의 사람이다.)
    • His wife is a Rockefeller. (그의 부인은 록펠러가(家) 출신이다.)

(3) 물질명사

① 부정관사를 붙이지 않으며, 단수 형태로 쓰이고 단수 취급함
  Bread is made from wheat. (빵은 밀로 만든다.)

② 물질명사의 양을 나타내는 방법

　　㉠ 불특정한 양을 나타내는 경우 : some, any, no, (a) little, much, a lot of 등을 사용

　　　I want some bread.

　　㉡ 구체적인 양을 나타내는 경우 : 양을 나타내려는 명사에 따른 조수사를 사용

　　　I have two slices of bread and a cup of coffee for breakfast. (나는 아침으로 빵 두 조각과 커피 한 잔을 마신다.)

실력UP 　**구체적인 양을 나타내는 경우**

a loaf[slice] of bread (빵 한 덩어리[조각]) / a cup of coffee[tea] 커피[차] 한 잔 / two cups of coffee (커피 두 잔) / a glass of water[milk] (물[우유] 한 컵) / a bottle of beer (맥주 한 병) / a piece[sheet] of paper (종이 한 장) / a piece of cake (케이크 한 조각) cf. 'a piece of cake'은 '아주 쉬운 일', '누워서 떡 먹기'라는 의미가 있음 / a piece[stick] of chalk (분필 한 자루) / a cake[bar] of soap (비누 한 덩이) / a lump of sugar (설탕 한 덩어리) / a handful of rice (쌀 한 줌)

③ 물질명사의 보통명사화 : 물질명사가 종류, 제품, 개체 등을 나타내는 경우 보통 명사처럼 쓰여 부정관사가 붙거나 복수형이 됨

　　㉠ 종류(일종의/여러 종의)

　　　• This is a first-class perfume. (이 향수는 최고급 향수이다.) [부정관사 동반]

　　　• The company produce several teas. (그 회사는 여러 종의 차를 생산한다.) [복수형]

　　　• This is a metal. (이것은 일종의 금속이다.)

　　　　cf. This is made of metal.[물질명사로서 부정관사를 동반하지 않음]

　　㉡ 제품 · 작품

　　　• He wears glasses. (그는 안경을 쓰고 있다.)

　　　• a glass(유리잔) / glass(유리) [물질명사]

　　㉢ 개체(물질명사의 일부분을 지칭하는 경우)

　　　The boy threw a stone at the dog. (그 소년은 개에게 돌멩이를 던졌다.)

　　㉣ 구체적 사건 · 행위

　　　We had a heavy rain this morning. (오늘 아침 호우가 내렸다.)

(4) 추상명사

① 부정관사를 붙이지 않으며, 단수 형태로 쓰이고 단수 취급함

　　Art is long, life is short. (인생은 짧고 예술은 길다.)

② 추상명사의 양을 나타내는 방법 : much, (a) little, some, a lot of, a piece of, a bit of, an item of 등으로 나타냄

　　㉠ A little knowledge is a dangerous thing. (적은 지식은 위험한 것이다.)

　　㉡ I would like to get some advice about my plan. (저의 계획에 대한 조언을 듣고 싶습니다.)

주의해야 할 불가산명사의 쓰임

• I'm going to buy a bread. (X) → I'm going to buy some[a loaf of] bread. (O)

• The news were very interesting. (X) → The news was very interesting. (O)

• I have a lot of luggages. (X) → I have a lot of luggage. (O)

물질명사가 한정될 때 정관사 'the'를 씀

The water in this bottle is not good to drink. (이 병에 있는 물은 마시기에 좋지 않다.)

추상명사의 양을 나타내는 방법

• a piece[word] of advice (충고 한 마디)

• a piece[an item] of information (정보 한 편)

• a piece of folly (한 차례의 어리석은 짓)

• a bit of nonsense (무의미한[허튼, 터무니없는] 말 한마디)

• a crap of thunder (천둥소리)

추상명사
- 추상명사가 한정될 때 정관사 'the'를 쓸
  - The beauty of the scenery is very wonderful. (그 풍경의 아름다움은 아주 뛰어나다.)
- 추상명사가 나타내는 특성을 가진 집합명사를 표현하는 경우
  - Youth should have respect for age. (젊은이들은 노인을 공경해야 한다.)

to one's + 추상명사 : ~하게도
- to one's sorrow : 슬프게도
- to one's shame : 창피스럽게도
- to one's regret : 후회스럽게도
- to one's grief : 슬프게도

관사 + 추상명사 관용표현
- a beauty
  - 미인
- a cure
  - 치료제
- an authority
  - 권위자
- a favor
  - 친절한 행위

「all + 복수명사」 형태의 강조 용법
- all eyes and ears (열심히 보고 듣는)
- all smiles (매우 행복한)
- all thumbs (매우 서투른)
- all tongues (수다스러운)

③ 추상명사의 보통명사화 : 구체적인 종류나 사례, 행위 등을 나타내는 경우 보통명사처럼 쓰임
  ㉠ 종류(일종의, 여러 종의)
    Astronomy is a science. (천문학은 일종의 과학이다.)
  ㉡ 구체적인 행위
    - He committed a folly. (그는 어리석은 한 행위를 저질렀다.)
    - She has done me a kindness. (그녀는 나에게 친절하게 행동했다.)
  ㉢ 어떤 것 자체의 소유자
    - He is a success as a painter. (그는 화가로서 성공한 사람이다.)
    - She is a beauty. (그녀는 미인이다.)
④ 관용적인 용법
  ㉠ of + 추상명사 = 형용사
    - He is a man of wisdom. (그는 현명한 사람이다.)
      = He is a wise man.
    - of use = useful (유용한) / of no use = useless (쓸모없는)
    - of ability = able (유능한)
    - of value = valuable (귀중한)
    - of importance[significance] = important[significant] (중요한)
    - of great help = very helpful (무척 도움이 되는)
  ㉡ 전치사 + 추상명사 = 부사
    - He solved the problem with ease. (그는 문제를 쉽게 풀었다.)
      = He solved the problem easily.
    - with great ease = very easily (아주 쉽게)
    - with rapidity = rapidly (신속하게)
    - by accident = accidentally (우연히)
    - in haste = hastily (서둘러서)
    - in private = privately (사적으로)
    - on purpose = purposely (고의로, 일부러)
    - of courage = courageous (용기 있는)
    - of importance = important (중요한)
    - of no value = valueless (가치 없는)
    - with care = carefully (주의 깊게)
    - to perfection = perfectly (완전하기)
  ㉢ all + 추상명사 = 추상명사 + itself = very + 형용사(매우 ~ 한)
    She is all kindness. (그녀는 아주 친절하다.)
    = She is kindness itself.
    = She is very kind.
    all attention (매우 주의 깊은)

ⓔ have + the + 추상명사 + to부정사 = be + so + 형용사 + as + to부정사

= be + 형용사 + enough + to부정사 = 부사 + 동사(~하게도 ~하다)

She had the kindness to show me the way. (그녀는 친절하게도 나에게 길을 가르쳐 주었다.)

= She was so kind as to show me the way.

= She was kind enough to show me the way.

= She kindly showed me the way.

3. 명사의 수(數)

(1) 규칙 변화

① 대부분의 경우 단어 뒤에 -s나 -es를 붙임

book - books / student - students / stomach - stomachs / bus - buses / hero - heroes / dish - dishes / church - churches / box - boxes

cf. 주로 어미가 s[s], sh[ʃ], ch[tʃ], x[ks], z[z]이면 'es[iz]'를 붙임

② 어미가 '자음 + y'인 경우에 y를 i로 바꾸고 -es를 붙이며, '모음 + y'는 그대로 -s를 붙임

city - cities / story - stories / key - keys

③ -f(e)는 -ves가 됨

leaf - leaves / knife - knives

cf. 예외 : chief - chiefs / roof - roofs / safe - safes / belief - beliefs / dwarf - dwarfs / cliff - cliffs

(2) 불규칙 변화

① 모음이 변화하는 것

man - men / woman - women / oasis - oases / crisis - crises / basis - bases / analysis - analyses / mouse - mice / foot - feet / tooth - teeth / goose - geese

② 어미의 변화가 있는 것, 어미에 -en을 붙이는 것

datum - data / memorandum - memoranda / focus - foci / stimulus - stimuli / crisis - crises / phenomenon - phenomena / criterion - criteria / nebula - nebulae / formula - formulae / ox - oxen / child - children

실력UP 단수와 복수의 형태가 동일한 경우

score - score / hundred - hundred / thousand - thousand / deer - deer / sheep - sheep / swine - swine(돼지) / fish - fish / salmon - salmon / Japanese - Japanese / Swiss - Swiss / English - English

규칙변화
• 어미가 '자음 + o'인 경우 -es를 붙이며, '모음 + o'는 -s를 붙임
  - hero - heroes
  - potato - potatoes
  - radio - radios
• cf. 예외
  - photo - photos
  - auto - autos
  - piano - pianos
  - soprano - sopranos

이중복수
• 복수형이 의미에 따라 두 가지가 있는 경우
  - brother - brothers(형제들) - brethren(동포)
• cloth가 가산명사로 쓰이는 경우, 가벼운 천을 의미
• clothes는 few, some과는 같이 쓰이나 수사와 같이 쓰이지는 않음

분화복수
• 단수와 복수의 의미가 다른 경우
  - air(공기) - airs(거만한 태도)
  - arm(팔) - arms(무기)
  - manner(방법) - manners(예절)
  - custom(관습) - customs(세관)

근사복수
- 연대나 연배 등을 나타내는 경우에 사용됨
  - in nineteen fifties(1950년대에)
  - in his late teens(그의 10대 후반에)

상호복수
- 의미상 복수를 필요로 하는 경우 사용
  - I shook hands with her. (나는 그녀와 악수했다.)
  - shake hands / make friends / change trains / exchange seats / take turns

문자와 숫자의 복수
- 's를 붙이는 것이 원칙이나, 요즘은 그냥 s만 붙이는 경우도 있음
  - R - R's
  - 8 - 8's
  - M.P. - M.P.s

남성명사의 어미에 '-ess'를 붙여 여성명사가 되는 것

- lion - lioness
- actor - actress
- heir - heiress
- host - hostess
- negro - negress
- prince - princess
- waiter - waitress
- emperor - empress
- God - Goddess
- author - authoress

③ 언제나 복수 형태로 쓰는 것(상시복수)
- ㉠ 짝을 이루는 물건명(의류·신발·도구 명칭 등) : trousers, pants, gloves, glasses, shoes, scissors 등 [복수 취급]
- ㉡ 일부 복수 고유명사
  - the Netherlands, the Alps 등 [복수 취급]
  - Athens, Naples, the United States, the United Nations 등 [단수 취급]
- ㉢ 학과·학문명 : mathematics, economics, ethics, politics, linguistics 등[단수 취급]
- ㉣ 병명(질병·질환 등) : measles, mumps, blues, creeps, rickets 등 [단수 취급]
- ㉤ 일부 게임명 : billiards, bowls, checkers, cards 등 [단수 취급]
- ㉥ 기타
  - arms(무기), damages(손해배상), belongings(소유물), wages(임금), riches(부, 재물), savings(저축), goods(상품, 화물) 등 [복수 취급]
  - news, odds(차이), amends(보상) 등 [단수 취급]

④ 복합어의 복수 : 일반적으로 중요한 요소를 복수형으로 하나 그렇지 않은 경우도 있음
- ㉠ 가장 중요한 명사를 복수로 하는 경우 : son-in-law - sons-in-law
- ㉡ 명사 - 전치사 → 명사s - 전치사 : looker-on - lookers-on
- ㉢ 형용사 - 명사 → 형용사 - 명사s : male-sex - male-sexes
- ㉣ 동사로 시작하는 경우 : forget-me-not - forget-me-nots
- ㉤ man - 명사 → men - 명사s : manservant - menservants

⑤ 복수형 어미의 생략 : 명사가 포함된 복합 형용사나 「수사 + 명사(+형용사)」가 다른 명사를 수식하는 경우 명사는 단수 형태로 함
- ㉠ She has a three-year old son. (그녀는 3살 된 아들이 하나 있다.)
  - cf. He is three years old.
- ㉡ a ten-mile race(10마일의 경주) / the three-power conference(삼국회담) / two-horse carriage(쌍두마차) / two ten-dollar bills(10달러 지폐 두 장) / four-act play(4막극) / six-party talks(6자 회담) / three-inch-thick board(3인치 두께의 보드)
  - cf. This board is three inches thick.

4. 명사의 성

(1) 남성명사와 여성명사

① 남성명사와 여성명사가 서로 다른 형태를 사용하는 경우 : husband - wife / bachelor - spinster / wizard - witch / bull - cow
② 남성명사의 어미에 -ess, -ine, -ix를 붙여 여성명사를 만드는 경우 : prince - princess / hero - heroine / aviator - aviatrix(비행사)

③ 복합어 및 기타의 경우 : he-goat − she-goat / man-servant − maid-servant / bridegroom − bride

(2) 통성명사

① 사람의 경우 : 성이 분명한 경우 'he'와 'she'로 구분해 받으며, 성이 불분명한 경우 'he', 'he or she'로 받음

Every man has his weak side. (누구나 다 약점이 있다.)

② child, baby의 경우 : 'it'으로 받으나, 성별을 아는 경우 'he' 또는 'she'로 받기도 함

The baby stretched out its arms to me. (그 아기가 내게 팔을 뻗었다.)

③ 동물의 경우 : 'it'으로 받는 것이 원칙이나, 경우에 따라서 'he' 또는 'she'로 받음

A cow is driving away flies with its tail. (젖소가 꼬리로 파리떼를 쫓고 있다.)

(3) 무생물 명사의 성(무성명사[중성명사]의 성)

① 남성으로 받는 경우 : sun, anger, fear, love, death, day, ocean, mountain, war, winter 등[주로 웅장함과 위대함, 강렬함, 용기, 정렬, 공포 등을 나타내는 명사]

The sun was shining in all his splendid beauty. (태양이 화려하게 빛나고 있었다.)

② 여성으로 받는 경우 : moon, mercy, liberty, ship, peace, spring, nature, country, fortune 등[주로 우아함과 평온함, 온순, 아름다움, 평화 등을 나타내는 명사]

The moon hid her face in the cloud. (달이 구름 속에 얼굴을 감추었다.)

5. 명사의 격

(1) 명사의 격

① 주격 : 문장의 주어, 주격 보어, 주어의 동격, 호격으로 쓰임

㉠ My father is a good cook. (나의 아버지는 훌륭한 요리사이다.)

㉡ Mr. Lee, our English teacher, is American. (이 선생님은 우리들의 영어 선생님으로 미국인이다.)

㉢ Ladies and gentlemen, listen to me. (신사숙녀 여러분, 제 말을 경청하여 주십시오.)

② 목적격 : 동사나 전치사의 목적어, 목적격 보어, 목적어의 동격으로 쓰임

㉠ I met the man on my way home. (나는 집에 오는 도중에 그 사람을 만났다.)

㉡ We elected him chairman. (우리는 그를 의장으로 선출했다.)

㉢ I saw Elizabeth, the Queen of England. (나는 영국 여왕인 엘리자베스를 보았다.)

무생물 명사의 성(무성명사[중성명사]의 성)

• 국가는 일반적으로 'she'로 받지만, 지리적인 측면이 강조된 경우 'it'으로 받음
  − England is proud of her poets. (영국은 그 나라의 시인들을 자랑스럽게 여긴다.)
  − Korea is famous for its beautiful scenery. (한국은 아름다운 경치로 유명하다.)
  − America is rich in its natural resources. (미국은 천연자원이 풍부하다.)

06장

명사·관사

명사의 격

• 주격
  − '은~', '는~', '~이', '~가'처럼 동작과 상태의 주체를 나타내는 역할
• 목적격
  − '~을', '~를'처럼 동작의 대상을 나타내는 역할
• 소유격
  − '나의~', '그의~'처럼 어떤 것의 소유를 나타내는 역할

SEMI-NOTE

③ 소유격 : 다른 명사를 수식하며「~의」라는 뜻을 나타냄
I found Mary's watch. (나는 메리의 시계를 찾았다.)

(2) 소유격의 형태

① 소유격의 일반적 형태

ㄱ 생물(사람, 동물 등)의 소유격은 원칙적으로 's를 씀
a man's stick / the cat's ear / Tom's house / the hero's death

ㄴ 무생물의 소유격은 'of + 명사'의 형태로 표시
legs of the table / the core of a matter

ㄷ '-s'로 끝나는 복수명사의 소유격은 '(apostrophe)만 붙임
girls' school

ㄹ 고유명사는 어미가 -s로 끝나더라도 's를 붙임
Bridget Jones's Diary
Jesus, Moses, Socrates, Columbus 등의 고유명사는 ' 만 붙임

ㅁ 동격명사의 소유격은 일반적으로 뒤에 있는 동격명사에 's를 붙임
my friend John's wife

② 무생물의 의인화

ㄱ 무생물이 의인화 된 경우는 's를 씀
Fortune's smile / Nature's works

ㄴ 인간 활동과 밀접한 명사의 경우 's를 쓸 수 있음
life's journey(= the journey of life)

ㄷ 무생물이라도 시간, 거리, 중량, 가격 등을 나타내는 명사는 s'를 씀
today's paper / a moment's thought / a stone's throw / ten miles' distance / a pound's weight / two pounds' weight / a dollar's worth of sugar / two dollars' worth of sugar

(3) 소유격의 의미

① 소유자 표시
Tom's book (→ Tom has a book.)

② 저자, 발명자 표시
Shakespeare's Macbeth (→ Shakespeare wrote Macbeth.)

③ 사용 목적, 대상 표시
a girl's high school (→ a high school for girls)

④ 주격 관계(행위의 주체) 표시
my daughter's death (→ My daughter died.)

⑤ 목적격 관계(행위의 대상) 표시
Caesar's murderers (→ those who murdered Caesar)

소유격의 일반적 형태

• 복합명사나 하나의 어군을 이루는 말 등의 군(群) 소유격은 끝 단어에 's끝' 씀
 - someone else's son
 - father-in-law's hat
 - the teacher of music's room

무생물의 의인화

• 지명이나 공공기관, 집합명사의 경우 's를 쓸 수 있음
 - Korea's future(= the future of Korea)

kind, sort, type의 소유격

• kind, sort, type의 경우 of 앞뒤 어디든 올 수 있으며, 'kind [sort, type] of' 다음에는 무관사명사가 옴
 - this(단수) kind of car(이런 종류의 차) = car of this kind
 - these(복수) kinds of cars(이런 종류들의 차) = cars of these kinds

(4) 소유격의 특별한 용법

① 개별소유와 공동소유

　⊙ 개별소유 : Tom's and Frank's books → Tom과 Frank가 각자 소유하는 책

　⊙ 공동소유 : Tom and Frank's books → Tom과 Frank가 공유하는 책

② 이중소유격

　⊙ 소유격이 관사 등과 함께 쓰이는 경우 '관사 + 명사 + of 소유격(소유대명사)'의 형태가 됨

　⊙ 이러한 형태가 되는 관사 등에는 관사(a, an, the), 소유격(my, your 등), 지시형용사(this, that), 의문형용사(what, which), 부정형용사(any, all, both, each, every, either, neither, no, one, some, other) 등이 있음

　　• this camera of Tom's (○) / Tom's this camera (×)

　　• some friends of Jane's (○) / Jane's some friends (×)

> **실력UP 독립 소유격(소유격 다음 명사의 생략)**
>
> • 명사의 반복을 피하는 경우 소유격 다음의 명사는 생략 가능
> 　– This book is my brother's (book). (이 책은 내 남동생의 책이다.)
> • 장소나 건물을 나타내는 명사가 생략되는 경우로, house, shop, store, office, church, restaurant 등이 생략되는 경우가 많음
> 　– He passed the summer at his uncle's (house). (그는 삼촌의 집에서 여름을 났다.)

SEMI-NOTE

소유격의 관용 표현

• for mercy's sake (불쌍히 여기셔서, 제발)
• for conscience's sake (양심상)
• at one's wits'[wit's] end (어찌할 바를 몰라)
• at a stone's throw (엎어지면 코 닿을 곳에)

소유격의 특별한 용법

• 동격
　– The City of Seoul = Seoul City
　– life's journey = the journey of life

02절. 관사(Article)

1. 부정관사

(1) 부정관사의 일반적 용법

① 부정관사는 보통명사가 문장에서 처음 사용될 때 그 명사의 앞에 위치하는 것이 원칙

② 뒤에 오는 단어가 발음이 자음으로 시작하면 'a'를, 모음으로 시작하면 'an'을 씀

(2) 부정관사의 의미에 따른 용법

① 막연히 가리키는 「하나의」(의미상 해석을 하지 않음)

This is a book, not a box. (이것은 상자가 아니라 책이다.)

② 「하나」의 뜻을 나타나는 경우

　⊙ Rome was not built in a day. (= one) (로마는 하루아침에 만들어지지 않았다.)

　⊙ A bird in the hand is worth two in the bush. (손 안에 있는 새 한 마리가 숲 속의 새 두 마리보다 실속이 있다.)

관사

관사는 형용사의 일종으로, 크게 부정관사(a, an)와 정관사(the)로 분류

관용적 표현

• They were in a great hurry. (그들은 매우 서둘렀다.) [in a hurry]
• He had a rest. (그는 휴식을 취했다.) [have a rest]
• My son has a talent for music. (나의 아들은 음악에 재능이 있다.) [have a talent for]
• The man ran away all of a sudden. (그 남자는 갑자기 도망갔다.) [all of a sudden = on a sudden]

③ 「어떤 ~나(라도)」의 뜻을 나타내는 경우

She goes well with a dress. (= any) (그녀는 어떤 옷에나 어울린다.)

④ 어떤 종류 · 종속 전체를 총칭하는 대표단수를 나타내는 경우

An ostrich cannot fly. (타조는 날 수가 없다.)

= The ostrich cannot fly.

= Ostriches cannot fly.

⑤ 「같은」의 뜻을 나타내는 경우

Birds of a feather flock together. (= the same) (유유상종. 깃이 같은 새들은 같이 날아다닌다.)

⑥ 「어떤」의 뜻을 나타내는 경우

㉠ In a sense it is true. (= a certain) (어떤 의미에서 그것은 진실이다.)

㉡ A Mr. Brown came to see you. (브라운 씨라는 분이 당신을 찾아왔습니다.)

⑦ 「약간의(얼마의)」의 뜻을 나타내는 경우

㉠ She waited for a while. (= some) (그녀는 잠시 기다렸다.)

㉡ He has a knowledge of Russian. (그는 러시아어를 약간 안다.)

⑧ 「~마다(당)」의 뜻을 나타내는 경우

㉠ Take this medicine three times a day. (= per) (이 약을 매일 세 번씩 드십시오.)

㉡ She makes a trip once a month. (그녀는 한 달에 한 번 여행을 한다.)

2. 정관사

(1) 정관사의 용법

① 앞에 나온 명사를 반복하는 경우

㉠ I saw a girl. The girl was crying. (나는 소녀를 보았다. 그 소녀는 울고 있었다.)

㉡ My uncle bought me a book yesterday. The book is very interesting. (우리 삼촌이 어제 책을 사주셨다. 그 책은 아주 재미있다.)

② 상황을 통해 누구나 알 수 있는 경우(특정한 것을 지칭하거나 한정을 받는 경우 등)

㉠ Erase the blackboard. (칠판을 지워라.) [특정한 것]

㉡ The water in the well is not good to drink. (이 우물의 물은 먹기에 적당하지 않다.) [한정을 받는 경우]

③ 유일한 것을 나타내는 경우(유일한 자연물이나 물건 등)

㉠ The moon goes around the earth. (달은 지구 주위를 돈다.)

㉡ the moon / the earth / the sun / the universe / the sky / the Bible

④ 방위 표시나 계절 · 시절의 명사를 나타내는 경우

㉠ The sun rises in the east and sets in the west. (태양은 동쪽에서 떠서 서쪽으로 진다.)

㉡ in the north[방위] / the lobster season[시절]

부정관사 a와 an의 구분

• 부정관사 a와 an의 경우 다음명사의 철가가 아닌 발음에 따라 구분하여 사용

• 예를 들어 'university'의 경우 철자(u)는 모음이나 발음상 자음[j]이므로 'an'이 아닌 'a'를 사용하여 'a university'가 되며, 'hour'의 경우 철자(h)는 자음이나 발음상 모음[α]이므로 'an hour'가 됨

정관사의 용법

• 단위를 나타내는 경우(by 다음의 시간 · 수량 · 무게 등의 단위)

– We hired the boat by the hour. (우리는 보트를 시간당으로 빌렸다.)

– The workers are paid by the month. (근로자들은 월 단위로 보수를 받는다.)

– Sugar is sold by the pound. (설탕은 파운드 단위로 판다.)

특정한 것을 나타내는 관사

• 일반적으로 특정한 것을 나타낼 때는 정관사(the)를 사용하나, 화자가 표현하고자 하는 의미에 따라 부정관사(a, an)가 사용될 수도 있음

– A watt is the unit of power. (와트는 동력의 단위이다.)

– A watt is a unit of power. (와트는 동력의 (여러 단위 중)한 단위이다.)

⑤ 최상급이 쓰인 경우

ㄱ What is the commonest surname in your country? (너의 나라에서 가장 흔한 성(姓)은 어떤 것이니?)

ㄴ Mt. Everest is the highest mountain in the world. (에베레스트는 세계 최고봉이다.)

⑥ 서수, last, only, same, very 등과 함께 쓰이는 경우

ㄱ January is the first month of the year. (정월은 일 년 중 맨 앞에 있는 달이다.)

ㄴ He is the last man to tell a lie. (그는 거짓말할 사람이 아니다.)

ㄷ Jane was the only student that answered the question. (Jane이 그 문제에 답한 유일한 학생이었다.)

ㄹ The boy has made the same mistake again. (그 아이는 또다시 같은 잘못을 저질렀다.)

ㅁ That's the very item we were looking for. (그것이 바로 우리가 찾던 것이다.)

⑦ 연대를 나타내는 경우

Rap music burst upon the scene in the early 1980s. (랩 뮤직은 1980년 대 초에 갑자기 나타났다.)

⑧ 연주를 할 때의 악기 명칭, 기계·발명품 등의 앞에 쓰이는 경우

play the piano[violin, guitar, drum, harp]

⑨ 종족 전체를 나타내는 경우(대표단수)

The cow is a useful animal. (소는 유용한 동물이다.)

= A cow is a useful animal.

= Cows are useful animals.

⑩ 신체의 일부를 표시하는 경우

ㄱ 전치사 by를 쓰는 동사 : catch, push, pull, seise(붙잡다), take, hold 등

ㄴ 전치사 on을 쓰는 동사 : hit, beat, pat(가볍게 두드리다) 등

ㄷ 전치사 in을 쓰는 동사 : look, stare(빤히 쳐다보다), gaze(뚫어지게 보다), watch, hit 등

실력up 「the + 형용사 / 분사」(~자들[것들]) [복수 보통명사]

• The rich are not always happy. (부자가 항상 행복한 것은 아니다.)
• the rich(= rich people)
• the old(= old people)
• the wounded(=wounded people)

⑪ 「the + 형용사 / 보통명사」 [추상명사]

ㄱ The beautiful is not always the same as the good. (미(美)가 항상 선과 동일한 것은 아니다.)

SEMI-NOTE

고유명사가 'of + 명사'의 수식을 받는 경우

the University of London / the Gulf of Mexico

정관사(the)를 동반하는 고유명사

- 대양, 바다, 해협, 강, 운하
  the Pacific (Ocean) / the Red (Sea) / the Mediterranean / the English Channel
- 산맥, 반도, 사막
  the Alps / the Rockies / the Korean Peninsula / the Crimea Peninsular / the Sahara (Desert) / the Gobi Desert
- 선박, 열차, 비행기 등의 탈 것
  the Mayflower / the Titanic / the Orient Express

기본적 어순

- 관사와 관련된 어순은 기본적으로 '관사 + 부사 + 형용사 + 명사'의 어순을 취함
  - a really surprising rumor(정말 놀라운 소식)

주의할 관사의 위치

- 「quite/rather + a + 명사」 또는 「a + quite/rather + 명사」의 어순을 취함
  - This is quite a good book. (이것은 아주 좋은 책이다.)
    = This is a quite good book.
  - He is rather a proud man. (그는 꽤 자부심이 있는 사람이다.)
    = He is a rather proud man.

무관사 명사를 포함하는 관용구

- by name 이름을 대고[서서]
- know ~ by sight (사람·물건 등)을 본 적이 있다, …에 대한 면식이 있다
- take place 생기다, 일어나다
- on account of ~ 때문에

ⓛ the beautiful(= beauty) / the good(= goodness) / the true(= truth) / the patriot(=patriotism) / the unknown(미지의 것) / the mother(모정, 모성적 감정)

(2) 정관사(the)를 동반하는 고유명사

① 집합체의 의미(union, united)가 포함된 말이나 복수형의 국가명, 군도
the United States / the Soviet Union / the United Nations / the Netherlands / the Philippines / the East Indies

② 신문, 잡지, 서적 등
the Washington Post / the New York Times / the Newsweek
cf. Times / London Times

③ 국민 전체를 나타내는 경우(the + 복수 고유명사 → 복수취급)
the English / the Koreans

④ 인명 앞에 형용사가 붙는 경우
the late Dr. Schweitzer
cf. 인명 앞에 감정적인 색채가 있는 형용사가 붙는 경우는 'the'를 붙이지 않음
예) poor Tom

3. 관사의 위치 및 생략

(1) 주의할 관사의 위치

① 「all/both/half/double/twice + the + 명사」의 어순을 취함
㉠ You must answer all the questions. (너는 모든 문제에 답해야 한다.)
㉡ Both the parents are alive. (양친 모두 생존해 계신다.)
㉢ Half the apples were bad. (사과의 반은 상했다.)

② 「such/half/many/what + a[an] + (형용사) + 명사」의 어순을 취함
What a beautiful flower it is! (참 아름다운 꽃이다!)(= How beautiful a flower it is!)

③ 「so/as/too/how/however + 형용사 + a + 명사」의 어순을 취함
㉠ I've never seen so pretty a girl. (나는 그렇게 예쁜 소녀를 본 적이 없다.)
㉡ He is as strong a man as his father. (그는 자신의 아버지만큼 강하다.)
㉢ This is too difficult a question for me to answer. (이것은 내가 답하기에는 너무 어려운 문제이다.)

(2) 관사의 생략

① 가족관계를 나타내는 명사는 관사 없이 쓰이며, 대문자로 쓰이는 경우도 있음
Mother has gone out to do some shopping. (어머니는 장을 보러 나가셨다.)

② 호격어로 쓰이는 경우
㉠ Waiter, two coffees, please. (웨이터, 커피 두 잔이요.)
㉡ Keep the change, driver. (잔돈은 가지십시오, 기사님.)

③ 신분 · 관직 · 지위를 나타내는 말이 보어(주격보어 · 목적격보어)나 동격어, 또는 as와 of 다음에 쓰이는 경우

  ㉠ Mr. Smith is principal of our school. (Smith씨는 우리 학교의 교장 선생님이다.) [주격 보어]

  ㉡ Lincoln was elected President of the United States in 1860. (링컨은 1860년에 미국 대통령으로 선출되었다.)

  ㉢ We elected him principal of our school. (우리는 그를 우리 학교의 교장으로 선출했다.) [목적격 보어]

  ㉣ President Obama (오바마 대통령) [동격]

  ㉤ Elizabeth II, Queen of England (영국 여왕 엘리자베스 2세)

  ㉥ He went on board the steamer as surgeon. (그는 선의(船醫)로 기선에 승선했다.)

④ 건물이나 장소가 본래의 기능을 하거나 본래 목적으로 쓰이는 경우

  ㉠ I go to church every Sunday. (나는 매주 일요일 교회에 (예배를 보러) 간다.)

  ㉡ He goes to school. (그는 학교에 다닌다[공부한다, 배운다].)

    cf. He went to the school. (그는 그 학교에 갔다.)

  ㉢ go to bed(잠자리에 들다) / go to school(학교에 다니다, 통학[등교]하다, 취학하다) / go to sea(선원이 되다, 출항하다) / go to hospital(병원에 다니다, 입원하다) / at (the) table(식사 중)

  ㉣ There is a meeting at the school at 9 o'clock. (9시 정각에 그 학교에서 모임이 있다.)

⑤ 교통수단이나 통신수단의 경우

  ㉠ I usually go to school by bus. (나는 보통 학교에 버스를 타고 간다.)

  ㉡ by boat / by ship / by train / by subway / by mail / by wire / by telephone / by letter

    cf. on foot, on horseback

⑥ a kind of, a sort of, a type of 뒤에 오는 명사

  ㉠ Pine is a common kind of tree in Korea. (소나무는 한국에서 흔한 나무이다.)

  ㉡ That is a new sort of game. (저것은 새로운 유형의 놀이다.)

⑦ 접속사 and로 연결된 표현의 경우

  ㉠ and로 연결된 두 명사가 동일한 사람 · 사물인 경우 뒤에 나오는 명사 앞의 관사는 생략됨

    The poet and painter was invited to the party.[한 사람](시인이자 화가인 그는 파티에 초대되었다.)

  ㉡ and로 연결된 두 명사가 다른 사람 · 사물인 경우 두 명사에 각각 관사를 씀

    The poet and the painter were invited to the party.[두 사람](그 시인과 그 화가는 파티에 초대되었다.)

  ㉢ and로 연결된 형용사가 동일한 사람 · 사물을 수식하는 경우 뒤의 관사는 생략됨

양보의 부사절에서 문두에 나오는 명사의 경우

Child as he is, he knows a great many things. (그는 비록 어린애지만 많은 것을 안다.)

관사의 생략

- 운동경기명, 식사명, 계절명, 질병명 등의 경우
  - I like tennis. (나는 테니스를 좋아한다.)
  - Let's play soccer after lunch. (점심 먹고 축구하자.)
  - What time do you have breakfast? (몇 시에 아침 식사를 하니?)
  - Winter has come. (겨울이 왔다.)
  - He died of cancer last year. (그는 작년에 암으로 죽었다.)
  - cancer
  - fever
  - cholera
  - cf. a cold
  - a headache
  - a toothache
- 관사의 생략학과명, 언어명 등의 경우
  - My favorite subject is biology. (내가 가장 좋아하는 과목은 생물이다.)
  - I can speak Korean. (나는 한국어를 할 수 있다.)
  - = I can speak the Korean language.
  - speak English[Spanish, Japanese]
- 월(月) · 요일의 경우
  - May is my favorite season. (5월은 내가 가장 좋아하는 계절이다.)
  - She goes to church on Sunday. (그녀는 일요일에 교회에 간다.)

접속사 and로 연결된 표현의 경우

- and로 연결된 형용사가 다른 사람 사물을 수식하는 경우 앞뒤 명사에 각각 관사를 씀
- and로 연결된 두 명사가 한 쌍이 되는 경우 앞의 명사에만 관사를 쓰고 뒤의 경우 생략됨

06장

명사/관사

I saw a black and white dog.[한 마리](나는 바둑이 한 마리를 보았다.)

 실력up **2개의 명사가 대구(對句)를 이루는 경우**

- He gave body and soul to the work. (그는 몸과 마음을 다해 그 일을 하였다.)
- They are husband and wife. (그들은 부부다.)
- from right to left / from hand to mouth / from door to door / day and night / trial and error / rich and poor / young and old

07장 대명사(Pronoun)/관계사(Relatives)

01절 대명사(Pronoun)

02절 관계사(Relatives)

대명사

- 지시대명사
  - this, these, that, those, such, so, it, they
- 부정대명사
  - all, both, each, either, none
- 의문대명사
  - who, whose, whom, which, what
- 관계대명사
  - who, whose, whom, which, what, that

01절 대명사(Pronoun)

1. 인칭대명사

👓👓 한눈에 쏙~

인칭대명사 — 소유대명사 — 재귀대명사

지시대명사 — 부정대명사 — 의문대명사

관계대명사

(1) 인칭대명사의 의미와 용법

① 인칭대명사는 '사람'을 대신하는 말로, I, You, He, She, We, They, It 등이 있음

② 인칭대명사

  ㉠ we, you, they는 「(막연한) 일반인」을 나타내기도 함

  ㉡ We have little snow here. (이곳은 눈이 많이 오지 않는다.)

  ㉢ You must not speak ill of others in their absence. (당사자가 없다고 그의 험담을 해서는 안 된다.)

  ㉣ They speak English in Australia. (호주에서는 영어로 말한다.)

인칭대명사의 격

- Who is there? It's I.[주격보어]
  cf. It's me[회화체에서는 목적격을 씀]
- She caught him by the hand.
- They discussed the matters with him.
- We should obey our parents.
- Mary and Jane did not keep their promise.

실력up 인칭대명사의 격

인칭	수·성		주격	목적격	소유격
1인칭	단수		I	me	my
	복수		we	us	our
2인칭	단수		you	you	your
	복수		you	you	your
3인칭	단수	남성	he	him	his
		여성	she	her	her
		중성	it	it	its
	복수		they	them	their
문장에서의 위치			주어, 주격보어	목적어, 목적격보어	명사 앞

2. 소유대명사와 재귀대명사

(1) 소유대명사

① 소유대명사는 문장에서 「소유격 + 명사」의 역할을 함

② mine, yours, his, hers, ours, yours, theirs 등

　㉠ Your bag is heavy, but mine is heavier. (네 가방은 무겁다. 그러나 내 가방은 더 무겁다.)

　㉡ Yours is better than mine. (당신 것이 내 것보다 낫다.)

(2) 재귀대명사

① 재귀대명사의 용법

　㉠ 재귀적 용법 : 동사나 전치사의 목적어가 되거나 주어의 동작이 주어 자신에게 미침

　　• Make yourself at home. (편히 쉬십시오.)

　　• He killed himself. (그는 자살했다.)

　　• We enjoyed ourselves very much. (우리는 마음껏 즐겼다.)

　㉡ 강조 용법 : 주어, 목적어, 보어 등과 동격으로 쓰여 의미를 강조[생략해도 문장이 성립함]

　　• I myself did it(= I did it myself). (내가 스스로 그것을 했다.)[주어 강조]

　　• She went there herself. (그녀는 직접 거기에 갔다.)

　　• He was simplicity itself. (그는 아주 수수했다.) [보어 강조]

② 「전치사 + 재귀대명사」의 관용적 표현

　㉠ for oneself(혼자 힘으로)(= without another help)

　㉡ by oneself(홀로, 외로이)(= alone)

　㉢ of itself(저절로)(= spontaneously)

　㉣ in itself(본래)(= in its own nature)

③ 「동사 + 재귀대명사」의 중요 표현

　㉠ absent oneself from ~에 결석하다

　㉡ avail oneself of ~을 이용하다

　㉢ pride oneself on ~을 자랑으로 여기다

　㉣ help oneself to ~을 먹다

　㉤ apply oneself to ~에 전념하다

　㉥ behave oneself 점잖게 굴다

SEMI-NOTE

재귀대명사
재귀대명사는 주어에 따르지만, 목적어를 강조하는 경우 목적어를 기준으로 하여 결정됨

「전치사 + 재귀대명사」의 관용적 표현
• beside oneself(미친, 제정신이 아닌)(= mad)
• between ourselves(우리끼리 얘기지만)(= between you and me)
• in spite of oneself(자신도 모르게)

「동사 + 재귀대명사」의 중요 표현
• find oneself ~ (알고 보니 ~의 상태 · 장소에) 있다
　─ I found myself lying in the beach. (정신을 차리고 보니 나는 해변에 누워 있었다.)
• present oneself 출석하다
• enjoy oneself 즐기다
• seat oneself 앉다
• cut oneself 베이다
• burn oneself 데다
• hurt oneself 다치다
• make oneself at home (스스럼없이) 편히 하다

that의 관용적 표현

- 'and that'(게다가, 그것도, 더구나)[강조의 that으로 앞에서 말한 사실을 강조할 때 쓰임]
  - You must go home, and that at once. (너는 집에 가야 한다. 그것도 지금 당장.)
  - Come here, and that hurry up. (이리 오세요, 빨리요.)
- 'and all that'(~ 등)
  - There we bought cabbages and carrots and all that. (거기에서 우리는 양배추며 홍당무 등을 샀다.)

지시대명사

	단수	의미	복수	의미
지시 대명사	this	이것	these	이것들
지시 형용사	this	이(+단 수명사)	these	이(+복 수명사)
지시 대명사	that	저것	those	저것들
지시 형용사	that	저(+단 수명사)	those	저(+복 수명사)

this와 that의 부사적 용법

- '양'이나 '정도'를 나타내는 부사형 용사 앞에 쓰임
  - The tree was about this high. (그 나무는 대략 이만큼 높았다.)
  - We won't go that far. (우리는 그렇게 멀리 가지 않을 것이다.)

3. 지시대명사

(1) this(these), that(those)

① 일반적 의미와 용법 구분

　㉠ this는 '이것'이라는 의미로, 시간적 · 공간적으로 가까이 있는 것[사람]을 지칭

　㉡ that은 '저것'이라는 의미로, 시간적 · 공간적으로 멀리 있는 것[사람]을 지칭

　　I like this better than that. (나는 이것을 저것보다 더 좋아한다.)

② this는 앞 · 뒤 문장의 단어나 구 · 절, 문장 전체를 받으며, that은 주로 앞에 나온 내용을 받음

　She said nothing, and this made me very angry. (그녀는 아무 말도 하지 않았는데, 이것이 나를 아주 화나게 했다.)

③ 앞에 나온 명사의 반복을 피하기 위해 사용되는 that[those](주로 'of ~'의 수식 어구가 있는 경우에 사용되며, 'that[those] + of~'의 구조를 이룸)

　㉠ The voice of woman is softer than that(= the voice) of man. (여성의 목소리는 남성의 목소리보다 더 부드럽다.)

　㉡ The ears of a rabbit are longer than those(= the ears) of a cat. (토끼의 귀는 고양이의 귀보다 길다.)

④ this는 '후자(後者)', that은 '전자(前者)'를 지칭

　㉠ 후자(後者) : this, the other, the latter

　㉡ 전자(前者) : that, the one, the former

　　Work and play are both necessary to health; this(= play) gives rest, and that(= work) gives us energy. (일과 놀이는 건강에 모두 필요하다. 후자(놀이)는 우리에게 휴식을 주고 전자(일)는 우리에게 힘을 준다.)

⑤ 현재와 과거의 표현

　㉠ In these days(요즘, 오늘날)(= nowadays)

　㉡ In those days(그 당시에)(= then)

⑥ 대화문에서의 this

　㉠ 사람의 소개

　　This is Tom. (이 사람은 Tom입니다.)

　㉡ 전화 통화

　　This is Tom speaking. (Tom입니다.)

⑦ 「those who」(~한 사람들)(= people who)

　Heaven helps those who help themselves. (하늘은 스스로 돕는 자를 돕는다.)

　cf. he who[that]~(~하는 사람)[단수]

실력UP 　지시형용사로서의 this와 that

- This cat is mine and that one is hers. (이 고양이는 내 것이고 저것은 그녀의 것이다.)
- Are those girls your friends? (그 소녀들은 당신의 친구들입니까?)

(2) such ★ 빈출개념

① 일반적으로 '그런 것[사람]'의 의미로, 앞 문장이나 어구를 대신함

His bullet killed her, but such was not his intention. (그의 탄환이 그녀를 죽였지만 그것은 그의 의도가 아니었다.)[such는 앞 문장(His bullet killed her)을 대신함]

② 「as such (그렇게, ~답게, ~로서)」: 앞에 나온 낱말이나 문장이 중복될 때, as가 있으면 중복되는 말을 such로 대신할 수 있음

ㄱ She is a sick person and must be treated as such. (그녀는 아픈 사람이다. 그러므로 그렇게(환자로) 취급되어야 한다.)[such = a sick person]

ㄴ The professor, as such, is entitled to respect. (교수는 교수로서 존경받을 권리가 있다.)[such = the professor]

ㄷ Mr. Park regrets not having studied history as such. (박 씨는 역사를 역사답게 공부하지 못한 것을 후회한다.)[such = history]

③ 「such A as B (B와 같은 A)(= A such as B)[여기서의 'such as'는 'like(~같은)'의 의미]

ㄱ Such poets as Milton are rare. (밀턴과 같은 시인은 드물다.)

= Poets such as Milton are rare.

ㄴ such birds as the hawk and the eagle (매와 독수리 같은 새들)

= birds such as the hawk and the eagle

④ such A as to B, such A that B (B할 만큼[할 정도로] A하는)

ㄱ It is such a good bike that I bought it twice. (그것은 매우 좋은 자전거여서 나는 두 번이나 그것을 샀다.)

ㄴ He is not such a fool as to do it. (그는 그것을 할 정도로 바보는 아니다.)

실력up such 관용적 표현

• such as it is(변변치 않지만)
  – My car, such as it is, is at your disposal. (변변치는 않지만 내 차를 당신 마음대로 쓰세요.)
• such being the case(사정이 이래서)
  – Such being the case, I can't help him. (사정이 이래서, 그를 도와줄 수가 없어.)

(3) so

① think, believe, suppose, imagine, hope, expect, say, tell, hear, fear 등의 동사와 함께 쓰여 앞에 나온 문장 전체 또는 일부를 받음

ㄱ Is she pretty? I think so.(= I think that she is pretty.)
  (그녀는 예쁩니까? 그렇게 생각해요.)

ㄴ Will he succeed? I hope so. (= I hope that he will succeed.)
  (그가 성공할까요? 그러기를 바랍니다.)

② 「So + S + V」(S는 정말 그렇다[사실이다][앞서 말한 내용에 동의할 때 사용]

ㄱ She likes to travel. So she does. (그녀는 여행을 좋아한다. 정말 그렇다.)

SEMI-NOTE

such

• 「such as」 + V(~한 사람들)(= those who ~ = people who ~)

  – Such as have plenty of money will not need friends. (많은 돈을 가진 사람들은 친구가 필요하지 않을 것이다.)

    = Those who have plenty of money will not need friends.

  – All such as are bad sailors prefer to travel by land. (뱃멀미를 많이 하는 사람들은 육상 여행을 더 좋아한다.)

• 「such that」(~할 정도의)
  The heat of my room is such that I cannot study in it. (내 방의 온도가 안에서 공부를 할 수 없을 정도로 높다.)
  cf. He is not such a fool as to quarrel. (그는 싸울 만큼 어리석지 않다.)
  = He knows better than to quarrel.

지시형용사로서의 such(대단한, 엄청난)

• It was such a hot day.
• He was such a polite man that everyone liked him.[such ~ that … (너무 ~해서 …하다)]

대명사(대형태) so의 반대 표현

• Do you think that he will succeed?
  → 긍정의 답변 : Yes, I hope so.
  → 부정의 답변 : No, I'm afraid not.

부사로 쓰이는 경우

They do not think the same as we do. (그들은 우리가 생각하는 것과 같은 방식으로 생각하지 않는다.)

앞에 나온 명사나 구·절을 가리키는 경우['그것'으로 해석됨]

- She tried to get a bus, but it was not easy.
  (그녀는 버스를 타려고 했으나 그것은 쉽지 않았다.) [it → to get a bus]
- They are kind, and he knows it.
  (그들은 친절하다. 그리고 그는 그것을 알고 있다.) [it → They are kind]

비인칭 주어로서 시간·요일·계절·날씨·거리·명암·온도 등을 나타내는 경우

- 시간 : It is nine o'clock. (9시 정각이다.)
- 요일 : It is Sunday today. (오늘은 일요일이다.)
- 계절 : It is spring now. (지금은 봄이다.)
- 날씨 : It is rather warm today. (오늘은 다소 따뜻하다.)
- 거리 : It is 5 miles to our school. (학교까지는 5마일이다.)
- 명암 : It is dark here. (여기는 어둡다.)
- 온도 : It is 10 degrees Celsius. (섭씨 10도이다.)

ⓛ He worked hard. So he did. (그는 열심히 일했다. 정말 그랬다.)

③ 「So + V + S」(S 또한 그렇다)[다른 사람도 역시 그러하다는 표현]

ⓗ She likes to travel. So do I. (그녀는 여행을 좋아한다. 나도 그렇다.)

ⓛ He worked hard. So did she. (그는 열심히 일했다. 그녀도 그랬다.)

(4) same

① 앞에서 언급한 것과 동일 또는 동종의 것을 가리킴

She ordered coffee, and I ordered the same.

(그녀는 커피를 주문했다. 나도 같은 것[커피]을 주문했다.)

② 「the same ~ as」(동일 종류의 것) / 「the same ~ that」(동일한 것)

ⓗ This is the same watch as I lost. (이 시계는 내가 잃어버린 것과 같은 종류의 것이다.)

ⓛ This is the same watch that I lost. (이 시계가 바로 내가 잃어버린 시계이다.)

③ 형용사로 쓰이는 경우

ⓗ He and I are the same age. (그와 나는 동갑이다.)

ⓛ You've made the same mistakes as you made last time. (너는 지난번에 했던 실수와 동일한 실수를 했다.)

(5) It

① 앞에 나온 명사나 구·절을 가리키는 경우['그것'으로 해석됨]

ⓗ He has a car. It is a new car. (그는 차가 있다. 그 차는 새 차이다.)[it → car]

ⓛ If you have a pen, lend it to me. (펜 가지고 있으면, 나에게 그것을 빌려 주세요.) [it → pen]

② 주어(부정사구·동명사구·명사절)가 길어 가주어(it)가 사용되는 경우['가주어 (It) + be + 보어 + 진주어'의 구조가 됨]

ⓗ To learn a foreign language is difficult.

→ It is difficult to learn a foreign language. (외국어를 배우는 것은 어렵다.) [부정사구(to learn a foreign language)가 진주어]

ⓛ That he is handsome is true.

→ It is true that he is handsome. (그가 잘생겼다는 것은 사실이다.) [명사절(that he is handsome)이 진주어]

③ 목적어(부정사구·동명사구·명사절)가 길어 가목적어(it)를 목적보어 앞에 두는 경우[주로 5형식 문형에서 '주어 + 동사 + 가목적어(it) + 목적보어 + 진목적어'의 구조를 취함]

ⓗ I think to tell a lie wrong.

→ I think it wrong to tell a lie. (나는 거짓말을 하는 것은 잘못이라 생각한다.) [it은 가목적어이며, 부정사구(to tell a lie)가 목적어]

ⓛ You will find talking with him pleasant.

→ You will find it pleasant talking with him. (당신은 그와 이야기하는 것이 즐겁다는 것을 알게 될 것입니다.) [동명사구(talking with him)가 목적어]

ⓒ I think that she is kind true.

→ I think it true that she is kind. (나는 그녀가 친절하다는 것이 사실이라 생각한다.) [명사절(that she is kind)이 목적어]

④ 「It is A that ~」의 강조구문

㉠ 강조하고자 하는 요소(주어·목적어·부사(구, 절))를 A 위치에 놓음

㉡ 'It is'와 'that'을 배제하고 해석함

㉢ 여기서 that은 관계대명사 또는 관계부사이므로, 강조할 부분이 사람이면 who, 사물이면 which, 장소의 부사이면 where, 시간의 부사이면 when등을 쓸 수 있음

㉣ It was I that[who] broke the window yesterday. (어제 유리창을 깬 사람은 바로 나다.) [주어(I)를 강조]

㉤ It was the window that[which] I broke yesterday. (내가 어제 깬 것은 바로 창문이다.) [목적어(the window)를 강조]

㉥ It was yesterday that[when] I broke the window. (내가 창문을 깬 것은 바로 어제이다.) [부사(yesterday)를 강조]

㉦ What was it that she wanted you to do? (그녀가 당신이 하기를 원한 것은 무엇이었습니까?) [의문사(what)를 강조한 것으로, 의문사가 문두로 나가면서 'it was'가 도치됨]

4. 의문대명사

(1) who의 용법

① who는 사람에 대해 사용되며, 주로 이름이나 관계 등의 물음에 사용됨

② 주격(who), 소유격(whose), 목적격(whom)으로 구분됨

㉠ Who is that boy? (저 소년은 누구인가?)

㉡ Whose book is this? (이것은 누구의 책인가?)

㉢ Whom[Who] did you meet? (당신은 누구를 만났는가?)

(2) What의 용법

① 물건의 명칭이나 사람의 이름·신분 등에 사용되며, '무엇', '무슨' 등의 의미를 지님

㉠ What do you call that animal? (저 동물을 무엇이라 합니까?) [명칭]

㉡ What is she?(= What does she do?) (그녀는 무엇을 하는 사람입니까?) [신분·직업]

② 가격이나 비용, 금액, 수(數) 등에 사용되어 '얼마'라는 의미를 지님

㉠ What is the price of this computer? (이 컴퓨터의 가격은 얼마입니까?)

SEMI-NOTE

가주어·진주어 구문과 강조구문의 구분

'It is', 'that'을 배제하고 해석하여 의미가 통하면 강조구문(분열구문)이며, 그렇지 않고 'It'만을 배제하여 의미가 통하면 가주어·진주어 구문임

관용적으로 쓰이는 경우(상황의 it)

Take it easy. (천천히 하세요.)

07장

대명사/관계사

의문사의 용법

의문대명사			
	주격	소유격	목적격
사람	who	whose	whom
사물	what		
사람/사물	which		

What의 용법

감탄문을 만드는 what[What + a(n) + 형용사 + 명사 + 주어 + 동사] What a pretty girl she is! (그녀는 정말 예쁘구나!)

ⓛ What's the cost of the product? (그 제품의 비용[원가]은 얼마입니까?)

(3) which의 용법

① 한정적 의미로 '어느 것', '어느 하나'를 묻는 데 사용됨

Which do you want, tomato or apple? (당신은 토마토와 사과 중 어느 것을 원합니까?)

② 의문형용사

Which book is yours? (어느 책이 당신 것입니까?)

(4) 간접의문문(의문대명사가 명사절을 이끄는 경우)

① 의문대명사가 이끄는 의문문이 다른 주절에 삽입되어 타동사의 목적어(명사절)가 될 때 이를 간접의문문이라 함

② 직접의문문이 '의문사 + 동사 + 주어'의 어순임에 비해, 간접의문문은 '의문사 + 주어 + 동사'의 어순이 됨

ⓛ Who is she? / What does he want? [직접의문문]

ⓛ Do you know where I bought this book? (당신은 내가 이 책을 어디서 샀는지 아십니까?) [간접의문문]

③ 의문문이 생각동사[think, believe, suppose, imagine, guess 등]의 목적어(절)가 되는 경우 의문사가 문두로 나감

ⓛ Who do you think he is? (당신은 그가 누구라고 생각합니까?)

ⓛ What do you suppose it is? (당신은 이것이 무엇이라 생각합니까?)

(5) 관용적 표현

① What[how] about ~ ? (~은 어떻습니까?)

② What do you think about ~? (~을 어떻게 생각합니까?)

③ What do you mean by ~? (~은 무슨 의미입니까?)

④ What ~ like? (어떠한 사람[것]일까?, 어떠한 기분일까?)

⑤ What time shall we make it? (우리 언제 만날까요?)

5. 부정대명사

(1) one, no one, none

① one의 용법

ⓛ 앞에 나온 명사와 동류의 것을 지칭[불특정명사, 즉 '부정관사 + 명사'를 지칭]

I have no ruler. I must buy one(= a ruler). (나는 자가 없다. 자를 하나 사야 한다.)

cf. Do you have the ruler I bought you? Yes, I have it(= the ruler).[it은 특정명사, 즉 'the/this/that + 명사'를 대신함]

ⓛ 형용사 다음에 사용되는 경우

• This car is very old one. (이 차는 아주 낡은 것이다.)

수사의문문

• 의문형식으로 표현되나, 청가의 대답을 기대하기 보다는 화자의 의견을 표시하는 주장이나 단언의 방화 의미를 내포함
  - 긍정의 수사 의문문 → 강한 부정의 의미
  - 부정의 수사 의문문 → 강한 긍정의 의미

부가의문문

• 주절이 긍정 → 부정의 부가의문문
• 주절이 부정 → 긍정의 부가의문문
• 부가의문문의 주어 → 대명사
• 주절의 동사가 be동사일 경우 → be동사
• 주절의 동사가 조동사일 경우 → 조동사
• 주절의 동사가 일반동사일 경우 → do동사

단수 취급

사람을 가리키는 someone, everyone, anyone, somebody, everybody, anybody 등은 단수 취급

일반인을 가리키는 경우

One must keep one's promise. (사람은 약속을 지켜야 한다.)

• The audience in this hall is a large one. (이 홀에 있는 청중은 규모가 거대하다.)

② 'no one'과 'none'의 용법

    ㉠ no one(아무도 ∼않다) : 사람에게만 사용되며, 단수 취급

    No one knows the fact. (어느 누구도 그 사실은 모른다.)

    ㉡ none(아무도[어떤 것도] ∼않다[아니다]) : 사람과 사물 모두에 사용되며, 수를 표시하는 경우 복수 취급, 양을 표시하는 경우 단수 취급

    None know the fact. (어느 누구도 그 사실은 모른다.)

👓👓 한눈에 쏙~

another, other 용법

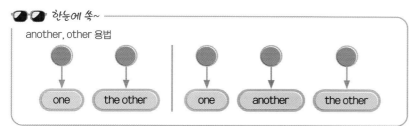

the one, the other
둘 중 순서가 정해져 있을 때는, 전자는 'the one(= the former)', 후자는 'the other(= the latter)'로 표현

(2) other, another

① other의 용법

    ㉠ 둘 중 하나는 'one', 다른 하나는 'the other'로 표현[정해진 순서 없이 하나, 나머지 하나를 지칭]

    I have two dogs one is white and the other is black.

    (나는 개가 두 마리 있다. 한 마리는 백구이고, 다른 한 마리는 검둥이다.)

    ㉡ 여러 사람[개] 중에서 하나는 'one', 나머지 전부는 'the others(=the rest)'로 표현

    There were many people one played the piano and the others sang. (많은 사람들이 있었다. 한 사람은 피아노를 연주했고 나머지 사람들은 노래했다.)

    ㉢ others는 일반적으로 '다른 사람들', '다른 것들'을 의미함

    She does not trust others. (그녀는 다른 사람들을 믿지 않는다.)

    ㉣ 여러사람[개] 중에서 일부는 'some', 나머지 전부는 'the others(= the rest)'로 표현

    Some were late, but the others were in time for the meeting. (일부는 늦었지만 나머지 사람들은 회의에 늦지 않았다.)

② another의 용법

    ㉠ another는 일반적으로 '또 하나', '다른 것'을 의미하며, 항상 단수로 쓰임

    • This pear is delicious. Give me another. (이 배는 맛있습니다. 하나 더 주세요.)

    • I don't like this one. Show me another. (이것이 마음에 들지 않습니다. 다른 것을 보여 주십시오.)

other의 용법
• 여러 사람[개] 중에서 일부는 'some', 다른 일부는 'others'로 표현
  – There are many stories in this book. Some are tragic and others are funny.
  (이 책에는 많은 이야기가 있다. 일부는 비극적이고, 일부는 희극적이다.)

형용사로 사용될 때의 other과 another

• other과 another이 형용사로 사용될 때는, 'other + 복수명사', 'another + 단수명사'의 형태로 사용됨
  – other players[other player (×)]
  – another player[another players (×)]

another의 용법

• 「A is one thing, and B is another」(A 와 B는 별개의 것이다)
  – Saying is one thing, and doing is another. (말하는 것과 행동하는 것 은 별개이다.)

• She is a liar, and her daughter is another. (그녀는 거짓말쟁이고 그녀 의 딸도 또한 거짓말쟁이다.)

ⓛ 세 개 중에서 하나는 'one', 다른 하나는 'another', 나머지 하나는 'the other'로 표현[정해진 순서 없이 하나, 다른 하나, 나머지 하나를 지칭]

She has three flowers one is yellow, another is red, and the other is violet. (그녀는 꽃을 세 송이 가지고 있다. 하나는 노란색, 다른 하나는 빨 간색, 그리고 나머지 하나는 보라색이다.)

ⓒ 여러 개 중에서 하나는 'one', 또 다른 하나는 'another', 나머지 전부는 'the others'로 표현

She has many flowers one is yellow, another is red, the others are violet. (그녀는 많은 꽃을 가지고 있다. 하나는 노란색, 다른 하나는 빨간색, 나머지는 보라색이다.)

> **실력up one, other, another 관련 중요 표현**
>
> each other (둘 사이) 서로 / one another (셋 이상 사이) 서로 / on the one hand ~, on the other hand … 한편으로는 ~, 다른 한편으로는 … / tell one from the other (둘 가운데서) 서로 구별하 다 / tell one from another (셋 이상 가운데서) 서로 구별하다 / one after the other (둘이) 교대로 / one after another (셋 이상이) 차례로 / one way of another 어떻게 해서든 / the other day 일전에

(3) some, any

① some의 용법

ⓐ some은 긍정문에서 '다소[약간, 몇몇]'의 의미로 사용됨

May I give you some? (조금 드릴까요?)

ⓑ some이 수를 나타내는 경우 복수, 양을 나타내는 경우 단수 취급
  • Some of the butter has melted. (버터가 약간 녹았다.) [단수]
  • Some of the apples are rotten. (사과들 중 일부는 썩었다.) [복수]

ⓒ '어떤 사람'이란 의미로 사용되기도 함

Some said yes and some said no. (어떤 사람은 예라고 말했고 어떤 사람 은 아니라고 말했다.)

ⓓ some이 형용사로 사용되는 경우
  • 약간의[조금의, 몇몇의] : I want some money. (나는 약간의 돈을 원 한다.)
  • 대략[약] : They waited some(= about) five minutes. (그들은 5분 정 도를 기다렸다.)['some + 숫자'에서는 '대략(약)'의 의미를 지님]
  • '어떤[무슨]' : I saw it in some book. (나는 그것을 어떤 책에서 보았다.)
  • 어딘가의 : She went to some place in North America. (그녀는 북미 어딘가로 갔다.)

② any의 용법

ⓐ 의문문이나 조건문에서 '무엇이든[누구든]', '얼마간[다소]'의 의미로 사용됨

---

some

의문문·부정문·조건문에서는 주로 any 만 쓰고, some은 특수한 경우 이외에는 쓰 지 않음

수 · 양의 크기 비교

• a few<some<many
• a little<some<much

권유 · 간청이나 긍정의 답을 기대하 는 의문문

  – Will you lend me some money? (돈 을 좀 빌려주시겠습니까?)
  – Won't you have some tea? (차 한 잔 하지 않겠습니까?)[→ 차를 마실 것을 기대하면서 질문]

- Do you want any of these books? (이 책들 중 어떤 것이든 원하는 것이 있습니까?)
- Have you any question? (질문 있습니까?)

ⓒ 부정문에서 '아무(것)도[조금도]'라는 의미로 사용됨
- I've never seen any of these books. (나는 이 책들 중 아무것도 보지 못했다.)
- It isn't known to any. (그것은 아무에게도 알려져 있지 않다.)

ⓒ 긍정문에서는 '무엇이든지[누구든지]'라는 강조의 의미를 지님
Any of my friends will help me. (내 친구들 중 어느 누구든지 나를 도와 줄 것이다.)

ⓔ any가 형용사로 사용되는 경우[any는 대명사보다 주로 형용사로 사용됨]
- 의문문이나 조건문에서 '몇몇의[약간의]', '어떤 하나의[누구 한 사람의]'
  - Do you have any friends in this town? (이 도시에 몇몇의 친구가 있습니까?)
  - Is there any ink in the bottle? (병에 잉크가 있습니까?)
- 부정문에서 '조금도[아무것도, 아무도] (~아니다)'
  - I don't have any books. (나는 책이라고는 조금도 없다.)(= I have no books.)
- 긍정문에서는 '어떠한 ~이라도', '어느 것이든[무엇이든, 누구든]'
  - Any boy can do it. (어떤 소년이라도 그것을 할 수 있다.)
  - Any drink will do. (어떤 음료든지 괜찮습니다.)

(4) each, every

① each의 용법

㉠ each는 대명사로서 '각각[각자]'을 의미하며, 단수 취급
- Each has his own habit. (각자 자신의 버릇이 있다.)
- Each of us has a house. (우리들 각자는 집을 가지고 있다.)

㉡ 형용사로서 '각각의[각자의]'를 의미하며, 단수명사를 수식하고 단수 취급
Each country has its own custom. (각각의 나라는 자신의 관습을 가지고 있다.)

㉢ 'each other'는 '서로'라는 의미로, 둘 사이에서 사용
The couple loved each other. (그 부부는 서로 사랑했다.)
cf. 'one another'는 셋 이상 사이에서 '서로'를 의미하는 표현이지만, 'each other'과 엄격히 구별되지는 않음
cf. 'We should love one another.' (우리는 서로를 사랑해야 한다.)

② every의 용법

㉠ every는 형용사로서 '각각의[각자의]', '모든'의 의미를 지님[대명사로는 사용되지 않음]

㉡ every는 단수명사를 수식하고 단수 취급함
Every student is diligent. (모든 학생들은 부지런하다.)

SEMI-NOTE

any

- any는 부정문에서 주어로 쓸 수 없어 이를 'no one[none]'으로 바꾸어야 함
  - Any of them cannot do it. (×)
  → None of them can do it. (○)
- any는 '셋 이상 중의 하나'를 의미하기도 함
  - Any of the three will do. (셋 중 어떤 것도 괜찮습니다.)

any가 형용사로 사용되는 경우 예문
- If you have any books, will you lend me one? (책이 있으면, 하나 빌려주시겠습니까?)
- Do you have any sister? (당신은 여자 형제가 있습니까?)

each
- each는 부사로서 '한 사람[개] 마다', '각자에게[제각기]'라는 의미를 지님
  - He gave the boys two dollars each. (그는 그 소년들에게 각각 2달러씩 주었다.)

every의 용법
- every + 기수 + 복수명사(매 ~마다)(= every + 서수 + 단수명사)
  - They come here every three months. (그들은 이곳에 석 달마다 온다.)
  = They come here every third month.
- 형용사 every 뒤에 오는 기수의 수사가 나오는 경우 복수 명사가 와야함
  - every two days = every second dat = every other day
  - every three days = every third day

07장

대명사/관계사

(5) either, neither

① either의 용법
 ㉠ 긍정문에서 '둘 중의 어느 하나[한쪽]'를 의미하며, 단수 취급
  Either of the two will do. (둘 중 어느 것이든 괜찮습니다.)
 ㉡ 부정문에서 전체부정의 의미를 지님
  I don't know either of your parents. (나는 당신의 부모님 두 분을 다 알지 못한다.)[전체부정]
  = I know neither of your parents.
  cf. I don't know both of your parents. (나는 당신의 부모님 두 분을 다 아는 것은 아니다.) [부분부정]
  = I know one of your parents.
 ㉢ either는 형용사로서 '어느 한쪽의', '양쪽의'라는 의미를 가지며, 단수명사를 수식
  • Either card will do. (어느 카드이든 좋습니다.)
  • There are shops on either side of the road. (길 양쪽에 가게들이 있다.)
   = There are shops on both sides of the road. [both + 복수명사]

② neither의 용법
 ㉠ neither은 '둘 중 어느 쪽도 ~아니다[않다]'를 의미하며, 단수 취급
  Neither of them was aware of the fact. (그들 (두 사람) 중 누구도 그 사실을 알지 못했다.)[전체 부정]
 ㉡ neither은 형용사로서 '둘 중 어느 쪽도 ~아닌[않는]'이라는 의미를 가지며, 단수명사를 수식
  • Neither sentence is correct. (어느 문장도 옳지 않다.)
  • In neither case can we agree. (우리는 어느 경우건 찬성할 수 없다.)

(6) all, both

① all의 용법
 ㉠ all은 '모두[모든 것, 모든 사람]'의 의미로 사람과 사물에 두루 쓰일 수 있으며, 수를 표시하면 복수, 양을 표시하면 단수 취급
  • All of the students are diligent. (모든 학생들은 부지런하다.)
  • All is well that ends well. (끝이 좋으면 모든 것이 좋다.)
 ㉡ all이 부정어 not과 함께 쓰이면 부분부정이 됨
  • All is not gold that glitters. (빛이 난다고 모든 것이 금은 아니다.) [부분부정]
  • I have not read all of these books. (나는 이 책들을 모두 읽은 것은 아니다.)
   = I have read some of these books.
  cf. I have read none of these books.[전체부정]
 ㉢ all은 형용사로서 '모든[모두의, 전체의]'이라는 의미를 지님

All the students of this school are diligent. (이 학교의 모든 학생들은 부지런하다.)

② both의 용법

　㉠ both는 '둘 다[양쪽 다]'의 의미로 사람과 사물에 쓰이며, 복수 취급

　　Both belong to me. (둘 다 내 것이다.)

　　Both of his parents are dead. (양친 모두 돌아가셨다.)

　　= Neither of his parents is alive.

　㉡ both가 부정어 not과 함께 쓰이면 부분부정이 됨

　　Both of his parents are not dead. (양친 모두가 돌아가신 것은 아니다.)

　　[한 분만 돌아가셨다는 의미]

　㉢ both는 형용사로서 '둘 다의[양쪽의, 쌍방의]'라는 의미를 지님

　　Both her parents live in this city. (그녀의 부모님 두 분 다 이 도시에 살고 계신다.)

　㉣ both A and B(A와 B 둘 다)

　　Both Tom and July can play the violin. (Tom과 July 둘 다 바이올린을 켤 수 있다.)

02절　관계사(Relatives)

1. 관계대명사

(1) 관계대명사의 의의

① 관계대명사의 기능 및 특징

　㉠ 관계대명사는 문장에서 '접속사 + 대명사'의 기능을 함

　　I know the woman and she can speak English very well.[the woman = she]

　　→ I know the woman who can speak English very well. [접속사(and)와 대명사(she)를 관계대명사(who)로 전환]

　㉡ 관계대명사가 이끄는 절은 문장에서 선행사(명사·대명사)를 수식하는 형용사(절)가 됨 : 위의 문장에서 관계대명사절(who ~)은 선행사(the woman)를 수식하는 형용사절

　㉢ 관계대명사는 관계대명사 다음 문장의 주어나 목적어, 보어 중 하나가 되므로, 관계대명사를 제외한 다음 문장은 불완전한 형태의 문장이 됨

　　• I know the boy who broke the window. [관계대명사 who는 관계대명사절에서 주어의 역할을 하므로, 관계대명사 다음의 문장(broke the window)은 불완전한 문장이 됨]

　　• Tell me the title of the book which you choose. [관계대명사 which가 목적어 역할을 하므로, 다음의 문장(you choose)은 불완전한 문장이 됨]

심력UP 관계대명사의 종류

선행사 \ 격	주격	소유격(관계형용사)	목적격	관계대명사절의 성격
사람	who	whose	whom	형용사절
동물이나 사물	which	whose / of which	which	형용사절
사람, 동물, 사물	that	–	that	형용사절
선행사가 포함된 사물	what	–	what	명사절

(2) who

① 선행사가 사람이고, 관계사절에서 주어 역할을 하는 경우 who를 씀
　I know a boy. + He is called Tom.
　→ I know a boy who is called Tom. (나는 Tom이라고 불리는 소년을 알고 있다.)
② 선행사가 사람이고, 관계사절에서 목적어 역할을 하는 경우 whom을 씀
　I know a boy. + They call him Tom.
　→ I know a boy whom they call Tom. (나는 사람들이 Tom이라고 부르는 소년을 알고 있다.)
③ 선행사가 사람이고, 관계사절에서 소유격 역할을 하는 경우 whose를 씀
　I know a boy. + His name is Tom.
　→ I know a boy whose name is Tom. (나는 이름이 Tom인 소년을 알고 있다.)

(3) which

① 선행사가 사물이고, 관계사절에서 주어 역할을 하는 경우 which를 씀[주격 관계대명사]
　I live in a house. + It was built by father.
　→ I live in a house which was built by father. (나는 아버지에 의해 지어진 집에서 살고 있다.)
② 선행사가 사물이고, 관계사절에서 목적어 역할을 하는 경우 which를 씀[목적격 관계대명사]
　I live in a house. + My father built it.
　→ I live in a house which my father built. (나는 아버지가 지은 집에서 살고 있다.)
③ 사람의 지위, 직업, 성격이 선행사인 경우도 관계대명사 which를 씀
　He is not the man which his father wanted him to be. (그는 그의 아버지가 되기를 바란 사람이 아니다.)

④ which가 앞 문장의 일부 또는 전체를 받는 경우도 있음

She looked very happy, which she really was not. (그녀는 매우 행복해 보였다. 그러나 사실은 행복하지 않았다.) [계속적 용법]

(4) that

① 관계대명사 that을 쓸 수 있는 경우

ㄱ 선행사가 사람인 경우 관계대명사 that을 쓸 수 있음

He is the man that(= who) lives next door to us. (그는 옆집에 사는 사람이다.)[주격 관계대명사]

ㄴ 선행사가 동물이나 사물인 경우에도 that을 쓸 수 있음

This is the book that(= which) my uncle gave to me. (이 책은 삼촌이 나에게 준 책이다.)[목적격 관계대명사]

② 관계대명사 that을 쓰는 경우

ㄱ 선행사가 '사람 + 동물'이나 '사람 + 사물'인 경우 보통 관계대명사 that을 씀

Look at the girl and her dog that are coming here. (여기로 오고 있는 소녀와 개를 보아라.)

ㄴ 선행사가 최상급이나 서수의 수식을 받는 경우 보통 that을 씀

He is the greatest actor that has ever lived. (그는 지금까지 살았던 배우 중에서 가장 훌륭한 배우이다.)

ㄷ 선행사가 the only, the very, the same 등의 제한적 표현의 수식을 받는 경우 보통 that을 씀

She is the only girl that I loved in my childhood. (그녀는 내가 어린 시절 사랑했던 유일한 소녀이다.)

ㄹ 선행사가 all, every, some, any, no, none, much, little 등의 수식을 받는 경우 보통 that을 씀

• All that you read in this book will do you good. (이 책에서 네가 읽은 모든 것은 너를 이롭게 할 것이다.)

• He has lost all the money that his mother gave him. (그는 그의 어머니께서 주신 모든 돈을 잃어버렸다.)

실력up 관계대명사 that의 주의할 용법

• 관계대명사 that은 제한적 용법으로만 사용되며, 계속적 용법에서는 쓸 수 없음
- The car that[which] stands in front of the building is mine. (그 건물 앞에 서있는 차는 내 것이다.)[제한적 용법]
- I met a gentleman, that told me the fact.(×)[계속적 용법]
→ I met a gentleman, who told me the fact.(○)
• 관계대명사 that 앞에는 전치사를 쓸 수 없음
- This is the lady of that I spoke yesterday.(×)
→ This is the lady that I spoke of yesterday.(○)
→ This is the lady of which I spoke yesterday.(○)

SEMI-NOTE

관계대명사 that
관계대명사 that은 who나 whom, which 등을 대신해 사용할 수 있는데, 주격과 목적격이 'that'으로 같으며 소유격은 없음

관계대명사 that을 쓰는 경우
• 선행사가 –thing 형태로 끝나는 명사 (something, anything, everything, nothing 등)인 경우 보통 that을 씀
- There is nothing that I like better. (내가 더 좋아하는 것은 아무것도 없다.)
• 선행사가 의문사 who, which, what 등으로 시작되는 경우 보통 that을 씀
- Who that has common sense will do such a thing? (상식이 있는 사람이 그런 짓을 할까?)
- Who is the man that is standing there? (저기에 서 있는 사람은 누구입니까?)
• 관계대명사가 관계절의 보어로 쓰이는 경우 보통 that을 씀
- He is not the man that he was ten years ago. (그는 10년 전의 그가 아니다.)

07장

대명사/관계사

137

관계대명사 what과 접속사 that의 차이

• 선행사가 없다는 것은 같지만, 관계대명사 what 다음의 절은 완전한 문장이 아닌데 비해 접속사 that 다음의 절은 완전한 문장이 된다는 점에서 차이가 있음
  - What is beautiful is not always good. (아름다운 것이 항상 좋은 것은 아니다.) [what 이하의 절이 주어가 없는 불완전한 문장임]
  - That he is alive is certain. (그가 살아 있는 것이 분명하다.) [that 이하의 절이 '주어 + 동사 + 보어'로 된 완전한 문장임]

what의 관용적 표현

• what with ~, what with(한편으로는 ~ 때문에, 또 한편으로는 ~때문에)
  - What with drinking, and (what with) gambling, he is ruined. (한편으로는 술 때문에 또 한편으로는 도박 때문에 그는 파멸되었다.)
• what by ~, what by ~(한편으로 ~의 수단으로, 또 한편으로 ~의 수단으로)
  - What by threats, what by entreaties. (위협하기도 하고, 애원하기도 하여)

(5) what

① 선행사를 포함하고 있는 관계대명사 what
  ㉠ what은 선행사를 포함하고 있으므로 '선행사 + 관계대명사(which 등)'의 역할을 대신함
  ㉡ What이 이끄는 절(명사절)은 문장의 주어·목적어·보어 역할을 함
  ㉢ 의미상 '~하는 것', '~하는 모든[어떤] 것'이란 의미로 쓰임
  ㉣ What is done cannot be undone. (이미 한 것을 되돌릴 수 없다.)[주어]
    = That which is done cannot be undone.
  ㉤ What he said is true. (그가 말한 것은 사실이다.)
  ㉥ You must not spend what you earn. (너는 네가 버는 것 모두를 써버려서는 안 된다.)[목적어]
    = You must not spend all that you earn.
  ㉦ You may do what you will. (너는 네가 하고 싶은 것을 해도 좋다.)
    = You may do anything you will.
  ㉧ We must do what is right. (우리는 올바른 것을 행해야 한다.)
    = We must do the thing that is right.
  ㉨ This is what I want. (이것은 내가 원하는 것이다.)[보어]

② what의 관용적 표현
  ㉠ what we[you] call(= what is called)(소위)
    He is what is called a bookworm. (그는 소위 책벌레다.)
  ㉡ what is + 비교급(더욱 ~한 것) / what is worse(설상가상으로), what is more[better](게다가)
    He lost his way, and what was worse, it began to rain. (그는 길을 잃었고, 설상가상으로 비가 내리기 시작했다.)
  ㉢ A is to B what C is to D(A와 B의 관계는 C와 D의 관계와 같다.)
    Reading is to the mind what food is to the body. (독서와 정신에 대한 관계는 음식과 신체에 대한 관계와 같다.)
  ㉣ what + S + be(현재의 S, S의 인격·위치), what + S + used to(과거의 S), what + S + have(S의 재산)
    • My parents made me what I am today. (나의 부모님이 나를 현재의 나로 만드셨다.)
    • We honor him not for what he has, but for what he is. (우리는 그의 재산이 아니라 인격 때문에 그를 존경한다.)
    • He is no longer what he used to be. (그는 더 이상 예전의 그가 아니다.)

(6) 관계대명사의 제한적 용법과 계속적 용법

① 제한적 용법
  ㉠ 관계대명사 앞에 comma(,)가 없음
  ㉡ 관계대명사가 앞의 선행사와 같으며 해석 시 관계대명사는 곧 선행사가 됨

ⓒ He has two sons who are doctors. (그는 의사가 된 두 아들이 있다. → 아들이 더 있을 수 있음)

② **계속적 용법**

ㄱ 관계대명사 앞에 comma가 있음

ㄴ 선행사가 고유명사인 경우나 앞 문장 전체가 선행사가 되는 경우 등에 주로 사용됨

ㄷ 관계대명사를 문장에 따라 '접속사(and, but, for, though 등) + 대명사'로 바꾸어 쓸 수 있음

ㄹ He has two sons, who are doctors. (그는 아들이 둘 있는데, 둘 다 의사이다. → 아들이 두 명 있음)

ㅁ She lives in Busan, which is the second largest city in Korea. (그녀는 부산에 사는데, 부산은 한국에서 두 번째 큰 도시이다.)[선행사가 고유명사]

ㅂ I missed my train, which made me late to the meeting. (나는 기차를 놓쳤는데, 그것은 내가 그 모임에 늦게 만들었다.)[선행사는 앞 문장 전체]

(7) 관계대명사의 생략과 전치사

① **목적격 관계대명사의 생략**

ㄱ 동사의 목적어인 경우

He is the man (whom) I saw there. (그는 내가 거기서 본 사람이다.)

ㄴ 전치사의 목적어인 경우

This is a doll (which / that) she plays with. (이 인형은 그녀가 가지고 노는 인형이다.)

② **주격 관계대명사의 생략** : 관계대명사의 주격 · 소유격은 생략할 수 없으나, 다음과 같은 경우 예외적으로 생략 가능

ㄱ 관계대명사가 주격보어인 경우

He is not the rude man (that) he used to be. (그는 예전처럼 무례한 사람이 아니다.)

ㄴ 'There is' 또는 'Here is'로 시작하는 문장의 경우

There is a man (who / that) wants to see you. (어떤 사람이 당신을 만나고자 합니다.)

ㄷ 관계대명사절이 'there is'로 시작하는 경우

This is one of the most beautiful mountains (that) there are in this country. (이 산은 이 나라에 있는 가장 아름다운 산 중의 하나입니다.)

③ **관계대명사를 생략할 수 없는 경우**

ㄱ 관계대명사의 계속적 용법

I bowed to the gentleman, whom I knew well. (나는 그 신사에게 인사했는데, 그는 내가 잘 아는 사람이었다.)[관계대명사 whom은 생략 불가]

ㄴ '전치사 + 관계대명사'가 시간, 장소, 방법 등을 나타내는 경우

I remember the day on which he went to the building. (나는 그가 그 빌딩에 간 날을 기억한다.)

beyond, as to, during

• 관계대명사 앞에 위치함

– There was a high wall, beyond which nobody was permitted to go.

④ 관계대명사와 전치사

　㉠ 대부분의 전치사는 관계대명사의 앞 또는 문미(文尾)에 오는 것이 가능

　　This is the house which I live in. (이 집은 내가 살고 있는 집이다.)

　　= This is the house in which I live.

　㉡ 관계대명사가 that인 경우 전치사는 문미(文尾)에 위치

　　• This is the house that I live in. (○) (이것이 내가 사는 집이다.)

　　• This is the house in that I live. (×)

　㉢ 부분을 나타내는 전치사 of 앞에 all, most, many, some, any, one, both 등이 오는 경우 관계대명사는 of 뒤에 위치

　　He had many friends, all of whom were sailors. (그는 친구들이 많았는데 모두 선원이었다.)

> **실력UP** ask for, laugh at, look for, be afraid of 등이 쓰인 경우 전치사는 문장 뒤에 위치[관계대명사 앞에 쓰지 않음]
>
> The boy whom we laughed at got very angry. (우리가 비웃었던 소년은 매우 화가 났다.)

주의할 수의 일치

• 'one of + 복수명사'가 선행사인 경우 관계대명사의 수는 복수로 받음

– He is one of my friends who help me with my homework.

（그는 내 숙제를 도와주는 친구들 중의 한 명이다.）

• 'only one of + 복수명사'가 선행사인 경우 관계대명사의 수는 단수로 받음

– He is the only one of my friends who helps me with my homework.

（그는 친구들 중에서 내 숙제를 도와주는 유일한 친구이다.）

• 관계대명사의 동사의 수는 항상 선행사의 수에 일치시킨다는 점에 주의

(8) 관계대명사의 격과 수의 일치

① 주격 : 관계대명사가 다음의 동사의 주어가 되는 경우

　㉠ 주격 관계대명사 다음의 동사는 선행사의 수에 일치

　　He has a son who lives in Incheon. (그는 인천에 사는 아들 하나가 있다.)[동사 lives는 선행사(a son)에 일치]

　㉡ 'I thought' 등이 삽입절이 되는 경우는 이를 제외하고 관계대명사의 격과 수 일치를 결정

　　The man who (I thought) was your father turned out quite a stranger. (내가 너의 아버지라고 생각했던 사람은 전혀 낯선 사람으로 판명되었다.) [who는 주격 관계대명사이므로 동사(was)는 선행사(the man)에 일치]

② 목적격 : 관계대명사가 동사나 전치사의 목적어가 되는 경우

　㉠ Who is the girl whom you were playing tennis with? (당신이 함께 테니스를 친 소녀는 누구입니까?)

　　= Who is the girl with whom you were playing tennis?

　㉡ The man whom I thought to be your father turned out quite a stranger. (내가 당신의 아버지라 생각했던 사람은 전혀 낯선 사람으로 판명되었다.)[이 경우 'I thought'는 삽입절이 아니며 관계대명사절의 주어와 동사에 해당됨]

(9) 유사관계대명사

유사관계대명사 as, but, than

유사관계대명사(의사관계대명사) as, but, than은 관계대명사로 보기도 하나, 이를 엄밀히 보아 접속사로 분류하기도 함

① as

　㉠ as가 such와 상관적으로 쓰이는 경우

　　Choose such friends as will listen to you quietly. (너의 말을 경청하려는 친구들을 선택하라.)

ⓒ as가 same과 상관적으로 쓰이는 경우

This is the same camera as I bought yesterday. (이것은 내가 어제 산 카메라와 같은 종류의 카메라이다.)[the same ~ as(동일 종류의 ~)]

cf. This is the same camera that I bought yesterday. (이것은 내가 어제 산 그 카메라이다.)[the same ~ that(바로 그것)]

ⓒ as가 앞 또는 뒤의 문장 전체 또는 일부를 받는 경우

She is very careful, as her work shows. (그녀는 매우 조심성이 있다. 그녀의 작품이 그것을 말해준다.)

ⓔ 'as many A(복수명사) as ~'와 'as much A(단수명사) as ~'(~하는 모든 A)

As many passengers as were in the bus were injured. (버스에 타고 있던 모든 사람들이 다쳤다.)

② but : 'that ~ not'의 의미로 관계대명사처럼 쓰임

There is no one but loves peace. (평화를 사랑하지 않는 사람은 없다.)

③ than : 비교표현에서 '~이상의'란 의미로 관계대명사처럼 쓰임

He bought more books than he could read. (그는 자신이 읽을 수 있는 것보다 더 많은 책을 샀다.)

(10) 복합관계대명사

① 복합관계대명사의 특징

㉠ '관계대명사 + ever'의 형태를 지님 : whoever, whomever, whichever, whatever 등

㉡ 선행사를 포함하며, 명사절이나 양보의 부사절을 이끎

㉢ 명사절의 경우 '모든[누구, 어떤] ~ 도'의 의미이며, 양보의 부사절의 경우 '~이더라도[하더라도]'의 의미가 됨

㉣ Give it to whoever wants it. (그것을 원하는 어떤 사람[누구]에게라도 그것을 주어라.)[명사절을 이끄는 (주격) 복합관계대명사]

㉤ Give it to whomever you like. (당신이 좋아하는 어떤 사람[누구]에게도 그것을 주어라.)[명사절을 이끄는 (목적격) 복합관계대명사]

㉥ Whoever may object, I will go with you. (누가 반대를 하더라도 나는 당신과 함께 갈 것이다.)[양보의 부사절을 이끄는 복합관계대명사]

㉦ Whatever may happen, I must do it. (무슨 일이 생긴다 하더라도 나는 이것을 해야 한다.)[양보의 부사절을 이끄는 복합관계대명사]

② whoever

㉠ 명사절을 이끄는 whoever는 'anyone who'의 의미

Whoever(= Anyone who) comes will be welcomed. (오는 사람은 누구나 환영합니다.)

㉡ 양보의 부사절을 이끄는 whoever는 'no matter who'의 의미

Whoever(= No matter who) dissuades me, I will not change my mind. (누가 설득하더라도 나는 마음을 바꾸지 않을 것이다.)

SEMI-NOTE

as is often the case with(흔히 있는 일이지만, 늘 그랬듯이)

As is often the case with him, he was late for school. (늘 그랬듯이, 그는 학교에 지각했다.)

복합관계대명사 명사절

whoever (주격)	anyone who	~하는 어떤 사람도
whomever (목적격)	anyone whom	~하는 어떤 사람도
whatever	anything that	~하는 어떠한 것도
whichever	anything which	~하는 어느 것도

복합관계대명사 부사절

whoever	no matter who	비록 누가 ~할지라도
whomever	no matter whom	비록 누구를 ~할지라도
whichever	no matter which	비록 어느 것이 ~할지라도
whatever	no matter what	비록 무엇이 ~할지라도
whosever	no matter whose	누구의 ~이든지

07장 대명사/관계사

복합관계대명사가 이끄는 양보의 부사절

- 복합관계대명사가 양보의 부사절을 이끄는 경우 'no matter who[what, which](비록 ~일지라도)'의 의미가 됨
  - Whichever you choose, make sure that it is a good one. (어느 것을 고르든지, 그것이 좋은 것인지 확인해라.)
  - = No matter which you choose, make sure that it is a good one.

관계부사

선행사	때	장소	이유	방법
관계부사	when = at which	where = in which	why = for which	how = in which

③ whomever
  ㉠ 명사절을 이끄는 whomever는 'anyone whom'의 의미
    You can invite to the party whomever you like. (당신이 좋아하는 사람이라면 누구든지 잔치에 초대하십시오.)
  ㉡ 양보의 부사절을 이끄는 whomever는 'no matter whom'의 의미
    Whomever you recommend, I will not employ him. (당신이 누구를 추천하던지, 나는 그를 고용하지 않겠다.)
④ whichever
  ㉠ 명사절을 이끄는 whichever는 'anything[either thing] that'의 의미
    Take whichever you want. (당신이 원하는 건 뭐든지 가지시오.)
  ㉡ 양보의 부사절을 이끄는 whichever는 'no matter which'의 의미
    Whichever way you take, you'll be able to get to the park. (당신이 어떤 길을 택하던지, 공원에 도착할 수 있을 것이다.)
    cf. whichever가 형용사처럼 쓰이는 경우도 있음
    You may read whichever book you like. (당신이 좋아하는 어떤 책이라도 읽을 수 있다.)
    = You may read any book that you like.
⑤ whatever
  ㉠ 명사절을 이끄는 whatever는 'anything that'의 의미
    Whatever I have is yours. (내가 가진 것은 어느 것이든 당신 것이다.)
  ㉡ 양보의 부사절을 이끄는 whatever는 'no matter what'의 의미
    • Don't be surprised whatever may happen. (무슨 일이 일어나더라도 놀라지 마라.)
      cf. whatever가 형용사처럼 쓰이는 경우도 있음
    • Take whatever means is considered best. (최선이라고 여겨지는 무슨 조치든 취하라.)

2. 관계부사

(1) 관계부사의 의의

① 관계부사의 기능 : 문장 내에서 '접속사 + 부사'의 기능을 함
② 관계부사의 특징
  ㉠ 부사와 마찬가지로 문장의 필수성분이 아니므로 관계부사를 생략해도 다음문장은 완전한 문장이 되며, 관계부사 자체는 뜻을 지니지 않아 해석하지 않음
  ㉡ 관계부사 that은 모든 관계부사(where, when, why, how)를 대신할 수 있으며, 종종 생략됨

(2) 관계부사의 종류

① when
- ㉠ 시간을 나타내는 선행사(the time/day/year/season 등)가 있을 경우 사용됨
- ㉡ 관계부사 when은 '전치사(in/on/at) + which'로 나타낼 수 있음

② where
- ㉠ 장소를 나타내는 선행사(the place/house 등)가 있을 경우 사용됨
- ㉡ 관계부사 where는 '전치사(in/at/to) + which'로 나타낼 수 있음

③ why
- ㉠ 이유를 나타내는 선행사(the reason)가 있을 경우 사용됨
- ㉡ 관계부사 why는 '전치사(for) + which'로 나타낼 수 있음
- ㉢ Explain the reason why the stars cannot be seen in the daytime. (별이 낮에는 보이지 않는 이유를 설명하시오.)
  - = Explain the reason for which the stars cannot be seen in the daytime.

④ how
- ㉠ 방법을 나타내는 선행사(the way)가 있을 경우 사용하나, 선행사(the way)와 관계부사 how는 같이 쓸 수 없고 하나를 생략해야 함
- ㉡ 'the way in which'로 나타낼 수 있음
- ㉢ Do you know how the bird builds its nest? (새가 둥지를 어떻게 만드는지 아니?)
  - = Do you know the way the bird builds its nest?
  - = Do you know the way in which the bird builds its nest?

⑤ that
- ㉠ 관계부사 that은 관계부사 when, where, why, how 대신에 쓰일 수 있음
- ㉡ 관계부사로 쓰인 that은 종종 생략됨

(3) 관계부사의 선행사 생략 및 용법

① 관계부사 앞의 선행사 생략
- ㉠ 관계부사 when 앞에 시간을 나타내는 선행사가 생략될 수 있음
  That is (the time) when the station is most crowded. (그때가 역이 가장 붐비는 시간이다.)
  cf. 선행사를 두고 관계부사를 생략하는 경우도 있음
- ㉡ 관계부사 where 앞에 장소를 나타내는 선행사가 생략될 수 있음
  Home is (the place) where you can have a peaceful time. (가정은 당신이 가장 평화로운 시간을 보낼 수 있는 곳이다.)
  cf. 선행사를 두고 관계부사를 생략하는 경우도 있음
- ㉢ 관계부사 why 앞에 이유를 나타내는 선행사(reason)는 생략될 수 있음
  That is (the reason) why she did not come on the day. (그 이유 때문

07장
대명사/관계사

143

에 그녀가 그날 오지 않았다.)

cf. 선행사를 두고 관계부사를 생략하는 경우도 있음

ⓔ 관계부사 how 앞에 방법을 나타내는 선행사(way)는 언제나 생략됨

Tell me (the way) how you caught the tiger. (호랑이를 어떻게 잡았는 지 나에게 말해줘.)

cf. 선행사를 쓰는 경우 관계부사 how는 반드시 생략해야 됨

(4) 복합관계부사

① 복합관계부사의 특징

　ⓐ '관계부사 + ever'의 형태를 지님 : whenever, wherever, however

　ⓑ 선행사를 포함하며, 양보의 부사절이나 시간·장소의 부사절을 이끎

② 복합관계부사의 종류

용법 ＼ 종류	시간·장소의 부사절	양보의 부사절
whenever	at any time when (~할 때는 언제나)	no matter when (언제 ~해도)
wherever	at any place where (~하는 곳은 어디나)	no matter where (어디에서 ~해도)
however	―	no matter how (아무리 ~해도)

ⓐ whenever

Whenever(= At any time when) I visited her, she was not at home. (내가 그녀를 방문할 때마다 그녀는 집에 없었다.)[시간의 부사절]

ⓑ wherever

　• I will follow you wherever(= at any place where) you go. (당신이 가는 곳은 어디든지 따라가겠다.)[장소의 부사절]

　• Wherever(= No matter where) you (may) go, remember me. (당신 이 어디를 가더라도 나를 기억해라.)[양보의 부사절]

ⓒ however

　• However(= No matter how) hard you may try, you can't master English in a month. (당신이 아무리 열심히 노력하더라도 영어를 한 달 안에 마스터할 수 없다.)[양보의 부사절]

　• However(= No matter how) fast you may run, you won't be able to overtake him. (당신이 아무리 빨리 달려도 당신은 그를 따라 잡을 수 없을 것이다.)

08장

형용사(Adjective)/부사(Adverb)
/비교(Comparison)

01절   형용사(Adjective)

02절   부사(Adverb)

03절   비교(Comparison)

01절   형용사(Adjective)

1. 형용사의 용법

(1) 한정적 용법

① 형용사가 명사를 수식하는 것을 말하며, 대부분 명사 앞에서 수식함[전치 수식]

My family are all early risers. (우리 집 식구들은 모두 일찍 일어난다.)[early는 형용사로서 '(시각·계절 등이) 이른'의 의미]

② 한정적 용법으로만 쓰이는 형용사

> • –er 형태 : utter, former, inner, outer, upper, latter 등
> • –en 형태 : wooden, drunken, golden 등
> • 기타 형태 : mere, utmost, entire, sheer, only, very(바로 그), dramatic, medical, elder, lone 등

㉠ That man is an utter fool. (저 사람은 완전 바보이다.)

㉡ I prefer a wooden door to a metal door. (나는 금속재 문보다 목재 문을 더 좋아한다.)

㉢ I don't like drunken men. (나는 취한 사람은 싫어한다.)

    cf. He was drunk. (그는 취했다.)[drunk는 서술적 용법에만 쓰임]

(2) 서술적 용법

① 형용사가 주격 보어와 목적격 보어로 쓰이는 것을 말함

  ㉠ The sea is calm. (바다는 고요하다.)[주격 보어]

  ㉡ He looked happy. (그는 행복해 보인다.)

  ㉢ He died young. (그는 젊어서 죽었다.)

  ㉣ She made him happy. (그녀는 그를 행복하게 하였다.)[목적격 보어]

  ㉤ He opened his mouth wide. (그는 입을 크게 벌렸다.)

② 서술적 용법으로만 쓰이는 형용사

> • a–형태 : afloat, afraid, alike, alive, alone, asleep, awake, aware, averse 등
> • 기타 형태 : content, fond, glad, liable, unable, sorry, subject, worth 등

㉠ The plan is still afloat. (그 계획은 여전히 표류 중이다.)

㉡ She fell asleep. (그녀는 잠이 들었다.)

    cf. There are half–asleep children.[수식어 동반 시 전치 수식]

일부 형용사

대부분의 형용사는 한정용법과 서술용법에 모두 사용될 수 있으나, 일부 형용사는 한정용법에만, 일부 형용사는 서술용법에만 사용됨

서술적 용법으로만 쓰이는 형용사 예문

• He is still alive. (그는 아직도 생존해 있다.)

  cf. This is a live program. (이 프로그램은 생방송입니다.)

• They were content with their salary. (그들은 자신들의 봉급에 만족하고 있었다.)

(3) 한정적 용법과 서술적 용법으로 쓰일 때 의미가 다른 형용사

① late
  ㉠ Mr. Brown was late. (브라운 씨가 늦었다.)
  ㉡ the late Mr. Brown (고(故) 브라운 씨)

② present
  ㉠ The mayor was present. (시장이 참석했다.)
  ㉡ the present mayor (현(現) 시장)

③ certain
  ㉠ I am certain of his success. (나는 그의 성공을 확신한다.)
  ㉡ A certain man came to see you during your absence. (어떤 남자가 당신이 외출했을 때 당신을 찾아 왔다.)

④ ill
  ㉠ She is ill in bed. (그녀는 아파서 누워 있다.)
  ㉡ Ill news runs fast. (나쁜 소식은 빨리 퍼진다.)

(4) 주의해야 할 형용사 유형

① 유형 1 ★빈출개념
  ㉠ 해당 형용사 : easy, hard, impossible, difficult, dangerous, convenient, pleasant, safe 등
  ㉡ 용법
    • 원칙상 사람 주어 불가(→ 단, 타동사나 전치사의 목적어(사람)가 주어로 오는 것은 가능)
      – Tom is difficult to read this book (×) [사람 주어 불가]
      – This book is difficult for Tom to read. (○) (이 책은 Tom이 읽기에는 어렵다.)
      – I am difficult to persuade him. (×) [사람 주어 불가]
        ⇒ He is difficult for me to persuade. (○) [동사의 목적어는 주어 위치에 올 수 있음] (내가 그를 설득하는 것은 어렵다.)
      – He is pleasant to talk with. (○) [전치사의 목적어는 주어 위치에 올 수 있음] (그와 이야기하는 것은 유쾌하다.)
    • 'It be ~ that절'의 형태가 불가능함(→ that절을 진주어로 쓸 수 없음)
    • 'It be ~ for + 목적어〈의미상 주어〉 + to V'의 형태로 사용됨
      – It is difficult that I persuade him. (×) ['It ~ that절' 불가]
        ⇒ It is difficult for me to persuade him. (○) ['It ~ to V' 가능]
      – It is pleasant to talk with him.(= He is pleasant to talk with.) [의미상 주어는 일반인이므로 생략됨]

② 유형 2
  ㉠ 해당 형용사 : natural, necessary, important, essential, vital, desirable, proper, right, rational, reasonable 등

혼동하기 쉬운 형용사

• comparative 비교의
• considerable 많은
• desirable 바람직한
• historic 역사적인
• literary 문학의
• memorable 기억할 만한
• sensible 분별 있는
• respective 각각의

난이 형용사
• easy, hard, difficult, safe
  - 난이 형용사는 의미상의 주어가 문장의 주어가 될 수 없음
  - 난이 형용사의 경우 의미상의 주어가 문장의 주어가 될 수 없지만 부정사의 의미상 목적어는 사람일지라도 주어로 상승 할 수 있음
- It ~ for + 목적격 + to 부정사 + 목적어
- 목적어 ~ for + 목적어 + to 부정사

사람 주어가 불가능한 형용사
주로 사물의 성질을 나타내는 형용사에 해당하므로, 사람을 주어로 한 구문에서는 사용할 수 없음

08장
형용사/부사/비교

147

SEMI-NOTE

유형 2 용법

• 'It be ~ that절'의 형태와 'It be ~ for + 목적어(의미상 주어) + to V'의 형태가 모두 가능
 - It is natural that you (should) get angry with her. (○) ['It ~ that절 가능]
  = It is natural for you to get angry with her. (○) ['It ~ to V 가능]
 - It is necessary that you study Spanish.
  (당신은 스페인어를 공부할 필요가 있다.)
  = It is necessary for you to study Spanish.
 - It is desirable that you should attend the meeting.
  (당신은 그 회의에 참석하는 것이 바람직하다.)
  = It is desirable for you to attend the meeting.

유형 3 용법

'It ~ 의미상주어 + to V' 형태는 불가
- It is certain for him to pass the exam.
 (×) [It ~ to V 형태는 불가]

프랑스어·라틴어 어순의 관용적 표현

• the sum total (개기일식)
• attorney general (법무장관)
• the court martial (군법회의)
• time immemorial (태고, 아득한 옛날)
• God Almighty (전능하신 신)
• the heir apparent (법정 추정 상속인)

ⓒ 용법
• 원칙상 사람 주어 불가(→ 단, 타동사나 전치사의 목적어(사람)가 주어로 오는 것은 가능)
 - He is impossible to persuade. (×) [사람 주어 불가]
 - It is impossible to persuade him. (○) (그를 설득하는 것은 불가능하다.)
 - You are natural to get angry with her. (×) [사람 주어 불가]
 - She is natural for you to get angry with. (○) [전치사의 목적어가 주어 위치에 올 수 있음] (당신이 그녀에게 화를 내는 것은 당연하다.)

③ 유형 3
 ㉠ 해당 형용사 : certain, likely 등
 ㉡ 용법
 • 'It ~ that절'의 형태로 쓰며, that절의 주어를 주어로 하는 부정사 구문도 가능
  - It is certain that he will pass the exam. (○) (그가 시험에 합격하는 것은 확실하다.)
   = He is certain to pass the exam. (○) 'that절의 주어 ~ to V' 형태 가능]

2. 형용사의 후치 수식과 어순

(1) 형용사의 후치 수식(형용사가 명사·대명사 뒤에서 수식하는 경우)

① '-thing', '-body', '-one'으로 끝난 대명사를 수식하는 경우
 ㉠ There is nothing new under the sun. (하늘 아래 새로운 것은 없다.)
 ㉡ Please give something cold to drink. (시원한 음료 좀 주세요.)

② 최상급, all, every의 한정을 받는 명사를 수식하는 경우(이 경우의 형용사는 주로 어미가 -able 또는 -ible인 경우가 많음)
 ㉠ He drove the car at the highest speed possible. (그는 자동차를 가능한 한 전속력으로 몰았다.)
 ㉡ They took all the trouble imaginable. (그들은 상상할 수 있는 모든 고생을 겪었다.)
 ㉢ I tried every means possible. (나는 가능한 모든 수단을 다했다.)

③ 두개 이상의 형용사가 겹치거나 대구를 이루는 경우
 ㉠ A lady tall, beautiful and attractive entered the office. (키가 크고, 아름답고, 매력적인 여성이 사무실에 들어왔다.)[형용사 tall, beautiful, attractive가 후치 수식]
 ㉡ He is a writer both witty and wise. (그는 재치 있고 현명한 작가이다.) [witty, wise가 후치 수식]

④ 형용사에 다른 수식어가 붙은 경우

　　㉠ She broke a glass full of wine. (그녀는 포도주가 가득한 잔을 깨뜨렸다.)

　　　[형용사 full에 수식어구 'of wine'이 붙어 명사 glass를 후치 수식]

　　㉡ The town famous for its film production grew into a big city. (영화 제작으로 유명한 그 마을은 큰 도시로 성장했다.)[형용사 famous가 수식어구를 동반하여 후치 수식]

　　㉢ He is a man of proud of his son. (그는 자신의 아들을 자랑스러워하는 남자이다.)

⑤ 서술적 용법으로 쓰이는 형용사가 명사를 수식할 경우

　　All fish asleep stay still. (잠든 모든 물고기는 움직이지 않는다.)[asleep이 명사를 후치 수식]

⑥ 측정표시의 구가 오는 경우

　　a child five years old (5세 된 아이)(= a five-year-old child) / a man forty-five years old (45세의 남자)

⑦ 대명사를 수식하는 경우

　　those chosen (선발된[선택된] 자들) / those present (출석자[참석자]들)

⑧ 관용적 표현

　　Asia Minor (소아시아) / France proper (프랑스 본토) / China proper (중국 본토) / the sum total (총액) / notary public (공증인) / the president elect (대통령 당선자)

(2) 형용사 등을 포함한 수식어의 어순

① 복수의 형용사가 포함된 수식어구의 어순

> * 일반적 어순 : '전치한정사 + 한정사 + 수량(서수 + 기수) + 성질 + 대소 + 상태 + 신구 / 연령 + 색깔 + 소속 / 출신 + 재료' + 명사
> * 전치한정사 : all, both, half(다음에 of를 둘 수 있음)
> * 한정사 : 관사, 소유격, 지시형용사(this, that 등), 부정형용사(some, any) 등

　　㉠ all the five beautiful Korean girls (모든 5명의 아름다운 한국의 소녀들)

　　㉡ our first two English lessons (우리의 첫 두 번의 영어 수업)

　　㉢ those three tall refined young English gentlemen (저 세 명의 키 크고 세련된 젊은 영국 신사들)

② 주의할 어순

　　so/as/too/how + 형용사 + 관사 + 명사

　　He is as great a scientist as ever lived. (그는 지금까지 없었던 위대한 과학자이다.)

　　How handsome a man he is! (그는 정말 멋진 사람이군!)

SEMI-NOTE

서술적 용법

* asleep
　- 잠든
* well
　- 건강한
* worth
　- 가치 있는

관용적 표현

attorney general (법무장관, 검찰총장) / coral alive (살아있는 산호)(= living coral) / houses ablaze (불타는 집들) / the court martial (군법회의) / the authorities concerned (관계당국) / from time immemorial (태고부터)
things Korean (한국의 문물) / those present (출석자)

양보 구문에서의 형용사의 도치

* 접속사 as가 양보의 의미를 갖는 구문에서는 형용사가 접속사 앞으로 도치됨
　- Rich as he is, he is not happy. (그는 비록 부유하지만 행복하지 않다.)
　= Though(Although) he is rich, he is not happy.

such/quite/rather/what + 관사 + 형용사 + 명사

* She is such a beautiful woman. (그녀는 정말 아름다운 여성이다.)
* She has rather a good voice. (그녀는 꽤 아름다운 목소리를 가지고 있다.)
* What a pretty girl! (정말 예쁜 소녀다!)

08장

형용사/부사/비교

worth while + to부정사/동명사(~할 가치가 있는)(= worthy of + (동)명사/to부정사)

- This book is worth while to read/reading.
- She is worthy of praise/to be praised.

'the + 형용사/분사'가 '단수 보통명사'인 경우

- the accused (피고인)
  - The accused was sentenced to life imprisonment. (피고인은 무기형의 선고를 받았다.)

number of

- a number of(많은) + 복수명사 + 복수동사
- the number of(~의 수의) + 단수 · 복수명사 + 단수동사

many의 관용표현

- as many + 복수명사(~ 같은 수의)(= the same number of)
  - There were five accidents in as many days.
  (5일에 5건의 사고가 있었다.)
- like[as] so many + 복수명사(마치 ~ 처럼)
  - We worked like so many ants.
  (우리는 마치 개미처럼 일했다.)
- not a few(많은)(= many)
  - He has seen not a few[many] movies recently.
  (그는 최근에 많은 영화를 보았다.)

3. 형용사의 전치사적 용법과 명사적 용법

(1) 전치사적 용법

> 형용사에는 전치사와 같이 목적어를 필요로 하는 것이 있는데, 이러한 형용사로는 like, near, opposite, unlike, worth 등이 있음

① Like a singer, he sang. (그는 가수처럼 노래했다.)[he ≠ singer]

　cf. As a singer, he sang. (그는 가수로서 노래했다.)[he = singer]

② She looks like her mother. (그녀는 그녀의 어머니와 닮았다.)

(2) 'the + 형용사/분사'가 명사의 역할을 하는 경우

① 'the + 형용사/분사 = 복수 보통명사'인 경우

　㉠ The rich(= Rich people) are not always happy. (부자가 항상 행복한 것은 아니다.)

　㉡ The living, the wounded, and the war dead were taken to a hospital right away. (생존자, 부상자 그리고 전사자들은 곧바로 병원으로 옮겨졌다.)

② 'the + 형용사/분사 = 추상명사'인 경우

　㉠ The true, the good and the beautiful
　　 = truth　 = goodness　 = beauty
　　 were the ideals of the Greeks.
　　 (진, 선, 미는 그리스 사람들의 이상이었다.)

　㉡ The unexpected has taken place. (예상치 못한 일이 벌어졌다.)

4. 수량 형용사

(1) many

① many + 복수명사[복수 취급]

　㉠ He has many books. (그는 많은 책을 가지고 있다.)

　㉡ Many people have the book. (많은 사람들이 그 책을 가지고 있다.)

② many + a + 단수명사[의미상 복수이나 단수 취급]

　Many a young soldier was killed in the battle. (많은 젊은 병사들이 그 전투에서 죽었다.)

③ a great[good] many(아주 많은) + 복수명사[복수 취급]

　㉠ We argued over a great many things. (우리는 아주 많은 문제에 대해 논쟁했다.)

　㉡ A good many applicants were deficient in qualification. (많은 지원자들은 자격에 결함이 있었다.)

④ many의 대용 표현 : a lot of, lots of, plenty of, a number of, numbers of 등

㉠ They have lots of books. (그들은 책이 많다.)

㉡ A number of people agree that he is untrustworthy. (많은 사람들이 그가 믿을 수 없는 사람이라는 점에 동의한다.)

(2) much

① much + 단수명사[단수 취급] : 양을 나타내므로 불가산명사(물질명사 · 추상명사)와 함께 쓰임

㉠ Much money is needed in repairing the house. (집을 고치는 데 많은 돈이 필요하다.)

㉡ Don't eat much meal. (식사를 많이 하지 마세요.)

② a great[good] deal of(다량의) + 단수명사[단수 취급](= an amount of, a lot of)

They don't drink a good deal of wine. (그들은 와인을 많이 마시지 않는다.)

cf. a large quantity of(많은, 다량의/다수의)

much의 관용표현

• as much … as (같은 양[정도]의)
 – You can take as much as you want. (당신은 원하는 만큼 가져갈 수 있습니다.)
• like[as] so much(그 정도의 ~로)
 – I regard it as so much lost labor. (나는 그것을 그 정도의 헛수고로 여긴다.)
• not so much A as B (A라기보다는 B)
 – She is not so much honest as naive. (그녀는 정직하다기보다는 순진하다.)
• cannot so much as (~조차도 못하다)
 – The boy cannot so much as write his own name. (그 소년은 자신의 이름조차도 쓰지 못한다.)
• not a little(적지 않은, 많은)(= much, a good little)
 – She has made not a little profit. (그녀는 적지 않은 수입을 올렸다.)

(3) a few와 few

① a few

㉠ 'a few'는 '조금은 있는[다소의, 약간의]'의 긍정의 의미를 나타냄(= a couple of)

㉡ 수를 나타내는 표현으로, 명사의 복수형과 함께 쓰임

There are a few apples in the box. (상자에는 사과가 약간 있다.)

② few

㉠ 'few'는 '거의 없는', '조금[소수]밖에 없는'이라는 부정의 의미를 나타냄

㉡ 수를 나타내는 표현으로, 명사의 복수형과 함께 쓰임

There are few apples in the box. (상자에는 사과가 거의 없다.)

'a lot of(= lots of, plenty of)'는 수 · 양에 모두 사용

• I have a lot of books. [수]
• I have a lot of money. [양]

much의 대용 표현

• a lot of
• lots of
• plenty of
• a (large) amount of
 – There was a large amount of information. (많은 양의 정보가 있었다.)

수량 형용사

	수 형용사	양 형용사
긍정적	a few	a little
부정적	few	little

실력up **a few와 few 관련 관용표현**

• only a few (거의 없는, 극히 소수만)[부정의 의미]
 – Only a few people attended the meeting. (불과 소수의 사람만이 회의에 참석했다.)
• quite a few(꽤 많은 (수), 상당히 많은)(= not a few, a good many, a fair number of)
 – Quite a few of them agreed. (그들 중 꽤 많은 사람들이 찬성했다.)

주의할 수량 형용사의 용법

• amount, audience, attendance, family, number, population, quantity, sum 등의 명사 : 수량 형용사 중 주로 large와 small을 사용
• income, salary, wage, fee 등의 명사 : 주로 high와 low를 사용
• '가능성(chance, odds)'을 의미하는 명사의 대소 표현
 – (가능성이) 높은 : fair, good, great, excellent
  We have[stand] a good chance. (우리는 가능성이 높다)
 – (가능성이) 낮은 : poor, slim
  The odds are slim. (가능성이 낮다.)

---

(4) a little과 little

① a little
 ㉠ '작은[약간의, 조금의]'이라는 긍정의 의미를 나타냄
 ㉡ 양을 나타내는 불가산명사와 함께 쓰임
  There is a little water in the bucket. (양동이에는 물이 약간 있다.)

② little
 ㉠ '거의 없는'이라는 부정의 의미를 나타냄
 ㉡ 양을 나타내는 불가산명사와 함께 쓰임
  There is little water in the bucket. (양동이에는 물이 거의 없다.)

실력up **관련 관용표현**

• only a little(거의 없는, 아주 적은, 조금뿐인)[부정의 의미]
 There is only a little wine. (포도주가 조금밖에 없다.)
• quite a little(꽤 많은, 상당히 많은)(= not a little, very much of)
 She knew quite a little about me. (그녀는 나에 관해서 많은 것을 알고 있었다.)

(5) enough, several

① enough
 ㉠ 복수형 명사나 불가산명사와 함께 쓰일 수 있음
 ㉡ enough는 명사의 앞과 뒤 어느 쪽에도 올 수 있음
  • I have enough apples. (나는 사과가 충분히 있다.)
  • He has money enough. (그는 돈이 충분히 있다.)

② several
 ㉠ 복수형 명사와 함께 쓰이며, (주로 6에서 8을 의미) '몇몇의[수개의]', '몇 명[사람]의', '몇 번의' 등의 의미로 쓰임
 ㉡ several은 'a few'보다는 많고 'many'보다는 적다는 느낌을 나타내며, 주로 '대여섯'을 의미함

---

several 예문

• I have been there several times.
 (몇 번인가 거기에 가 본 적이 있다.)
• We waited for the bus for several minutes.
 (우리는 버스를 몇 분 동안 기다렸다.)

02절 부사(Adverb)

1. 부사의 종류와 형태

(1) 부사의 종류

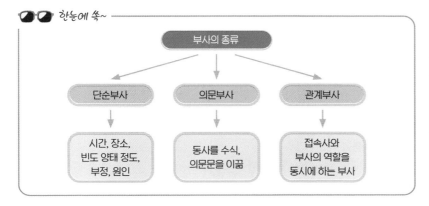

👓👓 한눈에 쏙~

부사의 종류

- 단순부사 → 시간, 장소, 빈도 양태 정도, 부정, 원인
- 의문부사 → 동사를 수식, 의문문을 이끎
- 관계부사 → 접속사와 부사의 역할을 동시에 하는 부사

① 단순부사

    ㉠ 부사는 동사, 형용사 또는 다른 부사를 수식하는 말로, 대부분이 단순부사임

    ㉡ 주로 시간, 장소, 빈도(횟수), 양태(방법), 정도, 부정, 원인(이유) 등을 나타냄

② 의문부사

    ㉠ 의문의 뜻을 갖는 부사

    ㉡ 동사를 수식하며, 일반적으로 의문문을 이끎

        when, where, how, why 등

③ 관계부사 : 접속사와 부사의 역할을 동시에 하는 부사

    when, where, how, why, whenever, wherever, however 등

(2) 부사의 형태

① '형용사 + ―ly'의 형태 : 대부분의 부사가 이 부류에 속함

    ㉠ kindly, carefully, easily, truly, gently, fully, probably, dramatically, scientifically 등

    ㉡ He drives carefully. He is a careful driver. (그는 조심성 있게 운전을 한다. 그는 조심성 있는 운전자이다.)

② 특정한 형태가 없는 경우

    Here comes the bus. (버스가 온다.)

③ 형용사와 부사의 형태가 동일한 경우

    ㉠ early, late, high, low, deep, fast, long, hard, near, far 등

    ㉡ He rises early. (그는 일찍 일어난다.)[early는 부사]

    ㉢ He is an early riser. (그는 일찍 일어나는 사람이다.)[early는 형용사]

    ㉣ He is a hard worker. (그는 열심히 일하는 사람이다.)[형용사]

08장

형용사/부사/비교

ⓜ This magazine is published weekly. (이 잡지는 주마다 발행된다.)[부사]

2. 부사의 용법

(1) 수식어구로서의 부사

① 동사를 수식하는 경우

㉠ He lived frugally. (그는 검소하게 살았다.)[부사 frugally가 동사 lived를 수식]

㉡ I often go to the movies. (나는 종종 극장에 간다.)

② 형용사를 수식하는 경우

㉠ The game is very exciting. (그 경기는 아주 흥미진진했다.)[부사 very가 형용사 exciting을 수식]

㉡ This book is very difficult. (이 책은 매우 어렵다.)

③ 부사를 수식하는 경우

Thank you so much. (대단히 고맙습니다.)[부사 so가 뒤에 나오는 다른 부사 much를 수식]

④ 명사를 수식하는 경우

Even children can do the work. (어린이들조차도 그 일을 할 수 있다.)[부사 even이 뒤에 나오는 명사 children을 수식]

⑤ 대명사를 수식하는 경우

She alone knows that. (그녀 혼자 그것을 알고 있다.)[부사 alone이 앞에 나오는 대명사 she를 수식]

(2) 강조어구로서의 부사(강조를 위해 도치되는 경우)

문장필수부사의 도치

There are four seasons in a year. (한 해에는 4계절이 있다.)[보통 부사는 문장 필수성분이 아니나 여기서의 there는 필수성분이며, there가 문두로 도치되는 경우 다음의 주어와 동사도 도치됨]

> **실력up 부사절(종속절)의 도치**
>
> • If I had the book, I could lend it to you. (내가 그 책을 가지고 있다면 그것을 당신에게 빌려 줄 텐데.)[부사절(if ~ book)이 문두로 도치]

3. 부사의 위치

(1) 동사를 수식하는 경우

① 부사는 일반적으로 동사 뒤에서 수식

The dog was running fast. (그 개는 빠르게 달리고 있었다.)

② 빈도부사나 정도부사의 위치

ⓐ 일반적으로 조동사와 be동사가 있는 경우는 그 뒤에, 일반동사만 있는 경우는 그 앞에 위치

ⓑ often, always, sometimes, usually, hardly, never, only, too, still, also 등

- She often comes to see me. (그녀는 종종 나를 보러 온다.)[빈도부사 often이 일반동사 앞에 위치]
- She would often come to see me. (그녀는 종종 나를 보러 왔다.)[조동사 뒤에 위치]
- She is often late for school. (그녀는 종종 학교에 지각을 한다.)[be동사 뒤에 위치]
- What do you usually do on weekends? (당신은 주말에 보통 무엇을 합니까?)[조동사 뒤에, 일반동사 앞에 위치]

(2) 형용사, 부사를 수식하는 경우

① 일반적으로 부사가 형용사나 다른 부사를 수식하는 경우 형용사 · 부사 앞에 위치

ⓐ This book is very easy. (이 책은 매우 쉽다.)

ⓑ Thank you very much. (대단히 감사합니다.)

② enough가 부사로서 형용사나 부사를 수식할 때는 형용사 · 부사 뒤에 위치

He is smart enough to understand how to deal with the matter. (그는 그 일에 어떻게 대처해야 할지를 알 정도로 똑똑하다.)

(3) 명사, 대명사를 수식하는 경우

① 일반적으로 수식하는 명사와 대명사 뒤에 위치

The man there is my uncle. (저기에 있는 남자는 나의 삼촌이다.)

② alone, also, else, too의 경우 명사와 대명사 뒤에서 수식

We can't live on bread alone. (우리는 빵만으로 살 수 없다.)

③ even, quite, just, almost의 경우 명사와 대명사 앞에서 수식

Even a child can answer such an easy question. (아이들조차도 그렇게 쉬운 문제에는 답할 수 있다.)

(4) 부정사를 수식하는 경우

not, never, always, merely, only 등은 부정사 앞에 놓임

She told me not to go there. (그녀는 나에게 그곳에 가지 말라고 하였다.)

My parents want me always to be an honest man. (나의 부모님께서는 내가 항상 정직한 사람이기를 바라신다.)

(5) 문장 전체를 수식하는 경우

① 일반적으로 문두에 놓이나, 문중 · 문미에 놓일 수 있음

ⓐ Fortunately she was not seriously injured. (다행스럽게도 그녀는 중상

양태부사
- 자동사 뒤에 위치
- 타동사의 앞 또는 목적어의 뒤에 주로 위치
- 타동사가 목적어절을 가질 때, 양태부사는 목적어절 앞에 위치
  - bravely
  - hastily
  - happily
  - nervously
  - eagerly
  - thoughtfully
  - awkwardly

문장 전체를 수식하는 부사
- 일반적으로 : generally , mostly
- 아마 : probably, supposedly
- 확실히 : certainly, surely
- 분명히 : apparently, obviously
- 다행히 : fortunately, happily

SEMI-NOTE

을 입지 않았다.)

ⓛ He will certainly become ill if he goes on working like this. (이런 식으로 계속해서 일을 하면 그는 분명 병이 날 것이다.)

> **실력up** 부사(구)가 2개 이상인 경우

- 「장소 + 방법(목적)·횟수 + 시간」, 「작은 단위 + 큰 단위」의 순서를 취함
- 일반적으로 「좁은 장소 + 넓은 장소」의 순서가 되며, 문두에는 넓은 장소만 가능
  - I went there by bus yesterday morning. (나는 어제 아침에 버스를 타고 그곳에 갔다.)
  - I met her in a hotel in Seoul yesterday. (난 그녀를 어제 서울의 한 호텔에서 만났다.)
  - In Seoul many workers eat in restaurants. (서울에서는 많은 근로자들이 음식점에서 식사를 한다.)
  - cf. In restaurants many workers eat in Seoul.(×)

4. 주의해야 할 부사의 용법

(1) ago, before, since

before 예문

- I went to Paris two years ago, but he had gone there two years before. (나는 2년 전에 파리에 갔으나 그는 2년 더 이전에 거기에 갔었다.)
- He said that she had left for China three days before. (그는 그녀가 3일 전에 중국으로 떠났다고 말했다.)

since 예문

The castle has long since been demolished. (그 성은 허물어진 지가 오래 되었다.)

① ago
  ㉠ '그 전에', '지금부터 ~전'의 뜻으로, 항상 과거 시제와 함께 쓰임
  ㉡ 문장에서 주로 '과거동사 + 시간 + ago'의 형태로 사용됨
    He went to Japan five years ago. (그는 5년 전에 일본에 갔다.)

② before
  ㉠ '그때보다 ~전', '~앞에'의 의미
  ㉡ 과거나 현재완료, 과거완료 시제와 함께 쓰이나, 주로 과거완료와 함께 쓰임

③ since
  ㉠ '그때부터 지금까지 쭉'(=since then)의 의미로, 주로 현재완료시제와 함께 쓰임
  ㉡ 문장에서 부사, 전치사, 접속사로 쓰임
    She left home three weeks ago and we haven't heard from her since. (그녀는 3주 전에 집을 떠났는데 그 이후로 우리는 그녀에게서 소식을 못 들었다.)

부사 enough

- enough가 형용사로 사용되는 경우 명사 앞이나 뒤에서 사용되나, 부사로 사용되는 경우 형용사나 부사 뒤에 위치함
  - They has enough food for the winter.[형용사로서 명사 앞에 위치]
  - It is good enough for me.[부사로서 형용사 뒤에 위치]
  - I know well enough what he is up to.[부사로서 다른 부사 뒤에서 수식]

(2) already, yet, still

① already
  ㉠ '이미[벌써]'의 뜻으로, 일반적으로 긍정문에 쓰임[부정문에 쓰지 않음]
    She has already gone to bed. (그녀는 이미 잠자리에 들었다.)
  ㉡ 의문문에 쓰인 「already」에는 놀람('벌써', '이렇게 빨리')의 뜻이 내포되어 있음
    Have you read the book already? (그 책을 벌써 다 읽었니?)

② yet
  ㉠ 긍정문에서 '아직도'의 뜻으로 사용됨

My daughter is sleeping yet. (나의 딸은 아직도 자고 있다.)

ⓛ 부정문에서 '아직 (~않다)'의 뜻으로 사용됨
- I have not finished my homework yet. (나는 아직 내 숙제를 다하지 못했다.)
- I have never yet lied. (나는 아직 거짓말을 한 적이 없다.)

ⓒ 의문문에서는 '벌써'의 뜻으로 사용됨
- Do you have to go yet? (당신은 벌써 가야 합니까?)
- Has he come home yet? (그는 벌써 집에 왔습니까?)

③ still : 긍정문, 부정문, 의문문에서 '지금도[아직도, 여전히]'의 뜻으로 사용됨

ㄱ They still love July. (그들은 지금도 July를 사랑한다.)

ㄴ Is she still in bed? (아직 그녀는 자고 있나요?)

(3) very와 much

① 의미

ㄱ very는 '대단히[매우, 무척]', '바로'의 의미이며, 부정문에서는 '그다지', '조금도'의 의미를 지님

ㄴ much는 '매우[대단히]', '훨씬[무척]'의 의미를 지님

② 수식

ㄱ very는 형용사와 부사의 원급을, much는 형용사와 부사의 비교급을 수식
- This house is very old. (이 집은 매우 오래된 집이다.)
- This house is much older than that. (이 집은 저 집보다 훨씬 오래된 것이다.)

ㄴ very는 현재분사를, much는 과거분사를 수식
- This book is very interesting to me. (이 책은 내게 아주 재미있다.)
- He is much addicted to sleeping pills. (그는 수면제에 심하게 중독이 되어 있다.)

ㄷ 형용사로 생각되는 감정을 나타내는 과거분사는 very로 수식[tired, pleased, satisfied, excited, surprised 등]
- She is very tired. (그녀는 아주 지쳐있다.)
- He is very pleased. (그는 매우 기쁘다.)
- I was very surprised at the news. (나는 그 소식을 듣고 매우 놀랐다.)
- They are very (much) interested in English. (그들은 영어에 매우 흥미를 가지고 있다.)

최상급을 수식하는 경우 very는 명사 앞에서, much는 정관사 앞에서 수식

- This is the very best thing. (이 것은 단연 가장 좋은 것이다.)
- This is much the best thing. (이 것은 단연 가장 좋은 것이다.)

(4) too와 either

① too : '또한[역시]', '지나치게[너무나]'의 의미를 지니며, 긍정문에 쓰임

ㄱ I like music. He likes music, too. (나는 음악을 좋아한다. 그도 또한 음악을 좋아한다.)

ㄴ You cannot be too diligent. (당신은 아무리 부지런해도 지나치지 않다.)

either

It is nice place, and not too far, either.
(이곳은 멋진 곳이고 게다가 그렇게 멀지도 않다.)

so

A : I'm tired. (A : 나는 지쳤다.)
B : So am I. (= I'm tired, too.) (B : 나도 지쳤다.)
A : I like music. (A : 나는 음악을 좋아한다.)
B : So do I. (= I like music, too.) (B : 나도 음악을 좋아한다.)

기타 부사의 용법

• rather, fairly
 - rather(좀, 꽤)는 나쁜 의미로 사용되는 경우가 많으며, 부드러운 어조에서는 very의 의미로 사용됨
• fairly(좀, 꽤)의 의미로, 좋은 의미로 사용됨
 - She is fairly diligent, but her younger sister is rather idle. (그녀는 꽤 부지런하지만 그녀의 여동생은 좀 게으르다.)
  = Her elder sister is rather clever. (그녀의 여동생은 아주 영리하다.)
• hardly, scarcely, barely
 - '(정도·양이) 거의 ~않다'의 의미이며, 부정의 뜻을 갖고 있기 때문에 부정어(not, never, no 등)와 함께 사용하지 않음
 - There's hardly any coffee left. (커피가 남아 있는 것이 거의 없다.)
 - I can scarcely believe it. (나는 그것을 거의 믿을 수가 없다.)
 - She barely acknowledged his presence. (그녀는 그가 있는 것을 거의 알은체를 안 했다.)
• seldom, rarely
 - '(횟수가) 좀처럼 ~않다'의 의미
 - He had seldom seen a child with so much talent. (그는 그처럼 재능이 많은 아이는 좀처럼 보지 못했었다.)
 - We rarely agree on what to do. (우리는 할 일에 대해 합의를 보는 일이 드물다.)

② either : '~도 역시'라는 의미로, 부정문에 쓰임

I don't like cats. He doesn't like cats, either. (나는 고양이를 싫어한다. 그도 고양이를 싫어한다.)

(5) so와 neither

① so

 ㉠ '역시 ~하다'를 의미하며, 'So + 동사 + 주어'의 형태로 긍정문에 씀
 ㉡ be동사와 조동사인 경우 be동사와 조동사를 그대로 사용하며, 일반동사인 경우 do동사를 사용함

② neither

 ㉠ '역시 ~아니다'를 의미하며, 'Neither + 동사 + 주어'의 형태로 부정문에 씀
 ㉡ be동사와 조동사인 경우 be동사와 조동사를 그대로 사용하며, 일반동사인 경우 do동사를 사용함

 A : I'm not Japanese. (A : 나는 일본인이 아니다.)
 B : Neither am I. (= I'm not Japanese, either.) (B : 나도 일본인이 아니다.)
 A : I don't like cats. (A : 나는 고양이를 싫어한다.)
 B : Neither do I. (= I don't like cats, either.) (B : 나도 고양이를 싫어한다.)

(6) 기타 부사의 용법

① only(단지, 오직)

 ㉠ He has only four books. (그는 단지 4권의 책만 가지고 있다.)
 ㉡ I did it only because I felt it to be my duty. (나는 단지 그것을 나의 의무라 느꼈기 때문에 그것을 했다.)

② just : '꼭', '겨우[간신히]', '방금', '다만'의 의미로, 현재·과거·현재완료 시제와 함께 쓰임

 ㉠ This is just what I mean. (이것이 바로 내가 하려던 말이다.)
 ㉡ He was just in time for school. (그는 간신히 학교에 늦지 않았다.)

③ else(그 외에[그 밖에], 그렇지 않으면)

 ㉠ anybody else (누구든 다른 사람)
 ㉡ anything else (그 외에 무엇인가)
 ㉢ somewhere else (다른 어디에서)
 ㉣ Where else can I go? (내가 달리 어디로 갈 수 있겠는가?)
 ㉤ She must be joking, or else she is mad. (그녀는 농담을 하고 있음에 틀림없다, 그렇지 않다면 그녀는 미친 사람이다.)

④ even(~조차도, ~라도, 더욱, 한결같은)

 ㉠ Even a child can do it. (어린아이조차 그것을 할 수 있다.)
 ㉡ This book is even more useful than that. (이 책은 저것보다 더욱 더 유용하다.)

⑤ ever

㉠ 긍정문에서 '언제나[늘]'의 의미

The boy is ever quick to respond. (그 소년은 언제나 응답이 빠르다.)

㉡ 부정문 · 의문문 · 조건문에서 '지금까지 (한번도 ~않다)', '언젠가'의 의미

- We haven't ever been there. (우리는 지금까지 한 번도 거기에 가본 적이 없다.)
- Have you ever been to Jeju Island? (당신은 제주도에 가본 적이 있습니까?)

STEP UP here, there

- be동사나 live, appear, come, go, remain 등의 동사와 함께 사용되는 경우, 도치되어 'Here/There + V + S'의 어순이 됨
- 주어가 대명사인 경우에는 보통 'Here/There + S + V'의 어순이 됨
  - Here comes the bus! (버스가 온다!)
  - There it goes! (그것이 온다!)
  - Here's a cup of coffee for you. (여기 커피 한 잔 가지고 왔습니다.)

부정의문문에 대한 대답

- 부정의문문에 대한 대답은 우리말의 대답과 반대가 된다는 것에 유의
  - Don't you smoke? (담배를 안 피우십니까?)
    → Yes, I do. I'm a heavy smoker. (아니요, 담배를 피웁니다. 저는 애연가입니다.)
    → No, I don't. I'm a nonsmoker. (예, 담배를 피우지 않습니다. 저는 비흡연자입니다.)

03절 비교(Comparison)

1. 비교 변화

(1) 비교(Comparison)

① 의미

㉠ 형용사와 부사가 그 성질이나 정도의 차이를 표현하기 위해 어형변화를 하는 것을 말함

㉡ 다른 품사와 구별되는 형용사 · 부사만의 특징으로, 원급 · 비교급 · 최상급 3가지가 있음

② 비교변화의 형태

㉠ 원급 : 형용사와 부사의 원형

㉡ 비교급 : 원칙적으로 원급에 '-er'을 붙임(더 ~한, 더 ~하게)

㉢ 최상급 : 원칙적으로 원급에 '-est'를 붙임(가장 ~한, 가장 ~하게)

(2) 규칙 변화

① 1음절의 경우 비교급은 원급에 -er을 붙이고, 최상급은 원급에 -est를 붙임

tall – taller – tallest / clever – cleverer – cleverest / small – smaller – smallest / long – longer – longest

② 원급의 어미가 '-e'로 끝나는 경우 -r, -st만을 붙임

규칙 변화

- -ful, -ous, -less, -ing, -ed, -ive, -ish, -able로 끝나는 형용사와 -ly로 끝나는 부사는 원급 앞에 more를, 최상급 앞에 most를 씀
- useful – more useful – most useful
- famous – more famous – most famous
- interesting – more interesting – most interesting

right, wrong, like, fond, afraid, just, real 등은 3음절이 아니지만, 비교급에서 more, 최상급에서 most를 붙임

> 예) like – more like – most like
> real – more real – most real

복합어의 비교 변화
- 복합어의 일부 또는 전체를 비교 변화시키는 경우
- well–known – better–known – best–known
- old–fashioned –more old–fashioned – most old–fashioned

wise – wiser – wisest / brave – braver – bravest / fine – finer – finest

③ 「단모음 + 단자음」으로 끝난 경우 자음을 반복하고, –er과 –est를 붙임

big – bigger – biggest / hot – hotter – hottest / thin – thinner – thinnest

④ 「자음 + y」로 끝난 경우 y를 i로 바꾸고, –er과 –est를 붙임

happy – happier – happiest / busy – busier – busiest / easy – easier – easiest / early – earlier – earliest

⑤ 3음절 이상인 경우 원급 앞에 more를, 최상급 앞에 most를 씀

diligent – more diligent – most diligent / important – more important – most important

(3) 불규칙 변화

① 비교 변화가 불규칙한 경우

good[well] – better – best / bad[ill] – worse – worst / many[much] – more – most / little – less – least

② 의미에 따라 비교 변화가 2가지가 있는 경우

㉠ late – later – latest [시간이 늦은] / late – latter – last [순서가 늦은]

㉡ old – older – oldest [연령, 신구] / old – elder – eldest [형제자매 · 친척등의 비교]

㉢ far – farther – farthest [거리가 먼] / far – further – furthest [정도가 깊은]

2. 원급의 용법

(1) 동등비교

① 동등비교는 「as + 형용사 · 부사의 원급 + as」의 형식을 취함

㉠ He is as tall as his father. (그는 그의 아버지만큼 키가 크다.)

㉡ We have as much food as we need. (우리는 필요한 만큼의 많은 음식을 가지고 있다.)

② 'as + 원급 + as'에서 뒤의 품사는 접속사이므로 다음에 '주어 + 동사'의 형태를 취함

She is as tall as he (is). (그녀는 그만큼 키가 크다.)[이를 등위접속사의 병치법에서 앞의 'she is'와 같이 '주어 + 동사'가 오는 것으로 볼 수도 있음]

cf. She is as tall as him. (×)

③ 부정어 + as[so] + 원급 + as + A (A만큼의[같은] 정도는 아니다[없다])[최상급 의미]

㉠ Nothing is as important as health. (어떤 것도 건강만큼 중요하지 않다.)

= Health is the most important thing.

㉡ No (other) mountain in the world is so high as Mt. Everest. (세계의 어떤 산도 Everest 산만큼 높지 않다.)

= Mt. Everest is the highest mountain in the world.

동등비교
동등비교의 부정은 「not so[as] + 원급 + as」의 형식이 됨
He is not so[as] old as she. (그는 그녀보다 나이가 적다.)
= He is younger than she.
= She is older than he.

④ 동등비교의 관용적 표현

    ⊙ so[as] long as (~하는 동안, ~하는 한)

       Stay here as long as you want to. (당신이 있고 싶은 만큼 여기 머물러 있어라.)

    ⓛ as[so] far as (~하는 한, ~까지)

       As far as I know, he is trustworthy. (내가 아는 한 그는 믿음이 가는 사람이다.)

    ⓒ as good as (~이나 다름없는[같은], 거의 ~인, ~에 충실한)

       He is a man as good as his word[promise]. (그는 약속을 잘 지키는 사람이다.)

    ⓔ A as well as B (B뿐만 아니라 A도 역시)

       Our teacher gave us books as well as pencils. (선생님은 우리에게 연필뿐만 아니라 책도 주셨다.)

실력UP 동등비교의 관용적 표현

as busy as a bee (쉴 틈 없이 바쁜, 부지런한) / as slow as a snail (매우 느린) / as cool as a cucumber (아주 냉정한[침착한]) / as flat as a pancake (아주 납작한) / as like as two peas (흡사한, 꼭 닮은) / as poor as a church mouse (몹시 가난한) / as sweet as honey (매우 상냥한)

(2) 기타 원급의 중요 표현

① 「as ~ as possible」(가능한 한 ~)(= as ~ as one can)

    The boy walked as fast as possible. (그 소년은 가능한 한 빨리 걸었다.)

    = The boy walked as fast as he could.

② 「as ~ as any + 명사」(어느 ~ 못지않게)(= as ~ as ever + 동사)

    He is as great as any statesman. (그는 어떤 정치인 못지않게 위대한 정치인이다.)

    = He is as great a statesman as ever lived.

    = He is the greatest statesman that ever lived.

③ not so much A as B (A라기보다는 오히려 B이다)

    = not A so much as B

    = B rather than A

    = more B than A = less A than B

    He is not so much a poet as a philosopher. (그는 시인이라기보다는 오히려 철학자이다.)

    = He is not a poet so much as a philosopher.

    = He is a philosopher rather than a poet.

    = He is more a philosopher than a poet.

    = He is less a poet than a philosopher.

SEMI-NOTE

비교급에서의 as, than

비교급 구문 'as ~ as'의 뒤의 as나 'rather than'의 than 등은 등위접속사의 역할을 하므로 앞뒤의 어구는 그 형태나 품사가 같은 병치(병렬) 구조를 이룸(동일 형태의 반복 시 접속사 다음의 중복어구는 생략 가능)

동등비교의 관용적 표현

• as obstinate as a mule (고집불통인)
  – The man is as obstinate as a mule. (그 남자는 고집이 매우 세다.)
• as white as snow (새하얀, 결백한)
  – Her skin is as white as snow. (그녀의 피부는 눈처럼 하얗다.)

기타 원급의 중요 표현

• may[might] as well A as B (B하기보다는 A하는 편이 낫다, B와 마찬가지로 A해도 좋다.)
  – You may as well go as stay. (너는 머무르느니 떠나는 게 낫다.)
  – You might as well keep it there (그냥 놔두는 게 낫겠어요.)

not so much as(~조차 하지 않다)(= not even)

He could not so much as write his own name. (그는 자신의 이름조차도 쓰지 못했다.)

실력up **배수 표현**

- 배수 표현은 「배수사 + as ~ as …(… 보다 몇 배 ~한)」로 표현
  - This island is twice as large as that. (이 섬은 저 섬보다 2배나 크다.)
    = This island is twice the size of that.
  - The house is three times as large as mine. (이 집은 내 집보다 3배 더 크다.)
  - That room is half as large as the living room. (저 방은 응접실 크기의 반이다.)

3. 비교급의 용법

(1) 우등비교와 열등비교

① 우등비교(우월비교) : 「비교급 + than」의 형식을 취함
  ㉠ He is taller than she. (그는 그녀보다 크다.)
  ㉡ She is more honest than he. (그녀는 그보다 정직하다.)

② 열등 비교 : 「less + 원급 + than」의 형식을 취함
  ㉠ She is less tall than he. (그녀는 그보다 키가 작다.)
    = She is not so tall as he.
    = He is taller than she.
  ㉡ Ashley is less beautiful than her sister. (Ashley는 그녀의 동생보다 덜 아름답다.)

③ than이 이끄는 절의 생략 : 무엇과 무엇의 비교인지 명확할 경우 생략이 가능함
  ㉠ Could I have a bigger one? (제가 더 큰 걸 가져도 될까요?)
  ㉡ There were less cars on the road then. (그때는 도로에 차들이 더 적었다.)

(2) 비교급을 강조하는 어구

① much, even, far, by far, a lot, still, yet, a good[great] deal 등은 비교급 의미를 강조하여 '훨씬[한층 더]'의 의미가 됨
  He is much older than his wife. (그는 그의 부인보다 나이가 훨씬 많다.)

② a little이 비교급 앞에서 오는 경우 '조금[약간]'의 의미가 되며, somewhat은 '다소'의 의미가 됨
  March is a little warmer than February. (3월은 2월보다 약간 더 따뜻하다.)

(3) 「비교급 + and + 비교급」 구문

① 비교급 + and + 비교급」(점점 더 ~)
  ㉠ The balloon went higher and higher. (그 기구는 점점 더 높이 올라갔다.)
  ㉡ She began to dance more and more quickly. (그녀는 점점 더 빨리 춤추기 시작했다.)

- 동일인이나 동일물(物)의 다른 성질을 비교하는 경우 「more A than B」의 형식을 취함
  - He is more clever than wise. (그는 현명하기보다는 영리하다.)[cleverer로 쓰지 않음]
    = He is clever rather than wise.

비교급의 용법
- 「the + 비교급」 구문
  - 「the + 비교급 + of the two」 또는 「the + 비교급 + of A and B」(둘 중에 더 ~하다)
  - Tom is the taller of the two. (Tom이 둘 중에서 키가 크다.)
- 「(all) the + 비교급 + 이유의 부사구[because, as, for ~]」(~ 때문에 더 ~하다)[여기서의 'the'는 '매우'의 의미가 됨]
  - He works the harder, because his parents praise him. (그는 그의 부모님이 칭찬하기 때문에 더 열심히 공부한다.)
  - She got the better for a change of air. (그녀의 건강은 전지(轉地) 요양으로 더 좋아졌다.)
- 「the + 비교급 ~, the + 비교급 ~」(~하면 할수록 점점 더 ~하다)
  - The more we have, the more we want. (많이 가지면 가질수록 더 많이 원하게 된다.)
  - The more I know her, the more I like her. (내가 그녀를 알면 알수록 더욱 더 좋아하게 된다.)

라틴어 유래의 형용사

superior to (~ 보다 월등한) / inferior to (~ 보다 못한)
prior to (~ 보다 앞선) / anterior to (~ 앞쪽인) / posterior to (~ 보다 후에)
senior to (~보다 손위의) / junior to (~보다 어린)
major to (~ 보다 많은[큰]) / minor to (~ 보다 적은)
interior to (안의) / exterior to (밖의)
preferable to (~보다 더 좋은)

(4) 기타 비교급의 관용적 표현

① 「A is no more B than C is D(D가 B와 같을 경우 D 생략 가능)」(A가 B가 아닌 것은 C가 D가 아닌 것과 같다)

A whale is no more a fish than a horse is. (고래가 물고기가 아닌 것은 말이 물고기가 아닌 것과 같다.)

= A whale is not a fish any more than a horse is.

② 「A is no less B than C is D」(C가 D인 것처럼[마찬가지로] A가 B이다)

A whale is no less a mammal than a horse is.
(고래는 말과 마찬가지로 포유동물이다.)

③ 「A is no less ~ than B」(A는 B와 마찬가지로 ~이다)

He is no less handsome than his elder brother.
(그는 그의 형과 마찬가지로 미남이다.)

④ 「A is not less ~ than B」(A는 B 못지않게 ~하다)

He is not less handsome than his elder brother.
(그는 그의 형 못지않게 미남이다.)

⑤ 「no more than」(단지)(= only)[적다는 기분의 표현]

He has no more than two dollars. (그는 2달러밖에 가지고 있지 않다.)

⑥ 「not more than」(기껏해야)(= at most)[적다는 기분의 표현]

He has not more than five dollars. (그는 많아야 5달러를 가지고 있다.)

⑦ 「no less than」(~만큼이나)(= as much[many] as)[많다는 기분의 표현]

He has no less than two dollars. (그는 2달러나 가지고 있다.)

⑧ 「not less than」(적어도)(= at least)[많다는 기분의 표현]

He has not less than two dollars. (그는 적어도 2달러를 가지고 있다.)

⑨ 「much more ~」(더욱 ~하다)(= still more)[긍정문에 사용]

She can speak French, much more English. (그녀는 불어를 할 수 있는데, 영어는 더 잘한다.)

⑩ 「much less ~」(더욱 ~않다)(= still less)[부정문에 사용]

He can't speak English, much less French. (그는 영어를 할 수 없는데, 불어는 더 못한다.)

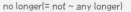

「비교급 + than anyone (anything) else」

- '비교급 + than anyone(anything) else'도 최상급을 의미하는 표현
  – Mary is kinder than anyone else in the class.

최상급 관련 주요 관용표현

- the last ~ but one(= the second last) 마지막에서 두 번째의
- at last 마침내
  – At last we're home!
- at (the) most 많아야(= not more than)
- at (the) worst 최악의 경우에도
- at (the) latest 늦어도
- at (the) least 적어도
- not ~ in the least 조금도 ~않다(= not ~ at all)
- for the most part 대부분
- to the best of my knowledge 내가 알고 있는 한

4. 최상급의 용법

(1) 다양한 최상급 표현

① 일반적 형태 : 최상급의 표현은 주로 「the + 최상급 + in + 단수명사」의 형식이나 「the + 최상급 + of + 복수명사」의 형식을 취함

  ㉠ He is the most attractive in our class. (그는 우리 반에서 가장 매력적이다.)

  ㉡ February is the shortest of all the months. (2월은 일 년 중 가장 짧은 달이다.)

② 최상급 대용 표현 : 최상급 표현에는 일반적 형태 외에도 'as ~ as any + 단수명사', 'as ~ as ever + 동사', '비교급 + than any other + 단수명사', '비교급 + than all the other + 복수명사', '부정주어 ~ + so[as] + 원급 + as', '부정주어 ~ + 비교급 + than', '비교급 + than anyone(anything) else' 등이 있음

> **알약up** Mt. Everest is the highest mountain in the world. (에베레스트 산은 세상에서 가장 높은 산이다.)
>
> = Mt. Everest is the highest of all the mountains in the world.
> = Mt. Everest is as high as any mountain in the world.
> [as ~ as any + 단수명사]
> = Mt. Everest is higher than any other mountain in the world.
> [비교급 + than any other + 단수명사]
> = Mt. Everest is higher than all the other mountains in the world.
> [비교급 + than all the other + 복수명사]
> = No (other) mountain in the world is so high as Mt. Everest.
> [부정주어 + 동사 + so[as] + 원급 + as + 주어]
> = No (other) mountain in the world is higher than Mt. Everest.
> [부정주어 + 동사 + 비교급 + than + 주어]

(2) 최상급의 강조하는 어구

최상급을 수식하여 의미를 강조하는 어구로는 much, the very, (by) far, far and away 등이 있다.

This is much[by far] the best book. (이것이 단연 가장 좋은 책이다.)

= This is the very best book.

(3) 정관사(the)를 생략한 최상급(무관사 최상급)

부사의 최상급

She always works hardest among the employees. (그녀는 늘 직원들 중 가장 열심히 일한다.)

① 동일인이나 동일물의 성질·상태를 비교할 때 보통 생략[최상급이 보어가 되는 경우]

  This lake is deepest at this point. (이 호수는 이 지점이 가장 깊다.)

  cf. This lake is the deepest in this country.

② 정관사가 명사 또는 대명사의 소유격으로 대체되는 경우

  ㉠ She is my best friend. (그녀는 나의 가장 친한 친구이다.)

  ㉡ It is my greatest honor to meet you. (당신을 만나게 된 것은 대단한 영광입니다.)

(4) 기타 최상급의 특별한 용법

① 양보를 나타내는 최상급 : 문장에서 최상급 표현이 양보의 의미로 사용됨

The richest man in the world cannot avoid death. (세상에서 가장 부유한 사람도 죽음을 피할 수는 없다.)

= Even the richest man in the world cannot avoid death.

② 「a most」(매우 ~한)

He is a most clever man. (그는 아주 영리한 사람이다.)

= He is a very clever man.

SEMI-NOTE

기타 최상급의 특별한 용법

• 「the 서수 + 최상급」(몇 번째로 가장 ~)

Busan is the second largest city in Korea. (부산은 한국에서 두 번째로 가장 큰 도시이다.)

= Busan is the largest city but one in Korea.[but은 '~ 외에는[제외하고] (= except)'의 의미]

• 「the last + 명사 + to ~」(결코 ~ 할 것 같지 않은, 가장 부적당한[안 어울리는])

He is the last man to do such a thing. (그는 그런 일을 할 사람이 결코 아니다.)

9급공무원
영어

나두공

🕐 나두공

09장 접속사(Conjunction)/전치사(Preposition)

01절   접속사(Conjunction)

02절   전치사(Preposition)

접속사(Conjunction)/전치사(Preposition)

01절   접속사(Conjunction)

1. 등위접속사

(1) 등위접속사의 의의

「go/come/try + and + 동사」는 「go/come/try + to + 동사」로 쓸 수 있음

> Come and see him. (와서 그를 만나보렴.)
> = Come to see him.

① 등위접속사의 의미와 종류

👓👓 한눈에 쏙~

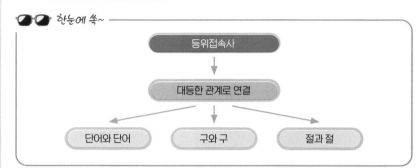

ㄱ 단어와 단어, 구와 구, 절과 절 등을 대등한 관계로 연결하는 역할을 함(등위절을 연결하는 역할)

ㄴ 등위접속사에는 and, but, or, so, for, yet, still 등이 있음

② 병치법(병렬관계, 평행구조) : 등위접속사 전후의 어구는 문법구조나 조건(형태, 품사, 시제 등)이 같은 병치(병렬)구조가 됨

ㄱ She stayed in London and in Paris. (그녀는 런던과 파리에 머물렀다.)

ㄴ He happened to see her and came to love her. (그는 그녀를 우연히 만났고 그녀를 사랑하게 되었다.)

And

• 절과 절을 연결하는 경우
  - Winter is over and spring has come. (겨울이 가고 봄이 왔다.)
  - The sun set, and the moon rose. (태양이 지고, 달이 떴다.)
• 「명령문, + and ~」(…해라, 그러면 ~ 할 것이다.)
  - Work harder, and you will pass the exam. (더 열심히 공부해라. 그러면 시험에 합격할 것이다.)
    = If you work harder, you will pass the exam.

(2) And

① 단어와 단어를 연결하는 경우 : A and B는 복수 취급하는 것이 원칙

ㄱ Tom and Jack are good friends. (Tom과 Jack은 좋은 친구 사이이다.)

ㄴ He learns to listen, speak, read, and write. (그는 듣기와 말하기, 읽기, 쓰기를 배운다.)

② 구와 구를 연결하는 경우

I go to school by bus and by train. (나는 학교에 버스와 기차를 타고 간다.)

but for

• 'but for(= without, if it were not for / if it had not been for)'의 구문에서 but은 전치사로 봄
  - But for[Without] the rain, we would have had a pleasant journey. (비가 오지 않았더라면 우리는 즐거운 여행을 했을 것이다.)
    = If it had not been for the rain, we would have had a pleasant journey.

(3) But

① 단어와 단어를 연결하는 경우

He is poor but happy. (그는 가난하지만 행복하다.)

② 절과 절을 연결하는 경우

He speaks German, but he doesn't speak French.

(그는 독일어를 말할 수 있지만 프랑스어는 말하지 못한다.)

③ 「not A but B」(A가 아니라 B)[등위 상관접속사]

ㄱ This is not an apple, but a pear. (이것은 사과가 아니라 배이다.)

ㄴ Not he but you are to be blamed. (그가 아니라 너에게 책임이 있다.)

④ 「부정어 + but」(…하면 반드시 ∼한다)[여기서의 but은 'that + not'의 의미]

I never meet her but I think of her mother. (내가 그녀를 만날 때마다 그녀의 어머니가 생각난다.)[부정어 + but + S + V]

= I never meet her without thinking of her mother.

= [부정어 + without V−ing]

= When I meet her, I always think of her mother.[when + S + V, S + always + V]

= Whenever I meet her, I think of her mother.[whenever + S + V, S + V]

(4) Or

① 단어와 단어를 연결하는 경우

Which do you like better, apples or oranges? (너는 사과와 오렌지 중에서 어느 것을 더 좋아하니?)

② 구와 구를 연결하는 경우

To be or not to be, that is the question. (사느냐 죽느냐, 그것이 문제로다.)

③ 절과 절을 연결하는 경우

He will come to my house, or I will go to his house. (그가 우리 집에 오거나, 내가 그의 집으로 갈 것이다.)

(5) So, For

① So : 어떤 사실의 결과를 나타내며, 일반적으로 '그래서[그러므로]'의 의미를 지님

He is rich, so he can buy the car. (그는 부자다. 그래서 그는 그 차를 살 수 있다.)

② For : for는 앞에 나온 내용의 이유나 판단의 원인을 나타내므로 문장의 뒤에 위치함

It must have rained last night, for the ground is wet. (간밤에 비가 온 것이 분명하다, 땅이 젖은 것을 보면.)

2. 상관접속사

(1) 「both A and B」

'both A and B'는 'A와 B 둘 다[양자 긍정]'의 의미이며, 동사는 복수 취급함

Both brother and sister are alive. (형과 누나 모두 생존해 있다.)

Or

• 「명령문, + or ∼」(…해라, 그렇지 않으면 ∼할 것이다)

− Work harder, or you will fail the exam.

(더 열심히 공부해라. 그렇지 않으면 불합격할 것이다.)

= If you don't work harder, you will fail the exam.

= Unless you work harder, you will fail the exam.

형태에 따른 접속사의 분류

• 접속사를 형태에 따라 분류할 때 단순접속사와 상관접속사, 군접속사로 구분할 수 있음

− 단순접속사 : 일반적으로 한 단어로 된 접속사(and, but, if, that 등)를 말함

− 상관접속사 : 분리되어 있는 접속사(both ∼ and, either ∼ or 등)

− 군접속사(접속사구) : 둘 이상의 단어가 하나의 접속사 역할을 하는 것(as well as 등)을 말함

(2) 「not only A but also B」

① 'not only A but (also) B'는 'A뿐만 아니라 B도'라는 의미이며, 동사는 B에 따름
② 'not just[merely, simply] A but (also) B' 또는 'B as well as A'의 표현으로 바꾸어 쓸 수 있음

Not only you but also he is right. (너뿐만 아니라 그도 옳다.)

= He as well as you is right.

실력up 「either/neither A or B」

• either A or B : 'A이든 B이든 어느 한쪽[양자택일]'의 의미이며, 동사는 B에 따름
 – Either you or I am to attend the meeting. (너 아니면 내가 회의에 참석해야 한다.)
• neither A nor B : 'A도 B도 둘 다 아닌[양자 부정]'의 의미이며, 동사는 B에 따름
 – Neither he nor I am the right person for the post. (그도 나도 그 일에 적임자가 아니다.)

---

as well as

• 'B as well as A(A뿐만 아니라 B도)'의 경우 동사의 수나 인칭은 B에 따름
 – I as well as you was wrong. (당신뿐만 아니라 나도 잘못되었다.)
 – Amnesia may rob people of their imaginations as well as their memories. (건망증은 사람들에게서 기억력뿐만 아니라 상상력을 빼앗아 갈 수 있다.)

3. 종속접속사

(1) 종속접속사의 의의

① 의미와 종류
 ㉠ 종속접속사 절을 주종의 관계로 연결하는 역할, 즉 종속절을 주절에 연결하는 접속사를 말함
 ㉡ 종속접속사에는 that, if, whether, when 등이 있음
② 용법
 ㉠ 종속접속사 이하의 문장(종속절)은 전체 문장에서 명사나 부사가 됨
 ㉡ 부사가 강조를 위해 문두나 문미로 이동하는 것과 마찬가지로, 조건이나 양보, 이유, 시간을 나타내는 경우 문두로 나갈 수 있음[종속접속사가 나가면 문장 중간에는 도치되었다는 의미의 'comma(,)'를 찍는 것이 원칙]

(2) 명사절을 이끄는 종속접속사

① that절 : 명사의 역할을 하므로 문장에서 주어절 · 보어절 · 목적어절 등이 될 수 있음
 ㉠ 주어절을 이끄는 경우
  That she did her best is true. (그녀가 최선을 다했다는 것은 사실이다.)
  = It is true that she did her best.[that절인 주어는 복잡하므로 가주어(it)를 사용해 전환한 것으로, that 이하가 진주어에 해당함]
 ㉡ 보어절을 이끄는 경우[이때의 that은 잘 생략되지 않음]
  The trouble is that my mother is sick in bed. (문제는 어머니께서 병석에 누워 계시다는 것이다.)[the trouble = that my mother is sick in bed]
 ㉢ 목적어절을 이끄는 경우[이때의 that은 종종 생략됨]
  • I know (that) you are honest. (나는 당신이 정직하다는 것을 알고 있다.)

접속사 that

'except that(~을 제외하고)'과 'in that(~라는 점에서)' 두 경우를 제외하고는 접속사 that 앞에 어떠한 전치사도 올 수 없음

종속접속사 that

종속접속사 that의 뒤에는 완전한 문장이 오지만, 관계대명사 that의 뒤에는 주어나 목적어가 탈락한 불완전한 문장이 오는 것으로, 둘을 구분할 수 있음

- He admitted that he was in the wrong. (그는 자신이 틀렸다는 것을 시인했다.)

ⓔ 동격절을 이끄는 경우

I know the fact that I have made many mistakes. (나는 내가 실수를 많이 했다는 사실을 안다.)[동격의 that은 완전한 문장을 연결하는 것으로, '~라고 하는'으로 해석됨]

② whether절

ⓐ 주어절을 이끄는 경우

Whether he will come or not is very doubtful. (그가 올지 오지 않을지는 매우 의심스럽다.)

ⓑ 보어절을 이끄는 경우

The question is whether you do it well or not. (문제는 네가 잘하느냐 잘하지 않느냐이다.)

ⓒ 목적어절을 이끄는 경우[이 경우 whether는 if로 바꾸어 쓸 수 있음]

He asked me whether[if] I liked fish. (그는 나에게 생선을 좋아하느냐고 물었다.)

③ if절

ⓐ whether절이 문장의 주어 · 목적어 · 보어가 될 수 있는 데 비해, if절은 타동사의 목적어만 될 수 있음[전치사의 목적어도 될 수 없음]

Do you know if[whether] she is at home? (당신은 그녀가 집에 있는지 아십니까?)

ⓑ if는 'whether + or not'과 같은 의미이므로, if 뒤에 'or not'을 쓸 수 없음

- I don't know whether it will rain tomorrow or not. (나는 내일 비가 올지 안 올지를 모른다.)
- I don't know if it will rain tomorrow or not. (×)
- I don't know if it will rain tomorrow. (○)

ⓒ whether는 문두로 도치될 수 있으나 if는 불가능

Whether she can come, I doubt. (나는 그녀가 올 수 있을지 어떨지 의심스럽다.)

(3) 부사절을 이끄는 종속접속사

① 시간을 나타내는 접속사

> when, while, as(~할 때, ~하면서, ~함에 따라서), whenever(~할 때마다), till[until], before, after, since, as soon as, as long as(~하는 동안, ~하는 한), no sooner … than ~ (하자마자 ~하다)

② 장소를 나타내는 접속사

> where, wherever(~하는 곳은 어디든지)

SEMI-NOTE

동격절을 이끄는 경우

The question whether he will join us is uncertain.
(그가 우리와 합류하느냐 하는 문제는 매우 불확실하다.)

명사절을 이끄는 if와 whether

- 보통 의미가 확실한 타동사 다음의 경우 that절이 되는데 비해, 불확실한 동사나 의문동사 다음의 경우는 if나 whether 등이 이끄는 절이 됨
- 불확실하거나 의문을 나타내는 표현으로는 ask, doubt, wonder, inquire, don't know, be not sure, Do you mind ~? 등이 있음

09장

접속사/전치사

시간을 나타내는 접속사 예문

- When it rains, he stays at home. (비가 오면 그는 집에 머무른다.)
- She came up as I was speaking. (내가 말하고 있을 때 그녀가 다 왔다.)
- It is three years since he passed away. (그가 죽은 지 3년이 되었다.)

SEMI-NOTE

조건이나 양보, 이유, 시간의 접속사가 이끄는 종속절

- 종속접속사 중 조건이나 양보, 이유, 시간의 접속사가 이끄는 종속절의 경우에는 문두로 나갈 수 있음 이 경우 종속절에 comma(,)를 찍어 구분하는 것이 일반적임
  - I cannot run because I am very tired.
    → Because I am very tired, I cannot run.

결과를 나타내는 접속사

- so + 형용사/부사 + that(매우 ~해서), so that(그래서)
- such + 명사 + that(매우 ~해서)
  - He is so honest that I trust him. (그는 매우 정직해서 나는 그를 믿는다.)
    = He is so honest a man that I trust him.
    = He is such an honest man that we trust him.
  - This is so difficult a problem that I can't solve it. (이 문제는 매우 어려워 내가 풀 수가 없다.)
  - Her father died suddenly, so that she had to leave school. (그녀의 아버지가 갑자기 돌아가셔서 그녀는 학교를 그만둬야 했다.)

비교를 나타내는 접속사

- as(~와 같이[처럼], ~만큼), than(보다(도)), ~하느니보다 (오히려), ~할 바에는 (차라리))
  - He is not so tall as she. (그는 그녀만큼 키가 크지 않다.)
  - She is older than I (am). (그녀는 나보다 나이가 많다.)
  - cf. He is older than me.[구어에서 주로 쓰는 것으로, 이때의 than은 전치사]

⊙ Where there is life, there is hope. (삶이 있는 곳에 희망이 있다.) → 하늘이 무너져도 솟아날 구멍은 있다.

ⓛ Sit wherever you like. (당신이 좋아하는 곳 어디든지 앉아라.)

③ 이유나 원인을 나타내는 접속사

> because, since(~때문에), as(~때문에), for, now that(~이니까) 등

⊙ I was late because there was a lot of traffic on the way. (나는 오는 도중에 차량이 많아서 늦었다.)

ⓛ Since she spoke in French, I couldn't understand her. (그녀가 프랑스어로 말했기 때문에 나는 이해할 수 없었다.)

ⓒ He must have been ill, for he was absent. (그가 결석했으니까 그는 아팠음에 틀림없다.)

ⓔ Now that you mention it, I do remember. (당신이 그것을 언급하니까 나는 정말 기억이 나네요.)

④ 목적을 나타내는 접속사

> - 「~하기 위하여, ~하도록」: (so) that ~ may[can], in order that ~ may[can]
> - 「~하지 않기 위하여, ~하지 않도록」: so that ~ may not = lest ~ should

⊙ Make haste (so) that you may catch the last train. (마지막 기차를 잡을 수 있도록 서둘러라.)

= Make haste in order that you may catch the last train.

ⓛ I worked hard (so) that I might not fail. (나는 실패하지 않기 위해서 열심히 일했다.)

= I worked hard lest I should fail.[lest에 부정의 의미가 포함되어 있으므로 부정어를 따로 쓰지 않도록 주의]

⑤ 조건을 나타내는 접속사

> if, unless(만일 ~하지 않는다면), so long as(~하는 한은), in case(~의 경우를 생각하여, 만일 ~라면)

⊙ If it is fine tomorrow, we will go on a picnic. (내일 날씨가 좋으면 우리는 소풍을 갈 것이다.)

ⓛ Unless you get up early, you will miss the train. (만일 당신이 일찍 일어나지 않는다면, 당신은 기차를 놓일 것이다.)

= If you do not get up early, you will miss the train.

⑥ 양보를 나타내는 접속사

> though, although, even if(비록 일지라도[할지라도]), even though(~인데도[하는데도]), whether(~이든지 아니든지 (간에), ~이든지 (여하간에))

ⓐ Though[Although] he is poor, he is always cheerful. (그는 비록 가난하지만 항상 밝은 모습을 하고 있다.)

ⓑ I will go there even if it rains. (비가 오더라도 나는 그곳에 갈 것이다.)

⑦ 양태를 나타내는 접속사

> as(~와 같이, ~대로), as if, as though(마치 ~인 것처럼) 등

ⓐ Do in Rome as the Romans do. (로마에 가면 로마의 법을 따르라.)

ⓑ He looks as if he had seen the ghost. (그는 마치 유령을 보았던 것처럼 보인다.)

실력UP 비례를 나타내는 접속사

• as(~함에 따라, ~할수록), according as(~에 따라서[준하여], ~나름으로)
  – As we go up, the air grows colder. (올라갈수록, 공기는 더 차가워진다.)

02절 전치사(Preposition)

1. 전치사의 의의

(1) 전치사의 의미

① 전치사 : 명사 상당어구(명사, 대명사, 동명사 등) 앞에서 명사 상당어구와 다른 말과의 관계를 나타냄

② 전치사 + 명사 상당어구(목적어) : 대부분 부사(구)의 역할을 하며, 일부는 형용사(구)의 역할을 함

ⓐ I found it with ease. (나는 손쉽게 그것을 찾았다.)['with ease'는 부사구]

ⓑ He is a man of ability. (그는 능력이 있는 사람이다.)['of ability'는 형용사구]

(2) 전치사의 종류

① 단순전치사 : 하나의 전치사로 된 것을 말함
  at, by, from, till, up, with 등

② 이중전치사 : 2개 이상의 전치사가 한 개의 전치사 역할을 하는 것을 말함
  from under, till, after 등

③ 분사전치사 : 현재분사에서 나온 전치사를 말함
  concerning, respecting(~에 관하여) 등

전치사와 접속사의 구분
전치사는 뒤에 명사 상당어구가 목적어로 오며, 접속사 다음에는 절이 나옴

구 전치사(전치사구)

• 2개 이상의 단어가 모여 하나의 전치사 역할을 하는 것
  – in spite of(~에도 불구하고, ~을 무릅쓰고), in front of, at odds with(~와 마찰을 빚는), such as(~와 같은) owing to(~덕택에), thanks to(~덕분에) 등

09장 접속사/전치사

SEMI-NOTE

전치사의 목적어

- 전치사에 따르는 명사 상당어구가 전치사의 목적어가 되는데, 전치사의 목적어는 대부분 명사, 대명사이지만 그 외에 동명사나 부정사, 과거분사, 형용사 · 부사구, 절 등도 목적어가 될 수 있음
- 명사가 목적어가 되는 때에는 반드시 목적격으로 써야 함

부정사가 목적어가 되는 경우

- but과 except, save(~을 제외하고는, ~외에는), than 등은 예외적으로 to부정사와 원형부정사를 목적어로 취할 수 있음
  - He had no choice but to give up the plan.
    (그는 그 계획을 포기하는 수밖에 없다.)

타동사와 전치사

- 타동사는 전치사가 필요 없음
- discuss, reach, marry, resemble, become 등은 자동사처럼 해석되나 타동사이므로 전치사을 사용하지 않도록 주의
  - We will discuss the situation tomorrow. (그 상황에 대해서는 내일 논의할 것이다.)
  - Such conduct does not become a gentleman. (그러한 행동은 신사에게는 어울리지 않는다.)

2. 전치사의 목적어

(1) 명사와 대명사를 전치사의 목적어로 취하는 경우

① 명사가 목적어가 되는 경우
ㄱ The books on the desk are mine. (책상 위에 있는 책들은 나의 것이다.)
[명사(desk)가 전치사(on)의 목적어가 됨. 여기서 'on the desk'는 형용사 역할을 함]
ㄴ The river runs between two countries. (그 강은 두 나라 사이를 흐른다.)

② 대명사가 목적어가 되는 경우
ㄱ She is fond of me. (그녀는 나를 좋아한다.)[대명사가 전치사의 목적어가 되는 경우 목적격이 되어야 함]
ㄴ He looked at her for a while. (그는 잠시 동안 그녀를 바라보았다.)

(2) 형용사와 부사를 전치사의 목적어로 취하는 경우

① 형용사가 목적어가 되는 경우
Things went from bad to worse. (사태가 악화되었다.)[형용사 bad와 worse 다음에 'thing'이 생략되어 있음]

② 부사가 목적어가 되는 경우
ㄱ She got back from abroad in 2009. (그녀는 2009년에 해외에서 돌아왔다.)
ㄴ How far is it from here to the station? (여기서 역까지 거리가 어떻게 됩니까?)

(3) 준동사를 전치사의 목적어로 취하는 경우

① 동명사가 목적어가 되는 경우
ㄱ She left the room without saying a word. (그녀는 말없이 방을 나갔다.)
[to say (×) / say (×)]
ㄴ My son is fond of swimming. (나의 아들은 수영하는 것을 좋아한다.)

② 과거분사가 목적어가 되는 경우
They gave up the man for lost. (그들은 그 사람을 실종된 것으로 여기고 찾기를 그만두었다.)

(4) 구(句)나 절(節)을 전치사의 목적어로 취하는 경우

① 구를 목적어로 취하는 경우
He sat up till late at night. (그는 밤늦게까지 깨어 있었다.)

② 절을 목적어로 취하는 경우
Men differ from animals in that they can think and speak. (사람은 생각하고 말을 한다는 점에서 동물과 다르다.)[여기서 in과 that 사이에는 'the fact'가 생략되어 있으며, 여기서 that은 동격접속사로서 '~라는 점에서'의 의미가 됨]

3. 전치사구의 용법

(1) 형용사적인 용법

① 명사, 대명사를 수식

㉠ He is a man of wisdom. (그는 현명한 사람이다.)[전치사구(of wisdom) 가 명사(man)를 수식]

㉡ I don't know any of them in the room. (나는 그 방안의 그들 어느 누구도 모른다.)[대명사를 수식]

② 주격보어, 목적격보어로 쓰임

㉠ He was against the proposal. (그는 그 제안을 반대하였다.)[주격보어]

㉡ Please make yourself at home. (편하게 계십시오.)[목적격보어]

(2) 부사적 용법

동사, 형용사, 부사, 문장 전체를 수식

Please hang this picture on the wall. (이 그림을 벽에 걸어주십시오.)[동사를 수식]

The town is famous for its hot springs. (이 도시는 온천으로 유명하다.)[형용사를 수식]

He came home late at night. (그는 밤늦게 집에 돌아왔다.)[부사를 수식]

To my joy, the rain stopped. (기쁘게도 비가 그쳤다.)[문장전체를 수식]

> 실력UP **명사적 용법**
>
> • 전치사구가 주어의 역할을 하는 경우도 있음
> – From here to the park is about five miles. (여기서 공원까지는 약 5마일이다.)

4. 전치사의 위치

(1) 전치사의 전치

전치사는 목적어 앞에 위치하는 것이 원칙(전치사 + 목적어)

My cell phone is ringing on the table. (내 휴대폰이 테이블 위에서 울리고 있다.)

I have lived in Seoul since my birth. (나는 태어난 이래로 서울에서 살고 있다.)

(2) 전치사의 후치

① 의문사가 목적어인 경우

㉠ Who are you waiting for? (당신은 누구를 기다리고 있습니까?)[의문사 who는 전치사 for의 목적어]

= Whom are you waiting for?

강조를 위해 목적어를 전치(前置)한 경우

> Classical music he is very fond of. (고전 음악을 그는 좋아한다.)
> = He is very fond of classical music.

전치사의 생략

• 현재분사화한 동명사 앞에서 생략
– I was busy (in) preparing for the exam. (나는 시험 준비로 바빴다.)

전치사를 포함하는 타동사구가 수동태 문장에 쓰인 경우

• The baby was looked after by her. (그 아이는 그녀가 돌봤다.)
= She looked after the baby.

• He was laughed at by everybody. (그는 모두에 의해 비웃음 당했다.)
= Everybody laughed at him.

09장

접속사·전치사

ⓛ What was it like? (그것은 무엇과 닮았습니까?)

② 관계대명사가 목적어인 경우

This is the house which he lives in. (이 집은 그가 살고 있는 집이다.)

= This is the house in which he lives.

③ 전치사를 포함한 to부정사가 형용사적 용법으로 쓰인 경우

He has no friends to talk with. (그는 대화를 나눌 친구가 없다.)

= He has no friends with whom he can talk.

(3) 전치사의 생략

전치사의 생략

- 연령 · 모양 · 대소 · 색채 · 가격 · 종류 등을 나타내는 명사가 'of + 명사(구)'의 형태로 형용사 역할을 할 때 of는 보통 생략
  – John and Jane are (of) same age. (존과 제인은 동갑이다.)
  – It is (of) no use crying. (울어도 소용없다.)

① 요일 · 날짜 앞의 on은 구어에서 생략하는 경우가 많음. 요일 · 날짜 앞에 last, next, this, that, every, some 등의 어구가 붙을 경우 on은 문어체에서도 생략함

    ㉠ That store is closed (on) Sundays. (저 가게는 일요일에는 영업을 하지 않는다.)

    ⓛ Let's meet next Sunday. (다음 일요일에 만나요.)

② 시간 · 거리 · 방법 · 정도 · 양태 등을 나타내는 명사는 전치사 없이 부사구 역할을 하는 것이 보통임

    ㉠ It lasted (for) two hours. (그것은 2시간 동안 계속되었다.)

    ⓛ Do it (in) this way (그것은 이렇게 하시오.)

5. 전치사의 분류

(1) 시간을 나타내는 전치사

at과 관련된 관용구

- at table 식사 중에
- at random 함부로
- be at home in ~에 정통하다
- at sea 항해 중에
- people at large 일반 대중

① at, on, in

    ㉠ at : 하루를 기준으로 함

        at 7:00 / at nine o'clock / at noon (정오에) / at midnight (한밤중에) / at sunset (해질녘에)

    ⓛ on : 요일, 날짜, 특정한 날

        on Sunday / on Sunday afternoon (일요일 오후에) / on the first of May (5월 1일에) / on Christmas Day (크리스마스 날에)

    ㉢ in : at, on 보다 광범위한 기간의 표현

        in May (5월에) / in 2012 (2012년에) / in the 20th century (20세기에) / in the past (과거에) / in the future / in summer

in과 관련된 관용구

- in demand (수요가 있는)
- in a day (하루에)
- in time (늦지 않게)
- in summary (요컨대)
- in cash (현금으로)
- in one's right mind (제 정신인)
- in this regard (이 점에 대해서는)
- in place (제자리에)

실력UP 시간을 나타내는 전치사 예외적인 경우

- at night
- at Christmas
- at the moment
- at the same time (동시에)
- in the morning (아침에)
- in the afternoon (오후에)
- in the evening (저녁에)

② by, untill, to

    ㉠ by(~ 까지는) : 미래의 어떤 순간이 지나기 전 행위가 발생하게 되는 경우

        I will come here by ten o'clock. (나는 10시까지 여기에 올 것이다.)

    ㉡ until[till](~까지 (줄곧)) : 미래의 어느 순간까지 행위가 계속되는 경우

        I will stay here until[till] ten o'clock. (나는 10시까지 여기서 머무르겠다.)

    ㉢ to(~까지) : 시간 · 기한의 끝

        I will stay here to the end of May. (나는 5월 말까지 여기에 머무르겠다.)

실력up ▸ by와 until의 구분

- I'll be there by 7 o'clock. (7시 정각까지 그곳에 가겠다.)[7시까지 계속 그곳에 있는 것은 아님]
- Let's wait until the rain stops. (비가 그칠 때까지 계속 기다리자.)[비가 그칠 때까지 기다리는 행위가 계속됨]

③ for, during, through

    ㉠ for(~동안)

        I have lived in Seoul for ten years. (나는 10년 동안 서울에 살고 있다.)

    ㉡ during(~동안 (내내), ~ 사이에)

        I am going to visit China during this vacation. (나는 이번 방학 동안에 중국을 방문하려고 한다.)

    ㉢ through(동안 내내, 줄곧)

        It kept raining through the night. (밤새 계속해서 비가 내렸다.)

④ in, within, after

    ㉠ in(~후에, ~지나면) : 시간의 경과를 나타냄

        He will come back in a few hours. (그는 몇 시간 후에 돌아올 것이다.)

    ㉡ within(~이내의, ~ 범위 내에서) : 기한 내를 의미함

        He will come back within a few hours. (그는 몇 시간 내에 돌아올 것이다.)

    ㉢ after(~의 뒤에[후에], 늦게)

        He came back after a few hours. (그는 몇 시간이 지나서 돌아왔다.)

⑤ since, from

    ㉠ since(~이래 (죽), ~부터 (내내), ~ 이후)

        She has been sick in bed since last Sunday. (그녀는 지난 일요일부터 아파서 누워있다.)

    ㉡ from(~에서, ~로부터)

        He worked hard from morning till night. (그는 아침부터 밤까지 열심히 일했다.)

SEMI-NOTE

구분해야 할 전치사

- consist in (~에 있다) / consist of (~로 구성되다)
- call on + 사람 (~을 방문하다) / call at + 장소 (~을 방문하다)
- succeed in (~에 성공하다) / succeed to (~을 계승하다)
- at the rate of (~의 비율로) / in the ratio of (~의 비율로)
- come by (얻다, 입수하다) / come across (우연히 만나다)
- result in (~이 되다, ~로 끝나다) / result from (~에서 유래[기인]하다)
- stay at + 장소 (~에 머무르다) / stay with + 사람 (~와 머무르다)
- bump into (~와 부딪치다) / collide into (~와 부딪치다)
- attend to (~에 주의하다) / attend on (~을 시중들다)
- in the way (방해가 되는) / on the way (도중에)

장소를 나타내는 전치사

• behind, before
 - The blackboard is behind the table, and the table is before the blackboard.
  (칠판은 탁자 뒤에 있고, 탁자는 칠판 앞에 있다.)
• between, among
 - between(~사이에) : 명백하게 분리되는 둘 이상에서 사용됨
 - The river runs between two countries.
  (그 강은 두 나라 사이를 흐른다.)
 - I couldn't see any difference between the three cars.
  (나는 세 자동차들 사이의 차이점을 알 수 없었다.)[셋 이상이나 명백히 분리되는 대상에 관한 것이므로 among이 아닌 between이 사용됨]
• among(~사이에) : 분리할 수 없는 집단 사이에서 사용됨
 - His car was hidden among the trees.
  (그의 차는 나무들 사이에 숨겨져 있었다.)[분리할 수 없는 나무들의 집단에 관한 것이므로 among이 사용됨]
 - Seoul is among the biggest cities in the world.
  (서울은 세계에서 가장 큰 도시 중 하나이다.)

for, to, toward
• for(~을 향하여)
 - He left for Tokyo. (그는 도쿄를 향해 떠났다.)
• to(~쪽으로, ~로 향하여)
 - He came to Gwang-ju last night.
  (그는 지난밤에 광주에 왔다.)
 - He went from Seoul to Tokyo. (그는 서울을 떠나 도쿄로 갔다.)
• toward(~쪽으로, 향하여, 면하여)
 - He ran toward the capital. (그는 수도를 향해서 달렸다.)

(2) 장소를 나타내는 전치사

① at, in
  ㉠ at(~에, ~에서) : 위치나 지점을 나타냄
   He is now staying at a hotel in Seoul. (그는 지금 서울의 한 호텔에서 머물고 있다.)
  ㉡ in(~의 속에, ~에 있어서)
   He lived in the small village. (그는 작은 마을 안에서 살았다.)

② on, above, over
  ㉠ on(~의 표면에, ~ 위에) : 장소의 접촉을 나타냄
   • There is a picture on the wall. (벽에 그림이 한 점 걸려 있다.)
   • There is a book on the desk. (책상 위에 책이 있다.)
  ㉡ above(~보다 위에[로], ~보다 높이[높은])
   The moon is rising above the mountain. (달이 산 위로 떠오르고 있다.)
  ㉢ over(~위쪽에[의], ~바로 위에[의]) : 바로 위쪽으로 분리된 위치를 나타냄
   There is a wooden bridge over the stream. (시내 위로 나무다리가 놓여있다.)

③ under, below
  ㉠ under(~의 아래에, ~의 바로 밑에)
   The box is under the table. (그 상자는 탁자 밑에 있다.)
  ㉡ below(~보다 아래[밑]에)
   The sun sank below the horizon. (태양이 지평선 너머로 넘어갔다.)

④ up, down
   Some children ran up the stairs and others walked down the stairs.
   (몇 명의 아이들은 계단을 뛰어 올라가고, 다른 몇 명은 계단을 걸어 내려왔다.)

⑤ around, about
  ㉠ around(~의 주위에, ~을 둘러싸고, ~ 주위를 (돌아))
   The earth goes around the sun. (지구는 태양의 주위를 돈다.)
  ㉡ about(~주위를[둘레를], ~ 주위에)
   The man walked about the room. (그 남자는 방안을 돌았다.)

⑥ across, through
  ㉠ across(~을 가로질러[횡단하여], ~의 맞은편[건너편]에)
   Take care when you walk across the street. (길을 건널 때는 조심하시오.)
  ㉡ through(~을 통하여, ~을 지나서, ~을 꿰뚫어)
   • The birds fly through the air. (새들이 공중을 날아간다.)
   • The Han river flows through Seoul. (한강은 서울을 가로질러 흐른다.)

⑦ in, to, on
  ㉠ in the + 방위 + of ~(~내의 …쪽에)
   The building is in the north of the park. (그 건물은 공원 내의 북쪽에 있다.)

ⓛ to the + 방위 + of ～(～에서 떨어져 …쪽으로)

　The building is to the north of the park. (그 건물은 공원에서 북쪽으로 떨어진 곳에 있다.)

ⓒ on the + 방위 + of ～(～에 접하여 …쪽으로)

　The building is on the north of the park. (그 건물은 공원 북쪽 외곽에 있다.)

⑧ on, off

　ⓐ on(～에 접하여, ～의 위로)

　　an inn on the lake (호수에 접한 여관)

　ⓑ off(～으로부터 떨어져[벗어나])

　　five kilometers off the main road (간선도로에서 5km 떨어져)

⑨ into, out of

　ⓐ into(～안으로)

　　Come into the house. (집 안으로 들어오세요.)

　ⓑ out of(～의 밖으로)

　　He hustled me out of the house. (그는 나를 집 밖으로 밀어냈다.)

⑩ by, next to, near

　ⓐ by(～의 옆에)

　　a house by the river (강가에 있는 집)

　ⓑ next to(～와 나란히, ～에 이어, ～의 다음에)

　　We sat next to each other. (우리는 서로 바로 옆에[나란히] 앉았다.)

　ⓒ near(～ 가까이)

　　Do you live near here? (여기에서 가까운 곳에 사세요?)

(3) 수단·방법·재료를 나타내는 전치사

① by(～에 의하여, ～으로)

　I usually go to school by bus. (나는 보통 버스를 타고 학교에 간다.)

② with(～을 사용하여, ～으로)

　Try opening the door with this key. (이 열쇠로 문을 열어보도록 해라.)

③ of, from

　ⓐ This desk is made of wood. (이 책상은 나무로 만든 것이다.)

　ⓑ Wine is made from grapes. (포도주는 포도로 만든다.)

④ on, in

　ⓐ I heard the news on the radio. (나는 그 소식을 라디오에서 들었다.)

　ⓑ The report was written in ink. (그 보고서는 잉크로 씌어 있었다.)

　ⓒ Please reply the email in French. (프랑스어로 그 이메일에 답장을 보내주세요.)

SEMI-NOTE

out of + 명사 관용표현

- out of date 구식의
- out of sorts 불쾌한
- out of place 부적절한
- out of hand 즉시
- out of spirits 기가 죽어

운송수단의 전치사 by

- 일반적으로 운송수단은 by를 사용
　by car, by ship, by bicycle, by boat, by sea(바다로, 배편으로), by subway, by air(비행기로)
- 걸어서 이동하는 것은 경우 on을 사용 : on foot(걸어서, 도보로)
- one's car, the train, a taxi 등은 by를 사용하지 않음
　- I'll go by my car. (×) → I'll go in my car. (○)
　- We'll go there by train. (×) → We'll go there on the train. (○)
　- She came here by taxi.(×) → She came here in a taxi. (○)

09장 접속사/전치사

179

목적 · 결과를 나타내는 전치사
- They fought for independence.
  (그들은 독립을 위해 싸웠다.)
- He sought after fame.
  (그는 명예를 추구하였다.)
- She tore the letter to pieces.
  (그녀는 편지를 갈기갈기 찢었다.)

(4) 원인·이유를 나타내는 전치사

① Many people died from hunger. (많은 사람들이 굶어 죽었다.)

② His father died of cancer. (그의 아버지는 암으로 돌아가셨다.)

③ She trembled with fear. (그녀는 두려움으로 몸을 떨었다.)

실력UP **관련을 나타내는 전치사**

- I've heard of him, but I don't know him. (나는 그에 대해서 들어 알고 있지만, 그를 직접 아는 것은 아니다.)
- He wrote a book on atomic energy. (그는 원자력에 대한 책을 썼다.)
- We talked about our school days. (우리는 학창 시절에 대해서 이야기했다.)

🄰 나두공

10장 특수구문(Particular Sentences)

01절 도치 및 강조구문

02절 부정구문

03절 생략구문

특수구문(Particular Sentences)

| 01절 | 도치 및 강조구문 |

1. 도치구문

(1) 목적어 및 보어의 강조

① 목적어나 보어를 강조하기 위해 <u>문장 앞으로 도치</u>하며, 주어가 지나치게 긴 경우 목적어나 보어를 문장 앞으로 도치시키는 것이 보통임

　㉠ **목적어의 강조** : 「목적어 + 주어 + 동사」

　㉡ **보어의 강조** : 「보어 + 동사 + 주어」[주어와 동사도 도치된다는 점에 주의]

　　• Her song and dance was great. (그녀의 노래와 춤은 대단했다.)

　　→ <u>Great was her song and dance.</u>[보어가 문두로 나가면 주어와 동사도 도치됨]

　　• Those who know the pleasure of doing good are happy. (좋은 일을 하는 즐거움을 아는 사람들은 행복하다.)

　　→ <u>Happy are those who know the pleasure of doing good.</u>

(2) 부사의 강조

① 「시간의 부사 + 주어 + 동사」

　She is at home on Sunday. (그녀는 일요일에 집에 있다.)

　→ On Sunday she is at home.[부사 + 주어 + 동사]

② 「장소·방향 등의 부사 + 동사 + 주어」[주어와 동사도 도치된다는 점에 주의]

　㉠ The sun is shining behind the clouds. (태양이 구름 뒤에서 빛나고 있다.)

　　→ Behind the clouds is the sun shining.[장소의 부사 + 동사 + 주어]

　㉡ A taxi drove down the street. (택시가 길 아래로 운전해 갔다.)

　　→ Down the street drove a taxi.[방향의 부사 + 동사 + 주어]

　　cf. He walked down the street with the children. (그는 거리를 따라 아이들과 함께 걸어갔다.)

　　→ Down the street he walked with the children.[부사 + 주어 + 동사 → 주어가 대명사인 경우는 주어와 동사가 도치되지 않음]

(3) 부정어의 강조

① 부정어구가 문두로 나갈 때 「부정어구 + 조동사 + 주어 + 본동사/부정어구 + be동사 + 주어」의 어순으로 도치됨

② 부정어구(부정의 부사·부사구)로는 <u>not, never, no, few, little, hardly, scarcely, no sooner, rarely, only</u> 등이 있음

목적어의 강조 예문

He broke that promise within a week. (그 약속을 그는 일주일도 못 가서 깼다.)
→ That promise he broke within a week.[목적어(promise) + 주어(he) + 동사(broke)]

「장소·방향 등의 부사 + 동사 + 주어」[주어와 동사도 도치된다는 점에 주의]

He fulfilled the duties so well. (아주 훌륭하게 그는 그 임무를 수행했다.)
→ So well did he fulfill the duties.[부사 + 조동사 + 주어 + 본동사]

유도부사(there, here)가 이끄는 문장의 도치

• There is one bed in this room. (이 방에는 침대 하나가 있다.) [there + 동사 + 주어]
• There lived a pretty princess in the palace. (그 궁전에는 예쁜 공주가 살았다.)
• Here comes our bus. (버스가 온다.)

㉠ I never saw him again. (나는 그를 다시는 만나지 않았다.)

　→ Never did I see him again.[부정어 강조를 위해 문두로 나갈 때 다음은 '조동사 + 주어 + 본동사'의 어순이 됨]

㉡ Never have I seen such a strange animal. (나는 그렇게 이상한 동물은 본적이 없다.)[부정어 never의 강조]

㉢ Little did she think that her daughter would become a lawyer. (그녀는 자신의 딸이 변호사가 되리라고는 전혀 생각하지 못했다.)[부정어 little의 강조]

㉣ He not only was brave, but (also) he was wise. (그는 용감할 뿐 아니라 현명했다.)

　→ Not only was he brave, but (also) he was wise.[부정어구 'not only'의 강조 시 주어와 동사가 도치]

㉤ I did not know the truth until yesterday. (나는 어제서야 진실을 알았다.)

　→ Not until yesterday did I know the truth.[부정어(not until) + 조동사 + 주어 + 본동사]

㉥ They go to the office only on Monday. (그들은 월요일에만 출근한다.)

　→ Only on Monday do they go to the office.['only + 부사(구·절)'가 문두에 오는 경우에도 원래 부정의 의미가 있다고 보아 다음의 주어·동사가 도치됨]

㉦ I had not understood what she said until then. (나는 그때서야 그녀가 말한 것을 이해하였다.)

　→ Only then did I understand what she said.

(4) so, neither 도치구문(So/Neither + (조)동사 + 주어)

① so + (조)동사 + 주어(~역시 그러하다) : 긍정문의 뒤에서 동의 표시의 절을 이룸

㉠ Tom played tennis. So did Jane.(= Jane did, too.) (Tom은 테니스를 쳤다. Jane도 그랬다.)

㉡ She can go with you. So can I.(= I can, too.) (그녀는 당신과 함께 갈 수 있다. 나도 그렇다.)

㉢ My little brother started crying and so did his friend Alex. (내 동생이 울기 시작했고 그의 친구 Alex도 그랬다.)

　cf. You look very tired. So I am (tired). (피곤해 보이는군요. 예, 그렇습니다.)['So+ 주어+동사(예, 그렇습니다)]

② neither + (조)동사 + 주어(~ 역시 아니다) : 부정문 뒤에서 동의 표시의 절을 이룸

㉠ July never eats potatoes. Neither does Alice.(= Alice doesn't either.) (July는 절대 감자를 먹지 않는다. Alice도 먹지 않는다.)

㉡ He won't accept the offer. Neither will I.(= I won't either.) (그는 그 제안을 받아들이지 않을 것이다. 나도 받아들이지 않을 것이다.)

부정어의 강조

The luggage had hardly[no sooner] been loaded when[than] the train started off. (수하물을 싣자마자 열차는 출발했다.)

→ Hardly[Scarcely] had the luggage been loaded when the train started off.[부정어(hardly) 강조 시 도치] [Hardly + had + 주어 + p.p. when + 주어 + 동사(~하자마자 ~했다)]

→ No sooner had the luggage been loaded than the train started off.[No sooner + had + 주어 + p.p. than + 주어 + 동사(~하자마자 ~하였다)]

If절에서의 도치

• If절에 should, were, had 등이 있을 때, 'If'가 생략되면 should, were, had 등이 도치되어 주어 앞에 위치

- If you had talked to me earlier, I would have done that. (당신이 좀 더 일찍 나에게 말했더라면, 나는 그것을 했을 텐데.)

　→ Had you talked to me earlier, I would have done that. [If의 생략 시 조동사(had)가 주어 앞으로 도치됨]

- If anything should happen to me, please ask your disciples to look after her.

（나에게 무슨 일이 생기면, 당신 제자들에게 그녀를 보살펴달라고 요청해 주세요.）

→ Should anything happen to me, please ask your disciples to look after her.

10장

특수구문

ⓒ She can't play the piano, and neither can I. (그녀는 피아노를 칠 수 없다. 나도 칠 수 없다.)

= She can't play the piano, nor can I.

2. 강조구문

(1) 「It ~ that」 강조구문(분열문(分裂文))

강조구문과 형식 주어 구문의 구분

- 'It be'와 'that'을 빼도 문장이 성립하면 「It ~ that」의 강조구문이며, 문장이 성립하지 않으면 형식 주어 구문이라 할 수 있음
  - (It is) he (that) is to blame.[강조구문]
  - It is certain that he is to blame.[형식주어 구문]

① 강조하고자 하는 말을 It과 that 사이에 두며, 명사, 대명사, 부사, 부사구(절)등을 강조할 수 있음

② that대신에 who, whom, which, when 등을 쓸 수 있음[where이나 how는 쓸 수 없음]

ⓐ Tom lost a watch here today. (Tom은 오늘 여기서 시계를 잃어버렸다.)

→ It was Tom that[who] lost a watch here today. (오늘 여기서 시계를 잃어버린 사람은 바로 Tom이었다.)[명사(주어) Tom을 강조]

→ It was a watch that[which] Tom lost here today. (Tom이 오늘 여기서 잃어버린 것은 바로 시계였다.)[명사(목적어) 'a watch'를 강조]

→ It was here that Tom lost a watch today. (Tom이 오늘 시계를 잃어버린 곳은 바로 여기였다.)[부사 here를 강조]

→ It was today that[when] Tom lost a watch here. (Tom이 여기서 시계를 잃어버린 것은 바로 오늘이었다.)[부사 today를 강조]

cf. It was here where Tom lost a watch today.(×)[that 대신 where나 how를 쓰는 것은 불가함]

ⓑ Who was it that lost a watch here today? (오늘 여기서 시계를 잃어버린 사람은 도대체 누구였는가?)[의문사 who를 강조하는 것으로, who가 문두로 나가면서 동사 was와 it이 도치됨]

ⓒ What was it (that) Tom lost here today? (오늘 여기서 Tom이 잃어버린 것은 도대체 무엇이었는가?)[의문사 what을 강조]

③ 「whose + 명사」의 분열문

It is John whose hat is red. (모자가 빨간색인 사람이 바로 John이다.)

(2) 기타 강조 표현

「전치사 + whom[which]」의 분열문

It was John whom[that] I gave the pen to. (내가 펜을 준 사람은 바로 John이었다.)
→ It was John to whom[which] I gave the pen.

반복어구에 의한 강조

She read the messages on Internet bulletin board again and again. (그녀는 인터넷 게시판의 글들을 몇 번이고 읽었다.)['again and again'은 반복에 의한 강조 어구]

① 동사의 강조 : 「do/does/did + 동사원형」

ⓐ He came at last. (그는 마지막에 왔다.)

→ He did come at last.[did가 동사 come을 강조]

ⓑ She does speak several languages freely. (그녀는 몇 개 국어를 자유롭게 구사한다.)[does가 동사 speak를 강조]

② 명사의 강조

ⓐ The accident happened at that very moment. (사고는 바로 그 순간에 발생했다.)[very가 명사 moment를 강조]

ⓛ Saving money itself is not always good. (돈 자체를 절약하는 것이 항상 좋은 것은 아니다.)[재귀대명사 itself가 명사 money를 강조]

③ 의문사의 강조

What on earth are you looking for? (도대체 당신은 무엇을 찾고 있는가?) ['on earth'가 의문사 what을 강조]

= What in the world are you looking for?['in the world'가 what을 강조]

SEMI-NOTE

부정어 강조

He was not in the least surprised at the news. (그는 그 뉴스에 전혀 놀라지 않았다.)['not in the least(= not at all)'는 '조금도 ~않다'를 의미]

02절　부정구문

1. 주요한 부정구문

(1) 「not ~, but …」

① 「not ~, but …」 구문은 '~이 아니고 …이다'라는 의미를 지니며, but 앞에 comma(,)가 있으며, but 다음에 명사, 구, 절 어느 것이나 올 수 있음

㉠ What I want is not wealth, but health. (내가 원하는 것은 부가 아니라 건강이다.)

ⓛ Most people talk not because they have anything to say, but because they like talking. (대부분의 사람들은 할 말이 있어서가 아니라 말하기를 좋아하기 때문에 말을 한다.)[not because ~, but because …(~ 때문이 아니라 …때문이다)]

「not ~ but …」, 「no ~ but …」

• 「not ~ but …」과 「no ~ but …」 구문은 '…하지 않는[않고는] ~는 없다[하지 않는다], '모든 ~는 …하다'는 의미
 – There is no rule but has exceptions.
 (예외 없는 규칙은 없다.)
 – It never rains but it pours.
 (비가 오기만 하면 언제나 쏟아 붓는다.)
 – Not a day passed but I met her.
 (그녀를 만나지 않고 지나는 날이 하루도 없었다.)

(2) 「not only ~, but (also) …」(~뿐만 아니라 …도)

① He has not only knowledge, but also experience. (그는 지식뿐 아니라 경험도 가지고 있다.)

② We like him not only for what he has, but for what he is. (우리는 그가 가진 것 때문만 아니라 그의 사람됨 때문에도 그를 좋아한다.)

③ She can not only sing, but dance. (그녀는 노래를 할 수 있을 뿐 아니라 춤도 출 수 있다.)

(3) 「not ~ until[till] …」(…할 때까지는 ~않다, …하고서야 비로소 ~하다)

① We do not know the blessing of our health until we lose it. (우리는 건강을 잃고서야 비로소 그 고마움을 안다.)

② Until now I knew nothing about it. (지금까지 나는 그 일에 대해 전혀 몰랐다.)

③ I had not eaten anything until late in the afternoon. (오후 늦게까지 나는 아무 것도 안 먹었다.)

④ He won't go away until you promise to help him. (당신이 그를 돕겠다고 약속할 때까지 그는 떠나지 않을 것이다.)

「not~until」의 구문은 「It is not until~that」의 형태로 변환가능

• They did not come back until late at night. (그들은 밤이 늦어서야 겨우 돌아왔다.)
 → It was not until late at night that they came back.
• I didn't learn Korean until I came to Korea. (나는 한국에 와서야 비로소 한국어를 배웠다.)
 → It was not until I came to Korea that I learned Korean.

10장

특수구문

명사절을 이끄는 but

• but이 명사절을 이끄는 경우 'that
~ not'의 의미를 지니며, 주로 부정
문이나 수사의문에 쓰임
  - It was impossible but he should
  notice it.
  (그가 그것을 알아채지 못했다니
  있을 수 없는 일이었다.)
  - Who knows but he may be right?
  (그가 옳을지 누가 아는가? → 그
  가 옳을지도 모른다.)

같은 문장이라도 경우에 따라서 전체부
정이나 부분부정으로 해석될 수 있음

• All that he says is not true. (그가 말하
는 것은 모두가 사실이 아니다.)[전체
부정]
  = Nothing that he says is true.
• All that he says is not true.
  (그가 말하는 것 모두가 사실인 것은
  아니다.)[부분부정]
  = Not all that he says is true.

부정 비교구문

• 「A no more ~ than B(= A not ~
any more than B)」은 'A가 ~이 아
닌은 B가 ~이 아님과 마찬가지다'
라는 의미를 지님
  - He is no more a scholar than we are.
  (그가 학자가 아닌 것은 우리가 학
  자가 아닌 것과 마찬가지이다.)
  = He is not a scholar any more
  than we are.
  - Economic laws cannot be evaded
  any more than can gravitation. (경
  제법칙을 피할 수 없는 것은 중력을
  피할 수 없는 것과 마찬가지다.)
  - He can not swim any more than
  you. (그는 당신 수가 없듯이 헤엄칠
  줄도 모른다.)

(4) 「nothing but ~ 」, 「anything but」

① 「nothing but ~」(그저 ~일뿐)은 'only'와 같은 의미를 지니며, 주로 부정적인 시각을 표현함

He is nothing but an opportunist. (그는 그저 기회주의자일 뿐이다.)

② 「anything but」은 '~이외에는 무엇이든지'와 '결코 ~아니다'라는 의미를 지님

㉠ I would give you anything but life. (목숨 이외에 무엇이든 주겠다.)

㉡ He is anything but a liar. (그는 결코 거짓말쟁이가 아니다.)

= He is not a liar at all.

2. 주의해야 할 부정구문

(1) 부분부정과 전체부정

① 부분부정(모두[항상, 완전히] ~한 것은 아니다) : 부정어(not, never, no)가 all, every, both, always 등과 함께 쓰이면 부분부정이 됨

㉠ All that glitters is not gold. (반짝이는 것이 모두 금은 아니다.)

㉡ Not every good man will prosper. (착한 사람이라고 모두 성공하는 것은 아니다.)

㉢ Not everybody likes him. (모두가 그를 좋아하는 것은 아니다.)

㉣ I don't know both those girls. (내가 저 소녀들을 둘 다 아는 것은 아니다.)

㉤ Both are not young. (두 사람 모두 젊은 것은 아니다.)

㉥ The rich are not always happy. (부자들이 언제나 행복한 것은 아니다.)

② 전체부정(결코[하나도] ~하지 않다) : 'no(none, neither, never, nobody)', 'not + any(either)' 등이 쓰이면 전체부정이 됨

㉠ None of them could make it to the finals. (그들 중 누구도 결승전에 진출하지 못했다.)

㉡ He did not get any better. (그는 병세가 조금도 나아지지 않았다.)

㉢ I don't like either of them. (나는 그들 중 누구도 좋아하지 않는다.)

(2) 주절이 없는 부정구문

① 「Not that ~, but that …」(~이 아니라 …라는 것이다), 「Not because ~, but because …」(~ 때문이 아니라 … 때문이다) 등은 주절이 없는 부정구문으로, 「It is not that/because ~, but that/because …」의 생략형으로 볼 수 있음

㉠ It is not that I dislike it, but that I cannot afford it.
(그것이 마음에 안 든다는 것이 아니라 살 만한 여유가 없는 것이다.)

㉡ Not that I loved Caesar less, but that I loved Rome more.
(내가 시저를 덜 사랑했다는 것이 아니라 로마를 더 사랑했다는 것이다.)

㉢ Not that I am displeased with it, but that I do not want it.
(그것이 마음에 들지 않는 것이 아니라 그것을 원치 않는다는 것이다.)

㉣ Not because I dislike the work, but because I have no time.

(내가 그 일을 싫어하기 때문이 아니라 내가 시간이 없기 때문이다.)

(3) 준부정어 구문

① 준부정어의 의의

㉠ 부정의 의미를 지닌 부사를 말하며, hardly, scarcely, rarely, seldom, little 등이 이에 해당

㉡ 준부정어는 be동사나 조동사 다음에 쓰고, 일반동사 앞에 쓰는 것이 원칙

② hardly[scarcely](거의 ~않다)

㉠ A man can hardly live a week without water. (사람은 물 없이 일주일도 살 수 없다.)[hardly는 주로 can, any, ever, at all 등과 함께 쓰임]

㉡ I scarcely know him. (나는 그를 거의 모른다.)[일반동사 앞에 위치]

③ little(거의 ~않는)

㉠ I slept little last night. (간밤에 잠을 거의 못 잤다.)

㉡ He little expected to fall in love with her. (그는 그녀를 사랑하게 되리 라 고는 결코 생각하지 못했다.)

cf. little이 imagine, think, guess, know, expect, dream 등의 동사와 함께 쓰인 경우 강한 부정의 의미를 지니기도 함

03절   생략구문

1. 생략구문의 일반적 유형

(1) 중복을 피하기 위한 생략

① His wife died and also his children (died). (그의 부인도 죽었고 그의 아이 들도 죽었다.)

② One will certainly make life happy, the other (will make it) unhappy. (하나는 분명 인생을 행복하게 할 것이고, 다른 하나는 불행하게 할 것이다.)

(2) 접속사 when, while, if, though 등이 이끄는 부사절에서 「주어 + 동사」의 생략

① When (he was) a boy, he was very smart. (소년이었을 때, 그는 아주 영리 했다.)

② She had to work while (she was) yet a little girl. (그녀가 아직 어린 소녀 였을 때 그녀는 일을 해야만 했다.)

③ I will give you the money today, if (it is) necessary. (필요하다면 오늘 돈 을 드리겠습니다.)[‘주어 + 동사’를 함께 생략]

④ Though (he is) timid, he is no coward. (그는 수줍어하기는 하지만 겁쟁이 는 아니다.)

단어/구의 직접 부정

• not 등의 부정어가 부정할 단어 나 구의 바로 앞에 붙어 직접 부정하는 것을 의미

– No, not you, of course. (아니, 물론 당신은 아니야.)

– It is his book, not mine. (그것 은 그의 책이지 나의 것이 아 니다.)

– Not a man spoke to her. (누 구 하나 그녀에게 말을 걸지 않았다.)

– He spoke not a word. (그는 단 한마디도 하지 않았다.)

seldom[rarely](좀처럼 ~하지 않 다, 드물게 ~하다)

• She seldom gives me a call. (그녀는 좀처럼 나에게 전화하지 않는다.)

• He rarely watches TV. (그는 좀처럼 TV를 보지 않는다.)

관용구문에서의 생략

• Why (do you) not go and see the doctor? (의사의 진찰을 받지 그래?)

• (I wish you) A merry Christmas. (즐거 운 성탄절이 되길.)

• (This article is) Not for sale. (비매품)

• No parking (is allowed). (주차금지)

비교 구문에서의 생략

• They worked harder than (they worked) before. (그들은 전보다도 더 열심히 일했다.)

• You are not so tall as he is (tall). (당신은 그만큼 크지 않다.)[‘is’도 생 각가능]

• He is as brave as you (are brave). (그는 당신만큼 용감하다.)

10장

특 수 구 문

SEMI-NOTE

2. 문장의 간결성을 위한 특수한 생략구문

(1) 일정어구를 대신하는 대형태

① 명사(구)를 대신하는 대명사

Do you have the book? Yes, I have it(= the book).

(당신은 그 책을 가지고 있습니까? 예, 그것을 가지고 있습니다.)[대명사(it)가 명사(the book)를 대신함]

② 술어를 대신하는 대동사

Do you have the book? Yes, I do(= have the book).

(당신은 그 책을 가지고 있습니까? 예, 그렇습니다.)[동사(do)가 술어(have the book)를 대신함]

③ 부정사의 중복을 피하는 대부정사

㉠ I asked her to stay, but she didn't want to (stay).

(나는 그녀에게 머무를 것을 부탁했지만, 그녀는 원하지 않았다.)

㉡ He shouted to me to jump, but I refused to (jump).

(그는 나에게 뛰라고 소리쳤지만 나는 거절했다.)

㉢ You need not tell me, if you don't want to (tell me).

(만일 당신이 원하지 않는다면, 당신은 나에게 말할 필요가 없다.)

(2) 반복사용의 금지

동의어의 반복 금지

Tom and his friend they are walking together. (×) [같은 의미의 명사와 대명사의 중복 금지]

→ Tom and his friend are walking together. (○) (Tom과 그의 친구가 함께 걷고 있다.)

→ They are walking together. (○) (그들은 함께 걷고 있다.)

He has sufficient enough money to buy the new computer. (×)

→ He has sufficient money to buy the new computer. (○) (그는 새 컴퓨터를 살만큼 충분한 돈을 가지고 있다.)

→ He has enough money to buy the new computer. (○)

대부사 so와 not

- think, suppose, believe, hope, say, be afraid 등이 목적어인 that절을 긍정으로 대신하면 so, 부정으로 대신하면 not을 씀
  - Will she leave? (그녀는 떠날까요?)
    → I hope so(= that she will leave). (나는 그러기를 바랍니다.)
    → I hope not(= that she won't leave). (나는 그러지 않기를 바랍니다.)
  - Does he stay home? (그가 집에 있을까요?)
    → I am afraid so(= that he stays home). (아무래도 그럴 것 같은데요.)
    → I am afraid not(= that he doesn't stay home). (아무래도 그러지 않을 것 같은데요.)
- 'think/believe not' 등이 부정의 that절을 대신할 때 종종 'don't think/believe so' 등으로 바꾸어 쓰기도 함
  - Will she return? (그녀는 돌아올까요?)
    → I think not(= that she won't return). (그러지 않을 것 같아요.)
    → I don't think so(= that she will return).

불필요한 수식어구의 반복 금지(간결성)

Different many kinds of tissues can be combined together. (×)

→ Different kinds of tissues can be combined together. (○)

(다른 종류의 조직들이 함께 결합될 수 있다.)

11장 문제유형별 연습

01절 글의 내용 이해

02절 글의 흐름 이해

03절 중요 이론 정리

04절 생활영어

05절 중요 숙어 및 관용어구 정리

글의 구체적 내용 이해

- 제시문에서 구체적·세부적 내용이나 특정한 정보를 찾아내도록 요구하는 문제 유형
- 이러한 문제들은 우선 문제와 선택지를 먼저 보고 자신이 찾아내야 하는 정보가 어떤 것인지를 먼저 이해하는 것이 중요
- 이를 통해 글의 어떤 부분에 중점을 두고 확인해야 하는지 알 수 있음 특히, 글의 일부나 특정 내용에 한정된 문제인 경우 지문 전체를 파악하기보다 관련된 부분을 선택적으로 파악하는 것이 더 효율적

지시 내용의 파악

- 글에 사용된 지시어의 지시 대상을 파악하는 문제 유형
- 지시어는 반복 표현을 피하면서 글의 연결 관계를 유지하기 위해 사용됨
- 우선 지시어와 가까운 문장들부터 살펴 지시어가 본문 중 어떤 부분을 지칭하고 있는지를 찾아서, 그 부분을 대입해 보아 의미 파악에 이상이 없는지 확인
- 지시어가 나타내는 것이 본문에 직접 나오지 않을 경우에는 글 전체의 의미를 파악하여 무엇을 나타내고 있는지를 유추함

01절 글의 내용 이해

1. 글의 주제·제목·요지 파악

(1) 글의 주제 파악

① 주제(topic, theme, subject)는 글쓴이가 말하고자 하는 핵심 내용
② 글의 주제가 주어와 술어의 문장 형태로 드러난 것을 주제문(topic sentence)이라 함
③ 핵심어(keyword)를 파악한 후, 이를 일반적인 형태로 종합하고 있는 주제문을 찾음
④ 주제문과 주제문을 부연 설명하고 있는 뒷받침 문장들을 구별하도록 함
⑤ 주제문은 대개 글의 첫 부분에 위치하지만 글의 중간이나 끝 부분에 위치하기도 함

(2) 글의 제목 파악

① 제목은 글의 내용과 성격을 반영하여 글 전체를 대표하는 역할
② 주제를 핵심적으로 드러낼 수 있는 것을 선택
③ 제목이 주제문에 나타날 수도 있으나 그렇지 않은 경우 내용을 종합하여 추론

(3) 글의 요지 파악

① 요지(main idea)는 글쓴이가 글에서 나타내려는 견해 또는 주장
② 글의 내용과 관련 있는 속담이나 격언을 찾는 형태로 출제될 수 있으므로 평소에 영어 속담, 격언 등을 정리해 두도록 함

2. 글의 종류·목적 파악

(1) 이는 글쓴이가 어떤 목적(purpose)으로 쓴 글인지를 파악하는 문제 유형

글의 요지를 중심으로 하여 그것이 누구를 대상으로 하고 있는지, 무엇을 의도하거나 기대하고 있는지 등을 파악함으로써 문제를 해결할 수 있음

실력UP 글의 목적과 관련된 어휘

어휘	목적	어휘	목적
to request	요청	to advertise	광고
to argue	논의	to appreciate	감사
to give a lesson	교훈	to inform	통보, 정보제공
to criticize	비평, 비판	to praise	칭찬
to complain	불평, 불만	to persuade	설득
to suggest	제안, 제의	to advise	충고
to inspire	격려, 고취	to recommend	추천

(2) 글의 분위기 · 어조 · 태도의 파악

① 글 전체의 의미 이해를 통해 글이 주는 분위기나 어조(tone), 상황, 글쓴이의 태도 등을 파악하는 문제 유형

② 글의 전체적 분위기나 흐름, 전개방향 등에 주의하되, 본문에 어떤 형용사, 부사 등이 사용되고 있는지도 살펴보아야 함

02절 글의 흐름 이해

1. 흐름상 무관한 문장 고르기

(1) 주어진 문단의 주제와 연관이 없는 문장을 찾는 문제 유형

① 주제문을 파악한 후 주제문의 뒷받침 문장들을 검토해 글의 통일성 (unity)을 떨어뜨리는 문장이 무엇인지 찾음

② 이 유형의 경우에는 첫문장이 주제문일 가능성이 매우 높음

SEMI-NOTE

글의 분위기 · 어조와 관련된 어휘

descriptive	묘사적인	serious	진지한
peaceful	평화로운	cheerful	기운을 북돋는
amusing	즐거운	cold	차가운
sarcastic	빈정대는	concerned	걱정스러운
ironic	반어적인	cynical	냉소적인
desperate	절망적인	fantastic	환상적인
critical	비판적인	gloomy	우울한
persuasive	설득력 있는	suspicious	의심스러운
warning	경고하는	hopeful	희망찬
pessimistic	비관적인	impatient	참을성 없는
optimistic	낙관적인	inspiring	고무적인
satirical	풍자적인	instructive	교훈적인

문장의 순서 및 전후 내용 파악하기

• 문장을 의미 덩어리로 만든 후 문장의 전후 위치를 결정짓는 연결사. 대명사나 지시어를 단서로 활용하여 글의 논리적 흐름이 매끄럽게 되도록 함

• 다른 유형으로, 제시된 문단의 앞뒤에 어떤 내용이 와야 하는지를 묻는 것이 있는데, 이는 제시문의 전체적 흐름을 바탕으로 단락의 첫 부분과 마지막 부분에 사용된 연결사, 대명사, 지시어, 상관어구 등을 살펴봄으로써 보다 쉽게 해결할 수 있음

11장

문제유형별 연습

글의 순서 이해하기

• 주어진 문장이 문단 속 어디에 들어
 가야 하는지를 묻는 문제 유형
 - 이는 글의 통일성(unity) 뿐만 아
  니라 글의 일관성(coherence), 즉
  문장이 자연스럽게 연결되도록
  글 전체를 이해하는 능력을 요구
 - 문장의 지엽적 해석에 치중하기
  보다는, 각 문장을 의미덩어리로
  만든 후 문장의 전후 위치를 결정
  짓는 연결사, 대명사나 지시어를
  단서로 활용하여 글의 논리적 흐
  름이 매끄럽게 되도록 함
 - 특히 this, these 등의 지시형용사
  가 결정적인 단서가 됨

2. 적합한 연결어 넣기

(1) 문단 안에서 문장과 문장 사이의 흐름을 매끄럽게 하는 연결어를 찾는 문제 유형

① 채워 넣어야 할 빈칸의 앞뒤 부분의 논리적 관계를 파악한 후 해당논리 관계에 적합한 연결어를 고름

② 논리 관계에 따른 주요 연결어들을 미리 숙지해 둘 필요가 있음

실력UP 주요 연결어

관계	연결어
결과	hence, thus, so, therefore, as a result, consequently, finally, after all, in the end, in the long run
요약	in conclusion, in short, in brief, to sum up, in a word
예시	for instance, for example, for one thing, to illustrate this
대조	however, but, in contrast, on the contrary, contrarily, on the other hand, while, whereas, rather than, yet, instead
양보	though, although, nevertheless, with all, for all, despite, in spite of, still
부연	in other words, furthermore, moreover, in addition, in addition to, besides, apart from, aside from, also, that is, that is to say, namely, to put it differently
열거	at first, in the first place, above all, first of all, to begin with
비교	as, similarly, likewise, in the same way, equally

기억 · 회상 · 회고 동사의 목적어

• remember, recall, forget, regret 등의
 기억 · 회상 · 회고 동사는, 해당 동사
 와 동일 시점이나 미래의 일을 목적어
 로 하는 경우는 to부정사, 이전(과거)
 의 일을 목적어로 하는 경우는 동명사
 를 목적어로 가짐(→ 시차에 따른 의
 미 차이가 있는 동사).

03절 중요 이론 정리

1. 작문 관련 표현

(1) 부정어 + without + (동)명사 / 부정어 + but + 주어 + 동사

① 부정어 + without + (동)명사 / 부정어 + but + 주어 + 동사 부정어(no, never, cannot 등) 다음에 'without + 명사(동명사)'나 'but + 주어 + 동사'가 오는 구문은 이중부정의 표현으로 '~하지 않고는[없이는] ~하지 않는다[도 없다]', '~하면 ~하기 마련이다', '~할 때마다 ~(반드시) 하다'의 의미가 됨

② 부정어 ~ without …

= 부정어 ~ but + S + V …

= when ~, S + always + V …

= whenever ~, S + V …

'A is no more ~ than B is', 'A is no more B than C is D'

• 'A is no more ~ than B is(= A is not ~ any more than B is)'는 'A가 ~이 아님은 B가 ~이 아님과 마찬 가지다'라는 의미를 지님

• 'A is no more B than C is D(A is not ~ any more than C is D)'는 'A 가 B가 아닌 것은 C가 D가 아닌 것 과 같다'는 의미

(2) 'either + of the + 복수명사'와 'both + of the + 복수명사'

① 'either/neither + of the + 복수명사'는 주로 단수 동사로 받지만 간혹 복수동사로 받기도 함

② 'both/all + of the + 복수명사'는 항상 복수동사로 받음

실력UP **최상급의 여러 가지 표현**

- 최상급 + in + 장소 · 집합명사
  - Tom is the kindest boy in our class.
- 최상급 + of all + 복수명사
  - Tom is the kindest of all boys in our class.
- 비교급 + than any other + 단수명사
  - Tom is kinder than any other boy in our class.
- 비교급 + than all the other + 복수명사
  - Tom is kinder than all the other boys in our class.
- 비교급 + than anyone(anything) else
  - Tom is kinder than anyone else in our class.
- as + 원급 + as any + 단수명사
  - Tom is as kind as any boy in our class.
- 부정주어 + 동사 + so(as) + 원급 + as + 주어
  - No boy is so(as) kind as he in our class.
- 부정주어 + 동사 + 비교급 + than + 주어
  - No boy is kinder than he in our class.

---

(3) 'A라기보다는 B'의 표현

'A라기보다는 (오히려) B'라는 표현으로는 'more B than A(= less A than B = B rather than A = not A so much as B = not so much A as B)'가 있음

(4) 'not ~ until[till] ···(···하고서야 비로소 ~ 하다, ···할 때까지는 ~않다)'

① 이 구문을 강조하기 위해 부정어구를 문두로 도치('Not until ~')하거나 'It ~ that'의 형태로 전환할 수 있음

② 부정어구가 문두로 나가는 경우 주어와 동사가 도치되어, '부정어구 + 조동사 + 주어 + 본동사' 또는 '부정어구 + be동사 + 주어'의 어순이 됨

I had not realized she was not in her office until she called me.

= Not until she called me had I realized she was not in her office.

= It was not until she called me that I had realized she was not in her office.

'cannot but + R(~하지 않을 수 없다)'

cannot (choose) but + do

= can do nothing but + do

= cannot help[avoid] + doing

= cannot keep[abstain, refrain] from + doing

= have no choice but + to do

= have no other way but + to do

= have no alternative[option] but + to do

전화 기본 표현

- 누구시죠?
    - Who's calling?
    - Who is this speaking?
    - Who's this?
    - Who am I speaking to?
- 누구와 통화하시겠습니까?
    - Who do you want to speak to?
    - Who are you calling?
- Mr. Choi를 바꿔주세요.
    - May I speak to Mr. Choi?
    - Is Mr. Choi available now?
    - Give me Mr. Choi (on the line).
    - Is Mr. Choi in?
    - I'd like to speak[talk] to Mr. Choi.
    - How can I reach Mr. Choi?
- 자리에 있는지 알아보겠습니다.
    - I'll see if he(she) is in now.
- 지금 자리에 안 계십니다.
    - I'm afraid he[she] is not here right now.
    - He[She] has just stepped out.
    - He[She] is not in at the moment.
    - He[She] is out now.
- 그런 분 안 계십니다.
    - There's no one here by that name.
    - There's no such a person.
- 전화 잘못 거셨습니다.
    - You have the wrong number.
- 전화가 혼선입니다.
    - The lines are crossed.
    - The line is crossed.
- 다시 전화 드리죠.
    - I'll call you back later.

04절   생활영어

1. 인사 · 소개의 기본 표현

(1) James 씨(氏), 이 분이 박 씨(氏)입니다.

Mr. James, this is Mr. Park. / Mr. James, let me introduce Mr. Park. / Mr. James, May I introduce Mr. Park to you? / Mr. James, allow me to introduce Mr. Park.

(2) 처음 뵙겠습니다. 만나서 반갑습니다.

Hello? Glad to meet you. / I'm pleased to know you. / It's a pleasure to know you. / I'm delighted to meet you.

(3) 제 소개를 하겠습니다.

May I introduce myself to you? / Let me introduce myself.

(4) 어떻게 지내십니까?

How have you been? / How are you getting along? / How are you doing? / How are things going?

(5) 무슨 일 있어요? / 어떻게 지내요? (인사말)

What's new? / What's up?

(6) 그럭저럭 지냅니다.

Nothing much. / The same as ever. / Nothing in particular. / Just surviving.

(7) 오래간만입니다.

Long time no see. / It's a long time since I saw you last time. / I haven't seen you for a long time.

(8) Gale 씨(氏)에게 안부 전해주세요.

Remember me to Mr. Gale. / Give my best regards to Mr. Gale. / Give Mr. Gale my regards. / Say hello to Mr. Gale.

(9) 몸조심하세요.

Take care of yourself. / Take it easy.

(10) 성함이 어떻게 되십니까?

May I have your name, please? / How should I address you?

(11) 이름의 철자가 어떻게 되십니까?

How do you spell your name?

(12) <u>고향이 어디입니까?</u>

Where are you from? / Where do you come from?

(13) 직업이 무엇입니까?

What's your job? / What do you do for your living? / What line are you in? / What business are you in? / What's your line? / How do you make your living?

(14) 계속 연락하고 지냅시다.

Let's get[keep] in touch.

(15) 연락처가 어떻게 되시죠?

How can I get in touch with you? / How can I reach you?

(16) 가족이 몇 분이나 되세요?

How many are there in your family? / How big is your family?

(17) 우리 가족은 모두 5명입니다.

There are five people in my family. / We are a family of five in all.

2. 시간 · 날짜 · 날씨의 기본 표현

(1) 지금 몇 시입니까?

Do you have the time? / What's the time? / Can you tell me the time? / What time do you have?

(2) 시간 있으세요?

Do you have time? / Can you spare a moment? / May I have a moment of your time?

(3) 저는 지금 바쁜데요.

I'm busy now. / I'm tied up now. / I have no time to spare.

길 안내의 기본 표현

• 시청 가는 길을 가르쳐 주세요.
  - Could you tell me the way to the city hall?
  - Where is the city hall?
  - Will you direct me to the city hall?
  - How can I get to the city hall?
• 여기서 시청까지 거리가 어떻게 됩니까?
  - How far is it from here to the city hall?
• 지하철로 10분 정도 걸립니다.
  - It takes about 10 minutes to go there by subway.
• 앞으로 쭉 가세요.
  - Go straight ahead.
  - Keep going straight.
• 길 맞은편에 있습니다.
  - It's across the street.
• 교차로에서 오른쪽으로 가세요.
  - Turn to the right at the intersection.
• 틀림없이 찾으실 겁니다.
  - You can't miss it.
  - You'll never miss it.
• 미안하지만 길을 모릅니다.
  - I'm sorry, but I am a stranger here.
  - I'm sorry, but I don't know this area.
  - I'm sorry, but I'm not familiar with this area.
• 청계천 가는 버스는 어디서 타면 됩니까?
  - Where can I take the bus to Cheonggye Stream?

(4) 그 분은 퇴근했습니다.

He's left for the day. / He's gone for the day. / He's out for the day.

(5) 잠깐 자리를 비우셨습니다.

He's just stepped out. / He's just popped out. / You've just missed him.

(6) 몇 시까지 출근합니까?

What time do you report for work?

(7) 몇 시에 퇴근합니까?

When do you get off?

(8) 오늘은 그만 합시다.

Let's call it a day. / It is so much for today.

(9) 아슬아슬했습니다.

That was close. / That was a close shave[call].

(10) 천천히 하세요. 급하지 않습니다.

Take your time. I'm in no hurry.

(11) 오늘은 11월 1일입니다.

It's November (the) first. / It's the first of November.

(12) 오늘이 무슨 요일이죠?

What day is (it) today? / What day of the week is (it) today?

(13) 제 시계는 5분 빠릅니다.

My watch gains five minutes. / My watch is five minutes fast.

(14) 제 시계는 5분 느립니다.

My watch loses five minutes. / My watch is five minutes slow.

(15) 오늘은 날씨가 어떻습니까?

How's the weather today? / What's the weather like today? / What's the weather forecast for today?

(16) 비가 많이 내립니다.

It's raining cats and dogs. / It's raining in torrents.

날씨의 기본표현
- 비가 오다 말다 합니다.
  - It's raining off and on.
- 오늘은 쌀쌀합니다.
  - It's chilly.
- 오늘은 매우 춥습니다.
  - It's biting[cutting] cold.
- 오늘은 덥고 습합니다.
  - It's hot and humid.
- 오늘은 매우 덥습니다.
  - It's muggy.
  - It's sizzling.
  - It's boiling hot.
- 지금 기온이 어떻게 되죠?
  - What is the temperature now?
- 아마 (화씨) 55도가량 될 거예요.
  - I'd say it's about 55 degree.

실력 up · 날씨의 기본 표현

- 정말 날씨 좋죠?
  - It's a beautiful day, isn't it?
  - Nice day, isn't it?
- 7, 8월은 대단히 덥습니다.
  - July and August are sizzlers.
- 바깥 날씨가 어떻습니까?
  - How is the weather out there?
- 비가 올 것 같나요?
  - Do you think it might rain?
- 바깥 기온이 영하로 떨어졌겠는데요.
  - It must be below zero out there.
- 당신 고향의 기후는 어떻습니까?
  - What is the weather like in your hometown?

3. 교통 기본 표현

(1) 여기까지 어떻게 오셨습니까?

How did you come here?

(2) 시청까지 몇 정거장 더 갑니까?

How many more stops to the city hall?

(3) 교통이 막혔다.

The traffic is jammed. / The street is jammed with traffic. / The traffic is backed-up. / The traffic is heavy. / The traffic is bumper to bumper. / The traffic is congested.

(4) 교통체증에 갇혔다.

I got stuck in traffic. / I was caught in a traffic jam. / I was tied up in traffic.

4. 부탁 · 제안 · 약속의 기본 표현

(1) 제가 창문을 열어도 됩니까?

Would you mind my opening the window?

(2) 물론이죠.(mind로 묻는 질문에 대한 대답)

Of course not. / No, I don't mind. / No, not at all. / Not in the least. / No, certainly not.

교통 기본 표현

- 인천국제공항까지 갑시다.
  - Take me to the Incheon International Airport.
- 안전벨트를 매세요.
  - Fasten your seat belt, please.
- 여기서 우회전 하세요.
  - Take a right turn here.
- 여기 세워 주세요.
  - Please pull over right here.
  - Let me off here, please.
- 다 왔습니다.
  - Here you[we] are.
- 요금이 얼마입니까?
  - How much do I owe you?
  - What's the fare?
- 나는 버스로 통근합니다.
  - I commute by bus.

부탁 · 제안 · 약속의 기본 표현

- 지금 어떤 영화를 하고 있는데요?
  - What's on?
- (약속시간을) 언제로 할까요?
  - When can you make it?
- 편하게 계세요.
  - Please make yourself at home.
  - Please make yourself comfortable.
- 좋으실 대로 하십시오.
  - Suit yourself.
  - Do as you please.
  - Have it your own way.
  - It's up to you.
- 남의 일에 상관 마세요.
  - Mind your own business.
  - It's none of your business.

11장

문제유형별 연습

(3) 담배를 피워도 될까요?

Would[Do] you mind if I smoke? / Mind if I smoke? / Do you mind my smoking?

(4) 기꺼이 해드리죠.

Sure thing. / No problem. / No sweat. / Why not? / Be my guest. / With great pleasure.

(5) 영화관에 가는 게 어때요?

How about going to the movies? / What do you say to going to the movies?

(6) 좋습니다.

That's a good idea. / Why not. / That would be nice.

5. 감사 · 사과의 기본 표현

(1) 대단히 감사합니다.

Many thanks. / I'm so grateful. / I'm much obliged to you. / I appreciate it.

(2) 천만에요.

You're welcome. / Not at all. / It's a pleasure. / Don't mention it. / It's my pleasure. / The pleasure is mine.

(3) 죄송합니다.

I'm sorry. / Excuse me. / Forgive me. / I beg your pardon.(문장 끝의 억양을 내리면 '죄송합니다', 억양을 올리면 '다시 한 번 말씀해 주세요.')

(4) 괜찮습니다.

That's all right. / Never mind. / Forget it. / Don't bother. / Don't worry about it. / It doesn't matter.

(5) 어쩔 수 없었습니다.

I had no choice. / I couldn't help it.

은행 · 우체국 기본 표현

• 예금 계좌를 개설하고 싶습니다.
 − I'd like to open an account.
• 50달러를 인출(예금)하려고 합니다.
 − I'd like to withdraw(deposit) 50 dollars.
• 예금 잔고를 알고 싶습니다.
 − I want to know my balance.
• 수표를 현금으로 바꿔주십시오.
 − I'd like to cash this check.
• 수표 뒷면에 배서해주십시오.
 − Could you endorse the reverse side of this check, please?
• 이 편지를 속달로 부쳐주세요.
 − I'd like to send this letter by express delivery.
• 이 소포를 항공우편으로 보내주십시오.
 − I'd like this package sent by airmail.
• 50달러를 우편환으로 바꿔주십시오.
 − I'd like to buy a money order for 50 dollars.

6. 공항 · 호텔 기본 표현

(1) 여권을 보여주십시오.

Please show me your passport. / Your passport, please.

(2) 탑승권을 보여주십시오.

Please show me your boarding pass. / Would you show me your boarding pass, please?

(3) 국적이 어떻게 됩니까?

What is your nationality? / Where are you from?

(4) 방문 목적이 무엇입니까?

What's the purpose of your visit?

(5) 관광하러 왔습니다.

I am travelling for sightseeing. / I am here on a tour. / I am here to see the sights.

(6) 얼마나 체류하실 예정입니까?

How long are you staying? / How long are you going to stay?

(7) 신고하실 것이 있습니까?

Anything to declare?

(8) 8시 30분 항공편에 예약해주세요.

I want to make a reservation for 8:30 flight. / Book me for the 8:30 flight, please.

(9) 빈방 있습니까?

I want a room, please. / Do you have a vacancy?

(10) 방을 예약하고 싶습니다.

I'd like to make a reservation. / I'd like to book a room.

(11) 독방의 숙박비는 얼마입니까?

What's the rate[charge] for a single room? / How much do you charge for a single room?

(12) 체크아웃 하겠습니다. 계산서 부탁합니다.

I'm checking out. Will you make out my bill?

기타 기본 표현

- 그는 전혀 손재주가 없다.
  - His fingers are all thumbs.
- 까먹었습니다.
  - It slipped my mind.
- 살다 보면 그럴 수 있죠.
  - Well, these things happen.
- 별일 아니에요.
  - It's no big deal.
- 지난 일은 잊읍시다.
  - Let bygones be bygones.
- 누구시죠?
  - Do I know you?
- 몰라보게 변했군요.
  - You've changed beyond recognition.
- 아직 결정되지 않았습니다.
  - It's up in the air.
- 땡전 한 푼도 없다.
  - I'm (flat / dead) broke.
- 설마, 농담이죠?
  - Are you kidding? Are you pulling my leg? You must be kidding.
- 그럴 줄 알았다니까.
  - That figures.
- 먼저 하세요.(상대에게 양보하면서)
  - After you, please. Go ahead.
- 그건 누워서 떡 먹기죠.
  - It's a piece of cake. It's a cinch. Nothing is easier.
- 꼴좋다.
  - It serves you right.
- 천만에 말씀.(싫다.)
  - No way.
- 오늘 몸이 좀 안 좋다.
  - I'm out of sorts today. I'm feeling off today. I'm not feeling myself today. I'm under the weather today.
- 감기 기운이 있어.
  - I'm coming down with a cold.
- 잉크가 떨어졌어요.
  - I've run out of ink.
- 내 입장에서 생각해봐.
  - Put yourself in my shoes.
- 너하고는 끝이야.(헤어지겠어.)
  - I'm through with you.
- 이 자리 비었습니까?
  - Is this seat occupied[taken]?
- 두고 보자.
  - You'll pay for this.

7. 식당 · 술집 기본 표현

(1) 스테이크를 어떻게 해드릴까요?

How do you like your steak? / How would you like your steak?

(2) 덜 익힌 것 / 중간 정도 익힌 것 / 바짝 익힌 것으로 주세요.

Rare / Medium / Well-done, please.

(3) 저도 같은 걸로 주세요.

Same here, please. / The same for me.

(4) 소금 좀 건네주세요.

Would you please pass me the salt? / Would you mind passing me the salt?

(5) 제가 사겠습니다.

This is on me. / I'll pick up the tab. / Let me treat you. / Let me have the bill.

(6) 반반씩 냅시다.

Let's go Dutch. / Let's split the bill. / Let's go halves. / Let's go fifty-fifty. / Let's go half and half.

(7) 건배!

Cheers! / Let's make a toast! / Bottom up! / No heeltaps!

8. 상점 · 쇼핑 기본 표현

(1) 그냥 구경 중입니다.

I'm just browsing. / I'm just looking around.

(2) 이것이 당신에게 잘 어울립니다.

This looks good on you. / This goes well with you.

(3) 입어봐도 될까요?

Can I try it on? / May I try it on?

(4) 이건 어떻습니까?

How about this one? / How do you like this one?

상점 · 쇼핑 기본 표현
• 얼마 정도 원하십니까?
 − What's your price range?
• (당신은) 바가지를 썼다.
 − That's a rip-off.
• 이것을 환불받고 싶습니다.
 − I'd like to get a refund on this.
• 영수증 있으세요?
 − Do you have the receipt?

(5) 얼마입니까?

How much is it? / What's the price? / How much do I owe you? / How much does it cost?

(6) 가격이 싸군요 / 적당하군요 / 비싸군요.

The price is low / reasonable / high.

실력UP 조금 깎아주세요.

- Can I get a discount on this?
- Can't you cut down just a bit more?
- Can you make it cheaper?

05절　중요 숙어 및 관용어구 정리

1. 숙어 및 관용어구

(1) A

a bit(= a little)	조금, 다소, 약간	a bone in the throat	골칫거리
a castle in the sky	백일몽	a close call	위기일발
a coffee break	짧은 휴식 시간	a couple of(= two)	두 개[사람]의
a few	몇몇의, 약간의	a great many	매우 많은
a lot of(= lots of, plenty of, many/much)	많은	a pair of	한 쌍의
a small number of	소수의	a storm in a teacup [teapot]	헛소동
a white elephant	귀찮은 물건	abide by	(규칙 등을) 따르다 [지키다, 준수하다], 고수하다
above all	우선	according to~	~에 따라, ~에 의하여, ~나름으로
account for	~을 설명하다	across-the-board (= overall)	전면적인, 전체에 미치는, 복합식의, 월요일부터 금요일 주 5일에 걸친
act on	~에 따라 행동하다	act one's age	나이에 걸맞게 행동하다

add insult to injury	(누구와 이미 관계가 안 좋은 판에) 일이 더 꼬이게 만들다[한 술 더 뜨다]	add up to	~가 되다, ~임을 보여주다 결국 ~이 되다
against all odds	곤란을 무릅쓰고	agree with~	~(의 의견)에 동의하다
all at once	갑자기	all of a sudden	갑자기
all one's life	평생 동안	all the way	줄곧, 도중 내내
all thumbs(= clumsy, awkward)	서툰, 손재주가 없는	along with(= together with)~	~와 함께
and so on	기타 등등	anything but	결코 ~이 아니다 (= never)

(2) B

bark up the wrong tree	잘못 짚다, 헛수고하다, 허탕치다, 엉뚱한 사람을 비난하다	be acquainted with	[사실 따위]를 알다 [알게되다], 친분이 있다
be afraid of~	~을 두려워하다	be afraid(+that절)	~일까봐 걱정하다
be anxious about~	~에 근심[걱정]하다	be anxious for	갈망하다[간절히 바라다], 기원하다
be anxious to부정사 (= be eager to~)	~하기를 갈망하다	be based on~	~에 토대를 두다
be behind bars	감옥에 수감되다	be bent on	여념이 없다, ~에 열중하다
be concerned about	~을 걱정하다	be concerned with	~에 관계되다
be covered with~	~으로 덮이다	be curious about~	~을 알고 싶어 하다
be everything to~	~에게 가장 소중하다	be famous for~	~로 유명하다
be fond of~	~을 좋아하다	be free from	~이 없다
be full of(= be filled with)~	~가 많다[가득차다, ~투성이다], ~에 몰두하다	be good at~	~에 능숙하다 cf. be poor at ~에 서투르다[못하다]
be held(= take place)	개최되다	be impressed by~	~에 감명을 받다
be in force	시행되고 있다, 유효하다	be in line with	~와 일치하다
be interested in	~에 흥미를 갖다	be like~	~와 같다, ~와 비슷하다
be lost in	~에 관심이 빠져있다, 몰두하다	be over	끝나다
be packed like sardines	꽉 차다, (승객이) 빽빽하게 들어차다	be proud of~	~을 자랑으로 여기다

be ready to~	~할 준비가 되다	be sure to	~ 꼭 ~하다

(3) C

call it a day[night]	하루 일을 끝마치다	call off(= cancel)	취소하다
call somebody names (= insult, abuse)	비난하다, 욕하다	cannot help ~ing	~하지 않을 수 없다
cannot hold a candle to	~만 못하다[~와 비교가 안 되다]	care for(= take care of, look after)	돌보다, 좋아하다
carry on	계속하다, 계속 가다	carry out	수행[이행]하다
carry the day	이기다, 승리를 얻다, 성공하다	catch on	인기를 얻다, 유행하다
catch one's eye	눈길을 끌다[모으다]	catch up with	따라잡다, 따라가다
check in	투숙하다	come a long way	크게 발전[진보]하다, 기운을 차리다, 회복하다, 출세하다
come about	생기다, 발생하다, 일어나다	come by	구하다, 획득하다(= obtain, get); 잠깐 들르다; ~을 타다
come down with	병에 걸리다, 앓아눕다	come from	~출신이다

(4) D

day in day out	허구한 날, 매일	depend on~	~에 의존하다, ~에 달려있다
die of~	~으로 죽다	do away with	없애다, 폐지하다
do one's best	최선을 다하다	do well to do	~하는 게 낫다, ~하는 것이 온당[현명]하다
do without	~없이 지내다	don't have to (= need not)	~할 필요가 없다
down to earth	현실적인, 실제적인	drop by	(잠깐) 들르다

(5) F

fall back on(= rely on, depend on, count on)	의지하다, 의존하다	fall in love (with~)	(~와) 사랑하게 되다
fall off	떨어지다	fall on~	(생일·축제일 따위가) ~날에 해당되다
fall out (with) ~와 싸우다(= quarrel with)	사이가 틀어지다; ~이라고 판명되다, ~한 결과가 되다	far and away	훨씬, 단연코

SEMI-NOTE

기타 C 관련 숙어 및 관용어구

• come in handy 쓸모가 있다[도움이 되다]
• come into contact with ~와 접촉하다, 만나다
• come up with 제안하다(= present, suggest, propose), 안출하다, 생각해 내다; ~에 따라잡다(= overtake, catch up with, keep up with); 공급하다(= supply); 산출하다, 내놓다(= produce)
• come upon 우연히 만나다, 우연히 떠오르다
• come what may 어떤 어려움이 있어도[무슨 일이 있어도]
• compare A to B A를 B에 비유하다
• compare A with B A를 B와 비교하다
• consist in ~에 있다(= lie in)
• consist of ~로 구성되다(= be composed of)
• cope with (문제·일 등에) 잘 대처[대응]하다, 잘 처리하다
• count on(= depend on) 의지하다, 믿다
• cut back on ~을 줄이다
• cut off ~을 잘라내다
• cut out for(cut out to be) (필요한) 자질을 갖추다, 적임이다, 일이 체질에 맞다

E 관련 숙어 및 관용어구

• each other 서로
• eat like a horse 아주 많이 먹다(↔ eat like a bird 적게 먹다)
• egg on one's face 망신, 수치, 창피, 체면을 구김
• every inch 전부 다, 속속들이, 완전히
• everyone else(= all the other people) 다른 모든 사람

G 관련 숙어 및 관용어구
• get along with ~와 잘 지내다
• get away from~ ~에서 도망치다
  [벗어나다]
• get even (with)~ ~에게 보복[대갚
  음]하다(= take revenge on, repay,
  retaliate, get back at)
• get in touch with ~와 연락을 취하다
• get rid of ~을 제거하다
• get through with ~을 끝내다, 완료
  하다
• get to~(= come to, reach, arrive
  at(in)) ~에 도달[도착]하다
• get together(= gather together)
  모이다
• get[stand] in the way of ~의 길을
  가로막다, ~ 의 방해가 되다(= be
  in one's way, prevent)
• give ~ a break ~에게 기회를 주다,
  ~를 너그럽게 봐주다
• give a hand 돕다(= help, aid,
  assist), 박수갈채하다
• give in (to) 굴복하다(= surrender),
  양보하다(=yield to); 제출하다
• give off (냄새·열·빛 등을) 내다[방
  출하다]
• give out 배부[배포]하다, 할당하
  다, 나누다(= distribute, hand out);
  발표[공표]하다; 다 쓰다(= use up)
• give up 포기하다, 버리다, 양도하
  다(= stop, abandon, relinquish,
  yield); ~에 헌신[전념]하다

I 관련 숙어 및 관용어구
• if possible 가능하다면
• in a big way 대규모로[대대적으로], 거
  창하게, 열광적으로(= in a great[large]
  way)(↔ in a small way 소규모로)
• in addition to ~에 덧붙여서, 게다가
• in advance 미리, 사전에
• in favor of ~을 선호하여
• in front of~(= before) ~의 앞에
• in no way 결코[조금도, 어떤 점에서도]
  ~ 아니다[않다](= never, not ~ at all,
  not ~ in the least, not ~ by any means,
  by no means, not ~ in any way, in no
  way, on no account, not ~ on[under]
  any terms, on[under] no terms, under
  no circumstances, far from, anything but)

feed on	~을 먹고 살다	feel one's oats	힘이 넘치다, 들뜨다
figure out(= solve)	풀다, 해결하다, 이해하다	fill in for	~을 대신[대리]하다
fill up	(가득) 채우다, 차지하다, 가득 차다, 만수개[만원이] 되다	find fault with	~을 비난하다
find out	알아내다, 찾아내다	for a while	얼마 동안, 잠시
for all intents and purposes	모든 점에서, 사실상	for all the world	결코, 무슨 일이 있어도, 꼭, 아주
for example	예를 들면	for fun(for the fun of it)	장난으로, 재미로
for good measure	한 술 더 떠서, 덤으로	for good (and all)	영원히, 영구히

(6) H

had better(+동사원형)	~하는 편이 낫다	hang out with	~와 시간을 보내다, 어울리다
happen to~	~에게 (어떤) 일이 일어나다	have a (nice) scene	활극을 벌이다, 법석을 떨다, 심하게 싸우다
have a big mouth	수다를 잘 떤다	have a crush on	~에게 홀딱 반하다
have a discussion about~(= discuss, talk about)	~에 관해서 토의하다	have a good idea	좋은 생각이 떠오르다
have an effect on	~에 영향을 미치다	have fun (with~)	(~와) 즐겁게 놀다
have no idea(= don't know)	모르다	have nothing to do with	~와 관계없다
have words (with)	~와 말다툼하다	head off	가로막다[저지하다]
help ~with –ing	~가 …하는 것을 도와주다	help oneself to	마음껏 먹다
hit the ceiling[roof]	길길이 뛰다, 몹시 화나다	hit the road	여행을 떠나다

(7) K

| keep ~ from[out of] (= prevent~ from…) | …하는[오는] 것을 막다[방해하다] | keep ~ out of … | ~이(가) ~에 관련되지 않게 하다, 가담시키지 않다, 못 들어오게 하다, 떼어놓다 |
| keep ~ing | 계속 ~하다 | keep a straight face | 정색을 하다, 웃지 않다, 태연하다 |

keep an eye on	~을 감시하다	keep away (from)	피하다, 멀리하다[거리를 두다]
keep close tabs on	주의 깊게 지켜보다[감시하다]	keep hands off	간섭하지 않다
keep one's company	~와 동행하다	keep one's shirt on	침착성을 유지하다, 참다
keep one's cool	이성[침착]을 유지하다	keep up with	뒤떨어지지 않다[유지하다, 따라가다]

(8) M

major in	~을 전공하다, 전문적으로 ~하다	make ~ out of…	…으로 ~을 만들다
make a bet	내기하다	make a difference	차이가 생기다, 변화가 있다; 효과가[영향이] 있다, 중요하다
make a fool of~(= trick, play a trick on)	~을 속이다, ~을 바보로 취급하다	make a point of	으레 ~하다, 꼭 ~하기로 되어있다
make a scene	소란을 일으키다	make believe	~인체하다
make both[two] ends meet	수입과 지출의 균형을 맞추다, 수지를 맞추다, 수입에 알맞은 생활을 하다	make do[shift] (with)	그런대로 때우다, 임시변통하다, 꾸려 나가다
make heads or tails of	이해하다	make one's living	생활비를 벌다, 생계를 유지하다
make over	양도하다, ~을 고치다, 고쳐 만들다	make plans for (= plan for)	~을 위한 계획을 세우다
make sure	확인하다, 다짐하다, 확실히 하다	make the best of	~을 최대한 이용하다, [역경·불리한 조건 따위]를 어떻게든 극복하다
make the fur fly	큰 싸움을 벌이다, 큰 소동을 일으키다	make up	수선하다; 메우다, 벌충[보완, 만회]하다
make up for	보상[벌충, 보충]하다	make up one's mind	결심하다
make use of~	~을 이용하다	mind one's P's and Q's	언행을 삼가다, 예절 바르게 행동하다

(9) S

| say to oneself | 중얼거리다 | second[next] to none | 최고의(= the best), 누구에게도 뒤지지 않는 |
| see ~ off | ~를 배웅[전송]하다 | sell like hot cakes | 불티나게 팔리다, 날개 돋친듯이 팔리다 |

SEMI-NOTE

L 관련 숙어 및 관용어구

• listen to~ (어떤 소리에) 귀를 기울이다
• laugh at 비웃다[조소하다], 웃음거리로 만들다
• lay off 끊다, 그만두다, 해고하다(= fire, discharge)
• lay out 배열하다, 설계하다
• let up (폭풍우 등이) 자다, 가라앉다, 잠잠해지다(= stop), 약해지다(= lessen); (일을) 그만두다
• lie on one's stomach[face] 엎드리다, 엎드려눕다
• listen for~ ~이 들리나 하고 귀를 기울이다
• live on~ ~을 먹고 살다
• look after ~을 보살피다[돌보다](= take care of), ~의 뒤를 지켜보다, ~에 주의하다
• look back on ~을 뒤돌아보다, 회상하다
• look down on ~을 낮춰 보다[얕보다], ~을 경시하다
• look forward to + (동)명사 ~을 기대하다(= expect), 고대하다, 손꼽아 기다리다
• look into ~을 들여다보다, 조사[연구]하다 (= probe into, delve into, inquire into, investigate, examine)

N 관련 숙어 및 관용어구

• next to none 아무에게도 뒤지지 않는, 최고의
• no strings attached 아무런 조건 없이, 무조건으로, 전혀 의무가 없는
• none the less 그래도 아직, 그럼에도 불구하고
• not ~ any more(= not ~ any longer, no more) 더 이상 ~ 않다
• not ~ at all 조금도[전혀] ~ 아니다
• not to speak of ~은 말할 것도 없고
• nothing but~(= only) ~에 지나지 않다
• nothing less than 다름 아닌 바로[그야말로]

SEMI-NOTE

O 관련 숙어 및 관용어구 ★빈출개념

- off the record 비공식적으로
- off the wall 엉뚱한, 별난, 미친
- on behalf of ~ ~대신하여, 대표하여, ~을 위하여
- on duty 근무 중인(↔ off duty 비번인)
- on edge 초조하여, 불안하여(= nervously)
- on one's way (to) ~ ~에 가는 길에 cf. on the way home 집에 가는 중에
- on pins and needles 마음을 졸이는, 안절부절못하는(= nervous)
- on the other hand 반면에 (= on the contrary)
- on the record 공식적인
- on the tip of one's tongue 말이(기억은 안나고)혀끝에서 뱅뱅 도는
- on time 정각에
- once and for all 단호하게, 한 번만, 이번만 (=finally and definitely, for the last time)

Q 관련 숙어 및 관용어구
- quarrel with[about]~ ~와[에 대해] 다투다
- quite a long time 아주[꽤] 오랫동안

R 관련 숙어 및 관용어구

- rain cats and dogs 비가 억수로 내리다
- read between the lines 행간의 뜻을 읽다
- red tape 관료적 형식주의
- regardless of ~와는 상관없이[관계없이], ~에 개의치 않고
- result from ~에서 기인하다
- result in ~을 야기하다
- round up 모으다, 끌어모으다(= gather, assemble); 체포하다(= arrest, apprehend)
- round[around]-the-clock 24시간 내내(= day and night, twenty-four hours a day), 계속 무휴(無休)의
- rule out 제외하다, 배제하다(= exclude), 제거하다(= remove, eliminate); 불가능하게 하다, 가능성을 없애 버리다(= prevent, preclude)

set ~ on fire	~에 불을 지르다	set off	시작하다, 출발하다
set out	착수하다, 시작하다, 출발하다	set store by	중시하다, 소중히 여기다
set the table(= prepare the table)	상을 차리다	snuff the candle	(초의) 심지를 끊다, 죽다
so far(= until now)	지금까지	south of(= to the south of)~	~의 남쪽으로
spend… on~	…에 돈[시간]을 쓰다	stack up against	~에 견줄 만하다, 필적하다
stand a chance of	~의 가능성이 있다	stand by	~의 곁을 지키다, 가만히 있다
stand for	상징하다	stand in a white sheet	참회[회개]하다
stand out	돌출하다, 튀어나오다, 눈에 띄다, 두드러지다	stand up for	~을 옹호하다
step in(= walk in, come in)	안으로 걸어 들어오다	stop over	(~에서) 잠시 머무르다, 중간에 잠시 멈추다, 비행 도중 잠시 체류하다
stuffed shirt	젠체하는 사람, 유력자, 부자	such as it is	대단한[변변한] 것은 못되지만

(10) T

take ~ for …	~을 …라고 생각하다[…으로 잘못 생각하다]	take a break	쉬다
take a pew	앉다	take a trip	여행을 하다
take account of	~을 고려하다	take advantage of	~을 이용하다
take after	닮다, 본받다, 흉내내다, ~의 뒤를쫓다	take against	~에 반대하다[반감을 가지다], 반항하다
take apart	분해[해체]하다, 혹독히 비판하다	take away	식탁을 치우다, 떠나다, 손상하다[흠내다]
take care	조심하다, 주의하다	take care of	~을 돌보다[보살피다], (책임지고)맡다, 조심[유의]하다, 처리하다[해결하다]
take down	내리다, 헐어버리다, 적다[적어두다]	take in	섭취[흡수]하다, 마시다; 숙박시키다; 이해하다

take it	견디다, 받아들이다, 믿다	take it easy	여유롭다, 한가하다, 서두르지 않다
take off	벗다(↔ put on), 급히 떠나다, 추적하다	take on	흥분하다[이성을 잃다], 인기를 얻다, 고용하다, 맡다
take out	데리고 나가다, 출발하다, 나서다	take over	떠맡다, 인수하다, 이어받다[물려받다], 운반해 가다, 우세해지다
take place	발생하다[일어나다], 열리다[개최되다]	take the lion's share	가장 큰[좋은] 몫을 차지하다
take to	~에 가다, ~에 전념하다, ~이 습관이 되다	take up with	~와 친해지다, ~에 흥미를 가지다[열중하다]
take[have] a walk/rest	산책을 하다/휴식을 하다	take[have] pity on	불쌍하게 여기다[가엽게 생각하다]
tamper with	~을 만지작거리다, 함부로 고치다, 변조하다(= alter), 간섭하다(= meddle in, interfere with)	tear down	~을 파괴하다, 해체하다

(11) W

walk of life	직업, 신분, 계급, 사회적 계급	walk out	작업을 중단하다, 파업하다
watch out(= be careful)	조심하다	wave at(= wave to)~	~에게 손을 흔들다
wear and tear	(일상적인 사용에 의한) 마모[마손]	wear out	닳아 없어지게 하다, 써서 해지게[낡게] 하다, 지치게 하다
weed out (from)	제거하다	well off	부유한, 유복한, 잘 되어 가고 있는, 순조로운
when it comes to	~에 관한 한	with a pinch[grain] of a salt	에누리하여
with all one's heart	진심으로	with regard to	~에 관하여[대해서], ~와 관련하여
within a stone's throw of	~에서 돌을 던져 닿는 곳에, 매우 가까운 곳에	within one's reach	손이 미치는 곳에는 (↔ out of one's reach 손이 닿지 않는)
without fail	틀림없이, 반드시	worry about~(= be anxious about~)	~에 관해서 걱정하다

기타 T 관련 숙어 및 관용어구

- throw in the towel[sponge] 패배를 인정하다
- throw the book at ~을 엄벌[중형]에 처하다
- tie the knot 결혼하다
- to a man 마지막 한 사람까지
- to advantage 유리하게, 돋보이게
- to each his own 각자 알아서
- to no effect 아무 효과가 없는, 쓸데없이
- to the best of one's knowledge ~이 알고 있는 바로는, 확실히, 틀림없이
- to the bone 뼛속까지, 철저히
- to the detriment of ~을 손상시키며[해치며], ~에게 손해를 주어, ~을 대가로 cf. detriment 손상, 손해, 손실
- to the point[purpose] 적절한, 딱 들어맞는(= pertinent, proper, relevant); 적절히, 요령 있게
- toot one's own horn 허풍을 떨다, 제 자랑을 하다
- try on (옷 등을) 입어 보다
- turn back(= return) 되돌아가다
- turn down 거절[각하]하다(= reject, refuse); (소리나 불꽃 등을) 줄이다(↔ turn up); 경기가 쇠퇴하다, 내려가다
- turn in 제출하다(= submit, hand in); (물건 등을) 되돌려 주다; 신고하다; 그만두다; 잠자리에 들다
- turn into ~으로 변하다
- turn off(= switch off) 끄다
- turn on(= switch on) 켜다
- turn out (가스·불) 끄다; 내쫓다, 해고하다; 결국 ~임이 드러나다(= prove), (결과) ~이 되다; 참석하다(= take part in); 모이다(= assemble); 생산하다, 제조하다(= manufacture)
- turn up 모습을 나타내다(= appear, show up), 도착하다(= arrive, reach); (분실물이) 우연히 발견되다, 일이 (뜻밖에) 생기다, 일어나다(= happen); (소리나 불꽃 등을) 높이다

11장

문제유형별 연습

"나두 공무원 할 수 있다"

나두공

9급공무원 한국사

써머리

나두공
직렬별 써머리 동영상 강의
5만원 가격파괴

국어+영어+한국사 행정법총론+행정학개론 ——— 일반행정직(5만원)	국어+영어+한국사 행정법총론+교육학개론 ——— 교육행정직(5만원)	국어+영어+한국사 행정법총론+노동법개론 ——— 고용노동직(5만원)
국어+영어+한국사 노동법개론+직업상담심리학개론 ——— 직업상담직(5만원)	국어+영어+한국사 교정학개론+형사소송법개론 ——— 교정직(5만원)	국어+영어+한국사 행정법총론+사회복지학개론 ——— 사회복지직(5만원)

핵심이론

시험에 출제되는 핵심 내용만을 모아 효율적인 학습이 가능하도록 구성하였습니다. 반드시 알아야 할 내용에 대한 충실한 이해와 체계적 정리가 가능합니다.

빈출개념

시험에서 자주 출제되는 개념들을 표시하여 중요한 부분을 한눈에 들어올 수 있도록 하였습니다. 합격에 필요한 핵심이론을 깔끔하게 학습하시기 바랍니다.

한눈에 쏙~

흐름이나 중요 개념들이 한눈에 쏙 들어올 수 있도록 도표로 정리하여 수록하였습니다. 한눈에 키워드와 흐름을 파악하여 수험에 도움이 되도록 하였습니다.

실력 up

더 알아두면 좋을 내용을 실력 up에 배치하고, 보조단에는 SEMI – NOTE를 배치하여 본문에 관련된 내용이나 중요한 개념들을 수록하였습니다.

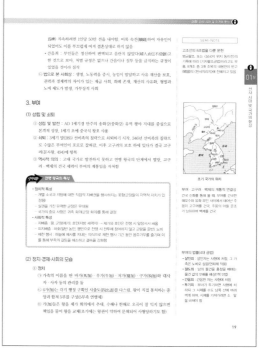

01장

선사 시대 및 국가의 형성

01절 한반도의 선사 시대 ·· 8

02절 국가의 형성과 발달 ·· 16

02장

고대의 성립과 발전

01절 고대의 통치 구조와 정치 활동 ·· 26

02절 고대의 경제 구조와 경제 생활 ·· 40

03절 고대의 사회 구조와 사회 생활 ·· 43

04절 고대 문화의 발달 ·· 46

03장

중세의 성립과 발전

01절 중세의 통치 구조와 정치 활동 ·· 60

02절 중세의 경제 구조와 경제 생활 ·· 75

03절 중세의 사회 구조와 사회 생활 ·· 80

04절 중세 문화의 발달 ·· 86

04장

근세의 성립과 발전

01절 근세의 통치 구조와 정치 활동 ·· 96

02절 근세의 경제 구조와 경제 생활 ······································· 111

03절 근세의 사회 구조와 사회 생활 ······································· 117

04절 민족 문화의 발달 ··· 123

05장

근대 태동기의 변동

01절 정치 상황의 변동 ··· 136

02절 경제 구조의 변동 ··· 144

03절 사회의 변화 ·· 150

04절 문화의 새 기운 ·· 155

근대의 변화와 흐름

06장

01절 근대 사회의 정치 변동 ·· 168

02절 개항 이후의 경제와 사회 ··· 184

03절 근대 문화의 발달 ·· 187

민족 독립 운동의 전개

07장

01절 국권 침탈과 민족의 수난 ··· 194

02절 민족 독립 운동의 전개 ·· 198

03절 사회 · 경제 · 문화적 민족 운동 ······························ 205

현대 사회의 발전

08장

01절 대한민국의 건국과 발전 ··· 218

02절 통일 정책 ··· 229

03절 경제 발전과 사회 · 문화의 변화 ······························ 232

9급공무원
한국사

나두공

01장 선사 시대 및 국가의 형성

⊙나두공

01절 한반도의 선사 시대

02절 국가의 형성과 발달

역사 학습의 목적
- 과거의 사실을 토대로 현재를 바르게 이해함으로써 개인과 민족의 정체성을 확립
- 선인들의 경험을 통해 삶의 지혜를 습득함으로써 당면 문제를 해결하고 미래를 예측
- 역사적 지식을 통해 역사적 사고력과 비판력을 함양

역사 학습의 두 가지 측면

역사 그 자체의 학습	역사를 통한 학습
• 과거 사실에 대한 지식의 축적 • 역사를 지식의 보고라 인식 • 객관적 역사를 강조	• 과거 사실을 토대로 현재를 이해 • 정체성 확립, 삶의 지혜 습득, 역사적 사고력 · 비판능력 함양 • 주관적 역사를 강조

사료의 가치 이해
- 사료학 : 사료의 수집과 정리 및 분류
- 사료 비판 : 사료의 진위 구별
  - 외적 비판 : 사료 그 자체에 관하여 그것의 진위 여부, 원 사료에 대한 타인의 첨가 여부, 필사(筆寫)인 경우 필사 과정에서 오류, 사료가 만들어졌던 단계에서 작자 · 장소 · 연대 및 전거(典據) 등에 관하여 사료의 가치 음미
  - 내적 비판 : 사료의 내용이 신뢰할 만한 것인가 분석, 사료의 성격을 밝히는 작업, 사료의 기술(記述)분석, 기술 개개의 점에 관하여 신뢰할 수 있는 이유의 유무 조사

01절 한반도의 선사 시대

1. 역사의 의미와 학습 목적

(1) 객관적 의미의 역사(사실로서의 역사)

역사의 의미	넓은 의미의 역사 : 역사는 바닷가의 모래알과 같이 지금까지 일어난 있는 그대로의 수많은 과거 사건들의 집합체
특성	• 객관적 사실(事實) 또는 시간적으로 과거에서 현재에 이르기까지 일어났던 모든 사실을 역사의 구성 요소로 함 • 역사가의 주관적 개입은 배제, 객관적 고증에 따른 연구 • 객관적 사료를 중시, 과거의 사실에 대한 객관적 복원을 강조 • 역사는 역사가에 따라 달라지는 것이 아닌 절대성을 가짐

(2) 주관적 의미의 역사(기록으로서의 역사)

역사의 의미	좁은 의미의 역사 : 역사는 역사가가 역사적 의미가 있다고 보고 선정한 것 또는 조사 · 연구해 주관적으로 재구성한 것, 기록된 자료 또는 역사서를 의미
특성	• 과거의 사실(史實) 또는 사료(史料)를 토대로 함, 주관적 요소가 개입(사관 중시), 역사 연구에 있어 과학적 인식을 토대로 한 학문적 검증이 필요 • 역사가에 따라 역사(역사의 기록)가 달라질 수 있다는 점에서 주관성 · 상대성을 가짐

2. 한국사의 바른 이해

(1) 역사의 보편성과 특수성

① 세계사적 보편성 : 인간으로서 고유한 생활 모습과 이상, 자유 · 평등 · 행복 · 사랑의 추구, 주거지 및 공동체의 형성 등

② 민족적 특수성
  ㉠ 거주하는 지역의 자연 환경에 따라 고유한 언어와 풍속 · 예술 · 사회 제도 등을 다양하게 창조, 교통과 통신이 발달하지 못했던 시대에는 교류가 드물어 특수성이 두드러짐
  ㉡ 문화권의 차이를 통해 설명되기도 하며, 동일 문화권 내에서도 민족이나 지역적 특수성으로 구분되기도 함

(2) 우리 민족의 보편성과 특수성

① 우리 민족 문화의 특수성
  ㉠ 세계사에서 보기 드문 단일 민족 국가로서의 전통을 지님
  ㉡ 선사 시대에는 아시아와 북방 문화가 연계되는 문화를 이룩

ⓒ 고려 시대에는 불교를 정신적 이념으로 채택하였고, 조선 시대에는 유교적 가치와 문화가 중심이 됨

ⓔ 불교는 현세 구복적·호국적 성격이 두드러졌고 유교는 충(忠)·효(孝)·의(義)의 덕목이 특히 강조됨

ⓜ 국가에 대한 충성과 부모에 대한 효가 중시되고, 두레·계·향도와 같은 공동체 조직이 발달

3. 인류의 기원 및 한민족의 형성

(1) 인류의 성립 및 전개

① **구석기 시대의 인류** : 구석기인이 등장한 시기는 대략 70만 년 전, 오늘날 현생인류의 직접적 조상은 대략 4만 년 전에 등장

② **신석기 시대의 인류**

ㄱ 기원전 1만 년 경 빙하기가 끝나고 후빙기가 시작되면서 인류의 생활환경이 급변하였는데, 중석기 시대를 지나 신석기 시대가 시작됨

ㄴ 사냥이나 식량 채집 단계에서 벗어나 농경 등 생산 경제 활동(식량 생산 단계)을 전개함으로써 인류의 생활이 크게 변함

ㄷ 농경과 목축을 시작하고 토기를 제작·사용, 정착생활을 통해 촌락공동체를 형성

③ **청동기 시대의 인류**

ㄱ 기원전 3000년을 전후하여 메소포타미아의 티그리스 강과 유프라테스 강, 이집트의 나일 강, 인도의 인더스 강, 중국의 황허 강 유역에서 4대 문명이 형성

ㄴ 관개 농업의 발달, 청동기의 사용, 도시의 출현, 문자의 사용, 국가의 형성 등을 통해 인류문화가 급격하게 발달

실력up   선사 시대와 역사 시대의 구분

• 선사 시대와 역사 시대를 구분하는 기준은 문자사용의 여부
  – 세계사적 : 선사 시대는 문자를 사용하지 않았던 구석기 시대와 신석기 시대, 역사 시대는 문자를 사용하기 시작한 청동기 시대 이후
  – 우리나라의 경우 : 문자를 사용하였던 철기 시대부터 역사의 시작
• 선사 시대는 문자기록이 없으므로 유적이나 유물을 통해 당시의 상황을 유추. 역사 시대는 유물·유적 이외에 문자 기록물을 통해 보다 쉽고 상세하게 시대상 파악

한눈에 쏙~

구석기 시대	신석기 시대	청동기 시대	철기 시대 전기	철기 시대 후기
대략 70만년 ~기원전 1만년	대략 기원전 1만 년 내지 8천년 ~기원전 2천년 내지 1,500년	대략 기원전 2천년~기원전 400년	대략 기원전 400년~기원전 1년까지	서기 1년 ~300년까지

알타이 어족

터키에서 중앙아시아와 몽골을 거쳐 한국과 일본에 이르는 지역에 분포하는 어족(語族)으로서, 몽골어 · 터키어 · 한국어 · 일본어 · 만주어 · 핀란드어 · 헝가리어 · 퉁구스어 등을 포함함

한민족과 동이(東夷)족

동이족은 한민족과 여진족, 일본족 등 중국을 중심으로 동쪽에 있는 여러 부족을 통칭하기도 하나, 일반적으로는 우리 한민족만을 지칭하는 용어임. 동이족에 관한 최초의 우리 문헌은 김부식의 〈삼국사기〉이며, 중국의 문헌으로는 〈논어〉, 〈예기〉, 〈사기〉, 〈산해경〉 등이 있음

주먹도끼, 슴베찌르개, 뚜르개

• **주먹도끼** : 사냥의 용도 외에도 동물의 가죽을 벗기고 땅을 팔 때에도 널리 사용

• **슴베찌르개** : 슴베는 '자루'를 의미하며, 주로 창날이나 화살촉으로 사용

• **뚜르개** : 돌날격지 등의 뾰족한 끝을 이용해 구멍을 뚫거나 옷감을 만들때 사용

(2) 한민족의 형성과 전개

① 한민족의 형성 및 분포

ⓐ 한반도에 거주했던 구석기인들에 대해서는 우리 민족의 직접 조상으로 보지 않음

ⓑ 우리 민족의 모체이자 근간은 고아시아계인 신석기인, 일반적으로 신석기에서 청동기를 거치는 과정에서 민족의 기틀이 형성

ⓒ 우리 민족의 주류를 형성한 것은 신석기인의 문화를 흡수한 청동기인

② 한민족의 특성 및 독자성

ⓐ 인종상 황인종에 속하며, 형질 인류상 북몽골족, 언어학상 알타이 어족 계통이라 봄

ⓑ 오래 전부터 하나의 민족 단위 형성, 농경 생활을 바탕으로 독자적인 문화 형성

4. 구석기 시대

(1) 구석기 시대의 범위

① 시간적 범위 : 70만 년 전부터 1만 년 전까지

② 시대 구분 : 석기(뗀석기)를 다듬는 기법에 따라 전기 · 중기 · 후기로 구분

전기(대략 70만 ~10만 년 전)	큰 석기 한 개를 다양한 용도로 사용, 주먹도끼, 찍개, 찌르개 등
중기(대략 10만 ~4만 년 전)	한 개의 석기가 하나의 용도로 사용됨, 밀개, 긁개, 자르개, 새기개, 찌르개 등
후기(대략 4만 ~1만 년 전)	쐐기 같은 것을 이용해 형태가 같은 여러 개의 돌날격지를 만드는 데까지 발달, 슴베찌르개 등

(2) 구석기 시대의 생활 모습

① 경제 · 사회 생활

ⓐ 이동 생활 : 사냥이나 어로, 채집 생활(농경은 시작되지 않음)

ⓑ 도구의 사용 : 뗀석기와 함께 뼈 도구(골각기)를 용도에 따라 사용

ⓒ 용도에 따른 도구의 구분

• 사냥 도구 : 주먹도끼, 돌팔매, 찍개, 찌르개, 슴베찌르개

• 조리 도구 : 긁개, 밀개, 자르개

• 공구용 도구 : 뚜르개, 새기개(단양 수양개 유적)

ⓓ 무리 사회 : 가족 단위를 토대로 무리를 이루어 공동체 생활을 영위, 언어를 사용, 시신을 매장하는 풍습이 발생

ⓔ 평등 사회 : 무리 중 경험이 많고 지혜로운 사람이 지도자가 됨, 계급이 없음

② 주거 생활

ⓐ 대부분 자연 동굴에 거주, 바위 그늘(단양 상시리)이나 강가에 막집(공주 석장리)을 짓고 거주

ⓑ 구석기 후기의 막집 자리에는 기둥 자리와 담 자리, 불 땐 자리 존재, 불을 사

용하게 되면서 음식을 익혀 먹고 빙하기의 추위에도 견딜 수 있게 됨

③ 예술 활동 : 사냥감의 번성을 비는 주술적 성격, 공주 석장리에서 개 모양의 석상 및 고래·멧돼지·새 등을 새긴 조각과 그림(선각화), 단양 수양개에서 고래와 물고기 등을 새긴 조각 발견

(3) 주요 유물 및 유적

① 주요 유물 : 뗀석기·사람과 동물의 뼈로 만든 골각기 등이 출토, 다양한 동물의 화석이 함께 발견

② 주요 유적지 : 단양 도담리 금굴, 단양 상시리 바위 그늘, 공주 석장리, 평남 상원 검은모루 동굴, 연천 전곡리, 제천 점말 동굴, 함북 웅기 굴포리, 청원 두루봉 동굴(흥수굴), 평남 덕천 승리산 동굴, 평양 만달리 동굴, 함북 종성 동관진, 단양 수양개, 제주 어음리 빌레못

5. 신석기 시대

(1) 신석기 시대의 범위

① 시간적 범위 : 대략 기원전 8천 년부터 시작

② 시대 구분 : 주로 사용된 토기의 종류와 특징에 따라 전기·중기·후기로 구분

③ 공간적 범위 : 주로 강가나 바닷가에 위치

(2) 경제 생활

① 농경과 사냥·채집·어로

㉠ 중기까지는 사냥·채집·어로 생활이 중심, 후기부터 농경과 목축 시작

㉡ 유물 및 유적 : 봉산 지탑리와 평양 남경 유적의 탄화된 좁쌀은 신석기 후기의 잡곡류(조·피·수수) 경작을 반영, 이 시기 목축이 시작

㉢ 주요 농기구 : 돌괭이(석초), 돌보습, 돌삽, 돌낫, 맷돌(연석) 등

㉣ 농경 형태 : 집 근처의 조그만 텃밭을 이용하거나 강가의 퇴적지를 소규모로 경작

㉤ 사냥·채집·어로 : 경제생활에서의 비중은 점차 줄어듦, 주로 활이나 돌창·돌도끼 등으로 사냥, 그물·작살·뼈낚시 등을 이용, 조개류로 장식

② 원시 수공업 : 가락바퀴(방추차)나 뼈바늘(골침)로 옷, 그물, 농기구 등을 제작

(3) 토기의 종류 및 특징 ⭐ 빈출개념

구분	토기	특징	유적지
전기	이른 민무늬 토기 (원시무문 토기)	한반도에 처음 나타난 토기	제주 한경면 고산리, 부산 동삼동, 웅기 굴포리, 만포진
	덧무늬 토기 (융기문 토기)	토기 몸체에 덧무늬를 붙인 토기	강원 고성 문암리, 부산 동삼동(→ 조개더미에서 이른 민무늬 토기와 함께 출토)

SEMI-NOTE

중석기 시대(잔석기 시대)

• 성립
 – 배경 : 빙하기가 지나고 기후가 다시 따뜻해지고 동식물이 번성함에 따라 새로운 자연 환경에 적절히 대응하기 위한 인류의 노력으로 성립
 – 시기 : 구석기 시대에서 신석기 시대로 넘어가는 과도기인 기원전 1만 년에서 8천 년 무렵
 – 지역 : 주로 유럽 서북부 지역을 중심으로 성립

• 도구 : 잔석기, 이음 도구
 – 큰 짐승 대신에 토끼·여우·새 등 작고 빠른 짐승을 잡기 위해 한 개 내지 여러 개의 석기(잔석기)를 나무나 뼈에 꽂아 쓰는 이음 도구(복합 용구)로 만들어 사용
 – 활이나 톱·창·낫·작살 등을 이용해 사냥·채집·어로 활동

• 유적지
 – 남한 지역 : 공주 석장리 최상층, 통영의 상노대도 조개더미, 거창 임불리, 홍천 하화계리 등
 – 북한 지역 : 웅기 부포리, 평양 만달리 등

빗살무늬 토기

덧무늬 토기

빗살무늬 토기 ⭐ 빈출개념
신석기 시대의 대표적 토기인 빗살무늬 토기는 회색으로 된 사토질 토기, 크기는 다양하나 바닥은 뾰족한 V자형의 토기, 주로 해안이나 강가의 모래에서 발견되었다는 점에서 신석기인들이 수변생활을 했음을 알 수 있음

신석기 후기의 움집
- 움집 내의 공간이 다소 커지고 정방형이나 장방형으로 바뀜, 화덕 자리가 한쪽으로 치우쳐 설치
- 움집 생활의 다양성 또는 작업 공간의 확보 등을 의미

신석기 시대의 움집

신석기 시대의 집터 유적

조가비로 만든 팔찌, 패면, 뼈바늘 등

조개더미 유적지
- 신석기 시대 : 웅기 굴포리, 부산 동삼동, 양양 오산리
- 철기 시대 : 양산, 김해, 웅천, 몽금포

기타의 신앙 형태
- 사람이 죽어도 영혼은 없어지지 않는다고 생각하여 영혼 숭배(조상 숭배 등)
- 금기(Taboo), 토우, 부장, 호신부의 지참 등

중기(BC 4000~2000)	빗살무늬 토기 (즐문 토기, 기하문 토기, 어골문 토기)	• 빗살문 · 기하문 등 어골문이 새겨진 회색의 V자형 토기(일본의 조몬 토기로 연결) • 대부분 해안이나 강가에서 발견되어, 수변 · 어로 생활을 반영	서울 암사동, 경기 미사리, 김해 수가리, 부산 동삼동, 웅기 굴포리
후기	변형즐문 토기 (평저즐문 토기, 번개무늬 토기, 물결무늬 토기)	밑바닥이 평평한 U자형의 토기로 농경 및 정착 생활을 반영	부산 다대동, 황해 봉산 지탑리, 평남 온천 궁산리, 평북 청진 농포동, 강원 춘천 교동, 경기 부천 시도

(4) 사회생활

① 주거지(움집) : 주로 해안이나 강가에 움집을 짓고 생활
  ㉠ 바닥은 원형이나 둥근 방형, 4~5명 정도의 사람이 들어감, 중앙에는 취사와 난방을 위한 화덕이 위치
  ㉡ 남쪽으로 출입문, 화덕 · 출입문 옆 저장 구덩이에 식량이나 도구를 저장
② 씨족 중심의 사회
  ㉠ 혈연을 바탕으로 하는 씨족을 기본 구성단위로 하는 사회, 점차 다른 씨족과의 혼인(족외혼), 모계 혈통을 중시하여 출생 후 모계의 씨족에 편입
  ㉡ 경제적 측면에서 폐쇄적 · 배타적 성격이 강함, 중요한 일은 씨족 회의의 만장일치에 의해 결정
  ㉢ 씨족에는 청소년 집단 훈련 기능 존재, 집단적 · 공동체적 제천 행사나 신앙 활동 존재
  ㉣ 연장자나 경험이 많은 자가 자기 부족을 이끌어 나가는 평등 사회

(5) 예술 활동

① 주술적 성격 : 주술적 신앙이나 종교와 관련(음악 · 무용), 부적과 같은 호신부나 치레걸이 등을 통해 풍요 · 다산 기원
② 주요 예술품 : 토우, 안면상, 여인상, 패면(조개껍데기 가면), 장식품, 치레걸이 등

(6) 원시 신앙 활동(원시 종교)

① 애니미즘(Animism, 정령신앙)
  ㉠ 모든 자연 현상이나 자연물에 정령(생명)이 있다고 믿는 신앙
  ㉡ 영혼불멸사상, 지모신 사상, 동쪽으로의 매장방식, 삼신(천신 · 지신 · 조상신) 숭배, 태양 숭배, 물에 대한 숭배
② 샤머니즘(Shamanism, 무격신앙)
  ㉠ 영혼이나 하늘을 인간과 연결시켜 주는 무당(巫堂)과 주술을 믿는 신앙
  ㉡ 무당은 주술을 통해 인간의 장수와 질병, 농경생활, 사냥 등의 제의 주관
③ 토테미즘(Totemism, 동물숭배) : 자기 부족의 기원을 특정 동 · 식물과 연결시켜 그것을 숭배, 단군왕검(곰) · 박혁거세(말) · 김알지(닭) · 석탈해(까치) · 김수로왕(거북이) 등이 해당

(7) 유물 및 유적

① 대표적 유물

ㄱ 간석기 : 돌을 갈아 여러 가지 형태와 용도를 가진 간석기를 만들어 사용, 부러지거나 무뎌진 도구를 다시 갈아 손쉽게 쓸 수 있게 됨

ㄴ 토기 : 토기는 흙으로 빚어 불에 구워 만들며, 신석기 시대에 처음으로 제작

ㄷ 가락바퀴와 뼈바늘 : 가락바퀴(방추차)와 뼈바늘(골침)은 옷이나 그물 등을 제작하는 용도로 사용(방적술·직조술)

② 주요 유적지와 특징

구분	유적지	특징
전기	제주 고산리	• 최고(最古)의 유적지(기원전 8천 년 무렵의 유적) • 고산리식 이른 민무늬 토기, 덧무늬 토기 출토
	강원 양양 오산리	• 최고(最古)의 집터 유적지 • 흙으로 빚어 구운 안면상, 조개더미
	강원 고성 문암리	덧무늬 토기 출토
	부산 동삼동	조개더미 유적으로, 패면(조개껍데기 가면), 이른 민무늬 토기, 덧무늬 토기, 바다 동물의 뼈 등이 출토
	웅기 굴포리	• 구석기·신석기 공통의 유적지 • 조개더미, 온돌장치
중기	서울 암사동, 경기 하남 미사리, 김해 수가리	빗살무늬 토기 출토
후기	황해도 봉산 지탑리	• 빗살무늬 토기 출토 • 탄화된 좁쌀(농경의 시작)
	평남 온천 궁산리	• 빗살무늬 토기 출토 • 뼈바늘(직조, 원시적 수공업의 시작)
	경기 부천 시도, 강원 춘천 교동	후기의 토기 출토

6. 청동기 문화의 성립과 발달

(1) 청동기 문화의 성립

① 성립 시기 및 지역적 범위 : 한반도와 만주 지역에서 BC 2000~1500년경에 본격적으로 청동기 문화가 전개

② 특징

ㄱ 우리나라의 경우 중국이 아닌 시베리아 등 북방 계통의 청동기가 전래

ㄴ 청동기 전래와 더불어 이전 시대의 석기(간석기)도 더욱 발달

ㄷ 벼농사가 시작, 농업 생산력이 증가, 정치권력과 경제력을 가진 지배자(군장)의 등장

가락바퀴(방추차)

뼈바늘

간석기

청동기 문화의 독자성

청동기 문화의 토착화를 반영하는 것으로는 거푸집(용범)과 세형동검, 잔무늬거울 등이 있음

13

반달 돌칼

홈자귀(유구석부)

비파형 동검

미송리식 토기

민무늬 토기

미송리식 토기
• 청동기 시대의 토기
• 밑이 납작한 항아리 양쪽에 손잡이가 하나씩 달리고 목이 넓게 올라가서 다시 안으로 오므라든 모양을 하고 있음
• 표면에 접선 무늬
• 평북 의주 미송리 동굴에서 처음 발굴, 주로 청천강 이북, 요령성과 길림성 일대에 분포

청동기 시대 유적지
평북 의주 미송리, 평북 강계 공귀리, 여주 흔암리, 함북 회령 오동리, 함북 나진 초도, 평양 금탄리와 남경, 충남 부여 송국리, 충북 제천 황석리, 경기 여주 흔암리, 전남 순천 대곡리, 울산 검단리 등

(2) 유적 및 유물

① 유물 : 주로 집터나 고인돌 · 돌널 무덤 · 돌무지 무덤 등 당시의 무덤에서 출토
  ㉠ 농기구 : 청동 농기구는 없음, 석기 · 목기로 제작된 농기구가 사용
    • 반달 돌칼(추수용), 바퀴날 도끼(환상석부), 홈자귀(유구석부, 경작용), 돌괭이 등, 나무 쟁기 등
  ㉡ 청동기
    • 비파형 동검, 제기(祭器), 공구, 거친무늬 거울, 장신구(호랑이 · 말 모양의 띠고리 장식, 팔찌, 비녀, 말자갈 등), 북방 계통의 청동기가 전래
    • 청동 제품을 제작하던 틀인 거푸집(용범)이 여러 유적에서 발견된다는 점, 우리나라에서 독자적으로 청동기가 제작되었음을 짐작
    • 청동기 후기(초기 철기)에는 초기의 비파형 동검(요령식 동검)과 거친무늬 거울(다뉴조문경)보다 독자적 성격이 반영된 세형동검과 잔무늬 거울(세문경)이 주로 제작
② 토기 : 덧띠새김무늬 토기, 민무늬 토기
  ㉠ 민무늬 토기 : 청동기 시대 대표적 토기, 지역에 따라 모양이나 형태가 조금씩 다름(바닥이 편평한 원통 모양인 화분형, 밑바닥이 좁은 모양인 팽이형, 빛깔은 적갈색), 미송리식 토기, 각형식(팽이형) 토기, 역삼동식 토기, 가락리식 토기, 송국리식 토기 등
  ㉡ 검은 간 토기, 붉은 간 토기, 가지무늬 토기(붉은 간 토기의 변형) 등

7. 철기 문화의 성립과 발달

(1) 철기 문화의 성립

① 성립 시기 : BC 5~4세기경부터 중국 스키타이 계통의 철기가 전래, 초기 철기 시대는 청동기 후기와 시기상 겹치며, 오랫동안 청동기와 철기가 함께 사용
② 영향(특징) : 철제 농기구의 보급 · 사용으로 농업이 발달, 경제 기반이 확대, 철제를 무기와 연모 등에 보편적으로 사용, 청동기는 의식용 도구, 한반도 안에서 독자적으로 발전

(2) 유적 및 유물

① 유적지 : 한반도 전역에 걸쳐 널리 분포
② 주요 유물
  ㉠ 동검 : 비파형 동검(요령식 동검)은 세형동검(한국식 동검)으로 변화 · 발전
  ㉡ 청동 거울 : 거친무늬 거울(조문경)은 잔무늬 거울(세문경)로 형태가 변화
  ㉢ 거푸집(용범), 민무늬 토기, 검은 간 토기, 덧띠 토기

(3) 중국과의 교류

① 중국 화폐의 사용 : 중국과의 활발한 경제적 교류 반영

명도전	중국 춘추 전국 시대에 연과 제에서 사용한 청동 화폐로, BC 4세기 무렵 중국 철기의 전래 및 중국과의 활발한 교역 관계를 반영
반량전	BC 3세기 무렵 진에서 사용한 청동 화폐로 半兩(반량)이라는 글자가 새겨져 있으며, 사천 늑도에서 출토
오수전	BC 2세기 무렵의 한(漢) 무제 때 사용된 화폐로, 창원 다호리 등에서 출토
왕망전	1세기 무렵 신(新)의 왕망이 주조한 화폐로, 김해 패총과 제주도에서 출토

② 한자의 사용 : 창원 다호리 유적에서 붓이 출토되었는데, 이는 당시(BC 2세기경)의 문자(한자) 사용 및 중국과의 문화적 교류를 반영

8. 청동기 시대 및 철기 시대의 생활 모습

(1) 경제 생활

① 농기구의 개선 및 발달 : 석기 농기구가 다양 · 기능 개선, 철제 농기구 새로 도입, 농업 발달, 생산 경제 향상
② 조 · 보리 · 콩 · 수수 등 밭농사가 중심, 청동기 시대 일부 저습지에서 벼농사가 시작되어 철기 시대에 발달, 사냥이나 어로는 농경의 발달로 비중이 줄어듦

(2) 사회 생활

① 사회의 분화
  ㉠ 직업의 전문화와 분업 : 모계 중심 사회가 붕괴, 가부장 사회 성립
  ㉡ 계급의 분화 · 지배자 등장(잉여 생산물의 발생과 사적 소유에서 기인) : 청동기 문화가 일찍부터 발달한 북부 지역을 중심으로 권력 · 경제력을 가진 지배자(족장)인 군장 출현
  ㉢ 친족 공동체 중심의 사회가 진전되면서 씨족 공동체가 붕괴
② 정복 활동의 전개 : 정치권력과 경제력에서 우세한 부족들이 선민사상(選民思想)을 배경으로 주변 부족을 통합 · 정복, 금속제 무기의 사용

(3) 주거 생활

① 청동기 시대
  ㉠ 주로 움집에서 생활, 장방형의 움집(수혈 주거)으로 깊이가 얕다가 점차 지상 가옥에 근접, 움집을 세우는 데에 주춧돌 이용, 화덕은 한쪽 벽으로 이동, 저장 구덩이를 따로 설치 · 한쪽 벽면을 밖으로 돌출시켜 만듦, 독립된 저장 시설을 집 밖에 따로 설치
  ㉡ 후기의 지상 가옥은 농경 생활의 영향으로 점차 배산임수의 지역에 취락 형성, 구릉이나 산간지에 집단 취락(마을)의 형태를 이룸
② 철기 시대 : 배산임수가 확대, 지상 가옥 형태가 보편적, 산성에 거주, 정착 생활의 규모가 점차 확대, 대규모의 취락 형태

북방식 고인돌

남방식 고인돌

간석검(마제석검)

족장의 무덤에서 부장품으로 간석검이 출토되는데, 이는 족장들의 힘과 권위를 상징

청동기 시대 및 철기 시대 주요 예술품 및 바위그림

• 청동 제품 : 의식용 도구로 비파형 동검, 거친무늬 거울, 잔무늬 거울, 방울(동령 · 쌍두령 · 팔주령 등), 농경문 청동기(종교 의식과 관련된 청동 의기) 등

• 토우(土偶) : 흙으로 빚은 짐승이나 사람 모양의 상

• 바위그림(암각화) : 전국 20여 지역에서 발견
  – 울주 대곡리 반구대 바위그림 : 거북 · 사슴 · 호랑이 · 새 등의 동물과 작살이 꽂힌 고래, 그물에 걸린 동물, 우리 안의 동물 등이 새겨짐(사냥 및 고기잡이의 성공과 풍성한 수확 기원)
  – 울주 천전리 바위그림 : 제1암각화에는 원형 · 삼각형 등 기하학적 문양, 제2암각화에는 사냥과 고래잡이를 하는 모습
  – 고령 양전동 바위그림 : 동심원 · 십자형 · 삼각형 등의 기하학적 무늬가 새겨짐. 동심원은 태양을 상징하는 것으로 태양 숭배나 풍요로운 생산을 비는 의미
  – 칠포의 바위그림 : 우리나라에서 발견된 최대의 바위그림

〈삼국유사〉와 〈제왕운기〉의 단군기록

• 일연의 〈삼국유사〉 : 단군에 대한 최초의 기록, 환웅이 웅녀와 혼인하여 단군을 낳은 것으로 기록하여 원형에 충실한 서술을 하고 있으며, 고조선이라는 표현을 처음으로 사용

• 이승휴의 〈제왕운기〉 : 환웅의 손녀가 사람이 된 후 단군을 낳은 것으로 기록, 원형과 거리가 있음

기자(箕子) 조선

중국 사서인 〈상서대전〉(최초의 기록)과 〈사기〉, 〈한서〉 등에 주(周)의 무왕이 기자를 조선에 봉하였다는 전설(기자동래설), 기원전 12세기 인물인 기자가 기원전 3~2세기 기록에 처음 나타난 점과 당대의 역사적 상황, 고고학적 근거 등을 고려할 때 허구성이 강함. 우리나라와 북한의 학계에서도 이를 인정하지 않음

(4) 무덤 양식

① 무덤 양식의 구분

ㄱ 청동기 시대 : 고인돌, 돌무지 무덤, 돌널 무덤, 돌덧널 무덤(돌곽 무덤), 석곽묘 등

ㄴ 철기 시대 : 널 무덤(움 무덤, 토광묘), 독 무덤(옹관묘), 주구묘(마한) 등

② 고인돌(지석묘)

ㄱ 우리나라 전역에 분포하는 청동기 시대의 대표적인 무덤, 지배층(족장)의 무덤

ㄴ 북방식(탁자식)과 남방식(기반식 · 바둑판식), 굄돌을 세우고 그 위에 거대하고 평평한 덮개돌을 얹은 북방식이 일반적인 형태

(5) 예술 활동의 성격

종교나 정치적 요구와 밀착, 미 의식과 생활 모습을 반영, 주술성이 있음

02절 국가의 형성과 발달

1. 단군 신화

(1) 단군 신화의 의의

① 의의 및 성격

ㄱ 우리 민족의 시조 신화, 유구한 민족사 · 단일 민족 의식 반영(민족적 자긍심과 주체성)

ㄴ 우리 민족의 세계관과 윤리관, 널리 인간을 이롭게 한다는 홍익인간의 건국이념 내포

② 단군의 건국에 관한 기록 : 일연 〈삼국유사〉, 이승휴 〈제왕운기〉, 정도전 〈조선경국전〉, 권람 〈응제시주〉, 〈세종실록 지리지〉, 〈동국여지승람〉 등

(2) 단군 신화의 기록 및 내용

① 삼국유사(三國遺事)

> 옛날에 환인(桓因)의 서자 환웅(桓雄)이 항상 천하에 뜻을 두고 인간 세상을 바랐다. 아버지는 아들의 뜻을 알고 삼위태백(三危太白)을 내려다보니 인간 세계를 널리 이롭게 할 만하였다. 이에 천부인(天符印) 세 개를 주어, 내려가서 세상을 다스리게 하였다. 환웅은 그 무리 3천 명을 거느리고 태백산(太白山) 꼭대기의 신단수(神檀樹) 아래에 내려와서 이곳을 신시(神市)라 불렀다. 그는 풍백(風伯), 우사(雨師), 운사(雲師)를 거느리고 곡식, 수명, 질병, 형벌, 선악 등을 주관하고, 인간의 삼백 예순 가지나 되는 일을 주관하여 인간 세계를 다스려 교화시켰다. 이때, 곰 한 마리와 범 한 마리가 같은 굴에서 살았는데, 늘 신웅(神雄)에게 사람 되기를 빌었다. 때마침 신(神)이 신령한 쑥 한 심지와 마늘 스무 개를 주면서 말했다. "너희들이 이것을 먹고 백 일 동안 햇빛을 보지 않는다면 곧 사람이 될 것이다." 곰과 범은 이것을 받아서 먹었다. 곰은 몸을 삼간 지 삼칠일 만에 여

자의 몸이 되었으나, 범은 능히 삼가지 못했으므로 사람이 되지 못했다. 웅녀(熊女)는 그
와 혼인할 상대가 없었으므로 항상 신단수 아래에서 아이 배기를 축원했다. 환웅은 이
에 임시로 변하여 그와 결혼해 주었더니, 그는 임신하여 아들을 낳아 이름을 단군왕검
이라 하였다. 단군은 요 임금이 왕위에 오른 지 50년인 경인년에 평양성에 도읍을 정하
고 비로소 조선(朝鮮)이라 불렀다. 또다시 도읍을 백악산(白岳山) 아사달(阿斯達)로 옮
겨, 1천5백 년 동안 여기에서 나라를 다스렸다.

② **단군 신화의 주요 내용** : 선민사상과 천손족(天孫族) 관념, 주체성·우월성 과시,
  홍익인간의 이념, 청동기의 사용, 사유 재산의 존재와 계급 분화, 애니미즘과 농
  경 사회의 모습, 의약에 관한 지식, 태양 숭배 의식, 곰 토템 사회 및 모계 중심
  의 사회, 천지 양신족설·족외혼, 제정일치 사회

2. 고조선

(1) 고조선의 성립

① **성립 배경** : 농경과 청동기 문화의 발전과 함께 족장이 지배하는 군장 사회 출현,
  강한 족장 세력이 주변의 여러 족장 사회를 통합, 고조선이 가장 먼저 국가로 성장
② **건국 시기** : 단군 왕검이 BC 2333년 건국

(2) 고조선의 발전 및 변천

① **발전** : 청동기를 배경으로 철기 문화를 수용, 요하·대동강 일대의 세력을 규합,
  대연맹국으로 성장
② **시기별 변천**
  ㉠ **BC 7세기경** : 춘추 전국 시대의 제(齊)와 교역하며 성장(〈관자〉에 기록)
  ㉡ **BC 4세기경** : 춘추 전국 시대 동방 사회의 중심 세력으로 성장, 왕호 사용, 관
    직을 둠, 중국의 철기 문화가 전파됨
  ㉢ **BC 3세기경** : 요서 지방을 경계로 연과 대등하게 대립할 정도로 강성, 부왕·
    준왕 같은 강력한 왕이 등장하여 왕위 세습제가 마련, 상·대부·대신·장군
    등의 중앙 관직을 두고 박사·도위(지방관) 등을 파견

(3) 위만 조선

① **유이민의 이주와 위만의 집권**
  ㉠ 기원전 5~4세기·기원전 3~2세기(진·한 교체기) 유이민들의 1차·2차 이
    주, 위만은 혼란을 피해 1,000여 명의 무리를 이끌고 고조선으로 이주
  ㉡ 준왕은 위만을 박사로 봉하고 서쪽 땅의 통치와 변경을 수비하는 임무를 맡김
  ㉢ 위만은 준왕을 몰아내고 스스로 왕이 됨(BC 194)
② **위만 조선의 성격** : 고조선의 토착 세력, 유민, 유이민 세력이 규합하여 성립한
  연맹 국가(단군 조선을 계승)
③ **정치 조직의 정비**
  ㉠ **통치 체제** : 왕 아래 비왕과 상(相)이라는 독립적 군장과 경·대신·장군 등의

고조선에 대한 기록서
• 우리나라의 사서 : 〈삼국유사〉, 〈동
  국통감〉, 〈표제음주동국사략〉(유희
  령), 〈신증동국여지승람〉, 〈동국역대
  총목〉(18세기 홍만종, 단군 정통론),
  〈동사강목〉(안정복) 등
• 중국의 사서 : 〈관자〉, 〈산해경〉, 〈사
  기〉, 〈위략(魏略)〉 등

고조선의 세력 범위

세력 범위 및 중심지
• 요령 지방을 중심으로 성장, 인접한
  군장 사회를 통합하면서 한반도까지
  발전
• 청동기 시대를 특징짓는 유물의 하나
  인 비파형 동검과 고인돌(북방식)은 미
  송리식 토기와 거친무늬 거울(다뉴조
  문경)이 나오는 지역과 관련, 주로 만
  주와 북한 지역에서 집중적으로 발굴,
  고조선의 세력 범위를 짐작하게 함
• 요령 지방과 대동강 유역을 중심으로
  독자적인 문화를 이룩하면서 발전

고조선의 통치 체제
중앙의 통치는 왕과 대부, 지방의 통치
는 왕과 박사가 연결되는 구조의 통치
체제. 여기서의 대부는 중앙 행정 관리
에 해당하나, 박사는 관리나 관직의 개
념이라기보다는 지방행정을 대행하는
명망가를 지칭하는 개념이라고 봄

위만 조선의 비왕(裨王)
- 비왕은 왕에 버금가는 존재(왕권 버금 세력)를 지칭하는 것
- 고구려의 고추가, 백제의 길사, 신라의 갈문왕 등과 유사

위만이 조선인이라는 근거
- 위만이 상투를 틀고 조선인의 옷을 입고 있었다는 점(사마천의 〈사기〉)
- 고조선의 준왕이 위만을 신임하여 서쪽 변경 수비를 맡긴 점
- 집권 후 나라 이름을 그대로 조선이라 하였고, 토착민 출신으로 높은 지위에 오른 자가 많았다는 점

고조선과 한 간 전쟁의 불씨
- 우거왕 집권 당시 고조선은 강력한 군사력을 가지고 있었음
- 고조선은 이 군사력을 기반으로 예·진 등이 한과 직접 교역하지 못하도록 하고 중계 무역을 통해 이익을 독점
- 이에 한은 사신 섭하를 보냈으나 양국 간의 회담은 실패
- 섭하가 그를 전송하던 고조선의 비왕(작위의 이름으로 추측됨)을 살해, 한은 귀환한 그를 요동군 동부 도위로 임명하여 고조선을 자극, 이에 우거왕은 패수를 건너가 섭하를 죽임

한 군현(한4군)의 설치

구분	지역	소멸
임둔군	함경남도, 강원도	BC 82년 전 한 때 폐지·소멸
진번 (대방군)	자비령 이남, 한강 이북	BC 82년 전 한 때 폐지·소멸
현도군	압록강 중류 (통구)	고구려와 충돌, BC 75년 만주 등지로 축출
낙랑군	대동강 유역 (고조선의 옛 땅)	313년 고구려 미천왕에게 멸망

점제현 신사비
AD 85년 낙랑 당시 건립된 저수지 축조 기념비, 우리나라에서 발견된 금석문 중 가장 오래됨. 오곡의 풍성함과 도둑과 짐승의 피해를 막아달라고 산신에게 비는 내용

관료 체계
- ⓛ **군사 체제** : 기병과 보병 형태를 갖춘 상비군 체제를 갖추고 한에 대항
- ⓔ **중앙 및 지방 지배 체제** : 중앙 정부는 국왕을 중심으로 직접 통치, 지방은 독자적 권력을 가진 군장에 의해 간접적으로 지배
④ **위만 조선의 발전**
- ⓐ 철기의 사용으로 농업, 수공업, 상업, 무역 발달
- ⓑ 활발한 정복 사업을 전개, 넓은 영토 차지, 중앙 정치 조직을 갖춘 강력한 국가로 성장

(4) 고조선의 멸망

① **한의 견제와 침략**
- ⓐ 한이 흉노를 견제하고 고조선에 압력을 가하고자 창해군을 설치(BC 128) 하였으나 토착인의 저항으로 2년 뒤에 철폐
- ⓑ 고조선은 한의 동방 침략 기지인 요동군까지 위협
- ⓒ 한은 사신(섭하) 살해를 빌미로 한무제가 육군 5만과 수군 7천을 이끌고 고조선을 침(BC 109)
② **경과**
- ⓐ 1차 접전(패수)에서 고조선은 대승, 위만의 손자인 우거왕이 1년간 항전
- ⓑ 2차 침입에 대신 성기(成己)가 항전, 고조선의 내분(주전파·주화파의 분열)으로 우거왕 암살, 주화파의 항복으로 왕검성(평양성) 함락(BC 108)
③ **한 군현(한4군)의 특징 및 영향**
- ⓐ **정치면** : 고조선 내부 지배 세력 재편, 민족적 차별 발생, 고대 국가 성립 지연, 토착 세력의 반발과 민족적 자각 촉발
- ⓑ **사회면** : 법 조항의 증가, 엄한 율령(律令)의 시행, 풍속이 각박해짐
- ⓒ **경제면** : 철제 농기구의 보급으로 농업 생산력이 증가, 한 상인들의 범죄 행위로 피해가 발생
- ⓓ **문화·사상면** : 한자가 전파, 철기 문화 널리 보급
- ⓔ **유물 및 유적** : 토성, 점제현 신사비, 기와, 봉니, 채화칠협, 전화, 오수전, 한의 동전 등

(5) 고조선의 생활 모습

① **경제적 모습** : 생활 용품이나 도구, 무기, 장신구 등을 만들어 사용, 중국과 활발한 무역 전개(명도전)
② **사회·문화적 모습** : 귀족(지배 계급), 하호(下戶, 일반 농민), 노예로 구성, 농민들은 대나무 그릇 사용
③ **8조법** : 고조선 사회 전체에 해당되는 만민법, 보복법
- ⓐ **내용**
  - 살인죄 : 사람을 죽인 자는 사형에 처함(相殺以當時償殺)
  - 상해죄 : 상해를 입힌 자는 곡식으로 배상함(相傷以穀償)
  - 절도죄 : 도둑질한 자는 그 주인의 노비로 삼되(相盜者男沒入爲其家奴女子

(爲婢) 지속하려면 1인당 50만 전을 내야함, 비록 속전(贖錢)하여 자유인이
되었어도 이를 부끄럽게 여겨 결혼상대로 하지 않음
- 간음죄 : 부인들은 정신하여 편벽되고 음란치 않았다(婦人貞信不淫僻)고
한 것으로 보아, 처벌 규정은 없으나 간음이나 질투 등을 금지하는 규정이
있었을 것이라 짐작
ⓒ **법으로 본 사회상** : 생명, 노동력을 중시, 농업이 발달하고 사유 재산을 보호,
권력과 경제력의 차이가 있는 계급 사회, 화폐 존재, 재산의 사유화, 형벌과
노예 제도가 발생, 가부장적 사회

3. 부여

(1) 성립 및 쇠퇴

① **성립 및 발전** : AD 1세기경 만주의 송화강(쑹화강) 유역 평야 지대를 중심으로
본격적 성장, 1세기 초에 중국식 왕호 사용
② **쇠퇴** : 3세기 말(285) 선비족의 침략으로 쇠퇴하기 시작, 346년 선비족의 침략으
로 수많은 부여인이 포로로 잡혀감, 이후 고구려의 보호 하에 있다가 결국 고구
려(문자왕, 494)에 항복
③ **역사적 의의** : 고대 국가로 발전하지 못하고 연맹 왕국의 단계에서 멸망, 고구
려 · 백제의 건국 세력이 부여의 계통임을 자처함

실력UP 연맹 왕국의 특성

- **정치적 특성**
  - 개별 소국과 지방에 대한 직접적 지배권을 행사하지는 못함(군장들의 지역적 자치가 인
  정됨)
  - 실권을 가진 유력한 군장은 우대됨
  - 국가의 중요 사항은 귀족 회의(군장 회의)를 통해 결정
- **사회적 특성**
  - 지배층 : 왕, 군장(제가), 호민(지방 세력자) → 제가와 호민은 전쟁 시 앞장서서 싸움
  - 피지배층 : 하호(일반 농민, 평민으로 전쟁 시 전투에 참여하지 않고 군량을 운반), 노비
  - 제천 행사 : 하늘에 제사를 지내는 의식으로 제천 행사 기간 동안 음주가무를 즐기며 이
  를 통해 부족의 갈등을 해소하고 결속을 강화함

(2) 정치·경제·사회의 모습

① **정치**
ㄱ 가축의 이름을 딴 마가(馬加) · 우가(牛加) · 저가(猪加) · 구가(狗加)와 대사
자 · 사자 등의 관리를 둠
ㄴ 4가(加)는 각기 행정 구획인 사출도(四出道)를 다스림, 왕이 직접 통치하는 중
앙과 합쳐 5부를 구성(5부족 연맹제)
ㄷ 가(加)들은 왕을 제가 회의에서 추대, 수해나 한해로 오곡이 잘 익지 않으면
책임을 물어 왕을 교체(초기에는 왕권이 약하여 문책되어 사형당하기도 함)

고조선의 8조법을 다룬 문헌

범금팔조, 또는 〈삼국지 위지 동이전〉의
기록에 따라 〈기자팔조금법〉이라고도 부
름. 8조 중 3개 조목의 내용만이 반고
(班固)의 〈한서지리지〉에 전해지고 있음

초기 국가의 위치

부여 · 고구려 · 백제의 계통적 연결성

건국 신화를 통해 볼 때, 부여를 건국한
해모수와 유화 부인 사이에서 태어난 주
몽이 고구려를 건국, 주몽의 아들 온조
가 남하하여 백제를 건국

부여의 법률(4대 금법)

- **살인죄** : 살인자는 사형에 처함, 그 가
족은 노비로 삼음(연좌제 적용)
- **절도죄** : 남의 물건을 훔쳤을 때에는
물건 값의 12배를 배상(1책 12법)
- **간음죄** : 간음한 자는 사형에 처함
- **투기죄** : 부녀가 투기하면 사형에 처
하되 그 시체를 수도 남쪽 산에 버려
썩게 하며, 시체를 가져가려면 소 · 말
을 바쳐야 함

② 궁궐·성책·감옥·창고 등의 시설을 갖추고 부족장들이 통제
② **경제** : 반농반목, 특산물로는 말·주옥·모피 등이 유명
③ **사회(신분)**
  ㉠ 왕, 제가, 호민(지방 세력자) 등이 지배 계층
  ㉡ 하호 : 읍락에 거주하며 농업에 종사하는 농민(평민), 조세·부역 담당
  ㉢ 노비 : 최하위층, 죄인이나 포로·채무 불이행자 등, 매매 가능

(3) 풍속 ⭐빈출개념

① **백의를 숭상** : 흰 옷을 입는 풍속(백의민족의 유래), 금·은의 장식
② **형사취수제(兄死娶嫂制)** : 부여·고구려에서 존재한 풍습으로 노동력 확보를 목적으로 한 근친혼제
③ **순장·후장** : 왕이 죽으면 사람들을 함께 묻는 순장과, 껴묻거리를 함께 묻는 후장의 풍습이 존재
④ **우제점법(우제점복)** : 점성술이 발달, 소를 죽여 그 굽으로 길흉을 점치는 우제점법이 존재
⑤ **영고(迎鼓)** : 수렵 사회의 전통을 보여 주는 제천 행사로, 매년 음력 12월에 개최

4. 고구려

(1) 성립 및 발전

① **건국과 천도** : 주몽이 부여 지배 계급 내의 분열·대립 과정에서 박해를 피해 남하하여 고구려 건국(〈삼국사기〉에 기록)
② **성장 및 발전**
  ㉠ 건국 초기부터 주변의 소국들을 정복·평야 지대로 진출하고자 함, 국내성(통구)으로 이동 후 한족·선비족과 투쟁하면서 5부족 연맹을 토대로 AD 1세기경 고대 국가로 성장
  ㉡ 활발한 정복 전쟁으로 한의 군현을 공략하여 요동 지방으로 진출

(2) 정치

5부족 연맹체로는 계루부, 소노부, 절노부, 순노부, 관노부, 왕 아래 상가, 대로, 패자, 고추가 등의 대가(大加)들이 존재

(3) 경제·사회

① **경제생활** : 농업을 주로 함, 큰 산과 계곡으로 된 산악 지역에 위치, 토지 척박, 농토 부족, 생산 미미, 약탈 경제 체제와 절약적 경제생활
  ㉠ 특산물 : 소수맥에서 생산한 맥궁(활)
② **계급에 따른 생활의 구분**
  ㉠ 대가들과 지배층인 형(兄)은 농사를 짓지 않는 좌식 계층, 저마다 창고인 부경(桴京)을 둠
  ㉡ 생산 계급인 하호들은 생산 담당, 물고기와 소금[魚鹽]을 가져와 좌식 계층에

제천 행사

제천 행사는 하늘을 숭배하고 제사하는 의식. 대부분 농사의 풍요와 성공적인 수렵 활동을 기원함

초기 국가의 제천 행사
• 부여 : 12월의 영고
• 고구려 : 10월의 동맹
• 동예 : 10월의 무천
• 삼한 : 5월의 수릿날, 10월의 계절제

고구려 성립의 역사적 의의

중국 문화를 수용하여 한반도와 일본에 전해준 문화 중개자. 중국의 침략으로부터 한반도를 보호한 민족의 방파제 역할

고구려의 법률
• 도둑질한 자는 부여와 같이 12배를 배상케 함(1책 12법)
• 뇌옥은 따로 두지 않고 제가 회의에서 직접 처벌. 중대한 범죄자는 사형에 처하고 그 가족을 노비로 삼음

고구려의 가옥
• 본채는 초가지붕과 온돌 설치, 대옥(제사를 지내는 사당)과 소옥(사위가 거처하는 서실)이라는 별채를 둠
• 좌식 계층인 지배층의 집에는 부경이라는 창고를 두어 약탈물·공물 저장

공급

(4) 풍속

① 혼인 풍속

　㉠ 서옥제(데릴사위제) : 혼인을 정한 뒤 신랑이 신부 집의 뒤꼍에 조그만 집(서옥)을 짓고 거기서 자식을 낳아 기름, 자식이 장성하면 가족이 함께 신랑 집으로 돌아가는 제도

　㉡ 형사취수제 : 친족 공동체의 유대·노동력 확보의 필요성 반영, 중기 이후 점차 사라짐

② 장례 풍속

　㉠ 결혼 후 수의를 장만하였고, 부모나 남편의 상은 3년상으로 함

　㉡ 후장제(厚葬制)가 유행, 부장품을 함께 묻음, 장례 시 북을 치고 노래를 부르며 송별의 의식을 행함

③ 제천 행사 등

　㉠ 10월에 추수 감사제인 동맹(東盟)을 국동대혈에서 성대하게 거행

　㉡ 건국 시조인 주몽(국조신)과 그의 어머니 유화 부인(지신·수신)을 조상신으로 섬겨 제사를 지냄

5. 옥저와 동예

(1) 성립 및 소멸

① 성립 지역 : 옥저는 함흥 평야 일대, 동예는 강원도 북부의 동해안에 위치

② 쇠퇴·소멸 : 변방에 치우쳐 선진 문화의 수용이 늦음, 고구려의 압력으로 크게 성장하지 못함, 연맹 왕국으로 발전하지 못함, 군장 국가 단계에서 고구려에 흡수

(2) 옥저와 동예의 모습

구분	옥저	동예
정치	• 왕이 없고 각 읍락에는 읍군(邑君)·삼로(三老)라는 군장이 있어서 자기 부족을 통치, 큰 정치 세력을 형성하지는 못함 • 고구려의 압박과 변방에 위치한 탓에 연맹 왕국으로 발전 못함, 고구려에 흡수	• 왕이 없고, 후·읍군·삼로 등의 군장이 하호를 통치 • 불내예후국이 중심 세력이었으나, 연맹체를 형성하지 못하고 고구려에 병합
경제	• 소금과 어물 등 해산물이 풍부, 이를 고구려에 공납으로 바침 • 토지가 비옥하여 농사가 잘되어 오곡이 풍부	• 토지가 비옥하고 해산물이 풍부하여 농경·어로 등 경제생활이 윤택 • 명주와 베를 짜는 등 방직 기술 발달 • 특산물 : 단궁(短弓), 나무 활), 과하마(果下馬, 키 작은 말), 반어피(班魚皮, 바다표범의 가죽)

동예의 철자형·여자형 집터

- **철자형 집터** : 강원도 춘천시 율문리와 동해시, 강릉시를 중심으로 발굴된 철(凸)자 모양의 집터
- **여자형 집터** : 강원도 강릉시 병산동, 횡성군 둔내 등지에서 발굴된 여(呂)자 모양의 집터

철자형 집터

여자형 집터

마한 목지국

마한의 54개 소국 중 영도 세력이었던 목지국은 처음에 성환·직산·천안 지역을 중심으로 발달, 백제의 성장과 지배 영역의 확대에 따라 남쪽으로 옮겨 익산 지역을 거쳐 마지막에 나주 부근에 자리 잡았을 것으로 추정, 왕을 칭하던 국가 단계(연맹왕국)의 목지국이 언제 망했는지는 알 수 없으나 근초고왕이 마한을 병합하는 4세기 후반까지는 존속, 그 이후에는 백제의 정치 세력하에 있는 토착 세력으로 자리 잡았을 것으로 보임

소도의 의의

철기 문화의 전래에 따른 신·구 문화 간 충돌을 완충하고 사회의 갈등을 완화하는 역할을 수행하는 신성불가침 지역으로서, 당시 삼한 사회의 제정 분리를 반영함

풍속	• 고구려와 같은 부여족 계통, 주거·의복·예절 등에 있어 고구려와 유사 • 민며느리제(예부제, 매매혼의 일종) • 가족의 시체를 가매장하였다가 나중에 그 뼈를 추려 가족 공동묘에 안치(세골장제, 두벌 묻기) • 가족 공동묘의 목곽 입구에는 죽은 자의 양식으로 쌀을 담은 항아리를 매달아 놓음	• 엄격한 족외혼으로 동성불혼 유지(씨족사회의 유습) • 책화 : 각 부족의 영역을 엄격히 구분, 다른 부족의 생활권을 침범 시 노비와 소·말로 변상 • 별자리를 관찰해 농사의 풍흉 예측(점성술 발달) • 제천 행사 : 10월의 무천(舞天) • 농경과 수렵의 수호신을 숭배하여 제사를 지내는 풍습이 존재(호랑이 토템 존재)

6. 삼한

(1) 성립 및 발전

① **성립** : BC 2세기 무렵 고조선 사회의 변동으로 인해 유이민이 대거 남하함에 따라 새로운 문화(철기 문화)가 토착 문화와 융합되면서 진은 마한·변한·진한 등의 연맹체로 분화·발전

② **삼한의 발전**

　㉠ **마한** : 삼한 중 세력이 가장 컸던 마한은 천안·익산·나주를 중심으로 한 경기·충청·전라도 지방에서 성립, 후에 마한 54국의 하나인 목지국(백제국)이 마한을 통합하여 백제로 발전

　㉡ **진한** : 대구·경주 지역을 중심으로 성립, 후에 진한 12국의 하나인 사로국이 성장하여 신라로 발전

　㉢ **변한** : 낙동강 유역(김해, 마산)을 중심으로 발전, 후에 변한 12국의 하나인 구야국이 6가야 연맹체의 중심 세력으로 성장

(2) 정치

① **주도 세력** : 삼한의 지배자 중 세력이 큰 대군장은 신지·견지 등, 세력이 작은 소군장은 부례·읍차 등으로 불림

② **제정의 분리**

　㉠ 제사장인 천군(天君)이 따로 존재

　㉡ 국읍의 천군은 제천의식, 별읍의 천군은 농경과 종교적 의례 주관

　㉢ 별읍의 신성 지역인 소도(蘇塗)는 천군이 의례를 주관하고 제사를 지내는 곳, 제정 분리에 따라 군장(법률)의 세력이 미치지 못하며 죄인이 이곳으로 도망을 하여도 잡아가지 못함(신성 지역은 솟대를 세워 표시함)

(3) 경제·사회

① **농업의 발달**

　㉠ 철기 문화를 바탕으로 하는 농경 사회, 농업 발달, 벼농사를 지음

　㉡ 벽골제(김제), 의림지(제천), 수산제(밀양), 공검지(상주), 대제지(의성) 등의

저수지를 축조하여 관개 농업을 시작(수전 농업이 발달)
- ㉢ 두레 조직(작업 공동체)을 통해 공동 노동, 밭갈이에 가축의 힘을 이용
- ㉣ 벼농사를 지음, 누에를 쳐 비단과 베를 생산(방직업)
② **철의 생산** : 변한 지역(마산 성산동과 진해의 야철지)에서는 철이 많이 생산되어 낙랑·왜(倭) 등에 수출, 철은 교역에서 화폐처럼 사용되기도 함

(4) 예술 및 풍속

① 예술
- ㉠ 토우, 암각화
- ㉡ 가야금의 원형으로 보이는 우리나라 최고(最古)의 현악기를 남김
② **문신의 풍습이 존재** : 마한·변한 지역에서 문신을 행했다는 기록 존재
③ **장례 및 무덤** : 장례 시 큰 새의 날개를 사용, 후장, 돌덧널 무덤, 독 무덤, 나무널 무덤, 주구묘 등
④ **제천 행사 등**
- ㉠ 5월의 수릿날과 10월에 계절제를 열어 하늘에 제사
- ㉡ 지신(地神)에 대한 제사 의식의 일종, 여러 사람이 함께 땅을 밟아 땅의 생육을 높이고 풍요를 기원, 산신제, 농악 등의 풍습도 존재

실력UP 초기 국가의 형성 비교

구분	부여	고구려	옥저	동예	삼한
위치	만주 송화강 유역의 평야 지대	졸본 → 국내성	함경도 함흥평야	강원도 북부	한강 남쪽
정치	5부족 연맹, 마가·우가·저가·구가 → 사출도	5부족 연맹체, 제가 회의	왕이 없어 군장이 다스림(후, 읍군, 삼로)		제정 분리, 목지국의 영도
경제	반농반목, 말, 주옥, 모피	산악 지대, 토지 척박 → 약탈 경제	어물, 소금이 풍부	단궁, 과하마, 반어피	농경 발달, 철 생산(변한)
풍속	순장, 1책 12법, 우제점법	서옥제, 1책 12법	민며느리제, 가족공동묘	책화	두레 (공동 노동)
제천 행사	12월 영고	10월 동맹		10월 무천	5월 수릿날, 10월 계절제
변화	고구려에 복속	중앙 집권 국가로 성장	고구려에 복속		마한 → 백제 변한 → 가야 진한 → 신라

23

9급공무원
한국사

나두공

02장 고대의 성립과 발전

01절 고대의 통치 구조와 정치 활동

02절 고대의 경제 구조와 경제 생활

03절 고대의 사회 구조와 사회 생활

04절 고대 문화의 발달

SEMI-NOTE

군장 국가, 연맹 왕국, 고대 국가
- 군장 국가 : 옥저, 동예
- 연맹 왕국 : 고조선, 부여, 고구려, 삼한, 가야
- 고대 국가 : 고구려, 백제, 신라

고대 국가의 기틀 형성
- 연맹왕국의 왕은 집단 내부의 지배력을 강화, 주변 지역을 정복, 영역을 확대, 이 과정에서 성장한 경제력과 군사력을 바탕으로 왕권을 확대
- 왕권이 강화되고 통치체제가 정비되면서 중앙집권적인 고대 국가의 기틀을 형성

신라의 왕호
- **거서간(居西干)** : 박혁거세, 정치적 군장, 지배자
- **차차웅(次次雄)** : 남해, 제사장, 무당 → 정치적 군장과 제사장의 기능 분리
- **이사금(尼師今)** : 유리왕, 연맹장, 연장자 · 계승자 → 박 · 석 · 김의 3성 교립제
- **마립간(麻立干)** : 내물왕, 대수장 또는 우두머리 → 김씨의 왕위 독점 및 왕권 강화
- **왕(王)** : 지증왕, 중국식 왕명 → 부자 상속제 확립, 중앙 집권화
- **불교식 왕명** : 법흥왕, 불교식 왕명 시대(23대~28대) → 중고기(中古期)(〈삼국유사〉의 분류)
- **시호제(諡號制) 시행** : 태종 무열왕, 중국식 조(祖) · 종(宗)의 명칭 → 중대(中代)(〈삼국사기〉의 분류)

01절 고대의 통치 구조와 정치 활동

1. 고대 국가의 성립

(1) 연맹 왕국의 성립

① **연맹 왕국의 형성** : 우세한 집단의 족장을 왕으로 하는 연맹 왕국을 형성, 고조선 · 부여 · 삼한 · 고구려 · 가야 등이 연맹 왕국으로 발전
② **한계** : 족장 세력이 종래 자기가 다스리던 지역에 대한 영향력을 유지할 수 있어 중앙 집권 국가로 가는 데 한계

(2) 고대 국가의 특성

왕권 강화, 율령 반포, 관등 체제, 불교 수용, 왕토 사상, 신분제 확립, 활발한 정복 전쟁

2. 삼국의 성립

(1) 고구려

부여에서 내려온 유이민과 압록강 유역의 토착민 집단이 결합하여 성립(BC 37), 결속력을 강화하면서 정복 국가 체제로 전환

(2) 백제

한강 유역의 토착 세력과 고구려 계통의 유이민 세력이 결합하여 성립(BC 18), 우수한 철기 문화를 보유한 유이민 집단이 지배층을 형성

실력UP 백제의 건국 세력

- 백제 건국의 주도 세력은 고구려에서 남하했다는 것이 정설, 결국 부여족의 한 갈래, 백제 건국의 주도 세력이 고구려(부여)계라는 근거로는 다음과 같음
  - 백제 왕족의 성씨가 부여씨(夫餘氏)이며, 부여의 시조신과 동명성왕을 숭배
  - 국호를 남부여라 칭함(6세기 성왕)
  - 백제 건국 설화인 비류 · 온조 설화에서 비류와 온조를 주몽의 아들이라 언급함 (〈삼국사기〉에 기록)
  - 백제 개로왕이 북위에 보낸 국서에 백제가 고구려와 함께 부여에서 기원했음이 언급됨
  - 백제 초기 무덤 양식이 고구려의 계단식 돌무지 무덤 양식과 같음

(3) 신라

진한의 소국 중 하나인 사로국에서 출발, 경주의 토착민 집단과 유이민 집단의 결합으로 건국(BC 57), 박 · 석 · 김의 3성이 왕위를 교대로 차지, 유력 집단의 우두머리는 이사금(왕)으로 추대됨

3. 중앙 집권 국가로의 발전

(1) 고구려

① 태조왕(6대, 53~146) : 삼국 중 가장 먼저 국가의 집권 체제 정비
   ㉠ 대외적 발전 : 함경도 지방의 옥저·동예를 복속(56), 만주 지방으로 세력을 확대시켜 부여 공격, 요동의 현도·요동군 공략, 낙랑군을 자주 공략하고 압력 행사, 서북으로 요동(遼東) 정벌, 남으로 살수(薩水)에 진출
   ㉡ 대내적 발전 : 정복 활동 과정에서 강화·정비된 군사력과 경제력을 토대로 왕권이 안정, 왕위의 독점적 세습(형제 상속) 이루어짐, 통합된 여러 집단들은 5부 체제로 발전(중앙 집권의 기반 마련)

② 고국천왕(9대, 179~197) : 형제 상속에서 부자 상속으로 전환, 연나부(절노부)와 결탁하여 왕권에 대한 대항 세력 억제, 5부의 개편을 통한 족장의 중앙 귀족화(관료화), 5부(部)의 개편, 진대법(賑貸法)의 실시

👓 한눈에 쏙~

고구려 건국 초기 왕

동명왕 (1대) ▸ 유리왕 (2대) ▸ 대무신왕 (3대) ▸ 민중왕 (4대) ▸ 모본왕 (5대)

(2) 백제와 신라

① 백제 고이왕(8대, 234~286) : 낙랑·대방을 공격(246)하여 영토 확장, 한강 유역 장악, 관등제 정비(6좌평, 16관등제), 관복제 도입, 율령을 반포(262), 남당 설치, 왕위의 세습(형제 세습)

② 신라 내물왕(17대, 356~402) : 진한 지역의 대부분을 차지, 김씨에 의한 왕위 계승권을 확립, 왕의 칭호를 마립간으로 변경

4. 백제의 전성기(4세기)

(1) 백제

① 근초고왕(13대, 346~375) : 백제 최대 영토 확보, 활발한 대외 활동, 동진과 수교(372), 가야에 선진 문물 전파, 왜와 교류(칠지도 하사), 부자 상속에 의한 왕위 계승이 시작됨, 고흥으로 하여금 〈서기(書記)〉를 편찬하게 함(부전)

② 침류왕(15대, 384~385) : 불교를 수용(384)

(2) 고구려의 발전 ⭐ 빈출개념

① 고국원왕(16대, 331~371) : 백제 근초고왕의 침략으로 평양성에서 전사한 후 국가적 위기 봉착

② 소수림왕(17대, 371~384) : 국가 체제를 개혁하고 새로운 발전 토대를 마련해 고대 국가 완성, 불교 수용(372), 태학 설립(372), 율령 반포(373)

SEMI-NOTE

고구려 5부
〈삼국지〉와 〈삼국사기〉에 서로 다르게 전하는 고구려 5부는 왕실을 구성한 계루부를 제외하면, 소노부와 비류부, 절노부와 연나부, 관노부와 관나부, 순노부와 환나부 등으로 대응하는 동일한 실체. 이들 나부는 압록강 유역에 존재했던 여러 나국이 상호 통합과정을 거쳐 5개의 정치체를 이루고, 다시 이들이 고구려 연맹체를 구성한 뒤 계루부 왕권에 의해 부로 편제됨

진대법
고구려 고국천왕 때 을파소의 건의로 실시된 빈민 구제 제도, 관곡을 대여하는 제도이며 일반 백성들이 채무 노비로 전락하는 것을 막고자 함. 고려 시대의 흑창(태조)과 의창(성종), 조선 시대의 의창과 사창 등으로 계승·발전

동천왕과 미천왕
• 동천왕(11대, 227~248) : 위·촉·오의 대립관계를 이용하여 오와 교류하고, 위를 견제하면서 서안평을 공격함. 위의 관구검의 침략으로 한때 수도 환도성(丸都城)이 함락(동천왕 18)되었으나 밀우(密友)·유유(紐由)의 결사 항쟁으로 극복
• 미천왕(15대, 300~331) : 중국 5호 16국 시대의 혼란을 틈타 활발하게 대외 팽창, 현도군을 공략(302)하고 서안평을 점령(311), 낙랑군(313)·대방군을 축출(314)

태학
소수림왕 2년에 설치된 국립교육기관으로 우리나라 최초의 학교, 귀족자제의 교육기관으로 유교경전과 문학·무예를 교육

SEMI-NOTE

광개토대왕의 영토 확장

- 만주의 비려(거란) 정복(395)
- 남쪽으로 백제의 위례성(한성)을 침공하여 아신왕 굴복, 조공을 받는 속국으로 삼음(396)
- 고구려 동북쪽의 숙신(여진)을 정복(398)
- 신라에 침입한 왜를 낙동강 유역에서 토벌, 신라에 고구려 군대를 주둔시키고 속국으로 삼음(400)
- 임진강 등 한강 이북 장악(404)
- 서쪽으로 후연을 격파하여 요동 지역 확보(407)
- 두만강 하류 지역의 동부여 정복, 동예의 영토 흡수(410)

장수왕의 남하 정책이 미친 영향
- *신라와 백제의 나·제 동맹 체결 (433~553)*
- *백제의 개로왕이 북위(후위)에 군사 원조를 요청(472)*
- *백제가 수도를 한성에서 웅진(공주)으로 천도(475)*
- *충북 중원 고구려비의 건립*

동성왕(24대, 479~501)

- 신라와 동맹을 강화(결혼 동맹, 493)하여 고구려에 대항. 내적으로 외척 세력을 배제하고 웅진 및 금강 유역권의 신진세력을 등용하여 귀족 간의 견제와 균형을 도모함으로써 사회 안정과 왕권 강화, 국력 회복을 모색
- 탐라(제주도)를 복속(498), 남조 국가인 제(齊)와 통교
- 궁성을 중건하고 나성을 축조하여 수도의 면모를 갖추고, 주변에 산성을 축조

5. 고구려의 전성기(5세기)

(1) 고구려

① 광개토대왕(19대, 391~412)
  ㉠ 소수림왕 때의 내정 개혁을 바탕으로 북으로 숙신(여진)·비려(거란)를 정복하는 등 만주에 대한 대규모의 정복 사업 단행으로 지배권 확대
  ㉡ 남쪽으로 백제의 위례성을 공격하여 임진강·한강선까지 진출(64성 1,400촌 점령)
  ㉢ 서쪽으로 선비족의 후연(모용씨)을 격파하여 요동 지역 확보(요동을 포함한 만주 지역 지배권 확보)
  ㉣ 신라에 침입한 왜를 낙동강 유역에서 토벌(400)함으로써 한반도 남부에까지 영향력 행사(백제·왜·가야 연합군을 격파한 내용이 광개토대왕릉비에 기록)
  ㉤ 우리나라 최초로 '영락(永樂)'이라는 독자적 연호 사용하여 중국과 대등함을 과시

합격UP 5세기경 신라와 고구려의 역학 관계

- 신라와 고구려의 당시 역학 관계를 입증하는 자료로는 경주 호우총의 호우명 그릇과 중원 고구려비가 있음. 호우총에서 발굴된 호우명 그릇의 밑바닥에는 "을묘년국강상광개토지호태왕(乙卯年國岡上廣開土地好太王)"이라는 글씨가 새겨져 있는데, 이것이 광개토대왕을 기리는 내용이라는 점에서 당시 신라가 고구려의 간섭을 받았고 고구려를 통하여 간접적으로 중국의 문물을 받아들이면서 성장해 나갔다는 것을 짐작. 또한 당시 고구려군이 신라에 주둔했으며 신라 왕자가 고구려에 인질로 보내지기도 함
- 한편 중원 고구려비에도 신라를 동이, 신라 왕을 매금이라 칭하고(고구려를 천하의 중심으로 인식), 한강상류와 죽령 이북 지역이 고구려 영토임을 확인하는 내용과 함께 고구려 왕이 신라 왕을 만나 의복을 하사하였다는 내용, 고려대왕(고구려 왕)이라는 단어를 비롯하여 고구려 관직명 등이 나타나 있으므로 이를 통해 당시 양국의 역학 관계를 짐작

② 장수왕(20대, 413~491) ★ 빈출개념
  ㉠ 중국 남북조와 교류하며, 대립하던 두 세력을 조종·이용하는 외교정책 전개
  ㉡ 수도를 통구(국내성)에서 평양으로 천도(427)하여 안으로 귀족 세력을 억제하여 왕권을 강화하고 밖으로 백제와 신라를 압박, 백제의 수도 한성을 함락
  ㉢ 유연(柔燕)과 연합하여 함께 지두우(地豆于)를 분할 점령(479)하여 대흥안령(大興安嶺)일대의 초원 지대를 장악
  ㉣ 지방 청소년의 무예·한학 교육을 위해 경당 설치(우리나라 최초의 사학(私學))
③ 문자(명)왕(21대, 491~519) : 부여를 완전 복속하여 고구려 최대의 판도를 형성(494)

(2) 백제

① 비유왕(20대, 427~455) : 송과 통교, 장수왕의 남하 정책에 대항해 신라 눌지왕과 나·제 동맹을 체결(433)
② 개로왕(21대, 455~475) : 고구려의 압박에 북위에 국서를 보내 군사 원조를 요

청, 원조가 거절되고 개로왕은 고구려 장수왕에 붙잡혀 사망

③ 문주왕(22대, 475~477) : 고구려의 남하 정책에 밀려 웅진으로 천도, 진씨·해씨 등 왕비족과 귀족 세력이 국정을 주도하면서 왕권이 약화

(3) 신라

① 실성왕(18대, 402~417) : 왜와의 화친을 위해 내물 마립간의 아들 미사흔(未斯欣)을 볼모로 보냄(402), 내물 마립간의 둘째 아들인 복호(卜好)를 고구려에 볼모로 보냄

② 눌지왕(19대, 417~458) : 왕위의 부자 상속제 확립, 나·제 동맹을 체결(433)

③ 소지왕(21대, 479~500) : 6촌을 6부의 행정 구역으로 개편, 백제 동성왕과 결혼 동맹을 체결(493), 수도 경주에 시장을 개설(490), 나을(奈乙)에 신궁 설치

6. 신라의 전성기(6세기)

(1) 신라

① 지증왕(22대, 500~514) : 국호를 사로국에서 신라로, 왕의 칭호를 마립간에서 왕으로 고침(503), 중국식 군현제를 도입, 우경을 시작, 동시전 설치(509), 우산국(울릉도)을 복속(512), 순장을 금지

② 법흥왕(23대, 514~540) : 중앙 집권 국가 체제의 완비 ★ 빈출개념

  ㉠ 제도 정비 : 병부 설치(517), 상대등 제도 마련, 율령 반포, 공복 제정(520) 등을 통하여 통치 질서를 확립, 17관등제 완비

  ㉡ 불교 공인 : 불교식 왕명 사용, 골품제를 정비하고 불교를 공인(527)하여 새롭게 성장하는 세력들을 포섭

  ㉢ 연호 사용 : 건원(建元)이라는 연호를 사용함

  ㉣ 영토 확장 : 대가야와 결혼 동맹을 체결(522), 금관 가야를 정복하여 낙동강까지 영토 확장(532), 백제를 통해 남조의 양과 교류

③ 진흥왕(24대, 540~576)

  ㉠ 영토 확장 및 삼국 항쟁의 주도

    • 남한강 상류 지역인 단양 적성을 점령하여 단양 적성비를 설치(551)

    → 백제 성왕과 연합하여 고구려가 점유하던 한강 상류 지역을 차지(551)

    → 백제가 점유하던 한강 하류 지역 차지(553) → 관산성 전투 승리(554)

    → 북한산비 설치(561)

    • 고령의 대가야를 정복하는 등 낙동강 유역을 확보(창녕비, 561)

    • 원산만과 함흥 평야 등을 점령하여 함경남도 진출(황초령비·마운령비, 568)

  ㉡ 화랑도를 공인(제도화)하고, 거칠부로 하여금 〈국사(國史)〉를 편찬하게 함(부전)

  ㉢ 황룡사·흥륜사를 건립하여 불교를 부흥

  ㉣ 최고 정무기관으로 품주(稟主)를 설치하여 국가기무와 재정을 담당하게 함

  ㉤ 연호 사용 : '개국', '대창', '홍제'

SEMI-NOTE

신라의 전성기(6세기)

진흥왕 순수비(眞興王巡狩碑)
진흥왕이 새로 넓힌 영토를 직접 돌아보고 세운 비석(척경비), 현재 창녕비·북한산비·황초령비·마운령비 등 4기가 남아있음. '순수'란 천자가 제후의 봉지(封地)를 직접 순회하면서 현지의 통치 상황을 보고받는 의례로 순행(巡行)이라고도 함. 순수비란 순수를 기념하여 세운 비석을 말하는데, 진흥왕 순수비의 비문 속에 나타나는 '순수관경(巡狩管境)'이란 구절에서 비롯됨. 진흥왕 순수비는 당시의 삼국 관계와 신라의 정치상·사회상을 알려 주는 귀중한 자료

단양 적성비

신라 금석문에 나타난 6부

6세기 초에 건립된 신라의 영일 냉수리비와 울진 봉평 신라비에는 신라 6부에 대한 내용과 함께 왕도 소속부의 명칭을 띠고 있었다는 것이 기록되어 있음. 이는 왕이 6부의 실력자와 합의하여 국정의 주요 내용을 결정하였다는 것을 보여줌. 6부는 6세기에 접어들면서 점차 유명무실해지는데, 이것은 이 시기를 전후하여 국왕을 중심으로 하는 새로운 형태의 정치체제가 마련되었다는 것으로 이해됨

삼국의 국가별 발전 순서

* 고대 국가의 기틀 마련(중앙 집권적 토대 구축) : 고구려(태조왕) → 백제(고이왕) → 신라(내물왕)
* 율령의 반포 : 백제(고이왕) → 고구려(소수림왕) → 신라(법흥왕)
* 고대 국가의 완성(중앙 집권 체제의 완성) : 백제(근초고왕) → 고구려(소수림왕) → 신라(법흥왕)
* 한강 유역의 쟁정 : 백제(고이왕) → 고구려(장수왕) → 신라(진흥왕)

담로

백제가 방·군·성의 지방 제도를 마련하기 이전에 설치한 제도, 지방 통제 강화 목적, 왕자나 왕족을 지방의 요지에 보내 다스리게 함

실력up 신라의 금석문

* **포항 중성리비(지증왕, 501)** : 현존 최고의 신라비로, 재산 분쟁에 관한 판결을 담음
* **영일 냉수리비(지증왕, 503)** : 지증왕을 비롯한 신라 6부의 대표자들이 재산권 및 상속 문제에 관하여 논의·결정한 내용을 담음
* **울진 봉평 신라비(법흥왕, 524)** : 울진 지역의 중요 사건의 처리 및 책임자 처벌에 관한 내용을 담음. 장형·노인법 등을 규정한 율령이 성문법으로 실재했음을 보여주며 신라 육부의 독자성과 지방 지배의 방식, 신라 관등제의 발전 과정 등이 드러남
* **영천 청제비(법흥왕, 536)** : 영천 지역의 청제(청못)를 축조할 때 세운 것으로, 축조 공사에 관한 기록과 이후의 보수 공사(798)에 관한 내용이 비문 양면에 각각 새겨져 있음
* **단양 적성비(진흥왕, 551)** : 신라가 한강 상류(남한강 상류) 지역을 점령하고 죽령 지역을 확보했음을 보여 줌. 관직명과 율령 관계, 전공자에 대한 포상 등의 내용이 기록
* **진흥왕 순수비** : 북한산비(555), 창녕비(561), 황초령비·마운령비(568)
* **남산 신성비(진평왕, 591)** : 경주 남산에 축조한 새 성[新城]에 관한 비. 신라 시대의 지방 통치 제도 및 사회 제도 등을 보여 주고 있어 삼국 시대 금석문으로서 매우 귀중한 자료
* **임신서기석(진평왕, 612)** : 두 화랑이 유교 경전을 공부하고 인격 도야에 전념하며 국가에 충성할 것을 맹세한 내용을 기록한 비. 당시 유학이 발달하였음을 보여줌

실력up 진평왕(26대, 579~632), 선덕 여왕(27대, 632~647), 진덕 여왕(28대, 647~654)

* **진평왕** : '건복'이라는 연호 사용. 중앙 관서로 위화부·예부·조부·승부·영객부 설치. 불교를 장려하여 법명을 백정이라 하고 왕비를 마야 부인이라 칭함. 수와 친교(원광의 걸사표), 수 멸망 이후 당과 외교, 세속 5계를 통해 국가 사회 지도 윤리 제시. 남산 신성비 축조(591)
* **선덕 여왕(27대, 632~647)** : '인평(仁平)'이라는 연호 사용. '덕만(德曼)'이라 함. 친당 외교 추진. 대야성 함락과 당항성 위기, 황룡사 9층탑 건축. 분황사 석탑(모전 석탑) 건립. 첨성대 축조. 영묘사 건립(635), 비담·염종 등의 반란
* **진덕 여왕(28대, 647~654)** : 품주를 개편하여 집사부(군국 기밀 사무)·창부(재정 관장)로 분리, (좌)이방부 설치(형률에 관한 사무 관장), 독자적 연호 폐지, 나당 연합 결성(648, 당 고종의 연호 사용), 〈오언태평송(五言太平頌)〉을 지어 당에 보냄

(2) 백제

① **무령왕(25대, 501~523)** : 백제 중흥의 전기를 마련
　　㉠ 지방의 주요 지점에 22담로를 설치
　　㉡ 6세기 초 중국 남조의 양과 통교(난징 박물관의 백제 사신도), 왜와도 교류
　　㉢ 가야 지역으로 진출(512)

② **성왕(26대, 523~554)**
　　㉠ 사비(부여)로 도읍을 옮기고(538), 국호를 남부여로 고치면서 중흥을 꾀함
　　㉡ 중앙 관청을 22부로 확대, 행정 조직을 5부(수도) 5방(지방)으로 정비
　　㉢ 겸익을 등용하여 불교 진흥, 노리사치계를 통해 일본에 불교(불경·불상·경론 등) 전파(552)
　　㉣ 중국의 남조와 활발하게 교류하고 문물을 수입
　　㉤ 신라 진흥왕과 연합하여 한강 유역을 부분적으로 수복하였지만 곧 신라에 빼

앗김(나 · 제 동맹 결렬, 553), 성왕 자신도 신라를 공격하다가 관산성(옥천)에서 전사(554)

실력UP 무왕(30대, 600~614), 의자왕(31대, 641~660)

- 무왕 : 왕흥사(부여)와 미륵사(익산)를 건립, 익산으로의 천도를 추진하였으나 실패
- 의자왕 : '해동증자'라는 칭송을 들음, 반당 친고구려 정책과 신라의 적대 노선 추진, 신라의 대야성 함락(642)

(3) 고구려

영양왕(26대, 590~618)의 재위 기간 동안 요서 지방을 공략(598), 살수 대첩(612), 국력 소모로 수 멸망(618), 이문진으로 하여금 〈유기〉 100권을 요약하여 〈신집〉 5권을 편찬하게 함(600), 담징을 일본으로 보내(608) 종이 · 먹을 전함

7. 가야의 성립과 발전

(1) 성립

① 12개 소국의 형성 : 삼국이 국가 조직을 형성해 가던 시기에 낙동강 하류 유역의 변한 지역에서 철기 문화를 토대로 사회 통합을 이루며 2세기 경 여러 정치 집단들이 등장(변한 12국)

② 초기의 성격 : 주로 해변을 통해 들어온 유이민 세력과 토착세력이 융합(토착세력이 유이민을 흡수)

③ 연맹 왕국의 형성 : 2~3세기 경 금관가야가 중심이 되어 연맹 왕국으로 발전(전기 가야 연맹의 형성)

(2) 가야의 발전(가야 연맹의 주도권 변동)

① 4세기 말부터 5세기 초에 신라를 후원하는 고구려군의 공격으로 중심세력이 해체, 낙동강 서안으로 세력 축소

② 5세기 이후 김해 · 창원을 중심으로 한 동남부 세력 쇠퇴, 고령 지방을 중심으로 하는 대가야가 주도권을 행사하며 후기 가야 연맹 형성

(3) 가야의 쇠퇴와 멸망

① 국제적 고립을 탈피하기 위해 신라(법흥왕)와 결혼 동맹(522)을 맺음

② 금관가야가 신라 법흥왕 때 복속(532), 대가야가 신라 진흥왕 때 병합(562)되어 가야 연맹은 완전히 해체

8. 고구려의 대외 항쟁

(1) 6세기 말 이후의 삼국 정세

① 고구려와 백제는 신라가 한강 유역을 독점한 것에 자극받아 여 · 제 동맹을 맺고

가야 연맹

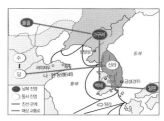

6세기 말 이후 삼국의 대외 관계

당항성을 공격, 이에 신라는 중국과 통교
② 고구려는 수(隋)가 중국 남북조를 통일(589)한 것에 위협을 느껴 돌궐과 연결하고 백제는 왜와 친교
③ 십자형 외교를 전개하였음

(2) 고구려의 대외 항쟁

① 여 · 수 전쟁
  ㉠ 원인 : 수의 압박으로 돌궐이 약화, 신라가 친수 정책을 취하자 이에 위기의식을 느낀 고구려가 먼저 중국의 요서 지방을 공격

제1차 침입(영양왕, 598)	수 문제의 30만 대군이 침입했으나 장마와 전염병으로 실패
제2차 침입(영양왕, 612)	수 양제의 113만 대군이 침입했으나 을지문덕이 이끄는 고구려군 에게 살수에서 대패(살수 대첩)
제3 · 4차 침입(영양왕, 613 · 614)	수 양제가 침입했으나 모두 실패

  ㉡ 결과 : 수가 멸망(618)하는 원인

② 여 · 당 전쟁
  ㉠ 대외 정세
    • 당(唐)은 건국(618) 후 대외 팽창 정책을 보이며 고구려에 대한 정복 야욕
    • 당은 고구려 자극
    • 연개소문은 대당 강경책을 추진, 당의 침입에 대비해 천리장성(부여성~비사성)을 쌓아 방어 체제를 강화(647)
    • 백제와 대립하던 신라는 친당 정책 전개
  ㉡ 당 태종의 침략
    • 제1차 침략(보장왕, 645) : 양만춘이 이끄는 고구려 군과 군민이 안시성에서 60여 일간 완강하게 저항하며 당의 군대를 격퇴(안시성 싸움)
    • 제2 · 3차 침략 : 고구려는 당의 침략을 물리쳐 동북아시아 지배 야욕을 좌절시킴

9. 정세의 변동과 고구려·백제의 멸망

(1) 삼국 정세의 변화

① 신라의 성장 : 고구려가 대외 침략을 막는 동안 신라는 김춘추 · 김유신이 제휴하여 권력을 장악, 고구려와 백제에 대항하면서 삼국 간의 항쟁 주도
② 나 · 당 연합군의 결성(648) : 신라는 당과 군사 동맹을 맺어 한반도의 통일 기도

(2) 백제와 고구려의 멸망

① 백제의 멸망(660) : 사치와 정치적 혼란, 거듭된 전란 등으로 국력 약화, 나 · 당 연합군의 공격, 사비성 함락
② 고구려의 멸망(668)

수 · 당과의 전쟁에서 고구려가 거둔 승리의 원동력
• 잘 훈련된 군대
• 성곽을 이용한 견고한 방어 체제
• 탁월한 전투 능력
• 요동 지방의 철광 지대 확보
• 굳센 정신력

고구려와 당의 관계
• 당 건국 초기
  – 고구려와 화친 관계
  – 수와의 전쟁에서 잡혀간 포로들을 교환
• 당 태종
  – 주변 나라들을 침략하며 고구려에 압력 → 고구려는 라오허 강 주위에 천리장성 축조
  – 연개소문의 정변을 구실로 고구려 침략

연개소문의 정변(642)
연개소문은 고구려 말기의 장군이자 재상. 그는 천리장성을 축조하면서 세력을 키웠는데, 그에 두려움을 느낀 사람들이 영류왕과 상의하여 그를 죽이려 함. 그 것을 안 연개소문은 거짓으로 열병식을 꾸며 대신들을 초대한 뒤 모두 죽임. 또한 영류왕을 죽이고 그 동생인 장(보장왕)을 옹립

고구려의 대외 항쟁이 갖는 의의
• 민족의 방파제 : 자국의 수호뿐만 아니라 중국의 한반도 침략 야욕을 저지
• 거듭된 전쟁으로 고구려는 쇠약해졌고, 나 · 당의 결속은 더욱 공고

㉠ 국내 정세
  • 거듭된 전쟁으로 국력의 소모가 심하였고, 요동 지방의 국경 방어선도 약해짐
  • 연개소문이 죽은 뒤 지배층의 권력 쟁탈전으로 국론이 분열
㉡ 당의 이세적과 신라의 김인문이 이끄는 나·당 연합군의 협공으로 멸망(668)

10. 신라의 삼국 통일

(1) 나·당 전쟁과 통일의 달성

① 당의 한반도 지배 야욕 : 신라와 연합, 백제의 옛 땅에 웅진 도독부를, 고구려의 옛 땅에 안동 도호부를 둠, 신라의 경주에도 계림 도독부를 두고 문무왕을 계림 도독으로 칭함, 신라 귀족의 분열을 획책
② 경과 : 금강 하구의 기벌포에서 당의 수군을 섬멸(676), 안동 도호부를 요동성으로 밀어내는 데 성공하여 삼국 통일을 달성(676)

(2) 통일의 의의와 한계

① 의의 : 민족 최초의 통일, 당을 힘으로 몰아낸 자주적 통일, 고구려·백제 문화를 수용, 경제력을 확충, 민족 문화 발전의 토대 마련
② 한계 : 외세를 이용, 이로 인해 영토가 대동강에서 원산만 이남으로 축소됨

👓 한눈에 쏙~

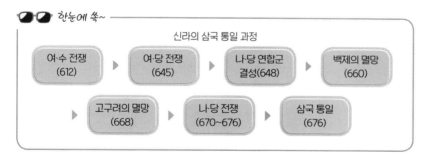

11. 통일 신라의 발전과 동요

(1) 왕권의 전제화(중대)

① 태종 무열왕(29대, 654~661) : 신라 중대의 시작
  ㉠ 최초의 진골 출신 왕, 통일 전쟁을 치르는 과정에서 왕권 강화
  ㉡ 이후 태종 무열왕의 직계 자손이 왕위 세습(태종 무열왕~혜공왕)
  ㉢ 사정부를 설치, 중국식 시호(태종) 사용, 갈문왕제 폐지
  ㉣ 상대등 세력을 억제, 집사부 시중의 기능 강화
② 문무왕(30대, 661~681) : 통일의 완수
  ㉠ 안승을 보덕국왕으로 봉하고, 당을 축출하여 통일을 완수
  ㉡ 우이방부를 설치, 외사정을 처음으로 지방에 파견, 상수리 제도 시행
③ 신문왕(31대, 681~692) : 전제 왕권의 강화 ★빈출개념

나·당 전쟁

김흠돌의 난과 전제 왕권의 강화
신문왕 1년(681) 소판(蘇判) 김흠돌이 파진찬 흥원(興元), 대아찬 진공(眞功) 등과 함께 모반을 꾀하다가 발각되어 처형된 사건

관료전과 녹읍
관료전은 관리들이 관직에 복무하는 대가로 받은 토지, 조세만을 받을 수 있으며 농민을 지배할 권한은 없고 관직에서 물러나면 국가에 반납, 반면 귀족들이 받았던 녹봉의 일종인 녹읍을 통해서는 농민을 지배

정치 세력의 변동
왕권이 전제화되면서 상대적으로 진골 귀족 세력은 약화, 6두품 세력이 왕권과 결탁하여 상대적으로 부각(학문적 식견을 바탕으로 왕의 정치적 조언자로 활동하거나 행정 실무를 담당)

대공의 난(96각간의 난)
혜공왕 4년(768) 각간 대공이 일으킨 난. 이 난을 계기로 전국이 혼란에 휩싸였는데 96각간이 서로 싸우고 3개월 만에야 진정. 그러나 귀족들 내부의 알력은 진정되지 않아 연이어 반란이 일어남. 결국 혜공왕은 즉위 16년 만에 상대등 김양상 등의 군사에 의해 살해

김헌창의 난과 범문의 난, 장보고의 난
· 김헌창의 난과 범문의 난 : 김헌창의 아버지인 김주원(무열왕계)은 선덕왕을 이어 왕위를 계승할 예정이었으나 내물왕계인 김경신(원성왕)에게 축출됨. 이에 김헌창은 웅천주 도독으로 있을 당시 기회를 엿봐 헌덕왕 14년(822) 웅천에서 거사를 일으키고 국호를 장안·연호를 경운이라 함. 이 난이 진압된 뒤 김헌창의 아들 범문도 헌덕왕 17년(825) 부친의 뜻을 이어받아 난을 일으켰으나 역시 실패. 이 두 난을 계기로 무열왕의 직계들은 6두품으로 강등
· 장보고의 난 : 자신의 딸을 문성왕의 왕비로 들이려 하다가 실패하자 반란을 일으킴(문성왕 8, 846). 장보고가 부하 염장에게 피살됨으로써 난은 실패하고 청해진은 폐지(851)

⊙ 김흠돌의 난을 계기로 귀족 세력을 숙청, 전제 왕권 강화

⊙ 중앙 정치 기구 정비(6전 제도 완성, 예작부 설치)하고 군사 조직(9서당 10정)과 지방 행정 조직(9주 5소경)을 완비

⊙ 관리에게 관료전 지급(687), 귀족의 경제 기반이었던 녹읍 폐지(689)

⊙ 유학 교육을 위하여 국학(國學) 설립, 유교 이념 확립

④ **성덕왕(33대, 702~737)** : 신라 시대의 전성기 형성(성덕왕~경덕왕)

⊙ 당과의 문화 교류 및 사신 왕래가 활발, 발해와는 대립

⊙ 백성들에게 정전을 지급(722)하여 농민에 대한 국가의 토지 지배력 강화

⑤ **경덕왕(35대, 742~765)**

⊙ 집사부의 중시를 시중으로 격상

⊙ 국학을 태학감으로 바꾸고 박사·교수를 두어 유교 교육을 강화

⊙ 석굴암·불국사 창건(751), 석가탑에 무구정광 대다라니경 보관

⊙ 귀족의 반발로 녹읍이 부활(757), 사원의 면세전이 증가(전제 왕권의 동요)

(2) 신라 하대의 정치적 변동

① **전제 왕권의 동요**

⊙ 진골 귀족 세력의 반발로 8세기 중엽 경덕왕 때부터 전제 왕권이 흔들리기 시작

⊙ 녹읍이 부활되고 사원의 면세전이 늘어나면서 국가 재정 압박

② **귀족의 반란과 하대의 시작**

⊙ 혜공왕(36대, 765~780) 때인 768년 대공의 난이 발생하여 왕권 실추

⊙ 김양상(내물왕계)이 상대등이 되어 권력 장악(왕은 실권 상실)

⊙ 상대등 김양상과 이찬 김경신이 김지정의 난을 진압하는 과정에서 혜공왕이 죽자, 김양상이 거병하여 스스로 왕(선덕왕)이 되어 신라 하대가 시작(780)

③ **권력 투쟁의 격화**

⊙ 왕위 쟁탈전의 전개 : 진골 귀족들은 경제 기반을 확대하여 사병을 거느렸으며, 이러한 군사력과 경제력을 토대로 왕위 쟁탈전 전개

⊙ 왕권의 약화 : 왕권이 약화되고 귀족 연합적인 정치가 운영, 상대등의 권력이 다시 강대해짐(상대등 중심의 족당 정치 전개)

⊙ 지방 통제력의 약화 : 김헌창의 난(822)은 중앙 정부의 지방 통제력이 더욱 약화되는 계기로 작용

④ **새로운 세력의 성장**

⊙ 6두품 세력 : 사회를 비판하며 점차 반신라 세력으로 성장, 골품제 비판, 능력 중심의 과거 제도와 유교 정치 이념 제시

⊙ 호족 세력 : 6두품 세력보다 적극적으로 사회 변동을 추구

· 성장 : 신라 말 중앙 통제가 약화되자 농민 봉기를 배경으로 반독립적 세력으로 성장

· 출신 유형 : 몰락하여 낙향한 중앙 귀족, 해상 세력, 군진 세력, 군웅 세력(농민 초적 세력), 토호 세력(촌주 세력), 사원 세력(선종 세력) 등

(3) 후삼국의 성립

① **후백제 건국(900)** ⭐빈출개념
- ㉠ 건국 : 전라도 지방의 군사력과 호족 세력을 중심으로 완산주(전주)에서 견훤이 건국, 차령 이남의 충청도와 전라도 지역을 차지하여 우수한 경제력과 군사적 우위를 확보
- ㉡ 한계
  - 확실한 세력 기반이 없었고 신라의 군사 조직을 흡수하지 못하였으며, 당시의 상황 변화에 적응하지 못함
  - 신라에 적대적, 농민에 대한 지나친 조세 수취, 호족 포섭에 실패

② **후고구려 건국(901)**
- ㉠ 건국 : 권력 투쟁에서 밀려난 신라 왕족 출신의 궁예가 초적·도적 세력을 기반으로 반신라 감정을 자극하면서 세력을 확대
- ㉡ 한강 유역을 차지한 후 조령(鳥嶺)을 넘어 상주·영주 일대를 차지하는 등 옛 신라 땅의 절반 이상을 확보
- ㉢ 관제·신분제 개편
  - 국호를 마진(摩震)으로 고치고(904) 철원으로 천도(905), 다시 국호를 태봉(泰封)으로 변경(911), 골품제도 대신할 새로운 신분 제도 모색, 9관등제를 실시
- ㉣ 한계
  - 전쟁으로 인한 지나친 수취로 조세 부담이 가중됨, 가혹한 수탈을 자행
  - 무고한 관료와 장군을 살해하였고 미륵 신앙을 이용하여 전제 정치 도모
  - 백성과 신하들의 신망을 잃게 되어 신하들에 의하여 축출

12. 발해의 건국과 발전

(1) 발해의 건국
① 고구려 장군 대조영을 중심으로 한 고구려 유민과 말갈 집단들은 길림성의 돈화시 동모산 기슭에서 발해를 건국(698)
② 국가 구성상의 특징 : 고구려 유민(지배층)과 다수의 말갈족(피지배층)으로 구성, 고구려 계승, 왕족인 대씨(大氏)를 비롯하여 고·장·양씨 등의 고구려인이 지배층을 형성
③ **발해의 고구려 계승 근거** ⭐빈출개념
- ㉠ 일본과의 외교 문서에서 고려 및 고려국왕이라는 명칭 사용
- ㉡ 고구려 문화의 계승 : 발해 성터, 수도 5경, 궁전의 온돌 장치, 천장의 모줄임 구조, 사원의 불상 양식, 와당의 연화문, 이불병좌상(법화 신앙), 정혜공주 무덤 양식 등

(2) 발해의 발전
① 무왕(대무예, 2대, 719~737) : 북만주 일대를 장악, 일본과 외교 관계를 맺어 신라를 견제하고, 돌궐과 연결하여 당을 견제, 요서 지역에서 당과 격돌(732), 당은 신라로 하여금 발해를 공격(733), 연호를 인안으로 하고, 부자 상속제로 왕권을 강화

전성기 발해의 영토
- **북쪽** : 헤이룽 강
- **동쪽** : 연해주
- **서쪽** : 요동
- **남쪽** : 영흥 지방

발해와 신라의 대립 배경
신라 지배층의 보수적 태도, 발해의 건국 주체가 고구려 유민이었다는 점, 당의 분열 정책 등

발해와 신라의 외교 관계
- 〈신당서〉 : 대립 관계
 - 무왕 14년(732), 왕은 장군 장문휴를 보내 당의 등주를 공격하게 함. 이에 당 현종은 태복 원외랑 김사란을 신라에 보내 군사를 출동하여 발해의 남경을 공격하게 함. 신라는 군사를 내어 발해의 남쪽 국경선 부근으로 진격, 이에 발해가 군사를 등주에서 철수
- 〈삼국사기〉 : 친선 관계
 - 원성왕 6년(790) 3월에 일길찬 백어를 북국에 사신으로 보냄
 - 헌덕왕 4년(812) 9월에 급찬 숭정을 북국에 사신으로 보냄

② **문왕**(대흠무, 3대, 737~793) : 당과 친선 관계를 맺고 독립 국가로 인정받음, 주작대로를 건설, 유학생 파견, 신라와 상설 교통로(신라도)를 개설, 수도를 상경 용천부로 천도, 주자감(국립 대학) 설립, 3성 6부(중앙 조직)를 조직

③ **선왕**(대인수, 10대, 818~830) : 대부분의 말갈족을 복속시키고 요동 지역을 지배, 남쪽으로는 신라와 국경을 접하여 발해 최대의 영토 형성, 5경 15부 62주의 지방 제도 정비,

(3) 발해의 대외 관계

① **당(唐)과의 관계** : 초기(무왕)에는 적대적이었다가 문왕 이후 친선 관계로 전환
② **신라와의 관계** : 대체로 대립하였으나 친선 관계를 형성하기도 함
 ㉠ **대립 관계** : 당의 요청으로 신라가 발해 남쪽을 공격(732), 사신 간의 서열다툼인 쟁장 사건(897)과 빈공과 합격 순위로 다툰 등재 서열 사건, 발해 멸망 시 신라군이 거란군의 용병으로 참전한 점
 ㉡ **친선 관계** : 신라도(상설적 교류를 반영), 사신 왕래, 무역, 거란 침략 시 발해의 결원 요청을 신라가 수용한 점 등
③ **일본과의 관계** : 당과 연결된 신라를 견제하고자 친선 관계를 유지, 동경 용원부를 통해 교류(일본도(日本道))
④ **돌궐과의 관계** : 당의 군사적 침략을 견제하고자 친선 관계를 유지

(4) 발해의 멸망

① 10세기 초 거란의 세력 확대와 내부 귀족들의 권력 투쟁 격화로 국력이 크게 쇠퇴한 후 거란의 침략을 받아 멸망(926)
② 만주를 마지막으로 지배한 우리 민족사의 한 국가이며, 발해의 멸망으로 우리 민족 활동 무대의 일부였던 만주에 대한 지배력이 급격히 약화

13. 삼국의 통치 체제

(1) 중앙 관제

① 중앙 관제의 비교

삼국 통치 체제의 기본적 특성
- **중앙 집권적 성격** : 중앙 집권적 성격을 토대로 중국 관제를 모방하거나 독자적 기구 설치
- **합의체 귀족 정치의 존속** : 고구려의 제가 회의, 백제의 정사암 회의, 신라의 화백 회의 등
- **지방에 대한 중앙의 우월성** : 중앙인은 지방에 대하여 우월적 지위 보유(지방 족장 세력이 중앙 귀족으로 편입)
- **전국의 군사적 행정 조직화** : 지방 행정 조직과 군사 조직이 융합된 성격을 지님, 지방관이 곧 군대의 지휘관(백성에 대한 통치는 군사적 통치의 성격이 강함)

신라	백제	발해	고려	조선	담당업무
위화부	내신좌평	충부	이부	이조	문관의 인사, 내무, 왕실 사무
창부, 조부	내두좌평	인부	호부	호조	재정 · 조세 · 회계, 호구 · 조운 · 어염 · 광산
예부	내법좌평	의부	예부	예조	외교 · 교육 · 과거 · 제사 · 의식
병부	병관좌평, 위사좌평	지부	병부	병조	무관의 인사, 국방 · 군사 · 우역 · 봉수
좌이방부	조정좌평	예부	형부	형조	형률 · 소송 · 노비

공장부, 예작부		신부	공부	공조	산림 · 토목 · 영선 · 파발 · 도량형
사정부		중정대	어사대	사헌부	감찰

② 운영 형태 : 왕 아래에 여러 관청을 두어 운영

　㉠ 고구려 : 고유의 전통성이 강함

　㉡ 백제 : 삼국 중 가장 먼저 조직을 정비

　㉢ 신라 : 전통성을 토대로 하여 중국적 요소를 가미

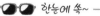 한눈에 쏙~

신라 수상의 변천

이벌찬 ▶ 상대등(법흥왕) ▶ 중시 ▶ 시중(경덕왕)

③ 귀족 회의체 : 국가의 중요 결정은 각 부의 귀족들로 구성된 회의체에서 행함

　㉠ 고구려의 제가 회의 : 수상인 대대로는 임기 3년으로, 귀족의 제가 회의에서 선출

　㉡ 백제의 정사암 회의 : 수상인 상좌평을 3년마다 정사암 회의에서 선출

　㉢ 신라의 화백 회의 : 수상인 상대등을 3년마다 화백 회의에서 선출(화백 회의는 4영지에서 개최되며, 각 집단의 부정 방지 및 단결 강화를 위해 만장일치제를 채택)

(2) 관등 조직(관등제)

① 삼국의 관등제

　㉠ 고구려 : 4세기경에 각 부의 관료 조직을 흡수하여 대대로 · 태대형 · 대사자 · 선인 등 14관등을 둠

　㉡ 백제 : 고이왕 때(한성 시대) 6좌평제와 16관등제의 기본 틀 마련, 웅진 시대에는 6좌평 중 내신좌평이 상좌평으로서 수상을 담당

　㉢ 신라 : 필요한 때에 각 부의 하급 관료 조직을 흡수하며 17관등제를 완비

② 운영상의 특징

　㉠ 신분에 따른 규제 : 삼국의 관등제와 관직 체계의 운영은 신분에 따라 제약을 받음

　㉡ 골품제 : 신라는 관등제를 골품제와 결합하여 운영(승진할 수 있는 관등의 상한을 골품에 따라 정하고, 관직을 맡을 수 있는 관등의 범위를 한정)

(3) 지방 통치

① 지방의 통치 체제

구분	수도	지방(장관)	특수 행정 구역
고구려	5부	5부(부 · 성제) : 부에는 욕살, 성에는 처려근지 · 도사를 둠	3경(평양성 · 국내성 · 한성) : 정치 · 문화의 중심지, 지방에 대한 감시 · 견제의 기능

신라의 중앙 관제 설치
- 법흥왕 : 병부(517), 상대등(531)
- 진흥왕 : 품주(565, 기밀 및 재정)
- 진평왕 : 위화부, 조부(공부 관장), 예부, 영객부(외교), 승부(교통)
- 진덕여왕 : 집사부(기밀 사무), 창부(재정), 좌이방부

백제의 6좌평과 16관등, 22부
- 6좌평 : 내신좌평(왕명 출납), 내두좌평(재정 담당), 내법좌평(의례 담당), 위사좌평(숙위 담당), 조정좌평(형벌 담당), 병관좌평(국방 담당)
- 16관등 : 1품 좌평, 2품 달솔, 3품 은솔, 4품 덕솔, 5품 간솔, 6품 내솔, 7품 장덕, 8품 시덕, 9품 고덕, 10품 계덕, 11품 대덕, 12품 문독, 13품 무독, 14품 좌군, 15품 진무, 16품 극우
- 22부의 중앙 관서 : 6좌평 이외에 왕실 사무를 맡는 내관 12부와 중앙 정무를 맡는 외관 10부를 말하며, 각 관청의 장도 3년마다 선출

통일 신라와 발해의 지방 통치 체제
- 통일 신라
  - 수도 : 6부
  - 지방 : 9주(장 : 총관)
  - 특수 행정 구역 : 5소경(장 : 사신)
- 발해
  - 수도 : 5경
  - 지방 : 15부(장 : 도독), 62주(장 : 자사)

백제	5부	5방(방 · 군제) : 방에는 방령, 군에는 군장, 성에는 도사를 둠	22담로(무령왕) : 국왕의 자제 및 왕족을 파견
신라	5부	5주(주 · 군제) : 주에는 군주, 군에는 당주, 성에는 도사를 둠	2소경(중원경 · 동원경) : 정치 · 문화적 중심지

통일 전후 신라의 군사 조직 변화
신라는 통일 전 1서당 6정에서 통일 후 9서당 10정으로 확대 개편되었음

(4) 군사 조직

구분	중앙군	지방군
고구려	• 수도 5부군 : 관군 • 대모달 · 말객 등의 지휘관이 존재	각 지방의 성(城)이 군사적 요지로, 개별적 방위망을 형성(욕살 · 처려근지 등의 지방관이 병권을 행사)
백제	수도 5부군 : 각 부에 500명의 군인이 주둔	지방의 각 방에서 700~1,200명의 군사를 방령이 지휘
신라	• 수도 6부군 : 대당으로 개편 • 서당(誓幢)이라는 군대가 존재(직업 군인)	주 단위로 설치한 부대인 정(停)을 군주가 지휘

14. 남북국의 통치 체제

(1) 통일 신라

① **중앙 집권 체제의 강화** : 집사부 기능 강화, 14개 관청의 정비, 중국식 명칭의 사용, 9주 5소경 체제로 정비
② **중앙 관제(14관청)**

집사부
• 집사부는 신라의 최고 행정관서로 진덕여왕(651년) 때 설치
• 장관은 중시가 맡았으며, 흥덕왕(829년) 때 집사성으로 개칭되어 신라가 멸망할 때까지 존속

5소경의 의의
신라의 수도인 금성(경주)은 한반도 남동쪽에 치우쳐 있으므로 중앙 정부의 지배력이 수도에서 멀리 떨어진 곳까지 미치기 어려웠다. 5소경은 이러한 지리적 단점을 보완하기 위한 것

관부	담당 업무	설치	장관	비고
집사부	국가 기밀 사무	진덕여왕	중시 (시중)	품주가 집사부와 창부로 분화
병부	군사 · 국방	법흥왕	령(令)	
조부	공부(貢賦) 수납	진평왕	령	
예부	의례	진평왕	령	의부 → 예부 → 예조
승부	마정(馬政)	진평왕	령	
영객부	외교 · 외빈 접대	진평왕	령	
위화부	관리 인사, 관등	진평왕	령	
창부	재정 담당	진덕여왕	령	
공장부	공장(工匠) 사무	진덕여왕	령	
좌우이방부	형사 · 법률, 노비	진덕여왕	령	
사정부	감찰	무열왕	령	중정대(발해), 어사대(고려), 사헌부(조선), 감사원(현재)
선부	선박 · 교통	문무왕	령	
사록부(관)	녹봉 사무	문무왕	령	

통일 신라의 9주 5소경

예작부	토목 · 건축	신문왕	령	

※ 장관은 령(令), 차관은 시랑(侍郞) · 경(卿)

③ 지방 행정 조직

9주	• 장관을 총관(문무왕)에서 도독(원성왕)으로 고침 • 군사적 기능이 약화되고 행정 기능이 강화됨
5소경	• 수도의 편재성 완화와 지방의 균형 발전, 복속민의 회유 · 통제를 통한 지방 세력 견제 등의 목적으로 군사 · 행정상의 요지에 설치, 장관은 사신 • 통일 전 2소경은 중원경(충주)과 동원경(강릉)이며, 통일 후 5소경은 중원경과 금관경(김해), 북원경(원주), 서원경(청주), 남원경(남원)

ⓐ 말단 행정 단위인 촌은 토착 세력인 촌주가 지방관의 통제를 받으며 다스림
ⓑ 향(鄕) · 부곡(部曲)의 특수 행정 구역 존재
ⓒ 지방관의 감찰을 위하여 주 · 군에 감찰 기관인 외사정(감찰관)을 파견
ⓓ 지방 세력을 견제하기 위하여 상수리 제도를 실시

④ 군사 조직
ⓐ 중앙군 : 시위군과 9서당을 둠
ⓑ 지방군 : 10정(9주에 1정씩을 배치, 국경 지대인 한주에는 2정)
ⓒ 특수군 : 5주서, 3변수당, 만보당 등
ⓓ 군진 설치 : 국토 방위를 위해 해상 교통의 요충지 및 군사적 요지에 설치

(2) 발해

① 중앙 관제
ⓐ 3성 6부 : 왕(가독부) 아래 최고 권력 기구이자 귀족 합의 기구인 정당성을 둠
ⓑ 독자성 : 당의 제도를 수용하였지만, 6부의 유교적 명칭과 이원적 운영은 발해의 독자성 반영

👓 한눈에 쏙~

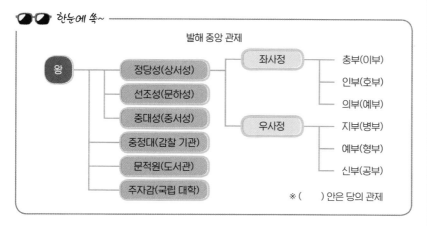

발해 중앙 관제

왕 —
- 정당성(상서성) — 좌사정 — 충부(이부) / 인부(호부) / 의부(예부)
- 선조성(문하성)
- 중대성(중서성) — 우사정 — 지부(병부) / 예부(형부) / 신부(공부)
- 중정대(감찰 기관)
- 문적원(도서관)
- 주자감(국립 대학)

※ ( ) 안은 당의 관제

② 지방 지배 체제 : 5경(상경 · 중경 · 남경 · 동경 · 서경) 15부 62주로 조직, 지방 행정의 말단인 촌락은 주로 말갈인으로 구성, 영주도 · 조공도(당), 신라도(발해에서 신라로 가던 대외 교통로), 일본도, 거란도의 5도를 둠

02절 고대의 경제 구조와 경제 생활

1. 삼국의 수취 제도와 토지 제도

(1) 수취 제도

① 삼국의 수취 체제

구분	조세	공납	용(庸) - 노동력
고구려	• 조(租) : 호를 상 · 중 · 하호의 3등급으로 구분해 각각 1섬, 7말, 5말을 수취 • 세(稅) : 인두세로, 1년에 포 5필과 곡식 5섬을 수취	지역 특산물	부역, 군역(광개토대왕릉비와 평양성 성벽석각에 농민의 부역 동원 기록이 있음)
백제	• 조는 쌀로 수취 • 세는 쌀이나 명주 · 베로 수취하되 풍흉에 따라 차등 수취	지역 특산물	부역, 군역(15세 이상의 정남을 대상으로, 주로 농한기에 징발)
신라	합리적 수취 체제로 고려 · 조선으로 계승	지역 특산물	부역, 군역(영천 청제비와 남산 신성비에 기록)

② 군역의 가중
  ㉠ 삼국 시대 초기 : 군사력 동원은 중앙의 지배층이 중심이며, 지방 농민들은 전쟁 물자 조달이나 잡역에 동원됨
  ㉡ 삼국 시대 후기 : 삼국 간의 전쟁이 치열해지면서 농민은 전쟁 물자의 부담뿐만 아니라 군사로 동원됨(부담이 가중됨)

(2) 토지 제도

① 왕토 사상 : 조상 대대로 민전을 소유하며 1/10세의 수조권으로 운영됨(매매 · 상속 · 증여 가능)
② 식읍 · 녹읍의 지급 : 수조권과 노동력 징발권을 부여하여 귀족의 경제적, 군사적 기반이 됨(귀족의 권한 확대를 반영)

2. 통일 신라의 수취 제도와 토지 제도

(1) 수취 제도

① 조세(전세) : 생산량의 10분의 1 정도를 수취하여 통일 이전보다 완화
② 공물 : 촌락(자연촌)을 단위로 그 지역의 특산물을 수취(삼베, 명주실, 과실류 등)
③ 역 : 원칙적으로 군역과 요역은 16세에서 60세까지의 남자를 대상으로 함

(2) 토지 제도

① 신문왕 : 관료전을 지급(687)하고 녹읍을 폐지(689)하였으며, 식읍도 제한
② 성덕왕 : 정전을 지급(722)(국가의 농민(토지)에 대한 지배력과 역역(力役) 파악

삼국의 수취제도의 특징
• 중앙 집권 체제의 정비에 따라 합리적 방식으로 조세 · 공납 · 요역을 부과
• 조세는 재산 정도에 따라 곡물과 포를 거두었으며, 공납은 지역 특산물로 수취
• 주로 왕궁 · 성 · 저수지 등을 만들기 위하여 15세 이상의 남자를 역으로 동원

정전
당의 균전제를 모방하여 16세 이상 60세 이하의 정남에게 일정한 역의 대가로 지급하는 것. 국가의 농민(토지)에 대한 지배를 강화하기 위한 의도가 담김. 신라 민정문서의 연수유답전과 성격이 같음

삼국의 토지 관련 제도

구분	토지 측량 단위	토지 제도
고구려	경무법 : 밭이랑 기준	식읍, 전사법(佃舍法)
백제	두락제 : 파종량 기준	식읍, 구분전
신라	결부세 : 생산량 단위	식읍, 녹읍, 전사법

수취 체제
당(唐)의 현물세를 원칙으로 운영하였다.

조(租)	전조(田租)는 지주가 부담하는 전세, 지대(地代)는 소작인이 부담하는 소작료, 전세(조세)는 생산량의 1/10을 수취함
용(庸)	역(役)의 의무로 군역과 요역으로 이루어짐. 16~60세까지의 남자를 대상. 요역은 정녀(丁女)라 하여 여자에게도 부과
조(調)	공물은 촌락 단위로 그 지역의 특산물 거둠, 상공(常貢)은 정기적으로 납부하는 공납, 별공(別貢)은 비정기적으로 징수하는 공납

을 강화함)
③ **경덕왕** : 귀족들의 반발로 녹읍을 부활(757)(귀족 세력의 강화와 왕권 약화를 의미함)

(3) 민정문서(신라장적)

① 발견 시기 및 장소 : 1933년 일본 나라현 동대사(東大寺) 정창원(正倉院)에서 발견
② 조사 및 작성 : 경덕왕 14년(755)부터 매년 자연촌을 단위로 변동 사항을 조사, 촌주가 3년마다 다시 작성
③ 작성 목적 : 농민에 대한 요역(徭役)과 세원(稅源)의 확보 및 기준 마련
④ 대상 지역 : 서원경(西原京, 청주) 일대의 4개 촌락
⑤ 조사 내용 : 촌락의 토지 면적 및 종류, 인구 수, 호구, 가축(소·말), 토산물, 유실수(뽕·잣·대추) 등을 파악 기록
　㉠ 연수유답 : 정남(농민)에게 지급·상속되는 토지이며, 가장 많은 분포
　㉡ 관모전답 : 관청 경비 조달을 위한 토지
　㉢ 내시령답 : 관리에게 지급된 토지
　㉣ 촌주위답 : 촌주에게 지급된 토지
　㉤ 마전(麻田) : 공동 경작지로 지급된 삼밭을 말하며, 정남이 경작
⑥ 의의 : 자원과 노동력을 철저히 편제하여 조세수취와 노동력 징발의 기준을 정하기 위한 것으로, 율령 정치(律令政治)의 발달을 엿볼 수 있음

3. 삼국 시대의 경제 생활

(1) 귀족층의 경제 생활

① 경제적 기반
　㉠ 국가에서 식읍·녹읍을 하사받고 많은 토지와 노비를 소유
　㉡ 농민보다 유리한 생산 조건을 보유(비옥한 토지, 철제농기구, 많은 소를 보유)
② 경제 기반의 확대
　㉠ 전쟁에 참여하여 더 많은 토지·노비 소유가 가능하였고, 고리대를 이용하여 농민의 토지를 빼앗거나 노비로 만들어 재산을 늘림
　㉡ 노비와 농민을 동원하여 자기 소유의 토지를 경작하고 수확물의 대부분을 가져가며, 토지와 노비를 통해 곡물이나 베 등 필요한 물품을 취득
　㉢ 왕권이 강화되고 국가체제가 안정되면서 귀족들의 과도한 수취는 점차 억제됨
③ 생활 모습 : 풍족하고 화려한 생활을 영위
　㉠ 기와집, 창고, 마구간, 우물, 높은 담을 갖춘 집에서 생활
　㉡ 중국에서 수입한 비단으로 옷을 해 입고, 금·은 등의 보석으로 치장

(2) 농민의 경제 생활

① 농민의 구성 : 자영농민은 자기 소유의 토지를 경작하였고, 전호들은 부유한 자의 토지를 빌려 경작
② 농민의 현실

ⓐ 농민들의 토지는 대체로 척박한 토지가 많아 매년 계속 농사짓기가 곤란

ⓑ 국가와 귀족에게 곡물이나 삼베, 과실 등을 내야 했고, 부역이나 농사에 동원

ⓒ 국가와 귀족의 과도한 수취와 부역 동원으로 농민부담은 가중되고 생활이 곤궁

③ 농민의 자구책과 한계

ⓐ 농민은 스스로 농사 기술을 개발하고 계곡 옆이나 산비탈 등을 경작지로 개간하여 농업 생산력 향상에 힘씀

ⓑ 생산력 향상이 곤란하거나 자연재해, 고리대의 피해가 발생하면 노비가 되거나 유랑민 · 도적이 되기도 함

(3) 대외 무역 ★ 빈출개념

① 공무역의 발달 : 삼국의 무역은 주로 왕실과 귀족의 필요에 따른 공무역 형태로서, 중계무역을 독점하던 낙랑군이 멸망한 후인 4세기 이후 크게 발달

② 삼국의 무역

ⓐ 고구려 : 남북조 및 유목민인 북방 민족과 무역

ⓑ 백제 : 동진 이후로 남중국과 주로 교류, 왜와도 활발한 무역 전개

ⓒ 신라

• 한강 진출 이전 : 4세기에는 고구려를 통해 북중국과, 5세기에는 백제를 통해 남중국과 교역

• 6세기 한강 진출 이후 : 당항성(黨項城)을 통하여 직접 중국과 교역

4. 통일 신라의 경제 생활

(1) 귀족층의 경제 생활

① 경제적 기반

ⓐ 통일 전 : 식읍과 녹읍

ⓑ 통일 후 : 녹읍 폐지로 경제적 특권을 제약받았으나, 국가에서 나눠준 토지 · 곡물 이외에 물려받은 토지 · 노비 · 목장 · 섬 등을 경영

② 풍족한 경제 생활의 영위 : 통일 이후 풍족한 경제 기반, 귀족들의 수입 사치품 사용, 당의 유행에 따른 의복과 호화별장 등을 소유

(2) 농민의 경제 생활

① 곤궁한 경제 생활의 영위 : 농업기술이 발달하지 못해 매년 경작이 곤란

② 과도한 수취 제도 : 귀족 · 촌주 등에 의한 수탈, 무리한 국역

③ 농민의 몰락 : 8세기 후반 귀족이나 지방 유력자의 토지 소유가 늘면서 소작농이나 유랑민으로 전락하는 농민이 증가

(3) 대외 무역

① 대당 무역의 발달 : 통일 후 당과의 관계가 긴밀해지면서 공무역 · 사무역이 발달

ⓐ 대당 수출품 : 인삼, 베, 해표피, 금 · 은 세공품, 수입품은 비단 · 서적 · 귀족 사치품

통일 전후 신라의 수출품 변화

• 삼국 통일 전 : 토산 원료품
• 삼국 통일 후 : 금 · 은 세공품, 인삼

통일 신라의 농업

수전 농업과 목축이 발달, 벼, 보리, 콩, 조, 인삼(삼국시대부터 재배), 과실 및 채소류가 재배, 9세기 흥덕왕 때 김대렴이 당에서 차 종자를 가져와 본격적으로 보급 · 재배

통일 신라의 수공업과 상업

• 관청 수공업 : 장인과 노비들이 왕실과 귀족의 물품을 생산
• 민간 수공업 : 주로 농민의 수요품을 생산
• 사원 수공업 : 사원 수공업이 번창하여 자체 수요 물품을 생산
• 상업
  – 상품 생산의 증가 : 통일 후 농업 생산력의 성장을 토대로 인구가 증가, 상품 생산도 증가
  – 교환 수단 : 물물교환이 존속, 포와 미곡이 교환 수단으로 이용되기도 함
  – 시장의 설치 : 동시(東市)만으로 상품 수요를 충족하지 못하여 서시(西市)와 남시(南市)를 추가로 설치, 주의 읍치나 소경 등 지방 중심지나 교통 요지에 시장 발생

하류층의 경제 생활

• 향(鄕) · 부곡민(部曲民) : 농민과 대체로 비슷한 경제생활을 하였으나 더 많은 공물 부담을 졌으므로 생활이 더 곤궁
• 노비의 생활
  – 왕실 · 관청 · 귀족 · 절 등에 종속
  – 음식 · 옷 등 각종 필수품을 만들고 일용 잡무 담당
  – 주인을 대신하여 농장을 관리하거나 주인의 땅을 경작

ⓒ 대당 무역로 : 남로(전남 영암 ⇒ 상하이 방면)와 북로(경기도 남양만 ⇒ 산동 반도)

ⓒ 무역항 : 남양만(당항성), 울산항(최대의 교역항) 등이 유명

ⓒ 대당 교류 기구 : 산동 반도와 양쯔강 하류 일대의 신라방과 신라소 · 신라관 · 신라원 등

5. 발해의 경제

(1) 경제 생활

① 농업 : 철제 농기구가 널리 사용되고 수리 시설이 확충되면서 일부 지역에서 벼농사를 지음

② 목축업과 어업 : 고기잡이 도구가 개량되었고 다양한 어종을 잡음

③ 수공업 : 금속 가공업, 직물업, 도자기업 등 다양한 수공업이 발달

④ 상업 : 수도인 상경 용천부 등 도시와 교통 요충지에서 상업이 발달

03절   고대의 사회 구조와 사회 생활

1. 초기 국가 시대

(1) 사회 계층의 구분

① 지배층 : 가, 대가, 호민

ⓒ 가(加) · 대가(大加) : 부여 및 초기 고구려의 권력자

ⓒ 호민(豪民) : 경제적으로 부유한 읍락의 지배층

② 피지배층 : 하호(농업에 종사하는 양인), 노비(읍락의 최하층민)

2. 삼국 시대

(1) 삼국의 신분제

① 엄격한 신분 제도의 운영 : 지배층 내부에서 엄격한 신분 제도가 운영되어, 출신 가문과 등급에 따라 승진과 권리, 경제적 혜택에 차등을 둠

② 신분 제도의 특징 : 신분제적 질서, 신라 골품제, 율령제정 등

(2) 신분의 구성

① 귀족 : 왕족을 비롯한 부족장 세력이 귀족으로 재편성

② 평민 : 대부분 농민, 자유민, 조세를 납부하고 노동력을 징발 · 제공

③ 천민

ⓒ 향 · 부곡민 : 촌락을 단위로 한 집단 예속민으로, 평민보다 무거운 부담을 짐

ⓒ 노비 : 왕실이나 관청, 귀족 등에 예속되어 신분이 자유롭지 못함

3. 고구려 사회의 모습

(1) 사회 기풍과 형률

① 사회 기풍 : 활발한 정복 활동으로 상무적 기풍이 강함

② 엄격한 형률 : 1책 12법(도둑질한 자는 12배를 물게함), 형법이 매우 엄격

(2) 사회 계층

① 지배층 : 왕족인 고씨를 비롯, 5부족 출신의 귀족

② 피지배층 : 백성(대부분 자영농), 천민 · 노비(몰락한 평민, 채무자)

(3) 혼인 풍습

① 지배층 : 형사취수제(兄死娶嫂制)와 서옥제(데릴사위제)

② 피지배층 : 자유로운 교제를 통해 결혼했으며 지참금이 없음

4. 백제 사회의 모습

(1) 사회 기풍

① 사회 기풍 : 상무적 기풍을 지녀 말 타기와 활쏘기를 즐김

② 언어 · 풍속 · 의복 : 고구려와 비슷, 백제 사람은 키가 크고 의복이 깔끔하다는 중국 문헌의 기록이 있음

③ 엄격한 형률 : 고구려와 비슷

(2) 지배층의 생활

① 지배층의 구성 : 왕족인 부여씨와 왕비족인 진씨 · 해씨, 8대 성(남천 이후 완성)의 귀족

② 생활 모습 : 중국 고전과 사서를 즐겨 읽고 한문에 능숙하며, 관청의 실무에도 밝음

5. 신라 사회의 특징

(1) 골품제(骨品制)

① 성립 : 부족 연맹체에서 고대 국가(중앙 집권 국가)로 발전하는 과정에서 각 지방의 족장을 지배 계층으로 흡수 · 편제하면서 그들의 신분 보장을 위해 마련

② 성격 : 폐쇄적 신분 제도, 개인의 사회 활동 제한

③ 구성 및 내용

   ⊙ 성골 : 김씨 왕족 중 부모가 모두 왕족인 최고의 신분

   ⓛ 진골 : 집사부 장관인 시중(중시) 및 1관등에서 5관등까지 임명되는 각 부 장관[슈]을 독점

   © 6두품(득난) : 진골 아래 있는 두품 중 최고 상급층

   ② 5두품 : 최고 10관등 대나마까지 진출, 가옥은 18자로 제한

고구려의 최고 지배층

• 왕 : 고씨, 계루부 출신

• 왕비 : 절노부 출신

• 5부족 : 계루부, 절노부, 소노부, 관노부, 순노부

골품제의 규정

골품제를 통해 관등 상한선, 정치 및 사회 활동 범위, 가옥 규모, 복식 등이 규정되었으나 관직은 규정되지 않음

골품제에 따른 관등

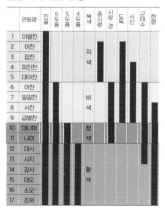

성골 · 진골 가설

• 진흥왕의 직계(성골) 및 방계(진골)를 구별하기 위한 표현임

• 성골은 왕족 내부의 혼인으로 태어난 집단이고, 진골은 왕족과 다른 귀족의 혼인으로 태어난 집단임

• 같은 왕족이면서도 성골과 진골로 구별되는 것은 모계에 의한 것인 듯 함

• 정치적인 면에서 구분하여 왕실 직계의 왕위 계승자 및 왕위 계승을 보유할 수 있는 제한된 근친자를 포함하여 성골이라 칭하고, 그 외 왕위 계승에서 소외된 왕족을 진골이라 하였다고 하는 견해도 있음

ⓜ 4두품 : 최고 12관등 대사까지 진출, 가옥은 15자로 제한

ⓑ 기타 : 통일 후 6 · 5 · 4두품은 귀족화되었고, 3 · 2 · 1두품은 구분이 없어져 일반 평민으로 편입(성씨가 있다는 점에서는 일반 농민과 차이가 있음)

(2) 화백 회의(和白會議)

① 의미 : 귀족의 단결을 강화하고 국왕과 귀족 간의 권력을 조절

② 조직 : 상대등이 회의를 주재(귀족 연합적 정치를 의미)

③ 회의 장소 : 남당(南堂), 경주 부근의 4영지(청송산 · 우지산 · 금강산 · 피전)

④ 특징 : 만장일치제, 왕권의 견제, 집단의 단결 강화

⑤ 기능의 변천

　㉠ 행정 관부 설치 이전 : 화백 회의를 통해 국가 기본 사항을 결정 · 집행

　㉡ 행정 관부 설치 이후 : 화백 회의에 참여해 결정하는 층과 결정 사항을 집행하는 층으로 구분

(3) 화랑도(花郞徒)

① 기원 및 발전 : 씨족 공동체 전통을 가진 원화(源花)가 발전한 원시 청소년 집단

② 구성 : 화랑(단장), 낭도(왕경 6부민), 승려

③ 목적 및 기능 : 제천 의식의 거행, 단결 정신 고취, 심신의 연마

④ 특성 : 일체감을 형성, 계층 간 대립과 갈등의 조절 · 완화

⑤ 화랑 정신

　㉠ 최치원의 난랑비문 : 유 · 불 · 선 3교의 현묘한 도를 일컬어 화랑도라 함

　㉡ 원광의 세속 5계 : 공동체 사회 이념을 바탕으로 한 실천 윤리 사상

　㉢ 임신서기석(壬申誓記石) : 두 화랑이 학문(유교 경전의 학습)과 인격 도야, 국가에 대한 충성 등을 맹세한 비문

6. 통일 신라의 사회 모습

(1) 신라의 사회 정책 및 계층

① 민족 통합 정책 : 백제와 고구려의 유민들을 9서당에 편성함으로써 민족 통합에 노력

② 왕권의 전제화 및 사회의 안정 : 귀족에 대한 견제 · 숙청을 통해 통일 후 중대 사회의 안정을 이룸

③ 사회 계층

　㉠ 진골 귀족 : 최고 신분층으로 중앙 관청의 장관직을 독점

　㉡ 6두품 : 신분적 제약으로 인해 중앙 관청의 우두머리나 지방의 장관은 불가

(2) 신라 사회의 모습

① 금성과 5소경

　㉠ 금성(경주) : 수도이자 정치 · 문화의 중심지로서 대도시로 번성

　㉡ 5소경 : 귀족들이 거주하는 지방의 문화 중심지

중위제

• 의미 : 출신별 진급 제한에 대한 보완책 · 유인책으로 준 일종의 내부 승진제. 6두품 이하의 신분을 대상으로 함

• 내용 : 아찬은 4중 아찬까지, 대나마는 9중 대나마까지, 나마는 7중 나마까지

• 대상 : 공훈 및 능력자

• 의의 : 높은 귀족에게만 허용된 관등의 영역을 침범하지 못하게 한 것

삼국의 귀족 회의와 수상

• 고구려 : 제가 회의, 대대로

• 백제 : 정사암 회의, 상좌평

• 신라 : 화백 회의(만장일치제), 상대등(왕권 강화 후 중시(시중)가 행정 총괄)

세속 5계

• 사군이충(事君以忠)

• 사친이효(事親以孝)

• 교우이신(交友以信)

• 임전무퇴(臨戰無退)

• 살생유택(殺生有擇)

소경(小京)의 기능

지방의 정치 · 문화적 중심지, 지방 세력의 견제, 피정복민의 회유, 경주의 편재성 보완 등

신라 말 사회 모순
- 귀족들의 대토지 소유 확대로 자작농의 조세 부담 증가
- 자작농 몰락 : 소작농, 유랑민, 화전민, 노비로 전락

신라 말의 조세 납부 거부
9세기 말 진성여왕 때에는 중앙정부의 기강이 극도로 문란해졌으며, 지방의 조세 납부 거부로 국가재정이 바닥이 드러났음. 그리하여 한층 더 강압적으로 조세를 징수하자 상주의 원종과 애노의 난을 시작으로 농민의 항쟁이 전국적으로 확산되었음

발해의 멸망
발해는 소수의 고구려계 유민이 지배층으로서 다수의 말갈족을 다스리는 봉건적 사회 구조를 취하고 있었음. 간혹 극소수의 말갈계가 지배층에 편입되기도 하였으나 유력한 귀족 가문은 모두 고구려계였음. 지배층과 피지배층 간 민족 구성의 차이는 발해 멸망의 주요 요소로 지적되고 있음

빈공과
당(唐)에서 외국인을 대상으로 실시한 과거 시험으로서, 발해는 10여 인이 유학하여 6명 정도가 합격하였음

삼국 문화의 동질적 요소
- 언어와 풍습 등이 대체로 비슷(삼국의 이두문)
- 도사와 같은 독특한 관직을 공통적으로 운용
- 온돌, 막새 기와, 미륵 반가 사유상, 사찰의 구조, 음악(거문고·가야금), 미륵 사상 등

통일 신라 문화의 기본적 성격
- 문화적 차원과 폭의 확대 : 삼국 문화가 종합되면서 문화적 차원과 폭이 확대되고 보다 세련된 문화로 발전하였으며, 이러한 기반 위에서 다시 당 문화의 영향을 강하게 받음
- 민족 문화의 토대 확립 : 다양한 문화적 수용을 바탕으로 고대 문화를 완성하고 이를 통해 민족문화의 토대를 확립함

② 귀족의 생활 : 금입택(金入宅)이라 불린 저택에 거주, 고급 장식품 사용, 불교 후원 등

③ 평민의 생활 : 토지를 경작, 채무로 노비가 되는 경우도 많았음

(3) 신라 말 사회의 혼란

① 신라 말의 사회상 : 지방의 신흥 세력이 성장, 호족이 등장, 백성의 곤궁, 농민의 몰락 등으로 민심이 크게 동요

② 정부의 대책과 실패 : 민생 안정책을 강구하였지만 실패, 소작농으로 전락 등

③ 모순의 심화 : 국가 재정 악화, 원종과 애노의 난 발발

실력UP 신라 말기의 반란

진성 여왕 3년(889) 나라 안의 여러 주·군에서 공부(貢賦)를 바치지 않으니 창고가 비어 버리고 나라의 쓰임이 궁핍해졌다. 왕이 사신을 보내어 독촉하였지만, 이로 말미암아 곳곳에서 도적이 벌떼 같이 일어났다. 이에 원종·애노 등이 사벌주(상주)에 의거하여 반란을 일으키니 왕이 나마 벼슬의 영기에게 명하여 잡게 하였다. 영기가 적진을 쳐다보고는 두려워하여 나아가지 못하였다.

— 〈삼국사기〉 —

7. 발해 사회의 모습

(1) 사회 구성

① 지배층 : 왕족인 대씨와 귀족인 고씨 등의 고구려계 사람들이 대부분

② 피지배층 : 주로 말갈인으로 구성

(2) 생활 모습

① 상층 사회 : 당의 제도와 문화를 수용하였으며, 지식인들은 당에 유학하여 빈공과에 합격하기도 함

② 하층 사회 : 촌락민들은 촌장(수령)을 통해 국가의 지배를 받았음

04절 고대 문화의 발달

1. 삼국 문화의 특성

(1) 삼국 문화의 의의 및 성격

① 삼국 문화의 의의 : 각각의 개성을 유지하는 가운데서도 서로 영향을 주고받으며 민족 문화의 기반을 형성

② 삼국 문화의 기본 성격 : 2원적 성격, 불교문화의 영향, 문화적 동질성

(2) 삼국 문화의 특징

① 고구려 : 패기와 정열이 넘치는 문화적 특성
② 백제 : 평야 지대에 위치하여 외래문화와 교류가 활발, 우아하고 세련된 문화적 특징
③ 신라 : 6세기에 한강 유역을 확보한 이후 조화미가 강조되며 발전

2. 한문학과 유학, 향가의 발달

(1) 한자의 보급

① 한자 문화권의 형성 : 철기 시대부터 한자를 사용, 삼국 시대의 지배층은 한자를 널리 사용
② 이두(吏讀)와 향찰(鄕札)의 사용 : 한문의 토착화가 이루어지고 한문학이 널리 보급됨

(2) 한문학

① 삼국 시대의 한문학 ⭐빈출개념
　　㉠ 한시 : 유리왕의 황조가, 을지문덕의 오언시(여수장우중문시) 등
　　㉡ 노래 : 백제의 정읍사, 신라의 회소곡, 가야의 구지가 등
② 신라의 한문학 : 한학(유학)의 보급과 발달에 따라 발달(강수, 설총, 김대문, 최치원 등)
③ 발해의 한문학 : 4 · 6 변려체로 쓰인 정혜공주와 정효공주의 묘지(墓誌)를 통해서 높은 수준을 짐작할 수 있으며, 시인으로는 양태사 · 왕효렴이 유명

(3) 유학의 보급

① 삼국 시대 : 유학이 본격적으로 수용, 율령, 유교 경전 등을 통해 한문학을 이해
　　㉠ 고구려 : 종묘 건립, 3년상 등 생활 속에서 유교적 예제(禮制)가 행해짐
　　㉡ 백제 : 6좌평과 16관등, 공복제 등의 정치 제도는 유학 사상의 영향을 받음
　　㉢ 신라 : 법흥왕 때의 유교식 연호, 진흥왕 순수비, 화랑도 등은 유학 사상의 영향을 받음
② 통일 신라 유학의 성격 : 원시 유학과 한 · 당의 유학이 합쳐진 유학, 전제 왕권과 중앙 집권 체제를 뒷받침

(4) 대표적 유학자

① 통일기 신라의 유학자 : 6두품 출신의 유학자가 많음, 도덕적 합리주의를 강조
　　㉠ 강수(6두품)
　　　• 〈청방인문서〉, 〈답설인귀서〉 등 외교 문서를 잘 지은 문장가
　　　• 불교를 세외교라 하여 비판하고, 도덕을 사회적 출세보다 중시함
　　　• 일부다처나 골품제에 의한 신분 제도 등을 비판하고 유교의 도덕적 합리주의를 강조

남북국 시대 문화의 특성

• **통일 신라 문화의 특징**: 귀족 중심의 문화가 발전하면서 민간 문화의 수준도 향상됨. 중앙의 문화가 전파되면서 지방 문화 수준도 전반적으로 향상됨. 조형 미술을 중심으로 조화미 · 정제미를 창조(불교와 고분 문화 등을 통해 다양하게 표현됨), 당 · 서역과의 국제적 교류로 세련된 문화 발전
• **발해 문화의 특징**: 고구려 문화의 바탕 위에 당 문화 혼합, 웅장하며 건실함

이두와 향찰

• **이두** : 한자의 음과 훈을 빌려 우리말을 적는 표기법으로, 한문을 주로 하는 문장 속에 토씨 부분에 사용됨
• **향찰** : 한자의 음과 훈을 빌려 우리말을 표기하는 방식인 차자(借字) 표기로, 이두와는 달리 문장 전체를 표현

설화 문학

• 서민들 사이에서 구전된 문학
• 에밀레종 설화, 효녀 지은 이야기, 설씨녀 이야기 등

민중의 노래

• 구지가와 같은 무속 신앙과 관련된 노래나 회소곡(會蘇曲) 등의 노동요가 유행
• 민중들은 어려운 생활 속에서 그들의 소망을 노래로 표현(백제의 정읍사)

최치원
- 6두품 출신으로 당에 유학하여 빈공과에 급제하고 관직에 오르는 한편 문장가로 이름을 떨침
- 귀국하여 진성여왕에게 개혁을 건의하고 국정을 비판하였으나, 개혁이 이루어지지 않자 혼란한 세상에 뜻을 잃고 전국 각지를 유람하다가 해인사에서 일생을 마침
- 유학자인 동시에 불교와 도교에도 조예가 깊은 사상가였으며, 고려건국에 큰 영향을 끼침

도당 유학생 파견
- 당의 문화 정책인 국학의 문호 개방책, 신라의 문화적 욕구, 삼국 항쟁기에 당의 힘을 빌리려는 외교적 목적의 합치로 인해 도당 유학생의 파견이 시작
- 통일 후 숙위 학생이라고 불린 이들은 관비 유학생으로 파견과 귀국을 국가에서 주관하였으며, 의식주는 당에서 지원하였고 도서 구입 비용은 신라에서 지원
- 초기 도당 유학생은 대부분 진골이었으나 하대로 갈수록 6두품을 중심으로 파견, 이들 중 상당수는 귀국하지 않고 당에 머물렀으며, 귀국한 유학생들도 개혁을 주장하다가 은거하거나 반신라 세력으로서 호족과 결탁하는 등의 행보를 보임

찬기파랑가
열치며/나타난 달이/흰 구름 좇아 떠가는 것 아닌가/새파란 시냇가에/기랑의 얼굴이 있구나/이로부터 시냇가 조약돌에/낭이 지니시던/마음의 가를 좇고 싶어라/아! 잣가지 높아/서리 모를 화판이여

   ⓒ 설총(6두품)
    • 원효의 아들로, 이두를 집대성
    • 풍왕서(화왕계)를 지어 국왕의 유교적 도덕 정치를 강조
  ⓐ 통일 이후의 유학자 : 당과 교류가 활발해지면서 도당 유학생이 증가
   ⊙ 김대문(진골)
    • 성덕왕 때 주로 활약한 통일 신라의 대표적 문장가
    • 〈악본〉, 〈화랑세기〉, 〈고승전〉, 〈한산기〉, 〈계림잡전〉 등이 유명(모두부전)
   ⓒ 최치원(6두품)
    • 당의 빈공과(賓貢科)에 급제하고 귀국 후 진성여왕에게 개혁안 10여조를 건의(수용되지 않음)
    • 골품제의 한계를 자각하고 과거 제도를 주장하였으며, 반신라적 사상을 견지
    • 〈계원필경〉(현존 최고의 문집), 〈제왕연대력〉, 〈법장화상전〉 등을 저술
    • 4산 비명 : 숭복사비, 쌍계사 진감선사비, 성주사 낭혜화상탑비, 봉암사 지증대사비

실력up 도당 유학생
- **유학의 배경** : 전제 왕권 확립을 위한 유교 정치 이념의 필요성 인식, 방계 귀족에 대한 견제
- **기능** : 유학생이자 외교관의 기능을 겸하며, 정치적 인질의 성격을 지니기도 함
- **대표적 유학생** : 최치원, 최승우, 최언위 등
- **특징**
 – 대부분 6두품 출신으로, 다수가 빈공과에 합격(신라인 80명, 발해인 10명가량)
 – 실력 위주의 풍토를 정착시킴으로써 과거 제도가 마련되는 배경으로 작용
 – 귀국 후 신분적 한계로 정치 참여가 제한되었으며 주로 왕의 고문 역할을 수행. 왕권 강화 · 과거제 실시 · 국사 편찬 등의 필요성을 제시
 – 골품제와 신라 사회의 모순을 비판하며 새로운 사회로의 방향을 제시

(5) 향가의 발달
① 편찬 : 한자를 빌어 표기, 주로 불교 수용 후 화랑과 승려가 지음
② 내용 : 화랑에 대한 사모의 심정, 형제간의 우애, 동료 간의 의리, 공덕이나 불교에 대한 신앙심, 부처님의 찬양, 지배층의 횡포에 대한 비판 등
③ 대표작 : 원왕생가, 모죽지랑가, 헌화가, 도솔가, 제망매가, 찬기파랑가, 안민가, 처용가 등

3. 교육 및 역사

(1) 삼국의 교육
① 교육의 특징 : 문무 일치 · 귀족 중심 · 수도 중심의 교육
② 교육 기관 및 유학의 교육 : 한자의 보급과 함께 교육 기관이 설립됨
 ⊙ 고구려 : 수도에 태학(유교 경전과 역사 교육), 지방에 경당 설치
 ⓒ 백제 : 5경 박사와 의박사 · 역박사 등이 유교 경전과 기술학 교육

ⓒ 신라 : 임신서기석(유교 경전을 공부했음을 알 수 있음), 화랑도(세속 5계), 한자 및 이두 사용

(2) 남북국의 교육

① 통일 신라

ⓐ 국학

- 신문왕 때 설립(682)한 유학 교육 기관으로, 충효 사상 등 유교 정치 이념을 통해 전제 왕권 강화에 기여
- 경덕왕 때 태학이라 고치고 박사와 조교를 두어 〈논어〉와 〈효경〉 등의 유교 경전을 교육, 혜공왕 때 국학으로 환원
- 입학 자격은 15~30세의 귀족 자제로 제한되며, 졸업 시 대나마·나마의 관위를 부여
- 〈논어〉와 〈효경〉을 필수 과목으로 하며, 〈주역〉·〈상서〉·〈모시〉·〈예기〉·〈좌씨전〉 등을 수학

ⓑ 독서삼품과

- 원성왕 때(788) 시행한 관리 등용 제도로, 유교 경전의 이해 수준에 따라 3등급으로 구분해 관리를 등용(상품·중품·하품)
- 골품이나 무예를 통해 관리를 등용하던 방식에서 벗어나, 유교 교양을 시험하여 관리를 등용함으로써 충효일치를 통한 전제 왕권 강화에 기여

② 발해

ⓐ 학문 발달을 장려 : 당에 유학생을 보내고 서적을 수입

ⓑ 한학 교육을 장려

- 주자감을 설립하여 귀족 자제들에게 유교 경전을 교육
- 6부의 명칭이 유교식이며, 정혜공주·정효공주 묘비문은 4·6 변려체의 한문으로 작성됨, 5경과 〈맹자〉, 〈논어〉, 3사(〈사기〉·〈한서〉·〈후한서〉), 〈진서〉, 〈열녀전〉 등을 인용
- 외교 사신(양태사, 왕효렴 등)과 승려(인정, 인소 등) 중 많은 사람이 한시에 능통

(3) 역사서의 편찬

① 삼국의 사서 편찬

ⓐ 고구려 : 영양왕 때 이문진이 국초의 〈유기(留記)〉를 간추려 〈신집(新集)〉5권을 편찬

ⓑ 백제 : 근초고왕 때 고흥이 〈서기(書記)〉를 편찬

ⓒ 신라 : 진흥왕 때 거칠부가 〈국사(國史)〉를 편찬

② 통일 신라의 사서 편찬

ⓐ 김대문 : 통일 신라의 대표적 문장가

- 대표적 저서 : 〈악본〉, 〈고승전〉, 〈한산기〉, 〈계림잡전〉, 〈화랑세기〉 등

ⓑ 최치원 : 〈제왕연대력〉을 저술

삼국 불교의 성격
- 호국적 사상((인왕경)이 널리 읽힘)
- 왕실 · 귀족 중심의 불교(왕실이 앞장 서서 수용)
- 토착 신앙의 흡수(샤머니즘적 성격)
- 현세 구복적

정토 신앙(아미타 신앙 · 미륵 신앙)과 관음 신앙
- 아미타 신앙 : 내세에 극락정토를 확 신하는 신앙
- 미륵 신앙 : 미륵이 중생을 구제한다 는 신앙
- 관음 신앙 : 현세의 고난 구제를 확신 하는 신앙

교종의 창시자 및 사찰

종파	창시자	사찰
열반종	보덕(고구려) : 중생은 모두 부처가 될 수 있는 불성을 지님	경복사 (전주)
계율종	자장(신라)	통도사 (양산)
법성종	원효 : 5교의 통합을 주장	분황사 (경주)
화엄종	의상	부석사 (영주)
법상종	진표 : 미륵 신앙 (이상 사회, 업설) 원측 : 유식 불교	금산사 (김제)

4. 삼국 시대의 불교

(1) 불교의 수용

① 삼국 시대의 불교 전래
  ㉠ 고구려 : 중국 전진(前秦)의 순도를 통하여 소수림왕 때 전래(372)
  ㉡ 백제 : 동진(東晉)의 마라난타를 통해 침류왕 때 전래(384)
  ㉢ 신라 : 고구려 묵호자를 통해 전래, 6세기 법흥왕 때 국가적으로 공인(527)
② 삼국 시대 불교의 성격 : 왕실과 귀족을 중심으로 수용 · 공인, 호국적 성격, 대승 불교가 주류를 이룸

(2) 삼국의 불교

① 고구려 : 북위 불교의 영향을 받음
② 백제 : 중국 남조 불교의 영향을 받음, 후기의 불교는 호국적 성격
③ 신라 : 삼국 중 불교 수용이 가장 늦음, 불교를 국가 발전에 가장 효율적으로 이용

(3) 신라의 명승 ★빈출개념

① 원광(圓光)
  ㉠ 대승 불교 정착에 공헌 : 자신의 사상을 일반 대중에게 쉽고 평범한 말로 전파
  ㉡ 걸사표(乞師表) : 진평왕 31년(608)에 고구려가 신라 변경을 침범했을 때 왕의 요청으로 수나라에 군사적 도움을 청하는 걸사표를 지음
  ㉢ 세속오계 : 화랑의 기본 계율이자 불교의 도덕률로서 기능
② 자장(慈藏)
  ㉠ 636년 당에서 귀국한 후 대국통을 맡아 승려의 규범과 승통의 일체를 주관
  ㉡ 황룡사 9층탑 창건을 건의하고 통도사와 금강계단을 건립

5. 남북국 시대의 불교

(1) 통일 신라

① 불교의 정립 : 삼국 불교 유산을 토대로 하여 다양하고 폭넓은 불교 사상 수용의 기반을 마련
② 불교의 특징 : 불교 대중화 운동의 전개(원효의 아미타신앙), 밀교 신앙의 성행
③ 교종의 5교
  ㉠ 성립 : 통일 전에 열반종 · 계율종이, 통일 후 법성종 · 화엄종 · 법상종이 성립
  ㉡ 특성 : 중대 전제 왕권 강화에 기여, 화엄종과 법상종이 가장 유행
④ 명승
  ㉠ 원효(元曉, 617~686)
   • 〈대승기신론소〉, 〈금강삼매경론〉, 〈십문화쟁론〉 등을 저술
   • '모든 것이 한마음에서 나온다'는 일심 사상(一心思想)을 바탕으로 종파들 간의 사상적 대립을 조화시키고, 여러 종파의 사상을 융합하는 화쟁 사상 을 주창

- 불교 대중화의 길을 엶(고려 시대 의천과 지눌에 영향을 미침)
- 경주 분황사에서 법성종(法性宗)을 개창
  ⓒ 의상(義湘, 625~702)
  - 화엄종을 연구
  - 〈화엄일승법계도〉를 저술하여 화엄 사상을 정립
  - 화엄의 근본 도량이 된 부석사(浮石寺)를 창건(676)하고, 화엄 사상을 바탕으로 교단을 형성하여 제자를 양성하고 불교 문화의 폭을 확대
  - 모든 사상을 보다 높은 차원에서 하나로 조화시키는 원융 사상(일즉다 다즉일(一卽多 多卽一)의 원융 조화 사상)을 설파
  - 아미타 신앙과 함께 현세에서 고난을 구제받고자 하는 관음 신앙을 설파
  ⓒ 진표(眞表, ?~?)
  - 김제 금산사를 중심으로 법상종을 개척
  - 미륵 신앙(이상 사회, 업설이 일반 백성에 널리 유포되는 데 기여)
  ⓐ 원측(圓測, 613~696)
  - 당의 현장에게서 유식 불교(唯識佛敎)를 수학(유식 불교의 대가)
  - 현장의 사상을 계승한 규기(窺基)와 논쟁하여 우위를 보임
  ⓜ 혜초(慧超, 704~787)
  - 인도에 가서 불교를 공부하고 〈왕오천축국전〉을 남김
  - 인도 순례 후 카슈미르, 아프가니스탄, 중앙아시아 일대까지 답사

(2) 선종(禪宗)의 발달

① 특징
  ㉠ 기존의 사상 체계에 의존하지 않고 스스로 사색하여 진리를 깨닫는 것을 중시
  ㉡ 개인적 정신 세계를 찾는 경향이 강하여 좌선을 중시
  ㉢ 교종에 반대하고 반체제적 입장에서 지방의 독자적 세력을 구축하려는 호족의 성향에 부합
② 역사적 의의
  ㉠ 경주 중심의 문화를 극복하고 지방 문화의 역량을 증대(지방을 근거로 성장)
  ㉡ 중국 문화에 대한 이해와 인식의 폭을 확대(한문학 발달에 영향)
  ㉢ 새로운 시대의 이념과 사상을 제공
  ㉣ 불교 의식과 권위를 배격, 종파 불교가 본격적으로 전개됨
  ㉤ **승탑과 탑비의 유행** : 쌍봉사 철감선사 승탑, 4산비명 등
③ 9산의 성립 : 선종 승려 중에는 지방의 호족 출신이 많아 주로 지방에 근거지를 두었는데, 그 중 대표적인 9개의 선종 사원을 9산 선문이라고 함
④ 교종과의 비교

구분	교종(敎宗)	선종(禪宗)
전래	상대(눌지왕 때 최초 전래)	상대(선덕여왕 때 법랑이 전래)
융성기	중대(귀족 및 왕실 계층)	하대(호족 불교로 발전)

왕오천축국전(往五天竺國傳)

혜초가 인도를 여행하고 쓴 기행문으로, 프랑스 학자 펠리오(Pelliot)가 간쑤성(甘肅省) 둔황(敦煌)의 석굴에서 발견, 현재 프랑스 국립 도서관에 소장

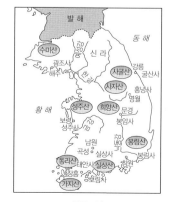

선종 9산

종파	• 열반종 : 보덕 • 계율종 : 자장 • 법성종 : 원효 • 화엄종 : 의상 • 법상종 : 진표	• 가지산문 : 도의 • 동리산문 : 혜철 • 사자산문 : 도윤 • 성주산문 : 무염 • 수미산문 : 이엄	• 실상산문 : 홍척 • 봉림산문 : 현욱 • 사굴산문 : 범일 • 희양산문 : 도헌
성격	• 교리 연구 · 경전 해석 치중 • 불교 의식 및 행사 중시 • 염불과 독경 중시	• 개인의 정신 수양 강조 • 좌선(坐禪) 중시 • 불립문자(不立文字) • 견성오도(見性悟道)	
영향	• 조형 미술의 발달 • 왕권 전제화에 공헌	• 조형 미술의 쇠퇴 • 중국 문화에 대한 이해의 폭 확대 • 후삼국 및 고려 건립의 정신적 지주	

발해의 불교
문왕은 불교적 성왕을 자칭. 상경에서는 10여 개의 절터와 불상이 발굴

현무도(강서대묘)

산수 무늬 벽돌

백제 금동대향로

사택지적비

(3) 발해의 불교

① **고구려 불교의 영향**
  ㉠ 수도 상경의 절터 유적과 불상, 석등, 연화 무늬 기와, 이불병좌상 등
  ㉡ 왕실과 귀족 중심의 불교로, 절터 등의 유적은 주로 5경에 집중되어 있음
② **종파** : 관음 신앙과 법화 신앙(이불병좌상)
③ 석인정, 석정소 등은 발해의 대표적 명승으로, 불법을 널리 전파

6. 도교와 풍수 지리설

(1) 도교

① **전래 시기** : 고구려 영류왕(624) 때 전래
② **신봉 계층** : 진골에 반발하던 6두품 계층이 신봉하여 반신라적 성격을 지님
③ **내용** : 노장 사상, 즉 무위자연을 이상으로 여기는 일종의 허무주의 사상
④ **도교 사상의 반영**
  ㉠ **고구려** : 강서고분의 사신도(四神圖)와 비선(飛仙), 보장왕 때 연개소문의 요청으로 불교 세력을 누르기 위해 도교를 장려
  ㉡ **백제**
    • 산수 무늬 벽돌(산수문전) : 삼신산, 도관, 도사의 문양
    • 백제 금동대향로 : 주작, 봉황, 용
    • 사택지적비 : 노장 사상의 허무주의적 내용이 담겨 있음
    • 무령왕릉 지석의 매지권
  ㉢ **신라** : 도교적 요소가 삼국 중 가장 뚜렷
  ㉣ **통일 신라** : 12지신상, 4영지, 안압지, 4산 비명 등
  ㉤ **발해** : 정혜공주와 정효공주 묘지의 4 · 6 변려체, 정효공주 묘의 불로장생 사상

(2) 풍수지리설(風水地理說)

① **전래** : 신라 말 도선 등의 선종 승려들이 중국에서 유행한 풍수지리설을 전래
② **내용** : 산세와 수세를 살펴 도읍 · 주택 · 묘지 등을 선정하는 인문지리적 학설로,

국토의 효율적인 이용과 관련됨

③ **영향** : 다른 지방의 중요성을 자각하는 계기, 선종과 함께 나말 신라 정부의 권위를 약화시키는 구실

7. 천문학과 수학

(1) 천문학의 발달

① **천체 관측** : 삼국은 천문 기상을 담당하는 관리로 일관, 일자 등을 둠
   ㉠ **고구려** : 천문도(天文圖), 고분 벽화에도 해와 달의 그림이 남아 있음
   ㉡ **백제** : 역박사를 두었고, 천문을 관장하는 일관부가 존재
   ㉢ **신라** : 7세기 선덕여왕 때에 현존하는 세계 최고(最古)의 천문대인 첨성대(瞻星臺)를 세워 천체를 관측
② **천체 관측의 목적**
   ㉠ **농업면** : 농경과 밀접한 관련이 있었으므로 중시
   ㉡ **정치면** : 왕의 권위를 하늘과 연결시키려고 함

(2) 수학의 발달

① 여러 조형물을 통해 수학이 높은 수준에 이르렀음을 짐작할 수 있음
② **수학적 조형물**
   ㉠ **삼국 시대** : 고구려 고분의 석실이나 천장의 구조, 백제의 정림사지 5층 석탑, 신라의 황룡사 9층 목탑 등
   ㉡ **통일 신라** : 국학에서 산학을 학습(석굴암, 불국사 3층 석탑, 다보탑 등)

8. 목판 인쇄술과 제지술

(1) 발달 배경 및 의의

불교 문화의 발달에 따라 불경 등의 인쇄를 위한 목판 인쇄술과 제지술 발달, 통일 신라의 기록 문화 발전에 크게 기여

(2) 목판 인쇄술(무구정광 대다라니경)

무구정광 대다라니경은 8세기 초엽에 만들어진 불경으로, 현존하는 세계 최고(最古)의 목판 인쇄물, 1966년 불국사 3층 석탑(석가탑)에서 발견됨

(3) 제지술

무구정광 대다라니경에 사용된 종이는 닥나무로 만들어진 것으로 지금까지 보존될 수 있을 만큼 품질이 우수함, 구례 화엄사 석탑에서 발견된 두루마리 불경에 쓰인 종이도 통일 신라 시대에 만들어진 것이며, 얇고 질기며 아름다운 백색을 간직하고 있음

9. 금속 제련술의 발달

천문학자 김암
• 김유신의 손자로 당에서 음양학을 배워 〈둔갑입성법〉을 저술, 귀국 후 사천대 박사로 임명
• 병학에 능해 패강진 두상으로 재직 시 6진 병법을 가르치기도 함

석굴암
정밀한 기하학 기법을 응용한 배치로 조화미를 추구

무구정광 대다라니경
• 국보 제126호로, 목판으로 인쇄된 불경, 불국사 3층 석탑(석가탑)의 해체·복원 공사가 진행되던 1966년 탑신부 제2층에 안치된 사리함 속에서 다른 유물들과 함께 발견
• 출간 연대의 상한과 하한은 700년대 초~751년인데, 이는 이전까지 가장 오래된 인경으로 알려진 일본의 백만탑 다라니경(770년에 인쇄)보다 앞선 것

SEMI-NOTE

칠지도

백제 금동대향로

사신도(四神圖)
• 각각 동·서·남·북의 방위를 지키는 사방위신(四方位神)인 청룡·백호·주작·현무를 그린 고분벽화
• 무덤의 사방을 수호하는 영물(靈物)을 그린 것으로, 도교의 영향 받아 죽은 자의 사후세계를 지켜준다는 믿음을 담고 있음

수렵도

(1) 고구려

① 철광석이 풍부하여 제철 기술이 발달함(철 생산이 국가의 중요 산업)
② 고구려 지역에서 출토된 철제 무기와 도구 등은 그 품질이 우수함

(2) 백제

① 칠지도(七支刀) : 강철로 만든 우수한 제품, 4세기 후반에 근초고왕이 왜왕에게 하사한 것
② 백제 금동대향로 : 백제의 금속 공예 기술이 중국을 능가할 정도로 매우 뛰어났음을 보여 주는 걸작품, 불교와 도교의 요소 반영

10. 고분과 벽화

(1) 고구려

① 고분 : 초기에는 주로 돌무지 무덤을 만들었으나 점차 굴식 돌방 무덤으로 바뀌어 감
  ㉠ 돌무지 무덤(석총) : 돌을 정밀하게 쌓아 올린 고분 형태로, 벽화가 없는 것이 특징
  ㉡ 굴식 돌방 무덤(횡혈식 석실, 토총)
    • 돌로 널방을 짜고 그 위에 흙으로 덮어 봉분을 만든 것으로, 널방의 벽과 천장에는 벽화를 그리기도 함, 모줄임 천장, 도굴이 쉬움
② 고분 벽화 : 당시 고구려 사람들의 생활·문화·종교 등을 파악할 수 있는 귀중한 자료

고분	벽화	특징
삼실총	무사·역사의 벽화	원형으로 된 봉분 안에 세 개의 널방(현실)이 ㄱ자형으로 위치
각저총	씨름도	만주 퉁거우에 있는 토총, 귀족 생활, 별자리 그림
무용총	무용도, 수렵도	14명이 춤추는 무용도, 수렵·전쟁을 묘사한 수렵도, 거문고 연주도
쌍영총	기사도, 우거도(牛車圖), 여인도	서역 계통의 영향, 전실과 후실 사이의 팔각쌍주와 두 팔천정은 당대의 높은 건축술과 예술미를 반영
강서대묘	사신도(四神圖)	사신도와 선인상, 사신도는 도교의 영향을 받은 것으로 색의 조화가 뛰어나며 정열과 패기를 지닌 고구려 벽화의 걸작
덕흥리 고분	견우직녀도	5세기 초의 고분으로, 견우직녀도와 수렵도, 하례도(賀禮圖), 기마행렬도, 베 짜는 모습, 마구간, 외양간 등이 그려져 있음
장천 1호분	예불도, 기린도	장천 1호분의 기린상과 천마총의 천마상은 고구려와 신라의 문화적 연계성을 보여줌

안악 3호분	대행렬도, 수박도(手搏圖)	고구려 지배층의 행사를 그린 대행렬도와 수박도 등이 발견됨

(2) 백제

① 고분 ★ 빈출개념

㉠ 한성 시대 : 초기 한성 시기에는 같은 계통인 고구려의 영향을 받아 계단식 돌무지 무덤(→ 석촌동 고분 등)이 중심

㉡ 웅진 시대 : 굴식 돌방 무덤과 널방을 벽돌로 쌓은 벽돌 무덤(공주 송산리 고분군의 무령왕릉, 6세기경 중국 남조의 영향을 받음)이 유행

㉢ 사비 시대 : 규모가 작지만 세련된 굴식 돌방 무덤이 유행(부여 능산리 고분)

② 고분 벽화 : 사신도(四神圖), 무령왕릉은 중국 남조의 영향을 받음

(3) 신라

① 통일 전 신라 : 거대한 돌무지 덧널 무덤(적석목곽분)

② 통일 신라 : 불교의 영향으로 화장이 유행, 무덤의 봉토 주위를 둘레돌(호석)로 두르고, 12지신상을 조각하는 독특한 양식 등장

(4) 발해의 고분 ★ 빈출개념

① 정혜공주 묘(육정산 고분군) : 굴식 돌방 무덤으로, 모줄임 천장 구조가 고구려 고분과 유사

② 정효공주 묘(용두산 고분군) : 묘지(墓誌)와 벽화가 발굴되었고, 유물은 높은 문화 수준을 입증

11. 건축과 탑

(1) 삼국 시대

① 건축 : 궁전 · 사원 · 무덤 · 가옥에 그 특색이 잘 반영

② 탑

㉠ 고구려 : 주로 목탑을 건립

㉡ 백제

• 익산 미륵사지 석탑 : 목탑 양식을 모방한 석탑으로 현재 우리나라에서 가장 오래된 탑(7세기 초에 건립되었으며, 현재 6층까지 남아 있음)

• 부여 정림사지 5층 석탑 : 미륵사지 석탑을 계승한 백제의 대표적인 석탑

㉢ 신라

• 황룡사 9층 목탑 : 일본 · 중국 · 말갈 등 9개국의 침략을 막고 삼국을 통일하자는 호국 사상을 반영(몽고 침입 때 소실)

• 분황사 석탑 : 선덕여왕 때 만든 모전탑(석재를 벽돌 모양으로 만들어 쌓은 탑)으로 지금은 3층까지만 남아 있으며, 인왕상과 사자상이 조각되어 있음

③ 성곽 축조 : 방어 목적의 성곽을 다수 축조

무령왕릉

돌무지 덧널 무덤(천마총)

모줄임 천장 구조(강서대묘)

돌무지 덧널 무덤(적석목곽분)

• 신라에서 주로 만든 무덤, 지상이나 지하에 시신과 껴묻거리를 넣은 나무 덧널을 설치하고 그 위에 댓돌을 쌓은 다음 흙으로 덮음, 공간이 부족해 방이 따로 없으며, 벽화도 없는 것이 특징

• 도굴이 어려워 대부분 껴묻거리(부장품)가 남아 있음

미륵사지 석탑

정림사지 5층 석탑

55

감은사지 3층 석탑

진전사지 3층 석탑

쌍봉사 철감선사 승탑

(2) 통일 신라

① 건축
- ㉠ 통일 신라의 궁궐과 가옥은 남아 있는 것이 거의 없음
- ㉡ 불교가 융성함에 따라 사원을 많이 축조했는데, 8세기 중엽에 세운 불국사와 석굴암이 대표적
- ㉢ 안압지 : 통일 신라의 뛰어난 조경술(造景術)을 잘 드러냄

② 탑(塔)
- ㉠ 중대
  - 감은사지 3층 석탑 : 통일 신라 초기의 대표적인 석탑으로, 장중하고 웅대
  - 불국사 3층 석탑(석가탑) : 통일 이후 축조해 온 통일 신라 석탑의 전형으로, 날씬한 상승감 및 넓이와 높이의 아름다운 비례로 유명
  - 화엄사 4사자 3층 석탑 : 구례 화엄사에 있는 통일 신라 시대의 3층 석탑
- ㉡ 하대 : 진전사지 3층석탑(탑신에 부조로 불상을 새김), 쌍봉사 철감선사 승탑

(3) 발해

① 상경(上京) : 당의 수도인 장안을 본떠 건설하여 외성을 쌓고 남북으로 넓은 주작대로를 내어 그 안에 궁궐과 사원을 세움
② 사원터 : 동경성 등에서 발견되는 사원지에는 높은 단 위에 금당(金堂)을 짓고 내부 불단을 높이 마련하였으며, 금당 좌우에 건물을 배치

12. 불상과 공예(工藝)

(1) 불상

① 삼국 시대
- ㉠ 특징 : 불상 조각에서 두드러진 것은 미륵보살 반가상(彌勒菩薩半跏像)을 많이 제작한 것이며 이 중에서도 관을 쓰고 있는 금동 미륵보살 반가상은 날씬한 몸매와 그윽한 미소로 유명함
- ㉡ 고구려 : 연가 7년명 금동 여래 입상은 두꺼운 의상과 긴 얼굴 모습에서 북조 양식을 따르고 있음
- ㉢ 백제 : 서산 마애 삼존 석불은 석불로서 부드러운 자태와 온화한 미소가 특징
- ㉣ 신라 : 배리 석불 입상은 푸근한 자태와 부드럽고 은은한 미소가 특징

② 통일 신라 : 석굴암의 본존불과 보살상
③ 발해 : 불교가 장려됨에 따라 불상이 많이 제작됨
- ㉠ 고구려 양식 : 상경과 동경의 절터에서 발굴된 불상
- ㉡ 이불병좌상(二佛竝坐象) : 흙을 구워 만든 것으로, 두 부처가 나란히 앉아있는 모습을 나타냄

(2) 공예

① 통일 신라

○ 석조물 : 무열왕릉비의 이수, 귀부의 조각, 성덕대왕릉 둘레의 조각돌, 불국사 석등, 법주사 쌍사자 석등

○ 범종(梵鐘)

- 오대산 상원사 동종(성덕왕 24, 725) : 현존 최고(最古)의 종
- 성덕대왕 신종(혜공왕 7, 771) : 봉덕사 종 또는 에밀레 종이라 하며, 맑고 장중한 소리와 천상의 세계를 나타내 보이는 듯함

② 발해

○ 조각 : 기와 · 벽돌 등의 문양이 소박하고 직선적

○ 자기(磁器) : 가볍고 광택이 있으며 종류나 크기 · 모양 · 색깔 등이 매우 다양하여 당나라로 수출

13. 글씨와 그림, 음악

(1) 서예

① 고구려 : 광개토대왕릉비의 비문은 웅건한 서체가 돋보임

② 통일 신라

○ 김생(金生) : 왕희지체로 유명한 통일 신라의 문필가, 신품사현의 한 사람

○ 김인문(金仁問) : 무열왕릉 비문 · 화엄사의 화엄경 석경 등이 전해짐

○ 요극일(姚克一) : 왕희지체 및 구양순체 모두에 능함

(2) 그림

① 천마도(天馬圖) : 경주 천마총에서 출토, 신라의 힘찬 화풍을 보여줌

② 솔거(率去) : 황룡사 벽화, 분황사 관음보살상, 단속사의 유마상 등

(3) 음악과 무용

① 고구려 : 영양왕 때 왕산악은 진(晉)의 칠현금을 개량하여 거문고를 만들고 많은 노래를 지음

② 백제 : 무등산가 · 선운산가 등이 유명

③ 신라 : 백결 선생(방아타령), 3죽(대 · 중 · 소 피리)과 3현(가야금 · 거문고 · 비파)

④ 가야 : 우륵은 가야금을 만들고 12악곡을 지었으며, 신라에 가야금을 전파

⑤ 발해 : 음악과 무용이 발달, 발해악(渤海樂)이 일본으로 전해짐

9급공무원
한국사

나두공

03장 중세의 성립과 발전

01절   중세의 통치 구조와 정치 활동

02절   중세의 경제 구조와 경제 생활

03절   중세의 사회 구조와 사회 생활

04절   중세 문화의 발달

중세의 성립과 발전

01절 중세의 통치 구조와 정치 활동

1. 후삼국의 성립과 소멸

(1) 후삼국의 성립

① 후백제의 성립과 발전
 ㉠ 건국(900) : 견훤이 완산주를 근거로 건국
 ㉡ 발전 : 신라 효공왕 4년(900)에 정식으로 후백제 왕을 칭하며 관직을 설치하고 국가 체제를 완비, 신라를 자주 침공
② 후고구려의 성립과 발전
 ㉠ 건국(901) : 궁예가 초적 세력을 기반으로 송악에서 건국
 ㉡ 발전 : 국호를 후고구려에서 마진(연호는 무태·성책)으로 고쳤다가, 수도를 철원으로 옮긴 후 국호를 다시 태봉(연호는 수덕만세·정개)으로 고침(911)
 ㉢ 통치 체제

궁예의 탄생
궁예는 신라 사람으로 성은 김씨이다. 아버지는 헌안왕. 또는 경문왕이라고 한다. 그는 단옷날 외가에서 태어났는데, 그가 탄생하던 때 하얀 무지개가 집 위에서 하늘위로 뻗쳐 나갔다. 이를 보고 점을 치는 이가 말하기를, 나라에 이롭지 못한 징조라 기르지 않는 것이 좋겠다고 하였다. 왕은 신하를 시켜 그 집에 가 아이를 죽이라고 명령했다. 신하는 강보에 싸인 궁예를 다락 아래로 던졌는데, 이때 유모가 아이를 받다가 손가락으로 아이의 눈을 찔러 궁예는 한쪽 눈이 멀었다고 한다. 유모는 그 아이와 함께 멀리 도망하여 살았다.
– 〈삼국사기〉 –

태봉의 기관	역할 및 기능	고려의 해당 기관
광평성	• 태봉의 국정 최고 기관 • 수상 : 광치내	중서문하성
대룡부	인구와 조세	호부
수춘부·봉빈부	교육, 외교	예부
병부	군사	병부
납화부·조위부	재정	호부, 삼사
장선부	수리, 영선	공부
의형대	형벌	형부

※ 이외에도 기타 물장성(토목·건축), 원봉성(서적 관리), 비룡부(왕명·교서)등이 존재

(2) 고려의 건국 및 통일 정책

① 왕건의 기반 : 확고한 호족적 기반을 갖추고 새로운 사회 건설을 위한 이념과 철학을 지님
② 고려의 건국(918) : 왕건은 궁예를 몰아내고 왕위에 추대되면서 국호를 고려라 하고, 송악으로 천도(919)
③ 왕건의 통일 정책 : 지방 세력의 흡수·통, 적극적인 우호 정책

(3) 후삼국의 통일

① 신라의 병합(935) : 경순왕이 고려에 항복
② 후백제의 정벌(936) : 선산에서 신검군을 섬멸(후백제인을 상대적으로 냉대)

견훤과 궁예의 공통 한계
• 국가 운영의 경륜 부족, 개국 이념 및 개혁 주도 세력의 부재
• 포악한 성격, 가혹한 수탈, 수취 체제 개선 실패(민심 수습 실패)

후고구려의 멸망(918)(고려의 건국)
• 지나친 미신적 불교(미륵 신앙)를 이용한 전제 정치와 폭정
• 전쟁 수행을 위한 과도한 조세 수취로 민심 이반
• 호족의 토착 기반이 부재(송악 지방의 호족 출신인 왕건에 의해 멸망)

③ 민족의 재통일

ㄱ 발해가 거란에 멸망(926)당했을 때 고구려계 유민을 비롯해 많은 관리 · 학자 · 승려 등이 고려로 망명

ㄴ 발해의 왕자 대광현을 우대하여 동족 의식을 분명히 함

2. 태조(1대, 918~943)의 정책

(1) 민족 융합 정책(중앙 집권 강화 정책)

① 호족 세력의 포섭 · 통합

ㄱ 유력 호족을 통혼 정책(정략적 결혼), 사성(賜姓) 정책(성씨의 하사)

ㄴ 지방 중소 호족의 향촌 자치를 부분적으로 허용

ㄷ 지방 호족 세력의 회유 · 견제(사심관 제도와 기인 제도를 활용)

실력up 사심관 제도와 기인 제도

- 사심관 제도 : 중앙의 고관을 출신지의 사심관으로 임명하고 그 지방의 부호장 이하 관리의 임명권을 지니도록 하여 향리 감독, 풍속 교정, 부역 조달 등의 임무와 지방의 치안 · 행정에 책임을 지도록 한 것(그 지방의 호족과 함께 연대책임을 짐), 왕권의 유지를 위한 호족 세력의 회유책의 일환으로 신라의 마지막 왕인 경순왕을 경주의 사심관에 임명한 것이 시초, 후에 조선 시대 유향소와 경재소로 분화됨
- 기인 제도 : 지방 호족에게 일정 관직(호장 · 부호장)을 주어 지방 자치의 책임을 맡기는 동시에 지방 호족과 향리의 자제를 인질로 뽑아 중앙에 머무르게 한 것, 지방 세력을 견제하고 왕권을 강화하기 위한 제도, 신라의 상수리 제도를 계승

② 왕권의 안정과 통치 규범의 정립

ㄱ 지배 체제 강화 : 공로나 충성도, 인품 등을 기준으로 개국 공신이나 관리 등에게 역분전을 지급하고, 이를 매개로 지배 체제로 편입

ㄴ 제도 정비 : 지방 지명 개정, 교육제도 정비

ㄷ 훈요 10조 : 후대 왕들이 지켜야 할 정책 방향을 제시

(2) 민생 안정책(애민 정책)

① 취민유도 정책 : 호족의 가혹한 수취를 금함, 조세 경감(세율을 1/10로 인하)

② 민심 수습책 : 흑창(黑倉), 노비 해방, 황폐해진 농지를 개간

(3) 숭불 정책

① 불교의 중시 : 불교를 통해 민심을 수습하고 왕실의 안전을 도모, 연등회 · 팔관회 거행

② 사찰의 건립 등 : 3,000여 개의 비보 사찰을 설치, 승록사(僧錄司)를 설치

(4) 북진 정책

① 고구려 계승 및 발해 유민 포용 : 발해 유민을 적극 포용

② 서경의 중시 : 서경을 북진 정책의 전진 기지로 적극 개발(분사 제도)

민족 재통일의 의의

- 민족 화합 유도(후삼국의 통합 및 발해 유민 등을 포섭)
- 국통은 고구려를, 정통은 신라를 계승
- 영토의 확장(신라 시대 대동강 선에서 청천강~영흥만 선으로 확장)
- 골품제의 극복과 수취 체제의 개혁
- 호족이 문벌 귀족화되어 역사의 주역으로 등장
- 고대 사회에서 중세 사회로의 새로운 사회 건설 방향을 제시

역분전

고려 전기의 토지 제도 중 하나, 태조가 후삼국 통일에 공을 세운 신하·군사 등의 인품·공로·충성도를 기준으로 하여 지급한 수조지를 말함

태조의 4대 정책

민족 융합 정책(중앙 집권 강화 정책), 북진 정책, 숭불 정책, 애민 정책

훈요 10조

- 대업은 제불 호위(諸佛護衛)에 의하여야 하므로, 사원을 보호 · 감독할 것
- 사원은 도선의 설에 따라 함부로 짓지 말 것
- 왕위 계승은 적자 · 적손을 원칙으로 하되 마땅하지 아니할 때에는 형제 상속으로 할 것
- 거란과 같은 야만국의 풍속을 본받지 말 것
- 서경은 수덕(水德)이 순조로워 중요한 곳이 되니 철마다 가서 100일이 넘게 머무를 것
- 연등(燃燈)과 팔관(八關)은 주신(主神)을 함부로 가감하지 말 것
- 간언(諫言)을 받아들이고 참언(讒言)을 물리칠 것이며, 부역을 고르게 하여 민심을 얻을 것
- 차현(車峴, 차령) 이남의 인물은 조정에 등용하지 말 것
- 관리의 녹은 그 직무에 따라 제정하되 함부로 증감하지 말 것
- 경사(經史)를 널리 읽어 옛일을 거울로 삼을 것

③ 거란 및 여진에 대한 강경책 : 국교 단절, 만부교 사건(942), 여진족 축출

3. 광종의 개혁 정치와 왕권 강화

(1) 초기 왕권의 불안정

① 혜종(2대, 943~945) : 통일 과정의 혼인 정책의 부작용으로 왕자들과 외척 간의 왕위 계승 다툼이 발생(왕규의 난 등)

② 정종(3대, 945~949) : 왕규의 난 진압(945), 서경 천도 계획, 광군의 육성(947)

(2) 광종(4대, 949~975)의 왕권 강화 ★ 빈출개념

① 왕권 강화 정책 : 왕권의 안정과 중앙 집권 체제 확립을 위해 혁신적 정책을 추진

ㄱ 개혁 주도 세력 강화 : 개국 공신 계열의 훈신 등을 숙청하고 군소 호족과 신진 관료 중용

ㄴ 군사 기반 마련 : 내군을 장위부로 개편하여 시위군을 강화

ㄷ 칭제 건원 : 국왕을 황제라 칭하고 광덕 · 준풍 등 독자적 연호를 사용

ㄹ 노비안검법 실시(광종 7, 956) : 양인이었다가 불법으로 노비가 된 자를 조사하여 해방시켜 줌으로써, 호족 · 공신 세력을 약화시키고 국가 재정 수입 기반을 확대

ㅁ 과거 제도의 실시(광종 9, 958) : 유학을 익힌 신진 인사를 등용해 호족 세력을 누르고 신구 세력의 교체를 도모

ㅂ 백관의 공복 제정(광종 11, 960) : 지배층의 위계 질서 확립을 목적으로 제정

ㅅ 주현공부법(州縣貢賦法) : 국가 수입 증대와 지방 호족 통제를 위해 주현단위로 공물과 부역의 양을 정함

ㅇ 불교의 장려

• 왕사 · 국사 제도 제정(968) : 혜거를 최초의 국사로, 탄문을 왕사로 임명

• 불교 통합 정책 : 균여로 하여금 귀법사를 창건하여 화엄종을 통합케 하고, 법안종(선종)과 천태학(교종)을 통한 교선 통합을 모색

② 구휼 정책의 시행 및 외교 관계의 수립 : 제위보 설치, 송과 외교 관계 수립(962)

4. 성종(6대, 981~997)의 유교 정치

(1) 중앙 집권 체제의 확립

① 중앙 정치 기구의 개편

ㄱ 2성 6부의 중앙 관제 마련 : 당의 3성 6부 제도를 기반

ㄴ 중추원과 삼사(三司) 설치 : 송의 관제를 모방하여 설치

ㄷ 도병마사와 식목도감 : 고려의 실정에 맞는 독자적 기구로 설치

ㄹ 6위의 군사 제도 정비 : 목종 때 2군을 정비하여 2군 6위의 군사 제도 완비

② 지방 제도 정비 : 12목 설치, 향직 개편

③ 분사 제도(分司制度) : 태조 때 착수하여 예종 때 완비

ㄱ 서경을 중시하기 위해 서경에 분사(分司)를 두고 부도읍지로서 우대

ⓛ 묘청의 서경 천도 운동을 계기로 한때 폐지

④ **사회 시설의 완비** ⭐ **빈출개념**

　㉠ 흑창을 확대한 빈민 구제 기관인 의창을 설치

　㉡ 개경과 서경, 12목에 물가 조절 기관인 상평창(常平倉) 설치

⑤ **권농 정책** : 호족의 무기를 몰수하여 농구를 만들고 기곡(祈穀) · 적전(籍田)의 예를 실시하여 농사를 권장

⑥ **노비환천법의 실시** : 해방된 노비가 원주인을 모독하거나 불손한 때 다시 천민으로 만드는 법(노비안검법과는 달리 왕권 강화와는 무관한 제도), 최승로의 건의로 채택

⑦ **건원중보 주조** : 우리나라 최초의 화폐, 거의 쓰이지 못함

(2) 성종의 국정 쇄신

① **국정의 쇄신과 유교 정치의 실현**

　㉠ 신라 6두품 출신의 유학자들이 국정을 주도하면서 유교 정치 실현

　㉡ 5품 이상의 관리로 하여금 정치에 대한 비판과 정책을 건의하는 글을 올리게 함

② **최승로의 시무 28조 채택** : 유교 정치 이념의 확립

　㉠ 주요 내용

　　• 유교 정치 이념을 토대로 하는 중앙 집권적 귀족 정치 지향

　　• 유교적 덕치, 왕도주의와 도덕적 책임 의식

　　• 지방관 파견과 12목 설치, 군제 개편, 대간 제도 시행

　　• 신하 예우 및 법치 실현, 왕실의 시위군 · 노비 · 가마의 수 감축

　　• 호족 세력의 억압과 향리 제도 정비(향직 개편, 호족의 무기 몰수)

　　• 집권층 · 권력층의 수탈 방지 및 민생 안정 추구

　　• 유교적 신분 질서의 확립

　　• 유교적 합리주의를 강조하여 불교의 폐단을 지적 · 비판

　　• 대외 관계에서 민족의 자주성 강조

　　• 개국 공신의 후손 등용 등

　㉡ 유 · 불의 분리(정치와 종교 분리) : 유교 정치 이념의 확립, 세계관이나 일상생활은 불교 원리가 지배

실력up　외관(外官) 설치 및 지방관 파견

왕이 백성을 다스리는 데 집집마다 찾아가 매일같이 돌보는 것은 아니므로 수령을 나누어 보내 백성들의 이해를 살피게 하는 것입니다. 그러므로 우리 성조(聖祖)께서도 통합한 뒤에 외관을 두고자 하였으나, 대개 초창기였으므로 일이 번거로워 겨를이 없었습니다. 지금 가만히 보건대 향호(鄕豪)가 매양 공무를 빙자하고 백성을 침포(侵暴)하니 그들이 견뎌 내지 못합니다. 청컨대, 외관을 두소서. 비록 일시에 다 보내지 못한다 하더라도 먼저 여러 주현을 아울러 한 사람의 관원을 두고, 그 관원에 각기 2~3원을 설치하여 애민하는 일을 맡기소서.

－ 시무 28조 －

성종의 유학 교육의 진흥

• 개경에 국립대학인 국자감을 개설하고 도서관으로 비서원(개경)과 수서원(서경) 설치

• 지방에 경학 박사와 의학 박사를 파견하여 지방 호족 자제를 교육

• 유학 진흥을 위해 문신월과법(文臣月課法)을 실시(문신의 자질을 향상시키기 위해 매월 문신들에게 시부를 지어 바치게 한 제도)

• 과거 제도를 정비하고 교육 장려 교서를 내림

시무 28조

불교는 수신(修身)의 본이요, 유교는 이국(理國)의 본인데 현실을 무시하고 어찌 불교 행사를 일삼을 수 있겠습니까.

성종 이후 왕들의 업적

• 현종(8대, 1009~1031) : 도병마사 설치, 5도 양계 확립, 주현공거법 시행(향리 자제 과거 응시자격 부여), 면군급고법 제정, 연등회팔관회 부활

• 덕종(9대, 1031~1034) : 천리장성 축조 시작, 이씨 등 보수 세력 집권

• 정종(10대, 1034~1046) : 천리장성 완성, 거란의 연호 사용, 천자수모법(노비 상호간의 혼인으로 생긴 소생의 소유권을 비의 소유주(婢主)에게 귀속시킨다는 법규) 시행

• 문종(11대, 1046~1083) : 삼심제(사형수) 제도화, 남경 설치(한양을 남경으로 지정), 12사학 형성, 국자감 재생, 공교법 제정, 흥왕사 창건

• 선종(13대, 1083~1094) : 송과 일본 과의 활발한 교류

• 숙종(15대, 1095~1105) : 서적포 설치, 여진에 패배, 별무반 구성, 화폐 주조(주전도감 설치), 천태종 후원

• 예종(16대, 1105~1122) : 여진 정벌, 동북 9성 축조

• 인종(17대, 1122~1146) : 이자겸의 난(1126), 묘청의 서경 운동(1135)

2성 6부
당의 3성 6부제의 영향을 받음

재신과 낭사
• 재신(2품 이상) : 국가를 관장하며 국가 정책을 심의·결정
• 낭사(간관, 3품 이하) : 간쟁·봉박을 통해 정치를 비판·견제

중앙 정치 조직

중추원과 삼사
송의 제도를 모방

조선 시대의 삼사(三司)
• 사헌부·사간원·홍문관
• 언론과 감찰·간쟁을 담당

감찰·탄핵 기구
• 통일 신라 : 사정부
• 발해 : 중정대
• 고려 : 어사대
• 조선 : 사헌부

고려 통치 체제의 귀족적 성격
• 음서제의 발달과 음서 출신자의 우대(귀족 출신은 음서에 의해 다수가 고위직까지 승진)
• 문신 귀족들의 인사권 장악
• 재추 회의의 만장일치 채택
• 문무 산계의 운영(중앙과 지방의 것으로 이원화·서열화)
• 한품제·한직제(왕족·공신·문무관·과거에 등과된 향리의 자제와 달리 향리는 그 직임으로 인해 5품에 한정됨)
• 산직인 훈직 제도 마련(검교직, 동정직 등)

한눈에 쏙~

광종, 노비안검법 실시(956) ▶ 광종, 과거제 실시(958) ▶ 경종, 시정 전시과 실시(976)

5. 중앙 정치 조직

(1) 2성 6부

① **중서문하성(재부)** : 최고 정무 기관, 재신과 낭사로 구성, 중서문하성(재부)과 중추원(추부)을 합쳐 재추를 구성
② **상서성** : 실제 정무를 나누어 담당하는 육부를 두고 정책의 집행을 담당
③ **육부** : 형식상 상서성 소속이나 직접 국왕과 연결됨, 각 부의 장관은 상서, 차관은 시랑

(2) 중추원(中樞院)과 삼사(三司)

① **중추원(추부, 추밀원)** : 2품 이상의 추신(또는 추밀, 군사 기밀 담당)과 3품 이하의 승선(왕명 출납을 담당하는 비서)으로 구성, 장은 판원사
② **삼사** : 전곡(화폐와 곡식)의 출납에 대한 회계와 녹봉 관리를 담당, 장은 판사

(3) 도병마사와 식목도감 ⭐빈출개념

① **도병마사(都兵馬使)**
   ㉠ 국방 문제를 담당하는 임시 기구로, 성종 때 처음 시행
   ㉡ 고려 후기의 원 간섭기(충렬왕)에 도평의사사(도당)로 개편되면서 구성원이 확대(중서문하성의 재신과 간관, 중추원의 추신과 승선, 삼사 등)되고 국정 전반의 중요 사항을 합의·집행하는 최고 상설 정무 기구로 발전(조선 정종 때 혁파)
② **식목도감(式目都監)** : 법의 제정이나 각종 시행 규정을 다루고 국가 중요 의식을 관장, 장은 판사

(4) 기타 기관

① **어사대(御史臺)**
   ㉠ **기능** : 정치의 잘잘못을 논하고 관리들의 비리를 감찰, 장은 판사
   ㉡ **대간(臺諫)** : 어사대의 관원(대관)은 중서문하성의 낭사(간관)와 함께 대간(대성)을 구성하여, 간쟁·봉박권·서경권을 가짐(견제를 통한 균형유지)
② **한림원** : 국왕의 교서와 외교 문서를 관장, 장은 판원사
③ **춘추관** : 사관(史館)으로 역사 편찬을 관장, 장은 감수국사
④ **통문관** : 거란·여진·왜어·몽고어 등의 통역관을 양성하는 곳
⑤ **보문각** : 경연(經筵)과 장서(藏書)를 관장, 장은 대제학
⑥ **사천대** : 천문 관측을 담당, 장은 판사

6. 지방 행정 조직

(1) 지방 행정 조직의 정비

① 성종(981~997)
- ㉠ 3경(三京) : 풍수지리설에 따라 개경(개성) · 서경(평양) · 동경(경주)을 설치
- ㉡ 전국에 12목을 설치하고 지방관 파견

② 현종(1009~1031) : 전국의 5도 양계와 4도호부, 8목을 완성(→ 지방 제도의 완비), 도에는 지방관으로 안찰사를 파견, 양계(兩界)(북방 국경 지대의 군사 중심지인 동계 · 북계)

③ 4도호부 : 군사적 방비의 중심지, 안북(안주) · 안남(전주) · 안동(경주) · 안변(등주)

④ 8목 : 지방 행정의 실질적 중심부이며 공납(향공선상)의 기능을 담당, 광주(廣州) · 청주 · 충주 · 전주 · 나주 · 황주 · 진주 · 상주 등

(2) 기타 지방 행정 구역

① 주현(主縣)과 속현(屬縣)
- ㉠ 주현은 중앙으로부터 지방관이 파견된 곳을, 속현은 지방관이 파견되지 않는 곳을 말함
- ㉡ 주현보다 속현이 더 많아 지방관이 파견되는 인근의 주현을 통하여 간접적으로 통제(실제는 향리가 다스림)

② 향 · 소 · 부곡 : 특수 행정 구역
- ㉠ 향과 부곡 : 농민들이 주로 거주
- ㉡ 소(所) : 공납품을 만들어 바치는 공장(工匠)들의 집단 거주지

③ 촌
- ㉠ 말단 행정 조직으로, 주 · 군 · 현에는 각각 몇 개의 촌이 있으나 향 · 소 · 부곡에는 1촌인 경우가 대부분
- ㉡ 주로 지방 유력자인 촌장 등이 자치를 하였는데, 촌장이 있는 촌은 몇 개의 자연촌이 합해진 하나의 행정촌을 구성
- ㉢ 1촌 1성(姓) 원칙으로 성관(姓貫)이 지방 사회의 지배층을 형성

(3) 향리(鄕吏) ⭐빈출개념

① 임무 : 조세나 공물의 징수와 노역 징발 등 실제적인 행정 사무 담당

② 영향력 : 토착 세력으로서 향촌 사회의 지배층이므로 중앙에서 일시 파견되는 지방관보다 영향력이 컸음

7. 군사 제도

(1) 중앙군

① 구성 : 2군 6위로 구성되며, 지휘관은 상장군과 대장군(부지휘관), 45령으로 구성

② 2군(목종) : 응양군 · 용호군(국왕의 친위대, 근장이라고도 불림)

③ 6위(성종)

SEMI-NOTE

기타 지방 행정 구역

고려 시대 지방 행정의 특징
- 중앙의 지방 지배력이 미약하여 주군 · 주현보다 지방관을 파견하지 않은 속군 · 속현이 더 많았고, 행정 기구가 계층적 · 누층적으로 구성됨
- 권력 집중과 토착 세력 방지를 위해 상피제가 적용됨
- 불완전한 민정 · 군정 중심의 이원적 조직(안찰사와 병마사의 주요 기능의 분리)
- 안찰사의 권한이 약하고(6개월의 임시직이며 수령보다 낮은 관품을 받음), 토호적 성격이 강한 지방 향리가 실권을 행사
- 후기의 무신집권기와 대몽 항쟁기에는 군현 단위의 승격과 강등이 나타남(공주 명학소가 충순현으로, 충주 다인철소가 익안현으로 승격)

SEMI-NOTE

군인전
- 2군 6위의 직업군에게 군역의 대가 로 주는 토지
- 고려 시대 직업 군인에 대한 토지 지급은 역분전에서 시작되는데, 역 분전은 인품·공로·충성도를 기준으로 각각 다르게 지급됨
- 경종 1년(976) 전시과가 시행되면 서 군인들이 15결씩을 받게 됨, 이후 군인층의 분화에 맞추어 군인전 지 급 연결도 세분화
- 군역이 자손에게 세습됨에 따라 군 인전 역시 세습

무신 합좌 기구
- **중방(重房)** : 2군 6위의 상장군 · 대장 군 등이 모여 군사 문제를 의논하는 무신들의 최고 합좌 회의 기구로, 상 장군 · 대장군으로 구성(무신정변 후 군정기구의 중심이 됨)
- **장군방** : 45령(1령은 천 명)의 각 부대 장인 장군으로 구성

고려 시대의 역(役)
- **의의** : 노동력을 무상으로 동원하는 제도
- **대상** : 16~60세의 정남
- **종류**
  - 군역 : 신분에 따라 부과, 양인개병 제에 의한 국방의 의무 성격
  - 요역 : 신분에 관계없이 인정의 수 에 따라 부과, 토목 공사 등을 위한 노동력 징발

연호군, 잡색군, 속오군의 비교
- **연호군** : 고려, 농민 + 노비, 지방군(양 천 혼성군)
- **잡색군** : 조선 전기, 양반 + 노비, 특수 군(농민은 불포함)
- **속오군** : 조선 후기, 양반 + 농민 + 노 비, 지방군(양천 혼성군)

무학재(武學齋)
- 고려 시대 국자감에 두었던 7재(7개의 전공) 중 하나
- 예종 4년(1109)에 설치되었으며, 무신 의 양성이 목적, 인종 11년(1133) 폐지

ⓐ **좌우위 · 신호위 · 흥위위** : 핵심 주력 군단으로, 수도(개경)와 국경의 방비를 담당
ⓑ 금오위는 경찰, 천우위는 의장(儀仗), 감문위는 궁궐 · 성문 수비를 담당

(2) 지방군
① **조직** : 군적에 오르지 못한 일반 농민으로 16세 이상의 장정들
② **종류** : 5도의 일반 군현에 주둔하는 주현군과 국경 지방인 양계에 주둔하는 주진군

(3) 특수군
① **광군(光軍)** : 정종 때 거란에 대비해 청천강에 배치한 상비군(30만)으로, 귀족의 사병을 징발(뒤에 지방군(주현군 · 주진군)으로 편입), 관장 기관은 광군사
② **별무반**
ⓐ 숙종 때 여진 정벌을 위해 윤관의 건의로 조직(윤관은 여진 정벌 후 9성 설치)
ⓑ 백정(농민)이 주력인 전투 부대로, 신기군(기병) · 신보군(보병) · 항마군(승병)으로 편성
③ **도방** : 무신 정권의 사적 무력 기반
④ **삼별초**
ⓐ 수도의 치안 유지를 담당하던 야별초(좌 · 우별초)에 신의군(귀환 포로)을 합쳐 편성(실제로는 최씨 정권의 사병 집단의 성격이 강했음)
ⓑ 대몽 항쟁의 주력 부대(몽고 침입 시 강화에서 반란, 진도 · 제주에서 대몽 항전을 전개)
⑤ **연호군** : 농한기 농민과 노비로 구성된 지방 방위군(양천 혼성군)으로, 여말 왜구 침입에 대비해 설치

8. 관리 등용 제도

(1) 과거 제도
① **시행 및 목적**
ⓐ **시행** : 광종 9년(958) 후주인 쌍기(雙冀)의 건의로 실시
ⓑ **목적** : 호족 세력 억압, 유교적 문치 · 관료주의의 제도화, 신 · 구 세력 교체 를 통한 왕권 강화
② **종류** : 제술과(제술업, 진사과), 명경과(명경업, 생원과), 잡과(잡업), 승과, 무과
③ **응시 자격 등**
ⓐ 법제적으로 승려와 천민(부곡민, 노비)을 제외한 양인 이상은 응시 가능
ⓑ 문과(제술과 · 명경과)에는 주로 귀족과 향리의 자제가 응시, 농민은 주로 잡과에 응시
④ **실시 및 절차**
ⓐ **시험의 실시** : 예부에서 관장, 3년에 한 번씩 보는 식년시가 원칙이나 격년시가 유행
ⓑ **실시 절차**

1차 시험(향시)	개경의 상공(上貢), 지방의 향공(鄕貢), 외국인 대상의 빈공
2차 시험(국자감시)	진사시라고도 함, 1차 합격자인 공사(貢士)가 응시
3차 시험(동당감시)	예부시라고도 함, 2차 합격자·국자감 3년 이상 수료자·관료 등이 응시

염전중시

고려 시대에 동당감시에서 선발된 사람 가운데 임금이 다시 시(詩)와 부(賦), 논(論)을 과목으로 직접 보이던 시험

(2) 특채 제도

① 음서 제도(성종)
  ㉠ 공신과 종실 및 5품 이상 관료의 자손, 즉 아들·손자·사위·동생·조카에게 과거를 거치지 않고도 관료가 될 수 있도록 부여한 특혜
  ㉡ 혜택은 1인이 원칙이나, 실제로는 여러 사람에게 부여
  ㉢ 고려 관료 체제의 귀족적 특성을 보여주는데, 조선 시대에는 그 비중이 떨어짐
② 천거 : 고급 관료의 추천으로 가문이 어려운 인재를 중용하는 제도(천거자의 연대 책임이 수반됨)

실력UP 고려 관리 선발 제도의 특성

• 신분에 치중하던 고대 사회와 달리 능력이 중시되는 사회임을 반영
• 문벌 귀족 사회의 성격을 반영(교육과 과거가 연결되어 문벌 귀족 출신의 합격자가 많음, 좌주와 문생의 관계)
• 관직 진출 후 대부분 산관만을 받고 대기하다가 하위의 실직으로 진출

9. 문벌 귀족 사회의 성립

(1) 새로운 지배층의 형성

① 형성 : 왕실이나 유력 가문과의 혼인을 통해 문벌을 형성
② 문벌 귀족의 특권
  ㉠ 과거와 음서를 통하여 관직을 독점하고 중서문하성·중추원의 재상이 되어 정국 주도
  ㉡ 관직에 따라 과전·공음전 등 경제적 혜택 독점
  ㉢ 폐쇄적 혼인 관계 유지, 특히 왕실과 혼인 관계를 맺어 외척으로 성장

(2) 사회의 모순과 갈등의 대두

① 측근 세력과의 대립 : 과거를 통해 진출한 지방 출신의 관리 중 일부가 왕의 측근 세력이 되어 문벌 귀족과 대립
② 문벌 귀족 사회의 내분 : 이자겸의 난과 묘청의 서경 천도 운동을 통해 정치 세력 간의 대립과 갈등이 표면화됨

10. 이자겸의 난과 묘청의 서경 천도 운동

(1) 이자겸의 난(인종 4, 1126) ★빈출개념

과전과 공음전
• 과전 : 일반적으로 전시과 규정에 의해 문·무 현직 관리에게 지급되는 토지를 말하는데, 반납이 원칙이나 직역 승계에 따라 세습이 가능
• 공음전 : 관리에게 보수로 주던 과전과 달리 5품 이상의 관료에게 지급된 세습 가능한 토지로, 음서제와 함께 문벌 귀족의 지위를 유지해 나갈 수 있는 기반이 됨

문벌 귀족 시대의 외척
• 안산 김씨 가문 : 김은부, 현종~문종의 4대 50년간 권력 행사
• 경원(인주) 이씨 : 이자겸, 대표적 문벌 귀족, 예종·인종 2대 80년간 권력 행사
• 기타 해주 최씨(최충), 파평 윤씨(윤관), 경주 김씨(김부식) 등

이자겸의 난이 미친 영향
• 왕실의 권위 하락
• 특정 가문의 정치 독점에 대한 반성
• 이자겸의 주도로 맺은 금과의 사대 관계에 대한 불만 상승

묘청 서경 천도 운동

고려 중기의 숭문천무 현상
• 무과를 두지 않고 무학재를 폐지(인종)
• 군의 최고 지휘관을 문관으로 함
• 군인전의 폐단과 토지 지급에서의 차별
• 문관의 호위병 역할로 전락

반무신정변
• 김보당의 난(계사의 난, 1173) : 동북면 병마사 김보당이 주도하여 의종 복위를 꾀한 문신 세력의 난(최초의 반무신정변)
• 서경 유수 조위총의 난(1174) : 서북 지방민의 불만을 이용하여 무신정변의 주동자를 제거하고 나라를 바로잡는다는 명분으로 거병, 많은 농민이 가담, 문신의 난이자 농민의 난의 성격을 지님(최대의 난)
• 교종 계통 승려들의 반란(개경 승도의 난) : 귀법사, 중광사 등의 승려가 중심이 되어 무신의 토지 겸병 등에 반발

무신정변의 영향
• 정치적 : 왕권의 약화를 초래, 중방의 기능 강화, 문벌 귀족 사회가 붕괴되면서 관료 사회로의 전환이 촉진됨
• 경제적 : 전시과가 붕괴되어 사전(私田)과 농장이 확대
• 사회적 : 신분제 동요(향·소·부곡이 감소하고 천민의 신분 해방이 이루어짐), 농민 봉기의 배경
• 사상적 : 선종의 일종인 조계종 발달, 천태종의 침체
• 문학적 : 육학이 쇠퇴하고 패관 문학 발달, 시조 문학 발생, 낭만적 성향의 문학 활동 전개
• 군사적 : 사병의 확대, 권력 다툼의 격화

① **배경** : 문벌 귀족 사회의 모순, 외척 세력으로서 문벌 귀족의 권력 강화 등을 원인으로 문벌 귀족과 지방 향리 출신 신진 관료 간의 대립 격화

② **경과**
ㄱ 대내적으로 문벌 중심의 질서를 유지, 대외적으로 금과 타협하는 정치적 성향
ㄴ 이자겸은 반대파를 제거하고 척준경과 함께 난을 일으켜 권력 장악(1126)
ㄷ 인종은 척준경을 이용해 이자겸을 숙청(1126)한 후, 정지상 등을 통해 척준경도 축출(1127)

③ **결과** : 왕실 권위 하락, 지배층 분열, 문벌 귀족 사회의 붕괴를 촉진하는 계기

(2) 묘청의 서경 천도 운동(인종 13, 1135)

① **배경** : 이자겸의 난 이후 인종은 왕권 회복과 민생 안정을 위한 정치 개혁을 추진했는데, 이 과정에서 칭제건원·금국 정벌·서경 천도 등을 두고 보수와 개혁 세력 간 대립 발생

② **개경파와 서경파의 대립**

구분	개경(開京) 중심 세력	서경(西京) 중심 세력
대표자	김부식·김인존 등	묘청·정지상 등
특징 및 주장	• 왕권 견제, 신라 계승, 보수적·사대적·합리주의적 유교 사상 • 정권 유지를 위해 금과의 사대 관계 주장 • 문벌 귀족 신분	• 왕권의 위상 강화, 고구려 계승, 풍수지리설에 근거한 자주적·진취적 전통 사상 • 서경 천도론과 길지론(吉地論), 금국 정벌론 주장 • 개경의 문벌 귀족을 붕괴시키고 새로운 혁신 정치를 도모

③ **경과**
ㄱ 서경 천도를 추진하여 서경에 대화궁을 건축, 칭제건원과 금국 정벌 주장
ㄴ 김부식이 이끈 관군의 공격으로 약 1년 만에 진압됨

④ **결과**
ㄱ 자주적 국수주의의 서경파가 사대적 유학자의 세력에게 도태당한 것으로, 서경파의 몰락과 개경파의 세력 확장
ㄴ 서경의 분사 제도 및 삼경제 폐지
ㄷ 무신 멸시 풍조, 귀족 사회의 보수화 등 문벌 귀족 사회의 모순 심화

⑤ **의의** : 문벌 귀족 사회의 분열과 지역 세력 간의 대립, 풍수지리설이 결부된 자주적 전통 사상과 사대적 유교 정치 사상의 충돌, 고구려 계승 이념에 대한 이견·갈등 등이 얽혀 발생(귀족 사회 내부의 모순을 드러낸 사건)

11. 무신 정권의 성립 ★빈출개념

(1) 무신정변의 배경

① **근본적 배경** : 문벌 귀족 지배 체제의 모순 심화, 지배층의 정치적 분열과 권력 투쟁 격화
② **직접적 배경** : 무신 차별, 하급 군인들의 불만 고조

(2) 무신정변의 전개

① 무신정변의 발발(의종 24, 1170)

　㉠ 주도 : 정중부·이고·이의방 등이 다수의 문신을 살해, 의종을 폐하고 명종을 옹립

　㉡ 권력 투쟁 : 중방을 중심으로 권력을 행사하면서 주요 관직을 독차지

② 무신 간의 권력 쟁탈전

　㉠ 이의방(1171~1174) : 중방 강화

　㉡ 정중부(1174~1179) : 이의방을 제거하고 중방을 중심으로 정권을 독점

　㉢ 경대승(1179~1183) : 정중부를 제거, 신변 보호를 위해 사병 집단인 도방을 설치

　㉣ 이의민(1183~1196) : 경대승의 병사 후 정권을 잡았으나 최씨 형제(최충헌·최충수)에게 피살

　㉤ 최충헌(1196~1219) : 이의민을 제거하고 무신 간의 권력 쟁탈전을 수습하여 강력한 독재 정권을 이룩(1196년부터 1258년까지 4대 60여 년간 최씨 무단 독재 정치)

실력up 무신정변 이후의 변화

• 무신정변 이후 사회적인 신분의 위치는 여전히 강조되었으나 낮은 신분층의 신분 상승이 고려 전기보다 더욱 증가

• 신분과 문벌이 모든 권력과 특권을 결정하던 기존 사회 체제와 비교하여 실력과 능력이 특권의 요건으로 대두되었으며, 무신정변 이전에는 오로지 문반만이 재상지종이 되었는데 무신정변 이후에는 무반도 재상지종이 되기도 함

• 기존의 행정 조직은 유지되었으나 문신 중심의 정치 조직은 기능을 상실해 갔고, 무인 집권 기구가 강화됨, 과거 제도는 그대로 유지

(3) 최씨 무신 정권 시대

① 최충헌의 집권(1196~1219)

　㉠ 정권 획득 : 조위총의 난을 진압하고 실력으로 집권, 2왕을 폐하고 4왕을 옹립

　㉡ 사회 개혁책 제시 : 봉사 10조

　㉢ 권력 기반의 마련 : 교정도감을 설치(중방을 억제), 흥령부를 사저에 설치, 재추 회의를 소집

　㉣ 대규모 농장과 노비를 차지, 진주 지방을 식읍으로 받고 진강후로 봉작됨

　㉤ 도방 확대 : 많은 사병을 양성하고, 사병 기관인 도방을 부활

　㉥ 선종 계통의 조계종 후원(교종 탄압), 신분 해방 운동 진압

② 최우의 집권(1219~1249) : 교정도감을 통하여 정치 권력 행사, 진양후로 봉작됨, 정방 설치(1225), 서방 설치(1227), 삼별초 조직

③ 최씨 무신 정권의 성격

　㉠ 정치·경제·사회적 독재 정권 : 교정도감, 도방, 정방, 서방 등 독자적 권력 기구를 운영하여 장기 독재를 유지

　㉡ 권력 유지에 집착 : 국왕의 권위를 정권 유지에 이용하기도 했으며, 권력유지

무신 집권기 농민의 봉기

김사미·효심의 난(1193)

무신 집권기 하층민의 봉기

• 망이·망소이의 난(공주 명학소 봉기, 1176)

• 전주 관노의 난(전주의 관노비 봉기, 1182)

• 만적의 난(만적의 신분 해방 운동, 1198)

최충헌의 봉사 10조

• 새 궁궐로 옮길 것
• 관원의 수를 줄일 것
• 농민으로부터 빼앗은 토지를 돌려 줄 것
• 선량한 관리를 임명할 것
• 지방관의 공물 진상을 금할 것
• 승려의 고리대업을 금할 것
• 탐관오리를 징벌할 것
• 관리의 사치를 금할 것
• 함부로 사찰을 건립하는 것을 금할 것
• 신하의 간언을 용납할 것

교정도감(教定都監)

최충헌 이래 무신 정권의 최고 정치 기관. 희종 5년(1209) 최충헌과 최우 부자를 살해하려는 시도가 있었는데, 최충헌이 이에 관련된 자를 색출하기 위해 설치한 것이 시초이었음. 이후에도 계속 존재하여 인재 천거, 조세 징수, 감찰, 재판 등 국정 전반에 걸친 정치 기관이 되었는데, 최씨 정권이 막을 내린 후에도 사라지지 않고 무신 정권이 끝날 때까지 존속하였음. <고려사>는 교정도감에 대하여 "최충헌이 정권을 독차지하매, 모든 일이 교정도감으로부터 나왔다."라고 기술하고 있음

정방(政房)

고종 12년(1225) 최우는 자신의 집에 정방을 설치하였는데, 이는 교정도감에서 인사 행정 기능을 분리한 것임. 최우의 사후에도 무신 정권의 집권자들을 통해 계승되었음

69

최씨 집권의 결과
• 문벌 귀족 정치에서 관료 정치로의 전환점, 실권을 가진 권문세족의 형성
• 정치적으로는 안정되었지만 국가 통치 질서는 오히려 악화
• 국민에 대한 회유책으로 많은 향·소·부곡이 현으로 승격

원 간섭기에 격하된 관제 및 왕실 용어
• 왕의 호칭에 조(祖)와 종(宗)을 사용하지 못하고 왕(王)을 사용
• 원으로부터 충성을 강요받으면서 왕의 호칭에 충(忠)이 사용됨
• 짐 → 고, 폐하 → 전하, 태자 → 세자
• 중서문하성 + 상서성 → 첨의부, 육부 → 사사, 중추원 → 밀직사

만권당
고려 말 충선왕이 원의 연경에 세운 독서당을 말함. 정치 개혁에 실패한 충선왕은 아들 충숙왕에게 왕위를 선양하고 충숙왕 1년(1314) 만권당을 세웠음. 그곳에서 충선왕은 귀한 서책을 수집한 후 고려에서 이제현 등을 불러들이고 당대 중국의 이름난 학자인 조맹부, 염복 등과 교류하면서 중국의 고전 및 성리학을 연구하였음

원 간섭기(고려 말) 고려의 정세
• 권문세족의 집권 : 중앙 지배층이 권문세족으로 재편(→ 문벌귀족 가문, 무신정권기에 새로 등장한 가문, 원과의 관계를 통하여 성장한 가문 등이 권문세족을 형성)
• 사회 모순의 격화 : 권문세족이 농장을 확대하고 양민을 억압
• 시정개혁의 노력 : 관료의 인사와 농장문제 같은 폐단을 시정하기 위한 노력은 충선왕 때부터 시도되었으나, 원의 간섭으로 철저한 개혁 추진이 곤란

에 집착하여 민생과 통치 질서는 악화됨
ⓒ 문무 합작적 정권 : 문신을 우대하고 회유

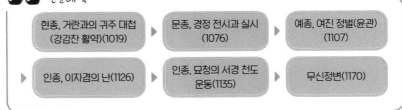

12. 원의 내정 간섭

(1) 몽골의 일본 원정 추진

몽골은 국호를 원(元)으로 바꾼 후 두 차례에 걸친 일본 원정을 단행하면서 고려로부터 선박·식량·무기 등의 전쟁 물자와 인적 자원을 징발

(2) 영토의 상실 ★ 빈출개념

① **쌍성총관부 설치(1258)** : 고종 말년에 쌍성총관부를 설치하여 철령 이북의 땅을 직속령으로 편입(공민왕 5년(1356)에 유인우가 무력으로 탈환)
② **동녕부 설치(1270)** : 원종 때 자비령 이북의 땅을 차지하여 서경에 동녕부를 설치
③ **탐라총관부 설치(1273)** : 제주도에 설치하고 목마장을 경영

(3) 고려의 격하

① **부마국으로 전락** : 원의 부마국으로 전락하여 왕이 원의 공주와 결혼
② **왕실 및 관제의 격하** : 부마국에 맞게 바뀌고, 관제와 격도 낮아짐
　ⓐ 2성 → 첨의부, 6부 → 4사
　ⓑ 중추원 → 밀직사, 어사대 → 감찰사

(4) 내정 간섭과 경제적 수탈

① **내정 간섭의 강화와 분열책**
　ⓐ 일본 원정을 위해 설치한 정동행성을 계속 유지하여 내정 간섭 기구로 삼음
　ⓑ 순군만호부 등 5개의 만호부를 설치하여 고려의 군사 조직에 영향력을 행사
　ⓒ 다루가치라는 민정 감찰관을 파견하여 내정을 간섭
　ⓓ 독로화, 심양왕 제도, 입성책동
② **경제·사회적 수탈**
　ⓐ 공녀와 과부, 환관 등을 뽑아 가는 등 인적 수탈을 자행
　ⓑ 응방(鷹坊) : 매(해동청)를 징발하기 위한 특수 기관

(5) 고려 사회에 끼친 영향

① **정치적 영향** : 고려의 자주성에 심각한 손상을 입었고, 원의 압력과 친원파의 책

동으로 정치는 비정상적으로 운영

② **사회적 영향** : 친원 세력이 권문세족으로 성장했으며, 향리·환관·역관 등 원과의 관계를 통해 출세하는 사람이 증가

③ **풍속의 교류** : 몽골풍, 고려양

④ **문물의 교류**

  ㉠ 이암이 〈농상집요〉를 소개했으며, 이앙법·목면(1363)이 전래됨

  ㉡ 라마 불교, 임제종, 주자 성리학 전래

  ㉢ 서양 문물의 전래(천문·수학·의학·역법·건축술), 화약의 전래, 조맹부체 등

step up 원 간섭기(공민왕 이전)의 개혁정치

- **충렬왕**
  - 전민변정도감(田民辨正都監)을 재설치하여 개혁 정치 추구(전민변정도감은 원종 때 최초 설치, 공민왕 때 실질적 역할)
  - 둔전경략사 폐지, 동녕부와 탐라총관부를 반환받음
  - 홍자번이 편민 18사(개혁 운동의 효시)를 건의하여 각 부분의 폐단을 지적
- **충선왕** : 폐단 시정을 위한 대대적 개혁을 시작
  - 반원·반귀족 정치를 꾀하여 우선 정방의 폐지, 몽고 간섭 배제 등에 기여
  - 개혁 정치 기구로 사림원(詞林院)을 두고 충렬왕의 측근 세력을 제거하고 관제 개편을 단행, 신흥사대부 등 인재 등용의 길을 열고 공민왕의 반원 정책의 터전을 마련
  - 재정 개혁의 일환으로 의염창을 설치하여 소금과 철의 전매 사업 실시, 전농사를 설치하여 농무사를 파견하고 권세가의 농장과 노비를 감찰(국가 재정 확보)
  - 학문 연구소인 만권당(萬卷堂)을 연경에 설치하여 학술을 토론하고 학문을 연구, 많은 문화가 전래됨(조맹부의 송설체가 전래되어 고려 말 서체에 큰 영향을 줌)
  - 개혁 추진 세력이 미약하고 권문세족과 원의 방해로 개혁이 좌절됨
- **충숙왕** : 찰리변위도감을 설치하여 토지(농장)와 노비에 대한 개혁 시도
- **충목왕** : 폐정의 시정과 국가 재정수입 기반 마련을 목적으로 정치도감을 설치하여 부원 세력을 제거하고 권세가의 토지·농장을 본 주인에게 반환, 각 도에서 양전 사업을 실시

(6) 공민왕(1351~1374)의 개혁 정치

① **개혁의 배경 및 방향** : 14세기 중반의 원·명 교체기와 신진 사대부의 성장을 토대로 하여 대외적으로는 반원 자주를, 대내적으로는 왕권 강화를 추구

② **반원 자주 정책**

  ㉠ 원의 연호를 폐지하고 기철 등 친원파 숙청

  ㉡ 내정을 간섭하던 정동행성이문소 폐지, 원의 관제를 폐지하고 2성 6부의 관제를 복구

  ㉢ 무력으로 쌍성총관부를 공격하여 철령 이북의 땅을 수복(유인우)

  ㉣ 원(나하추)의 침입을 이성계 등이 격퇴

  ㉤ 친명 정책의 전개, 몽골풍의 폐지

③ **대내적 개혁**

  ㉠ **목적** : 왕권 강화와 민생 안정

  ㉡ **정방 폐지** : 문·무관 인사를 각각 이부와 병부로 복귀

공민왕의 영토 수복

SEMI-NOTE

전민변정도감

고려 후기 권세가에게 빼앗긴 토지를 원래 주인에게 되찾아 주고 노비로 전락한 양인을 바로잡기 위해 설치된 임시 개혁 기관. 궁극적인 목적은 국가 재정의 궁핍을 초래한 농장의 확대를 억제하고 부정과 폐단을 개혁하는 데 있었음

권문세족과 신진 사대부

구분	권문세족	신진 사대부
유형	• 전기 이래의 문벌 귀족 • 무신 집권기에 성장한 가문 • 친원파	• 지방 향리 출신 • 공로 포상자 (동정직 · 검교직) • 친명파
정치성향	• 음서 출신 • 여말의 요직 장악 • 보수적 · 귀족적	• 과거 출신 • 행정적 · 관료 지향적 • 진취적 · 개혁적
경제기반	• 부재 지주 • 토지의 점탈 · 겸병 · 매입 등	• 재향 중소 지주, 소규모 농장을 가진 자영농민 • 토지의 개간 · 매입 등
사상	• 유학 사상 • 불교 신봉 • 민간 의식 → 상장 · 제례	• 성리학 수용 : 주문공가례 채택(→ 민간 의식 배격) • 실천주의 · 소학의 보급, 가묘 설치 의무화

위화도 회군의 결과와 의의

위화도 회군을 통해 정권을 장악한 이성계와 조민수는 우왕을 폐위시키고 그 아들 창왕을 왕위에 옹겁음. 이후 이성계는 조민수를 축출하고 창왕을 신돈의 후손이라고 주장하여 폐위시킨 후 공양왕을 옹겁하였음. 이로써 이성계가 실권을 장악하면서 조선 왕조 창건의 기초가 마련되었음

ⓒ **신돈의 등용** : 신돈을 등용(1365)하여 개혁 정치를 추진

ⓔ **전민변정도감의 운영(1366)** : 권문세족들이 부당하게 빼앗은 토지와 노비를 본래의 소유주에게 돌려주거나 양민으로 해방

ⓜ **유학 교육 강화** : 국자감을 성균관으로 개칭(1362)하고 순수 유학 교육 기관으로 개편하여 유학 교육을 강화, 과거 제도 정비(신진 사대부 등 개혁 세력 양성)

④ **개혁의 중단(실패)**

ⓐ 권문세족들의 강력한 반발로 신돈이 제거되고 공민왕까지 시해되면서 중단

ⓑ 홍건적 · 왜구의 침입 등으로 국내외 정세 불안

ⓒ 권문세족의 강력한 반발로 실패

13. 신진 사대부의 성장과 한계

(1) 신진 사대부의 성장

① **등장**

ⓐ 무신 집권기 이래 지방 향리의 자제들을 중심으로 과거를 통하여 중앙의 관리로 진출

ⓑ 대부분은 공민왕 때의 개혁 정치에 힘입어 지배 세력으로 성장

② **특징**

ⓐ 진취적 성향으로 권문세족을 비판 · 대립하였고, 신흥 무인 세력과 제휴

ⓑ 성리학의 수용, 불교 폐단의 시정에 노력

(2) 한계

권문세족이 인사권을 쥐고 있어 관직으로의 진출이 제한되었고, 과전과 녹봉도 제대로 받지 못함, 왕권과 연결하여 각종 개혁 정치에 참여하였으나, 아직은 힘이 부족

14. 고려의 멸망

(1) 배경

① **사회 모순의 심화** : 공민왕의 개혁이 실패한 후, 권문세족들이 정치 권력을 독점하고 대토지 소유를 확대해 나가면서 고려 사회의 모순은 더욱 심화

② **외적의 침입** : 홍건적과 왜구의 침입이 빈발하여 대외적 혼란 가중

(2) 위화도 회군과 과전법의 시행

① **위화도 회군(1388)**

ⓐ 최영과 이성계 등은 개혁의 방향을 둘러싸고 갈등

ⓑ 우왕의 친원 정책에 명이 쌍성총관부가 있던 철령 이북의 땅에 철령위 설치를 통보

ⓒ 요동 정벌을 둘러싸고 최영(즉각적 출병을 주장) 측과 이성계(4불가론을 내세워 출병 반대) 측이 대립

② **과전법(科田法)의 마련** : 이성계를 중심으로 모인 급진 개혁파(혁명파) 세력은 우

왕과 창왕을 폐하고 공양왕을 세운 후 전제 개혁을 단행

15. 고려 초기

(1) 고려 초기의 대외 관계(송, 거란과의 관계)

① 대외 정책 : 친송 정책, 중립 정책

　㉠ 송의 건국(960) 직후 외교 관계를 맺고(962) 우호 관계를 유지

　㉡ 송이 거란을 공격하기 위해 고려에 원병을 요청했을 때 실제로 출병하지 않음

　㉢ 송(남송)이 고려와 연결하여 금을 제거하려 할 때(연려제금책)도 개입하지 않고 중립을 지킴

② 대송 관계의 성격 : 고려는 경제 · 문화적 목적에서, 송은 정치 · 군사적 목적에서 교류

(2) 거란과의 항쟁

① 제1차 침입(성종 12, 993)

　㉠ 원인 : 고려의 거란에 대한 강경책과 송과의 친교, 정안국의 존재

　㉡ 경과 : 소손녕이 80만의 대군으로 침입, 서희가 거란과 협상

　㉢ 결과 : 고려는 거란으로부터 고구려의 후계자임을 인정받고 청천강 이북의 강동 6주를 확보(압록강 하류까지 영토 확대)했으며, 송과 교류를 끊고 거란과 교류할 것을 약속

② 제2차 침입(현종 1, 1010)

　㉠ 원인 : 송과 단교하지 않고 친선 관계 유지, 거란과의 교류 회피

　㉡ 경과 : 강조의 정변을 구실로 강동 6주를 넘겨줄 것을 요구하며 40만 대군으로 침입, 개경이 함락되어 현종은 나주로 피난

　㉢ 결과 : 강조가 통주에서 패했으나 양규가 귀주 전투에서 승리

③ 제3차 침입(현종 9, 1018)

　㉠ 원인 : 거란이 요구한 현종의 입조 및 강동 6주 반환을 고려가 거절

　㉡ 경과 : 소배압이 10만의 대군으로 침입, 개경 부근까지 진격해 온 뒤 고려군의 저항을 받고 퇴각하던 중 귀주에서 강감찬이 지휘하는 고려군에게 섬멸됨(귀주 대첩, 1019)

　㉢ 결과 : 거란과의 강화와 송과의 단절을 약속, 강동 6주는 고려의 영토로 인정

16. 고려 중기(문벌 귀족기) - 여진 정벌과 동북9성

(1) 여진과의 관계

① 여진의 상태

　㉠ 발해의 옛 땅에서 반독립적 상태로 세력을 유지

　㉡ 고려는 경제적으로 도와주는 회유 · 동화 정책으로 여진을 포섭

② 여진의 성장 및 충돌 : 12세기 초 완옌부의 추장이 여진족을 통합하고 정주까지 남하하여 고려와 충돌

SEMI-NOTE

강동 6주와 천리장성

강조의 정변 ★ 빈출개념

성종이 죽고 목종이 죽위한 후 그 생모 천추태후가 섭정하였는데, 천추태후는 외척인 김치양과 사통하여 낳은 사생아를 목종의 후사로 삼고자 음모를 꾸몄음. 이에 목종은 대양군 순(詢)을 후사로 삼고자 서북면 도순검사 강조에게 개경 호위를 명했음. 그러나 강조는 입경하여 김치양·천추태후 일당을 제거한 후 목종까지 폐하고 대양군(현종)을 죽위시켰는데, 이 변란을 '강조의 난'이라고 함

거란의 제2차 침략

요의 성종이 친정한 거란의 제2차 침략에서 요는 먼저 흥화진을 공격했으나 양규의 항전으로 함락하지 못하자 통주로 진군하여 강조를 살해하였음. 이후 진군한 요의 군대가 개경까지 함락시키자 현종은 나주로 피신하였음. 한편 요는 개경함락에 서두르느라 흥화진, 구주, 통주, 서경 등을 함락시키지 못하였으므로 보급선이 차단되었음. 이에 고려가 화친을 청하자 받아들인 요의 성종은 돌아가는 길에 구주 등에서 양규와 김숙흥 등의 공격을 받아 많은 피해를 입었음

금(金)의 건국과 사대 외교

• 9성 환부 후 더욱 강성해진 여진은 만주 일대를 장악하고 금을 건국(1115), 거란을 멸망시키고(1125) 송의 수도를 공격한 후 고려에 군신 관계를 요구
• 사대 외교 : 금의 사대 요구를 둘러싸고 분쟁을 겪기도 했지만, 문신 귀족들은 자신들의 권력 유지와 무력 충돌의 부담을 고려하여 금의 사대 요구를 수용(1126)
• 결과 : 금과 군사적 충돌은 없었으나, 북진 정책은 사실상 좌절됨, 귀족 사회의 모순 격화

강동의 역(役)

몽골군에게 쫓긴 거란족이 고려를 침입하자, 고려군은 강동성에서 몽골의 군대와 연합하여 거란족을 토벌(1219)하였음. 이것이 몽골과의 첫 접촉인데, 이 과정에서 체결한 여·몽 협약(형제 관계의 맹약)을 강동의 역이라고 함. 이후 몽골은 스스로를 거란 축출의 은인이라 하면서 고려에 대해 과도하게 공물을 요구해 왔음

최씨 정권의 몰락

최씨 정권은 백성을 외면하고 사치를 누렸으며, 정권 유지를 위해 조세를 증가함으로써 민심을 잃었음. 1258년에 최의가 피살됨으로써 최씨 정권은 몰락하였음

삼별초(三別抄)

고려 무신 정권 때의 특수 군대. 고종 6년(1219) 최우가 도적 등을 단속하기 위해 설치한 야별초(夜別抄)에서 비롯되었음. 야별초에 소속한 군대가 증가하자 이를 좌별초와 우별초로 나누고, 여기에 몽골군에게 포로가 되었다가 탈출한 병사들로 이루어진 신의군을 합하여 삼별초를 조직하였음. 대몽 항전의 선두에서 유격 전술로 몽골군을 괴롭혔으며, 몽골과의 강화가 성립되고 고려 정부가 개경으로 환도하자 여·몽 연합군에 대항하여 항쟁하였음

---

(2) 여진 정벌과 동북 9성 축조

① **별무반(숙종)** : 윤관의 건의로 조직된 특수 부대로, 기병인 신기군, 보병인 신보군, 승병인 항마군으로 편성
② **동북 9성**
 ㉠ 예종 2년(1107) 윤관은 별무반을 이끌고 동북 지방 일대에 9성 축조
 ㉡ 여진족의 계속된 침입과 조공 약속, 방비의 곤란 등으로 9성을 환부(1109)

17. 무신집권기 - 대몽 전쟁

(1) 몽골과의 접촉

강동의 역으로 처음 접촉한 후 몽골과 여·몽 협약(형제 관계)을 체결, 몽골은 이를 구실로 지나치게 공물을 요구

(2) 몽골의 침입과 대몽 항전 ⭐ 빈출개념

① **1차 침입(고종 18, 1231)**
 ㉠ 몽골 사신(저고여) 일행이 귀국하던 길에 피살되자 이를 구실로 침입
 ㉡ 의주를 점령한 몽골군은 귀주성에서 박서가 이끄는 고려군의 저항에 부딪히자 길을 돌려 개경을 포위
 ㉢ 고려가 몽골의 요구를 수용한 후 몽고군은 퇴각(서경 주위에 다루가치 설치)
② **2차 침입(1232)**
 ㉠ 몽골의 무리한 조공 요구와 내정 간섭에 반발한 최우는 다루가치를 사살하고 강화도로 천도(1232)하여 방비를 강화
 ㉡ 처인성 전투에서 살리타가 김윤후가 이끄는 민병과 승병에 의해 사살되자 퇴각
 ㉢ 대구 부인사의 초조 대장경이 소실됨
③ **3차 침입(1235~1239)** : 최우 정권에 대한 출륙 항복을 요구, 안성의 죽주산성에서 민병이 승리, 속장경과 황룡사 9층탑 소실, 팔만대장경 조판 착수
④ **4차 침입(1247~1248)** : 침입 후 원 황제의 사망으로 철수
⑤ **5차 침입(1253~1254)** : 충주성에서 김윤후가 이끄는 민병과 관노의 승리
⑥ **6차 침입(1254~1259)** : 6년간의 전투로 20여만 명이 포로가 되는 등 최대의 피해가 발생
⑦ **고려의 항전**
 ㉠ 고려 정부는 항전과 외교를 병행하면서 저항하였으며, 백성을 산성과 섬으로 피난시키며 저항을 지속
 ㉡ 지배층들은 부처의 힘으로 외적을 방어한다는 호국 불교 사상으로 팔만대장경을 조판하기도 했으며, 한편으로는 호화 생활을 유지하며 농민을 수탈
 ㉢ 끈질긴 저항의 주체(원동력)는 일반 민중(농민·노비·부곡민 등)

(3) 몽골과의 강화

① 강화의 성립과 개경 환도

ⓒ 몽골이 강화를 맺고 고려의 주권과 풍속을 인정한 것은 고려를 직속령으로 완전 정복하려던 계획을 포기한 것이며, 이는 고려의 끈질긴 항전의 결과

ⓓ 무신 정권이 무너지자 고려는 몽골과 강화하고 원종 때 개경으로 환도

(4) 삼별초의 항쟁(원종 11, 1270~1273)

① 원인 : 개경 환도는 몽골에 대한 굴복을 의미하므로 삼별초는 배중손의 지휘아래 저항

② 경과

ⓐ 강화도 : 배중손이 왕족 승화후(承化侯) 온(溫)을 추대하여 반몽 정권 수립

ⓑ 진도 : 장기 항전을 계획하고 진도로 옮겨 용장성을 쌓고 저항했으나 여 · 몽 연합군의 공격으로 함락(1271)

ⓒ 제주도 : 김통정의 지휘 아래 계속 항쟁하였으나 여 · 몽 연합군에 진압(1273)

③ 결과 : 진압 후 고려는 몽골에 예속되었고, 몽골은 제주도에 탐라총관부를 두어 목마장(牧馬場)을 만듦

02절 중세의 경제 구조와 경제 생활

1. 수취 제도

(1) 조세(租稅)

① 부과 단위 : 토지를 논과 밭으로 구분한 후 비옥한 정도에 따라 3등급으로 나누어 부과

② 세율(稅率)

ⓐ 원칙 : 민전(民田)의 경우 생산량의 1/10이 원칙(밭은 논의 1/2)

ⓑ 지대(地代) : 민전을 소유하지 못한 영세 농민은 국가와 왕실의 소유지(공전)나 귀족들의 사전을 빌려 경작하고 지대를 지급

③ 조세의 운반과 보관

ⓐ 조세는 조창(漕倉)까지 옮긴 다음 조운을 통해서 개경의 좌 · 우창으로 운반하여 보관

ⓑ 육상 교통수단이 용이하지 못해 경기도(육상 수단 이용) 외에는 모두 조운을 통해 운반

(2) 공물(貢物)

① 내용 : 농민에게는 조세보다도 더 큰 부담이 됨(주로 포의 형태로 징수)

② 공물 부과 : 중앙 관청에서 필요한 공물의 종류와 액수를 나누어 주현에 부과하면, 주현은 속현과 향 · 부곡 · 소에 이를 할당하고, 각 고을에서는 향리들이 집집마다 부과 · 징수(이때 남자 장정 수를 기준으로 9등급으로 구분)

③ 종류 : 상공(常貢), 별공(別貢)

홍건적의 침입

• **1차 침입**(공민왕 8, 1359) : 홍건적 4만이 서경을 점령, 이방실 · 이승경 등이 격퇴

• **2차 침입**(공민왕 10, 1361) : 홍건적 10만이 침입하여 개경이 함락되자 공민왕은 복주(안동)으로 피난, 정세운 · 최영 · 이방실 · 안우 · 이성계 등이 격퇴

왜구의 침입

• **발발** : 13세기 고종 때부터 쓰시마 섬과 규슈 서북부를 근거지로 하여 침략 시작, 무신 집권기인 고종 때부터 거의 매년 침략(400여 년 동안 500여 회 침입), 14세기 중반 본격화되어, 공민왕 · 우왕 때 그 폐해가 가장 극심

• **대응책** : 외교와 병행하여 적극적 토벌 정책을 추진, 홍산 싸움(1376, 최영), 진포 싸움(1380, 최무선, 화통도감 설치), 황산 싸움(1380, 이성계), 관음포 싸움(1383, 정지), 쓰시마 섬 정벌(1389, 박위) 등

• **영향**

– 피해의 가중 : 연안 지방의 황폐화와 농민의 피난

– 조운의 곤란 : 조세 감소로 경제적 어려움이 가중되자 대안으로 육운이 발달

– 천도론의 대두 : 수도 개경 부근까지 침입해온 왜구로 인해 대두

– 국방력 강화 : 수군 창설(공민왕), 사수서(해안 경비대) 설치, 화통도감(1377) 설치(최무선, 화약 무기 제조)

– 신흥 무인 세력의 성장 : 홍건적과 왜구의 침입을 격퇴하는 과정에서 성장

별공

지방 특산물 중 상공으로 충당하기 부족한 부분을 부정기적으로 징수한 것을 말함. 매년 종류와 수량이 일정하게 책정되었던 상공과는 달리 국가의 필요에 따라 얼마든지 부과할 수 있었으므로 농민에게 큰 부담이 되었음

역분전

전시과의 선구로서 수조지로 지급 되었으며, 전시과 제도가 마련될 때까지 존속하였음

전시과 제도의 변화

시정(始定) 전시과 (경종 1, 976)	• 모든 전현직 관리를 대상으로 관품과 인품 · 세력을 반영하여 토지 (전지와 시지)를 지급 (공복 제도와 역분전 제도를 토대로 만듦) • 역분전의 성격을 벗어나지 못함
개정(改定) 전시과 (목종 1, 998)	• 관직만을 고려하여 18 품 관등에 따라 170~17결을 차등 지급 (토지 분급에 따른 관료 체제 확립) • 전현직 관리(직 · 산관) 모두에게 지급하나 현직자를 우대 • 문 · 무관에게 모두 지급하나 문관을 우대 • 군인층도 토지 수급 대상으로 편성하여 군인전 지급
경정(更定) 전시과 (문종 30, 1076)	• 토지가 부족하게 되어 현직 관료에게만 지급 (170~15결) • 전시과의 완성 형태로, 5품 이상에게 공음전을 지급하였으므로 공음전시과라고도 함 • 문 · 무관의 차별을 완화(무인 지위 향상)

영업전(수조권이 세습되는 토지)

공음전 · 공신전, 군인전, 외역전 등이 세습되며, 과전과 사원전도 세습적 성격이 강하였음

(3) 역(役)

① 내용 및 대상 : 노동력을 무상으로 동원하는 제도로, 16~60세의 정남(丁男)이 대상
② 종류 : 군역(軍役), 요역(徭役)

2. 전시과 제도와 토지 소유

(1) 역분전(役分田)(태조 23, 940)

① 후삼국 통일 과정에서 공을 세운 사람들에게 인품(공로)에 따라 지급한 토지
② 무신을 우대하였으며, 경기도에 한하여 지급

(2) 전시과 제도

① 전지(田地)와 시지(柴地)의 차등 지급 : 관리를 18등급으로 나누어 곡물을 수취할 수 있는 일반 농지인 전지와 땔감을 얻을 수 있는 척박한 토지인 시지를 차등적으로 지급
② 수조권만을 지급 : 지급된 토지는 소유권을 인정하지 않고 수조권만을 지급
③ 수조권 분급, 농민으로부터 직접 수취하는 것은 불가, 받은 자가 죽거나 관직에서 물러날 때는 토지를 국가에 반납(단, 직역 승계에 따라 세습 가능)

(3) 토지의 종류

① 과전 : 전시과 규정에 의해 문 · 무 현직 관리에게 지급되는 토지
② 공음전
　　㉠ 5품 이상의 관료에게 지급된 세습 가능한 토지
　　㉡ 공신전 : 공양왕 때 공신전으로 바뀌고 조선의 공신전 · 별사전으로 이어짐
③ 한인전 : 6품 이하 하급 관료의 자제로서 관직에 오르지 못한 자에게 지급
④ 군인전
　　㉠ 군역의 대가로 2군 6위의 직업 군인에게 주는 토지로, 군역이 세습됨에 따라 자손에게 세습됨
　　㉡ 둔전(군둔전, 관둔전) : 군대의 경비 충당을 위해 지급된 토지
⑤ 구분전 : 6품 이하 하급 관료와 군인의 유가족에게 생계를 위해 지급
⑥ 내장전(장처전 · 장택전) : 왕실의 경비 충당을 위해 지급(고려 왕실의 직할 토지)
⑦ 공해전 : 각 관청의 경비 충당을 위해 지급
⑧ 사원전 : 사원에 지급
⑨ 외역전 : 향리에게 지급

(4) 전시과 제도의 붕괴와 농장의 확대

① 전시과 제도의 붕괴 : 귀족들의 토지 독점과 세습 경향으로 원칙대로 운영되지 못하였고, 조세를 거둘 수 있는 토지가 점차 감소되며 붕괴
② 농장의 확대 : 귀족들의 토지 겸병과 농장의 확대는 원 간섭기를 거치며 전국적으로 확산

(5) 정부의 대책

① **녹과전의 지급(1271)** : 전시과 제도가 완전히 붕괴되어 토지를 지급할 수 없게 되자 일시적으로 관리의 생계를 위해 일시적으로 지급

② **국가 재정의 파탄** : 녹과전 지급이 실패하고 고려 말 국가 재정은 파탄

실력 UP 녹과전

- 전시과 제도의 붕괴로 토지 지급이 어려워지자, 주로 경기 8현의 개간지를 이용해 새로 분급지를 마련하여 관리의 생계 보장을 위해 지급한 토지
- 원종 이후 간헐적으로 시행되어 왔지만 권세가들의 반발로 큰 실효를 거두지 못하다가, 충목왕 때 하급 관리 및 국역 부담자들에게 녹과전(祿科田)으로 지급하는 조처가 내려짐. 이를 시행하기 위해 정치도감(整治都監)을 설치하고 친원 세력을 척결하면서 권세가들이 빼앗은 토지와 노비를 본주인에게 돌려주고 경기도에 권세가들이 가진 소위 사급전(賜給田)을 혁파하기도 함

3. 귀족의 경제 생활

(1) 경제 기반

① **과전, 공음전·공신전**
  - ㉠ **과전** : 관료의 사망·퇴직 시 반납하는 것이 원칙이나, 유족의 생계 유지를 명목으로 일부를 물려받을 수 있음
  - ㉡ **공음전·공신전** : 세습 가능
  - ㉢ 생산량을 기준으로 과전에서는 1/10을, 공음전·공신전에서는 대체로 1/2을 조세로 받음
② **녹봉** : 현직 관리들은 쌀·보리 등의 곡식을 주로 받았으나, 때로는 베나 비단을 받기도 하였음
③ **소유지** : 지대 수취(생산량의 1/2)와 신공으로 상당한 수입을 거둠
④ **농장(대토지)** : 권력이나 고리대를 이용해 토지를 점탈하거나 헐값에 매입

(2) 귀족의 사치 생활

큰 누각을 짓고 별장을 소유, 수입한 차(茶)를 즐김, 비단으로 만든 옷을 입었음

4. 농업 활동

(1) 농업 기술의 발달

① **수리 시설 발달** : 후기에 농수로와 해안 방조제, 제언 등 수리 시설 관련 기술이 발달하여 간척 사업이 시작됨(저수지 개축, 해안 저습지의 간척 사업 등)
② **농기구와 종자의 개량** : 호미와 보습 등의 농기구의 개량 및 종자(種子)의 개량
③ **심경법 일반화** : 우경에 의한 심경법(깊이갈이) 확대·일반화
④ **시비법** : 시비법의 도입으로 휴경지가 줄고 연작 가능한 토지 증가, 제초법 발달

SEMI-NOTE

공음전
고려시대 5품 이상 고위 관리에게 지급한 토지로서 자손에게 상속이 가능한 영업전으로 문종(1049) 때 완비되었지만, 경종(977)때 기원을 찾을 수 있음. 국가 분급지지만, 개인 소유지와 비슷한 성격을 가지고 있음

농장 확대의 결과
- 백성의 토지 점탈로 농장 확대, 가난한 백성을 노비로 만들어 농장을 경작시킴
- 결과 : 조세를 부담할 백성의 감소, 면세·면역의 대상인 농장의 증가(→ 국가의 조세 수입 감소, 국가 재정 궁핍)

농민의 생계유지와 생활 개선책
민전을 경작하거나 국·공유지나 다른 사람의 소유지를 경작(소작), 삼베·모시·비단 짜기, 품팔이 등으로 생계를 유지, 진전(陳田)이나 황무지를 개간하고(이 경우 지대·조세 감면), 농업 기술을 배움. 12세기 이후에는 연해안의 저습지와 간척지를 개간하여 경작지를 확대

권농 정책
- 농민 생활 안정과 국가 재정 확보를 위해 실시
- 시책
  - 광종 : 황무지 개간 규정을 마련해 토지 개간을 장려
  - 성종 : 각 지방의 무기를 거두어 농기구로 만들어 보급

목화씨 전래
공민왕 때 문익점이 원에서 목화씨를 들여와 목화 재배를 시작하면서 의생활이 크게 변화

귀족들의 경제 생활
• **경제적 기반** : 과전, 녹봉, 상속받은 토지, 노비의 신공 등
• **경제 기반의 확대** : 고리대와 권력을 이용하여 농민 토지 약탈, 매입, 개간 → 농장 경영

농서의 소개 · 보급
충정왕 때 이암이 원의 〈농상집요〉를 소개 · 보급

공장안
국가에서 필요로 하는 무기, 기구 등의 물품 생산에 동원할 수 있는 기술자들을 조사하여 기록한 장부

고려 시대의 시전과 경시서
태조 2년(919), 개성에 시전을 설치하고, 보호 · 감독 기관으로 경시서를 설치하였음. 경시서에서는 물가를 조절하고 상품 종류를 통제하였는데, 허가된 상품 이외의 것을 판매한 경우에는 엄벌에 처하도록 하였음

⑤ **윤작법 보급** : 2년 3작의 윤작법이 점차 보급 · 발달, 밭작물 품종 다양화
⑥ **이앙법(모내기법) 도입** : 고려 말 이앙법이 남부 지방 일부에 보급
⑦ **약용 작물 재배, 접목 기술의 발달로 과일 생산력 증가**

(2) 농민의 몰락

① **배경** : 권문세족들이 농민들의 토지를 빼앗아 거대한 규모의 농장을 만들고 지나치게 과세
② **결과** : 몰락한 농민은 권문세족의 토지를 경작하거나 노비로 전락

5. 수공업 활동

(1) 고려의 수공업

① **종류** : 관청 수공업, 소(所) 수공업, 사원 수공업, 민간 수공업
② **시기별 수공업 발달** : 전기에는 관청 수공업 · 소(所) 수공업이, 후기에는 사원 수공업 · 민간(농촌) 수공업이 발달(후기에도 여전히 관청 수공업 중심)

(2) 민간 수요의 증가

① 고려 후기에는 유통 경제가 발전하면서 민간에서 수공업품의 수요가 증가
② 관청 수공업에서 생산하던 제품뿐만 아니라 다양한 물품을 민간에서 제조

6. 상업 활동

(1) 도시 중심의 상업 활동

① **상업 활동의 성격** : 주로 도시를 중심으로 하여 물물 교환의 형태로 이루어졌으며, 촌락의 상업 활동은 부진
② **시전 설치** : 개경에 시전(관허 상설 상점)을 설치(관수품 조달, 국고 잉여품 처분), 경시서에서 관리 · 감독
③ **관영 상점** : 개경 · 서경 · 동경 등의 대도시에 주로 설치
④ **비정기적 시장** : 대도시에 형성되어 도시 거주민의 일용품을 매매
⑤ **경시서(京市署) 설치** : 매점매석과 같은 상행위를 감독(조선의 평시서)
⑥ **상평창 설치** : 개경과 서경, 12목에 설치된 물가 조절 기관

(2) 지방의 상업 활동

① 시장을 통해 쌀 · 베 등 일용품 등을 교환
② 행상들은 지방 관아 근처나 마을을 돌아다니며 베나 곡식을 받고 소금 · 일용품 등을 판매
③ 사원은 생산한 곡물이나 수공업품을 민간에 판매

(3) 후기 상업의 발달

① **개경** : 인구 증가에 따른 민간의 상품 수요 증가, 시전 규모 확대, 업종별 전문화

② 상업 활동의 변화

    ㉠ 소금 전매제 : 고려 후기, 국가가 재정 수입 증가를 위해 실시

    ㉡ 농민들을 강제로 판매 · 구입이나 유통 경제에 참여시키기도 함

    ㉢ 일부 상인과 수공업자는 부를 축적하여 관리가 되기도 함

    ㉣ 농민들은 가혹한 수취와 농업 생산력의 한계로 적극적인 상업 활동이 곤란

7. 화폐 경제 생활과 고리대의 성행

(1) 화폐의 주조

① 전기

    ㉠ 성종 : 철전(鐵錢)인 건원중보(996)를 만들었으나 유통에는 실패

    ㉡ 숙종 : 삼한통보 · 해동통보 · 해동중보 · 동국통보 등의 동전과 고가의 활구(은병)를 만들어 강제 유통, 주전도감 설치

② 후기 : 쇄은(충렬왕), 소은병(충혜왕), 저화(공양왕) 유통

(2) 고리대의 성행과 금융 제도

① 고리대의 성행

    ㉠ 왕실 · 귀족 · 사원은 고리대로 재산을 늘렸고, 생활이 빈곤했던 농민들은 돈을 갚지 못해 토지를 빼앗기거나 노비로 전락하기도 함

    ㉡ 고리대를 해결하기 위한 보가 고리 습득에만 연연해 농민 생활에 오히려 피해를 끼침

② 보(寶)의 출현

    ㉠ 기원 : 신라 시대 점찰보(진평왕 35, 613), 공덕보

    ㉡ 의의 : 일정 기금을 만들어 그 이자를 공적인 사업의 경비로 충당하는 공익재단

    ㉢ 종류 : 학보(태조), 경보(정종), 광학보(정종), 제위보(광종), 금종보(현종), 팔관보(문종)

    ㉣ 결과(폐단) : 이자 획득에만 급급해 농민들의 생활에 막대한 피해를 끼침

8. 무역 활동

(1) 대외 무역의 활발

① 공무역 중심 : 사무역은 국가가 통제, 공무역이 발달

② 무역국(貿易國) : 송 · 요(거란) · 여진 등과 교역

③ 무역항 : 예성강 어귀의 벽란도는 국제 무역항으로 번성

(2) 대송(對宋) 무역

① 교역품

    ㉠ 수출품 : 금 · 은 · 인삼 · 종이 · 붓 · 먹 · 부채 · 나전 칠기 · 화문석 등

    ㉡ 수입품 : 비단 · 약재 · 서적 · 악기 등 왕실과 귀족의 수요품

② 무역로

고려의 화폐 발행

화폐를 발행하면 그 이익금을 재정에 보탤 수 있고 경제 활동을 장악할 수 있으므로, 상업 활동이 활발해지는 것과 함께 화폐 발행이 논의되었음. 그리하여 성종 때 건원중보가 제작되었으나 널리 유통되지는 못했음. 이후 숙종 때 삼한통보, 해동통보, 해동중보 등의 동전과 활구(은병)가 제작되었으나 당시의 자급자족적 경제 상황에서는 불필요했으므로 주로 다점이나 주점에서 사용되었을 뿐이며, 일반적인 거래에 있어서는 곡식이나 베가 사용되었음

화폐 유통의 부진

자급자족의 경제 활동을 하였던 농민들은 화폐의 필요성을 거의 느끼지 못함. 귀족들은 국가의 화폐 발행 독점과 강제 유통에 불만이 있었고, 화폐를 재산 축적의 수단으로만 이용, 일반적인 거래에서는 여전히 곡식이나 베(포)가 사용됨

고려 시대의 대외 무역

고려 시대에는 대외 무역을 장려 하였으므로 벽란도를 통해 중국 · 일본 · 남양 · 아라비아 상인이 내왕하는 등 활발한 대외 무역이 이루어졌음

원 간섭기의 무역

공무역이 행해지는 한편 사무역이 다시 활발해짐. 사무역으로 금 · 은 · 소 · 말 등이 지나치게 유출되어 문제가 됨

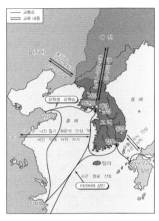

고려의 대외 무역

ⓐ 북송 때(북로) : 벽란도 → 옹진 → 산동 반도의 덩저우(등주)

ⓑ 남송 때(남로) : 벽란도 → 죽도 → 흑산도 → 절강성의 밍저우(명주)

(3) 기타 국가와의 무역

① 거란 : 은 · 모피 · 말 등을 가지고 와서, 식량 · 농기구 · 문방구 · 구리 · 철 등을 수입해 감

② 여진 : 은 · 모피 · 말 등을 가지고 와서, 식량 · 농기구 · 포목 등을 수입해 감

③ 일본 : 11세기 후반부터 수은 · 유황 등을 가져와 식량 · 인삼 · 서적 등과 바꾸어 감

④ 아라비아(대식국)

ⓐ 수은 · 물감 · 향료 · 산호 · 호박 등을 가져와 은 · 비단을 수입해 감

ⓑ 주로 중국을 통해 무역을 했으며, 고려(Corea)를 서방에 전함

03절 중세의 사회 구조와 사회 생활

1. 고려 사회의 편제와 신분 구조

(1) 고려 사회의 새로운 편제

① 문벌 귀족 사회의 형성 : 가문과 문벌을 중시, 소수 문벌 귀족이 권력을 독점

② 본관제 마련 : 성과 본관을 토대로 하는 새로운 친족 공동체 사회를 형성

③ 가족제의 다양화 : 여러 세대의 가족이 한 호적에 기록되기도 함(대가족~소가족)

④ 직분제적 사회구조의 형성 : 문반과 무반, 군반에게 각각 문관직과 무반직, 군인직을 세습할 권리와 의무가 부과됨

(2) 신분 구조

① 특징

ⓐ 신분 계층별로 호적을 따로 작성

ⓑ 문반 · 무반 · 남반의 세 계층이 관인층을 구성하며, 세습이 원칙

ⓒ 경제력을 기초로 정호와 백정호로 구분하여 신분제와 역제를 운영

② 지배층 : 귀족(특권 계층), 중간 계층

③ 피지배층 : 양인(농민, 상인, 수공업자 등), 노비(공노비, 사노비)

고려 시대의 신분 변동
• 고대에 비해 개방적인 신분제
• 향리의 자제가 과거를 통해 관직에 진출
• 중앙 귀족이 낙향하여 향리로 전락
• 군인이 공을 세워 무반이 됨
• 향 · 소 · 부곡이 일반 군현으로 승격
• 외거노비가 재산을 모아 양인신분을 획득

2. 귀족

(1) 귀족 계층

① 구성 : 왕족과 5품 이상의 문 · 무 관료로 구성, 음서나 공음전의 혜택을 받는 특권층

② 신분 변동 : 과거를 통해 향리에서 귀족으로 상승하기도 하며, 중앙 귀족에서 낙향하여 향리로 전락하는 경우도 존재(귀향은 일종의 형벌로 취급됨)

지배 세력의 변화
호족 → 문벌 귀족 → 무신 → 권문세족 → 신진 사대부

(2) 귀족층(지배층)의 특징

① 문벌 귀족

  ㉠ 출신 및 형성 : 개국 공신이나 호족, 6두품, 향리 출신으로서 중앙 관료로 진출한 이후 점차 보수화되면서 형성

  ㉡ 토지 소유 확대 : 과전과 공음전이 경제적 기반

  ㉢ 폐쇄적 혼인 : 유력한 가문과의 중첩된 혼인 관계(특히, 왕실의 외척을 선호)

  ㉣ 사상 : 보수적, 유교와 불교 수용

② 권문세족

  ㉠ 성립 : 고려 후기 원 간섭기에 주요 요직을 장악

  ㉡ 출신 배경 : 전기부터 그 세력을 이어 온 문벌 귀족 가문, 무신 정권기에 대두한 가문(무신 가문, 능문능리의 신관인 가문), 원의 세력을 배경으로 성장한 가문

  ㉢ 권력 행사 : 현실적 관직인 도평의사사와 정방을 장악하여 행사

  ㉣ 권력 유지 및 강화 : 고위 관직 독점, 도평의사사를 통해 권력을 장악, 음서를 통해 진출, 대규모의 농장을 소유

  ㉤ 성향 및 사상 : 수구적, 불교 수용

③ 신진 사대부

  ㉠ 출신 배경 : 과거를 통해 관계에 진출, 하급 관리나 향리 집안에서 주로 배출

  ㉡ 등장 및 성장 : 무신 정권이 붕괴된 후에 활발하게 중앙 정계로 진출

  ㉢ 권문세족과의 대립 : 사전의 폐단을 지적하고 사회 개혁을 주장하며 대립

  ㉣ 사상 등 : 성리학을 수용하고 개혁적 성향을 지님

3. 중류층

(1) 의의

① 광의(귀족과 양인의 중간층인 문무반 6품 이하의 관리, 남반, 군반, 서리, 향리 등), 협의(기술관)

② 성립 : 지배 체제의 정비 과정에서 통치 체제의 하부 구조를 맡아 중간 역할 담당

(2) 유형 및 특징

① 유형 : 잡류, 남반, 군반, 향리, 역리, 기술관

② 특징 : 세습직이며 그에 상응하는 토지를 국가로부터 지급받음

③ 호족 출신의 향리 : 지방의 호족 출신은 점차 향리로 편제되어 갔으나, 호장 · 부호장을 대대로 배출하는 지방의 실질적 지배층

4. 양민층(양인)

(1) 일반 농민

① 특징 : 일반 주 · 부 · 군 · 현에 거주하며, 농업이나 상공업에 종사

신진 사대부

성리학적 지식을 갖추고 과거를 통해 등용된 관리들. 충선왕과 충목왕의 개혁 정치에 등장했던 이들은 고려의 현실을 깨닫고 새로운 정치 질서와 사회 건설을 주장하였음

문벌 귀족, 권문세족, 신진 사대부

	문벌 귀족	권문 세족	신진 사대부
시기	고려 중기	원 간섭기	고려 말기
출신	호족, 6두품, 공신	친원파	지방 향리
정치	• 왕실이나 유력 가문과 중첩된 혼인 관계 • 음서와 과거를 통해 관직 진출	• 원과 결탁 • 도평의사사 장악 • 음서를 통해 관직 진출	과거를 통해 관직 진출
경제	공음전	대농장 소유	중소 지주

정호

군인이나 향리, 기인 등과 같이 국가에 직역을 지는 중류층의 사람을 지칭함. 이들은 직역에 대한 반대급부로 군인전과 외역전 등을 지급받았음

호장

향리직의 우두머리로 부호장과 함께 호장층을 형성하였으며, 해당 고을의 모든 향리들이 수행하던 말단 실무 행정을 총괄하였음

② 농민층 : 양민의 주류로서, 백정(白丁)이라고도 함

③ 상인, 수공업자 : 양인으로서, 국가에 공역의 의무를 짐(농민보다 천시됨)

(2) 하층 양민

① 신분 : 양인의 최하층, 이주가 원칙적으로 금지됨

② 종사 부문

ㄱ 향 · 부곡에 거주하는 사람들은 농업, 소에 거주하는 사람들은 수공업품 생산

ㄴ 역(驛)과 진(津)의 주민(역인, 진척)은 각각 육로 교통과 수로 교통에 종사

ㄷ 그 외 어간(어부), 염간(제염업), 목자간(목축업), 철간(광부), 봉화간 등이 있음

고려와 조선의 백정
- 고려 시대
  - 특별한 직역을 부담하지 않고 농업을 주된 생활 수단으로 삼은 농민
  - 직역의 대가인 명전을 지급받지 못함
  - 대대로 물려받은 토지 혹은 개간을 통해 확보한 토지를 소유하거나, 양반전 · 군인전 · 사원전 등을 빌려 경작
- 조선 시대
  - 도살, 유랑 가무, 사형 집행 등을 생업으로 하는 천민
  - 읍 밖의 일정 지역이나 촌락의 외진 곳에 집단을 이루고 거주
  - 사회적으로 심한 차별을 받았으며, 복식 등 생활 양식에 제약이 있음

외거 노비
- 주인과 따로 사는 노비로, 주로 농업 등에 종사하고 일정량의 신공을 바침
- 독립된 가옥과 호적을 지니나 신분적으로 주인에게 예속되어 있어 소유주를 밝혀야 함
- 경제적으로는 양민 백정과 비슷하게 독립된 경제 생활 영위가 가능
- 신분 제약을 딛고 재산을 늘리거나 신분상의 지위를 높인 사람도 존재
- 후기에는 수가 크게 증가하였으며, 사회적 지위도 향상됨

---

5. 천민

(1) 유형

① 공노비(公奴婢) : 입역 노비, 외거 노비

② 사노비(私奴婢) : 솔거 노비, 외거 노비

(2) 노비의 특징 및 관리

① 노비의 특징 : 국역 · 납세의 의무는 없으나 주인에게 예속되어 신공을 부담, 법적으로 재물(재산)이나 국민(인격적 존재)의 지위를 동시에 지님

② 노비의 관리

ㄱ 재산으로 간주 : 엄격히 관리되었으며, 매매 · 증여 · 상속의 대상이 됨

ㄴ 노비 세습의 원칙

- 양천 결혼 시 일천즉천의 원칙 적용
- 양천 결혼은 금지되나 귀족들은 재산 증식을 위해 이를 자행함
- 노비 간 소생은 천자수모법에 따름

6. 사회 시책 및 제도

(1) 농민 보호책

① 농번기 잡역 동원을 금지

② 재해급고법 : 자연 재해 시 피해 정도에 따라 조세와 부역을 감면

③ 이자 제한법 : 법으로 이자율을 정해 그 이상의 고리대를 제한(이자 제한의 제도화)

(2) 권농 정책

① 광종 : 황무지 개간 장려(개간 시 국유지의 경우 소유권을 인정하고 조세를 감면하며, 사유지의 경우 일정 기간 소작료 감면)

② 성종 : 원구에서 기곡(祈穀)의 예를 행하며, 왕이 친히 적전을 갈아 농사의 모범을 보임, 사직을 세워 토지신과 오곡의 신에게 제사

(3) 농민의 공동 조직

① 공동 조직의 성격 : 일상 의례나 공동 노동을 통해 공동체 의식을 다짐

② 향도(香徒)

ㄱ 매향(埋香)과 향도 : 매향은 불교 신앙의 하나, 이러한 매향 활동을 하는 무리들을 향도라 함

ㄴ 기원 : 김유신이 화랑도를 용화 향도로 칭한 것이 기원

ㄷ 성격의 변모 : 고려 후기에는 신앙적 향도에서 자신들의 이익을 위한 향도로 점차 성격이 변모하여, 대표적인 공동체 조직이 됨

(4) 여러 가지 사회 제도

① 의창 : 진대법(고구려) → 흑창(고려 태조) → 의창(성종) → 주창(현종)

ㄱ 평시에 곡물을 비치하였다가 흉년에 빈민을 구제, 춘대추납

ㄴ 유상(진대)과 무상(진급)의 두 종류가 있으며, 실제로는 농민을 대상으로 한 고리대로 전환되기 일쑤였음

② 상평창(성종) : 물가 조절을 위해 개경과 서경 및 각 12목에 설치

7. 법률과 풍속

(1) 법률

① 관습법

ㄱ 백성을 다스리는 기본법으로 중국의 당률을 참작한 71개조의 법률이 시행

ㄴ 대부분의 경우는 관습법을 따름(조선 시대에 이르러 성문법 국가로 발전)

② 형(刑)의 집행

ㄱ 중죄 : 반역죄(국가), 모반죄(왕실), 강상죄(삼강·오상의 도덕)·불효죄 등

ㄴ 상중(喪中) 휴가 : 귀양 중 부모상을 당하였을 때는 7일 간의 휴가를 주어 상을 치르게 함

ㄷ 집행의 유예 : 70세 이상의 노부모를 봉양할 가족이 달리 없는 경우는 형의 집행을 보류

ㄹ 형벌 종류 : 태·장·도·유·사의 5형

ㅁ 3심제(문종) : 사형의 경우 3심제 도입(조선 시대 금부삼복법)

(2) 풍속

① 장례와 제사 : 대개 토착 신앙과 융합된 불교의 전통 의식과 도교 신앙의 풍속을 따름

② 명절 : 정월 초하루·삼짇날·단오·유두·추석, 단오 때 격구와 그네뛰기, 씨름 등을 즐김

③ 국가 2대 제전 : 불교 행사인 연등회, 토착 신앙과 불교가 융합된 팔관회 중시

구분	연등회	팔관회
유사점	• 군신이 가무와 음주를 즐기며, 부처나 천지신명에게 제사 • 국가와 왕실의 태평을 기원	

사천 흥사리 매향비

상평창

풍년이 들어 가격이 내린 곡식을 사들여 비축하였다가 값이 올랐을 때 시가보다 싼 가격으로 방출하는 방법을 통해 곡식의 가격을 조정한 농민 생활 안정책

국립 의료 기관, 재해 대비 기관, 제위보

• 대비원(정종) : 개경에 동·서 대비원을 설치하여 환자 진료 및 빈민 구휼을 담당

• 혜민국(예종) : 의약을 전담하기 위해 예종 때 설치, 빈민에게 약을 조제해 줌

• 재해 대비 기관 : 재해 발생 시 구제도감(예종)이나 구급도감을 임시 기관으로 설치

• 제위보 : 기금을 마련한 뒤 이자로 빈민을 구제

고려 시대 형벌의 종류

• 태 : 볼기를 치는 매질

• 장 : 곤장형

• 도 : 징역형

• 유 : 유배형

• 사 : 사형

• 귀향형 : 일정한 신분층 이상이 죄를 지었을 때 자신의 본관지로 돌아가게 한 형벌

| 차이점 | • 2월 15일 전국에서 개최
• 불교 행사
• 원래는 부처의 공덕에 대한 공양의 선덕을 쌓는 행사였다가 신에 대한 제사로 성격이 변화 | • 개경(11월)과 서경(10월)에서 개최
• 토속 신앙(제천 행사)와 불교의 결합
• 송·여진·아라비아 상인들이 진상품을 바치고 국제 무역을 행함 (국제적 행사) |

8. 혼인과 여성의 지위

(1) 혼인

① 혼인의 적령 : 대략 여자는 18세 전후, 남자는 20세 전후
② 근친혼의 성행 : 고려 초 왕실에서 성행, 중기 이후 금령에도 불구하고 근친혼 풍습이 사라지지 않아 사회 문제로 대두되기도 함
③ 혼인의 형태 : 왕실은 일부다처제, 일반 평민은 일부일처제(일부일처제가 일반적 형태)

9. 무신 집권기 하층민의 봉기

(1) 백성들의 봉기

① 초기
ㄱ 봉기 발생 : 12세기에 대규모 봉기가 발생하기 시작
ㄴ 관민의 합세 : 서경 유수 조위총이 반란(1174)을 일으켰을 때 많은 농민이 가세
② 1190년대
ㄱ 형태 : 산발적이던 봉기가 1190년대에 들어와 광범위하게 전개
ㄴ 성격 : 신라 부흥 운동과 같이 왕조 질서를 부정하는 등 다양한 성격의 봉기
③ 최충헌 집권 이후 : 만적 등 천민들의 신분 해방 운동이 다시 발생
④ 대표적 민란(봉기)

망이·망소이의 난 (공주 명학소의 난, 1176)	공주 명학소(鳴鶴所)의 망이·망소이가 주동이 되어 일으킨 반란으로, 이 결과 명학소는 충순현(忠順縣)으로 승격(이후 최씨 집권기에 국민에 대한 회유책으로 많은 향·소·부곡이 현으로 승격)
전주 관노의 난(1182)	경대승 집권기에 있었던 관노(官奴)들의 난으로, 전주를 점령
김사미·효심의 난(1193)	운문(청도)에서 김사미가, 초전(울산)에서 효심이 신분 해방 및 신라 부흥을 기치로 내걸고 일으킨 최대 규모의 농민 봉기, 최충헌 정권의 출현 배경이 됨
만적의 난(1198)	개경에서 최충헌의 사노 만적이 신분 해방을 외치며 반란
진주 노비의 난(1200)	진주 공·사노비의 반란군이 합주의 부곡 반란군과 연합

부흥 운동 성격의 난	• 신라 부흥 운동(이비·패좌의 난, 1202) : 동경(경주)에서 신라 부흥을 주장 • 고구려 부흥 운동(최광수의 난, 1217) : 서경에서 고구려 부흥을 주장 • 백제 부흥 운동(이연년의 난, 1237) : 담양에서 백제 부흥을 주장

실력UP 만적의 난

"국가에는 경계(庚癸)의 난 이래로 귀족 고관들이 천한 노예들 가운데서 많이 나왔다. 장수와 재상들의 씨가 따로 있는 것이 아니다. 때가 오면 아무나 할 수 있는 것이다. 우리들은 어찌 힘 드는 일에 시달리고 채찍질 아래에서 고생만 하고 지내겠는가." 이에 노비들이 모두 찬성하고 다음과 같이 약속하였다. "우리들은 성 안에서 봉기하여 먼저 최충헌을 죽인 뒤 각각 상전들을 죽이고 천적(賤籍)을 불살라 버려 삼한에 천인을 없애자. 그러면 공경장상(公卿將相)을 우리 모두 할 수 있다."

10. 원 간섭기의 사회

(1) 백성의 생활

① 강화 천도 시기 : 장기 항전으로 생활이 곤궁하였고, 기아민이 속출
② 원(元)과의 강화 후 : 친원 세력의 횡포로 큰 피해를 입었으며, 전쟁 피해가 복구되지 않은 채 두 차례의 일본 원정에 동원되어 막대한 희생을 강요당함

(2) 원에 의한 사회 변화

① 신분 상승의 증가 : 역관·향리·평민·부곡민·노비·환관으로서 전공을 세운 자, 몽골 귀족과 혼인한 자, 몽골어에 능숙한 자 등, 친원 세력이 권문세족으로 성장
② 활발한 문물 교류 : 몽골풍의 유행, 고려양
③ 공녀(貢女)의 공출
　㉠ 원의 공녀 요구는 심각한 사회 문제를 초래
　㉡ 결혼도감을 설치해 공녀를 공출

실력UP 결혼도감

원에서 만자매빙사 초욱을 보내왔다. 중서성첩에 이르기를, "남송 양양부의 생권 군인이 부인을 구하므로 위선사 초욱을 파견하는데, 관견 1,640단을 가지고 고려에 내려가게 하니, 유사로 하여금 관원을 파견하여 함께 취처하도록 시행하라." 하였다. 초욱이 남편 없는 부녀 140명을 뽑으라고 요구하였는데, 그 독촉이 급하므로 결혼도감을 두었다. 이로부터 가을에 이르기까지 독신 여자와 역적의 아내와 중의 딸을 샅샅이 뒤져 겨우 그 수를 채웠으나 원성이 크게 일어났다.　　－〈고려사〉－

무신 집권기 하층민의 봉기

봉기의 특징
• 향·소·부곡민의 봉기 : 무거운 데다가 차별적이기까지 한 조세 부과가 원인
• 노비의 봉기 : 신분 해방 운동적 성격

몽골과의 항전으로 인한 기아민
고종 42년(1255) 3월 여러 도의 고을들이 난리를 겪어 황폐해지고 지쳐 조세·공납·요역 이외의 잡세를 면제하고, 산성과 섬에 들어갔던 자를 모두 나오게 하였다. 그때 산성에 들어갔던 백성 중에는 굶주려 죽은 자가 매우 많았으며, 노인과 어린이가 길가에서 죽었다. 심지어 아이를 나무에 붙잡아 매고 가는 자도 있었다. …… 4월, 길이 비로소 통하였다. 병란과 흉년이 든 이래 해골이 들을 덮었고, 포로로 잡혔다가 도망쳐 서울로 들어오는 백성이 줄을 이었다. 도병마사가 매일 쌀 한 되씩을 주어 구제하였으나 죽는 자를 헤아릴 수 없었다.
　　－〈고려사절요〉－

왜구의 피해
• 14세기 중반부터 침략 증가
• 부족한 식량을 고려에서 약탈하고자 자주 고려 해안에 침입
• 왜구의 침략 범위 및 빈도의 증가로 사회 불안이 극심
• 왜구를 격퇴하는 과정에서 신흥 무인 세력이 성장

고려실록(7대 실록)

태조, 혜종, 정종, 광종, 경종, 성종, 목종
에 이르는 7대의 역사를 편년체로 기
록한 역사서

고려 문화에서의 유교와 불교

• 유교는 정치와 관련한 치국의 도(道)
이며, 불교는 신앙생활과 관련한 수신
의 도
• 유교와 불교는 서로 보완하는 기능을
수행하며 함께 발전

삼국사기

이규보의 〈동국이상국집〉(1241)

이규보가 저술한 전 53권 13책의 시문집
으로, 한문 서사시 〈동명왕편〉을 비롯하
여 〈국선생전(麴先生傳)〉, 〈청강사자현부
전(淸江使者玄夫傳)〉, 〈백운거사전(白雲
居士傳)〉 등을 수록하고 있음. 이규보가
생전에 미처 완성하지 못한 것을, 1251년
진주분사대장도감(晉州分司大藏都監)에
서 고종의 칙명으로 다시 간행했음

〈해동고승전〉의 구성

• 1권
  – 머리말에서는 불교 발생의 유래와
    불교가 삼국에 전래된 연원을 개설
  – 본문에서는 고구려·백제·신라·
    외국의 전래승(傳來僧) 11명(순도,
    망명, 의연, 담시, 마라난타, 아도,
    법공, 법운 등)의 기사를 수록
• 2권 : 구법(求法)을 목적으로 중국 및
  인도에 유학한 22명의 승려(각덕, 지
  명, 원광, 안함, 아리야발마, 혜업, 혜
  륜, 현각 등)의 행적을 수록
• 중요한 전기의 말미에는 '찬왈'(贊曰)
  이라 하여 전기의 주인공에 대한 예찬
  을 덧붙임

04절   중세 문화의 발달

1. 유학의 발달과 역사서의 편찬

(1) 초기

① 유학의 경향 : 자주적·주체적, 유교주의적 정치와 교육의 기틀 마련

② 유학의 진흥

  ㉠ 태조(918~943) : 박유·최언위·최응·최지몽 등 신라 6두품 계통의 유학자
    들이 활약

  ㉡ 광종(949~975) : 과거제 실시로 유학에 능숙한 관료 등용, 쌍기·서희 등

  ㉢ 성종(981~997) : 유교 정치 사상이 정립되고 유학 교육 기관이 정비됨, 최
    항·황주량·최승로(자주적·주체적 유학자로 시무 28조의 개혁안 건의) 등

③ 역사서

  ㉠ 왕조실록 : 건국 초기부터 편찬되었으나 거란의 침입으로 소실, 현종 때 황주
    량 등이 〈고려실록(7대 실록)〉을 편찬

  ㉡ 박인량의 〈고금록〉 등 편년체 사서가 편찬됨

(2) 중기

① 유학의 경향

  ㉠ 문벌 귀족 사회의 발달과 함께 유교 사상도 점차 보수화

  ㉡ 유교 경전에 대한 이해가 깊어져 독자적 이해 기준을 수립하는 단계에 이름

  ㉢ 북송의 성리학을 수용하여 경연에서 〈주역〉, 〈중용〉 등이 강론됨

② 대표 학자 : 최충(문종), 김부식(인종)

③ 역사서

  ㉠ 특성 : 유교적 합리주의 사관, 신라 계승 의식 반영

  ㉡ **삼국사기**(인종 23, 1145) ★빈출개념

    • 시기 : 인종 때 김부식 등이 왕명을 받아 편찬

    • 의의 : 현존하는 우리나라 최고의 역사서(총 50권으로 구성)

    • 사관 : 유교적 합리주의 사관에 기초하여 신라를 중심으로 서술

    • 체제 : 본기·열전·지·연표 등으로 구분되어 서술된 기전체(紀傳體) 사서

(3) 무신 집권기

① 유학의 위축 : 무신정변 이후 문벌 귀족 세력이 몰락함에 따라 유학은 한동안 크
  게 위축됨

② 역사서 : 자주적 성격, 고구려 계승 의식(이규보의 〈동명왕편〉(1193), 각훈의 〈해
  동고승전〉(1215))

(4) 원 간섭기

① **성리학** ★빈출개념 : 한·당의 훈고학적 유학의 보수화를 비판하고 이를 한 단계

발전시킨 철학적 신유학, 5경보다 4서를 중시

② 성리학의 전래 : 충렬왕 때 안향이 처음 소개

　ⓐ 충선왕 때 이제현은 원의 만권당에서 성리학에 대한 이해를 심화하였고, 귀국 후 이색 등에게 영향을 주어 성리학 전파에 이바지

　ⓑ 이색 이후 정몽주 · 권근 · 김구용 · 박상충 · 이숭인 · 정도전 등에게 전수되어 연구가 심화 · 발전

성리학의 성격

남송의 주희가 집대성한 성리학은 종래 자구의 해석에 힘쓰던 한 · 당의 훈고학이나 사장 중심의 유학과는 달리 인간의 심성과 우주의 원리 문제를 철학적으로 탐구하는 신유학의 성격을 지니고 있음.

③ **역사서** : 자주 사관, 고조선 계승 의식(일연의 〈삼국유사〉(단군의 건국 이야기, 향가 등을 수록), 이승휴의 〈제왕운기〉(1287))

삼국사기와 삼국유사

구분	삼국사기(三國史記)	삼국유사(三國遺事)
시기 및 저자	고려 중기 인종 23년(1145)에 김부식이 저술	원 간섭기인 충렬왕 7년(1281)에 일연이 저술
사관	유교적 · 도덕적 · 합리주의	불교적 · 자주적 · 신이적(神異的)
체제	기전체의 정사체, 총 50권	기사본말체, 총 9권
내용	• 고조선 및 삼한을 기록하지 않고, 삼국사(신라 중심)만의 단대사(單代史)를 편찬 • 삼국을 모두 대등하게 다루어 각각 본기로 구성하고 본기에서 각 국가를 我(우리)라고 칭함	• 단군~고려 말 충렬왕 때까지 기록, 신라 관계 기록이 다수 수록됨 • 단군 조선과 가야 등의 기록, 수많은 민간 전승과 불교 설화 및 향가 등 수록 • 단군을 민족 시조로 인식해 단군 신화를 소개했으나 이에 대한 체계화는 미흡

(5) 말기

① **고려 말 성리학의 성격** : 일상 생활과 관계되는 실천적 기능을 강조, 〈소학(小學)〉과 〈주자가례〉를 중시, 권문세족과 불교의 폐단을 비판

② **성리학적 유교사관** : 이제현의 〈사략(史略)〉(개혁을 단행하여 왕권을 중심으로 국가 질서를 회복하려는 의식 표출), 〈고려국사〉, 원부 · 허공 · 이인복의〈고금록(古今錄)〉, 정가신의 〈천추금경록〉, 민지의 〈본조편년강목〉 등

2. 교육 제도 및 기관

제왕운기(1287)

• 우리나라와 중국의 역사를 시로 적은 역사서로, 충렬왕 때 이승휴가 저술

• 상 · 하 2권으로 구성

　– 상권 : 중국의 반고(盤古)~금의 역대 사적을 246구(句)의 7언시로 읊음

　– 하권 : 한국의 역사를 다시 1 · 2부로 나누어 시로 읊고 주기(註記)를 붙임

〈제왕운기〉의 단군 기록

처음에 어느 누가 나라를 열고 바람과 구름을 이끌었는가? 석제(釋帝)의 손자로 이름은 단군(檀君)일세. 요임금과 같은 때 무진년에 나라를 세워 순임금 지나 하(夏)나라까지 왕위에 계셨도다. 은나라 무정 8년 을미년에 아사달산에 들어가서 신선이 되었으니 나라를 누린 것이 1천 28년인데 그 조화는 상제(上帝)이신 환인(桓因)이 전한 일 아니던가?

이제현의 〈사략〉

고려 말 성리학이 전래되면서 정통 의식과 대의명분을 중시하는 성리학적 유교 사관이 대두되었음. 〈사략〉은 이러한 성리학적 유교 사관에 입각하여 이제현이 저술한 역사서임

문신월과법

유학 교육 및 진흥을 위해 중앙의 문신은 매달 시 3편과 부 1편, 지방관은 매년 시 30편과 부 1편씩을 지어 바치도록 함

9재, 12도

- **9재(九齋)** : 낙성(樂聖)·대중(大中)·성명(誠明)·경업(敬業)·조도(造道)·솔성(率性)·진덕(進德)·문화(文和)·대빙재(待聘齋) 등의 전문 강좌
- **12도(十二徒)** : 문헌·홍문·광헌·문충·양신·정경·충평·정헌공도, 서시랑도, 구산도 등

사학의 발달

고려 시대에는 사학이 크게 발달하였는데, 최충의 9재 학당을 비롯하여 사학 12도가 융성하였음. 당시 귀족 자제들은 국자감보다 12도에서 공부하기를 선호하였으며, 그로 인해 학벌이라는 파벌이 만들어지게 되었음. 예종과 인종의 적극적인 관학 진흥책으로 이러한 추세는 둔화되었으며, 이후 무신 집권기에 이르러 사학은 크게 침체되었음

섬학전

고려 시대 국학생의 학비를 보조하기 위해 관리들이 품위(品位)에 따라 낸 돈을 말함. 충렬왕 30년(1304) 국학이 쇠퇴해 가는 것을 우려한 안향의 건의로 실시되었음. 학교 운영과 서적 구매 등에 사용되었음

관학 진흥책

숙종	서적포 설치
예종	7재(유학재 : 경덕재, 구인재, 대빙재, 복응재, 양정재, 여택재 / 무학재 : 강예재) 설치, 양현고 설치, 청연각·보문각 설치
인종	경사 6학 정비, 향교 보급·지방 교육 강화
충렬왕	섬학전 설치
공민왕	성균관을 부흥시켜 순수 유교 교육 기관으로 개편

(1) 초기의 교육 진흥

① **태조**
- ㉠ 신라 6두품 계통의 학자를 중용하고, 개경·서경에 학교를 설립
- ㉡ 교육 장학 재단인 학보(學寶)를 설치·운영

② **정종** : 승려의 장학 재단인 광학보를 설치·운영(946)

③ **성종**
- ㉠ **국자감** : 개경에 국립 대학인 국자감(국학)을 설치(992)

학부	경사 6학	입학 자격	수업 연한	교육 내용
유학부	국자학	3품 이상의 자제 입학	9년	경서·문예·시정에 관한 내용으로 시·서·〈역경〉·〈춘추〉·〈예기〉·〈효경〉·〈논어〉 등
	태학	5품 이상의 자제 입학		
	사문학	7품 이상의 자제 입학		
기술 학부	율·서·산학	8품 이하 및 서민 자제	6년	기술 교육

- ㉡ 도서관 설치, 지방에 향교 설치, 박사의 파견, 교육조서 반포, 문신월과법 시행

④ **현종** : 신라 유교의 전통을 계승·발전시키고자 함, 홍유후(신라의 설총)·문창후(최치원)를 추봉하고 문묘에서 제사를 지냄

(2) 중기

① **사학의 융성과 관학의 위축** : 최초의 사학인 최충의 문헌공도(9재 학당)를 비롯한 사학 12도가 융성하여 국자감의 관학 교육은 위축

② **관학 진흥책**
- ㉠ **숙종(1096~1105)** : 목판 인쇄(출판) 기관으로 서적포 설치, 기자 사당의 설치
- ㉡ **예종(1105~1122)** : 7재(七齋)를 설치, 교육 장학 재단인 양현고를 둠, 학문 연구소인 청연각·보문각을 두어 유학을 진흥
- ㉢ **인종(1122~1146)** : 경사 6학(유학부와 기술학부) 정비, 문치주의와 문신 귀족주의를 부각, 향교를 널리 보급

(3) 후기

① **충렬왕(1274~1308)** : 섬학전(贍學田)을 설치, 공자 사당인 문묘를 새로 건립
② **공민왕(1351~1374)** : 성균관을 부흥시켜 순수 유교 교육 기관으로 개편

3. 불교의 발달

(1) 태조

태조는 불교를 적극 지원하는 한편, 유교 이념과 전통 문화도 함께 존중, 개경에 여러 사원을 건립(개태사·왕흥사·왕륜사 등), 훈요 10조에서 불교를 숭상하고 연등

회와 팔관회 등을 성대하게 개최할 것을 당부

(2) 광종

승과 제도 실시, 국사 · 왕사 제도, 귀법사를 창건하고 화엄종의 본찰로 삼아 분열된 종파를 수습, 의통은 중국 천태종의 16대 교조가 되었고, 제관은 천태종의 기본 교리를 정리한 〈천태사교의〉를 저술

(3) 성종, 현종, 문종

① 성종 : 유교 정치 사상이 강조되면서 연등회와 팔관회 등이 일시 폐지
② 현종 : 국가의 보호를 받아 계속 융성, 현화사와 흥왕사 등의 사찰 건립, 연등회와 팔관회 등이 부활, 초조대장경 조판에 착수
③ 문종 : 불교를 숭상하여 대각국사 의천과 승통 도생을 배출, 흥왕사를 완성하여 불교를 장려

4. 불교 통합 운동과 천태종

(1) 사회적 배경

① 초기 : 5교 양종
　㉠ 교종 : 교종의 여러 종파는 화엄종을 중심으로 정비
　㉡ 선종 : 선종의 여러 종파는 법안종을 수입하여 선종의 정리 · 통합을 시도
　㉢ 종파의 분열 : 교종뿐만 아니라 선종에 대한 관심도 높아 사상적 대립이 지속됨
② 중기 : 11세기를 전후해 교 · 선의 대립이 더욱 격화(교종의 융성과 대립, 선종의 위축, 귀족 불교의 전개)

(2) 의천의 교단 통합 운동

① 흥왕사를 근거지로 삼아 화엄종을 중심으로 교종 통합을 추구
② 천태종을 창시(교종의 입장에서 선종을 통합)
③ 교관겸수(敎觀兼修)를 제창, 지관(止觀)을 강조
④ 관념적인 화엄학을 비판하고, 원효의 화쟁 사상을 중시
⑤ 불교의 폐단을 시정하는 대책이 뒤따르지 않아 의천 사후 교단은 다시 분열

5. 후기의 불교

(1) 무신 집권기의 불교

① 방향 : 교종 탄압(조계종 발달), 불교 결사 운동 전개
② 보조국사 지눌(1158~1210)
　㉠ 선 · 교 일치 사상의 완성 : 조계종을 창시
　　• 정혜쌍수(定慧雙修) : 선정과 지혜를 같이 닦아야 한다는 것으로, 선과 교학이 근본에 있어 둘이 아니라는 사상 체계를 말함(철저한 수행을 선도)
　　• 돈오점수(頓悟漸修) : 인간의 마음이 곧 부처의 마음임을 깨닫고(돈오) 그

사원전
고려 시대 사찰에서 소유할 수 있었던 재산 중 가장 큰 비중을 차지하는 부분으로, 사찰 소유의 사유지와 국가에서 공적으로 지급한 수조지로 나뉨. 고려 말에 이르러 사찰의 광범위한 토지 탈점과 겸병으로 부패와 수탈의 온상이 되었으므로, 조선 건국과 함께 척결의 대상이 되었음

대각국사 의천
해동 천태종의 개조로 문종의 넷째 아들. 문종과 어머니 인예왕후의 반대를 무릅쓰고 몰래 송으로 건너가 불법을 공부한 뒤 귀국하여 흥왕사의 주지가 되었음. 그는 그곳에 교장도감을 두고 송 · 요 · 일본 등지에서 수집해 온 불경 등을 교정 · 간행하였음. 교선일치를 주장하면서, 교종과 선종으로 갈라져 대립하던 고려의 불교를 융합하고자 하였음

화엄종, 법상종
화엄종과 법상종은 교종이며 선종과 함께 고려 불교의 주축. 화엄종은 화엄 사상을 바탕으로 하는 종파, 법상종은 유식 사상을 중심으로 하는 종파

의천의 교관겸수
내가 몸을 잊고 도를 묻는 데 뜻을 두어 다행히 과거의 인연으로 선지식을 두루 참배하다가 진수(晉水) 대법사 밑에서 교관(敎觀)을 대강 배웠다. 법사는 일찍이 제자들을 훈시하여, "관(觀)을 배우지 않고 경(經)만 배우면 비록 오주(五周)의 인과(因果)를 들었더라도 삼중(三重)의 성덕(性德)에는 통하지 못하며 경을 배우지 않고 관만 배우면 비록 삼중의 성덕을 깨쳤으나 오주의 인과를 분별하지 못한다. 그러므로 관도 배우지 않을 수 없고 경도 배우지 않을 수 없다."고 하였다. 내가 교관에 마음을 쓰는 까닭은 다 이 말에 깊이 감복하였기 때문이다.

원 갑섭기의 불교

- **불교계의 부패** : 개혁 운동의 의지 퇴색, 귀족 세력과 연결
- 사원은 막대한 토지를 소유하고 상업에도 관여하여 부패가 심함
- 라마 불교의 전래, 인도 선종의 전래 (인도 승려 지공을 통해 전래), 보우를 통해 임제종(중국 선종) 전래
- **신앙 결사 운동의 단절**
  - 수선사 : 몽고의 억압으로 위축
  - 백련사 : 고려 왕실과 원 황실의 본찰인 묘련사로 변질
- 성리학을 사상적 배경으로 하는 신진 사대부들의 비판을 받음

신앙 결사 운동

- **의의** : 고려 중기 이후 개경 중심의 귀족 불교의 타락에 반발하여 불교계를 비판하고 불자의 각성을 촉구하는 운동
- **방향**
  - 조계종 : 지눌의 수선사 중심(정혜결사문), 지방의 지식인층을 주된 대상으로 하여 상당수의 유학자 출신을 포함(→ 성리학 수용의 사상적 기반이 됨)
  - 천태종 : 요세의 백련사 중심. 기층 민중과 지방 호족(호장층)의 지지를 받음

우리나라의 유네스코 지정 세계 유산

- **세계 문화 유산** : 종묘, 해인사 장경판전, 불국사와 석굴암, 창덕궁, 수원 화성, 경주 역사 유적 지구, 고창·화순·강화 고인돌 유적, 조선 왕릉, 한국의 역사 마을(하회와 양동), 고구려 고분군(북한)
- **세계 기록 유산** : 훈민정음(해례본), 조선 왕조 실록, 직지심체요절(하권), 승정원 일기, 팔만대장경, 조선 왕조 의궤, 동의보감, 일성록, 5·18 민주화 운동 기록물
- **세계 무형 유산** : 종묘 제례 및 종묘 제례악, 판소리, 강릉 단오제, 강강술래, 남사당 놀이, 부산 영산재, 제주 칠머리당 영등굿, 처용무, 가곡, 대목장, 매 사냥

뒤에 깨달음을 꾸준히 실천하는 것(점수)를 말함
- ㉠ 수선사 결사 운동 : 불교계의 타락상을 비판하고 승려 본연의 자세로 돌아가 독경과 선 수행 등에 고루 힘쓰자는 개혁 운동
③ 발전
- ㉠ 진각국사 혜심 : 유불 일치설(儒佛一致說)을 주장하고 심성의 도야를 강조
- ㉡ 원묘국사 요세 : 강진 만덕사(백련사)에서 실천 중심의 수행인들을 모아 백련 결사(白蓮結社)를 조직하고 불교 정화 운동을 전개
- ㉢ 각훈 : 화엄종의 대가, 〈해동고승전〉 저술

6. 대장경 간행

(1) 편찬 배경과 의의

① 배경 : 불교 사상에 대한 이해 체계가 정비되면서 관련된 서적을 모아 체계화
② 의의 : 경·율·론의 삼장으로 구성된 대장경은 불교 경전을 집대성한 것

(2) 대장경의 간행

① 초조대장경(初彫大藏經, 1087)
- ㉠ 현종 때 거란의 침입을 받은 고려가 부처의 힘을 빌려 이를 물리치고자 대구 부인사에서 간행
- ㉡ 경(經)·율(律)·논(論) 삼장으로 구성되었으며, 몽고 침입 때에 불타 버리고 인쇄본 일부가 남음
② 속장경(屬藏經, 1073~1096) : 거란의 침입에 대비, 숙종 때 의천이 고려는 물론 송과 요, 일본 등의 대장경에 대한 주석서인 장·소(章疎)를 수집해 편찬
- ㉡ 흥왕사에 교장도감을 설치하여 10여 년에 걸쳐 4,700여 권의 전적을 간행
③ 팔만대장경(재조대장경, 1236~1251)
- ㉠ 몽고의 침입으로 초조대장경이 소실된 후 부처의 힘으로 이를 극복하고자 고종 때 강화도에 대장도감을 설치
- ㉡ 조선 초 해인사로 이동한 후 현재까지 합천 해인사(장경판전)에 8만 매가 넘는 목판이 모두 보존
- ㉢ 세계에서 가장 우수한 대장경으로 손꼽힘, 유네스코 지정 세계 기록 유산으로 등재됨

7. 도교와 풍수지리 사상

(1) 도교의 발달

① 특징 : 불로장생과 현세구복 추구, 은둔적
② 활동 : 궁중에서는 하늘에 제사를 지내는 초제가 성행, 예종 때 도교 사원(도관)이 처음 건립되어 도교 행사가 개최됨
③ 한계 : 불교적 요소와 도참 사상이 수용되어 일관된 체계를 보이지 못하였으며, 교단도 성립하지 못하여 민간 신앙으로 전개됨

(2) 풍수지리 사상의 발달

① **발달** : 신라 말에 큰 관심의 대상이 되었던 풍수지리설에 미래의 길흉화복을 예언하는 도참 사상이 더해져 고려 시대에 크게 유행(지덕 사상, 인문지리적 성격)

② **국가 신앙화**

ㄱ 태조가 훈요 10조에서 강조한 후 국가 신앙화

ㄴ 분사 제도(성종), 3소제, 잡과의 지리업

ㄷ 산천비보도감의 설치

ㄹ 해동비록 : 예종 때 풍수지리설을 집대성(부전)

③ **영향** : 서경 길지설(西京吉地說), 남경 길지설(南京吉地說)

8. 천문학과 역법, 의학의 발달

(1) 과학 기술의 발달 배경

중국과 이슬람의 과학 기술 수용, 국자감의 기술학 교육 실시(율학 · 서학 · 산학 등의 잡학을 교육), 과거에서 잡과 실시, 천문학 · 의학 · 인쇄술 · 상감 기술 · 화약 무기 제조술 등이 발달

(2) 천문학과 역법의 발달

① **천문 관측** : 사천대(서운관) 설치, 일식 · 혜성 · 태양 흑점 등에 관한 관측 기록이 존재

② **역법**

ㄱ 초기 : 신라 때부터 쓰던 당의 선명력을 그대로 사용

ㄴ 후기 : 충선왕 때 원의 수시력을 채용, 공민왕 때 명의 대통력 수용

(3) 의학의 발달

① **중앙** : 태의감(의료 업무, 의학 교육, 위생 교육 등을 담당)

② **지방** : 학교에 의박사 배치

③ **과거** : 의과 실시

④ **의서** : 제중집효방(김영석), 향약구급방, 삼화자향약방

9. 인쇄술의 발달

(1) 목판 인쇄술

① **발달** : 신라 때부터 발달하였으며, 송판본의 수입과 경전의 간행으로 고려 시대에 이르러 더욱 발달

② **한계**

ㄱ 한 종류의 책을 다량으로 인쇄하는 데는 적합하나 여러 책을 소량 인쇄하는 데는 활판 인쇄술보다 못함

ㄴ 이 때문에 활판 인쇄술의 개발에 힘을 기울여, 후기에는 금속 활자 인쇄술을

고려 첨성대(개경)

역법 발전 과정
- 통일 신라~고려 초기 : 당의 선명력
- 고려 후기 : 원의 수시력
- 고려 말기 : 명의 대통력
- 조선 초기 : 독자적인 칠정산(세종)
- 조선 중기 : 서양식 태음력(효종 이후)
- 을미개혁 : 서양의 태양력

고려 대장경

SEMI-NOTE

인쇄 기관
· 서적포 : 숙종 때의 목판 인쇄 기관
· 서적원 : 공양왕 때 설치(1392), 활자
  주조와 인쇄 담당

제지술
· 종이 제조를 위해 전국적으로 닥나무
  재배를 장려하고, 종이 제조의 전담
  관서를 설치함
· 고려의 제지 기술은 더욱 발전하여 질
  기고 희면서 앞뒤가 반질반질한 종이
  를 제조, 중국에 수출하여 호평을 받음

농상집요
고려 때 이암이 원으로부터 수입한 농서
(중국 최초의 관찬 농서)로서, 화북 농법
(밭농사)를 소개하고 있음. 경간 · 파종 ·
재상 · 과실 · 약초 등 10문(門)으로 구성
되어 있으며, 특히 당시의 새로운 유용
작물인 목화의 재배를 장려한 내용을 포
함하고 있음. 그러나 우리나라 실정에
맞지 않는다는 한계가 있었음

화약의 제조
· 배경 : 고려 말에 최무선은 왜구의 침
  입을 격퇴하기 위해 중국의 화약 제조
  기술을 습득
· 화약 무기의 제조 : 정부는 화통도감
  을 설치하고 최무선을 중심으로 화약
  과 화포를 제작, 화포를 이용하여 진
  포(금강 하구) 싸움에서 왜구를 격퇴,
  화약 무기의 제조는 급속도로 진전

조선술
송과의 해상 무역이 활발해져 대형 범선
제조, 조운 체계가 확립되면서 조운선
등장, 원의 일본 원정과 왜구 격퇴를 위
해 다수의 전함을 건조하고 배에 화포를
설치

무신 집권기 문학의 경향
무신의 집권으로 좌절감에 빠진 문신들
사이에서는 낭만적이고 현실 도피적인
경향을 띤 수필 형식의 글이 유행하였음

발명

(2) 금속 활자 인쇄술

① 계기 : 목판 인쇄술의 발달과 금속 활자 인쇄술 발명, 청동 주조 기술의 발달, 인
  쇄에 적당한 먹과 종이의 제조 등
② 고금상정예문(1234) : 강화도 피난 시 금속 활자로 인쇄(이규보의 〈동국이상국집〉
  에 기록)하여 시기상 서양보다 200여 년이나 앞섬(부전)
③ 직지심체요절(1377) : 현존하는 세계 최고(最古)의 금속 활자본(세계 기록 유산)으
  로 청주 흥덕사에서 간행

10. 농업 기술의 발달

(1) 권농 정책

① 광종 : 황무지 개간 규정을 마련하여 토지 개간을 장려
② 성종 : 무기를 거두어 이를 농기구로 만들어 보급

(2) 농업 기술의 발달

① 개간과 간척
② 수리 시설의 개선 : 김제의 벽골제와 밀양의 수산제를 개축, 소규모 제언(저수지)
  확충
③ 농업 기술의 보급 및 발달 : 직파법, 이앙법과 윤작법 보급, 심경법 보급, 시비법
  의 발달

11. 문학의 발달

(1) 전기

① 한문학의 발달
  ㉠ 초기 : 광종 때 실시한 과거제, 성종 이후의 문치주의 성행에 따라 발달
  ㉡ 중기 : 사회가 귀족화되면서 당의 시와 송의 산문을 숭상하는 풍조 대두
② 향가 : 보현십원가, 중기 이후 한시에 밀려 쇠퇴

(2) 무신 집권기

① 낭만적 · 현실 도피적 경향의 수필 등이 유행
② 새로운 경향 : 현실을 제대로 표현하는 데 관심

(3) 후기 문학의 새 경향

① 경기체가(景幾體歌) : 신진 사대부가 주체, 한림별곡 · 관동별곡 · 죽계별곡 등,
  주로 유교 정신과 자연의 아름다움 묘사
② 설화 문학, 패관 문학, 가전체 문학, 장가(속요), 한시

12. 서화와 음악의 발달

(1) 서예

① 전기 : 왕희지체와 구양순체가 주류, 유신, 탄연(인종 때의 승려) 등
② 후기 : 조맹부의 우아한 송설체가 유행, 이암(충선왕)

(2) 회화 ★ 빈출개념

① 발달 : 도화원에 소속된 전문 화원의 그림과 문인 · 승려의 문인화로 구분
② 전기 : 예성강도를 그린 이령과 그의 아들 이광필, 고유방 등
③ 후기 : 사군자 중심의 문인화와 불화, 사군자 · 묵죽의 유행, 천산대렵도
④ 불화 : 극락왕생을 기원하는 아미타불도와 지장보살도 및 관음보살도, 일본에 현전하는 혜허의 관음보살도(양류관음도와 수월관음도), 부석사 조사당 벽화의 사천왕상

(3) 음악, 가면극

① 아악(雅樂) : 주로 제사에 사용됨, 고려와 조선시대의 문묘 제례악
② 향악(鄕樂) : 속악, 동동 · 한림별곡 · 대동강 등
③ 악기 : 거문고 · 비파 · 가야금 · 대금 · 장고 등
④ 나례 : 가면극으로 산대희라고도 하며, 나례도감에서 관장

13. 건축, 조각

(1) 건축

① 전기의 건축 : 개성 만월대의 궁궐 터, 현화사, 흥왕사 등
② 후기의 건축
  ㉠ 주심포식 건물(전기~후기)
    • 주심포식 : 지붕 무게를 기둥에 전달하면서 건물을 치장하는 공포가 기둥 위에만 짜인 건축 양식(맞배 지붕)
    • 안동 봉정사 극락전 : 가장 오래된 목조 건물
    • 영주 부석사 무량수전(1376) : 주심포 양식과 엔타시스 기둥(배흘림 기둥)
    • 예산 수덕사 대웅전(1308) : 모란이나 들국화를 그린 벽화가 유명
  ㉡ 다포식 건물(후기) : 공포가 기둥 위뿐만 아니라 기둥 사이에도 짜인 건물(팔작 지붕)

(2) 석탑

① 특징 : 다각 다층탑, 석탑의 몸체를 받치는 받침이 보편화
② 대표적 석탑
  ㉠ 고려 전기 : 불일사 5층 석탑(개성), 무량사 5층 석탑(부여), 오대산 월정사 8각 9층 석탑(송대 석탑의 영향을 받은 다각 다층 석탑으로 고구려 전통을 계승)
  ㉡ 고려 후기 : 경천사 10층 석탑

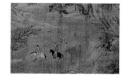
이령의 예성강도

봉정사 극락전

부석사 무량수전

수석사 대웅전

월정사 8각 9층 석탑

경천사 10층 석탑

광주 춘궁리 철불

관촉사 석조 미륵보살 입상

부석사 소조 아미타여래 좌상

상감법
그릇 표면을 파낸 자리에 백토 · 흑토를 메워 무늬를 내는 방법

상감 청자

(3) 승탑(僧塔)

① 의의 : 승려들의 사리를 안치한 묘탑으로 부도라고도 함, 고려 조형 예술에서 중요한 위치를 차지

② 성격 : 선종이 유행함에 따라 장엄하고 수려한 승탑들이 다수 제작됨

③ 대표적 승탑 : 고달사지 승탑, 법천사 지광국사 현묘탑, 흥국법사 실상탑 등

(4) 불상

① 철불 : 고려 초기에는 광주 춘궁리 철불과 같은 대형 철불이 많이 조성됨

② 석불
　　㉠ 논산의 관촉사 석조 미륵 보살 입상 : 고려 초기에 제작됨, 동양 최대, 지방 문화 반영, 균형과 비례가 맞지 않음
　　㉡ 안동의 이천동 석불 등

③ 대표적 불상 : 신라 양식을 계승한 부석사 소조 아미타 여래 좌상(가장 우수한 불상으로 평가)

14. 청자와 공예

(1) 자기

① 발전 과정 : 신라와 발해의 전통과 기술을 토대로 송의 자기 기술을 받아들여 귀족 사회의 전성기인 11세기에 독자적인 경지를 개척

② 순수 청자, 상감 청자, 음각 · 양각 청자의 유행

(2) 금속 공예

① 발달 양상 : 불구(佛具)를 중심으로 발달

② 은입사 기술의 발달 : 청동 향로

(3) 나전 칠기(螺鈿漆器)

옻칠한 바탕에 자개를 붙여 무늬를 나타내는 나전 칠기 공예가 크게 발달, 통일 신라 시대에 당에서 수입되었으나 고려에서 크게 발달하였고, 조선 시대를 거쳐 현재까지 전함

⊙ 나두공

04장 근세의 성립과 발전

01절 근세의 통치 구조와 정치 활동

02절 근세의 경제 구조와 경제 생활

03절 근세의 사회 구조와 사회 생활

04절 민족 문화의 발달

근세 사회로서의 조선의 모습

- 정치면
  - 왕권 중심의 권력 체제를 중앙집권 체제로 전환하여 관료 체제의 기틀 확립
  - 왕권과 신권(臣權)의 조화를 도모하여 모범적인 유교 정치 추구
- 경제면
  - 토지에 대한 사적 소유가 진전(과전법 체계 정비)
  - 자영농 수의 증가(농민의 경작권 보장)
- 사회면
  - 양반 관료 사회의 성립(귀족 → 양반), 양인의 수가 증가하고 권익 신장
  - 과거 제도가 정비되어 능력을 보다 더 중시
- 사상 · 문화면
  - 성리학이 정치적 · 학문적 · 사상적 지배 이념으로 정착되고, 일상 생활의 규범으로 기능
  - 이전 시대보다 교육 기회가 확대되고 과학 기술 등 기술 문화가 진작
  - 정신 문화와 기술 문화를 진작시켜 민족 문화의 튼튼한 기반 확립

폐가입진(廢假立眞)

- 가왕(假王)을 몰아내고 진왕(眞王)을 세운다는 의미
- 이성계 세력이 우왕과 창왕을 신돈의 자손이라 하여 폐하고 공양왕을 즉위(1389)시키기 위해 내세운 명분, 이로써 이성계는 정치적 실권을 사실상 장악하게 됨

과전법
공양왕 3년(1391)에 실시된 토지제도. 조선의 기본적인 토지제도가 됨

---

1. 조선의 건국

(1) 건국 배경

① **철령위 설치 통보(영토 분쟁)** : 고려 우왕 때 명은 원의 쌍성총관부 관할 지역을 직속령으로 하기 위해 철령위 설치를 통보

② **위화도 회군** : 이성계는 4불가론을 들어 요동 정벌을 반대, 위화도에서 회군(1388)하여 최영을 제거하고 군사적 실권을 장악

③ **신진 사대부의 분열** : 개혁의 폭과 속도를 두고 우왕 때부터 분열

구분	온건 개혁파	급진 개혁파
주체 및 참여자	• 정몽주, 이색, 길재 • 대다수의 사대부가 참여	• 정도전, 권근, 조준 • 소수의 사대부가 참여
주장	역성 혁명 반대, 고려 왕조 유지 (점진적 개혁)	역성 혁명 추진, 고려 왕조 부정 (급진적 개혁)
유교적 소양	• 성리학 원리와 수신을 중시 • 왕도주의에 충실하여 정통적 대의명분을 중시 • 애민 의식이 약함	• 성리학 현상과 치국을 중시하고 왕조 개창의 정당성을 강조 • 왕도와 패도의 조화 추구 • 애민 의식이 강함
정치	신하와 군주 간의 명분을 중시	재상 중심, 이상군주론 중시
토지 개혁	전면적 개혁에 반대	전면적 개혁을 주장
불교	불교의 폐단만 시정(타협적)	철저히 배척(비판적)
군사력	군사 세력을 갖지 못해 혁명파를 제거하지 못함	신흥 무인 · 농민 군사 세력과 연결하여 조선 건국을 주도
영향	사학파 → 사림파	관학파 → 훈구파

(2) 조선의 건국

급진 개혁파는 이성계 세력(신흥 무인 세력)과 연결하여 혁명파를 이루고 정치적 실권 장악(폐가입진 주장), 전제 개혁(과전법, 1391)을 단행하여 자신들의 지지 기반(신진 사대부의 경제적 기반)을 확대하고 농민의 지지 확보, 온건 개혁파 제거

① **건국(1392)**

　㉠ 이성계가 군신의 추대와 공양왕의 선양의 형식으로 왕위를 물려받아 건국

　㉡ 개혁으로 민심을 얻어 역성 혁명을 정당화, 도평의사사의 동의(형식적 절차)를 거침

2. 왕권 중심의 집권 체제 정비

(1) 태조(1대, 1392~1398)

① 국호 제정(1393)과 한양 천도(1394) : 국호를 조선으로 정함, 한양으로 천도

② 건국 이념(3대 정책) : 사대교린의 외교 정책, 숭유억불의 문화 정책, 농본민생의 경제 정책

③ 군제 개편 : 의흥삼군부를 개편·설치, 도평의사사의 군무기능 소멸

④ 관리 선발 제도 정비 : 능력 중심의 인재 등용 지향

⑤ 정도전의 활약 : 건국 초창기의 문물 제도 형성에 크게 공헌

　　㉠ 재상 중심의 정치를 강조하고 민본적 통치 규범을 마련

　　㉡ 〈불씨잡변(佛氏雜辨)〉을 통하여 불교를 비판하고 성리학을 통치 이념으로 확립

　　㉢ 제1차 왕자의 난(1398)으로 제거됨

(2) 태종(3대, 1400~1418)

① 국왕 중심의 통치 체제 정비(왕권 강화) : 의정부 권한의 약화, 육조 직계제(六曹直啓制) 채택, 사병 혁파, 언론 기관인 사간원을 독립시키고 대신들을 견제, 외척과 종친 견제

② 경제 기반의 안정 : 호패법 실시, 양전(量田) 사업 실시, 유향소를 폐지, 노비변정도감을 설치

③ 억불숭유 : 사원을 정리(5교양종 정리)하고 사원전을 몰수, 서얼 차대법, 삼가 금지법

④ 기타 업적 : 신문고 설치, 주자소 설치, 아악서 설치, 사섬서 설치, 5부 학당 설치

👓 한눈에 쏙~

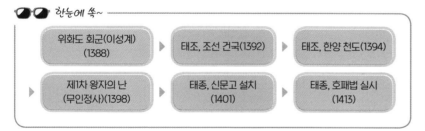

(3) 세종(4대, 1418~1450)

① 유교 정치의 실현

　　㉠ 의정부 서사제(議政府署事制) 부활 : 육조 직계제와 절충하여 운영(왕권과 신권의 조화)

　　㉡ 집현전 설치 : 당의 제도와 고려의 수문전·보문각을 참고하여 설치(궁중 내에 설치된 왕실의 학술 및 정책 연구 기관, 왕실 교육(경연·서연))

　　㉢ 유교 윤리 강조 : 국가 행사를 오례(五禮)에 따라 유교식으로 거행, 사대부의 경우 주자가례의 시행을 장려

　　㉣ 유교적 민본사상의 실현 : 광범위한 인재의 등용, 청백리 재상의 등용, 여론의 존중

② 사회정책과 제도 개혁

정종(2대, 1398~1400)

• 개경 천도(1399) : 왕자의 난과 자연이변을 피하기 위함(태종 때 한양으로 다시 천도)

• 관제 개혁 : 도평의사사를 혁파하고 의정부를 설치, 중추원을 폐지하고 직무를 삼군부에 소속

왕자의 난

• 제1차 왕자의 난(무인정사방원의 난정도전의 난, 1398) : 태조가 방석을 세자로 책봉하고 정도전 등으로 보필하게 하자, 방원(태종)이 난을 일으켜 방석과 정도전을 제거(→ 왕위를 방과(정종)에게 양위)

• 제2차 왕자의 난(방간의 난박포의 난, 1400) : 방간이 박포와 연합하여 방원에게 대항하였는데, 방원은 이를 제압하고 정종으로부터 왕위를 물려받아 즉위

• 성격 : 표면적으로는 왕위 계승 분쟁, 내면적으로는 공신 간의 갈등 표출과 개국 공신 세력의 제거 과정

세종의 문화 발전

• 활자 주조 : 경자자, 갑인자, 병진자, 경오자

• 서적 간행 : 〈용비어천가〉, 음운서인 〈동국정운〉, 불경 연해서인 〈석보상절〉, 불교 찬가인 〈월인천강지곡〉 간행, 〈고려사〉, 〈육전등록〉, 〈치평요람〉, 〈역대병요〉, 〈팔도지리지〉, 〈효행록〉, 〈삼강행실도〉, 〈농사직설〉, 〈칠정산 내외편〉, 〈사시찬요〉, 〈총통등록〉, 〈의방유취〉, 〈향약집성방〉, 〈향약채취월령〉, 〈태산요록〉 등 간행

• 관습도감 설치 : 박연으로 하여금 아악·당악·향악을 정리하게 함

• 불교 정책 : 5교 양종을 선교 양종으로 통합, 궁중에 내불당 건립

• 역법 개정 : 원의 수시력과 명의 대통력을 참고로 하여 칠정산 내편을 만들고 아라비아 회회력을 참조하여 칠정산 외편을 만듦(독자성)

• 과학 기구의 발명 : 측우기, 자격루(물시계), 앙부일구(해시계), 혼천의(천체 운행 측정기)

세종의 대외 정책
- 북방 개척 : 4군(최윤덕, 압록강 유역 확보), 6진(김종서, 두만강 유역 확보), 사민 정책
- 쓰시마 섬 정벌 : 이종무로 하여금 정벌(1419), 계해약조 체결(1443)
- 대명 자국 정책 : 금은·공녀 진상을 폐지

이징옥의 난
함길도 도절제사 이징옥이 일으킨 반란. 이징옥은 김종서를 도와 6진을 개척한 인물로, 수양대군은 계유정난(1453)을 통해 김종서와 황보인을 제거하고 병권을 손에 넣은 후 이징옥을 파직하였음. 수양대군이 임명한 후임자 박호문에게 인계를 마친 이징옥은 한양으로 가던 중 계유정난의 소식을 듣고 박호문을 죽인 뒤 군사를 일으켜 자신을 대금황제라 칭하였음. 두만강을 건너기 위해 종성에 머물던 중 종성 판관 정종. 호군 이행검 등의 습격으로 살해되었음

이시애의 난
함경도의 호족으로 회령 부사를 지내다가 상을 당하여 관직에서 물러난 이시애는 유향소의 불만 및 백성들의 지역 감정을 틈타 세조 13년(1467. 5) 난을 일으켰음. 그는 먼저 함길도 절도사를 반역죄로 몰아 죽였음. 또한 그가 "남도의 군대가 함길도 군민을 죽이려 한다."고 선동한 결과 함길도의 군인과 백성이 유향소를 중심으로 일어나 비 함길도 출신 수령들을 살해하는 일이 벌어짐. 세조가 토벌군을 보내자 이시애는 여진을 끌어들여 대항하였으나 난을 일으킨 지 3개월만인 8월에 토벌됨

세조의 왕권 강화책 ★ 빈출개념
세조는 강력한 왕권을 행사하기 위해 통치 체제를 다시 6조 직계제로 고쳤음. 또한 공신이나 언관들의 활동을 견제하기 위하여 집현전을 없애고 경연도 열지 않았으며, 그동안 정치 참여가 제한되었던 종신들을 등용하기도 함

---

③ 토지와 세제의 개혁 : 전분 6등법, 연분 9등법 시행

⑤ 의창제 실시 : 빈민구제

⑥ 노비 지위 개선 : 재인·화척 등을 신백정이라 하여 양민화, 관비의 출산휴가 연장

② 사법제도의 개선 : 금부 삼복법(禁府三復法), 태형 및 노비의 사형(私刑) 금지

(4) 문종(5대, 1450~1452), 단종(6대, 1452~1455)

① 왕권 약화 : 문종이 일찍 죽어 어린 단종이 즉위한 후 왕권이 크게 약화되어, 김종서·황보인 등의 재상이 정치적 실권을 장악

② 정치적 혼란과 민심의 동요 : 계유정난과 이징옥의 난 등이 발생

(5) 세조(7대, 1455~1468)

① 계유정난(1453) : 수양대군(세조)이 중신과 안평대군을 축출하고 정치적 실권을 장악

② 반란 진압 및 민심 수습 : 이징옥의 난(1453) 진압, 이시애의 난(세조 13, 1467) 진압

③ 왕권의 강화 : 육조 직계의 통치 체제로 환원, 집현전을 폐지, 보법(保法)을 실시, 직전법 실시, 〈경국대전〉 편찬에 착수, 유교를 억압

④ 국방의 강화 ★ 빈출개념

  ③ 중앙군으로 5위제 확립(5위도총부에서 관할)

  ⑥ 진관 체제(鎭管體制) : 변방 중심 방어 체제를 전국적인 지역 중심의 방어 체제로 전환

  ⑥ 보법 실시 : 군정(軍丁) 수를 1백만으로 늘림

  ② 북방 개척 : 경진북정(1460, 신숙주), 정해서정(1467, 남이·강순)

(6) 성종(9대, 1469~1494)

① 사림(士林) 등용 : 김숙자·김종직 등의 사림을 등용하여 의정부의 대신들을 견제(훈구와 사림의 균형을 추구)

② 홍문관(옥당) 설치 : 학술·언론 기관(집현전 계승), 경서(經書) 및 사적(史籍)관리, 문한의 처리 및 왕의 정치적 고문 역할

③ 경연 중시 : 단순히 왕의 학문 연마를 위한 자리가 아니라 신하(정승, 관리)가 함께 모여 정책을 토론하고 심의

④ 독서당(호당) 운영 : 관료의 학문 재충전을 위해 운영한 제도, 성종 때 마포의 남호 독서당, 중종 때 두모포의 동호 독서당이 대표적

⑤ 관학의 진흥 : 성균관과 향교에 학전과 서적을 지급하고 관학을 진흥

⑥ 유향소의 부활(1488) : 유향소는 세조 때 이시애의 난으로 폐지되었으나 성종 때 사림 세력의 정치적 영향력 확대에 따라 부활됨

⑦ 〈경국대전〉 반포(1485) : 세조 때 착수해 성종 때 완성·반포

⑧ 토지 제도 : 직전법 하에서 관수관급제를 실시해 양반관료의 토지 겸병과 세습, 수탈 방지

⑨ **숭유억불책** : 도첩제 폐지(승려가 되는 길을 없앤 완전한 억불책)

⑩ **문물 정비와 편찬 사업** : 건국 이후 문물 제도의 정비를 마무리하고, 〈경국대전〉
의 반포 및 시행, 〈삼국사절요〉, 〈악학궤범〉, 〈동국통감〉, 〈동국여지승람〉, 〈동
문선〉, 〈국조오례의〉 등을 편찬

⑪ **사창제 폐지** : 폐단이 많았던 사창제를 폐지

👓 **한눈에 쏙~**

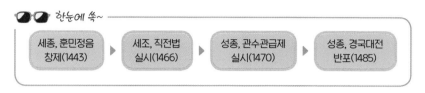

세종, 훈민정음 창제(1443) ▶ 세조, 직전법 실시(1466) ▶ 성종, 관수관급제 실시(1470) ▶ 성종, 경국대전 반포(1485)

3. 중앙 정치 체제

(1) 특징

① **유교적 통치 이념 구현** : 중앙 집권과 왕권·신권의 조화를 추구

② **재상권의 발달** : 의정부 재상들이 합의를 통해 국왕에게 재가를 얻도록 함

③ **법치 국가** : 〈경국대전〉으로 정치 체제를 법제화

④ **언관 제도의 발달** : 왕권의 견제(삼사, 순문, 윤대, 상소·구언 제도, 격쟁상언,
유소·권당 등)

⑤ **학술 정치의 발달** : 홍문관과 사관(四館), 춘추관, 경연 제도, 서연 제도

(2) 관제

① **의정부와 육조**

㉠ **의정부** : 최고 관부

㉡ **육조(六曹)** : 왕의 명령을 집행하는 행정 기관(이·호·예·병·형·공조)으
로 장관은 판서(정2품), 차관은 참판(종2품)이며, 육조 아래 여러 관청이 소속
되어 업무 분담

구분	관장 업무	속사(관할 기관)
이조	내무, 문관 인사와 공훈, 공문	문선사, 고훈사, 고공사 등
호조	재정, 조세, 호구, 어염, 광산, 조운	판전사, 회계사, 경비사 등
예조	의례(제사, 의식), 외교, 학교, 교육(과거)	계제사, 전형사, 전객사 등
병조	무관의 인사, 국방, 우역, 통신, 봉수	무선사, 승여사, 무비사 등
형조	법률, 소송, 노비(장예원)	상복사, 장금사, 장예사 등
공조	토목·건축·개간, 수공업, 파발, 도량형	영조사, 공야사 등

② **삼사(三司)** ⭐**빈출개념**

㉠ **기능** : 정사를 비판하고 관리의 비리를 감찰하는 언론 기능

㉡ **특성** : 권력의 독점과 부정을 방지하기 위한 것으로, 삼사의 고관들은 왕이라
도 함부로 막을 수 없음

ⓒ 구성
- 사헌부 : 감찰 탄핵 기관, 사간원과 함께 대간(臺諫)을 구성하여 서경(署經)권 행사(정5품 당하관 이하의 임면 동의권), 장은 대사헌(종2품)
- 사간원 : 언관(言官)으로서 왕에 대한 간쟁, 장은 대사간(정3품)
- 홍문관 : 경연을 관장, 문필 · 학술 기관, 고문 역할, 장은 대제학(정2품)

③ 기타 기관
ⓒ 승정원 : 왕명을 출납하는 비서 기관(중추원의 후신)으로 국왕 직속 기관, 장은 도승지(정3품)
ⓒ 의금부 : 국가의 큰 죄인을 다스리는 기관(고려 순마소의 변형)으로 국왕 직속 기관, 장은 판사(종1품)
ⓒ 한성부 : 수도의 행정과 치안을 담당, 장은 판윤(정2품)
ⓒ 춘추관 : 역사서 편찬과 보관을 담당, 장은 지사(정2품)
ⓒ 예문관 : 왕의 교서 제찬, 장은 대제학(정2품)
ⓑ 교서관 : 서적 간행(궁중 인쇄소)
ⓐ 성균관 : 최고 교육 기관(국립 대학)
ⓞ 승문원 : 외교 문서 작성
ⓩ 상서원 : 옥쇄 · 부절(符節) 관리
ⓩ 경연청 : 임금에게 경서와 치도(治道)를 강론
ⓚ 서연청 : 왕세자에게 경학을 강론
ⓣ 포도청 : 상민의 범죄를 담당하는 경찰 기관(고려 순마소의 변형), 장은 포도대장(종2품)

한품서용
기술관과 서얼은 정3품까지, 토관 · 향리는 정5품까지, 서리 등은 정7품까지만 승진 가능

지방 세력 통제를 위한 상피제와 임기제
- 상피제 : 자기 출신지로의 부임을 금하고(토착 세력화 방지), 부자지간이나 형제지간에 동일 관청에서 근무하지 못하게 하며 친족의 과거 응시 시 고시관 임용을 피하는 제도(권력 집중 및 부정 방지)
- 임기제 : 관찰사 임기는 1년(360일), 수령은 5년(1,800일)

👓 한눈에 쏙~

조선의 중앙과 지방 관제

4. 지방 행정

(1) 조선 시대 지방 행정의 특성

① 지방과 백성에 대한 국가의 지배력 강화(중앙 집권 강화) : 모든 군현에 지방관 파견(속군·속현 소멸), 관찰사와 수령의 권한 강화(향리 지위 격하)
② 향, 소, 부곡의 소멸(군현으로 승격하여 지방민의 삶의 질 향상)

(2) 지방 행정 조직

① 8도 : 감영 소재지(전국을 8도로 나누고 크기에 따라 지방관의 등급을 조정, 관찰사(종2품, 외직의 장) 파견)
② 5부(부윤, 종2품)와 5대 도호부(부사, 정3품)
③ 목 : 전국 20목, 장은 목사(정3품)
④ 군(전국 82군)·현(전국 175현) : 속군·속현과 향·소·부곡을 일반 군현으로 승격하고, 모든 군현에 수령을 파견
⑤ 부·목·군·현의 수령 : 수령의 불법과 수탈을 견제·방지하기 위해 유향소를 설치
⑥ 면(面)·리(里)·통(統) : 전기에 정비, 후기에 완전 정착

실력up 고려 시대와 조선 시대 비교

구분	고려 시대(권한 강함)	조선 시대(권한 약화)
차이점	• 속현 이하를 실제 관장하는 향촌의 지배세력, 농민을 사적으로 지배 • 외역전 지급(세습) • 조세·공물 징수와 요역 징발의 실무 관장 • 노동 부대 일품군의 지휘관을 겸임 • 과거 응시 및 국립 대학에의 입학권 부여 • 출세에 법적 제한이 없음(신분 상승 가능)	• 수령을 보좌하는 세습적 아전에 불과, 농민의 사적 지배 금지 • 외역전의 지급이 없음(무보수에 따른 폐단 발생) • 조세·공물 징수, 요역 징발은 수령이 관장함 • 지방군의 지휘권이 없음 • 문과 응시 불가 • 중앙 양반으로의 편입 불가함(신분 상승 제한)
공통점	지방의 행정 실무를 담당하는 중간 계층으로, 신분과 향직을 세습	

(3) 특수 지방 조직

① 유향소(향청) : 수령을 감시하고 향리의 비행 규찰, 좌수·별감 선출, 정령 시달, 풍속 교정과 백성 교화, 자율적 규약, 향회를 소집하여 여론 수렴 등
② 경재소
   ㉠ 성격 : 지방 관청의 출장소격으로 고려의 기인과 유사
   ㉡ 운영 : 서울에는 경재소를 두고 경주인 또는 경저리가 머물며 업무 수행
   ㉢ 서울과 지방(유향소) 간의 연락 및 유향소 통제, 공납과 연료의 조달 등

5. 군역 제도와 군사 조직

(1) 군역 제도

수령 7사
조선 시대 지방을 다스리던 수령의 7가지 의무 규정. 수령의 업무 수행을 국가가 잘 관리할 수 있도록 만들어진 것으로, 수령의 역할 강화를 도모함
1. 농사 및 양잠을 장려할 것
2. 호구를 증식할 것
3. 학교를 일으킬 것
4. 군사 업무를 바르게 할 것
5. 부역을 균등히 할 것
6. 재판을 바르게 할 것
7. 간사하고 교활한 자를 없앨 것

유향소
• 고려 말~조선 시대에 걸쳐 지방의 수령을 보좌하던 자문 기관. 고려 시대의 사심관에서 유래됨
• 조선 시대의 유향소는 자의적으로 만들어져 지방의 풍기를 단속하고 향리의 폐단을 막는 등 지방 자치의 면모를 보였는데, 태종 초에 지방 수령과 대립하여 중앙 집권을 저해하였으므로 태종 6년(1406) 폐지됨
• 그러나 좀처럼 없어지지 않아 유향소를 폐지할 수 없게 되자 세종 10년(1428) 재설치하면서, 이를 감독하기 위해 경재소를 강화함. 세조 13년(1467) 이시애의 난 당시 유향소의 일부가 가담했음이 드러나면서 다시 폐지되었지만 성종 19년(1488)에 부활함

경저리(京邸吏)·영저리(營邸吏)
경저리(경주인)는 경재소에 근무하며 중앙과 지방 간의 제반 연락 업무를 담당하는 향리를, 영저리는 각 감영에 머물면서 지방과의 연락을 담당하는 지방의 향리를 말함

조선 시대 양반 관료 체제의 특성

- **문무 양반제도** : 고려 시대 동반 · 서반 · 남반의 3반은 조선 시대의 양반으로 정립
- **관계주의**
  - 정 · 종 각 9품이 있어 18품계로 구분되고, 다시 6품 이상은 상 · 하위로 구분하여 총 30단계로 나뉨
  - 관직과 관계의 결합 : 관직에는 그에 상응하는 관계가 정해져 있음
  - 당상관 : 정3품 이상으로 문반은 통정대부(通政大夫), 무반은 절충장군(折衝將軍)을 말함, 고위직을 독점하고 중요 결정에 참여, 관찰사로 임명이 가능
  - 당하관 : 정3품 이하 정5품 이상, 문반은 통훈대부(通訓大夫), 무반은 어모장군(禦侮將軍), 실무를 담당
  - 참상관 : 정5품 이하 종6품 이상, 목민관(수령)은 참상관 이상에서 임명 가능, 문과 장원 급제시 종6품 참상관에 제수
  - 참하관 : 정7품 이하
- **겸직제 발달**
  - 재상과 당상관이 요직 겸직
  - 관찰사의 병마 · 수군절도사 겸직
- **지방관 견제** : 상피제와 임기제 실시

노비의 군역

노비에게는 권리가 없으므로 군역의 의무도 없었음. 그러나 필요에 따라 특수군으로 편제되는 경우는 있었음

잡색군(雜色軍)

전직 관료 · 서리 · 향리 · 교생 · 노비 등 각계 각층의 장정들로 편성된 정규군 외의 예비군으로, 평상시에는 본업에 종사하면서 일정한 기간 동안 군사 훈련을 받아 유사시에 향토 방위를 담당

조운

- 지방에서 거둬들인 세곡을 한양으로 운송
- 수로와 해로 이용
- 강창(영산강, 한강 등), 해창(서남해안)
- 평안도와 함경도 지방의 세곡은 한양으로 운송하지 않고 국방비, 사신 접대비로 현지에서 사용

---

① **양인개병제와 병농일치제 실시** : 16세 이상 60세 이하의 모든 양인 남자는 군역을 담당

② **정군(正軍)과 보인(保人)**
  ㉠ **정군** : 서울 · 국경 요충지에 배속, 복무 기간에 따라 품계와 녹봉을 받기도 함
  ㉡ **보인** : 정남 2명을 1보로 함, 정군 가족의 재정적 지원자로서 1년에 포 2필 부담

③ **면제 대상** : 현직 관료와 학생은 군역이 면제됨, 권리가 없는 노비도 군역 의무가 없음, 상인 · 수공업자 · 어민도 제외

④ 종친과 외척 · 공신이나 고급 관료의 자제들은 특수군에 편입되어 군역을 부담

(2) 군사 조직 및 구성

① **중앙군**
  ㉠ **국왕 친위대(내삼청)** : 내금위, 우림위, 겸사복
  ㉡ **5위(5위도총부)** : 의흥위(중위) · 용양위(좌위) · 호분위(우위) · 충좌위(전위) · 충무위(후위)
  ㉢ **훈련원** : 군사 훈련과 무관 시험 관장, 장은 지사

② **중앙군의 구성** : 정군을 중심으로 갑사나 특수병으로 구성

③ **지방군** : 도에 병영과 수영을 설치하고, 부 · 목 · 군 · 현에 진을 설치
  ㉠ **진수군** : 지방의 영진에 소속된 군인을 말하며, 영진군(정병) · 수성군(노동부대) · 선군(수군)으로 구별
  ㉡ **구성 및 복무** : 지방군은 육군과 수군으로 나뉘며, 건국 초기에는 주로 국방상 요지인 영(營)이나 진(鎭)에 소속되어 복무
  ㉢ **진관 체제(鎭管體制)** : 세조 이후 실시된 지역(군 · 현) 단위의 방위 체제(요충지의 고을에 성을 쌓아 방어 체제를 강화)

한눈에 쏙~

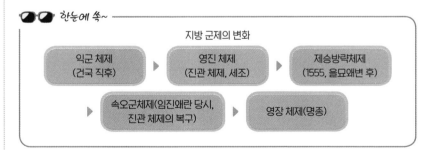

지방 군제의 변화

익군 체제 (건국 직후) ▶ 영진 체제 (진관 체제, 세조) ▶ 제승방략체제 (1555, 을묘왜변 후)

▶ 속오군체제(임진왜란 당시, 진관 체제의 복구) ▶ 영장 체제(명종)

(3) 교통·운수 및 통신 체계의 정비

① **목적** : 국방과 중앙 집권 체제의 효율적 운영 및 강화

② **교통 수단** : 우마가 끄는 수레, 판선(목선), 역참(驛站)

③ **교통 · 통신 체계**
  ㉠ **육로** : 역원제(역과 원을 함께 설치 · 운영)
  ㉡ **수로 · 해로** : 조운제(하천과 해안 요지의 조창을 거쳐 중앙의 경창으로 운송)
  ㉢ **파발제** : 공문서 전달을 위한 통신 제도

ⓔ 봉수제 : 국가 비상시나 군사상 긴급 사태 발생 시 연기(낮)와 불빛(밤)으로 알
리는 통신 제도

6. 관리의 등용과 인사 관리

(1) 과거 제도

① 시행
  ㉠ 정기 시험 : 식년시, 3년마다 실시
  ㉡ 부정기 시험 : 증광시(나라에 큰 경사가 있을 때), 별시(나라에 특별한 행사가
    있을 때), 알성시(왕이 성균관의 문묘를 참배한 후), 백일장(시골 유학생의 학
    업 권장을 위한 임시 시험

② 종류 및 선발 인원
  ㉠ 대과(문과)
    • 과정 : 식년시의 경우 초시(240인 선발, 지역 안배), 복시(33인 선발, 능력주
      의), 전시(국왕의 친림 아래 최종 시험, 장원 1인 · 갑과 2인 · 을과 7인 · 병과
      23인으로 등급 결정)를 거침, 합격자에게 홍패를 지급
    • 응시 자격 : 성균관 유생이나 소과에 합격한 생원 · 진사
  ㉡ 소과(생진과, 사미시)
    • 생원과(4서 5경으로 시험)와 진사과(문예로 시험)를 합한 시험, 초시(향시,
      지방의 1차 시험)와 복시(회시, 중앙의 2차 시험)로 시험을 보는데, 초시에
      서는 진사시(초장)와 생원시(종장) 각각 700인을 선발하며 복시에서는 진
      사시와 생원시 각각 100인(총 200인)을 선발
    • 합격자에게 백패를 주며, 성균관 입학 또는 문과(대과) 응시 자격을 부여,
      합격 후 하급 관리가 되기도 함
  ㉢ 무과(武科)
    • 과정 : 문과와 같은 절차를 거치나 대과 · 소과의 구분은 없음, 초시(200명) ·
      복시(28명) · 전시(갑과 3인 · 을과 5인 · 병과 20인으로 등급 결정, 장원은 없
      음)를 거쳐 총 28명을 선발, 병조에서 관장하며 합격자에게 홍패 지급
    • 응시 자격 : 문과와 달리 천민이 아니면 누구든 응시
  ㉣ 잡과(雜科)
    • 과정 : 분야별로 정원이 있으며 예조의 감독하에 해당 관청에서 관장, 합격
      자에게 백패를 지급하고 일단 해당 관청에 분속
    • 응시 : 주로 양반의 서자와 서리 등 중인 계급의 자제가 응시
    • 종류(4과) : 역과(사역원), 율과(형조), 의과(전의감), 음양과(관상감)
  ㉤ 승과 : 선종시와 교종시가 있었고 30명을 선발, 합격자에게는 법계 및 대선의
    칭호를 부여

7. 훈구와 사림

홍패

SEMI-NOTE

향사례와 향음주례
- **향사례(鄕射禮)** : 편을 나누어 활쏘기를 겨루는 행사로, 윤리와 도의를 두텁게 하는 목적으로 실시됨
- **향음주례(鄕飮酒禮)** : 고을 유생들이 모여 예법을 지키며 함께 술을 나누는 행사로, 연장자 및 덕이 있는 사람을 존경하고 예법을 일으키기 위한 목적으로 실시됨

동국통감
- 성종 16년(1485)에 서거정 등이 왕명을 받아 편찬한 편년체 사서
- 단군 조선~삼한의 내용은 책머리에 외기(外紀)로 다루었고, 삼국의 건국~신라 문무왕 9년(669)의 내용을 삼국기, 669년~고려 태조 18년(935)의 내용을 신라기, 935년~고려 말의 내용을 고려기로 구분함
- 고구려 · 백제 · 신라 중 어느 한 나라를 정통으로 내세우지 않고 대등한 시선에서 서술함

정몽주
↓
길재
↓
김숙자
↓
김종직
↓
정여창 — 김굉필 — 김일손
↓
이언적 — 서경덕 — 조광조 — 김안국
↓
조식 — 이황 — 이이 — 성혼
영남학파 / 기호학파

사림의 계보

구분	훈구파(관학파)	사림파(사학파)
활약	• 15세기 집권 세력 • 선초 관학파의 학풍을 계승하여 문물 · 제도를 정비하고 중앙 집권 강화에 기여	• 성종 때 본격적으로 중앙 정계에 진출(주로 전랑과 3사의 언관직에 진출)하여 16세기 이후 학문과 정치를 주도 • 16세기 이후 붕당을 전개
학통	• 정도전 · 권근(여말 급진 개혁파) • 고려 왕조 부정(유교적 이상 국가 건설을 목표로 급진적 개혁 추구) • 왕조 개창의 정당성 강조, 애민 의식이 강함	• 정몽주 · 길재(여말 온건 개혁파) • 고려 왕조 유지(점진적 개혁) • 정통적 대의명분 강조, 애민 의식 약함
기반	• 실권 장악, 왕실과 혼인으로 성장 • 성균관 · 집현전 • 대토지 소유	• 영남 및 기호 지방을 중심으로 성장 • 서원 등 지방의 사학 기구 • 훈구 세력의 대토지 소유 비판
정치	• 성리학의 치국 중시 • 중앙 집권, 부국강병 • 민생 안정	• 성리학의 원칙에 철저 • 향촌 자치 주장 • 학술과 언론, 왕도 정치 강조 • 도덕 · 의리 · 명분을 중시
학문	• 사장(詞章) 중시 • 성리학 외의 타 학문에 포용적 • 기술학 · 군사학 중시	• 경학(經學) 중시 • 성리학 외의 타 학문 배격(인간 심성과 우주 원리 문제를 철학적으로 탐구하는 성리학이 학문적 주류) • 기술학 · 군사학 천시
사상 및 종교	• 민간 의식 수용 • 격물치지(格物致知) 중시	• 민간 의식 배격, 주자가례 강조(예학과 보학 숭상) • 향사례 · 향음주례 중시
사관	• 단군 강조(자주 의식) • 〈동국통감〉	• 기자 중시(소중화 의식, 화이관) • 〈동국사략〉, 〈동사찬요〉
문학	표현 형식과 격식을 강조하고 질서와 조화를 내세움, 한문학 발달	흥취와 정신을 중시하여 개인적 감정과 심성을 강조, 한문학 저조
화풍	• 독자적 화풍 개발 • 진취적 · 사색적 · 낭만적 산수화와 인물화 유행 • 일본 미술에 영향	• 다양한 화풍 발달 • 자연의 아름다움을 표현 • 강한 필치의 산수화, 사군자 유행

8. 사림의 정치적 성장

(1) 중앙 정계 진출

① **시기** : 성종 때 김종직과 그 문인들의 중용을 계기로 대거 진출

② **활동** : 주로 전랑이나 삼사의 언관이 되어 언론 · 문한을 담당

(2) 사화(士禍)의 발생

① **사화의 배경** : 훈척 계열의 자기 분열, 사림에 대한 정치적 보복, 훈구 세력과 사림 세력의 대립, 양반 계층의 양극화 현상

② 무오사화(戊午士禍) · 갑자사화(甲子士禍) : 영남 사림의 대부분이 몰락

    ㉠ 무오사화(연산군 4, 1498) : 김종직이 지은 〈조의제문〉을 김일손이 사초(史草)에 올린 일을 문제 삼아 유자광 · 윤필상 등의 훈구파가 김일손 · 김굉필 등의 사림파를 제거

    ㉡ 갑자사화(연산군 10, 1504) : 임사홍 등의 궁중 세력이 연산군의 생모인 윤비 폐출 사건을 들추어 정부 세력을 축출

③ 중종반정(中宗反正) : 폭압 정치와 재정 낭비를 일삼은 연산군을 축출(연산군 12, 1506)

④ 조광조의 개혁 정치 ★ 빈출개념

    ㉠ 개혁의 배경 : 중종은 유교 정치를 위해 조광조 등 사림을 중용

    ㉡ 개혁의 방향 : 사림파의 개혁으로 사림 세력을 강화하고 왕도 정치를 추구

    ㉢ 개혁의 내용

      • 현량과(천거과) 실시 : 천거제의 일종인 현량과를 통해 사림을 대거 등용

      • 위훈 삭제(僞勳削除) : 중종 반정의 공신 대다수가 거짓 공훈으로 공신에 올랐다 하여 그들의 관직을 박탈하려 함

      • 이조 전랑권 형성 : 이조 · 병조의 전랑에게 인사권과 후임자 추천권 부여

      • 도학 정치를 위한 성학군주론 주장, 공납제의 폐단을 지적하고 대공수미법 주장

      • 균전론을 내세워 토지소유의 조정(분배)과 1/10세를 제시, 향촌 자치를 위해 향약의 전국적 시행을 추진

      • 승과제도 및 소격서 폐지, 유향소 철폐를 주장

      • 〈주자가례〉를 장려하고 유교 윤리 · 의례의 보급을 추진, 〈소학〉의 교육과 보급운동을 전개

⑤ 기묘사화(중종 14, 1519) : 남곤 · 심정 등의 훈구파는 모반 음모(주초위왕의 모략)를 꾸며 조광조 · 김정 · 김식 · 정구 · 김안국 등 사림파 대부분을 제거

⑥ 을사사화(명종 1, 1545) : 명종을 옹립한 소윤파 윤원로 · 윤원형 형제가 인종의 외척 세력인 대윤파 윤임 등을 축출하면서 대윤파에 동조하던 사림파를 함께 숙청

9. 명(明)과의 관계

(1) 사대교린 정책(事大交隣政策)

① 조공 관계로 맺어진 중국 중심의 동아시아 기본적 외교 정책으로, 서로의 독립성을 인정된 위에서 맺어져 예속 관계로 보기는 어려움

② 건국 직후부터 명과 친선을 유지하여 정권과 국가의 안전을 보장받고, 중국 이외의 주변 민족과는 교린 정책을 취함

(2) 명과의 대외 관계

① 선초 명과의 관계 : 자주적 관계가 기본 바탕이며, 초기에 국토 확장과 실리추구를 두고 갈등과 불협화음이 존재했으나 태종 이후 외교적 긴밀성을 유지하며 활발히 교류

SEMI-NOTE

김종직의 〈조의제문〉

항우에게 왕위를 빼앗기고 죽은 초나라 의제를 기리는 내용을 통해 단종에게서 왕위를 빼앗은 세조를 비난한 글

전랑의 권한

• 자대권(自代權) : 전랑천대법 또는 전랑법이라고도 함. 전랑이 자신의 후임이 될 사람을 추천하는 권한을 말함

• 통청권(通淸權) : 전랑이 삼사의 청요직을 선발할 수 있는 권한을 말함

• 낭천권(郎薦權) : 전랑이 과거에 급제하지 않은 사람을 추천하여 벼슬에 오르도록 하는 권한을 말함

4대 사화

무오사화, 갑자사화, 기묘사화, 을사사화

정미사화(명종 2, 1547)

• 당시 외척으로서 정권을 잡고 있던 윤원형 세력이 반대파 인물들을 숙청한 사건

• 문정 왕후의 수렴청정을 비방한 벽서가 발견되어 송인수, 이약수 등을 숙청하고 이언적 등 20명을 유배(양재역벽서사건)

04장 근세의 성립과 발전

SEMI-NOTE

② 명과의 교역 ⭐빈출개념

    ㉠ 사절의 교환 : 매년 정기적 · 부정기적으로 사절을 교환

    ㉡ 성격 : 조선은 빈번한 교류를 통해 문화의 수입과 물품의 교역을 추구하는 자주적 문화 외교(자주적 실리 외교) 추구

    ㉢ 교역 형태 : 사신을 통한 조공과 회사(回賜)의 공무역(관무역), 사행을 통한 사무역

    ㉣ 교역품 : 말 · 인삼 · 모피 · 모시 · 종이 · 화문석을 주로 수출하고, 서적 · 도자기 · 약재 · 문방구 · 견직물 등을 수입

10. 여진과의 관계

(1) 외교 정책

① 적극적 외교 정책 전개 : 영토 확보와 국경 지방의 안정을 위해 추진

② 화전(和戰) 양면 외교 정책

회유책	• 여진족의 귀순을 장려하기 위해 관직이나 토지, 주택 제공 • 사절의 왕래를 통한 무역을 허용 • 국경 지방인 경성과 경원에 무역소를 두고 국경 무역을 허락
강경책	• 정벌 : 국경 침입 및 약탈 시 군대를 동원하여 정벌 • 국경 공략 및 영토 확장 : 4군 6진 개척 • 지역 방어 체제 구축 : 국경 지방에 진(鎭) · 보(堡)를 설치

(2) 여진족 토벌과 이주 정책

① 태조 : 일찍부터 두만강 지역 개척

② 세종 : 4군 6진 개척으로 오늘날의 국경선 확정

③ 성종 : 신숙주 · 윤필상 등이 압록강과 두만강 이북의 여진족을 토벌

④ 이주 정책 : 사민 정책(徙民政策), 토관제(土官制)

11. 일본 및 동남아시아와의 관계

(1) 일본과의 관계

① 왜구의 침략과 격퇴 : 고려 말부터 조선 초기까지 계속, 대비책(수군 강화, 전함 건조, 화약 · 무기 개발)

② 강경책 : 이종무는 왜구의 소굴인 쓰시마 섬을 토벌해 왜구의 근절을 약속받음

③ 회유책 : 3포 개항, 계해약조(1443)를 체결하여 제한된 범위의 교역을 허락

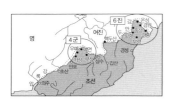

4군 6진의 개척

상피제와 토관제

조선 시대 관리 임명에 있어 원칙적으로는 상피제였으므로 그 지역 사람을 관리로 임명할 수 없었으나, 세종 때 임시로 토관제를 실시하여 토착민을 그 지역의 관리로 임명함

계해약조(계해조약)

• 1419년 이종무가 쓰시마 섬을 근거지로 한 왜구를 정벌한 뒤 한동안 조선과 일본 사이의 교류는 중단됨

• 이후 쓰시마 도주의 간청으로 3포를 개항한 후, 세종 25년(1443) 변효문 등을 파견하여 세견선 등의 구체적인 제약을 내용으로 하는 계해약조를 체결함

쓰시마 섬 정벌

박위(고려 창왕 1, 1389) → 김사형(조선 태조 5, 1396) → 이종무(세종 1, 1419)

실력up 일본과의 관계

1419(세종 1)	쓰시마 섬 정벌	이종무
1426(세종 8)	3포 개항	• 부산포(동래), 제포(진해), 염포(울산) • 개항장에 왜관 설치, 제한된 범위의 교역 허가

1443(세종 25)	계해약조	제한된 조공 무역 허락(세견선 50척, 세사미두 200석, 거류인 60명)
1510(중종 5)	3포 왜란, 임시 관청으로 비변사 설치(1517)	임신약조(1512) 체결(제포만 개항, 계해약조와 비교했을 때 절반의 조건으로 무역 허락)
1544(중종 39)	사량진 왜변	무역 단절, 일본인 왕래 금지
1547(명종 2)	정미약조	세견선 25척, 인원 제한 위반 시 별칙 규정의 강화
1555(명종 10)	을묘왜변	국교 단절, 제승방략 체제로 전환, 비변사의 상설 기구화
1592(선조 25)	임진왜란, 정유재란(1597)	비변사의 최고 기구화(왕권 약화 및 의정부·육조의 유명무실화 초래)
1607~1811	통신사 파견(12회)	국교 재개(1607), 조선의 선진 문화를 일본에 전파
1609(광해군 2)	기유약조	국교 회복, 부산포에 왜관 설치(세견선 20척, 세사미두 100석

사량진 왜변

일본인의 행패가 계속 이어지고, 1544년 왜선 20여 척이 경상남도 통영시의 사량진에 침입하여 사람과 말을 약탈해 간 사량진 왜변이 발생하자 조선은 임신약조를 폐기하고 일본인이 조선에 왕래하는 것을 금지함

(2) 동남아시아 각국과의 관계

① 조선 초에는 류큐·시암·자바 등 동남아시아의 여러 나라와 교류
② 조공이나 진상의 형식으로 토산품을 가져와서 옷·옷감·문방구 등으로 교환함
③ 류큐에 불경·유교 경전·범종 등을 전달(문화 발전에 기여)

12. 왜군의 침략

(1) 조선의 정세

① **일본과의 대립** : 16세기에 이르러 대립 격화, 3포 왜란(중종 5, 1510), 을묘왜변 (명종 10, 1555) 발발, 비변사를 설치, 일본에 사신을 보내 정세 파악
② **정부의 부적절한 대처** : 16세기 말 국방력은 더욱 약화, 일본 정세에 대한 통신사 의 보고에 있어서도 붕당 간 차이를 보이는 등 국론 분열

(2) 임진왜란(선조 25, 1592)

① **발발** : 전국 시대의 혼란을 수습하고 철저한 준비 후 20만 대군으로 조선을 침략
② **초기의 수세**
　㉠ **부산 일대의 함락** : 부산진과 동래성에서 정발과 송상현이 분전하였으나 함락됨
　㉡ 왜군은 평양과 함경도 지방까지 침입, 전쟁에 대비하지 못한 조정(선조)은 의 주로 피난하여 명에 원군을 요청

13. 수군과 의병의 승리

(1) 수군의 승리

3포 왜란과 을묘왜변

• 3포 왜란 : 3포에서 거주하고 있는 왜인들이 대마도의 지원을 받아 무역 제한에 불만을 품고 일으킨 난
• 을묘왜변 : 조선 명종 때 왜구가 전라남도 영암·강진진도 일대에 침입한 사건

김성일과 황윤길

• 1590년 조선은 황윤길을 정사로, 김성일을 부사로 하는 통신사 일행을 일본에 파견
• 이듬해 귀국한 이들은 일본의 정세를 묻는 선조에게 각기 다른 대답을 함
• 도요토미 히데요시가 조선을 침략할 것이라고 대답한 황윤길과는 달리 김성일은 일본이 침략하지 않을 것이라고 함
• 당시 조선 조정에서는 동인이 우세하였으므로 서인인 황윤길의 의견은 받아들여지지 않음

SEMI-NOTE

승병

- 승려들로 조직된 비정규 군대. 〈고려사〉에 따르면 고구려 때 당 태종의 침입에 맞서 승려 3만 명이 출전하였다고 함
- 고려 시대 처인성을 공격한 몽골군의 장수 살리타를 사살한 김윤후도 승려였음
- 조선의 승병 활동은 임진왜란을 계기로 활발해졌으며 대표적인 승병으로는 휴정, 유정, 영규, 처영 등이 있음

임진왜란의 3대첩

- **이순신의 한산도 대첩(1592)** : 왜군의 수륙 병진 정책을 좌절시킨 싸움이며 지형적 특징과 학익진을 이용하여 왜군을 섬멸하였음
- **김시민의 진주성 혈전(1592)** : 진주 목사인 김시민과 3,800명의 조선군이 약 2만에 달하는 왜군에 맞서 진주성을 지켜낸 싸움. 이 싸움에서의 승리로 조선은 경상도 지역을 보존할 수 있었고 왜군은 호남을 넘보지 못하게 됨
- **권율의 행주 대첩(1593)** : 벽제관에서의 승리로 사기가 충천해 있던 왜군에 대항하여 행주산성을 지켜낸 싸움. 부녀자들까지 동원되어 돌을 날랐다는 이야기로 유명함

① **이순신의 활약**

    ㉠ **대비** : 판옥선과 거북선 건조, 전함과 무기 정비, 수군 훈련, 군량미 비축

    ㉡ **왜군 격퇴** : 80여 척의 배를 거느리고 옥포(1592. 5)에서 첫 승리, 사천포(1592. 5, 최초로 거북선 등장), 당포(1592. 6), 당항포 등지에서 대승

    ㉢ **한산도 대첩(1592. 7)** : 총공격에 나선 적함을 한산도 앞바다로 유인하여 대파

② **성과** : 곡창 지대인 전라도 지방을 지키고 왜군의 침략 작전을 좌절시킴

(2) 의병의 항쟁

① **의병의 구성**

    ㉠ **자발적 조직** : 전국 각지에서 자발적으로 조직(남부 지방이 가장 활발)

    ㉡ **의병의 신분** : 농민을 주축으로 전직 관리와 사림 유학자 및 승려들이 참여

② **의병장의 활약**

지역	활약 내용
경상도	• 곽재우(최초의 의병) : 경상도 의령에서 거병, 진주성 혈전(1차)에 김시민과 참전, 왜란의 종전 후 관직 제의를 대부분 거절 • 정인홍(합천), 김면(고령), 권응수(영천) 등이 활약
전라도	• 고경명 : 전라도 장흥에서 거병하여 금산성 전투 활약하다 전사(아들 고종후는 진주대첩(2차) 때 전사) • 김천일 : 전라도 나주에서 최초로 거병하여 수원 · 강화에서 활약, 진주대첩(2차)에서 고종후와 함께 전사 • 김덕령 : 전라도 담양에서 거병하여 남원에서 활약, 수원 전투에 참전, 이몽학의 난 관련자로 몰려 무고하게 옥사 • 양대박(남원)
충청도	조헌 : 충청도 옥천에서 거병하여 7백 결사대를 결성, 승장 영규(승려 최초의 의병)와 함께 청주 수복, 금산에서 고경명 · 영규 등과 전사
경기도	홍언수 · 홍계남(안성) 등이 활약
강원도	사명대사(유정) : 금강산에서 거병하여 평양 탈환에서 활약, 전후 대일 강화를 위해 일본에 사신으로 가서 포로 송환에 기여
황해도	이정암 : 황해도 연안성에서 거병하여 왜군을 격퇴하고 요충지를 장악
평안도	서산대사(휴정) : 묘향산에서 거병(전국 승병 운동의 선구), 평양 수복에 참전하고 개성 · 한성 등지에서 활약
함경도	정문부 : 전직 관료 출신으로, 함경도 길주, 경성 등에서 활약(길주 전투에 참전해 수복)

③ **관군으로의 편입** : 전쟁이 장기화되면서 관군으로 편입하여 더욱 조직화되었고, 관군의 전투 능력도 한층 강화

14. 전란의 극복과 영향

(1) 전세의 전환

① **수군과 의병의 승전** : 처음 2개월간의 열세를 우세로 전환

② 명의 참전 : 일본의 정명가도에 대한 자위책으로 참전, 조·명 연합군이 평양성을 탈환

③ 행주 대첩(1953. 2) : 평양성을 뺏긴 후 한양으로 퇴각한 왜군을 권율이 이끄는 부대가 행주산성에서 대파

④ 조선의 전열 정비 : 훈련도감(중앙군) 설치, 진관 체제에 속오법(束伍法) 절충, 화포 개량, 조총 제작

(2) 정유재란(선조 30, 1597)

① 왜군의 재침입 : 휴전 회담의 결렬, 직산 전투(1597. 9)

② 명량 대첩(1597. 9) : 울돌목에서 13척으로 왜군의 배 133척을 격퇴

③ 노량 해전(1598. 11) : 도요토미 히데요시 사망 후 철수하는 왜군을 격파, 이순신 전사

(3) 왜란의 영향

① 대내적 영향

㉠ 막대한 물적·인적 피해 : 전쟁과 약탈, 방화로 인구 격감, 농촌 황폐화, 학자와 기술자 피랍, 식량 및 재정 궁핍(토지 대장과 양안 소실), 경지 면적 감소

㉡ 문화재 소실 : 경복궁, 불국사, 서적·실록, 전주 사고를 제외한 4대 사고(史庫) 소실

㉢ 공명첩 발급과 납속책 실시, 이몽학의 난(1596) 등 농민 봉기 발생

㉣ 비변사 강화와 군제 개편 : 훈련도감(삼수미세 징수) 설치, 속오군(양천혼성군) 창설

㉤ 서적 편찬 : 이순신의 〈난중일기〉, 유성룡의 〈징비록〉, 허준의 〈동의보감〉 등

㉥ 무기 발명 : 거북선, 비격진천뢰(이장손), 화차(변이중) 등

② 대외적 영향

㉠ 일본 : 활자·그림·서적을 약탈하고 성리학자와 활자 인쇄공, 도공 등을 포로로 데려감, 도쿠가와 막부 성립의 계기

㉡ 중국 : 명의 참전 중 북방 여진족이 급속히 성장, 명은 쇠퇴(명·청 교체의 계기)

15. 광해군의 중립 외교와 인조 반정

(1) 대륙의 정세 변화

① 후금의 건국(1616) : 임진왜란 중 명이 약화된 틈에 여진의 누르하치가 후금을 건국

② 후금의 세력 확장 : 후금이 명에 선전 포고(1618)(명은 조선에 지원군 요청)

(2) 광해군(1608~1623)의 정책

① 대내적 : 전후 수습책 실시, 북인(대북) 중심의 혁신 정치 도모

② 대외적 : 명과 후금 사이에서 국가 생존을 위해 실리적인 중립 외교 정책을 전개

㉠ 성격 : 임진왜란 때 도운 명의 요구와 후금과의 관계를 모두 고려

㉡ 경과 : 명의 원군 요청을 적절히 거절하며 후금과 친선을 꾀하는 중립 정책 고수

(3) 인조 반정(1623)

① 배경 : 서인 등의 사림파는 광해군의 중립 외교 정책과 성리학자에 대한 비판, 여러 패륜 행위(임해군과 영창대군 살해, 인목대비 유폐) 등에 불만을 지님

② 경과 : 서인인 이귀, 김유, 이괄 등이 거병하여 인조 반정을 일으킴

③ 결과 : 인조 반정으로 집권한 서인은 존왕양이와 모화 사상 등을 기반으로 친명배금 정책을 실시하여 후금을 자극(호란의 원인으로 작용)

16. 호란의 발발과 전개

(1) 정묘호란(인조 5, 1627)

① 원인 : 서인은 광해군의 중립 외교 정책을 비판하며 친명배금 정책을 추진, 가도 사건, 이괄의 난(1624)으로 난의 주모자 한명련이 처형되자 그 아들이 후금으로 도망하여 인조 즉위의 부당성과 조선 정벌을 요청

② 경과 : 인조는 강화도로 피난, 철산 용골산성의 정봉수와 의주의 이립 등이 기병하여 관군과 합세

③ 결과
　㉠ 강화 : 후금의 군대는 보급로가 끊어지자 강화를 제의
　㉡ 정묘약조 체결 : 형제의 맹약, 군대 철수, 조공의 약속 등

(2) 병자호란(인조 14, 1636) ⭐ 빈출개념

① 원인
　㉠ 청의 건국 : 후금은 세력을 계속 확장하여 국호를 청으로 바꾸고 심양을 수도로 건국
　㉡ 청의 군신 관계 요구에 대해 주화론(외교적 교섭)과 주전론(척화론, 전쟁불사)이 대립

② 경과 : 인조는 남한산성으로 피난, 45일간 항전하다 주화파 최명길 등이 청과 강화(삼전도에서 굴욕적인 강화)

③ 결과 : 조선은 청과 군신 관계를 맺고 명과의 외교를 단절, 두 왕자와 강경 척화론자들이 인질로 잡혀감

(3) 호란의 영향

서북 지방의 황폐화, 굴욕적인 충격으로 인한 적개심, 소중화의식, 문화적인 우월감 등으로 북벌론이 제기됨

17. 북벌 운동의 전개

(1) 북벌론(北伐論)

① 의미 : 오랑캐에게 당한 수치를 씻고, 조선을 도운 명에 대한 의리를 지킴

② 형식적 외교 : 군신 관계를 맺은 후 청에 사대, 은밀하게 국방에 힘을 기울이면서

청에 대한 북벌을 준비

③ 실질적 배경 : 왕권 강화(양병을 통해 왕권 확립)와 서인 정권 유지를 위한 수단 (명분)

④ 전개 : 효종은 청에 반대하는 송시열 · 송준길 · 이완 등을 중용하여 군대를 양성 (어영청 등)하고 성곽을 수리, 숙종 때 윤휴를 중심으로 북벌의 움직임이 제기됨

⑤ 경과 : 효종의 요절 등으로 북벌은 큰 성과를 거두지 못하고 쇠퇴하다 18세기 후반부터 청의 선진 문물을 배우자는 북학론이 대두

(2) 나선 정벌(羅禪征伐)

① 배경 : 러시아의 남하로 청과 러시아 간 국경 충돌이 발생하자 청이 원병을 요청

② 내용 : 제1차 나선 정벌(효종 5, 1654), 제2차 나선 정벌(효종 9, 1658)

02절 근세의 경제 구조와 경제 생활

1. 토지 제도

(1) 과전법(科田法)의 시행

① 과전의 의미 : 관리들에게 준 토지로, 소유권이 아니라 수조권을 지급

② 고려와 마찬가지로 관리의 경제 기반 보장과 국가 재정 유지

③ 목적 : 국가 재정 기반과 건국에 참여한 신진 사대부의 경제 기반을 확보, 농민 생활 향상

(2) 과전법의 특성

① 신진 사대부의 경제적 기반 : 관리가 직접 수조권 행사(사대부 우대 조항)

② 세습 불가의 원칙과 예외 : 1대(代)가 원칙이나, 수신전 · 휼량전 · 공신전 등은 세습(사대부 우대 조항)

③ 1/10세 규정, 농민의 경작권 보장, 현직 · 전직 관리(직 · 산관)에게 수조권 지급

(3) 과전법의 내용

① 대상 : 수조지를 경기 지방의 토지로 한정하여 전지만 지급

② 종류

㉠ 과전 : 관리(직 · 산관의 모든 관료)에게 나누어 준 일반적 토지

㉡ 공신전 : 공신에게 지급, 세습 · 면세

㉢ 별사전 : 준공신에게 지급되는 토지(3대에 한하여 세습, 경기도 외에도 지급)

㉣ 내수사전(궁방전) : 왕실 경비 충당을 위해 지급

㉤ 공해전과 늠전(관둔전)

• 공해전 : 중앙 관청의 경비 충당을 위해 지급

• 늠전 · 관둔전 : 지방 관청의 경비 충당을 위해 지급

SEMI-NOTE

나선 정벌
• 나선은 러시아를 지칭하는 말
• **제1차 나선 정벌** : 남하하는 러시아 세력과 충돌한 청은 총포로 무장한 러시아군에 연패함. 이에 청은 임진왜란 이후 조총을 사용하는 조선에 총수병의 파병을 요청하였고 조선은 이를 받아들임. 이후 청은 자국의 군대만으로 러시아군의 거점을 공격하였다가 패배하고 다시 조선에 파병을 요청하였는데, 조선이 이를 받아들이면서 제2차 나선 정벌로 이어짐

수조권에 따른 공전 · 사전
왕토 사상으로 인해 토지의 소유권은 원칙적으로 국가에 있는데, 과전법상의 토지는 수조권에 따라서는 공전(公田)과 사전(私田)으로 구분할 수 있으며, 이때 수조권이 국가에 있는 것은 공전, 개인 · 기관에 있는 것은 사전임. 공전은 고려 시대의 민전 등 대부분의 일반 농민이 소유하고 있던 것을 국가가 징세의 대상으로 파악한 것으로서, 국가는 농민들에게 경작권을 보장하는 대신 조(租)를 징수함

병작반수제
소작농이 땅 주인에게 수확량의 절반을 바치던 제도

SEMI-NOTE

토지제도와 공존제도

토지 제도	공존 제도
과전법(태조)	
↓	공법(세종)
직전법(세조)	
↓	관수관급제(성종)
녹봉제(명종)	
↓	영정법(인조)

전시과와 과전법

구분	전시과 (고려)	과전법 (조선)
차이점	• 전지와 시지를 지급 • 전국적 규모로 지급 • 관수 관급제 (공유성) • 농민의 경작권이 불안정	• 전지만 지급 • 경기도에 한하여 지급 • 관리가 수조권 행사(자주성) • 농민의 경작권을 법적으로 보장(경자유전의 원칙)
공통점	• 원칙적으로 소유권은 국가에 있으며, 수조권을 지급 • 직 · 산관 모두에게 수조권만을 지급 • 관등에 따라 차등 지급, 세습 불가가 원칙(퇴직이나 사망 시 반납이 원칙) • 세율 : 1/10세	

직전법의 시행과 수탈

직전법은 관리가 퇴직하거나 죽은 후의 경제적 생활을 보장해 주지 않았으므로 관리들은 재직 중 농민들을 수탈함. 이에 성종은 관수관급제로 방식을 바꾸었으며, 16세기 중반에 이르러서는 직전법 자체가 폐지됨

ⓗ **역둔전** : 역의 경비 충당을 위해 지급

ⓢ **수신전** : 관료 사망 후 그의 처에게 세습되는 과전

ⓞ **휼양전** : 관료 사망 후 그의 자녀가 고아일 때 세습되는 과전

ⓩ **군전** : 전직 문 · 무관이나 한량(閑良)에게 지급

ⓒ **사원전** : 사원에 지급된 토지

ⓣ **학전** : 성균관 · 4학 · 향교에 소속된 토지

ⓔ **면세전** : 궁방전(궁실과 궁가에 지급), 궁장토(왕실 소유 토지), 관둔전, 역둔전

③ **폐단** : 수신전 · 휼양전 등이 세습되고 공신 · 관리가 증가함에 따라 새로 관직에 나간 관리에게 줄 토지가 부족해짐

(4) 직전법과 관수관급제

① **직전법(세조 12, 1466)**

　　㉠ **내용** : 현직 관리에게만 수조권을 지급하여 국가의 수조권 지배를 강화

　　㉡ **목적** : 사전(私田)의 증가를 막아 과전의 부족을 해결함으로써 신진 관료의 경제 기반을 마련하고 국가 재정 수입을 증가

　　㉢ **1/10세** : 생산량을 조사하여 1/10을 농민에게 수취

　　㉣ **문제점** : 양반 관료들의 토지 소유 욕구를 자극하여 농민에 대한 수조권 수탈이 증가하고 과다한 수취를 유발

② **관수관급제(성종 1, 1470)** : 직전법하에서 시행

　　㉠ **내용** : 관리의 수조권 행사를 금지, 국가(지방 관청)에서 생산량을 조사하여 수취하고 해당 관리에게 미 · 포로 지급

　　㉡ **목적** : 국가의 토지 지배 강화, 관리의 부정 방지

　　㉢ **결과** : 양반 관료의 토지 소유 욕구를 더욱 자극하여 농장이 더욱 확대, 수조권적 지배가 실질적으로 소멸되어 조와 세의 구분이 없어지고 전세로 통일

③ **녹봉제(명종 11, 1556)**

　　㉠ **배경** : 과전 부족의 타개를 위해 실시한 직전법의 실패

　　㉡ **내용** : 직전법을 폐지(수조권 지급 제도 폐지)하고 국가가 관료에게 녹봉만 지급

　　㉢ **결과** : 수조권에 입각한 토지 지배(전주 전객제)가 소멸하고 소유권과 병작반수제에 의한 지주 전호제가 일반화되는 계기가 됨

2. 수취 체제의 확립

(1) 수취 제도의 구성

토지에 부과되는 조세, 가호 등에 부과되는 공납, 정남에게 부과되는 부역(군역 · 요역) 등

(2) 조세(租稅)

① **납세 의무** : 토지 소유자는 원칙적으로 국가에 조세를 납부

② **조세의 구분** : 조(租), 세(稅)

③ **세액 결정 방법**

㉠ **손실답험법(損失踏驗法)** : 태종 때의 세제(측량법), 1결의 최대 생산량을 300 두로 정하고 수확량의 1/10을 내는데, 매년 토지 손실을 조사해 30두에서 공제하여 납부액을 결정

㉡ **공법(貢法)** : 세종 때 확정(1444), 전분 6등법과 연분 9등법

④ **현물 납세** : 조세는 쌀(백미) · 콩(대두) 등으로 납부

(3) 공납(貢納)

① **부과 및 징수** : <u>중앙 관청에서 군현을 단위로 하여 지역 토산물을 조사하여 군현에 물품과 액수를 할당하면, 각 군현은 토지의 다소에 따라 가호에 다시 할당하여 거둠</u>

② **품목** : 각종 수공업 제품과 토산물(광물 · 수산물 · 모피 · 과실 · 약재 등)

③ **종류** : 공물(상공 · 별공)과 진상

④ **폐단** : 농민에게 부담이 집중, 점퇴의 폐단, 방납의 폐단

⑤ **결과** : 국가 수입이 감소하고 농민 부담과 농민의 토지 이탈 증가(→ 개혁론이 대두됨)

(4) 군역과 요역

① **대상** : 16세 이상의 정남

② **군역(軍役)**

㉠ <u>**보법(保法)** : 군사 복무를 위해 교대로 근무하여야 하는 정군(正軍)과 정군이 복무하는 데에 드는 비용(매년 포 2필)을 보조하는 보인(保人)이 있음</u>

㉡ **면역(免役)** : 양반 · 서리 · 향리 등은 관청에서 일하므로 군역 면제

③ **요역(搖役)**

㉠ **내용** : 가호를 기준으로 정남의 수를 고려하여 뽑아서 공사에 동원

㉡ **종류** : 국가 차원의 동원(궁궐, 성곽 공사 등), 군현 차원의 동원(조세 운반 등)

㉢ **부과 기준** : 성종 때 토지 8결 당 1인, 1년 중 6일 이내로 동원하도록 제한

㉣ **문제점** : 과도한 징발, 운영 과정에서 지방관의 임의적 징발이 많아 농민들의 부담이 큼

㉤ **요역의 변화** : 요역 동원을 기피하여 피역 · 도망이 발생, 요역의 대립 및 물납화 · 전세화

(5) 기타 국가의 재정

① **수입** : 조세 · 공물 · 역 이외에 염전 · 광산 · 산림 · 어장 · 상인 · 수공업자 등이 내는 세금

② **지출** : 군량미나 구휼미로 비축하고 나머지는 왕실 경비 · 공공 행사비 · 관리의 녹봉 · 군량미 · 빈민 구제비 · 의료비 등으로 지출

③ **예산 제도** : 세조 때부터 세출표인 횡간을 먼저 작성하고 세입표인 공안을 작성

④ **양안(量案)** : 양전 사업에 의해 작성된 토지 대장을 말하는데, 양전 사업은 20년마다 한 번씩 실시

SEMI-NOTE

연분 9등급

上年	中年	下年
上 → 20두	上 → 14두	上 → 8두
中 → 18두	中 → 12두	中 → 6두
下 → 16두	下 → 10두	下 → 4두

상공, 별공, 진상

• **상공** : 매년 국가에서 미리 상정한 특산물 바침, 호 단위 부과

• **별공** : 상정 용도 이외에 국가에서 필요에 따라 현물 부과

• **진상** : 공물 이외의 현물을 공납, 주로 각 도의 관찰사나 수령이 국왕에 상납하는 것을 말하며 진상물로는 식료품이 대부분

대납
공물의 생산량이 점차 감소하거나 생산지의 변화로 그 특산물이 없을 때 미포로 상인이나 관리에게 대신 납부하는 것으로, 보통 방납이라고 함

횡간과 공안

• **횡간** : 조선 시대의 세출 예산표. 조선 시대 국가 재정의 대부분은 토지를 바탕으로 한 전세와 공물로 충당됨. 국가에서는 관청 · 관리 등에게 직접 토지의 수조권을 지급함으로써 비용을 충당하도록 하는 동시에, 일부는 현물 지급을 통해 보충함. 횡간은 1년간 국가에서 지급하는 현물을 기재한 것임

• **공안** : 조선 시대의 세입 예산표. 조선 시대에는 다음해 소요될 공물을 매년 말에 조사한 후 각 지방에 명하여 징수하게 하였는데, 이때 공물의 품목 · 수량을 기재한 것을 공안이라고 함

(6) 조운 제도

① 의의 : 조세와 공물을 각지의 조창을 거쳐 서울의 경창까지 운반하는 과정

② 관리 : 수령이 운반의 책임을 지며, 호조에서 이를 관리

③ 운반

    ㉠ 지방 군현의 조세와 공물은 육운·수운을 이용해 주요 강가나 바닷가에 설치된 조창으로 운반

    ㉡ 전라도·충청도·황해도는 바닷길로, 강원도는 한강, 경상도는 낙동강과 남한강 또는 바닷길을 통하여 운송

④ 잉류(仍留) 지역 : 평안도와 함경도, 제주도의 조세와 공물은 경창으로 이동하지 않고 군사비와 사신 접대비 등으로 현지에서 사용

3. 수취 제도의 문란과 농민 생활의 악화

(1) 공납의 폐단

① 방납의 폐단 발생

    ㉠ 관청의 서리들이 공물을 대신 내고 그 대가를 챙기는 방납이 증가해 농민 부담 가중

    ㉡ 농민이 도망 시 지역의 이웃이나 친척에게 대신 납부하게 함

② 개선의 시도 : 이이와 유성룡 등은 공물을 쌀로 걷는 수미법(收米法)을 주장

(2) 군역의 폐단

① 군역과 요역의 기피 현상과 도망이 증가

② 방군수포제와 대립제

    ㉠ 방군수포제(放軍收布制) : 군역에 복무해야 할 사람에게 포(布)를 받고 군역을 면제

    ㉡ 대립제(代立制) : 다른 사람을 사서 군역을 대신하게 하는 대립이 불법적으로 행해짐

③ 군적의 부실 : 군포 부담의 과중과 군역 기피 현상

(3) 환곡의 폐단

① 환곡제 : 곤궁한 농민에게 곡물을 빌려주고 1/10 정도의 이자를 거두는 것

② 지방 수령과 향리들이 정해진 이자보다 많이 거두어 유용하는 폐단이 나타남

수미법

상품 화폐 경제가 발달하지 못했던 조선 전기의 한계에 따라 공물은 현물로 납부될 수밖에 없었음. 당시 화폐를 대신하여 사용되던 것으로는 쌀과 포가 있었는데, 공물을 현물 대신 쌀로 납부하게 되면 폐단을 줄이고 수송과 저장에 있어서도 수월해질 것이므로, 이이와 조광조 등은 공납의 개선책으로 수미법을 주장

실록을 통해 알아보는 16세기 농민들의 처지

• 백성으로 농지를 가진 자가 없고 농지를 가진 자는 오직 부유한 상인들과 사족(士族)들의 집뿐입니다.

    – 〈중종실록〉 –

• 근래 도적이 벌떼처럼 일어나 공공연하게 노략질을 하며 양민을 죽이고 방자한 행동을 거리낌 없이 하여도 주현에서 막지 못하고 병사(兵使)도 잡지 못하니 그 형세가 점점 커져서 여러 곳으로 퍼지고 있습니다. 심지어 서울에서도 떼로 일어나 빈집에 진을 치고 밤이면 모였다가 새벽이면 흩어지고 칼로 사람을 다치게 합니다.

    – 〈명종실록〉 –

• 지방에서 토산물을 공물로 바칠 때 (중앙 관청의 서리들이) 공납을 일체 막고 본래 값의 백 배가 되지 않으면 받지도 않습니다. 백성들이 견디지 못하여 세금을 못 내고 도망하는 자가 줄을 이었습니다.

    – 〈선조실록〉 –

한눈에 쏙~

군역 제도의 흐름

보법 (保法, 세조) ▶ 대립제 (15세기 중엽) ▶ 방군수포제 (16세기 초) ▶ 군적수포제 (16세기 중엽)

군역의 폐단이 만연 ▶ 균역법(영조 26, 1750) ▶ 군정(軍政)의 문란 ▶ 호포제 (대원군)

4. 경제 생활

(1) 양반의 경제 생활

① 경제적 기반 : 과전과 녹봉, 토지, 노비 등이 일반적 경제 기반

② 토지의 소유와 경작 : 토지 규모가 큰 경우 병작반수 형태로 농민들이 소작(병작반수의 전호 경영), 농장은 15세기 후반에 이르러 더욱 증가

③ 재산으로서의 노비(奴婢) 소유

    ㉠ 노비를 구매하기도 하나, 출산이나 혼인을 시켜 수를 늘림

    ㉡ 솔거 노비의 경우 주로 가사일이나 농경 등을 시킴

    ㉢ 외거 노비(다수의 노비)의 경우 신공(身貢)으로 포와 돈을 수취

(2) 농민 경제 생활의 변화

① 정부의 지원 및 장려 : 개간을 장려하고 저수지 등 수리 시설을 보수 · 확충, 〈농사직설〉 · 〈사시찬요〉 · 〈금양잡록〉 등 농서를 간행 보급

② 양반들도 간이 수리시설을 만들고 중국의 농업기술을 도입

③ 농민들도 농업 생산력을 향상시키려고 노력한 결과 농민 생활은 이전보다 개선

5. 농업

(1) 농업 기술의 발달

① 밭농사 : 조 · 보리 · 콩의 2년 3작이 널리 시행, 농종법(이랑에 파종)에서 견종법(고랑에 파종)으로 발전

② 논농사 : 남부 지방에 이앙법이 보급됨, 남부의 일부 지방에서 벼와 보리의 이모작이 가능해지면서 생산량 증가, 건사리[乾耕法]가 이용, 물사리[水耕法]도 행해짐

③ 시비법 : 밑거름과 뒷거름을 주는 각종 시비법이 발달하여 경작지를 묵히지 않고 매년 경작(연작)이 가능

④ 가을갈이의 농사법이 점차 보급됨

⑤ 농기구 개량 : 쟁기 · 낫 · 호미 등의 농기구가 더욱 개량되어 농업 생산량 증대에 기여

⑥ 의생활의 변화 및 개선

    ㉠ 고려 말 시작된 목화 재배가 확대되어 무명옷이 보편화

    ㉡ 삼 · 모시풀의 재배 성행, 누에치기가 확산되면서 양잠(養蠶)에 관한 농서가 편찬됨

(2) 농민의 몰락과 정부의 대책

① 농민의 몰락

    ㉠ 소작농의 증가 : 지주제의 확대로 인한 농민의 소작농화

    ㉡ 유망 농민의 증가 : 화전민이나 도적으로 전락

② 정부의 대책 : 〈구황촬요〉의 편찬, 호패법 · 오가 작통법 등을 강화, 향약 시행

노비의 신공

남자 노비(奴)는 면포 1필과 저화 20장, 여자 노비(婢)는 면포 1필과 저화 10장을 각각 신공으로 바침

이앙법 보급의 영향 ★ 빈출개념

- 생산성 증가 및 경작의 보급을 촉진
- 농민의 계층 분화 초래
- 농민의 토지 이탈 초래
- 특수 작물의 재배(구황 작물, 상업 작물)
- 경영형 부농의 발생 계기

오가 작통법

성종 16년(1485) 마련된 제도로, 다섯 집을 1통으로 묶은 호적의 보조 조직. 주로 호구를 밝히거나 범죄자 색출, 세금 징수, 부역 동원 등에 이용되었으며, 후기에는 유민을 막고 도적의 은닉을 방지하기 위해 활용됨. 헌종 때에는 통의 연대책임을 강화하여 천주교도를 색출하기도 함

관영 수공업의 쇠퇴

조선 초기 활발하게 이루어졌던 관영 수공업은 관기업의 특성이라고 할 수 있는 생리적 폐쇄성과 창의성의 결여로 생산품의 질적 저하를 초래함. 또한 낮은 대우를 받은 장인들이 갈수록 공장안에 등록되기를 기피하였으므로 등록된 장인의 수가 줄어들었으며, 조선의 재정 사정이 악화됨에 따라 관영 수공업을 유지하기 어려워 관영 수공업은 쇠퇴하게 됨

금난전권

시전 상인이 왕실이나 관청에 물품을 공급하는 대신 부여받은 독점 판매권. 금난전권의 '난전'은 전안(시전의 상행위자에 대해 등록한 대장으로 숙종 32년 실시)에 등록되지 않은 자의 상행위 또는 판매 허가를 받지 않은 상품을 성안에서 판매하는 행위를 말하는데, 난전으로 상권이 침해된 시전 상인들은 이의 금지를 정부에 요청함. 이에 정부가 시전 상인들에게 한양 도성 안과 도성 밑 10리 안에서의 금난전권을 부여함으로써 시전 상인들은 상권을 독점할 수 있게 됨. 육의전을 제외한 금난전권은 정조 15년(1791)에 신해통공으로 폐지

화폐

정부는 조선 초기에 저화(태종), 조선통보(세종), 팔방통보(세조) 등을 만들어 유통시키려 하였으나 상업의 부진에 따라 화폐의 유통도 부진. 농민들은 교역의 매개로 주로 쌀과 베를 이용

주변국과의 무역, 사무역

- **명** : 공무역과 사무역을 허용
- **여진** : 국경 지역에 설치한 무역소를 통하여 교역
- **일본** : 동래에 설치한 왜관을 중심으로 무역
- **사무역** : 국경 부근의 사무역은 엄격하게 감시, 주로 무명과 식량이 거래됨

6. 수공업 생산 활동

(1) 관영 수공업

① **정비** : 고려보다 관영 수공업 체제를 잘 정비, 수공업의 중심
② **관장제(官匠制)** : 장인(기술자)을 공장안에 등록시켜 관청에서 필요한 물품을 제작·공급, 사장(私匠)은 억제함
③ **생산 품목** : 화약, 무기, 의류, 활자 인쇄, 그릇, 문방구 등을 제조·납품

(2) 민영 수공업과 가내 수공업

① **민영 수공업** : 국역이 끝난 장인이나 공장안에 등록되지 않은 장인이 도시에서 장인세를 납부하며 생산·판매, 주로 농민의 농기구를 만들며 양반의 사치품도 생산
② **가내 수공업** : 농가에서 자급자족의 형태로 무명·명주·모시·베 등을 생산

7. 상업 활동

(1) 정부의 상업 통제

① **상공업 통제** : 유교적 농본억상 정책, 유교적 경제관으로 검약 강조, 소비 억제, 상인 천대
② **시전 중심의 상업**
  ㉠ 시전은 도성에 설치된 대표적 상설 기구
  ㉡ 경시서(평시서)를 두어 시전을 감독하고 불법적 상행위를 통제
③ **시전 상인**
  ㉠ 관허 상인으로, 종로 거리에 상점가를 만들어 점포세와 상세를 거둠
  ㉡ 금난전권 : 왕실이나 관청에 물품을 공급하는 대신에 특정 상품에 대한 독점 판매권을 부여받음
④ **육의전** : 명주, 종이, 어물, 모시와 베, 무명, 비단을 파는 점포

(2) 장시

① **장시의 발달** : 15세기 후반부터 등장, 16세기 중엽에 이르러 전국적으로 확대
② **정부의 억제** : 농업 위축을 염려해 장시의 발전을 억제하였으나 일부 장시는 정기 시장으로 정착
③ **활동** : 보부상들이 일용 잡화나 농·수산물, 수공업 제품, 약재 등을 장시를 통해 판매·유통(보부상은 생산자와 소비자를 이어 주는 관허 행상의 역할을 수행)

실력UP 장시의 등장과 발달

- 농촌 시장인 장시가 처음 등장한 것은 15세기 말
- 15세기 말, 왜구의 침입으로 황폐해진 해안 지역의 농토 개간이 완료되고 농업 생산력이 현저히 발달하였음
- 넓은 나주 평야를 끼고 있으며 서해안에 인접한 나주와 무안 지역은 다양한 물품이 생산

되었으며, 생산자들이 이를 자유롭게 처분할 수 있는 여건도 마련됨
• 장시는 점차 삼남 전 지역과 경기도 등지로 확산, 출현할 당시 15일이나 10일 간격이던 개시일도 점차 5일 간격으로 조정, 장시 확산 추세는 18세기에 더욱 두드러져 18세기 중반 전국의 장시는 천 여 곳에 달하게 됨

03절 근세의 사회 구조와 사회 생활

1. 신분 제도

(1) 신분 제도의 변동

① 변동 방향 : 크게 양인 확대와 지배층의 분화(양반층과 중인층)로 변동
  ㉠ 양인 확대 정책 : 향 · 소 · 부곡 등 천민 집단의 소멸, 양인화, 노비 변정 사업 등
  ㉡ 지배층의 분화 : 향리의 양반 상승 제한, 서리와 기술관 제도의 도입, 지배 신분층은 양반과 중인으로 양분
② 신분 이동 : 조선 시대는 엄격한 신분제 사회였으나 신분 이동이 가능
  ㉠ 법적으로 양인이면 과거에 응시하여 관직에 진출 가능
  ㉡ 양반도 죄를 지으면 노비가 되거나, 경제적으로 몰락하여 중인이나 상민이 되기도 함
  ㉢ 여전히 지배층과 피지배층이 존재하는 신분 사회

(2) 양천(良賤) 제도

① 이분제의 법제화 : 사회 신분을 법제적으로 양인과 천민으로 양분
  ㉠ 양인(良人) : 과거 응시가 가능한 자유민으로 조세 · 국역 등의 의무를 짐
  ㉡ 천민(賤民) : 비자유민으로서 개인이나 국가에 소속되어 천역을 담당, 노비 등
② 결과 : 갑오개혁(1894) 이전까지 조선 사회를 지탱한 기본적 · 법제적 신분 규범

(3) 반상(班常) 제도

① 양반과 중인 신분이 정착되면서 지배층인 양반과 피지배층인 상민을 구별하는 반상 제도가 일반화됨(실질적 신분 구분)
② 양인이 분화되면서 점차 양반 · 중인 · 상민 · 천민의 신분 제도(4분제)가 정착
③ 16세기 이후 사회 전면에 부각됨

(4) 양반 제도의 특성

① 세습적 성격 : 음서제, 대가제
② 가문 중시 : 의정부 · 승정원 · 이조 · 삼사 · 예문관 등의 청요직(청직과 요직)의 등용에는 가문을 문제 삼음
③ 배타성 : 결혼에 있어 다른 신분과 구별, 서얼출신과 재가녀 자손 등의 관직진출

04장
근세의 성립과 발전

고려 시대와 조선 시대의 신분제 변화

귀족	양반
중류층	중인
양민	상민
천민	천민
고려시대	조선시대

음서제와 대가제
• 음서제 : 공신이나 2품 이상의 고위관직의 자제가 대상
• 대가제 : 정3품 이상의 자에게 별가된 품계를 대신 아들 · 동생 · 조카 · 사위에게 줄 수 있게 하는 제도

117

에 제약이 따름, 교육과 과거제도 등 여러 조치를 마련, 한품서용, 체아직 등

2. 양반(兩班)

(1) 의의

① **개념의 확대** : 양반 관료 체제가 정비되면서 문 · 무반직을 가진 사람뿐만 아니라 그 가족이나 가문까지도 양반으로 지칭

② **특권적 생활** : 각종 법률과 제도로써 양반의 신분적 특권을 제도화

(2) 양반 증가 억제책

① **한품서용제(限品敍用制)** : 향리, 서리, 기술관, 군교, 역리 등 중인의 관직 진출 시 품계를 제한

② **서얼차대법(庶孽差待法)** : 첩에서 난 소생들을 서얼이라고 하여 차별하고 관직 진출 · 과거 응시를 제한(서얼금고법)

3. 중인(中人)

(1) 의의

① **의미**

　ⓐ **넓은 의미** : 양반과 상민의 중간 신분 계층을 총칭하는 개념

　ⓑ **좁은 의미** : 기술관을 지칭

② **성립** : 15세기부터 형성되어 16세기에 세습화되었고, 17세기 중엽 이후에 독립된 신분층으로 성립

③ **사회적 예우** : 전문 기술이나 행정 실무를 담당, 나름대로 지배층으로 행세

(2) 종류

① **서리 · 향리 · 기술관** : 직역을 세습, 같은 신분 안에서 혼인, 관청 근처에서 거주

② **서얼** : 중인과 같은 신분적 처우를 받았으므로 중서라고도 불림, 문과 응시 불가

③ **역관** : 사신을 수행하면서 무역에 관여

④ **향리** : 토착 세력으로서 수령을 보좌

4. 상민(常民)

(1) 의의 및 성격

① 평민 · 양인으로도 불리며, 농민 · 수공업자 · 상인 등으로 구성

② 농본억상 정책으로 공 · 상인은 농민보다 아래에 위치

③ 법적으로는 과거 응시가 가능하나, 실제 상민이 과거에 응시하는 것은 매우 어려웠음

④ 전쟁이나 비상시에 군공을 세우는 경우 외에는 신분 상승 기회가 적음

(2) 종류

① 농민 : 조세 · 공납 · 부역 등의 의무를 부담

② 수공업자 : 공장(工匠)으로 불리며 관영이나 민영 수공업에 종사, 공장세를 납부

③ 상인 : 시전 상인과 보부상 등, 상인세를 납부

④ 신량역천 : 법제적으로 양인이나 사회적으로 천민 취급을 받는 계층

5. 천민(賤民)

(1) 구성 및 사회적 대우

① 구성 : 노비가 대부분이며, 백정 · 무당 · 창기 · 광대 등도 천민으로 천대됨

② 사회적 대우

 ㉠ 권리 박탈 : 비자유민으로, 교육받거나 벼슬길에 나갈 수 없음

 ㉡ 재산으로 취급 : 매매 · 상속 · 증여의 대상이 됨

 ㉢ 일천즉천 원칙 : 부모 한쪽이 노비일 경우 자녀도 노비가 되는 것이 일반화

 ㉣ 천자수모법 적용 : 부모의 소유주가 다를 때 자녀는 어머니 측 소유주의 재산

 ㉤ 양천교혼(良賤交婚) : 원칙적으로 금지

(2) 공·사노비

① 공노비 : 입역 노비와 납공 노비(외거 노비)로 구분

② 사노비 : 입역 노비(솔거 노비)와 납공 노비(외거 노비)로 구분

6. 사회 정책과 시설

(1) 사회 정책의 배경 및 목표

① 배경 : 성리학적 명분론에 입각한 농본 정책의 추진

② 목표 : 양반 지배 체제의 강화를 위한 사회 · 신분 질서 유지, 농민 생활의 안정을 통한 국가의 안정과 재정 기반의 마련

(2) 사회 정책 및 제도

① 소극적 정책 : 농민의 토지 이탈 방지 정책(양반 지주들의 토지 겸병을 억제, 농민에 대한 조세 감면)

② 적극적 구휼 · 구호 정책

 ㉠ 의창, 상평창 : 국가에서 설치 · 운영

 ㉡ 환곡제 : 국가(관청)에서 춘궁기에 양식과 종자 · 곡물을 빌려준 뒤에 추수기에 회수

 ㉢ 사창제(세종)

  • 향촌사회에서 자치적으로 실시 · 운영한 것으로, 사창을 설치하고 일정 이자를 붙여 농민에게 대여

  • 양반 지주들이 농민 생활을 안정시켜 양반 중심의 향촌 질서를 유지하기 위

칠반천역

고된 일에 종사하는 일곱 부류를 지칭하는 말로, 수군, 봉수군, 역졸, 조졸, 조례(관청의 잡역 담당), 나장(형사 업무 담당), 일수(지방 고을의 잡역 담당)가 이에 해당

양천 결혼 시의 법제 변천

노비종부법(태종) → 일천즉천(세조) → 〈경국대전〉에서 일천즉천(일반법)과 노비종부법(특별법)을 규정 → 노비종모법(영조) → 노비 세습법계 폐지(고종)

신공(身貢)

조선 시대에 노비가 몸으로 치르는 노역 대신에 납부하는 공물을 말함

고려와 조선의 사회 및 의료 시설

• 고려
 – 사회 시설 : 의창, 상평창, 제위보
 – 의료 시설 : 동 · 서 대비원, 혜민국, 구제도감, 구급도감

• 조선
 – 사회 시설 : 환곡제(국가 주도), 사창제(민간 주도)
 – 의료 시설 : 동 · 서 대비원, 혜민국, 제생원, 동 · 서 활인원

한 것
③ 의료 시설
    ㉠ 혜민국, 동 · 서 대비원 : 약재 판매 및 서민 환자의 의료 구제를 담당
    ㉡ 제생원 : 행려의 구호 및 진료를 담당
    ㉢ 동 · 서 활인서 : 유랑자 · 빈민의 수용과 구료, 사망한 행려의 매장을 담당
    ㉣ 의녀 제도 : 질병의 치료와 간병, 산파 등의 역할을 수행

7. 법률 제도

(1) 법률 체제

① 형법
    ㉠ 대명률(大明律) : 〈경국대전〉의 형전 조항이 우선 적용되었으나, 그 내용이 소
        략하여 형벌 사항은 일반적으로 대명률을 적용
    ㉡ 연좌제 : 가장 무거운 범죄인 반역죄와 강상죄에는 연좌제가 적용
② 형벌 : 태 · 장 · 도 · 유 · 사형 5종이 기본으로 시행
    ㉠ 태(笞) : 주로 경범죄에 해당하는 처벌로 작은 곤장으로 때리며, 10대부터 50
        대까지 10대씩 5단계가 있음
    ㉡ 장(杖) : 대곤 · 중곤 · 소곤 등의 곤장으로 60대부터 100대까지 10대씩 5단계
        로 나눠 가하는 형벌
    ㉢ 도(徒) : 징역형의 일종, 1~3년 정도의 강제 노역에 처하며 보통 태장형을 수반
    ㉣ 유(流) : 귀양(→ 섬에 유배시키는 정도안치, 울타리를 쳐 거주지를 제한하는
        위리안치, 가시덤불을 쌓는 가극안치, 고향에서만 살게 하는 본향안치 등)
    ㉤ 사(死) : 사형(→ 효시, 교시, 참시 등)
③ 민법 : 관습법 중심, 물권(物權) 개념의 발달, 재산 분쟁, 제사와 노비 상속을 중시

(2) 사법 기관 및 재판

① 중앙
    ㉠ 사헌부 : 백관의 규찰, 양반의 일반 재판
    ㉡ 형조 : 사법 행정에 대한 감독 및 일반 사건에 대한 재심을 담당
    ㉢ 의금부 : 국가대죄(국사범, 반역죄, 강상죄 등)를 다스리는 국왕 직속 기관
    ㉣ 포도청 : 상민의 범죄를 담당하는 경찰 기관
    ㉤ 한성부 : 수도의 치안 및 토지 · 가옥 소송을 담당
    ㉥ 장례원 : 노비 문서 및 노비 범죄를 관장
② 지방 : 관찰사와 수령이 각각 관할 구역 내의 사법권을 행사

8. 향촌 사회의 모습

(1) 향촌의 구성

① 향촌 : 중앙과 대칭되는 개념으로, 지방 행정 구역을 의미함
    ㉠ 향(鄕) : 행정 구역상 군현의 단위를 지칭

〈경제육전〉이나 정도전의 〈조선경 국전〉
등 이전까지의 법전이 미비하거나 현실
과 모순된다는 판단을 내린 세조는 즉위
하자마자 〈경국대전〉의 편찬을 시작함.
그리하여 세조 6년(1460)에 호구, 토지
제도, 조세, 기타 재정 경제 등을 다룬
〈호전〉이 먼저 완성됨. 성종 5년(1474)에
완성, 반포됨

경국대전

사헌부와 의금부
사헌부와 의금부는 주로 정치적 사건을
관장

ⓛ 촌(村) : 촌락이나 마을 단위를 지칭

② 군현제의 정비

　ㄱ 전국을 8도로 나누고 그 아래 부 · 목 · 군 · 현을 두어 중앙에서 지방관 파견

　ㄴ 군 · 현 밑에는 면 · 리 등을 설치하였으나 관리가 파견되지는 않음

(2) 향촌 자치의 모습

① 유향소(留鄉所) : 지방 자치를 위하여 설치, 수령을 보좌하고 향리를 감찰하며 풍속을 바로잡기 위한 기구

② 경재소(京在所) : 현직 관료로 하여금 연고지의 유향소를 통제하게 하는 제도로서, 중앙과 지방 간의 연락 업무 담당

③ 향청 · 향안 · 향규

　ㄱ 향안(鄉案) : 향촌 사회의 지배층인 지방 사족이나 향회 구성원의 명단을 적은 장부

　ㄴ 향회(鄉會) : 향안에 오른 지방 사족의 총회, 결속을 다지고 지방민을 통제

　ㄷ 향규(鄉規) : 향안에 오른 사족(향원)들 간의 약속이자 향회의 운영 규칙, 유향소 · 향계(鄉契)의 업무 및 직임자의 선임에 관한 규약

④ 향약

　ㄱ 형성 : 사림의 성장에 따라 16세기 이후 전통적 향촌 규약과 조직체가 향약으로 대체, 지방 사족은 향촌 사회 운영 질서를 강구하고 면리제와 병행된 향약 조직을 형성

　ㄴ 확산 : 중종 때 조광조에 의하여 처음 보급, 16세기 이후에 전국적으로 확산

　ㄷ 기능 : 향촌 사회의 자치 규약

9. 촌락의 구성과 운영

(1) 촌락의 구성

① 자연촌 : 농민 생활과 향촌 구성의 기본 단위, 동 · 리로 편제된 조직

　ㄱ 면리제 : 조선 초기에 자연촌 단위의 몇 개의 리를 면으로 묶음

　ㄴ 오가작통제 : 서로 이웃하고 있는 다섯 집을 하나의 통으로 묶고 통수를 두어 관장

② 양반 거주의 반촌(班村)과 평민 · 천민 거주의 민촌(民村)이 나타나기도 함

(2) 촌락의 운영

① 동계(洞契) · 동약(洞約)

　ㄱ 의미

　　• 동계 : 마을의 일을 처리하기 위한 계

　　• 동약 : 마을 단위의 자치 조직

　ㄴ 조직 목적 : 촌락민들에 대한 지배력 강화

　ㄷ 전환 : 양반 사족들만 참여하다가 임진왜란 이후 평민층도 참여

② 두레, 향도 : 촌락의 농민 조직

향약 · 향안 · 향규의 기능
지방 사족의 지배를 계속하기 위한 장치로 작용

향촌 지배 기반의 변모
조선 시대 양반들의 향촌 지배는 전기에는 유향소나 향약 등에 기반을 두고 있었지만, 후기에는 혈족적인 족계(族契)나 상하 합계 형태의 동계(洞契)를 발달시킴

조선 시대 농민 통제 정책
• 면리제 실시
• 호패법 실시
• 오가작통제 실시
• 농민의 자유로운 거주 이전 금지
• 3년마다 군현 단위로 호적 조사

공동체 조직의 참여자
동계나 동약과는 달리 두레, 향도, 향도계, 동린계는 모두 일반 백성들의 자생적 생활 문화 조직이며, 양반은 적극적으로 참여하지 않음

04장

근세의 성립과 발전

③ 향도계 · 동린계 : 농촌의 자생적 생활 문화 조직

10. 예학과 보학

(1) 예학(禮學)

① 성립 배경 : 성리학은 신분 질서 유지를 위해 상하 관계를 중시하는 명분론을 강조하는데, 이러한 성리학적 도덕 윤리를 강조하면서 신분 질서의 안정을 추구하고자 성립

② 발전 : 사림을 중심으로 발전, 삼강오륜을 기본 덕목으로 강조, 〈소학〉과 〈주자가례〉를 보급, 가묘(家廟)와 사당을 건립, 의례를 중요시함

③ 영향
　㉠ 공헌 : 상장 제례의 의식을 바로 잡고 유교주의적 가족 제도의 확립에 기여
　㉡ 폐단 : 형식화, 사림 간 정쟁의 구실이나 사대부의 신분적 우월성 강조에 이용

④ 예학자 : 김장생 〈가례집람〉, 정구 〈오선생예설분류〉

(2) 보학(譜學)

① 필요성 : 가족과 친족 공동체의 유대를 통한 문벌 형성, 신분적 우위 확보

② 기능
　㉠ 종족의 종적인 내력과 횡적인 종족 관계를 확인시켜 주는 기능
　㉡ 안으로는 종족 내부의 결속을 다지고 밖으로 신분적 우월의식을 가짐
　㉢ 결혼 상대자를 구하거나 붕당을 구별하는 데 있어서 중요한 자료로 활용
　㉣ 조선 후기에 더욱 활발해져 양반 문벌 제도를 강화(→ 17세기 무렵 족보 발행이 보편화됨)

11. 서원과 향약

(1) 서원

① 기원 : 중종 38년(1543)에 풍기 군수 주세붕이 안향의 봉사를 위해 설립한 백운동 서원

② 운영의 독자성 : 독자적인 규정을 통한 교육 및 연구

③ 사액 서원의 특권 : 면세 · 면역, 국가로부터 서적 · 토지 · 노비 등을 받음

④ 보급 : 교육 기관이므로 견제를 적게 받으며, 문중을 과시하는 효과도 있어 번창

⑤ 기능 : 선현의 추모, 학문의 심화 · 발전 및 양반 자제 교육, 향촌 사림을 결집, 양반의 지위 보장, 각종 국역 면제, 지방 문화 발전

⑥ 영향
　㉠ 공헌 : 학문 발달과 지방 문화 발전에 기여
　㉡ 폐단 : 사림들의 농민 수탈 기구로 전락, 붕당 결속의 온상지(→ 정쟁을 격화)

(2) 향약

① 의의

ㄱ 조선 시대의 향촌 규약, 또는 그 규약에 근거한 조직체

ㄴ 어려운 일을 당하였을 때 단결하여 서로 돕는 전통을 계승하면서 삼강오륜을 중심으로 한 유교 윤리를 가미

ㄷ 서원과 함께 사림의 세력 기반이 됨

② 보급 : 사림 세력이 정계에 자리 잡은 16세기 후반부터 널리 보급

③ 구성 : 도약정(회장), 부약정(부회장), 약정(간부), 직월(간사)

④ 운영 : 향약의 윤리 규범은 사족과 농민 간에 차별적으로 적용되었으며, 규약 위배 시 일정 제재를 받음(동리에서 추방되기도 함)

⑤ 기능 : 조선 사회의 풍속 교화 기능, 향촌 자치적 기능 수행, 농민 통제 강화, 재지사족의 결속

⑥ 폐단 : 토호와 향반 등 지방 유력자들이 주민들을 위협 · 수탈할 수 있는 배경을 제공

04절　민족 문화의 발달

1. 민족 문화의 성립

(1) 성립 배경

① 15세기 문화를 주도한 관학파 관료와 학자들은 성리학 이외의 학문 · 사상이라도 중앙 집권 체제 강화나 민생 안정 · 부국 강병에 도움이 되는 것은 모두 수용

② 세종 때부터 성종 때까지 유교 이념에 토대를 두고 과학 기술과 실용적 학문을 발달시켜 민족 문화 발전의 토대 구축

(2) 민족 문화의 발전의 토대

① 집권층의 노력은 민족적 · 자주적 성격의 민족 문화의 발전을 이끎

② 세종은 한글을 창제하여 민족 문화의 기반을 넓힘

2. 교육 제도

(1) 교육 제도의 발달

① 배경 : 유교를 정치 이념으로 채택, 유학을 생활 규범화

② 성격 : 과거 제도와 유기적으로 연계, 관리 양성을 위한 과거 시험 준비 과정, 사농일치의 교육이 원칙

③ 관학과 사학

ㄱ 관학 : 국비로 운영, 조선 초기에는 관학이 우세

ㄴ 사학 : 16세기 이후 사학이 교육을 주도

(2) 교육 기관

해주 향약 입약 범례문

무릇 뒤에 향약에 가입하기를 원하는 자에게는 반드시 먼저 규약문을 보여 몇 달 동안 실행할 수 있는가를 스스로 헤아려 본 뒤에 가입하기를 청하게 한다. 가입을 청하는 자는 반드시 단자에 참가하기를 원하는 뜻을 자세히 적어서 모임이 있을 때에 진술하고, 사람을 시켜 약정(約正)에게 바치면 약정은 여러 사람에게 물어서 좋다고 한 다음에야 글로 답하고 다음 모임에 참여하게 한다.

－〈율곡전서〉－

성균관의 구성

• 명륜당(明倫堂) : 유학의 강의실
• 양재(兩齋) : 유생들의 기숙사
• 비천당(丕闡堂) : 알성시를 치르는 곳
• 존경각(尊經閣) : 국립 도서관
• 문묘(文廟) : 선현의 위패(位牌)를 모신 사당

기술 교육 기관

• 호조 : 산학
• 형조 : 율학
• 전의감 : 의학
• 관상감 : 천문 · 지리
• 장악원 : 악학
• 사역원 : 외국어
• 도화서 : 회화
• 소격서 : 도학

조선 시대 일반적 교육 단계(문과)

서당 → 중앙 : 4부 학당, 지방 : 향교 → 소 과(생진과) 응시 → 성균관 대학 또는 대과 응시

① 국립 교육 기관
- ㉠ **고등 교육 기관** : 국립 대학인 성균관을 두고, 입학 자격으로 생원 · 진사를 원칙으로 함
- ㉡ **중등 교육 기관** : 중앙의 4부 학당(4학)과 지방의 향교(鄕校)

② 사립 교육 기관
- ㉠ **서원** : 백운동 서원(중종 38, 1543)이 시초
- ㉡ **서당**
  - 초등 교육을 담당한 사립 교육 기관
  - 주로 4학이나 향교에 입학하지 못한 선비와 평민의 자제가 입학, 〈천자문〉과 초보적인 유교 경전을 교육
- ㉢ **한계** : 계통적으로 연결되지 않고 각각 독립된 교육 기관

3. 한글 창제

(1) 배경

① 일찍부터 한자를 쓰고 이두나 향찰을 사용하였으나, 이로는 의사 소통이 불편
② 피지배층을 도덕적으로 교화시켜 양반 중심 사회를 유지하기 위해 문자의 대중화가 필요

(2) 한글의 창제와 보급

① **한글의 창제** : 세종은 집현전 학자들과 한글을 창제(1443)한 후 〈훈민정음〉을 반포(1446)
② **한글의 보급** : 〈용비어천가〉와 〈월인천강지곡〉 등을 지어 한글로 간행, 불경 · 농서 · 윤리서 · 병서 등을 한글로 번역하거나 편찬, 서리들의 채용에 훈민정음을 시험 과목으로 포함
③ **사용의 부진** : 언문이라 하여 천시됨

4. 역사서의 편찬

(1) 건국 초기

① **역사서 편찬**
- ㉠ **목적** : 왕조의 정통성에 대한 명분을 밝히고 성리학적 통치 규범을 정착
- ㉡ **사관** : 성리학적 사관
- ㉢ **대표적 사서** : 태조 때 정도전의 〈고려국사〉, 태종 때 권근 · 하륜의 〈동국사략〉

② **실록의 편찬(〈조선왕조실록〉)**
- ㉠ **의의** : 한 국왕이 죽으면 다음 국왕 때 춘추관을 중심으로 실록청을 설치하고 사관들이 기록한 사초, 각 관청의 문서들을 모아 만든 시정기 등을 중심으로 편년체로 편찬, 〈태조실록〉부터 〈철종실록〉까지 계속됨
- ㉡ **편찬의 자료** : 실록 편찬을 위한 자료인 사초는 국왕도 보지 못하게 하여 기록의 신뢰도를 높였으며, 이외에도 〈의정부 등록〉 · 〈승정원 일기〉 · 〈비변사

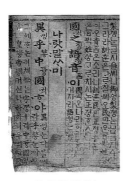

훈민정음 언해본

한글 서적
- 한글 서적 : 용비어천가(최초), 월인천강지곡, 동국정운, 석보상절, 월인석보, 불경언해, 훈몽자회
- 한글 번역본 : 삼강행실도, 두시언해, 칠서언해, 소학언해 등

등록〉·〈시정기〉·〈일성록〉 등을 이용

ⓒ 형식 : 연표 중심의 편년체로 기록

(2) 15세기 중엽

① 특징

ⓐ 성리학적 대의 명분보다는 민족적 자각을 일깨우고자 함

ⓑ 왕실과 국가의 위신을 높이며 문화를 향상시키는 방향에서 역사 편찬

② 대표적 사서

ⓐ **고려사, 고려사절요** : 고려의 역사를 자주적 입장에서 재정리

* 고려사 : 김종서 · 정인지 등이 세종의 명으로 편찬하여 문종 1년(1451)에 완성한 기전체 사서(139권)로, 조선 건국을 합리화하기 위하여 여말의 사실을 왜곡하고 있으나 고려의 정치 · 경제 · 사회 연구에 귀중한 문헌(→군주 중심의 역사 서술)

* 고려사절요 : 김종서 · 정인지 등이 독자적으로 편찬하여 문종 2년(1452)에 완성한 편년체의 사서(35권)로, 〈고려사〉에서 빠진 부분을 보충 · 추가

ⓑ **삼국사절요** : 서거정 · 노사신 등이 삼국 시대의 자주적 통사를 편찬하려는 입장에서 편찬한 편년체 사서

ⓒ **동국통감** : 단군에서 여말까지를 기록한 최초의 통사

(3) 16세기

① 특징

ⓐ 15세기 역사관을 비판하고 사림의 존화주의적 · 왕도주의적 의식을 반영

ⓑ 존화 사상을 바탕으로 우리나라 역사를 소중화의 역사로 파악

ⓒ 기자 조선을 강조하고 유교 문화와 대립되는 고유 문화는 음사(淫事)라 하여 이단시함

② 대표적 사서 ★빈출개념

ⓐ 박상의 〈동국사략〉 : 사림의 통사로 15세기 〈동국통감〉을 비판, 엄정한 도덕적 기준으로 우리 역사를 재정리, 강목체를 철저히 적용

ⓑ 박세무의 〈동몽선습〉 : 기자에서 시작되는 우리 역사의 도덕 사관 강조

ⓒ 윤두서의 〈기자지〉 : 기자 조선 연구의 심화(5권 1책)

ⓓ 이이의 〈기자실기〉 : 왕도 정치의 기원을 기자 조선에서 찾는 존화주의적 사서

ⓔ 오운의 〈동사찬요〉 : 왜란 이후의 역사 의식을 기전체로 서술, 절의를 지킨 인물을 찬양하는 열전이 중심

ⓕ 신숙주의 〈국조보감〉 : 〈조선왕조실록〉에서 모범이 될 만한 사실 발췌, 요약 (세조~순종)

5. 지도와 지리서

(1) 편찬 목적

① 조선 전기 : 중앙 집권과 국방 강화라는 정치적 · 군사적 목적에서 편찬

사고(史庫)의 정비

• 4대 사고(세종) : 춘추관 · 성주 · 충주 · 전주 사고, 왜란 중 전주 사고만이 존속되었다가 광해군 때 5대 사고로 재정비

• 5대 사고(광해군) : 춘추관 · 오대산 · 태백산 · 마니산 · 묘향산 사고, 현재 태백산 사고본과 마니산(정족산) 사고본, 오대산 사고본(2006년 일본이 오대산 사고본 40여 권을 기증 형식으로 반환)만이 전하며, 묘향산(적상산) 사고본은 북한에서 보유

동국사략

② 조선 후기 : 주로 경제적 · 문화적 목적에서 편찬

(2) 지도

① 15세기 초

    ㉠ 혼일강리역대국도지도(1402) : 태종 때 권근 · 김사형 · 이회 등이 제작한 세계 지도로, 현존하는 동양 최고(最古)의 세계 지도, 중화사상 반영

    ㉡ 팔도도 : 세종 때 제작된 전국지도(부전)

    ㉢ 동국지도 : 세조 때 양성지 등이 왕명에 따라 실지 답사를 통해 완성한 최초의 실측 지도, 두만강과 압록강 부분 · 하천과 산맥 및 인문 사항 자세히 기록

② 16세기 : 8도 주현의 진상품 파악을 위해 제작한 조선방역지도

6. 윤리서와 의례서, 법전의 편찬

(1) 윤리 · 의례서의 편찬

① 편찬 배경 : 유교 질서의 확립

② 15세기 윤리 · 의례서

    ㉠ 효행록 : 여말 권근의 책을 설순이 참고하여 개정

    ㉡ 삼강행실도(1431) : 세종 때 모범적인 충신 · 효자 · 열녀 등의 행적을 그림으로 그리고 설명

    ㉢ 국조오례의(國朝五禮儀) : 성종 때 신숙주 · 정척 등이 국가 왕실의 여러 행사에 필요한 의례를 정비 · 제정한 의례서

③ 16세기 윤리 · 의례서 : 사림이 〈소학〉과 〈주자가례〉의 보급에 노력(이륜행실도 (중종 13, 1518), 동몽수지(중종 12, 1517))

(2) 법전의 편찬

① 배경 : 유교적 통치 규범을 성문화

② 건국 초기 : 정도전은 〈조선경국전〉과 〈경제문감〉을, 조준은 〈경제육전〉을 편찬

③ 전기의 주요 법전

책명	시기	인물	내용
조선경국전	태조 3년(1394)	정도전	조선의 정책 지침
경제문감	태조 4년(1395)	정도전 · 권근	정치 문물 초안서
경제육전	태조 6년(1397)	조준 · 하륜	조선 최초의 공식 법전
속육전	태종 13년(1413)	하륜	〈경제육전〉의 증보
경국대전	성종 16년(1485)	최항 · 노사신	• 유교적 통치 질서와 문물 제도의 완비를 의미하는 기본 법전 • 이 · 호 · 예 · 병 · 형 · 공전의 6전으로 구성

7. 건국 초기의 성리학파

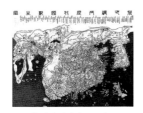

혼일강리역대국도지도

조선방역지도

삼강행실도

조선경국전

조선의 헌법이라고 할 수 있는 책으로, 태조 3년(1394) 정도전이 태조에게 올린 법전. 〈경국전〉이라고도 함. 인(仁)으로 왕위를 지켜나갈 것, 국호인 조선은 기자조선을 계승했다는 것 등을 서론에 담았음. 본론은 관리 선발과 그들의 역할 등을 다룬 치전(治典), 국가의 수입과 지출 등을 다룬 부전(賦典), 학교와 제례 등을 다룬 예전(禮典), 군사를 다룬 정전(政典), 법률과 형벌을 다룬 헌전(憲典), 건축과 공장(工匠) 등을 다룬 공전(工典)으로 구성되어 있음. 〈경제육전〉, 〈경국대전〉 등 여러 법전의 효시가 됨

(1) 관학파(훈구파)

① 시기 : 15세기 정치를 주도하고 민족 문화 창달에 기여
  ㉠ 대내외적인 모순을 극복
  ㉡ 문물 제도 정비, 부국강병 추진
② 주도 인물 : 정도전, 권근 등
③ 성향 및 특징 : 부국강병과 중앙 집권화 추구, 사장을 중시(삼경 중시), 실용적, 격물치지(경험적 학풍), 성리학 이외에 한·당 유학, 불교·도교·풍수지리 사상·민간 신앙, 군사학·기술학 등을 포용, 자주 민족 의식(단군 숭배), 〈주례〉를 국가 통치 이념으로 중시, 막대한 토지 소유, 농장 매입, 성균관과 집현전 등을 통해 양성, 신숙주, 서거정, 정인지 등

(2) 사학파(사림파)

① 시기 및 주도 인물 : 정몽주·길재의 학통을 계승한 사림들이 성종 때 본격적으로 중앙 정계에 진출하여 16세기 이후 학문과 정치 주도
② 성향 및 특징 : 왕도 정치와 향촌 자치 추구(서원, 향약 중시), 경학을 중시(사서 중시), 이론적, 사변주의(관념적 학풍), 성리학 이념에 충실하며, 불교·도교 등을 배척, 기술학 천시, 중국 중심의 화이 사상(기자 중시), 형벌보다는 교화에 의한 통치를 강조, 공신·외척의 비리와 횡포를 성리학적 명분론에 입각하여 비판, 서원을 중심으로 향촌에서 기반을 잡고 중앙으로 진출 후 삼사 등에서 활동, 김종직, 김일손, 조광조 등

8. 성리학의 발달

(1) 철학의 조류

① 발달 배경 : 16세기 사림은 도덕성과 수신을 중시하고 인간 심성에 대하여 깊은 관심을 보임
② 이기론의 선구자 : 서경덕과 이언적
③ 이기론의 전개
  ㉠ 주리론 : 영남학파, 동인, 이언적(선구)·이황(대표)·조식·유성룡·김성일 등
  ㉡ 주기론 : 기호학파, 서인, 서경덕(선구)·이이(대표)·조헌·성혼·김장생 등

(2) 성리학의 정착

① 이황(李滉, 1501~1570)
  ㉠ 학문 성향
    • 도덕적 행위의 근거로서 인간의 심성을 중시, 근본적·이상주의적인 성격
    • 주리 철학을 확립, 16세기 정통 사림의 사상적 연원, 이기이원론
  ㉡ 저서 : 〈주자서절요〉·〈성학십도〉·〈전습록변〉 등
  ㉢ 학파 형성 : 김성일·유성룡 등의 제자에 의하여 영남학파 형성
② 이이(李珥, 1536~1584)

㉠ **성향** : 개혁적ㆍ현실적 성격(기의 역할을 강조), 일원론적 이기이원론
　　㉡ **저서** : 〈동호문답〉ㆍ〈성학집요〉ㆍ〈경연일기〉ㆍ〈만언봉사〉 등
　　㉢ **변법경장론(變法更張論)** : 경세가로서 현실 문제의 개혁 방안을 제시(대공수미법, 10만 양병설)
　　㉣ **학파 형성** : 조헌ㆍ김장생 등으로 이어져 기호학파를 형성

9. 학파의 형성과 대립

(1) 학파의 형성과 분화

① **학파의 형성** : 서경덕 학파ㆍ이황 학파ㆍ조식 학파가 동인을, 이이 학파ㆍ성혼 학파가 서인을 형성
② 동인은 정여립 모반 사건 등을 계기로 이황 학파의 남인과, 서경덕 학파ㆍ조식 학파의 북인으로 분화
③ 서인은 송시열ㆍ이이 등의 노론과, 윤증ㆍ성혼 등의 소론으로 분화

(2) 학파의 대립

① **북인의 집권과 서인의 집권**
　㉠ **북인의 집권** : 광해군 때에 북인은 적극적 사회ㆍ경제 정책을 펴고 중립 외교를 취했는데, 이것이 서인과 남인의 반발을 초래
　㉡ **서인의 집권(남인 참여 허용)** : 인조 말엽 이후 이이와 이황의 학문, 즉 주자 중심의 성리학만이 확고한 우위를 차지
② **척화론과 의리명분론** : 송시열 등의 서인에게 넘어가면서 척화론과 의리명분론이 대세, 서인과 남인은 명에 대한 의리명분론을 강화하여 병자호란 초래, 대동법과 호포법 등 사회ㆍ경제 정책을 둘러싸고 격렬한 논쟁

10. 예학의 발달

(1) 예학의 보급

① **16세기 중반** : 〈주자가례〉 중심의 생활 규범서가 출현, 학문적 연구가 이루어짐
② **16세기 후반** : 명분 중심의 윤리와 가례 등의 예의식 강조

(2) 예학의 발달

① **예와 예치의 강조** : 예가 사회를 이끌어 가는 하나의 방도로서 부각되었고, 예치가 강조됨
② **예학자** : 김장생, 정구 등
③ **영향** : 유교적 가족 제도 확립과 제례 의식 정립에는 기여하였으나, 지나친 형식주의는 예송 논쟁의 구실로 이용됨

11. 불교의 정비

(1) 초기

① 불교 정비책

　㉠ 초기 : 사원이 소유한 막대한 토지와 노비를 회수

　㉡ 태조 : 도첩제를 실시하여 승려로의 출가를 제한, 사원의 건립 억제

　㉢ 태종 : 242개의 사원만 남기고 나머지는 폐지, 토지와 노비 몰수

　㉣ 세종 : 교단을 정리하면서 선종과 교종 각 18사씩 모두 36개 절만 인정

　㉤ 세조 : 원각사에 10층 석탑을 세우고, 간경도감을 설치하여 불교 경전을 번역·간행, 적극적 불교 진흥책으로 일시적인 불교 중흥

　㉥ 성종 : 도첩제 폐지, 불교는 왕실에서 멀어져 산간 불교로 바뀜

② 불교의 위축 : 사원의 경제적 기반 축소와 우수한 인재의 출가 기피는 불교의 사회적 위상을 크게 약화시킴

(2) 중기

① 명종 : 일시적인 불교 회복 정책, 보우가 중용되고 승과가 부활

② 16세기 후반 : 서산대사와 같은 고승이 배출되어 교리 정비

③ 임진왜란 때 : 승병들이 크게 활약함으로써 불교계의 위상을 새롭게 정립

12. 도교와 민간 신앙

(1) 도교와 풍수지리설

① 선초 도교는 위축되어 사원이 정리되고 행사도 축소

② 국가적 제사를 주관하기 위해 소격서(昭格署) 설치, 참성단에서 초제 시행

③ 사림의 진출 이후 중종 때 소격서가 혁파되고 도교 행사가 사라지기도 함

④ 유교 정치의 정착 과정에서 전통적 관습·제도인 도교는 갈등을 빚었고, 임진왜란 이후 소격서는 완전히 폐지

⑤ 풍수지리설·도참 사상

　㉠ 신라 말 전래된 이래 줄곧 도읍 등의 선택에 영향을 미침

　㉡ 조선 초기 이래로 중요시되어 한양 천도에 반영되었으며, 사대부의 묘지 선정에도 작용하여 산송(山訟) 문제가 사회적인 문제로 대두되기도 함

(2) 기타의 민간 신앙

① 민간 신앙 : 무격 신앙·산신 신앙·삼신 숭배·촌락제 등이 백성들 사이에 자리잡음

② 매장 방식의 변화 : 화장하던 풍습이 묘지를 쓰는 것으로 바뀌면서 명당 선호 경향이 두드러짐

13. 천문·역법·수학·의학서

(1) 각종 기구의 발명과 제작

보우

조선 시대 억불 정책에 맞서 불교를 부흥시켜 전성기를 누리게 한 승려. 명종의 어머니인 문정왕후의 신임을 얻어 봉은사의 주지가 되어 선종과 교종을 부활시키고 윤원형 등의 도움으로 300여 개 사찰을 국가 공인 정찰(淨刹)로 만들었으며, 도첩제에 따라 승려를 선발하도록 하고 승과를 부활시킴. 문정왕후 사후 불교 배청 상소와 유림의 성화에 밀려 승직을 박탈당하고 제주에 유배되었다가 제주목사에 의해 참형됨. 그의 사후 불교는 종전의 억불정책 시대로 돌아가 선·교 양종 제도와 승과가 폐지됨

SEMI-NOTE

천상열차분야지도

향약집성방

이전에 판문하(고려 시대 첨의부의 최고 관직명) 권중화가 여러 책을 뽑아 〈향약간이방〉을 짓고, 그후 평양백 조준 등과 함께 약국 관원에게 명하여 다시 여러 책을 상고하고 또 우리나라 사람들이 경험하였던 처방을 취하여 분류해서 편찬한 다음 인쇄하여 발행하였다. …… 그러나 방서가 중국에서 나온 것이 아직 적고, 약 이름이 중국과 다른 것이 많기 때문에 의술을 전공하는 자들이 미비하다는 탄식을 면치 못하였다. …… 다시 향약방에 대해 여러 책에서 빠짐없이 찾아낸 다음 분류하여 증보하게 하니 한해가 지나 완성되었다. …… 합하여 85권으로 바치니 이름을 〈향약집성방〉이라 하였다.

– 〈동문선〉 –

농서의 편찬

나라는 백성을 근본으로 삼고 백성은 먹는 것으로 하늘을 삼는데, 농사라는 것은 옷과 먹는 것의 근원이므로 왕도 정치에서 먼저 힘써야 할 것이다. …… 농서를 참조하여 시기에 앞서서 미리 조치하되, 너무 이르게도 너무 늦게도 하지 말고, 다른 부역을 일으켜서 그들의 농사 시기를 빼앗을 수도 없는 것이니 각각 자신의 마음을 다하여 백성들이 근본에 힘쓰도록 인도하라.

– 〈세종실록〉 –

① 천체 관측 기구 : 혼의 · 간의가 제작됨
② 측정 기구 : 측우기(1441), 자격루, 해시계, 앙부일구
③ 측량 기구(1446) : 세조 때 토지 측량 기구인 인지의와 규형을 제작
④ 천문도(天文圖) : 천상열차분야지도(천문도를 돌에 새긴 것) 제작

(2) 역법과 수학의 발달

① 칠정산(세종) : 중국의 수시력과 아라비아의 회회력을 참고로 한 역법서
② 수학의 발달
   ㉠ 천문 · 역법의 발달과 토지 조사, 조세 수입 계산 등의 필요에 의해 발달
   ㉡ 수학 교재 : 명의 안지제가 지은 〈상명산법〉, 원의 주세걸이 지은 〈산학계몽〉 등

(3) 의학서

① 향약제생집성방(1398) : 의학 · 본초학의 효시
② 향약채집월령(1431) : 약용 식물을 최초로 정리한 의서(한글)
③ 향약집성방(1433) : 우리 풍토에 알맞은 약재 개발과 1천여 종의 병명 및 치료 방법을 개발 · 정리, 조선 의학의 학문적 체계화
④ 태산요록(1434) : 산부인과 의서
⑤ 신주무원록(1438) : 송의 법의학서(무원록)에 주(註)를 달아 편찬
⑥ 의방유취(1445) : 김순의 등, 동양 최대의 의학 백과 사전

14. 인쇄술과 제지술

(1) 활자와 인쇄 기술의 발달

① 배경 : 초기에 각종 서적의 편찬 사업이 활발하게 추진되면서 함께 발달
② 금속 활자의 개량 : 고려 시대에 발명되어 조선 초기에 개량
   ㉠ 태종(1403) : 주자소를 설치하고 구리로 계미자를 주조
   ㉡ 세종(1434) : 구리로 갑인자를 주조(→ 정교하고 수려한 조선 활자의 걸작)

(2) 제지술의 발달

① 활자 인쇄술과 더불어 제지술이 발달하여 종이의 생산량이 크게 증가
② 세조 때 종이를 전문적으로 생산하는 조지서(造紙署)를 설치

15. 농서의 편찬과 농업 기술의 발달

(1) 농서의 편찬

① 농사직설 : 세종 때 정초 등이 편찬한 우리나라 최초의 농서, 직파법을 권장하고 하삼도의 이모작 등을 소개하고 있으며 씨앗의 저장법이나 토질 개량법, 모내기법 등에 관한 내용도 담고 있음
② 사시찬요 : 세종 때 강희맹이 편찬, 계절(四時)에 따른 농사와 농작물에 관한 주의 사항, 행사 등을 서술

③ 금양잡록 : 성종 때 강희맹이 금양(안양) 지방의 농민들의 경험담을 토대로 저술한 농서로서, 농사직설에 없는 내용만을 수록하는 것을 원칙으로 함
④ 농가집성 : 효종 때 신속이 편찬, 이앙법을 권장하고 주곡(主穀)에 관한 재배법만을 기록

(2) 농업 기술의 발달

① 2년 3작과 이모작 : 밭농사에서는 조·보리·콩의 2년 3작이 널리 시행, 논농사에서는 남부 지방 일부에서 벼와 보리의 이모작이 실시
② 건사리와 물사리 : 벼농사에서는 봄철에 비가 적은 기후 조건 때문에 건사리[乾耕法]가 이용되었고, 무논에 종자를 직접 뿌리는 물사리[水耕法]도 행해짐
③ 이앙법, 시비법, 가을갈이 등

16. 병서 편찬과 무기 제조

(1) 병서의 편찬

① 조선 초기에는 국방력 강화를 위해 많은 병서를 편찬, 무기 제조 기술 발달
② 병서 : 〈진도(陳圖)〉, 〈총통등록〉, 〈동국병감〉, 〈병장도설〉, 〈역대병요〉 등

(2) 무기 제조 기술의 발달

① 화약 무기 제조 기술 : 화포가 제작되고 로켓포와 유사한 화차가 제조
② 병선 제조 기술 : 태종 때 거북선을 만들었고(1413), 작고 날쌘 비거도선이 제조됨

17. 다양한 문학

(1) 조선 전기의 문학

① 특징
  ㉠ 조선 전기의 문학은 작자에 따라 내용과 형식에 큰 차이
  ㉡ 초기에는 격식과 질서·조화를 내세우는 경향이었으나 점차 개인적 감정과 심성을 나타내는 경향의 가사와 시조 등이 우세해짐
② 악장과 한문학
  ㉠ 건국 주도 세력은 악장과 한문학을 통하여 새 왕조의 탄생과 자신들의 업적을 찬양하고 우리 민족의 자주 의식 표출(→ 악장은 16세기 가사 문학으로 계승됨)
  ㉡ 성종 때 서거정, 노사신 등은 삼국 시대부터 조선 초기까지의 시와 산문 중에서 빼어난 것을 골라 〈동문선〉을 편찬
③ 시조
  ㉠ 중앙 관료 : 새 왕조 건설 찬양, 외적을 물리치며 강토를 개척하는 진취적인 기상, 농경 생활의 즐거움이나 괴로움 등, 김종서와 남이의 작품이 유명
  ㉡ 재야 선비 : 유교적 충절을 시조로 읊음, 길재와 원천석 등의 작품이 유명
④ 가사 문학 : 시조의 한계를 극복하고 감정을 구체적으로 표현하려는 필요에서 등장
⑤ 설화 문학

과학 기술의 발달과 침체
• 과학 기술의 발달(15세기)
  − 격물치지를 강조하는 경험적 학풍 : 부국강병과 민생 안정을 위해 과학 기술의 중요성 인식
  − 국왕들의 장려와 유학자의 노력 : 특히 세종의 관심이 컸고, 유학자들도 기술학을 학습
  − 서역과 중국의 기술 수용 : 전통 문화를 계승하면서 서역과 중국의 과학 기술을 적극적으로 수용
• 과학 기술의 침체(16세기) : 과학 기술을 경시하는 풍조가 생기면서 점차 침체

〈동문선〉을 통해 드러난 자주 의식
우리나라의 글은 송이나 원의 글도 아니고 한이나 당의 글도 아니다. 바로 우리나라의 글일 따름이다.

〈필원잡기〉와 〈용재총화〉

- **필원잡기** : 성종 18년(1487) 처음 간행된 서거정의 한문 수필집. 옛날부터 전해 오는 이야기 중 후세에 전할 만한 것을 추려 모아 엮은 것으로, 사실과 부합하지 않는 내용도 있으나 여러 면에서 귀중한 참고 자료가 많음
- **용재총화** : 중종 20년(1525) 처음 간행된 성현의 책. 예문관 · 성균관의 최고 관직을 역임한 바 있는 성현은 폭넓은 학식과 관직에 임했을 때의 경험을 바탕으로 이 책을 정리함. 고려～조선 성종에 이르기까지 형성, 변화된 민간 풍속이나 문물 제도, 문화, 역사, 지리, 학문, 종교, 문학, 음악, 서화 등을 다루고 있어 당시의 문화 전반을 이해하는 데 큰 도움을 줌

16세기의 건축

- 사림의 진출과 함께 서원의 건축이 활발
- **특징** : 가람 배치 양식과 주택 양식이 실용적으로 결합된 독특한 아름다움
- **대표적 서원** : 경주의 옥산 서원(1572)과 안동의 도산 서원(1574)

숭례문

분청 사기

백자

　㉠ **대표 작품** : 서거정의 〈필원잡기〉, 성현의 〈용재총화〉 등
　㉡ **소설로의 발전** : 김시습의 〈금오신화〉(최초의 한문 소설) 등

(2) 16세기의 문학

① **특징** : 사림 문학이 주류가 되어 표현 형식보다는 흥취와 정신을 중시, 부녀자 · 중인 · 재야 인사 등으로 문학 향유층이 확대되고, 한시와 시조 · 가사 분야가 활기를 띰
② **한시** : 현실에 대한 비판 의식보다는 높은 격조를 표현
③ **시조** : 초기의 경향에서 벗어나 인간 본연의 순수한 감정을 표현(황진이, 윤선도 등)
④ **가사 문학** : 정철은 〈관동별곡〉 · 〈사미인곡〉 · 〈속미인곡〉 같은 작품에서 풍부한 우리말 어휘를 마음껏 구사하여 아름다운 경치와 왕에 대한 충성심을 읊음

18. 건축

(1) 15세기의 건축

① **건축물의 특징**
　㉠ 사원 위주의 고려와 달리 궁궐 · 관아 · 성문 · 학교 등을 중심으로 건축
　㉡ 건물주의 신분에 따라 크기와 장식에 일정한 제한
② **대표적 건축물** : 경복궁, 창덕궁, 창경궁, 창경궁의 명정전과 도성의 숭례문, 창덕궁의 돈화문, 개성의 남대문과 평양의 보통문, 무위사 극락전, 해인사의 장경판전, 원각사지 10층 석탑(세조 13, 1467) 등
③ **정원** : 인공을 가하지 않은 자연미가 특색

19. 공예와 자기

(1) 공예의 발달

① 실용성과 검소함을 중시해 사치품보다는 생활필수품이나 문방구 등이 특색 있게 발달
② 보석류는 그리 쓰이지 않았으며, 나무 · 대 · 흙 · 왕골 등 흔하고 값싼 재료가 많이 이용됨, 소박하고 견고

(2) 자기

① **분청 사기** : 고려 자기를 계승
　㉠ **특징** : 안정된 모양과 소박하고 천진스러운 무늬가 어우러져 구김살 없는 우리의 멋을 잘 표현
　㉡ **침체** : 16세기부터 세련된 백자가 본격적으로 생산되면서 생산이 감소
② **백자** : 16세기에는 순수 백자가, 17세기 이후에는 청화 백자가 유행하고 철화 백자 · 진사 백자 등이 등장

SEMI-NOTE

👓 *한눈에 쏙~*

시대별 자기의 변천

순수 청자 (11세기) ▸ 상감 청자 (12세기) ▸ 분청 사기 (15세기 전후) ▸ 순수 백자 (16세기) ▸ 청화 백자 (17~18세기)

20. 그림과 글씨

(1) 그림

① 15세기

  ㉠ 특징 : 중국 화풍을 선택적으로 소화하여 우리의 독자적인 화풍을 개발, 일본 무로마치 시대의 미술에 영향을 미침

  ㉡ 대표적 화가

   • 안견 : 화원 출신, 대표작 몽유도원도

   • 강희안 : 문인 화가, 대표작 고사관수도

   • 최경 : 도화서 화원으로 인물화의 대가, 대표작 채희귀한도

② 16세기

  ㉠ 특징 : 다양한 화풍이 발달, 강한 필치의 산수화, 선비의 정신 세계를 표현한 사군자 등

  ㉡ 대표적 화가

   • 이상좌 : 노비 출신으로 화원에 발탁, 대표작 송하보월도

   • 이암 : 동물들의 모습을 사랑스럽게 그림

   • 신사임당 : 풀과 벌레를 소박하고 섬세하게 표현, 대표작 화훼초충도

   • 삼절(三絕) : 황집중은 포도, 이정은 대나무(묵죽도), 어몽룡은 매화(월매도)를 잘 그림

(2) 서예

① 양반의 필수 교양으로 여겨져 명필가가 다수 등장하고 독자적 서체가 개발됨

② 4대 서예가 : 안평대군, 김구, 양사언, 한호(한석봉)

음악, 무용, 연극

• 15세기 음악

 – 궁중 음악 : 음악을 교화 수단으로 여겼고, 국가의 의례와 밀접히 관련되어 중시함

 – 세종 : 정간보를 창안, 아악을 체계화 등

• 16세기 음악 : 가사, 시조, 가곡, 민요 등이 민간에 널리 확산됨

• 무용

 – 궁중과 관청 : 의례에서 음악과 함께 춤을 선보임, 나례춤, 처용무

 – 서민 : 민간에서는 농악무 · 무당춤 · 승무 등 전통 춤을 계승 · 발전

• 연극 : 산대놀이라는 가면극과 꼭두각시 놀이라는 인형극도 유행, 민간에서 굿이 유행하여 촌락제, 별신굿 등으로 분화 · 발전

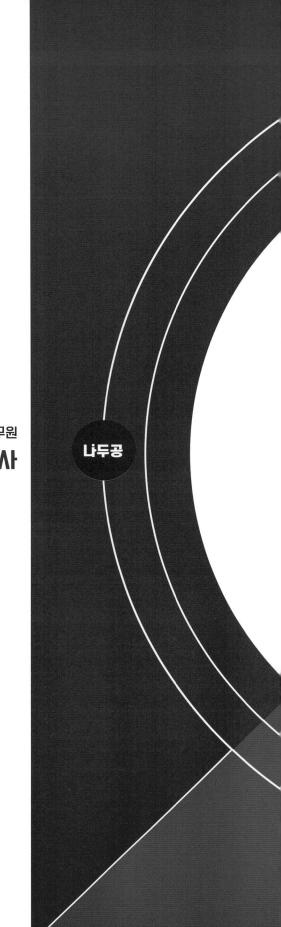

9급공무원

한국사

나두공

05장 근대 태동기의 변동

01절   정치 상황의 변동

02절   경제 구조의 변동

03절   사회의 변화

04절   문화의 새 기운

비변사의 설치

조선 초기의 군사 제도는 그 특성상 적의 침입에 즉각적으로 대응하는 것이 어려웠음. 이에 남쪽 해안과 북쪽 국경 지대에 대한 국방대책을 사전에 마련하고자 중종 때 설치한 것이 비변사임. 한때 폐지론이 있기도 하였던 비변사는 임진 왜란을 계기로 중시되기 시작함

삼수병의 성격

선조 26년(1593) 10월 임금의 행차가 서울로 돌아왔으나, 성 안은 타다 남은 건물 잔해와 시체로 가득 하였다. 기아에 시달린 백성들은 인육을 먹기도 하고, 외방에서는 곳곳에서 도적이 일어났다. 이때 임금께서 도감을 설치하여 군사를 훈련시키라는 명을 내리시고는 나를 그 책임자로 삼으시므로 청하기를, "쌀 1천 석을 군량으로 하되, 한 사람당 하루에 2승씩 준다고 하여 군인을 모집하면 응하는 자가 사방에서 몰려들 것입니다."라고 하였다. …… 얼마 지나지 않아 수천 명을 얻어 조총 쏘는 법과 창·칼 쓰는 기술을 가르치도록 하였다. 또 당번을 정하여 궁중을 숙직하게 하고, 임금의 행차에 호위하게 하니 민심이 점차 안정되었다.

— 〈서애집〉 —

01절 | 정치 상황의 변동

1. 정치 구조의 변화

(1) 비변사의 기능 강화

① **비변사의 설치** : 3포 왜란(중종 5, 1510)을 계기로 여진족과 왜구에 대비하기 위하여 설치, 임시 회의 기구
② 을묘왜변(명종 10, 1555)을 계기로 상설 기구화 되어 군사 문제를 처리
③ **기능 강화** : 임진왜란을 계기로 기능 및 구성원이 확대
　　㉠ **기능의 확대·강화** : 최고 합의 기구로서 작용
　　㉡ **참여 구성원의 확대** : 전·현직 정승, 공조를 제외한 5조의 판서와 참판, 각 군영 대장, 대제학, 강화 유수 등 국가의 중요 관원들로 확대
④ **영향** : 왕권이 약화, 의정부와 육조 중심의 행정 체계도 유명무실, 세도 정치의 중심 기구로 작용
⑤ **폐지** : 1865년 흥선대원군의 개혁 정책으로 비변사는 폐지되고, 일반 정무는 의정부가, 국방 문제는 삼군부가 담당

(2) 삼사 언론 기능의 변질

① **붕당의 이해를 대변** : 삼사의 언론 기능도 변질되어 각 붕당의 이해 관계를 대변
② **혁파** : 삼사의 언론 기능은 변질·위축되었고 전랑의 권한은 영·정조의 탕평정치를 거치며 혁파됨

2. 군사 제도의 개편

(1) 중앙 군사 제도

① **개편 방향** : 임진왜란을 경험한 후 새로운 군영의 필요성을 인식하여 효과적인 편제와 훈련 방식을 모색하게 됨
② **5군영(중앙군) 설치**
　　㉠ **훈련도감(1593)**
　　　• **설치** : 임진왜란 중 왜군의 조총에 대응하고 국방력을 강화하기 위해 유성룡의 건의에 따라 용병제를 토대로 설치(→ 조선 후기 군제의 근간이 됨)
　　　• **편제** : 삼수병(포수·사수·살수)으로 편성
　　　• **성격** : 장기간 근무하며 일정 급료를 받는 장번급료병, 직업 군인의 성격
　　　• **폐지** : 1881년에 별기군이 창설되어 그 다음해 폐지됨
　　㉡ **총융청(1624)** : 이괄의 난을 진압한 직후에 설치, 북한산성 및 경기 일대의 수비 담당, 경기도 속오군에 배치, 경비는 스스로 부담

  ⓒ 수어청(1626) : 남한산성의 수비 군대, 경기도 속오군에 배치, 경비는 스스로 부담

  ⓔ 어영청(1628) : 수도 방어 및 북벌의 본영으로서 역할, 내삼청 등과 함께 정권 유지의 방편으로 이용되기도 함

  ⓜ 금위영(1682) : 기병으로 구성되어 궁궐 수비 담당, 번상병, 비용은 보로 충당

 ③ 5군영의 성격 : 임기응변적 설치, 서인 정권의 군사적 기반

(2) 지방 군사 제도

 ① 제승방략 체제(制勝方略體制) : 유사시에 필요한 방어처에 병력을 동원하여 중앙에서 파견되는 장수가 지휘하는 체제

 ② 속오군(束伍軍) : 양천혼성군, 속오법에 따른 훈련과 편성

  ㉠ 편제 : 양반으로부터 노비까지 향민 전체가 속오군으로 편제됨

  ㉡ 동원 : 농한기에만 훈련에 참가, 평상시에는 생업에 종사하고 유사시에 전투

3. 붕당(朋黨)의 형성

(1) 근본 원인

 ① 직접적으로는 양반의 증가, 근본적으로는 양반의 특권 유지 때문에 발생

 ② 언론 삼사 요직의 인사권과 추천권을 가진 이조 전랑을 둘러싼 대립

(2) 사림 세력의 갈등

 ① 사림의 정국 주도 : 선조가 즉위하면서 향촌에서 기반을 다져 온 사림 세력이 대거 중앙 정계에 진출하여 정국을 주도

 ② 사림의 갈등 : 척신 정치의 잔재를 어떻게 청산할 것인가를 둘러싸고 갈등

  ㉠ 기성 사림 : 명종 때부터 정권에 참여해 온 세력

  ㉡ 신진 사림 : 향촌에서 기반을 다진 후 선조 때부터 중앙에 진출

(3) 동인과 서인의 분당(선조 8, 1575)

 ① 배경 : 기성 사림의 신망을 받던 심의겸(서인)과 신진 사림의 지지를 받던 김효원(동인) 사이의 대립으로 동·서인으로 분당되면서 붕당이 형성

 ② 동인(東人)

  ㉠ 이황·조식·서경덕의 학문을 계승(급진적·원칙적 주리학파)

  ㉡ 김효원, 우성전, 이산해, 이발 등 신진 세력의 참여로 먼저 붕당의 형세를 이룸

  ㉢ 명종 때 정치에 참여하지 않은 신진 사림, 척신 정치 잔재의 청산에 적극적

 ③ 서인(西人)

  ㉠ 이이와 성혼의 문인들이 가담함으로써 붕당의 모습을 갖춤(점진적·현실적 주기학파)

  ㉡ 심의겸, 박순, 윤두수, 윤근수, 정철 등

  ㉢ 명종 때 정치에 참여했던 기성 사림, 척신 정치 잔재 청산에 소극적

제승방략 체제

유사시 각 읍의 수령들이 군사를 이끌고 지정된 방위 지역으로 간 후, 한양에서 파견된 장수 또는 해당 도의 병수사를 기다렸다가 지휘를 받는 전술. 이러한 제승방략 체제는 후방 지역에 군사가 없으므로 일차 방어선이 무너진 후에는 적의 공세를 막을 방법이 없다는 치명적인 단점이 있으며, 이는 임진왜란 초기 패전의 한 원인이 됨

이조 전랑

젊고 명망 있는 홍문관 유신 중에서 임명되는 정5품의 관직으로, 당하관·언론 삼사 요직 및 재야인사 등의 인사권, 후임 전랑 추천권 등의 권한을 가지고 있었음. 전랑은 삼사의 의견을 통일하고 인사권과 언론권을 장악할 수 있는 막강한 권한을 가지고 있었으므로, 전랑직을 둘러싸고 붕당 간 다툼이 치열하게 전개됨

05장 근대 태동기의 변동

주리론과 주기론
- 주리론 : 도덕적 원리인 이 중시, 이황
- 주기론 : 경험적 세계인 기 중시, 이이

동인과 서인의 분당

선조 8년(1575), 김효원이 이조 전랑으로 천거됨. 이에 인순왕후의 동생인 심의겸은 김효원에 대하여 이조 전랑이 될 자격이 없다며 적극 반대함. 그의 반대에도 불구하고 김효원은 이조 전랑이 되었다가 얼마 후 다른 곳으로 자리를 옮기게 되었는데, 그 후임으로 천거된 사람이 바로 심의겸의 아우 심충겸이었음. 김효원은 왕의 외척으로서 이조 전랑이 되는 것은 바르지 못하다는 이유로 심충겸이 이조 전랑에 오르는 것을 반대함. 사람들은 심의겸이 집이 도성 서쪽 정동에 있다 하여 그의 일파를 서인, 김효원의 집이 도성 동쪽 건천동에 있다 하여 그의 일파를 동인이라고 불렀음

남 · 북인의 분당

동서 분당 후 처음에는 동인이 정국을 주도하였는데 정여립 모반 사건(1598)으로 동인은 잠시 위축(서인이 잠시 주도)됨. 그러나 정철의 건저상소 사건(1591)으로 정철 등 서인이 실권을 잃고 동인이 다시 집권하였음. 이때 동인은 서인에 대한 처벌을 두고 강경 · 급진파인 북인과 온건파인 남인으로 분열

제1차 예송 논쟁(기해예송)

성리학적 종법에 따르면 자식이 부모보다 먼저 죽었을 경우, 부모는 그 자식이 적장자라면 3년간, 적장자가 아니라면 1년간 상복을 입어야 함. 이에 따라 차남이면서 왕위에 오른 효종의 사망과 관련하여 자의대비의 복상 기간을 두고 벌어진 것이 바로 제1차 예송 논쟁임. 서인은 성리학적 종법에 따라 1년을, 남인은 왕인 효종을 적장자로 보아 3년을 주장했음. 종법의 해석과 권력이 연계되어 민감한 사안이 된 1차 예송 논쟁은 적장자와 차남의 구분 없이 1년간 상복을 입도록 규정한 〈경국대전〉에 따라 서인의 승리로 돌아감. 그러나 실제로 종법과 관련되어 확정된 것은 없었으며 그로인해 2차 예송 논쟁이 일어나게 됨

2차 예송 논쟁(갑인예송)

효종의 비인 인선왕후의 사망 후 그 시어머니인 자의대비의 복상 기간을 두고 벌어짐. 효종을 적장자로 인정한다면 1년, 차남으로 본다면 9개월이 복상 기간임. 2차 예송 논쟁 결과 남인 정권이 수립됨

---

(4) 붕당의 성격

① 16세기 왕권이 약화되고 사림 정치가 전개되면서 형성

② 정치 이념과 학문 경향에 따라 결집(→ 정파적 성격과 학파적 성격을 동시에 지님)

4. 붕당 정치의 전개

(1) 동인의 분열

① 동인의 우세 : 동서 분당 후 처음에는 동인이 수적 우세를 바탕으로 정국 주도

② 남 · 북인의 분당 : 온건파인 남인(이황 학파)과 급진파인 북인(서경덕 · 조식 학파)으로 분당

(2) 광해군의 정치와 인조 반정

① 중립 외교 : 명과 후금 사이에서 중립 외교 전개, 전후 복구 사업 추진

② 북인의 독점 : 광해군의 지지 세력인 북인은 서인과 남인 등을 배제

③ 인조 반정(1623) : 폐모살제(廢母殺弟) 사건(인목대비 유폐, 영창대군 살해), 재정 악화, 민심 이탈 등을 계기로 발발한 인조 반정으로 몰락

(3) 붕당 정치의 진전

① 연합 정치 : 인조 반정을 주도한 서인은 남인 일부와 연합하여 정국을 운영, 서로의 학문적 입장을 인정하고 상호 비판적인 공존 체제를 이룸

② 학문적 경향 : 이황과 이이의 학문(주자 중심의 성리학)이 확고한 우위를 차지

③ 여론의 주재 : 주로 서원을 중심으로 여론이 모아져 중앙 정치에 반영되었는데, 학파에서 학식과 덕망을 겸비한 산림(山林)이 재야에서 그 여론을 주재

④ 서인의 우세 : 이후 현종 때까지는 서인이 우세한 가운데 남인과 연합하여 공존하며 서인 정권 스스로 전제와 독주를 경계

(4) 자율적 예송 논쟁과 붕당의 공존

① 예송 논쟁의 전개

　㉠ 제1차 예송 논쟁(기해예송, 1659)

　　• 효종 사망 시 자의대비의 복제를 두고 송시열 · 송준길 등 서인은 1년설을, 윤휴 · 허목 · 허적 등 남인은 3년설을 주장

　　• 서인 : 효종이 적장자가 아님을 들어 왕과 사대부에게 동일한 예가 적용되어야 한다는 입장(왕사동례)에서 1년설을 주장

　　• 남인 : 왕에게는 일반 사대부와 다른 예가 적용되어야 한다는 입장(왕사부동례)에서 3년설을 주장

　　• 실권을 장악하고 있던 서인의 주장(1년설)이 수용되어 서인 집권이 지속됨

　㉡ 제2차 예송 논쟁(갑인예송, 1674)

　　• 효종 비의 사망 시 서인은 9개월을, 남인은 1년을 주장

　　• 남인의 주장이 수용되어 남인이 집권하고 서인이 약화됨

② 붕당의 공존 : 갑인예송의 결과 남인의 우세 속에서 서인과 공존하는 정국은 경신환국(1680)으로 분열과 대립이 격화되기까지 정국 지속

(5) 붕당 정치의 성격 및 평가

① 정치적 성격의 변천
  ㉠ 붕당 정치의 성격 : 학연과 지연을 바탕으로 붕당 간 치열한 정권 다툼 전개
  ㉡ 붕당 정치의 변천
    • 초기 : 상대 붕당을 소인당(小人黨), 자기 붕당을 군자당(君子黨)이라 주장
    • 후기 : 모두 군자당으로 보고, 견제와 협력을 바탕으로 한 붕당 정치 전개
② 평가
  ㉠ 긍정적 측면 : 공론(公論)의 수렴, 언로(言路)의 중시, 산림(山林)의 출현
  ㉡ 한계 : 붕당이 내세운 공론은 백성들의 의견이 아니라 지배층 의견 수렴에 그침

5. 붕당 정치의 변질

(1) 붕당간의 대립 격화

① 배경
  ㉠ 일당 전제화의 추세 : 숙종 때에 이르러 붕당 사이의 견제와 균형이 무너지면서 특정 붕당이 정권을 독점하는 일당 전제화의 추세가 대두(→ 환국 발생)
  ㉡ 노론과 소론의 대립 : 노론은 송시열을 중심으로 하여 대의명분과 민생안정을 강조하는 반면, 소론은 윤증을 중심으로 하여 실리를 중시하고 적극적 북방 개척을 주장
  ㉢ 정치적 쟁점의 변화 : 사상적 문제에서 군사력과 경제력 확보에 필수적인 군영장악으로 이동
② 결과 : 서인과 남인의 공조체제 붕괴와 환국(換局)의 빈발, 외척의 비중 강화, 비변사 기능 강화, 전랑의 정치적 비중 약화

(2) 붕당 정치의 변질 ⭐빈출개념

① 경신환국(경신대출척, 숙종 6, 1680)
  ㉠ 서인 집권 : 서인이 허적(남인)의 서자 허견 등이 역모를 꾀했다 고발하여 남인을 대거 숙청
  ㉡ 결과 : 서인은 남인의 처벌을 놓고 온건론인 소론(윤증), 강경론인 노론(송시열)으로 분열
② 기사환국(숙종 15, 1689) : 숙종이 희빈 장씨 소생인 연령군(경종)의 세자 책봉에 반대하는 서인(송시열, 김수항 등)을 유배 · 사사하고, 인현왕후를 폐비시킴
③ 갑술환국(갑술옥사, 숙종 20, 1694)
  ㉠ 폐비 민씨 복위 운동을 저지하려던 남인이 실권하고 서인이 집권
  ㉡ 남인은 재기 불능이 되고, 서인(노론과 소론) 간에 대립하는 일당 독재 정국이 전개
④ 병신처분(1716) : 소론을 배제하고 노론을 중용

SEMI-NOTE

경제적 · 사회적 환경의 변화
• 상품 화폐 경제의 발달에 따라 17세기 후반 이후 상업적 이익을 독점하려는 경향 증가
• 지주제와 신분제 동요에 따라 붕당 기반이 약화되고 여러 사회세력 간 갈등 심화

05장
근대 태동기의 변동

재지사족(在地士族)
조선 시대의 지방 지배 세력을 일컫는 말. 향촌 사회에서 경제적 기반(중소 지주)과 신분적 배경(사족), 그리고 학문적 소양(성리학)을 지녔음

영조의 문물·제도 정비
• 민생 안정책
　– 균역법(1750) : 군역 부담을 완화하기 위하여 군포를 1년에 1필로 경감
　– 권농 정책 : 농업 정책과 수취 제도를 개선하고 〈농가집성〉을 대량 보급
　– 3심제 : 가혹한 형벌을 폐지하고 사형수에 대한 3심제를 엄격하게 시행
　– 노비공감법(1755) : 노비의 신공을 반으로 줄임
　– 신문고를 부활
• 군영 정비 : 훈련도감·금위영·어영청이 도성을 나누어 방위하는 체제를 갖춤
• 서원 정리 : 붕당의 본거지인 서원을 정리(→ 붕당·사치·음주를 3대 유폐로 지정)
• 청계천 준설(1760) : 홍수에 따른 하천 범람을 막고 도시 정비를 위해 준설
• 기로과 실시 : 60세 이상의 늙은 선비를 대상으로 과거 실시
• 편찬 사업
　– 속대전(1746) : 〈경국대전〉을 개정하여 편찬한 법전으로, 법전체계를 재정리하고, 형법(형량) 개선
　– 동국문헌비고 : 홍봉한이 편찬한 한국학 백과사전으로, 문물제도의 정비에 기여
　– 무원록(증수무원록)(1748) : 송의 〈무원록〉에 주석을 붙여 세종 때 간행한 〈신주무원록〉(1440)을 다시 증보하고 용어를 해석·교정하여 편찬한 법의학서
　– 속오례의(국조속오례의)(1744) : 왕명으로 예조에서 이종성 등이 중심이 되어 〈오례의(五禮儀)〉의 속편으로 편찬한 예절서

⑤ 정유독대(1717) : 숙종과 노론의 영수 이이명의 독대를 통해 병약한 세자(경종)를 대신해 연잉군(영조)을 후사로 논의
⑥ 신임옥사(신임사화)(1721~1722) : 노론 축출, 소론 일당정국
　㉠ 신축옥사(신축환국)(1721) : 경종 때 소론이 세자책봉 문제로 노론을 축출
　㉡ 임인옥사(1722) : 경종 때 소론이 경종 시해와 연잉군(영조) 옹립 음모를 고변해 노론을 탄압

(3) 붕당 정치의 변질 결과

① 정치 운영의 변화 : 환국으로 왕과 직결된 외척이나 종실 등의 정치 권력 확대
② 붕당 정치의 기반 붕괴 : 일당 전제화, 비변사의 기능 강화, 언론 기관이나 재지사족의 정치참여 곤란(전랑의 권력 약화)
③ 벌열 가문의 정권 독점 : 공론이 아닌 개인이나 가문의 이익을 우선
④ 양반층의 분화 : 양반층의 자기 도태로 다수의 양반이 몰락
⑤ 서원의 역할 변화 : 양반의 낙향이 늘어 서원이 남설되었고, 서원 고유의 여론 형성 기능이 퇴색함

6. 탕평론

(1) 탕평론의 배경

붕당 정치의 변질로 인한 극단적 정쟁과 정치 세력 간 균형의 붕괴, 사회 분열 등의 문제가 발생, 국왕이 강력한 왕권을 토대로 정치의 중심에서 세력 균형을 유지하고자 하는 탕평론이 제기

(2) 탕평론의 전개

① 제기 : 숙종 때
　㉠ 숙종 이전 : 서인과 남인이 공존하던 자율적 붕당 시대(17세기 전반)
　㉡ 숙종 이후 : 왕에 의한 타율적 균형책으로 탕평론이 제기됨
② 목적 : 인사 관리를 통한 정치적 세력 균형의 유지
③ 한계 : 숙종의 탕평책은 명목상의 탕평론에 지나지 않아 균형의 원리가 지켜지지 않았고, 노론 중심의 편당적인 인사 관리로 환국이 일어나는 빌미를 제공

7. 영조의 탕평 정치

(1) 즉위 초기의 정국

① 탕평교서(蕩平敎書) 발표 : 탕평교서를 통해 어지러운 정국을 바로잡으려 하였으나 실패
② 이인좌의 난(영조 4, 1728) 발생
　㉠ 소론 강경파와 남인 일부가 경종의 죽음에 영조와 노론이 관계되었다고 주장하며, 영조의 탕평책에 반대하여 반란
　㉡ 붕당 관계를 재편성하는 계기가 됨

(2) 탕평파 중심의 정국 운영

① **탕평파 육성** : 붕당의 정치적 의미는 퇴색되고 정치권력은 왕과 탕평파로 집중
② **산림의 존재 부정** : 붕당의 뿌리를 제거하기 위하여 본거지인 서원을 대폭 정리
③ **이조 전랑의 권한 약화** : 자대권(후임자 천거권) 및 낭천권의 관행을 없앰

8. 정조의 탕평 정치

(1) 탕평 정치의 추진

① **추진 방향** : 정조는 영조 때보다 더욱 강력한 탕평책을 추진하고 이를 통해 왕권 강화
② **진붕(眞朋)과 위붕(僞朋)의 구분** : 각 붕당의 주장이 옳은지 그른지를 명백히 가리는 적극적인 탕평(준론탕평)을 추진
③ **남인(시파) 중용** : 노론(벽파) 외에 소론의 일부 세력과 그 동안 정치에서 배제되었던 남인 계열이 중용됨

(2) 왕권의 강화

① **인사 관리** : 붕당의 입장을 떠나 의리와 명분에 합치되고 능력 있는 사람을 중용
② **규장각의 설치 · 강화**
ㄱ **설치** : 본래 역대 왕의 글과 책을 수집 · 보관하기 위한 왕실 도서관의 기능
ㄴ **기능 강화** : 국왕 비서실, 문신 교육, 과거 시험 주관 등의 기능을 통합적으로 부여하여 권력과 정책을 뒷받침할 수 있는 강력한 정치기구로 육성
ㄷ **서얼 등용** : 능력 있는 서얼을 등용하여 규장각 검서관 등으로 임명
③ 초월적 군주로 군림하면서 스승의 입장에서 신하를 양성하고 재교육
④ **초계문신제(抄啓文臣制) 시행** : 신진 인물이나 중 · 하급(당하관 이하) 관리 가운데 능력 있는 자들을 재교육시키고 시험을 통해 승진
⑤ **장용영(壯勇營) 설치** : 친위 부대인 장용영을 설치하여 각 군영의 독립적 성격을 약화시키고 병권을 장악함으로써 왕권을 뒷받침하는 군사적 기반을 갖춤

(3) 화성(華城)의 건설

① 수원에 화성을 세워 정치적 · 군사적 기능을 부여
② 상공인을 유치하여 자신의 정치적 이상을 실현하는 상징적 도시로 육성하고자 함
③ 화성 행차 시 일반 백성들과의 접촉 기회를 확대하여 이들의 의견을 정치에 반영

(4) 수령의 권한 강화

① 수령이 군현 단위의 향약을 직접 주관하게 해 사림의 영향력을 줄이고 수령의 권한을 강화
② 지방 사족의 향촌 지배력 억제, 국가의 통치력 강화

(5) 정조의 문물·제도 정비 ⭐빈출개념

① 민생 안정과 서얼 · 노비의 차별 완화, 청과 서양의 문물 수용, 실학 장려

탕평교서
붕당 간 정쟁의 폐단을 지적하고 탕평의 필요성을 주장한 교서

시파와 벽파
정조의 아버지인 사도세자와 관련된 국론 분열은 영조 때부터 존재해 옴. 이로 인한 대립은 정조 즉위 후 심화되었는데 이때 정조에게 동의한 무리를 시파, 반대한 무리를 벽파라고 함

규장각 검서관
규장각 각신의 보좌, 문서 필사 등의 업무를 맡은 관리로, 대부분이 서얼 출신이었음. 정조는 규장각 검서관을 매우 중시하여 정직이 아닌 잡직임에도 까다롭게 임명함. 초대 검서관에는 이덕무, 유득공, 박제가 등이 임명됨

수원 화성
흙으로 단순하게 쌓은 읍성을 조선 정조 때 석약으로 축조하면서 화성이라고 불리게 되었음. 정약용의 이론을 설계 지침으로 삼아 축조된 과학적인 구조물. 돌과 벽돌을 과감하게 혼용하였다는 점, 거중기를 활용하였다는 점, 용재(건축이나 가구 등에 쓰는 나무)를 규격화하였다는 점, 화포를 주무기로 삼았다는 점 등을 특성으로 함. 1997년에 유네스코 세계문화 유산으로 등록되었음

탕평 정치의 성격 및 한계
여러 정책들이 보수적인 성격을 띠고 있었고, 정치 운영 면에서는 왕의 개인적인 역량에 크게 의존하였으므로 탕평 정치가 구조적인 틀을 갖추어 안정적으로 유지되기는 어려웠음

05장
근대 태동기의 변동

숙종 · 영조 · 정조의 탕평책
- 숙종 : 편당적 인사 정책으로 환국 방방, 노론과 소론 간 대립의 격화, 노론 세력 중심의 일당 전제화
- 영조 : 왕권 강화를 통한 붕당 간 다툼 억제, 노론과 소론 간 균형을 추구하였으나 사도세자와 관련하여 소론이 축출되면서 노론 세력 중심의 일당 전제화
- 정조 : 여러 세력을 고루 등용, 왕권 강화를 통한 탕평책으로 붕당 간 진정한 융합을 이루지는 못함, 정조 사후 세도 정치로 이어짐

세도 정치
순조 · 헌종 · 철종의 3대 60여 년 간에 걸친 세도 정치하에서 왕정(王政)과 왕권은 명목에 지나지 않았고, 왕도 정치는 하나의 허구에 지나지 않았음. 세도 가문은 정치적 기능이 강화된 비변사를 거의 독점적으로 장악하여 권력을 행사하였고, 훈련도감 등의 군권도 장기적으로 독점하여 정권 유지의 토대를 확고히 함

신유박해
정조 사후 정권을 잡은 보수 세력은 천주교도와 진보 세력에 대한 대대적인 숙청을 실시함. 이로 인해 이승훈, 이가환 등이 처형 되었으며 정약용 등은 유배되었고 박지원, 박제가 등은 관직에서 쫓겨나게 되었음

② 신해통공(1791) : 상공업 진흥과 재정 수입 확대를 위해 육의전을 제외한 금난전권 철폐

③ 문체 반정 운동 : 문화 정책의 일환으로, 박지원 등이 패사소품체(稗史小品體)를 구사해 글을 쓰자 문체를 정통 고문으로 바로잡으려 한 것

④ 편찬
　⊙ 대전통편 : 〈경국대전〉을 원전으로 하여 통치 규범을 전반적으로 재정리하기 위하여 편찬한 것으로, 규장각 제도를 법제화
　ⓛ 형조의 사례집으로 〈추관지〉를, 호조의 사례집으로 〈탁지지〉를 편찬
　ⓒ 동문휘고, 증보문헌비고(상고 시대 이후 우리나라의 제도 · 문물을 정리한 백과사전)
　㉣ 무예도보통지(이덕무 · 박제가 · 백동수 등이 왕명으로 편찬한 병법서)
　㉤ 제언절목, 규장전운, 홍재전서 · 일득록

9. 세도 정치

(1) 세도 정치의 성립

① 의의 : 세도 정치란 종래의 일당 전제마저 거부하고 특정 가문이 권력을 독점하는 정치 형태로서, 가문의 사익을 위해 정국이 운영되어 정치 질서가 붕괴됨

② 성립 배경
　⊙ 탕평 정치로 왕에게 권력이 집중된 것이 19세기 세도 정치의 빌미가 됨
　ⓛ 정치 세력 간의 균형이 깨지고 몇몇 유력 가문의 인물에게 권력이 집중됨

(2) 세도 정치의 전개

① 순조(23대, 1800~1834)
　⊙ 정순왕후의 수렴청정 : 정조 때 정권에서 소외되었던 노론 벽파 세력이 정국을 주도하고 인사권 · 군권 장악, 장용영을 혁파하고 훈련도감을 정상화시켜 이를 장악
　ⓛ 안동 김씨 일파의 세도 정치 전개 : 정순왕후 사후 벽파 세력이 퇴조, 순조의 장인 김조순의 안동 김씨 일파가 세도 정치를 전개

② 헌종(24대, 1834~1849) : 헌종의 외척인 풍양 조씨 가문이 득세

③ 철종(25대, 1849~1863) : 김문근 등 안동 김씨 세력이 다시 권력 장악

10. 세도 정치기의 권력 구조

(1) 가문 정치(家門政治)

① 정치 기반 축소 : 중앙 정치를 주도하는 것은 소수의 가문으로 축소

② 유력 가문의 권력 독점 : 왕실 외척으로서의 정치 권력, 산림으로서의 명망, 관료 가문의 기반을 동시에 가지고 권력 독점

(2) 권력 구조 및 기반

① 정2품 이상의 고위직만이 정치적 기능을 발휘

② 의정부와 육조는 유명무실화되고 실질적인 힘은 비변사로 집중

③ 훈련도감(5군영) 등의 군권을 장기적으로 독점하여 정권 유지의 토대를 다짐

11. 세도 정치의 한계와 폐단

(1) 세도 정권의 한계

① 사회 개혁 의지와 능력 결여 : 개혁 세력의 정치 참여 배제, 사회 통합 실패

② 지방 사회에 대한 몰이해 : 세도가들은 도시 귀족의 체질을 지녔고 집권 후 개혁 의지도 상실하여 상대적으로 뒤떨어진 지방 사회의 사정을 이해하지 못함

(2) 세도 정치의 폐단

① 왕권의 약화 : 세도가의 권력 독점과 인사 관리의 전횡

② 정치 기강의 문란 : 매관매직(賣官賣職)의 성행, 수령·아전들의 수탈, 삼정의 문란

③ 상품 화폐 경제의 발전 저해, 농민 봉기의 발생

12. 대청 외교

(1) 청과의 관계

① 북벌 정책의 추진 : 적개심이 남아 북벌 정책을 오랫동안 고수, 전란 후 민심 수습과 국방력을 강화하는 데 기여

② 청의 발전과 북학론의 대두

  ㉠ 청은 전통 문화를 장려하고 서양 문물을 수용해 문화 국가로 변모

  ㉡ 학자들 중 일부는 청을 배척하지만 말고 이로운 것은 배우자는 북학론을 제기

(2) 청과의 영토 분쟁

① 국경 분쟁 : 청이 만주 지방을 성역화하면서 우리나라와 국경 분쟁이 발생

② 백두산 정계비 건립(숙종 38, 1712) : 청의 오라총관 목극등 등과 조선 관원들이 백두산 일대를 답사하여 국경을 확정하고 건립

③ 간도 귀속 문제 : 우리가 불법적으로 외교권을 상실한 상태에서 청과 일본 사이에 체결된 간도 협약(1909)에 따라 청의 영토로 귀속

13. 대일 외교

(1) 기유약조(광해군 1, 1609)

① 선조 37년(1604), 유정(사명당)을 파견하여 일본과 강화하고 3,000여 명의 조선인 포로를 송환

② 기유약조를 맺어 부산포에 다시 왜관 설치, 제한된 범위 내에서 교섭 허용(1609)

(2) 통신사(通信使)의 파견

붕당 정치와 세도 정치

세도 정치는 기존의 일당 전제마저 거부하고 특정 가문에서 권력을 독점하는 정치 형태. 붕당 정치가 이루어지던 시기에는 붕당들이 서로 대립하면서 어느 정도 여론을 수렴하였으며 정치적 명분을 내세워 사회 변동에 대처하기도 하였으나, 세도 정치 시기에는 세도 정권에 대해 비판을 할 수 있는 세력이 없었으므로 이들의 권력 행사를 견제할 방법이 없었음

철거전 백두산 정계비

간도 협약

1909년 일본은 남만 철도의 안봉선 개축을 두고 청과 흥정하여 철도 부설권을 얻는 대신 청에게 간도 지방을 넘겨주었음

05장

근대 태동기의 변동

SEMI-NOTE

통신사 행렬도

울릉도와 독도 문제
- **충돌의 원인** : 삼국 시대 이래 우리의 영토였으나 일본 어민들이 자주 침범
- **안용복의 활동** : 숙종 때 동래의 어민인 안용복은 울릉도에 출몰하는 일본 어민들을 쫓아내고, 일본에 2차례 건너가 울릉도와 독도가 조선의 영토임을 확인받고 돌아옴
- 19세기 말 정부는 울릉도에 주민 이주를 장려하고 군을 설치하여 관리를 파견, 독도까지 관할하게 함

조선 후기의 수탈과 통제 강화
- 수령과 향리 중심의 향촌지배방식으로 바뀜에 따라 이들에 의한 농민 수탈이 증가
- 농민의 이탈 방지를 위해 호패법과 오가작통제를 강화

영정법
세종 때 정비된 전분 6등법과 연분 9등법은 과세 기준이 복잡하고 토지의 작황을 일일이 파악해야 했으므로 적용이 번거로웠음. 그리하여 15세기 말부터는 4~6두를 징수하는 것이 관례화됨. 임진왜란을 거치며 토지가 황폐해지고 백성들의 삶이 피폐해지자 토지의 비옥도에 따라 전세를 정액화하는 영정법이 실시됨. 그러나 결과적으로는 큰 실효를 거두지 못함

① 조선의 선진 문화를 받아들이고, 막부의 권위를 인정받기 위해 사절 파견을 요청
② 사절의 파견 : 조선에서는 1607년부터 1811년까지 12회에 걸쳐 사절을 파견

02절 경제 구조의 변동

1. 수취 체제 개편의 배경 및 내용

(1) 개편의 배경

① 농촌사회의 붕괴 : 양난(兩亂)으로 인한 농민의 피해, 경작지 황폐화
② 정부 대책의 미흡 : 양반 지배층은 정치적 다툼에 몰두하여 민생 문제에 대처하지 못하였고, 복구를 위한 정부의 대책은 미봉책에 그침

(2) 개편의 내용 및 한계

① 개편의 기본 방향 : 농민들의 부담을 줄이고 지주의 부담은 늘림
② 개편의 내용 : 전세는 영정법, 공납은 대동법, 군역은 균역법으로 개편
③ 개편의 한계 : 결국 양반 중심의 지배체제 유지에 목적이 있었기에 농민 부담은 별로 줄지 않음

2. 전세(田稅) 제도의 개편

(1) 경제 상황과 정부의 개선책

① 양 난 이후의 경제 상황 : 당시 토지 결수가 임진왜란 전 150만 결에서 직후 30여만 결로 크게 감소
② 정부의 개선책
　㉠ 개간 장려 : 진전(陳田)의 개간 등
　㉡ 양전 사업 : 양안에서 빠진 토지(은결)를 찾아 전세의 수입원을 증대하려는 의도
③ 정부 정책의 한계 : 농민들의 삶을 향상시킬 수 없는 미봉책에 불과

(2) 영정법(永定法)의 시행(인조 13, 1635)

① 내용 : 풍흉에 관계없이 토지 1결당 미곡 4두로 전세를 고정(→ 전세의 정액화)
② 결과
　㉠ 전세의 비율이 이전보다 다소 낮아짐
　㉡ 전세 납부 시 부과되는 수수료와 운송비의 보충 비용 등이 전세액보다 많아 오히려 농민의 부담이 가중됨

3. 공납의 전세화

(1) 공납의 폐해

① 방납의 폐해 : 농민들의 토지 이탈 가속

② 국가 재정의 악화 : 양 난 후 더욱 악화

(2) 대동법(大同法)의 시행(광해군 1, 1608)

① 내용 : 토지 결수에 따라 쌀 등으로 납부하게 하고, 정부는 수납한 쌀 등을 공인에게 공가(貢價)로 지급하여 그들을 통해 필요한 물품을 구입

② 실시 목적 : 방납 폐해를 시정, 전후 농민 부담을 경감, 국가 재정 확충

③ 경과 : 양반 지주의 반대가 심해 전국 실시에 100년이란 기간이 소요

　㉠ 광해군 1년(1608) : 이원익 · 한백겸의 주장으로 선혜청을 설치하고 경기도에서 처음 실시(→ 1결당 16두 징수)

　㉡ 인조 1년(1623) : 조익의 주장으로 강원도에서 실시

　㉢ 효종 : 김육의 주장으로 충청도 · 전라도에서 실시

　㉣ 숙종 34년(1708) : 황해도에서 실시

④ 결과 : 농민 부담 경감, 공납의 전세화, 조세의 금납화, 국가 재정의 회복, 공인(貢人), 상품 화폐 경제의 발달

⑤ 한계 : 현물 징수의 존속, 전세의 전가, 가혹한 수탈

4. 균역법(均役法)의 시행

(1) 군역 제도 개편의 배경

① 5군영의 성립 : 16세기 이후 모병제가 제도화되자 군역을 대신하는 수포군이 점차 증가

② 양역의 폐단 발생

　㉠ 군포의 중복 징수 : 장정 한 명에게 이중 삼중으로 군포를 부담하는 경우가 빈발

　㉡ 군포 양의 불균등 및 면역(공명첩, 납속책) 증가, 부정부패 만연

③ 양역(良役)의 회피 증가, 군역에 대한 농민의 저항 발생

④ 양역변통론(良役變通論)의 대두 : 호포론(영조), 농병일치론(유형원) 등

(2) 균역법(영조 26, 1750) ★빈출개념

① 내용 : 종전의 군적수포제에서 군포 2필을 부담하던 것을 1년에 군포 1필로 경감

② 부족분의 보충 : 부가세 징수(결작, 선무군관포, 잡세)

③ 결과

　㉠ 일시적으로 군포 부담이 줄어 농민들의 저항이 다소 진정, 국가 재정도 증가

　㉡ 군역이 면제되었던 상류 신분층(양반 · 지주)이 군포와 결작을 부담함으로써 군역이 어느 정도 평준화

　㉢ 결작이 소작 농민에게 전가되어 군적이 다시 문란해짐

5. 농업

(1) 농업 생산력의 증대

제언절목
정조 2년(1778) 비변사에서 제정한 제언(농업 용수용 수리 시설) 관련 규정. 저수지 면적의 유지, 저수지 관리 방법, 저수지 수축 방법, 인력 동원 방법 등을 규정하고 있음. 〈비변사 등록〉과 〈정조실록〉에 전함

양반 지주의 경제 생활
• 소작료 소득 등을 통한 경제 기반의 유지 · 확대
• 토지에서 발생하는 수입을 통한 토지 매입에 열중
• 물주(物主)로서 상인에게 자금을 대거나 고리대로 부를 축적
• 경제적 변동에 적응하지 못하여 몰락하는 양반(잔반) 발생

계층 분화 촉진의 요인
농업의 이앙법과 광작, 수공업의 납포장과 선대제 수공업, 상업의 객주와 상인 물주 등

타조법
조선 전기에는 종자와 전세(田稅)는 지주 부담이 원칙이었지만, 조선 후기에 이르면 중부 이남 지방에서는 소작인이, 북부지방에서는 지주가 부담하였음

① 농경지 확충 : 황폐한 농토의 개간(농민은 오히려 소유지 감축) 등
② 수리 시설 복구와 관리
　　㉠ 제언, 천방, 보(洑) 등 수리 시설 정비 · 확대
　　㉡ 제언사를 설치(현종)하고 제언절목을 반포(정조)하여 국가에서 저수지 관리
③ 시비법 개량 : 거름의 종류 및 거름 주는 방법을 다양하게 개발
④ 새로운 영농 방법 도입을 통한 생산력 증대, 농업 경영의 전문화 · 다양화 : 이앙법, 견종법 등
⑤ 농업 경영 방식의 변화
　　㉠ 이앙법(모내기법) 보급
　　　• 단위 면적당 경작 노동력이 80% 정도 감소, 농민 1인당 경작 면적도 5배정도 증가
　　　• 이앙법 실시로 광작이 발생(→ 부농의 등장)
　　㉡ 부농
　　　• 지주형 부농 : 지주들도 직접 경작하는 토지를 확대
　　　• 경영형 부농 : 자작농은 물론 일부 소작농도 더 많은 농토를 경작
⑥ 상품 작물의 재배 : 쌀, 인삼, 목화, 고추, 약초, 과일, 인삼, 담배(17세기, 일본), 고구마(18세기, 일본), 감자(19세기, 청)

(2) 지주 전호제의 일반화

① 양 난 이후 양반이 토지 개간과 매입을 통해 토지를 확대하여 이를 소작 농민에게 소작료를 받고 임대하는 지주 전호제가 증가하였고, 18세기 말에 일반화됨
② 지주 전호제의 변화
　　㉠ 초기 : 양반과 지주라는 지위를 이용하여 소작료 등의 부담을 마음대로 강요
　　㉡ 변화 계기 : 상품 화폐 경제가 발달되면서 소작인의 저항이 심해짐
　　㉢ 후기 : 지주와 전호 사이의 신분적 관계보다 경제적인 관계로 바뀌어 감

(3) 몰락 농민의 증가

① 토지의 상품화 : 상품 화폐 경제의 발달과 함께 더욱 가속화
② 농민의 이농 현상 : 농촌을 떠나거나 품팔이로 생계를 유지하는 농민이 증가
③ 농민 계층의 분화 : 농촌을 떠난 농민은 도시로 가 상공업에 종사하거나 광산이나 포구의 임노동자가 됨

(4) 지대(地代)의 변화

① 배경
　　㉠ 소작 농민들은 더 유리한 경작 조건을 얻기 위하여 지주를 상대로 소작 쟁의를 벌임
　　㉡ 이러한 과정에서 소작권을 인정받고, 소작료 부담도 다소 완화됨
② 타조법(打租法) : 전기~후기의 일반적 지대
　　㉠ 소작인이 지주에게 수확의 반을 바침(→ 정률 지대)
　　㉡ 특징 : 농민에게 불리하고 지주에게 유리

③ 도조법(賭租法) : 후기에 보급

 ㉠ 일정 소작료(대개 평년작을 기준으로 수확량의 1/3)를 납부(→ 정액 지대)

 ㉡ 농민들의 항조 투쟁 결과 18세기에 일부 지방에서 등장

 ㉢ 특징 : 소작인에게 유리(→ 지주와 전호 간에 계약 관계, 지주제 약화)

④ 도전법(賭錢法)

 ㉠ 18세기 말 이후 상품 화폐 경제의 진전에 따른 소작료의 금납화

 ㉡ 소작농의 농업 경영을 보다 자유롭게 해 주는 기반으로 작용

6. 민영 수공업의 발달

(1) 발달 배경

① 시장 경제의 확대

 ㉠ 수요의 증가 : 인구 증가와 관수품 수요 증가

 ㉡ 공급의 증가 : 상품 화폐 경제의 발달로 시장 판매를 위한 수공업품 생산 활발

② 관영 수공업의 쇠퇴 : 16세기 전후 장인들의 공장안 등록 기피로 공장안에 의한 무상 징발이 어려워짐, 정부의 재정 악화 등으로 관영 수공업 체제의 유지가 곤란

(2) 민영 수공업의 발달

① 공장안 폐지(신해통공, 1791) : 정조 때 장인의 등록제를 폐지

② 민간 수요와 관수품의 수요 증가 : 민영 수공업을 통해 증가 수요 충족

③ 점(店)의 발달 : 민간 수공업자의 작업장(철점, 사기점 등), 전문 생산 체제 돌입

(3) 수공업 형태의 변화

① 선대제(先貸制) 수공업 : 17~18세기 수공업의 보편적 형태

② 독립 수공업자의 등장

 ㉠ 18세기 후반에 등장, 독자적으로 제품을 생산·판매하는 수공업자

 ㉡ 수공업자들의 독립 현상은 주로 놋그릇·농기구·모자·장도 분야에서 두드러짐

7. 광업의 발달

(1) 광산 경영의 변화

① 초기(15세기) : 정부의 광산 독점으로 사적인 광산 경영은 통제

② 16세기 : 농민들이 광산으로의 강제 부역을 거부하기 시작함

③ 17세기

 ㉠ 광산 개발 촉진 : 청과의 무역으로 은광의 개발이 활기

 ㉡ 설점수세(효종 2, 1651) : 민간의 사채(私採)를 허가, 정부에서는 별장을 파견하여 수세를 독점

 ㉢ 정부의 감독 아래 허가를 받은 민간인이 광산 채굴 가능

 ㉣ 호조의 별장제(숙종 13, 1687) : 별장이 호조의 경비로 설점을 설치하고 수세를

관리

④ 18세기

ㄱ 호조의 수세 독점 : 관찰사와 수령의 방해로 점차 쇠퇴

ㄴ 덕대제와 수령수세 : 18세기 중엽부터는 국가의 감독을 받지 않고 자본(상인 물주)과 경영(덕대)이 분리된 광산 경영 형태가 일반화됨, 수령이 수세를 관리

ㄷ 잠채 성행, 자유로운 채광 허용

(2) 조선 후기의 광산 경영의 특징

① 덕대제 : 경영 전문가인 덕대가 상인 물주에게 자본을 조달받아 채굴업자와 채굴 노동자 등을 고용하여 광물을 채굴하고 제련하는 것이 일반화됨

② 협업 체제 : 작업 과정은 분업에 토대를 둔 협업으로 진행

8. 사상(私商)의 성장

(1) 상업 활동의 변화

① 전기의 국가 통제 중심에서 벗어나 후기에는 사경제가 발달함

② 유통 경제의 활성화, 부세 및 소작료의 금납화로 상품 화폐 경제가 더욱 진전, 계층의 분화

(2) 상업 활동의 주역

① 공인(貢人)

ㄱ 의의 : 대동법이 실시되면서 나타난 어용 상인

ㄴ 공계 : 관청별로 또는 물품별로 공동 출자를 해서 계를 조직하고 상권 독점

ㄷ 결과 : 납부할 물품을 수공업자에게 위탁함으로써 수공업의 성장을 뒷받침

ㄹ 성장 : 특정 물품에 대한 독점력을 갖게 되어 독점적 도매 상인인 도고로 성장

② 사상(私商)

ㄱ 등장 : 17세기 초 도시 근교의 농어민이나 소규모의 생산자 등

ㄴ 억제 : 적극적인 상행위는 어려움, 시전 상인의 금난전권으로 위축됨

ㄷ 시전과의 대립 : 17세기 후반 사상들은 보다 적극적인 상행위로 종루·이현·칠패 등에 근거지를 마련하고 종래의 시전과 대립

ㄹ 새로 점포를 열거나, 금난전권이 적용되지 않는 길목으로 상권 확대

ㅁ 사상의 성장을 더 막을 수 없었던 국가가 금난전권을 철폐한 후 성장이 가속화

ㅂ 사상의 활동
- 지방의 장시를 연결하면서 물품을 교역하고, 각지에 지점을 두어 상권을 확장
- 대표적 사상 : 개성의 송상, 경강 상인(선상, 강상), 의주의 만상, 동래의 내상 등
- 도고의 활동 : 주로 칠패·송파 등 도성 주변에서 활동하였으며, 그 외 지방 도시로도 확대

도고

조선 후기, 대규모 자본을 동원하여 상품을 매점매석함으로써 이윤 극대화를 노린 상인을 말함. 국가에서는 신해통공 등을 통해 도고를 혁파하려 하였지만, 관청이나 권세가 등과 결탁한 이들을 근절할 수는 없었음. 이들이 쌀이나 소금 등 생활 필수품까지 매점매석함으로써 상품 부족과 물가 상승이 야기됨

금난전권 폐지

육의전을 제외한 시전의 금난전권 폐지 → 노론의 경제적 기반 약화, 자유 상인이 납부한 세금을 통해 국가 재정 확충

육의전

육주비전·육부전·육분전·육장전·육조비전·육주부전이라고도 하며, 육의전은 선전·면포전·면주전·지전·포전·내외어물전으로 되어 있음. 이들은 국역을 부담하는 대신 정부로부터 강력한 특권을 부여받아 주로 왕실과 국가 의식에 필요한 물품의 수요를 전담하는 등 상품의 독점과 전매권을 행사해 상업 경제를 지배하면서 조선말까지 특권적인 지위를 차지하였고, 갑오개혁 때 혁파됨

9. 포구에서의 상업 활동

(1) 포구(浦口)의 성장

① 성장 배경 : 물화의 대부분이 수로로 운송되었으며, 18세기에 이르러 교통과 운송의 중심지로 성장

② 상업 중심지로 성장 : 포구에서의 상거래는 장시보다 규모가 컸음

(2) 선상(船商)·객주(客主)·여각(旅閣)

① 유통권의 형성 : 선상·객주·여각 등이 포구를 거점으로 상행위를 전개하며 유통권을 형성

② 선상(경강 상인) : 선박을 이용해 각 지방의 물품을 구입한 후 포구에서 처분

③ 객주·여각 : 물화가 포구에 들어오면 매매를 중개하고, 운송·보관·숙박·금융 등의 영업도 함

10. 중계 무역의 발달

(1) 청과의 무역

① 국경 무역 : 17세기 중엽부터 대청 무역이 활발해지면서 의주의 중강과 중국 봉황의 책문 등 국경 지대를 중심으로 개시(공무역)와 후시(사무역)가 동시에 이루어짐

㉠ 개시(開市) : 공인된 무역 장소, 중강 개시와 북관 개시, 왜관 개시 등이 있음

㉡ 후시(後市) : 밀무역으로, 책문 후시(柵門後市)가 가장 활발

㉢ 종사 상인 : 의주의 만상은 대중국 무역을 주도하면서 재화를 축적

㉣ 중계 상인 : 개성의 송상

② 교역품 : 수출품(은·종이·무명·인삼 등), 수입품(비단·약재·문방구 등)

11. 화폐 유통

(1) 동전(銅錢)과 신용 화폐(信用貨幣)

① 동전의 유통

㉠ 배경 : 상공업이 발달에 따른 교환의 매개

㉡ 경과 : 인조 때 동전을 주조하여 개성을 중심으로 통용, 효종 때 널리 유통시킴, 숙종 때 전국적으로 유통

㉢ 용도 : 18세기 후반부터는 세금과 소작료도 동전으로 대납, 상평통보로 물건 구매

② 신용 화폐의 보급 : 환(換)·어음 등의 신용 화폐가 사용됨

(2) 화폐 유통의 영향

① 긍정적 영향 : 상품 유통 촉진에 기여

SEMI-NOTE

포구의 발달
조선 시대에는 상업 활동이 활발하지 못했으므로 도로가 그리 발달하지 못하였음. 대부분의 세곡을 운반하는 데 사용된 길은 강이나 바다를 이용한 수로였음. 이에 따라 강이나 바다의 포구는 여러 지역에서 운반된 물건들이 모이는 곳으로 자연스럽게 번성하게 되었고, 그와 함께 객주와 여각 등이 출현하였음

거간(居間)
대표적인 중간상인으로 생산자와 상인, 상인과 상인, 상인과 소비자, 국내 상인과 외국 상인 사이에서 거래를 알선하였음

장시의 발달
• 성립과 발전 : 15세기 말 남부 지방에서 시작하여 18세기 중엽에는 전국에 천여 개소가 개설됨. 조선 후기 전국적으로 발달한 장시를 토대로 사상이 성장. 보통 5일마다 정기 시장 개설, 지역적 상권·상업 중심지로 자리 잡고 이윤을 확대
• 보부상(褓負商) : 농촌의 장시를 하나의 유통망으로 연계시킨 상인. 생산자와 소비자를 이어 주는 역할을 한 행상으로서, 장날을 이용하여 활동. 자신들의 이익을 지키고 단결하기 위하여 보부상단이라는 조합을 구성

상평통보
인조 11년(1633) 김신육·김육 등의 건의로 발행. 그러나 사용이 미비하여 유통이 중지되었다가, 숙종 4년(1678) 허적·권대운 등의 주장으로 다시 주조되어 서울과 서북 일부에서 유통되었으며, 이후 전국적으로 확산됨

05장
근대 태동기의 변동

② 부정적 영향

　　㉠ 지주나 대상인들은 화폐를 재산 축적 수단으로 이용

　　㉡ 전황으로 인한 화폐의 부족은 고리대로 이어져 농민의 피해가 극심

03절　사회의 변화

1. 양반층의 분화

(1) 배경

① 양반의 분화 : 붕당 정치의 변질과 일당 전제화의 경향으로 양반층의 분화(자기 도태 현상)를 초래

② 경제 구조의 변화 : 농업 생산력의 발달, 상품 화폐 경제의 진전, 상공업의 발달 등

③ 사회 계층 구성의 변화 : 경영형 부농, 상업 자본가, 임노동자, 독립 수공업자 등이 출현

(2) 양반층의 분화

① 벌열 양반(권반) : 지역 사회에서 권세 있는 양반으로 사회 · 경제적 특권을 독차지, 대부분 중앙과 연결되어 있음

② 향반(토반) : 향촌 사회에서 겨우 위세를 유지하고 있는 양반

③ 몰락 양반(잔반) : 평민과 다름없는 처지의 양반

　　㉠ 자영농 · 소작 전호화, 상업 · 수공업에 종사하거나 임노동자로 전락하기도 함

　　㉡ 서학 · 동학 등에 관심을 갖게 됨, 현실 비판적, 민중 항거자로 기능

풍속화(자리를 짜는 몰락 양반의 모습)

2. 중간 계층의 신분 변동

(1) 중간 계층에 대한 사회적 차별과 역할 제약

① 서얼 : 성리학적 명분론에 의해 과거 응시나 사회 활동 등에 제약, 서얼차대법에 따라 문과 응시가 금지됨, 한품서용제

② 중인층 : 실제로는 서얼과 같이 천대받음, 청요직 임명에 제약이 따름

(2) 신분 상승의 추구

① 서얼

　　㉠ 제약의 완화 : 임진왜란 이후 정부의 납속책 · 공명첩 등으로 서얼의 관직 진출 증가

　　㉡ 허통(許通) 운동 : 신분 상승을 요구하는 서얼의 상소 운동

　　㉢ 영향 : 기술직 중인에게 자극을 주어 통청 운동이 전개됨

② 중인

　　㉠ 신분 상승 운동의 전개 배경 : 조선 후기의 사회 · 경제적 변동, 서얼의 신분

상승 운동, 기술직 종사로 축적된 재산과 풍부한 실무 경험
　　ⓒ 통청 운동 : 중인도 청요직에 오를 수 있도록 해 줄 것을 요구(성공하지는 못함)
　　ⓒ 역관의 역할 : 대청 외교 업무에 종사

3. 농민층의 분화

(1) 농민층의 구성 및 생활 모습

① 농민층의 구성 : 지주층(상층의 소수 농민), 자영농 · 소작농
② 농민의 생활 모습 : 자급자족적 생활을 영위, 국역 부담, 거주 이전의 제한(호패법 · 오가작통법 · 도첩제 등)

(2) 부농과 임노동자

① 부농
　　㉠ 영농 방법 개선과 광작 경영 등을 통해 부를 축적한 부농 출현
　　ⓒ 새로운 지주들의 신분 상승 추구 : 군역을 면하고 경제 활동에서 편의를 제공 받을 수 있는 양반이 되고자 함
② 임노동자
　　㉠ 배경 : 이앙법의 확대와 상품 화폐 경제의 발달 등으로 인해 농민의 계층 분화 발생, 다수의 농민이 토지에서 밀려남
　　ⓒ 국가의 고용 : 16세기 중엽 이래 부역제가 해이해지면서 고용
　　ⓒ 부농층의 고용 : 가족 노동력만으로는 경영이 어려운 부농층에서 고용

4. 노비의 해방

(1) 신분 구조에 대한 저항

① 신분 상승 노력 : 공노비를 종래의 입역 노비에서 신공을 바치는 납공 노비로 전환시킴
② 노비의 도망 : 납공 노비 등의 도망 확산, 잔존 노비의 신공 부담 증가

(2) 노비의 해방

① 일천즉천의 법제 폐지 : 현종 10년(1669) 해당 법제를 폐지
② 노비 종모법의 정착 : 영조 7년(1731) 노비 종모법을 확정 · 시행
③ 공노비 해방 : 순조 원년(1801)에 중앙 관서의 노비 6만 6,000여 명을 해방
④ 노비 세습제의 폐지 : 고종 23년(1886) 폐지
⑤ 사노비 해방 : 갑오개혁(1894)으로 공 · 사노비가 모두 해방됨

5. 가족 및 혼인 제도

(1) 가족 제도의 변화

① 조선 중기 : 남귀여가혼(男歸女家婚) 존속, 자녀 균분 상속의 관행, 제사의 자녀

SEMI-NOTE

상품 작물

조선 후기에 이르러 인삼, 담배, 약재, 목화, 삼 등의 특용 작물의 재배가 활발해졌는데, 이렇게 시장에서 매매되기 위한 목적으로 재배되는 농작물을 상품 작물이라고 함. 쌀도 상품화되어 시장에서 매매되었으며 경영형 부농은 상품 작물을 통해 부를 축적하였음. 상품 작물은 조선 후기 시장의 활성화 및 경영형 부농층의 형성과 농민의 분화에 큰 영향을 미쳤음

노비 관련법의 변화
- 고려
  - 정종 : 양인과 천민 간 혼인금지(원칙), 천자수모법(보완책)
  - 충렬왕 : 일천즉천법(부모 중 한 쪽이 노비면 그 자녀도 노비) 실시
- 조선
  - 태종 : 노비의 양인화를 위해 노비 종부법 실시
  - 세조 : 일천즉천법 실시
  - 영조 : 노비 종모법 실시
  - 순조 : 공노비 해방
  - 고종 : 공 · 사노비의 법적 해방

신공(노비공)

조선 시대 외거 노비들은 국가나 주인에게 신역을 바치지 않는 대신 신공을 바쳤음. 〈경국대전〉에 따르면 공노비인 남자는 면포 1필과 저화 20장(면포 1필의 가격)이고 여자는 면포 1필과 저화 10장이었으며, 사노비인 남자는 면포 2필이고 여자는 면포 1.5필이었음. 신공은 영조 31년(1755) 노비공감법을 통해 감소하였으며, 영조 51년(1775)에는 여자의 신공이 완전히 폐지되고 남자만 신공으로 면포 1필을 납부하였음

동약

조선 중기 이후 재지사족이 신분질서와 부세제(賦稅制)를 유지하기 위해 만든 동 단위의 자치 조직을 일컬음. 동계, 동의, 동안이라고도 함. 17세기까지의 동약은 종족적(宗族的) 기반 위에 학계 등도 연관된 것으로, 재지사족 간 동족적·지역적 유대를 강화하는 역할을 하였으며, 문중의 세력을 측정하는 지표로 사용되기도 하였다. 그러나 18세기에 이르러 신분제가 동요하면서 향촌 질서를 양반 중심으로 재편성하기 위한 방법으로 사용되었음

사우(祠宇)

선조·선현의 신주나 영정을 모셔 두고 제향하는 곳을 일컬음. 향현사, 향사, 이사, 영당, 별묘 등으로 불리기도 함. 본격적인 발생은 고려 말 〈주자가례〉가 전래된 이후부터지만, 삼국 시대에도 이미 사우가 존재하고 있었음. 조선 시대에 유교 이념이 정착함에 따라 공신·명현 추존을 위한 사우 건립이 증가하였는데, 특히 서원이 발흥하면서 사우의 질과 양도 크게 변모함. 이후 붕당 정치의 변질에 따라 사우는 각 붕당의 정치적 결속을 강화하는 거점 역할을 하기도 하였으며, 조선 후기에는 신분제가 변동하면서 양반의 지위를 유지하기 위한 일환으로 건립되기도 하였음

분담(윤회 봉사)

② 17세기 중엽 이후(조선 후기) : 친영(親迎) 제도의 정착, 장자 중심 봉사, 부계 중심의 가족 제도 강화, 과부의 재가 금지

(2) 혼인 제도의 변화

① 일부일처제와 첩 : 일부일처를 기본으로 하였지만 남자들은 첩을 들일 수 있었음
② 적(嫡)·서(庶)의 엄격한 구분 : 서얼의 문과 응시 금지, 제사나 재산 상속 등에서의 차별
③ 혼인 결정권 : 대개 집안의 가장이 결정, 법적으로 남자 15세·여자 14세면 혼인 가능

6. 양반의 지배력 약화

(1) 신분제의 동요와 양반의 지배력 약화

① 향촌 사회에서의 양반 : 양반은 족보를 만들어 가족 전체가 양반 가문으로 행세, 양반들은 촌락 단위의 동약을 실시, 향회를 통해 향촌 사회의 여론을 이끌고 유교적 향약을 강요하여 농민을 지배
② 양반의 지배력 약화 : 조선 후기 신분의 상하 변동이 촉진되면서 향촌 사회 내부에서의 양반의 권위가 하락

(2) 성장한 부농층의 도전

① 신분 상승 : 향촌의 새로운 부농층에게 납속이나 향직의 매매를 통한 합법적 신분 상승의 길이 열림
② 향회 장악 기도 : 부농층은 관권과 결탁하고 향안에 이름을 올리며 향회의 장악을 기도
③ 향회의 자문 기구화 : 수령이 세금 부과를 묻는 자문 기구로 변질되어 견제 기능 상실
④ 부농층과 정부(관권)의 연결 : 부농층은 종래 재지사족(구향층)이 담당하던 정부의 부세 제도 운영에 적극 참여하였고, 향임직에 진출하지 못한 부농층도 수령이나 향리 등 관권과 결탁하여 상당한 지위를 확보
⑤ 향촌 지배에서 소외된 대다수 농민들
 ㉠ 지배층이나, 지배층과 연결된 부농층 등에 수탈을 당함
 ㉡ 19세기 이후 농민 봉기에 주도적으로 참여하여 봉건적 수탈 기구에 대항하는 세력이 되기도 함

7. 천주교의 전파

(1) 천주교의 전래

17세기에 베이징을 방문하고 돌아온 사신들이 서학(학문적 대상)으로 소개, 18세기 후반 신앙으로 받아들여짐

(2) 교세의 확장

남인 계열의 실학자들이 천주교 서적인 〈천주실의〉를 읽고 신앙 생활, 이승훈이 영세를 받고 돌아와 활발한 신앙 활동 전개

(3) 박해

① 원인
　㉠ 사상적 원인 : 천주교의 평등관·내세관이 조선 왕조의 근본 질서에 반함
　㉡ 사회적 원인 : 제사 거부는 유교적 패륜이며, 반상의 계층 사회 구조에 부적합
　㉢ 정치적 원인 : 정쟁·정권 다툼의 구실, 서양 세력의 접근에 대한 위기 의식
② 경과
　㉠ 사교로 규정 : 처음에는 저절로 사라질 것으로 생각하고 내버려두었으나 교세가 계속 확장되고 그 교리 등이 유교 질서에 반해 사교로 규정
　㉡ 정조 : 천주교에 비교적 관대하던 시파가 정권을 잡아 큰 탄압이 없었음
　㉢ 순조 : 노론 강경파인 벽파가 집권하면서 탄압이 가해짐
　㉣ 안동 김씨 세도 정치기 : 탄압이 완화되며 백성들에게 활발히 전파
　㉤ 조선 교구가 설정되고 서양인 신부들이 들어와 포교하면서 교세가 점차 확장됨
③ 박해 사건
　㉠ 추조 적발 사건(정조 9, 1785) : 이벽, 이승훈, 정약용 등이 김범우의 집에서 미사를 올리다 형조의 관원들에게 발각됨
　㉡ 반회 사건(정조 11, 1787) : 이승훈, 정약용, 이가환 등이 김석대의 집에서 성경 강습, 금압령 강화
　㉢ 신해박해(정조 15, 1791) : 전라도 진산의 양반 윤지충 등이 모친상을 천주교식으로 지냄(신주 소각)(→ 비교적 관대하게 처벌)
　㉣ 신유박해(순조 1, 1801)
　　• 벽파(노론 강경파)가 시파를 축출하기 위한 정치적 박해(→ 시파 세력의 위축·실학의 쇠퇴)
　　• 이승훈·이가환·정약종·주문모 신부 등 3백여 명 처형
　　• 정약용·정약전 등이 강진과 흑산도로 유배됨
　　• 황사영 백서(帛書) 사건 발생
　㉤ 기해박해(헌종 5, 1839) : 안동 김씨와 풍양 조씨의 세도 쟁탈전 성격, 프랑스 신부 등 처형, 척사윤음(斥邪綸音) 반포, 오가작통법을 이용하여 박해
　㉥ 병오박해(헌종 12, 1846) : 김대건 신부 처형
　㉦ 병인박해(고종 3, 1866)
　　• 대왕대비교령으로 천주교 금압령
　　• 최대의 박해, 프랑스 신부(9명)와 남종삼 등 8천여 명 처형(→ 병인양요 발생)

8. 동학(東學)의 발생

(1) 성립

SEMI-NOTE

천주교 박해 시기

시기	박해
정조(1785)	추조 적발 사건
정조(1787)	반회 사건
정조(1791)	신해박해
순조(1801)	신유박해
헌종(1839)	기해박해
헌종(1846)	병오박해
고종(1866)	병인박해

병인박해

1866년 시베리아를 건너 남하한 러시아는 함경도에 와서 조선과의 통상을 요구하였음. 이때 몇몇 천주교도들의 건의에 따라 흥선대원군은 프랑스 선교사를 통해 프랑스와 동맹을 체결하고자 하였으나 시기가 맞지 않아 계획은 수포로 돌아갔음. 이전부터 천주교는 배척을 받고 있었는데, 이 사건으로 인해 비난이 고조되자 흥선대원군은 천주교를 탄압하기로 결심하였음. 1866년 천주교 탄압이 선포됨에 따라 프랑스 선교사 9명이 처형되고 수천 명의 천주교도들이 학살되었음. 이 박해를 피해 탈출한 리델 신부가 프랑스 해군사령관 로즈 제독에게 이 사실을 알림으로써 병인양요가 일어나게 되었음

황사영 백서(帛書) 사건

신유박해의 내용과 대응 방안을 적은 밀서를 중국 베이징의 구베아 주교에게 보내려고 한 사건을 말함. 이 사건으로 황사영은 처형되고 천주교는 더욱 탄압을 받게 되었음

동학의 사상

동학의 교리는 유·불·선의 주요 내용을 바탕으로 하였으며, 여기에 주문과 부적 등 민간 신앙의 요소들을 결합하였음. 동학은 사회 모순을 극복하고 일본과 서양 국가의 침략을 막아내자는 주장을 폈으며, 모든 사람이 평등하다는 인내천 사상을 강조하였음

인내천

• 의미 : 사람이 곧 하늘
• 신분 및 계급을 초월하여 모든 인간을 평등하게 봄(인심이 곧 천심이요, 사람을 섬기는 것은 하늘을 섬기는 것) → 농민들 사이에서 급속도로 전파

〈동경대전〉과 〈용담유사〉

• 동경대전 : 최제우가 지은 동학의 경전. 최제우 생전에는 간행되지 못하고, 2대 교주인 최시형 때 간행되었음
• 용담유사 : 최제우가 지은 포교 가사집. 2대 교주인 최시형 때 간행되었음

홍경래

평안북도의 몰락 양반 출신인 홍경래는 평양 향시를 통과하고 유교와 풍수지리를 익힌 지식인이나 대과에 낙방하였음. 당시 대과에서는 시골 선비에 대한 차별이 심했을 뿐만 아니라, 서북 출신은 고구려 유민으로 구분되어 천한 취급을 받고 있었으므로 홍경래가 대과를 통해 관직에 나아가는 것은 어려운 일이었음. 세상을 바꿀 결심을 한 홍경래는 사회를 살피고 동료들을 규합하여 봉기를 주도하였음. 그러나 만 4개월 동안 이어졌던 봉기는 실패로 끝났으며, 홍경래는 정주성 싸움에서 전사하였음

① 성립 배경 : 세도 정치와 사회적 혼란, 민심의 동요, 서양의 통상 요구와 천주교 세력의 확대로 인한 위기 의식의 고조
② 창시 : 철종 11년(1860)에 경주 출신인 최제우(崔濟愚)가 창시

(2) 성격

① 성리학·불교·서학 등을 배척하면서도 교리에는 유·불·선의 주요 내용과 장점을 종합
② 샤머니즘, 주문과 부적 등 민간 신앙 요소도 결합되어 있으며, 현세구복적 성격
③ 시천주(侍天主), 사인여천(事人如天), 인내천(人乃天) 사상을 강조해 인간 평등을 반영
④ 운수 사상과 혁명 사상(조선 왕조를 부정)을 담고 있음

(3) 탄압

① 철종 14년(1863) : 사교로 규정하고 금령 반포
② 고종 1년(1864) : 혹세무민의 죄로 교주 최제우를 처형

(4) 교세의 확대

① 2대 교주 최시형은 교세를 확대하면서 〈동경대전(東經大全)〉과 〈용담유사(龍潭遺詞)〉를 펴내어 교리를 정리
② 의식과 제도를 정착시키고 포·접 등 교단 조직을 정비

9. 농민의 항거

(1) 원인

사회 불안 고조, 유교적 왕도 정치의 퇴색, 신분제의 동요, 19세기 세도 정치하에서 탐관오리의 부정과 탐학, 사회·경제적 모순의 심화, 극심한 삼정의 문란

(2) 전개

① 홍경래 난(평안도 농민 전쟁, 순조 11, 1811)
   ㉠ 의의 : 세도 정치기 당시 농민 봉기의 선구
   ㉡ 중심 세력 : 광산 노동자들이 중심적으로 참여, 영세 농민·중소 상인·유랑인·잔반 등 다양한 세력이 합세
   ㉢ 원인
      • 서북인(평안도민)에 대한 차별 및 가혹한 수취
      • 평안도 지역 상공인과 광산 경영인을 탄압·차별하고 상공업 활동을 억압
      • 세도 정치로 인한 관기 문란, 계속되는 가뭄·흉작으로 인한 민심 이반
   ㉣ 경과 : 가산 다복동에서 발발하여 한때 청천강 이북의 7개 고을을 점령하였으나 5개월 만에 평정
   ㉤ 영향 : 이후 각지의 농민 봉기 발생에 영향을 미침

② 임술 농민 봉기(진주 민란 · 백건당의 난, 철종 13, 1862)

  ㉠ 의의 : 삼남 일대에서 민란이 잇달아 촉발되어 농민 봉기의 전국적 확대 계기

  ㉡ 원인 : 진주 지역 포악한 관리(백낙신 · 홍병원 등)의 탐학

  ㉢ 경과 : 몰락 양반 유계춘의 지휘하에 농민들이 진주성을 점령, 수습책으로 삼정의 폐단을 시정하기 위한 임시 관청인 삼정이정청이 설치되었지만 큰 효과는 거두지 못함

(3) 항거의 의의

① 농민들의 사회 의식이 더욱 성장

② 양반 중심 통치 체제의 붕괴 가속화

👓👓 한눈에 쏙~

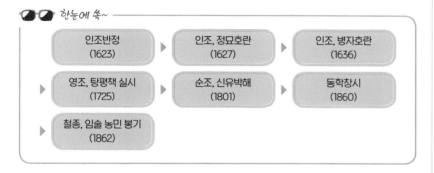

```
인조반정        →   인조, 정묘호란   →   인조, 병자호란
(1623)              (1627)              (1636)

영조, 탕평책 실시  →   순조, 신유박해    →   동학창시
(1725)              (1801)              (1860)

철종, 임술 농민 봉기
(1862)
```

임술 농민 봉기

임술년(1862년) 2월 19일, 진주민 수만 명이 머리에 흰 수건을 두르고 손에는 몽둥이를 들고 무리를 지어 진주 읍내에 모여 서리들의 가옥 수십 호를 불사르고 부수어, 그 움직임이 결코 가볍지 않았다. 병사가 해산시키고자 장시에 나가니 흰 수건을 두른 백성들이 그를 빙 둘러싸고는 백성들의 재물을 횡령한 조목, 아전들이 세금을 포탈하고 강제로 징수한 일들을 면전에서 여러 번 문책하는데, 그 능멸하고 핍박함이 조금도 거리낌이 없었다.

     – 〈임술록〉 –

04절   문화의 새 기운

1. 성리학의 흐름

(1) 성리학 연구의 전개 및 분파

① 성리학의 연구는 정국의 흐름과 밀접하게 관련되어 진행

② 17세기 붕당들은 정통성을 가지기 위해 학연에 유의하여 학문적 토대를 굳힘

  ㉠ 영남학파가 주로 동인 계열을, 기호학파가 주로 서인 계열을 이끎

  ㉡ 동인은 다시 남인과 북인으로 나뉨

  ㉢ 인조 반정으로 정국을 주도하게 된 서인은 숙종 때에 이르러 노론과 소론으로 분파

(2) 노론과 소론의 성리학

① 노론 : 성리학의 교조화 · 절대화

  ㉠ 주자의 본뜻에 충실함으로써 사회의 모순을 해결할 수 있다고 봄

  ㉡ 신권 정치(臣權政治) 강조, 상공업에 관심, 수취 체제 개선과 민생 안정 · 노비속량 강조

윤증

조선 중기의 학자로, 송시열의 제자. 병자호란 이후 명에 대한 의리를 주장하는 송시열과 대립하여 대청 실리 외교를 주장하였으며, 양난 이후의 빈곤 및 사회 변동 등 정국의 변화는 송시열의 주자학적 조화론과 의리론만으로 바로잡을 수 없다고 비판하였다. 두 사람 간의 논쟁은 서인이 노론과 소론으로 분파되는 계기인 회니시비(懷尼是非)로 이어졌음

윤휴

조선 후기의 문신이자 학자로 젊은 시절부터 서인 계열인 송시열, 송준길, 유계 등과 남인 계열인 권시, 권준 등과 친분이 있었음. 기해예송 때 송시열의 주장이 내포한 오류를 가장 먼저 지적하였으며, 갑인예송 때에도 같은 기준에서 서인 측 견해가 잘못되었음을 지적하였음. 북벌을 실현시키고자 무과인 만과를 설치하고 병거와 화차를 개발 · 보급하고자 하였음. 주자에 대해서는 성학 발전에 최대의 공로를 세웠다고 높이 평가하였으며, 성학 발전을 위해서는 후학들이 선유의 업적을 토대로 새로운 해석과 이해의 경지를 개척해야 한다고 주장하면서 새로운 해석을 시도하였음

박세당의 탈성리학적 경향

박세당은 성리학에 대하여 스승을 무비판적으로 답습하는 것으로 파악하고 자유로운 비판을 강조하였음. 즉, 주자가 원대한 형이상학적 최고선(善)의 정신을 통해 인식의 절대성을 강조한 데 반해, 박세당은 일상적 행사를 통한 인식의 타당성을 강조하여 인식의 상대성을 제시하였음. 그 뿐만 아니라 주자가 주장한 인간 본성의 선천성을 비판하고 인간의 도덕적 판단력을 인정함으로써 인간의 능동적 실천 행위와 주체적인 사고 행위를 강조하였음

② **소론** : 성리학의 교조성 비판, 성리학의 상대적 · 탄력적 이해(윤증을 중심)

(3) 성리학의 이론 논쟁

① **16세기** : 4단 7정 논쟁(이황과 기대승), 이기철학의 논쟁

② **17세기** : 성리학의 이기론을 둘러싼 논쟁

③ **18세기** : 호락 논쟁(湖洛論爭)

구분	호론(湖論)	낙론(洛論)
주도 세력	충청도 지역을 중심으로 송시열의 제자인 권상하 · 한원진 · 윤봉구 등이 주도	서울 · 경기 지역을 중심으로 김창협 · 이간 · 이재 · 어유봉 · 박필주 · 김원행 등이 주도
본성론	• 인간과 사물의 본성이 다르다는 인물성이론(人物性異論)을 주장 • 기(氣)의 차별성 강조(주기론) • 성인과 범인의 마음이 다르다는 성범성이론(聖凡性異論) 강조(→ 신분제 · 지주전호제 등 지배 질서 인정)	• 인간과 사물의 본성이 같다는 인물성동론(人物性同論)을 주장 • 이(理)의 보편성 강조 • 인간의 본성을 자연에까지 확대 • 성범성동론(聖凡性同論) 강조(→ 일반인 중시, 신분 차별 개혁)
계승	화이론 · 대의명분론을 강조하여 북벌론과 위정척사 사상으로 연결	화이론 비판, 자연 과학 중시, 북학 사상 · 이용후생 사상으로 연결

2. 성리학의 한계와 비판

(1) 성리학의 한계

① 지배 신분으로서 양반의 특권을 강화(지배층의 지위 합리화)하기 위한 목적으로 이용됨

② 타 학문과 사상을 배척하여 사상적 경직성을 띠는 등 성리학이 교조화됨

③ 조선 후기의 사회 모순에 대하여 근본적 대책을 강구하지 못함

(2) 성리학의 비판(탈성리학)

① **사상적 경향** : 17세기 후반부터 본격화된 것으로 주자 중심의 성리학을 상대화, 6경과 제자백가 사상을 근거로 성리학을 재해석

② **대표적인 학자**

　ⓐ **윤휴** : 유교 경전에 대하여 주자와 다른 독자적인 해석을 하여 유학의 반역자(사문난적)라 지탄을 받았고, 결국 송시열의 예론을 비판하다가 사형 당함

　ⓑ **박세당** : 양명학과 노장 사상의 영향을 받아 〈사변록(思辨錄)〉을 써 주자의 학설을 비판하다가 사문난적으로 몰려 학계에서 배척됨

SEMI-NOTE

실력up **사변록(思辨錄)**

경(經)에 실린 말이 그 근본은 비록 하나이지마는 그 실마리는 천 갈래 만 갈래이니, 이것이 이른바 하나로 모이는 데 생각은 백이나 되고, 같이 돌아가는 데 길은 다르다는 것이다. 그러므로 비록 독창적인 지식과 깊은 조예가 있으면 오히려 그 귀추의 갈피를 다하여 미묘한 부분까지 놓침이 없을 수 없는 경우가 있다. 반드시 여러 장점을 널리 모으고 조그마한 선도 버리지 아니하여야만 대략적인 것도 유실되지 않고, 얕고 가까운 것도 누락되지 아니하여, 깊고 심원하고 정밀하고 구비한 체제가 비로소 완전하게 된다.

3. 양명학의 수용

(1) 양명학

① **의의** : 성리학의 교조화와 형식화, 사상적 경직성 등을 비판하며 지행합일의 실천성을 강조하는 주관적 실천 철학
② **수용 및 연구**
  ㉠ **전래** : 중종 때에 조선에 전래
  ㉡ **수용과 확산** : 17세기 후반 소론 학자들에 의하여 본격적으로 수용되어 주로 서경덕 학파와 불우한 종친들 사이에서 점차 확산
  ㉢ **본격적 연구** : 18세기 정제두의 강화학파에 의해 이루어짐
③ **사상 체계** : 심즉리(心卽理), 치양지설(致良知說), 지행합일설(知行合一說) 등을 근간으로 함

(2) 정제두의 활동

① **저서** : 〈존언〉·〈만물일체설〉 등으로 양명학의 학문적 체계를 수립, 변퇴계전습록변
② 양지설(良知說), 지행합일설 강조
③ 일반민을 도덕 실천의 주체로 상정하고, 이를 바탕으로 신분제 폐지를 주장
④ **강화학파의 성립** : 18세기 초 양명학 연구와 제자 양성에 힘써 강화학파를 이룸

4. 실학의 성립과 발전

(1) 등장 배경

① 17~18세기의 사회·경제적 변동에 따른 사회적 모순의 해결 방법을 구상하는 과정에서 대두
② 지배 이념인 성리학은 현실 문제를 해결할 수 없었음
③ 현실 문제를 탐구하려는 학문적·사상적 움직임으로 등장

(2) 실학의 성립

① **16세기 말** : 정치·문화 혁신의 움직임이 싹터 정인홍 등이 성리학 이외의 사상

강화학파

조선 후기 정제두 등 양명학자들이 강화도를 중심으로 형성한 학파. 그를 따라 모인 소론 학자들과 친인척 등을 중심으로 계승·발전하였음. 훈민정음 연구에도 관심을 보였고, 특히 실학에 많은 영향을 주어 실사구시의 이론적 기초를 제공하였음

강화학파의 계보

양명학과 실학의 성격

성리학에 대하여 비판한 양명학과 실학도 성리학을 전면적으로 부정하지는 못했으므로 반유교적이라고 볼 수는 없음

고증학과 실학

고증학은 명말 청초에 일어난 학풍으로 실증적 고전 연구를 중시하였는데, 실증적 귀납법을 통해 종래의 경서 연구 방법을 혁신하였음 청으로부터 전해진 고증학으로 인해 우리나라의 실학 연구는 그 깊이를 더하게 됨

SEMI-NOTE

을 폭넓게 수용하려 함

② 17세기 : 국가 역량이 강화되어야 한다는 사회적 인식이 만연

ㄱ 이수광 : 〈지봉유설〉을 저술하여 문화 인식의 폭을 확대

ㄴ 한백겸 : 〈동국지리지〉를 저술하여 역사 지리를 치밀하게 고증

(3) 실학의 발전(18세기)

① 확산 : 농업 중심의 개혁론, 상공업 중심의 개혁론, 국학 연구 등을 중심으로 확산

② 영향 : 청에서 전해진 고증학과 서양 과학의 영향을 받음

③ 목표 : 민생 안정과 부국강병을 목표로 비판적 · 실증적 사회 개혁론 제시

5. 농업 중심의 개혁론

(1) 농업 중심의 개혁

① 신분층 : 대부분 경기 지방에서 활약한 남인 출신

② 제도적 개혁론 : 농민의 입장에서 토지 · 조세 · 군사 · 교육 제도 등 각종 폐단을 시정하려 함

③ 농업 기술 개발론 : 수리 시설의 확충, 종자와 농기구의 개량, 경작 방법과 시비법의 개선 등을 제시

④ 학문적 이상 : 유교적 이상 국가의 실현 추구(복고적 성격, 신분 차별 인정)

⑤ 한계 및 영향

ㄱ 한계 : 재야 지식인들의 공감을 받았지만 국가 정책에는 별로 반영되지 못함

ㄴ 영향 : 한말 애국 계몽 사상가들과 일제 강점기 국학자들에게 큰 영향을 미침

(2) 중농학파(경세치용 학파, 성호학파)

① 유형원(1622~1673) : 농업 중심 개혁론의 선구자

ㄱ 저술 : 반계수록, 동국여지지

ㄴ 균전론(均田論)

• 주나라 정전법의 영향을 받아 자영농 육성을 위한 토지 제도의 개혁을 주장

• 관리 · 선비 · 농민에게 토지의 차등적 재분배를 주장

• 토지 국유제 원칙에서 토지 매매 금지와 대토지 소유 방지를 주장

• 자영농 육성을 통한 병농일치의 군사 제도, 사농일치의 교육 제도 확립을 주장

② 이익(1681~1763) : 농업 중심의 개혁론을 더욱 발전시킴, 학파를 형성

ㄱ 학파 형성 : 18세기 전반에 주로 활약하며 유형원의 실학 사상을 계승 · 발전시키고 많은 제자들을 길러내 성호학파를 형성

ㄴ 저술 : 성호사설, 곽우록, 붕당론

ㄷ 한전론(限田論)

• 균전론 비판 : 급진적 · 비현실적이라 비판

• 대안으로 한전론을 제시 : 토지매매의 하한선을 정함

유형원의 〈반계수록〉

유형원의 국가 운영과 개혁에 대한 견해를 내용으로 함. 균전제, 향약 등의 사회 조직을 통한 단계별 교육 기관의 운영, 과거제 폐지와 공거제(천거를 통한 인재 등용) 운영, 비변사 폐지와 의정부·육조 복구, 지방관의 권한 확대, 병농일치, 방어 시설·무기 정비, 정기적인 군사 훈련 등의 주장을 담고 있음

이익과 박지원의 한전론의 차이점

이익의 한전론은 토지매매의 하한선을 제한하고, 박지원의 한전론은 토지소유의 상한선을 제한함

정쟁에 대한 이익의 비판

"스스로 국시라고 주장하는 것이 결국 나라를 망치는 논의이다."

② 6좀 폐지론 : 양반 제도·노비 제도·과거 제도·기교(사치와 미신)·승려·게으름을 지적

⑩ 농촌 경제의 안정책 : 고리대와 화폐 사용의 폐단을 지적, 사창제 실시를 주장

⑭ 역사관 : 역사의 흥망성쇠는 시세(時勢)에 따라 이루어진다고 봄

③ 정약용(1762~1836) : 이익의 실학 사상을 계승하면서 실학을 집대성

　㉠ 활약 : 정조 때 벼슬길에 올랐으나 신유박해 때에 전라도 강진에 유배

　㉡ 저술 : 500여 권의 저술을 〈여유당전서(與猶堂全書)〉로 남김

　　• 3부작(1표 2서, 一表二書) : 지방 행정의 개혁 및 지방관(목민관)의 도리에 대하여 쓴 〈목민심서〉, 중앙의 정치 조직과 행정 개혁에 대하여 쓴 〈경세유표〉, 형옥을 담당한 관리들이 유의할 사항에 대해 쓴 〈흠흠신서〉

　　• 3논설 : 여전제와 정전제를 논한 〈전론(田論)〉, 통치자는 백성을 위해 존재한다고 강조하여 정치의 근본을 주장한 〈원목(原牧)〉, 왕조 교체(역성혁명)의 가능성과 민권 사상의 정당성을 논증한 〈탕론(蕩論)〉

　　• 기예론 : 농업 기술과 공업 기술을 논의

　㉢ 여전론(閭田論) : 토지 제도의 개혁론으로 처음에는 여전론을, 후에 정전론을 주장(한 마을(1여)을 단위로 하여 토지를 공동으로 소유하고 공동으로 경작하여 수확량을 노동량에 따라 분배하는 일종의 공동 농장 제도)

　㉣ 정전론(井田論)

　　• 여전론은 이상적인 형태라 스스로 판단해 현실적 차선책으로 제시

　　• 국가가 토지를 매입한 후 가난한 농민에게 분배해 자영 농민을 육성하고, 사들이지 못한 지주의 토지는 공동 경작지로서 병작 농민에게 골고루 경작하게 하여 세를 거둠

④ 박세당(1629~1703) : 〈농가집성〉을 비판·보완, 사변록

⑤ 홍만선(1643~1715) : 농업 기술을 중심으로 섭생(攝生)·구급 치료법 등을 소백과사전처럼 기술한 〈산림경제〉를 저술

⑥ 서유구(1764~1845) : 종저보, 임원경제지(〈임원십육지〉)

6. 상공업 중심의 개혁론

(1) 특징

① 신분층 : 18세기 후반 한성의 노론 중심

② 상공업 진흥 : 도시를 배경으로 농업뿐만 아니라 상공업 진흥과 기술 혁신을 주장

　㉠ 국부의 원천을 국가 통제하의 상공업 운영에 있다고 봄

　㉡ 지주제를 인정하고 농업의 개량화·전문화 추구

③ 학문적 이상 : 유교적 이상 국가에서 탈피(→ 신분 제도 철폐)

④ 영향 : 부국강병을 위한 적극적 방안 제시, 19세기 개화 사상가들에게 영향을 줌

(2) 중상학파(이용후생학파, 북학파)

① 유수원(1694~1755)

　㉠ 우서(迂書) : 중국과 우리 문물을 비교하면서 정치·경제·사회 전반의 개혁

정약용의 〈원목(原牧)〉

목자(牧者)가 백성을 위하여 있는가. 백성이 목자를 위하여 있는가. 백성이라는 것은 곡식과 피륙을 제공하여 목자를 섬기고, 또 가마와 말을 제공하여 목자를 송영하는 것이다. 결국 백성은 피와 살과 정신까지 바쳐 목자를 살찌게 하는 것이니, 이것으로 보자면 백성이 목자를 위하여 존재하는 것이 아닌가. 아니다. 목자가 백성을 위해 존재한다. 오랜 옛날에는 목자가 없이 백성만이 있었다. …… 그러므로 목자의 근원은 마을의 어른이다. 백성이 목자를 위해 있는 것이 아니라 목자가 백성을 위해 있는 것이다.

05장 근대 태동기의 변동

유수원의 신분 차별 철폐론

상공업은 말업(末業)이라고 하지만 본래 부정하거나 비루한 일이 아니다. 그것은 스스로 재간이 없고 덕망이 없음을 안 사람이 관직에 나가지 않고 스스로의 노력으로 먹고 사는 것인데 어찌 더럽거나 천한 일이겠는가? …… 허다한 고질적인 폐단이 모두 양반을 우대하는 헛된 명분에서 나오고 있으니, 근본을 따져보면 국초에 법제를 마련할 때 사민을 제대로 분별하지 못한 데 있는 것이다.

－ 〈우서〉 －

박지원 '한전론'
토지 소유의 상한선을 설정하여 일정 이상의 토지를 소유하지 못하게 하는 토지 개혁론

실학의 학문적 의의와 한계
- 의의 : 18세기를 전후하여 융성 하였던 실증적·민족적·근대 지향적 특성을 지닌 학문
- 한계 : 대체로 몰락 양반 출신 지식인들의 개혁론이었으므로 국가 정책에 반영되지는 못함

을 제시

ⓛ **개혁론** : 농업의 전문화·상업화, 기술 혁신을 통해 생산력 증강, 상공업 진흥과 기술 혁신 강조, 신분 차별의 철폐 주장, 상인 간의 합자를 통한 경영 규모의 확대, 상인이 생산자를 고용하여 생산·판매 주관(선대제 수공업 등), 대상인의 지역 사회 개발 참여 및 학교 건립·교량 건설·방위 시설 구축 등에 대한 공헌, 국가의 상업 활동 통제를 통한 물자 낭비·가격 조작 방지, 사상의 횡포 견제

② **홍대용(1731~1783)**

　　㉠ **저술** : 〈임하경륜〉·〈의산문답〉·〈연기(燕記)〉 등이 〈담헌서〉에 전해짐, 수학 관계 저술로 〈주해수용〉이 있음

　　㉡ **개혁론** : 농업(토지) 개혁론으로 균전론을 주장, 임하경륜(부국론), 의산문답

③ **박지원(1737~1805)** ★ 빈출개념

　　㉠ **열하일기(熱河日記)** : 청에 다녀와 문물을 소개하고 이를 수용할 것을 주장

　　㉡ **농업 관련 저술** : 〈과농소초(課農小抄)〉·〈한민명전의(限民名田議)〉

　　㉢ 한전론의 중요성을 강조, 상공업의 진흥을 강조

　　㉣ **양반 문벌 제도 비판** : 〈양반전〉, 〈허생전〉, 〈호질〉을 통해 양반 사회의 모순과 부조리·비생산성을 비판

④ **박제가(1750~1805)** : 청에 다녀온 후 〈북학의〉를 저술 ★ 빈출개념

　　㉠ 상공업의 육성, 청과의 통상 강화, 세계 무역에의 참여, 서양 기술의 습득을 주장

　　㉡ 선박과 수레의 이용 증가 및 벽돌 이용 등을 강조

　　㉢ **소비의 권장** : 생산과 소비와의 관계를 우물물에 비유하면서 생산을 자극하기 위해서는 절약보다 소비를 권장해야 한다고 주장

　　㉣ 신분 차별 타파, 양반의 상업 종사 등을 주장

⑤ **이덕무(1741~1793)** : 북학을 주장, 〈청장관전서〉를 남김

실력up 박제가의 소비관(消費觀)

비유하건대 재물은 대체로 샘과 같은 것이다. 퍼내면 차고, 버려두면 말라 버린다. 그러므로 비단옷을 입지 않아서 나라에 비단 짜는 사람이 없게 되면 여공이 쇠퇴하고, 쭈그러진 그릇을 싫어하지 않고 기교를 숭상하지 않아서 공장(工匠)이 도야(陶冶)하는 일이 없게 되면 기예가 망하게 되며, 농사가 황폐해져서 그법을 잃게 되므로 사·농·공·상의 사민이 모두 곤궁하여 서로 구제할 수 없게 된다.

― 〈북학의〉 ―

7. 국학 연구의 확대

(1) 역사학 연구

① **연구 경향** : 역사의 주체성과 독자성 강조, 실증적·고증학적 방법

② 이익과 홍대용

⊙ 이익 : 중국 중심의 역사관에서 벗어나 우리 역사를 체계화할 것을 주장하여 민족에 대한 주체적 자각을 높이는 데 이바지

ⓒ 홍대용 : 민족에 대한 주체적 자각을 강조

③ 안정복

⊙ 역사 의식 : 이익의 제자로 그의 역사 의식을 계승하고 연구 성과를 축적·종합, 중국 중심의 역사관 비판

ⓒ 동사강목(東史綱目, 1778) : 고조선부터 고려 말까지의 우리 역사를 독자적 정통론(마한 정통론)을 통해 체계화했으며, 사실들을 치밀하게 고증하여 고증 사학의 토대를 닦음(→ 성리학적 명분론에 입각하여 서술하면서도 독자적 정통론에 따르는 자주 의식의 일면을 보여 주고 있음)

④ 한치윤 : 〈해동역사(海東繹史)〉를 편찬(민족사 인식의 폭 확대에 기여)

⑤ 이종휘 : 고구려사인 〈동사〉를 저술하여 고대사 연구의 시야를 만주까지 확대

⑥ 유득공 : 〈발해고〉를 저술하여 발해사 연구를 심화하고 한반도 중심의 협소한 사관을 극복

실력UP 유득공의 발해 인식

고려에서 발해사를 편찬하지 못하였으니, 고려가 떨치지 못했다는 것을 알 수 있다. 옛날에 고씨가 북쪽 지방에 자리잡고 고구려라 했고, 부여씨가 서쪽 지방에 머물면서 백제라 했으며, 박·석·김 씨가 동남지방에 살면서 신라라 하였다. 이 삼국에는 마땅히 삼국에 대한 사서가 있어야 할 텐데, 고려가 이것을 편찬하였으니 옳은 일이다. 부여씨가 망하고 고씨가 망한 다음 김씨가 남쪽을 차지하고, 대씨가 북쪽을 차지하고는 발해라 했으니, 이것을 남북국이라 한다. 남북국에는 남북국의 사서가 있었을 터인데 고려가 편찬하지 않은 것은 잘못이다. 저 대씨는 어떤 사람인가. 바로 고구려 사람이다. 그들이 차지하고 있던 땅은 어떤 땅인가. 바로 고구려 땅인데, 동쪽을 개척하고 다시 서쪽을 개척하고 다시 북쪽을 개척해서 나라를 넓혔을 뿐이다.

— 〈발해고〉 —

(2) 지리학 연구

① 세계관의 변화 : 중국 중심의 화이 사상을 극복하는 등 세계관의 변화가 나타남, 〈곤여만국전도(坤輿萬國全圖)〉·〈직방외기〉 등

② 지리서의 편찬

⊙ 역사 지리서 : 한백겸의 〈동국지리지〉, 정약용의 〈아방강역고〉 등

ⓒ 인문 지리서 : 이중환의 〈택리지(팔역지)〉, 허목의 〈지승〉

ⓒ 기타 : 유형원의 〈여지지〉, 신경준의 〈강계고〉(각지의 교통 및 경계를 밝힘), 김정호의 〈대동지지〉(전국 실지 답사)

③ 지도의 편찬

⊙ 배경 : 중국을 통해 서양식 지도가 전해져 보다 정밀하고 과학적인 지도 제작이 가능해짐

ⓒ 목적

• 조선 초기 : 정치·행정·군사적 목적을 중심으로 관찬(官撰)

기전체 사서로, 현 시대는 과거의 역사를 통해 규명할 수 있다는 입장을 취하고 있음. 이를 위하여 당시 중화의 문화를 간직한 유일한 국가인 조선을 역사적 맥락에서 설명하고, 그 당위성을 지리적으로 밝혔음. 고조선과 발해를 우리 역사로서 다루고 있으며, 부여·옥저 등 한국 고대사의 여러 나라들의 위치를 격상시키는 한편 역사 체계에서 한 군현을 삭제하였다. 신채호는 이종휘를 조선 후기 역사가 중 가장 주체적인 인물로 평가하였음

김정희의 〈금석과안록(金石過眼錄)〉

김정희는 민족사와 전통문화에 대한 관심에서 금석학을 연구하여 〈금석과안록(金石過眼錄)〉을 저술하였음. 그는 여기서 북한산비가 진흥왕 순수비임을 밝혔으며 황초령비도 판독하였음

서얼, 중인의 역사서와 여항 문학

• 역사서 : 이진흥〈연조귀감〉(1777), 〈규사〉(1859), 유재건〈이향견문록〉(1862), 이경민〈희조일사〉(1866)

• 여항 문학 : 조희룡〈호산외기〉 중 42명의 여항인들의 전기 수록, 〈풍요삼선〉의 위항인들의 시

조선 후기의 지도의 특징
• 대축척 지도의 발달
• 다양한 지도의 활발한 편찬
• 지방 각 군현 조도의 편찬 급증
• 지도의 보급과 소장이 현저히 증가

한글서적

농민의 지위 향상에 따른 의식의 성장으로 국민적 교화의 필요성이 절실했고, 세종의 민족문자 의식과 애민정신이 반영되었음. 주요 한글서적으로는 〈용비어천가〉·〈동국정운〉·〈석보상절〉·〈월인석보〉·〈월인천강지곡〉·〈불경언해〉·〈훈몽자회〉·〈사성통해〉 등이 있으며, 한글 번역서적으로 〈삼강행실도〉·〈두시언해〉·〈소학언해〉 등이 있음

• 조선 후기 : 경제 · 산업 · 문화적 관심이 반영되어 산맥과 하천 · 제언, 항만 · 도로망 표시가 정밀해짐

④ **조선 후기의 지도** : 동국지도(팔도분도), 청구도(청구선표도), 대동여지도, 요계관방지도(1706)

(3) 국어학 연구

① **의의** : 한글의 우수성에 대한 인식, 즉 문화적 자아 의식을 크게 높임

② **서적**

　㉠ 음운에 대한 연구 성과 : 신경준의 〈훈민정음운해〉, 유희의 〈언문지〉 등

　㉡ 어휘 수집에 대한 연구 성과 : 이성지의 〈재물보〉, 권문해의 〈대동운부군옥〉, 이의봉의 〈고금석림〉, 정약용의 〈아언각비〉, 유희의 〈물명고〉 등

　㉢ 기타 : 중국 운서와 비교해 한글 자모의 성질을 밝힌 황윤석의 〈자모변〉 등

(4) 백과사전의 편찬

지봉유설 (芝峰類說)	이수광 (광해군)	천문 · 지리 · 군사 · 관제 등 25항목별로 나누어 저술
대동운부군옥 (大東韻府群玉)	권문해 (선조)	단군~선조의 역사 사실을 어휘의 맨 끝자를 기준으로 하여 운(韻)으로 분류한 어휘 백과사전
유원총보 (類苑叢寶)	김육 (인조)	문학 · 제도 등 27개 항목으로 기술
동국문헌비고 (東國文獻備考)	홍봉한 (영조)	지리 · 정치 · 경제 · 문화 등을 체계적으로 정리한 한국학 백과사전
성호사설 (星湖僿說)	이익 (영조)	천지 · 만물 · 경사 · 인사 · 시문의 5개 부문으로 서술
청장관전서 (靑莊館全書)	이덕무 (정조)	아들 이광규가 이덕무의 글을 시문 · 중국의 역사 · 풍속 · 제도 등으로 편집
오주연문장전산고 (五洲衍文長箋散稿)	이규경 (헌종)	우리나라와 중국 등 외국의 고금 사항에 관한 고증

8. 서양 문물의 수용

(1) 서양 과학 기술의 수용

① **서양 문물의 수용**

　㉠ 17세기경부터 중국을 왕래하던 사신들을 통해 도입

　㉡ 선조 때 이광정은 세계지도(곤여만국전도)를 전하고, 이수광은 〈지봉유설〉에서 마테오 리치의 〈천주실의〉를 소개

　㉢ 인조 때 소현세자에 의해 과학 및 천주교 관련 서적이 전래되고, 정두원은 화포 · 천리경 · 자명종 · 천문서 등을 전함

　㉣ 효종 때 김육이 시헌력(時憲曆)을 전함

② **서양인의 표류** : 벨테브레(1628)와 하멜 일행(1653)이 우리나라에 표류하여 문물

곤여만국전도의 영향

우리나라 사람들의 세계관이 확대 될 수 있는 계기가 되었음. 즉, 중국 중심의 세계관을 탈피하는 데 영향을 미쳤음

곤여만국전도

시헌력

1653~1910년에 우리나라에서 사용된 역법으로, 서양의 수치와 계산 방법이 채택된 숭정역법을 교정한 것

을 전파하기도 함

(2) 과학 기술 수용의 정체

① 서양 과학 기술의 수용은 18세기까지는 어느 정도 이루어졌으나 19세기에 이르러서는 천주교 억압으로 진전되지 못함

② 후기의 기술 발전은 주로 농업 및 의학과 관련된 분야에 집중되고, 교통·통신과 제조업이나 군사 분야에서는 상대적으로 미미

9. 천문학·수학·의학의 발달

(1) 천문학의 발달

① 학자
  ㉠ 이익 : 서양 천문학에 큰 관심을 가지고 연구
  ㉡ 김석문 : 지전설(地轉說)을 우리나라에서 처음으로 주장하여 우주관을 전환시킴
  ㉢ 홍대용 : 지전설을 주장, 무한 우주론을 주장
  ㉣ 이수광 : 17세기 초 〈지봉유설〉에서 일식·월식·벼락·조수의 간만 등을 언급
② 천문서 : 숙종 때 김석문의 〈역학도해〉, 정조 때 홍대용의 〈담헌연기〉, 고종 때 최한기의 〈지구전요〉 등

(2) 수학과 역법

① 수학의 발달
  ㉠ 최석정과 황윤석이 전통 수학을 집대성
  ㉡ 마테오 리치가 유클리드 기하학을 한문으로 번역한 〈기하원본〉이 도입됨
  ㉢ 홍대용의 〈주해수용〉 : 우리나라·중국·서양 수학의 연구 성과 정리
② 역법의 발달 : 김육 등에 의해 시헌력이 도입되었는데, 이는 선교사 아담 샬이 중심이 되어 만든 것

(3) 의학의 발달

① 17세기 의학 : 허준의 〈동의보감〉, 허임의 〈침구경험방(鍼灸經驗方)〉
② 18세기 의학 : 서양 의학의 전래
  ㉠ 정약용 : 마진(홍역)에 대한 연구를 종합하여 〈마과회통〉을 편찬하였으며, 박제가와 함께 종두법을 연구
③ 19세기 의학 : 이제마는 〈동의수세보원(東醫壽世保元)〉을 저술하여 사상의학을 확립

10. 한글 소설과 사설 시조

(1) 한글 소설

① 허균의 〈홍길동전〉 : 최초의 한글 소설, 시대 상황을 비판하고, 새로운 이상향을 추구

벨테브레(1595~?)
한국 이름은 박연으로 훈련도감에 예속되어 대포의 제작과 조종법을 지도함

하멜(1630~1692)
네덜란드인이며 하멜 일행은 일본 나가사키로 가던 중 폭풍을 만나게 되어 제주도에 표류하게 됨. 조선 효종 때 훈련도감에 소속되어 조총과 신무기 개발을 지원하였음. 그 후 조선을 탈출하여 일본 나가사키를 거쳐 네덜란드로 돌아간 후 14년 동안의 조선에서 머물렀던 경험을 『하멜 표류기』에 담음

홍대용의 혼천의

사상의학
사람의 체질을 태양인, 태음인, 소양인, 소음인으로 구분하여 치료하는 체질 의학 이론으로서 오늘날까지 한의학계에서 통용되고 있음

조선 시대 문학의 흐름
• 15세기 : 사장 문학(詞章文學), 출판 인쇄 문화 발전
• 16세기 : 가사·시조 문학, 경학(經學) 강조
• 17세기 : 군담 소설, 사회 비판적 한글 소설 등장
• 18세기 : 실학 정신의 반영, 문체의 혁신 시도, 한문 소설, 가정 소설, 타령, 사설 시조, 위항(委巷) 문학
• 19세기 : 서민 문학의 전성기, 판소리 경시, 시사(詩社) 조직

서민 문화의 확대
• **문학** : 한글 소설의 증가, 사설 시조의 등장
• **판소리·탈춤** : 서민 문화를 확대하는 데 크게 기여
• **회화** : 저변이 확대되어 풍속화와 민화가 유행
• **음악·무용** : 감정을 대담하게 표현

〈박씨전〉과 〈임경업전〉
병자호란을 배경으로 한 군담 소설. 전란으로 피폐해진 민족적 자존심을 고취시키는 한편 무능한 집권층을 비판하였음

위항 문학
중인 · 서얼 · 서리 출신 하급 관리들과 평민들을 중심으로 창작된 문학

18세기 후반의 미술의 특징
풍속화 유행, 실학적 화풍, 서양화 기법 도입, 민화의 발달

공예와 음악
- **자기** : 백자가 민간에까지 널리 사용되면서 본격적으로 발전
- **청화 백자** : 형태가 다양해지고 안료도 청화 · 철화 · 진사 등으로 다채로워짐. 제기와 문방구 등 생활 용품이 많고, 형태와 문양이 독특하고 준수한 세련미를 풍김
- **목공예** : 생활 수준의 향상에 따라 크게 발전, 장롱 · 책상 · 문갑 · 소반 · 의자 · 필통 등
- **화각 공예(華角工藝)** : 쇠뿔을 쪼개어 아름다운 무늬를 표현
- **음악** : 향유층이 확대됨에 따라 성격이 다른 음악이 다양하게 나타나 발전, 양반층은 종래의 가곡 · 시조를, 서민층은 민요를 즐겨 부름. 상업의 성황으로 직업적인 광대나 기생들이 판소리 · 산조와 잡가 등을 창작, 전반적으로 감정을 솔직하게 표현

② 춘향전 : 대표적인 한글 소설로, 최대의 걸작으로 손꼽힘

③ 김만중의 〈사씨남정기〉 : 축첩 제도의 모순과 해결 방법을 제시

④ 박씨전 : 아내의 내조로 남편을 입신시킨다는 여성 영웅 소설

(2) 사설 시조

① 17세기 이후 서민들을 중심으로 만들어진 자유로운 격식의 시조

② 서민들의 감정을 솔직하게 표현

③ 격식에 구애되지 않고 남녀 간의 사랑이나 현실에 대한 비판을 거리낌 없이 표현

(3) 시사(詩社)의 조직

① 중인층과 서민층의 문학 창작 모임을 말하며, 주로 시인 동우회가 결성됨

② 대표적인 시사 : 천수경의 옥계시사, 최경흠의 직하시사 등

③ 풍자 시인 : 김삿갓(김병연) · 정수동 등

(4) 한문학

① 사회의 부조리한 현실을 예리하게 비판

② 정약용 : 삼정의 문란을 폭로하는 한시를 남김

③ 박지원 : 〈양반전〉 · 〈허생전〉 · 〈호질〉 · 〈민옹전〉 등을 통해 양반 사회의 모순과 부조리를 비판 · 풍자

11. 미술의 새 경향

(1) 조선 후기 미술의 특징

① 그림 : 진경 산수화와 풍속화의 유행

② 서예 : 우리의 정서를 담은 글씨 등장

(2) 진경 산수화(眞景山水畵)

① 수용 · 창안 : 중국 남종과 북종 화풍을 고루 수용하여 우리의 고유한 자연과 풍속에 맞춘 새로운 화법으로 창안한 것

② 정선 : 18세기 진경 산수화의 세계를 개척
  ㉠ 서울 근교와 강원도의 명승지들을 두루 답사하여 사실적으로 그림
  ㉡ 대표작 : 인왕제색도, 금강전도, 여산초당도, 입암도 등

③ 의의 : 우리의 자연을 사실적으로 그려 회화의 토착화를 이룩

(3) 풍속화(風俗畵)

① 의의 : 18세기 후반, 조선 후기의 새로운 현상들을 긍정적 의미로 이해하고, 당시 사람들의 생활 정경과 일상적인 모습을 생동감 있게 그려 회화의 폭을 확대

② 김홍도
  ㉠ 경향 : 정선의 뒤를 이어 산수화와 풍속화에 새 경지를 개척, 산수화 · 기록화 · 신선도 등을 많이 그렸지만 특히 정감 어린 풍속화로 유명(전원 화가)

ⓛ 작품 : 밭갈이 · 추수 · 씨름 · 서당 · 베짜기 등

③ 김득신 : 관인 화가(궁정 화가)로 풍속화에 능했음

④ 신윤복

　㉠ 경향 및 기법 : 김홍도에 버금가는 풍속 화가로, 간결하고 소탈한 김홍도에 비

　　해 섬세하고 세련된 필치를 구사(도화지 화가)

　㉡ 작품 : 주유도, 주막도, 여인도, 단오풍경, 풍속화첩 등

(4) 복고적 화풍

① 문인화의 부활 : 진경 산수화와 풍속화, 실학적 화풍은 19세기에 김정희 등을 통

한 문인화의 부활로 침체

② 대표적 화가 : 김정희, 장승업, 신위, 이하응(흥선대원군)

12. 건축의 변화

(1) 17세기의 건축

① 성격 : 사원 건축 중심, 규모가 큰 다층 건물

② 대표적 건축물 : 금산사 미륵전, 화엄사 각황전, 법주사 팔상전 등

(2) 18세기의 건축

① 성격 : 장식성 강한 사원이 많이 건립됨

② 대표적 건축물 : 논산 쌍계사 · 부안 개암사 · 안성 석남사, 수원 화성 등

(3) 19세기 이후의 건축

① 19세기 : 흥선대원군이 국왕의 권위를 제고하고자 경복궁의 근정전과 경회루를

재건(화려하고 장중한 건물로 유명)

② 20세기 초 : 덕수궁 석조전(르네상스 양식)

금산사 미륵전　　화엄사 각황전

법주사 팔상전　　개암사 대웅보전

쌍계사 대웅전(논산)　수원 화성 팔달문

9급공무원

한국사

나두공

06장 근대의 변화와 흐름

01절 근대 사회의 정치 변동

02절 개항 이후의 경제와 사회

03절 근대 문화의 발달

근대의 변화와 흐름

경복궁 경회루

당백전

경복궁 중건을 위한 동전 주조와 세금 징수
- **당백전** : 경복궁 중건에 필요한 재원의 마련을 위해 발행한 동전(→ 인플레이션 초래)
- **원납전** : 경비 충당을 위해 관민에게 수취한 (강제)기부금
- **결두전** : 재원 마련을 위해 논 1결마다 100문씩 징수한 임시세
- **성문세(城門稅)** : 4대문을 출입하는 사람과 물품에 부과한 통행세

흥선대원군의 서원 철폐 정책 ★ 빈출개념

서원이 소유한 토지는 면세의 대상이었으며, 유생들은 면역의 혜택을 받고 있었음. 이는 국가 재정을 어렵게 만드는 한 원인이었음. 흥선대원군의 서원 철폐 정책은 백성들로부터 환영을 받았으나 유생들로부터는 큰 반발을 샀으며, 결국 흥선대원군이 유림 세력으로부터 배척을 받아 권좌에서 물러나게 되었음

01절 근대 사회의 정치 변동

1. 흥선대원군

(1) 흥선대원군의 집정

① 집권(1863~1873)
- ㉠ 섭정 : 어린 고종이 즉위하자 생부로서 실권을 장악하고 섭정
- ㉡ 시대적 상황
  - 대내적 : 세도 정치의 폐단이 극에 달하여 홍경래의 난과 임술민란(진주 민란) 등 민중 저항 발생, 정부 권위의 약화, 민심 이반이 커짐
  - 대외적 : 일본과 서양 열강의 침략(서세동점)으로 위기에 처함

② 정책 방향 : 왕권 강화와 애민 정책 추구, 쇄국 정책

(2) 왕권 강화

① 인재의 고른 등용(사색 등용) : 붕당 및 세도 정치의 폐단을 시정하고 전제 왕권을 강화하고자 능력에 따라 인재를 등용

② 통치 체제의 재정비 : 왕권 강화의 일환으로 비변사를 혁파하고 의정부와 삼군부의 기능 회복(→ 정치와 군사 분리), 훈련도감의 삼수병을 강화
- ㉠ 〈대전회통〉, 〈육전조례〉 등의 법전 편찬
  - 대전회통(1865) : 〈경국대전〉·〈속대전〉·〈대전통편〉 등을 보완하는 의미에서 편찬한 것
  - 육전조례(1867) : 〈대전회통(大典會通)〉과 짝을 이루어 편찬한 것

③ 경제 · 사회 · 문화 개혁 : 지방관과 토호(土豪) · 권세가의 토지 겸병 금지, 농민에 대한 불법적 수탈을 처벌, 대상인의 도고 금지, 풍속교정, 허례허식과 사치 억제, 청 · 일 문화에 대한 감시 등

④ 경복궁 중건
- ㉠ 목적 : 왕권 강화, 국가 위신의 제고 및 정체성 회복
- ㉡ 부작용 : 원납전을 강제로 징수하고 당백전을 남발하여 경제적 혼란(물가 상승 등)을 초래했으며, 양반의 묘지림을 벌목하고 백성을 토목 공사에 징발하는 과정에서 큰 원성이 발생

(3) 민생 안정(애민 정책) ★ 빈출개념

① 서원 정리
- ㉠ 국가 재정을 좀먹고 백성을 수탈하며 붕당의 온상이던 서원을 정리(→ 600여 개소의 서원 가운데 47개소만 남긴 채 철폐 · 정리)
- ㉡ 목적 : 국가 재정 확충과 민생 안정, 지방 토호 세력의 약화를 통한 전제 왕권

강화

② 삼정(三政) 개혁 : 농민 봉기의 원인인 삼정을 개혁하여 국가 재정 확충과 민생 안정 도모

군정(軍政)의 개혁	• 호포법(戶布法)을 실시하여 양반에게도 군포를 징수(→ 양반의 거센 반발을 초래) • 양반 지주층의 특권적 면세 철회(→ 민란 방지 목적)
환곡(還穀)의 개혁	• 가장 폐단이 심했던 환곡제를 사창제(社倉制)로 개혁하여 농민 부담을 경감하고 재정 수입 확보 • 지역과 빈부에 따른 환곡의 차등 분배를 통해 불공정한 폐단이 없도록 함
전정(田政)의 개혁	양전 사업을 실시하여 양안(토지 대장)에서 누락된 토지를 발굴(→ 전국적 사결 작업(査結作業)을 통해 토호와 지방 서리의 은루결을 적발하여 수세결로 편입)

(4) 통상 수교 거부 정책

① 사회적 배경 : 서양 세력의 침투, 천주교의 교세 확장과 양화(洋貨)의 유입

② 병인양요(1866)

  ㉠ 병인박해(1866)

    • 원인 : 대원군 집권 초기에는 선교사의 알선으로 프랑스 세력을 끌어들여 러시아 세력의 남하를 견제하려 함(천주교에 호의적)

    • 결과 : 프랑스 신부들과 수천 명의 신도들이 처형, 대왕대비교령으로 천주교 금압령 발표

  ㉡ 병인양요(1866)

    • 프랑스는 병인박해 때의 프랑스 신부 처형을 구실로 로즈 제독이 이끄는 7척의 군함을 파병

    • 프랑스는 철군 시 문화재에 불을 지르고 외규장각에 보관된 유물 360여 점을 약탈

③ 오페르트 도굴 사건(1868) : 독일 상인 오페르트가 통상을 거부당하자 충청남도 덕산에 있는 남연군의 묘를 도굴하다가 발각

④ 신미양요(1871)

  ㉠ 원인(1866) : 병인양요 직전에 미국 상선 제너럴셔먼호가 통상을 요구하다 평양 군민과 충돌하여 불타 침몰된 사건(제너럴셔먼호 사건)

  ㉡ 경과 : 미국은 제너럴셔먼호 사건을 구실로 로저스 제독이 이끄는 5척의 군함으로 강화도를 공격

  ㉢ 결과 : 어재연 등이 이끄는 조선의 수비대가 광성보와 갑곶(甲串) 등지에서 격퇴하고 척화비(斥和碑) 건립. 어재연 장군이 전사함

⑤ 양요의 결과

  ㉠ 전국에 척사교서를 내리고 척화비를 건립(→ 서양과의 수교 거부를 천명)

  ㉡ 외세의 침략을 일시적으로 저지하였으나 조선의 문호 개방을 늦추는 결과를 초래

SEMI-NOTE

대원군의 개혁 정치

• 왕권 강화 정책 : 사색 등용, 비변사 혁파, 경복궁 재건, 법치질서 정비(대전회통, 육전조례)

• 애민 정책 : 서원 정리, 삼정의 개혁 (양전 사업, 호포제, 사창제)

제너럴셔먼호 사건(1866)

⭐ 빈출개념

대동강에 침입하여 통상을 요구하며 행패를 부리던 미국 상선 제너럴셔먼호(General Sherman 號)를 평양 군민들이 반격하여 불태워 버린 사건. 이 사건은 신미양요의 원인이 되었음

척화비

척화비(1871)의 내용

洋夷侵犯 非戰則和 主和賣國 戒我萬年 子孫 丙寅作 辛未立(양이침범 비전즉화 주화매국 계아만년자손 병인작 신미립) "서양의 오랑캐가 침범함에 싸우지 않음은 곧 화의하는 것이요, 화의를 주장함은 나라를 파는 것이다. 우리들의 만대자손에게 경계하노라. 병인년에 만들고 신년에 세운다."

한눈에 쏙~

```
고종 즉위,          병인박해(1월),
흥선 대원군 집권    제너럴셔먼호 사건(8월),    오페르트       신미양요
    (1863)        병인양요(9월)(1866)    도굴사건(1868)    (1871)
```

2. 강화도 조약(조·일 수호 조약·병자 수호 조규, 1876)

(1) 배경

① **대원군의 하야(1873)** : 경복궁 중건과 악화의 발행으로 민심 이반, 농민 봉기, 서원 정리, 호포법 등으로 양반 유생과의 갈등 심화, 최익현의 탄핵 상소 및 유생들의 하야 요구

② **명성황후의 집권** : 청의 돈을 수입하여 원활한 재정을 도모, 대표적 서원인 화양동 만동묘를 부활, 대원군 측 인사에 대한 탄압, 대일 외교 정책 등 국내외 정책의 변화

③ **통상 개화론자 대두**

  ㉠ 통상 개화론자의 등장 : 박규수, 오경석, 유홍기, 이동인, 이규경 등

  ㉡ 의의 : 개화론자들의 세력이 성장하여 문호 개방의 여건을 마련

④ **운요호(운양호) 사건(1875)** : 운요호가 연안을 탐색하다 강화도 초지진에서 조선 측의 포격을 받음, 일본이 청에 책임을 묻자, 청은 문제 확대를 꺼려 명성황후 정권에 일본과 조약을 맺도록 권유

(2) 강화도 조약(조·일 수호 조약, 병자 수호 조규)

① **강화도 조약의 체결(1876. 2)** : 우리나라가 외국과 맺은 최초의 근대적 조약이자 불평등 조약, 신헌과 구로다가 대표로 체결

  ㉠ 청의 종주권 부인(→ 조선 침략을 용이하게 하려는 일본의 포석)

  ㉡ 침략 의도 및 주권 침해

    • 침략 의도 : 부산·원산·인천 개항(→ 정치적·군사적·경제적 거점 마련), 일본인의 통상 활동 허가, 조선 연해의 자유로운 측량 등

    • 불평등 조약(주권 침해) : 일본인 범죄의 일본 영사 재판권(치외법권 조항), 해안 측량권 등

② **조·일 통상 장정과 조·일 수호 조규 부록**

  ㉠ 의의 : 강화도 조약의 부속 조약으로 마련

  ㉡ 내용

조약	내용	
조·일 무역 규칙 (1876. 7)	• 일본 수출입 상품 무관세 및 선박의 무항세 (無港稅) • 조선 양곡 무제한 유출 허용	일본의 경제적 침략을 위한 발 판 마련

만동묘

임진왜란 때 조선을 도와준 데 대한 보답으로 명의 신종을 제사지내기 위해 숙종 30년(1704) 충북 괴산군 청천면 화양동에 지은 사당. 노론의 소굴이 되어 상소와 비판을 올리고 양민을 수탈하는 등 폐해가 심했음. 흥선대원군 때 철폐되었으나 그가 하야한 후인 고종 11년(1874) 다시 세워졌음. 일제강점기에 유생들이 모여 명의 신종에게 제사를 지내므로 조선총독부가 강제 철거하였음. 현재는 만동묘정만 남아 있음

강화도 조약(조·일 수호 조규)의 주요 내용

• 제1관 : 조선국은 자주의 나라이며, 일본과 평등한 권리를 가진다.
  → 조선에 대한 청의 종주권 부정, 일본의 침략 의도 내포

• 제2관 : 일본국 정부는 지금부터 15개월 후 수시로 사신을 조선국 서울에 파견한다.

• 제4관 : 조선국은 부산 외에 두 곳을 개항하고, 일본인이 왕래 통상함을 허가한다.
  → 부산(경제적 목적) 개항, 1880년에는 원산(군사적 목적), 1883년에는 인천(정치적 목적)을 각각 개항

• 제7관 : 조선국은 일본국의 항해자가 자유롭게 해안을 측량하도록 허가한다.
  → 해안 측량권은 조선에 대한 자주권 침해

• 제9관 : 양국 인민의 민간무역 활동에서 관리의 간섭을 받지 않는다.

• 제10관 : 일본국 인민이 조선국 지정의 각 항구에 머무르는 동안에 죄를 범한 것은 조선국 인민에게 관계된 사건일 때에도 모두 일본 관원이 심판할 것이다.
  → 치외법권 규정으로, 명백한 자주권 침해이자 불평등 조약임을 의미

| 조·일
수호 조규 부록
(1876. 8) | • 일본 공사의 수도 상주
• 조선 국내에서 일본 외교관의 여행 자유
• 개항장에서의 일본 거류민의 거주 지역 설정
• 일본 화폐의 유통(사용) 허용 | 일본의 경제적
침략을 위한 발
판 마련 |

ⓒ 결과 : 일본은 경제 침략을 위한 발판 마련, 조선은 국내 산업 보호 근거 상실

실력UP 조·일 수호 조규의 후속 조약

- **수호 조규 속약(1882)** : 일본 관리와 상인의 활동 영역을 사방 10리에서 50리(1882년)로 확대하고, 다시 100리(1883년)로 확대
- **조·일 통상 장정(개정)(1883. 7)**
  - 1876년 체결된 조·일 통상 조약(무역규칙)의 불합리한 부분이 다소 시정되어 관세 자주권이 일부 회복되었으나, 협정 관세에 불과하고 내지 관세권도 부정되었으며, 최혜국 조항이 포함되는 등 여전히 불평등한 조약으로 남음
  - 곡물 수출 금지(방곡령) 조항이 포함되었으나, 방곡령 시행 1개월 전 일본 영사관에 통고 의무 조항을 두었고, 인천항에서의 곡물 수출 금지권도 폐지됨

(3) 각국과의 조약 체결

① 조·미 수호 통상 조약의 체결(1882) ★빈출개념
  ㉠ 배경
    • 조선이 일본과 조약을 맺자 미국은 일본에 알선을 요청
    • 러시아 남하에 대응해 미국과 연합해야 한다는 〈조선책략〉이 지식층에 유포
  ㉡ 체결 : 러시아와 일본 세력을 견제하고, 조선에 대한 종주권을 승인받을 기회를 노리던 청의 알선으로 체결, 신헌과 슈펠트가 대표로 체결
  ㉢ 내용 : 거중조정(상호 안전 보장), 치외법권, 최혜국 대우(최초), 협정 관세율 적용(최초), 조차지 설정의 승인 등
  ㉣ 의의 : 서양과 맺은 최초의 조약으로 처음으로 최혜국 대우를 규정, 불평등 조약(치외법권, 최혜국 대우, 조차지 설정 등), 청의 종주권 저지
② 영국(1882) : 청의 중재로 민영목과 파크스가 대표로 조·영 수호 통상 조약을 체결(비준은 1883년), 치외 법권과 조차지 설정에 관한 내용 포함
③ 독일(1882) : 청의 중재로 제물포에서 체결
④ 그 외 이탈리아(1884), 러시아(1884), 프랑스(1886)와도 외교 관계를 맺음

(4) 개화 정책의 추진

① 제도의 개편

| 행정
기구 | • 개화 정책 전담 기구인 통리기무아문을 설치(1880)
  - 의정부·육조와 별도로 설치, 삼군부는 폐지
  - 신문물 수용과 부국강병 도모 등 개화 정책 추진
• 통리기무아문 아래 12사를 두고 외교·군사·산업 등의 업무를 분장
• 규장각 기능을 부활시켜, 개화 정치를 뒷받침하는 학술 기관으로 활용 |

강화도 조약 체결의 직접적 요인
- 세계 정세상 개국의 필요조건이 성숙
- 일본 전함의 공포시위와 일전불사의 위협
- 명성황후 정권의 유지(대원군 측의 척화론 수용 곤란)
- 사대관계에 있는 청의 요구에 대한 거부 곤란

조선책략(朝鮮策略)
- 도입 : 청의 주일 참사관인 황쭌셴이 지은 책으로, 김홍집(2차 수신사)이 도입
- 내용 : 조선의 당면 외교 정책으로 친중(親中)·결일(結日)·연미(聯美)를 주장
- 목적 : 일본 견제, 청의 종주권을 국제적으로 승인
- 영향 : 미국·영국·독일 등과의 수교 알선 계기, 개화론 자극, 위정척사론의 격화 요인

조·미 수호 통상 조약 주요 내용
- 제1조(거중조정) : 서로 돕고 중간 역할을 잘 하며 우애 있게 지낸다.
- 제2조(최혜국 대우) : 병권 대신을 서로 파견하여 수도에 주재시킬 수 있고, 최혜국 대우를 받는다.
- 제4조(치외법권) : 미국 국민이 조선인을 모욕하거나 재산을 훼손하는 경우 미국 영사나 그 권한을 가진 관리만이 미국 법률에 따라 처벌한다.
- 제5조(협정 관세율 적용) : 미국 상인과 상선이 조선에 와서 무역을 할 때 입출항하는 화물은 모두 세금을 바쳐야 하며, 세금을 거두어들이는 일은 조선이 자주적으로 한다.

SEMI-NOTE

군사 제도	• 종래의 5군영을 무위영 · 장어영의 2영으로 통합 · 개편 • 신식 군대 양성을 위해 무위영 아래 별도로 별기군을 창설(1881) 　－ 양반 자제로 편성된 사관 생도와 일반 군졸로 구성된 교련병대 　－ 소총으로 무장한 신식 군대로서 국왕 근위병으로 특별 대우함 　－ 일본인 교관을 채용하여 근대적 군사 훈련 실시

② 외교 사절 및 해외 시찰단 파견

　㉠ 수신사 파견

　　• 제1차 수신사 김기수 : 〈일동기유〉에서 신문명을 조심스럽게 비판

　　• 제2차 수신사 김홍집 : 황쭌셴의 〈조선책략〉을 가지고 들어와 개화 정책에 영향을 미침

　㉡ 조사 시찰단(신사 유람단) 파견(1881) : 박정양 · 어윤중 · 홍영식 등으로 구성, 일본의 발전상을 보고 돌아와 개화 정책의 추진을 뒷받침

　㉢ 영선사(1881) : 김윤식을 단장으로 청에 파견하여 무기 제조법과 근대적 군사 훈련법을 배움(→ 서울에 최초의 근대적 병기 공장인 기기창 설치)

　㉣ 보빙 사절단(1883) : 최초의 구미 사절단

3. 위정척사 운동(衛正斥邪運動)

(1) 의의

① 의미 : 바른 것은 지키고 사악한 것을 물리치는, 즉 정학인 성리학 및 성리학적 질서를 수호하고 성리학 이외의 모든 종교와 사상을 배격하는 운동

② 목적 : 반외세 · 반침략 정책을 통한 조선의 정치 · 경제 · 사회 · 사상 체제의 유지

(2) 성격

① 강력한 반외세 · 반침략 운동 : 정치 · 경제적 측면에서 강력한 반침략 · 반외세(→ 동학 농민 운동과의 공통점) 정책을 전개하고, 대원군의 쇄국정책을 뒷받침

② 봉건적 전근대성 : 교역은 경제적 파멸을 초래하고 문호 개방은 열강 침략으로 직결된다고 봄

(3) 위정척사 운동의 전개

① 1860년대(통상 반대 운동) : 척화주전론(이항로, 기정진), 통상 수교 거부 정책을 뒷받침

② 1870년대(개항 반대 운동) : 왜양일체론(최익현의 5불가소), 개항 불가론

③ 1880년대(개화 반대 운동) : 영남 만인소(→ 개화 정책과 〈조선책략〉의 유포에 반발, 이만손), 만언척사소(홍재학)

④ 1890년대(항일 의병 운동) : 항일 투쟁(유인석, 이소응 등)

⑤ 경과 : 고종은 척사 상소를 물리치고 개화 정책을 강행

⑥ 한계 : 개화 정책 추진에 장애물, 전제주의적 정치 체제, 봉건적 경제 체제, 차별적 사회체제 등 유지하려는 것에 목적

일동기유

제1차 수신사로 일본에 다녀온 김기수가 메이지 유신 이후 발전된 일본의 문물을 시찰한 후 기록한 책. 근세 한일 외교사는 물론 메이지 유신 직후의 일본을 연구하는 데 중요한 자료

위정척사 주장

• **통상 반대론(1860년대)** : "서양 오랑캐의 화(禍)가 오늘날에 이르러서는 홍수나 맹수의 해(害)보다 더 심합니다. 전하께서는 부지런히 힘쓰시고 경계하시어 안으로는 관리들로 하여금 사학(邪學)의 무리를 잡아 베게 하시고, 밖으로는 장병으로 하여금 바다를 건너오는 적을 정벌케 하소서."

• **개항불가론(1870년대)** : "일단 강화를 맺고 나면 저들은 물화를 교역하는 데 욕심을 낼 것입니다. 저들의 물화는 모두 지나치게 사치스럽고 기이한 노리개로, 손으로 만든 것이어서 그 양이 무궁합니다. 우리의 물화는 모두 백성들의 생명이 달린 것이고 땅에서 나는 것이므로 한정이 있습니다. …… 저들이 비록 왜인이라고 하나 실은 양적(洋賊)입니다."

• **조선책략 반대(1880년대)** : "러시아, 미국, 일본은 같은 오랑캐입니다. 그들 사이에 누구는 후하게 대하고 누구는 박하게 대하기는 어려운 일입니다. …… 더욱이 세계에는 미국, 일본 같은 나라가 헤아릴 수 없이 많습니다. 만일 저마다 불쾌해 하며, 이익을 추구하여 땅이나 물품을 요구하기를 마치 일본과 같이 한다면, 전하께서는 어떻게 이를 막아 내시겠습니까?"

• **을미의병(1895)** : "원통함을 어찌하리. 이미 국모의 원수를 생각하며 이를 갈았는데, 참혹함이 더욱 심해져 임금께서 또 머리를 깎으시는 지경에 이르렀다. …… 이에 감히 먼저 의병을 일으키고서 마침내 이 뜻을 세상에 포고하노니, 위로 공경(公卿)에서 아래로 서민에 이르기까지, 어느 누가 애통하고 절박한 뜻이 없을 것인가."

4. 개화 사상

(1) 개화 사상의 형성 : 통상개화론(초기 개화파)

① 대내적으로는 실학(특히 북학파)의 사상을 발전적으로 계승, 동도서기와 부국 강병을 목표로 함, 대외적으로는 양무 운동(청)과 문명개화론(일본)의 영향을 받음

② 인물 : 박규수, 오경석, 유홍기(유대치)

(2) 개화파의 형성과 분화

① 개화파의 형성 : 박규수와 유홍기의 지도를 받은 김옥균 · 박영효 · 유길준 등

② 개화파의 두 흐름

구분	온건 개화파(사대당, 수구당)	급진 개화파(개화당)
주도 인물	김홍집, 김윤식, 어윤중, 민영익, 민긍식(→ 명성황후 정권과 연결)	김옥균, 박영효, 홍영식, 서광범, 서재필(→ 명성황후 정권에 반대, 갑신정변에 참여)
개화에 대한 관점	유교에 의한 개화(→ 조선은 개화 된 나라)	문명개화론(→ 조선은 야만 상태 탈피를 위해 개화가 필요)
개화 방법	• 동도서기론에 기반한 개화 • 청의 양무운동을 본받아 점진적인 개혁 추구	• 변법자강론에 따른 전면적 개화 • 일본의 메이지유신을 본받아 급진적 개혁을 추구
외교적 입장	• 청과 사대관계의 지속 · 유지(친청 세력) • 중화 질서 아래서 조선의 위치를 파악(양절체제의 외교론)	• 청과의 사대적 외교관계의 청산을 강조 • 청에 대한 종속에서 벗어난 조선의 완전한 자주독립을 주장

③ 개화당의 활동

㉠ 근대적 국정 개혁의 필요성을 절감하고, 임오군란을 계기로 활발한 활동을 전개

㉡ 고종의 신임으로 여러 개화 시책을 추진

5. 임오군란(1882)

(1) 배경

① 명성황후(민씨) 정권의 개화파와, 대원군 · 유생의 보수파 간 갈등, 일본에 대한 민족적 척왜 감정

② 신식 군대(별기군) 우대 및 구식 군대에 대한 차별(구식 군인의 급료가 13개월간 체불됨)

(2) 경과

① 구식 군인들은 명성황후 정권의 고관들과 일본인 교관을 죽임, 포도청 · 의금부 를 습격하고 일본 공사관을 불태움

② 대원군의 일시적 재집권 : 구식 군인들의 요구로 대원군이 재집권, 통리기무아문 과 별기군 폐지, 5군영 부활(→ 청에 납치)

동도서기론(東道西器論)

우리(동양)의 전통 윤리와 도덕을 유지 하면서 서양의 과학 기술을 받아들 여 부국강병을 이룩하자는 주장. 중국 의 중체서용론(中體西用論)이나 일본 의 화혼양재론(和魂洋才論)과 마찬 가지로 19세기 서양 자본주의 열강의 침략에 대응하기 위한 방법의 하나로 조선 지식인들이 주장한 논거

오경석과 유홍기

조선 후기에 해외 사정에 밝았던 것은 중인, 특히 역관들이었음. 오경석은 이 러한 역관들 중 대표적인 인물. 그는 여 러 차례 중국을 왕래하면서 보고 들은 것을 통해 언젠가 서양 세력이 조선에도 침투할 것이라고 판단하고 이에 대비하 기 위한 개혁이 필요하다고 생각했음. 그는 사상적 동지인 의관 유홍기와 생각 을 함께 하였는데, 중인인 그들은 신분 의 한계로 인해 직접 정치의 전면에 나 설 수 없었지만 그 사상은 유홍기의 가 르침을 받은 개화파들에게 큰 영향을 미 쳤음

개화파 인물

SEMI-NOTE

(3) 결과

① 명성황후 일파가 청에 군대 파견 요청 : 청 군대 파견, 대원군 압송

② 청의 내정 간섭 강화

③ 조선을 둘러싼 청 · 일 양국 간 대립 위기 초래

④ 명성황후 일파의 재집권 : 청의 내정 간섭과 정부의 친청 정책으로 개화 정책은 후퇴

　ㄱ 관제 개편 : 통리교섭통상사무아문(외아문), 통리군국사무아문(내아문)

　ㄴ 군제 개편 : 친군영과 4영 설치

⑤ 조약의 체결 ★ 빈출개념

　ㄱ 제물포 조약(1882. 7)

　　• 일본과 제물포 조약을 체결하여 배상금을 지불하고 군란 주동자의 처벌을 약속, 일본 공사관의 경비병 주둔을 인정(→ 일본군의 주둔 허용)

　　• 박영효를 사죄사로 일본에 파견(→ 태극기를 최초로 사용)

　　• 일본의 정치 · 경제적 침투가 한층 강화

　ㄴ 조 · 청 상민 수륙 무역 장정(1882. 8)

　　• 청의 속국 인정, 치외법권

　　• 서울과 양화진 개방, 내지통상권, 연안 무역 · 어업권, 청 군함 항행권 등 (→ 청 상인의 통상 특권이 넓게 허용되어 조선 상인들의 피해 증가)

제물포 조약의 내용

제1조 지금으로부터 20일을 기하여 범인을 체포하여 엄징할 것

제2조 일본국 피해자를 후례로 장사지낼 것

제3조 5만 원을 지불하여 피해자 유족 및 부상자에게 급여할 것

제4조 배상금 50만 원을 지불할 것

제5조 일본 공사관에 군대를 주둔시켜 경비에 임하는 것을 허용할 것

제6조 조선국은 대관을 특파하여 일본국에게 사죄할 것

6. 갑신정변(1884)

(1) 배경

① 바닥난 국가 재정 문제로 인한 대립 : 개화당의 대일 차관 도입이 실패

② 친청 세력의 탄압 : 개화당에 대한 탄압으로 비상 수단 도모

③ 청군의 철수 : 베트남 문제로 청군이 조선에서 일부 철수(→ 청 · 프 전쟁)

④ 일본의 음모 : 조선에서의 열세를 만회하고자 정변 시 개화당에 군사적 지원을 약속

청 · 프 전쟁

베트남에 대한 청의 종주권 문제로 프랑스와 청 사이에 벌어진 전쟁

(2) 경과

① 발발 : 우정국 개국 축하연을 이용해 사대당 요인을 살해하고 개화당 정부를 수립

② 개혁 요강 마련 : 14개조의 정강을 마련

(3) 갑신정변의 개혁 내용

① 청에 대한 사대 외교(조공)를 폐지하고, 입헌 군주제로의 정치 개혁을 추구

② 지조법을 개정하고, 재정을 호조로 일원화하여 국가 재정을 충실히 함

③ 혜상공국(보부상을 보호하기 위한 기관)의 폐지와 각 도 환상미의 폐지

④ 문벌을 폐지하여 인민 평등을 도모, 능력에 따른 인재 등용

⑤ 군대(근위대)와 경찰(순사)을 설치

혜상공국

1883년 보부상이 중심이 되어 조직된 상인조합으로 대원군의 쇄국정책을 강력히 지지하였음. 외국상인의 불법 상행위 저지, 불량행상 폐단 저지, 보부상 권익 보호 등의 활동을 하였고, 1885년 상리국으로 개칭되었음

실력UP **갑신정변의 14개조 정강(신정부 강령 14개조)**

- 청에 잡혀간 흥선 대원군을 곧 귀국하게 하고, 종래 청에 대하여 행하던 조공의 허례를 폐한다.
- 문벌을 폐지하여 인민 평등의 권리를 세워, 능력에 따라 관리를 임명한다.
- 지조법을 개혁하여 관리의 부정을 막고 백성을 보호하며, 국가 재정을 넉넉하게 한다.
- 내시부를 없애고, 그 중에 우수한 인재를 등용한다.
- 부정한 관리 중 그 죄가 심한 자는 치죄한다.
- 각 도의 환상미를 영구히 받지 않는다.
- 규장각을 폐지한다.
- 급히 순사를 두어 도둑을 방지한다.
- 혜상공국을 혁파한다.
- 귀양살이를 하고 있는 자와 옥에 갇혀 있는 자는 그 정상을 참작하여 적당히 형을 감한다.
- 4영을 합하여 1영으로 하되, 영 중에서 장정을 선발하여 근위대를 급히 설치한다.
- 모든 재정은 호조에서 통할한다.
- 대신과 참찬은 의정부에 모여 정령을 의결하고 반포한다.
- 의정부, 육조 외에 모든 불필요한 기관을 없앤다.

(4) 정변의 실패

청의 무력 개입(3일 천하로 끝남), 외세 의존적 정변 방식(일본의 지원은 미미), 개화당의 세력 기반이 약했으며, 개혁이 너무 급박하고 대의명분이 부족해 국민이 외면

(5) 결과

① 청의 내정 간섭이 더욱 강화, 보수 세력의 장기 집권
② 개화 세력이 도태되어 상당 기간 개화 운동의 흐름이 약화됨

(6) 조약

① 일본과 한성 조약 체결 : 일본의 강요로 배상금 지불, 공사관 신축비 부담
② 청·일 간 톈진 조약 체결 : 청·일 양국군은 조선에서 철수하고 장차 파병할 경우 상대국에 미리 알릴 것(→ 일본은 청과 동등하게 조선에 대한 파병권 획득)

(7) 의의

① 근대 국가 수립을 목표로 하는 최초의 정치 개혁 운동(최초로 입헌 군주제 추구)
② 민족 운동의 방향을 제시한 우리나라 근대화 운동의 선구
③ 최초의 위에서 아래로의 근대화 운동
④ 청에 대한 사대 극복의 의지 반영, 문벌폐지와 사민평등, 조세제도 개혁 주장
⑤ 조선에 대한 국제 사회의 인식을 새롭게 하는 계기

7. 동학 농민 운동 ⭐빈출개념

(1) 배경

① 국내의 상황

한성 조약의 영향

한성 조약을 통해 일본은 갑신정변 과정에서 입은 피해를 보상받고 가해자를 처벌하도록 하였으며, 조선에서 실추되었던 일본 세력을 회복하였음. 그 동안 일본은 청에 밀려 조선 정부에 위세를 발휘하지 못했는데, 청이 청·프 전쟁 등으로 국제 관계에서 곤경에 빠진 틈을 타 조선에의 파병권 등을 획득하였음

갑신정변 이후의 국내외 정세

- 러시아의 남하 정책 : 조·러 수호 통상 조약 체결(1884), 조·러 비밀 협약 추진(청의 방해로 실패)
- 거문도 사건(1885~1887) : 영국이 러시아의 남하를 견제하고자 거문도를 불법 점령
- 조선 중립화론 제기 : 독일 부영사 부들러, 유길준
- 방곡령(1889) : 실패

동학의 교세 확장

- **요인** : 인간 평등 사상과 사회 개혁 사상이 농민의 변혁 요구에 부합함. 동학의 포접제(包接制) 조직이 농민 세력의 규합을 가능하게 함. 민족 종교적 성격과 반봉건적 성격이 농민층과 몰락 양반에게 환영받음
- **교조 신원 운동**
  - 삼례 집회(제1차 교조 신원 운동, 1892) : 교조 신원과 지방관의 탄압 금지를 요구
  - 서울 복합 상소(제2차 교조 신원 운동, 1893) : 궁궐 앞에서 교조 신원과 외국인 철수를 요구
  - 보은 집회(제3차 교조 신원 운동, 1893) : 동학교도와 농민이 대규모 집회를 통해 탐관오리 숙청, 반봉건·반외세·척왜양창의 등을 요구

SEMI-NOTE

동학의 경전

• 동경대전 : 교조 최제우의 유문을 최시형이 1882년 편찬(한자로 간행)한 것으로, 포덕문(布德文), 논학문(論學文), 수덕문(修德文), 불연기연(不然基然)의 4편을 중심으로 구성되어 있음

• 용담유사 : 최제우의 포교용 가사집. 1909년에 한글로 간행되었음. 용담가(龍潭歌), 안심가(安心歌), 권학가(勸學歌) 등이 소개되어 있음

사발통문

고부 민란과 백산 재봉기

새로 임명된 고부 군수 박원명의 수습이 적절하였으므로 농민들은 흩어져 귀가하였음. 그러나 안핵사 이용태는 조사를 빙자하여 죄 없는 농민들을 체포하고 부녀자들을 능욕하였으며 재산을 약탈하였음. 이에 전봉준은 동학 교단에서 세력을 가지고 있던 김개남, 손화중 등과 함께 농민들에게 통문을 돌려 농민군을 조직, 고부의 백산에서 8,000명의 농민군을 이끌고 전면전을 일으켰음

ⓒ 위기 의식의 증가 : 개항 이래 전개된 열강의 침략 경쟁이 갑신정변 후 가열

ⓒ 정부의 무능력과 부패 : 궁중 예산 낭비와 배상금 지불 등으로 국가 재정 궁핍, 대외 관계 비용의 증가, 외세와의 타협

ⓒ 농민 수탈의 심화 : 과중한 조세 부담, 지방관의 압제와 수탈 증가

② 일본의 경제적 침투

ⓒ 일본의 침투로 농촌 경제 파탄, 농민층의 불안·불만 팽배

ⓒ 입도선매나 고리대의 방법으로 곡물을 사들여 폭리, 무역 독점

ⓒ 방곡령 사건(1889) : 일본의 경제적 침략에 대응하여 함경도와 황해도 지방에서 방곡령을 내리기도 하였으나, 배상금만 물고 실효를 거두지 못함

③ 농민층의 동요 : 농민층의 사회 불만 증대, 정치 및 사회 의식 성장

(2) 동학 농민 운동의 전개

① 고부 민란(고부 농민 봉기, 1894. 1~1894. 3)

ⓒ 고부 민란 : 고부 군수 조병갑의 학정에 항거, 전봉준 등이 농민군을 이끌고 관아를 점령, 봉기를 계획하고 미리 사발통문(沙鉢通文)을 돌림

ⓒ 봉기의 지속 : 안핵사 이용태가 동학교도를 색출·탄압하자 전봉준·김개남·손화중·오지영 등의 지도하에 농민군은 봉기를 지속

② 1차 봉기 : 반봉건적 성격이 강함

ⓒ 백산 재봉기(1894. 3. 25) : 백산에 다시 결집하여 전봉준·김개남·손화중 등이 조직을 재정비하고 격문을 선포

ⓒ 황토현 전투(1894. 4. 절정기) : 황토현 싸움에서 관군(전라 감영의 지방 관군)을 물리치고(최대의 승리), 정읍·고창·함평·장성 등을 공략

ⓒ 장성 전투와 전주성 입성(1894. 5), 청·일의 개입

③ 전주 화약(1894. 5)과 집강소 활동

ⓒ 청·일군이 개입하자 정부는 휴전을 제의해 전주 화약이 성립

ⓒ 집강소 설치와 폐정 개혁안 : 폐정 개혁 12개조를 요구

실력up 폐정(弊政) 개혁 12개조

• 동학도(東學徒)는 정부와의 원한(怨恨)을 씻고 서정(庶政)에 협력한다.
• 탐관오리(貪官汚吏)는 그 죄상을 조사하여 엄징(嚴懲)한다.
• 횡포(橫暴)한 부호(富豪)를 엄징한다.
• 불량한 유림(儒林)과 양반의 무리를 징벌한다.
• 노비 문서(奴婢文書)를 소각한다.
• 7종의 천인 차별을 개선하고, 백정이 쓰는 평량갓[평양립(平凉笠)]은 없앤다.
• 청상과부(靑孀寡婦)의 개가(改嫁)를 허용한다.
• 무명(無名)의 잡세는 일체 폐지한다.
• 관리 채용에는 지벌(地閥)을 타파하고 인재를 등용한다.
• 왜(倭)와 통하는 자는 엄징한다.
• 공사채(公私債)를 물론하고 기왕의 것을 무효로 한다.
• 토지는 평균하여 분작(分作)한다.

– 〈동학사〉 –

④ 2차 봉기 : 반외세의 기치로 재봉기

　　㉠ 동학 농민군의 재봉기 : 청 · 일 전쟁(1894)에서 주도권을 잡은 일본이 내정 간섭을 강화하자, 이에 대항해 대규모로 다시 봉기

　　㉡ 남접(전봉준)과 북접(손병희)이 논산에 집결하여 연합

　　㉢ 공주 우금치 혈전(1894.11) : 전봉준(남접)과 손병희(북접)의 연합군이 서울로 북진하다 공주 우금치에서 관군과 민보군, 일본군을 상대로 격전

구분	중심 세력	활동 내용	성격
1차 봉기 (고부 민란 ~전주 화약)	남접 (전봉준, 김개남, 손화중 등)	• 황토현 전투 • 집강소 설치, 폐정 개혁안	반봉건적 사회 개혁 운동
2차 봉기	남접(전봉준) + 북접(손병희)	공주 우금치 전투	반외세, 항일구국 운동

(3) 동학 농민 운동의 영향과 한계

① 동학 농민 운동의 영향 : 반봉건적 · 반침략적 민족 운동의 전개, 밑으로부터의 자주적 사회 개혁 운동

② 한계 : 포괄적인 근대 사회 의식은 결여됨, 근대 사회를 건설하기 위한 구체적인 방안을 제시하지 못함

8. 갑오개혁(고종 31, 1894)과 을미개혁(고종 32, 1895)

(1) 갑오개혁(甲午改革, 1894~1895)

① 개혁의 추진 배경 : 개항 이후의 여러 모순을 해결하기 바라는 농민들의 개혁 요구, 교정청(校正廳)의 설치, 일본의 간섭(타율적 측면)

② 제1차 갑오개혁(1894. 7~1894. 12)

　　㉠ 친일 정권의 수립 : 김홍집과 흥선대원군 중심의 제1차 김홍집 친일 내각 성립

　　㉡ 군국기무처 설치 : 초정부적 회의 기관인 군국기무처를 설치하고 개혁을 추진

　　㉢ 갑신정변을 주동했던 박영효와 서광범이 귀국해 개혁에 참여

　　㉣ 제1차 개혁의 내용

　　　• 정치면 : 내각의 권한을 강화하고 왕권을 제한

연호	개국 연호를 사용하여 청의 종주권 부인
전제화 견제	왕실(궁내부)과 정부(의정부) 사무를 분리하고 정치 실권을 상당 부분 내각이 가지도록 해 국왕 전제권을 제한, 육조를 80아문으로 개편, 관등품계 12등급으로 축소
과거제 폐지	문무관 차별 철폐, 신분 차별 없는 새로운 관리 임용 제도 채택

　　　• 경제면

재정 일원화	모든 재정 사무를 탁지아문이 관장, 왕실과 정부의 재정을 분리

청 · 일 전쟁

동학 농민군이 해산하자 조선 정부는 일본에 군대의 철수를 요구하였으나, 일본은 이를 거부하고 내정에 간섭하는 등 조선에서의 지배권을 확보하려 하였음. 1894년 6월 21일 일본은 병력을 동원하여 궁궐을 침범하였으며, 조선 정부의 요청을 받은 것처럼 위장하여 아산만에 주둔하고 있던 청의 군대를 공격하였음

압송되는 전봉준

동학 농민 전쟁

동학 농민 운동의 실패 요인
• 동학 지도층의 분열과 지도력 부족
• 집권층과 민보군(수성군), 일본군 연합의 탄압, 전력상의 열세
• 화력(무기 등) · 전술 · 훈련 · 조직의 미약

군국기무처
입법권을 가진 초정부적 개혁 추진 기구. 임시 기구이며, 정치 · 경제 · 사회 등 국가 주요 정책에 대한 개혁안을 심의하였음

SEMI-NOTE

화폐, 조세	은(銀) 본위 화폐 제도를 채택, 일본 화폐의 통용을 허용, 조세의 금납제 시행
도량형 정비	도량형을 개정 · 통일

• 사회면

신분제 철폐	양반과 평민의 계급을 타파하고, 공 · 사 노비 제도를 폐지
전통적 폐습 타파	• 조혼 금지, 과부 개가 허용 • 악법 폐지(인신매매 금지, 고문과 연좌법의 폐지 등)

• 군사면 : 일본이 조선의 군사력 강화나 군제 개혁을 꺼림

③ 제2차 갑오개혁(1894. 12~1895. 7) ⭐ 빈출개념

  ㉠ 연립 내각 성립 : 제2차 김홍집 · 박영효 친일 연립 내각이 성립

  ㉡ 홍범 14조 : 고종은 종묘에 나가 독립 서고문을 바치고 홍범 14조를 반포
  (1895. 1)

  ㉢ 제2차 개혁의 내용

정치	• 의정부 80아문을 7부로 개편 • 지방관제를 8도에서 23부 337군으로 개편(→ 종래의 도 · 부 · 목 · 군 · 현의 대소행정구역 통폐합, 소지역주의 채택) • 내각과 분리된 궁내부 관제를 대폭 축소 • 지방관의 사법권 · 군사권 박탈(행정권만을 가짐) • 사법권과 행정권 분리(사법부 독립)와 재판소 설치(1심 · 2심 재판소 분리 · 설치)를 위해 〈재판소구성법〉과 〈법관양성소규정〉 등을 공포 • 상리국 폐지
교육	• 교육입국조서 발표(근대적 학제 등) • 신교육 실시, 한성사범학교 설립
군사 · 경찰	훈련대 · 시위대 설치, 근대적 군사 · 경찰제도 확립을 위한 〈군부관제〉, 〈경무청관제〉 등을 제정

  ㉣ 개혁의 중단 : 삼국 간섭(1895. 4)에 따른 일본 세력의 약화, 박영효가 반역죄로 일본으로 망명

삼국간섭(1895)

일본이 청일 전쟁의 승리 후 체결한 시모노세키 조약에 따라 청으로부터 요동반도를 할양받게 되자, 남하 정책을 추진하던 러시아가 이를 견제하고자 프랑스, 독일과 함께 요동반도의 반환을 일본에 요구하였다. 삼국간섭의 결과 일본은 요동반도를 돌려주고 세력이 위축되었는데, 국내에서는 이러한 정세를 이용해 일본을 견제하기 위해 친러내각(김홍집 내각)이 성립하였다.

(2) 을미개혁(제3차 개혁, 1895. 8~1896. 2)

① 을미사변(1895) : 명성황후가 친러파와 연결하여 일본을 견제하려 하자 일제는 명성황후를 시해하고 친일 내각을 구성

② 개혁의 추진 : 제4차 김홍집 친일 내각은 중단되었던 개혁을 계속하여 을미개혁

홍범 14조
우리나라 최초의 근대적 정책 백서이자, 헌법적 성격을 지닌 최초의 것임. 갑오개혁의 목표를 강령화한 것으로, 일본 공사의 권고에서 비롯된 것이기는 하나 당시 개화파 관료들의 개혁 의지를 반영하고 있음. 왕이 우리나라의 자주 독립을 최초로 내외에 선포한 문서로서 역사적 의의가 크나, 청일 전쟁에서 승리한 일본에게 내정 간섭 강화 수단으로 이용되었음

홍범(洪範) 14조
• 청에 의존하는 생각을 버리고 자주 독립의 기초를 세운다.
• 왕실 전범(典範)을 제정하여 왕위 계승의 법칙과 종친과 외척과의 구별을 명확히 한다.
• 임금은 각 대신과 의논하여 정사를 행하고, 종실(宗室) · 외척(外戚)의 내정 간섭을 용납하지 않는다.
• 왕실 사무와 국정 사무를 나누어 서로 혼동하지 않는다.
• 의정부(議政府) 및 각 아문(衙門)의 직무 · 권한을 명백히 규정한다.
• 납세는 법으로 정하고 함부로 세금을 징수하지 아니한다.
• 조세의 징수와 경비 지출은 모두 탁지아문(度支衙門)의 관할에 속한다.
• 왕실의 경비는 솔선하여 절약하고, 이로써 각 아문과 지방관의 모범이 되게 한다.
• 왕실과 관부(官府)의 1년 회계를 예정하여 재정의 기초를 확립한다.
• 지방 제도를 개정하여 지방 관리의 직권을 제한한다.
• 총명한 젊은이들을 파견하여 외국의 학술 · 기예를 견습시킨다.
• 장교를 교육하고 징병을 실시하여 군제의 근본을 확립한다.
• 민법 · 형법을 제정하여 인민의 생명과 재산을 보전한다.
• 문벌을 가리지 않고 인재 등용의 길을 넓힌다.

을 추진
- ㉠ 유생들의 반발 : 단발령에 대한 유생들의 강경한 반발
- ㉡ 개혁의 중단 : 명성황후 시해와 단발령을 계기로 유생층과 농민이 의병을 일 으켰고, 친러파는 국왕을 러시아 공사관으로 피신(아관파천, 1896)시킴으로 써 개혁 중단

(3) 갑오·을미개혁의 의의 및 한계

① 한계 : 일본의 강요에 의해 타율적으로 시작, 토지 제도의 개혁이 전혀 없고, 군 제 개혁에 소홀

② 의의
- ㉠ 전통 질서를 타파하는 근대적 개혁의 성격을 지님
- ㉡ 갑신정변과 동학 농민 운동의 개혁 요구가 일부 반영

👓 한눈에 쏙~

| 강화도조약 (1876) | → | 임오군란, 제물포조약(1882) | → | 갑신정변 (1884) |

| → | 동학 농민 운동, 청일 전쟁, 갑오개혁(1894) | → | 삼국간섭, 을미사변, 을미개혁(1895) |

9. 아관파천(건양 1, 1896)

(1) 전개

① 배경 : 고종은 왕권을 제약하려는 개화 세력의 개혁에 불만을 가지게 되었고, 을 미사변 후 신변의 위험을 느낌
② 경과 : 러시아 공사 베베르가 친러파와 모의하여 고종을 러시아 공사관으로 파천 시켜 1년간 머물게 함

(2) 결과

① 친러내각의 성립 : 친일파가 제거되고 이범진·이완용 등의 친러내각이 정권을 장악
② 지방 제도 개편 : 전국을 13도로 개편
③ 일본의 협상 추진 : 수세에 몰린 일본이 러시아와 세력 균형을 위해 협상을 벌임
④ 베베르·소촌(고무라) 각서(1896. 5)
⑤ 러시아 로바노프의 비밀외교(1896. 6)
- ㉠ 청(이홍장)과 중·러 비밀군사동맹 체결
- ㉡ 로바노프·산현(야마가타) 협정서에서 러·일 완충지대를 설정(한반도 분할)
- ㉢ 민영환·로바노프는 고종의 신변보호, 군사교관과 재정고문
⑥ 니시·로젠 협정(1898. 4) : 조선에서의 정치적·경제적 이해관계를 상호 승인
⑦ 아관파천 후 조선의 주권이 약화되고 외세의 이권 침탈이 증가함

명성황후 시해 사건(을미사변, 1895)
일본 공사 미우라는 일제의 한반도 침략 정책의 장애물인 명성황후와 친러 세력 을 일소하고자 일부 친일 정객과 짜고 고종 32년(1895) 10월 일본 군대와 낭인 을 동원하여 왕궁을 습격한 후 명성황후 를 시해하고 그 시체를 불사르는 만행을 저질렀음

명성 황후 인산(장례)

을미개혁의 내용
- 종두법 실시
- 소학교 설립
- 태양력 사용
- 우편 제도 실시
- 연호 건양(建陽) 사용
- 단발령 실시
- 군제의 개편 : 훈련대 폐지, 중앙군 (친위대 2개)·지방군(진위대) 설치

아관파천 당시 러시아 공사관

06장

근대의 변화와 흐름

SEMI-NOTE

독립신문

1896년 4월 서재필이 민중 계몽을 위해 창간한 신문으로, 최초의 민간 신문(최초의 근대 신문은 1883년 창간된 한성순보)이자 순한글 신문. 창간 이듬해인 1897년부터 한글판과 영문판을 분리하여 2개의 신문으로 발행하였음

독립신문

독립협회의 기본 사상
• 자주 국권사상 : 민족주의 사상
• 자유 민권사상 : 민주주의 사상
• 자강 개혁 사상 : 근대화 사상

독립문

관민 공동회의 헌의 6조 ⭐ 빈출개념
• 외국인에게 의지하지 말고 관민이 한마음으로 힘을 합하여 전제 황권을 견고하게 할 것
• 외국과의 이권에 관한 계약과 조약은 각 대신과 중추원 의장이 합동 날인하여 시행할 것
• 국가 재정은 탁지부에서 전관(專管)하고, 예산과 결산을 국민에게 공표할 것
• 중대 범죄를 공판하되, 피고의 인권을 존중할 것
• 칙임관을 임명할 때에는 정부에 그 뜻을 물어서 중의에 따를 것
• 정해진 규정(홍범 14조)을 실천할 것
　　　　　　　　　－ 독립신문 －

황국 협회
독립 협회에 대항하기 위해 조직된 어용단체. 정식 지휘자는 정부 관료, 회원은 보부상이었음

10. 독립 협회(獨立協會, 1896)

(1) 배경 및 성립

서재필 등은 자유 민주주의적 개혁 사상을 민중에게 보급하고 국민의 힘으로 자주 독립 국가를 건설하기 위하여 독립신문을 창간하고 독립 협회를 창립(1896. 7)

(2) 구성

① **사상적 구성** : 서구 자유민주주의 사상(서재필·윤치호)과 개신 유학 사상·유교 혁신 사상(남궁억, 정교)이 합쳐져 자주 자강·개화 혁신 사상으로 승화(이상재)
② **구성원** : 근대 개혁 사상을 지닌 진보적 지식인들이 지도부를 이루고 도시 시민층이 주요 구성원으로 참여, 학생·노동자·여성·천민 등 광범한 계층의 지지

(3) 주장

① **자주 국권 운동** : 국권과 국익 수호 운동
② **자강 개혁 운동** : 입헌 군주제, 신교육 운동, 상공업 장려, 근대적 국방력 강화
③ **자유 민권 운동** : 민권(자유권·재산권) 보장 운동, 국민 참정권 운동

(4) 활동

① **이권 수호 운동** : 러시아의 절영도 조차 요구 규탄, 한·러 은행 폐쇄
② **독립 기념물의 건립** : 자주 독립의 상징인 독립문을 세우고, 모화관을 독립관으로 개수
③ **민중의 계도** : 강연회·토론회 개최, 신문·잡지의 발간 등을 통해 근대적 지식과 국권·민권 사상을 고취
④ **만민 공동회 개최(1898. 3)** : 우리나라 최초의 근대적 민중 대회(→ 외국의 내정 간섭·이권 요구·토지 조사 요구 등에 대항하여 반환을 요구)
⑤ **관민 공동회 개최(1898. 10~1898. 11)**
　㉠ 만민 공동회의 규탄을 받던 보수 정부가 무너지고 개혁파 박정양이 정권을 장악하자 정부 관료와 각계각층의 시민 등 만여 명이 참여하여 개최
　㉡ 의회식 중추원 신관제를 반포하여 최초로 국회 설립 단계까지 진행(1898. 11)
　㉢ **헌의 6조** : 헌의 6조를 결의하고 국왕의 재가를 받음(→ 실현되지는 못함)

(5) 독립 협회의 해산(1898. 12)

① **보수파의 모함** : 시민 의식이 성숙하지 못한 상태에서 서구식 입헌 군주제의 실현을 추구하여 보수 세력의 지지를 얻지 못함
② **시민의 투쟁** : 시민들은 만민 공동회를 열어 독립 협회의 부활과 개혁파 내각의 수립, 의회식 중추원의 설치 등을 요구하면서 격렬한 투쟁
③ **해산** : 황국 협회를 이용한 보수 세력의 탄압으로 해산(1898. 12)
④ **의의** : 민중에 의한 자주적인 근대화 운동 전개

11. 대한 제국(大韓帝國)

(1) 대한 제국의 성립(1897. 10)

러시아 공사관에서 1년 만에 환궁한 고종은 국호를 대한 제국, 연호를 광무로 고치고 황제라 칭하여 자주 국가임을 내외에 선포

(2) 광무개혁

① 내용

황궁우와 원구단

정치면	• 황제권의 강화(전제황권) : 복고적 개혁의 성격 • 대한국제(대한국 국제)의 반포 : 대한국제는 광무정권이 1899년 제정한 일종의 헌법으로, 대한 제국이 전제 정치 국가이며 황제권의 무한함을 강조 • 황제가 군권을 장악하기 위해 최고 군통수기관으로 원수부를 설치 • 국방력 강화
경제면	• 양지아문을 설치(1898)하여 양전사업을 실시(1899)하고 지계(토지증서) 발급 • 탁지부에서 관할하던 재정업무를 궁내부 소속의 내장원으로 이관 • 상공업 진흥책을 실시하여 황실(정부)이 직접 공장을 설립하거나 민간 회사의 설립을 지원 • 실업학교 및 기술교육기관을 설립 • 금본위제 화폐 제도 채택 시도
사회면	• 종합 병원인 광제원(廣濟院)을 설치 • 신교육령에 의해 소학교 · 중학교 · 사범학교 등을 설립 • 고급장교의 양성을 위해 무관학교를 설립(1898) • 교통 · 통신 · 전기 · 의료 등 각 분야에 걸친 근대적 시설을 확충

② 한계

ⓒ 근대 사회로의 지향이나, 황권의 강화와 황실 중심의 개혁

ⓒ 진보적 개혁 운동을 탄압하여 국민 지지 상실(보수적 추진 세력의 한계)

ⓒ 열강의 간섭을 완전히 배제하지 못해 큰 성과를 거두지 못함

12. 항일 의병 투쟁

(1) 항일 의병 투쟁의 발발

① 배경 : 청 · 일 전쟁으로 조선에서 청을 몰아낸 일본이 침략 의도를 노골적으로 드러내자 여러 방면에서 민족적 저항이 일어났는데, 의병 항쟁은 그 중 가장 적극적인 형태의 저항

② 시초 : 1894년 8월 서상철이 갑오개혁에 따른 반일 감정으로 거사

(2) 을미의병(1895)

① 을미의병의 계기 : 최초의 항일 의병으로, 명성황후 시해와 단발령을 계기로 발생

② 구성원과 활동 : 유인석 · 이소응 · 허위 등 위정척사 사상을 가진 유생들이 주도, 농민들과 동학 농민군의 잔여 세력이 가담하여 전국적으로 확대

③ 해산 : 아관파천 후 단발령이 철회되고 고종의 해산 권고 조칙이 내려지자 대부분 자진 해산

④ 해산된 농민 일부가 활빈당을 조직하여 반봉건 · 반침략 운동을 계속함

단발령

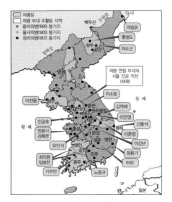

의병의 봉기

을미 · 을사 · 정미의병의 격문

• **을미의병**
원통함을 어찌하리오. 국모의 원수를 생각하며 이를 갈았는데 참혹함이 더욱 심해져 임금께서 또 머리를 깎으시는 지경에 이르렀다.
– 유인석의 창의문 –

• **을사의병**
작년 10월에 저들이 한 행위는 오랜 옛날에도 일찍이 없던 일로서 억압으로 한 조각의 종이에 조인하여 500년 전해오던 종묘 사직이 드디어 하루밤에 망하였으니 ……
– 최익현의 격문 –

• **정미의병**
군대를 움직이는 데 가장 중요한 점은 고립을 피하고 일치단결하는 것에 있다. 따라서 각도의 의병을 통일하여 둑을 무너뜨릴 기세로 서울에 진격하면, 전 국토가 우리 손 안에 들어오고 한국 문제의 해결에 있어서도 유리하게 될 것이다.
– 이인영의 격문 –

(3) 을사의병의 발발(1905)

① 의병의 재봉기 : 을사조약의 폐기와 친일 내각의 타도를 내세우고 격렬한 무장 항전(→ 항일 의병 전쟁의 전개)
② 의병장 : 민종식, 최익현, 신돌석 등
③ 특징 : 종래 의병장은 대체로 유생이었으나 이때부터 평민 출신 의병장이 활동

(4) 정미의병(1907)

① 계기 : 고종의 강제 퇴위, 군대 해산(1907. 8)
② 특징 : 해산 군인들이 의병에 합류하면서 의병의 조직과 화력이 강화, 전국 각지, 나아가 간도와 연해주 등 국외로까지 확산

(5) 의병 전쟁의 확대

① 13도 창의군 조직(1907. 12) : 유생 이인영을 총대장, 허위를 군사장으로 13도 연합 의병이 조직
  ㉠ 외교 활동의 전개 : 서울 주재 각국 영사관에 의병을 국제법상의 교전 단체로 승인해 줄 것을 요구하여, 스스로 독립군임을 자처
  ㉡ 서울 진공 작전(1908) : 의병 연합 부대는 서울 근교까지 진격(1908. 1)하였으나, 일본군의 반격으로 후퇴
② 국내 진입 작전 : 홍범도와 이범윤이 지휘하는 간도와 연해주의 의병들이 작전 모색
③ 안중근의 거사(1909) : 하얼빈 역에서 일제의 침략 원흉인 이토 히로부미를 처단, 이듬해 1910년 3월 26일 뤼순 감옥에서 순국

(6) 의병 전쟁의 의의와 한계

① 의병 전쟁의 한계
  ㉠ 국내적 요인 : 비조직성, 전통적 신분제를 고집하여 유생층과 농민 간 갈등
  ㉡ 국외적 요인 : 열강 침략의 보편화, 을사조약으로 외교권이 상실되어 국제적으로 고립
② 의병 전쟁의 의의 : 민족 저항 정신 표출, 항일 무장 독립 투쟁의 기반, 반제국주의 · 민족주의 운동

13. 애국 계몽 운동의 전개

(1) 애국 계몽 운동

① 의미 : 을사조약(1905) 전후에 나타난 문화 활동과 산업 진흥 등 실력 양성을 통해 국권을 회복하자는 운동
② 주도 세력 : 지식인, 관료, 개혁적 유학자

(2) 애국 계몽 운동 단체

① **보안회(1904)** : 일제의 황무지 개간권 요구에 반대하여 이를 저지

② **헌정 연구회(1905)** : 국민의 정치 의식 고취와 입헌정체의 수립을 목적으로 설립됨, 일진회의 반민족적인 행위를 규탄하다가 해산

③ **대한 자강회(1906)**

　㉠ **조직** : 헌정 연구회를 모체로, 사회 단체와 언론 기관을 주축으로 하여 창립

　㉡ **참여** : 윤치호, 장지연 등

　㉢ **목적** : 교육과 산업의 진흥을 통한 독립의 기초 마련

　㉣ **활동** : 독립 협회 정신을 계승하여 월보의 간행과 연설회의 개최 등을 통하여 국권 회복을 위한 실력 양성 운동 및 일진회에 대항하여 애국 계몽 운동 전개

　㉤ **해체** : 일제의 고종 황제에 대한 양위 강요에 격렬한 반대 운동을 주도하다가 강제로 해체됨

④ **대한 협회(1907)**

　㉠ **조직 및 활동** : 오세창·윤효정·권동진 등이 대한 자강회를 계승하여 조직, 교육의 보급·산업의 개발·민권의 신장·행정의 개선 등을 강령으로 내걸고 실력 양성 운동을 전개

　㉡ **해체** : 1910년 한·일 병합 조약 이후 해체

⑤ **신민회(1907)**

　㉠ **조직** : 사회 각계각층의 인사를 망라하여 조직된 비밀 결사

　㉡ **구성원** : 안창호, 양기탁 등

　㉢ **목적** : 국권 회복, 공화정체의 국민 국가 건설

　㉣ **활동** : 자기 회사 설립(평양), 태극서관 설립(대구), 대성 학교·오산 학교·점진 학교 설립 등, 대한매일신보를 기관지로 활용, 최남선의 주도하에 〈소년〉을 기관 잡지로 창간, 남만주에 삼원보, 밀산부에 한흥동을 각각 건설하여 무장 독립 운동의 터전이 됨

　㉤ **해체(1911)** : 일제가 날조한 105인 사건으로 해체

(3) 의의 및 한계

① **의의** : 민족 독립 운동의 이념과 전략을 제시, 장기적인 민족 독립 운동의 기반 구축

② **한계** : 일제에 예속된 상태에서 전개되어 성과 면에서 일정한 한계

👓👓 한눈에 쏙~

```
아관파천        대한 제국 수립      러일 전쟁
(1896)    ▶     (1897)      ▶     (1904)

   ▶   을사조약    ▶   신민회 조직
        (1905)         (1907)
```

애국 계몽 운동의 전개

독립협회의 해체 뒤 개화 자강 계열 단체들이 설립되어 친일 단체인 일진회에 대항하면서 구국 민족 운동을 전개하였는데, 1905년을 전후하여 이러한 개화 자강 계열의 민족 운동은 국권 회복을 위한 실력 양성 운동, 곧 애국 계몽 운동으로 발전하였음

일진회

친일적 민의가 필요하다고 여긴 일본이 1904년에 설립한 친일 단체. 송병준, 윤시병, 유학주 등을 중심으로 적극적인 친일 활동을 전개하였음. 고종이 강제로 퇴위된 당시 전국 각지에서 봉기한 의병들은 일진회 회원들을 살해하고 일진회의 지부 및 기관지인 국민신보사를 습격하여 파괴하였음. 1910년 합병 조약이 체결된 후 해체됨

신민회의 4대 강령

• 국민에게 민족 의식과 독립 사상을 고취할 것

• 동지를 찾아 단합하여 민족 운동의 역량을 축적할 것

• 각종의 상공업 기관을 만들어 단체의 재정과 국민의 부력을 증진할 것

• 교육 기관을 각지에 설치하여 청소년 교육을 진흥할 것

02절 개항 이후의 경제와 사회

1. 열강의 경제 침탈

(1) 일본 상인의 경제 침투

① 초기
- ㉠ 부산 · 원산 등 개항지를 중심으로 거류지 무역 전개
- ㉡ 재판권, 무관세, 일본 화폐의 사용 등의 불평등 조약을 이용해 약탈적 무역 전개

② 1880년대
- ㉠ 무역 활동 범위가 개항장 100리까지 확대되어 내륙까지 진출
- ㉡ 곡물 수매에 주력 : 자본주의 초기의 식량 부족을 해결하기 위해 조선의 곡물을 대량 수입해 감(→ 조선의 곡물 가격 폭등과 식량난 초래)
- ㉢ 조 · 청 상민 수륙 무역 장정(1882) 체결 이후 : 청 상인의 활발한 진출로 청 · 일 양국의 각축 격화(→ 청에서의 수입 비율이 점차 증가)

③ 1890년대 : 청 · 일 전쟁 이후 일본 상인들이 국내 상권을 거의 독점, 일본 제일 은행의 지점을 설치하고 대한 제국의 금융을 장악해 감

(2) 일본의 토지 약탈

① 개항 직후
- ㉠ 초기 : 일본 상인들이 개항장 안의 토지를 빌려 쓰는 데 그침
- ㉡ 토지 소유의 확대 : 차압과 고리대를 이용하여 우리 농민의 토지를 헐값으로 사서 점차 농장을 확대해 감

② 청 · 일 전쟁 이후(1890년대) : 일본 대자본가들이 침투하여 대규모 농장 경영, 전주 · 군산 · 나주 일대에 대규모 농장 경영

③ 1900년대 : 토지 약탈의 본격화

(3) 제국주의 열강의 이권 침탈

① 배경 : 아관파천 이후 본격화, 최혜국 대우 규정을 이용하여 철도 부설권 · 금광 채굴권 · 산림 채벌권 등 이권 침탈

② 이권 침탈
- ㉠ 러시아 : 경원 · 종성 광산 채굴권, 압록강 · 울릉도 산림 채벌권, 조 · 러 은행 설치권
- ㉡ 일본 : 경인선 철도 부설권(미국으로부터 인수), 경부선 · 경원선 부설권, 직산 금광 채굴권
- ㉢ 미국 : 서울 시내 전차 부설권, 서울 시내 전기 · 수도 시설권, 운산 금광 채굴권
- ㉣ 프랑스 : 경의선 철도 부설권(일본에 양도), 창성 금광 채굴권, 평양 무연탄 채굴권
- ㉤ 영국 : 은산 금광 채굴권

조 · 청 상민 수륙 무역 장정

고종 19년(1882) 조선과 청이 양국 상인의 통상에 대해 맺은 규정. 서두에 조선에 대한 청의 종주권을 명시하고 있으며, 조선의 비준도 생략되었음. 임오군란 이후 청의 내정 간섭이 강화된 상황에서 체결되었으며, 이후의 통상 조약 등에도 영향을 미쳐 불평등 조약 체계 확립에 결정적인 역할을 하였음

화폐 정리 사업

조선의 상평통보나 백동화 등을 일본 제일 은행에서 만든 새 화폐로 교환하도록 한 사업. 갑작스럽게 시행되었을 뿐만 아니라 질이 나쁜 백동화는 교환해 주지 않았는데, 일본 상인들과는 달리 이 사실을 모르고 있던 조선 상인들의 경우 화폐 정리 사업에 대비하지 못해 많은 사람들이 파산하게 되었음. 또한 소액도 교환해 주지 않아 농민들 역시 큰 피해를 입었음

철도에 대한 일본의 집착

열강의 경제적 침탈 속에서 일본은 특히 철도와 관련된 이권의 획득에 집착하였는데, 이는 철도가 인적 · 물적 자원을 대량으로 운송할 수 있는 육상 운송 수단으로서 대륙침략 시 일본군의 수송과 조선에서의 쌀을 반출 시 유용하기 때문이었음. 그리하여 미국이 처음 획득한 경인선 부설권을 사들이고, 이어서 경부선, 경의선, 경원선 부설권까지 차지하여 개통하였음

ⓑ 독일 : 당현 금광 채굴권

ⓢ 청 : 황해도 · 평안도 연안 어채권, 인천-한성-의주 전선 가설권, 서울-부산 전선 가설권

2. 경제적 구국 운동의 전개

(1) 방곡령과 상권 수호 운동

① 방곡령(防穀令, 1889)

　ⓐ 실시 : 개항 이후 곡물의 일본 유출이 늘어나면서 가격이 폭등한데다가 흉년이 겹쳐 함경도와 황해도를 중심으로 시행

　ⓑ 결과 : 일제는 1개월 전에 통고해야 한다는 조 · 일 통상 장정(1883) 규정을 구실로 방곡령의 철회를 요구하고 거액의 배상금을 요구

② 상권 수호 운동 : 상인들은 상권 수호 운동을 벌여 경제적 침탈에 적극적으로 대응

③ 상회사의 설립 : 1880년대에는 관리들과 객주, 보부상 등을 중심으로 대동상회 · 장통상회 등과 같은 동업자 조합 성격의 상회사가 주로 설립되었고, 대한제국의 상공업 진흥 정책이 실시된 이후에는 해운회사 · 철도회사 · 광업회사 등과 같은 근대적 형태의 주식회사도 설립

④ 근대적 산업 자본의 성장 : 조선 유기 상회(鍮器商會), 직조 산업, 연초 공장(煙草工場), 사기 공장(砂器工場) 등

(2) 민족 은행 설립

① 일본의 금융 기관 침투와 고리대금업에 대응하기 위하여 우리 자본으로 은행 설립

　ⓐ 조선 은행(1896) : 관료 자본이 중심이 된 민간 은행(최초)

　ⓑ 민간 은행 : 한성 은행, 천일 은행 등

② 메가타의 화폐 정리 사업(1905), 자금과 기술의 부족, 미숙한 운영 방식 등으로 문을 닫거나 일본계 은행에 합병(→ 일제의 금융권 장악 가속화)

(3) 국채 보상 운동(國債報償運動, 1907)

① 배경 : 일제의 강제 차관 도입으로 인해 정부가 짊어진 1,300만 원의 외채를 국민의 힘으로 상환하여 국권을 회복하자는 운동

② 경과 : 국채 보상 기성회가 전국 각지로 확대, 보상금 모집소 설치

③ 결과 : 일본은 국채 보상 기성회의 간사인 양기탁에게 국채 보상금을 횡령하였다는 누명을 씌워 구속하고 1908년 초 2천만 원의 차관을 억지로 추가 공급하여 좌절시킴

(4) 황무지 개간권 반대 운동(1904)

보안회는 일제의 황무지 개간권 요구에 대한 반대 운동을 벌여 토지 약탈 음모를 분쇄, 이도재 등은 농광 회사를 설립하여 황무지를 우리 손으로 개간할 것을 주장

(5) 독립 협회의 이권 수호 운동

방곡령

1876년 강화도 조약으로 일본에 개국한 이래, 일본 상인들은 조선의 쌀과 콩을 매점하여 일본에 반출하였음. 이에 곡물의 절대비축량이 부족하여 식량난이 가중되고, 고종 25년(1888) 흉년까지 들자 전국 곳곳에서 폭동이 발발하였음. 이에 원산을 관장하던 함경도 관찰사 조병식은 1889년 9월 한 · 일 통상 장정을 근거로 원산항을 통한 콩의 유출을 금지하는 방곡령을 내렸음. 이에 일본 무역상이 타격을 입자 조선과 일본 간 분규가 발생함. 조선은 조병식을 강원도 관찰사로 전출시킴으로써 방곡령을 해제하였으나, 새로 함경도 관찰사로 부임한 한장석이 방곡령을 다시 시행하였음. 이에 일본은 손해 배상을 청구하였으며, 조선은 청의 권고에 따라 11만 환의 배상금을 지불하였음. 방곡령은 이후에도 부분적으로 시행되다가 1894년 1월 전면 해제됨

활발한 기업 활동을 통한 민족 자본의 확보

1890년대 후반기에 정부의 상공업 진흥 정책에 따라 기업 활동이 활발해졌는데, 일본의 운수업 지배에 맞서 국내 기업가들은 외국 증기선을 구입하여 대항하기도 하였고, 해운회사 · 광업회사 등을 설립하여 활발한 기업 활동을 전개함으로써 민족 자본의 토대를 확보하고자 하였음

일제의 시설 설립 사업

일제는 우리나라의 근대화를 위한다는 명분을 내세워, 우리나라에 거주하는 일본인들을 위한 도로 · 수도 시설, 은행, 학교, 병원 등의 시설 설립 사업을 실시하였음. 일제는 그 시설비를 우리나라에서 부담하도록 하면서 차관을 얻도록 강요하였음

① 러시아의 이권 침탈 저지 : 절영도의 조차 요구 저지, 한 · 러 은행의 폐쇄, 도서 (島嶼)의 매도 요구 저지

② 프랑스 광산 채굴권 요구 저지

③ 미국 · 독일 등 열강이 차지한 철도 · 광산 · 산림에 대한 이권 반대 운동 전개

실력UP   만민 공동회의 상소

근대 우리나라 국유 광산이라든지, 철도 기지 · 서북 삼림 · 연해 어업 등등, 이 모든 것에 대한 외국인들의 권리 취득 요구를 우리 정부에서 한 가지라도 허락해 주지 않은 것이 있었는가. 이렇게 외국인들의 요구가 그칠 줄 모르는데, 오늘에 이르러서는 일인(日人)들이 또다시 국내 산림천택(山林川澤)과 원야(原野)개발권까지 허가해 줄 것을 요청하기에 이를 정도로 극심해졌으니, 정부는 또 이 요구를 허가할 작정인가. 만일 이것마저 허가한다면 외국인들이 이 위에 또다시 요구할 만한 무엇이 남아 있겠으며, 우리도 또한 무엇이 남아서 이런 요구에 응할 것이 있겠는가. 이렇게 되면 그야말로 500년의 마지막 날이 될 것이요, 삼천리의 종국(終局)이 될 것이니, 우리 정부에서는 반드시 이를 거절할 줄로 안다.

– 이상재 –

3. 평등 의식의 확산

(1) 19세기 사회의 변화

① 계기 : 천주교와 동학, 개신교의 전파는 사회 전반의 변화에 지대한 영향을 끼침

② 평등 의식의 확산 : 평등 의식이 확산되면서 종래 신분 제도에 변화가 나타남

(2) 종교의 영향

① 천주교 : 19세기 중엽에 교세가 확장되어 평등 의식의 확산에 기여, 중인 · 평민 · 부녀자 신도가 많음

② 동학 : 적서 차별과 남존 여비를 부정, 주로 평민층 이하의 지지를 받음

③ 개신교 : 19세기 말 전래, 포교의 수단으로 학교를 설립하고 의료 사업 전개, 한글 보급, 미신 타파, 남녀 평등 사상 보급, 근대 문명 소개, 애국 계몽 운동에 기여

(3) 갑신정변의 영향

① 진보적 사고 : 양반 신분 제도와 문벌 폐지, 인민 평등 실현 등

② 조선의 불합리한 신분 제도를 사회적 불평등의 근원이자 국가 발전을 저해하는 주요 원인으로 인식하고 개혁하고자 함

4. 사회 개혁 운동

(1) 동학 농민군의 사회 개혁

① 의의 : 반상(班常)을 구별하는 관행을 부정하고 인간 평등과 인권 존중의 반봉건적 사회 개혁을 추구하여 사회 전반에 커다란 변화를 야기

② 폐정 개혁안 : 반봉건적 사회 개혁안 요구, 지주제 철폐의 요구

의식의 변화

서울 시전 상인들이 말하기를, 우리가 상업을 하는 데 올바른 대신들의 공정한 법률 밑에서 장사를 해야 생명과 재산을 보호하지, 근일 정부 대신들 밑에서는 상업도 못하겠다 하고, 그저께부터 각기 폐시하고 독립 협회와 총상회의 목적을 따라 비록 군밤 장사까지라도 모두 일심이 되어 회중소청에 가서 합동하였다는데, 경무관 안환 씨가 순검들을 많이 데리고 각 상인들을 압제하여 억지로 가게 문을 열라고 한즉, 상인 제씨가 서로 말하기를 우리도 충군 애국하는 마음으로 소청에 가서 합동하겠는지라, 지금은 전과 달라 관인의 무례한 압제를 아니 받겠노라. 경무청에서 우리에게 자본금을 주어 장사시키기에 가게 문을 열어라 어찌하라 무슨 참견이뇨. 우리도 자유 권리로 하는 일이니 다시는 이따위 수작 말라 하니, 안 경무관도 어찌할 수 없는 것으로 알더라고 하더라.

– 독립신문(1898. 10 .13) –

갑오개혁 때 추진된 사회 개혁

• 문벌에 따른 차별과 양반, 상민 등의 계급을 타파하고 귀천의 구별 없이 인재를 뽑아 등용

• 지금까지 내려온 문존 무비(文尊武卑)의 차별을 폐지

• 공 · 사 노비 제도를 모두 폐지하고 인신매매를 금지

• 연좌법을 모두 폐지하여 죄인 자신 이외에는 처벌하지 않음

• 남녀의 조혼을 엄금하여 남자는 20세, 여자는 16세에 결혼을 허락

• 과부의 재혼은 귀천을 막론하고 그 자유에 맡김

③ 한계 : 신분 간의 갈등 초래(양반 지주의 저항 초래, 민보군, 집강소)

(2) 갑오개혁과 신분제의 폐지

① 사회면의 개혁
ㄱ 동학 농민 운동의 요구 수용 : 갑오개혁에 일부 수용되어 사회 개혁이 많음
ㄴ 개혁 추진의 중심 기구인 군국기무처를 통해 전통적 신분 제도와 문벌·출신 지역에 따른 인재 등용의 폐습을 개혁
② 개혁 내용 : 평등주의적 사회 질서 수립, 노비 및 천민층의 점진적 해방, 기술직 중인의 관직 등용 확대, 여성의 대우 향상과 혼인 풍습 개선 등
③ 결과 : 능력 본위의 인재 등용이 이루어지는 계기로 작용
④ 의의 : 조선의 근대화에 기여했으며, 양반의 권력 독점을 해체시키는 계기가 됨

5. 민권 운동의 전개

(1) 독립 협회의 운동

① 활동 방향 : 주권 독립 운동, 민권 운동(인권 운동과 참정권 실현 운동으로 전개)
② 기본 사상 : 자주 국권 사상·자유 민권 사상·자강 개혁 사상
③ 의의 : 민중의 자발적 참여, 평등 의식의 확산, 근대화 사상의 계승
④ 해체 : 입헌 군주제 주장에 위기를 느낀 정부가 황국 협회를 동원하여 탄압

(2) 애국 계몽 운동

① 활동 내용 : 사회·교육·경제·언론 등 각 분야에서 국민의 근대 의식과 민족 의식을 고취
② 영향 : 사회 인식의 전환, 민주주의 사상의 진전

03절 근대 문화의 발달

1. 근대 시설의 수용

(1) 근대 시설의 도입

① 인쇄 시설 : 박문국 설립(1883. 8), 광인사 설립(1884)
② 통신 시설
ㄱ 전신 : 청에 의해 서울과 인천 간에 가설(1885)
ㄴ 전화 : 처음에 궁궐 안에 가설(1896), 그 후 서울 시내에도 가설(1902)
ㄷ 우편 : 우정국이 갑신정변으로 중단되었다가 을미개혁 이후 부활(우체사, 1895), 만국 우편 연합에 가입하여 여러 나라와 우편물을 교환(1900)
③ 교통 시설 : 경인선(1899)·경부선(1905)·경의선(1906)부설, 전차 운행(1899)

애국 계몽 운동
1905~1910년에 전개된 실력 양성 운동을 총칭. 애국 계몽 운동은 일제에 국권을 박탈당한 이유를 힘과 실력의 부족에서 찾아, 실력을 배양·축적해야 한다고 주장하였음. 이들은 국내에서 사업을 수행하여 민력을 키우고, 청소년을 민족 간부로 양성하며, 국외에 무관 학교를 중심으로 한 독립군 기지를 설치하고 독립군을 양성하여 실력을 쌓아 두었다가 일제를 몰아내어 국권을 회복하고자 하였음. 보안회, 헌정 연구회, 대한 자강회, 신민회, 흥사단 등이 애국 계몽 운동 단체에 속함

과학 기술 수용론의 등장
• 근대 이전 : 서양의 과학 기술에 대한 관심은 17세기 실학자들에 의하여 싹틈
• 개항 이후 : 당시의 개화파는 우리의 정신 문화는 지키면서 서양의 과학 기술을 수용하자는 동도서기론을 제창

서양 과학 기술의 수용 과정
• 개항 이전 : 1860년대 흥선대원군 집권기에도 서양의 침략에 대응하기 위한 무기 제조 기술에 많은 관심을 보임
• 개항 이후 : 조사 시찰단과 영선사 파견, 산업 기술의 수용에도 관심이 높아져서, 1880년대에는 양잠·방직·제지·광산 등에 관한 기계를 도입하고 외국 기술자를 초빙
• 1890년대 : 근대적 과학 기술의 수용을 위해서는 교육 제도의 개혁이 급선무임을 인식하여 갑오개혁 이후 유학생의 해외 파견을 장려하고 교육 시설을 갖추는 데 노력

박문국과 광인사
• 박문국 : 고종 20년(1883) 김옥균, 서광범, 박영효 등의 노력으로 설치된 출판 기관. 같은 해 10월 한성순보를 발간하였음. 갑신정변의 실패로 폐지되었다가 고종 22년(1885) 통리교섭통상아문의 건의에 따라 재설치 되었음
• 광인사 : 출판사를 겸한 한국 최초의 근대식 민간 인쇄소로, 고종 22년(1884) 일본에서 납 활자를 수입하고 판화 인쇄 시설을 갖추었음. 광인국이라고도 함

덕수궁 석조전

명동 성당

장지연의 시일야방성대곡

저 돼지와 개만도 못한 우리 정부의 소위 대신자들이 영리를 바라고 덧없는 위협에 겁을 먹어 놀랍게도 매국의 도적을 지어 4천 년 강토와 5백 년 사직을 다른 나라에 갖다 바치고 2천만 국민으로 타국인의 노예를 만드니, …… 아아, 분하도다! 우리 2천만, 타국인의 노예가 된 동포여! 살았는가! 죽었는가! 단군, 기자 이래 4천 년 국민정신이 하룻밤 사이에 졸연히 멸망하고 말 것인가! 원통하다! 동포여! 동포여!

– 〈황성신문〉 –

④ **의료 시설** : 광혜원(1885), 광제원(1900), 대한 의원(1907), 자혜 의원(1909), 세브란스 병원(1904)

⑤ **건축** : 서구 양식의 건물인 독립문(프랑스의 개선문을 모방), 덕수궁 석조전(르네상스 양식), 명동 성당(중세 고딕 양식) 등

⑥ **무기**(기기상), **화폐 주조**(전환국)

(2) 근대 시설 수용의 의의

외세의 이권 침탈이나 침략 목적에 이용되기도 하였으나, 한편으로는 국민 생활 편리의 진작과 생활 개선에 이바지

2. 언론 활동·근대 교육의 발전

(1) 언론 기관의 발달

한성순보 (1883~1884)	• 박영효 등 개화파가 창간하여 박문국에서 발간한 최초의 신문 • 관보 성격의 순한문판 신문으로, 10일 주기로 발간 • 국가 정책 홍보와 서양의 근대 문물 소개 • 갑신정변으로 박문국 폐지 시 중단
한성주보 (1886~1888)	• 박문국 재설치 후 〈한성순보〉를 이어 속간 • 최초의 국한문 혼용, 최초로 상업광고를 실음
독립신문 (1896~1899)	• 서재필이 발행한 독립협회의 기관지로서, 최초의 민간지, 격일간지 • 순한글판과 영문판 간행, 띄어쓰기 실시 • 국민에 대한 계몽과 민족 자주의식, 자유민권사상의 배양을 목적으로 발간 • 사회진화론에 의한 세계질서 파악, 의병활동에 부정적 인식
매일신문 (1898~1899)	• 협성회의 회보를 발전시킨 최초의 순한글 일간지 • 개화사상과 국민의 각성을 주장, 독립협회 해산으로 폐간
황성신문 (1898~1910)	• 남궁억, 유근 등 개신유학자들이 발간, 국한문 혼용 • 민족주의적 성격의 항일 신문, 보안회 지원, 장지연의 '시일야방성대곡'을 게재하고 을사조약을 폭로하여 80일간 정간
제국신문 (1898~1910)	• 이종일이 발행한 순한글의 계몽적 일간지(일반 대중과 부녀자 중심) • 국민 계몽과 자강 사상 고취, 신교육과 실업 발달 강조 • 의병활동에 부정적
대한매일신보 (1904~1910)	• 영국인 베델이 양기탁 등과 함께 창간, 국한문판 · 한글판 · 영문판 간행(최대 발행부수) • 신민회 기관지로 활용, 국채 보상 운동에 주도적으로 참여 • 영 · 일동맹으로 검열이 면제, 서양문물 소개 • 의병활동, 친일 내각과 일진회의 매국행위 폭로 · 규탄 등 일제침략을 상세히 보도한 반일 신문으로, 항일운동의 전국적 확산에 기여 • 1910년 고종의 '을사조약부인친서'를 보도하다 총독부에 매수되어 일제 기관지(매일신보)로 속간

만세보 (1906~1907)	• 천도교의 후원을 받아 오세창이 창간한 천도교 기관지 • 사회진보주의 제창(신지식 개발, 신문화 보급운동) • 일진회의 〈국민신보〉에 대항(일진회 공격) • 이인직의 〈혈의 누〉 연재
경향신문 (1906~1910)	가톨릭교회의 기관지, 주간지, 민족성 강조
대한민보 (1909~1910)	대한협회의 기관지로, 일진회의 기관지인 〈국민신보〉에 대항
경남일보 (1909~1914)	최초의 지방지

(2) 근대 교육의 실시

① 원산 학사(1883) : 최초의 근대적 사립 학교, 외국어 · 자연 과학 등 근대 학문과 무술을 가르침

② 동문학(1883) : 정부가 세운 영어 강습 기관(통리교섭통상사무아문의 부속 기관)

③ 육영 공원(1886) : 정부가 보빙사 민영익의 건의로 설립한 최초의 근대식 관립 학교

(3) 근대적 교육 제도의 정비

① 교육 입국 조서 반포(1895) : 국가의 부강은 국민의 교육에 있음을 내용으로 함

② 광무개혁 : 실업 학교 설립

(4) 사립학교

① 개신교 계통

㉠ 개신교 선교사들이 학교를 설립하여 학생들에게 근대 학문을 가르치고 민족 의식을 고취했으며, 민주주의 사상의 보급에 이바지

㉡ 배재 학당(1885), 이화 학당(1886), 경신 학교(1886), 정신 여학교, 숭실 학교(1897), 배화 여학교, 숭의 여학교, 보성 여학교 등

② 민족주의 계통의 학교

㉠ 민족 지도자들의 학교 설립

• 배경 : 을사조약 이후 민족 지도자들은 근대 교육이 민족 운동의 기반이라 주장

• 학교의 설립 : 보성 학교(1906), 양정 의숙(1905), 휘문 의숙(1906), 숙명 여학교(1906), 진명 여학교(1906), 서전 서숙(1906), 대성 학교(1908), 오산 학교(1907), 흥무관 학교(1907), 동덕 여자 의숙(1908), 흥화 학교(1898), 점진 학교(1899)

㉡ 학회의 구국 교육 운동 : 대한 자강회 · 신민회 등 정치 · 사회 단체와 서북학회 · 호남 학회 · 기호 흥학회 · 교남 교육회 · 관동 학회 등 많은 학회가 구국 교육 운동 전개

③ 여성 교육 : 황성신문에 최초의 여성 선언문 〈여성 통문〉 발표, 독립신문은 정부가 여성 교육을 위해 예산을 집행할 것을 주장, 순성 여학교 건립(1899)

일제의 언론 탄압

• 신문지법(1907)을 제정하여 언론을 탄압

• 국권 피탈 이후 민족 신문을 강제 폐간 · 매수

원산 학사

1883년 함경도 덕원부사 정현석과 주민들이 개화파 인물들의 권유로 설립한 최초의 근대적 사립학교

교육 입국 조서

세계의 형세를 보면 부강하고 독립하여 잘사는 모든 나라는 다 국민의 지식이 밝기 때문이다. 이 지식을 밝히는 것은 교육으로 된 것이니 교육은 실로 국가를 보존하는 근본이 된다. …… 이제 짐은 정부에 명하여 널리 학교를 세우고 인재를 길러 새로운 국민의 학식으로써 국가 중흥의 큰 공을 세우고자 하니, 국민들은 나라를 위하는 마음으로 지 · 덕 · 체를 기를지어다. 왕실의 안전이 국민들의 교육에 있고, 국가의 부강도 국민들의 교육에 있도다.

대성 학교

…… 학생들은 20세, 30세의 청년 유지들로, 입을 벌리면 나라를 걱정하였고, 행동은 모두 민족의 지도를 자부하였다. 학교의 과정은 중등 학교라고 하지만, 그 정도가 높아 4학년 과정은 어느 전문학교의 3학년 과정과 대등하였으며, 학교의 설비도 중등학교로서는 유례가 없을 만큼 잘 갖추었다. …… 이 학교는 애국 정신을 고취하는 것을 목적으로 한 학교였으므로, 매일 아침 엄숙한 조회를 하여 애국가를 부른 후 애국에 관한 훈화가 있어 학생들은 이를 마음속 깊이 받아들였다. …… 체조 교사는 군대의 사관으로 뜻이 높던 철혈의 사람 정인목으로, 그는 군대식으로 학생들을 교련하였다. 눈이 쌓인 추운 겨울에 광야에서 체조를 시켰으며, 쇠를 녹이는 폭양 아래에서 전술 강화를 하였고……

– 〈안도산 전서〉 –

SEMI-NOTE

주시경

우리글에 '한민족의 크고 바르고 으뜸가는 글'이라는 뜻의 '한글'이라는 이름을 붙인 주시경은 당시 근대 학문을 배운 지식인으로서 후진을 양성하고 민족 정신을 고양시키기 위해 활발한 활동을 펼쳤음. 또한 그는 우리말의 문법을 최초로 정립하였으며, 표의주의 철자법과 한자어 순화 등 혁신적인 주장을 하였음. 〈국어 문법〉, 〈말의 소리〉 등의 저서를 남김

외국 문학의 번역

• 작품 : 〈천로역정〉, 〈이솝 이야기〉, 〈로빈슨 표류기〉 등
• 의의 : 신문학의 발달에 이바지하였고, 근대 의식의 보급에도 기여

예술계의 변화

• 음악
  – 서양 음악 소개 : 크리스트교가 수용되어 찬송가가 불리면서 소개
  – 창가의 유행 : 서양식 악곡에 맞추어 부르는 신식 노래, 〈애국가〉·〈권학가〉·〈독립가〉 등
• 연극 : 민속 가면극, 신극 운동(원각사(1908), 〈은세계〉·〈치악산〉 등의 작품이 공연)
• 미술 : 서양식 유화 도입, 김정희 계통의 문인 화가들이 전통 회화를 발전시킴

신체시의 내용

문명 개화, 남녀 평등, 자주 독립 예찬, 친일 매국 세력에 대한 경고 등

친일 종교 단체

• 대동 학회 : 친일 유교 단체
• 동양 전도관 : 친일 기독교 단체
• 본원사 : 친일 불교 단체

원각사

3. 국학 연구의 진전

(1) 국사 연구 분야

① 근대 계몽 사학의 성립 : 장지연, 신채호, 박은식 등
  ㉠ 구국 위인 전기 : 〈을지문덕전〉, 〈강감찬전〉, 〈이순신전〉 등
  ㉡ 외국 흥망사 소개 : 〈미국 독립사〉, 〈월남 망국사〉 등
  ㉢ 일제 침략 비판 : 〈매천야록〉, 〈대한계년사〉 등
② 민족주의 사학의 방향 제시 : 신채호의 〈독사신론〉
③ 조선 광문회의 설립(1910) : 최남선과 박은식이 조직하여 민족 고전을 정리·간행
④ 국사 교과서 간행 : 〈유년필독〉, 〈동국사략〉

(2) 국어 연구

① 국·한문체의 보급 : 갑오개혁 이후 관립 학교의 설립과 함께 국·한문 혼용의 교과서 간행(서유견문(西遊見聞))
② 국문 연구소의 설립(1907) : 주시경·지석영이 설립, 국문 정리와 국어의 이해체계 확립, 〈국어문법〉 편찬

4. 문학의 새 경향

(1) 신소설(新小說)

① 특징
  ㉠ 순 한글로 쓰였고, 언문 일치의 문장을 사용
  ㉡ 봉건적인 윤리·도덕의 배격과 미신 타파, 남녀 평등 사상과 자주 독립 의식을 고취
② 대표작 : 이인직의 〈혈의 누〉(1906), 안국선의 〈금수회의록〉(1908), 이해조의 〈자유종〉(1910) 등

(2) 신체시

① 1908년 이후 등장한 새로운 형태의 시로, 정형적 시 형식을 탈피하여 자유로운 율조로 새로운 사상을 담음
② 대표작 : 최남선의 〈해에게서 소년에게〉(1908, 소년)

5. 종교 운동의 새 국면

천주교	• 1886년 프랑스와의 수호 통상 조약 이후 선교 활동 허용 • 교육, 언론, 사회 사업(양로원·고아원 등)에 공헌, 애국 계몽 운동의 대열에 참여
개신교	• 종교 운동은 개신교의 참여로 활발하게 전개 • 교육과 의료 사업 등에 많은 업적 • 배재 학당, 이화 학당, 세브란스 병원

천도교(동학)	• 민중 종교로 성장한 동학은 전통 사회를 혁신하는 데 크게 기여 • 대한 제국 시기 이용구 등 친일파가 일진회를 조직하고 동학 조직을 흡수하려 하자, 제3대 교주인 손병희는 동학을 천도교로 개칭하고 민족 종교로 발전시킴(1905) • 만세보라는 민족 신문을 발간하여 민족 의식을 고취 • 보성 학교 · 동덕 여학교 인수
대종교	• 나철 · 오기호 등은 단군 신앙을 기반으로 대종교를 창시(1909) • 민족적 입장을 강조하는 종교 활동을 벌였고, 특히 간도 · 연해주 등지에서의 항일 운동과 밀접한 관련을 가지면서 성장
불교	• 통감부의 간섭으로 일본 불교에 예속화 진행 • 한용운 등은 조선 불교 유신론(1913)을 내세워 일본 불교계의 침투에 대항하고 불교의 혁신과 자주성 회복을 위해 노력
유교	• 반침략적 성격은 강하였으나 시대의 흐름에 역행한다는 비판 • 박은식의 유교 구신론(1909) : 양명학에 토대, 실천적 유교 정신 강조

06장

근대의 변화와 흐름

9급공무원
한국사

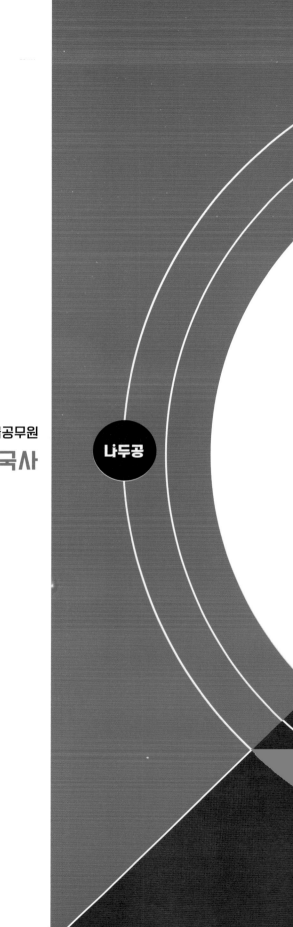

07장 민족 독립 운동의 전개

01절 국권 침탈과 민족의 수난

02절 민족 독립 운동의 전개

03절 사회 · 경제 · 문화적 민족 운동

민족 독립 운동의 전개

시모노세키 조약(1895. 4. 17)
청·일 전쟁의 전후 처리를 위해 청과 일본이 일본 시모노세키에서 체결한 강화 조약

러·일 전쟁
한반도를 두고 벌어진 러시아와 일본 간 대립

을사조약 문서

을사조약 무효 선언서

01절 국권 침탈과 민족의 수난

1. 국제적 배경

(1) 청·일 전쟁(1894~1895)

조선에 대한 주도권 전쟁, 시모노세키 조약(1895)(일본의 주도권 장악)

(2) 러시아의 남하 정책 및 영국과 일본의 견제

① 러시아의 남하 정책 : 베이징 조약(1860)으로 연해주 획득, 러·일 협상(1896)으로 조선에 러시아군이 주둔, 조·러 육로 통상 조약의 체결(1888), 마산·목포의 조차 시도, 용암포 조차 시도(광무 7, 1903)
② 제1차 영·일 동맹(1902. 1)
　㉠ 극동에서 세력 확대를 꾀하던 러시아를 겨냥하여 영국과 일본이 동맹 체결
　㉡ 영국은 조선에서의 일본의 이권을 인정, 일본은 청에서 영국의 이권을 인정함

(3) 러·일 전쟁(1904~1905)

① 발발 : 한반도 분할에 관한 러·일 간의 협상이 결렬된 후 일본이 여순을 기습 침략하여 러시아 발틱 함대를 대파
② 경과 : 전쟁 중인 1905년 7월 미·일 간의 가쓰라 − 태프트 밀약이 체결, 1905년 8월 제 2차 영·일 동맹 체결
③ 결과 : 미국의 중재로 포츠머스 조약 체결(1905. 9)

2. 일제의 국권 침탈

(1) 한·일 의정서(1904. 2)

① 체결 과정 : 대한 제국의 국외 중립 선언(1904. 1) → 러·일 전쟁 발발(1904. 2) → 일제의 대규모 병력 투입 및 군사적 요지 점령
② 내용 : 일본군은 전략상 필요한 지역을 마음대로 사용, 대한 제국과 러시아 간 조약을 파기, 대한 제국은 일본의 동의 없이 제3국과 조약 체결을 하지 못함

(2) 제1차 한·일 협약(1904. 8)

① 체결 과정 : 러·일 전쟁의 전세가 유리하게 전개되자 일제는 한국 식민지화 방안을 확정하고, 제1차 한·일 협약의 체결을 강요
② 고문 정치 : 외교·재정 등 각 분야에 고문을 두고 한국의 내정에 간섭
　㉠ 외교 고문 : 스티븐스(→ 1908년 미국 샌프란시스코에서 장인환, 전명운이 사살)
　㉡ 재정 고문 : 메가타(→ 화폐 정리 사업 실시)

(3) 제2차 한·일 협약(을사조약, 1905. 11) ★빈출개념

① 체결 과정

ㄱ **조약의 강요** : 러 · 일 전쟁에서 승리한 일본은 미국 · 영국 · 러시아 등 열강으로부터 한국의 독점적 지배권을 인정받은 후 한국을 보호국으로 만들기 위해 을사조약의 체결을 강요

ㄴ **조약의 일방적 공포** : 우리 정부의 강력한 반대에도 불구하고 일제는 일방적으로 조약 공포

② **결과** : 외교권을 빼앗고, 통감부를 설치하여 내정까지 간섭(통감 정치), 각계각층에서는 일제의 침략을 규탄하고, 조약의 폐기를 주장하는 운동 발발

③ 저항

ㄱ **을사의병** : 최익현, 민종식, 신돌석

ㄴ **친일 매국노의 처단** : 5적 암살단(나철 · 오혁(오기호) 등)

ㄷ **상소 운동** : 조약의 폐기를 요구하는 상소 운동(조병세 등)

ㄹ **항일 언론 활동** : 장지연의 시일야방성대곡(황성신문)

ㅁ **자결** : 자결로써 항거(민영환 등)

④ 외교를 통한 저항

ㄱ **미국에 헐버트 특사 파견(1905)** : 을사조약의 무효와 독립의 지원 호소

ㄴ **헤이그 특사 파견(1907)** : 고종은 조약 무효를 선언하고 특사를 파견해 일제 침략의 부당성과 국제적 압력을 호소

(4) 한·일 신협약(정미 7조약, 1907. 7)

① **체결 과정** : 고종을 퇴위시키고 순종을 즉위시킨 후 황제의 동의 없이 강제로 체결

② 내용

ㄱ 정부에 일본인 차관을 두어 실제 행정권을 장악하는 차관 정치 실시

ㄴ 모든 통치권이 통감부로 이관(→ 통감부 권한 강화, 내정권 장악)

ㄷ **군대 해산(1907. 8)** : 일제는 군대를 해산하고 의병의 저항을 무력으로 진압

③ **정미의병(1907)** : 해산 군인들이 의병에 합류

(5) 기유각서(1909. 7)

사법권 · 감옥 사무권 강탈, 경찰권 강탈(1910. 6)

(6) 한·일 병합 조약(1910. 8. 22)

① 이완용과 데라우치 간에 국권 피탈 문서가 조인됨

② 천황과 총독에 의한 통치, 국내외 독립 운동의 본격화

(7) 조선 총독부(朝鮮總督府)

① **설치(1910)** : 식민 통치의 중추 기관으로 조선 총독부를 설치하고 강력한 헌병 경찰 통치를 실시, 언론 · 집회 · 출판 · 결사의 자유를 박탈

② **총독부의 조직** : 조선 총독, 행정을 담당하는 정무총감, 치안을 담당하는 경무 총감

ㄱ **중추원(中樞院)** : 자문 기관으로, 친일파 한국인을 참여시키는 회유 술책

SEMI-NOTE

을사조약

• 제2조 일본 정부는 한국과 타국 간에 현존하는 조약의 실행을 완수하는 임무를 담당하고 한국 정부는 지금부터 일본 정부의 중개를 거치지 않고서는 국제적 성질을 가진 어떤 조약이나 약속을 맺지 않을 것을 서로 약속한다.

• 제3조 일본 정부는 그 대표자로 한국 황제 폐하 밑에 1명의 통감을 두되 통감은 오로지 외교에 관한 사항을 관리하기 위하여 경성에 주재하고 친히 한국 황제 폐하를 만날 수 있는 권리를 가진다.

헤이그 특사

정미 7조약

• 제2조 한국정부의 법령제정 및 중요한 행정상의 처분은 미리 통감의 승인을 거칠 것

• 제3조 한국의 사법사무는 보통 행정 사무와 이를 구분할 것

• 제4조 한국 고등 관리의 임면은 통감의 동의로서 이를 행할 것

• 제5조 한국정부는 통감이 추천하는 일본인을 한국 관리에 용빙할 것

• 제6조 한국정부는 통감의 동의 없이 외국인을 한국 관리에 임명하지 말 것

정미의병

군대를 움직이는 데 가장 중요한 점은 고립을 피하고 일치단결하는 것에 있다. 따라서 각 도의 의병을 통일하여 둑을 무너뜨릴 기세로 서울에 진격하면, 전 국토가 우리 손 안에 들어오고 한국 문제의 해결에 있어서도 유리하게 될 것이다.

– 이인영 격문 –

07장
민족 독립 운동의 전개

조선 총독부

헌병 경찰 통치하의 식민지 교육

조선 태형령

• 제1조 3월 이하의 징역 또는 구류에 처하여야 할 자는 그 정상에 따라 태형에 처할 수 있다.

• 제4조 본령에 의해 태형에 처하거나 또는 벌금이나 과료를 태형으로 바꾸는 경우에는 1일 또는 1원을 태 하나로 친다. 1원 이하는 태 하나로 계산한다.

• 제11조 태형은 감옥 또는 즉결 관서에서 비밀리에 행한다.

• 제13조 본령은 조선인에 한하여 적용한다.

토지 조사 사업

토지 조사령(1912)

• 토지 소유권은 총독 또는 그 권한을 위촉받은 자가 결재, 확정한다.

• 소유권 주장에는 신고주의를 원칙으로 한다.

• 토지 소유자는 조선 총독이 정하는 기간 내에 주소, 씨명, 명칭 및 소유지의 소재, 지목, 결수를 임시 토지 조사 국장에게 신고해야 한다. 단 국유지는 보관 관청이 임시 토지 국장에게 통지해야 한다.

임야 조사 사업

임야와 관련된 자연 조건, 한국의 삼림 제도·정책 및 압록강 유역의 벌목 사업을 비롯한 지권 등을 조사 대상으로 함. 1911년 삼림령이 발표되어 국유림 구분 조사가 실시되었으며, 1918년에는 조선 임야 조사령이 발표되었음. 토지 조사 사업과 함께 식민지 수탈의 기초가 되었음

치안 유지법

일제가 1925년에 제정한 사상 통제법. 공산주의 및 무정부주의 운동을 탄압하기 위해 제정한다고 했으나 사실상 독립 운동에 대한 전반적 탄압을 위해 만들어진 법률

👓 한눈에 쏙~

한·일 의정서 (1904.2)	▶	제1차 한·일 협약 (1904.8)	▶	제2차 한·일 협약 (을사조약, 1905.11)
한·일 신협약 (정미 7조약, 1907.7)	▶	기유각서 (1909.7)	▶	한·일 병합 조약 (1910.8.22)

3. 1910년대(1910~1919)

(1) 무단 통치(헌병 경찰 통치)

① 헌병 경찰제 : 헌병의 경찰 업무 대행(헌병 경찰의 즉결 처분권 행사, 체포 및 구금(영장 불요), 조선 태형령 시행)

② 위협적 분위기 조성 : 관리와 교원들까지 제복과 칼을 착용

③ 언론·출판·집회·결사의 자유 박탈, 안악 사건과 105인 사건 조작

(2) 경제적 수탈

① 토지 조사 사업(1910~1918) ★ 빈출개념

㉠ 의도 : 일제는 근대적 토지 소유권 제도를 확립한다고 선전하였으나, 실제로는 토지를 약탈하고 지주층을 회유하여 식민지화에 필요한 재정 수입원을 마련하기 위함

㉡ 토지 조사령 발표(1912) : 막대한 자금과 인원을 동원하여 전국적인 토지 조사 사업 시행

㉢ 기한부 신고제 : 토지 신고제가 농민에게 널리 알려지지 않았으며, 신고 기간도 짧고 절차가 복잡하여 신고의 기회를 놓친 사람이 많았음

㉣ 소작농의 소작권(경작권) 불인정

㉤ 결과 : 토지의 약탈, 농민들이 계약 소작농으로 전락, 지주제의 강화, 농민의 해외 이주

② 산업의 침탈

㉠ 회사령(1910) : 회사 설립 허가제를 통해 민족 기업의 성장 억제, 일제의 상품 시장화

㉡ 자원 약탈 및 경제활동 통제 : 자원 약탈을 위해 삼림령(1911), 어업령(1911), 광업령(1915), 임야조사령(1918) 등을 실시

㉢ 경제 기반과 산업의 독점 : 민족 자본은 위축되고 경제발전이 막힘

• 철도·항만·통신·도로 등을 모두 총독부와 일본의 대기업이 독점

• 인삼·소금·담배 등도 총독부에서 전매

4. 1920년대(1919~1931(만주 사변) 또는 1937(중·일 전쟁))

(1) 문화 통치

① 목적 : 가혹한 식민 통치 은폐와 우리 민족에 대한 이간 · 분열 · 기만 통치, 식민 지배에 도움이 되는 인간양성 추구

② 문화 통치의 내용과 실상

일제의 정책	실상
문관 총독	한 명도 임명되지 않음
보통 경찰제	경찰 예산 및 관서 · 경찰의 수 증가, 고등계 형사 강화
조선 · 동아일보 간행	검열 강화, 기사 삭제, 정간 · 폐간
한국인의 교육 기회 확대	초등 교육 · 실업 교육 치중 (경성 제국 대학은 일본인을 위한 대학)
• 참정권 허용(중추원 회의 실시, 부 · 면 협의회 설치) • 결사 · 집회의 자유 허용	• 친일파를 위원으로 임명, 친일 단체 · 자산가 · 종교인의 집회만 인정 • 독립 단체(신간회)의 허용은 독립 운동에 대한 감시와 통제를 쉽게 하기 위함 • 치안 유지법(1925) 제정

(2) 경제적 수탈

① 산미 증식 계획(1920~1934)

㉠ 배경 : 제1차 세계 대전 후 일제는 고도 성장을 위한 공업화 추진에 따른 식량 부족과 쌀값 폭등을 우리나라에서의 식량 수탈로 해결하려 함

㉡ 방법

• 수리 조합 설치와 토지 및 품종 · 종자 개량, 비료 증산 등의 개선(→ 미곡 증산이 목적)

• 우리 농업을 논 농사(쌀) 중심의 기형적인 단작형 농업 구조로 전환

• 조선 농회령을 제정(1926), 지주 중심의 착취 극대화 위한 조선 농회 조직

㉢ 결과 : 증산량보다 훨씬 많은 수탈, 만주 잡곡 수입, 농촌 경제의 파탄, 농민 몰락, 식민지 지주제를 강화하여 식민 지배체제를 위한 사회적 기반을 마련, 소작 쟁의 발생의 원인 제공, 일제의 농촌 진흥 운동 실시(1932~1940), 1930년대 세계 경제 공황과 일본 내 농민 보호를 위해 1934년 중단

② 회사령 철폐(1920) : 허가제를 신고제로 바꿔 일본 독점 자본의 진출이 용이하게 함

5. 1930년대 이후(1931 또는 1937~1945)

(1) 민족 말살 통치 ★빈출개념

① 배경 : 대공황(1929)을 타개하기 위해 침략 전쟁 확대

② 목적 : 조선의 민족성을 말살하고 일본인으로 동화시켜 전쟁 수행을 위한 인적 · 물적 수탈 강화

③ 민족 말살 구호 : 내선 일체, 일선 동조론, 황국 신민화

④ 민족 말살 정책 : 우리 말 · 우리 역사 교육 금지, 조선 · 동아일보 폐간, 창씨개명, 황국 신민 서사 암송, 신사 참배, 궁성 요배 강요

SEMI-NOTE

일제가 우리나라에서 수탈한 쌀을 일본으로 운반하기 위해 군산항에 쌓아둔 쌀

일제 독점 자본의 침투

• 1920년대

– 일제 독점 자본들이 광업 · 비료 · 섬유 회사 등을 설립하고 우리나라의 공업 생산을 장악하는 등 본격적 침투가 시작

– 1920년대 중반 자본 투자는 경공업에서 중공업 분야로 옮겨짐

• 1930년대 : 일본이 만주와 중국을 침략함에 따라 우리나라는 군수 물자를 공급하는 병참 기지가 되어 중공업 투자가 더욱 증가

민족 말살 정책의 내용

• 내선 일체(內鮮一體) : 내(內)는 내지인 일본을, 선(鮮)은 조선을 가리키며, 일본과 조선은 한 몸이라는 뜻. 한국인을 일본인으로 동화시키고자 하였음

• 일선 동조론(日鮮同祖論) : 일본인과 조선인은 조상이 같다는 이론으로, 한국인의 민족정신을 근원적으로 말살하기 위한 이론

• 황국 신민 서사(皇國臣民誓詞) : "우리들은 대일본 제국의 신민이다. 우리들은 마음을 합하여 천황 폐하에게 충의를 다한다."를 요지로 함

황국 신민 서사 암송

신사 참배

금속 공출

(2) 경제적 수탈

① **병참 기지화 정책** : 발전소, 군수 공장, 금속 · 기계 · 중화학 공업, 광공업 육성 (북부 지방)

② **남면 북양 정책(1934)** : 남부에서는 면화, 북부에서는 면양 사육 장려

③ **국가 총동원령(1938)** : 산미 증식 계획 재개, 미곡 공출제, 식량 배급제, 금속제 공출, 노무 동원(1939), 징용령(1939), 여자 정신대 근로령(1944), 일본군 위안부, 지원병제(1938), 학도 지원병제(1943), 징병제(1944)

02절　민족 독립 운동의 전개

1. 3·1 운동 이전의 민족 운동

(1) 국내의 민족 운동

① **의병 활동** : 서북 지방의 채응언 부대
② **국내 항일 비밀 결사**

독립 의군부 **(1912~1914)**	• 조직 : 1912년 고종의 밀명으로 임병찬 등 각지의 유생들이 조직 · 결성, 복벽주의 단체 • 활동 : 조선 총독부와 일본 정부에 한국 침략의 부당성을 밝히고 국권 반환 요구 · 민중 봉기 계획
조선 국권 **회복단** **(1915)**	• 조직 : 이시영 · 서상일 등의 유생이 시회(詩會)를 가장하여 조직한 비밀결사, 국권 강탈 후 조직된 전국 규모의 항일 운동 단체, 공화주의 단체 • 활동 : 단군 숭배, 3 · 1운동 시 만세 운동 주도, 군자금 모집, 만주 · 연해주의 독립 단체로 연계 투쟁 전개, 파리 강화 회의에 보낼 독립 청원서 작성 운동에 참여
대한 광복회 **(1915~1918)**	• 조직 : 풍기의 대한광복단(1913)과 대구의 조선 국권 회복단의 일부 인사가 모여 군대식으로 조직 · 결성, 각 도와 만주에 지부 설치, 박상진(총사령) · 김좌진(부사령) · 채기중 • 활동 : 군자금을 모아 만주에 독립 사관 학교 설립, 연해주에서 무기 구입, 독립 전쟁을 통한 국권 회복을 목표로 함
기타	• 단체 : 송죽회(1913)(→ 여성들이 조직한 유일한 비밀결사), 선명단(鮮明團), 자립단, 기성단, 조선국민회 등 • 활동 : 교사 · 학생 · 종교인 · 농민 · 노동자 · 여성 등 사회 각계각층 참여

(2) 국외의 민족 운동

① **국외 독립 운동 기지 건설** : 무장 투쟁을 계승하고 독립 전쟁의 기반을 다짐

만주	• 1910년 서간도 삼원보에 자치기구인 경학사(경학사는 부민단(1912) ⇒ 한족회(1919)로 발전)와 군사교육기관인 신흥 강습소 설립(신흥 강습소(1911)는 신흥학교(1912) ⇒ 신흥무관학교(1919)로 발전)

남만주(서간도)의 독립 운동 기지

이회영 등은 신민회의 지원을 받아 남만주에 삼원보를 건설하였음. 이곳에서 조직된 항일 독립 운동 단체인 경학사는 훗날 부민단, 한족회로 발전하면서 서로 군정서를 양성하였음. 또한 삼원보에 설립된 신흥 강습소는 가장 대표적인 독립군 사관 양성 기관이라고 할 수 있는 신흥 무관 학교로 발전함

만주 · 연해주의 독립 운동 기지

독립 운동 기지 건설
• 목적 : 무장 항일 독립 투쟁의 준비 수행
• 중심적 기지
  - 이회영 · 이상룡 · 이시영 · 이동녕 : 남만주의 삼원보에 설치
  - 이상설 · 이승희 : 밀산부 한흥동에 설치
  - 이상설 · 이동휘 : 연해주 신한촌 등에 설치

만주	• 북간도 용정에 간민회(1913)(대한 국민회(1919)로 개편) · 중광단(1911)(북로 군정서로 발전), 서전서숙(1906) · 명동학교(1908) 운영 • 소 · 만 국경 지역에 이상설 · 이승희 등이 설립한 밀산부의 한흥동도 중요 기지(→ 대한 독립군단 결성)
상해	• 동제사(1912) : 상해에서 신규식 · 박은식 · 조소앙 등이 조직한 비밀결사. 청년 교육에 주력(박달학원 설립) • 신한 혁명당(1915) : 이상설 · 박은식 · 신규식 중심. 대동 단결 선언(1917) 제창(→ 최초로 애국 계몽 운동과 의병 운동의 통합을 시도) • 대동 보국단(1915) : 신규식 · 박은식의 주도로 동제사의 대체 조직으로 설립, 대동사상 주창(→대동 단결 선언(1917)에 영향) • 신한 청년단(신한 청년당)(1918) : 김규식 · 서병호 · 여운형 · 문일평 · 신규식 등을 중심으로 조직, 활발한 외교활동(→파리 강화 회의에 김규식 파견)으로 3 · 1 운동과 임시정부 수립에 영향
연해주	• 블라디보스토크 신한촌을 중심으로 13도 의군(1910) · 성명회(1910) · 권업회(1911) · 대한 광복군정부(1914) · 한인 사회당(1918) · 대한 국민 의회(1919, 3 · 1 운동 이후) 등이 활동 • 활동 : 이주 한인들의 결속 도모, 교육 사업 주력, 독립군 양성 등
미주	• 공립 협회(1905), 대한인 국민회(1909), 흥사단(1913), 대조선 국민 군단(1914), 구미 위원회(1919), 숭무 학교 등 • 활동 : 국제 외교 활동 전개, 독립 운동 자금 모금
일본	유학생들이 중심이 되어 민족의 단결 · 각성 촉구
중국	한 · 중 간의 유대 강화 노력

② 대동 단결 선언(大同團結宣言, 1917. 7. 상해)

　㉠ 목적 : 독립 운동 세력에 의한 임시정부 수립 노력의 일환

　㉡ 발기인 : 신규식 · 조소앙 · 박용만 · 홍명희 · 박은식 · 신채호 · 김규식(김성) · 조성환 등 14인

　㉢ 제안 내용

　　• 국가 상속(國家相續)의 대의를 선포하여 해외 동포의 총 단결을 주장

　　• 국가적 행동의 한 단계 높은 활동을 표방하며 민권의 대동 단결로 독립 운동 세력의 통일 전선 결성

　㉣ 선언의 요지 : 융희 황제의 주권 포기를 단정함으로써 조선 왕실의 존재를 신국가 건설의 도정에서 배제

2. 3·1운동의 전개

(1) 배경

① 레닌의 식민지 민족 해방 운동 지원 선언

② 윌슨의 민족 자결주의 제창 : 파리 강화 회의

③ 김규식의 파리 강화 회의 파견 : 신한 청년단

④ 대한 독립 선언서(1918, 만주), 2 · 8 독립 선언(1919, 일본 유학생)

⑤ 고종 황제의 죽음(1919. 1) : 독살설 유포

민족 교육 및 훈련기관 설립

• **신흥학교(1912)** : 군정부 설치(→뒷날 서로군정서), 신흥무관학교(1919)로 개칭 후 독립군 기간요원 양성

• **서전서숙(1906)** : 이상설 · 이동녕 등이 세운 최초의 신학문 민족 교육기관

• **사관학교** : 이상설 · 이동휘를 정 · 부통령으로 하여 블라디보스토크에 수립된 대한 광복군 정부(1914)가 만주에 설립하여 무장 항일 운동의 토대를 마련

대동보국단

신한혁명당 사업의 실패로 이에 참여한 동제사 조직이 사실상 와해되자 이를 대체하기 위해 1915년 상해에서 조직된 단체. 신규식과 박은식이 조직 설립을 주도하였고 박은식이 단장을 맡았음. 대동보국단의 대동 사상은 1917년 7월 신규식 등 14인이 발표한 대동 단결 선언에 영향을 미쳤음

조선 청년 독립단의 결의문

• 본 단(本團)은 한 · 일 합병이 오족(吾族)의 자유의사에 출(出)치 아니하고, 오족의 생존 · 발전을 위협하고 동양의 평화를 요란케 하는 원인이 된다는 이유로 독립을 주장함

• 본 단은 일본 의회 및 정부에 조선 민족 대회를 소집하여 대회의 결의로 오족의 운명을 결정할 기회를 여(與)하기를 요구함

• 본 단은 만국 평화 회의의 민족 자결주의를 오족에게 적용하기를 요구함

• 전항(前項)의 요구가 실패 시(時)에는 일본에 대하여 영원히 혈전(血戰)을 선언함

07장

민족 독립 운동의 전개

SEMI-NOTE

3·1 운동의 규모와 피해
• 총 집회 수 : 1,542회
• 참가 인원 : 2,023,098명
• 피검자 : 46,948명
• 사망자 : 7,509명
• 부상자 : 15,961명

제암리 학살 사건
3·1 운동 당시 일본군이 수원 제암리에서 주민들을 집단 학살한 사건. 1919년 4월 15일 한 무리의 일본 군경은 만세 운동이 일어났던 제암리에 가 기독교도와 천도교도 약 30명을 교회당 안에 몰아넣은 후 문을 잠그고 집중 사격을 퍼부었음. 일본군은 증거를 없애기 위해 교회당에 불을 지른 후, 다시 부근의 채암리에 가서 민가를 방화하고 주민들을 학살함. 이 만행에 분노한 선교사 스코필드(Frank W. Schofield)가 현장을 사진에 담아 〈수원에서의 일본군 잔학 행위에 관한 보고서〉를 작성하여 미국에 보내 여론화하였음

대한민국 임시정부 인사들

대한민국 임시정부가 발행한
대한 독립 선언서(1919. 4)

(2) 3·1 운동의 전개

① 시위 운동 준비 : 종교계(천도교, 불교, 기독교) 중심, 대중화, 일원화, 비폭력의 3대 원칙

② 독립 선포 : 최남선이 독립 선언서를 작성하고, 손병희·이승훈·한용운 등 민족 대표 33인의 이름으로 독립 선언서를 발표하여 국내외에 독립을 선포

③ 만세 시위 운동의 전개

제1단계 (준비·점화 단계)	민족 대표들이 독립 선언서를 제작하고 종로의 태화관에 모여 낭독·배포함으로써 서울과 지방에서 학생·시민들이 중심이 되어 거족적인 만세 시위를 전개
제2단계 (본격적 단계)	• 학생·상인·노동자층이 본격 참가, 시위 운동이 도시로 확산 • 학생들이 주도적 역할을 하였고, 상인·노동자들이 만세 시위·파업·운동 자금 제공 등의 방법으로 적극 호응
제3단계 (확산 단계)	• 만세 시위 운동이 주요 도시로부터 전국의 각지로 확산 • 농민들이 시위에 적극적으로 참가함으로써 시위 규모가 확대되고, 시위 군중들은 면 사무소·헌병 주재소·토지 회사·친일 지주 등을 습격(→ 비폭력 주의가 무력적인 저항 운동으로 변모)

④ 국외의 만세 시위 운동 : 만주(간도 지방), 연해주(블라디보스토크), 미국(필라델피아 한인 자유 대회), 일본(도쿄, 오사카 등)

⑤ 일제의 무력 탄압 : 헌병 경찰은 물론 육·해군까지 긴급 출동시켜 무차별 총격을 가하고, 가옥과 교회·학교 등을 방화·파괴, 제암리 학살 사건

⑥ 3·1 운동의 의의 : 대규모의 독립 운동, 민족 주체성의 확인, 민족의 저력 과시, 반제국적 민족 운동의 선구(중국·인도·동남아시아·중동 지역의 민족 운동에 선구적 역할), 독립 운동의 방향 제시, 대한민국 임시정부 수립의 계기

3. 대한민국 임시정부 ★ 빈출개념

(1) 임시정부의 수립과 통합

① 통합 이전의 임시정부
  ㉠ 한성 정부 : 국내에서 이승만을 집정관 총재로, 이동휘를 국무총리로 하여 수립
  ㉡ 대한민국 임시정부 : 중국 상하이에서 수립되어 이승만을 국무총리로 추대
  ㉢ 대한 국민 의회 : 연해주에서 손병희를 대통령으로 하여 조직
② 대한민국 임시정부의 통합(1919. 4) : 국내의 한성 정부를 계승하고 대한 국민 의회를 흡수하여 상하이에 통합 정부인 대한민국 임시정부를 수립

(2) 대한민국 임시정부의 체제

① 입헌 공화제 : 민주주의에 입각한 근대적 헌법을 갖추고 대통령제를 채택
② 3권 분립 : 입법 기관인 임시 의정원, 사법 기관인 법원, 행정 기관인 국무원(→ 우리나라 최초의 3권 분립에 입각한 민주 공화제 정부로 출범)
③ 대한민국 임시 헌법 : 대통령제, 인민의 기본 권리와 의무 규정

(3) 활동

① 역할 : 국내외의 민족 독립 운동을 더 조직적이고 효과적으로 추진하기 위한 중추 임무를 담당

② 비밀 행정 조직망

  ㉠ 연통제(聯通制) : 문서와 명령 전달, 군자금 송부, 정보 보고 등의 업무를 담당

  ㉡ 교통국(交通局) : 통신 기관으로, 정보의 수집 · 분석 · 교환 · 연락의 업무를 관장

③ 활동 : 군자금의 조달, 파리 강화 회의에 김규식을 대표로 파견하여 독립을 주장, 〈독립신문〉을 간행하여 배포, 육군 무관 학교의 설립, 광복군 사령부 · 광복군 총영 · 육군 주만 참의부 등을 결성, 한국 광복군의 창설(1940) 등

(4) 대한민국 임시정부의 분열

① 배경 : 연통제 · 교통국 조직 파괴, 외교 활동의 성과 미미, 자금난과 인력난

  ㉠ 독립 운동 방략을 둘러싼 대립 격화

방법론	주도 인물	특징
외교 독립론	이승만	• 외교 활동을 통해 강대국의 도움을 받아 독립을 이루자고 주장 • 제국주의 세력의 원조를 요구하는 한계를 지님
실력 양성론 (준비론)	안창호	• 아직 힘이 미약하므로 힘을 길러 독립 전쟁을 준비해야 한다고 주장 • 교육과 산업 발전을 통한 민족의 실력 양성이 우선 (→ 민립 대학 설립 운동, 물산 장려 운동 등) • 식민지배하에서 민족 실력 양성은 현실적으로 곤란
무장 투쟁론	이동휘, 신채호	• 무장 투쟁(전쟁 등)을 통해 독립 쟁취 주장 • 이동휘는 소련과의 연대를 강조하고, 신채호는 민중 직접 혁명론을 주장 • 일제의 힘에 맞서 무장 투쟁을 통해 독립을 쟁취하는 것은 현실적으로 어려움

② 국민 대표 회의 소집(1923. 1~1923. 5) ★ 빈출개념

  ㉠ 배경 : 독립 운동 방법론을 둘러싼 임시 정부의 대립과 침체, 위임 통치 청원서 사건(이승만)에 대한 불만 고조, 임시 정부 개편의 필요성 제기

  ㉡ 소집 : 신채호, 박용만 등 외교 중심 노선에 비판적인 인사들의 요구로 회의 소집

  ㉢ 결과 : 독립 운동 세력의 분열 심화

    • 창조파는 새 정부(한(韓) 정부)를 조직하고 연해주로 이동하였으나 소련의 지원을 얻지 못해 힘을 잃음

    • 임시 정부는 이승만을 위임 통치건을 이유로 탄핵하고 박은식을 2대 대통령으로 추대, 제2차 · 제3차 개헌을 추진하며 체제를 정비

(5) 대한민국 임시정부의 변화

① 이승만 탄핵(1925), 2대 대통령으로 박은식 선출

대한민국 임시 헌장

• 제1조 대한민국은 민주 공화제로 함

• 제2조 대한민국은 임시 정부가 임시 의정원의 결의에 의하여 통치함

• 제3조 대한민국의 인민은 남녀·귀천 및 빈부의 계급이 없고 일체 평등함

• 제4조 대한민국의 인민은 종교·언론·저작·출판·결사·집회·통신·주소 이전·신체 및 소유의 자유를 가짐

• 제5조 대한민국의 인민으로 공민 자격이 있는 자는 선거권 및 피선거권이 있음

• 제6조 대한민국의 인민은 교육·납세 및 병역의 의무가 있음

대한민국 임시정부 내의 의견 대립

• 무장 투쟁론과 외교 독립론 간 갈등

• 이승만의 위임 통치론에 대한 무장 투쟁파의 반발

창조파와 개조파의 대립

창조파	• 임시정부 해체, 신정부 수립 • 무력 항쟁 강조 • 신채호, 박용만
개조파	• 임시정부의 개혁과 존속 주장 • 실력 양성, 자치 운동, 외교 활동 강조 • 안창호
현상 유지파	• 임시정부를 그대로 유지 • 국민 대표 회의에 불참 • 이동녕, 김구

이승만의 위임 통치론

파리 강화 회의(1919)에 파견된 이승만은 미국 대통령 윌슨에게 위임 통치 청원서를 제출함. 한국을 일본의 학정으로부터 벗어나게 한 후 당분간 국제 연맹의 통치하에 있다가 장래 독립하게 해달라는 내용의 이 청원서는 독립 운동가들을 분노시켰음. 이에 대하여 신채호는 "이완용은 있는 정부를 팔아먹었지만, 이승만은 없는 정부를 팔아먹었다."라고 말하며 임시정부가 필요 없다고 주장함

07장 민족 독립 운동의 전개

대한민국 임시정부의 의의와 한계
- **의의** : 우리나라 최초의 공화제 정부
- **한계** : 독립 운동의 방법론에 대한 의견 차로 인해 통일된 구심체 역할을 수행하기에는 역부족

대한민국 임시정부의 시대 구분
- 1919~1932 : 제1기 상해 시대
- 1932~1940 : 제2기 이동 시대
- 1940~1945 : 제3기 충칭 시대

6 · 10 만세 운동

6 · 10만세 운동 때의 격문

1. 조선은 조선인의 조선이다.
   학교의 용어는 조선어로,
   학교장은 조선 사람이어야 한다.
   동양 척식 회사를 철폐하자.
   일본인 물품을 배척하자.
   8시간 노동제 실시하라.
   동일 노동 동일 임금.
   소작제를 4 · 6제로 하고
   공과금은 지주가 납입한다.
   소작권을 이동하지 못한다.
   일본인 지주의 소작료는 주지 말자.
2. 조선 민중아! 우리의 철천지 원수는 자본 · 제국주의 일본이다.
   2천만 동포야! 죽음을 각오하고 싸우자! 만세 만세 조선 독립 만세!

광주 학생 항일 운동 때의 격문

학생. 대중이여 궐기하라! 검거된 학생은 우리 손으로 탈환하자.
언론 · 결사 · 집회 · 출판의 자유를 획득하라.
식민지 교육 제도를 철폐하라.
조선인 본위의 교육 제도를 확립하라.
용감한 학생. 대중이여!
최후까지 우리의 슬로건을 지지하라.
그리고 궐기하라. 전사여 힘차게 싸워라.

---

② 헌정의 변천 : 5차에 걸친 개헌을 통하여 주석 · 부주석 체제로 개편

제정 및 개헌	시기	체제
임시 헌장 제정	1919.4	임시 의정원(의장 이동녕, 국무총리 이승만) 중심으로 헌법 제정
제1차 개헌	1919.9	대통령 지도제(1대 대통령 이승만, 2대 대통령 박은식, 국무총리 이동휘)
제2차 개헌	1925	국무령 중심제(내각 책임 지도제, 국무령 김구), 사법 조항 폐지
제3차 개헌	1927	국무 위원 중심제(집단 지도 체제, 김구 · 이동녕 등 10여 명
제4차 개헌	1940	주석제(주석 김구)
제5차 개헌	1944	주석 · 부주석제(주석 김구, 부주석 김규식), 심판원 조항(사법 조항)규정

4. 3·1 운동 이후의 국내의 항일 운동

(1) 6·10 만세 운동(1926) ⭐빈출개념

① 배경 : 순종의 사망을 계기로 민족 감정 고조(제2의 3 · 1 운동), 일제의 수탈 정책과 식민지 교육에 대한 반발
② 준비 : 민족주의 계열(천도교)과 사회주의 계열 만세 시위 운동을 준비하였으나 사전에 발각
③ 전개 : 순종의 인산일을 계기로 격문을 살포하고 시위 운동 전개, 조선 학생 과학 연구회(사회주의계)를 비롯한 전문학교와 고등보통학교 학생들이 주도
④ 결과 : 200여 명의 학생이 검거됨
⑤ 의의 : 민족주의계와 사회주의계가 연대하는 계기 마련, 학생들이 민족 운동의 구심점으로서 역할 자각

(2) 광주 학생 항일 운동(1929)

① 배경 : 청년 · 학생들의 자각, 독서회 · 성진회 등 학생 조직 활동, 신간회의 활동
② 경과
　㉠ 발단 : 광주에서 발생한 한 · 일 학생 간의 충돌을 일본 경찰이 편파적으로 처리
　㉡ 전개 : 일반 국민들이 가세하여 전국적인 규모의 항일 투쟁으로 확대되었고, 만주 지역의 학생들과 일본 유학생들까지 궐기
　㉢ 신간회의 조사단 파견 · 활동
③ 의의 : 약 5개월 동안 전국의 학생 54,000여 명이 참여함으로써 3 · 1 운동 이후 최대의 민족 운동으로 발전

5. 의열단과 한인 애국단의 활동

(1) 의열단의 항일 의거

① 조직 : 1919년 만주 길림성에서 김원봉, 윤세주 등이 조직
② 목적 : 일제의 요인 암살, 식민 통치 기관 파괴

③ 활동 지침 : 신채호의 조선 혁명 선언(1923)
④ 활동 : 박재혁의 부산 경찰서 폭탄 투척(1920), 김익상의 조선 총독부 폭탄 투척(1921), 김상옥의 종로 경찰서 폭탄 투척(1923), 김지섭의 일본 황궁 폭탄 투척(1924), 나석주의 동양 척식 주식 회사 폭탄 투척(1926)
⑤ 의열단의 투쟁 방향 전환 : 중국의 황포(황푸) 군관 학교에 입학(1925), 조선 혁명 간부 학교 설립(1932), (조선) 민족 혁명당 결성(1935), 조선 의용대(1938)

(2) 한인 애국단의 활약

① 조직 : 1931년 상해에서 김구가 임시정부의 위기 타개책으로 조직
② 활동
　㉠ 이봉창 의거(1932 1. 8) : 일본 국왕에 폭탄 투척, 중국 신문의 호의적 논평으로 인해 1차 상하이 사변 발발, 일본이 상하이 점령
　㉡ 윤봉길 의거(1932. 4. 29) : 상하이 홍커우 공원 의거
③ 의의 : 한반도 문제에 대한 국제적 관심 고조, 독립 운동의 의기 고양, 중국 국민당 정부의 임시정부 지원 계기(→ 한국 광복군 창설(1940))

6. 무장 독립 전쟁의 전개

(1) 봉오동 전투(1920. 6)

① 홍범도의 대한 독립군, 최진동의 군무 도독부군, 안무의 국민회군이 연합
② 독립군 근거지를 소탕하기 위해 간도 지역을 기습한 일본군 1개 대대 병력을 포위·공격하여 대파

(2) 청산리 대첩(1920. 10)

① 김좌진의 북로 군정서군, 홍범도의 대한 독립군, 안무의 국민회군 등 연합
② 간도 청산리의 어랑촌, 백운평, 천수평 등에서 6일간 10여 차례의 전투 끝에 일본군 대파
③ 독립군 사상 최대의 승리

(3) 간도 참변(1920. 10)

① 봉오동·청산리 전투에서의 패배에 대한 일제의 보복
② 독립군과 만주의 한인촌에 대한 무차별 학살, 방화, 파괴(경신 참변)
③ 간도 지역의 독립군 활동이 큰 타격을 입음

(4) 대한 독립 군단(1920. 12)

① 간도 참변으로 독립군이 각지로 분산하여 대오를 정비하던 중, 소·만 국경지대의 밀산부에 집결하여 서일을 총재로 독립군 부대를 통합·조직
② 소련령 자유시로 부대 이동

(5) 자유시 참변(1921. 6)

청산리 대첩에서 승리한 북로 군정서군

간도참변(독립군 총살장면)

3부의 관할 지역과 성격

대한민국 임시정부의 직할 부대를 표방한 참의부는 압록강 근처에, 정의부는 남만주 일대에, 자유시에서 돌아온 독립군을 중심으로 구성된 신민부는 북만주 일대에 자리를 잡았음. 이들 3부는 만주의 여러 독립 운동 단체가 통합되면서 성립된 것으로, 사실상의 정부라고 할 수 있었음. 3부는 동포 사회에서 선출된 임원으로 행정부, 입법부, 사법부가 구성되었는데, 그 운영과 독립군 양성을 위한 비용은 동포 사회에서 걷은 세금으로 충당되었음

3부의 통합 운동

* 3부의 통합 운동으로 전민족 유일당 촉성 대회가 전개되었으나 실패하고, 이후 혁신의회와 국민부의 활동으로 전개
* **혁신 의회**(1928) : 북만주의 독립 운동 세력인 김좌진 · 지청천 등을 중심으로 혁신 의회로 통합되었고, 산하에 한국 독립당 · 한국 독립군(지청천) 편성
* **국민부**(1929) : 신민부 내의 민정부를 중심으로 통합되어 산하에 조선 혁명당 · 조선 혁명군(양세봉) 편성

미쓰야(三矢) 협정(1925. 6)

* 한국인의 무기 휴대와 한국 내 침입을 엄금하며, 위반자는 검거하여 일본 경찰에 인도함
* 재만 한인 단체를 해산시키고 무장을 해제하며, 무기와 탄약을 몰수함
* 일제가 지명하는 독립 운동 지도자를 체포하여 일본 경찰에 인도함
* 한국인 취체(取締)의 실황을 상호 통보함

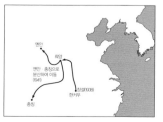

조선 의용대의 이동

① 자유시로 이동한 대한 독립 군단은 레닌의 적색군을 도와 내전에 참전
② 적색군의 무장 해제 요구에 독립군이 저항하자 공격

(6) 3부 성립

① 자유시 참변 이후 독립군은 다시 만주로 탈출하여 조직을 재정비하면서 역량을 강화한 후, 각 단체의 통합 운동을 추진
② 3부

참의부(1923)	압록강 건너 만주의 집안(輯安) 일대에 설치된 임시 정부 직할하의 정부 형태
정의부(1924)	길림과 봉천을 중심으로 하는 남만주 일대를 담당하는 정부 형태
신민부(1925)	자유시 참변 후 소련에서 되돌아온 독립군을 중심으로 북만주 일대에서 조직된 정부 형태

③ 3부의 활동 : 민정 기관과 군정 기관을 갖추고 자체의 무장 독립군을 편성하여 국경을 넘나들며 일제와 치열한 전투를 벌임

(7) 미쓰야 협정(1925)

① 총독부 경무국장 미쓰야와 만주의 봉천성 경무처장 우진 사이에 맺어진 협정
② 만주 지역의 한국인 독립 운동가를 체포해 일본에 인계한다는 조약

(8) 한·중 연합 작전

① 활동 : 한국 독립군과 조선 혁명군을 중심으로 1930년대 중반까지 전개됨
  ㉠ 한국 독립군 : 지청천이 인솔하며, 중국의 호로군과 한 · 중 연합군을 편성하여 쌍성보 전투(1932) · 사도하자 전투(1933) · 동경성 전투(1933) · 대전자령 전투(1933)에서 승리
  ㉡ 조선 혁명군 : 양세봉의 지휘로 중국 의용군과 연합, 영릉가 전투(1932) · 흥경성 전투(1933)에서 대승
② 독립군의 이동 : 양세봉 순국(1934) 후 세력이 약화되어 중국 본토 지역으로 이동

(9) 만주 지역의 항일 유격 투쟁(1930년대 중반 이후)

① 동북 인민 혁명군(1933. 9) : 만주에서 중국 공산당과 한인 사회주의자가 연합하여 결성(한 · 중 연합 항일 무장 단체)
② 동북 항일 연군(1936) : 동북 인민 혁명군이 개편하여 조직
③ 조국 광복회(1936) : 동북 항일 연군의 사회주의자가 함경도 지역의 민족주의 세력과 연결하여 조직한 반제 민족 운동 단체로, 국내 조직을 두고 활동
④ 보천보 전투(1937) : 동북 항일 연군이 조국 광복회의 국내 조직원들과 압록강을 건너 함경남도 보천보 일대를 점령한 사건(→ 국내 진공 작전)

(10) (조선) 민족 혁명당(1935)과 조선 의용대(1938), 조선 의용군(1942)

① (조선) 민족 혁명당(1935. 7) : 한국 독립당, 조선 혁명당, 의열단 등이 연합하여 중국 난징에서 결성

② 조선 의용대 : 조선 민족 전선 연맹 산하 부대로 한커우에서 창설(1938. 10)

 ㉠ 배경 : 중 · 일 전쟁(1937)이 일어나자 군사 조직의 필요성이 대두

 ㉡ 중국 국민당과 연합하여 포로 심문, 요인 사살, 첩보 작전 수행

 ㉢ 분열(1940년대 초)

  • 김원봉이 이끄는 조선 의용대 일부는 충칭의 한국 광복군에 합류(1942)

  • 다수의 조선 의용대 세력은 중국 화북 지역으로 이동하여 중국 팔로군, 조선 독립 동맹과 그 산하의 조선 의용군으로 합류

③ 조선 독립 동맹과 조선 의용군

 ㉠ 조선 독립 동맹(1942. 7) : 화북 조선 청년 연합회(1941) 등 중국 화북 지방의 사회주의 세력(김두봉 · 김무정 등)이 조선 의용대원을 흡수하여 조직을 확대 개편하면서 결성

 ㉡ 조선 의용군(1942)

  • 조선 독립 동맹이 조선 의용대를 개편하여 조선 의용군을 조직

  • 조선 의용군은 중국 팔로군과 함께 태평양 전쟁에 참전해 항일전을 전개

  • 해방 직후 중국 공산군에 편입되어 국공 내전에 참전했으며, 이후 북한으로 들어가 인민군에 편입

(11) 대한민국 임시정부의 이동과 한국 광복군의 창설(1940)

① 임시 정부의 체제 정비

 ㉠ 충칭 정부(1940) : 한국 독립당 결성

 ㉡ 주석제 채택(1940) : 김구 주석 중심의 단일 지도 체제 강화

 ㉢ 건국 강령 발표(1941) : 조소앙의 3균주의(정치, 경제, 교육적 균등)

② 한국 광복군의 창설(1940)과 활동 ★ 빈출개념

 ㉠ 창설 : 임시 정부의 김구와 지청천 등이 신흥 무관 학교 출신의 독립군과 중국 대륙에 산재해 있던 무장 투쟁 세력을 모아 충칭(중경)에서 창설, 조선 의용대를 흡수(1942)

 ㉡ 활동

  • 대일 선전 포고(1941)

  • 영국군과 연합 작전 전개(1943) : 인도, 미얀마 전선

  • 포로 심문, 암호 번역, 선전 전단 작성 등 심리전 수행

  • 국내 진입 작전(1945. 9) : 미국 전략정보처(OSS)의 지원과 국내 정진군 특수 훈련(→ 일제 패망으로 실행 못함)

03절   사회·경제·문화적 민족 운동

1. 민족 실력 양성 운동(민족주의)

(1) 민족 기업의 육성

조선 의용군(1942)

조선 독립 동맹의 군사 조직. 후에 북한 인민군으로 편입되었음

한국 광복 운동 단체 연합회, 전국 연합 진선 협회

• 한국 광복 운동 단체 연합회(1937) : 한국 국민당(김구), 민족 혁명당에서 탈당한 한국 독립당(조소앙)과 조선 혁명당(이청천) 등이 연합하여 조직

• 전국 연합 진선 협회(1939) : 한국 광복 운동 단체 연합회와 조선 민족 전선 연맹(김원봉)이 추진한 통합운동(통일전선)으로, 중 · 일 전쟁의 확대와 국민당 정부의 요구 등에 따라 결성을 추진하였으나 조선 민족 전선 연맹 내 일부 세력의 반대로 무산

민족 기업 육성의 배경

• 3 · 1 운동 이후 민족 산업을 육성하여 경제적 자립을 도모하려는 움직임이 고조되었는데, 일제의 각종 규제로 민족 기업 활동은 소규모 공장의 건설에서 두드러짐

• 대도시에서 순수한 민족 자본에 의하여 직포 공장, 메리야스 공장, 고무신 공장 등 경공업 관련 공장들이 건립됨

민족 실력 양성론 대두

• 애국 계몽 운동 계승, 사회 진화론의 영향

• 3 · 1운동 이후 민족의 실력 양성을 통한 민족 운동 주장

07장

민족 독립 운동의 전개

물산 장려운동 포스터

물산 장려 운동

물산 장려 운동 비판

물산 장려 운동의 사상적 도화수가 된 것이 누구인가? …… 실상을 말하면 노동자에겐 이제 새삼스럽게 물산 장려를 말할 필요가 없는 것이다. 그네는 벌써 오랜 옛날부터 훌륭한 물산 장려 계급이다. 그네는 중산 계급이 양복이나 비단 옷을 입는 대신 무명과 베옷을 입었고, 저들 자본가가 위스키나 브랜디나 정종을 마시는 대신 소주나 막걸리를 마시지 않았는가? …… 이리하여 저들은 민족적, 애국적하는 감상적 미사로써 눈물을 흘리면서 저들과 이해가 있어서는 저들도 외래 자본가와 조금도 다를 것이 없는 것을 알며, 따라서 저들 신시랑류의 침략에 빠져 계급 전선을 몽롱케는 못할 것이다.

조선 민립 대학 설립 기성회의 발기 취지서

우리의 운명을 어떻게 개척할까? …… 가장 급한 일이 되고 가장 먼저 해결할 필요가 있으며, 가장 힘 있고, 필요한 수단은 교육이 아니면 아니 된다. …… 민중의 보편적 지식은 보통 교육으로도 가능하지만 심오한 지식과 학문은 고등 교육이 아니면 불가하며, …… 오늘날 조선인이 세계 문화 민족의 일원으로 남과 어깨를 견주고 우리의 생존을 유지하며 문화의 창조와 향상을 기도하려면, 대학의 설립이 아니고는 다른 방도가 없도다.

① 민족 기업
  ㉠ 규모 : 1910년대까지는 소규모였으나, 1920년대에 이르러서는 노동자의 수가 200명이 넘는 공장도 나타남
  ㉡ 유형
    • 대지주 출신의 기업인이 지주와 상인의 자본을 모아 대규모의 공장을 세운 것으로, 대표적인 것이 경성 방직 주식회사
    • 서민 출신 상인들이 자본을 모아 새로운 기업 분야를 개척한 것으로, 대표적인 것이 평양의 '메리야스 공장'
  ㉢ 운영 : 민족 기업은 순수한 한국인만으로 운영
  ㉣ 품질 : 한국인의 기호에 맞게 내구성이 강하고 무게 있는 제품을 만듦
② 민족 은행의 설립 : 금융업에도 한국인의 진출(삼남은행 등)
③ 민족 기업의 위축 : 1930년대에 들어와 식민 통치 체제가 강화되고 탄압으로 위축

(2) 물산 장려 운동

① 배경 : 회사령 철폐(1920), 관세 철폐(1923), 일본 대기업의 한국 진출로 국내 기업의 위기감 고조
② 목적 : 민족 기업을 지원하고 민족 산업을 육성함으로써 민족 경제의 자립을 달성(→ '내 살림 내 것으로'라는 구호를 내세움)
③ 조직의 발족 및 전개
  ㉠ (평양) 조선 물산 장려회(1920) : 조만식 등이 중심이 되어 최초 발족
  ㉡ (서울) 조선 물산 장려회(1923) : 조선 물산 장려회가 설립되고 서울에 물산 장려회가 설립되면서 전국으로 확산
  ㉢ 기타 : 학생들의 자작회(1922), 토산 애용 부인회, 토산 장려회, 청년회 등
④ 활동 : 일본 상품 배격, 국산품 애용 등을 강조
  ㉠ 구호 : 내 살림 내 것으로, 조선 사람 조선 것, 우리가 만들어서 우리가 쓰자
  ㉡ 강연회, 선전 행사
  ㉢ 확산 : 전국적 민족 운동으로 확산되면서 근검 절약, 생활 개선, 금주·단연 운동도 전개
⑤ 문제점 : 상인, 자본가 중심으로 추진되어 상품 가격 상승 초래, 사회주의자들의 비판
⑥ 결과 : 초기에는 전국적으로 확산되었으나, 일제의 탄압과 친일파의 개입, 사회주의 계열의 방해 등으로 큰 성과를 거두지 못함

(3) 민립 대학 설립 운동

① 배경 : 민족 역량 강화 위해 고등 교육의 필요성
② 전개
  ㉠ 총독부가 대학 설립 요구를 묵살하자 조선 교육회는 우리 손으로 대학을 설립하고자 조선 민립 대학 기성 준비회(1922, 이상재)를 결성
  ㉡ 모금 운동 전개(1923) : 조선 민립 대학 기성회를 중심으로 모금 운동을 전개(→ 한민족 1천만이 한 사람 1원씩)

③ 결과

    ㉠ 지역 유지들과 사회단체의 후원으로 순조롭게 진행되었으나 일제의 방해와 남부 지방의 가뭄과 수해로 모금이 어려워져 결국 좌절

    ㉡ 일제는 1924년 경성 제국 대학을 설립을 통해 조선인의 불만 무마를 시도

(4) 문맹 퇴치 운동

① 배경 : 식민지 차별 교육 정책으로 한국인의 문맹률 증가

② 전개 : 3 · 1 운동을 계기로 문맹 퇴치가 급선무임을 자각하고 실천에 옮김

③ 야학 운동 : 1920년대 전반에 각지에 야학이 설립되면서 활발하게 전개

④ 언론사, 학생, 조선어 학회의 활동 : 문자 보급 운동, 브나로드 운동 등, 조선어 학회는 전국에 한글 강습소를 개최

2. 사회 운동(사회적 민족주의)

(1) 농민 운동

① 소작쟁의의 발생 : 3 · 1 운동 이후 정치 · 사회적으로 각성된 소작농들은 1919년 처음으로 소작쟁의를 일으킨 이후, 1920년대부터 본격적으로 소작료 인하, 소작권 박탈 반대 등을 요구(→ 농민 운동은 주로 소작쟁의를 중심으로 전개)

② 1920년대의 농민 운동 : 생존권 확보를 위한 투쟁 성격의 소작쟁의

    ㉠ 1920년대 전반기 : 주로 소작인 조합이 중심이 된 소작쟁의

    ㉡ 암태도 소작쟁의(1923~1924) : 전남 신안군 암태도의 소작농민들이 전개한 농민운동

    ㉢ 1920년대 후반기 : 자작농까지 포함하는 농민 조합이 소작쟁의를 주도

③ 농민조합의 결성 : 1920년대에 농민의 자구책으로 결성(조선 노 · 농 총동맹, 조선 농민 총동맹)

④ 1930년대 이후 농민 운동 : 항일 운동의 성격(정치 투쟁의 성격)

(2) 노동 운동

① 노동 쟁의 발생 : 임금 인상, 점차 단체 계약권 확립, 8시간 노동제 실시, 악질 일본인 감독의 추방, 노동 조건의 개선 등을 요구(→ 생존권 확보 투쟁)

② 노동 조합의 결성

    ㉠ 조선 노동 공제회(1920), 조선 노 · 농 총동맹(1924)

    ㉡ 1927년 조선 노 · 농 총동맹에서 조선 노동 총동맹이 분리

③ 노동 운동의 대중화 : 대도시에 한정되던 노동쟁의가 1920년대 후반기 전국 각지로 확산되었으며, 영흥 · 원산 등의 지역에서 총파업이 발생

④ 대표적 노동 운동 : 부산 부두 노동자 파업(1921), 서울 고무 공장 여자 노동자 파업(1923), 원산 총파업(1929)

(3) 청년 운동

① 활동

SEMI-NOTE

브나로드(Vnarod) 운동

1931년 동아일보사에서 농촌계몽운동으로 전개한 것. 문맹퇴치를 목적으로 시작한 이 운동은 많은 학생들이 참여하여 효과를 거두었으며, 1933년 계몽운동이라고 개칭하면서 폭넓게 지속되다가 1935년 조선총독부 경무국의 명령으로 중단되었음. 원래 브나로드(Vnarod)란 많은 러시아어로 '민중 속으로'라는 의미임

암태도 소작 쟁의(1923~1924)

고율의 소작료로 고통을 겪던 암태도 소작농들은 1923년 소작인회를 조직한 후 소작료를 4할로 내릴 것을 요구하였음. 지주가 이를 거부하자 소작농들은 추수 거부 투쟁과 소작료 불납 동맹으로 대응하였으며, 동원된 일본 경찰에 대항하기 위하여 순찰대를 조직하기도 하였음. 소작 쟁의 결과 소작농들이 승리하여 소작료가 인하됨

농민 · 노동자 조합의 전개

• 농민 조합 : 조선 노동 공제회(1920) → 조선 노 · 농 총동맹(1924) → 조선 농민 총동맹(1927)

• 노동 조합 : 조선 노동 공제회(1920) → 조선 노 · 농 총동맹(1924) → 조선 노동자 총동맹(1927) → 지하 노동 조합 운동(1930년대)

대표적 노동 운동

• **부산 부두 노동자 파업(1921)** : 최초의 대규모 연대파업, 임금 인상 요구

• **서울 고무 공장 여자 노동자 파업(1923)** : 최초의 여성 노동자 연대 파업

• **원산 총파업(1929)** : 1929년 1월 22일 원산 노동 연합회에 소속 노동자와 일반 노동자들이 합세하여 75일간 전개, 1920년대 최대의 파업투쟁, 원산시를 완전히 마비상태에 빠뜨려 일제에 큰 타격을 가하였고, 1930년대 이후의 노동 운동을 혁명적 성격으로 전환시키는 계기가 됨

ㄱ 강연회 · 토론회 개최, 학교 · 강습소 · 야학 등을 설치 · 운영, 운동회 등을 통한 심신 단련

ㄴ 단연회 · 금주회 · 저축 조합 등을 결성하여 사회 교화와 생활 개선 추구

② 조선 청년 총동맹(1924) : 1920년대 사회주의 사상이 유입된 후 청년 단체들은 민족주의와 사회주의 계열로 나뉘었는데, 이 같은 청년 운동의 분열을 수습하기 위하여 조직

③ 학생 운동

ㄱ 전개 : 대개 동맹 휴학의 형태로 전개되었는데, 처음에는 시설 개선이나 일인 교원 배척 등의 요구가 많았으나 점차 식민지 노예 교육 철폐, 조선 역사 교육과 조선어 사용, 언론 · 집회의 자유 등을 요구

ㄴ 광주 학생 항일 운동(1929) : 반일 감정을 토대로 일어난 민족 운동으로서 청년 운동의 절정

(4) 여성 운동

① 여성 단체의 조직

ㄱ 1920년대 초반 : 대체로 가부장제나 인습 타파라는 주제로 계몽 차원에서 전개

ㄴ 1920년대 중반 : 여성 해방의 문제를 계급해방 · 민족해방의 문제와 연결지으면서 사회주의 운동과 결합

ㄷ 1920년대 후반 : 여성의 지위 향상을 취지로 여성 직업 단체들이 조직되어 여성들이 사회 활동에 참여

② 근우회(1927)

ㄱ 신간회의 출범과 더불어 탄생, 김활란 등을 중심으로 여성계의 민족 유일당으로 조직

ㄴ 행동 강령 : 여성 노동자의 권익 옹호와 생활 개선

(5) 소년 운동

① 인물 : 방정환, 조철호

② 발전

ㄱ 천도교 소년회(1921) : 천도교 청년회에서 독립하면서 소년 운동이 본격화, 전국적 확산, 어린이날 제정, 최초의 순수 아동 잡지 〈어린이〉 발행, '어린이'라는 말을 만듦

ㄴ 조선 소년 연합회(1927) : 전국적 조직체로서 조직되어 체계적인 소년 운동 전개

③ 중단 : 지도자들 간의 사상과 이념의 대립으로 분열, 일제는 중 · 일 전쟁 발발 후 한국의 청소년 운동을 일체 금지하고 단체를 해산

(6) 조선 형평사 운동(1923)

① 배경 : 백정들은 갑오개혁에 의해 법제적으로는 권리를 인정받았으나, 사회적으로는 오랜 관습 속에서 계속 차별

② 조직 : 이학찬을 중심으로 한 백정들은 진주에서 조선 형평사를 창립

③ 전개 : 사회적으로 평등한 대우를 요구하는 형평 운동을 전개, 민족 해방 운동으

근우회의 행동 강령

• 여성에 대한 사회적 · 법률적 일체 차별 철폐

• 일체 봉건적인 인습과 미신 타파

• 조혼(早婚) 방지 및 결혼의 자유

• 인신 매매 및 공창(公娼) 폐지

• 농촌 부인의 경제적 이익 옹호

• 부인 노동의 임금 차별 철폐 및 산전 · 산후 임금 지불

• 부인 및 소년공의 위험 노동 및 야업(夜業) 폐지

형평사 운동 포스터

조선 형평사 발기 취지문

공평(公平)은 사회의 근본이고 애정(愛情)은 인류의 본령이다. 그러한 까닭으로 우리는 계급(階級)을 타파하고 모욕적(侮辱的)인 칭호를 폐지하여, 우리도 참다운 인간이 되는 것을 기하자는 것이 우리의 주장이다.

로 발전

④ **변질** : 1930년대 중반 이후 경제적 이익 향상 운동으로 변질

3. 사회주의 운동과 신간회

(1) 사회주의 운동의 유입

① **수용** : 1920년대 러시아와 중국 지역에서 활동하던 독립 운동가들이 수용(초기의 사회주의 운동은 소수의 지식인이나 청년·학생을 중심으로 전파)

② **영향**

  ㉠ 사회·경제 운동을 활성화시켰고, 권익과 지위 향상을 위한 활동에 영향을 미침

  ㉡ 사회주의 운동이 본격화되면서 노동·농민·청년·학생·여성 운동과 형평 운동 등이 본격 전개

  ㉢ 국내 사회주의자들은 비밀리에 조선 공산당(1925)을 결성

③ **독립 노선의 분열** : 민족주의 운동과의 대립, 노선에 따른 계열간 대립이 발생

(2) 신간회(민족 유일당 운동, 1927~1931) ⭐빈출개념

① **배경** : 민족 운동의 분열과 위기

계열		주요 활동
민족주의 계열	자치론 (타협적 민족주의)	• 일제의 식민 지배를 인정하고 자치 운동 전개 • 민족성 개조 주장 • 이광수(민족 개조론, 민족적 경륜 발표), 최린
	비타협적 민족주의	• 일제와의 타협 거부, 민족 개량주의 비판 • 실력 양성 운동, 즉각적인 독립 추구 • 사회주의자들과의 연대를 추진, 조선 민흥회 조직 • 이상재, 안재홍
사회주의 계열		• 치안 유지법(1925)으로 사회주의 운동 탄압 • 민족 운동의 분열을 초래한다는 비판을 받음 • 정우회 선언 : 민족주의 계열과의 연합을 주장

② **신간회 결성과 활동**

  ㉠ **결성(1927)**

   • 민족주의 진영과 사회주의 진영이 민족 유일당, 민족 협동 전선의 기치 아래 결성

   • 조선 민흥회(비타협 민족주의 계열)와 정우회(사회주의 계열)가 연합하여 합법적 단체로 결성(회장 이상재·안재홍 등이 중심)

  ㉡ **조직** : 민족 운동계의 다수 세력이 참가하였으며, 전국에 약 140여 개소의 지회 설립, 일본과 만주에도 지회 설립이 시도됨

  ㉢ **강령** : 민족의 단결, 정치·경제적 각성 촉진, 기회주의자 배격

  ㉣ **활동** : 민중 계몽 활동, 노동 쟁의, 소작 쟁의, 동맹 휴학 등 대중 운동 지도

③ **신간회의 해체(해소, 1931)**

  ㉠ 민중 대회 이후 일제의 탄압 강화(신간회 1차 지도부 체포)

ⓛ 2차 지도부(민족주의 계열)의 개량화(→ 자치론 주장)

ⓒ 코민테른의 지시를 받은 사회주의자들이 협동 전선 포기(→ 신간회 해소론)

④ 의의 : 사회주의 세력과 비타협적 민족주의 세력이 연합한 협동 단체, 일제 강점기 최대의 합법적인 반일 사회 단체

4. 해외 동포들의 활동

(1) 만주

① 이주 동포들의 활동

ⓐ 신민회 : 독립 운동 기지 결성

- 남만주(서간도) : 삼원보 선설, 신한민촌 형성, 신흥 학교 설립 운동, 경학사, 부민단
- 북만주 : 밀산부에 한흥동 건설

ⓑ 간도 : 서전 서숙(1906, 이상설), 명동 학교

② 만주 동포들의 시련 : 간도 참변(1920), 만보산 사건, 일제의 대륙 침략

(2) 연해주

① 이주 동포들의 활동 : 신한촌의 형성, 13도 의군 결성, 대한 광복군 정부(1914), 대한 국민 의회(노령 정부, 1919)

② 이주 동포들의 시련

ⓐ 1920년대 초 : 볼셰비키가 정권을 장악한 후 한국인 무장 활동을 금지, 무장 해제 강요

ⓑ 1937년에는 연해주의 한인들이 소련에 의해 중앙아시아로 강제 이주

(3) 일본

① 이주 형태 ⭐ 빈출개념

ⓐ 한말 : 주로 학문을 배우기 위한 유학생들이 이주

ⓑ 국권 강탈 후 : 생활 터전을 상실한 농민들이 건너가 산업 노동자로 취업

② 동포들의 활동 : 최팔용을 중심으로 조선 청년 독립단을 구성하여 2 · 8 독립 선언을 발표함

③ 동포들의 시련 : 민족 차별, 관동 대지진(1923)

(4) 미국

① 이민의 시작

ⓐ 하와이 이민 : 1902년 정부의 보증으로 하와이 노동 이민 시작, 주로 사탕수수밭 노동자와 그 가족 등으로 가혹한 노동에 시달림

ⓑ 이후 미국 본토와 멕시코, 쿠바 등으로 이민 지역 확대

② 이주 동포들의 활동 : 대한인 국민회(1909), 흥사단(1913), 대조선 국민군단(1914), 구미 위원부(1919), 태평양 전쟁 참전

5. 일제의 식민지 문화 정책

(1) 일제의 식민지 교육 정책

① 교육 목표 : 우민화 교육을 통해 이른바 한국인의 황국신민화를 추구하여 일제의
식민지 정책에 순종하도록 함, 일본인으로 동화

② 일제의 조선 교육령

구분	내용
제1차 (1911)	• 정책 방향 : 무단정치에 적합한 충량한 국민을 양성하기 위한 교육 • 우민화 교육 : 교육 기회 축소, 사립학교 축소(사립 학교 규칙, 1911) • 보통 학교 수업 연한 축소 : 일본인은 6년, 한국인은 4년(단축) • 초등 · 기술 · 실업 교육 등 낮은 수준의 실용 교육 강조 • 민족의식 억압, 조선어 과목의 선택화, 역사 · 지리 제외, 일본어 교육 강요 • 서당 규칙(1918) : 개량 서당의 민족 교육 탄압
제2차 (1922)	• 유화 정책 : 한국인과 일본인의 공학 원칙, 동등 교육 및 교육상의 차별 철폐라는 명분 제시(→3 · 1운동 이후 식민통치 방식 변경에 따른 명목상의 정책) • 조선어 필수 과목 : 한국 역사 · 지리 시간은 최소화하고 일본어와 역사 · 지리 시간을 늘려 실질적 식민교육을 강화 • 보통 학교 수업 연한 연장 : 일본인과 동일한 6년제, 고등 보통 학교는 5년 　－ 일본인 : 소학교, 중학교 　－ 한국인 : 보통 학교, 고등 보통 학교 • 사범 대학 설치, 대학교육 허용(→ 민립 대학 설립 운동 발생) • 경성 제국 대학 설립(설치에 관한 법률 반포) : 조선에 있는 일본인을 위한 대학(→ 조선인 차별), 민립 대학 설립 운동 저지가 목적
제3차 (1938)	• 정책 방향 : 민족 말살 정책에 따른 내선일체 · 황국 신민화 강조 • 황국 신민화 교육 : 황국 신민 양성을 목적으로 황국 신민서사 제정 · 암송을 강요 • 조선어의 선택 과목화(수의과목)(→ 우리말 교육과 국사 교육 억압) • 교명을 일제와 동일하게 조정 : 보통 학교를 소학교로, 고등 보통 학교를 중학교로 개칭(→ 일본어로 된 수업만 가능) • 국민 학교 : 1941년에는 소학교를 국민 학교로 개정
제4차 (1943)	• 정책 방향 : 전시 체제에 따른 황국 신민화 교육 강화 • 중등 교육의 수업 연한 단축 • 조선어, 조선사 교육의 금지 • 국민 학교에서 대학교까지 모두 황국 신민 양성을 위한 군사 기지화 • 전시 교육령 공포, 전시 비상조치 및 학도 전시 동원 체제의 확립(→ 1943년 학도 지원병제 실시, 1944년 징병제 · 정신대 근무령 시행)

(2) 일제의 한국사 왜곡

① 목적 : 한국사의 자율성 · 독창성 부인, 식민 통치 합리화

② 식민 사관 : 식민지 근대화론

　㉠ 정체성론 : 고대 이래로 역사 발전이 정체(→ 중세 부재론)

　㉡ 타율성론(반도 사관) : 외세의 간섭과 압력에 의해 타율적으로 전개, 한국사의
독자적 발전 부정(→ 임나 일본부설)

　㉢ 당파성론 : 한국사의 오랜 당파 싸움은 민족성에 기인

SEMI-NOTE

일제 강점기의 교육 현실
• 한국인의 초등학교 취학률은 일본인의 6분의 1에 지나지 않음
• 정규 학교에서는 철저한 식민지 교육을 실시하여, 한국인을 위한 민족 교육은 거의 존재하지 않음
• 정규 공립학교에서는 민족 교육이 어려웠으나, 사립학교나 개량 서당 및 야학에서는 민족 교육 운동이 활발하게 전개

황국신민서사
민족말살정책의 하나로 내선일체 · 황국 신민화 정책 등을 강요하면서 암송을 강요한 글

조선사 편수회의 〈조선사〉 편찬 요지
조선인은 다른 식민지의 야만적이고 반개화적인 민족과는 달라서 문자 문화에 있어서도 문명인에게 떨어지지 않는다. 따라서 예로부터 전해 오는 역사책도 많고, 또 새로운 저술도 적지 않다. …… 헛되이 독립국의 옛 꿈을 떠올리게 하는 폐단이 있다. …… 〈한국 통사〉라고 하는 재외 조선인의 저서는 진상을 깊이 밝히지 않고 함부로 망령된 주장을 펴고 있다. 이들 역사책이 인심을 어지럽히는 해독은 헤아릴 수 없다.

07장

민족 독립 운동의 전개

SEMI-NOTE

③ 단체 : 조선사 편수회(〈조선사〉 간행), 청구학회(〈청구학보〉 발행)

(3) 언론 탄압 ★ 빈출개념

① 1910년대 : 대한 제국 시기 발행된 신문 폐간, 매일 신보(총독부 기관지)만 간행

② 1920년대 : 조선 · 동아일보의 발행(1920)을 허가하였으나 검열, 기사 삭제, 발행 정지

③ 1930년대 : 만주 사변 이후 언론 탄압 강화, 일장기 삭제 사건(1936)으로 동아일보 정간

④ 1940년대 : 조선 · 동아일보 폐간(1940)

(4) 종교 탄압

① 기독교 : 안악 사건, 105인 사건, 신사 참배 강요

② 불교 : 사찰령을 제정(1911)하여 전국 사찰을 총독에 직속시킴

③ 천도교 : 3 · 1 운동에 주도적 역할을 했다는 이유로 감시 강화, 지방 교구 폐쇄

④ 대종교 : 일제의 탄압으로 본거지를 만주로 이동

6. 민족 문화 수호 운동

(1) 한글 연구

① 조선어 연구회(1921)
   ㉠ 조직 : 3 · 1 운동 이후 이윤재 · 최현배 등이 국문 연구소의 전통을 이어 조직
   ㉡ 활동 : 잡지 〈한글〉을 간행, 가갸날을 정하여 한글의 보급과 대중화에 공헌

② 조선어 학회(1931)

개편	조선어 연구회가 조선어 학회로 개편되면서 그 연구도 더욱 심화
활동	• 한글 교재를 출판하고, 회원들이 전국을 순회하며 한글을 교육 · 보급 • 한글 맞춤법 통일안(1933)과 표준어(1936) 제정 • 〈우리말 큰사전〉의 편찬에 착수(→ 일제의 방해로 성공하지 못함)
해산	1940년대 초에 일제는 조선어 학회 사건을 일으켜 수많은 회원들을 체포 · 투옥하여 강제로 해산

(2) 민족주의 사학

① 방향 : 민족 문화의 우수성과 한국사의 주체적 발전을 강조

② 박은식
   ㉠ 민족 사관 : 민족 정신을 혼(魂)으로 파악하고, 혼이 담긴 민족사의 중요성을 강조
   ㉡ 저술 및 내용
      • 한국통사 : 근대 이후 일본의 침략 과정을 밝힘("나라는 형(形)이요, 역사는 신(神)이다.")
      • 한국 독립 운동 지혈사, 유교구신론 등

사찰령

전국 불교 사찰의 총독부 귀속과 총독부의 주지 임면권 행사 등을 내용으로 함

조선어 학회 사건(1942)

일제는 조선어 학회가 독립 운동 단체라는 거짓 자백을 근거로 회원들을 검거하고 강제 해산시킴

박은식   신채호

〈독립 운동 지혈사〉

우리 민족은 단군 성조의 자손으로서 동해의 명승지에 자리 잡고 있다. 인재의 배출과 문물의 제작에 있어서 우수한 자격을 갖추어, 다른 민족보다 뛰어난 것도 사실이다. …… 우리의 국혼(國魂)은 결코 다른 민족에 동화될 수 없다.

ⓒ 주요 활동 : 〈서북학회월보〉의 주필로 직접 잡지를 편집, 다수의 애국계몽 논설을 게재, 임시정부의 대통령지도제하에서 제2대 대통령을 지냄

③ 신채호

　　㉠ 연구 부분 및 사관 : 〈조선 상고사〉·〈조선사 연구초〉등을 저술하여 민족주의 역사학의 기반을 확립, 민족 사관으로 낭가(郎家) 사상을 강조

　　㉡ 저술 및 내용 : 고대사 연구

　　　• 조선 상고사 : 역사는 아(我)와 비아(非我)의 투쟁의 기록

　　　• 조선사 연구초 : 낭가 사상을 강조하여 묘청의 서경 천도 운동을 '조선 1천 년래 제일대 사건'으로 높이 평가

　　　• 조선 상고 문화사 : 〈조선 상고사〉에서 다루지 못한 상고사 관련 부분과 우리 민족의 전통적 풍속, 문화 등을 다룸

　　　• 독사신론 : 일제 식민사관에 기초한 일부 국사교과서를 비판하기 위해 〈대한 매일 신보〉에 연재, 만주와 부여족 중심의 고대사 서술로 근대 민족주의 역사학의 초석을 다짐

　　　• 조선 혁명 선언(한국 독립 선언서, 의열단 선언) : 의열단의 요청으로 집필

④ 정인보

　　㉠ 연구 방향 : 양명학과 실학사상을 주로 연구, 신채호를 계승하여 고대사 연구에 치중, '오천 년간 조선의 얼'을 신문에 연재

　　㉡ 조선사 연구 : 단군부터 삼국 시대에 이르는 우리나라 고대사를 특정 주제로 설정하여 통사적으로 서술한 사서로 식민 사관에 대항하여 고대사 왜곡을 바로잡고자 광개토대왕비를 새롭게 해석하고, 한사군 실재성을 부인

　　㉢ 민족 사관 : '얼' 사상을 강조

⑤ 문일평 : 〈대미관계 50년사〉·〈호암 전집〉을 저술, 개항 후의 근대사 연구에 역점, 조선심(朝鮮心)으로 1930년대 조선학 운동을 전개

⑥ 안재홍 : 〈조선 상고사감〉을 저술, 민족 정기를 강조, 신민족주의자로서 1930년대 조선학 운동 전개

⑦ 최남선

　　㉠ 백두산 중심의 불함문화론(不咸文化論)을 전개하여 식민 사관에 대항

　　㉡ 〈아시조선〉·〈고사통〉·〈조선역사〉 등을 저술, 〈조선 광문회〉를 조직

⑧ 손진태 : 〈조선 민족사론〉·〈국사 대요〉를 저술, 신민족주의 사관의 확립에 노력

(3) 사회·경제 사학

① 특징 : 유물 사관에 바탕을 두고, 한국사가 세계사의 보편 법칙에 따라 발전하였음을 강조하여 식민 사관의 정체성론을 타파하고자 하였고, 민족주의 사학의 정신사관을 비판(대립)

② 학자 및 저서

　　㉠ 백남운 : 사적 유물론을 도입하여 일제의 정체성론에 대항, 〈조선 사회 경제사〉·〈조선 봉건 사회 경제사〉

　　㉡ 이청원 : 〈조선 역사 독본〉, 〈조선 사회사 독본〉

　　㉢ 박극채, 전석담 등

진단 학회

실증주의 사학에 입각한 진단 학회는 문헌 고증을 통해 있었던 사실을 그대로 밝혀내는 것을 목적으로 삼았음. 이들은 역사 연구에 있어 일반적인 법칙을 가정하여 사실을 이론에 끼워 맞추기보다는, 객관적인 사실을 정확하게 인식함으로써 한국사를 깊이 이해할 수 있다고 주장하였음. 이러한 실증주의 사학은 한국 역사학을 독립된 학문으로 정립시키는 데 공헌하였음

(4) 실증 사학

① 특징 : 문헌 고증에 의한 실증적인 방법으로 한국사를 연구함으로써 역사 상황을 정확하고 올바르게 인식하고자 함

② 진단 학회 조직(1934) : 이병도 · 손진태 등이 조직, 〈진단 학보〉를 발간하면서 한국사 연구

③ 학자 및 저서

　㉠ 손진태 : 신민족주의 사관(新民族主義史觀) 제창, 〈조선 민족사개론〉, 〈국사 대요〉 등

　㉡ 이병도 : 진단 학회 대표, 〈역주 삼국사기〉, 〈조선사 대관〉 등

　㉢ 이윤제, 이상백, 신석호 등

7. 교육과 종교 활동

(1) 교육 운동

조선 교육회(1920)	한규설, 이상재 등이 조직하여 민족 교육의 진흥에 노력, 민립 대학 설립 운동 전개
문맹 퇴치 운동	조선일보와 동아일보 등 언론 단체 참여
사립 학교	근대적 지식 보급, 항일 민족 운동의 거점
개량 서당	일제의 제도 교육에 편입되기를 거부한 한국인을 교육
야학	1920년대 전반 활성화, 민중에게 자주 의식과 반일 사상 고취

(2) 종교 활동

천도교	제2의 3 · 1 운동을 계획하여 자주 독립 선언문 발표, 〈개벽〉 · 〈어린이〉 · 〈학생〉 등의 잡지를 간행하여 민중의 자각과 근대 문물의 보급에 기여
개신교	천도교와 함께 3 · 1 운동에 적극 참여, 민중 계몽과 문화 사업을 활발하게 전개, 1930년대 후반에는 신사 참배를 거부하여 탄압을 받음
천주교	고아원 · 양로원 등 사회 사업을 계속 확대하면서 〈경향〉 등의 잡지를 통해 민중 계몽에 이바지, 만주에서 항일 운동 단체인 의민단을 조직하여 항일 무장 투쟁 전개
대종교	• 천도교와 더불어 양대 민족 종교를 형성 • 교단 본부를 만주로 이동해 민족 의식 고취, 적극적인 민족 교육 및 항일 투쟁 • 지도자들은 항일 무장 단체인 중광단을 조직, 3 · 1 운동 직후 북로 군정서로 개편하여 청산리 대첩에 참여
불교	3 · 1 운동에 참여, 한용운 등의 승려들이 총독부의 정책에 맞서 민족 종교의 전통을 지키려 노력, 교육 기관을 설립하여 민족 교육 운동에 기여
원불교	박중빈이 창시(1916), 불교의 현대화와 생활화를 주창, 민족 역량 배양과 남녀 평등, 허례 허식의 폐지 등 생활 개선 및 새생활 운동에 앞장섬

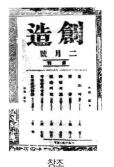

창조

8. 문예 활동

(1) 문학 활동

① 1910년대 : 계몽적 성격의 문학, 이광수의 〈무정〉
② 3 · 1 운동 이후(1920년대) : 순수 문학, 신경향파 문학, 프로 문학의 대두, 국민 문학 운동의 전개
③ 1930년대 이후 : 일제의 탄압 강화
　　㉠ 친일 문학 : 이광수 · 최남선 등 침략 전쟁을 찬양하는 활동에 참여
　　㉡ 저항 문학
　　　• 전문적 문인 : 한용운 · 이육사 · 윤동주(→ 항일의식과 민족 정서를 담은 작품을 창작)
　　　• 비전문적 문인 : 독립 운동가 조소앙, 현상윤(→ 일제에 저항하는 작품을 남김)
　　　• 역사 소설 : 김동인 · 윤백남(→ 많은 역사 소설을 남겨 역사와 민족의식을 고취)

(2) 민족 예술

① 음악 : 항일 독립 의식과 예술적 감정을 음악과 연주를 통해 표현(창가(1910년대), 가곡 · 동요, 한국(코리아) 환상곡)
② 미술 : 안중식은 한국 전통 회화 발전에 기여, 고희동과 이중섭은 서양화를 대표
③ 연극 : 민족 의식을 고취하는 수단으로, 민중을 계몽하고 독립 정신을 고취
④ 영화 : 다른 어느 분야보다 발전이 늦음
⑤ 문화 · 예술 활동의 탄압 : 제2차 세계 대전이 일어난 후 일제는 모든 문화 · 예술 분야에 대한 통제를 강화

9. 사회 구조와 생활 모습

(1) 의식주

① 의생활
　　㉠ 한복, 고무신, 모자 차림이 주를 이룸
　　㉡ 양복과 여성의 단발머리, 파마머리, 블라우스, 스커트를 입는 경우가 늘어남
　　㉢ 모던걸, 모던보이 등장(1920년대)
　　㉣ 남성은 국방색의 국민복, 여성은 '몸뻬'라는 일바지 입도록 강요(1940년대)
② 식생활 : 잡곡밥, 풀뿌리, 나무껍질 등으로 연명, 도시의 상류층은 일본음식과 서양식이 소비됨
③ 주거 생활 : 농촌(초가 · 기와로 된 전통 한옥), 도시(2층 양옥집, 개량 한옥), 영단 주택이 지어짐(노동자의 주택 부족 문제 해결, 조선주택영단령)

(2) 식민지 도시화

개항장의 도시화, 군산 · 목포 등 항만 도시 성장, 철도 교통 발전, 북부 지방의 공업 도시 성장, 화신 백화점의 등장, 시가지 형성, 도시 빈민층 증가(토막촌)

흰 소(이중섭)

영화 아리랑의 포스터

07장

민족 독립 운동의 전개

9급공무원
한국사

나두공

08장 현대 사회의 발전

01절 대한민국의 건국과 발전

02절 통일 정책

03절 경제 발전과 사회 · 문화의 변화

현대 사회의 발전

01절 대한민국의 건국과 발전

1. 조국의 광복

(1) 광복 직전의 건국 준비 활동

① 국내외의 건국 준비

㉠ 국외 활동

대한민국
임시 정부
	• 대한민국 건국 강령의 제정(1941) : 조소앙의 삼균주의에 따라 정치 · 경제 · 교육의 균등을 규정
	• 정부 체제의 개편
	   – 중심 세력 : 김구가 민족주의 계열의 단체를 통합하여 조직한 한국독립당이 중심 세력을 형성
	   – 연합 전선 형성 : (조선)민족 혁명당의 지도자와 그 산하의 조선 의용대 일부를 수용해 연합 전선을 형성하고 한국 광복군(정규군)을 강화(적극적 항일 전쟁을 전개)

조선 독립 동맹 (1942)	• 중국 화북의 사회주의 계열 독립 운동가들이 결성 • 김두봉(주석), 조선 의용군을 거느림, 한국 광복군에 합류하지 않고 연안을 중심으로 독자적 활동(연안파) • 건국 강령(민주 공화국 수립, 대기업의 국영화 등)

㉡ 국내 활동

조선 건국 동맹 (1944)	• 국내에서 조직한 비밀결사조직으로, 중도 좌파인 여운형(위원장)의 주도로 만들어짐 • 건국 강령 제정 : 일제 타도와 민주국가 건설, 노동운동에 치중 • 조선 건국 준비 위원회 조직(1945. 8) • 3원칙(3불 원칙) : 불언(不言), 불문(不文), 불명(不名) • 해방 후 조직 분열
치안권 이양 교섭 (1945. 8. 10)	패망이 임박하여 총독부는 일본인의 무사 귀국을 위해 민족지도자 송진우 · 여운형과 접촉
조선 건국 준비 위원회 (1945. 8. 15)	• 여운형(위원장) · 안재홍(부위원장), 좌우인사 포함(해방 후 최초의 통일전선 성격의 정치단체) • 건국 강령 : 완전한 독립국가 건설과 민주주의 정권 수립 • 활동 : 건국 치안대 조직, 식량 대책 위원회 설치, 지방지부 조직 확장(전국 145개 지부 결성) • 본격적인 건국 작업에 착수하면서 좌 · 우익이 분열(안재홍 등 우파의 사퇴 후 좌파 세력이 우세, 조선 인민 공화국 선포 후 해산(1945. 9)
조선 인민 공화국 (1945. 9. 6)	• 건국 준비 위원회에서 우세를 확보한 좌파 세력이 전국 인민 대표자회의를 개최하고 인민 공화국을 선포 • 이승만(주석) · 여운형(부주석)이 주도, 민족 통일 전선 원칙을 바탕으로 하나 지방별 주도 세력에 따라 정치성향의 차이가 큼 • 활동 : 인민 위원회, 대중조직 결성

국민 대회 준비 위원회 · 한국 민주당(1945. 9. 8)	• 송진우 등 우파는 조선 인민 공화국을 공산주의라 규정하고 민족주의 계열을 중심으로 한국 민주당 결성(1945. 9. 8) • 임시 정부를 지지하고 국민총회 집결을 명분으로 국민 대회 준비회를 개최 • 임시 정부 봉대론을 주장했으나, 임시 정부는 한민당을 친일 세력으로 규정해 거부

(2) 8·15 광복

① 독립 투쟁의 전개
  ㉠ 정치 · 경제 · 사회 · 문화 · 외교 등 모든 영역에 걸쳐서 지속적으로 전개
  ㉡ 무장 투쟁 · 외교 활동 · 민족 문화 수호 운동(실력 양성 운동) 등으로 전개
  ㉢ 국내외에 널리 알려져 국제적으로도 독립 국가 수립을 긍정
② 광복의 의의 : 우리 민족이 국내외에서 전개해 온 독립 투쟁의 결실이자 민족 운동사의 위대한 업적

2. 남북의 분단

(1) 열강의 한국 문제 논의

① 카이로 회담(1943. 11) : 미국 · 영국 · 중국의 3국 수뇌가 적당한 시기에 한국을 독립시킬 것을 최초로 결의, 일본의 무조건 항복 요구
② 얄타 회담(1945. 2) : 미국 · 영국 · 소련 3국 수뇌가 소련의 대일 참전을 결정, 한반도 신탁통치를 밀약
③ 포츠담 선언(1945. 7) : 미국 · 영국 · 소련이 일본의 무조건 항복과 한국 독립(카이로 회담 내용), 한반도 신탁통치(얄타 회담 내용) 재확인

(2) 국토의 분단

① 38도선의 확정 : 일본군 무장 해제를 이유로 미 · 소 양군이 남과 북에 각각 진주
② 군정의 실시 : 남한에 주둔한 미군은 군정을 실시, 친미적인 우익 정부의 수립을 후원, 북한에서도 소련군과 공산주의자들이 공산 정권을 수립하기 위한 기반을 닦음
③ 민족 분단의 고착화

(3) 광복 이후 남북한의 정세

① 남한의 정세 : 조선 건국 준비 위원회, 한국 민주당 등 여러 정치 세력 간의 갈등, 경제적 혼란, 좌익 세력의 사회 교란
② 북한의 정세 : 공산주의자들에 반대하는 조만식 등 민족주의 계열의 인사들을 숙청

3. 모스크바 3상 회의와 좌·우 대립의 격화

(1) 모스크바 3상 회의(1945. 12)

① 미국 · 영국 · 소련의 3국 외상은 모스크바에서 회의를 열어 한반도 문제를 협의

SEMI-NOTE

조선 건국 준비 위원회 강령
• 우리는 완전한 독립국가의 건설을 기함
• 우리는 전민족의 정치적, 경제적, 사회적 기본요구를 실현할 수 있는 민주주의 정권의 수립을 기함
• 우리는 일시적 과도기에 있어서 국가 질서를 자주적으로 유지하며 대중생활의 확보를 기함

카이로 회담과 포츠담 회담
• 카이로 회담
  – 일제의 군사 행동에 대한 압력을 결의하고 일제가 탈취한 지역에 대한 독립 문제를 논의한 회담
  – 우리나라와 관련된 특별 조항을 마련하여 "적당한 시기에 한국을 독립시킨다."고 결정하였으나, '적당한 시기'에 대한 명확한 언급이 없어 문제가 됨
• 포츠담 회담 : 카이로 회담의 실행, 일제의 군국주의 배제 및 무장 해제, 점령군의 철수, 일제의 무조건적 항복 등을 규정한 회담

38도선 푯말(강원 양양)

신의주 반공 의거
1945년 11월 23일에 있어난 학생 의거.
"공산당을 몰아내자.", "소련군 물러가
자.", "학원의 자유를 쟁취하자." 등의
구호를 외침

미 군정 실시
• 총독부 체제 유지, 우익 세력 지원
• 조선 건국 준비 위원회 · 대한민국 임시정부를 불인정

08장

현대 사회의 발전

② 한국에 임시 민주 정부를 수립하기 위하여 미·소 공동 위원회를 설치, 최고 5년 동안 미·영·중·소 4개국의 신탁 통치하에 두기로 결정

③ 결정서의 채택 과정(신탁 통치안) : 미국은 한국의 참여가 제한된 4개국 대표에 의한 신탁 통치를 먼저 제안 → 소련은 민주주의적 임시정부 수립을 기본 취지로 하여 신탁통치를 5년 이내로 한정하자는 수정안을 제안 → 소련의 수정안에 대해 미국이 다시 일부를 수정하여 신탁 통치에 대한 모스크바 3상 회의 결정서가 채택

실력UP 한국에 대한 모스크바 3상 회의 결정서(1945)

• 한국을 독립 국가로 재건하기 위해 임시적인 한국 민주 정부를 수립함
• 한국 임시 정부 수립을 돕기 위해 미·소 공동 위원회를 설치함
• 미, 영, 소, 중의 4개국이 공동 관리하는 최고 5년 기한의 신탁 통치를 실시함
• 남북한의 행정·경제면의 항구적 균형을 수립하기 위해 2주일 이내에 미·소 양군 사령부 대표 회의를 소집함

(2) 신탁 통치안과 좌·우 세력의 대립

① 초기의 정세(전면적인 반탁)
   ㉠ 신탁 통치안을 식민지 지배와 차이가 없는 것이므로 모욕으로 받아들임
   ㉡ 전국적으로 신탁통치에 대한 반대 운동이 확산
② 좌·우 세력의 대립
   ㉠ 김구와 이승만, 조만식 등의 우익 세력과 민족주의 세력은 적극적인 반탁 운동을 전개
      • 반탁 활동과 조직 결성 : 반탁 전국 대회를 개최하고, 신탁 통치 반대 국민 총동원 위원회 조직(1945. 12)
      • 대한 독립 촉성 국민회 결성 : 이승만 계열인 독립 촉성 중앙 협의회와 김구 계열의 신탁 통치 반대 국민 총동원 중앙 위원회가 반탁 운동이라는 공통 목적에서 통합 결성(1946. 2. 8)
   ㉡ 박헌영·김일성 등 좌익 세력들은 처음에 신탁 통치를 반대하다 소련의 사주를 받은 후 모스크바 3상 회의의 결정(신탁 통치 결정)을 수용하기로 하여 좌·우 세력은 격렬하게 대립

(3) 미·소 공동 위원회와 좌·우 합작 운동 ★빈출개념

① 제1차 미·소 공동 위원회(1946. 3) : 서울에서 개최되었으나 참여 단체를 놓고 대립하여 결렬
   ㉠ 소련의 주장 : 반탁 단체의 참여 배제를 주장
   ㉡ 미국의 주장 : 신탁통치 반대세력들도 협의대상이 되어야 함
② 이승만의 정읍 발언(1946. 6) : 남한만의 단독 정부 수립 주장
③ 좌우 합작 운동
   ㉠ 전개

좌·우 대립의 전개 방향

• 우익 세력의 통일 전선(비상 국민 회의)
  – 1946년 1월, 임정(臨政) 세력(김구·이승만) 중심
  – 비상 정치 회의 준비회(동년 1월 20일)
  – 우익의 통일 전선 구축이 목적
  – 좌·우익의 연립을 요구하고 반탁(反託)을 중심으로 모든 정당이 통일할 것을 주장

• 좌익 세력의 통일 전선(민주주의 민족 전선)
  – 1946년 1월, 조선 공산당·조선 인민당·독립 동맹(조선 신민당) 등이 주체, 임정 세력에서 이탈한 김원봉·성주식·김성숙·장건상 등이 중심
  – 조선 민족의 완전한 독립과 민주주의 정권 수립을 위한 임무 달성이 목적
  – 조선 인민 공화국(朝鮮人民共和國)의 후신

정읍 발언

이제 무기한 휴회된 미·소 공동 위원회가 재개될 기색도 보이지 않으며, 통일 정부를 고대하나 여의치 않습니다. 남방만이라도 임시 정부 혹은 위원회 같은 것을 조직하여 38도선 이북에서 소련이 철퇴하도록 세계 공론에 호소해야 할 것이니, 여러분도 결심해야 할 것입니다.

- 여운형 · 김규식 등의 중도파가 중심이 되어 좌우 합작 위원회를 결성 (1946. 7)하고, 단독 정부 수립을 반대하며 좌우 합작 운동을 전개
- 미군정은 중도적 좌우 세력을 결집해 지지 기반을 확대하고자 좌우 합작 운동을 지원
- ㉯ 좌우 합작 7원칙의 발표(1946.10) : 우익 측을 대표한 김규식과 좌익 측을 대표한 여운형은 양측의 주장을 절충하여 좌우합작 7원칙을 발표(좌 · 우익 양진영 모두 불만을 표시하며 반대)
- ㉰ 결과 : 동서냉전의 시작, 이승만 등의 단독정부 수립운동, 미 · 소 공동 위원회 결렬, 참가 세력 간의 갈등, 여운형의 암살(1947. 7) 등으로 인해 좌우 합작 운동은 결국 실패
- ④ 남조선 과도 입법 의원 및 과도 정부 구성
  - ㉠ 남조선 과도 입법 의원(1946. 12) : 미군정의 주도로 과도 입법 의원 성립
  - ㉯ 남조선 과도 정부(1947. 6~1948. 5. 10)
    - 과도 입법 의원의 구성 후 미 군정 장관 아래 대법원장(김용무)과 민정장관(안재홍)을 임명하고, 이를 남조선 과도 정부라 명명(1947. 6)
    - 미군정하에서 민정 이양을 위한 과도기 정부의 성격을 지님
- ⑤ 제2차 미 · 소 공동 위원회(1947. 5~1947. 10) : 1947년 트루먼 독트린이 발표되면서 미 · 소 간 갈등과 냉전이 시작

4. 대한민국 정부의 수립

(1) 한국 독립 문제의 유엔 상정과 유엔 한국 임시 위원단의 활동

- ① 한국 독립 문제의 유엔 총회 상정
  - ㉠ 원인 : 미 · 소 공동 위원회의 실패로 미국과 소련은 남북한에서 별도의 정부를 세우는 데 관심을 가지게 됨
  - ㉯ 한반도 문제의 유엔 이관 : 미 · 소 공동 위원회의 결렬 후 미국은 한반도 문제를 유엔에 이관(1947. 9)
  - ㉰ 유엔 총회의 총선거 결의 : 유엔 한국 임시 위원단의 감시 하에 인구 비례에 의한 남북한 총선거 실시를 결의(1947. 11)
- ② 유엔 한국 임시 위원단의 구성
  - ㉠ 유엔의 결정 : 한국 임시 위원단을 구성(1948. 1)하고, 선거를 통하여 통일된 독립 정부 수립
  - ㉯ 소련의 거부 : 유엔 한국 임시 위원단이 북한에 입국하지 못함(1948. 1)
  - ㉰ 유엔 소총회의 총선거 실시 결정(1948. 2) : 소총회에서 선거가 가능한 지역에서만이라도 총선거를 실시하여 정부를 수립하도록 결정

(2) 남북 협상(남북 대표자 연석 회의, 1948. 4)

- ① 김구(한국 독립당) · 김규식(민족 자주 연맹) 등의 중도 우파는 남북한이 협상을 통해서 통일 정부를 수립하자고 주장
- ② 김구 · 김규식 · 김두봉 · 김일성의 4인 회의 등이 개최되었으나 의미 있는 결정

SEMI-NOTE

좌 · 우 합작 7원칙(1946. 10)
- 모스크바 3상 회의 결정에 의해 좌우 합작으로 임시 정부 수립
- 미소 공동 위원회의 속개를 요청하는 공동 성명 발표
- 몰수 · 유조건(有條件) 몰수 등으로 농민에게 토지 무상 분여 및 중요 산업의 국유화
- 친일파 및 민족 반역자 처리 문제는 장차 구성될 입법 기구에서 처리
- 정치범의 석방과 테러적 행동의 중단
- 합작 위원회에 의한 입법 기구의 구성
- 언론 · 집회 · 결사 · 출판 · 교통 · 투표 등의 자유 절대 보장

김구의 단독 정부 수립 반대
조국이 있어야 한국 사람이 있고, 한국 사람이 있고야 민주주의도 공산주의도 무슨 단체도 있을 수 있는 것이다. 그러면 우리의 자주 독립적 통일 정부를 수립하려는 이때에 있어서 어찌 개인이나 자기 집단의 사리사욕에 탐하여 국가 민족의 백년대계를 그르칠 자가 있으랴? …… 현실에 있어서 나의 유일한 염원은 3천만 동포가 다 손을 잡고 통일된 조국의 달성을 위하여 공동 분투하는 것뿐이다. 이 육신을 조국이 필요로 한다면 당장에라도 제단에 바치겠다. 나는 통일된 조국을 건설하려다 38선을 베고 쓰러질지언정 일신의 구차한 안일을 위하여 단독 정부를 세우는 데는 협력하지 않겠다.
– 삼천만 동포에게 읍고함(1948. 2) –

08장 현대 사회의 발전

SEMI-NOTE

제주도 4 · 3 사건

5 · 10 총선거에서 투표하는 유권자

통일 독립 촉성회(1948. 7)
단독 정부 수립에 반대해 총선거에 참여하지 않은 김구의 한국 독립당과 김규식의 민족 자주연맹 등이 중심이 되어 결성된 단체로, 민족 문제의 자주적 해결과 통일 정부 수립을 목적으로 하였음

반민 특위 사건
이승만 정부와 경찰이 반민 특위를 습격하여 특위 산하 특경대를 체포한 사건

이나 합의에 도달하지 못함

(3) 건국 전후의 사회적 혼란

① 제주도 4 · 3 사건 : 1948년 4월 3일부터 1954년 9월 21일까지 제주도에서 남조선 노동당(남로당) 세력이 주도가 되어 벌어진 무장 항쟁 및 그에 대한 대한민국 군경과 극우 단체의 유혈 진압
  ㉠ 주장 : 남한 단독 선거 반대, 경찰과 극우 단체의 탄압에 대한 저항, 반미구국 투쟁 등
  ㉡ 진압 과정에서 무고한 주민들이 많이 희생됨
② 여수 · 순천 사건(10 · 19 여수 14연대 폭동, 1948) : 여수에 주둔하던 국군 제14연대가 제주 4 · 3 사건 진압을 위한 출동 명령을 거부하고 순천 등지까지 무력 점거를 확산시킨 사건
  ㉠ 동족을 학살할 수 없다는 것과 친일파 처단, 조국 통일을 명분으로 하여 발생
  ㉡ 이승만 정부는 계엄령 선포 후 이를 진압하고 국가 보안법을 제정, 반란 군인과 이에 가담한 양민들 일부는 빨치산을 조직

(4) 대한민국의 수립

① 총선거 실시(1948. 5. 10) : 남한에서 5 · 10 총선거가 실시되어 제헌 국회 구성
② 헌법 제정 · 공포(1948. 7. 17) : 제헌 국회는 임시 정부의 법통을 계승한 민주 공화국 체제의 헌법 제정 · 공포
③ 정부 수립(1948. 8. 15) : 이승만을 대통령으로, 이시영을 부통령으로 선출하여 대한민국의 수립을 국내외에 선포하였고, 유엔 총회에서 한반도의 유일한 합법 정부로 승인받음

(5) 반민족 행위 처벌법

① 반민족 행위 처벌법의 제정(1948. 9)
  ㉠ 목적 : 일제 잔재를 청산하기 위하여 제헌 국회에서 제정
  ㉡ 내용 : 일제 강점기 친일 행위를 한 사람들을 처벌하고 공민권을 제한하는 것 등
② 반민 특위의 활동 : 반민족 행위 처벌법에 의거하여 국회의원 10명으로 구성된 반민족 행위 특별 조사 위원회에서 친일 주요 인사들을 조사
③ 결과 : 반공을 우선시하던 이승만 정부의 방해로 친일파 처벌이 좌절됨
  ㉠ 친일파들은 법 제정 바로 다음 날 반공 구국 궐기 대회(1948. 9. 23)를 열었고, 이승만 정부는 이 대회를 적극 지원
  ㉡ 국론 분열과 혼란을 구실로 반민특위를 공개적으로 반대
  ㉢ 법을 개정하여 2년으로 명시된 반민법의 시효를 1년으로 줄이고 특위 활동을 종료시킴

5. 북한 정권의 수립

(1) 정권의 수립

평남 건국 준비 위원회의 결성 → 인민 위원회의 조직(1945. 8) → 조선 공산당 북조선 분국 설치(1945. 10) → 북조선 5도 행정국 발족(1945. 10. 28) → 북조선 공산당의 독립(1945. 12) → 북조선 임시 인민 위원회 구성(1946. 2) → 북조선 노동당 창당(1946. 8) → 인민 위원 선출(1946. 11) → 북조선 인민 회의 및 인민 위원회 구성(1947. 2) → 인민 공화국 헌법 초안의 채택(1948. 4) → 최고 인민 회의 대의원 선출(1948. 8) → 조선 민주주의 인민 공화국 수립(1948. 9. 9)

SEMI-NOTE

(2) 공산주의 지배 체제 확립

① **토지 개혁(1946. 3)** : 임시 인민 위원회는 토지 개혁법을 제정하여 무상 몰수 · 무상 분배를 단행(→ 실제로는 모든 토지의 국유화)
② **체제 강화** : 남녀 평등법을 제정해 여성 노동력을 동원하고, 산업 국유화법을 통과시켜 공산주의 체제를 강화

(3) 6·25 전쟁과 공산군의 격퇴

① **6 · 25 전쟁의 발발(1950. 6. 25)**
   ㉠ **배경** : 북한의 군사력 강화, 미군 철수와 미국 극동 방위선에서 한반도 제외
   ㉡ **발발** : 김일성은 비밀리에 소련과 중국의 지원을 약속받아 남침을 감행
② **경과** : 전쟁 발발 → 서울 함락(1950. 6. 28) → 한강 대교 폭파(1950. 6. 28) → 낙동강 전선으로 후퇴(1950. 7) → 인천 상륙 작전(1950. 9. 15) → 서울 탈환(1950. 9. 28) → 중공군 개입(1950. 10. 25) → 압록강 초산까지 전진(1950. 10. 26) → 서울 철수(1951. 1. 4) → 서울 재수복(1951. 3. 14) → 휴전 제의(1951. 6. 23) → 휴전 협정 체결(1953. 7. 27)
③ **유엔군과 중공군의 개입** : 유엔군의 참전, 중공군의 개입으로 국군과 유엔군은 후퇴, 38도선 부근에서 교전
④ **휴전**
   ㉠ **휴전 제의(1951. 6. 23)** : 소련의 유엔 대표가 휴전을 제의
   ㉡ **휴전 성립(1953. 7. 27)** : 유엔군과 공산군 사이에 휴전이 성립
⑤ **전후 복구**
   ㉠ **복구 사업** : 황폐된 국토의 재건과 산업 부흥에 힘씀, 자유 우방들의 원조
   ㉡ 한 · 미 상호 방위 조약의 체결(1953. 10)
⑥ **결과** : 인명 피해, 재산 손실, 적대적 대립 체제를 갖춤, 미국의 영향력이 커짐

피난하는 사람들

전쟁으로 파괴된 건물

6. 이승만 정부(제1공화국)의 장기 집권과 4·19 혁명

(1) 이승만 정부의 반공 정책

① **반공 정책** : 북진 통일론 주장, 반공의 통치 이념
② **영향** : 반공 명분으로 반대 세력 탄압, 국민의 자유와 국회의 정치활동 제한, 부패 척결과 친일파 청산에 소극적

(2) 이승만 정부의 장기 집권

08장

현대 사회의 발전

SEMI-NOTE

사사오입 개헌
발췌 개헌을 통해 대통령에 재선한 이승만은 장기 집권을 위하여 헌법을 고치고자 하였음. 이에 자유당은 대통령의 3선 금지조항 폐지에 대한 개헌안을 표결에 부쳤는데, 개헌 정족수인 136표에서 1표가 부족하여 부결되었음. 그러자 자유당은 저명한 수학자를 동원하여 사사오입(반올림)을 적용, 재적 의원 203명의 2/3는 135.333 ……이므로 135명으로도 정족수가 된다고 주장하며 개헌안의 통과를 선포하였음

4 · 19 혁명 당시 서울대 문리대 선언문
상아의 진리탑을 박차고 거리에 나선 우리는 질풍과 같은 역사의 조류에 자신을 참여시킴으로써 이성과 진리, 그리고 자유의 대학 정신을 현실의 참담한 박토(薄土)에 뿌리려 하는 바이다. 오늘의 우리는 자신들의 지성과 양심의 엄숙한 명령으로 하여 사악과 잔학의 현상을 규탄(糾彈), 광정(匡正)하려는 주체적 판단과 사명감의 발로임을 떳떳이 천명하는 바이다. …… 민주주의와 민중의 공복이며 중립적 권력체인 관료와 경찰은 민주를 위장한 가부장적 전제 권력의 하수인을 발 벗었다. 민주주의 이념의 최저의 공리인 선거권마저 권력의 마수 앞에 농단(壟斷)되었다. 언론, 출판, 집회, 결사 및 사상의 자유의 불빛은 무식한 전제 권력의 악랄한 발악으로 하여 깜빡이던 빛조차 사라졌다. 긴 칠흑 같은 밤의 계속이다. …… 보래! 현실의 뒷골목에서 용기 없는 자학을 되씹는 자까지 우리의 대열을 따른다. 나가자! 자유의 비결은 용기일 뿐이다. 우리의 대열은 이성과 양심과 평화, 그리고 자유에의 열렬한 사랑의 대열이다. 모든 법은 우리를 보장한다.

① 발췌 개헌(제1차 개헌, 1952. 7)

　㉠ 배경 : 2대 국회(1950. 5)에서 반이승만 성향의 무소속 의원 대거 당선

　㉡ 개헌 내용 : 간선제에서 직선제로 대통령 선출 방식 개정

　㉢ 과정 : 자유당 창당(1951. 12), 계엄령 → 야당 의원 50여 명 연행 → 대통령 직선제 개헌안이 기립 투표로 통과됨

　㉣ 결과 : 이승만의 대통령 재선(1952. 8)

② 사사오입 개헌(제2차 개헌, 1954. 11)

　㉠ 배경 : 3대 국회 의원 선거에서 관권 개입으로 자유당 압승

　㉡ 과정 : 초대 대통령에 한해 중임 제한 규정을 철폐하는 개헌안 제출 → 부결(1표 부족) → 2일 후 사사오입의 논리로 개헌안 불법 통과

　㉢ 결과 : 장기 집권을 위해 독재를 강화하면서 부정부패가 심화되고, 자유당 지지 세력 크게 감소, 민주당 창당

③ 3대 대통령 선거(1956)

　㉠ 대통령 후보 : 이승만(자유당), 신익희(민주당), 조봉암(무소속)

　㉡ 부통령 후보 : 이기붕(자유당), 장면(민주당)

　㉢ 결과 : 신익희의 갑작스런 서거로 이승만 당선, 민주당 장면 후보의 부통령 당선, 조봉암 후보의 선전과 선거 후 진보당 창당

④ 독재 체제의 강화

　㉠ 진보당 사건(1958) : 진보당의 당수 조봉암을 간첩 혐의로 처형

　㉡ 신국가 보안법 제정(보안법 파동, 1958) : 반공 체제 강화를 구실로 야당 탄압

　㉢ 언론 탄압 : 경향신문 폐간(1959)

(3) 4·19 혁명(1960)

① 배경 : 이승만 정권의 독재와 장기 집권, 탄압, 부정 부패, 1960년 자유당 정권의 3 · 15 부정 선거, 부정 선거 규탄 시위에 대한 유혈 진압

② 경과

　㉠ 선거 당일(1960. 3. 15) 부정 선거를 규탄하는 3 · 15 마산 의거에서 경찰의 발포로 많은 사상자가 발생

　㉡ 마산 의거에서 행방불명되었던 김주열 학생의 시신이 발견(1960. 4. 11)되었는데, 경찰의 최루탄에 의한 사망임이 밝혀져 항의 시위가 발발

　㉢ 4월 18일 고려대 학생들의 총궐기 시위 직후 정치 깡패들이 기습 · 폭행하여 수십 명의 사상자 발생(4 · 18 고대생 습격 사건)

　㉣ 부정 선거와 강경 진압으로 인한 사상자 속출 등의 진상이 밝혀지면서 국민의 분노가 극에 달해 4월 19일 학생 · 시민들의 대규모 시위가 발발

　㉤ 4월 22일 재야인사들이 이승만 대통령의 퇴진을 요구

　㉥ 4월 25일 서울 시내 27개 대학 259명의 대학 교수들이 시국 선언문을 발표

　㉦ 4월 26일 이승만은 라디오 연설을 통해 대통령 자리에서 하야하겠다고 발표

③ 의의 : 학생과 시민이 중심이 되어 독재 정권을 무너뜨린 민주 혁명

7. 장면 내각(제2공화국, 1960.8~1961.5)

(1) 허정 과도 내각

4 · 19 혁명 후의 혼란 수습을 위해 헌법을 내각 책임제와 양원제 국회로 개정(제3
차 개헌, 1960. 6. 15)

(2) 장면 내각

① 총선거에서 민주당 압승
② 장면 내각 출범, 국회에서 대통령 윤보선 당선
③ 내각 책임제 · 양원제 의회 설립, 민의원과 참의원 선거 실시

(3) 민주주의의 발전

① 언론 활동 보장 : 국가 보안법 개정, 경향신문 복간
② 노동 조합 운동 고조 : 교원 노조, 언론인 노조 등
③ 통일 운동의 활성화 : 중립화 통일론, 남북 협상론, 남북 교류론 등

8. 5·16 군사 정변과 박정희 정부의 수립(제3공화국)

(1) 5·16 군사 정변(1961)

① 발발 : 장면 내각은 자유 민주주의의 실현을 위해 노력하였으나, 박정희를 중심
으로 한 군부 세력은 사회의 혼란을 구실로 군사 정변을 일으켜 정권을 잡음
② 군정의 실시
ㄱ 국가 재건 최고 회의 구성 : 헌정을 중단시키고 군정을 실시
ㄴ 혁명 공약 : 반공을 국시로 경제 재건과 사회 안정 추구, 구정치인들의 정치
활동 금지

(2) 박정희 정부(제3공화국, 1963~1972)

① 성립
ㄱ 제5차 개헌 : 대통령제 환원, 대통령 직선제, 임기 4년
ㄴ 민선 이양 약속을 버리고 민주 공화당 창당, 박정희의 대통령 당선
② 경제 성장 제일주의 : 경제 개발 5개년 계획 추진
③ 한 · 일 협정(1965)
ㄱ 배경
• 한국 : 경제 개발 계획 추진에 필요한 재원 마련
• 미국 : 사회주의 세력에 대한 한 · 미 · 일 공동 체제 필요
ㄴ 경과 : 김종필과 오히라 간의 한일 회담 진행(1962)(→ 차관 제공 합의)
ㄷ 6 · 3 시위(6 · 3 항쟁) 전개(1964) : 굴욕 외교(제2의 을사조약) 반대 시위
ㄹ 내용 : 독립 축하금 3억 달러, 민간 차관 제공, 청구권 문제
ㅁ 문제점 : 식민지 지배에 대한 보상과 사죄 문제 미해결
④ 베트남 파병(1964~1973)

5 · 16 군사 정변 당시 박정희(가운데)

5 · 16 군사 정변 세력의 혁명 공약
• 반공을 국시(國是)의 제일(第一義)로
삼고 지금까지 형식적이고 구호에만
그친 반공 태세를 재정비 · 강화한다.
• 유엔 헌장을 준수하고 국제 협약(國際
協約)을 충실히 이행할 것이며 미국을
위시한 자유 우방과의 유대를 더욱 공
고히 한다.
• 이 나라 사회의 모든 부패와 구악(舊
惡)을 일소하고 퇴폐한 국민 도의와
민족 정기를 다시 바로잡기 위하여 청
신한 기풍을 진작시킨다.
• 절망과 기아 선상(飢餓線上)에서 허덕
이는 민생고(民生苦)를 시급히 해결하
고 국가 자주 경제 재건에 총력을 경
주한다.
• 민족적 숙원인 국토 통일(國土統一)을
위하여 공산주의와 대결할 수 있는 실
력 배양에 전력을 집중한다.
• 이와 같은 우리의 과업이 성취되면 참
신(斬新)하고도 양심적인 정치인들에
게 언제든지 정권을 이양하고 우리들
본연의 임무에 복귀할 준비를 갖춘다.

한 · 일 협정
1965년에 체결된, 한국과 일본 양국의
국교 관계를 규정한 조약. 협정 결과 일
본으로부터 많은 차관을 들여와 경제 발
전의 원동력으로 사용할 수 있었으나 식
민 통치에 대한 배상 문제, 어업 문제 등
에서 일본에 지나치게 양보했다는 비난
을 받았음. 6 · 3 시위의 원인이 됨

08장

현대 사회의 발전

한 · 일 협정 반대 시위(6 · 3 시위)

국제 협력이라는 미명 아래 우리 민족의 치떨리는 원수 일본 제국주의를 수입, 대미 의존적 반신불수인 한국 경제를 2중 계속의 철쇄로 속박하는 것이 조국의 근대화로 가는 첩경이라고 기만하는 반민족적 음모를 획책하고 있다. 우리는 외세 의존의 모든 사상과 제도의 근본적 개혁 없이는, 전 국민의 희생 위에 홀로 군림하는 매판 자본의 타도 없이는, 외세 의존과 그 주구 매판 자본을 지지하는 정치 질서의 철폐 없이는 민족 자립으로 가는 어떠한 길도 폐쇄되어 있음을 분명히 인식한다.

유신 헌법의 주요 내용

• 국회와 별도로 통일 주체 국민 회의를 대의 기구로 설정, 대통령 및 일부 국회 의원 선출권 부여
• 대통령에게 국회 해산권, 긴급 조치권 등 초헌법적 권한 부여
• 대통령은 법관 및 국회 의원의 1/3에 해당하는 임기 3년의 유신 정우회 의원을 임명
• 대통령 임기를 6년으로 연장

긴급 조치 9호(1975. 5. 13)
⭐ 빈출개념

• 유언비어·사실 왜곡 금지, 집회시위 또는 신문방송·통신 등 공중 전파 수단이나 문서 등에 의한 헌법의 부정반대·왜곡이나 개정·폐지 주장 등 금지
• 학생의 집단적 정치 활동 금지
• 본 조치의 비방 금지

ㄱ 과정 : 브라운 각서로 국군의 전력 증강과 차관 원조 약속
ㄴ 영향 : 외화 획득, 건설 사업 참여 등 베트남 특수로 경제 발전, 많은 전사자 발생

> group
> **브라운 각서(1966)**
>
> • 한국에 있는 대한민국 국군의 현대화 계획을 위하여 앞으로 수년 동안에 상당량의 장비를 제공한다.
> • 월남 공화국에 파견되는 추가 병력에 필요한 장비를 제공하며 또한 파월 추가 병력에 따르는 일체의 추가적 원화 경비를 부담한다.
> • 파월 대한민국 부대에 소요되는 보급 물자 용역 및 장비를 실행할 수 있는 한도까지 대한민국에서 구매하며 파월 미군과 월남군을 위한 물자 중 결정된 구매 품목을 한국에서 발주한다.
> • 수출 진흥의 전반 부분에 있어서 대한민국에 대한 기술 협조를 강화한다.

⑤ 3선 개헌(1969. 9)
ㄱ 배경 : 박정희 정부의 장기 집권 의도, 한반도 긴장 고조
ㄴ 결과 : 학생들의 시위가 거세게 전개, 여 · 야 국회의원들 사이에는 극심한 대립과 갈등이 발생

9. 유신 체제(제4공화국, 1972~1979)

(1) 배경

① 닉슨 독트린에 따른 냉전 체제 완화로 미군의 베트남 철수, 주한 미군 감축
② 박정희 정부는 강력하고도 안정된 정부가 필요하다는 주장을 내세워 10월 유신을 단행

(2) 성립 과정

① 10월 유신 선포(1972. 10) : 비상 계엄 선포, 국회 해산, 정치 활동 금지, 언론 · 방송 · 보도 · 출판의 사전 검열, 각 대학 휴교
② 성격 : 권위주의 독제 체제, 장기 집권 도모
③ 유신 헌법(제7차 개헌, 1972. 12. 27) : 국민 투표로 통과 ⭐ 빈출개념
ㄱ 대통령 간선제 : 통일 주체 국민 회의에서 대통령 선출
ㄴ 대통령의 임기 6년, 중임 제한 철폐
ㄷ 대통령 권한 극대화 : 긴급 조치권, 국회 해산권, 유신 정우회 국회 의원

(3) 유신 체제에 대한 저항

① 유신 반대 운동 : 학원 · 언론 · 종교 · 정계 등 각 분야에서 민주 헌정의 회복과 개헌을 요구하는 시위발생
② 민주 회복 국민 회의(1974) : 재야 인사, 종교인, 언론인 등
③ 3 · 1 민주구국선언문 발표
④ 우방 국가를 비롯한 국제 사회에서도 유신 체제의 인권 탄압을 비판

(4) 민주화 운동 탄압

① 긴급 조치 발동(1974) : 국민의 자유 · 권리의 무제한 제약

② 민청학련 사건(1974) : 학생, 민주 인사 탄압

③ 군사 통치 강화 : 학도 호국단 조직, 민방위대 창설

(5) 붕괴

1979년 부 · 마 항쟁이 발발하는 등 시위가 연일 계속되어 집권 세력 내부에서도 갈등이 발생, 10 · 26 사태(대통령 시해)로 유신 정권 붕괴

10. 5·18 민주화 운동(1980)과 전두환 세력의 집권(제5공화국)

(1) 신군부 세력의 정권 장악

① 12 · 12 사태(1979) : 신군부 세력(전두환 · 노태우 등)이 쿠데타로 통치권 장악

② 집권 준비 : 계엄령 유지, 헌법 개정 지연

(2) 서울의 봄(1980)

① 배경 : 신군부의 대두, 민주화 지연

② 경과 : 5월 15일 서울역 앞에서 시위(4 · 19 혁명 이후 최대 규모)

③ 탄압 : 비상 계엄령의 전국 확대(5. 17), 국회 폐쇄, 민주 인사 체포

(3) 5·18 광주 민주화 운동(1980)

① 과정 : 민주화를 열망하는 국민의 요구는 5 · 18 광주 민주화 운동으로 이어졌는데, 계엄군의 무자비한 진압으로 많은 시민과 학생이 희생됨

② 의의 : 신군부의 도덕성 상실, 1980년대 민족 민주 운동의 토대, 학생 운동의 새로운 전환점(반미 운동의 시작)

(4) 전두환 정부

① 국가 보위 비상 대책 위원회(1980. 5) : 대통령의 자문 기관, 행정 · 사법 업무의 조정 · 통제 담당, 김대중 내란 음모 사건 기소, 언론 통폐합, 비판적 기자 · 교수 해직

② 전두환 정부의 성립(1980. 8) : 7년 단임의 대통령 간선제(대통령 선거인단)의 헌법 제정(→ 전두환 대통령 선출)

③ 강압 통치 : 정치 활동 규제, 공직자 숙청, 언론 통폐합, 민주화 운동, 노동 운동 탄압

④ 유화 정책 : 해외 여행 자유화, 통행 금지 해제, 교복 자율화 등

⑤ 경제 성장 : 3저 호황(유가 하락, 달러 가치 하락, 금리 하락)

11. 6월 민주 항쟁(1987)과 노태우 정부(제6공화국)

(1) 6월 민주 항쟁

5 · 18 광주 민주화 운동

반미 감정

당시 우리나라 군대의 작전권을 가진 미국이 광주로의 군대 이동에 동의하여 무력 진압이 이루어졌는데, 이로 인해 미국에 대한 반감이 싹트기 시작함

국가 보위 비상 대책 위원회(국보위)

대통령의 자문 및 보좌 기관이라는 명목으로 조직된 비상 기구. 위원장은 전두환이었음

08장

현대 사회의 발전

6월 민주 항쟁

① 배경 : 전두환 정권의 독재 정치, 박종철 고문 치사(1987. 1. 14)

② 전개

ㄱ 직선제 요구 시위

ㄴ 4·13 호헌 조치 : 현행 헌법으로 대통령 선거

ㄷ 이한열 사망(6. 9)

ㄹ 박종철 고문 치사 규탄 및 호헌 철폐 국민 대회(6월 민주화 운동, 6. 10)

③ 결과 : 노태우의 6·29 민주화 선언 발표(대통령 직선제, 평화적 정권 이양, 기본권 보장 약속)

실력UP 4·19 혁명과 6월 민주 항쟁 비교

	4·19 혁명	6월 민주 항쟁
원인	3·15 부정 선거	4·13 호헌 조치
전개 과정	김주열 사망 → 전국적 시위 → 계엄령 발동	박종철·이한열 사망 → 전국적 시위 → 계엄령 발동 안 함
결과	• 내각 책임제 • 정권 교체(장면 내각)	• 대통령 직선제 • 정권 교체 실패(노태우 정부)

(2) 노태우 정부(제6공화국, 1988. 3~1993. 2)

① 헌법 개정(1987. 10) : 5년 단임, 대통령 직선제

② 성립 : 야당의 후보 단일화 실패로 노태우 대통령 당선(1987)

③ 정치 : 5공 청문회 개최, 지방 자치제 부분적 실시, 언론 기본법 폐지

④ 외교 : 소련(1990)·중국(1992)과 수교, 남북한 유엔 동시 가입(1991)

⑤ 3당 합당(1990)

ㄱ 1988년 13대 총선에서 여당인 민정당 참패

ㄴ 민주 정의당(노태우), 통일 민주당(김영삼), 신민주 공화당(김종필)의 합당

12. 김영삼 정부(문민 정부, 1993. 3~1998. 2)

(1) 성립

1992년 12월 김영삼 대통령 당선(→ 5·16 군사 정변 이후 30여 년만의 민간인 출신 대통령)

(2) 주요 정책

공직자 재산 등록, 금융 실명제, 지방 자치제 전면 실시, 역사 바로 세우기 운동(전두환, 노태우 구속)

(3) 외환 위기

집권 말기 국제 통화 기금(IMF)의 구제 금융 지원 요청

13. 김대중 정부(국민의 정부, 1998. 3~2003. 2)

(1) 성립

야당의 김대중 후보가 당선(→ 최초의 평화적 정권 교체)

(2) 주요 정책

① 외환위기 극복, 민주주의와 시장 경제의 병행 발전을 천명
② 국정 전반의 개혁과 경제난의 극복, 국민 화합의 실현, 법과 질서의 수호 등을 국가적 과제로 제시
③ 햇볕 정책 추진(→ 금강산 관광 사업 시작(1998), 남북 정상 회담 개최 및 6 · 15 공동 선언 발표(2000))

14. 김대중 정부 이후

(1) 노무현 정부(참여 정부, 2003.02~2008.02)

저소득층을 위한 복지 정책 강화, 한 · 칠레 자유 무역 협정 발표(2004), 제2차 남북 정상회담(2007)

(2) 이명박 정부(2008.02~2013.02)

4대강 살리기(친환경 녹색 성장 등) 추진, 한미 FTA 비준(2012)

(3) 박근혜 정부(2013.02~2017.03), 문재인 정부(2017.05~)

① 박근혜 정부 : 5년 임기를 채우지 못하고 2017년 3월 10일 탄핵됨
② 문재인 정부 : 2017년 5월 9일 대통령 선거 실시, 당선됨

02절 통일 정책

1. 남북한의 대치(1950~1960년대)

(1) 이승만 정부

① 통일 정책 : 북진 통일론, 반공 정책 고수
② 진보당 사건(1958) : 평화 통일론을 주장한 조봉암 사형

(2) 장면 내각

① 통일 정책 : 북진 통일론 철회, 유엔 감시하의 남북한 총선거 주장, 선 경제 건설 후 통일 제시
② 민간에서의 통일 논의 활발 : 중립화 통일론, 평화 통일론, 남 · 북 학생 회담 추진(가자 북으로, 오라 남으로)(→ 정부가 저지함)

SEMI-NOTE

헌법개정 ★ 빈출개념

	개정 요지	특기 사항
제헌 헌법 (1948)	• 대통령 간 선제(국회) • 1회 중임 가능. 임기 4년	제헌 의회에서 제정
제1차 개헌 (1952)	대통령 직선제	발췌 개헌
제2차 개헌 (1954)	초대 대통령 에 한해 연 임 제한 규 정 철폐	사사오입
제3차 개헌 (1960)	• 내각 책임 제, 양원제 • 기본권 강 화	4 · 19 혁명의 결과
제4차 개헌 (1960. 11)	부정 선거 관련자, 부정 축재자 처벌 소급 특별법 제정을 위한 개헌	–
제5차 개헌 (1962)	• 대통령 직 선제 • 임기 4년. 단원제	국민 투표를 통한 개정(최초)
제6차 개헌 (1969)	대통령 3선 금지 규정 철폐	–
제7차 개헌 (1972)	• 대통령 간 선제(통일 주체 국민 회의) • 임기 6년. 중임 제한 없음	유신 헌법
제8차 개헌 (1980)	• 대통령 간 선제(선거 인단) • 임기 7년. 단임제	단임제
제9차 개헌 (1987)	• 대통령 직 선제 • 임기 5년. 단임	6월 민주 항쟁의 결과

08장 현대 사회의 발전

1 · 21 사태

1968년 1월 21일 북한의 무장 게릴라들이 청와대를 습격하고 정부 요인을 암살하기 위하여 서울 세 검정 고개까지 침투한 사건. 밤을 틈타 수도권까지 이른 이들은 세검정 고개의 자하문을 통과하려다가 경찰의 불심 검문을 받자 수류탄과 기관단총으로 무차별 공격을 퍼붓는 한편, 지나던 시내버스에도 수류탄을 투척하여 많은 시민들을 살상하였다. 군과 경찰은 침입한 게릴라 중 28명을 사살하고 1명을 생포하였는데, 생포된 게릴라 김신조는 한국에 귀순하였음. 이 사건을 계기로 향토예비군이 창설되었음

푸에블로호 납치 사건

1968년 1월 23일 북한 원산항 앞 공해상에서 미국 정보 수집함 푸에블로호가 북한의 해군 초계정에 납치된 사건. 이에 대하여 미국은 핵 추진 항공모함 엔터프라이즈호 및 구축함 2척을 출동시키는 한편, 소련에 푸에블로호의 송환을 알선해 줄 것을 요구하였으나 거절당했음. 북한은 푸에블로 승무원들을 고문하여 그들이 북한 영해를 침범했음을 시인하도록 강요하였다. 북한에서는 이 사건을 미국의 불법적이고 침략적인 도발 행위로 선전하였음. 1968년 12월 23일 북한은 판문점을 통해 승무원 82명과 유해 1구를 송환하였는데, 이를 위해 미국은 푸에블로호의 북한 영해 침범을 시인하고 사과하는 것을 요지로 하는 승무원 석방 문서에 서명해야 했음

(3) 박정희 정부

① 반공 강화 : 반공을 국시로 삼음
② 선 건설 후 통일론 제시(→ 민간의 통일 운동 탄압)

(4) 북한의 통일 정책

① 연방제 통일 방안 제시(1960) : 남북의 정치 체제 유지, 연방제 실시
② 1 · 21 사태(1968), 푸에블로호 납치(1968) : 한반도의 긴장 고조

2. 남북 대화의 출발(1970~1980년대)

(1) 배경

냉전 완화, 닉슨 독트린(1969), 닉슨 대통령의 중국 방문(1972)

(2) 통일 정책의 변화(1970년대)

① 8 · 15 선언(1970) : 한반도 평화 정착을 위한 선의의 체제 경쟁 제의
② 남북 적십자 회담 제의(1971) : 북한이 수용하여 남북한 적십자 회담이 개최됨
③ 7 · 4 남북 공동성명(1972) ★ 빈출개념
　㉠ 민족 통일 3대 원칙 : '자주 · 평화 · 민족 대단결'의 원칙
　㉡ 합의 사항 : 통일 문제 협의를 위해 남북조절위원회 설치, 남북 직통 전화 설치
　㉢ 한계 : 남북한 모두 독재 체제 강화에 이용(유신 헌법, 사회주의 헌법)

실력UP **7·4 남북 공동 성명**

첫째, 통일은 외세에 의존하거나 외세의 간섭을 받음이 없이 자주적으로 해결하여야 한다.
둘째, 통일은 서로 상대방을 반대하는 무력 행사에 의거하지 않고 평화적 방법으로 실현하여야 한다.
셋째, 사상과 이념, 제도의 차이를 초월하여 우선 하나의 민족으로서 민족적 대단결을 도모하여야 한다.

④ 6 · 23 평화 통일 외교 정책 선언(1973) : 남북한 유엔 동시 가입과 호혜 평등의 원칙하에 문호를 개방
⑤ 상호 불가침 협정의 체결(1974) : 평화 통일의 3대 기본 원칙에 입각해 제안

(3) 남북한의 통일 방안(1980년대)

① 남한 : 민족 화합 민주 통일 방안 제시(1982)

민족 통일 협의회 구성 ▶ 국민 투표로 통일 헌법 ▶ 남북한 총선거 ▶ 통일 민주 공화국

② 북한 : 고려 민주 연방 공화국 창립 방안(1980), 1국가 2체제
③ 남북 이산가족 고향 방문(1985) : 이산가족 고향 방문단 및 예술 공연단의 교환 방문

3. 남북 관계의 새로운 진전(1990년대 이후)

(1) 노태우 정부

① 7 · 7선언(1988) : 북한을 적대의 대상이 아니라 상호 신뢰 · 화해 · 협력을 바탕으로 공동 번영을 추구하는 민족 공동체 일원으로 인식
② 한민족 공동체 통일 방안(1989) : 자주 · 평화 · 민주의 원칙 아래 제시
③ 남북 고위급 회담, 남북한 유엔 동시 가입(1991)
④ 남북 기본 합의서 채택(1991. 12) · 발효(1992) : 상호 화해와 불가침, 교류 및 협력 확대 등을 규정
⑤ 한반도 비핵화 공동 선언 채택(1991. 12) · 발효(1992)

(2) 김영삼 정부

① 3단계 3기조 통일 정책(1993) : 화해 · 협력, 남북 연합, 통일 국가 완성의 3단계 통일 방안을 효율적으로 실천하기 위해 민주적 국민합의, 공존공영, 민족 복리의 3대 기조를 바탕으로 하는 통일 정책을 마련
② 민족 공동체 통일 방안(1994. 8) : 한민족 공동체 통일 방안과 3단계 3기조 통일 정책을 수렴하여 종합한 것

화해·협력 단계 ▶ 남북 연합 ▶ 1민족 1국가 1체제 1정부

③ 제네바 합의(1994) : 북한 핵 동결, 경수로 건설 제공, 북 · 미 관계 정상화
④ 한반도 에너지 개발 기구(KEDO)에 의한 경수로 발전 사업 추진

(3) 김대중 정부

① 베를린 선언(2000) : 남북 경협, 냉전 종식과 평화 공존, 남북한 당국 간 대화 추진
② 남북 정상 회담 개최(2000)
③ 6 · 15 남북 공동 선언(2000) : 1국가 2체제 통일 방안 수용(통일을 위한 남북의 연합제와 연방제의 공통성 인정), 이산가족 방문단의 교환, 협력과 교류의 활성화 등
④ 금강산 관광 시작(1998), 육로 관광은 2003년부터 시작
⑤ 경의선 철도 연결 사업(2000년 9월 착공)

(4) 노무현 정부

① 남북 경의선 철도 복원(2003년 6월 연결 행사) 및 정기 운행(2007. 12)
② 2007 남북 정상 선언문(10 · 4 선언, 2007. 10)
　㉠ 제2차 남북 정상회담으로 기본 8개 조항에 합의하고 공동으로 서명
　㉡ 6 · 15 남북 공동 선언의 구현, 남북 관계의 상호 존중과 신뢰, 군사적 적대관계 종식 및 한반도 긴장 완화와 평화 보장을 위한 협력, 다자간 협력, 경제 협력 사업의 활성화 및 확대, 각 분야의 교류와 협력, 인도주의 협력 사업의 적극 추진 등을 포함

SEMI-NOTE

남북 기본 합의서

남과 북은 분단된 조국의 평화적 통일을 염원하는 온 겨레의 뜻에 따라 7 · 4 남북 공동 성명에서 천명된 조국 통일 3대 원칙을 재확인하고, 정치 · 군사적 대결 상태를 해소하여 민족적 화해를 이룩하고, 무력에 의한 침략과 충돌을 막고 긴장 완화와 평화를 보장하며, 다각적인 교류 협력을 실현하여 민족 공동의 이익과 번영을 도모하며, 쌍방 사이의 관계가 나라와 나라 사이의 관계가 아닌 통일을 지향하는 과정에서 잠정적으로 형성되는 특수 관계라는 것을 인정하고, 평화 통일을 성취하기 위한 공동의 노력을 경주할 것을 다짐하면서 다음과 같이 합의하였음

• 남과 북은 서로 상대방의 체제를 인정하고 존중한다.
• 남과 북은 상대방에 대하여 무력을 사용하지 않으며, 상대방을 무력으로 침략하지 아니한다.
• 남과 북은 민족 경제의 통일적이며 균형적인 발전과 민족 전체의 복리 향상을 도모하기 위하여 자원의 공동 개발, 민족 내부 교류로서 물자 교류, 합작 투자 등 경제 교류와 협력을 실시한다.
• 남과 북은 흩어진 가족과 친지의 자유로운 서신 거래와 왕래, 상봉 및 방문을 실시하고 자유 의사에 의한 재결합을 실현하며 기타 인도적으로 해결할 문제에 대한 대책을 강구한다.

제1차 남북 정상 회담(2000)

제2차 남북 정상 회담(2007)

08장 현대 사회의 발전

③ 개성 관광(2007. 12) : 2007년 12월에 시작, 2008년 12월 이후 중단된 상태

(5) 문재인 정부

① 4 · 27 판문점 선언(2018) : 문재인 대통령과 김정은 국방위원장이 판문점에서 만나 발표

② '한반도의 평화와 번영, 통일을 위한 판문점 선언'

    ⊙ 군사적 긴장 상태를 완화하고 전쟁 위험을 실질적으로 해소하도록 공동으로 노력

    ⓒ 현재의 정전 상태를 종식시키고 확고한 평화 체제를 수립하도록 함

    ⓒ 남과 북은 완전한 비핵화를 통해 핵 없는 한반도를 실현한다는 공동의 목표를 확인

미 군정의 토지 정책

- 일본인 소유의 토지 몰수, 유상 분배
- 경작 농민을 위한 토지 개혁이 되지는 못함

미국 수집령
농가의 잉여 양곡을 수집하여 비농가에 배급하는 전면적인 양곡 유통 통제 정책

농지 개혁법의 실시

- **주요 내용**
  - 유상 매입 : 법령 및 조약에 의하여 몰수하거나 국유로 된 농지, 직접 땅을 경작하지 않는 사람의 농지, 직접 땅을 경작하더라도 농가 1가구당 3정보를 초과하는 농지는 정부가 사들였다.
  - 총 경영 면적 제한 : 분배 농지는 1가구당 총 경영 면적이 3정보를 넘지 못하였다.
  - 상환 : 분배받은 농지에 대한 상환액은 평년작을 기준으로 하여 주요 생산물의 1.5배로 하고, 5년 동안 균등 상환하도록 하였다.
- **실시 전후 소작지 면적의 변화** : 1947년 소작지의 89.1%가 1951년까지 자작지(自作地)로 바뀌었다. 그중 미국 군정청에 귀속되었던 농지를 유상 분배한 것이 18.9%였고, 지주의 임의 처분에 의한 것이 49.2%이므로 농지 개혁의 실시로 소작지에서 자작지로 바뀐 것은 31.9%에 불과하였다.
  - 이종범, 〈농지 개혁사 연구〉 -

03절   경제 발전과 사회·문화의 변화

1. 해방 이후의 경제 혼란과 전후 복구

(1) 광복 직후의 경제 혼란

① 일제하의 우리 경제는 일본 경제에 예속되어 자본과 기술이 일본인들에게 독점됨으로써 정상적으로 발전하지 못함

② 국토 분단과 경제 혼란의 계속 : 극심한 인플레이션 · 원자재와 소비재 부족 · 식량 부족 등으로 큰 어려움을 겪음, 농업과 경공업 중심의 남한 경제는 어려움이 가중됨, 월남민의 증가

(2) 이승만 정부의 경제 정책 ★빈출개념

① 경제 정책의 기본 방향

    ⊙ 농업과 공업의 균형 발전, 소작제의 철폐, 기업 활동의 자유 보장, 사회 보장 제도의 실시, 인플레이션의 극복 등

    ⓒ 미국과 경제 원조 협정을 체결, 일본인이 소유했던 공장을 민간 기업에 불하, 농지 개혁법을 제정 · 시행하여 농촌 경제의 안정을 꾀함

② 농지 개혁법(1949년 제정, 1950년 시행)

    ⊙ 목적 : 소작제를 철폐하고 자영농을 육성하고자 경자 유전의 원칙에 따라 시행

    ⓒ 원칙

- 삼림, 임야 등 비경작지를 제외한 농지만을 대상으로 한 개혁
- 3정보를 상한으로 그 이상의 농지는 유상 매입하고 지가 증권을 발급하여 5년간 지급
- 매수한 토지는 영세 농민에게 3정보를 한도로 유상 분배하여 5년간 수확량의 30%씩을 상환하도록 함(→ 예외적으로 부재 지주의 농지는 무상 몰수 · 유상 분배)

ⓒ 결과
- 지주 중심의 토지 제도가 해체되고 자작지와 자작농이 증가
- 소작권 이동을 금지하고 농지 매매를 제한
- 지주층의 반대로 제도 시행 전에 사전 매도 현상이 발생
- 지주의 사전 매도로 법의 실효성이 떨어지고 신흥 지주 계층 형성

③ 귀속 재산 불하 : 일본인 소유의 재산을 민간인에게 불하
④ 경제 복구 사업
- ㉠ 삼백 산업(三白産業)의 성장 : 1950년대 후반부터 미국의 원조 물자에 토대를 둔 제분(製粉)·제당(製糖) 공업과 섬유 공업이 성장
- ㉡ 문제점 : 원조 경제의 폐해, 미국 잉여 농산물 도입에 따른 농업 기반 파괴, 경제의 대미 의존도 심화
- ㉢ 삼분 산업(三粉産業)의 생산 증가 : 시멘트·비료·밀가루 등

2. 경제 발전의 과정

(1) 경제 개발 5개년 계획의 추진(박정희 정부)

① 경제 개발 계획의 수립
- ㉠ 최초 계획 : 이승만 정부가 작성한 7개년 계획
- ㉡ 수정 : 장면 내각은 처음의 7개년 계획안을 5개년 계획안으로 수정
- ㉢ 실천 : 1960년대 박정희 정부가 경제 개발 5개년 계획을 추진

② 경제 개발 계획의 추진
- ㉠ 제1, 2차 경제 개발 계획(1962~1971) : 기간 산업, 사회 간접 자본 확충, 경공업 중심의 수출 산업 육성, 베트남 특수로 호황, 새마을 운동 시작(1970)
- ㉡ 제3, 4차 경제 개발 계획(1972~1981) : 중화학 공업 육성, 중동 진출, 새마을 운동 확산

③ 성과 : 고도 성장, 국민 소득 증가, 신흥 공업국으로 부상
④ 문제점 : 빈부 격차 심화, 미·일 의존도 심화, 외채 급증, 농촌 피폐, 재벌 중심 경제, 정경 유착, 저임금과 노동 운동 탄압, 공해 문제 등

실력up 1960~1970년대 무역의 특징

- 원자재와 기술의 외국 의존도가 높아 외화 가득률이 낮음 : 1962년에서 1973년까지 공산품만의 외화 가득률은 34%에서 62%로 증가하였지만 수출 전체의 외화 가득률은 82%에서 65%로 줄었음
- 국가 경제의 무역 의존 증가 : 수출 위주의 정책으로 인하여 무역 의존도는 1961년의 21%에서 1975년에는 74%로 증가
- 무역 상대국이 일본과 미국에 편중 : 원자재와 기계를 일본에서 들여온 다음 상품을 만들어 주로 미국에 수출하는 구조를 가지고 있으며, 1967년에 미국과 일본에 대한 편중도가 69%인데 1972년에는 72%로 증가하는 추세

SEMI-NOTE

재벌의 성장
귀속 재산은 일제 강점기 일본인 소유의 재산, 기업, 시설 등을 말함. 귀속 재산 불하 시의 특혜로 인해 재벌이 성장하였음

미국의 소비재 산업 원조
1950년대 우리나라는 전쟁으로 인해 파괴된 시설의 복구 등을 위해 생산재 공업이 필요한 상황이었음. 그러나 미국의 지원은 소비재 산업 위주로 이루어졌으며, 이에 따라 생산재 산업 부진으로 인한 산업 불균형이 발생하였음

제1차 석유 파동(1973)
- 경공업 위주의 경제 정책 추진으로 인해 석유 의존도가 낮음
- 중동 특수를 통해 극복, 경제 성장

🎯

08장

현대 사회의 발전

1980년대 이후 노동 환경의 변화

• **노동 운동의 활발한 전개** : 민주화 운동의 진전과 사회의식의 향상, 권리 주장의 확산 등에 따라 노동 운동이 활발하게 전개
• **정부의 노동 정책의 변화**
  – 저임금 문제 등 전반적인 노동 문제를 해결하기 위하여 노동 관계법을 개정
  – 기업가와 노동자의 인간적 관계와 직업윤리를 정착시키기 위하여 노력
  – 새로운 노사 문화가 정착되고 노동 환경이 개선되어 생산성도 증가

제2차 석유 파동(1979)

• 중화학 공업 위주의 경제 정책 추진으로 인해 경제 성장률 마이너스 기록, 물가 상승, 경기 불황, 국제 수지 악화(1980년대)
• 3저 호황(저금리, 저유가, 저달러)으로 극복

외환위기(1997)
금융권의 부실 개정, 대기업의 과잉 투자, 외국 자본의 국외 이동 등으로 인해 발생한 외환 부족

대도시의 인구 급증

1960년대 이후, 경제적으로 어려움을 겪고 있던 농촌 사람들이 일자리를 찾아 대도시나 신흥 산업 도시로 이동하자 이들 도시의 인구가 급팽창하였음. 또한 농촌과 도시 간 소득 격차 역시 젊은층이 도시로 몰리는 원인이 되었음

저출산, 고령화

• **저출산** : 핵가족화가 급격히 진행
• **고령화** : 낮은 출산율과 인구 고령화의 빠른 진행

산업화와 도시화의 영향

• 우리나라의 근대화와 발전에 크게 기여
• 가족 제도의 붕괴, 노동자 및 실업자 문제 등 여러 사회 · 경제적 문제도 양산
• 산업화와 함께 여성의 지위와 사회적 위상이 제고

---

(2) 1980년대 이후의 경제

① **1980년 전후** : 중화학 공업에 대한 과잉 · 중복 투자, 정치 불안정, 제2차 석유 파동(→ 경제 위기 발생)
② **전두환 정부** : 중화학 공업 투자 조정, 3저 호황(저유가, 저달러, 저금리)
③ **김영삼 정부** : 금융 실명제 실시, 신경제 5개년 계획 발표(1993), 세계 무역 기구(WTO) 출범(1995), 경제 협력 개발 기구(OECD) 가입(1996), 외환위기(1997)
④ **김대중 정부** : 금 모으기 운동, 노사정 위원회 구성, 신자유주의 경제 정책 추진, 수출, 무역 흑자 증가, 벤처 기업 창업 등으로 외환위기 극복

3. 사회의 변화

(1) 급속한 경제 발전에 따른 사회 문제

농촌의 피폐와 도시 빈민층의 형성, 기업의 근로 기준법 위반, 노사 갈등의 발생, 환경오염의 증가, 국가 주도의 급속한 경제 발전에 따라 노약자 · 빈곤층 · 실업자 등 소외 계층 발생

(2) 1960년대 이후의 정책

① **성장 위주의 정책** : 대기업 성장, 노동자 수의 증가, 빈부의 차 발생
② **도시와 농촌의 불균형** : 사회 기반 시설 및 소득의 격차, 대규모 이농 현상으로 대도시의 인구의 급증(도시 문제 발생), 농촌 인구 감소
③ **사회 보장 제도 시행** : 급격한 성장에서 오는 문제들을 해결하기 위하여 사회 보장 제도를 마련

4. 산업화와 도시화

(1) 산업 구조의 변화

산업화의 진전과 고도 성장 달성, 산업 구조가 선진국형으로 바뀌었고 공업 구조도 경공업 중심에서 중화학 공업 중심으로 바뀜

(2) 사회 문제의 발생

① 환경 문제의 발생
  ㉠ 성장 우선주의 정책에 수반하여 1960년대 말부터 발생
  ㉡ 환경 문제 해결을 위해 환경부처를 설치하고 관련 법률 제정, 공해 규제, 환경에 대한 경각심 고취, 환경 보호 실천 등에 역점을 둠
② 농촌 문제의 발생
  ㉠ 수출 주도형 경제 개발로 말미암아 농업은 희생을 감수
  ㉡ 침체된 농촌 사회에 활기를 불어 넣기 위해 새마을 운동 실시

5. 교육, 사상 및 종교

(1) 교육의 발전

① 미 군정 시기
- ㉠ 식민지 교육 체제가 무너지고 미국식 교육이 도입
- ㉡ 6 · 3 · 3 · 4제의 학제를 근간으로 하는 교육 제도 마련
- ㉢ 교육 이념 : 홍익 인간, 애국심의 함양, 민주 시민의 육성 등

② 이승만 정부 : 의무 교육 실시, 국방 교육 강조

③ 4 · 19 혁명 이후 : 교육의 정치적 중립을 확보하려는 움직임과 더불어 학원 민주화 운동이 활발하게 전개

④ 박정희 정부 : 교육의 중앙 집권화와 관료적 통제, 국민 교육 헌장의 선포, 중학교 무시험 진학 제도, 대학 입학 예비고사와 학사 자격 고시 등

⑤ 1970년대
- ㉠ 국사와 국민 윤리 교육의 강화와 함께 새마을 교육 실시, 고교 평준화 추진
- ㉡ 한국 교육 개발원 설립, 방송 통신 대학과 고등 학교가 설치

⑥ 1980년대
- ㉠ 국민 정신 교육을 강조하고 통일 안보 교육, 경제 교육 등을 실시
- ㉡ 대학 졸업 정원 제도 도입, 다수의 대학 설립

⑦ 1990년대 이후
- ㉠ 창의력 신장과 시민 의식을 육성하기 위한 교육 개혁이 지속적으로 추진됨
- ㉡ 열린 교육 · 평생 학습 사회 건설 지향, 대학 수학 능력 시험 도입
- ㉢ 김대중 정부 시대 : 중학교 의무 교육 실시, 만 5세 유아에 대한 무상 교육 · 보육 등 추진

(2) 사상 및 종교

① 현대의 사상
- ㉠ 광복 후 : 민족주의, 민주주의, 반공 등 여러 이념이 혼재
- ㉡ 1960년대 이후 : 민족주의와 민주주의가 중요한 이념으로 자리 잡음
- ㉢ 1980년대 초 : 5 · 18 민주화 운동과 6월 민주 항쟁 등을 거치면서 사회 전반에 걸쳐 이들 이념들이 뿌리를 내림
- ㉣ 1980년대 말 : 냉전 체제가 해체되기 시작, 남북 간 화해의 기운이 높아짐

② 종교 활동
- ㉠ 개신교 : 교단의 통일과 사회 참여를 모색하면서 교세를 확장
- ㉡ 천주교 : 활발한 포교 활동 전개, 교황의 방한, 103위 순교자의 시성 등
- ㉢ 불교 : 1970년대부터 일대 혁신 운동을 전개, 농촌 지역뿐만 아니라 도시에서도 지속적으로 발전
- ㉣ 기타 종교 : 민족 종교인 천도교 · 대종교 · 원불교도 그 나름의 기반 확립과 교세 확장에 노력

6. 예술과 문학

국민 교육 헌장

학력 구성의 변화

광복 이후 교육은 양적 면에서 크게 확대되어, 사회 전체적으로 고학력화 되어 가고 있음. 특히 초등학교 졸업 이하의 비율이 큰 폭으로 감소하였고, 중졸자의 비율도 1990년 이후 감소하고 있음

08

현대 사회의 발전

해방 공간(1945~1948)

8·15 광복 직후부터 독립 정부 구성 전까지를 이르는 말. 당시 우리나라는 독립 정부를 구성하지 못한 채 미 군정 치하에 있었는데 좌우익의 대립이 극심하였음

SEMI-NOTE

언론 활동 · 대중문화 · 체육 활동 · 과학 기술의 발전

• **언론 활동**
  - 광복 이후 : 신문, 잡지, 라디오, 텔레비전 방송, 인터넷 신문, 인터넷 방송 등 등장
  - 언론 통제 : 박정희 정부, 전두환 정부의 언론 탄압
  - 1990년대 이후는 정보의 취사선택으로 언론의 사회적 책임을 요구하는 여론이 높음, 인터넷 익명성에 의한 부정적 문제가 제기

• **대중문화**
  - 미군정기와 6 · 25 전쟁을 통해 미국식 춤과 노래 유행, 경제 발전과 대중 매체 보급으로 1960년대부터 대중문화 성장
  - 가요, 드라마, 코미디가 대중문화의 중심(1970년대), 민주화와 사회 · 경제적 평등을 지향하는 활동이 대중문화에 영향(1980년대~1990년대), 한류라는 이름으로 여러 나라에서 인기를 가짐(1990년대 말 이후)

• **체육 활동**
  - 보스턴 마라톤 대회에서 우리나라 선수 우승으로 국가 위상을 알림(1947), 선수촌 건립(박정희 정부), 몬트리올 올림픽 대회 레슬링 종목에서 광복 이후 최초로 금메달 획득(1976)
  - 제10회 아시아 경기 대회(1986), 제24회 서울 올림픽 대회(1988), 월드컵 축구 대회(2002) 개최
  - 삶의 질 향상을 위한 사회 체육에 대한 관심과 지원 높아짐

• **과학 기술**
  - 원자력 연구소 설립(1950년대), 한국 과학 기술 연구소(KIST) 설립(1966)
  - 정부와 민간의 기술 투자, 통신 · 교통 · 컴퓨터 · 반도체 등 성장
  - 위성 아리랑호, 무궁화 7호, 나로호 등 발사 성공
  - 과제 : 소외시킨 기초 학문에 대한 투자, 인간 윤리와 자연환경과 조화를 이루어야함

(1) 시기별 전개

① 광복 후
　㉠ 예술 단체의 분열 : 광복 직후 좌 · 우익에 따라 성격이 나뉘어 분열
　㉡ 민족주의적 자유주의 문인 중심의 순수 문학 작품이 주류를 이룸
　㉢ 시 : 김기림 등이 해방 공간 시기에 새해의 노래 등을 발표

② 1960년대
　㉠ 중등 교육의 확대와 경제 여건 향상에 따라 문화의 대중화 현상이 등장
　㉡ 전쟁 중 소시민들의 삶을 주제로 하는 문학 예술 작품이 출간됨, 인간의 가치와 삶을 주제로 다룬 예술 활동이 활발해짐
　㉢ 국립 극장과 드라마 센터가 건립, 각 대학에 예술 분야의 학과가 설치됨

③ 1970년대
　㉠ 민족 문학론이 대두되어 현실의 비판과 민주화 운동의 실천, 통일 문제를 다루는 데까지 진전
　㉡ 일부에서는 민중의 삶을 주제로 삼는 민중 문학 운동이 전개

④ 1980년대 이후
　㉠ 문화 향유층이 급격하게 확대되었고, 다양한 내용과 형식을 가진 문화가 등장
　㉡ 이전 문화의 틀에서 벗어나 더 분방한 경향을 추구하는 포스트모더니즘이 등장

(2) 현대 문화의 문제점과 과제

① 전통 문화는 점점 대중화와 서양화에 밀려 자리를 잃어 가고 있으며, 감각적이고 상업적인 대중 문화가 성행
② 세계화의 추세 속에서 민족 문화를 발전시키는 것과 세계적인 문화를 창출하는 것이 과제로 제기됨

나두공
직렬별 써머리 동영상 강의
5만원 가격파괴

국어+영어+한국사
행정법총론+행정학개론
───────────────
일반행정직(5만원)

국어+영어+한국사
행정법총론+교육학개론
───────────────
교육행정직(5만원)

국어+영어+한국사
행정법총론+노동법개론
───────────────
고용노동직(5만원)

국어+영어+한국사
노동법개론+직업상담심리학개론
───────────────
직업상담직(5만원)

국어+영어+한국사
교정학개론+형사소송법개론
───────────────
교정직(5만원)

국어+영어+한국사
행정법총론+사회복지학개론
───────────────
사회복지직(5만원)

구성 및 특징

핵심이론

시험에 출제되는 핵심 내용만을 모아 효율적인 학습이 가능하도록 구성하였습니다. 반드시 알아야 할 내용에 대한 충실한 이해와 체계적 정리가 가능합니다.

빈출개념

시험에서 자주 출제되는 개념들을 표시하여 중요한 부분을 한눈에 들어올 수 있도록 하였습니다. 합격에 필요한 핵심이론을 깔끔하게 학습하시기 바랍니다.

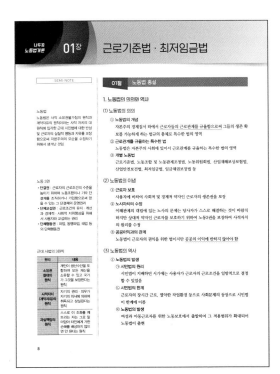

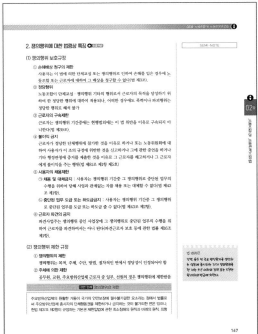

한눈에 쏙~

흐름이나 중요 개념들이 한눈에 쏙 들어올 수 있도록 도표로 정리하여 수록하였습니다. 한눈에 키워드와 흐름을 파악하여 수험에 도움이 되도록 하였습니다.

실력 up

더 알아두면 좋을 내용을 실력 up에 배치하고, 보조단에는 SEMI – NOTE를 배치하여 본문에 관련된 내용이나 중요한 개념들을 수록하였습니다.

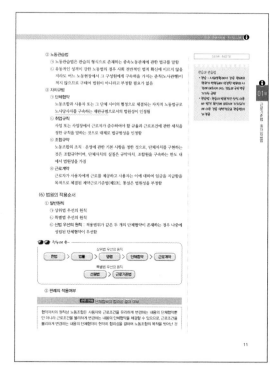

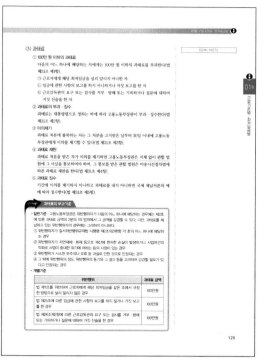

목 차

근로기준법·최저임금법

01장

01절	노동법 총설	8
02절	총칙	12
03절	근로계약	34
04절	임금	42
05절	근로시간과 휴식	61
06절	여성과 소년	77
07절	직장 내 괴롭힘의 금지 · 기능습득 · 재해보상	85
08절	취업규칙 및 기숙사 등	89
09절	근로관계의 전개 및 변경	93
10절	근로관계의 종료	100
11절	최저임금법	111

노동조합 및 노동관계조정법

02장

01절	총칙	128
02절	노동조합	131
03절	단체교섭 및 단체협약	148
04절	쟁의행위	165
05절	노동쟁의 조정	178
06절	부당노동행위	187

9급공무원

노동법개론

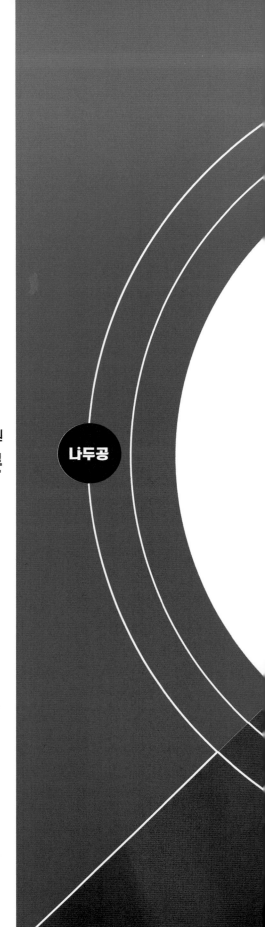

나두공

01장 근로기준법 · 최저임금법

01절   노동법 총설

02절   총칙

03절   근로계약

04절   임금

05절   근로시간과 휴식

06절   여성과 소년

07절   직장 내 괴롭힘의 금지 · 기능습득 · 재해보상

08절   취업규칙 및 기숙사 등

09절   근로관계의 전개 및 변경

10절   근로관계의 종료

11절   최저임금법

근로기준법 · 최저임금법

01절　노동법 총설

1. 노동법의 의의와 역사

(1) 노동법의 의의

① **노동법의 개념**
　자본주의 경제질서 하에서 근로자들의 근로관계를 규율함으로써 그들의 생존 확보를 가능하게 하는 법규의 총체로 특수한 법의 영역

② **근로관계를 규율하는 특수한 법**
　노동법은 자본주의 사회에 있어서 근로관계를 규율하는 특수한 법의 영역

③ **개별 노동법**
　근로기준법, 노동조합 및 노동관계조정법, 노동위원회법, 산업재해보상보험법, 산업안전보건법, 최저임금법, 임금채권보장법 등

(2) 노동법의 이념

① **근로자 보호**
　사용자에 비하여 사회적 및 경제적 약자인 근로자의 생존권을 보장

② **노사자치의 수정**
　이해관계의 대립에 있는 노사의 문제는 당사자가 스스로 해결하는 것이 바람직하지만 상대적 약자인 근로자를 보호하기 위하여 노동3권을 보장하여 사적자치의 원리를 수정

③ **공공이익과의 관계**
　노동법이 근로자의 권익을 위한 법이지만 공공의 이익에 반하지 않아야 함

(3) 노동법의 역사

① **노동법의 발생**
　㉠ **시민법의 원리**
　　시민법이 지배하던 시기에는 사용자가 근로자의 근로조건을 일방적으로 결정할 수 있었음
　㉡ **시민법의 한계**
　　근로자의 장시간 근로, 열악한 작업환경 등으로 사회문제의 등장으로 시민법이 한계에 이름
　㉢ **노동법의 발생**
　　여성과 아동근로자를 위한 노동보호에서 출발하여 그 적용범위가 확대되어 노동법이 출현

노동법

노동법은 사적 소유권불가침의 원칙과 계약자유의 원칙이라는 사적 자치의 대원칙에 입각한 근대 시민법에 대한 반성 및 근로자의 실질적 평등과 자유를 보장함으로써 자본주의의 모순을 수정하기 위해서 생겨난 것임

노동 3권
- **단결권** : 근로자의 근로조건의 수준을 높이기 위하여 노동조합이나 기타 단결체를 조직하거나 가입함으로써 얻을 수 있는 그 단결체의 운영권리
- **단체교섭권** : 근로조건의 유지 · 개선과 경제적 · 사회적 지위향상을 위해서 사용자와 교섭하는 권리
- **단체행동권** : 파업, 동맹파업, 태업 등의 단체행동권

근대 사법의 3원칙

원리	내용
소유권 절대의 원칙	개인이 생산수단을 포함하여 모든 재산을 소유할 수 있고 국가가 그것을 보장한다는 원칙
사적자치 (계약자유)의 원칙	자기의 권리 · 의무가 자기의 의사에 의하여 취득되고 상실된다는 원칙
과실책임의 원칙	스스로 이 조화를 깨뜨리는 자는 그로 말미암아 타인에게 가한 손해를 배상하지 않으면 안 된다는 원칙

(4) 근대 사법의 수정원리

① 근대 사법의 3원칙인 소유권절대의 원칙, 사적자치(계약자유)의 원칙, 과실책임의 원칙이 갖는 한계성을 수정하여 실질적인 자유와 평등을 도모하기 위하여 수정원리가 대두됨

② **구체적 내용**

　㉠ 최저 근로조건 기준 설정과 사용자에 대한 벌칙, 감독 강화

　㉡ 산업재해에 대한 과실의 입증이 없어도 보상받을 수 있는 산업재해보상제도

　㉢ 해고의 제한과 실업보험제도

　㉣ 소유권에 대한 권리남용 금지, 공공복리에 의한 제한

(5) 노동법의 특수성

① **공법과 사법의 교차**

노동법은 사법 체계의 모순을 극복하기 위하여 공법의 요소를 가미시킨 법으로 시민법의 원리를 수정함

원리	내용
소유권절대의 원칙 → 소유권 공공복리 부합의 원칙	재산권의 행사는 공공복리에 적합하도록 하여야 한다는 원칙
사적자치(계약자유)의 원칙 → 계약공정의 원칙	우월한 측의 횡포를 억제하고 약자를 보호하기 위해 국가가 필요한 경우 일정 부분 관여할 수 있다는 원칙
과실책임의 원칙 → 무과실책임의 인정	피해자 보호를 위해 일정한 경우에는 가해자에게 과실이 없더라도 배상책임을 지게 하는 특별 규정을 두는 경우

② **노동의 특수성**

노동은 상품으로서의 성질을 가지나 근로자의 인격과 연관되어 있으므로 다른 상품과 다르므로 상품으로 취급되어서는 안 된다는 것

③ **집단자치의 존중**

노동법은 사용자와 근로자의 근로관계에 개입하지만 노사대등의 원칙에 따른 단체협약인 자율입법을 존중하고 노사관계를 규율함

2. 노동법의 경향과 법원

(1) 노동법의 경향

① 노동관습에 기인하는 경향

② 발전적이고 진보적인 경향

③ **통일적인 경향** : 국제노동기구를 통한 노동법의 국제적 통일

④ **협력적 경향** : 노사간의 갈등에서 노사협의에 의한 협력

(2) 국제노동기구(ILO)

① 성립

제29차 총회에서 국제노동기구 헌장과 부속서로 구성되어 있는 노동자의 노동조건 개선 및 지위 향상을 위해 설치된 국제연합의 전문기구

② 목적(필라델피아 선언)

㉠ 노동은 상품이 아니다.

㉡ 표현과 결사(結社)의 자유는 진보를 위해 불가결한 요건이다.

㉢ 일부의 빈곤은 사회 전체의 번영에 있어 위험하다.

㉣ 어려움을 해결하기 위해서는 정부·노동자·사용자 대표들이 계속적이고 협조적인 국제적 노력을 기울여야 한다.

③ 구성

상설기관으로는 총회, 이사회, 사무국이 있으며, 보조기관으로는 각 지역별 회의와 여러 노조위원회가 있음

④ 주요활동

각국의 노동입법 수준을 발전시켜 노동조건을 개선하고 사회정책과 행정·인력자원을 훈련시키며 기술을 지원 (ILO 회원국은 조약의 비준 여부에 관계없이 감시 대상에 해당)

⑤ 우리나라가 비준 및 공표하지 않은 ILO협약

강제노동의 금지

(3) 노동법의 규율방식

① 근로조건, 임금 등 최저조건을 법으로 강제하는 방식

② 근로자에게 법적 권리, 즉 단결권, 단체교섭권, 단체행동권 등을 법적으로 권리를 보장하는 방식

(4) 법원의 의의

① 법원의 의의는 법의 존재형식

② 노동법의 법원에는 실정노동법, 노동관습법, 자치규범 등으로 구성되며 자치규범은 법원의 개념을 주관적 재판규범으로 파악할 때에만 법원성이 인정됨

(5) 법원의 종류

① 실정노동법

㉠ 국내법

헌법, 법률, 시행령 등이 있으며 노동법의 법원으로 가장 중요함

㉡ 국제법

헌법에 의하여 체결·공포된 조약과 일반적으로 승인된 국제법규는 국내법과 같은 효력을 가진다고 하여 ILO 협약 등은 국내법과 동일한 효력 가짐

② 노동관습법
ⓙ 노동관습법은 관습의 형식으로 존재하는 종속노동관계에 관한 법규를 말함
ⓛ 유동적인 성격이 강한 노동법의 경우 사회 전반적인 법적 확신에 이르지 않을
지라도 어느 노동현장에서 그 구성원에게 구속력을 가지는 준칙(노사관행)이
적지 않으므로 구태여 법원이 아니라고 부정할 필요가 없음

③ 자치규범
ⓙ 단체협약
노동조합과 사용자 또는 그 단체 사이의 협정으로 체결되는 자치적 노동법규로
노사당사자를 구속하는 재판규범으로서의 법원성이 인정됨
ⓛ 취업규칙
사업 또는 사업장에서 근로자가 준수하여야 할 규율과 근로조건에 관한 세칙을
정한 규칙을 말하는 것으로 대체로 법규범성을 인정함
ⓒ 조합규약
노동조합의 조직 · 운영에 관한 기본 사항을 정한 것으로, 단체자치를 구현하는
것은 조합규약이며, 단체자치의 실질은 규약자치. 조합원을 구속하는 한도 내
에서 법원성을 가짐
ⓓ 근로계약
근로자가 사용자에게 근로를 제공하고 사용자는 이에 대하여 임금을 지급함을
목적으로 체결된 계약근로기준법(제2조), 통설은 법원성을 부정함

(6) 법원의 적용순서

① 일반원칙
ⓙ 상위법 우선의 원칙
ⓛ 특별법 우선의 원칙
ⓒ 신법 우선의 원칙 : 적용범위가 같은 두 개의 단체협약이 존재하는 경우 나중에
성립된 단체협약이 우선함

👓 한눈에 쏙~

상위법 우선의 원칙

헌법 > 법률 > 명령 > 단체협약 > 근로계약

특별법 우선의 원칙

선원법 > 근로기준법

② 판례의 적용여부

관련 판례 단체협약의 합리성 결여 여부

협약자치의 원칙상 노동조합은 사용자와 근로조건을 유리하게 변경하는 내용의 단체협약뿐
만 아니라 근로조건을 불리하게 변경하는 내용의 단체협약을 체결할 수 있으므로, 근로조건을
불리하게 변경하는 내용의 단체협약이 현저히 합리성을 결여하여 노동조합의 목적을 벗어난 것

관습과 관습법
• 관습 : 사회생활에서 같은 형태의
행위가 반복되어 일정한 범위의 사
람에 대하여 어느 정도의 구속력을
가지는 규범
• 관습법 : 관습이 법률적인 상식, 이른
바 법적 확신에 의하여 지지되기
에 이른 것을 일반적으로 관습법이
라 부름

SEMI-NOTE

으로 볼 수 있는 경우와 같은 특별한 사정이 없는 한 그러한 노사 간의 합의를 무효라고 볼 수는 없고, 노동조합으로서는 그러한 합의를 위하여 사전에 근로자들로부터 개별적인 동의나 수권을 받을 필요가 없으며, 단체협약이 현저히 합리성을 결하였는지 여부는 단체협약의 내용과 그 체결경위, 당시 사용자측의 경영상태 등 여러 사정에 비추어 판단해야 할 것인바, 위와 같은 법리는 근로조건의 유지·개선 기타 근로자의 경제적·사회적 지위의 향상을 도모한다는 노동조합의 목적에 비추어 근로조건을 불리하게 변경하는 내용의 단체협약이 무효인지 여부를 판단하는 데 적용될 것이지 그에 해당하지 아니함이 명백한 합의에는 적용될 수 없다(대판 2007다18584).

관련 판례 취업규칙상의 면직기준에 관한 규정적용

협약자치의 원칙상 노동조합은 사용자와 사이에 근로조건을 유리하게 변경하는 내용의 단체협약뿐만 아니라 근로조건을 불리하게 변경하는 내용의 단체협약도 체결할 수 있으므로, 근로조건을 불리하게 변경하는 내용의 단체협약이 현저히 합리성을 결하여 노동조합의 목적을 벗어난 것으로 볼 수 있는 것과 같은 특별한 사정이 없는 한 그러한 노사간의 합의를 무효라고 볼 수는 없고, 단체협약의 개정에도 불구하고 종전의 단체협약과 동일한 내용의 취업규칙이 그대로 적용된다면 단체협약의 개정은 그 목적을 달성할 수 없으므로 개정된 단체협약에는 당연히 취업규칙상의 유리한 조건의 적용을 배제하고 개정된 단체협약이 우선적으로 적용된다는 내용의 합의가 포함된 것이라고 봄이 당사자의 의사에 합치한다고 할 것이고, 따라서 개정된 후의 단체협약에 의하여 취업규칙상의 면직기준에 관한 규정의 적용은 배제된다고 보아야 한다(대판 2002두9063).

02절 총칙

1. 노동기본권

(1) 노동기본권의 의의

근로자의 생존권 확보를 위하여 헌법이 보장하고 있는 근로권(헌법 제32조 제1항) 및 단결권·단체교섭권(헌법 제33조 제1항)을 포함하는 일체의 권리를 말함

(2) 근로의 권리와 노동기본권

헌법상 근로의 권리는 국민이 근로의 권리를 갖는다고 하는 취지의 선언적 규정에 불과한 것이며, 법률적으로는 정치적 강령을 표시한 것에 불과한 것이지만, 다른 3권은 노동조합 및 노동관계조정법·근로기준법 등의 구체적 입법에 의하여 적극적으로 보장되어 있는 것이 특징

2. 근로의 권리

(1) 개념

① 의의

국가에 대하여 근로의 기회를 요구할 수 있는 권리를 말하며, 헌법 제32조 제1항에서 모든 국민은 근로의 권리를 가진다고 규정하고 있음

② 자유권적 권리

외부의 간섭 없이 근로관계를 자유롭게 형성하고 근로관계를 유지할 권리를 말함

③ 생존권적 권리

국가에 대하여 근로의 기회를 제공하여 줄 것을 요구할 수 있는 권리로 국가가 근로기회를 제공하지 못할 경우 생계비를 지급할 것을 청구할 수 있는 권리

법 령	헌법

제34조 ① 모든 국민은 인간다운 생활을 할 권리를 가진다.
② 국가는 사회보장 · 사회복지의 증진에 노력할 의무를 진다.
③ 국가는 여자의 복지와 권익의 향상을 위하여 노력하여야 한다.
④ 국가는 노인과 청소년의 복지향상을 위한 정책을 실시할 의무를 진다.
⑤ 신체장애자 및 질병 · 노령 기타의 사유로 생활능력이 없는 국민은 법률이 정하는 바에 의하여 국가의 보호를 받는다.
⑥ 국가는 재해를 예방하고 그 위험으로부터 국민을 보호하기 위하여 노력하여야 한다.

(2) 법적 성질

① 자유권설

개인이 근로의 기회를 얻음에 있어 국가 또는 타인이 이를 침해하지 못하며 개인이 근로의 종류, 내용, 장소 등을 선택할 수 있는 권리

② 생존권설(사회권설)

국가의 책임하에 근로기회의 보장을 요구할 수 있는 권리. 헌법재판소는 근로의 권리는 사회적 기본권으로 국가에 대하여 직접 일자리를 청구하거나 일자리에 갈음하는 생계비의 지급청구권을 의미하는 것이 아니라 고용증진을 위한 사회적 · 경제적 정책을 요구할 수 있는 권리에 그친다고 판시함

(3) 권리의 주체

① 모든 국민

헌법 제32조에서 모든 국민은 근로의 권리를 가진다고 규정

② 외국인과 법인

근로의 권리는 국민의 권리이고 자연인의 권리이므로 원칙적으로 외국인과 법인은 주체가 될 수 없음

SEMI-NOTE

자유권적 기본권

- 개인의 자유로운 생활에 대하여 국가 권력의 간섭 또는 침해를 받지 않을 권리로, 기본권 중에서 가장 핵심적이고 본질적인 권리임
- 국가 권력으로부터 부당한 침해를 받지 않는다는 점에서 소극적 성격을 띠고 있지만, 헌법에 규정되지 않은 이유로 경시될 수 없는 포괄적인 권리
- 신체의 자유, 직업 선택의 자유, 주거의 자유, 사생활의 비밀, 자유의 불가침, 통신의 자유, 양심의 자유, 종교의 자유, 언론 · 출판 · 집회 · 결사의 자유, 학문과 예술의 자유, 재산권 보장 등

사회권

- 인간다운 생활을 하기 위하여 국가에 대하여 일정한 보호나 생활 수단의 제공을 요구할 수 있는 권리로, 생존권적 기본권
- 인간다운 생활을 국가에 요구할 수 있다는 점에서 적극적 성격을 띠고 있지만, 헌법에 규정된 권리만을 인정한다는 점에서 개별적 권리
- 인간다운 생활을 할 권리, 교육을 받을 권리, 근로의 권리, 근로자의 단결 · 단체교섭 · 단체행동권, 환경권, 혼인 · 가족생활 · 보건에 대한 권리 등이 있음

관련 판례 외국인의 근로의 권리

근로의 권리 역시 자본주의 경제질서하에서 근로자가 기본적 생활수단을 확보하고 인간의 존엄성을 보장받기 위하여 최소한의 근로조건을 요구할 수 있는 권리는 자유권적 기본권의 성격도 아울러 가지므로 이러한 경우 외국인 근로자에게도 그 기본권 주체성을 인정함이 타당하다고 판시하였다(헌재 2004헌마670).

(4) 권리의 내용

① 헌법 조문(제32조)

㉠ 모든 국민은 근로의 권리를 가진다. 국가는 사회적·경제적 방법으로 근로자의 고용의 증진과 적정임금의 보장에 노력하여야 하며, 법률이 정하는 바에 의하여 최저임금제를 시행하여야 한다.

㉡ 모든 국민은 근로의 의무를 진다. 국가는 근로의 의무의 내용과 조건을 민주주의원칙에 따라 법률로 정한다.

㉢ 근로조건의 기준은 인간의 존엄성을 보장하도록 법률로 정한다.

㉣ 여자의 근로는 특별한 보호를 받으며, 고용·임금 및 근로조건에 있어서 부당한 차별을 받지 아니한다.

㉤ 연소자의 근로는 특별한 보호를 받는다.

㉥ 국가유공자·상이군경 및 전몰군경의 유가족은 법률이 정하는 바에 의하여 우선적으로 근로의 기회를 부여받는다.

② 구체적 내용

㉠ 국가의 고용증진 의무

㉡ 적정 및 최저임금의 보장

㉢ 근로조건의 법정주의

㉣ 여성과 연소근로자 보호

㉤ 차별대우의 금지

㉥ 국가유공자 등의 우선적 근로기회 보장

3. 노동 3권

(1) 노동3권의 의의 및 상호관계

① 의의

헌법 제33조 제1항에서 근로자는 근로조건의 향상을 위하여 자주적인 단결권·단체교섭권 및 단체행동권을 가진다고 하여 경제적 약자인 근로자로 하여금 단결을 통하여 사용자와 집단적으로 교섭하고, 단체행동이라는 실력행사를 통하여 사용자와 대등성을 확보하여 노사 자치주의의 실현을 도모하기 위함

② 상호관계

노동3권은 다 같이 존중, 보호되어야 하고 그 사이에 비중의 차등을 둘 수 없는 권리들임에는 틀림없지만 근로조건의 향상을 위한다는 생존권의 존재목적에 비추어볼 때 위 노동3권 가운데에서도 단체교섭권이 가장 중핵적 권리이다(대판 90도357).

법 령 | 헌법

제33조 ① 근로자는 근로조건의 향상을 위하여 자주적인 단결권 · 단체교섭권 및 단체행동권을 가진다.
② 공무원인 근로자는 법률이 정하는 자에 한하여 단결권 · 단체교섭권 및 단체행동권을 가진다.
③ 법률이 정하는 주요방위산업체에 종사하는 근로자의 단체행동권은 법률이 정하는 바에 의하여 이를 제한하거나 인정하지 아니할 수 있다.

(2) 노동3권의 내용

① 단결권
  ㉠ 개념
    근로조건의 향상을 도모하기 위하여 근로자와 그 단체에게 부여된 단결의 조직 및 활동을 위시하여 단결체에 가입 및 단결체의 존립 보호를 위한 헌법상의 권리
  ㉡ 단결권의 내용
    개별적 단결권과 집단적 단결권, 적극적 단결권과 소극적 단결권
② 단체교섭권
  ㉠ 개념
    경제적 약자인 근로자가 노동조합을 통하여 경제적 강자인 사용자와 근로조건의 유지 · 개선에 관하여 교섭하는 권리
  ㉡ 단체교섭권의 주체
    노동조합법상의 노조만 아니라 실질적 요건을 갖추고 있는 근로자단체도 단체교섭권을 인정함
③ 단체행동권
  ㉠ 개념
    근로자가 근로조건의 유지 · 개선을 위하여 사용자에 대항하여 단체적인 행동을 할 수 있는 권리를 말함
  ㉡ 단체행동권의 주체
    노동조합법상의 노조만 아니라 실질적 요건을 갖추고 있는 근로자단체도 단체행동권을 인정함
  ㉢ 단체행동권의 효과
    정당한 단체행동의 민 · 형사상 책임이 면제되고, 단체행동을 이유로 해고나 기타 불이익 처분은 부당노동행위가 됨

SEMI-NOTE

01장
근로기준법 · 최저임금법

관련 판례
모든 청원경찰의 노동3권을 전면적으로 제한하는 것은 과잉금지원칙을 위반하여 청구인들의 근로3권을 침해하는 것이다(헌재 2015헌마653).

(3) 노동3권의 제한

① 노동3권의 제한 근거

㉠ 국가안전보장 · 질서유지 또는 공공복리

국민의 모든 자유와 권리는 국가안전보장 · 질서유지 또는 공공복리를 위하여 필요한 경우에 한하여 법률로써 제한할 수 있으며, 제한하는 경우에도 자유와 권리의 본질적인 내용을 침해할 수 없다(헌법 제37조 제2항).

㉡ 근로조건 향상

근로자는 근로조건의 향상을 위하여 자주적인 단결권 · 단체교섭권 및 단체행동권을 가진다(헌법 제33조 제1항).

② 근로의 성질에 의한 제한

㉠ 공무원의 노동3권 제한

공무원인 근로자는 법률이 정하는 자에 한하여 단결권 · 단체교섭권 및 단체행동권을 가진다(헌법 제33조 제2항).

㉡ 교원의 노동3권 제한

- 교원의 노동조합은 어떠한 정치활동도 하여서는 아니 된다(교원노조법 제3조).
- 노동조합과 그 조합원은 파업, 태업 또는 그 밖에 업무의 정상적인 운영을 방해하는 어떠한 쟁의행위도 하여서는 아니 된다(교원노조법 제8조).

③ 사업의 성질에 의한 제한

법률이 정하는 주요방위산업체에 종사하는 근로자의 단체행동권은 법률이 정하는 바에 의하여 이를 제한하거나 인정하지 아니할 수 있다(헌법 제33조 제3항).

관련 판례 노동3권

노동3권은 국가공권력에 대하여 근로자의 단결권의 방어를 일차적인 목표로 하지만, 노동3권의 보다 큰 헌법적 의미는 근로자단체라는 사회적 반대세력의 창출을 가능하게 함으로써 노사관계의 형성에 있어서 사회적 균형을 이루어 근로조건에 관한 노사간의 실질적인 자치를 보장하려는 데 있다. 근로자는 노동조합과 같은 근로자단체의 결성을 통하여 집단으로 사용자에 대항함으로써 사용자와 대등한 세력을 이루어 근로조건의 형성에 영향을 미칠 수 있는 기회를 가지게 되므로 이러한 의미에서 노동3권은 '사회적 보호기능을 담당하는 자유권' 또는 '사회권적 성격을 띤 자유권'이라고 말할 수 있다.

이러한 노동3권의 성격은 국가가 단지 근로자의 단결권을 존중하고 부당한 침해를 하지 아니함으로써 보장되는 자유권적 측면인 국가로부터의 자유 뿐이 아니라, 근로자의 권리행사의 실질적 조건을 형성하고 유지해야 할 국가의 적극적인 활동을 필요로 한다. 이는 곧, 입법자가 근로자단체의 조직, 단체교섭, 단체협약, 노동쟁의 등에 관한 노동조합관련법의 제정을 통하여 노사간의 세력균형이 이루어지고 근로자의 노동3권이 실질적으로 기능할 수 있도록 하기 위하여 필요한 법적 제도와 법규범을 마련하여야 할 의무가 있다는 것을 의미한다(헌재 94헌바3 등).

4. 근로기준법과 개별적 근로관계법

(1) 근로기준법

① 의의

근로기준법은 '헌법에 따라 근로조건의 기준을 정함으로써 근로자의 기본적 생활을 보장, 향상시키며 균형 있는 국민경제의 발전을 꾀하는 것을 목적으로 한다 (법 제1조).' 따라서 근로관계의 성립, 내용, 변경, 종료 등 근로관계 전반에 관한 내용을 규정하고 있는 일반법이고, 개별 근로자에게 적용되는 노동보호법임

> **관련 판례** 근로기준법의 적용
>
> 사립학교법에 의하여 설립된 학교법인 또는 사립학교에 근무하는 사무직원의 임면, 보수, 복무 및 신분보장에 관하여는 사립학교법에서 학교법인의 정관으로 정하도록 하였을 뿐이고 그 내용을 규정한 바가 없으며 그 근무관계는 본질적으로 사법상의 고용계약관계라고 할 것이므로, 위 학교법인 또는 사립학교 사무직원의 보수, 복무 등 근로조건에 관한 사항 중 사립학교 교원연금법에서 정하고 있는 퇴직시의 급여 등을 제외한 사항은 근로기준법의 적용을 받는다 (대판 2006다48229).

② 법적 성질

근로기준법은 강행법이므로 근로자는 근로기준법상의 권리를 포기할 수 없음

(2) 개별적 근로관계법

근로기준법, 직업안정법, 선원법, 산업재해보상보험법, 산업안전보건법, 최저임금법 등이 있음

5. 근로기준법의 적용범위

(1) 기본원칙

👓🏷 한눈에 쏙~

법령의 구분

법	▶	근로기준법
영	▶	근로기준법 시행령
규칙	▶	근로기준법 시행규칙

법령 근로기준법

제11조(적용 범위) ① 이 법은 상시 5명 이상의 근로자를 사용하는 모든 사업 또는 사업장에 적용한다. 다만, 동거하는 친족만을 사용하는 사업 또는 사업장과 가사(家事) 사용인에 대하여는 적용하지 아니한다.
② 상시 4명 이하의 근로자를 사용하는 사업 또는 사업장에 대하여는 대통령령으로 정하는 바에 따라 이 법의 일부 규정을 적용할 수 있다.
③ 이 법을 적용하는 경우에 상시 사용하는 근로자 수를 산정하는 방법은 대통령령으로 정한다.

법령 근로기준법 시행령

제7조의2(상시 사용하는 근로자 수의 산정 방법) ① 법 제11조 제3항에 따른 "상시 사용하는 근로자 수"는 해당 사업 또는 사업장에서 법 적용 사유(휴업수당 지급, 근로시간 적용 등 법 또는 이 영의 적용 여부를 판단하여야 하는 사유를 말한다. 이하 이 조에서 같다) 발생일 전 1개월(사업이 성립한 날부터 1개월 미만인 경우에는 그 사업이 성립한 날 이후의 기간을 말한다. 이하 "산정기간"이라 한다) 동안 사용한 근로자의 연인원을 같은 기간 중의 가동 일수로 나누어 산정한다.
② 제1항에도 불구하고 다음 각 호의 구분에 따라 그 사업 또는 사업장에 대하여 5명(법 제93조의 적용 여부를 판단하는 경우에는 10명을 말한다. 이하 이 조에서 "법 적용 기준"이라 한다) 이상의 근로자를 사용하는 사업 또는 사업장(이하 이 조에서 "법 적용 사업 또는 사업장"이라 한다)으로 보거나 법 적용 사업 또는 사업장으로 보지 않는다.
  1. 법 적용 사업 또는 사업장으로 보는 경우 : 제1항에 따라 해당 사업 또는 사업장의 근로자 수를 산정한 결과 법 적용 사업 또는 사업장에 해당하지 않는 경우에도 산정기간에 속하는 일(日)별로 근로자 수를 파악하였을 때 법 적용 기준에 미달한 일수(日數)가 2분의 1 미만인 경우
  2. 법 적용 사업 또는 사업장으로 보지 않는 경우 : 제1항에 따라 해당 사업 또는 사업장의 근로자 수를 산정한 결과 법 적용 사업 또는 사업장에 해당하는 경우에도 산정기간에 속하는 일별로 근로자 수를 파악하였을 때 법 적용 기준에 미달한 일수가 2분의 1 이상인 경우
③ 법 제60조부터 제62조까지의 규정(제60조 제2항에 따른 연차유급휴가에 관한 부분은 제외한다)의 적용 여부를 판단하는 경우에 해당 사업 또는 사업장에 대하여 제1항 및 제2항에 따라 월 단위로 근로자 수를 산정한 결과 법 적용 사유 발생일 전 1년 동안 계속하여 5명 이상의 근로자를 사용하는 사업 또는 사업장은 법 적용 사업 또는 사업장으로 본다.
④ 제1항의 연인원에는 파견근로자보호 등에 관한 법률 제2조 제5호에 따른 파견근로자를 제외한 다음 각 호의 근로자 모두를 포함한다.
  1. 해당 사업 또는 사업장에서 사용하는 통상 근로자, 기간제 및 단시간근로자 보호 등에 관한 법률 제2조 제1호에 따른 기간제근로자, 단시간근로자 등 고용형태를 불문하고 하나의 사업 또는 사업장에서 근로하는 모든 근로자
  2. 해당 사업 또는 사업장에 동거하는 친족과 함께 제1호에 해당하는 근로자가 1명이라도 있으면 동거하는 친족인 근로자

① 상시 5인 이상의 근로자 사용

⊙ 이 법은 상시 5명 이상의 근로자를 사용하는 모든 사업 또는 사업장에 적용한다(법 제11조 제1항).

관련 판례 상시 5명 이상의 근로자 중 일용근로자1

근로기준법의 적용 범위를 정한 '상시 5인 이상의 근로자를 사용하는 사업 또는 사업장'이라 함은 '상시 근무하는 근로자의 수가 5인 이상인 사업 또는 사업장'이 아니라 '사용하는 근로자의 수가 상시 5인 이상인 사업 또는 사업장'을 뜻하는 것이고, 이 경우 상시라 함은 상태라고 하는 의미로서 근로자의 수가 때때로 5인 미만이 되는 경우가 있어도 사회통념에 의하여 객관적으로 판단하여 상태적으로 5인 이상이 되는 경우에는 이에 해당하며, 여기의 근로자에는 당해 사업장에 계속 근무하는 근로자뿐만 아니라 그때 그때의 필요에 의하여 사용하는 일용근로자를 포함한다(대판 99도1243).

관련 판례 상시 5명 이상의 근로자 중 일용근로자2

근로자퇴직급여 보장법에 따른 퇴직금 지급의무 유무를 판단하기 위한 상시 근로자의 수는 해당 근로자의 전체 근무기간을 기준으로 산정하여야 하고, 여기에서 상시라 함은 상태(常態)라고 하는 의미로서 근로자의 수가 때때로 5인 미만이 되는 경우가 있어도 사회통념에 의하여 객관적으로 판단하여 상태적으로 5인 이상이 되는 경우에는 이에 해당하며, 여기의 근로자에는 당해 사업장에 계속 근무하는 근로자뿐만 아니라 그때그때의 필요에 의하여 사용하는 일용근로자를 포함한다고 해석하여야 한다(대판 2012도5875).

⊙ 연 인원에는 해당 사업 또는 사업장에서 사용하는 통상 근로자, 기간제근로자, 단시간근로자 등 고용형태를 불문하고 하나의 사업 또는 사업장에서 근로하는 모든 근로자, 해당 사업 또는 사업장에 동거하는 친족과 함께 근로자가 1명이라도 있으면 동거하는 친족인 근로자는 포함된다. 다만 파견근로자는 제외한다(영 제7조의2 제4항).

② 사업 또는 사업장

사업은 물적 시설과 노동력을 유기적으로 결합하여 일정한 목적을 추구하는 조직체로 영리의 추구 여부나 계속성, 사업의 종류 등은 불문하며, 사업장은 사업의 목적을 달성하기 위한 장소적 시설로 일시적이거나 일회적인 것도 적용됨

③ 하나의 사업장 기준

여러 개의 사업장이 동일한 장소에 있는 경우 하나의 사업장으로 보고, 다른 장소에 있는 경우 별개의 사업장으로 봄

관련 판례

'상시 사용 근로자수 5인'이라는 기준을 분수령으로 하여 근로기준법의 전면적용 여부를 달리한 것은, 근로기준법의 확대적용을 위한 지속적인 노력을 기울이는 과정에서, 한편으로 영세사업장의 열악한 현실을 고려하고, 다른 한편으로 국가의 근로감독능력의 한계를 아울러 고려하면서 근로기준법의 법규범성을 실질적으로 관철하기 위한 입법정책적 결정으로서 거기에는 나름대로의 합리적 이유가 있다고 할 것이므로 평등원칙에 위배된다고 할 수 없다(헌재 98마310).

관련 판례

갱생보호회와 같은 비영리적 공익목적을 추구하는 공법인의 사업 또는 사업장도 구 근로기준법 제10조 소정의 사업 또는 사업장으로 보아야 할 것이다(대판 78다591).

(2) 예외

① 동거하는 친족만을 사용하는 사업장
  ㉠ 동거는 세대를 같이하는 생활을 공동으로 하는 것
  ㉡ 친족은 8촌 이내의 혈족, 4촌 이내의 인척 및 배우자를 말함

② 가사사용인

가사사용인은 국가의 감독이 미치기 어렵고, 사생활의 자유를 침해할 우려가 있기 때문에 제외함. 가사사용인은 파출부, 가정부, 운전기사, 주택관리인 등 가정의 사생활에 관한 업무를 담당하는 사람을 말함

③ 상시 4명 이하의 근로자를 사용하는 사업 또는 사업장 ⭐빈출개념

구분	적용 법규정
제1장 총칙	제1조부터 제13조까지의 규정
제2장 근로계약	제15조, 제17조, 제18조, 제19조 제1항, 제20조부터 제22조까지의 규정, 제23조 제2항, 제26조, 제35조부터 제42조까지의 규정
제3장 임금	제43조부터 제45조까지의 규정, 제47조부터 제49조까지의 규정
제4장 근로시간과 휴식	제54조, 제55조 제1항, 제63조
제5장 여성과 소년	제64조, 제65조 제1항·제3항(임산부와 18세 미만인 자로 한정한다), 제66조부터 제69조까지의 규정, 제70조 제2항·제3항, 제71조, 제72조, 제74조
제6장 안전과 보건	제76조
제8장 재해보상	제78조부터 제92조까지의 규정
제11장 근로감독관 등	제101조부터 제106조까지의 규정
제12장 벌칙	제107조부터 제116조까지의 규정(제1장부터 제6장까지, 제8장, 제11장의 규정 중 상시 4명 이하 근로자를 사용하는 사업 또는 사업장에 적용되는 규정을 위반한 경우로 한정한다)

④ 부분적 적용 제외 ⭐빈출개념
  ㉠ 1주간 근로시간이 현저히 짧은 단시간 근로자(4주 평균 1주 근로시간 15시간 미만) : 주휴일, 연차유급휴가, 사용기간, 퇴직급여제도 적용 제외
  ㉡ 특별법상의 제외
    • 국가공무원법의 적용을 받는 공무원
    • 선원
    • 사립학교 교원
    • 청원경찰

(3) 장소적 적용범위

① 속지주의 원칙

근로기준법과 근로기준법에 따른 대통령령은 국가, 특별시·광역시·도, 시·군·구, 읍·면·동, 그 밖에 이에 준하는 것에 대하여도 적용됨

② 국내사업 및 국외사업 적용 여부

㉠ 국내사업

국내의 외국기업에 고용된 한국인 근로자와 주한 미군부대에 근무하는 한국인은 적용되나, 외국정부나 외교특권을 가지는 기관에 근무하는 근로자는 적용되지 않음

㉡ 국외사업

속지주의에 의하여 원칙적으로 인정되지 않으며, 다만 국내에 본사가 있고 사업의 동질성이 인정되는 경우에는 적용됨

6. 근로자와 사용자

(1) 근로자

① 의의

직업의 종류와 관계없이 임금을 목적으로 사업이나 사업장에 근로를 제공하는 사람을 말한다(법 제2조 제1항 제1호).

관련 판례 근로자로서의 지위 인정1

근로기준법상 근로자에 해당하는지는 계약의 형식이 고용계약인지 도급계약인지보다 그 실질에 있어 근로자가 사업 또는 사업장에 임금을 목적으로 종속적인 관계에서 사용자에게 근로를 제공하였는지에 따라 판단하여야 하고, 위에서 말하는 종속적인 관계가 있는지는 업무 내용을 사용자가 정하고 취업규칙 또는 복무(인사)규정 등의 적용을 받으며 업무수행과정에서 사용자가 상당한 지휘·감독을 하는지, 사용자가 근무시간과 근무장소를 지정하고 근로자가 이에 구속을 받는지, 노무제공자가 스스로 비품·원자재나 작업도구 등을 소유하거나 제3자를 고용하여 업무를 대행케 하는 등 독립하여 자신의 계산으로 사업을 영위할 수 있는지, 노무제공을 통한 이윤의 창출과 손실의 초래 등 위험을 스스로 안고 있는지와 보수의 성격이 근로 자체의 대상적 성격인지, 기본급이나 고정급이 정하여졌는지 및 근로소득세의 원천징수 여부 등 보수에 관한 사항, 근로제공관계의 계속성과 사용자에 대한 전속성의 유무와 정도, 사회보장제도에 관한 법령에서 근로자로서 지위를 인정받는지 등의 경제적·사회적 여러 조건을 종합하여 판단하여야 한다(대판 2020다207864).

② 근로자의 범위

㉠ **직업의 종류와 관계없이** : 정신노동과 육체노동을 불문하고 사용, 일용, 임시, 직급, 직종 등을 불문함

㉡ **임금을 목적으로** : 자신의 노무를 제공하고 그 대가로 임금을 받을 것을 목적으로 하며 휴직 및 정직 중인 자, 파업참가근로자 등도 포함

관련 판례 근로자로서의 지위 인정2

근로기준법상 근로자에 해당하는지는 계약의 형식이 고용계약인지 위임계약인지보다 근로제 공관계의 실질이 근로제공자가 사업장에서 임금을 목적으로 종속적인 관계에서 사용자에게 근로를 제공하였는지에 따라 판단하여야 한다. 여기에서 종속적인 관계가 있는지는 업무 내용 을 사용자가 정하고 취업규칙 또는 복무규정 등의 적용을 받으며 업무수행 과정에서 사용자 가 상당한 지휘 · 감독을 하는지, 사용자가 근무시간과 근무장소를 지정하고 근로제공자가 이 에 구속을 받는지, 근로제공자가 스스로 비품 · 원자재나 작업도구 등을 소유하거나 제3자를 고용하여 업무를 대행하게 하는 등 독립하여 자신의 계산으로 사업을 영위할 수 있는지, 근로 제공을 통한 이윤의 창출과 손실의 초래 등 위험을 스스로 안고 있는지, 보수의 성격이 근로 자체의 대상적 성격인지, 기본급이나 고정급이 정하여졌고 근로소득세를 원천징수하였는지, 그리고 근로제공관계의 계속성과 사용자에 대한 전속성의 유무와 정도, 사회보장제도에 관한 법령에서 근로자로서 지위를 인정받는지 등의 경제적 · 사회적 여러 조건을 종합하여 판단하 여야 한다. 다만 기본급이나 고정급이 정하여졌는지, 근로소득세를 원천징수하였는지, 사회보 장제도에 관하여 근로자로 인정받는지 등의 사정은 사용자가 경제적으로 우월한 지위를 이용 하여 임의로 정할 여지가 크다는 점에서, 그러한 점들이 인정되지 않는다는 것만으로 근로자 성을 쉽게 부정해서는 안 된다(대판 2018다229120).

관련 판례 시간강사의 근로자성 인정

시간강사의 경우, 다른 교원들과 같이 정해진 기본급이나 고정급 또는 제반 수당 등을 지급받 지 아니하고, 근로제공관계가 단속적인 경우가 많으며, 특정 사용자에게 전속되어 있지도 않는 등의 특징을 가지고 있더라도 이는 시간강사뿐만 아니라 시간제 근로자에게 일반적으로 나타 나는 현상으로, 이러한 사정을 들어 근로자성을 부정할 수 없다는 것이다(대판 2015두46321).

ⓒ **사업이나 사업장에 근로를 제공하는 사람** : 사업이나 사업장에서 근로를 제 공하여야 한다. 사용자에게 현실적으로 고용되어 있는 근로자만 해당하여 실업 자와 해고자는 해당하지 않음

관련 판례 근로자로서의 지위 인정3

근로기준법상의 근로자에 해당하는지 여부는 계약의 형식이 고용계약인지 도급계약인지보다 그 실질에 있어 근로자가 사업 또는 사업장에 임금을 목적으로 종속적인 관계에서 사용자에 게 근로를 제공하였는지 여부에 따라 판단하여야 하고, 여기에서 종속적인 관계가 있는지 여 부는 업무 내용을 사용자가 정하고 취업규칙 또는 복무(인사)규정 등의 적용을 받으며 업무 수 행 과정에서 사용자가 상당한 지휘 · 감독을 하는지, 사용자가 근무시간과 근무장소를 지정하 고 근로자가 이에 구속을 받는지, 노무제공자가 스스로 비품 · 원자재나 작업도구 등을 소유하 거나 제3자를 고용하여 업무를 대행케 하는 등 독립하여 자신의 계산으로 사업을 영위할 수 있는지, 노무 제공을 통한 이윤의 창출과 손실의 초래 등 위험을 스스로 안고 있는지, 보수의 성격이 근로 자체의 대상적 성격인지, 기본급이나 고정급이 정하여졌는지 및 근로소득세의 원 천징수 여부 등 보수에 관한 사항, 근로 제공 관계의 계속성과 사용자에 대한 전속성의 유무 와 그 정도, 사회보장제도에 관한 법령에서 근로자로서 지위를 인정받는지 등의 경제적 · 사회 적 여러 조건을 종합하여 판단하여야 한다. 다만, 기본급이나 고정급이 정하여졌는지, 근로소 득세를 원천징수하였는지, 사회보장제도에 관하여 근로자로 인정받는지 등의 사정은 사용자 가 경제적으로 우월한 지위를 이용하여 임의로 정할 여지가 크기 때문에, 그러한 점들이 인정 되지 않는다는 것만으로 근로자성을 쉽게 부정하여서는 안 된다(대판 2004다29736).

관련 판례 근로자로서의 지위 인정4

근로기준법상 근로자란 타인과의 사용종속관계 하에서 노무에 종사하고 그 대가로 임금 등을 받아 생활하는 자를 말하고, 그 사용종속관계는 당해 노무공급계약의 형태가 고용, 도급, 위임, 무명계약 등 어느 형태이든 상관없이 사용자와 노무제공자 사이에 지휘·감독관계의 여부, 보수의 노무대가성 여부, 노무의 성질과 내용 등 그 노무의 실질관계에 의하여 결정되는 것이다(대판 2005다64385).

③ 근로자의 인정 여부
   ㉠ **근로자의 인정** : 수련의, 불법체류 외국인 근로자, 직장예비군중대장, 맹인 안마사, 신문광고 외근사원 등
   ㉡ **근로자를 부정한 경우** : 보험모집인, 지입차주, 드라마 외부제작요원, 해고의 효력을 다투는 자 등

(2) 사용자

① **개념**

사업주 또는 사업 경영 담당자, 그 밖에 근로자에 관한 사항에 대하여 <u>사업주를 위하여 행위하는 자</u>를 말한다(법 제2조 제1항 제2호).

② **사용자의 범위**
   ㉠ **사업주** : 경영의 주체로 근로계약의 당사자를 말함. 개인 기업의 경우 경영주, 법인인 경우 법인이나 단체가 사업주가 됨
   ㉡ 사업 경영 담당자
   ㉢ 근로자에 관한 사항에 대하여 사업주를 위하여 행위하는 자

관련 판례 사용자의 지위 인정1

'사용자'란 사업주 또는 사업경영담당자 기타 근로자에 관한 사항에 대하여 사업주를 위하여 행위하는 자를 말하고, 여기에서 '사업경영담당자'란 사업경영 일반에 관하여 책임을 지는 자로서 사업주로부터 사업경영의 전부 또는 일부에 대하여 포괄적인 위임을 받고 대외적으로 사업을 대표하거나 대리하는 자를 말하는바, 구 근로기준법이 같은 법 각 조항에 대한 준수의 무자로서의 사용자를 사업주에 한정하지 아니하고 사업경영담당자 등으로 확대한 이유가 노동현장에 있어서 근로기준법의 각 조항에 대한 실효성을 확보하기 위한 정책적 배려에 있는 만큼, 사업경영담당자는 원칙적으로 사업경영 일반에 관하여 권한을 가지고 책임을 부담하는 자로서 관계 법규에 의하여 제도적으로 근로기준법의 각 조항을 이행할 권한과 책임이 부여되었다면 이에 해당한다(대판 2007도1199).

관련 판례 사용자의 지위 인정2

사용자라 함은 사업주 또는 사업경영담당자 기타 근로자에 관한 사항에 대하여 사업주를 위하여 행위하는 자를 말하는 것으로 규정되어 있는바, 형식상으로는 대표이사직에서 사임하였으나 실질적으로는 사주로서 회사를 사실상 경영하여 온 자는 임금 지불에 관한 실질적 권한과 책임을 가지는 자로서 근로기준법 소정의 사용자에 해당한다(대판 2001도3889).

노동조합법상 근로자

직업의 종류를 불문하고 임금·급료 기타 이에 준하는 수입에 의하여 생활하는 자를 말한다(노동조합 및 노동관계조정법 제2조 제1호).

대등결정의 원칙

근로조건은 근로자와 사용자가 동등한 지위에서 자유의사에 따라 결정하여야 한다(법 제4조).

관련 판례 사용자의 지위 인정3

"사용자"라 함은 사업주 또는 사업경영담당자 기타 근로자에 대한 사항에 대하여 사업주를 위하여 행위하는 자를 말한다고 규정하고 있는데, 여기에서 사업경영담당자라 함은 사업경영 일반에 관하여 책임을 지는 자로서 사업주로부터 사업경영의 전부 또는 일부에 대하여 포괄적인 위임을 받고 대외적으로 사업을 대표하거나 대리하는 자를 말하고, '기타 근로자에 대한 사항에 대하여 사업주를 위하여 행위하는 자'라 함은 근로자의 인사, 급여, 후생, 노무관리 등 근로조건의 결정 또는 업무상의 명령이나 지휘감독을 하는 등의 사항에 대하여 사업주로부터 일정한 권한과 책임을 부여받은 자를 말한다(대판 2005도8364).

③ **근로자 및 사용자 개념의 상대성**
    부장, 과장 등 중간관리자의 경우 재해보상, 퇴직금, 해고 등에서는 근로자에 해당하고 근로기준법의 준수와 책임 등에 관해서는 사용자에 해당함
④ **사용자 개념의 확대**
    ㉠ 묵시적 근로계약관계
    ㉡ 법인격 부인의 법리

관련 판례 묵시적 근로계약관계1

원고용주에게 고용되어 제3자의 사업장에서 제3자의 업무에 종사하는 자를 제3자의 근로자라고 할 수 있으려면, 원고용주는 사업주로서의 독자성이 없거나 독립성을 결하여 제3자의 노무대행기관과 동일시 할 수 있는 등 그 존재가 형식적, 명목적인 것에 지나지 아니하고, 사실상 당해 피고용인은 제3자와 종속적인 관계에 있으며, 실질적으로 임금을 지급하는 자도 제3자이고, 또 근로제공의 상대방도 제3자이어서 당해 피고용인과 제3자 간에 묵시적 근로계약관계가 성립되어 있다고 평가될 수 있어야 한다(대판 2005다75088, 2008두4367).

관련 판례 묵시적 근로계약관계2

아파트 입주자 대표회의와 사이에 위수탁관리계약을 체결한 아파트 관리업자의 대리인인 관리소장이 관리사무소에서 근무하게 된 직원들과 근로계약을 체결하였다면 그 직원들은 아파트 관리업자의 피용인이라고 할 것이므로, 아파트 관리업자와 위수탁관리계약을 체결하였을 뿐인 아파트 입주자 대표회의가 직원들에 대하여 임금지급의무가 있는 사용자로 인정되기 위하여는 그 직원들이 관리사무소장을 상대방으로 하여 체결한 근로계약이 형식적이고 명목적인 것에 지나지 않고, 직원들이 사실상 입주자 대표회의와 종속적인 관계에서 그에게 근로를 제공하며, 입주자 대표회의는 그 대가로 임금을 지급하는 사정 등이 존재하여 관리사무소 직원들과 입주자 대표회의와 사이에 적어도 묵시적인 근로계약관계가 성립되어 있다고 평가되어야 한다(대판 99마628).

관련 판례 법인격 부인의 법리

모회사인 사업주가 업무도급의 형식으로 자회사의 근로자들을 사용하였으나, 실질적으로는 위장도급으로서 사업주와 근로자들 사이에 직접 근로계약관계가 존재한다고 판단한 사례(대판 2003두3420)

7. 근로기준법상 근로조건결정규범

(1) 근로조건결정규범의 의의

근로계약, 단체협약, 취업규칙, 노사관행, 관계법령 등 근로기준을 결정하는 규범을 말함

관련 판례 근로조건

근로조건이라 함은 사용자와 근로자 사이의 근로관계에서 임금 · 근로시간 · 후생 · 해고 기타 근로자의 대우에 관하여 정한 조건을 말한다(대판 91다19210).

관련 판례 근로계약

근로자가 정기상여금을 통상임금에서 제외하기로 하는 노사합의를 무효라고 주장하는 것에 대하여 '신의칙을 적용하기 위한 일반적인 요건'이 갖추어졌다고 볼 수 없다. 정기상여금을 통 상임금에서 제외하기로 하는 노사합의의 관행이 있다고 볼 근거가 없음은 물론이고, 만에 하 나 그런 관행이 있다고 한들 그것이 근로자에 의하여 유발되었거나 그 주된 원인이 근로자에 게 있다고 볼 근거는 어디에도 없다. 근로자가 이를 무효라고 주장하지 않을 것이라고 사용자 가 신뢰하였다는 전제 자체가 증명된 바 없지만, 그 '신뢰'가 존재한다고 하더라도 이를 정당 한 것이라고 말할 수 없다(대판 2012다89399).

---

(2) 근로조건결정규범 상호간의 관계

① 법령과 단체협약과의 관계

헌법과 강행법규에 위반한 경우는 무효이고, 단체협약 중 위법한 내용이 있는 경우 행정관청은 시정명령을 내릴 수 있음

② 법령과 근로계약과의 관계

근로기준법에서 정하는 기준에 미치지 못하는 근로조건을 정한 근로계약은 그 부분에 한정하여 무효로 한다(법 제15조).

③ 법령과 취업규칙과의 관계

취업규칙에서 정한 기준에 미달하는 근로조건을 정한 근로계약은 그 부분에 관 하여는 무효로 한다. 이 경우 무효로 된 부분은 취업규칙에 정한 기준에 따른다 (법 제97조).

④ 단체협약과 근로계약과의 관계

㉠ 단체협약에 정한 근로조건 기타 근로자의 대우에 관한 기준에 위반하는 취업 규칙 또는 근로계약의 부분은 무효로 한다(노동조합 및 노동관계조정법 제33 조 제1항).

㉡ 근로계약에 규정되지 아니한 사항 또는 무효로 된 부분은 단체협약에 정한 기준에 의한다(노동조합 및 노동관계조정법 제33조 제2항).

SEMI-NOTE

⑤ 단체협약과 취업규칙과의 관계
 ⊙ 취업규칙은 법령이나 해당 사업 또는 사업장에 대하여 적용되는 단체협약과 어긋나서는 아니 된다(법 제96조 제1항).
 ⓛ 고용노동부장관은 법령이나 단체협약에 어긋나는 취업규칙의 변경을 명할 수 있다(법 제96조 제2항).
⑥ 근로계약과 취업규칙과의 관계
 취업규칙에서 정한 기준에 미달하는 근로조건을 정한 근로계약은 그 부분에 관하여는 무효로 한다. 이 경우 무효로 된 부분은 취업규칙에 정한 기준에 따른다(법 제97조).

8. 근로기준법의 기본원리

(1) 근로조건 최저보장의 원칙

이 법에서 정하는 근로조건은 최저기준이므로 근로 관계 당사자는 이 기준을 이유로 근로조건을 낮출 수 없다(법 제3조).

(2) 근로조건 대등결정의 원칙

근로조건은 근로자와 사용자가 동등한 지위에서 자유의사에 따라 결정하여야 한다(법 제4조).

(3) 근로조건 준수의 원칙

근로자와 사용자는 각자가 단체협약, 취업규칙과 근로계약을 지키고 성실하게 이행할 의무가 있다(법 제5조).

(4) 균등한 처우의 원칙

① 의의
 사용자는 근로자에 대하여 남녀의 성(性)을 이유로 차별적 대우를 하지 못하고, 국적·신앙 또는 사회적 신분을 이유로 근로조건에 대한 차별적 처우를 하지 못한다(법 제6조).

법령 헌법

제11조 제1항 모든 국민은 법 앞에 평등하다. 누구든지 성별·종교 또는 사회적 신분에 의하여 정치적·경제적·사회적·문화적 생활의 모든 영역에 있어서 차별을 받지 아니한다.

법령 헌법

제32조 제4항 여자의 근로는 특별한 보호를 받으며, 고용·임금 및 근로조건에 있어서 부당한 차별을 받지 아니한다.

관련 판례

직종에 따른 정원과 신규채용의 자격, 호봉 산정 등에 관한 규정은 당해 사업장에서 근로자가 제공하는 근로의 성질·내용·근무형태·인력수급상황 등 제반 여건을 고려하여 합리적인 기준을 둔다면 같은 사업장 내에서도 직종과 직급 등에 따라 서로 차이가 있을 수 있는 것이고 이러한 기준에 따라 사용자가 정한 인사규정이 공무원이나 동종회사 근로자에 관한 것과 다르다거나 그보다 다소 불리하다고 하여 이를 법률상 무효라고 할 수 없으며, 국가유공자 등에 대한 채용의무에 따라 채용을 한 근로자라고 하여 그러한 규정의 적용이 배제된다고 할 수도 없다(대판 2000다39063).

관련 판례

소정의 '동일가치의 노동'이라 함은 당해 사업장 내의 서로 비교되는 남녀 간의 노동이 동일하거나 실질적으로 거의 같은 성질의 노동 또는 그 직무가 다소 다르더라도 객관적인 직무평가 등에 의하여 본질적으로 동일한 가치가 있다고 인정되는 노동에 해당하는 것을 말하고, 동일가치의 노동인지 여부는 소정의, 직무 수행에서 요구되는 기술, 노력, 책임 및 작업조건을 비롯하여 근로자의 학력·경력·근속연수 등의 기준을 종합적으로 고려하여 판단하여야 한다(대판 2002도3883).

② 차별금지의 사유

㉠ 남녀의 성별

- 의의 : 남녀의 성별은 특정 성과 연관된 특성을 말하고 차별적 처우는 여성이라는 이유로 다른 합리적인 이유없이 불리한 대우를 하는 것
- 모성특별보호 : 국가는 여자의 복지와 권익의 향상을 위하여 노력하여야 하고(헌법 제34조 제3항), 국가는 모성의 보호를 위하여 노력하여야 한다(헌법 제36조 제2항)는 규정은 여성의 신체적 · 생리적 특성을 감안한 것으로 차별대우에 해당하지 않음
- 정년차별 : 사업주는 근로자의 정년 · 퇴직 및 해고에서 남녀를 차별하여서는 아니 된다(남녀고용평등과 일 · 가정 양립 지원에 관한 법률 제11조 제1항).
- 혼인, 임신 및 출산퇴직 : 사업주는 여성 근로자의 혼인, 임신 또는 출산을 퇴직 사유로 예정하는 근로계약을 체결하여서는 아니 된다(남녀고용평등과 일 · 가정 양립 지원에 관한 법률 제11조 제2항).

㉡ 임금 : 사업주는 동일한 사업 내의 동일 가치 노동에 대하여는 동일한 임금을 지급하여야 한다(남녀고용평등과 일 · 가정 양립 지원에 관한 법률 제8조 제1항).

㉢ 국적 : 외국의 국적을 가진 자나 이중국적자, 무국적자인 근로자에 대하여 국적을 이유로 차별하는 것은 허용되지 않음

㉣ 신앙 : 신앙은 종교적 신앙뿐만 아니라 정치적 신조까지 포함하는 것으로 특정 신앙에 따라 차별하지 못하나 외부적 종교행위가 경영질서를 문란하게 하여 직장질서에 반할 경우 규제가 가능

관련 판례 근로자에 대한 징계

사용자가 근로자에 대하여 징계권을 행사할 수 있는 것은 사업활동을 원활하게 수행하는데 필요한 범위 내에서 규율과 질서를 유지하기 위한 데에 그 근거가 있으므로, 근로자의 사생활에서의 비행은 사업활동에 직접 관련이 있거나 기업의 사회적 평가를 훼손할 염려가 있는 것에 한하여 정당한 징계사유가 될 수 있다(대판 93누23275).

㉤ 사회적 신분 : 사회적 신분은 사람이 사회생활을 하면서 장기적으로 가지게 되는 계속적 지위로 선천적 지위뿐만 아니라 후천적 지위도 포함

㉥ 근로계약상 근로내용과 무관한 내용으로 인한 차별 : 근로계약상 근로내용과 무관한 내용으로 인하여 근로자에게 불합리한 차별을 하는 것은 부당한 차별

관련 판례 근로계약상 근로내용과 무관한 내용으로 인한 차별

갑이 국립대학인 을 대학과 시간강사를 전업과 비전업으로 구분하여 시간당 강의료를 차등지급하는 내용의 근로계약을 체결하고 자신이 전업강사에 해당한다고 고지함에 따라 전업 시간강사 단가를 기준으로 3월분 강의료를 지급받았는데, 국민연금공단으로부터 '갑이 부동산임대사업자로서 별도의 수입이 있는 사람에 해당한다'는 사실을 통보받은 을 대학 총장이 이미

지급한 3월분 강사료 중 비전업 시간강사료와의 차액 반환을 통보하고, 4월분과 5월분의 비전업 시간강사료를 지급한 사안에서, 을 대학 총장이 시간강사를 전업과 비전업으로 구분하여 시간당 강의료를 차등지급하는 것이 부당한 차별적 대우에 해당하지 않는다고 본 원심판단에 법리를 오해한 잘못이 있다고 한 사례(대판 2015두46321).

강제근로의 금지

제7조(강제근로의 금지), 제8조(폭행의 금지), 제9조(중간착취의 배제), 제23조 제2항(해고의 제한) 또는 제40조(취업방해의 금지)를 위반한 자는 5년 이하의 징역 또는 5천만원 이하의 벌금에 처한다(법 제107조).

(5) 강제근로금지의 원칙

① 강제근로의 금지

사용자는 폭행, 협박, 감금, 그 밖에 정신상 또는 신체상의 자유를 부당하게 구속하는 수단으로써 근로자의 자유의사에 어긋나는 근로를 강요하지 못한다 (법 제7조).

② 강제근로의 수단

　㉠ **폭행, 협박, 감금** : 사용자가 폭행, 협박, 감금 등을 통하여 신체의 자유를 부당하게 구속하는 수단으로 근로를 강제하지 못함

　㉡ **정신상 또는 신체상의 자유를 부당하게 구속하는 수단** : 사표수리의 거부, 기숙사 강제수용, 주민등록증 등을 뺏거나 숨기는 행위 등으로 자율적인 근로를 방해하는 행위를 하지 못함

> **관련 판례** 근로관계의 승계
>
> 헌법이 직업선택의 자유를 보장하고 있고 근로기준법이 근로자의 보호를 위하여 근로조건에 관한 근로자의 자기결정권(제4조), 강제근로의 금지(제7조), 사용자의 근로조건 명시의무(제17조), 부당해고 등의 금지(제23조) 또는 경영상 이유에 의한 해고의 제한(제24조) 등을 규정한 취지에 비추어 볼 때, 회사 분할에 따른 근로관계의 승계는 근로자의 이해와 협력을 구하는 절차를 거치는 등 절차적 정당성을 갖춘 경우에 한하여 허용되고, 해고의 제한 등 근로자 보호를 위한 법령 규정을 잠탈하기 위한 방편으로 이용되는 경우라면 그 승계가 거부될 수 있다고 보아야 한다(대판 2012다102124).

(6) 폭행금지의 원칙

① 폭행의 금지

사용자는 사고의 발생이나 그 밖의 어떠한 이유로도 근로자에게 폭행을 하지 못한다(법 제8조).

② 내용

폭행이 업무와 관련되어 발생할 것을 요하고, 사업장 밖이나 업무시간 이외에도 업무와 관련한 폭행이면 이에 해당

③ 형법과의 관계

형법의 폭행죄는 피해자의 의사에 반하여 처벌할 수 없으나 근로기준법에서는 피해자가 처벌을 원하지 않아도 처벌됨

④ 근로기준법 제7조와의 관계

제7조의 폭행은 강제근로의 수단으로서의 폭행이고, 강제노동에 목적이 있지만 제8조의 폭행은 구타행위 자체를 금지시키려는 목적이 있어 양자는 차이가 있음

(7) 중간착취배제의 원칙

① 중간착취의 배제

누구든지 법률에 따르지 아니하고는 영리로 다른 사람의 취업에 개입하거나 중간인으로서 이익을 취득하지 못한다(법 제9조). 이는 다른 사람의 취업과 관련하여 소개비, 중개료 등의 명목으로 이익을 얻거나 작업반장, 중개인, 감독자 등의 지위를 이용하여 임금의 일부를 착취하려는 것을 방지하기 위함

SEMI-NOTE

중간착취의 배제
제9조(중간착취의 배제)를 위반한 자는 5년 이하의 징역 또는 5천만원 이하의 벌금에 처한다(법 제107조).

관련 판례 중간착취의 배제

"누구든지 법률에 의하지 아니하고는 영리로 타인의 취업에 개입하거나 중간인으로서 이익을 취득하지 못한다"고 규정하고 있는바, 여기서 금지하는 행위는 '영리로 타인의 취업에 개입'하는 행위와 '중간인으로서 이익을 취득'하는 행위인데, '영리로 타인의 취업에 개입'하는 행위는 제3자가 영리로 타인의 취업을 소개 · 알선하는 등 노동관계의 성립 또는 갱신에 영향을 주는 행위를 말하고, '중간인으로서 이익을 취득'하는 행위는 근로계약관계의 존속 중에 사용자와 근로자 사이의 중간에서 근로의 노무제공과 관련하여 사용자 또는 근로자로부터 법률에 의하지 아니하는 이익을 취득하는 것을 말한다(대판 2007도3192).

관련 판례 중간착취 판단의 범위1

타인의 취업에 개입하여 그와 관련하여 금품을 수수하였다고 하더라도 그 모든 경우를 처벌하는 것이 아니라 '영리'의 의사로 개입한 경우에 한하여 처벌하는 것으로 보아야 할 것이며, 또한 위와 같은 영리성을 판단함에 있어서는 그에 대하여 적극적 의욕이나 확정적 인식임을 요하지 아니하고 미필적 인식이 있으면 족하다고 할 것이나, 그러한 영리성이 있었는지 여부는 피고인의 사회적 지위, 피고인과 그 행위의 상대방과의 인적관계, 타인의 취업에 개입한 행위의 동기 및 경위와 수단이나 방법, 행위의 내용과 태양, 행위 상대방의 성격과 범위, 행위 당시의 사회상황, 관련 규정의 취지 등 여러 사정을 종합하여 사회통념에 비추어 합리적으로 판단할 수밖에 없다(대판 2005노818).

---

② 내용

　㉠ **누구든지** : 사용자, 사업주는 물론이고 사인, 단체, 공무원 등을 묻지 않고 누구든지 포함될 수 있음

관련 판례 중간착취 판단의 범위2

구 근로기준법 제8조(현행 제9조)의 입법 취지와 직업안정법 등의 관련 법률 조항들을 종합적으로 고려해 볼 때, 위 조항의 '영리로 타인의 취업에 개입'하는 행위, 즉 제3자가 영리로 타인의 취업을 소개 또는 알선하는 등 근로관계의 성립 또는 갱신에 영향을 주는 행위에는 취업을 원하는 사람에게 취업을 알선해 주기로 하면서 그 대가로 금품을 수령하는 정도의 행위도 포함되고, 반드시 근로관계 성립 또는 갱신에 직접적인 영향을 미칠 정도로 구체적인 소개 또는 알선행위에까지 나아가야만 하는 것은 아니다(대판 2006도7660).

　㉡ **법률에 따르지 아니하고** : 직업안정법이나 근로자파견 등에 관한 법률에 의하지 아니함

　㉢ **영리의 목적** : 영리의 목적은 단 1회라도 성립함

　㉣ **타인의 취업에 개입** : 근로관계의 개시 및 존속에 개입하는 것을 말함

ⓜ **중간인으로서 이익의 취득** : 사용자와 근로자 사이의 중간에서 근로자의 노무제공과 관련하여 법률에 의하지 아니하고 이익을 얻는 것

> **관련 판례** 중간착취배제의 원칙
>
> "누구든지 법률에 의하지 아니하고는 영리로 타인의 취업에 개입하거나 중간인으로서 이익을 취득하지 못한다"고 규정하고 있는바, 여기서 금지하는 행위는 '영리로 타인의 취업에 개입'하는 행위와 '중간인으로서 이익을 취득'하는 행위인데, '영리로 타인의 취업에 개입'하는 행위는 제3자가 영리로 타인의 취업을 소개 · 알선하는 등 노동관계의 성립 또는 갱신에 영향을 주는 행위를 말하고, '중간인으로서 이익을 취득'하는 행위는 근로계약관계의 존속 중에 사용자와 근로자 사이의 중간에서 근로의 노무제공과 관련하여 사용자 또는 근로자로부터 법률에 의하지 아니하는 이익을 취득하는 것을 말한다(대판 2007도3192).

(8) 공민권 행사 보장의 원칙

① **공민권 행사의 보장**

사용자는 근로자가 근로시간 중에 선거권, 그 밖의 공민권 행사 또는 공(公)의 직무를 집행하기 위하여 필요한 시간을 청구하면 거부하지 못한다. 다만, 그 권리 행사나 공(公)의 직무를 수행하는 데에 지장이 없으면 청구한 시간을 변경할 수 있다(법 제10조).

② **내용**

ⓐ **선거권 그 밖의 공민권**

- 각종 법령에서 정한 국민투표권, 공직선거권 및 피선거권의 행사할 수 있는 권리
- 선거권 그 밖의 공민권에 포함되는 경우 : 대통령, 국회의원, 지방자치단체의 장 및 의원 선거권과 피선거권, 입후보등록이나 선거운동도 포함
- 선거권 그 밖의 공민권에 포함되지 않는 경우 : 타인의 선거운동, 사법상의 채권 · 채무에 관한 소송 등은 포함되지 않음

ⓑ **공의 직무**

- 공의 직무는 법령에 근거가 있고, 직무 자체가 공적 성격을 띠는 것
- 공의 직무에 포함되는 것 : 대통령 · 국회의원 · 지방의회 의원 등으로 직무를 수행하는 경우, 법령에 의한 증인 · 감정인의 직무, 예비군 및 민방위대원의 소집훈련, 공직선거법상 입회인의 직무, 군입대를 위한 신체검사 등
- 공의 직무에 포함되지 않는 것 : 노동조합의 활동, 정당활동, 노동위원회의 출석 등

ⓒ **근로자의 청구** : 공민권 행사 및 공의 직무에 해당하여도 근로자가 사용자에게 시간을 청구하여야 함

③ **공민권 행사의 효과**

ⓐ 사용자는 필요한 시간을 청구하면 거부하지 못함

ⓑ 사용자는 권리 행사나 공(公)의 직무를 수행하는 데에 지장이 없으면 청구한 시간을 변경 가능

④ 공민권 행사와 근로관계
  ㉠ 다른 법률 규정이 있는 경우 : 급여 지급의 의무가 있음
  ㉡ 다른 법률 규정이 없는 경우 : 무급으로 할 수 있고, 취업규칙이나 단체협약에
    정함이 있으면 그에 따름
  ㉢ 병역법, 예비군법 또는 민방위기본법에 따른 의무를 이행하기 위하여 휴직하
    거나 근로하지 못한 기간은 평균임금의 계산에서 제외된다(영 제2조 제1항
    제7호).
⑤ 위반의 효과
  사용자의 거부 자체로 성립하고 근로자가 권리를 행사하는지의 여부는 불문

(9) 취업방해금지

① 원칙 : 누구든지 근로자의 취업을 방해할 목적으로 비밀 기호 또는 명부를 작
  성·사용하거나 통신을 하여서는 아니 된다(법 제40조).
② 대상 : 사용자뿐만 아니라 모든 사람에 대한 금지
③ 취업을 방해할 목적 : 비밀 기호, 명부 작성 등으로 취업을 방해할 목적으로 행사
  하는 것
④ 비밀 기호의 작성 : 기피 대상자 등을 미리 약속한 사람만 알 수 있게 기호를 기
  재한 것
⑤ 명부의 작성 : 기피 대상자의 성명 등을 누구나 알 수 있게 기재하는 것

(10) 기능습득자에 대한 폐단금지

사용자는 양성공, 수습, 그 밖의 명칭을 불문하고 기능의 습득을 목적으로 하는 근
로자를 혹사하거나 가사, 그 밖의 기능 습득과 관계없는 업무에 종사시키지 못한다
(법 제77조).

(11) 직장 내 괴롭힘의 금지원칙

① 직장 내 괴롭힘의 금지
  사용자 또는 근로자는 직장에서의 지위 또는 관계 등의 우위를 이용하여 업무상
  적정범위를 넘어 다른 근로자에게 신체적·정신적 고통을 주거나 근무환경을 악
  화시키는 행위를 하여서는 아니 된다(법 제76조의2).
② 직장 내 괴롭힘 발생 시 조치(법 제76조의3)
  ㉠ 누구든지 직장 내 괴롭힘 발생 사실을 알게 된 경우 그 사실을 사용자에게 신
    고할 수 있음
  ㉡ 사용자는 신고를 접수하거나 직장 내 괴롭힘 발생 사실을 인지한 경우에는 지
    체 없이 그 사실 확인을 위한 조사를 실시하여야 함
  ㉢ 사용자는 조사 기간 동안 직장 내 괴롭힘과 관련하여 피해를 입은 근로자 또
    는 피해를 입었다고 주장하는 근로자를 보호하기 위하여 필요한 경우 해당
    피해근로자등에 대하여 근무장소의 변경, 유급휴가 명령 등 적절한 조치를
    하여야 한다. 이 경우 사용자는 피해근로자등의 의사에 반하는 조치를 하여
    서는 아니 됨

SEMI-NOTE

관련 판례

• 근로자가 뚜렷한 자료도 없이 소
  속 직장의 대표자를 수사기관에
  고소, 고발하거나 그에 대한 인격
  을 비난하는 내용까지 담은 진정
  서 등을 타 기관에 제출하는 것은
  징계사유에 해당한다(대판 95다
  51403).
• 사용자의 근로자에 대한 불리한
  처우가 근로기준법 제104조 제2
  항에 위반된다는 이유로 처벌하
  기 위하여는 그 불리한 처우가 근
  로자의 감독기관에 대한 근로기
  준법 위반사실 통보를 이유로 한
  것이어야 하고, 불리한 처우를 하
  게 된 다른 실질적인 이유가 있는
  경우에는 근로기준법 제104조 제
  2항 위반으로 처벌할 수 없다고
  보아야 한다. 사용자의 불리한 처
  우가 감독기관에 대한 근로기준
  법 위반사실의 통보를 이유로 한
  것인지는 불리한 처우를 하게 된
  경위와 그 시기, 사용자가 내세우
  는 불리한 처우의 사유가 명목에
  불과한지, 불리한 처우가 주로 근
  로자의 통보에 대한 보복적 조치
  로 이루어진 것인지 등을 종합적
  으로 고려하여 판단하여야 할 것
  이다(대판 2012도8694).

ⓔ 사용자는 조사 결과 직장 내 괴롭힘 발생 사실이 확인된 때에는 피해근로자가 요청하면 근무장소의 변경, 배치전환, 유급휴가 명령 등 적절한 조치를 하여야 함

ⓜ 사용자는 조사 결과 직장 내 괴롭힘 발생 사실이 확인된 때에는 지체 없이 행위자에 대하여 징계, 근무장소의 변경 등 필요한 조치를 하여야 하며 이 경우 사용자는 징계 등의 조치를 하기 전에 그 조치에 대하여 피해근로자의 의견을 들어야 함

ⓗ 사용자는 직장 내 괴롭힘 발생 사실을 신고한 근로자 및 피해근로자등에게 해고나 그 밖의 불리한 처우를 하여서는 아니 됨

ⓢ 직장 내 괴롭힘 발생 사실을 조사한 사람, 조사 내용을 보고받은 사람 및 그 밖에 조사 과정에 참여한 사람은 해당 조사 과정에서 알게 된 비밀을 피해근로자등의 의사에 반하여 다른 사람에게 누설하여서는 아니 되나, 조사와 관련된 내용을 사용자에게 보고하거나 관계 기관의 요청에 따라 필요한 정보를 제공하는 경우는 제외

③ 위반 시의 효과

사용자가 직장 내 괴롭힘 발생 사실을 신고한 근로자 및 피해근로자등에게 해고나 그 밖의 불리한 처우를 하는 경우 3년 이하의 징역 또는 3천만 원 이하의 벌금에 처한다(법 제109조 제1항).

9. 근로기준법의 실효성 확보

(1) 실효성 확보

① 민사상 실효성 확보

근로계약의 내용이 근로기준법상의 기준에 미치지 못하는 근로조건을 정한 근로계약은 그 부분에 한정하여 무효로 하고, 무효가 된 부분은 근로기준법에서 정한 기준에 따른다(법 제15조 참조).

관련 판례 근로계약의 무효1

근로기준법에 정한 기준에 달하지 못하는 근로조건을 정한 근로계약은 그 부분에 한하여 무효로 되는 것으로서, 그와 같이 근로기준법 소정의 기준에 미달하는 근로조건이 단체협약에 의한 것이라거나 근로자들의 승인을 받은 것이라 하여 유효로 볼 수 없다(대판 92다24509).

관련 판례 근로계약의 무효2

통상임금이란 정기적, 일률적으로 소정 근로의 양 또는 질에 대하여 지급하기로 된 임금으로서 실제 근로일이나 실제 수령한 임금에 구애됨이 없이 고정적이고 평균적으로 지급되는 일반임금이고, 또한 이는 실제 근로시간이나 실적에 따라 증감될 수 있는 평균임금의 최저한을 보장하고, 같은 법 제46조 소정의 시간외, 야간 및 휴일근로에 대한 가산수당, 제27조의2 소정의 해고예고수당 등의 산정근거가 되는 것인바, 위 각 조항에는 가산율 또는 지급일수 외의

별도의 최저기준이 규정된 바 없으므로 노사간의 합의에 따라 성질상 통상임금에 산입되어야 할 각종 수당을 통상임금에서 제외하기로 하는 합의의 효력을 인정한다면 위 각 조항이 시간 외, 야간 및 휴일근로에 대하여 가산수당을 지급하고, 해고 근로자에게 일정기간 통상적으로 지급받을 급료를 지급하도록 규정한 취지는 몰각될 것이므로 성질상 같은 법 소정의 통상임금에 산입될 수당을 통상임금에서 제외하기로 하는 노사간의 합의는 같은 법 제20조 제항 소정의 같은 법이 정한 기준에 달하지 못하는 근로조건을 정한 계약으로서 무효라고 보아야 할 것이다(대판 93다4816).

② 형사상 실효성 확보

사용자가 근로기준법을 위반하는 경우 법 제 107조 이하 벌칙이 적용

(2) 근로감독관 제도 ★ 빈출개념

① 감독 기관

근로조건의 기준을 확보하기 위하여 고용노동부와 그 소속 기관에 근로감독관을 둔다(법 제 101조 제1항).

② 근로감독관의 권한(법 제102조)

㉠ 근로감독관은 사업장, 기숙사, 그 밖의 부속 건물을 현장조사하고 장부와 서류의 제출을 요구할 수 있으며 사용자와 근로자에 대하여 심문(尋問)할 수 있다.

㉡ 의사인 근로감독관이나 근로감독관의 위촉을 받은 의사는 취업을 금지하여야 할 질병에 걸릴 의심이 있는 근로자에 대하여 검진할 수 있다.

㉢ 근로감독관이나 그 위촉을 받은 의사는 그 신분증명서와 고용노동부장관의 현장조사 또는 검진지령서(檢診指令書)를 제시하여야 한다.

㉣ 현장조사 또는 검진지령서에는 그 일시, 장소 및 범위를 분명하게 적어야 한다.

㉤ 근로감독관은 이 법이나 그 밖의 노동 관계 법령 위반의 죄에 관하여 사법경찰관리의 직무를 행할 자와 그 직무범위에 관한 법률에서 정하는 바에 따라 사법경찰관의 직무를 수행한다.

③ 근로감독관의 의무

근로감독관은 직무상 알게 된 비밀을 엄수하여야 한다. 근로감독관을 그만 둔 경우에도 또한 같다(법 제103조).

④ 감독 기관에 대한 신고(법 제104조)

㉠ 사업 또는 사업장에서 이 법 또는 이 법에 따른 대통령령을 위반한 사실이 있으면 근로자는 그 사실을 고용노동부장관이나 근로감독관에게 통보할 수 있다.

㉡ 사용자는 통보를 이유로 근로자에게 해고나 그 밖에 불리한 처우를 하지 못한다.

⑤ 사법경찰권 행사자의 제한

이 법이나 그 밖의 노동 관계 법령에 따른 현장조사, 서류의 제출, 심문 등의 수사는 검사와 근로감독관이 전담하여 수행한다. 다만, 근로감독관의 직무에 관한 범죄의 수사는 그러하지 아니하다(법 제105조). 근로감독관이 이 법을 위반한 사실을 고의로 묵과하면 3년 이하의 징역 또는 5년 이하의 자격정지에 처한다(법 제108조).

(3) 기타 실효성 확보방안

① 보고, 출석의 의무

사용자 또는 근로자는 이 법의 시행에 관하여 고용노동부장관 · 노동위원회법에 따른 노동위원회 또는 근로감독관의 요구가 있으면 지체 없이 필요한 사항에 대하여 보고하거나 출석하여야 한다(법 제13조).

> **관련 판례** 보고, 출석의 의무
>
> 피고인이 이미 당해 회사의 이사직을 사임하고 그 사임등기까지 경료한 후에는 위 회사와 아무런 관계가 없으므로 설사 위 회사 재직중에 발생한 사항에 관한 것이라 할지라도 출석요구 당시에 있어서는 피고인은 사용자의 지위에 있다고 할 수 없으니 고소, 고발사건을 조사하는 근로감독관의 요구에 응하여 위 회사장부를 휴대, 출석할 의무가 없다(대판 83도2272).

② 법령 주요 내용 등의 게시(법 제14조)

㉠ 사용자는 이 법과 이 법에 따른 대통령령의 주요 내용과 취업규칙을 근로자가 자유롭게 열람할 수 있는 장소에 항상 게시하거나 갖추어 두어 근로자에게 널리 알려야 함

㉡ 사용자는 대통령령 중 기숙사에 관한 규정과 기숙사규칙을 기숙사에 게시하거나 갖추어 두어 기숙(寄宿)하는 근로자에게 널리 알려야 함

03절 근로계약

1. 근로계약 및 법적성질

(1) 근로계약의 의의

근로자가 사용자에게 근로를 제공하고 사용자는 이에 대하여 임금을 지급하는 것을 목적으로 체결된 계약을 말한다(법 제2조 제1항 제4호).

(2) 근로계약의 법적성질

① 채권계약설

사용자와 근로자간 근로제공과 임금지급에 관한 쌍무적 계약관계로 보는 입장

② 신분계약설

근로자가 종업원 지위의 취득이라는 신분적 측면도 지닌다고 보는 입장

(3) 근로계약체결의 자유와 법적 제한

사용자와 근로자는 자유로이 근로계약을 체결할 수 있으며 사용자와 근로자가 근로계약을 체결하기로 하면 체결의 방법, 형식, 기간, 내용 등 여러 가지에 관하여 근로기준법 및 관련 법령에서 정한 제한이 부과됨

관련 판례

근로계약이라 함은 근로자가 사용자에게 근로를 제공하고 사용자는 이에 대하여 임금을 지급함을 목적으로 체결된 계약을 말하며 이는 민법상의 노무도급계약과는 달리 근로자와 사용자 사이에 부종적으로 체결된 근로조건하에서 근로자가 사용자의 지휘 · 명령에 따라 근로를 제공하는 관계가 유지되어야 한다(대판 86다카1949).

(4) 근로기준법, 취업규칙, 단체협약과의 관계

① 근로기준법과의 관계 ⭐빈출개념

근로기준법의 강행적 효력은 법 제15조 제1항에 의하여 인정되고, 제2항에서 보충적 효력인 인정됨

② 취업규칙과의 관계

취업규칙의 강행적 효력은 법 제97조에 의하여 인정되지만 근로계약의 유리한 조건이 우선 적용됨

③ 단체협약과의 관계

단체협약은 노동조합법에 의하여 강행법규적 효력이 인정되고 보충적 효력도 인정됨

(5) 근로계약의 취소

근로계약도 법적 성질이 사법상의 계약에 해당하므로 당사자의 의사표시에 의하여 취소시킬 수 있음

관련 판례 근로계약의 취소

근로계약은 근로자가 사용자에게 근로를 제공하고 사용자는 이에 대하여 임금을 지급하는 것을 목적으로 체결된 계약으로서(근로기준법 제2조 제1항 제4호) 기본적으로 그 법적 성질이 사법상 계약이므로 계약 체결에 관한 당사자들의 의사표시에 무효 또는 취소의 사유가 있으면 상대방은 이를 이유로 근로계약의 무효 또는 취소를 주장하여 그에 따른 법률효과의 발생을 부정하거나 소멸시킬 수 있다(대판 2013다25194, 25200).

2. 근로계약의 체결

(1) 근로계약의 당사자

① 근로자

㉠ 의의 : 직업의 종류와 관계없이 임금을 목적으로 사업이나 사업장에 근로를 제공하는 사람을 말한다(법 제2조 제1항 제1호). 근로계약체결의 당사자로서의 근로자는 근로의 능력과 의사가 있어야 함

㉡ 미성년자 근로계약(법 제67조)

• 친권자나 후견인은 미성년자의 근로계약을 대리할 수 없음

• 친권자, 후견인 또는 고용노동부장관은 근로계약이 미성년자에게 불리하다고 인정하는 경우에는 이를 해지할 수 있음

• 사용자는 18세 미만인 사람과 근로계약을 체결하는 경우에는 근로조건을 서면(전자문서를 포함한다)으로 명시하여 교부하여야 함

㉢ 근로계약 체결시 근로자의 의무 : 협력의무, 착오와 사기의 경우 손해배상의무, 경력사칭의 금지

SEMI-NOTE

관련 판례

근로계약은 낙성계약으로 청약에 따른 승낙으로 성립하므로 그 계약의 내용은 사용자와 근로자가 개별적인 교섭에 의하여 확정하는 것이 원칙이지만, 오늘날 다수의 근로자를 고용하고 있는 기업은 개개의 근로자들과 일일이 계약 내용을 약정하기보다는 근로계약의 내용이 되는 근로조건 등을 단체협약, 취업규칙에 정하여 근로관계를 정형화하고 집단적으로 규율하는 것이 보통이므로, 근로계약 체결시 계약의 내용을 취업규칙의 내용과 달리 약정하는 등 특별한 사정이 없는 한 근로계약을 체결한 근로자와 사용자 사이에는 취업규칙에 정하는 바에 따라 근로관계가 성립한다(대판 97다53496).

② 근로자의 의무
• 주된 의무 : 근로제공의무
• 부수적 의무 : 경업금지의무, 경업비밀유지의무, 진실고지의무

관련 판례 경업금지약정의 유효성

사용자와 근로자 사이에 경업금지약정이 존재한다고 하더라도, 그와 같은 약정이 헌법상 보장된 근로자의 직업선택의 자유와 근로권 등을 과도하게 제한하거나 자유로운 경쟁을 지나치게 제한하는 경우에는 민법 제103조에 정한 선량한 풍속 기타 사회질서에 반하는 법률행위로서 무효라고 보아야 하며, 이와 같은 경업금지약정의 유효성에 관한 판단은 보호할 가치 있는 사용자의 이익, 근로자의 퇴직 전 지위, 경업 제한의 기간·지역 및 대상 직종, 근로자에 대한 대가의 제공 유무, 근로자의 퇴직 경위, 공공의 이익 및 기타 사정 등을 종합적으로 고려하여야 하고, 여기에서 말하는 '보호할 가치 있는 사용자의 이익'이라 함은 부정경쟁방지 및 영업비밀보호에 관한 법률 제2조 제2호에 정한 '영업비밀'뿐만 아니라 그 정도에 이르지 아니하였더라도 당해 사용자만이 가지고 있는 지식 또는 정보로서 근로자와 이를 제3자에게 누설하지 않기로 약정한 것이거나 고객관계나 영업상의 신용의 유지도 이에 해당한다(대판 2009다82244).

② 사용자
㉠ 근로계약체결의 당사자로서의 사용자는 사업주에 한하며 사업주로부터 근로계약체결의 위임을 받은 경영담당자는 당사자가 될 수 있음
㉡ 사용자의 의무
• 주된 의무 : 임금지급의무
• 부수적 의무 : 안전배려의무, 균등대우의무, 공법상의 의무, 서류보존의 의무

(2) 근로계약의 형식

근로계약은 특별한 형식을 요구하지 않고 문서는 물론 구두로도 할 수 있으며 서면으로 계약되어 있지 않더라도 구두계약, 관행, 관습에 의해 근로계약이 체결되어 있는 것으로 보아야 함

(3) 근로계약의 내용

① 근로조건의 명시
㉠ 사용자는 근로계약을 체결할 때에 근로자에게 임금, 소정근로시간, 휴일, 연차 유급휴가, 그 밖에 대통령령으로 정하는 근로조건의 사항을 명시하여야 한다. 근로계약 체결 후 변경하는 경우에도 또한 같다(법 제17조 제1항).

관련 판례 근로조건의 명시

근로계약기간을 정한 근로계약서를 작성한 경우 처분문서인 근로계약서의 문언에 따라 특별한 사정이 없는 한 근로자와 사용자 사이에는 기간의 정함이 있는 근로계약을 맺었다고 보아야 하고, 이 경우 근로계약기간이 끝나면 그 근로관계는 사용자의 해고 등 별도의 조처를 기다릴 것 없이 당연히 종료함이 원칙이고, 다만 기간을 정한 근로계약서를 작성한 경우에도

예컨대 단기의 근로계약이 장기간에 걸쳐서 반복하여 갱신됨으로써 그 정한 기간이 단지 형식에 불과하게 된 경우 등 계약서의 내용과 근로계약이 이루어지게 된 동기 및 경위, 기간을 정한 목적과 채용 당시 계속근로의사 등 당사자의 진정한 의사, 근무기간의 장단 및 갱신 횟수, 동종의 근로계약 체결방식에 관한 관행 그리고 근로자보호법규 등을 종합적으로 고려하여 그 기간의 정함이 단지 형식에 불과하다는 사정이 인정되는 경우에는 계약서의 문언에도 불구하고 사실상 기간의 정함이 없는 근로계약을 맺었다고 볼 것이며, 이 경우 사용자가 정당한 사유 없이 갱신 계약 체결을 거절하는 것은 해고와 마찬가지로 무효이다(대판 2005두16901).

ⓛ 사용자는 임금의 구성항목·계산방법·지급방법 및 소정근로시간, 휴일, 연차 유급휴가의 사항이 명시된 서면(전자문서를 포함한다)을 근로자에게 교부하여야 한다. 다만, 본문에 따른 사항이 단체협약 또는 취업규칙의 변경 등 대통령령으로 정하는 사유로 인하여 변경되는 경우에는 근로자의 요구가 있으면 그 근로자에게 교부하여야 한다(법 제17조 제2항).

② 명시할 조건

임금의 구성항목·계산방법·지급방법 및 소정근로시간, 휴일, 연차 유급휴가의 사항

SEMI-NOTE

계약 서류의 보존

사용자는 근로자 명부와 대통령령으로 정하는 근로계약에 관한 중요한 서류를 3년간 보존하여야 한다(법 제42조).

관련 판례 근로계약서

근로자와 사용자가 근로계약을 체결하면서 기간을 정한 근로계약서를 작성한 경우라 하더라도, 그 계약서의 내용과 근로계약이 이루어지게 된 동기 및 경위, 기간을 정한 목적과 당사자의 진정한 의사, 동종의 근로계약 체결방식에 관한 관행 그리고 근로자보호법규 등을 종합적으로 고려하여 그 기간의 정함이 단지 형식에 불과하다는 사정이 인정되는 경우에는, 계약서의 문언에도 불구하고 기간의 정함이 없는 근로계약을 맺었다고 볼 것이나, 위와 같은 사정이 인정되지 않는 경우에는 처분문서인 근로계약서의 문언에 따라 근로자와 사용자 사이에는 기간의 정함이 있는 근로계약이 맺어진 것이라고 봄이 원칙이다(대판 2005두2247).

③ 근로조건 명시시기

근로계약의 체결시 해당. 근로계약이 변경되는 경우에도 그 시기를 명시하여야 함

④ 명시의무 위반에 대한 구제

㉠ 사용자에 대한 제재

- 근로조건을 위반(법 제17조)한 자에게 500만원 이하의 벌금에 처한다(법 제114조 제1호).

㉡ 근로자에 대한 구제(법 제19조)

- 명시된 근로조건이 사실과 다를 경우에 근로자는 근로조건 위반을 이유로 손해의 배상을 청구할 수 있으며 즉시 근로계약을 해제할 수 있음
- 근로자가 손해배상을 청구할 경우에는 노동위원회에 신청할 수 있으며, 근로계약이 해제되었을 경우에는 사용자는 취업을 목적으로 거주를 변경하는 근로자에게 귀향 여비를 지급하여야 함

관련 판례 근로자에 대한 대기발령의 정당성

대기발령은 근로자가 현재의 직위 또는 직무를 장래에 계속 담당하게 되면 업무상 장애 등이 예상되는 경우에 이를 예방하기 위하여 일시적으로 당해 근로자에게 직위를 부여하지 아니함으로써 직무에 종사하지 못하도록 하는 잠정적인 조치를 의미한다. 이는 근로자의 과거 비위행위에 대하여 기업질서 유지를 목적으로 행하여지는 징벌적 제재로서 징계와는 성질이 다르므로, 근로자에 대한 대기발령의 정당성은 근로자에게 당해 대기발령 사유가 존재하는지 여부나 대기발령에 관한 절차규정의 위반 여부 및 그 정도에 의하여 판단하여야 한다(대판 2009다86246).

(4) 금지되는 근로조건

① 의의

어떠한 경우에도 금지되는 근로조건으로 위약예정의 금지, 전차금상계의 금지, 강제저축의 금지 등이 있음

② 위약 예정의 금지

사용자는 근로계약 불이행에 대한 위약금 또는 손해배상액을 예정하는 계약을 체결하지 못한다(법 제20조).

관련 판례 금지되는 근로조건1

위탁교육훈련 후 의무재직기간 근무 불이행시 교육비용 또는 교육기간 중의 임금을 반환하도록 한 약정의 효력은 무효이다(대판 2001다53875).

관련 판례 금지되는 근로조건2

근로자가 일정 기간 동안 근무하기로 하면서 이를 위반할 경우 소정 금원을 사용자에게 지급하기로 약정하는 경우. 그 약정의 취지가 약정한 근무기간 이전에 퇴직하면 그로 인하여 사용자에게 어떤 손해가 어느 정도 발생하였는지 묻지 않고 바로 소정 금액을 사용자에게 지급하기로 하는 것이라면 이는 명백히 반하는 것이어서 효력을 인정할 수 없다. 또, 그 약정이 미리 정한 근무기간 이전에 퇴직하였다는 이유로 마땅히 근로자에게 지급되어야 할 임금을 반환하기로 하는 취지일 때에도, 결과적으로 위 조항의 입법 목적에 반하는 것이어서 역시 그 효력을 인정할 수 없다(대판 2006다37274).

③ 전차금 상계의 금지

사용자는 전차금(前借金)이나 그 밖에 근로할 것을 조건으로 하는 전대(前貸)채권과 임금을 상계하지 못한다(법 제21조).

관련 판례 자동채권으로 상계의 허용

임금은 직접 근로자에게 전액을 지급하여야 하는 것이므로 사용자가 근로자에 대하여 가지는 채권으로써 근로자의 임금채권과 상계를 하지 못하는 것이 원칙이지만, 계산의 착오 등으로 임금이 초과 지급되었을 때 그 행사의 시기가 초과 지급된 시기와 임금의 정산, 조정의 실질을 잃지 않을 만큼 합리적으로 밀접되어 있고 금액과 방법이 미리 예고되는 등 근로자의 경제

관련 판례

근로자와 사용자가 근로계약을 체결하면서 기간을 정한 근로계약서를 작성한 경우라 하더라도, 그 계약서의 내용과 근로계약이 이루어지게 된 동기 및 경위, 기간을 정한 목적과 당사자의 진정한 의사, 동종의 근로계약 체결방식에 관한 관행 그리고 근로자보호법규 등을 종합적으로 고려하여 그 기간의 정함이 단지 형식에 불과하다는 사정이 인정되는 경우에는, 계약서의 문언에도 불구하고 기간의 정함이 없는 근로계약을 맺었다고 볼 것이나, 위와 같은 사정이 인정되지 않는 경우에는 처분문서인 근로계약서의 문언에 따라 근로자와 사용자 사이에는 기간의 정함이 있는 근로계약이 맺어진 것이라고 봄이 원칙이다(대판 2005두2247).

생활의 안정을 해할 염려가 없는 경우나 근로자가 퇴직한 후에 그 재직 중 지급되지 아니한 임금이나 퇴직금을 청구할 경우에는, 사용자가 초과 지급된 임금의 반환청구권을 자동채권으로 하여 상계하는 것은 허용되므로, 근로자가 일정기간 동안의 미지급 시간외수당, 휴일근로수당, 월차휴가수당 등 법정수당을 청구하는 경우에 사용자가 같은 기간 동안 법정수당의 초과 지급 부분이 있음을 이유로 상계나 충당을 주장하는 것도 허용된다(대판 97다14200).

④ 강제 저금의 금지(법 제22조)
  ㉠ 사용자는 근로계약에 덧붙여 강제 저축 또는 저축금의 관리를 규정하는 계약을 체결하지 못함
  ㉡ 사용자가 근로자의 위탁으로 저축을 관리하는 경우에는 다음의 사항을 지켜야 함
    • 저축의 종류 · 기간 및 금융기관을 근로자가 결정하고, 근로자 본인의 이름으로 저축할 것
    • 근로자가 저축증서 등 관련 자료의 열람 또는 반환을 요구할 때에는 즉시 이에 따를 것

관련 판례 근로시간에 따른 임금지급의 원칙

감시 · 단속적 근로 등과 같이 근로시간의 산정이 어려운 경우가 아니라면 달리 근로기준법상의 근로시간에 관한 규정을 그대로 적용할 수 없다고 볼 만한 특별한 사정이 없는 한 근로기준법상의 근로시간에 따른 임금지급의 원칙이 적용되어야 할 것이므로, 이러한 경우에도 근로시간 수에 상관없이 일정액을 법정수당으로 지급하는 내용의 포괄임금제 방식의 임금 지급계약을 체결하는 것은 그것이 근로기준법이 정한 근로시간에 관한 규제를 위반하는 이상 허용될 수 없다(대판 2008다6052).

(5) 근로계약의 기간

① 종래의 규정
  근로계약은 기간을 정하지 아니한 것과 일정한 사업의 완료에 필요한 기간을 정한 것 외에는 그 기간은 1년을 초과하지 못한다(법 제16조). 이 규정은 사문화됨
② 기간제근로자의 사용
  사용자는 2년을 초과하지 아니하는 범위 안에서(기간제 근로계약의 반복갱신 등의 경우에는 그 계속근로한 총기간이 2년을 초과하지 아니하는 범위 안에서) 기간제근로자를 사용할 수 있다. 다만, 다음의 어느 하나에 해당하는 경우에는 2년을 초과하여 기간제근로자로 사용할 수 있다(기간제 및 단시간근로자보호 등에 관한 법률 제4조 제1항).
  ㉠ 사업의 완료 또는 특정한 업무의 완성에 필요한 기간을 정한 경우
  ㉡ 휴직 · 파견 등으로 결원이 발생하여 해당 근로자가 복귀할 때까지 그 업무를 대신할 필요가 있는 경우
  ㉢ 근로자가 학업, 직업훈련 등을 이수함에 따라 그 이수에 필요한 기간을 정한 경우
  ㉣ 고령자와 근로계약을 체결하는 경우

SEMI-NOTE

위반의 효과
강제저축 금지를 위반한 경우 계약은 당연 무효이고 2년 이하의 징역 또는 2,000만원 이하의 벌금이 부과된다(법 제110조).

ⓜ 전문적 지식·기술의 활용이 필요한 경우와 정부의 복지정책·실업대책 등에 따라 일자리를 제공하는 경우로서 대통령령으로 정하는 경우

ⓑ 그 밖에 ㉠부터 ⓜ까지에 준하는 합리적인 사유가 있는 경우로서 대통령령으로 정하는 경우

3. 근로계약과 근로관계

(1) 근로관계

근로자가 사용자에게 근로를 제공하고 사용자는 근로자에게 임금을 지급하는 것을 주된 내용으로 하는 근로계약에서 성립하는 법률관계를 말함

(2) 근로계약과 근로관계의 관계

근로관계가 성립하기 위해서는 양 당사자 사이에 명시적이든 묵시적이든 계약이 체결되어 있거나 법적 근거가 있어야 함

(3) 과도기적 근로관계

① 채용내정

㉠ 의의 : 정식채용 상당기간 전에 채용할 사람을 미리 결정해 두는 것으로 정식의 근로계약을 체결하지 아니한 경우에 해당

㉡ 법적성질 : 다수설과 판례는 근로계약성립설을 취하고 있고, 신규채용의 취소는 실질적으로 해고에 해당한다고 보고 있음

㉢ 채용내정과 근로관계 : 현실적으로 근로제공을 하지 않으므로 휴식, 임금지급, 안전배려 등은 적용되지 않으나 균등처우원칙, 근로조건명시의무, 계약기간, 위약예정금지, 해고제한 규정 등은 적용됨

㉣ 채용내정의 취소

· 정식채용의 거부 취소는 사실상 해고에 속함

· 근로자가 계속 근로한 기간이 3개월 미만인 경우에 속하지 않음

· 채용내정의 취소와 손해배상

· 채용내정의 취소와 임금 : 채용내정 취소가 무효인 경우 채용내정자는 취업하여 근로하였더라면 받을 수 있었을 임금의 지급을 청구할 수 있음

관련 판례 채용내정의 취소

학교법인이 원고를 사무직원 채용시험의 최종합격자로 결정하고 그 통지와 아울러 '1989.5.10. 자로 발령하겠으니 제반 구비서류를 5.8.까지 제출하여 달라.'는 통지를 하여 원고로 하여금 위 통지에 따라 제반 구비서류를 제출하게 한 후, 원고의 발령을 지체하고 여러 번 발령을 미루었으며, 그 때문에 원고는 위 학교법인이 1990.5.28. 원고를 직원으로 채용할 수 없다고 통지

할 때까지 임용만 기다리면서 다른 일에 종사하지 못한 경우 이러한 결과가 발생한 원인이 위
학교법인이 자신이 경영하는 대학의 재정 형편, 적정한 직원의 수, 1990년도 입학정원의 증감
여부 등 여러 사정을 참작하여 채용할 직원의 수를 헤아리고 그에 따라 적정한 수의 합격자
발표와 직원채용통지를 하여야 하는데도 이를 게을리 하였기 때문이라면 위 학교법인은 불법
행위자로서 원고가 위 최종합격자 통지와 계속된 발령 약속을 신뢰하여 직원으로 채용되기를
기대하면서 다른 취직의 기회를 포기함으로써 입은 손해를 배상할 책임이 있다(대판 92다
42897).

(4) 시용계약

① 의의

근로계약 체결 후 일정 기간을 두어 근로관계 계속 여부를 최종결정하는 제도로
근로자가 근로계약을 체결하고 입사를 했지만 시용 기간을 두어 근로자의 적성
과 업무능력을 판단한 후 정규사원으로 근로관계의 계속 여부를 차후에 최종 결
정하는 제도

② 제도의 성격

시용기간 중에 있는 근로자를 해고하거나 시용기간 만료시 본계약의 체결을 거
부하는 것은 사용자에게 유보된 해약권의 행사로서, 당해 근로자의 업무능력,
자질, 인품, 성실성 등 업무적격성을 관찰 · 판단하려는 시용제도의 취지 · 목적
에 비추어 볼 때 보통의 해고보다는 넓게 인정되나, 이 경우에도 객관적으로 합
리적인 이유가 존재하여 사회통념상 상당하다고 인정되어야 한다(대판 2002다
62432).

③ 시용계약의 적법요건

㉠ 시용근로자임을 명시할 것

㉡ 시용목적의 명확성

㉢ 시용기간

④ 시용과 근로관계

㉠ 근로기준법이 적용되고 수습근로자와 유사한 지위에 있음

㉡ **시용기간 종료 후 근로관계** : 정규 근로자로 전환, 근속기간의 산입, 계속 근
로에 포함

⑤ 본 채용의 거절

㉠ **해고제한의 적용여부** : 보통의 해고보다는 넓게 인정되나, 이 경우에도 객관
적으로 합리적인 이유가 존재하여 사회통념상 상당하다고 인정되어야 한다
(대판 2002다62432).

㉡ **해고의 서면통지규정의 적용여부** : 근로기준법 규정의 내용과 취지, 시용기간
만료 시 본 근로계약 체결 거부의 정당성 요건 등을 종합하면, 시용근로관계
에서 사용자가 본 근로계약 체결을 거부하는 경우에는 근로자에게 거부사유
를 파악하여 대처할 수 있도록 구체적 · 실질적인 거부사유를 서면으로 통지
하여야 한다(대판 2015두48136).

01장

근로기준법 · 최저임금법

SEMI-NOTE

(5) 수습기간

① 의의

수습은 정식채용, 즉 확정적으로 근로계약을 체결한 후에 작업능력이나 적응능력을 키워주기 위한 근로형태

② 수습 중에 있는 근로자에 대한 최저임금액

1년 이상의 기간을 정하여 근로계약을 체결하고 수습 중에 있는 근로자로서 수습을 시작한 날부터 3개월 이내인 사람에 대해서는 시간급 최저임금액에서 100분의 10을 뺀 금액을 그 근로자의 시간급 최저임금액으로 한다(최저임금법 시행령 제3조).

04절   임금

1. 임금의 의의

(1) 개설

임금은 사용자가 근로의 대가로 근로자에게 임금, 봉급, 그 밖에 어떠한 명칭으로든지 지급하는 모든 금품을 말한다(법 제2조 제1항 제5호).

관련 판례 임금

임금이라 함은 사용자가 근로의 대가로 근로자에게 지급하는 일체의 금원으로서, 근로자에게 계속적 · 정기적으로 지급되고 그 지급에 관하여 단체협약, 취업규칙 등에 의하여 사용자에게 지급의무가 지워져 있다면, 그 명칭 여하를 불문하고 모두 그에 포함된다(대판 98다34393).

(2) 임금의 내용

임금의 특징
근로자가 생계를 유지하기 위하여 필수불가결한 수단

① 사용자가 근로자에게 지급하는 금품

㉠ 고객이 주는 봉사료나 팁은 임금이 아님

㉡ 사용자가 근로자에게 지급하는 것으로 제3자가 지급하는 것은 임금이 아님

관련 판례 임금의 범위1

임금이란 사용자가 근로의 대상으로 근로자에게 임금 · 봉급 기타 어떠한 명칭으로든지 지급하는 일체의 금품을 말하는 것인바, 카지노 영업장의 고객이 자의에 의하여 직접 카지노 영업직 사원들에게 지급한 봉사료를 근로자들이 자율적으로 분배한 것은 사용자로부터 지급받은 근로의 대상이라고 할 수 없으므로 그 성질상 근로기준법이 정한 임금의 범위에 포함되지 않는다(대판 98다46198).

㉢ 사용자가 지급하는 금품뿐만 아니라 물건이나 이익도 포함

㉣ 봉사료 등을 고객으로부터 받은 후 나중에 이를 분배하는 경우 임금이라 볼 수 있음

관련 판례 임금의 범위2

운송회사가 그 소속 운전사들에게 매월 실제 근로일수에 따른 일정액을 지급하는 이외에 그 근로형태의 특수성과 계산의 편의 등을 고려하여 하루의 운송수입금 중 회사에 납입하는 일정액의 사납금을 공제한 잔액을 그 운전사 개인의 수입으로 하여 자유로운 처분에 맡겨 왔다면 위와 같은 운전사 개인의 수입으로 되는 부분 또한 그 성격으로 보아 근로의 대가인 임금에 해당한다(대판 91다36192).

② 근로의 대가
  ㉠ 근로의 대가는 사용종속관계 하에서 근로에 대하여 그 대가로 지급하는 것
  ㉡ 근로자에게 지급되는 금품이 평균임금 산정의 기초가 되는 임금 총액에 포함될 수 있으려면 그 명칭의 여하를 불문하고, 또 그 금품의 지급이 단체협약, 취업규칙, 근로계약 등이나 사용자의 방침 등에 의하여 이루어진 것이라 하더라도 그 지급의무의 발생이 근로제공과 직접적으로 관련되거나 그것과 밀접하게 관련된 것으로 볼 수 있는 것, 즉 근로의 대상으로 지급된 것으로 볼 수 있어야 한다(대판 97다5015).
  ㉢ 임의적·은혜적으로 지급되는 것, 복리후생을 위해 지급하는 이익이나 비용 등은 임금이 아님
  ㉣ 근로의 대가인 임금인 것
    • 퇴직금, 휴업수당
    • 단체협약, 취업규칙, 근로계약에 의해 지급되는 급식비, 체력단련비, 가족수당
    • 정기적으로 지급되는 상여금
    • 유급휴일, 연차 유급휴가 기간 중에 지급되는 수당 등
  ㉤ 임금이 아닌 것
    • 의례적·호의적인 경조금, 위문금
    • 해고수당
    • 실비 변상적인 성격의 장비구입비, 출장비, 판공비 등

관련 판례

상여금이 계속적·정기적으로 지급되고 그 지급액이 확정되어 있다면 이는 근로의 대가로 지급되는 임금의 성질을 가지나 그 지급사유의 발생이 불확정이고 일시적으로 지급되는 것은 임금이라고 볼 수 없다(대판 2004다41217).

2. 통상임금

관련 판례 통상임금

본래 통상임금이란 정기적·일률적으로 소정 근로의 양 또는 질에 대하여 지급하기로 된 임금으로서 실제 근무일이나 실제 수령한 임금에 구애됨이 없이 고정적이고 평균적으로 지급되는 일반임금인바, 위의 '일률적으로 지급되는 것'이라 함은 '모든 근로자'에게 지급되는 것뿐만 아니라 '일정한 조건 또는 기준에 달한 모든 근로자'에게 지급되는 것도 포함되고, 여기서 말하는 '일정한 조건'이란 '고정적이고 평균적인 임금'을 산출하려는 통상임금의 개념에 비추어 볼 때 '고정적인 조건'이어야 한다(대판 2004다41217).

통상임금

통상임금이란 근로자에게 정기적이고 일률적으로 소정(所定)근로 또는 총 근로에 대하여 지급하기로 정한 시간급 금액, 일급 금액, 주급 금액, 월급 금액 또는 도급 금액을 말한다(영 제6조 제1항).

(1) 근로의 대가

소정근로의 대가라 함은 근로자가 소정근로시간에 통상적으로 제공하기로 정한 근로에 관하여 사용자와 근로자가 지급하기로 약정한 금품을 말한다(대판 2012다 89399). 가족수당, 주택수당 등이 일률적 · 정기적으로 지급되는 경우 통상임금에 속함

(2) 사전에 지급하기로 한 일반임금

실제 근무일수나 수령액에 상관없이 사전에 지급하기로 한 일반임금이 통상임금

(3) 정기적 · 일률적 · 고정적으로 지급

① 어떤 임금이 통상임금에 속하기 위해서 정기성을 갖추어야 한다는 것은 임금이 일정한 간격을 두고 계속적으로 지급되어야 함을 의미한다(대판 2012다89399).

② 어떤 임금이 통상임금에 속하기 위해서는 그것이 일률적으로 지급되는 성질을 갖추어야 한다. '일률적'으로 지급되는 것에는 '모든 근로자'에게 지급되는 것뿐만 아니라 '일정한 조건 또는 기준에 달한 모든 근로자'에게 지급되는 것도 포함된다. 여기서 '일정한 조건'이란 고정적이고 평균적인 임금을 산출하려는 통상임금의 개념에 비추어 볼 때 고정적인 조건이어야 한다(대판 2012다89399).

③ 어떤 임금이 통상임금에 속하기 위해서는 그것이 고정적으로 지급되어야 한다. '고정성'이라 함은 '근로자가 제공한 근로에 대하여 업적, 성과 기타의 추가적인 조건과 관계없이 당연히 지급될 것이 확정되어 있는 성질'을 말하고, '고정적인 임금'은 '임금의 명칭 여하를 불문하고 임의의 날에 소정근로시간을 근무한 근로자가 그 다음 날 퇴직한다 하더라도 그 하루의 근로에 대한 대가로 당연하고도 확정적으로 지급받게 되는 최소한의 임금'이라고 정의할 수 있다(대판 2012다 89399).

(4) 통상임금의 산정

① 통상임금을 시간급 금액으로 산정할 경우에는 다음의 방법에 따라 산정된 금액으로 한다(영 제6조 제2항).

㉠ 시간급 금액으로 정한 임금은 그 금액

㉡ 일급 금액으로 정한 임금은 그 금액을 1일의 소정근로시간 수로 나눈 금액

㉢ 주급 금액으로 정한 임금은 그 금액을 1주의 통상임금 산정 기준시간 수(1주의 소정근로시간과 소정근로시간 외에 유급으로 처리되는 시간을 합산한 시간)로 나눈 금액

㉣ 월급 금액으로 정한 임금은 그 금액을 월의 통상임금 산정 기준시간 수(1주의 통상임금 산정 기준시간 수에 1년 동안의 평균 주의 수를 곱한 시간을 12로 나눈 시간)로 나눈 금액

㉤ 일 · 주 · 월 외의 일정한 기간으로 정한 임금은 ㉡부터 ㉣까지의 규정에 준하여 산정된 금액

  ⑼ 도급 금액으로 정한 임금은 그 임금 산정 기간에서 도급제에 따라 계산된 임금의 총액을 해당 임금 산정 기간(임금 마감일이 있는 경우에는 임금 마감 기간을 말한다)의 총 근로 시간 수로 나눈 금액

  ⑹ 근로자가 받는 임금이 ㉮부터 ⑼까지의 규정에서 정한 둘 이상의 임금으로 되어 있는 경우에는 ㉮부터 ⑼까지의 규정에 따라 각각 산정된 금액을 합산한 금액

 ② 통상임금을 일급 금액으로 산정할 때에는 시간급 금액에 1일의 소정근로시간 수를 곱하여 계산한다(영 제6조 제3항).

(5) 통상임금을 기초로 산정하여야 하는 경우

 해고예고수당(법 제26조), 연장 · 야간 · 휴일근로수당(법 제56조), 연차휴가수당(법 제60조), 출산전후휴가(법 제74조) 기타 법의 규정에 유급으로 표시되어 있어 경제적 보상인 경우에는 통상임금을 기준으로 함

3. 평균임금

(1) 평균임금의 의의

 평균임금이란 이를 산정하여야 할 사유가 발생한 날 이전 3개월 동안에 그 근로자에게 지급된 임금의 총액을 그 기간의 총일수로 나눈 금액. 근로자가 취업한 후 3개월 미만인 경우도 이에 준한다(법 제2조 제1항 제6호).

(2) 평균임금을 기초로 산정하여야 하는 경우

 퇴직금(법 제34조), 휴업수당(법 제46조), 재해보상금(법 제79조 내지 제85조), 감급액(법 제95조), 연차휴가수당(법 제60조), 산업재해보상보험법상의 보험급여, 고용보험법상의 구직급여기초일액 산정 등

(3) 평균임금

$$평균임금 = \frac{사유가\ 발생한\ 날\ 이전\ 3개월\ 동안의\ 임금\ 총액}{사유가\ 발생한\ 날\ 이전\ 3개월\ 동안의\ 총\ 일수}$$

(4) 평균임금의 계산에서 제외되는 기간과 임금

 ① 평균임금 산정기간 중에 다음의 어느 하나에 해당하는 기간이 있는 경우에는 그 기간과 그 기간 중에 지급된 임금은 평균임금 산정기준이 되는 기간과 임금의 총액에서 각각 뺀다(영 제2조 제1항).

  ㉮ 근로계약을 체결하고 수습 중에 있는 근로자가 수습을 시작한 날부터 3개월 이내의 기간

  ㉯ 사용자의 귀책사유로 휴업한 기간

  ㉰ 출산전후휴가 기간

ⓒ 업무상 부상 또는 질병으로 요양하기 위하여 휴업한 기간

ⓜ 육아휴직 기간

ⓗ 쟁의행위기간

ⓢ 병역법, 예비군법 또는 민방위기본법에 따른 의무를 이행하기 위하여 휴직하거나 근로하지 못한 기간. 다만, 그 기간 중 임금을 지급받은 경우에는 그러하지 아니함

ⓞ 업무 외 부상이나 질병, 그 밖의 사유로 사용자의 승인을 받아 휴업한 기간

② 임금의 총액을 계산할 때에는 임시로 지급된 임금 및 수당과 통화 외의 것으로 지급된 임금을 포함하지 아니한다. 다만, 고용노동부장관이 정하는 것은 그러하지 아니하다(영 제2조 제2항).

(5) 예외적인 평균임금

① **일용근로자의 평균임금** : 일용근로자의 평균임금은 고용노동부장관이 사업이나 직업에 따라 정하는 금액으로 한다(영 제3조).

② **특별한 경우의 평균임금** : 평균임금을 산정할 수 없는 경우에는 고용노동부장관이 정하는 바에 따른다(영 제4조).

③ **평균임금의 조정(영 제5조)**

ⓐ 보상금 등을 산정할 때 적용할 평균임금은 그 근로자가 소속한 사업 또는 사업장에서 같은 직종의 근로자에게 지급된 통상임금의 1명당 1개월 평균액이 그 부상 또는 질병이 발생한 달에 지급된 평균액보다 100분의 5 이상 변동된 경우에는 그 변동비율에 따라 인상되거나 인하된 금액으로 하되, 그 변동 사유가 발생한 달의 다음 달부터 적용하나 제2회 이후의 평균임금을 조정하는 때에는 직전 회의 변동 사유가 발생한 달의 평균액을 산정기준으로 함

ⓑ 평균임금을 조정하는 경우 그 근로자가 소속한 사업 또는 사업장이 폐지된 때에는 그 근로자가 업무상 부상 또는 질병이 발생한 당시에 그 사업 또는 사업장과 같은 종류, 같은 규모의 사업 또는 사업장을 기준으로 함

ⓒ 평균임금을 조정하는 경우 그 근로자의 직종과 같은 직종의 근로자가 없는 때에는 그 직종과 유사한 직종의 근로자를 기준으로 함

ⓓ 업무상 부상을 당하거나 질병에 걸린 근로자에게 지급할 퇴직금을 산정할 때 적용할 평균임금은 조정된 평균임금으로 함

관련 판례 예외적인 평균임금1

노사 간의 합의에 따라 근로기준법에 규정되지 않은 급여를 추가 지급하기로 한 경우 산정기준은 노사 합의에서 정한 바에 의하면 되고, 반드시 근로기준법에 규정된 법정수당 등의 산정기준인 통상임금을 기준으로 하여야 하는 것은 아니다. 따라서 근로기준법상의 통상임금에 포함되는 임금 항목 중 일부만을 위 추가 지급하기로 한 급여의 산정기준으로 정하였다고 하더라도 그러한 합의는 유효하다(대판 2014다232296, 232302).

관련 판례 예외적인 평균임금2

'수습기간과 그 기간 중에 지급된 임금은 평균임금 산정기준이 되는 기간과 임금의 총액에서 공제한다'는 내용의 근로기준법 시행령 제2조 제1항 제1호는, 그 기간을 제외하지 않으면 평균임금이 부당하게 낮아짐으로써 결국 통상의 생활임금을 사실대로 반영함을 기본원리로 하는 평균임금 제도에 반하는 결과를 피하고자 하는 데 입법 취지가 있으므로, 적용범위는 평균임금 산정사유 발생일을 기준으로 그 전 3개월 동안 정상적으로 급여를 받은 기간뿐만 아니라 수습기간이 함께 포함되어 있는 경우에 한한다. 따라서 근로자가 수습을 받기로 하고 채용되어 근무하다가 수습기간이 끝나기 전에 평균임금 산정사유가 발생한 경우에는 위 시행령과 무관하게 평균임금 산정사유 발생 당시의 임금, 즉 수습사원으로서 받는 임금을 기준으로 평균임금을 산정하는 것이 평균임금 제도의 취지 등에 비추어 타당하다(대판 2013두1232).

4. 임금수준의 보호

(1) 의의

① 근로기준법은 근로조건의 최저기준을 정하고 있는 것이고, 최저임금은 최저임금법에서 규율하고 있으며 근로기준법은 도급근로자에 대한 임금보호만 규정함

② 사용자는 도급이나 그 밖에 이에 준하는 제도로 사용하는 근로자에게 근로시간에 따라 일정액의 임금을 보장하여야 한다(법 제47조).

(2) 도급근로자의 임금보호 수준

① **규정이 있는 경우** : 단체협약, 취업규칙, 근로계약 등에 의하여 규정이 있는 경우는 그 규정에 따름

② **규정이 없는 경우** : 휴업수당에 상당하는 평균임금의 70% 이상이 임금수준을 보장하여야 한다는 견해가 대부분

5. 임금의 지급방법

(1) 임금지급의 원칙

법 제43조에서 임금은 직접 지급, 전액 지급, 통화로 지급, 매월 1회 이상 지급을 규정하고 있음

법 령 근로기준법

제43조(임금 지급) ① 임금은 통화(通貨)로 직접 근로자에게 그 전액을 지급하여야 한다. 다만, 법령 또는 단체협약에 특별한 규정이 있는 경우에는 임금의 일부를 공제하거나 통화 이외의 것으로 지급할 수 있다.

② 임금은 매월 1회 이상 일정한 날짜를 정하여 지급하여야 한다. 다만, 임시로 지급하는 임금, 수당, 그 밖에 이에 준하는 것 또는 대통령령으로 정하는 임금에 대하여는 그러하지 아니하다.

(2) 직접지급의 원칙

① 의의 : 임금은 통화(通貨)로 직접 근로자에게 그 전액을 지급하여야 한다(법 제43조 제1항). 다만 민사집행법, 선원법에 의한 예외는 인정됨

② 임금채권이 양도된 경우

양도된 경우에도 양수인에게 지급할 수 없고 근로자에게 지급하여야 함

관련 판례 직접지급의 원칙

근로기준법 제43조에서 임금직접지급의 원칙을 규정하는 한편 동법 제109조에서 그에 위반하는 자는 처벌을 하도록 하는 규정을 두어 그 이행을 강제하고 있는 취지가 임금이 확실하게 근로자 본인의 수중에 들어가게 하여 그의 자유로운 처분에 맡기고 나아가 근로자의 생활을 보호하고자 하는데 있는 점에 비추어 보면 근로자가 그 임금채권을 양도한 경우라 할지라도 그 임금의 지급에 관하여는 같은 원칙이 적용되어 사용자는 직접 근로자에게 임금을 지급하지 아니하면 안 되는 것이고 그 결과 비록 양수인이라고 할지라도 스스로 사용자에 대하여 임금의 지급을 청구할 수는 없다(대판 87다카2803).

③ 직접 지급의 원칙 위반이 아닌 경우

㉠ 근로자가 희망하는 은행 계좌로 입금하는 경우

㉡ 사자(死者)에게 지급하는 경우

㉢ 선원의 청구에 의하여 가족 등 제3자에게 지급하는 경우

㉣ 급료·연금·봉급·상여금·퇴직연금, 그 밖에 이와 비슷한 성질을 가진 급여채권의 2분의 1에 해당하는 금액을 압류하는 경우

(3) 전액지급의 원칙 ★빈출개념

① 의의

임금은 통화(通貨)로 직접 근로자에게 그 전액을 지급하여야 한다(법 제43조 제1항).

관련 판례 전액지급의 원칙

근로기준법 제43조에 의하면, 임금은 통화로 직접 근로자에게 그 전액을 지급하여야 하고(제1항), 매월 1회 이상 일정한 날짜를 정하여 지급하여야 한다(제2항). 그리고 근로기준법 제109조 제1항은 근로기준법 제43조를 위반한 행위를 처벌하도록 정하고 있다. 이는 사용자로 하여금 매월 일정하게 정해진 기일에 근로자에게 근로의 대가 전부를 직접 지급하게 강제함으로써 근로자의 생활안정을 도모하려는 데에 입법 취지가 있으므로, 사용자가 어느 임금의 지급기일에 임금 전액을 지급하지 아니한 경우에는 위 각 규정을 위반한 죄가 성립한다(대판 2013도7896).

관련 판례 지급의무 위반죄 책임조각사유

기업이 불황이라는 사유만으로 사용자가 근로자에 대한 임금이나 퇴직금을 체불하는 것은 허용되지 아니하지만, 모든 성의와 노력을 다했어도 임금이나 퇴직금의 체불이나 미불을 방지할 수 없었다는 것이 사회통념상 긍정할 정도가 되어 사용자에게 더 이상의 적법행위를 기대할 수 없거나 불가피한 사정이었음이 인정되는 경우에는 그러한 사유는 근로기준법이나 근로자퇴직급여 보장법에서 정하는 임금 및 퇴직금 등의 기일 내 지급의무 위반죄의 책임조각사유로 된다(대판 2014도12753).

② 예외
  ㉠ 법령에 의한 예외 : 근로소득세, 주민세, 국민연금, 고용보험료 등은 법령에 의하여 인정됨
  ㉡ 단체협약에 의한 예외 : 노동조합비를 단체협약에 의하여 공제하는 경우 인정됨
  ㉢ 임금의 과다 지급에 의한 공제 : 학자금, 주택자금, 대출금 등을 근로자의 자유로운 의사에 따라 임금에서 공제하는 경우 인정됨

③ 불법행위를 원인으로 하는 손해배상채권과 상계하는 경우
  퇴직금도 임금의 성질을 갖는 것인데 형식상으로는 은행원이 퇴직후 퇴직금을 전액수령하여 그 은행의 자기 예금구좌에 입금하였다가 은행원의 은행에 대한 변상판정금의 일부로 임의변제하는 형식을 취하였으나 실제로는 은행이 퇴직금 지급전에 미리 그 은행원으로부터 받아 둔 예금청구서를 이용하여 위 금액을 인출한 것이라면 퇴직금 중 위 인출금액에 해당하는 부분은 근로기준법 제43조에 위배하여 근로자인 은행원에게 직접 지급되지 않았다고 볼 것이다(대판 88다카 25038).

④ 임금포기 약정
  근로자들이 미지급 상여금을 포기한다는 동의서에 서명하면서 고용승계를 보장받는 것을 목적으로 특정 회사에 회사가 매각되는 것을 조건으로 한 경우, 그 후 특정 회사에의 회사 매각은 결렬되었으나 다른 회사가 동일한 조건으로 고용승계를 보장하여 회사를 인수한 이상 합목적적으로 해석하여 그 조건이 성취된 것으로 볼 수 있으나, 특정 회사에의 회사 매각이 결렬된 후 다른 회사로 회사가 매각되기 전에 퇴직한 근로자들에게는 그 조건이 성취된 것으로 보아서는 아니되고 그 조건의 문언대로 엄격하게 해석하여야 한다고 본 사례(대판 2002다 35867)

(4) 통화지급의 원칙

① 의의
  임금은 강제 통용력이 있는 화폐로 지급하여야 하며 법령이나 단체협약에서 특별한 규정이 있는 경우는 예외로 함

② 금지되는 내용
  현물급여, 주식, 당좌수표, 상품교환권 등은 금지되고 은행 발행의 자기앞수표는 현금과 동일하게 사용되므로 허용됨

(5) 매월 1회 이상 지급의 원칙

① 의의
  임금은 매월 1회 이상 일정한 날짜를 정하여 지급하여야 한다(법 제43조 제2항). 임금은 통화로 직접 근로자에게 그 전액을 지급하여야 하고(제1항), 매월 1회 이상 일정한 날짜를 정하여 지급하여야 한다(제2항). 그리고 근로기준법 제109조 제1항은 근로기준법 제43조를 위반한 행위를 처벌하도록 정하고 있다. 이는 사용자로 하여금 매월 일정하게 정해진 기일에 근로자에게 근로의 대가 전부를 직

01장
근로기준법·최저임금법

관련 판례

임금은 법령 또는 단체협약에 특별한 규정이 있는 경우를 제외하고는 통화로 직접 근로자에게 전액을 지급하여야 한다(근로기준법 제43조 제1항). 따라서 사용자가 근로자의 임금 지급에 갈음하여 사용자가 제3자에 대하여 가지는 채권을 근로자에게 양도하기로 하는 약정은 전부 무효임이 원칙이다. 다만 당사자 쌍방이 위와 같은 무효를 알았다면 임금의 지급에 갈음하는 것이 아니라 지급을 위하여 채권을 양도하는 것을 의욕하였으리라고 인정될 때에는 무효행위 전환의 법리(민법 제138조)에 따라 그 채권양도 약정은 '임금의 지급을 위하여 한 것'으로서 효력을 가질 수 있다(대판 2011다 101308).

접 지급하게 강제함으로써 근로자의 생활안정을 도모하려는 데에 입법 취지가 있으므로, 사용자가 어느 임금의 지급기일에 임금 전액을 지급하지 아니한 경우에는 위 각 규정을 위반한 죄가 성립한다(대판 2013도7896).

② 매월 1회 이상 지급하여야 할 임금의 예외(영 제23조)

　㉠ 1개월을 초과하는 기간의 출근 성적에 따라 지급하는 정근수당

　㉡ 1개월을 초과하는 일정 기간을 계속하여 근무한 경우에 지급되는 근속수당

　㉢ 1개월을 초과하는 기간에 걸친 사유에 따라 산정되는 장려금, 능률수당 또는 상여금

　㉣ 그 밖에 부정기적으로 지급되는 모든 수당

(6) 법 위반의 효과

① 벌칙

임금지급을 위반한 자는 3년 이하의 징역 또는 3천만원 이하의 벌금에 처한다(법 제109조 제1항).

② 반의사불벌

피해자의 명시적인 의사와 다르게 공소를 제기할 수 없다(법 제109조 제2항).

③ 임금체불과 이자지급

사용자의 귀책사유로 임금이 체불되는 경우 채무 불이행으로 이자를 부담하여야 하나 불가항력적이거나 기대가능성이 없는 경우 형사책임은 면제되지만 이자지급의 의무는 면제되지 아니함

(7) 임금의 비상시 지급

① 의의

사용자는 근로자가 출산, 질병, 재해, 그 밖에 대통령령으로 정하는 비상(非常)한 경우의 비용에 충당하기 위하여 임금 지급을 청구하면 지급기일 전이라도 이미 제공한 근로에 대한 임금을 지급하여야 한다(법 제45조). 임금의 비상시 지급(법 제 45조)를 위반한 자는 1천만 원 이하의 벌금에 처한다(법 제113조).

② 요건(영 제 25조)

　㉠ 출산하거나 질병에 걸리거나 재해를 당한 경우

　㉡ 혼인 또는 사망한 경우

　㉢ 부득이한 사유로 1주 이상 귀향하게 되는 경우

　㉣ 근로자의 청구

6. 도급사업의 임금채권의 보호

(1) 의의

사업이 한 차례 이상의 도급에 따라 행하여지는 경우에 하수급인(下受給人)(도급이 한 차례에 걸쳐 행하여진 경우에는 수급인을 말한다)이 직상(直上) 수급인의 귀책사유로 근로자에게 임금을 지급하지 못한 경우에는 그 직상 수급인은 그 하수급인과

연대하여 책임을 진다. 다만, 직상 수급인의 귀책사유가 그 상위 수급인의 귀책사유에 의하여 발생한 경우에는 그 상위 수급인도 연대하여 책임을 진다(법 제44조 제1항).

관련 판례 포괄임금제 약정 성립

기본임금을 미리 산정하지 아니한 채 제 수당을 합한 금액을 월급여액이나 일당임금으로 정하거나 매월 일정액을 제 수당으로 지급하는 내용의 포괄임금제에 관한 약정이 성립하였는지는 근로시간, 근로형태와 업무의 성질, 임금 산정의 단위, 단체협약과 취업규칙의 내용, 동종 사업장의 실태 등 여러 사정을 전체적 · 종합적으로 고려하여 구체적으로 판단하여야 한다(대판 2016도1060).

(2) 건설업에서의 임금 지급 연대책임

① 직상 수급인의 하수급인과 연대

건설업에서 사업이 2차례 이상 도급이 이루어진 경우에 건설사업자가 아닌 하수급인이 그가 사용한 근로자에게 임금(해당 건설공사에서 발생한 임금으로 한정한다)을 지급하지 못한 경우에는 그 직상 수급인은 하수급인과 연대하여 하수급인이 사용한 근로자의 임금을 지급할 책임을 진다(법 제44조의2 제1항).

② 직상 수급인의 간주

직상 수급인이 건설사업자가 아닌 때에는 그 상위 수급인 중에서 최하위의 건설사업자를 직상 수급인으로 본다(법 제44조의2 제2항).

관련 판례 직상 수급인의 하수급인과 연대

건설업에서 2차례 이상 도급이 이루어진 경우 건설산업기본법 규정에 따른 건설업자가 아닌 하수급인이 그가 사용한 근로자에게 임금을 지급하지 못할 경우 하수급인의 직상 수급인은 하수급인과 연대하여 하수급인이 사용한 근로자의 임금을 지급할 책임을 지도록 하면서 이를 위반한 직상 수급인을 처벌하도록 규정하고 있다. 이는 직상 수급인이 건설업 등록이 되어 있지 않아 건설공사를 위한 자금력 등이 확인되지 않는 자에게 건설공사를 하도급하는 위법행위를 함으로써 하수급인의 임금지급의무 불이행에 관한 추상적 위험을 야기한 잘못에 대하여, 실제로 하수급인이 임금지급의무를 이행하지 않아 이러한 위험이 현실화되었을 때 그 책임을 묻는 취지이다(대판 2018도9012).

③ 수급인의 귀책사유(영 제24조)
  ㉠ 정당한 사유 없이 도급계약에서 정한 도급 금액 지급일에 도급 금액을 지급하지 아니한 경우
  ㉡ 정당한 사유 없이 도급계약에서 정한 원자재 공급을 늦게 하거나 공급을 하지 아니한 경우
  ㉢ 정당한 사유 없이 도급계약의 조건을 이행하지 아니하여 하수급인이 도급사업을 정상적으로 수행하지 못한 경우

SEMI-NOTE

직상 수급인이 임금지급을 위반한 자인 경우

3년 이하의 징역 또는 3천만원 이하의 벌금에 처한다(법 제109조 제1항). 이 규정의 반의사불벌

(3) 건설업의 공사도급에 있어서의 임금에 관한 특례

① 직접 지급

공사도급이 이루어진 경우로서 다음의 어느 하나에 해당하는 때에는 직상 수급인은 하수급인에게 지급하여야 하는 하도급 대금 채무의 부담 범위에서 그 하수급인이 사용한 근로자가 청구하면 하수급인이 지급하여야 하는 임금(해당 건설공사에서 발생한 임금으로 한정한다)에 해당하는 금액을 근로자에게 직접 지급하여야 한다(법 제44조의3 제1항).

ㄱ 직상 수급인이 하수급인을 대신하여 하수급인이 사용한 근로자에게 지급하여야 하는 임금을 직접 지급할 수 있다는 뜻과 그 지급방법 및 절차에 관하여 직상 수급인과 하수급인이 합의한 경우

ㄴ 민사집행법에 따른 확정된 지급명령, 하수급인의 근로자에게 하수급인에 대하여 임금채권이 있음을 증명하는 집행증서, 소액사건심판법에 따라 확정된 이행권고결정, 그 밖에 이에 준하는 집행권원이 있는 경우

ㄷ 하수급인이 그가 사용한 근로자에 대하여 지급하여야 할 임금채무가 있음을 직상 수급인에게 알려주고, 직상 수급인이 파산 등의 사유로 하수급인이 임금을 지급할 수 없는 명백한 사유가 있다고 인정하는 경우

> **관련 판례** 직상 수급인의 직접지급의무 부담
>
> 근로기준법 제44조의3 제1항에 의하여 '하수급인이 그가 사용한 근로자에 대하여 지급하여야 할 임금채무가 있음을 직상 수급인에게 알려주고, 직상 수급인이 파산 등의 사유로 하수급인이 임금을 지급할 수 없는 명백한 사유가 있다고 인정하는 경우'에는 직상 수급인은 하수급인에게 지급하여야 하는 하도급 대금 채무의 부담 범위에서 그 하수급인이 사용한 근로자가 청구하면 하수급인이 지급하여야 하는 임금(해당 건설공사에서 발생한 임금으로 한정한다)에 해당하는 금액을 근로자에게 직접 지급할 의무를 부담하게 되고, 같은 조 제3항에 의하여 직상 수급인이 하수급인이 사용한 근로자에게 임금에 해당하는 금액을 지급한 경우에는 하수급인에 대한 하도급 대금 채무는 그 범위에서 각 소멸한 것으로 보도록 규정하고 있는 점 등에 비추어 볼 때, 근로기준법은 직상 수급인에게 하도급 대금 채무를 넘는 새로운 부담을 지우지 않는 범위 내에서 일정한 경우 하수급인이 사용한 근로자에게 임금에 해당하는 금액에 대한 직접지급의무를 부담하게 함으로써 건설공사에서의 하수급인 근로자를 하수급인 및 그 일반 채권자에 우선하여 보호하고자 함을 알 수 있다(대판 2012다94278).

② 원수급인에게 직접청구

발주자의 수급인으로부터 공사도급이 2차례 이상 이루어진 경우로서 하수급인(도급받은 하수급인으로부터 재하도급 받은 하수급인을 포함한다.)이 사용한 근로자에게 그 하수급인에 대한 집행권원이 있는 경우에는 근로자는 하수급인이 지급하여야 하는 임금(해당 건설공사에서 발생한 임금으로 한정한다)에 해당하는 금액을 원수급인에게 직접 지급할 것을 요구할 수 있다. 원수급인은 근로자가 자신에 대하여 민법에 따른 채권자대위권을 행사할 수 있는 금액의 범위에서 이에 따라야 한다(법 제44조의3 제2항).

③ 하도급 대금 채무 소멸

직상 수급인 또는 원수급인이 하수급인이 사용한 근로자에게 임금에 해당하는 금액을 지급한 경우에는 하수급인에 대한 하도급 대금 채무는 그 범위에서 소멸한 것으로 본다(법 제44조의3 제3항).

7. 휴업수당

(1) 휴업수당의 의의

사용자의 귀책사유로 휴업하는 경우에 사용자는 휴업기간 동안 그 근로자에게 평균임금의 100분의 70 이상의 수당을 지급하여야 한다. 다만, 평균임금의 100분의 70에 해당하는 금액이 통상임금을 초과하는 경우에는 통상임금을 휴업수당으로 지급할 수 있다(법 제46조 제1항).

관련 판례 휴업수당의 범위

'휴업'에는 개개의 근로자가 근로계약에 따라 근로를 제공할 의사가 있는데도 그 의사에 반하여 취업이 거부되거나 불가능하게 된 경우도 포함되므로, 이는 '휴직'을 포함하는 광의의 개념인데, 근로기준법 제23조 제1항에서 정하는 '휴직'은 어떤 근로자를 그 직무에 종사하게 하는 것이 불가능하거나 적당하지 아니한 사유가 발생한 때에 그 근로자의 지위를 그대로 두면서 일정한 기간 그 직무에 종사하는 것을 금지시키는 사용자의 처분을 말하는 것이고, '대기발령'은 근로자가 현재의 직위 또는 직무를 장래에 계속 담당하게 되면 업무상 장애 등이 예상되는 경우에 이를 예방하기 위하여 일시적으로 당해 근로자에게 직위를 부여하지 아니함으로써 직무에 종사하지 못하도록 하는 잠정적인 조치를 의미하므로, 대기발령은 근로기준법 제23조 제1항에서 정한 '휴직'에 해당한다고 볼 수 있다. 따라서 사용자가 자신의 귀책사유에 해당하는 경영상의 필요에 따라 개별 근로자들에 대하여 대기발령을 하였다면 이는 근로기준법 제46조 제1항에서 정한 휴업을 실시한 경우에 해당하므로 사용자는 그 근로자들에게 휴업수당을 지급할 의무가 있다(대판 2012다12870).

관련 판례 휴업수당 제도 악용 방지

근로자의 최종 3개월분의 임금은 최우선 변제권을 인정하면서 근로자의 최종 3개월분의 휴업수당은 임금에 해당되지 않는다고 보아 최우선 변제권을 인정하지 않을 경우, 사용자는 근로자에게 최우선 변제권이 인정되는 임금을 지급하지 않고 휴업수당을 지급하는 방법을 택함으로써 휴업수당 제도를 악용할 소지가 있다. 한편, 근로자가 사용자의 귀책사유로 근로를 제공하지 못한 경우에 근로자는 휴업수당을 지급받을 수 있을 뿐만 아니라 민법 제538조 제1항에 따라 사용자에 대하여 임금지급을 청구할 수 있다. 적어도 이와 같은 경우에는 휴업수당이 임금의 성격을 가진다고 보아야 하고, 휴업수당을 임금과 동일하게 취급하여야 한다(청주지법 2009가합1761).

휴업수당의 부득이한 경우

부득이한 사유로 사업을 계속하는 것이 불가능하여 노동위원회의 승인을 받은 경우에는 제1항의 기준에 못 미치는 휴업수당을 지급할 수 있다(법 제46조 제2항).

SEMI-NOTE

(2) 성립요건

① 사용자의 귀책사유가 있을 것

> **[관련 판례] 휴업수당 지급의 사유**
>
> 월남전의 국지적인 전황변경에 따른 작업중단조치는 회사에 대한 관계에서는 주요한 사정변경에 해당되는 것이었다 할지라도 그것이 고용계약을 해지할 부득이한 사유나 정당한 사유는 되지 못하는 것이므로 회사는 위 조치가 있은 후 위 고용계약의 만료일까지 약정된 업무에 취업치 못하고 휴업하게 되었음에 대하여 소정의 휴업수당을 지급하여야 한다(대판 70다523, 524).

② 휴업을 하였을 것

휴업에는 개개의 근로자가 근로계약에 따라 근로를 제공할 의사가 있음에도 불구하고 그 의사에 반하여 취업이 거부되거나 또는 불가능하게 된 경우도 포함되므로 근로자가 사용자의 귀책사유로 인하여 해고된 경우에도 위 휴업수당에 관한 근로기준법이 적용될 수 있다(대판 90다18999).

(3) 휴업수당의 지급

① 원칙

평균임금의 100분의 70 이상의 수당을 지급

② 예외

평균임금의 100분의 70에 해당하는 금액이 통상임금을 초과하는 경우에는 통상임금을 휴업수당으로 지급할 수 있음

③ 휴업수당의 산출

사용자의 귀책사유로 휴업한 기간 중에 근로자가 임금의 일부를 지급받은 경우에는 사용자는 그 근로자에게 평균임금에서 그 지급받은 임금을 뺀 금액을 계산하여 그 금액의 100분의 70 이상에 해당하는 수당을 지급하여야 한다. 다만, 통상임금을 휴업수당으로 지급하는 경우에는 통상임금에서 휴업한 기간 중에 지급받은 임금을 뺀 금액을 지급하여야 한다(영 제26조).

(4) 중간수입이 있을 경우

채권자귀책사유로 인한 이행불능 (민법 제538조 제2항)

채무자는 자기의 채무를 면함으로써 이익을 얻은 때에는 이를 채권자에게 상환하여야 한다.

사용자의 귀책사유로 인하여 해고된 근로자가 해고기간 중에 다른 직장에서 근무하여 지급받은 임금은 민법 제538조 제2항에 규정된 자기의 채무를 면함으로써 얻은 이익에 해당하므로, 사용자는 근로자에게 해고기간 중의 임금을 지급함에 있어 위와 같은 이익(이른바 중간수입)을 공제할 수 있는 것이기는 하지만, 근로자가 지급받을 수 있는 임금액 중 근로기준법 제38조 소정의 휴업수당의 범위 내의 금액은 중간수입으로 공제할 수 없고, 휴업수당을 초과하는 금액만을 중간 수입으로 공제하여야 한다(대판 93다37915).

관련 판례 중간수입의 공제

휴업이란 개개의 근로자가 근로계약에 따라 근로를 제공할 의사가 있음에도 불구하고 그 의사에 반하여 취업이 거부되거나 또는 불가능하게 된 경우도 포함된다고 할 것이므로, 위 "다"항의 공제에 있어서 근로자가 지급받을 수 있는 임금액 중 휴업수당의 한도에서는 이를 이익 공제의 대상으로 삼을 수 없고, 그 휴업수당을 초과하는 금액에서 중간수입을 공제하여야 한다(대판 90다카25277).

(5) 휴업수당의 감액 및 청구

① 감액

부득이한 사유로 사업을 계속하는 것이 불가능하여 노동위원회의 승인을 받은 경우에는 제1항의 기준에 못 미치는 휴업수당을 지급할 수 있다(법 제46조 제2항).

② 민법 제538조 제1항과의 관계

휴업수당은 근로자를 보호하기 위하여 민법의 규정에 추가하여 마련한 규정이므로 사용자의 고의 또는 과실이 인정될 경우에는 경합적으로 인정되는 권리

8. 임금채권의 보호

(1) 임금채권의 우선변제

① 조세·공과금 및 다른 채권에 우선하여 변제

임금, 재해보상금, 그 밖에 근로 관계로 인한 채권은 사용자의 총재산에 대하여 질권(質權)·저당권 또는 동산·채권 등의 담보에 관한 법률에 따른 담보권에 따라 담보된 채권 외에는 조세·공과금 및 다른 채권에 우선하여 변제되어야 한다. 다만, 질권·저당권 또는 동산·채권 등의 담보에 관한 법률에 따른 담보권에 우선하는 조세·공과금에 대하여는 그러하지 아니하다(법 제38조 제1항).

② 최종 3개월분의 임금, 재해보상금의 우선변제

최종 3개월분의 임금, 재해보상금에 해당하는 채권은 사용자의 총재산에 대하여 질권·저당권 또는 동산·채권 등의 담보에 관한 법률에 따른 담보권에 따라 담보된 채권, 조세·공과금 및 다른 채권에 우선하여 변제되어야 한다(법 제38조 제2항).

관련 판례 임금채권의 우선변제권1

근로자의 최저생활을 보장하고자 하는 공익적 요청에서 예외적으로 일반 담보물권의 효력을 일부 제한하고 임금채권의 우선변제권을 규정한 것으로서, 그 입법취지에 비추어 보면 여기서 임금 우선변제권의 적용 대상이 되는 '사용자의 총재산'이라 함은 근로계약의 당사자로서 임금채무를 1차적으로 부담하는 사업주 사용자의 총재산을 의미하고, 따라서 사용자가 법인인 경우에는 법인 자체의 재산만을 가리키며 법인의 대표자 등 사업경영 담당자의 개인 재산은 이에 포함되지 않는다고 봄이 상당하다(대판 95다719).

민법 제538조 제1항

쌍무계약의 당사자 일방의 채무가 채권자의 책임 있는 사유로 이행할 수 없게 된 때에는 채무자는 상대방의 이행을 청구할 수 있다. 채권자의 수령지체 중에 당사자 쌍방의 책임 없는 사유로 이행할 수 없게 된 때에도 같다.

임금채권의 우선변제권

임금채권의 조세, 공과금, 다른 일반채권에 대한 우선변제권은 채무자의 재산에 대하여 강제집행을 하였을 경우에 그 강제집행에 의한 환가금에서 일반채권에 우선하여 변제받을 수 있음에 그치는 것이고, 이미 다른 채권자에 의하여 이루어진 압류처분의 효력까지도 배제하여 그보다 우선적으로 직접 지급을 구할 수 있는 권한을 부여한 것으로 볼 수 없다(대판 95누2562).

관련 판례 임금채권의 우선변제권2

최종 3개월분의 임금 채권이 사용자의 총재산에 대하여 질권 또는 저당권에 따라 담보된 채권에 우선하여 변제되어야 한다고 규정하고 있을 뿐, 사용자가 사용자 지위를 취득하기 전에 설정한 질권 또는 저당권에 따라 담보된 채권에는 우선하여 변제받을 수 없는 것으로 규정하고 있지 않으므로, 최종 3개월분의 임금 채권은 사용자의 총재산에 대하여 사용자가 사용자 지위를 취득하기 전에 설정한 질권 또는 저당권에 따라 담보된 채권에도 우선하여 변제되어야 한다(대판 2011다68777).

③ 퇴직금

최종 3년간의 퇴직급여등은 사용자의 총재산에 대하여 질권 또는 저당권에 의하여 담보된 채권, 조세 · 공과금 및 다른 채권에 우선하여 변제되어야 한다(근로자퇴직급여보장법 제12조 제2항).

관련 판례 최종 3개월분의 임금

최종 3개월분의 임금은 배당요구 이전에 이미 근로관계가 종료된 근로자의 경우에는 근로관계 종료일부터 소급하여 3개월 사이에 지급사유가 발생한 임금 중 미지급분, 배당요구 당시에도 근로관계가 종료되지 않은 근로자의 경우에는 배당요구 시점부터 소급하여 3개월 사이에 지급사유가 발생한 임금 중 미지급분을 말한다. 그리고 최종 3년간의 퇴직금도 이와 같이 보아야 하므로, 배당요구 종기일 이전에 퇴직금 지급사유가 발생하여야 한다(대판 2015다204762).

④ 우선변제의 순위

　ㄱ 최종 3개월분 임금, 재해보상금, 최종 3년간 퇴직금
　ㄴ 질권 · 저당권에 우선하는 조세, 공과금
　ㄷ 질권 · 저당권에 의하여 담보된 채권
　ㄹ 최종 3개월분 임금, 재해보상금, 최종 3년간 퇴직금을 제외한 임금 기타 근로관계의 채권
　ㅁ 조세, 공과금, 일반채권

우선변제의 특권의 보호를 받는 임금채권의 범위는, 임금채권에 대한 근로자의 배당요구 당시 근로자와 사용자의 근로계약관계가 이미 종료하였다면 그 종료시부터 소급하여 3개월 사이에 지급사유가 발생한 임금 중 미지급분을 말한다(대판 2006다1930).

(2) 사망, 퇴직 시 임금지급에 대한 보호

① 금품 청산 ★ 빈출개념

사용자는 근로자가 사망 또는 퇴직한 경우에는 그 지급 사유가 발생한 때부터 14일 이내에 임금, 보상금, 그 밖의 모든 금품을 지급하여야 한다. 다만, 특별한 사정이 있을 경우에는 당사자 사이의 합의에 의하여 기일을 연장할 수 있다(법 제36조).

관련 판례 퇴직근로자의 보호

사용자인 피고인이 퇴직근로자인 피해자들에 대한 연장근로수당, 주휴수당, 임금 및 퇴직금을 당사자 사이의 합의 없이 지급사유가 발생한 때부터 14일 이내에 지급하지 않았다고 하여 근로기준법 위반 및 근로자퇴직급여 보장법 위반으로 기소된 사안에서, 피고인에게 유죄를 인정한 사례(대판 2015노1996)

관련 판례 지급의무 위반죄의 책임조각사유

기업이 불황이라는 사유만으로 사용자가 근로자에 대한 임금이나 퇴직금을 체불하는 것은 허용되지 아니하지만, 모든 성의와 노력을 다했어도 임금이나 퇴직금의 체불이나 미불을 방지할 수 없었다는 것이 사회통념상 긍정할 정도가 되어 사용자에게 더 이상의 적법행위를 기대할 수 없거나 불가피한 사정이었음이 인정되는 경우에는 그러한 사유는 근로기준법이나 근로자퇴직급여 보장법에서 정하는 임금 및 퇴직금 등의 기일 내 지급의무 위반죄의 책임조각사유로 된다(대판 2014도12753).

관련 판례 연말정산의 환급금

근로소득세액의 연말정산에 의한 환급금은, 당해 연도에 이미 원천징수하여 납부한 소득세가 당해 종합소득산출세액에서세액공제를 한 금액을 초과하는 경우 그 초과액을 당해 근로소득자에게 소득세법 시행령이 정하는 바에 따라 환급하는 것으로서, '근로자가 사망 또는 퇴직한 경우에 사용자가 그 지급사유가 발생한 때부터 14일 이내에 지급하여야 할 임금, 보상금, 그 밖에 일체의 금품'에 해당한다(대판 2009도2357).

② 미지급 임금에 대한 지연이자

㉠ 사용자는 제36조에 따라 지급하여야 하는 임금 및 근로자퇴직급여 보장법에 따른 급여(일시금만 해당된다)의 전부 또는 일부를 그 지급 사유가 발생한 날부터 14일 이내에 지급하지 아니한 경우 그 다음 날부터 지급하는 날까지의 지연 일수에 대하여 연 100분의 40 이내의 범위에서 은행이 적용하는 연체금리 등 경제 여건을 고려하여 대통령령으로 정하는 이율에 따른 지연이자를 지급하여야 한다(법 제37조 제1항).

관련 판례 파견사업주의 임금지급 의무

간병인인 甲이 乙 사회복지법인과 근로계약을 체결한 후 丙 병원에 파견되어 근로를 제공하다가 퇴직한 사안에서, 甲과 乙 법인은 근로자파견관계에 있으므로 乙 법인은 파견근로자보호 등에 관한 법률 제34조 제1항에 따라 파견사업주로서 甲에게 미지급 임금 및 퇴직금을 지급할 의무를 부담한다고 본 원심판단을 수긍한 사례(대판 2015다54219)

관련 판례 미지급 임금의 범위

甲이 乙 주식회사를 상대로 부당해고를 이유로 복직 시까지의 임금 및 미지급 임금에 대하여 근로기준법 제36조 본문에 따라 연 20%의 지연손해금의 지급을 구한 사안에서, 근로기준법 제36조에서 정한 '그 지급 사유가 발생한 때'라 함은 사망 또는 퇴직의 효력이 발생한 때를 의미하므로 해고가 무효로 되어 甲이 복직한 이상 이에 해당한다고 보기 어렵고, 부당해고 기간 중의 미지급 임금은 상행위로 생긴 것이므로 그 변형으로 인정되는 지연손해금채무, 즉 채무불이행으로 인한 손해배상채무도 상사채무라 할 것이어서 상법이 정한 연 6%의 범위 내에서만 이유 있다고 본 원심판단을 수긍한 사례(대판 2014다28305)

ⓛ 사용자가 천재·사변, 그 밖에 대통령령으로 정하는 사유에 따라 임금 지급을 지연하는 경우 그 사유가 존속하는 기간에 대하여는 적용하지 아니한다(법 제37조 제2항).

ⓒ 지연이자의 적용제외 사유(영 제18조)
- 임금채권보장법에 해당하는 경우
  - 회생절차개시의 결정이 있는 경우
  - 파산선고의 결정이 있는 경우
  - 고용노동부장관이 대통령령으로 정한 요건과 절차에 따라 미지급 임금 등을 지급할 능력이 없다고 인정하는 경우
  - 사업주가 근로자에게 미지급 임금 등을 지급하라는 다음의 어느 하나에 해당하는 판결, 명령, 조정 또는 결정 등이 있는 경우 : 종국판결, 지급명령, 소송상 화해, 청구의 인낙(認諾) 등 확정판결과 같은 효력을 가지는 것, 조정, 조정을 갈음하는 결정, 이행권고결정
- 채무자 회생 및 파산에 관한 법률, 국가재정법, 지방자치법 등 법령상의 제약에 따라 임금 및 퇴직금을 지급할 자금을 확보하기 어려운 경우
- 지급이 지연되고 있는 임금 및 퇴직금의 전부 또는 일부의 존부(存否)를 법원이나 노동위원회에서 다투는 것이 적절하다고 인정되는 경우
- 그 밖에 제시된 규정에 준하는 사유가 있는 경우

(3) 체불임금에 대한 보호

① 3년 이하의 징역 또는 3천만 원 이하의 벌금

제36조(금품 청산), 제43조(임금지급), 제44조(도급사업에 대한 임금지급), 제44조의2(건설업에서의 임금지급 연대책임), 제46조(휴업수당), 제56조(연장·야간 및 휴일근로)를 위반한 자는 3년 이하의 징역 또는 3천만 원 이하의 벌금에 처한다(법 제109조 제1항).

② 1천만원 이하의 벌금

제45조(비상시 지급)를 위반한 자는 1천만원 이하의 벌금에 처한다(법 제113조).

③ 500만원 이하의 벌금

제47조(도급 근로자에 대한 임금보장)를 위반한 자는 500만원 이하의 벌금에 처한다(법 제114조).

(4) 체불사업주 명단공개 및 체불자료 제공

① 체불사업주 명단공개(법 제43조의2)

ⓐ 고용노동부장관은 임금, 보상금, 수당, 그 밖의 모든 금품을 지급하지 아니한 사업주(법인인 경우에는 그 대표자를 포함한다.)가 명단 공개 기준일 이전 3년 이내 임금등을 체불하여 2회 이상 유죄가 확정된 자로서 명단 공개 기준일 이전 1년 이내 임금등의 체불총액이 3천만원 이상인 경우에는 그 인적사항 등을 공개할 수 있다. 다만, 체불사업주의 사망·폐업으로 명단 공개의 실효

성이 없는 경우 등 대통령령으로 정하는 사유가 있는 경우에는 그러하지 아니하다.

ⓛ 고용노동부장관은 명단 공개를 할 경우에 체불사업주에게 3개월 이상의 기간을 정하여 소명 기회를 주어야 한다.

ⓒ 체불사업주의 인적사항 등에 대한 공개 여부를 심의하기 위하여 고용노동부에 임금체불정보심의위원회를 둔다. 이 경우 위원회의 구성 · 운영 등 필요한 사항은 고용노동부령으로 정한다.

ⓔ 명단 공개의 구체적인 내용, 기간 및 방법 등 명단 공개에 필요한 사항은 대통령령으로 정한다.

② 명단공개 내용 · 기간 등(영 제23조의 3)

ⓐ 고용노동부장관은 다음의 내용을 공개한다.

- 체불사업주의 성명 · 나이 · 상호 · 주소(체불사업주가 법인인 경우에는 그 대표자의 성명 · 나이 · 주소 및 법인의 명칭 · 주소를 말한다)
- 명단 공개 기준일 이전 3년간의 임금 등 체불액

ⓛ 공개는 관보에 싣거나 인터넷 홈페이지, 관할 지방고용노동관서 게시판 또는 그 밖에 열람이 가능한 공공장소에 3년간 게시하는 방법으로 한다.

③ 체불사업주 명단 공개 제외 대상(영 제23조의2)

ⓐ 임금, 보상금, 수당, 그 밖의 일체의 금품을 지급하지 않은 사업주가 사망하거나 실종선고를 받은 경우(체불사업주가 자연인인 경우만 해당한다)

ⓛ 체불사업주가 소명 기간 종료 전까지 체불 임금 등을 전액 지급한 경우

ⓒ 체불사업주가 회생절차개시 결정을 받거나 파산선고를 받은 경우

ⓔ 체불사업주가 도산등사실인정을 받은 경우

ⓜ 체불사업주가 체불 임금 등의 일부를 지급하고, 남은 체불 임금 등에 대한 구체적인 청산 계획 및 자금 조달 방안을 충분히 소명하여 임금체불정보심의위원회가 명단 공개 대상에서 제외할 필요가 있다고 인정하는 경우

ⓗ ⓐ부터 ⓜ까지의 규정에 준하는 경우로서 위원회가 체불사업주의 인적사항 등을 공개할 실효성이 없다고 인정하는 경우

④ 임금등 체불자료의 제공(법 제43조의3)

ⓐ 고용노동부장관은 종합신용정보집중기관이 임금등 체불자료 제공일 이전 3년 이내 임금등을 체불하여 2회 이상 유죄가 확정된 자로서 임금등 체불자료 제공일 이전 1년 이내 임금등의 체불총액이 2천만원 이상인 체불사업주의 인적사항과 체불액 등에 관한 자료를 요구할 때에는 임금등의 체불을 예방하기 위하여 필요하다고 인정하는 경우에 그 자료를 제공할 수 있다. 다만, 체불사업주의 사망 · 폐업으로 임금등 체불자료 제공의 실효성이 없는 경우 등 대통령령으로 정하는 사유가 있는 경우에는 그러하지 아니하다.

ⓛ 임금등 체불자료를 받은 자는 이를 체불사업주의 신용도 · 신용거래능력 판단과 관련한 업무 외의 목적으로 이용하거나 누설하여서는 아니 된다.

ⓒ 임금등 체불자료의 제공 절차 및 방법 등 임금등 체불자료의 제공에 필요한 사항은 대통령령으로 정한다.

⑤ 임금등 체불자료의 제공 제외 대상(영 제23조의4)

    ㉠ 체불사업주가 사망하거나 실종선고를 받은 경우(체불사업주가 자연인인 경우만 해당한다)

    ㉡ 체불사업주가 임금등 체불자료 제공일 전까지 체불 임금등을 전액 지급한 경우

    ㉢ 체불사업주가 회생절차개시 결정을 받거나 파산선고를 받은 경우

    ㉣ 체불사업주가 도산등사실인정을 받은 경우

    ㉤ 체불자료 제공일 전까지 체불사업주가 체불 임금등의 일부를 지급하고 남은 체불 임금등에 대한 구체적인 청산 계획 및 자금 조달 방안을 충분히 소명하여 고용노동부장관이 체불 임금등 청산을 위하여 성실히 노력하고 있다고 인정하는 경우

⑥ 임금등 체불자료의 제공절차 등(영 제23조의5)

    ㉠ 임금등 체불자료를 요구하는 자는 다음의 사항을 적은 문서를 고용노동부장관에게 제출하여야 함

        • 요구자의 성명 · 상호 · 주소(요구자가 법인인 경우에는 그 대표자의 성명 및 법인의 명칭 · 주소를 말한다)

        • 요구하는 임금등 체불자료의 내용과 이용 목적

    ㉡ 고용노동부장관은 임금등 체불자료를 서면 또는 전자적 파일 형태로 작성하여 제공할 수 있음

    ㉢ 고용노동부장관은 임금등 체불자료를 제공한 후 임금등 체불자료의 제공 제외 대상 사유가 발생한 경우에는 그 사실을 안 날부터 15일 이내에 요구자에게 그 내용을 통지하여야 함

(5) 임금대장의 작성 및 임금의 시효

① 임금대장 및 임금명세서

    ㉠ 사용자는 각 사업장별로 임금대장을 작성하고 임금과 가족수당 계산의 기초가 되는 사항, 임금액, 그 밖에 대통령령으로 정하는 사항을 임금을 지급할 때마다 적어야 한다(법 제48조).

    ㉡ 사용자는 임금을 지급하는 때에는 근로자에게 임금의 구성항목 · 계산방법, 제43조제1항 단서에 따라 임금의 일부를 공제한 경우의 내역 등 대통령령으로 정하는 사항을 적은 임금명세서를 서면(전자문서 및 전자거래 기본법 제2조제1호에 따른 전자문서를 포함한다)으로 교부하여야 한다.

② 임금대장의 기재사항(영 제27조)

    ㉠ 사용자는 임금대장에 다음의 사항을 근로자 개인별로 적어야 한다.

        • 성명

        • 주민등록번호

        • 고용 연월일

        • 종사하는 업무

        • 임금 및 가족수당의 계산기초가 되는 사항

        • 근로일수

- 근로시간수
- 연장근로, 야간근로 또는 휴일근로를 시킨 경우에는 그 시간수
- 기본급, 수당, 그 밖의 임금의 내역별 금액(통화 외의 것으로 지급된 임금이 있는 경우에는 그 품명 및 수량과 평가총액)
- 임금의 일부를 공제한 경우에는 그 금액

ⓒ 사용기간이 30일 미만인 일용근로자에 대하여는 주민등록번호 및 임금 및 가족수당의 계산기초가 되는 사항을 적지 아니할 수 있다.

ⓒ 다음의 어느 하나에 해당하는 근로자에 대하여는 근로시간수 및 연장근로, 야간근로 또는 휴일근로를 시킨 경우에는 그 시간수의 사항을 적지 아니할 수 있다.
- 상시 4명 이하의 근로자를 사용하는 사업 또는 사업장의 근로자
- 근로시간, 휴게와 휴일에 관한 규정이 적용되지 아니하는 근로자

③ **임금의 시효**

이 법에 따른 임금채권은 3년간 행사하지 아니하면 시효로 소멸한다(법 제49조).

1. 근로시간의 개념과 산정

(1) 근로시간의 개념

① 개념

근로시간은 근로자가 고용주와의 계약에 따라 노동력을 제공하는 시간이다. 따라서 근로시간이란 근로자가 사용자의 지휘감독 아래 근로계약상의 근로를 제공하는 시간, 즉 실근로시간을 말한다고 할 것이다(대판 91다14406).

관련 판례 근로시간의 범위

근로기준법상의 근로시간이라 함은 근로자가 사용자의 지휘, 감독 아래 근로계약상의 근로를 제공하는 시간을 말하는바, 근로자가 작업시간의 중도에 현실로 작업에 종사하지 않은 대기시간이나 휴식, 수면시간 등이라 하더라도 그것이 휴게시간으로서 근로자에게 자유로운 이용이 보장된 것이 아니고 실질적으로 사용자의 지휘, 감독하에 놓여 있는 시간이라면 이를 당연히 근로시간에 포함시켜야 할 것이다(대판 92다24509).

관련 판례 근로시간의 준수

회사원도 근로관계 법령 및 고용계약에서 정한 근무시간 이외에는 여가를 자유롭게 사용하여 자신의 생활을 자신의 의도대로 형성하고 행복을 추구할 권리가 있다. 그리고 회사의 업무에 관한 회의나 직원들의 단합을 도모하기 위한 행사는 회사의 업무 그 자체이거나 회사의 업무와 관련된 것으로서 근무시간 내에 이루어지는 것이 원칙이고 예외적으로 근무시간 외에 위와 같은 행사나 회의를 하는 경우에는 해당 회사원의 동의를 얻는 등 근로관계 법령이 정한 바에 따라야 한다(대판 2006나109669).

01장

근로기준법 · 최저임금법

② 근로시간의 판단
  ㉠ 일 · 숙직근무 : 일 · 숙직근무가 주된 근로계약에 따라 제공하는 근로와 실질적으로 동일한 경우 가산임금 지급의 대상이 되는 근로시간에 포함됨
  ㉡ 대기시간 : 근로시간을 산정하는 경우 작업을 위하여 근로자가 사용자의 지휘 · 감독 아래에 있는 대기시간 등은 근로시간으로 본다(법 제50조 제2항). 근로기준법상의 휴게시간이란 근로자가 근로시간의 도중에 사용자의 지휘명령으로부터 완전히 해방되고 또한 자유로운 이용이 보장된 시간을 의미한다(대판 91다20548).
  ㉢ 업무준비행위 및 업무정리행위 : 시업시간 전의 활동이라도 작업지시의 수령, 작업의 인수나 작업조의 편성, 기계 및 기구의 점검 등은 원칙적으로 근로시간에 포함되며 작업의 마무리 작업은 업무활동의 최종부분으로 근로시간에 포함됨

(2) 법정근로시간

① 소정(所定)근로시간
  근로시간의 범위에서 근로자와 사용자 사이에 정한 근로시간(법 제2조 제1항 제8호).
② 기준근로시간
  근로자의 최장근로시간을 정하는 법정근로시간
③ 연소근로자
  ㉠ 15세 이상 18세 미만인 사람의 근로시간은 1일에 7시간, 1주에 35시간을 초과하지 못한다. 다만, 당사자 사이의 합의에 따라 1일에 1시간, 1주에 5시간을 한도로 연장할 수 있다(법 제69조).

관련 판례 법정근로시간에 의한 임금준수

> 근로기준법에 정한 기준에 미치지 못하는 근로조건을 정한 근로계약은 그 부분에 한하여 무효로 하면서(근로기준법의 강행성) 그 무효로 된 부분은 근로기준법이 정한 기준에 의하도록 정하고 있으므로(근로기준법의 보충성), 근로시간의 산정이 어려운 등의 사정이 없음에도 포괄임금제 방식으로 약정된 경우 그 포괄임금에 포함된 정액의 법정수당이 근로기준법이 정한 기준에 따라 산정된 법정수당에 미달하는 때에는 그에 해당하는 포괄임금제에 의한 임금 지급계약 부분은 근로자에게 불이익하여 무효라 할 것이고, 사용자는 근로기준법의 강행성과 보충성 원칙에 의해 근로자에게 그 미달되는 법정수당을 지급할 의무가 있다(대판 2008다6052).

  ㉡ 사용자는 임산부와 18세 미만자를 오후 10시부터 오전 6시까지의 시간 및 휴일에 근로시키지 못한다. 다만 동의가 있는 경우는 예외로 한다(법 제70조 제2항).
  ㉢ 사용자는 고용노동부장관의 인가를 받기 전에 근로자의 건강 및 모성 보호를 위하여 그 시행 여부와 방법 등에 관하여 그 사업 또는 사업장의 근로자대표와 성실하게 협의하여야 한다(법 제70조 제3항).

④ 여성 근로자

　㉠ 여성 근로자는 원칙적으로 남성 근로자와 동일하고 미성년 여성근로자는 연소근로자와 동일

　㉡ 연장 근로의 제한

　　• 사용자는 임산부와 18세 미만자를 오후 10시부터 오전 6시까지의 시간 및 휴일에 근로시키지 못한다(법 제70조 제2항). 산후 1년이 지나지 아니한 여성의 동의가 있는 경우, 임신 중의 여성이 명시적으로 청구하는 경우로서 고용노동부장관의 인가를 받으면 그러하지 아니함

　　• 사용자는 산후 1년이 지나지 아니한 여성에 대하여는 단체협약이 있는 경우라도 1일에 2시간, 1주에 6시간, 1년에 150시간을 초과하는 시간외근로를 시키지 못한다(법 제71조).

　　• 15세 이상 18세 미만의 근로자와 임신 중인 여성 근로자에 대하여는 탄력적 근로시간제를 적용하지 아니한다(법 제51조 제3항).

　　• 사용자는 임신 중의 여성 근로자에게 시간외근로를 하게 하여서는 아니 되며, 그 근로자의 요구가 있는 경우에는 쉬운 종류의 근로로 전환하여야 한다(법 제74조 제5항).

⑤ 유해 및 위험작업 근로자

　㉠ 근로시간 : 1일 6시간, 1주 34시간을 초과할 수 없음.

　㉡ 근로시간 보호 : 유해 및 위험작업 근로자에 대하여 신축적 근로시간제, 연장 근로는 금지됨.

(3) 근로시간 계산의 특례

① 근로자가 출장이나 그 밖의 사유로 근로시간의 전부 또는 일부를 사업장 밖에서 근로하여 근로시간을 산정하기 어려운 경우에는 소정근로시간을 근로한 것으로 본다. 다만, 그 업무를 수행하기 위하여 통상적으로 소정근로시간을 초과하여 근로할 필요가 있는 경우에는 그 업무의 수행에 통상 필요한 시간을 근로한 것으로 본다(법 제58조 제1항).

관련 판례 근로계약의 무효

근로기준법에 정한 기준에 미치지 못하는 근로조건을 정한 근로계약은 그 부분에 한하여 무효로 하면서(근로기준법의 강행성) 그 무효로 된 부분은 근로기준법이 정한 기준에 의하도록 정하고 있으므로(근로기준법의 보충성), 근로시간의 산정이 어려운 등의 사정이 없음에도 포괄임금제 방식으로 약정된 경우 그 포괄임금에 포함된 정액의 법정수당이 근로기준법이 정한 기준에 따라 산정된 법정수당에 미달하는 때에는 그에 해당하는 포괄임금제에 의한 임금 지급계약 부분은 근로자에게 불이익하여 무효라 할 것이고, 사용자는 근로기준법의 강행성과 보충성 원칙에 의해 근로자에게 그 미달되는 법정수당을 지급할 의무가 있다(대판 2008다6052).

② 업무에 관하여 근로자대표와의 서면 합의를 한 경우에는 그 합의에서 정하는 시간을 그 업무의 수행에 통상 필요한 시간으로 본다(법 제58조 제2항).

관련 판례

여성인 근로자가 생리휴가기일에 휴가를 사용하지 아니하고 근로한 경우에는 근로의무가 면제된 특정일에 추가로 근로를 제공한 것이므로 사용자는 당연히 그 근로의 대가로서 이에 상응하는 생리휴가근로수당도 지급하여야 한다. 연·월차 휴가의 경우에도 지급하는 휴가근로수당을, 단지 입법 취지, 목적 및 조문의 위치가 다르다는 점만으로 생리휴가의 경우에 지급하지 않는다면, 이는 여성의 모성을 특별히 보호하기 위한 취지에 반한다(서울고법 2006나60054).

근로시간 간주의 원칙

작업의 개시부터 종료까지의 시간에서 휴게시간을 제외한 시간

③ 업무의 성질에 비추어 업무 수행 방법을 근로자의 재량에 위임할 필요가 있는 업무로서 대통령령으로 정하는 업무는 사용자가 근로자대표와 서면 합의로 정한 시간을 근로한 것으로 본다. 이 경우 그 서면 합의에는 다음의 사항을 명시하여야 한다(법 제58조 제3항).

㉠ 대상 업무

㉡ 사용자가 업무의 수행 수단 및 시간 배분 등에 관하여 근로자에게 구체적인 지시를 하지 아니한다는 내용

㉢ 근로시간의 산정은 그 서면 합의로 정하는 바에 따른다는 내용

④ 재량근로의 대상업무(영 제31조)

㉠ 신상품 또는 신기술의 연구개발이나 인문사회과학 또는 자연과학분야의 연구 업무

㉡ 정보처리시스템의 설계 또는 분석 업무

㉢ 신문, 방송 또는 출판 사업에서의 기사의 취재, 편성 또는 편집 업무

㉣ 의복·실내장식·공업제품·광고 등의 디자인 또는 고안 업무

㉤ 방송 프로그램·영화 등의 제작 사업에서의 프로듀서나 감독 업무

㉥ 그 밖에 고용노동부장관이 정하는 업무

(4) 근로시간규정 등의 적용제외 사업

① 의의

농업, 산업 등에 종사하는 근로자와 감시 또는 단속적 근로에 종사하는 사람에 대하여 8시간 근로제, 휴게와 주휴일 등에 관한 규정을 제외함

② 적용 제외(법 제63조)

㉠ 토지의 경작·개간, 식물의 식재(植栽)·재배·채취 사업, 그 밖의 농림 사업

㉡ 동물의 사육, 수산 동식물의 채취·포획·양식 사업, 그 밖의 축산, 양잠, 수산 사업

㉢ 감시(監視) 또는 단속적(斷續的)으로 근로에 종사하는 사람으로서 사용자가 고용노동부장관의 승인을 받은 사람

㉣ 사업의 종류에 관계없이 관리·감독 업무 또는 기밀을 취급하는 업무에 종사하는 근로자(영 제34조)

③ 적용이 제외되는 규정

근로시간(법 제50조), 연장근로의 제한(법 제53조), 휴게시간(법 제54조), 주휴일(법 제55조), 근로시간 및 휴게시간의 특례(법 제59조), 연장근로와 휴일근로에 대한 가산금(법 제45조), 연소자의 근로시간(제69조), 여성근로자의 근로시간에 대한 제한(법 제71조)

2. 신축적(유연적) 근로시간제

(1) 3개월 이내의 탄력적 근로시간제

① 2주 이내의 탄력적 근로시간제

사용자는 취업규칙(취업규칙에 준하는 것을 포함한다)에서 정하는 바에 따라 2주 이내의 일정한 단위기간을 평균하여 1주 간의 근로시간이 법정 근로시간을 초과하지 아니하는 범위에서 특정한 주에 법정 근로시간을, 특정한 날에 법정 근로시간을 초과하여 근로하게 할 수 있다. 다만, 특정한 주의 근로시간은 48시간을 초과할 수 없다(법 제51조 제1항).

② 3개월 이내의 탄력적 근로시간제

사용자는 근로자대표와의 서면 합의에 따라 다음의 사항을 정하면 3개월 이내의 단위기간을 평균하여 1주 간의 근로시간이 법정 근로시간을 초과하지 아니하는 범위에서 특정한 주에 법정 근로시간을, 특정한 날에 법정 근로시간을 초과하여 근로하게 할 수 있다. 다만, 특정한 주의 근로시간은 52시간을, 특정한 날의 근로시간은 12시간을 초과할 수 없다(법 제51조 제2항).

㉠ 대상 근로자의 범위

㉡ 단위기간(3개월 이내의 일정한 기간으로 정하여야 한다)

㉢ 단위기간의 근로일과 그 근로일별 근로시간

㉣ 서면 합의의 유효기간(영 제28조 제1항)

③ 임금보전방안

사용자는 근로자를 근로시킬 경우에는 기존의 임금 수준이 낮아지지 아니하도록 임금보전방안(賃金補塡方案)을 강구하여야 한다(법 제51조 제4항).

(2) 3개월을 초과하는 탄력적 근로시간제

① 사용자는 근로자대표와의 서면 합의에 따라 다음의 사항을 정하면 3개월을 초과하고 6개월 이내의 단위기간을 평균하여 1주간의 근로시간이 법정 근로시간을 초과하지 아니하는 범위에서 특정한 주에 법정 근로시간을, 특정한 날에 법정 근로시간을 초과하여 근로하게 할 수 있다. 다만, 특정한 주의 근로시간은 52시간을, 특정한 날의 근로시간은 12시간을 초과할 수 없다(법 제51조의2 제1항).

㉠ 대상 근로자의 범위

㉡ 단위기간(3개월을 초과하고 6개월 이내의 일정한 기간으로 정하여야 한다)

㉢ 단위기간의 주별 근로시간

㉣ 그 밖에 대통령령으로 정하는 사항

② 근로자 대표와의 서면 합의

사용자는 근로자를 근로시킬 경우에는 근로일 종료 후 다음 근로일 개시 전까지 근로자에게 연속하여 11시간 이상의 휴식 시간을 주어야 한다. 다만, 천재지변 등 대통령령으로 정하는 불가피한 경우에는 근로자대표와의 서면 합의가 있으면 이에 따른다(법 제51조의2 제2항).

근로기준법상 근로자대표와의 서면합의가 필요한 경우

- 3개월 이내의 탄력적 근로시간제(법 제51조 제2항)
- 3개월을 초과하는 탄력적 근로시간제(법 제51조의2 제2항)
- 선택적 근로시간제(법 제52조)
- 유급주 휴일의 대체(법 제55조 제2항)
- 보상 휴가제(법 제57조)
- 간주시간제에서 근로시간의 특례(법 제58조 제2항, 제3항)
- 근로시간 및 휴게시간의 특례(법 제59조)
- 유급휴가의 대체(법 제62조)

SEMI-NOTE

③ 근로일별 근로시간 통보

사용자는 각 주의 근로일이 시작되기 2주 전까지 근로자에게 해당 주의 근로일별 근로시간을 통보하여야 한다(법 제51조의2 제3항).

④ 근로일별 근로시간 변경

사용자는 근로자대표와의 서면 합의 당시에는 예측하지 못한 천재지변, 기계 고장, 업무량 급증 등 불가피한 사유가 발생한 때에는 단위기간 내에서 평균하여 1주간의 근로시간이 유지되는 범위에서 근로자대표와의 협의를 거쳐 변경할 수 있다. 이 경우 해당 근로자에게 변경된 근로일이 개시되기 전에 변경된 근로일별 근로시간을 통보하여야 한다(법 제51조의2 제4항).

⑤ 임금보전방안 신고

사용자는 근로자를 근로시킬 경우에는 기존의 임금 수준이 낮아지지 아니하도록 임금항목을 조정 또는 신설하거나 가산임금 지급 등의 임금보전방안(賃金補塡方案)을 마련하여 고용노동부장관에게 신고하여야 한다. 다만, 근로자대표와의 서면합의로 임금보전방안을 마련한 경우에는 그러하지 아니하다(법 제51조의2 제5항).

⑥ 적용제외

15세 이상 18세 미만의 근로자와 임신 중인 여성 근로자에 대하여는 적용하지 아니한다(법 제51조의2 제6항).

3. 선택적 근로시간제

(1) 적용범위

선택적 근로시간제
취업규칙에서 정하는 바에 따라 시작 및 종료의 시각을 근로자의 결정에 맡기기로 한 근로시간제

사용자는 취업규칙에 따라 업무의 시작 및 종료 시각을 근로자의 결정에 맡기기로 한 근로자에 대하여 근로자대표와의 서면 합의에 따라 다음의 사항을 정하면 1개월(신상품 또는 신기술의 연구개발 업무의 경우에는 3개월로 한다) 이내의 정산기간을 평균하여 1주간의 근로시간이 법정 근로시간을 초과하지 아니하는 범위에서 1주간에 법정 근로시간을, 1일에 법정의 근로시간을 초과하여 근로하게 할 수 있다(법 제52조 제1항).

① 대상 근로자의 범위(15세 이상 18세 미만의 근로자는 제외한다)

② 정산기간

③ 정산기간의 총 근로시간

④ 반드시 근로하여야 할 시간대를 정하는 경우에는 그 시작 및 종료 시각

⑤ 근로자가 그의 결정에 따라 근로할 수 있는 시간대를 정하는 경우에는 그 시작 및 종료 시각

⑥ 표준근로시간(유급휴가 등의 계산 기준으로 사용자와 근로자대표가 합의하여 정한 1일의 근로시간)

(2) 1개월을 초과하는 정산기간을 정하는 경우의 조치

사용자는 1개월을 초과하는 정산기간을 정하는 경우에는 다음의 조치를 하여야 한다(법 제52조 제2항).

① 근로일 종료 후 다음 근로일 시작 전까지 근로자에게 연속하여 11시간 이상의 휴식 시간을 줄 것. 다만, 천재지변 등 대통령령으로 정하는 불가피한 경우에는 근로자대표와의 서면 합의가 있으면 이에 따른다.

② 매 1개월마다 평균하여 1주간의 근로시간이 법정 근로시간을 초과한 시간에 대해서는 통상임금의 100분의 50 이상을 가산하여 근로자에게 지급할 것. 이 경우 연장근로의 규정은 적용하지 아니한다.

4. 연장근로(시간외근로)

(1) 개설

① 원칙

당사자 간에 합의하면 1주 간에 12시간을 한도로 근로시간을 연장할 수 있다(법 제53조 제1항). 8시간 근로제에 따른 기준근로시간을 정하면서 아울러 그 예외의 하나로 당사자 간의 합의에 의한 연장근로(시간외근로)를 허용하고 있는바, 여기서 당사자 간의 합의라 함은 원칙적으로 사용자와 근로자와의 개별적 합의를 의미한다 할 것이고, 이와 같은 개별 근로자와의 연장근로에 관한 합의는 연장근로를 할 때마다 그때 그때 할 필요는 없고 근로계약 등으로 미리 이를 약정하는 것도 가능하다(대판 94다19228).

② 합의방법과 시기

8시간 근로제에 따른 기준근로시간을 규정하면서 아울러 8시간 근로제에 대한 예외의 하나로 당사자의 합의에 의한 연장근로를 허용하고 있는바, 여기서 당사자간의 합의라 함은 원칙적으로 사용자와 근로자와의 개별적 합의를 의미하고, 개별근로자의 연장근로에 관한 합의권을 박탈하거나 제한하지 아니하는 범위에서는 단체협약에 의한 합의도 가능하다(대판 93누5796).

(2) 연장의 범위

① 1주 연장근로의 범위

당사자 간에 합의하면 1주 간에 12시간을 한도로 근로시간을 연장할 수 있고, 정산기간을 평균하여 1주 간에 12시간을 초과하지 아니하는 범위에서 근로시간을 연장할 수 있다(법 제53조 제2항).

② 1일 연장근로자의 범위

㉠ 일반근로자 : 12시간 이내

㉡ 임부 : 사용자는 임신 중의 여성 근로자에게 시간외근로를 하게 하여서는 아니 되며, 그 근로자의 요구가 있는 경우에는 쉬운 종류의 근로로 전환하여야 한다(법 제74조 제5항).

추가 연장근로
추가 연장근로에 대하여 15세 이상 18세 미만의 근로자에 대하여는 적용하지 아니한다(법 제53조 제6항).

ⓒ 산후 1년이 지나지 아니한 여성 : 사용자는 산후 1년이 지나지 아니한 여성에 대하여는 단체협약이 있는 경우라도 1일에 2시간, 1주에 6시간, 1년에 150시간을 초과하는 시간외근로를 시키지 못한다(법 제71조).

ⓔ 연소자 : 15세 이상 18세 미만인 사람의 근로시간은 1일에 7시간, 1주에 35시간을 초과하지 못한다. 다만, 당사자 사이의 합의에 따라 1일에 1시간, 1주에 5시간을 한도로 연장할 수 있다(법 제69조).

③ 추가 연장근로

상시 30명 미만의 근로자를 사용하는 사용자는 근로자대표와 서면으로 합의한 경우 연장된 근로시간에 더하여 1주 간에 8시간을 초과하지 아니하는 범위에서 근로시간을 연장할 수 있다(법 제53조 제3항).

(3) 신축적 근로시간제에서의 연장근로

① 탄력적 근로시간제

탄력적 근로시간제에서는 평균하여 주 근로시간이 40시간을 초과하면 연장근로가 됨

② 선택적 근로시간제

선택적 근로시간제에서는 정산기간을 평균하여 1주 12시간을 초과하지 않는 범위에서 정산기간을 평균한 40시간을 초과하여 근로하는 경우가 연장근로가 됨

(4) 특별연장근로와 특례사업에서의 연장근로

① 특별한 사정에 의한 연장근로

㉠ 의의 : 사용자는 특별한 사정이 있으면 고용노동부장관의 인가와 근로자의 동의를 받아 근로시간을 연장할 수 있다. 다만, 사태가 급박하여 고용노동부장관의 인가를 받을 시간이 없는 경우에는 사후에 지체 없이 승인을 받아야 한다(법 제53조 제4항).

㉡ 대휴 명령 : 고용노동부장관은 근로시간의 연장이 부적당하다고 인정하면 그 후 연장시간에 상당하는 휴게시간이나 휴일을 줄 것을 명할 수 있다(법 제53조 제5항).

㉢ 연장근로에 대한 조치 : 사용자는 연장 근로를 하는 근로자의 건강 보호를 위하여 건강검진 실시 또는 휴식시간 부여 등 고용노동부장관이 정하는 바에 따라 적절한 조치를 하여야 한다(법 제53조 제7항).

② 특례사업에서의 연장근로

통계청장이 고시하는 산업에 관한 표준의 중분류 또는 소분류 중 다음의 어느 하나에 해당하는 사업에 대하여 사용자가 근로자대표와 서면으로 합의한 경우에는 주(週) 12시간을 초과하여 연장근로를 하게 하거나 휴게시간을 변경할 수 있다(법 제59조 제1항).

㉠ 육상운송 및 파이프라인 운송업. 다만, 노선(路線) 여객자동차운송사업은 제외한다.

㉡ 수상운송업

ⓒ 항공운송업

ⓔ 기타 운송관련 서비스업

ⓜ 보건업

(5) 연소근로자 및 여성 근로자의 근로시간 보호

① 연소근로자의 근로시간 보호

    ㉠ 15세 이상 18세 미만인 사람의 근로 시간은 1일에 7시간, 1주에 35시간을 초과하지 못한다. 다만, 당사자 사이의 합의에 따라 1일에 1시간, 1주에 5시간을 한도로 연장할 수 있다(법 제69조).

    ㉡ 5세 이상 18세 미만의 근로자와 임신 중인 여성 근로자에 대하여는 적용하지 아니한다(법 제51조 제3항).

② 여성 근로자의 근로시간 보호

    ㉠ 임신 중의 여성 근로자 : 사용자는 임신 중의 여성 근로자에게 시간외근로를 하게 하여서는 아니 되며, 그 근로자의 요구가 있는 경우에는 쉬운 종류의 근로로 전환하여야 한다(법 제74조 제5항).

    ㉡ 산후 1년이 지나지 아니한 여성 : 사용자는 산후 1년이 지나지 아니한 여성에 대하여는 단체협약이 있는 경우라도 1일에 2시간, 1주에 6시간, 1년에 150시간을 초과하는 시간외근로를 시키지 못한다(법 제71조).

    ㉢ 여성 근로자의 야간근로와 휴일근로의 제한(법 제70조)

- 사용자는 18세 이상의 여성을 오후 10시부터 오전 6시까지의 시간 및 휴일에 근로시키려면 그 근로자의 동의를 받아야 한다.
- 사용자는 임산부와 18세 미만자를 오후 10시부터 오전 6시까지의 시간 및 휴일에 근로시키지 못한다. 다만, 다음의 어느 하나에 해당하는 경우로서 고용노동부장관의 인가를 받으면 그러하지 아니하다.
  - 18세 미만자의 동의가 있는 경우
  - 산후 1년이 지나지 아니한 여성의 동의가 있는 경우
  - 임신 중의 여성이 명시적으로 청구하는 경우
- 사용자는 고용노동부장관의 인가를 받기 전에 근로자의 건강 및 모성 보호를 위하여 그 시행 여부와 방법 등에 관하여 그 사업 또는 사업장의 근로자대표와 성실하게 협의하여야 한다.

5. 시간외근로와 가산임금

(1) 관련 개념

① 시간외근로

    근로기준법에 규정된 기준근로시간 이외의 근로시간

② 야간근로

    오후 10시부터 오전 6시까지의 근로를 말한다(법 제70조 제2항).

③ 휴일근로

법정 휴일, 주휴일, 단체협약이나 취업규칙에 의하여 정하여진 휴일

④ 합의 연장근로

사용자와 근로자가 합의하여 법정근로시간을 초과하여 근로하는 것

⑤ 인가 연장근로

사용자가 고용노동부장관의 인가를 받아 근로시간을 연장하는 것

(2) 가산임금

① 연장근로 임금

사용자는 연장근로에 대하여는 통상임금의 100분의 50 이상을 가산하여 근로자에게 지급하여야 한다(법 제56조 제1항).

> **관련 판례** 휴일근로의 범위
>
> 휴일근로수당으로 통상임금의 100분의 50 이상을 가산하여 지급하여야 하는 휴일근로에는 주휴일 근로뿐만 아니라 단체협약이나 취업규칙 등에 의하여 휴일로 정하여진 날의 근로도 포함된다. 그리고 휴일로 정하였는지는 단체협약이나 취업규칙 등에 있는 휴일 관련 규정의 문언과 그러한 규정을 두게 된 경위, 해당 사업장과 동종 업계의 근로시간에 관한 규율 체계와 관행, 근로제공이 이루어진 경우 실제로 지급된 임금의 명목과 지급금액, 지급액의 산정 방식 등을 종합적으로 고려하여 판단하여야 한다(대판 2016다3386).

> **관련 판례** 휴게시간의 판단
>
> 근로계약에서 정한 휴식시간이나 수면시간이 근로시간에 속하는지 휴게시간에 속하는지는 특정 업종이나 업무의 종류에 따라 일률적으로 판단할 것이 아니다. 이는 근로계약의 내용이나 해당 사업장에 적용되는 취업규칙과 단체협약의 규정, 근로자가 제공하는 업무의 내용과 해당 사업장에서의 구체적 업무 방식, 휴게 중인 근로자에 대한 사용자의 간섭이나 감독 여부, 자유롭게 이용할 수 있는 휴게 장소의 구비 여부, 그 밖에 근로자의 실질적 휴식을 방해하거나 사용자의 지휘·감독을 인정할 만한 사정이 있는지와 그 정도 등 여러 사정을 종합하여 개별 사안에 따라 구체적으로 판단하여야 한다(대판 2017다53210, 53227, 53234).

② 휴일근로 임금

사용자는 휴일근로에 대하여는 다음의 기준에 따른 금액 이상을 가산하여 근로자에게 지급하여야 한다(법 제56조 제2항).

㉠ 8시간 이내의 휴일근로 : 통상임금의 100분의 50

㉡ 8시간을 초과한 휴일근로 : 통상임금의 100분의 100

③ 야간근로 임금

사용자는 야간근로(오후 10시부터 다음 날 오전 6시 사이의 근로를 말한다)에 대하여는 통상임금의 100분의 50 이상을 가산하여 근로자에게 지급하여야 한다(법 제56조 제3항).

관련 판례 연장근로

연장근로에 대하여 통상임금의 50% 이상을 가산하여 지급하도록 한 근로기준법 규정은 연장근로에 대한 임금 산정의 최저기준을 정한 것이므로, 연장근로에 대한 가산임금 산정방식에 관하여 노사 간에 합의한 경우 노사합의에 따라 계산한 금액이 근로기준법에서 정한 기준에 미치지 못할 때에는 그 부분만큼 노사합의는 무효이고, 무효로 된 부분은 근로기준법이 정하는 기준에 따라야 한다(대판 2017다239984).

관련 판례 초과근무 수당

일반적인 숙 · 일직 근무가 주로 정기적 순찰, 전화와 문서의 수수, 기타 비상사태 발생 등에 대비한 시설 내 대기 등 업무를 내용으로 하고 있는 것과 달리, 숙 · 일직 시 행한 업무의 내용이 본래의 업무가 연장된 경우이거나 그 내용과 질이 통상의 근로와 마찬가지로 평가되는 경우라면, 그러한 초과근무에 대하여는 야간 · 연장 · 휴일근로수당 등을 지급하여야 한다(대판 2015다213568).

④ **보상휴가제**

사용자는 근로자대표와의 서면 합의에 따라 연장근로 · 야간근로 및 휴일근로 등에 대하여 임금을 지급하는 것을 갈음하여 휴가를 줄 수 있다(법 제57조).

관련 판례 보상휴가제

"사용자는 근로자대표와의 서면합의에 의하여 제57조의 규정에 의한 월차유급휴가일 또는 제59조의 규정에 의한 연차유급휴가일에 갈음하여 특정 근로일에 근로자를 휴무시킬 수 있다."고 규정하고 있는데, 위 법률 규정의 입법 취지에 비추어 볼 때 연월차유급휴가를 토요일 휴무로 대체하기 위해서는 반드시 근로자대표의 서면합의를 통해서만 가능하다(대판 2011다23149).

6. 휴게, 휴일, 휴가

(1) 휴게

① **휴게의 의의**

근로자의 누적되는 피로방지, 심신보호, 질병예방 등의 목적으로 실시

② **휴게시간**

사용자는 근로시간이 4시간인 경우에는 30분 이상, 8시간인 경우에는 1시간 이상의 휴게시간을 근로시간 도중에 주어야 한다(법 제54조 제1항).

관련 판례 근로시간의 판단

근로시간이란 근로자가 사용자의 지휘 · 감독을 받으면서 근로계약에 따른 근로를 제공하는 시간을 말하고, 휴게시간이란 근로시간 도중에 사용자의 지휘 · 감독으로부터 해방되어 근로자가

관련 판례

지방공무원법 등 상위 법령의 위임을 받은 조례 또는 단체협약 등에서 특정된 휴일을 근로일로 하고 대신 통상의 근로일을 휴일로 교체할 수 있도록 하는 규정을 두거나 그렇지 않더라도 근로자의 동의를 얻은 경우, 미리 근로자에게 교체할 휴일을 특정하여 고지하면 달리 보아야 할 사정이 없는 한 이는 적법한 휴일대체가 되어, 원래의 휴일은 통상의 근로일이 되고 그 날의 근로는 휴일근로가 아닌 통상근로가 되므로 사용자는 근로자에게 휴일근로수당을 지급할 의무를 지지 않는다(대판 99다7367).

SEMI-NOTE

자유로이 이용할 수 있는 시간을 말한다. 따라서 근로자가 작업시간 도중에 실제로 작업에 종사하지 않은 대기시간이나 휴식·수면시간이라 하더라도 근로자에게 자유로운 이용이 보장된 것이 아니라 실질적으로 사용자의 지휘·감독을 받고 있는 시간이라면 근로시간에 포함된다고 보아야 한다. 근로계약에서 정한 휴식시간이나 수면시간이 근로시간에 속하는지 휴게시간에 속하는지는 특정 업종이나 업무의 종류에 따라 일률적으로 판단할 것이 아니다. 이는 근로계약의 내용이나 해당 사업장에 적용되는 취업규칙과 단체협약의 규정, 근로자가 제공하는 업무의 내용과 해당 사업장에서의 구체적 업무 방식, 휴게 중인 근로자에 대한 사용자의 간섭이나 감독 여부, 자유롭게 이용할 수 있는 휴게 장소의 구비 여부, 그 밖에 근로자의 실질적 휴식을 방해하거나 사용자의 지휘·감독을 인정할 만한 사정이 있는지와 그 정도 등 여러 사정을 종합하여 개별 사안에 따라 구체적으로 판단하여야 한다(대판 2017다53210, 53227, 53234).

③ 휴게시간의 이용

휴게시간은 근로자가 자유롭게 이용할 수 있다(법 제54조 제2항).

관련 판례 휴게시간의 이용

단체협약에 유인물의 배포에 허가제를 채택하고 있다고 할지라도 노동조합의 업무를 위한 정당한 행위까지 금지시킬 수는 없는 것이므로 위 "나"항의 유인물 배포행위가 정당한가 아닌가는 허가가 있었는지 여부만 가지고 판단할 것은 아니고, 그 유인물의 내용이나 배포방법 등 제반사정을 고려하여 판단되어져야 할 것이고, 취업시간 아닌 주간의 휴게시간 중의 배포는 다른 근로자의 취업에 나쁜 영향을 미치거나 휴게시간의 자유로운 이용을 방해하거나 구체적으로 직장질서를 문란하게 하는 것이 아닌 한 허가를 얻지 아니하였다는 이유만으로 정당성을 잃는다고 할 수 없다(대판 91누4164).

④ 휴게시간의 특례

육상운송 및 파이프라인 운송업, 수상운송업, 항공운송업, 기타 운송관련 서비스업, 보건업 등의 사업에 대하여 사용자가 근로자대표와 서면으로 합의한 경우에는 주(週) 12시간을 초과하여 연장근로를 하게 하거나 휴게시간을 변경할 수 있다(법 제59조 제1항).

(2) 휴일 ⭐빈출개념

① 휴일의 의의

근로자가 사용자의 지휘·명령으로부터 완전히 벗어나 근로를 제공하지 아니하는 날

② 주휴일

⊙ 원칙 : 사용자는 근로자에게 1주에 평균 1회 이상의 유급휴일을 보장하여야 한다(법 제55조 제1항).

ⓛ 적용 제외

- 4주 동안(4주 미만으로 근로하는 경우에는 그 기간)을 평균하여 1주 동안의 소정근로시간이 15시간 미만인 근로자에 대하여는 적용하지 아니한다(법 제18조 제2항).
- 농림, 수산업, 감시(監視) 또는 단속적으로 근로에 종사하는 자는 제외한다(법 제63조).

관련 판례

"사용자는 근로자에 대하여 1주일에 평균 1회 이상의 유급휴일을 주어야 한다"는 근로기준법 제55조는 매일 연속적으로 근로를 제공하는 경우에 한하지 않고, 2일 근무 1일 휴무(비번)를 되풀이하는 이른바 교대제 근무에도 적용된다(대판 90다카11636).

법 제63조
근로시간, 휴게와 휴일에 관한 규정은 농업, 수산업, 감시(監視) 또는 단속적(斷續的)으로 근로에 종사하는 사람에게는 적용을 제외한다.

ⓒ **부여요건** : 유급휴일은 1주 동안의 소정근로일을 개근한 자에게 주어야 한다
(영 제30조 제1항).

ⓔ **유급으로 보장** : 사용자는 근로자에게 대통령령으로 정하는 휴일을 유급으로
보장하여야 한다. 다만, 근로자대표와 서면으로 합의한 경우 특정한 근로일
로 대체할 수 있다(법 제55조 제2항).

ⓜ **부여방법** : 원칙적으로 오전 0시부터 오후 12시까지의 역일을 의미하고 교대
작업의 경우는 2일간에 걸쳐 계속 24시간의 휴식을 보장하여야 한다.

③ **휴일의 유형**

ㄱ **법정휴일** : 법률의 규정에 의하여 반드시 의무적으로 부여하는 날로서 유급으
로 함

ㄴ **약정휴일** : 단체협약이나 취업규칙 등으로 노사가 임의의 결정으로 함

④ **휴일근로와 임금**

사용자는 휴일근로에 대하여는 다음의 기준에 따른 금액 이상을 가산하여 근로
자에게 지급하여야 한다(법 제56조 제2항).

ㄱ **8시간 이내의 휴일근로** : 통상임금의 100분의 50

ㄴ **8시간을 초과한 휴일근로** : 통상임금의 100분의 100

관련 판례 유급휴일에 대한 임금

근로자에 대한 임금을 월급으로 지급할 경우 그 월급에는 유급휴일에 대한 임금도 포함된다
고 할 것이고, 그와 같은 유급휴일에 대한 임금은 원래 소정 근로일수를 개근한 근로자에 대
하여만 지급되는 것으로서 정기적, 일률적으로 지급되는 고정적인 임금이라고 할 수 없어 통
상임금에는 해당되지 않는다고 할 것이어서 통상임금을 산정함에 있어서는 매월 지급받는 월
기본급과 고정수당을 합산한 월급에서 이와 같은 유급휴일에 대한 임금을 공제하여야 한다
(대판 97다28421).

⑤ **휴일근로의 제한(법 제70조)**

ㄱ 사용자는 18세 이상의 여성을 오후 10시부터 오전 6시까지의 시간 및 휴일에
근로시키려면 그 근로자의 동의를 받아야 한다.

ㄴ 사용자는 임산부와 18세 미만자를 오후 10시부터 오전 6시까지의 시간 및 휴
일에 근로시키지 못한다. 다만, 다음의 어느 하나에 해당하는 경우로서 고용
노동부장관의 인가를 받으면 그러하지 아니하다.

• 18세 미만자의 동의가 있는 경우

• 산후 1년이 지나지 아니한 여성의 동의가 있는 경우

• 임신 중의 여성이 명시적으로 청구하는 경우

ㄷ 사용자는 고용노동부장관의 인가를 받기 전에 근로자의 건강 및 모성 보호를
위하여 그 시행 여부와 방법 등에 관하여 그 사업 또는 사업장의 근로자대표
와 성실하게 협의하여야 한다.

연차 유급휴가

연차휴가는 근로자에게 일정기간 근로 의무를 면제하여 정신적으로나 육체적으로 휴양의 기회를 제공하고 문화적 생활의 향상을 기하려는데 목적이 있음

7. 연차 유급휴가

(1) 연차 유급휴가 ★빈출개념

① 법적 성질

연차휴가를 사용할 권리 혹은 연차휴가수당 청구권은 근로자가 전년도에 출근율을 충족하면서 근로를 제공하면 당연히 발생하는 것으로서, 연차휴가를 사용할 해당 연도가 아니라 그 전년도 1년간의 근로에 대한 대가에 해당한다(대판 2014다232296, 232302).

② 연차 유급휴가(법 제60조)

ⓐ 사용자는 1년간 80퍼센트 이상 출근한 근로자에게 15일의 유급휴가를 주어야 한다.

ⓑ 사용자는 계속하여 근로한 기간이 1년 미만인 근로자 또는 1년간 80퍼센트 미만 출근한 근로자에게 1개월 개근 시 1일의 유급휴가를 주어야 한다.

ⓒ 사용자는 3년 이상 계속하여 근로한 근로자에게는 휴가에 최초 1년을 초과하는 계속 근로 연수 매 2년에 대하여 1일을 가산한 유급휴가를 주어야 한다. 이 경우 가산휴가를 포함한 총 휴가 일수는 25일을 한도로 한다.

> **관련 판례** 연차 유급휴가
>
> 연차유급휴가에 관하여 '사용자는 1년간 8할 이상 출근한 근로자에게 15일의 유급휴가를 주어야 한다'고 규정하고 있는데, 이는 근로자에게 일정 기간 근로의무를 면제함으로써 정신적·육체적 휴양의 기회를 제공하고 문화적 생활의 향상을 기하려는 데 취지가 있다. 이러한 연차유급휴가는 근로자가 사용자에게 근로를 제공하는 관계에 있다는 사정만으로 당연히 보장받을 수 있는 것이 아니라, 1년간 8할 이상 출근하였을 때 비로소 부여받을 수 있는 것이므로 다른 특별한 정함이 없는 이상 이는 1년간의 근로에 대한 대가라고 볼 수 있고, 근로자가 연차유급휴가를 사용하지 못하게 됨에 따라 사용자에게 청구할 수 있는 연차휴가수당은 임금이라고 할 것이다(대판 2011다4629).

> **관련 판례** 연차 유급휴가와 통상임금
>
> 근로기준법이 연장·야간·휴일 근로에 대한 가산임금, 해고예고수당, 연차휴가수당 등의 산정 기준 및 평균임금의 최저한으로 규정하고 있는 통상임금은 근로자가 소정근로시간에 통상적으로 제공하는 근로인 소정근로(도급근로자의 경우에는 총 근로)의 대가로 지급하기로 약정한 금품으로서 정기적·일률적·고정적으로 지급되는 임금을 말한다. 1개월을 초과하는 기간마다 지급되는 임금도 그것이 정기적·일률적·고정적으로 지급되는 것이면 통상임금에 포함될 수 있다(대판 2012다94643).

연차유급휴가의 발생시기

근로기준법 제60조 제1항이 규정한 유급 연차휴가는 1년간 80% 이상 출근한 근로자에게 부여되는 것으로, 근로자가 연차휴가에 관한 권리를 취득한 후 1년 이내에 연차휴가를 사용하지 아니하거나 1년이 지나기 전에 퇴직하는 등의 사유로 인하여 더 이상 연차휴가를 사용하지 못하게 될 경우에는 사용자에게 연차휴가일수에 상응하는 임금인 연차휴가수당을 청구할 수 있다. 다만 연차휴가를 사용할 권리는 다른 특별한 정함이 없는 한 전년도 1년간의 근로를 마친 다음 날 발생한다고 보아야 하므로, 그 전에 퇴직 등으로 근로관계가 종료한 경우에는 연차휴가를 사용할 권리에 대한 보상으로서의 연차휴가수당도 청구할 수 없다(대판 2016다48297).

(2) 성립요건

① 1년간 계속 근로

1년간의 기산일은 근로자의 채용일로 보며, 계속 근로는 당해 사업장에서 종업원으로 계속 재직하는 것

② 80% 이상 출근

　휴일을 제외한 소정근로일수의 80% 이상을 출근하여야 함

③ 출근한 것으로 간주되는 시간(법 제60조 제6항)

　㉠ 근로자가 업무상의 부상 또는 질병으로 휴업한 기간

　㉡ 임신 중의 여성이 휴가로 휴업한 기간

　㉢ 육아휴직으로 휴업한 기간

④ 1년 미만인 근로자의 1개월 개근 시

　단기 계약직 근로자에 대하여 계속 근로기간이 1년 미만이더라도 1개월당 1일의 휴가를 비례적으로 보장하여 1일의 유급휴가를 주도록 함

(3) 연차 유급휴가의 종류

① 기본휴가

　1년간 80% 이상 출근한 근로자에게 15일의 유급휴가를 주어야 함

② 가산휴가

　사용자는 3년 이상 계속하여 근로한 근로자에게는 휴가에 최초 1년을 초과하는 계속 근로 연수 매 2년에 대하여 1일을 가산한 유급휴가를 주어야 한다. 이 경우 가산휴가를 포함한 총 휴가 일수는 25일을 한도로 한다(법 제60조 제4항).

(4) 행사시기

① 원칙(근로자의 시기지정권)

　사용자는 휴가를 근로자가 청구한 시기에 주어야 하고, 그 기간에 대하여는 취업규칙 등에서 정하는 통상임금 또는 평균임금을 지급하여야 한다(법 제60조 제5항 전단).

② 예외(사용자의 시기변경권)

　근로자가 청구한 시기에 휴가를 주는 것이 사업 운영에 막대한 지장이 있는 경우에는 그 시기를 변경할 수 있다(법 제60조 제5항 단서).

③ 사용용도

　연차휴가는 근로자가 자유롭게 결정할 수 있고, 분할하여 사용 가능

> **관련 판례** 유급휴일의 조건
>
> 근로기준법상 휴일 및 유급휴일 제도를 규정한 규범적 목적에 비추어 보면, 근로의 제공 없이도 근로자에게 임금을 지급하도록 한 유급휴일의 특별규정이 적용되기 위해서는 평상적인 근로관계, 즉 근로자가 근로를 제공하여 왔고 또한 계속적인 근로제공이 예정되어 있는 상태가 당연히 전제되어 있다고 볼 것이다. 그러므로 근로자는 휴직기간 중 또는 그와 동일하게 근로제공의무 등의 주된 권리 · 의무가 정지되어 근로자의 임금청구권이 발생하지 아니하는 파업기간 중에는 그 기간 중에 유급휴일이 포함되어 있다 하더라도 그 유급휴일에 대한 임금의 지급을 구할 수 없다(대판 2007다73277).

> **관련 판례**
>
> 연 · 월차휴가권이 근로기준법상의 성립요건을 충족하는 경우에 당연히 발생하는 것이라고 하여도 이와 같이 발생한 휴가권을 구체화하려면 근로자가 자신에게 맡겨진 시기지정권(시기지정권)을 행사하여 어떤 휴가를 언제부터 언제까지 사용할 것인지에 관하여 특정하여야 할 것이고 근로자가 이와 같은 특정을 하지 아니한 채 시기지정을 하더라도 이는 적법한 시기지정이라고 할 수 없어 그 효력이 발생할 수 없다(대판 96다4930).

SEMI-NOTE

(5) 연차 유급휴가 청구권의 소멸과 임금청구권

① 연차 유급휴가 청구권의 소멸

휴가는 1년간(계속하여 근로한 기간이 1년 미만인 근로자의 유급휴가는 최초 1년의 근로가 끝날 때까지의 기간을 말한다) 행사하지 아니하면 소멸된다. 다만, 사용자의 귀책사유로 사용하지 못한 경우에는 그러하지 아니하다(법 제60조 제7항).

② 임금청구권

근로자가 연차휴가에 관한 권리를 취득한 후 1년 이내에 연차휴가를 사용하지 아니하거나 1년이 지나기 전에 퇴직하는 등의 사유로 인하여 더 이상 연차휴가를 사용하지 못하게 될 경우에 연차휴가일수에 상응하는 임금인 연차휴가수당을 청구할 수 있는데, 이러한 연차휴가수당 역시 취업규칙 등에 다른 정함이 없다면 마찬가지로 통상임금을 기초로 하여 산정할 수당으로 보는 것이 타당하다(대판 2018다239110).

③ 휴가수당의 지급일

지급하여야 하는 임금은 유급휴가를 주기 전이나 준 직후의 임금지급일에 지급하여야 한다(영 제33조).

(6) 연차 유급휴가의 사용 촉진(법 제61조)

① 사용자가 유급휴가(계속하여 근로한 기간이 1년 미만인 근로자의 유급휴가는 제외한다)의 사용을 촉진하기 위하여 다음의 조치를 하였음에도 불구하고 근로자가 휴가를 사용하지 아니하여 소멸된 경우에는 사용자는 그 사용하지 아니한 휴가에 대하여 보상할 의무가 없고, 사용자의 귀책사유에 해당하지 아니하는 것으로 본다.

㉠ 기간이 끝나기 6개월 전을 기준으로 10일 이내에 사용자가 근로자별로 사용하지 아니한 휴가 일수를 알려주고, 근로자가 그 사용 시기를 정하여 사용자에게 통보하도록 서면으로 촉구할 것

㉡ 근로자가 촉구를 받은 때부터 10일 이내에 사용하지 아니한 휴가의 전부 또는 일부의 사용 시기를 정하여 사용자에게 통보하지 아니하면 기간이 끝나기 2개월 전까지 사용자가 사용하지 아니한 휴가의 사용 시기를 정하여 근로자에게 서면으로 통보할 것

② 사용자가 계속하여 근로한 기간이 1년 미만인 근로자의 유급휴가의 사용을 촉진하기 위하여 다음의 조치를 하였음에도 불구하고 근로자가 휴가를 사용하지 아니하여 소멸된 경우에는 사용자는 그 사용하지 아니한 휴가에 대하여 보상할 의무가 없고, 사용자의 귀책사유에 해당하지 아니하는 것으로 본다.

㉠ 최초 1년의 근로기간이 끝나기 3개월 전을 기준으로 10일 이내에 사용자가 근로자별로 사용하지 아니한 휴가 일수를 알려주고, 근로자가 그 사용 시기를 정하여 사용자에게 통보하도록 서면으로 촉구할 것. 다만, 사용자가 서면 촉

연차 유급휴가

사용자가 연차휴가 사용을 적극적으로 권유했음에도 근로자가 휴가를 사용하지 않은 경우 사용자의 금전보상의무를 면제시켜 주는 제도

법 제110조 제1호

근로자에게 연차유급휴가를 주지 않은 경우, 사용자가 시기변경권을 행사하지 않고 휴가를 방해하거나 연차유급휴가를 인전하지 않은 경우 2년 이하의 징역 또는 2천만원 이하의 벌금에 처한다.

구한 후 발생한 휴가에 대해서는 최초 1년의 근로기간이 끝나기 1개월 전을 기준으로 5일 이내에 촉구하여야 한다.

ⓒ 근로자가 촉구를 받은 때부터 10일 이내에 사용하지 아니한 휴가의 전부 또는 일부의 사용 시기를 정하여 사용자에게 통보하지 아니하면 최초 1년의 근로기간이 끝나기 1개월 전까지 사용자가 사용하지 아니한 휴가의 사용 시기를 정하여 근로자에게 서면으로 통보할 것. 다만, 촉구한 휴가에 대해서는 최초 1년의 근로기간이 끝나기 10일 전까지 서면으로 통보하여야 한다.

(7) 유급휴가의 대체

사용자는 근로자대표와의 서면 합의에 따라 연차 유급휴가일을 갈음하여 특정한 근로일에 근로자를 휴무시킬 수 있다(법 제62조).

관련 판례 휴일의 대체휴일 지정

근로기준법상 휴일은 근로의무가 없는 날이므로 소정근로일이 아니다. 근로기준법 제62조는 "사용자는 근로자대표와의 서면 합의에 따라 제60조에 따른 연차 유급휴가일을 갈음하여 특정한 근로일에 근로자를 휴무시킬 수 있다."라고 규정하고 있다. 대체휴가일을 근로일로 한정한 이러한 규정 내용과 취지 및 휴일의 의의 등을 고려하면, 휴일을 대체휴가일로 정할 수는 없다(대판 2018다239110).

관련 판례 근로자 대표와 서면합의

"사용자는 근로자대표와의 서면합의에 의하여 월차유급휴가일 또는 연차유급휴가일에 갈음하여 특정 근로일에 근로자를 휴무시킬 수 있다."고 규정하고 있는데, 위 법률 규정의 입법 취지에 비추어 볼 때 연월차유급휴가를 토요일 휴무로 대체하기 위해서는 반드시 근로자대표의 서면합의를 통해서만 가능하다(대판 2011다23149).

06절 여성과 소년

1. 여성과 소년에 대한 공통된 보호

(1) 탄력적 근로시간제의 적용제외

① 3개월 이내의 탄력적 근로시간제
3개월 이내의 탄력적 근로시간제에 대하여 15세 이상 18세 미만의 근로자와 임신 중인 여성 근로자에 대하여는 적용하지 아니한다(법 제51조 제3항).

② 3개월을 초과하는 탄력적 근로시간제
3개월을 초과하는 탄력적 근로시간제에 대하여 15세 이상 18세 미만의 근로자와 임신 중인 여성 근로자에 대하여는 적용하지 아니한다(법 제51조의2 제6항).

SEMI-NOTE

여성과 소년의 보호

• 여성과 소년의 보호는 연소근로자와 여성근로자의 신체적 · 생리적인 특성을 감안하여 특별히 보호규정을 두고 있음
• 헌법 : 여자의 근로는 특별한 보호를 받으며, 고용 · 임금 및 근로조건에 있어서 부당한 차별을 받지 아니한다(헌법 제32조 제4항)고 하고, 연소자의 근로는 특별한 보호를 받는다(헌법 제32조 제5항).
• 근로기준법 제5장 : 헌법의 내용을 구체화하여 여성과 소년에 관한 내용을 규정

SEMI-NOTE

(2) 야간근로와 휴일근로의 제한

① 18세 이상의 여성근로자

사용자는 18세 이상의 여성을 오후 10시부터 오전 6시까지의 시간 및 휴일에 근로시키려면 그 근로자의 동의를 받아야 한다(법 제70조 제1항).

② 임산부와 18세 미만자

사용자는 임산부와 18세 미만자를 오후 10시부터 오전 6시까지의 시간 및 휴일에 근로시키지 못한다. 다만, 다음의 어느 하나에 해당하는 경우로서 고용노동부장관의 인가를 받으면 그러하지 아니다(법 70조 제2항).

㉠ 18세 미만자의 동의가 있는 경우

㉡ 산후 1년이 지나지 아니한 여성의 동의가 있는 경우

㉢ 임신 중의 여성이 명시적으로 청구하는 경우

(3) 갱내근로의 금지

① 갱내근로 허용업무

여성과 18세 미만인 자를 일시적으로 갱내에서 근로시킬 수 있는 업무는 다음과 같다(영 제42조).

㉠ 보건, 의료 또는 복지 업무

㉡ 신문 · 출판 · 방송프로그램 제작 등을 위한 보도 · 취재업무

㉢ 학술연구를 위한 조사 업무

㉣ 관리 · 감독 업무

㉤ ㉠부터 ㉣까지의 규정의 업무와 관련된 분야에서 하는 실습 업무

② 사용 금지(법 제65조)

㉠ 사용자는 임신 중이거나 산후 1년이 지나지 아니한 여성과 18세 미만자를 도덕상 또는 보건상 유해 · 위험한 사업에 사용하지 못한다.

㉡ 사용자는 임산부가 아닌 18세 이상의 여성을 보건상 유해 · 위험한 사업 중 임신 또는 출산에 관한 기능에 유해 · 위험한 사업에 사용하지 못한다.

갱내(坑內)근로 금지
• 원칙 : 사용자는 여성과 18세 미만인 사람을 갱내(坑內)에서 근로시키지 못한다(법 제72조).
• 이유 : 작업환경이 열악하고 위험하여 신체적으로 약한 여성과 소년을 보호하기 위함

구분	임산부 등의 사용금지 직종
임신 중인 여성	1. 산업안전기준에 관한 규칙 제59조와 제60조에서 규정한 둥근톱으로서 지름 25센티미터 이상, 같은 규칙 제61조와 제62조에서 규정하는 띠톱으로서 풀리(Pulley)의 지름 75센티미터 이상의 기계를 사용하여 목재를 가공하는 업무 2. 산업안전기준에 관한 규칙 제5편제3장과 제4장에 따른 정전작업, 활선작업 및 활선 근접작업 3. 산업안전기준에 관한 규칙 제6편제2장제3절에서 규정한 통나무비계의 설치 또는 해체업무와 제6편제5장에 따른 건물 해체작업(지상에서 작업을 보조하는 업무를 제외한다) 4. 산업안전기준에 관한 규칙 제6편제3장제3절에서 규정하는 터널작업, 같은 규칙 제439조에 따른 추락위험이 있는 장소에서의 작업, 같은 규칙 제452조에 따른 붕괴 또는 낙하의 위험이 있는 장소에서의 작업 5. 산업보건기준에 관한 규칙 제58조제4호에 따른 진동작업 6. 산업보건기준에 관한 규칙 제69조제2호 및 제3호에 따른 고압작업 및 잠수작업 7. 산업보건기준에 관한 규칙 제108조에 따른 고열작업이나 한랭작업 8. 원자력법 제97조에 따른 방사선 작업 종사자 등의 피폭선량이 선량한도를 초과하는 원자력 및 방사선 관련 업무 9. 납, 수은, 크롬, 비소, 황린, 불소(불화수소산), 염소(산), 시안화수소(시안산), 2 – 브로모프로판, 아닐린, 수산화칼륨, 페놀, 에틸렌글리콜모노메틸에테르, 에틸렌글리콜모노에틸에테르, 에틸렌글리콜모노에틸에테르 아세테이트, 염화비닐, 벤젠 등 유해물질을 취급하는 업무 10. 사이토메갈로바이러스(Cytomegalovirus)·B형 간염 바이러스 등 병원체로 인하여 오염될 우려가 짙은 업무. 다만, 의사·간호사·방사선기사 등으로서 면허증을 소지한 자 또는 양성 중에 있는 자를 제외한다. 11. 신체를 심하게 펴거나 굽힌다든지 또는 지속적으로 쭈그려야 하거나 앞으로 구부린 채 있어야 하는 업무 12. 연속작업에 있어서는 5킬로그램 이상, 단속작업에 있어서는 10킬로그램 이상의 중량물을 취급하는 업무 13. 그 밖에 고용노동부장관이 산업재해보상보험법 제8조에 따른 산업재해보상보험및예방심의위원회(이하 "산업재해보상보험및예방심의위원회"라 한다. 이하 이 표에서 같다)의 심의를 거쳐 지정하여 고시하는 업무
산후 1년이 지나지 아니한 여성	1. 납, 비소를 취급하는 업무. 다만, 모유 수유를 하지 아니하는 여성으로서 본인이 취업 의사를 사업주에게 서면으로 제출한 경우에는 그러하지 아니한다. 2. 2 – 브로모프로판을 취급하거나 노출될 수 있는 업무 3. 그 밖에 고용노동부장관이 산업재해보상보험및예방심의위원회의 심의를 거쳐 지정하여 고시하는 업무

임산부가 아닌 18세 이상인 여자	1. 2 – 브로모프로판을 취급하거나 노출될 수 있는 업무. 다만, 의학적으로 임신할 가능성이 전혀 없는 여성인 경우에는 그러하지 아니하다. 2. 그 밖에 고용노동부장관이 산업재해보상보험및예방심의위원회의 심의를 거쳐 지정하여 고시하는 업무
18세 미만인 자	1. 산업보건기준에 관한 규칙 제69조제2호 및 제3호에 따른 고압작업 및 잠수작업 2. 건설기계관리법, 도로교통법 등에서 18세 미만인 자에 대하여 운전 · 조종면허 취득을 제한하고 있는 직종 또는 업종의 운전 · 조종 업무 3. 청소년보호법 등 다른 법률에서 18세 미만 청소년의 고용이나 출입을 금지하고 있는 직종이나 업종 4. 교도소 또는 정신병원에서의 업무 5. 소각 또는 도살의 업무 6. 유류를 취급하는 업무(주유업무는 제외한다) 7. 2 – 브로모프로판을 취급하거나 노출될 수 있는 업무 8. 그 밖에 고용노동부장관이 산업재해보상보험및예방심의위원회의 심의를 거쳐 지정하여 고시하는 업무

2. 소년에 대한 특별보호

(1) 최저 취업연령의 제한

① 최저 연령과 취직인허증(법 제64조)
  ㉠ 15세 미만인 사람(중학교에 재학 중인 18세 미만인 사람을 포함한다)은 근로자로 사용하지 못한다. 다만, 대통령령으로 정하는 기준에 따라 고용노동부장관이 발급한 취직인허증(就職認許證)을 지닌 사람은 근로자로 사용할 수 있다.
  ㉡ 취직인허증은 본인의 신청에 따라 의무교육에 지장이 없는 경우에는 직종(職種)을 지정하여서만 발행할 수 있다.
  ㉢ 고용노동부장관은 거짓이나 그 밖의 부정한 방법으로 취직인허증을 발급받은 사람에게는 그 인허를 취소하여야 한다.
② 취직인허증의 발급 등(영 제35조)
  ㉠ 취직인허증을 받을 수 있는 자는 13세 이상 15세 미만인 자로 한다. 다만, 예술공연 참가를 위한 경우에는 13세 미만인 자도 취직인허증을 받을 수 있다.
  ㉡ 취직인허증을 받으려는 자는 고용노동부령으로 정하는 바에 따라 고용노동부장관에게 신청하여야 한다.
  ㉢ 신청은 학교장(의무교육 대상자와 재학 중인 자로 한정한다) 및 친권자 또는 후견인의 서명을 받아 사용자가 될 자와 연명(連名)으로 하여야 한다.

(2) 연소자 증명서 비치 ★ 빈출개념

① 연소자 증명서

사용자는 18세 미만인 사람에 대하여는 그 연령을 증명하는 가족관계기록사항에 관한 증명서와 친권자 또는 후견인의 동의서를 사업장에 갖추어 두어야 한다(법 제66조).

② 취직인허증의 교부 및 비치(영 제36조)

㉠ 고용노동부장관은 신청에 대하여 취직을 인허할 경우에는 고용노동부령으로 정하는 취직인허증에 직종을 지정하여 신청한 근로자와 사용자가 될 자에게 내주어야 한다.

㉡ 15세 미만인 자를 사용하는 사용자가 취직인허증을 갖추어 둔 경우에는 가족관계기록사항에 관한 증명서와 친권자나 후견인의 동의서를 갖추어 둔 것으로 본다.

(3) 근로계약상 보호

① 근로계약의 대리금지

친권자나 후견인은 미성년자의 근로계약을 대리할 수 없다(법 제67조 제1항).

② 미성년자에게 불리한 계약해지

친권자, 후견인 또는 고용노동부장관은 근로계약이 미성년자에게 불리하다고 인정하는 경우에는 이를 해지할 수 있다(법 제67조 제2항).

③ 근로계약의 서면 명시 및 교부

사용자는 18세 미만인 사람과 근로계약을 체결하는 경우에는 근로조건을 서면(전자문서를 포함한다)으로 명시하여 교부하여야 한다(법 제67조 제3항).

(4) 근로내용상의 보호

① 독자적 임금청구

미성년자는 독자적으로 임금을 청구할 수 있다(법 제68조). 임금의 청구는 미성년자는 물론 친권자에게도 허용되나 임금은 직접 지불이 원칙이므로 법정대리인이 대리 수령할 수 없다.

② 근로시간의 보호

15세 이상 18세 미만인 사람의 근로시간은 1일에 7시간, 1주에 35시간을 초과하지 못한다. 다만, 당사자 사이의 합의에 따라 1일에 1시간, 1주에 5시간을 한도로 연장할 수 있다(법 제69조).

③ 적용제외

3개월 이내의 탄력적 근로시간제, 3개월을 초과하는 탄력적 근로시간제와 선택적 근로시간제는 소년에게 적용되지 않는다.

④ 취업제한에 의한 보호

㉠ 위해 · 위험사업에의 취업금지

㉡ 갱내근로의 금지

SEMI-NOTE

관련 판례

미성년자는 원칙적으로 법정대리인에 의하여서만 소송행위를 할 수 있으나 미성년자 자신의 노무제공에 따른 임금의 청구는 근로기준법 제68조의 규정에 의하여 미성년자가 독자적으로 할 수 있다(대판 80다3149).

고용평등법 제7조 제2항

사업주는 근로자를 모집 · 채용할 때 그 직무의 수행에 필요하지 아니한 용모 · 키 · 체중 등의 신체적 조건, 미혼 조건, 그 밖에 고용노동부령으로 정하는 조건을 제시하거나 요구하여서는 아니 된다.

3. 여성 근로자에 대한 특별보호

(1) 근로계약 체결 시 보호

① 균등한 처우

사용자는 근로자에 대하여 남녀의 성(性)을 이유로 차별적 대우를 하지 못하고, 국적 · 신앙 또는 사회적 신분을 이유로 근로조건에 대한 차별적 처우를 하지 못한다(법 제6조).

② 남녀고용평등법상 보호

㉠ 사업주는 근로자를 모집하거나 채용할 때 남녀를 차별하여서는 아니 된다(고용평등법 제7조 제1항).

㉡ 사업주는 근로자의 정년 · 퇴직 및 해고에서 남녀를 차별하여서는 아니 된다(고용평등법 제11조 제1항).

(2) 근로시간과 근로조건에 관한 보호

법 제110조 제1호
시간 외 근로, 임산부의 보호를 위반한 자는 2년 이하의 징역 또는 2천만원 이하의 벌금에 처한다.

① 시간 외 근로의 제한

사용자는 산후 1년이 지나지 아니한 여성에 대하여는 단체협약이 있는 경우라도 1일에 2시간, 1주에 6시간, 1년에 150시간을 초과하는 시간외근로를 시키지 못한다(법 제71조).

② 임산부의 보호

사용자는 임신 중의 여성 근로자에게 시간외근로를 하게 하여서는 아니 되며, 그 근로자의 요구가 있는 경우에는 쉬운 종류의 근로로 전환하여야 한다(법 제74조 제5항).

③ 야간 및 휴일근로의 제한(법 제70조)

㉠ 사용자는 18세 이상의 여성을 오후 10시부터 오전 6시까지의 시간 및 휴일에 근로시키려면 그 근로자의 동의를 받아야 한다.

㉡ 사용자는 임산부와 18세 미만자를 오후 10시부터 오전 6시까지의 시간 및 휴일에 근로시키지 못한다. 다만, 다음의 어느 하나에 해당하는 경우로서 고용노동부장관의 인가를 받으면 그러하지 아니하다.

- 18세 미만자의 동의가 있는 경우
- 산후 1년이 지나지 아니한 여성의 동의가 있는 경우
- 임신 중의 여성이 명시적으로 청구하는 경우

㉢ 사용자는 고용노동부장관의 인가를 받기 전에 근로자의 건강 및 모성 보호를 위하여 그 시행 여부와 방법 등에 관하여 그 사업 또는 사업장의 근로자대표와 성실하게 협의하여야 한다.

④ 탄력적 근로시간제의 금지

㉠ 3개월 이내의 탄력적 근로시간제에 관한 규정은 15세 이상 18세 미만의 근로자와 임신 중인 여성 근로자에 대하여는 적용하지 아니한다(법 제51조 제3항).

ⓒ 3개월을 초과하는 탄력적 근로시간제에 관한 규정은 15세 이상 18세 미만의 근로자와 임신 중인 여성 근로자에 대하여는 적용하지 아니한다(법 제51조의 2 제6항).

⑤ 유해 · 위험사업의 종사금지(법 제65조)

ⓐ 사용자는 임신 중이거나 산후 1년이 지나지 아니한 여성과 18세 미만자를 도덕상 또는 보건상 유해 · 위험한 사업에 사용하지 못한다.

ⓑ 사용자는 임산부가 아닌 18세 이상의 여성을 보건상 유해 · 위험한 사업 중 임신 또는 출산에 관한 기능에 유해 · 위험한 사업에 사용하지 못한다.

⑥ 갱내근로의 금지

사용자는 여성과 18세 미만인 사람을 갱내(坑內)에서 근로시키지 못한다. 다만, 보건 · 의료, 보도 · 취재 등 대통령령으로 정하는 업무를 수행하기 위하여 일시적으로 필요한 경우에는 그러하지 아니하다(법 제72조).

⑦ 생리휴가

사용자는 여성 근로자가 청구하면 월 1일의 생리휴가를 주어야 한다(법 제73조).

(3) 모성 및 육아에 대한 보호

① 출산전후휴가

사용자는 임신 중의 여성에게 출산 전과 출산 후를 통하여 90일(한 번에 둘 이상 자녀를 임신한 경우에는 120일)의 출산전후휴가를 주어야 한다. 이 경우 휴가 기간의 배정은 출산 후에 45일(한 번에 둘 이상 자녀를 임신한 경우에는 60일) 이상이 되어야 한다(법 제74조 제1항).

② 휴가 분산 사용

사용자는 임신 중인 여성 근로자가 유산의 경험 등 다음으로 정하는 사유로 휴가를 청구하는 경우 출산 전 어느 때라도 휴가를 나누어 사용할 수 있도록 하여야 한다. 이 경우 출산 후의 휴가 기간은 연속하여 45일(한 번에 둘 이상 자녀를 임신한 경우에는 60일) 이상이 되어야 한다(법 제74조 제2항, 영 제43조 제1항).

ⓐ 임신한 근로자에게 유산 · 사산의 경험이 있는 경우

ⓑ 임신한 근로자가 출산전후휴가를 청구할 당시 연령이 만 40세 이상인 경우

ⓒ 임신한 근로자가 유산 · 사산의 위험이 있다는 의료기관의 진단서를 제출한 경우

③ 유산 · 사산휴가의 청구 등

ⓐ 사용자는 임신 중인 여성이 유산 또는 사산한 경우로서 그 근로자가 청구하면 대통령령으로 정하는 바에 따라 유산 · 사산 휴가를 주어야 한다. 다만, 인공임신중절 수술에 따른 유산의 경우는 그러하지 아니하다(법 제74조 제3항).

ⓑ 유산 또는 사산한 근로자가 유산 · 사산휴가를 청구하는 경우에는 휴가 청구 사유, 유산 · 사산 발생일 및 임신기간 등을 적은 유산 · 사산휴가 신청서에 의료기관의 진단서를 첨부하여 사업주에게 제출하여야 한다(영 제43조 제2항).

법 제114조
생리휴가를 주어야 하는 규정을 위반한 자는 500만 원 이하의 벌금에 처한다.

법 제110조 제1호
임산부의 보호(제74조), 육아시간(제75조)의 규정을 위반한 자는 2년 이하의 징역 또는 2천만원 이하의 벌금에 처한다.

ⓒ 사업주는 유산·사산휴가를 청구한 근로자에게 다음의 기준에 따라 유산·사산휴가를 주어야 한다(영 제43조 제3항).
  • 유산 또는 사산한 근로자의 임신기간이 11주 이내인 경우 : 유산 또는 사산한 날부터 5일까지
  • 임신기간이 12주 이상 15주 이내인 경우 : 유산 또는 사산한 날부터 10일까지
  • 임신기간이 16주 이상 21주 이내인 경우 : 유산 또는 사산한 날부터 30일까지
  • 임신기간이 22주 이상 27주 이내인 경우 : 유산 또는 사산한 날부터 60일까지
  • 임신기간이 28주 이상인 경우 : 유산 또는 사산한 날부터 90일까지

④ 임신기간 근로시간 단축의 신청
근로시간 단축을 신청하려는 여성 근로자는 근로시간 단축 개시 예정일의 3일 전까지 임신기간, 근로시간 단축 개시 예정일 및 종료 예정일, 근무 개시 시각 및 종료 시각 등을 적은 문서(전자문서를 포함한다)에 의사의 진단서(같은 임신에 대하여 근로시간 단축을 다시 신청하는 경우는 제외한다)를 첨부하여 사용자에게 제출하여야 한다(영 제43조의2).

⑤ 휴가 중 최초 60일(한 번에 둘 이상 자녀를 임신한 경우에는 75일) 유급
휴가 중 최초 60일(한 번에 둘 이상 자녀를 임신한 경우에는 75일)은 유급으로 한다. 다만, 출산전후휴가급여 등이 지급된 경우에는 그 금액의 한도에서 지급의 책임을 면한다(법 제74조 제4항).

⑥ 종전업무의 복귀
사업주는 출산전후휴가 종료 후에는 휴가 전과 동일한 업무 또는 동등한 수준의 임금을 지급하는 직무에 복귀시켜야 한다(법 제74조 제6항).

⑦ 단축근로
사용자는 임신 후 12주 이내 또는 36주 이후에 있는 여성 근로자가 1일 2시간의 근로시간 단축을 신청하는 경우 이를 허용하여야 한다. 다만, 1일 근로시간이 8시간 미만인 근로자에 대하여는 1일 근로시간이 6시간이 되도록 근로시간 단축을 허용할 수 있다(법 제74조 제7항).

⑧ 태아검진 시간의 허용 등(법 제74조의2)
  ㉠ 사용자는 임신한 여성근로자가 임산부 정기건강진단을 받는데 필요한 시간을 청구하는 경우 이를 허용하여 주어야 한다.
  ㉡ 사용자는 건강진단 시간을 이유로 그 근로자의 임금을 삭감하여서는 아니 된다.

⑨ 육아 시간

생후 1년 미만의 유아(乳兒)를 가진 여성 근로자가 청구하면 1일 2회 각각 30분 이상의 유급 수유 시간을 주어야 한다(법 제75조).

⑩ 연장근로의 제한

㉠ 사용자는 산후 1년이 지나지 아니한 여성에 대하여는 단체협약이 있는 경우라도 1일에 2시간, 1주에 6시간, 1년에 150시간을 초과하는 시간외근로를 시키지 못한다(법 제71조).

㉡ 15세 이상 18세 미만의 근로자에 대하여는 적용하지 아니한다(법 제53조 제6항).

07절　직장 내 괴롭힘의 금지 · 기능습득 · 재해보상

1. 직장 내 괴롭힘의 발생 시 조치 ★빈출개념

(1) 누구든지 신고

누구든지 직장 내 괴롭힘 발생 사실을 알게 된 경우 그 사실을 사용자에게 신고할 수 있다(법 제76조의3 제1항).

(2) 신고조사

사용자는 신고를 접수하거나 직장 내 괴롭힘 발생 사실을 인지한 경우에는 지체 없이 그 사실 확인을 위한 조사를 실시하여야 한다(법 제76조의3 제2항).

(3) 근무장소의 변경, 유급휴가 명령 등 적절한 조치

사용자는 조사 기간 동안 직장 내 괴롭힘과 관련하여 피해를 입은 근로자 또는 피해를 입었다고 주장하는 근로자를 보호하기 위하여 필요한 경우 해당 피해근로자등에 대하여 근무장소의 변경, 유급휴가 명령 등 적절한 조치를 하여야 한다. 이 경우 사용자는 피해근로자등의 의사에 반하는 조치를 하여서는 아니 된다(법 제76조의3 제3항).

(4) 근무장소의 변경, 배치전환, 유급휴가 명령 등

사용자는 제2항에 따른 조사 결과 직장 내 괴롭힘 발생 사실이 확인된 때에는 피해근로자가 요청하면 근무장소의 변경, 배치전환, 유급휴가 명령 등 적절한 조치를 하여야 한다(법 제76조의3 제4항).

직장 내 괴롭힘의 금지

사용자 또는 근로자는 직장에서의 지위 또는 관계 등의 우위를 이용하여 업무상 적정범위를 넘어 다른 근로자에게 신체적 · 정신적 고통을 주거나 근무환경을 악화시키는 행위(를 하여서는 아니 된다(법 제76조의2).

(5) 피해근로자의 의견 경청

사용자는 조사 결과 직장 내 괴롭힘 발생 사실이 확인된 때에는 지체 없이 행위자에 대하여 징계, 근무장소의 변경 등 필요한 조치를 하여야 한다. 이 경우 사용자는 징계 등의 조치를 하기 전에 그 조치에 대하여 피해근로자의 의견을 들어야 한다(법 제76조의3 제5항).

(6) 불리한 처우금지

사용자는 직장 내 괴롭힘 발생 사실을 신고한 근로자 및 피해근로자등에게 해고나 그 밖의 불리한 처우를 하여서는 아니 된다(법 제76조의3 제6항).

(7) 누설 금지

직장 내 괴롭힘 발생 사실을 조사한 사람, 조사 내용을 보고받은 사람 및 그 밖에 조사 과정에 참여한 사람은 해당 조사 과정에서 알게 된 비밀을 피해근로자등의 의사에 반하여 다른 사람에게 누설하여서는 아니 된다. 다만, 조사와 관련된 내용을 사용자에게 보고하거나 관계 기관의 요청에 따라 필요한 정보를 제공하는 경우는 제외한다(법 제76조의3 제7항).

2. 재해보상

(1) 재해보상의 범위

① 요양보상
  ㉠ 근로자가 업무상 부상 또는 질병에 걸리면 사용자는 그 비용으로 필요한 요양을 행하거나 필요한 요양비를 부담하여야 한다(법 제78조 제1항).
  ㉡ 사용자는 근로자가 취업 중에 업무상 질병에 걸리거나 부상 또는 사망한 경우에는 지체 없이 의사의 진단을 받도록 하여야 한다(영 제44조 제2항).

② 휴업보상
  ㉠ 사용자는 요양 중에 있는 근로자에게 그 근로자의 요양 중 평균임금의 100분의 60의 휴업보상을 하여야 한다(법 제79조 제1항).
  ㉡ 휴업보상을 받을 기간에 그 보상을 받을 사람이 임금의 일부를 지급받은 경우에는 사용자는 평균임금에서 그 지급받은 금액을 뺀 금액의 100분의 60의 휴업보상을 하여야 한다(법 제79조 제2항).

③ 장해보상
  ㉠ 근로자가 업무상 부상 또는 질병에 걸리고, 완치된 후 신체에 장해가 있으면 사용자는 그 장해 정도에 따라 평균임금에 별표에서 정한 일수를 곱한 금액의 장해보상을 하여야 한다(법 제80조 제1항).
  ㉡ 이미 신체에 장해가 있는 사람이 부상 또는 질병으로 인하여 같은 부위에 장해가 더 심해진 경우에 그 장해에 대한 장해보상 금액은 장해 정도가 더 심해진 장해등급에 해당하는 장해보상의 일수에서 기존의 장해등급에 해당하는

장해보상의 일수를 뺀 일수에 보상청구사유 발생 당시의 평균임금을 곱하여
산정한 금액으로 한다(법 제80조 제2항).

ⓒ 장해등급 결정(영 제47조)
 • 장해보상을 하여야 하는 신체장해 등급의 결정 기준은 별표 6과 같다.
 • 신체장해가 둘 이상 있는 경우에는 정도가 심한 신체장해에 해당하는 등급에
   따른다. 다만, 다음 각 호의 경우에는 해당 호에서 정하여 조정한 등급에 따
   른다. 이 경우 그 조정된 등급이 제1급을 초과하는 때에는 제1급으로 한다.
   – 제5급 이상에 해당하는 신체장해가 둘 이상 있는 경우 : 정도가 심한 신
     체장해에 해당하는 등급에 3개 등급 인상
   – 제8급 이상에 해당하는 신체장해가 둘 이상 있는 경우 : 정도가 심한 신
     체장해에 해당하는 등급에 2개 등급 인상
   – 제13급 이상에 해당하는 신체장해가 둘 이상 있는 경우 : 정도가 심한 신
     체장해에 해당하는 등급에 1개 등급 인상
 • 별표 6에 해당하지 아니하는 신체장해가 있는 경우에는 그 장해 정도에 따
   라 별표 6에 따른 신체장해에 준하여 장해보상을 하여야 한다.

④ 유족보상(법 제82조)
 ㉠ 근로자가 업무상 사망한 경우에는 사용자는 근로자가 사망한 후 지체 없이 그
   유족에게 평균임금 1,000일분의 유족보상을 하여야 한다.
 ㉡ 유족의 범위, 유족보상의 순위 및 보상을 받기로 확정된 사람이 사망한 경우
   의 유족보상의 순위는 대통령령으로 정한다.
 ㉢ 유족의 범위 등(영 제48조)
   • 유족의 범위는 다음과 같다. 이 경우 유족보상의 순위는 다음의 순서에 따
     르되, 그 적힌 순서에 따른다.
     – 근로자가 사망할 때 그가 부양하고 있던 배우자(사실혼 관계에 있던 자
       를 포함한다), 자녀, 부모, 손(孫) 및 조부모
     – 근로자가 사망할 때 그가 부양하고 있지 아니한 배우자, 자녀, 부모, 손
       및 조부모
     – 근로자가 사망할 때 그가 부양하고 있던 형제자매
     – 근로자가 사망할 때 그가 부양하고 있지 아니한 형제자매
   • 유족의 순위를 정하는 경우에 부모는 양부모를 선순위로 친부모를 후순위
     로 하고, 조부모는 양부모의 부모를 선순위로 친부모의 부모를 후순위로
     하되, 부모의 양부모를 선순위로 부모의 친부모를 후순위로 함.
   • 근로자가 유언이나 사용자에 대한 예고에 따라 유족 중의 특정한 자를 지정
     한 경우에는 그에 따름.
 ㉣ 같은 순위자 : 같은 순위의 유족보상 수급권자가 2명 이상 있는 경우에는 그
   인원수에 따라 똑같이 나누어 유족보상을 한다(영 제49조).
 ㉤ 보상을 받기로 확정된 자의 사망 : 유족보상을 받기로 확정된 유족이 사망한
   때에는 같은 순위자가 있는 경우에는 같은 순위자에게, 같은 순위자가 없는
   경우에는 그 다음 순위자에게 유족보상을 한다(영 제50조).

보상시기(영 제51조)
 • 장해보상은 근로자의 부상 또는 질병
   이 완치된 후 지체 없이 하여야 한다.
 • 유족보상 및 장의비의 지급은 근로자
   가 사망한 후 지체 없이 하여야 한다.

장례비
근로자가 업무상 사망한 경우에는 사용
자는 근로자가 사망한 후 지체 없이 평
균임금 90일분의 장례비를 지급하여야
한다(법 제83조).

다른 손해배상과의 관계

보상을 받게 될 사람이 동일한 사유에 대하여 민법이나 그 밖의 법령에 따라 이 법의 재해보상에 상당한 금품을 받으면 그 가액(價額)의 한도에서 사용자는 보상의 책임을 면한다(법 제87조).

⑤ **지급방법**

   ㉠ **일시보상** : 보상을 받는 근로자가 요양을 시작한 지 2년이 지나도 부상 또는 질병이 완치되지 아니하는 경우에는 사용자는 그 근로자에게 평균임금 1,340 일분의 일시보상을 하여 그 후의 이 법에 따른 모든 보상책임을 면할 수 있다 (법 제84조).

   ㉡ **분할보상** : 사용자는 지급 능력이 있는 것을 증명하고 보상을 받는 사람의 동의를 받으면 제80조, 제82조 또는 제84조에 따른 보상금을 1년에 걸쳐 분할 보상을 할 수 있다(법 제85조).

⑥ **보상청구권**

   ㉠ **보상 청구권** : 보상을 받을 권리는 퇴직으로 인하여 변경되지 아니하고, 양도나 압류하지 못한다(법 제86조).

   ㉡ **서류의 보존** : 사용자는 재해보상에 관한 중요한 서류를 재해보상이 끝나지 아니하거나 제92조에 따라 재해보상 청구권이 시효로 소멸되기 전에 폐기하여서는 아니 된다(법 제91조).

(2) 이의제기

① **고용노동부장관의 심사와 중재(법 제88조)**

   ㉠ 업무상의 부상, 질병 또는 사망의 인정, 요양의 방법, 보상금액의 결정, 그 밖에 보상의 실시에 관하여 이의가 있는 자는 고용노동부장관에게 심사나 사건의 중재를 청구할 수 있다.

   ㉡ 제1항의 청구가 있으면 고용노동부장관은 1개월 이내에 심사나 중재를 하여야 한다.

   ㉢ 고용노동부장관은 필요에 따라 직권으로 심사나 사건의 중재를 할 수 있다.

   ㉣ 고용노동부장관은 심사나 중재를 위하여 필요하다고 인정하면 의사에게 진단이나 검안을 시킬 수 있다.

   ㉤ 심사나 중재의 청구와 제2항에 따른 심사나 중재의 시작은 시효의 중단에 관하여는 재판상의 청구로 본다.

② **도급 사업에 대한 예외(법 제90조)**

   ㉠ 사업이 여러 차례의 도급에 따라 행하여지는 경우의 재해보상에 대하여는 원수급인(元受給人)을 사용자로 본다.

   ㉡ 원수급인이 서면상 계약으로 하수급인에게 보상을 담당하게 하는 경우에는 그 수급인도 사용자로 본다. 다만, 2명 이상의 하수급인에게 똑같은 사업에 대하여 중복하여 보상을 담당하게 하지 못한다.

   ㉢ 원수급인이 보상의 청구를 받으면 보상을 담당한 하수급인에게 우선 최고(催告)할 것을 청구할 수 있다. 다만, 그 하수급인이 파산의 선고를 받거나 행방이 알려지지 아니하는 경우에는 그러하지 아니하다.

노동위원회의 심사와 중재(법 제89조)

- 고용노동부장관이 기간에 심사 또는 중재를 하지 아니하거나 심사와 중재의 결과에 불복하는 자는 노동위원회에 심사나 중재를 청구할 수 있다.
- 청구가 있으면 노동위원회는 1개월 이내에 심사나 중재를 하여야 한다.

시효

이 법의 규정에 따른 재해보상 청구권은 3년간 행사하지 아니하면 시효로 소멸한다(법 제92조).

08절 취업규칙 및 기숙사 등

1. 취업규칙 ★ 빈출개념

(1) 의의

취업규칙은 사업장 내 근로자의 복무규율과 근로조건에 관해 사용자가 작성한 규범을 말한다. 근로기준법 제94조 소정의 취업규칙이라 함은 복무규율과 임금 등 근로조건에 관한 준칙의 내용을 담고 있으면 그 명칭을 불문하는 것으로서, 사용자는 같은 사업장에 소속된 모든 근로자에 대하여 일률적으로 적용되는 하나의 취업규칙만을 작성하여야 하는 것은 아니고, 근로자의 근로조건, 근로형태, 직종 등의 특수성에 따라 근로자 일부에 적용되는 별도의 취업규칙을 작성할 수 있으며, 이 경우 여러 개의 취업규칙을 합한 것이 근로기준법 제94조 소정의 1개의 취업규칙으로 된다(대판 95누15698).

관련 판례 취업규칙

취업규칙에 규정된 근로조건의 내용을 근로자에게 불이익하게 변경함에 대하여 근로자 과반수로 구성된 노동조합이 없어 근로자들의 회의 방식에 의한 과반수 동의가 필요한 경우, 한 사업 또는 사업장의 기구별 또는 단위 부서별로 사용자측의 개입이나 간섭이 배제된 상태에서 근로자 상호간에 의견을 교환하여 찬반의견을 집약한 후 이를 전체적으로 취합하는 방식도 허용된다(대판 2003다52456).

관련 판례 취업규칙의 해당 사례

사용자가 회사 업무수행 중에 발생한 사고에 대하여 그 처리의 책임과 절차를 규정함으로써 신속하고 합리적인 사고 처리를 기하기 위하여 사고처리규정을 제정 · 시행한 후, 3번에 걸쳐 노사 쌍방의 합의를 거쳐 각 개정 · 시행하고 있는 사고처리규정이 조합원 이외의 직원의 근로관계도 직접 규율하는 것으로 규정되어 있고, 유효기간에 관한 규정이 없이 계속하여 시행되어 왔을 뿐만 아니라, 노사 쌍방의 서명날인도 되어 있지 아니한 점에 비추어 취업규칙에 해당한다고 본 사례(대판 96누5421)

(2) 취업규칙의 작성

① **취업규칙의 작성 · 신고**
   상시 10명 이상의 근로자를 사용하는 사용자는 취업규칙을 작성하여 고용노동부장관에게 신고하여야 한다. 이를 변경하는 경우에도 또한 같다(법 제93조).
② **규칙의 작성, 변경 절차(법 제94조)**
   ㉠ 사용자는 취업규칙의 작성 또는 변경에 관하여 해당 사업 또는 사업장에 근로자의 과반수로 조직된 노동조합이 있는 경우에는 그 노동조합, 근로자의 과반수로 조직된 노동조합이 없는 경우에는 근로자의 과반수의 의견을 들어야

취업규칙의 특징

취업규칙은 사용자의 권한에 속하지만 사용자의 자의적 변경을 방지하고 근로자의 입장을 보호하기 위하여 취업규칙의 신고, 변경신고 등의 규정을 둠

취업규칙의 법적 성격 및 해석

취업규칙은 노사간의 집단적인 법률관계를 규정하는 법규범의 성격을 갖는 것이므로 명확한 증거가 없는 한 그 문언의 객관적 의미를 무시하는 해석이나 사실인정은 신중하고 엄격하여야 한다(대판 2002다69631).

관련 판례

• 취업규칙은 같은 사업장에 소속된 모든 근로자에 대하여 일률적으로 적용되어야 하는 것은 아니고, 사용자는 근로자의 근로조건, 근로형태, 직종 등의 특수성에 따라 근로자 일부에 적용되는 별도의 취업규칙을 작성할 수 있다(대판 98다11628).

• 취업규칙이라 함은 복무규율과 임금 등 근로조건에 관한 준칙의 내용을 담고 있으면 그 명칭을 불문하는 것으로서, 사용자는 같은 사업장에 소속된 모든 근로자에 대하여 일률적으로 적용되는 하나의 취업규칙만을 작성하여야 하는 것은 아니고, 근로자의 근로조건, 근로형태, 직종 등의 특수성에 따라 근로자 일부에 적용되는 별도의 취업규칙을 작성할 수 있다(대판 2006다83246).

SEMI-NOTE

한다. 다만, 취업규칙을 근로자에게 불리하게 변경하는 경우에는 그 동의를 받아야 한다.

ⓒ 사용자는 취업규칙을 신고할 때에는 의견을 적은 서면을 첨부하여야 한다.

(3) 취업규칙의 변경

① 불이익하지 아니한 변경

취업규칙의 하나인 인사규정의 작성·변경에 관한 권한은 원칙적으로 사용자에게 있으므로 사용자는 그 의사에 따라 인사규정을 작성·변경할 수 있고, 원칙적으로 인사규정을 종전보다 근로자에게 불이익하게 변경하는 경우가 아닌 한 근로자의 동의나 협의 또는 의견청취절차를 거치지 아니하고 인사규정을 변경하였다고 하여 그 인사규정의 효력이 부정될 수는 없다(대판 98두6647).

② 불이익변경의 판단기준

취업규칙의 일부를 이루는 급여규정의 변경이 일부의 근로자에게는 유리하고 일부의 근로자에게는 불리한 경우 그러한 변경에 근로자집단의 동의를 요하는지를 판단하는 것은 근로자 전체에 대하여 획일적으로 결정되어야 할 것이고, 또 이러한 경우 취업규칙의 변경이 근로자에게 전체적으로 유리한지 불리한지를 객관적으로 평가하기가 어려우며, 같은 개정에 의하여 근로자 상호간의 이, 불리에 따른 이익이 충돌되는 경우에는 그러한 개정은 근로자에게 불이익한 것으로 취급하여 근로자들 전체의 의사에 따라 결정하게 하는 것이 타당하다(대판 93다1893).

③ 동의의 방법

단체협약은 노동조합이 사용자 또는 사용자 단체와 근로조건 기타 노사관계에서 발생하는 사항에 관하여 체결하는 협정으로써 노동조합이 사용자측과 기존의 임금, 근로시간, 퇴직금 등 근로조건을 결정하는 기준에 관하여 소급적으로 동의하거나 이를 승인하는 내용의 단체협약을 체결한 경우에 그 동의나 승인의 효력은 단체협약이 시행된 이후에 그 사업체에 종사하며 그 협약의 적용을 받게 될 노동조합원이나 근로자들에 대하여 생기므로, 취업규칙의 변경이 근로자에게 불이익함에도 불구하고, 사용자가 근로자의 집단적 의사결정방법에 의한 동의를 얻지 아니한 채 변경을 함으로써 기득이익을 침해하게 되는 기존의 근로자에 대하여는 종전의 취업규칙이 적용되어야 하는 경우에도 노동조합이 사용자측과의 사이에 새로운 내용의 단체협약을 체결한 경우에는 기득이익을 침해하게 되는 기존의 근로자에 대하여 종전의 취업규칙이 적용되어야 함을 알았는지 여부에 관계없이 원칙적으로 그 협약의 적용을 받게 될 노동조합원이나 근로자들에 대하여 효력이 생기고, 따라서 그 협약의 내용에 따라 개정된 취업규칙은 근로자들에 대하여 적용되어야 한다(대판 95다34316).

(4) 필요적 기재사항(법 제93조)

① 업무의 시작과 종료 시각, 휴게시간, 휴일, 휴가 및 교대 근로에 관한 사항
② 임금의 결정·계산·지급 방법, 임금의 산정기간·지급시기 및 승급(昇給)에 관한 사항
③ 가족수당의 계산·지급 방법에 관한 사항
④ 퇴직에 관한 사항
⑤ 퇴직급여, 상여 및 최저임금에 관한 사항
⑥ 근로자의 식비, 작업 용품 등의 부담에 관한 사항
⑦ 근로자를 위한 교육시설에 관한 사항
⑧ 출산전후휴가·육아휴직 등 근로자의 모성 보호 및 일·가정 양립 지원에 관한 사항
⑨ 안전과 보건에 관한 사항
⑩ 근로자의 성별·연령 또는 신체적 조건 등의 특성에 따른 사업장 환경의 개선에 관한 사항
⑪ 업무상과 업무 외의 재해부조(災害扶助)에 관한 사항
⑫ 직장 내 괴롭힘의 예방 및 발생 시 조치 등에 관한 사항
⑬ 표창과 제재에 관한 사항
⑭ 그 밖에 해당 사업 또는 사업장의 근로자 전체에 적용될 사항

(5) 법령 주요 내용 등의 게시

사용자는 이 법과 이 법에 따른 대통령령의 주요 내용과 취업규칙을 근로자가 자유롭게 열람할 수 있는 장소에 항상 게시하거나 갖추어 두어 근로자에게 널리 알려야 한다(법 제14조 제1항).

(6) 취업규칙의 심사, 내용상의 제한

① 단체협약의 준수(법 제96조)
   ㉠ 취업규칙은 법령이나 해당 사업 또는 사업장에 대하여 적용되는 단체협약과 어긋나서는 아니 된다.
   ㉡ 고용노동부장관은 법령이나 단체협약에 어긋나는 취업규칙의 변경을 명할 수 있다.
② 위반의 효력
   취업규칙에서 정한 기준에 미달하는 근로조건을 정한 근로계약은 그 부분에 관하여는 무효로 한다. 이 경우 무효로 된 부분은 취업규칙에 정한 기준에 따른다(법 제97조).
③ 제재 규정의 제한
   취업규칙에서 근로자에 대하여 감급(減給)의 제재를 정할 경우에 그 감액은 1회의 금액이 평균임금의 1일분의 2분의 1을, 총액이 1임금지급기의 임금 총액의 10분의 1을 초과하지 못한다(법 제95조).

SEMI-NOTE

임의적 기재사항
가족수당, 교대근무, 식비 등의 근로조건 등

관련 판례
취업규칙은 사용자가 근로자의 복무규율과 임금 등 당해 사업의 근로자 전체에 적용될 근로조건에 관한 준칙을 규정한 것을 말하는 것으로서, 그 명칭에 구애받을 것은 아니고, 한편 취업규칙은 사용자가 정하는 기업 내의 규범이기 때문에 사용자가 취업규칙을 신설 또는 변경하기 위한 조항을 정하였다고 하여도 그로 인하여 바로 효력이 생기는 것이라고는 할 수 없고 신설 또는 변경된 취업규칙의 효력이 생기기 위하여는 반드시 같은 법 제14조 제1항에서 정한 방법에 의할 필요는 없지만, 적어도 법령의 공포에 준하는 절차로서 그것이 새로운 기업 내 규범인 것을 널리 종업원 일반으로 하여금 알게 하는 절차 즉, 어떠한 방법이든지 적당한 방법에 의한 주지가 필요하다(대판 2001다63599).

법 제114조 제1호
취업규칙 신고를 하지 아니한 자(법 제94조)는 500만 원 이하의 벌금에 처한다.

기숙사 생활의 보장
- 사용자는 사업 또는 사업장의 부속 기숙사에 기숙하는 근로자의 사생활의 자유를 침해하지 못한다(법 제98조 제1항).
- 사용자는 기숙사 생활의 자치에 필요한 임원 선거에 간섭하지 못한다(법 제98조 제2항).

기숙사규칙 준수

사용자와 기숙사에 기숙하는 근로자는 기숙사규칙을 지켜야 한다(법 제99조 제3항).

임원선거에 간섭한 경우

1차 위반 80만 원, 2차 위반 150만 원, 3차 위반 300만 원의 과태료에 처함

기숙사의 설치 장소

사용자는 소음이나 진동이 심한 장소, 산사태나 눈사태 등 자연재해의 우려가 현저한 장소, 습기가 많거나 침수의 위험이 있는 장소, 오물이나 폐기물로 인한 오염의 우려가 현저한 장소 등 근로자의 안전하고 쾌적한 거주가 어려운 환경의 장소에 기숙사를 설치해서는 안 된다(영 제56조).

기숙사의 면적

기숙사 침실의 넓이는 1인당 2.5제곱미터 이상으로 한다(영 제58조).

2. 기숙사

(1) 기숙사 규칙의 작성과 변경

① 부속 기숙사에 근로자를 기숙시키는 사용자는 다음의 사항에 관하여 기숙사규칙을 작성하여야 한다(법 제99조 제1항).
  ㉠ 기상(起床), 취침, 외출과 외박에 관한 사항
  ㉡ 행사에 관한 사항
  ㉢ 식사에 관한 사항
  ㉣ 안전과 보건에 관한 사항
  ㉤ 건설물과 설비의 관리에 관한 사항
  ㉥ 그 밖에 기숙사에 기숙하는 근로자 전체에 적용될 사항
② 기숙사규칙의 과반수 동의
  사용자는 따른 규칙의 작성 또는 변경에 관하여 기숙사에 기숙하는 근로자의 과반수를 대표하는 자의 동의를 받아야 한다(법 제99조 제2항).
③ 기숙사규칙안의 게시 등
  사용자는 근로자의 과반수를 대표하는 자의 동의를 받으려는 경우 기숙사에 기숙하는 근로자의 과반수가 18세 미만인 때에는 기숙사규칙안을 7일 이상 기숙사의 보기 쉬운 장소에 게시하거나 갖추어 두어 알린 후에 동의를 받아야 한다(영 제54조).

(2) 기숙사의 설치 및 운영기준

① 기숙사의 운영기준
  사용자는 부속 기숙사를 설치 · 운영할 때 다음의 사항에 관하여 대통령령으로 정하는 기준을 충족하도록 하여야 한다(법 제100조).
  ㉠ 기숙사의 구조와 설비
  ㉡ 기숙사의 설치 장소
  ㉢ 기숙사의 주거 환경 조성
  ㉣ 기숙사의 면적
  ㉤ 그 밖에 근로자의 안전하고 쾌적한 주거를 위하여 필요한 사항
② 기숙사의 구조와 설비
  사용자는 기숙사를 설치하는 경우 다음의 사항을 모두 충족해야 한다(영 제55조).
  ㉠ 침실 하나에 8명 이하의 인원이 거주할 수 있는 구조일 것
  ㉡ 화장실과 세면 · 목욕시설을 적절하게 갖출 것
  ㉢ 채광과 환기를 위한 적절한 설비 등을 갖출 것
  ㉣ 적절한 냉 · 난방 설비 또는 기구를 갖출 것
  ㉤ 화재 예방 및 화재 발생 시 안전조치를 위한 설비 또는 장치를 갖출 것
③ 기숙사의 주거 환경 조성
  사용자는 기숙사를 운영하는 경우 다음의 사항을 준수해야 한다(영 제57조).

⊙ 남성과 여성이 기숙사의 같은 방에 거주하지 않도록 할 것

⊙ 작업시간을 달리하는 2개 조 이상의 근로자들이 같은 침실에 거주하지 않도록 할 것

⊙ 기숙사에 기숙하는 근로자가 감염병에 걸린 경우에는 다음의 장소 또는 물건에 대하여 소독 등 필요한 조치를 취할 것

- 해당 근로자의 침실
- 해당 근로자가 사용한 침구, 식기, 옷 등 개인용품 및 그 밖의 물건
- 기숙사 내 근로자가 공동으로 이용하는 장소

④ 근로자의 사생활 보호 등

사용자는 기숙사에 기숙하는 근로자의 사생활 보호 등을 위하여 다음의 사항을 준수해야 한다(영 제58조의2).

⊙ 기숙사의 침실, 화장실 및 목욕시설 등에 적절한 잠금장치를 설치할 것

⊙ 근로자의 개인용품을 정돈하여 두기 위한 적절한 수납공간을 갖출 것

⑤ 부속 기숙사의 유지관리 의무

사용자는 설치한 부속 기숙사에 대하여 근로자의 건강 유지, 사생활 보호 등을 위한 조치를 하여야 한다(법 제100조의2).

09절 근로관계의 전개 및 변경

1. 근로관계의 전개

(1) 배치전환의 유형

① 직무내용의 변경

직종의 변경(전직, 전보).

② 근무장소의 변경

사업장을 달리하는 근무장소의 변경(전근).

배치전환
동일 기업 내에서 근로자의 직종 또는 근무장소의 변경을 가져오는 인사이동

관련 판례 근로자에 대한 처분 고려사항

근로자에 대한 전직이나 전보처분은 근로자가 제공하여야 할 근로의 종류·내용·장소 등에 변경을 가져온다는 점에서 근로자에게 불이익한 처분이 될 수도 있으나, 원칙적으로 인사권자인 사용자의 권한에 속하므로 업무상 필요한 범위 안에서는 상당한 재량을 인정하여야 하고, 그것이 근로자에 대하여 정당한 이유 없이 해고·휴직·정직·감봉 기타 징벌을 하지 못하도록 하는 구 근로기준법(2007. 4. 11. 법률 제8372호로 개정되기 전의 것) 제30조 제1항에 위배되거나 권리남용에 해당하는 등 특별한 사정이 없는 한 무효라고는 할 수 없고, 전직처분 등이 정당한 인사권의 범위 내에 속하는지의 여부는 당해 전직처분 등의 업무상의 필요성과 전직에 따른 근로자의 생활상의 불이익을 비교·교량하고, 근로자가 속하는 노동조합(노동조합이 없으면 근로자 본인)과의 협의 등 그 전직처분을 하는 과정에서 신의칙상 요구되는 절차를 거쳤는지 여부를 종합적으로 고려하여 결정하여야 한다(대판 2007두20157).

SEMI-NOTE

③ 기업간 이동

　㉠ **전출** : 전출은 사용자가 근로자와의 기본적인 근로계약관계는 유지하면서 상당히 장기간에 걸쳐 다른 사용자의 업무에 종사하도록 하는 인사처분

　㉡ **전적** : 근로자를 그가 고용된 기업으로부터 다른 기업으로 적을 옮겨 다른 기업의 업무에 종사하게 하는 이른바 전적(전적)은, 종래에 종사하던 기업과 사이의 근로계약을 합의해지하고 이적하게 될 기업과 사이에 새로운 근로계약을 체결하는 것이거나 근로계약상의 사용자의 지위를 양도하는 것이므로, 동일 기업 내의 인사이동인 전근이나 전보와 달라 특별한 사정이 없는 한 근로자의 동의를 얻어야 효력이 생긴다(대판 2005두9873).

(2) 배치전환의 제한

① **정당한 사유**

근로자에 대한 전보나 전직은 원칙적으로 인사권자인 사용자의 권한에 속하므로 업무상 필요한 범위 내에서는 사용자는 상당한 재량을 가지며 그것이 근로기준법에 위반되거나 권리남용에 해당되는 등의 특별한 사정이 없는 한 유효하고, 전보처분 등이 권리남용에 해당하는지의 여부는 전보처분 등의 업무상의 필요성과 전보 등에 따른 근로자의 생활상의 불이익을 비교 · 교량하여 결정되어야 할 것이고, 업무상의 필요에 의한 전보 등에 따른 생활상의 불이익이 근로자가 통상 감수하여야 할 정도를 현저하게 벗어난 것이 아니라면 이는 정당한 인사권의 범위 내에 속하는 것으로서 권리남용에 해당하지 않는다(대판 97다18165, 18172).

② **근로계약에 의한 제한**

근로계약에서 근무내용이나 근무장소를 약정한 경우에는 근로자의 동의 없이 사용자가 일방적으로 변경할 수는 없음

③ **법령에 의한 제한**

노동조합법상 노조가입, 정당한 노조활동으로 근로자에게 불이익을 주는 행위를 할 수 없음

④ **정당성 없는 배치전환 명령의 효과와 구제**

　㉠ **효과** : 배치전환 명령은 사법상 무효에 해당하고 부당한 전직에 대한 불응은 해고나 징계할 수 없음

　㉡ **구제** : 사용자가 근로자에게 부당해고 등을 하면 근로자는 노동위원회에 구제를 신청할 수 있다(법 제28조 제1항).

관련 판례

- 근로자를 그가 고용된 기업으로부터 다른 기업으로 적을 옮겨 다른 기업의 업무에 종사하게 하는 이른바 전적은, 종래에 종사하던 기업과 간의 근로계약을 합의해지하고 이적하게 될 기업과 간에 새로운 근로계약을 체결하는 것이거나 근로계약상의 사용자의 지위를 양도하는 것이므로, 동일 기업 내의인사이동인 전근이나 전보와 달라, 특별한 사정이 없는 한 근로자의 동의를 얻어야 효력이 생긴다(대판 92누8200).

- 전적은 종전 기업과의 근로관계를 합의해지하고 이적하게 될 기업과 사이에 새로운 근로계약을 체결하는 것이므로, 유효한 전적이 이루어진 경우에 있어서는 당사자 사이에 종전 기업과의 근로관계를 승계하기로 하는 특약이 있거나 이적하게 될 기업의 취업규칙 등에 종전 기업에서의 근속기간을 통산하도록 하는 규정이 있는 등의 특별한 사정이 없는 한 당해 근로자의 종전 기업과의 근로관계는 단절되는 것이고 이적하게 될 기업이 당해 근로자의 종전 기업과의 근로관계를 승계하는 것은 아니다(대판 95다29970).

2. 휴직

(1) 휴직의 유형

① 직권휴직

사용자의 일방적 의사표시에 따른 휴직으로 신체적 혹은 정신상의 장애로 장기 요양을 요할 때, 병역법에 의한 병역복무를 필하기 위하여 징집 또는 소집되었을 때, 생사 또는 소재불명, 기타 법률상 의무수행 등의 경우에 해당

② 의원휴직

근로자의 신청과 사용자의 승인에 따른 휴직으로 상병, 가사, 학업, 육아, 공직 수행 등을 목적으로 하는 휴직

(2) 휴직의 법적근거

'휴직'이라 함은 어떤 근로자를 그 직무에 종사하게 하는 것이 불능이거나 또는 적당하지 아니한 사유가 발생한 때에 그 근로자의 지위를 그대로 두면서, 일정한 기간 그 직무에 종사하는 것을 금지시키는 사용자의 처분을 말한다(대판 2007두10440).

(3) 휴직의 제한

① 직권휴직

사용자의 취업규칙이나 단체협약 등의 휴직근거규정에 의하여 사용자에게 일정한 휴직사유의 발생에 따른 휴직명령권을 부여하고 있다 하더라도 그 정해진 사유가 있는 경우 당해 휴직규정의 설정 목적과 그 실제 기능, 휴직명령권 발동의 합리성 여부 및 그로 인하여 근로자가 받게 될 신분상·경제상의 불이익 등 구체적인 사정을 모두 참작하여 근로자가 상당한 기간에 걸쳐 근로의 제공을 할 수 없다거나, 근로제공을 함이 매우 부적당하다고 인정되는 경우에만 정당한 이유가 있다고 보아야 한다(대판 2003다63029).

② 의원휴직

휴직신청 당시 근로자가 근무부서의 상사·동료로부터 여러 차례에 걸친 폭행·협박으로 불안한 직장생활을 감당할 수 없게 되었고 자신에게 폭행·협박 등 부당노동행위를 한 직원들을 수사기관에 고소까지 제기한 상태인 점 등을 종합하면, 근로자로서는 근무부서에서 상당한 기간에 걸쳐 근로를 제공함이 매우 부적당한 상태에 있었다고 할 것이므로 그 휴직신청에는 상당한 이유가 있었다고 할 것인바, 그럼에도 회사가 휴직신청 사유의 사실 유무에 관하여 면밀히 조사하지도 아니한 채 정당한 휴직사유가 아니라는 이유로 휴직신청을 승인하지 아니한 조치는 부당하므로, 근로자가 회사에 그 휴직신청의 승인을 계속 요구하면서 출근을 거부하게 되었다면, 비록 그 결근이 회사의 승인이 없이 이루어져 무단결근에 해당하는 것이라고 할지라도 이는 통상의 무단결근 행위와는 달리 사회통념상 근로계약관계를 지속케하는 것이 현저히 부당하다고 인정할 정도의 비위행위라고는 볼 수 없으니, 회사가 징계양정상 가장 무거운 징계처분인 징계면직처분을 한 것은 징계권의 남용이거나 형평의 원칙에 어긋난 것으로서 무효라고 본 사례(대판 95다53096)

휴직 중의 근로관계
휴직기간 중에 지급되는 금품은 취업규칙이나 단체협약, 근로계약에서 정하는 바에 의함

군복무로 인한 휴직
군복무로 인한 휴직은 퇴직금의 산정기준이 되는 계속근로연수에 산입할 수 없음

징계
근로자가 자신의 귀책사유로 인하여 법령, 단체협약, 취업규칙, 근로계약을 위반한 경우 사용자의 제재조치

관련 판례

취업규칙 등에 징계처분을 당한 근로자는 시말서를 제출하도록 규정되어 있는 경우 징계처분에 따른 시말서의 불제출은 그 자체가 사용자의 업무상 정당한 명령을 거부한 것으로서 징계사유가 될 수 있으므로 시말서 제출을 통보받은 근로자들이 기한 내에 시말서를 제출하지 아니한 것은 징계사유가 된다(대판 90다12991).

---

(4) 휴직과 근로관계

회사의 취업규칙이 휴직한 직원이 휴직기간 만료일 또는 휴직사유 소멸일 5일 전까지 복직원을 제출하지 아니하여 복직되지 아니한 때에는 자진퇴직으로 간주한다고 규정하고 있다고 하더라도 취업규칙이 법령과 같은 효력을 가지는 것은 아니므로, 회사가 취업규칙에 따라 위와 같은 퇴직사유를 근거로 직원이 퇴직한 것으로 처리할 것인지의 여부는 원칙적으로 회사의 재량에 맡겨져 있는 것일 뿐만 아니라, 회사의 인사규정도 직원이 취업규칙 소정의 복직절차를 이행하지 아니한 때에는 면직을 명할 수 있다고 규정하여 소정의 기간 내에 복직원을 제출하지 아니한 휴직자를 면직시킬 것인지의 여부를 회사의 재량에 맡기고 있다면, 회사의 취업규칙과 인사규정이 "복직원을 제출하지 아니한 때에는 자진퇴직으로 간주하고 면직시킬 수 있다"고 규정한 취지는, 휴직한 직원이 복직원을 제출하지 아니하면 회사가 퇴직처분을 할 수 있고 퇴직처분을 하였을 때 회사와 직원 사이의 근로계약관계가 종료된다는 의미로 해석하여야 할 것이지, 이와 달리 "자진퇴직으로 간주한다"는 문구에 구애되어 근로관계의 당연종료사유를 규정한 것으로 보아서는 안된다(대판 93다7464).

3. 징계

(1) 징계의 법적성질

근로자의 상벌 등에 관한 인사권은 사용자의 고유권한으로서 그 범위에 속하는 징계권 역시 기업운영 또는 노동계약의 본질상 당연히 사용자에게 인정되는 권한이기 때문에 그 징계규정의 내용이 강행법규나 단체협약의 내용에 반하지 않는 한 사용자는 그 구체적 내용을 자유롭게 정할 수 있고, 그 규정이 단체협약의 부속서나 단체협약 체결절차에 준하여 제정되어야 하는 것은 아니다(대판 94다21337).

(2) 징계의 종류

① 견책
　　근로자가 사용자에게 시말서를 제출하는 것으로 징계하는 방법
② 경고
　　단순한 훈계로 시말서의 제출을 요하지는 않는 징계처분
③ 감급
　　노무수행의 태만이나 직장규율을 위반한 근로자에 대한 제재로 임금의 일부를 공제하는 것을 말한다. 취업규칙에서 근로자에 대하여 감급(減給)의 제재를 정할 경우에 그 감액은 1회의 금액이 평균임금의 1일분의 2분의 1을, 총액이 1임금지급기의 임금 총액의 10분의 1을 초과하지 못한다(법 제95조).
④ 출근정지, 정직
　　근로계약은 존속시키지만 일정기간 근로제공을 금지하는 것
⑤ 징계해고
　　사용자의 일방적인 의사표시로 근로관계를 종료시키는 것

⑥ **직위해제처분(대기발령)**
　㉠ **의의** : 근로자가 향후 계속 직무를 담당하게 될 경우 예상되는 업무상의 장애를 예방하기 위하여 일시적으로 직무에 종사하지 못하게 하는 것으로써, 직무수행능력이 부족하거나 근무성적이 극히 불량한 자, 징계의결이 요구중인 자, 형사사건으로 기소된 자 등에 대해 임용권자가 근로자로서의 신분은 보존시키되 직위를 부여하지 않는 행위
　㉡ **정당성의 판별기준** : 대기발령이 정당한 것이어야 하고, 그 기간은 합리적인 범위 내에서 이루어져야 함
　㉢ **당연퇴직** : 노사 당사자의 합의에 의해 일정한 사유의 발생만으로 그 사유발생일 또는 소정의 날짜에 당연히 노사관계가 종료되거나 퇴직하는 것

(3) 징계의 요건 및 구제절차

① **징계의 요건**
　㉠ **질적 요건** : 사용자는 근로자에게 정당한 이유 없이 해고, 휴직, 정직, 전직, 감봉, 그 밖의 징벌(懲罰)을 하지 못한다(법 제23조 제1항).
　㉡ **정당한 사유** : 사회통념상 현저하게 타당성을 잃은 처분이라고 하려면 구체적인 사례에 따라 직무의 특성, 징계의 사유가 된 비위사실의 내용과 성질 및 징계에 의하여 달하려는 목적과 그에 수반되는 제반 사정을 참작하여 객관적으로 명백히 부당하다고 인정되는 경우라야 한다(대판 2002두4860).

② **징계절차의 정당성**
취업규칙 등에서 근로자를 징계하고자 할 때에는 징계위원회의 의결을 거치도록 명하고 있는 경우, 이러한 절차를 거치지 아니하고 한 징계처분은 원칙적으로 효력을 인정할 수 없는 것이나 다만, 사용자와 노동조합 사이에 근로자에 대한 징계절차를 취업규칙에 정해진 징계절차보다 근로자에게 유리한 방식으로 운영하기로 합의가 이루어져 상당한 기간 그 합의에 따라 징계절차가 운영되어 왔고, 이에 대하여 근로자들도 아무런 이의를 제기하지 아니하였다면, 그와 같은 징계절차의 운영은 취업규칙의 징계절차에 따르지 않았다고 하더라도 그 효력을 부인할 수는 없다(대판 2000두7605).

③ **징계절차가 규정에 있는 경우**
단체협약이나 취업규칙에 조합원을 징계하고자 할 때에는 피징계자에게 변론의 기회를 주어야 한다고 규정하고 있을 뿐 그 통보의 시기와 방법에 관하여는 특별한 규정이 없다 하더라도 피징계자에게 변명과 소명자료를 준비할 만한 상당한 기간을 두고 징계위원회의 개최일시와 장소를 통보하여야 한다(대판 91다27518).

④ **징계절차가 규정에 없는 경우**
단체협약이나 취업규칙 등에서 징계절차에서 피징계자에게 사전에 통고하거나 변명의 기회를 부여할 것을 명한 규정이 없는 이상 징계절차를 거치지 않았다고 하여 징계처분이 무효라 할 수 없음

SEMI-NOTE

관련 판례
직위해제는 일반적으로 근로자가 직무수행능력이 부족하거나 근무성적 또는 근무태도 등이 불량한 경우, 근로자에 대한 징계절차가 진행 중인 경우, 근로자가 형사사건으로 기소된 경우 등에 있어서 당해 근로자가 장래에 있어서 계속 직무를 담당하게 될 경우 예상되는 업무상의 장애 등을 예방하기 위하여 일시적으로 당해 근로자에게 직위를 부여하지 아니함으로써 직무에 종사하지 못하도록 하는 잠정적인 조치로서의 보직의 해제를 의미한다(대판 2003두8210).

관련 판례

단체협약 등에 규정된 인사협의(합의)조항의 구체적 내용이 사용자가 인사처분을 함에 있어서 신중을 기할 수 있도록 노동조합이 의견을 제시할 수 있는 기회를 주어야 하도록 규정된 경우에는 그 절차를 거치지 아니하였다고 하더라도 인사처분의 효력에는 영향이 없다고 보아야 할 것이지만, 사용자가 인사처분을 함에 있어 노동조합의 사전 동의나 승낙을 얻어야 한다거나 노동조합과 인사처분에 관한 논의를 하여 의견의 합치를 보아 인사처분을 하도록 규정된 경우에는 그 절차를 거치지 아니한 인사처분은 원칙적으로 무효라고 보아야 할 것이다(대판 92다45735).

근로관계 이전
사용자의 영업변동으로 새 사용자가 근로관계의 당사자로서 종래의 근로관계를 그대로 승계하는 것

합병과 분할
• 합병 : 두 개 이상의 회사가 상법의 규정에 따라 청산절차를 거치지 않고 하나의 회사가 되는 것
• 분할 : 하나의 회사가 둘 이상의 회사로 분리하는 제도

분할 또는 분할합병의 효과(상법 제530조의10)
• 단순분할신설회사, 분할승계회사 또는 분할합병신설회사는 분할회사의 권리와 의무를 분할계획서 또는 분할합병계약서에서 정하는 바에 따라 승계

⑤ 절차위반 하자의 치유

징계해고에 관한 절차 위반을 이유로 해고무효 판결이 확정된 경우 소급하여 해고되지 아니한 것으로 보게 될 것이지만, 그 후 같은 징계사유를 들어 새로이 필요한 제반 징계절차를 밟아 다시 징계처분을 한다고 하여 일사부재리의 원칙이나 신의칙에 위배된다고 볼 수는 없을 뿐더러, 법원의 판결을 잠탈하는 것이라고 할 수도 없다(대판 95다36138).

⑥ 구제절차

㉠ **노동위원회 구제신청**
• 사용자가 근로자에게 부당해고등을 하면 근로자는 노동위원회에 구제를 신청할 수 있다. 구제신청은 부당해고등이 있었던 날부터 3개월 이내에 하여야 한다(법 제28조).
• 조사 등 : 노동위원회는 구제신청을 받으면 지체 없이 필요한 조사를 하여야 하며 관계 당사자를 심문하여야 한다. 노동위원회는 제1항에 따라 심문을 할 때에는 관계 당사자의 신청이나 직권으로 증인을 출석하게 하여 필요한 사항을 질문할 수 있다. 노동위원회는 제1항에 따라 심문을 할 때에는 관계 당사자에게 증거 제출과 증인에 대한 반대심문을 할 수 있는 충분한 기회를 주어야 한다(법 제29조).

㉡ **사법적 구제** : 근로자는 법원에 징계 무효확인의 소를 제기 가능

㉢ **구제 내용** : 무효판결로 원상회복이 되면 임금 상당액의 청구가 가능하고 불법행위로 인한 손해배상청구와 위자료 청구도 가능

4. 근로관계의 이전

(1) 근로관계의 승계여부

둘 이상의 사업을 영위하던 회사의 분할에 따라 일부 사업 부문이 신설회사에 승계되는 경우 분할하는 회사가 분할계획서에 대한 주주총회의 승인을 얻기 전에 미리 노동조합과 근로자들에게 회사 분할의 배경, 목적 및 시기, 승계되는 근로관계의 범위와 내용, 신설회사의 개요 및 업무 내용 등을 설명하고 이해와 협력을 구하는 절차를 거쳤다면 그 승계되는 사업에 관한 근로관계는 해당 근로자의 동의를 받지 못한 경우라도 신설회사에 승계되는 것이 원칙이다(대판 2011두4282).

(2) 승계거부 가능여부

회사의 분할이 근로기준법상 해고의 제한을 회피하면서 해당 근로자를 해고하기 위한 방편으로 이용되는 등의 특별한 사정이 있는 경우에는, 해당 근로자는 근로관계의 승계를 통지받거나 이를 알게 된 때부터 사회통념상 상당한 기간 내에 반대 의사를 표시함으로써 근로관계의 승계를 거부하고 분할하는 회사에 잔류할 수 있다(대판 2011두4282).

(3) 영업양도

① 영업양도

일정한 영업목적에 의하여 조직화된 물적·인적 조직을 그 동일성을 유지하면서 일체로서 이전하는 것으로서 사업자간에 영업의 요소로 인정되는 유기적으로 결합된 재산을 이전받아 양도인이 하던 것과 같은 영업활동을 양수인이 계속하는 것

② 영업의 양도라 함은 일정한 영업목적에 의하여 조직화된 업체 즉, 인적·물적 조직을 그 동일성은 유지하면서 일체로서 이전하는 것으로서 영업의 일부만의 양도도 가능하고, 이러한 영업양도가 이루어진 경우에는 원칙적으로 해당 근로자들의 근로관계가 양수하는 기업에 포괄적으로 승계되는바, 여기서 영업의 동일성 여부는 일반 사회관념에 의하여 결정되어져야 할 사실인정의 문제이기는 하지만, 문제의 행위(양도계약관계)가 영업의 양도로 인정되느냐 안 되느냐는 단지 어떠한 영업재산이 어느 정도로 이전되어 있는가에 의하여 결정되어져야 하는 것이 아니고 거기에 종래의 영업조직이 유지되어 그 조직이 전부 또는 중요한 일부로서 기능할 수 있는가에 의하여 결정되어져야 하는 것이므로, 예컨대 영업재산의 전부를 양도했어도 그 조직을 해체하여 양도했다면 영업의 양도는 되지 않는 반면에 그 일부를 유보한 채 영업시설을 양도했어도 그 양도한 부분만으로도 종래의 조직이 유지되어 있다고 사회관념상 인정되면 그것을 영업의 양도라 볼 것이다(대판 2000두8455).

③ 영업양도와 근로관계

 ㉠ 근로관계의 승계여부 : 영업의 양도라 함은 일정한 영업목적에 의하여 조직화된 업체 즉 인적 물적 조직을 그 동일성은 유지하면서 일체로서 이전하는 것을 말하고 영업이 포괄적으로 양도되면 반대의 특약이 없는 한 양도인과 근로자 간의 근로관계도 원칙적으로 양수인에게 포괄적으로 승계된다(대판 93다33173).

 ㉡ 근로관계의 승계범위 : 영업양도에 의하여 승계되는 근로관계는 계약체결일 현재 실제로 그 영업부문에서 근무하고 있는 근로자와의 근로관계만을 의미하고, 계약체결일 이전에 해당 영업부문에서 근무하다가 해고된 근로자로서 해고의 효력을 다투는 근로자와의 근로관계까지 승계되는 것은 아니다(대판 95다33238).

 ㉢ 근로자의 이의제기 : 영업양도가 일어지면 원칙적으로 해당 근로자들의 근로관계가 양수하는 기업에 포괄적으로 승계되지만 근로자가 반대의 의사표시를 함으로써 양수기업에 승계되는 대신 양도기업에 잔류하거나 양도기업과 양수기업 모두에서 퇴직할 수 있음

 ㉣ **영업양도와 경영상의 이유엔 의한 해고** : 경영상의 이유로 정리해고로서의 정당한 요건을 갖추었다면 그 절차에 따라 승계를 거부한 근로자를 해고할 수 있음

SEMI-NOTE

④ 영업양도와 개별적 근로관계

　㉠ 취업규칙 효력 : 사용자가 일방적으로 새로운 취업규칙의 작성 · 변경을 통하여 근로자가 가지고 있는 기득의 권리나 이익을 박탈하여 불이익한 근로조건을 부과하는 것은 원칙적으로 허용되지 아니한다고 할 것이나, 당해 취업규칙의 작성 또는 변경이 그로 인하여 근로자가 입게 될 불이익의 정도를 고려하더라도 그 필요성 및 내용의 양면에서 보아 여전히 당해 조항의 법적 규범성을 시인할 수 있을 정도로 사회통념상 합리성이 있다고 인정되는 경우에는 종전 근로조건 또는 취업규칙의 적용을 받고 있던 근로자의 집단적 의사결정 방법에 의한 동의가 없다는 이유만으로 그 적용을 부정할 수는 없다고 할 것이다(대판 2002다23185, 23192).

　㉡ 퇴직금 차등금지 및 균등대우의 원칙 : 회사의 합병에 의하여 근로관계가 승계되는 경우에는 종전의 근로계약상의 지위가 그대로 포괄적으로 승계되는 것이므로 합병 당시 취업규칙의 개정이나 단체협약의 체결 등을 통하여 합병 후 근로자들의 근로관계의 내용을 단일화하기로 변경 조정하는 새로운 합의가 없는 한 합병 후 존속회사나 신설회사는 소멸회사에 근무하던 근로자에 대한 퇴직금 관계에 관하여 종전과 같은 내용으로 승계하는 것이라고 보아야 한다(대판 93다1589).

⑤ 영업양도와 집단적 노사관계

　영업양도가 이루어진 경우 승계되는 근로관계에는 양도인과 근로자들 관계에서 형성된 집단적 근로관계도 포함되고, 노동조합도 양수인 사업장의 노동조합으로 존속한다고 봄이 상당하므로 단체협약상의 권리 · 의무도 당연히 승계된다(대판 2000다3347).

10절　근로관계의 종료

1. 근로관계의 종료사유

(1) 당사자의 의사표시에 의한 종료

① 사직 : 사직은 근로자의 일방적 의사표시에 의한 것으로 사용자의 승낙을 요하지 않고 의사표시가 사용자에게 도달하면 원칙적으로 철회가 가능

관련 판례 | 사직 철회

근로자가 사직원을 제출하여 근로계약관계의 해지를 청약하는 경우 그에 대한 사용자의 승낙 의사가 형성되어 그 승낙의 의사표시가 근로자에게 도달하기 이전에는 그 의사표시를 철회할 수 있고, 다만 근로자의 사직 의사표시 철회가 사용자에게 예측할 수 없는 손해를 주는 등 신의칙에 반한다고 인정되는 특별한 사정이 있는 경우에 한하여 그 철회가 허용되지 않는다(대판 99두8657).

② **합의해지** : 합의해지는 당사자인 근로자와 사용자의 합의에 의하여 근로관계를 종료하는 것으로 사용자의 승낙을 요함

③ **해고** : 근로관계를 사용자의 일방적 의사표시로 확정적 · 일방적 의사표시. 통상해고, 징계해고, 정리해고가 있음

(2) 자동적 종료사유

① **기간의 만료** : 기간의 정함이 있는 경우 기간의 만료로써 당사자의 의사표시가 없어도 근로관계가 자동적으로 종료됨

> **관련 판례** 기간의 정함이 없는 근로계약
>
> 근로계약을 체결하면서 기간을 정한 근로계약서를 작성한 경우 그 근로계약이 계약서의 문언에 반하여 기간의 정함이 없는 근로계약이라고 하기 위해서는 계약서의 내용과 근로계약이 이루어지게 된 동기 및 경위, 기간을 정한 목적과 당사자의 진정한 의사, 동종의 근로계약 체결방식에 관한 관행 그리고 근로자보호법규 등을 종합적으로 고려하여 그 기간의 정함이 단지 형식에 불과하다는 사정이 인정되어야 한다(대판 98두625).

> **관련 판례** 정당한 기대권의 인정
>
> 근로계약 당사자 사이에 일정한 요건이 충족되면 근로계약이 갱신된다는 신뢰관계가 형성되어 있어 근로자에게 근로계약이 갱신될 수 있으리라는 정당한 기대권이 인정되는 경우에는, 사용자가 이를 위반하여 부당하게 근로계약의 갱신을 거절하는 것은 부당해고와 마찬가지로 아무런 효력이 없고, 이 경우 기간만료 후의 근로관계는 종전의 근로계약이 갱신된 것과 동일하다(대판 2007두1729).

② **기간의 정함이 형식에 불과한 경우** : 근로계약기간을 정한 근로계약서를 작성한 경우 처분문서인 근로계약서의 문언에 따라 특별한 사정이 없는 한 근로자와 사용자 사이에는 기간의 정함이 있는 근로계약을 맺었다고 보아야 하고, 이 경우 근로계약기간이 끝나면 그 근로관계는 사용자의 해고 등 별도의 조처를 기다릴 것 없이 당연히 종료함이 원칙이고, 다만 기간을 정한 근로계약서를 작성한 경우에도 예컨대 단기의 근로계약이 장기간에 걸쳐서 반복하여 갱신됨으로써 그 정한 기간이 단지 형식에 불과하게 된 경우 등 계약서의 내용과 근로계약이 이루어지게 된 동기 및 경위, 기간을 정한 목적과 채용 당시 계속근로의사 등 당사자의 진정한 의사, 근무기간의 장단 및 갱신 횟수, 동종의 근로계약 체결방식에 관한 관행 그리고 근로자보호법규 등을 종합적으로 고려하여 그 기간의 정함이 단지 형식에 불과하다는 사정이 인정되는 경우에는 계약서의 문언에도 불구하고 사실상 기간의 정함이 없는 근로계약을 맺었다고 볼 것이며, 이 경우 사용자가 정당한 사유 없이 갱신 계약 체결을 거절하는 것은 해고와 마찬가지로 무효이다(대판 2005두16901).

SEMI-NOTE

관련 판례

근로계약기간을 정하여 임용된 근로자는 원칙적으로 그 기간이 만료됨으로써 근로자로서의 신분관계는 당연히 종료되므로, 근로계약기간이 만료된 근로자에 대한 해임통지는 근로계약기간 만료의 통지에 불과할 뿐 당해 근로자를 부당하게 해고한 것이라고 할 수는 없다(대판 96누10331).

SEMI-NOTE

일신전속

법률에서 특정한 자에게만 귀속하며 타인에게는 양도되지 않는 속성. 일신전속적 권리는 특정한 주체만이 향유할 수 있는 권리. 특정 주체만이 향유할 수 있는 권리는 향유전속권이라고 하며 특정 주체만이 행사할 수 있는 것은 행사전속권이라고도 함

③ **당사자의 소멸** : 근로자의 사망으로 근로관계는 종료되며, 이는 근로관계가 일신전속적이기 때문

관련 판례 정리해고

정리해고는 긴급한 경영상의 필요에 의하여 기업에 종사하는 인원을 줄이기 위하여 일정한 요건 아래 근로자를 해고하는 것으로서 기업의 유지·존속을 전제로 그 소속 근로자들 중 일부를 해고하는 것을 가리키는 것인바, 이와 달리 사업의 폐지를 위하여 해산한 기업이 그 청산과정에서 근로자를 해고하는 것은 기업 경영의 자유에 속하는 것으로서 정리해고에 해당하지 않으며, 해고에 정당한 이유가 있는 한 유효하다(대판 2001다27975).

④ **정년** : 취업규칙 등에 명시된 정년에 도달하여 당연퇴직하게 된 근로자에 대하여 사용자가 그 정년을 연장하는 등의 방법으로 근로관계를 계속 유지할 것인지 여부는 특별한 사정이 없는 한 사용자의 권한에 속하는 것으로서, 해당 근로자에게 정년연장을 요구할 수 있는 권리가 있다고 할 수 없고, 사용자가 해당 근로자에게 정년연장을 허용하지 아니한 조치의 정당성은 사용자의 행위가 법률과 취업규칙 등의 규정 내용이나 규정 취지에 위배되는지 여부에 의하여 판단해야 하며, 단지 정년연장을 허용하지 아니하는 것이 해당 근로자에게 가혹하다든가 혹은 다른 근로자의 경우에 비추어 형평에 어긋난다는 사정만으로 그 정당성이 없는 것으로 단정할 수는 없다(대판 2007다85997).

⑤ **사용자가 정한 근로관계 종료사유** : 사용자가 어떤 사유의 발생을 당연퇴직 또는 면직 사유로 규정하고 그 절차를 통상의 해고나 징계해고와 달리한 경우에, 그 당연퇴직사유가 근로자의 사망이나 정년, 근로계약기간의 만료 등 근로관계의 자동소멸사유로 보이는 경우를 제외하고는 이에 따른 당연퇴직처분은 제한을 받는 해고이다(대판 2007다62840).

2. 해고에 대한 제한

(1) 해고의 정당한 사유

① **통상해고** : 근로자 개인의 일신상의 사유에 의한 해고로서, 개인적인 질병 등으로 근로의 제공이 어렵다거나 또는 능력이 현저하게 부족하여 맡은 바 직책을 충실히 수행하지 못하는 등의 사정이 있을 경우 행하는 해고

해고
근로계약을 장래를 향하여 종료케 하는 사용자의 일방적인 의사표시

법 제23조 제1항
사용자는 근로자에게 정당한 이유 없이 해고, 휴직, 정직, 전직, 감봉, 그 밖의 징벌(懲罰)을 하지 못한다.

관련 판례 해고의 정당한 사유

사용자의 일방적 의사표시로 취업규칙의 규정에 의하여 근로자와의 근로계약관계를 종료시키는 경우 그것이 정당한 것으로 인정되기 위하여는 종국적으로 근로기준법에서 말하는 '정당한 사유'가 있어야 할 것이고, 근로자가 취업규칙에서 정한 '신체 장해로 인하여 직무를 감당

할 수 없을 때'에 해당한다고 보아 퇴직처분을 함에 있어서 그 정당성은 근로자가 신체 장해를 입게 된 경위 및 그 사고가 사용자의 귀책사유 또는 업무상 부상으로 인한 것인지의 여부, 근로자의 치료기간 및 치료 종결 후 노동능력 상실의 정도, 근로자가 사고를 당할 당시 담당하고 있던 업무의 성격과 내용, 근로자가 그 잔존노동능력으로 감당할 수 있는 업무의 존부 및 그 내용, 사용자로서도 신체 장해를 입은 근로자의 순조로운 직장 복귀를 위하여 담당 업무를 조정하는 등의 배려를 하였는지 여부, 사용자의 배려에 의하여 새로운 업무를 담당하게 된 근로자의 적응노력 등 제반 사정을 종합적으로 고려하여 합리적으로 판단하여야 한다(대판 95다45934).

② 징계해고 : 근로자가 직장의 질서 및 계약의무의 위반을 한 것이 중대한 경우에, 그에 대한 제재로서 행하는 해고

(2) 경영상 이유에 의한 해고의 제한

① 긴박한 경영상 필요 : 사용자가 경영상 이유에 의하여 근로자를 해고하려면 긴박한 경영상의 필요가 있어야 한다. 이 경우 경영 악화를 방지하기 위한 사업의 양도·인수·합병은 긴박한 경영상의 필요 있는 것으로 본다(법 제24조 제1항).

② 해고회피 노력 : 사용자는 해고를 피하기 위한 노력을 다하여야 하며, 합리적이고 공정한 해고의 기준을 정하고 이에 따라 그 대상자를 선정하여야 한다. 이 경우 남녀의 성을 이유로 차별하여서는 아니 된다(법 제24조 제2항).

관련 판례 해고를 피하기 위한 노력

정리해고의 요건 중 해고를 피하기 위한 노력을 다하여야 한다는 것은 경영방침이나 작업방식의 합리화, 신규 채용의 금지, 일시휴직 및 희망퇴직의 활용, 전근 등 사용자가 해고범위를 최소화하기 위하여 가능한 모든 조치를 취하는 것을 의미하고, 그 방법과 정도는 확정적·고정적인 것이 아니라 당해 사용자의 경영위기의 정도, 정리해고를 실시하여야 하는 경영상의 이유, 사업의 내용과 규모, 직급별 인원상황 등에 따라 달라지는 것이다(대판 2018두44647).

③ 해고의 통보 : 사용자는 제2항에 따른 해고를 피하기 위한 방법과 해고의 기준 등에 관하여 그 사업 또는 사업장에 근로자의 과반수로 조직된 노동조합이 있는 경우에는 그 노동조합(근로자의 과반수로 조직된 노동조합이 없는 경우에는 근로자의 과반수를 대표하는 자를 말한다.)에 해고를 하려는 날의 50일 전까지 통보하고 성실하게 협의하여야 한다(법 제24조 제3항).

④ 고용노동부장관에게 신고 : 사용자는 대통령령으로 정하는 일정한 규모 이상의 인원을 해고하려면 대통령령으로 정하는 바에 따라 고용노동부장관에게 신고하여야 한다(법 제24조 제4항).

⑤ 정당한 해고간주 : 사용자가 요건을 갖추어 근로자를 해고한 경우에는 정당한 이유가 있는 해고를 한 것으로 본다(법 제24조 제5항).

SEMI-NOTE

관련 판례

기업이 파산선고를 받아 사업의 폐지를 위하여 그 청산과정에서 근로자를 해고하는 것은 위장폐업이 아닌 한 기업경영의 자유에 속하는 것으로서 파산관재인이 파산선고로 인하여 파산자 회사가 해산한 후에 사업의 폐지를 위하여 행하는 해고는 정리해고가 아니라 통상해고에 해당하는 것이어서, 정리해고에 관한 근로기준법 규정이 적용될 여지가 없고, 또한 파산관재인의 근로계약 해지는 해고만을 목적으로 한 위장파산이나 노동조합의 단결권 등을 방해하기 위한 위장폐업이 아닌 한 원칙적으로 부당노동행위에 해당하지 아니한다(대판 2003두902).

해고의 예고

사용자는 근로자를 해고(경영상 이유에 의한 해고를 포함한다)하려면 적어도 30일 전에 예고를 하여야 하고, 30일 전에 예고를 하지 아니하였을 때에는 30일분 이상의 통상임금을 지급하여야 한다. 다만, 다음의 어느 하나에 해당하는 경우에는 그러하지 아니하다(법 제26조).
- 근로자가 계속 근로한 기간이 3개월 미만인 경우
- 천재·사변, 그 밖의 부득이한 사유로 사업을 계속하는 것이 불가능한 경우
- 근로자가 고의로 사업에 막대한 지장을 초래하거나 재산상 손해를 끼친 경우로서 고용노동부령으로 정하는 사유에 해당하는 경우

(3) 경영상의 이유에 의한 해고 계획의 신고(영 제10조)

① 사용자는 1개월 동안에 다음의 어느 하나에 해당하는 인원을 해고하려면 최초로 해고하려는 날의 30일 전까지 고용노동부장관에게 신고하여야 한다.

    ㉠ 상시 근로자수가 99명 이하인 사업 또는 사업장 : 10명 이상

    ㉡ 상시 근로자수가 100명 이상 999명 이하인 사업 또는 사업장 : 상시 근로자수의 10퍼센트 이상

    ㉢ 상시 근로자수가 1,000명 이상 사업 또는 사업장 : 100명 이상

② 신고를 할 때에는 다음의 사항을 포함하여야 함

    ㉠ 해고 사유

    ㉡ 해고 예정 인원

    ㉢ 근로자대표와 협의한 내용

    ㉣ 해고 일정

(4) 우선 재고용 등(법 제25조) ⭐빈출개념

① 근로자를 해고한 사용자는 근로자를 해고한 날부터 3년 이내에 해고된 근로자가 해고 당시 담당하였던 업무와 같은 업무를 할 근로자를 채용하려고 할 경우 해고된 근로자가 원하면 그 근로자를 우선적으로 고용하여야 한다.

② 정부는 해고된 근로자에 대하여 생계안정, 재취업, 직업훈련 등 필요한 조치를 우선적으로 취하여야 한다.

(5) 해고의 법적효력

① 단체협약에 조합원에 대한 징계해고는 노동위원회의 인정을 받아야 한다고 규정되어 있다고 하더라도 현행법령의 규정상 근로자의 해고에 관하여 사전에 인정이나 승인을 할 수 있는 권한이 노동위원회에는 없고, 또 그 인정이나 승인은 사용자의 자의에 의한 부당한 즉시해고를 방지하기 위한 행정감독상의 사실확인행위에 지나지 아니하는 것이므로, 회사가 근로자를 해고하면서 단체협약의 규정에 따른 노동위원회의 인정을 받지 않았다 하더라도 그 해고의 효력에는 영향을 미칠 수 없다(대판 94누11132).

② 단체협약에 정하여진 해고에 관한 절차위반이 그 해고를 무효로 하느냐 여부는 일률적으로 말할 수는 없고 그 규정의 취지에 따라 결정되어야 할 것이고, 단체협약규정상의 해고절차위반으로 처벌받았다 하여 그것만으로 반드시 당해 해고의 사법상 효력이 부정되는 것은 아니라 할 것이며, 해고예고의무를 위반한 해고라 하여도 해고의 정당한 이유를 갖추고 있는 한 해고의 사법상 효력에는 영향이 없고, 해고수당의 지급 여부도 해고의 효력을 좌우하는 것은 아니다(대판 93다28553).

(6) 해고사유 등의 서면통지(법 제27조)

① 사용자는 근로자 해고 시 해고사유와 해고시기를 서면으로 통지하여야 한다.

② 근로자에 대한 해고는 서면으로 통지하여야 효력이 있다.

③ 사용자가 해고의 예고를 해고사유와 해고시기를 명시하여 서면으로 한 경우에는 통지를 한 것으로 본다.

(7) 부당해고등의 구제신청(법 제28조)

① 사용자가 근로자에게 부당해고등을 하면 근로자는 노동위원회에 구제를 신청할 수 있다.

② 구제신청은 부당해고등이 있었던 날부터 3개월 이내에 하여야 한다.

(8) 구제신청의 조사(법 제29조)

① 노동위원회는 구제신청을 받으면 지체 없이 필요한 조사를 하여야 하며 관계 당사자를 심문해야 한다.

② 노동위원회는 심문을 할 때에는 관계 당사자의 신청이나 직권으로 증인을 출석하게 하여 필요한 사항을 질문할 수 있다.

③ 노동위원회는 심문을 할 때에는 관계 당사자에게 증거 제출과 증인에 대한 반대심문을 할 수 있는 충분한 기회를 주어야 한다.

④ 노동위원회의 조사와 심문에 관한 세부절차는 중앙노동위원회가 정하는 바에 따른다.

(9) 구제명령 등 (법 제30조)

① 노동위원회는 심문을 끝내고 부당해고등이 성립한다고 판정하면 사용자에게 구제명령을 하여야 하며, 부당해고등이 성립하지 아니한다고 판정하면 구제신청을 기각하는 결정을 하여야 한다.

② 판정, 구제명령 및 기각결정은 사용자와 근로자에게 각각 서면으로 통지하여야 한다.

③ 노동위원회는 구제명령(해고에 대한 구제명령만을 말한다)을 할 때에 근로자가 원직복직(原職復職)을 원하지 아니하면 원직복직을 명하는 대신 근로자가 해고기간 동안 근로를 제공하였더라면 받을 수 있었던 임금 상당액 이상의 금품을 근로자에게 지급하도록 명할 수 있다.

④ 노동위원회는 근로계약기간의 만료, 정년의 도래 등으로 근로자가 원직복직이 불가능한 경우에도 제1항에 따른 구제명령이나 기각결정을 하여야 한다. 이 경우 노동위원회는 부당해고 등이 성립한다고 판정하면 근로자가 해고기간 동안 근로를 제공하였더라면 받을 수 있었던 임금 상당액에 해당하는 금품을 사업주가 근로자에게 지급하도록 명할 수 있다.

SEMI-NOTE

관련 판례

근로자가 이메일을 수신하는 등으로 내용을 알고 있는 이상, 이메일에 의한 해고통지도 해고사유 등을 서면 통지하도록 규정한 근로기준법의 입법 취지를 해치지 아니하는 범위 내에서 구체적 사안에 따라 서면에 의한 해고통지로서 유효하다고 보아야 할 경우가 있다(대판 2015두41401).

구제명령의 이행기한

노동위원회는 사용자에게 구제명령을 하는 때에는 이행기한을 정하여야 한다. 이 경우 이행기한은 사용자가 구제명령을 서면으로 통지받은 날부터 30일 이내로 한다(영 제11조).

SEMI-NOTE

구제명령 등의 효력

노동위원회의 구제명령, 기각결정 또는 재심판정은 중앙노동위원회에 대한 재심 신청이나 행정소송 제기에 의하여 그 효력이 정지되지 아니한다(법 제32조).

이행강제금의 부과기준

위반행위의 종류와 위반정도에 따른 이행강제금의 부과기준은 별표 3과 같다(영 제13조).

이행강제금의 부과유예

노동위원회는 다음의 어느 하나에 해당하는 사유가 있는 경우에는 직권 또는 사용자의 신청에 따라 그 사유가 없어진 뒤에 이행강제금을 부과할 수 있다(영 제12조).
• 구제명령을 이행하기 위하여 사용자가 객관적으로 노력하였으나 근로자의 소재불명 등으로 구제명령을 이행하기 어려운 것이 명백한 경우
• 천재·사변, 그 밖의 부득이한 사유로 구제명령을 이행하기 어려운 경우

(10) 구제명령 등의 확정(법 제31조)

① 지방노동위원회의 구제명령이나 기각결정에 불복하는 사용자나 근로자는 구제명령서나 기각결정서를 통지받은 날부터 10일 이내에 중앙노동위원회에 재심을 신청할 수 있다.

② 중앙노동위원회의 재심판정에 대하여 사용자나 근로자는 재심판정서를 송달받은 날부터 15일 이내에 행정소송법의 규정에 따라 소(訴)를 제기할 수 있다.

③ 기간 이내에 재심을 신청하지 아니하거나 행정소송을 제기하지 아니하면 그 구제명령, 기각결정 또는 재심판정은 확정된다.

(11) 이행강제금(법 제33조)

① 노동위원회는 구제명령(구제명령을 내용으로 하는 재심판정을 포함한다. 이하 이 조에서 같다)을 받은 후 이행기한까지 구제명령을 이행하지 아니한 사용자에게 3천만원 이하의 이행강제금을 부과한다.

② 노동위원회는 이행강제금을 부과하기 30일 전까지 이행강제금을 부과·징수한다는 뜻을 사용자에게 미리 문서로써 알려 주어야 한다.

③ 이행강제금을 부과할 때에는 이행강제금의 액수, 부과 사유, 납부기한, 수납기관, 이의제기방법 및 이의제기기관 등을 명시한 문서로써 하여야 한다.

④ 이행강제금을 부과하는 위반행위의 종류와 위반 정도에 따른 금액, 부과·징수된 이행강제금의 반환절차, 그 밖에 필요한 사항은 대통령령으로 정한다.

⑤ 노동위원회는 최초의 구제명령을 한 날을 기준으로 매년 2회의 범위에서 구제명령이 이행될 때까지 반복하여 이행강제금을 부과·징수할 수 있다. 이 경우 이행강제금은 2년을 초과하여 부과·징수하지 못한다.

⑥ 노동위원회는 구제명령을 받은 자가 구제명령을 이행하면 새로운 이행강제금을 부과하지 아니하되, 구제명령을 이행하기 전에 이미 부과된 이행강제금은 징수하여야 한다.

⑦ 노동위원회는 이행강제금 납부의무자가 납부기한까지 이행강제금을 내지 아니하면 기간을 정하여 독촉을 하고 지정된 기간에 제1항에 따른 이행강제금을 내지 아니하면 국세체납처분의 예에 따라 징수할 수 있다.

⑧ 근로자는 구제명령을 받은 사용자가 이행기한까지 구제명령을 이행하지 아니하면 이행기한이 지난 때부터 15일 이내에 그 사실을 노동위원회에 알려줄 수 있다.

3. 근로관계 종료 후의 근로자보호

(1) 퇴직급여 제도

사용자가 퇴직하는 근로자에게 지급하는 퇴직급여 제도에 관하여는 근로자퇴직급여 보장법이 정하는 대로 따른다(법 제34조).

(2) 금품 청산

사용자는 근로자가 사망 또는 퇴직한 경우에는 그 지급 사유가 발생한 때부터 14일 이내에 임금, 보상금, 그 밖의 모든 금품을 지급하여야 한다. 다만, 특별한 사정이 있을 경우에는 당사자 사이의 합의에 의하여 기일을 연장할 수 있다(법 제36조).

(3) 미지급 임금에 대한 지연이자(법 제37조)

① 사용자는 지급하여야 하는 임금 및 급여(일시금만 해당된다)의 전부 또는 일부를 그 지급 사유가 발생한 날부터 14일 이내에 지급하지 아니한 경우 그 다음 날부터 지급하는 날까지의 지연 일수에 대하여 연 100분의 40 이내의 범위에서 은행이 적용하는 연체금리 등 경제 여건을 고려하여 대통령령으로 정하는 이율(연 100분의 20)에 따른 지연이자를 지급하여야 한다.

② 사용자가 천재·사변, 그 밖에 대통령령으로 정하는 사유에 따라 임금 지급을 지연하는 경우 그 사유가 존속하는 기간에 대하여는 적용하지 아니한다.

③ 지연이자의 적용제외 사유(영 제18조)
  ㉠ 임금채권보장법 제7조 제1항 각 호의 어느 하나에 해당하는 경우
  ㉡ 채무자 회생 및 파산에 관한 법률, 국가재정법, 지방자치법 등 법령상의 제약에 따라 임금 및 퇴직금을 지급할 자금을 확보하기 어려운 경우
  ㉢ 지급이 지연되고 있는 임금 및 퇴직금의 전부 또는 일부의 존부(存否)를 법원이나 노동위원회에서 다투는 것이 적절하다고 인정되는 경우
  ㉣ 그 밖에 ㉠부터 ㉢까지의 규정에 준하는 사유가 있는 경우

(4) 임금채권의 우선변제(법 제38조)

① 임금, 재해보상금, 그 밖에 근로 관계로 인한 채권은 사용자의 총재산에 대하여 질권·저당권 또는 담보권에 따라 담보된 채권 외에는 조세·공과금 및 다른 채권에 우선하여 변제되어야 한다. 다만, 질권·저당권 또는 담보권에 우선하는 조세·공과금에 대하여는 그러하지 아니하다.

② 다음의 어느 하나에 해당하는 채권은 사용자의 총재산에 대하여 질권·저당권 또는 담보권에 따라 담보된 채권, 조세·공과금 및 다른 채권에 우선하여 변제되어야 한다.
  ㉠ 최종 3개월분의 임금
  ㉡ 재해보상금

취업 방해의 금지

누구든지 근로자의 취업을 방해할 목적으로 비밀 기호 또는 명부를 작성·사용하거나 통신을 하여서는 아니 된다(법 제40조).

근로자 명부 변경사항 정정

근로자 명부에 적을 사항이 변경된 경우에는 지체 없이 정정하여야 한다(법 제41조 제2항).

근로자 명부 작성의 예외

사용기간이 30일 미만인 일용근로자에 대하여는 근로자 명부를 작성하지 아니할 수 있다(영 제21조).

3년간 계약 서류의 보존

사용자는 근로자 명부와 대통령령으로 정하는 근로계약에 관한 중요한 서류를 3년간 보존하여야 한다(법 제42조).

(5) 사용증명서

① 사용증명서 발급

사용자는 근로자가 퇴직한 후라도 사용 기간, 업무 종류, 지위와 임금, 그 밖에 필요한 사항에 관한 증명서를 청구하면 사실대로 적은 증명서를 즉시 내주어야 한다(법 제39조 제1항).

② 증명서 기재사항

증명서에는 근로자가 요구한 사항만을 적어야 한다(법 제39조 제2항).

(6) 근로자의 명부

사용자는 각 사업장별로 근로자 명부를 작성하고 근로자의 성명, 생년월일, 이력, 그 밖에 대통령령으로 정하는 사항을 적어야 한다. 다만, 대통령령으로 정하는 일용근로자에 대해서는 근로자 명부를 작성하지 아니할 수 있다(법 제41조 제1항).

(7) 근로자 명부의 기재사항

근로자 명부에는 고용노동부령으로 정하는 바에 따라 다음의 사항을 적어야 한다(영 제20조).

① 성명
② 성(性)별
③ 생년월일
④ 주소
⑤ 이력(履歷)
⑥ 종사하는 업무의 종류
⑦ 고용 또는 고용갱신 연월일, 계약기간을 정한 경우에는 그 기간, 그 밖의 고용에 관한 사항
⑧ 해고, 퇴직 또는 사망한 경우에는 그 연월일과 사유
⑨ 그 밖에 필요한 사항

(8) 보존 대상 계약 서류 등

① 근로계약에 관한 중요한 서류(영 제22조 제1항)
  ㉠ 근로계약서
  ㉡ 임금대장
  ㉢ 임금의 결정·지급방법과 임금계산의 기초에 관한 서류
  ㉣ 고용·해고·퇴직에 관한 서류
  ㉤ 승급·감급에 관한 서류
  ㉥ 휴가에 관한 서류
  ㉦ 서면 합의 서류
  ㉧ 연소자의 증명에 관한 서류
② 근로계약에 관한 중요한 서류의 보존기간은 다음에 해당하는 날부터 기산한다(영 제22조 제2항).

㉠ 근로자 명부는 근로자가 해고되거나 퇴직 또는 사망한 날

㉡ 근로계약서는 근로관계가 끝난 날

㉢ 임금대장은 마지막으로 써 넣은 날

㉣ 고용, 해고 또는 퇴직에 관한 서류는 근로자가 해고되거나 퇴직한 날

㉤ 서면 합의 서류는 서면 합의한 날

㉥ 연소자의 증명에 관한 서류는 18세가 되는 날(18세가 되기 전에 해고되거나 퇴직 또는 사망한 경우에는 그 해고되거나 퇴직 또는 사망한 날)

㉦ 그 밖의 서류는 완결한 날

4. 벌칙

(1) 5년 이하의 징역 또는 5천만 원 이하의 벌금

강제근로의 금지(제7조), 폭행의 금지(제8조), 중간착취의 배제(제9조), 해고시기 제한(제23조 제2항), 취업방해의 금지(제40조)를 위반한 자는 5년 이하의 징역 또는 5천만 원 이하의 벌금에 처한다(법 제107조).

(2) 3년 이하의 징역 또는 5년 이하의 자격정지

근로감독관이 이 법을 위반한 사실을 고의로 묵과하면 3년 이하의 징역 또는 5년 이하의 자격정지에 처한다(법 제108조).

(3) 3년 이하의 징역 또는 3천만 원 이하의 벌금

① 금품청산(제36조), 임금지급(제43조), 도급사업에 대한 임금지급(제44조), 건설사업에 대한 임금지급 연대책임(제44조의2), 휴업수당(제46조), 근로한 기간이 단위기간보다 짧은 경우의 임금정산(제51조의3), 선택적 근로시간제 통상임금가산(제52조 제2항 제2호), 연장 · 야간 및 휴일근로(제56조), 사용금지)제65조), 갱내근로의 금지(제72조), 직장 내 괴롭힘의 발생 시 조치(제76조의3 제6항)을 위반한 자는 3년 이하의 징역 또는 3천만 원 이하의 벌금에 처한다.

② 반의사불벌 : 금품청산(제36조), 임금지급(제43조), 도급사업에 대한 임금지급 연대책임(제44조), 건설사업에 대한 임금지급 연대책임(제44조의2), 휴업수당(제46조), 근로한 기간이 단위기간보다 짧은 경우의 임금청산(제51조의3), 선택적 근로시간제 통상임금가산(제52조 제2항 제2호), 연장 · 야간 및 휴일근로(제56조)를 위반한 자에 대하여는 피해자의 명시적인 의사와 다르게 공소를 제기할 수 없다.

(4) 2년 이하의 징역 또는 2천만원 이하의 벌금(법 제110조)

공민권행사의 보장(제10조), 강제저금의 금지(제22조 제1항), 해고의 예고(제26조), 근로시간(제50조), 3개월을 초과하는 탄력적 근로시간(제51조의2 제2항), 선택적 근로시간(제52조 제2항 제1호), 연장근로의 제한(제53조), 휴게(제54조), 휴일(제55조), 근로시간 및 휴게시간의 특례(제59조 제2항), 유급연차휴가(제60조), 근로시간

(제69조), 야간근로와 휴일근로의 제한(제70조, 시간 외 근로(제71조), 임산부의 보호(제74조), 육아시간(제75조), 요양보상, 휴업보상, 장해보상(제78조~제80조), 유족보상(제82조), 장례비(제83조), 근로감독기관에 신고(제104조)를 위반한 자

(5) 1년 이하의 징역 또는 1천만원 이하의 벌금

확정되거나 행정소송을 제기하여 확정된 구제명령 또는 구제명령을 내용으로 하는 재심판정을 이행하지 아니한 자는 1년 이하의 징역 또는 1천만원 이하의 벌금에 처한다(법 제111조).

(6) 고발

① 공소불가벌

확정되거나 행정소송을 제기하여 확정된 구제명령 또는 구제명령을 내용으로 하는 재심판정을 이행하지 아니한 죄는 노동위원회의 고발이 있어야 공소를 제기할 수 있다(법 제112조 제1항).

② 고발의 요청

검사는 확정되거나 행정소송을 제기하여 확정된 구제명령 또는 구제명령을 내용으로 하는 재심판정을 이행하지 아니한 죄에 해당하는 위반행위가 있음을 노동위원회에 통보하여 고발을 요청할 수 있다(법 제112조 제2항).

(7) 1천만원 이하의 벌금

비상시 지급(제45조)를 위반한 자는 1천만원 이하의 벌금에 처한다(법 제113조).

(8) 500만원 이하의 벌금

균등한 처우(제6조), 계약기나(제16조), 근로조건의 명시(제17조), 위약예정의 그지(제20조), 전차금 상계의 금지(제21조), 강제저금의 금지(제22조 제2항), 도급 근로자(제47조), 연장근로의 제한(제53조 제3항 단서), 근로계약(제67조), 야간근로와 휴일근로의 제한(제70조 제3항), 생리휴가(제73조), 임산부의 보호(제74조 제6항), 기능습득자의 보호(제77조), 규칙의 작성, 변경절차(제94조), 제재규정의 제한(제95조), 단체협약준수명령(제96조 제2항) 부속기숙사의 설치·운영(제100조), 근로감독관의 의무(제103조)를 위반한 자

(9) 양벌규정

사업주의 대리인, 사용인, 그 밖의 종업원이 해당 사업의 근로자에 관한 사항에 대하여 제107조, 제109조부터 제111조까지, 제113조 또는 제114조의 위반행위를 하면 그 행위자를 벌하는 외에 그 사업주에게도 해당 조문의 벌금형을 과(科)한다. 다만, 사업주가 그 위반행위를 방지하기 위하여 해당 업무에 관하여 상당한 주의와 감독을 게을리하지 아니한 경우에는 그러하지 아니하다(법 제115조).

(10) 과태료

① 500만원 이하의 과태료(법 제116조 제1항)

ᄀ 고용노동부장관, 노동위원회 또는 근로감독관의 요구가 있는 경우에 보고 또는 출석을 하지 아니하거나 거짓된 보고를 한 자

ᄂ 법을 위반한 근로계약(제14조), 사용증명서(제39조), 근로자의 명부(제41조), 계약서류의 보존(제42조), 임금대장(제48조), 연소자 증명서(제66조), 임산부의 보호(제74조 제7항), 서류의 보존(제91조), 취업규칙의 작성 · 신고(제93조), 기숙사 생활의 보장(제98조 제2항) 및 규칙의 작성과 변경(제99조)을 위반한 자

ᄃ 임금보전방안을 신고하지 아니한 자

ᄅ 근로감독관 또는 그 위촉을 받은 의사의 현장조사나 검진을 거절, 방해 또는 기피하고 그 심문에 대하여 진술을 하지 아니하거나 거짓된 진술을 하며 장부 · 서류를 제출하지 아니하거나 거짓 장부 · 서류를 제출한 자

② 부과 · 징수

과태료는 대통령령으로 정하는 바에 따라 고용노동부장관이 부과 · 징수한다(법 제116조 제3항).

| 11절 | 최저임금법 |

1. 총칙

(1) 용어의 정의

① 근로자

직업의 종류와 관계없이 임금을 목적으로 사업이나 사업장에 근로를 제공하는 사람을 말한다(근로기준법 제2조 제1항 제1호).

관련 판례 근로자의 적용범위1

중국인 근로자들이 국내 회사의 중국 현지법인과 출국연수약정 명목의 계약을 체결하고 해외투자법인 산업연수생의 신분으로 입국하여 국내 회사에서 근로를 제공한 사안에서, 국내 회사가 중국 현지법인에 전액 출자하였고, 출국연수계약의 내용이 단순히 기술 연수에 그치지 않고 국내 회사가 지시하는 바에 따라 1일 최소한 8시간 동안 근로를 제공하고 그 대가로 임금을 받기로 되어 있으며, 이에 따라 중국인 근로자들이 기술 연수는 거의 받지 못한 채 약 1년 6개월 동안 국내 회사의 공장에서 국내 근로자들과 마찬가지로 회사의 지시 · 감독하에 근로를 제공하였고, 상시로 연장근로와 야간근로까지 하고 그에 대한 수당을 받아온 점 등에 비추어 볼 때 중국인 근로자들이 근로기준법 및 최저임금법상의 근로자에 해당한다고 본 사례(대판 2006다53627)

SEMI-NOTE

최저임금법
근로자에 대하여 임금의 최저수준을 보장하여 근로자의 생활안정과 노동력의 질적 향상을 꾀함으로써 국민경제의 건전한 발전에 이바지하는 것을 목적으로 한다(법 제조).

법 제2조

최저임금법에서 "근로자", "사용자" 및 "임금"이란 근로기준법 제2조에 따른 근로자, 사용자 및 임금을 말한다.

② **사용자**

사업주 또는 사업 경영 담당자, 그 밖에 근로자에 관한 사항에 대하여 사업주를 위하여 행위하는 자를 말한다(근로기준법 제2조 제1항 제2호).

③ **임금**

사용자가 근로의 대가로 근로자에게 임금, 봉급, 그 밖에 어떠한 명칭으로든지 지급하는 모든 금품을 말한다(근로기준법 제2조 제1항 제3호).

(2) 적용범위

① **모든 사업 또는 사업장에 적용**

최저임금법은 근로자를 사용하는 모든 사업 또는 사업장에 적용한다. 다만, 동거하는 친족만을 사용하는 사업과 가사(家事) 사용인에게는 적용하지 아니한다(법 제3조 제1항).

② **적용제외**

최저임금법은 선원법의 적용을 받는 선원과 선원을 사용하는 선박의 소유자에게는 적용하지 아니한다(법 제3조 제2항).

> **관련 판례** 근로자의 적용범위2
>
> 해외투자기업 산업연수생의 자격으로 입국하여 국내 회사에서 근무하는 외국인들이 국내 회사의 자회사인 외국 회사와 연수계약을 체결하였으나 실질적으로 국내 회사로부터 임금 전부를 지급받은 점, 위 외국인들이 산업연수생 신분으로 입국하였지만 국내 회사의 지시·감독하에 한국인 근로자와 동일한 근로조건에서 인력보충수단으로 사실상의 노무를 제공하는 등 국내 회사에 대하여 종속적인 관계에서 근로를 제공한 점 등에 비추어 보면, 위 외국인들은 근로기준법과 최저임금법의 적용을 받는 근로자라고 한 사례(서부지법 2005나4141)

2. 최저임금 ★ 빈출개념

(1) 최저임금 결정기준

① 최저임금은 근로자의 생계비, 유사 근로자의 임금, 노동생산성 및 소득분배율 등을 고려하여 정한다. 이 경우 사업의 종류별로 구분하여 정할 수 있다(법 제4조 제1항).

② **사업의 종류별 구분**

사업의 종류별 구분은 최저임금위원회의 심의를 거쳐 고용노동부장관이 정한다(법 제4조 제2항).

(2) 최저임금액

① **최저임금액의 단위**

최저임금액(최저임금으로 정한 금액을 말한다.)은 시간·일(日)·주(週) 또는 월(月)을 단위로 하여 정한다. 이 경우 일·주 또는 월을 단위로 하여 최저임금액을 정할 때에는 시간급(時間給)으로도 표시하여야 한다(법 제5조 제1항).

수습 중에 있는 근로자에 대한 최저임금액

1년 이상의 기간을 정하여 근로계약을 체결하고 수습 중에 있는 근로자로서 수습을 시작한 날부터 3개월 이내인 사람에 대해서는 시간급 최저임금액(최저임금으로 정한 금액을 말한다.)에서 100분의 10을 뺀 금액을 그 근로자의 시간급 최저임금액으로 한다(영 제3조).

② 수습 중에 있는 근로자 최저임금액

1년 이상의 기간을 정하여 근로계약을 체결하고 수습 중에 있는 근로자로서 수습을 시작한 날부터 3개월 이내인 사람에 대하여는 대통령령으로 정하는 바에 따라 최저임금액과 다른 금액으로 최저임금액을 정할 수 있다. 다만, 단순노무 업무로 고용노동부장관이 정하여 고시한 직종에 종사하는 근로자는 제외한다(법 제5조 제2항).

③ 도급제 최저임금액

㉠ 임금이 통상적으로 도급제나 그 밖에 이와 비슷한 형태로 정하여져 있는 경우로서 최저임금액을 정하는 것이 적당하지 아니하다고 인정되면 대통령령으로 정하는 바에 따라 최저임금액을 따로 정할 수 있다(법 제5조 제3항).

㉡ 도급제 등의 경우 최저임금액 결정의 특례 : 임금이 도급제나 그 밖에 이와 비슷한 형태로 정해진 경우에 근로시간을 파악하기 어렵거나 그 밖에 최저임금액을 정하는 것이 적합하지 않다고 인정되면 해당 근로자의 생산고(生産高) 또는 업적의 일정단위에 의하여 최저임금액을 정한다(영 제4조).

(3) 최저임금의 적용을 위한 임금의 환산(영 제5조)

① 근로자의 임금을 정하는 단위가 된 기간이 그 근로자에게 적용되는 최저임금액을 정할 때의 단위가 된 기간과 다른 경우에는 그 근로자에 대한 임금을 다음의 구분에 따라 시간에 대한 임금으로 환산한다.

㉠ 일(日) 단위로 정해진 임금 : 그 금액을 1일의 소정근로시간 수로 나눈 금액

㉡ 주(週) 단위로 정해진 임금 : 그 금액을 1주의 최저임금 적용기준 시간 수(1주 동안의 소정근로시간 수와 유급으로 처리되는 시간 수를 합산한 시간 수를 말한다)로 나눈 금액

㉢ 월(月) 단위로 정해진 임금 : 그 금액을 1개월의 최저임금 적용기준 시간 수(1주의 최저임금 적용기준 시간 수에 1년 동안의 평균의 주의 수를 곱한 시간을 12로 나눈 시간 수를 말한다)로 나눈 금액

㉣ 시간·일·주 또는 월 외의 일정 기간을 단위로 정해진 임금 : ㉠부터 ㉢까지의 규정에 준하여 산정(算定)한 금액

② 생산고에 따른 임금지급제나 그 밖의 도급제로 정해진 임금은 그 임금 산정기간(임금 마감일이 있는 경우에는 임금 마감기간을 말한다.)의 임금 총액을 그 임금 산정기간 동안의 총근로시간 수로 나눈 금액을 시간에 대한 임금으로 한다.

③ 근로자가 받는 임금이 둘 이상의 임금으로 되어 있는 경우에는 해당 부분에 대하여 각각 해당 규정에 따라 환산한 금액의 합산액을 그 근로자의 시간에 대한 임금으로 한다.

④ 근로자의 임금을 정한 단위가 된 기간의 소정근로시간 수가 그 근로자에게 적용되는 최저임금액을 정할 때의 단위가 된 기간의 근로시간 수와 다른 경우에는 제1항 각 호의 구분에 따라 그 근로자의 임금을 시간에 대한 임금으로 환산한다.

근로자의 임금을 정하는 단위기간

최저임금의 적용 대상이 되는 근로자의 임금을 정하는 단위기간이 최저임금의 단위기간과 다른 경우에 해당 근로자의 임금을 최저임금의 단위기간에 맞추어 환산하는 방법은 대통령령으로 정한다(법 제5조의2).

(4) 최저임금의 효력

① 최저임금액 이상의 임금 지급

사용자는 최저임금의 적용을 받는 근로자에게 최저임금액 이상의 임금을 지급하여야 한다(법 제6조 제1항).

② 종전의 임금수준 낮춤금지

사용자는 이 법에 따른 최저임금을 이유로 종전의 임금수준을 낮추어서는 아니된다(법 제6조 제2항).

③ 최저임금액에 미치지 못하는 임금무효

최저임금의 적용을 받는 근로자와 사용자 사이의 근로계약 중 최저임금액에 미치지 못하는 금액을 임금으로 정한 부분은 무효로 하며, 이 경우 무효로 된 부분은 이 법으로 정한 최저임금액과 동일한 임금을 지급하기로 한 것으로 본다(법 제6조 제3항).

④ 정기적으로 지급하는 임금 산입

임금에는 매월 1회 이상 정기적으로 지급하는 임금을 산입(算入)한다. 다만, 다음의 어느 하나에 해당하는 임금은 산입하지 아니한다(법 제6조 제4항).

ⓐ 소정(所定)근로시간 또는 소정의 근로일에 대하여 지급하는 임금 외의 임금으로서 다음으로 정하는 임금(규칙 제2조 제1항)
 • 연장근로 또는 휴일근로에 대한 임금 및 연장 · 야간 또는 휴일 근로에 대한 가산임금
 • 연차 유급휴가의 미사용수당
 • 유급으로 처리되는 휴일에 대한 임금
 • 그 밖에 명칭에 관계없이 규정에 준하는 것으로 인정되는 임금

ⓑ 상여금, 그 밖에 이에 준하는 것으로서 다음으로 정하는 임금의 월 지급액 중 해당 연도 시간급 최저임금액을 기준으로 산정된 월 환산액의 100분의 25에 해당하는 부분(규칙 제2조 제2항)
 • 1개월을 초과하는 기간에 걸친 해당 사유에 따라 산정하는 상여금, 장려가급(獎勵加給), 능률수당 또는 근속수당
 • 1개월을 초과하는 기간의 출근성적에 따라 지급하는 정근수당

ⓒ 식비, 숙박비, 교통비 등 근로자의 생활 보조 또는 복리후생을 위한 성질의 임금으로서 다음의 어느 하나에 해당하는 것
 • 통화 이외의 것으로 지급하는 임금
 • 통화로 지급하는 임금의 월 지급액 중 해당 연도 시간급 최저임금액을 기준으로 산정된 월 환산액의 100분의 7에 해당하는 부분

⑤ 일반택시운송사업 운전업무에 종사하는 근로자의 최저임금

ⓐ 일반택시운송사업에서 운전업무에 종사하는 근로자의 최저임금에 산입되는 임금의 범위는 생산고에 따른 임금을 제외한 대통령령으로 정하는 임금으로 한다(법 제6조 제5항).

월 환산액의 산정

월 환산액은 해당 연도 시간급 최저임금액에 1개월의 최저임금 적용기준 시간수를 곱하여 산정한다(영 제5조의2).

ⓛ 일반택시운송사업 운전 근로자의 최저임금에 산입되는 임금의 범위 : 단체협약, 취업규칙, 근로계약에 정해진 지급 조건과 지급률에 따라 매월 1회 이상 지급하는 임금을 말한다. 다만, 다음의 어느 하나에 해당하는 임금은 산입(算入)하지 아니한다(영 제5조의3).

- 소정근로시간 또는 소정의 근로일에 대하여 지급하는 임금 외의 임금
- 근로자의 생활 보조와 복리후생을 위하여 지급하는 임금

관련 판례 택시 운송사업의 최저임금

택시 운송사업을 하는 甲 주식회사의 노사가 택시운행을 통해 벌어들인 운송수입금에서 사납금을 회사에 납입하고 남은 초과운송수입금만을 가져가기로 하는 이른바 도급제 방식의 근로계약과 월급제 방식의 근로계약 중 근로자들이 개별적으로 선택하는 근로계약을 체결하기로 하고, 이에 甲 회사의 택시운전근로자인 乙 등이 甲 회사와 도급제 방식의 근로계약을 체결하였는데, 그 후 乙 등이 위 근로계약이 최저임금법에 위배된다고 주장하며 甲 회사를 상대로 미지급 최저임금 등의 지급을 구한 사안에서, 甲 회사와 乙 등이 체결한 도급제 방식의 근로계약을 통해 乙 등이 가져간 초과운송수입금은 최저임금법 제6조 제5항(이하 '특례 조항'이라 한다)에서 정한 '생산고에 따른 임금'으로 보아야 하므로, 甲 회사는 乙 등에게 이를 제외한 최저임금액 이상의 고정급을 임금으로 지급할 의무가 있고, 택시운전근로자의 임금 중 고정급 비율을 높여 안정된 생활을 영위하게 하고자 한 특례 조항의 입법 취지와 甲 회사가 특례 조항 시행 이후에도 도급제 방식의 근로계약을 유지하게 된 동기와 과정, 乙 등이 甲 회사와 도급제 방식의 근로계약을 체결하게 된 경위 등 제반 사정에 비추어, 乙 등이 특례 조항에 따라 산정한 최저임금의 지급을 구하는 것이 정의관념에 비추어 용인될 수 없는 정도에 해당한다거나 신의성실의 원칙을 우선하여 적용하는 것을 수긍할 만한 특별한 사정이 있는 경우에 해당한다고 보기 어려운데도, 乙 등의 주장이 신의성실의 원칙에 위배되어 허용될 수 없다고 본 원심판단에 법리오해의 잘못이 있다고 한 사례(대판 2016다9261, 9278)

⑥ 임금을 지급할 것을 강제하지 않는 것

다음의 어느 하나에 해당하는 사유로 근로하지 아니한 시간 또는 일에 대하여 사용자가 임금을 지급할 것을 강제하는 것은 아니다(법 제6조 제6항).

ⓐ 근로자가 자기의 사정으로 소정근로시간 또는 소정의 근로일의 근로를 하지 아니한 경우

ⓛ 사용자가 정당한 이유로 근로자에게 소정근로시간 또는 소정의 근로일의 근로를 시키지 아니한 경우

⑦ 도급인이 책임져야 할 사유의 범위

도급인이 책임져야 할 사유의 범위는 다음과 같다(법 제6조 제8항).

ⓐ 도급인이 도급계약 체결 당시 인건비 단가를 최저임금액에 미치지 못하는 금액으로 결정하는 행위

ⓛ 도급인이 도급계약 기간 중 인건비 단가를 최저임금액에 미치지 못하는 금액으로 낮춘 행위

⑧ 준용

두 차례 이상의 도급으로 사업을 행하는 경우에는 (7)의 "수급인"은 "하수급인(下受給人)"으로 보고, (7)과 (8)의 "도급인"은 "직상(直上) 수급인(하수급인에게 직접 하도급을 준 수급인)"으로 본다(법 제6조 제9항).

SEMI-NOTE

수급인과 연대 책임
도급으로 사업을 행하는 경우 도급인이 책임져야 할 사유로 수급인이 근로자에게 최저임금액에 미치지 못하는 임금을 지급한 경우 도급인은 해당 수급인과 연대(連帶)하여 책임을 진다(법 제6조 제7항).

(5) 최저임금 산입을 위한 취업규칙 변경절차의 특례

사용자가 산입되는 임금에 포함시키기 위하여 1개월을 초과하는 주기로 지급하는 임금을 총액의 변동 없이 매월 지급하는 것으로 취업규칙을 변경하려는 경우에는 해당 사업 또는 사업장에 근로자의 과반수로 조직된 노동조합이 있는 경우에는 그 노동조합, 근로자의 과반수로 조직된 노동조합이 없는 경우에는 근로자의 과반수의 의견을 들어야 한다(법 제6조의2).

(6) 최저임금의 적용 제외

① **최저임금의 효력규정 적용 제외**

다음의 어느 하나에 해당하는 사람으로서 사용자가 대통령령으로 정하는 바에 따라 고용노동부장관의 인가를 받은 사람에 대하여는 최저임금의 효력 규정을 적용하지 아니한다(법 제7조).

㉠ 정신장애나 신체장애로 근로능력이 현저히 낮은 사람

㉡ 그 밖에 최저임금을 적용하는 것이 적당하지 아니하다고 인정되는 사람

② **최저임금 적용 제외의 인가 기준**

사용자가 고용노동부장관의 인가를 받아 최저임금의 적용을 제외할 수 있는 자는 정신 또는 신체의 장애가 업무 수행에 직접적으로 현저한 지장을 주는 것이 명백하다고 인정되는 사람으로 한다(영 제6조).

③ **최저임금 적용 제외의 인가(규칙 제3조)**

㉠ 최저임금 적용 제외의 인가 기준은 다음과 같다.

구분	인가 기준
근로자의 정신 또는 신체의 장애가 그 근로자를 종사시키려는 업무를 수행하는 데에 직접적으로 현저한 지장을 주는 것이 명백하다고 인정되는 사람	1. 정신 또는 신체 장애인으로서 담당하는 업무를 수행하는 경우에 그 정신 또는 신체의 장애로 같거나 유사한 직종에서 최저임금을 받는 다른 근로자 중 가장 낮은 근로능력자의 평균작업능력에도 미치지 못하는 사람(작업능력은 한국장애인고용공단의 의견을 들어 판단하여야 한다)을 말한다. 2. 인가기간은 1년을 초과할 수 없다.

㉡ 최저임금 적용 제외의 인가를 받으려는 사용자는 관할 지방고용노동관서의 장에게 신청서에 다음의 서류를 첨부하여 제출하여야 한다.

• 신청일이 속하는 달의 직전 달의 사업장 전체 근로자 임금대장 사본 1부

• 정신장애인이나 신체장애인임을 증명할 수 있는 서류 사본 1부

• 친권자 의견서 사본 1부(지적장애, 정신장애 또는 자폐성장애 등으로 인한 신청의 경우만 해당한다)

㉢ 지방고용노동관서의 장은 인가 신청에 대하여 인가를 할 때에는 인가서를 발급하여야 한다. 이 경우 최저임금 적용이 제외되는 근로자에 대하여 유사 직종에 근무하는 근로자의 임금수준에 상응하는 임금을 지급할 것을 사용자에게 권고할 수 있다.

아파트관리를 영업으로 하는 회사의 취업규칙에서 "노동부고시에 의한 최저임금을 보장한다"고 규정한 경우 포괄임금제에 의하여 근로계약을 체결한 경비원들에 대한 관계에 있어서는 기본급을 노동부고시의 최저임금수준으로 지급한다는 의미가 아니고 제 수당을 포함한 총 급여액을 노동부고시의 최저임금수준으로 지급한다는 의미로 새김이 타당하다(대판 92다33398).

3. 최저임금의 결정

(1) 최저임금의 결정

① 최저임금 결정

　㉠ 고용노동부장관은 매년 8월 5일까지 최저임금을 결정하여야 한다. 이 경우 고용노동부장관은 대통령령으로 정하는 바에 따라 최저임금위원회에 심의를 요청하고, 위원회가 심의하여 의결한 최저임금안에 따라 최저임금을 결정하여야 한다(법 제8조 제1항).

　㉡ **최저임금위원회에의 심의 요청** : 고용노동부장관은 매년 3월 31일까지 최저임금위원회에 최저임금에 관한 심의를 요청하여야 한다(영 제7조).

② 최저임금안 제출

　㉠ 위원회는 고용노동부장관으로부터 최저임금에 관한 심의 요청을 받은 경우 이를 심의하여 최저임금안을 의결하고 심의 요청을 받은 날부터 90일 이내에 고용노동부장관에게 제출하여야 한다(법 제8조 제2항).

　㉡ **최저임금안의 고시** : 고용노동부장관은 위원회로부터 최저임금안을 제출받았을 때에는 법 제9조제1항에 따라 지체 없이 사업 또는 사업장의 종류별 최저임금안 및 적용 사업의 범위를 고시하여야 한다(영 제8조).

③ 재심의 요청

　고용노동부장관은 위원회가 심의하여 제출한 최저임금안에 따라 최저임금을 결정하기가 어렵다고 인정되면 20일 이내에 그 이유를 밝혀 위원회에 10일 이상의 기간을 정하여 재심의를 요청할 수 있다(법 제8조 제3항).

④ 재심의 결과 제출

　위원회는 재심의 요청을 받은 때에는 그 기간 내에 재심의하여 그 결과를 고용노동부장관에게 제출하여야 한다(법 제8조 제4항).

⑤ **최저임금 재의결**

　고용노동부장관은 위원회가 재심의에서 재적위원 과반수의 출석과 출석위원 3분의 2 이상의 찬성으로 당초의 최저임금안을 재의결한 경우에는 그에 따라 최저임금을 결정하여야 한다(법 제8조 제5항).

(2) 최저임금안에 대한 이의 제기

① **최저임금안 고시**

　고용노동부장관은 위원회로부터 최저임금안을 제출받은 때에는 대통령령으로 정하는 바에 따라 최저임금안을 고시하여야 한다(법 제9조 제1항).

② 이의 제기

　㉠ 근로자를 대표하는 자나 사용자를 대표하는 자는 고시된 최저임금안에 대하여 이의가 있으면 고시된 날부터 10일 이내에 대통령령으로 정하는 바에 따라 고용노동부장관에게 이의를 제기할 수 있다. 이 경우 근로자를 대표하는 자나 사용자를 대표하는 자의 범위는 대통령령으로 정한다(법 제9조 제2항).

ⓒ 최저임금안에 대한 이의 제기 : 최저임금안에 대하여 이의를 제기할 때에는 다음의 사항을 분명하게 적은 이의제기서를 고용노동부장관에게 제출하여야 한다(영 제9조).
- 이의 제기자의 성명, 주소, 소속 및 직위
- 이의 제기 대상 업종의 최저임금안의 요지
- 이의 제기의 사유와 내용

ⓒ 이의 제기를 할 수 있는 노·사 대표자의 범위 : 근로자를 대표하는 자는 총연합단체인 노동조합의 대표자 및 산업별 연합단체인 노동조합의 대표자로 하고, 사용자를 대표하는 자는 전국적 규모의 사용자단체로서 고용노동부장관이 지정하는 단체의 대표자로 한다(영 제10조).

③ **최저임금안의 재심의 요청**
고용노동부장관은 이의가 이유 있다고 인정되면 그 내용을 밝혀 위원회에 최저임금안의 재심의를 요청하여야 한다(법 제9조 제3항).

④ **최저임금 결정 유보**
고용노동부장관은 재심의를 요청한 최저임금안에 대하여 위원회가 재심의하여 의결한 최저임금안이 제출될 때까지는 최저임금을 결정하여서는 아니 된다(법 제9조 제4항).

⑤ **사용자단체의 지정**
최저임금안에 대하여 이의를 제기할 수 있는 사용자를 대표하는 자는 다음의 단체의 대표자로 한다(규칙 제4조).
ⓐ 대한상공회의소
ⓑ 중소기업중앙회
ⓒ 소상공인연합회
ⓓ 그 밖에 전국적 규모를 갖는 사용자단체로서 고용노동부장관이 지정하여 고시하는 단체

(3) 최저임금의 고시와 효력발생

① **최저임금 고시**
고용노동부장관은 최저임금을 결정한 때에는 지체 없이 그 내용을 고시하여야 한다(법 제10조 제1항).

② **효력발생**
고시된 최저임금은 다음 연도 1월 1일부터 효력이 발생한다. 다만, 고용노동부장관은 사업의 종류별로 임금교섭시기 등을 고려하여 필요하다고 인정하면 효력발생 시기를 따로 정할 수 있다(법 제10조 제2항).

(4) 주지 의무

① **최저임금 게시 등**
최저임금의 적용을 받는 사용자는 대통령령으로 정하는 바에 따라 해당 최저임금을 그 사업의 근로자가 쉽게 볼 수 있는 장소에 게시하거나 그 외의 적당한 방법으로 근로자에게 널리 알려야 한다(법 제11조).

② **주지 의무(영 제11조)**

　㉠ 사용자가 근로자에게 주지시켜야 할 최저임금의 내용은 다음과 같다.

　　• 적용을 받는 근로자의 최저임금액

　　• 최저임금에 산입하지 아니하는 임금

　　• 해당 사업에서 최저임금의 적용을 제외할 근로자의 범위

　　• 최저임금의 효력발생 연월일

　㉡ 사용자는 최저임금의 내용을 최저임금의 효력발생일 전날까지 근로자에게 주지시켜야 한다.

4. 최저임금 위원회

(1) 최저임금위원회의 설치

최저임금에 관한 심의와 그 밖에 최저임금에 관한 중요 사항을 심의하기 위하여 고용노동부에 최저임금위원회를 둔다(법 제12조).

(2) 위원회의 기능

위원회는 다음의 기능을 수행한다(법 제13조).

① 최저임금에 관한 심의 및 재심의

② 최저임금 적용 사업의 종류별 구분에 관한 심의

③ 최저임금제도의 발전을 위한 연구 및 건의

④ 그 밖에 최저임금에 관한 중요 사항으로서 고용노동부장관이 회의에 부치는 사항의 심의

(3) 위원회의 구성 등

① **위원의 구성**

위원회는 다음의 위원으로 구성한다(법 제14조 제1항).

　㉠ 근로자를 대표하는 위원 9명

　㉡ 사용자를 대표하는 위원 9명

　㉢ 공익을 대표하는 위원 9명

② **상임위원**

위원회에 2명의 상임위원을 두며, 상임위원은 공익위원이 된다(법 제14조 제2항).

③ **위원의 임기**

위원의 임기는 3년으로 하되, 연임할 수 있다(법 제14조 제3항).

④ **궐위 위원의 임기**

위원이 궐위(闕位)되면 그 보궐위원의 임기는 전임자(前任者) 임기의 남은 기간으로 한다(법 제14조 제4항).

⑤ **후임자 임명 때까지 직무수행**

위원은 임기가 끝났더라도 후임자가 임명되거나 위촉될 때까지 계속하여 직무를 수행한다(법 제14조 제5항).

SEMI-NOTE

최저임금위원회 사용자위원의 추천 (규칙 제5조)

최저임금위원회의 사용자위원을 추천할 수 있는 단체는 다음의 단체로 한다.
1. 사용자 단체
2. 그 밖에 전국적 규모를 갖는 사용자 단체로서 고용노동부장관이 지정하여 고시하는 단체

⑥ 위원회 위원의 위촉 또는 임명 등(영 제12조)

㉠ 근로자위원·사용자위원 및 공익위원은 고용노동부장관의 제청에 의하여 대통령이 위촉한다.

㉡ 상임위원은 고용노동부장관의 제청에 의하여 대통령이 임명한다.

㉢ 근로자위원은 총연합단체인 노동조합에서 추천한 사람 중에서 제청하고, 사용자위원은 전국적 규모의 사용자단체 중 고용노동부장관이 지정하는 단체에서 추천한 사람 중에서 제청한다.

㉣ 위원이 궐위된 경우에는 궐위된 날부터 30일 이내에 후임자를 위촉하거나 임명하여야 한다. 다만, 전임자의 남은 임기가 1년 미만인 경우에는 위촉하거나 임명하지 아니할 수 있다.

⑦ 위원회 위원의 해촉(영 제12조의2)

위원이 다음의 어느 하나에 해당하는 경우에는 해당 위원을 해촉(解囑)할 수 있다.

㉠ 심신장애로 인하여 직무를 수행할 수 없게 된 경우

㉡ 직무와 관련된 비위사실이 있는 경우

㉢ 직무태만, 품위손상이나 그 밖의 사유로 인하여 위원으로 적합하지 아니하다고 인정되는 경우

㉣ 위원 스스로 직무를 수행하는 것이 곤란하다고 의사를 밝히는 경우

⑧ 공익위원의 위촉기준

공익위원은 다음의 어느 하나에 해당하는 사람 중에서 위촉한다(영 제13조).

㉠ 3급 또는 3급 상당 이상의 공무원이었거나 고위공무원단에 속하는 공무원이었던 사람으로서 노동문제에 관한 학식과 경험이 풍부한 사람

㉡ 5년 이상 대학에서 노동경제, 노사관계, 노동법학, 사회학, 사회복지학, 그 밖에 이와 관련된 분야의 부교수 이상으로 재직 중이거나 재직하였던 사람

㉢ 10년(박사학위 소지자는 5년) 이상 공인된 연구기관에서 노동문제에 관한 연구에 종사하고 있거나 종사하였던 사람

㉣ 그 밖에 규정에 상당하는 학식과 경험이 있다고 고용노동부장관이 인정하는 사람

⑨ 상임위원의 임용 자격 등

위원회의 상임위원은 다음의 어느 하나에 해당하는 사람 중에서 임명한다(영 제14조).

㉠ 3급 또는 3급 상당 이상 공무원이나 고위공무원단에 속하는 공무원으로서 노동행정 경력이 있는 사람

㉡ 대학에서 노동경제, 노사관계, 노동법학, 사회학, 사회복지학, 그 밖에 이와 관련된 분야의 부교수 이상으로 5년 이상 재직하였던 사람

(4) 위원장과 부위원장 ★ 빈출개념

① 위원장과 부위원장

위원회에 위원장과 부위원장 각 1명을 둔다(법 제15조 제1항).

② 위원장과 부위원장 선출

위원장과 부위원장은 공익위원 중에서 위원회가 선출한다(법 제15조 제2항).

③ 위원회 대표

위원장은 위원회의 사무를 총괄하며 위원회를 대표한다(법 제15조 제3항).

④ 직무대행

위원장이 불가피한 사유로 직무를 수행할 수 없을 때에는 부위원장이 직무를 대행한다(법 제15조 제4항).

(5) 특별위원

① 특별위원

위원회에는 관계 행정기관의 공무원 중에서 3명 이내의 특별위원을 둘 수 있다(법 제16조 제1항).

② 출석발언

특별위원은 위원회의 회의에 출석하여 발언할 수 있다(법 제16조 제2항).

③ 특별위원의 위촉 등

특별위원은 관계 행정기관의 3급 또는 3급 상당 이상의 공무원이나 고위공무원단에 속하는 공무원 중에서 고용노동부장관이 위촉한다(영 제15조).

④ 최저임금위원회 특별위원

고용노동부장관은 최저임금위원회의 특별위원으로 기획재정부 · 고용노동부 및 중소벤처기업부의 관련 업무를 담당하는 고위공무원단에 속하는 공무원을 위촉한다(규칙 제6조).

(6) 회의

① 회의소집

위원회의 회의는 다음의 경우에 위원장이 소집한다(법 제17조 제1항).

㉠ 고용노동부장관이 소집을 요구하는 경우

㉡ 재적위원 3분의 1 이상이 소집을 요구하는 경우

㉢ 위원장이 필요하다고 인정하는 경우

② 의 의장

위원장은 위원회 회의의 의장이 된다(법 제17조 제2항).

③ 의결정족수

위원회의 회의는 이 법으로 따로 정하는 경우 외에는 재적위원 과반수의 출석과 출석위원 과반수의 찬성으로 의결한다(법 제17조 제3항).

④ 근로자위원과 사용자위원 출석정족수

위원회가 의결을 할 때에는 근로자위원과 사용자위원 각 3분의 1 이상의 출석이 있어야 한다. 다만, 근로자위원이나 사용자위원이 2회 이상 출석요구를 받고도 정당한 이유 없이 출석하지 아니하는 경우에는 그러하지 아니하다(법 제17조 제4항).

(7) 의견 청취

① 관계인의 의견 청취

위원회는 그 업무를 수행할 때에 필요하다고 인정하면 관계 근로자와 사용자, 그 밖의 관계인의 의견을 들을 수 있다(법 제18조).

② 실비변상

위원회(전문위원회를 포함한다)에 출석한 관계 근로자와 사용자, 그 밖의 관계인에게는 예산의 범위에서 수당과 여비를 지급한다(영 제16조).

(8) 전문위원회

① 전문위원회 설치

위원회는 필요하다고 인정하면 사업의 종류별 또는 특정 사항별로 전문위원회를 둘 수 있다(법 제19조 제1항).

② 전문위원회 기능

전문위원회는 위원회 권한의 일부를 위임받아 최저임금위원회 기능을 수행한다(법 제19조 제2항).

③ 구성

전문위원회는 근로자위원, 사용자위원 및 공익위원 각 5명 이내의 같은 수로 구성한다(법 제19조 제3항).

④ 전문위원회의 구성(영 제17조)

㉠ 전문위원회는 위원회의 위원장이 그 위원 중에서 지명하는 사람으로 구성한다.

㉡ 위원회의 위원장은 위원회의 위원만으로 전문위원회를 구성하기 어렵거나 소관 사항을 전문적으로 심의하기 위하여 필요한 경우에는 전문위원회의 위원을 따로 위촉할 수 있다. 이 경우 따로 위촉하는 전문위원회의 위원 중 근로자위원과 사용자위원의 위촉 및 공익위원의 위촉기준에 관하여는 최저임금위원회의 규정을 준용한다.

⑤ 위원의 수당 등

위원회의 상임위원을 제외한 위원 및 전문위원회의 위원에게는 예산의 범위에서 그 직무 수행에 필요한 수당과 여비를 지급하되, 수당은 출석한 일수에 따라 지급하고 여비는 상임위원의 직위에 상응하는 금액을 지급한다(영 제18조).

⑥ 준용

전문위원회에 관하여는 위원회의 운영 등에 관한 내용은 최저임금위원회에 관한 규정을 준용한다. 이 경우 "위원회"를 "전문위원회"로 본다(법 제19조 제4항).

(9) 사무국

① 사무국의 설치

위원회에 그 사무를 처리하게 하기 위하여 사무국을 둔다(법 제20조 제1항).

② 연구위원

사무국에는 최저임금의 심의 등에 필요한 전문적인 사항을 조사 · 연구하게 하기 위하여 3명 이내의 연구위원을 둘 수 있다(법 제20조 제2항).

③ 연구위원의 자격 · 위촉 및 수당 등

연구위원의 자격 · 위촉 및 수당과 사무국의 조직 · 운영 등에 필요한 사항은 대통령령으로 정한다(법 제20조 제3항).

(10) 위원의 수당 등

위원회 및 전문위원회의 위원에게는 대통령령으로 정하는 바에 따라 수당과 여비를 지급할 수 있다(법 제21조).

(11) 운영규칙

위원회는 최저임금법에 어긋나지 아니하는 범위에서 위원회 및 전문위원회의 운영에 관한 규칙을 제정할 수 있다(법 제22조).

5. 보칙

(1) 생계비 및 임금실태 등의 조사

① 생계비와 임금실태 조사

고용노동부장관은 근로자의 생계비와 임금실태 등을 매년 조사하여야 한다(법 제23조).

② 실태조사

고용노동부장관은 위원회로 하여금 근로자의 생계비와 임금실태에 관한 조사를 하게 할 수 있다(영 제19조).

(2) 정부의 지원

정부는 근로자와 사용자에게 최저임금제도를 원활하게 실시하는 데에 필요한 자료를 제공하거나 그 밖에 필요한 지원을 하도록 최대한 노력하여야 한다(법 제24조).

(3) 보고

고용노동부장관은 최저임금법의 시행에 필요한 범위에서 근로자나 사용자에게 임금에 관한 사항을 보고하게 할 수 있다(법 제25조).

(4) 근로감독관의 권한

① 최저임금법 사무관장

㉠ 고용노동부장관은 근로감독관에게 대통령령으로 정하는 바에 따라 최저임금법의 시행에 관한 사무를 관장하도록 한다(법 제26조 제1항).

㉡ **근로감독관의 사무 집행** : 근로감독관이 법의 시행에 관한 사무를 할 때에는 소속 지방고용노동관서의 장의 지휘 · 감독을 받아야 한다(영 제20조).

② 장부와 서류의 제출 요구

근로감독관은 권한을 행사하기 위하여 사업장에 출입하여 장부와 서류의 제출을 요구할 수 있으며 그 밖의 물건을 검사하거나 관계인에게 질문할 수 있다(법 제26조 제2항).

③ 증표 제시

출입 · 검사를 하는 근로감독관은 그 신분을 표시하는 증표를 지니고 이를 관계
인에게 내보여야 한다(법 제26조 제3항).

④ 사법경찰관의 직무수행

근로감독관은 최저임금법 위반의 죄에 관하여 사법경찰관리의 직무를 행할 자와
그 직무범위에 관한 법률로 정하는 바에 따라 사법경찰관의 직무를 행한다(법 제
26조 제4항).

⑤ 권한의 위임

최저임금법에 따른 고용노동부장관의 권한은 대통령령으로 정하는 바에 따라 그
일부를 지방고용노동관서의 장에게 위임할 수 있다(법 제26조의2, 영 제21조의2).

　㉠ 최저임금 적용 제외의 인가

　㉡ 근로자나 사용자에게 임금에 관한 사항 보고의 요구

　㉢ 과태료의 부과 · 징수

6. 벌칙

(1) 벌칙

① 3년 이하의 징역 또는 2천만 원 이하의 벌금

최저임금액보다 적은 임금을 지급하거나 최저임금을 이유로 종전의 임금을 낮춘
자는 3년 이하의 징역 또는 2천만 원 이하의 벌금에 처한다. 이 경우 징역과 벌
금은 병과(倂科)할 수 있다(법 제28조 제1항).

② 2년 이하의 징역 또는 1천만 원 이하의 벌금

도급인에게 연대책임이 발생하여 근로감독관이 그 연대책임을 이행하도록 시정
지시하였음에도 불구하고 도급인이 시정기한 내에 이를 이행하지 아니한 경우 2
년 이하의 징역 또는 1천만 원 이하의 벌금에 처한다(법 제28조 제2항).

③ 500만 원 이하의 벌금

최저임금 산입을 위한 취업규칙 변경절차의 특례를 위반하여 의견을 듣지 아니
한 자는 500만 원 이하의 벌금에 처한다(법 제28조 제3항).

(2) 양벌규정

① 법인에게 벌금형 부과

법인의 대표자, 대리인, 사용인, 그 밖의 종업원이 그 법인의 업무에 관하여 벌
칙(제28조)의 위반행위를 하면 그 행위자를 벌할 뿐만 아니라 그 법인에도 해당
조문의 벌금형을 과(科)한다(법 제30조 제1항).

② 개인에게 벌금형 부과

개인의 대리인, 사용인, 그 밖의 종업원이 그 개인의 업무에 관하여 벌칙(제28
조)의 위반행위를 하면 그 행위자를 벌할 뿐만 아니라 그 개인에게도 해당 조문
의 벌금형을 과한다(법 제30조 제2항).

(3) 과태료

① 100만 원 이하의 과태료

다음의 어느 하나에 해당하는 자에게는 100만 원 이하의 과태료를 부과한다(법 제31조 제1항).

㉠ 근로자에게 해당 최저임금을 널리 알리지 아니한 자

㉡ 임금에 관한 사항의 보고를 하지 아니하거나 거짓 보고를 한 자

㉢ 근로감독관의 요구 또는 검사를 거부·방해 또는 기피하거나 질문에 대하여 거짓 진술을 한 자

② 과태료의 부과·징수

과태료는 대통령령으로 정하는 바에 따라 고용노동부장관이 부과·징수한다(법 제31조 제2항).

③ 이의제기

과태료 처분에 불복하는 자는 그 처분을 고지받은 날부터 30일 이내에 고용노동부장관에게 이의를 제기할 수 있다(법 제31조 제3항).

④ 과태료 재판

과태료 처분을 받은 자가 이의를 제기하면 고용노동부장관은 지체 없이 관할 법원에 그 사실을 통보하여야 하며, 그 통보를 받은 관할 법원은 비송사건절차법에 따른 과태료 재판을 한다(법 제31조 제4항).

⑤ 과태료 징수

기간에 이의를 제기하지 아니하고 과태료를 내지 아니하면 국세 체납처분의 예에 따라 징수한다(법 제31조 제5항).

실력UP 과태료의 부과기준

• 일반기준 : 고용노동부장관은 위반행위자가 다음의 어느 하나에 해당하는 경우에는 제2호에 따른 과태료 금액의 2분의 1의 범위에서 그 금액을 감경할 수 있다. 다만, 과태료를 체납하고 있는 위반행위자의 경우에는 그러하지 아니하다.

① 위반행위자가 질서위반행위규제법 시행령 제2조의2제1항 각 호의 어느 하나에 해당하는 경우

② 위반행위자가 자연재해·화재 등으로 재산에 현저한 손실이 발생하거나 사업여건의 악화로 사업이 중대한 위기에 처하는 등의 사정이 있는 경우

③ 위반행위가 사소한 부주의나 오류 등 과실로 인한 것으로 인정되는 경우

④ 그 밖에 위반행위의 정도, 위반행위의 동기와 그 결과 등을 고려하여 감경할 필요가 있다고 인정되는 경우

• 개별기준

위반행위	과태료 금액
법 제11조를 위반하여 근로자에게 해당 최저임금을 같은 조에서 규정한 방법으로 널리 알리지 않은 경우	100만원
법 제25조에 따른 임금에 관한 사항의 보고를 하지 않거나 거짓 보고를 한 경우	100만원
법 제26조제2항에 따른 근로감독관의 요구 또는 검사를 거부·방해 또는 기피하거나 질문에 대하여 거짓 진술을 한 경우	100만원

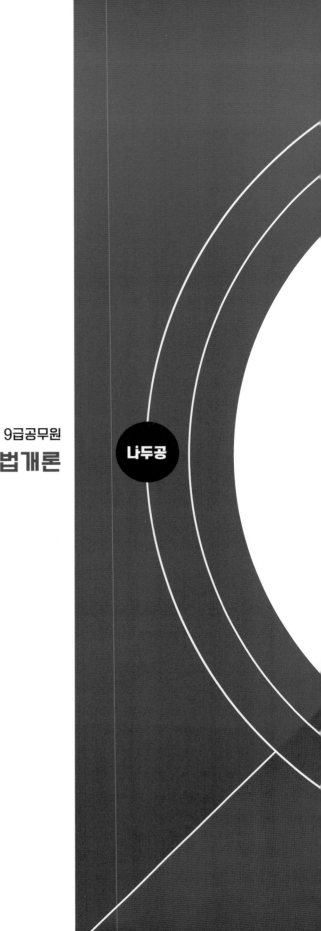

9급공무원
노동법개론

나두공

ⓝ나두공

02장 노동조합 및 노동관계조정법

01절   총칙

02절   노동조합

03절   단체교섭 및 단체협약

04절   쟁의행위

05절   노동쟁의의 조정

06절   부당노동행위

노동조합 및 노동관계조정법

노조법과 근기법
노동조합 및 노동관계조정법을 약칭하여 노조법, 즉 법이라 하고 노동조합 및 노동관계조정법 시행령을 영, 노동조합 및 노동관계조정법 시행규칙을 규칙, 근로기준법을 약칭하여 근기법이라 함

01절 총칙

1. 목적

(1) 법의 의의

헌법상 보장되는 노동3권(단결권, 단체교섭권, 단체행동권)의 구체적 보장을 목적으로 노동조합과 사용자의 집단적 노사관계를 규율하는 법률로 노사 자치주의를 실현하기 위한 법

(2) 목적

노동조합 및 노동관계조정법은 헌법에 의한 근로자의 단결권 · 단체교섭권 및 단체행동권을 보장하여 근로조건의 유지 · 개선과 근로자의 경제적 · 사회적 지위의 향상을 도모하고, 노동관계를 공정하게 조정하여 노동쟁의를 예방 · 해결으로써 산업평화의 유지와 국민경제의 발전에 이바지함을 목적으로 한다(법 제1조).

2. 근로자

(1) 노조법상 근로자

근로자라 함은 직업의 종류를 불문하고 임금 · 급료 기타 이에 준하는 수입에 의하여 생활하는 자를 말한다(법 제2조 제1호).

(2) 근로자의 개념

① 직업의 종류 불문
육체적 · 정신적 노동을 구별하지 않고, 임시직 · 일용직 · 상용직 · 촉탁직인지를 구별하지 않음

② 임금 · 급료 기타 이에 준하는 수입
임금은 사용자가 근로의 대가로 근로자에게 임금, 봉급, 그 밖에 어떠한 명칭으로든지 지급하는 모든 금품을 말하고(근기법 제2조 제1항 제5호), 급료는 임금과 같은 뜻을 가진 용어이며, 이에 준하는 수입은 일시적으로 근로를 제공한 대가로 얻은 수입과 임금이 아니면서 임금과 비슷한 수입에 해당하는 것

관련 판례 근로자로서의 지위

근로기준법상의 근로자에 해당하는지 여부를 판단함에 있어서는 그 계약의형식이 민법상의 고용계약인지 또는 도급계약인지에 관계없이 그 실질에 있어 근로자가 사업 또는 사업장에 임금을 목적으로 종속적인 관계에서 사용자에게 근로를 제공하였는지 여부에 따라 판단하여야 할 것이고, 위에서 말하는 종속적인 관계가 있는지 여부를 판단함에 있어서는, 업무의 내용이 사용자에 의하여 정하여지고 취업규칙 또는 복무(인사)규정 등의 적용을 받으며 업무수행

과정에 있어서도 사용자로부터 구체적, 개별적인 지휘·감독을 받는지 여부, 사용자에 의하여 근무시간과 근무장소가 지정되고 이에 구속을 받는지 여부, 근로자 스스로가 제3자를 고용하여 업무를 대행케 하는 등 업무의 대체성 유무, 비품, 원자재나 작업도구 등의 소유관계, 보수의 성격이 근로 자체의 대상적 성격이 있는지 여부와 기본급이나 고정급이 정하여져 있는지 여부 및 근로소득세의 원천징수 여부 등 보수에 관한 사항, 근로제공관계의 계속성과 사용자에의 전속성의 유무와 정도, 사회보장제도에 관한 법령 등 다른 법령에 의하여 근로자로서의 지위를 인정받는지 여부, 양 당사자의 경제·사회적 조건 등을 종합적으로 고려하여 판단하여야 할 것이다(대판 94다22859).

③ 그에 의하여 생활하는 자

다른 수입이 없거나 적어서 임금 등의 수입에 의해서 생활하는 자, 현실적으로 임금의 수입으로 생활하는 자뿐만 아니라 임금의 수입을 얻으려는 자인 근로의 사를 가진 실업자도 노조법의 근로자에 해당

(3) 근기법상 근로자와 구분

근기법의 근로자는 근로조건을 보호받을 사람의 범위를 설정하기 위한 규정이고, 노조법상의 근로자는 노동3권을 행사할 수 있는 사람의 범위를 정하기 위함

관련 판례 근로자의 범위

노동조합법상 근로자란 타인과의 사용종속관계하에서 근로를 제공하고 그 대가로 임금 등을 받아 생활하는 사람을 의미하며, 특정한 사용자에게 고용되어 현실적으로 취업하고 있는 사람뿐만 아니라 일시적으로 실업 상태에 있는 사람이나 구직 중인 사람을 포함하여 노동3권을 보장할 필요성이 있는 사람도 여기에 포함되는 것으로 보아야 한다. 그리고 출입국관리 법령에서 외국인고용제한규정을 두고 있는 것은 취업활동을 할 수 있는 체류자격(이하 '취업자격'이라고 한다) 없는 외국인의 고용이라는 사실적 행위 자체를 금지하고자 하는 것뿐이지, 나아가 취업자격 없는 외국인이 사실상 제공한 근로에 따른 권리나 이미 형성된 근로관계에서 근로자로서의 신분에 따른 노동관계법상의 제반 권리 등의 법률효과까지 금지하려는 것으로 보기는 어렵다. 따라서 타인과의 사용종속관계하에서 근로를 제공하고 그 대가로 임금 등을 받아 생활하는 사람은 노동조합법상 근로자에 해당하고, 노동조합법의 근로자성이 인정되는 한, 그러한 근로자가 외국인인지 여부나 취업자격의 유무에 따라 노동조합법상 근로자의 범위에 포함되지 아니한다고 볼 수는 없다(대판 2007두4995).

(4) 근로자 아닌 자의 가입을 허용하는 경우 노동조합으로 보지 않는 경우(법 제2조 제4호 라목)

① 노동조합이라 함은 근로자가 주체가 되어 자주적으로 단결하여 근로조건의 유지·개선 기타 근로자의 경제적·사회적 지위의 향상을 도모함을 목적으로 조직하는 단체 또는 그 연합단체를 말한다. 다만, 다음에 해당하는 경우에는 노동조합으로 보지 아니한다(법 제2조 제4호 라목).

② 노조법 제2조 제4호에서 근로자는 노조법상의 근로자를 의미하고, 판례에 의하면 구직중인 근로자도 노동3권을 보장하여야 하는데 단서 조항은 서로 모순

SEMI-NOTE

관련 판례

지역별 노동조합이 그 구성원으로 '구직중인 여성 노동자'를 포함하여 노동조합설립신고를 한 경우, '구직중인 여성 노동자'는 노동조합 및 노동관계조정법상의 근로자가 아니라는 이유로 노동조합설립신고를 반려하는 것은 위법하다고 판단한 원심판결을 수긍한 사례(대판 2001두8568)

법 제2조 제4호 라목
근로자가 아닌 자의 가입을 허용하는 경우

3. 사용자

(1) 노조법상 사용자

사용자라 함은 사업주, 사업의 경영담당자 또는 그 사업의 근로자에 관한 사항에 대하여 사업주를 위하여 행동하는 자를 말한다(법 제2조 제2호).

(2) 사용자의 개념

① **사업주**

사업의 경영주체로 근로자를 사용하여 사업을 운영하는 자로, 사업이 영리를 목적으로 하는 경우에는 그 손익의 귀속자

② **사업의 경영담당자**

사업주로부터 사업경영의 전부 또는 일부를 포괄적으로 위임받아 대내적으로 그 사업을 운영하고 대외적으로 사업을 대표하거나 대리하는 자

③ **근로자에 관한 사항에 대하여 사업주를 위하여 행동하는 자**

'근로자에 관한 사항에 대하여 사업주를 위하여 행동하는 자'라 함은 근로자의 인사, 급여, 후생, 노무관리 등 근로조건의 결정 또는 업무상의 명령이나 지휘감독을 하는 등의 사항에 대하여 사업주로부터 일정한 권한과 책임을 부여받은 자를 말한다(대판 88누6924).

손해배상 청구의 제한

사용자는 이 법에 의한 단체교섭 또는 쟁의행위로 인하여 손해를 입은 경우에 노동조합 또는 근로자에 대하여 그 배상을 청구할 수 없다(법 제3조).

(3) 사용자단체

① **개념**

사용자단체라 함은 노동관계에 관하여 그 구성원인 사용자에 대하여 조정 또는 규제할 수 있는 권한을 가진 사용자의 단체를 말한다(법 제2조 제3호).

② **요건**

사용자단체가 되기 위해서는 노동관계에 대하여 그 구성원에 대하여 조정 또는 규제할 수 있는 권한을 가져야 하므로 구성원인 사용자에 대하여 통제력을 행사할 수 있어야 함

법 령 노동조합 및 노동관계조정법

제4조(정당행위) 형법 제20조(정당행위)의 규정은 노동조합이 단체교섭 · 쟁의행위 기타의 행위로서 노조법의 목적을 달성하기 위하여 한 정당한 행위에 대하여 적용된다. 다만, 어떠한 경우에도 폭력이나 파괴행위는 정당한 행위로 해석되어서는 아니된다.

02절 노동조합

1. 노동조합의 의의 및 설립요건

(1) 노동조합의 의의

① 노동조합

근로자가 주체가 되어 자주적으로 단결하여 근로조건의 유지·개선 기타 근로자의 경제적·사회적 지위의 향상을 도모함을 목적으로 조직하는 단체 또는 그 연합단체를 말한다(법 제2조 제4호).

② 헌법상 단결권 행사

헌법 제33조 제1항에서 근로자는 근로조건의 향상을 위하여 자주적인 단결권·단체교섭권 및 단체행동권을 가진다고 하여 단결권을 규정한 것을 실질적인 단결권의 행사로 노조법에 구체적으로 규정하여 근로조건의 향상이라는 목적을 수행할 수 있도록 한 것

(2) 노동조합의 유형

① 직종별 노동조합

㉠ 의의 : 동일한 직업군에 속하는 근로자들이 기업과 산업을 구분하지 않고 연대한 노동조합

㉡ 장점

- 단결력이 강하며 어용화의 위험이 적은 점
- 모든 근로자에게 투쟁의 목표가 일치되므로 노동운동의 방향설정이 손쉬운 점
- 노동조합이 노동력의 공급을 독점할 수 있으므로 사용자의 횡포를 저지할 수 있는 점 등

㉢ 단점

- 기계의 발달로 숙련 근로자와 미숙련 근로자의 차이가 없게 되는 경우 독점력을 상실하는 점
- 배타적인 성격으로 근로자 전체의 지위 개선을 기할 수 없는 점 등

② 산업별 노동조합

㉠ 의의 : 동종 산업에 종사하는 근로자들이 직종과 기업을 초월하여 결합한 노동조합

㉡ 장점

- 동종 산업에 종사하는 근로자의 지위를 통일적으로 개선할 수 있는 점
- 조합 규모가 커서 사용자단체와 힘의 균형을 가지며 정책반영이 용이한 점
- 동일 산업 내 동종 근로자의 근로조건이 동일하여 노동이동이 희박한 점
- 단체교섭과 노사협의가 명확히 구별되어 개별사업장 내에서는 단체교섭에 따른 분규가 없는 점 등

SEMI-NOTE

    © 단점
- 조합의식이 낮은 산업사회에서는 조합결성이 어렵고 조합원의 조합 참여의식이 미약한 점
- 동일 산업 내 근로자가 속하는 기업이 지역, 규모, 생산시설과 기술, 세부 업종 등에서 큰 차이가 있는 경우 산별 단일교섭안을 마련할 수 없는 점
- 상부단체와 그 산하 지부와의 마찰
- 상부단체가 정치활동이나 사회운동에 지나치게 관심을 가질 경우 노동운동의 본질을 망각하고 사회불안의 요인이 될 수 있는 점
- 개별기업의 특수성을 고려할 수 없는 점 등

③ 기업별 노동조합
    ㉠ 의의 : 하나의 기업 또는 사업장에 속하는 근로자들이 직종에 관계없이 결합한 노동조합
    ㉡ 장점
- 조합결합이 손쉽고 조합원의 참여의식이 강함
- 근로자의 연대의식에 따른 전국적인 대규모의 노사분규가 없는 점
- 개별기업 내부에서 노동조합과 사용자와의 관계가 긴밀하고 기업의 특수성을 반영하여 노사협조가 잘 이루어질 수 있는 점
    ㉢ 단점
- 사용자에 의한 어용화의 위험이 큰 점
- 기업내 근로자의 직종에 따라 이해관계가 대립되어 조합원의 분열이 심한 점, 근로조건의 개선이 단위조합에 제한되어 기업마다 근로조건이 다름으로써 노동이동이 심한 점
- 소규모조합으로 노동운동의 전문가를 양성할 수 없으며, 단체교섭의 전술이나 전략을 개발하기 어려운 점
- 단체교섭과 노사협의의 기능이 혼돈되어 사업장 내 분규가 끊이지 않는 점 등

④ 일반노동조합
    ㉠ 의의 : 직종별·산업별·기업별로 노동조합을 만들기 어려운 근로자들이 전국 또는 일부 지역을 중심으로 직종·산업·기업을 초월하여 조직한 노동조합
    ㉡ 특징 : 특정의 직종, 산업, 기업 등에 속하지 않는 자도 가입할 수 있어 조직의 폭이 넓으나 근로형태의 차이 때문에 조합원들의 연대의식이 약하고, 행동통일을 이루기도 쉽지 않으며, 단체교섭이나 단체협약에서 직종이나 기업의 특수성을 감안하기 어려움

(3) 노동조합의 설립요건

① 의의
노조법은 근로자들이 노동조합을 설립할 때 조직의 유형에 대하여 아무런 제한이 없으며, 자유설립주의에 신고제도를 가미

② 노동조합 설립의 실질적 요건

　㉠ 노동조합 설립에 있어 실질적으로 갖추어야 할 사항을 규정하면서, 적극적 요건과 소극적 요건으로 나눔

　　• 적극적 요건 : 반드시 갖추어야 할 요건

　　• 소극적 요건 : 해당하여서는 아니 되는 요건

　㉡ 적극적 요건

　　• 주체성 : 노동조합은 근로자가 주체가 되어야 함

　　• 자주성 : 근로자가 자주적으로 단결하여야 함

　　• 목적성 : 노동조합의 주된 목적은 근로조건의 유지, 개선 및 근로자의 경제적, 사회적 지위향상을 도모하기 위함

　　• 단체성 : 단체 또는 연합단체이어야 함. 단체라 함은 2인 이상의 근로자 개인이 조직한 인적 결합체를 의미하며, 연합단체라 함은 노조법 10조 2항에 따라 노동조합을 구성원으로 하여 조직된 상부단체를 말함

　㉢ 소극적 요건 : 노동조합의 설립이 인정되지 아니하는 요건을 말한다(법 제2조 제4호 각목).

　　• 사용자 또는 항상 그의 이익을 대표하여 행동하는 자의 참가를 허용하는 경우

　　• 경비의 주된 부분을 사용자로부터 원조 받는 경우

　　• 공제 · 수양 기타 복리사업만을 목적으로 하는 경우

　　• 근로자가 아닌 자의 가입을 허용하는 경우

　　• 주로 정치운동을 목적으로 하는 경우

③ 노동조합 설립의 형식적 요건

　㉠ 의의 : 노동조합은 규약을 첨부하여 설립신고서를 관할 관청에 제출하여 신고증을 교부받는 것

　㉡ 설립의 신고

　　노동조합을 설립하고자 하는 자는 다음의 사항을 기재한 신고서에 규약을 첨부하여 연합단체인 노동조합과 2 이상의 특별시 · 광역시 · 특별자치시 · 도 · 특별자치도에 걸치는 단위노동조합은 고용노동부장관에게, 2 이상의 시 · 군 · 구에 걸치는 단위노동조합은 특별시장 · 광역시장 · 도지사에게, 그 외의 노동조합은 특별자치시장 · 특별자치도지사 · 시장 · 군수 · 구청장에게 제출하여야 한다(법 제10조 제1항). 또한 근로조건의 결정권이 있는 독립된 사업 또는 사업장에 조직된 노동단체는 지부 · 분회 등 명칭이 무엇이든 상관없이 노동조합의 설립신고를 할 수 있다(영 제7조).

　　• 명칭

　　• 주된 사무소의 소재지

　　• 조합원수

　　• 임원의 성명과 주소

　　• 소속된 연합단체가 있는 경우에는 그 명칭

　　• 연합단체인 노동조합에 있어서는 그 구성노동단체의 명칭, 조합원수, 주된 사무소의 소재지 및 임원의 성명 · 주소

④ 신고증의 교부

㉠ 고용노동부장관, 특별시장 · 광역시장 · 특별자치시장 · 도지사 · 특별자치도 지사 또는 시장 · 군수 · 구청장은 설립신고서를 접수한 때에는 보완을 요하는 경우 및 신고서의 반려를 요하는 경우를 제외하고는 3일 이내에 신고증을 교부하여야 한다(법 제12조 제1항).

㉡ 행정관청은 설립신고서 또는 규약이 기재사항의 누락등으로 보완이 필요한 경우에는 대통령령이 정하는 바에 따라 20일 이내의 기간을 정하여 보완을 요구하여야 한다. 이 경우 보완된 설립신고서 또는 규약을 접수한 때에는 3일 이내에 신고증을 교부하여야 한다(법 제12조 제2항).

㉢ 설립신고서의 보완요구 등

• 고용노동부장관, 특별시장 · 광역시장 · 도지사 · 특별자치도지사, 시장 · 군수 또는 자치구의 구청장은 노동조합의 설립신고가 다음의 어느 하나에 해당하는 경우에는 보완을 요구하여야 한다.

- 설립신고서에 규약이 첨부되어 있지 아니하거나 설립신고서 또는 규약의 기재사항 중 누락 또는 허위사실이 있는 경우

- 임원의 선거 또는 규약의 제정절차가 총회 또는 임원의 선거에 위반되는 경우

• 노동조합이 설립신고증을 교부받은 후 설립신고서의 반려사유가 발생한 경우에는 행정관청은 30일의 기간을 정하여 시정을 요구하고 그 기간 내에 이를 이행하지 아니하는 경우에는 당해 노동조합에 대하여 이 법에 의한 노동조합으로 보지 아니함을 통보하여야 한다.

• 행정관청은 노동조합에 설립신고증을 교부하거나 통보를 한 때에는 지체없이 그 사실을 관할 노동위원회와 당해 사업 또는 사업장의 사용자나 사용자단체에 통보하여야 한다.

㉣ 행정관청은 설립하고자 하는 노동조합이 다음에 해당하는 경우에는 설립신고서를 반려하여야 한다(법 제12조 제3항).

• 노동조합으로 보지 아니하는 경우에 해당하는 경우(법 제2조 제4호)

- 사용자 또는 항상 그의 이익을 대표하여 행동하는 자의 참가를 허용하는 경우

- 경비의 주된 부분을 사용자로부터 원조 받는 경우

- 공제 · 수양 기타 복리사업만을 목적으로 하는 경우

- 근로자가 아닌 자의 가입을 허용하는 경우

- 주로 정치운동을 목적으로 하는 경우

• 설립신고서 또는 규약이 기재사항의 누락 등으로 보완을 요구하였음에도 불구하고 그 기간 내에 보완을 하지 아니하는 경우

㉤ 노동조합이 신고증을 교부받은 경우에는 설립신고서가 접수된 때에 설립된 것으로 본다(법 제12조 제4항).

관련 판례 | 노동조합의 설립신고

행정관청에 광범위한 심사권한을 인정할 경우 행정관청의 심사가 자의적으로 이루어져 신고제가 사실상 허가제로 변질될 우려가 있는 점, 노동조합법은 설립신고 당시 제출하여야 할 서류로 설립신고서와 규약만을 정하고 있고(제10조 제1항), 행정관청으로 하여금 보완사유나 반려사유가 있는 경우를 제외하고는 설립신고서를 접수받은 때부터 3일 이내에 신고증을 교부하도록 정한 점(제12조 제1항) 등을 고려하면, 행정관청은 일단 제출된 설립신고서와 규약의 내용을 기준으로 노동조합법 제2조 제4호 각 목의 해당 여부를 심사하되, 설립신고서를 접수할 당시 그 해당 여부가 문제된다고 볼 만한 객관적인 사정이 있는 경우에 한하여 설립신고서와 규약 내용 외의 사항에 대하여 실질적인 심사를 거쳐 반려 여부를 결정할 수 있다(대판 2011두6998).

⑤ 변경사항의 신고
　ⓐ 노동조합은 설립신고된 사항 중 다음에 해당하는 사항에 변경이 있는 때에는 그 날부터 30일 이내에 행정관청에게 변경신고를 하여야 한다(법 제13조 제1항).
　　• 명칭
　　• 주된 사무소의 소재지
　　• 대표자의 성명
　　• 소속된 연합단체의 명칭
　ⓑ 노동조합은 매년 1월 31일까지 다음의 사항을 행정관청에게 통보하여야 한다. 다만, 전년도에 변경신고된 사항은 그러하지 아니하다(법 제13조 제2항).
　　• 전년도에 규약의 변경이 있는 경우에는 변경된 규약내용
　　• 전년도에 임원의 변경이 있는 경우에는 변경된 임원의 성명
　　• 전년도 12월 31일 현재의 조합원수(연합단체인 노동조합에 있어서는 구성단체별 조합원수)

⑥ 변경사항의 신고 등
　ⓐ 노동조합은 변경신고를 하는 경우에는 그 변경신고서에 신고증을 첨부해야 한다(영 제10조 제1항).
　ⓑ 노동조합은 주된 사무소의 소재지 변경을 신고하는 경우로서 그 주된 사무소의 소재지를 다른 행정관청의 관할구역으로 이전하는 경우에는 새로운 소재지를 관할하는 행정관청에 변경신고를 해야 한다(영 제10조 제2항).
　ⓒ 행정관청은 변경신고서를 받은 때에는 3일 이내에 변경신고증을 교부하여야 한다(영 제10조 제3항).
　ⓓ 노동조합은 행정관청에 조합원수를 통보할 때 둘 이상의 사업 또는 사업장의 근로자로 구성된 단위노동조합의 경우에는 사업 또는 사업장별로 구분하여 통보해야 한다(영 제10조 제4항).

⑦ 성립결여의 효과
　ⓐ **실질적 및 형식적 요건을 갖춘 경우** : 노조법상의 각종 법적 보호를 받음
　ⓑ **실질적 요건을 갖추지 못한 경우** : 형식적으로 요건을 갖추었다 할지라도 실질적 요건을 갖추지 않은 노조는 비록 설립등록을 받았다고 할지라도 노동조합으로 볼 수 없음

ⓒ 형식적 요건을 결한 경우 : 노동조합법상의 노동조합이 설립되려면 위에서 본 실질적 요건 이외에 위 법 제14조 소정의 규약을 갖추고 위 법 제13조 제1항 의 설립신고를 마치는 등의 형식적인 요건을 구비하여야 한다(대판 93도 855).

ⓒ 명시적 적용배제
- 법인격 취득의 불가(법 제6조)
- 노동위원회에 노동쟁의의 조정 및 부당노동행위의 구제를 신청배제(법 제7조 제1항)
- 노동조합 명칭 사용 불가(법 제7조 제3항)
- 조세의 면제 배제(법 제8조)
- 단체협약 확장 적용 신청의 불가(법 제36조)
- 근로자의 공급사업자격 부인(직업안정법 제33조)

(4) 법인인 노동조합

① 법인등기

노동조합을 법인으로 하고자 할 때에는 그 주된 사무소의 소재지를 관할하는 등기소에 등기하여야 한다(영 제2조).

② 등기사항(영 제3조)
ⓐ 명칭
ⓑ 주된 사무소의 소재지
ⓒ 목적 및 사업
ⓓ 대표자의 성명 및 주소
ⓔ 해산사유를 정한 때에는 그 사유

③ 등기신청(영 제4조)
ⓐ 등기는 그 노동조합의 대표자가 신청한다.
ⓑ 등기신청을 하려는 때에는 등기신청서에 해당 노동조합의 규약과 신고증의 사본(변경신고증을 교부받은 경우에는 그 사본)을 첨부해야 한다.

④ 이전등기(영 제5조)
ⓐ 법인인 노동조합이 그 주된 사무소를 다른 등기소의 관할 구역으로 이전한 경우 해당 노동조합의 대표자는 그 이전한 날부터 3주 이내에 구소재지에서는 이전등기를 해야 하며, 신소재지 에서는 제3조 각 호의 사항을 등기해야 한다.
ⓑ 동일한 등기소의 관할구역안에서 주된 사무소를 이전한 경우에는 그 이전한 날부터 3주 이내에 이전등기를 해야 한다.

⑤ 변경등기

노동조합의 대표자는 제3조 각 호의 사항 중 변경된 사항이 있는 경우에는 그 변경이 있는 날부터 3주 이내에 변경등기를 해야 한다(법 제6조).

2. 노동조합 규약

(1) 규약의 의의 및 성질

① 의의

노동조합의 조직과 활동에 관한 지침으로 조합원의 권리의무, 조합기관의 권한 배분 및 조합의 중요한 활동 등을 정함

② 성질

노동조합의 자주성과 민주성을 확보하기 위해 조합규약에 반드시 기재할 사항을 법에서 정하고, 노동조합 설립신고 시 이를 첨부서류로 행정관청에 제출하도록 하며, 제정 변경 등에 관한 여러 가지 행정감독규정을 두고 있음

(2) 규약의 필요적 기재사항(법 제11조)

① 명칭

② 목적과 사업

③ 주된 사무소의 소재지

④ 조합원에 관한 사항(연합단체인 노동조합에 있어서는 그 구성단체에 관한 사항)

⑤ 소속된 연합단체가 있는 경우에는 그 명칭

⑥ 대의원회를 두는 경우에는 대의원회에 관한 사항

⑦ 회의에 관한 사항

⑧ 대표자와 임원에 관한 사항

⑨ 조합비 기타 회계에 관한 사항

⑩ 규약변경에 관한 사항

⑪ 해산에 관한 사항

⑫ 쟁의행위와 관련된 찬반투표 결과의 공개, 투표자 명부 및 투표용지 등의 보존 · 열람에 관한 사항

⑬ 대표자와 임원의 규약위반에 대한 탄핵에 관한 사항

⑭ 임원 및 대의원의 선거절차에 관한 사항

⑮ 규율과 통제에 관한 사항

(3) 규약의 임의적 기재사항

① 법인격의 취득

② 대의원회 설치

③ 조합비 미납 조합원의 권리제한

④ 소집공고 기간의 단축

(4) 규약의 제정, 변경 및 비치 ⭐빈출개념

① 제정, 변경

㉠ 총회는 재적조합원 과반수의 출석과 출석조합원 과반수의 찬성으로 의결한다. 다만, 규약의 제정 · 변경, 임원의 해임, 합병 · 분할 · 해산 및 조직형태의

변경에 관한 사항은 재적조합원 과반수의 출석과 출석조합원 3분의 2 이상의 찬성이 있어야 한다(법 제16조 제2항).

ⓒ 규약의 제정 · 변경과 임원의 선거 · 해임에 관한 사항은 조합원의 직접 · 비밀 · 무기명투표에 의하여야 한다(법 제16조 제4항).

② 비치

노동조합은 조합설립일부터 30일 이내에 규약 작성하여 그 주된 사무소에 비치하여야 한다(법 제14조 제1항).

③ 대의원 의결사항으로 정한 규약개편사항을 총회가 의결하는 경우

노동조합이 규약에서 총회와는 별도로 총회에 갈음할 대의원회를 두고 총회의 의결사항과 대의원회의 의결사항을 명확히 구분하여 정하고 있는 경우, 특별한 사정이 없는 이상 총회가 대의원회의 의결사항으로 정해진 사항을 곧바로 의결하는 것은 규약에 반한다(대판 2012두6063).

관련 판례 규약의 제정

규약의 제정은 총회의 의결사항으로서(노동조합법 제16조 제1항 제1호) 규약의 제 · 개정권한은 조합원 전원으로 구성되는 총회의 근원적 · 본질적 권한이라는 점, 대의원회는 규약에 의하여 비로소 설립되는 것으로서(노동조합법 제17조 제1항) 대의원회의 존재와 권한은 총회의 규약에 관한 결의로부터 유래된다는 점 등에 비추어 볼 때, 총회가 규약의 제 · 개정결의를 통하여 총회에 갈음할 대의원회를 두고 '규약의 개정에 관한 사항'을 대의원회의 의결사항으로 정한 경우라도 이로써 총회의 규약개정권한이 소멸된다고 볼 수 없고, 총회는 여전히 노동조합법 제16조 제2항 단서에 정해진 재적조합원 과반수의 출석과 출석조합원 3분의 2 이상의 찬성으로 '규약의 개정에 관한 사항'을 의결할 수 있다(대판 2012두6063).

(5) 조합 규약의 감독

① 원칙

노동조합의 자주적 · 민주적 운영을 보장하기 위하여 필요 최소한에 거쳐야 함

② 규약심사

노동조합 설립신고서에 첨부한 규약에 대하여 기재사항의 누락 여부에 대하여 심사

③ 노조설립 후의 심사

㉠ 행정관청은 노동조합의 규약이 노동관계법령에 위반한 경우에는 노동위원회의 의결을 얻어 그 시정을 명할 수 있다(법 제21조 제1항).

㉡ 시정명령을 받은 노동조합은 30일 이내에 이를 이행하여야 한다. 다만, 정당한 사유가 있는 경우에는 그 기간을 연장할 수 있다(법 제21조 제3항).

3. 노동조합의 운영

(1) 기본원칙

노동조합의 조합원은 어떠한 경우에도 인종, 종교, 성별, 연령, 신체적 조건, 고용형태, 정당 또는 신분에 의하여 차별대우를 받지 아니한다(법 제9조).

(2) 조합원의 지위

① 노동조합의 조직 · 가입 · 활동(법 제5조)

ⓐ 근로자는 자유로이 노동조합을 조직하거나 이에 가입할 수 있다. 다만, 공무원과 교원에 대하여는 따로 법률로 정한다.

ⓑ 사업 또는 사업장에 종사하는 근로자가 아닌 노동조합의 조합원은 사용자의 효율적인 사업 운영에 지장을 주지 아니하는 범위에서 사업 또는 사업장 내에서 노동조합 활동을 할 수 있다.

ⓒ 종사근로자인 조합원이 해고되어 노동위원회에 부당노동행위의 구제신청을 한 경우에는 중앙노동위원회의 재심판정이 있을 때까지는 종사근로자로 본다.

② 조합원의 취득과 상실

ⓐ 노조의 결성을 통하여 지위를 취득할 수 있고, 노조에 가입하여 조합원의 지위를 취득할 수 있다.

ⓑ 취득의 제한 기초

- 법률이나 노조의 규약에 의하여 일정한 제약을 받는다.
- 공무원인 근로자는 법률이 정하는 자에 한하여 단결권, 단체교섭권 및 단체행동권을 가진다(헌법 제33조 제2항).
- 사용자 또는 항상 그의 이익을 대표하여 행동하는 자의 참가를 허용하는 경우(법 제2조 제4호 가목)
- 규약에 의하여 가입자격을 제한할 수 있다.
- 공무원과 교원에 대하여는 따로 법률로 정한다(법 제5조).

ⓒ 상실

- 승진, 진급, 전직 등으로 자격을 상실하는 경우
- 법령이나 규약에 반하는 조합원인 경우
- 노조의 탈퇴

(3) 조합원의 권리와 의무

① 권리

ⓐ 균등참여권 : 노동조합의 조합원은 균등하게 그 노동조합의 모든 문제에 참여할 권리와 의무를 가진다(법 제22조).

ⓑ 차별대우의 금지 : 노동조합의 조합원은 어떠한 경우에도 인종, 종교, 성별, 연령, 신체적 조건, 고용형태, 정당 또는 신분에 의하여 차별대우를 받지 아니한다(법 제9조).

ⓒ 임원서거권 및 피선거권 : 하나의 사업 또는 사업장을 대상으로 조직된 노동조합의 대의원은 그 사업 또는 사업장에 종사하는 조합원 중에서 선출하여야 한다(법 제17조 제3항).

ⓓ 총회의 출석 및 의결권 : 조합원은 총회에 출석하여 의결권을 행사할 수 있다(법 제16조).

법 제22조 단서

노동조합은 그 규약으로 조합비를 납부하지 아니하는 조합원의 권리를 제한할 수 있다.

㉤ **임시총회소집요구권** : 노동조합의 대표자는 조합원 또는 대의원의 3분의 1 이상(연합단체인 노동조합에 있어서는 그 구성단체의 3分의 1 이상)이 회의에 부의할 사항을 제시하고 회의의 소집을 요구한 때에는 지체없이 임시총회 또는 임시대의원회를 소집하여야 한다(법 제128조 제2항).

㉥ **운영상황의 공개** : 노동조합의 대표자는 회계연도마다 결산결과와 운영상황을 공표하여야 하며 조합원의 요구가 있을 때에는 이를 열람하게 하여야 한다(법 제26조).

② **의무**

조합비 납부의무(법 제22조), 조합비 미납 조합원의 권리제한(법 제22조 단서), 내부통제에 복종할 의무 등

법 제15조 제2항
노동조합의 대표자는 총회의 의장이 된다.

(4) 노동조합의 총회 및 대의원회

① **총회**

노동조합의 모든 기본적인 사항을 결정하는 최고의 의사결정기관

② **총회의 종류**

㉠ **정기총회** : 노동조합은 매년 1회 이상 총회를 개최하여야 한다(법 제15조 제1항).

㉡ **임시총회(법 제18조)**

- 노동조합의 대표자는 필요하다고 인정할 때에는 임시총회 또는 임시대의원회를 소집할 수 있다.
- 노동조합의 대표자는 조합원 또는 대의원의 3분의 1 이상(연합단체인 노동조합에 있어서는 그 구성단체의 3分의 1 이상)이 회의에 부의할 사항을 제시하고 회의의 소집을 요구한 때에는 지체 없이 임시총회 또는 임시대의원회를 소집하여야 한다.
- 행정관청은 노동조합의 대표자가 회의의 소집을 고의로 기피하거나 이를 해태하여 조합원 또는 대의원의 3분의 1 이상이 소집권자의 지명을 요구한 때에는 15일 이내에 노동위원회의 의결을 요청하고 노동위원회의 의결이 있는 때에는 지체 없이 회의의 소집권자를 지명하여야 한다.
- 행정관청은 노동조합에 총회 또는 대의원회의 소집권자가 없는 경우에 조합원 또는 대의원의 3분의 1 이상이 회의에 부의할 사항을 제시하고 소집권자의 지명을 요구한 때에는 15일 이내에 회의의 소집권자를 지명하여야 한다.

③ **소집절차**

총회 또는 대의원회는 회의개최일 7일전까지 그 회의에 부의할 사항을 공고하고 규약에 정한 방법에 의하여 소집하여야 한다. 다만, 노동조합이 동일한 사업장내의 근로자로 구성된 경우에는 그 규약으로 공고기간을 단축할 수 있다(법 제19조).

관련 판례 노동조합 총회의 결의

노동조합 위원장선거를 위한 임시총회에 소집공고 등 절차상 하자가 있다 하더라도 총유권자 791명 중 약 90.77%에 해당하는 728명이 참여하였고, 위 총회의 소집이 위원장 후보자로서의 입후보나 다른 조합원들의 총회 참여에 어떠한 지장도 없었다고 할 것이므로 위 절차상 하자 역시 경미한 것이어서 위 총회에서의 결의인 위원장 선출은 유효하다고 한 사례(대판 91다 29071)

④ 의결사항(법 제16조 제1항)
  ㉠ 규약의 제정과 변경에 관한 사항
  ㉡ 임원의 선거와 해임에 관한 사항
  ㉢ 단체협약에 관한 사항
  ㉣ 예산 · 결산에 관한 사항
  ㉤ 기금의 설치 · 관리 또는 처분에 관한 사항
  ㉥ 연합단체의 설립 · 가입 또는 탈퇴에 관한 사항
  ㉦ 합병 · 분할 또는 해산에 관한 사항
  ㉧ 조직형태의 변경에 관한 사항
  ㉨ 기타 중요한 사항

법 제16조 제4항

규약의 제정 · 변경과 임원의 선거 · 해임에 관한 사항은 조합원의 직접 · 비밀 · 무기명투표에 의하여야 한다.

⑤ 의결방법
  총회는 재적조합원 과반수의 출석과 출석조합원 과반수의 찬성으로 의결한다. 다만, 규약의 제정 · 변경, 임원의 해임, 합병 · 분할 · 해산 및 조직형태의 변경에 관한 사항은 재적조합원 과반수의 출석과 출석조합원 3분의 2 이상의 찬성이 있어야 한다(법 제16조 제2항).

⑥ 규약 및 결의처분의 시정(법 제21조)
  ㉠ 행정관청은 노동조합의 규약이 노동관계법령에 위반한 경우에는 노동위원회의 의결을 얻어 그 시정을 명할 수 있다.
  ㉡ 행정관청은 노동조합의 결의 또는 처분이 노동관계법령 또는 규약에 위반된 다고 인정할 경우에는 노동위원회의 의결을 얻어 그 시정을 명할 수 있다. 다만, 규약위반시의 시정명령은 이해관계인의 신청이 있는 경우에 한한다.

시정명령

시정명령을 받은 노동조합은 30일 이내에 이를 이행하여야 한다. 다만, 정당한 사유가 있는 경우에는 그 기간을 연장할 수 있다.

⑦ 대의원회(법 제17조)
  ㉠ 노동조합은 규약으로 총회에 갈음할 대의원회를 둘 수 있다.
  ㉡ 대의원은 조합원의 직접 · 비밀 · 무기명투표에 의하여 선출되어야 한다.
  ㉢ 하나의 사업 또는 사업장을 대상으로 조직된 노동조합의 대의원은 그 사업 또는 사업장에 종사하는 조합원 중에서 선출하여야 한다.
  ㉣ 대의원의 임기는 규약으로 정하되 3년을 초과할 수 없다.
  ㉤ 대의원회를 둔 때에는 총회에 관한 규정은 대의원회에 이를 준용한다.

(5) 노동조합의 업무집행기관

① 의의
  대내적으로는 조합의 업무를 집행하고, 대외적으로는 노동조합을 대표함

SEMI-NOTE

② 선임 및 해임

ㄱ 노동조합의 임원 자격은 규약으로 정한다. 이 경우 하나의 사업 또는 사업장을 대상으로 조직된 노동조합의 임원은 그 사업 또는 사업장에 종사하는 조합원 중에서 선출하도록 정한다(법 제23조 제1항).

ㄴ 임원의 선거·해임에 관한 사항은 조합원의 직접·비밀·무기명투표에 의하여야 한다(법 제16조 제4항).

ㄷ 임원의 해임, 합병·분할·해산 및 조직형태의 변경에 관한 사항은 재적조합원 과반수의 출석과 출석조합원 3분의 2 이상의 찬성이 있어야 한다(법 제16조 제2항).

③ 임기 및 권한

임원의 임기는 규약으로 정하되 3년을 초과할 수 없다(법 제23조 제2항). 임원은 조합의 목적달성에 필요한 일체의 업무를 행할 수 있다.

④ 근로시간 면제 등(법 제24조)

ㄱ 근로자는 단체협약으로 정하거나 사용자의 동의가 있는 경우에는 사용자 또는 노동조합으로부터 급여를 지급받으면서 근로계약 소정의 근로를 제공하지 아니하고 노동조합의 업무에 종사할 수 있다.

법 제24조
사용자는 노동조합의 업무에 종사하는 근로자의 정당한 노동조합 활동을 제한해서는 안 된다.

관련 판례 노동조합 전임자

노동조합 전임자는 사용자와의 사이에 기본적 노사관계는 유지되고 기업의 근로자로서의 신분도 그대로 가지는 것이지만, 노동조합 전임자의 근로제공의무가 면제되고 원칙적으로 사용자의 임금지급의무도 면제된다는 점에서 휴직 상태에 있는 근로자와 유사하고, 따라서 사용자가 단체협약 등에 따라 노동조합 전임자에게 일정한 금원을 지급한다고 하더라도 이를 근로의 대가인 임금이라고는 할 수 없다(대판 97다54727).

ㄴ 사용자로부터 급여를 지급받는 근로자는 사업 또는 사업장별로 종사근로자인 조합원 수 등을 고려하여 결정된 근로시간 면제 한도를 초과하지 아니하는 범위에서 임금의 손실 없이 사용자와의 협의·교섭, 고충처리, 산업안전 활동 등 이 법 또는 다른 법률에서 정하는 업무와 건전한 노사관계 발전을 위한 노동조합의 유지·관리업무를 할 수 있다.

관련 판례 산업별 노동조합

산업별 노동조합은 기업별 노동조합과 마찬가지로 동종 산업에 종사하는 근로자들이 직접 가입하고 원칙적으로 소속 단위사업장인 개별 기업에서 단체교섭 및 단체협약체결권과 조정신청 및 쟁의권 등을 갖는 단일조직의 노동조합이라 할 것이므로, 산업별 노조의 노동조합 업무를 사용자의 사업과 무관한 상부 또는 연합관계에 있는 노동단체와 관련된 활동으로 볼 수는 없다(대판 2005두11418).

ㄷ 근로시간 면제 한도를 초과하는 내용을 정한 단체협약 또는 사용자의 동의는 그 부분에 한정하여 무효로 한다.

ㄹ 근로시간 면제 한도 : 근로시간면제심의위원회에 따른 근로시간 면제 한도를 정할 때 사업 또는 사업장에 종사하는 근로자인 전체 조합원 수와 해당 업무

의 범위 등을 고려하여 시간과 이를 사용할 수 있는 인원으로 정할 수 있다 (영 제11조의2).

관련 판례 근로시간 면제자

노동조합 업무에만 종사하는 근로자(이하 '노조전임자'라고 한다)는 전임기간 동안 사용자로부터 어떠한 급여도 지급받아서는 아니 되지만, 근로시간 면제 대상으로 지정된 근로자(이하 '근로시간 면제자'라고 한다)는 고시된 근로시간 면제 한도를 초과하지 아니하는 범위에서 임금의 손실 없이 사용자와의 협의·교섭, 고충처리, 산업안전 활동 등의 일정한 업무와 건전한 노사관계의 발전을 위한 노동조합의 유지·관리업무를 할 수 있다. 위 규정은 노동조합이 사용자에게 경제적으로 의존하는 것을 막고 노동조합의 자주성을 확보하기 위하여 노조전임자 급여 지원 행위를 금지하는 대신, 사용자의 노무관리업무를 대행하는 노조전임자 제도의 순기능도 고려하여 일정한 한도 내에서 근로시간 면제 방식으로 노동조합 활동을 계속 보장하기 위한 것이다(대판 2012다8239).

---

⑤ **근로시간면제심의위원회(법 제24조의2)**

㉠ 근로시간면제자에 대한 근로시간 면제 한도를 정하기 위하여 근로시간면제심의위원회를 경제사회노동위원회에 둔다.

㉡ 위원회는 근로시간 면제 한도를 심의·의결하고, 3년마다 그 적정성 여부를 재심의하여 의결할 수 있다.

㉢ 경제사회노동위원회 위원장은 위원회가 의결한 사항을 고용노동부장관에게 즉시 통보하여야 한다.

㉣ 고용노동부장관은 경제사회노동위원회 위원장이 통보한 근로시간 면제 한도를 고시하여야 한다.

㉤ 위원회는 다음의 구분에 따라 근로자를 대표하는 위원과 사용자를 대표하는 위원 및 공익을 대표하는 위원 각 5명씩 성별을 고려하여 구성한다.
- 근로자를 대표하는 위원 : 전국적 규모의 노동단체가 추천하는 사람
- 사용자를 대표하는 위원 : 전국적 규모의 경영자단체가 추천하는 사람
- 공익을 대표하는 위원 : 경제사회노동위원회 위원장이 추천한 15명 중에서 제1호에 따른 노동단체와 제2호에 따른 경영자단체가 순차적으로 배제하고 남은 사람

㉥ 위원회의 위원장은 공익을 대표하는 위원 중에서 위원회가 선출한다.

㉦ 위원회는 재적위원 과반수의 출석과 출석위원 과반수의 찬성으로 의결한다.

㉧ **위원회 위원의 위촉(영 제11조의3)**
위원회 위원은 경제사회노동위원회법에 따른 경제사회노동위원회 위원장이 위촉한다.

㉨ **위원회 위원의 자격기준(영 제11조의4)**
- 단체에서 위원회의 위원으로 추천받을 수 있는 사람의 자격기준은 다음과 같다.
  - 해당 단체의 전직·현직 임원
  - 노동문제 관련 전문가

근로시간 면제 한도

근로시간면제심의위원회는 근로시간 면제 한도를 정할 때 사업 또는 사업장의 전체 조합원 수와 해당 업무의 범위 등을 고려하여 시간과 이를 사용할 수 있는 인원으로 정할 수 있다(영 제11조의2).

• 위원회의 위원 중 공익을 대표하는 위원으로 추천받을 수 있는 사람의 자격 기준은 다음과 같다.

- 노동 관련 학문을 전공한 자로서 학교나 공인된 연구기관에서 교원 또는 연구원으로 5년 이상 근무한 경력이 있는 사람
- 3급 또는 3급 상당 이상의 공무원으로 있었던 자로서 노동문제에 관하여 학식과 경험이 풍부한 사람
- 그 밖에 학식과 경험이 있다고 인정되는 사람

ⓩ 위원회 위원의 임기(영 제11조의5)

• 위원회 위원의 임기는 2년으로 한다.
• 위원회의 위원이 궐위된 경우에 보궐위원의 임기는 전임자 임기의 남은 기간으로 한다.
• 위원회의 위원은 임기가 끝났더라도 후임자가 위촉될 때까지 계속하여 그 직무를 수행한다.

기타 조합의 수입

기부금, 사업수익금

㉠ 위원회의 운영

• 위원회는 고용노동부장관으로부터 근로시간 면제 한도를 정하기 위한 심의 요청을 받은 때에는 그 심의 요청을 받은 날부터 60일 이내에 심의 · 의결하여야 한다.
• 위원회의 사무를 처리하기 위하여 위원회에 고용노동부의 위원회 관련 업무 소관부서의 4급 이상 공무원 중에서 간사 1명을 둔다.
• 위원회의 위원에 대해서는 예산의 범위에서 그 직무 수행을 위하여 필요한 수당과 여비를 지급할 수 있다.
• 위원회의 위원장은 필요한 경우에 고용노동부 및 관계 행정기관 공무원 중 위원회 관련 업무를 수행하는 공무원으로 하여금 위원회의 회의에 출석하여 발언하게 할 수 있다.
• 위원회에 근로시간 면제 제도에 관한 전문적인 조사 · 연구업무를 수행하기 위하여 전문위원을 둘 수 있다.
• 위원회의 운영에 필요한 사항은 위원회의 의견을 들어 고용노동부장관이 정한다.

⑥ 감사기관

㉠ 회계감사(법 제25조)

• 노동조합의 대표자는 그 회계감사원으로 하여금 6월에 1회 이상 당해 노동조합의 모든 재원 및 용도, 주요한 기부자의 성명, 현재의 경리 상황 등에 대한 회계감사를 실시하게 하고 그 내용과 감사결과를 전체 조합원에게 공개하여야 한다.
• 노동조합의 회계감사원은 필요하다고 인정할 경우에는 당해 노동조합의 회계감사를 실시하고 그 결과를 공개할 수 있다.

ⓛ 운영상황의 공개

노동조합의 대표자는 회계연도마다 결산결과와 운영상황을 공표하여야 하며 조합원의 요구가 있을 때에는 이를 열람하게 하여야 한다(법 제26조).

ⓒ 자료의 제출

노동조합은 행정관청이 요구하는 경우에는 결산결과와 운영상황을 보고하여야 한다(법 제27조).

ⓡ 자료제출의 요구

행정관청은 노동조합으로부터 결산결과 또는 운영상황의 보고를 받으려는 경우에는 그 사유와 그 밖에 필요한 사항을 적은 서면으로 10일 이전에 요구해야 한다(영 제12조).

4. 노동조합의 재정과 활동

(1) 재정의 의의

노동조합이 조직을 운영·관리하고 조직활동을 전개하기 위하여 필요한 경비

(2) 재정의 자주성

① 조합비 일괄공제

사용자가 임금에서 조합비를 공제하여 이를 노동조합에 조합비를 교부하는 것

② 경비의 주된 부분을 사용자로부터 원조받는 경우

경비의 주된 부분을 사용자로부터 원조받는 경우에는 노동조합으로 보지 않고(법 제2조 제4호 나목), 근로자가 노동조합을 조직 또는 운영하는 것을 지배하거나 이에 개입하는 행위와 노동조합의 전임자에게 급여를 지원하거나 노동조합의 운영비를 원조하는 행위는 부당노동행위로 본다(법 제81조 제1항 제4호).

(3) 노동조합의 활동

① 의의

조합의 이익을 지키고 공동의 목적을 이룩하기 위하여 벌이는 활동으로 헌법상의 노동3권을 행사하는데 필요한 활동

② 조합활동의 정당성

관련 판례 **노동조합의 활동**

조합활동이 정당하려면 취업규칙이나 단체협약에 별도의 허용규정이 있거나, 관행, 사용자의 승낙이 있는 경우 외에는 취업시간외에 행해져야 하며 사업장 내의 조합활동에 있어서는 사용자의 시설관리권에 바탕을 둔 합리적인 규율이나 제약에 따라야 하고, 비록 조합활동이 근무시간 외에 사업장 밖에서 이루어졌을 경우에도 근로자의 근로계약상의 성실의무(사용자의 이익을 배려해야 할)는 거기까지도 미친다고 보아야 하므로 그 점도 이행되어야 할 것인 바, 근무시간중에 조합간부들과 공동하여 지하철 공사의 사무실내의 집기 등을 부수고 적색 페인트, 스프레이로 복도계단과 사무실 벽 등 200여군데에 "노동해방", "공소외인 퇴진", "양키고홈"등의 낙서를 하여 수리비 42,900,000원이 소요되는 재물손괴를 하였다면, 이는 조합활동권의 정당성의 범위 밖에 속한다(대판 90도357).

SEMI-NOTE

③ 조합원의 자발적 활동

노동조합 및 노동관계조정법에 의하면 노동조합은 조합원 투표에 의한 과반수의 찬성 등 일정한 절차상의 요건을 갖추어야만 사용자의 업무의 정상적인 운영을 저해하는 쟁의행위를 실행할 수 있고, 조합원은 노동조합에 의하여 주도되지 아니한 쟁의행위는 하여서는 아니되는 것이므로, 조합원 전체가 아닌 소속 부서 조합원만의 의사로 이루어진 작업거부 결의에 따라 다른 근로자의 작업거부를 선동하여 회사의 업무를 방해한 행위는 노동조합의 결의나 구체적인 지시에 따른 노동조합의 조직적인 활동 그 자체가 될 수 없음은 물론 그 행위의 성질상 노동조합의 활동으로 볼 수 있다거나 노동조합의 묵시적인 수권 혹은 승인을 받았다고 볼 수도 없고, 단지 조합원으로서의 자발적인 행동에 불과할 뿐이어서 정당한 노동조합 활동이라고 볼 수 없다(대판 99두5740).

> **관련 판례** 조합원의 자발적 활동
>
> 유인물의 배포가 정당한 노동조합의 활동에 해당되는 경우라면 사용자는 비록 취업규칙 등에서 허가제를 채택하고 있다 하더라도 이를 이유로 유인물의 배포를 금지할 수 없을 것이지만, 배포한 유인물은 사용자의 허가를 받지 아니하였을 뿐 아니라 허위사실을 적시하여 회사를 비방하는 내용을 담고 있는 것이어서 근로자들로 하여금 사용자에 대하여 적개감을 유발시킬 염려가 있는 것이고, 위 유인물을 근로자들에게 직접 건네주지 않고 사용자의 공장에 은밀히 뿌렸다는 것이므로 이는 사용자의 시설관리권을 침해하고 직장질서를 문란시킬 구체적인 위험성이 있는 것으로서, 비록 위 유인물의 배포시기가 노동조합의 대의원선거운동기간이었다 할지라도 위 배포행위는 정당화될 수 없다고 한 사례(대판 92누4253)

5. 노동조합의 내부통제

(1) 의의

조합의 규약이나 결의, 지시 등을 통하여 규제와 통제를 실시하여 통제에 복종하지 않는 조합원에 대하여 제재를 가하는 것

(2) 법적 근거

노동조합은 일반단체로서의 성질을 가지고 있지만 헌법상 보장된 노동3권의 확보를 목적으로 하고 있다는 점에서 일반단체보다 더 강한 통제력이 용인되고 있음

(3) 통제권의 범위와 한계

① 범위

노동조합의 단결권을 유지하고 목적 달성을 위해 필요한 범위에만 미침

② 한계

조합원의 행위가 반조합적이거나 노조에 대하여 비판적인 내용이 사실을 왜곡하고 악의적인 목적인 경우에 통제의 대상이 됨

(4) 통제처분의 내용 및 절차

① 내용

견책, 제재금 부과, 권리정지, 제명 등

② 절차

규약에 절차가 있는 경우 이에 따르고 규약에 없는 경우 적정절차의 원리에 따라 행사되어야 함

(5) 위법한 통제에 대한 구제

① 행정적 구제

행정관청은 노동조합의 결의 또는 처분이 노동관계법령 또는 규약에 위반된다고 인정할 경우에는 노동위원회의 의결을 얻어 그 시정을 명할 수 있다. 다만, 규약위반시의 시정명령은 이해관계인의 신청이 있는 경우에 한한다(법 제21조 제2항).

② 사법심사

내부의 통제행위도 법률행위이므로 통제권이 남용되면 사법심사의 대상

6. 노동조합의 해산과 변동

(1) 해산

① 의의

노동조합이 본연의 기능이나 활동을 멈추고, 소멸을 위해 조합사무와 조합재산을 정리하는 청산과정에 들어간 것

② 해산중인 노동조합

해산 중인 노동조합은 청산의 목적 범위 안에서 소멸할 때까지 법인격을 보유하고 권리와 의무를 부담함

③ 해산사유(법 제28조 제1항)

㉠ 규약에서 정한 해산사유가 발생한 경우

㉡ 합병 또는 분할로 소멸한 경우

㉢ 총회 또는 대의원회의 해산결의가 있는 경우

㉣ 노동조합의 임원이 없고 노동조합으로서의 활동을 1년 이상 하지 아니한 것으로 인정되는 경우로서 행정관청이 노동위원회의 의결을 얻은 경우

④ 노동위원회의 해산의결 등(영 제13조)

㉠ 노동조합으로서의 활동을 1년이상 하지 아니한 것으로 인정되는 경우 : 계속하여 1년이상 조합원으로부터 조합비를 징수한 사실이 없거나 총회 또는 대의원회를 개최한 사실이 없는 경우를 말한다.

㉡ 노동조합의 해산사유가 있는 경우에는 행정관청이 관할노동위원회의 의결을 얻은 때에 해산된 것으로 본다.

SEMI-NOTE

휴면노조

1년 이상 조합원으로부터 조합비를 징수한 사실이 없거나 총회 또는 대의원회를 개최한 사실이 없는 경우

ⓒ 노동위원회는 의결을 함에 있어서 해산사유 발생일 이후의 당해 노동조합의 활동을 고려하여서는 아니된다.

ⓜ 행정관청은 노동위원회의 의결이 있거나 해산신고를 받은 때에는 지체없이 그 사실을 관할노동위원회와 당해 사업 또는 사업장의 사용자나 사용자단체 에 통보하여야 한다.

⑤ 해산신고

노동조합이 해산한 때에는 그 대표자는 해산한 날부터 15일 이내에 행정관청에 게 이를 신고하여야 한다(법 제28조 제2항).

(2) 조직변경

① 합병

복수의 노동조합이 존속 중에 합의에 의하여 하나의 노동조합으로 통합되는 것

② 분할

분할은 하나의 노동조합이 존속 중 의사결정에 따라 2개 이상의 노동조합으로 나누어지는 것

③ 절차

합병 · 분할 · 해산 및 조직형태의 변경에 관한 사항은 재적조합원 과반수의 출석 과 출석조합원 3분의 2 이상의 찬성이 있어야 한다(법 제16조 제2항).

03절 단체교섭 및 단체협약

1. 단체교섭

(1) 서설

① 단체교섭의 개념

노동조합 그 밖의 근로자단체와 사용자 또는 사용자단체 사이에 근로조건의 유 지 · 개선과 근로자의 경제적 · 사회적 지위 향상에 관한 집단적 교섭

② 입법취지

근로자가 조직력을 배경으로 사용자와 대등한 지위에서 근로조건과 근로자의 경 제적 · 사회적 지위에 관해 교섭을 하고 그 향상을 결정케 함으로써 근로자의 생 존권을 보장하고 다른 한편 노사대화를 통한 노사협조로 산업평화를 기하려는데 목적

(2) 단체교섭의 유형

① 기업별 교섭 : 기업별 노조와 개별기업의 사용자가 교섭하는 형태

② 통일교섭 : 상급 노동단체 또는 산업별 노조와 이에 상응하는 사용자 단체가 교 섭하는 형태

③ **공동교섭** : 기업별 조합과 산업별연합단체가 공동으로 사용자와 교섭하는 형태

④ **집단교섭** : 여러 개의 개별 노조가 공동으로 이에 대응하는 사용자단체와 교섭하는 형태

⑤ **대각선 교섭** : 상급 노동단체 또는 산별노조와 개별 기업의 사용자가 직접 교섭하는 형태

2. 단체교섭의 주체 ★ 빈출개념

(1) 근로자측 당사자

① **노동조합**

노조설립의 실질적 요건을 갖춘 단위노조는 당연히 교섭단체의 당사자가 됨

② **노동조합의 상부단체**

노조의 연합체인 연합단체 차원의 문제와 소속 단위노조의 공통적인 사항에 관해서는 당연히 단체교섭의 당사자가 됨

③ **노동조합의 하부단체**

노동조합의 하부단체인 분회나 지부가 독자적인 규약 및 집행기관을 가지고 독립된 조직체로서 활동을 하는 경우 당해 조직이나 그 조합원에 고유한 사항에 대하여는 독자적으로 단체교섭하고 단체협약을 체결할 수 있고, 이는 그 분회나 지부가 노동조합 및 노동관계조정법시행령 제7조의 규정에 따라 그 설립신고를 하였는지 여부에 영향받지 아니한다(대판 2000도4299).

④ **노사협의회**

단체협약은 노동조합이 사용자 또는 사용자단체와 근로조건 기타 노사관계에서 발생하는 사항에 관한 협정(합의)을 문서로 작성하여 당사자 쌍방이 서명날인함으로써 성립하는 것이고, 그 협정(합의)이 반드시 정식의 단체교섭절차를 거쳐서 이루어져야만 하는 것은 아니라고 할 것이므로 노동조합과 사용자 사이에 근로조건 기타 노사관계에 관한 합의가 노사협의회의 협의를 거쳐서 성립되었더라도, 당사자 쌍방이 이를 단체협약으로 할 의사로 문서로 작성하여 당사자 쌍방의 대표자가 각 노동조합과 사용자를 대표하여 서명날인하는 등으로 단체협약의 실질적·형식적 요건을 갖추었다면 이는 단체협약이라고 보아야 할 것이다(대판 2003다27429).

(2) 사용자측 당사자

① **사용자**

단체협약에서 사용자측 당사자는 사용자 또는 그 단체이며 개인기업인 경우 기업주 개인, 법인과 회사기업은 그 법인 또는 회사

② **사용자단체**

사용자단체는 노동관계에 관하여 그 구성원인 사용자에 대하여 조정 또는 규제할 수 있는 권한을 가진 사용자의 단체를 말한다(법 제2조 제3호).

관련 판례 사용자측 당사자

국가의 행정관청이 사법상 근로계약을 체결한 경우 그 근로계약관계의 권리·의무는 행정주체인 국가에 귀속되므로, 국가는 그러한 근로계약관계에 있어서 노동조합 및 노동관계조정법 제2조 제2호에 정한 사업주로서 단체교섭의 당사자의 지위에 있는 사용자에 해당한다(대판 2006다40935).

(3) 교섭단체의 근로자측 담당자

① 단체교섭의 당사자

노동조합의 대표자는 그 노동조합 또는 조합원을 위하여 사용자나 사용자단체와 교섭하고 단체협약을 체결할 권한을 가진다(법 제29조 제1항).

② 교섭대표노동조합

교섭대표노동조합의 대표자는 교섭을 요구한 모든 노동조합 또는 조합원을 위하여 사용자와 교섭하고 단체협약을 체결할 권한을 가진다(법 제29조 제2항).

③ 교섭 또는 단체협약의 체결에 관한 권한을 위임받은 자

노동조합과 사용자 또는 사용자단체로부터 교섭 또는 단체협약의 체결에 관한 권한을 위임받은 자는 그 노동조합과 사용자 또는 사용자단체를 위하여 위임받은 범위안에서 그 권한을 행사할 수 있다(법 제29조 제3항).

④ 교섭권한 등의 위임통보(영 제14조)

㉠ 노동조합과 사용자 또는 사용자단체는 교섭 또는 단체협약의 체결에 관한 권한을 위임하는 경우에는 교섭사항과 권한범위를 정하여 위임하여야 한다.

㉡ 노동관계당사자는 상대방에게 위임사실을 통보하는 경우에 다음의 사항을 포함하여 통보하여야 한다.

• 위임을 받은 자의 성명(위임을 받은 자가 단체인 경우에는 그 명칭 및 대표자의 성명)

• 교섭사항과 권한범위 등 위임의 내용

⑤ 노동조합의 교섭 요구 시기 및 방법(영 제14조의2)

㉠ 노동조합은 해당 사업 또는 사업장에 단체협약이 있는 경우에는 그 유효기간 만료일 이전 3개월이 되는 날부터 사용자에게 교섭을 요구할 수 있다. 다만, 단체협약이 2개 이상 있는 경우에는 먼저 이르는 단체협약의 유효기간 만료일 이전 3개월이 되는 날부터 사용자에게 교섭을 요구할 수 있다.

㉡ 노동조합은 사용자에게 교섭을 요구하는 때에는 노동조합의 명칭, 그 교섭을 요구한 날 현재의 종사근로자인 조합원 수 등 고용노동부령으로 정하는 사항을 적은 서면으로 해야 한다.

⑥ 노동조합 교섭요구 사실의 공고(영 제14조의3)

㉠ 사용자는 노동조합으로부터 교섭 요구를 받은 때에는 그 요구를 받은 날부터 7일간 그 교섭을 요구한 노동조합의 명칭 등 고용노동부령으로 정하는 사항을 해당 사업 또는 사업장의 게시판 등에 공고하여 다른 노동조합과 근로자가 알 수 있도록 하여야 한다.

ⓛ 노동조합은 사용자가 교섭요구 사실의 공고를 하지 아니하거나 다르게 공고하는 경우에는 고용노동부령으로 정하는 바에 따라 노동위원회에 시정을 요청할 수 있다.

ⓒ 노동위원회는 시정 요청을 받은 때에는 그 요청을 받은 날부터 10일 이내에 그에 대한 결정을 하여야 한다.

⑦ 다른 노동조합의 교섭 요구 시기 및 방법

사용자에게 교섭을 요구한 노동조합이 있는 경우에 사용자와 교섭하려는 다른 노동조합은 공고기간 내에 사항을 적은 서면으로 사용자에게 교섭을 요구하여야 한다(영 제14조의4).

⑧ 교섭 요구 노동조합의 확정(영 제14조의5)

㉠ 사용자는 공고기간이 끝난 다음 날에 교섭을 요구한 노동조합을 확정하여 통지하고, 그 교섭을 요구한 노동조합의 명칭, 그 교섭을 요구한 날 현재의 종사근로자인 조합원 수 등 고용노동부령으로 정하는 사항을 5일간 공고해야 한다.

㉡ 교섭을 요구한 노동조합은 노동조합의 공고 내용이 자신이 제출한 내용과 다르게 공고되거나 공고되지 아니한 것으로 판단되는 경우에는 공고기간 중에 사용자에게 이의를 신청할 수 있다.

㉢ 사용자는 이의 신청의 내용이 타당하다고 인정되는 경우 신청한 내용대로 공고기간이 끝난 날부터 5일간 공고하고 그 이의를 제기한 노동조합에 통지하여야 한다.

㉣ 사용자가 이의 신청에 대하여 다음의 구분에 따른 조치를 한 경우에는 해당 노동조합은 해당 호에서 정한 날부터 5일 이내에 고용노동부령으로 정하는 바에 따라 노동위원회에 시정을 요청할 수 있다.

• 사용자가 공고를 하지 아니한 경우 : 공고기간이 끝난 다음날
• 사용자가 해당 노동조합이 신청한 내용과 다르게 공고를 한 경우 : 공고기간이 끝난 날

㉤ 노동위원회는 제4항에 따른 시정 요청을 받은 때에는 그 요청을 받은 날부터 10일 이내에 그에 대한 결정을 하여야 한다.

⑨ 자율적 교섭대표노동조합의 결정 등(영 제14조의6)

㉠ 교섭을 요구한 노동조합으로 확정 또는 결정된 노동조합은 자율적으로 교섭대표노동조합을 정하려는 경우에는 확정 또는 결정된 날부터 14일이 되는 날을 기한으로 하여 그 교섭대표노동조합의 대표자, 교섭위원 등을 연명으로 서명 또는 날인하여 사용자에게 통지해야 한다.

㉡ 사용자에게 교섭대표노동조합의 통지가 있은 이후에는 그 교섭대표노동조합의 결정 절차에 참여한 노동조합 중 일부 노동조합이 그 이후의 절차에 참여하지 않더라도 교섭대표노동조합의 지위는 유지된다.

⑩ 과반수 노동조합의 교섭대표노동조합 확정 등(영 제14조의7)

㉠ 교섭대표노동조합이 결정되지 못한 경우에는 교섭창구 단일화 절차에 참여한 모든 노동조합의 전체 종사근로자인 조합원 과반수로 조직된 노동조합(둘 이

상의 노동조합이 위임 또는 연합 등의 방법으로 교섭창구단일화절차에 참여하는 노동조합 전체 종사근로자인 조합원의 과반수가 되는 경우를 포함한다.)은 기한이 끝난 날부터 5일 이내에 사용자에게 노동조합의 명칭, 대표자 및 과반수노동조합이라는 사실 등을 통지해야 한다.

ⓛ 사용자가 과반수 노동조합임을 통지받은 때에는 그 통지를 받은 날부터 5일간 그 내용을 공고하여 다른 노동조합과 근로자가 알 수 있도록 해야 한다.

ⓒ 다음 각 호의 사유로 이의를 제기하려는 노동조합은 공고기간 내에 고용노동부령으로 정하는 바에 따라 노동위원회에 이의 신청을 해야 한다.

ⓔ 노동조합이 공고기간 내에 이의신청을 하지 않은 경우에는 같은 항에 따라 공고된 과반수노동조합이 교섭대표노동조합으로 확정된다.

ⓜ 노동위원회는 이의신청을 받은 때에는 교섭창구단일화절차에 참여한 모든 노동조합과 사용자에게 통지하고, 조합원 명부(종사근로자인 조합원의 서명 또는 날인이 있는 것으로 한정한다) 등 고용노동부령으로 정하는 서류를 제출하게 하거나 출석하게 하는 등의 방법으로 종사근로자인 조합원 수에 대하여 조사 · 확인해야 한다.

ⓗ 종사근로자인 조합원 수를 확인하는 경우의 기준일은 교섭을 요구한 노동조합의 명칭 등을 공고한 날로 한다.

ⓢ 노동위원회는 종사근로자인 조합원 수를 확인하는 경우 둘 이상의 노동조합에 가입한 종사근로자인 조합원에 대해서는 그 종사근로자인 조합원 1명별로 다음 각 호의 구분에 따른 방법으로 종사근로자인 조합원 수를 산정한다.

- 조합비를 납부하는 노동조합이 하나인 경우 : 조합비를 납부하는 노동조합의 종사근로자인 조합원 수에 숫자 1을 더할 것
- 조합비를 납부하는 노동조합이 둘 이상인 경우 : 숫자 1을 조합비를 납부하는 노동조합의 수로 나눈 후에 그 산출된 숫자를 그 조합비를 납부하는 노동조합의 종사근로자인 조합원 수
- 조합비를 납부하는 노동조합이 하나도 없는 경우 : 숫자 1을 종사근로자인 조합원이 가입한 노동조합의 수로 나눈 후에 그 산출된 숫자를 그 가입한 노동조합의 종사근로자인 조합원 수에 각각 더할 것

ⓞ 노동위원회는 노동조합 또는 사용자가 서류 제출 요구 등 필요한 조사에 따르지 않은 경우에 고용노동부령으로 정하는 기준에 따라 종사근로자인 조합원 수를 계산하여 확인한다.

ⓩ 노동위원회는 규정에 따라 조사 · 확인한 결과 과반수노동조합이 있다고 인정하는 경우에는 그 이의신청을 받은 날부터 10일 이내에 그 과반수노동조합을 교섭대표노동조합으로 결정하여 교섭창구단일화절차에 참여한 모든 노동조합과 사용자에게 통지해야 한다. 다만, 그 기간 이내에 종사근로자인 조합원 수를 확인하기 어려운 경우에는 한 차례에 한정하여 10일의 범위에서 그 기간을 연장할 수 있다.

⑪ 자율적 공동교섭대표단 구성 및 통지(영 제14조의8)

㉠ 교섭대표노동조합이 결정되지 못한 경우에 공동교섭대표단에 참여할 수 있는

노동조합은 사용자와 교섭하기 위하여 다음의 구분에 따른 기간 이내에 공동
교섭대표단의 대표자, 교섭위원 등 공동교섭대표단을 구성하여 연명으로 서
명 또는 날인하여 사용자에게 통지해야 한다.

- 과반수노동조합이 없어서 통지 및 공고가 없는 경우 : 기한이 만료된 날부
  터 10일간
- 과반수노동조합이 없다고 노동위원회가 결정하는 경우 : 노동위원회 결정
  의 통지가 있은 날부터 5일간

 ⓛ 사용자에게 공동교섭대표단의 통지가 있은 이후에는 그 공동교섭대표단 결정
  절차에 참여한 노동조합 중 일부 노동조합이 그 이후의 절차에 참여하지 않
  더라도 교섭대표노동조합의 지위는 유지된다.

⑫ 노동위원회 결정에 의한 공동교섭대표단의 구성(영 제14조의9)

 ㉠ 공동교섭대표단의 구성에 합의하지 못한 경우에 공동교섭대표단 구성에 참여
  할 수 있는 노동조합의 일부 또는 전부는 노동위원회에 공동교섭대표단 구성
  에 관한 결정 신청을 하여야 한다.

 ㉡ 노동위원회는 공동교섭대표단 구성에 관한 결정 신청을 받은 때에는 그 신청
  을 받은 날부터 10일 이내에 총 10명 이내에서 각 노동조합의 종사근로자인
  조합원 수에 따른 비율을 고려하여 노동조합별 공동교섭대표단에 참여하는
  인원 수를 결정하여 그 노동조합과 사용자에게 통지해야 한다. 다만, 그 기간
  이내에 결정하기 어려운 경우에는 한 차례에 한정하여 10일의 범위에서 그
  기간을 연장할 수 있다.

 ㉢ 공동교섭대표단 결정은 공동교섭대표단에 참여할 수 있는 모든 노동조합이
  제출한 종사근로자인 조합원 수에 따른 비율을 기준으로 한다.

 ㉣ 종사근로자인 조합원 수 및 비율에 대하여 그 노동조합 중 일부 또는 전부가
  이의를 제기하는 경우 종사근로자인 조합원 수의 조사·확인에 관하여는 규
  정을 준용한다.

 ㉤ 공동교섭대표단 구성에 참여하는 노동조합은 사용자와 교섭하기 위하여 <u>노동
  위원회가 결정한 인원수에 해당하는 교섭위원을 각각 선정하여</u> 사용자에게
  통지하여야 한다.

 ㉥ 공동교섭대표단을 구성할 때에 그 공동교섭대표단의 대표자는 공동교섭대표
  단에 참여하는 노동조합이 합의하여 정한다. 다만, 합의되지 않은 경우에는
  종사근로자인 조합원 수가 가장 많은 노동조합의 대표자로 한다.

⑬ 교섭대표노동조합의 지위 유지기간 등(영 제14조의10)

 ㉠ 결정된 교섭대표노동조합은 그 결정이 있은 후 사용자와 체결한 첫 번째 단체
  협약의 효력이 발생한 날을 기준으로 2년이 되는 날까지 그 교섭대표노동조
  합의 지위를 유지하되, 새로운 교섭대표노동조합이 결정된 경우에는 그 결정
  된 때까지 교섭대표노동조합의 지위를 유지한다.

- 교섭대표노동조합으로 결정된 후 사용자와 체결한 첫 번째 단체협약의 유
  효기간이 2년인 경우 : 그 단체협약의 유효기간이 만료되는 날

교섭 요구

결정된 교섭대표노동조합이 그 결정된 날부터 1년 동안 단체협약을 체결하지 못한 경우에는 어느 노동조합이든지 사용자에게 교섭을 요구 가능

• 교섭대표노동조합으로 결정된 후 사용자와 체결한 첫 번째 단체협약의 유효기간이 2년 미만인 경우 : 그 단체협약의 효력이 발생한 날을 기준으로 2년이 되는 날

ⓒ 교섭대표노동조합의 지위 유지기간이 만료되었음에도 불구하고 새로운 교섭대표노동조합이 결정되지 못할 경우 기존 교섭대표노동조합은 새로운 교섭대표노동조합이 결정될 때까지 기존 단체협약의 이행과 관련해서는 교섭대표노동조합의 지위를 유지한다.

⑭ 교섭단위 분리의 결정(영 제14조의11)

㉠ 노동조합 또는 사용자는 교섭단위를 분리하여 교섭하려는 경우에는 다음에 해당하는 기간에 노동위원회에 교섭단위 분리의 결정을 신청할 수 있다.

• 사용자가 교섭요구 사실을 공고하기 전

• 사용자가 교섭요구 사실을 공고한 경우에는 교섭대표노동조합이 결정된 날 이후

ⓒ 다음의 신청을 받은 노동위원회는 해당 사업 또는 사업장의 모든 노동조합과 사용자에게 그 내용을 통지해야 하며, 그 노동조합과 사용자는 노동위원회가 지정하는 기간까지 의견을 제출할 수 있다.

ⓒ 노동위원회는 신청을 받은 날부터 30일 이내에 교섭단위를 분리하거나 분리된 교섭단위를 통합하는 결정을 하고 해당 사업 또는 사업장의 모든 노동조합과 사용자에게 통지해야 한다.

ⓔ 다음에 따른 통지를 받은 노동조합이 사용자와 교섭하려는 경우 자신이 속한 교섭단위에 단체협약이 있는 때에는 그 단체협약의 유효기간 만료일 이전 3개월이 되는 날부터 필요한 사항을 적은 서면으로 교섭을 요구할 수 있다.

ⓜ 다음에 따른 신청에 대한 노동위원회의 결정이 있기 전에 교섭 요구가 있는 때에는 교섭단위를 분리하거나 분리된 교섭단위를 통합하는 결정이 있을 때까지 제14조의3에 따른 교섭요구 사실의 공고 등 교섭창구단일화절차의 진행은 정지된다.

ⓗ 교섭단위를 분리하거나 분리된 교섭단위를 통합하는 결정 신청 및 그 신청에 대한 결정 등에 관하여 필요한 사항은 고용노동부령으로 정한다.

⑮ 공정대표의무 위반에 대한 시정(영 제14조의12)

㉠ 노동조합은 결정된 교섭대표노동조합과 사용자가 차별한 경우에는 고용노동부령으로 정하는 바에 따라 노동위원회에 공정대표의무 위반에 대한 시정을 신청할 수 있다.

ⓒ 노동위원회는 공정대표의무 위반의 시정 신청을 받은 때에는 지체 없이 필요한 조사와 관계 당사자에 대한 심문(審問)을 하여야 한다.

ⓒ 노동위원회는 심문을 할 때에는 관계 당사자의 신청이나 직권으로 증인을 출석하게 하여 필요한 사항을 질문할 수 있다.

ⓔ 노동위원회는 심문을 할 때에는 관계 당사자에게 증거의 제출과 증인에 대한 반대심문을 할 수 있는 충분한 기회를 주어야 한다.

ⓗ 노동위원회는 공정대표의무 위반의 시정 신청에 대한 명령이나 결정을 서면
으로 하여야 하며, 그 서면을 교섭대표노동조합, 사용자 및 그 시정을 신청한
노동조합에 각각 통지하여야 한다.

ⓘ 노동위원회의 공정대표의무 위반의 시정 신청에 대한 조사와 심문에 관한 세
부절차는 중앙노동위원회가 따로 정한다.

(4) 교섭단체의 사용자측 담당자

사용자측 단체교섭 담당자는 사용자 또는 사용자단체의 대표자, 사용자 또는 사용
자단체로부터 위임을 받은 자가 됨

(5) 대표자의 협약체결권한의 제한

① 인준투표제

노동조합의 대표자가 단체교섭의 결과에 따라 사용자와 단체협약의 내용을 합의
한 후 다시 협약안의 가부에 관하여 조합원총회의 의결을 거쳐야만 한다는 것은
대표자의 단체협약체결권한을 전면적 · 포괄적으로 제한함으로써 사실상 단체협
약체결권한을 형해화하여 명목에 불과한 것으로 만드는 것이어서 노동조합및노
동관계조정법 제29조 제1항에 반한다(대판 2003다27429).

형해화
형식만 남고 가치나 의미가 없게 됨

> **관련 판례** 인준투표제의 위법성
>
> 노동조합의 대표자 또는 수임자가 단체교섭의 결과에 따라 사용자와 단체협약의 내용을 합의
> 한 후 다시 협약안의 가부에 관하여 조합원총회의 의결을 거쳐야만 한다는 것은 대표자 또는
> 수임자의 단체협약체결권한을 전면적, 포괄적으로 제한함으로써 사실상 단체협약체결권한을
> 형해화하여 명목에 불과한 것으로 만드는 것이어서 위 법 제33조 제1항의 취지에 위반된다(대
> 판 91누12257).

② 단체교섭위원이 연명으로 서명하여야 한다는 규약

갑 노동조합이 노동조합 규약에서 노동조합의 대표자가 사용자와 단체교섭 결과
합의에 이른 경우에도 단체교섭위원들이 연명으로 서명하지 않는 한 단체협약을
체결할 수 없도록 규정한 사안에서, 위 규약은 노동조합 대표자에게 단체협약체
결권을 부여한 노동조합 및 노동관계조정법 제29조 제1항을 위반한 것이라고 본
원심판단을 정당하다고 한 사례(대판 2011두15404)

③ 유일단체교섭조항

유일단체교섭조항은 사용자가 어느 특정 노조와 단체교섭을 하고 다른 어떤 노
조나 단체와는 단체교섭을 하지 아니할 것을 단체협약으로 약정한 조항이며 노
조의 단체교섭권을 침해하는 것으로서 무효에 해당

④ 제3자 위임금지조항

제3자 위임금지조항은 헌법이 보장하고 있는 단체교섭권을 부당하게 제한하고
노조의 자율적 교섭을 침해하는 것으로 무효

법 제29조 제2항

교섭대표노동조합의 대표자는 교섭을
요구한 모든 노동조합 또는 조합원을 위
하여 사용자와 교섭하고 단체협약을 체
결할 권한을 가진다.

교섭창구 단일화 관련 사항

교섭대표노동조합이 있는 경우에 "노동조합"은 "교섭대표노동조합"으로 본다(법 제29조의5).

(6) 교섭창구 단일화

① 교섭창구 단일화 절차(법 제29조의2)

    ㉠ 하나의 사업 또는 사업장에서 조직형태에 관계없이 근로자가 설립하거나 가입한 노동조합이 2개 이상인 경우 노동조합은 교섭대표노동조합(2개 이상의 노동조합 조합원을 구성원으로 하는 교섭대표기구를 포함한다.)을 정하여 교섭을 요구하여야 한다. 다만, 교섭대표노동조합을 자율적으로 결정하는 기한 내에 사용자가 이 조에서 정하는 교섭창구 단일화 절차를 거치지 아니하기로 동의한 경우에는 그러하지 아니하다.

    ㉡ 사용자는 교섭을 요구한 모든 노동조합과 성실히 교섭하여야 하고, 차별적으로 대우해서는 아니 된다.

    ㉢ 교섭대표노동조합 결정 절차에 참여한 모든 노동조합은 대통령령으로 정하는 기한 내에 자율적으로 교섭대표노동조합을 정한다.

    ㉣ 교섭대표노동조합을 정하지 못하고 사용자의 동의를 얻지 못한 경우에는 교섭창구 단일화 절차에 참여한 노동조합의 전체 조합원 과반수로 조직된 노동조합(2개 이상의 노동조합이 위임 또는 연합 등의 방법으로 교섭창구 단일화 절차에 참여한 노동조합 전체 조합원의 과반수가 되는 경우를 포함한다)이 교섭대표노동조합이 된다.

    ㉤ 교섭대표노동조합을 결정하지 못한 경우에는 교섭창구 단일화 절차에 참여한 모든 노동조합은 공동으로 교섭대표단을 구성하여 사용자와 교섭하여야 한다. 이 때 공동교섭대표단에 참여할 수 있는 노동조합은 그 조합원 수가 교섭창구 단일화 절차에 참여한 노동조합의 전체 조합원 100분의 10 이상인 노동조합으로 한다.

    ㉥ 공동교섭대표단의 구성에 합의하지 못할 경우에 노동위원회는 해당 노동조합의 신청에 따라 조합원 비율을 고려하여 이를 결정할 수 있다.

    ㉦ 교섭대표노동조합을 결정함에 있어 교섭요구 사실, 조합원 수 등에 대한 이의가 있는 때에는 노동위원회는 대통령령으로 정하는 바에 따라 노동조합의 신청을 받아 그 이의에 대한 결정을 할 수 있다.

    ㉧ 노동위원회의 결정에 대한 불복절차 및 효력은 중재재정의 규정을 준용한다.

    ㉨ 노동조합의 교섭요구·참여 방법, 교섭대표노동조합 결정을 위한 조합원 수 산정 기준 등 교섭창구 단일화 절차와 교섭비용 증가 방지 등에 관하여 필요한 사항은 대통령령으로 정한다.

    ㉩ 조합원 수 산정은 종사근로자인 조합원을 기준으로 한다.

② 노동위원회 결정에 의한 공동교섭대표단의 구성(영 제14조의9)

    ㉠ 공동교섭대표단의 구성에 합의하지 못한 경우에 공동교섭대표단 구성에 참여할 수 있는 노동조합의 일부 또는 전부는 노동위원회에 공동교섭대표단 구성에 관한 결정 신청을 하여야 한다.

    ㉡ 노동위원회는 공동교섭대표단 구성에 관한 결정 신청을 받은 때에는 그 신청을 받은 날부터 10일 이내에 총 10명 이내에서 각 노동조합의 종사근로자인

조합원 수에 따른 비율을 고려하여 노동조합별 공동교섭대표단에 참여하는 인원 수를 결정하여 그 노동조합과 사용자에게 통지해야 한다. 다만, 그 기간 이내에 결정하기 어려운 경우에는 한 차례에 한정하여 10일의 범위에서 그 기간을 연장할 수 있다.

ⓒ 공동교섭대표단 결정은 공동교섭대표단에 참여할 수 있는 모든 노동조합이 제출한 종사근로자인 조합원 수에 따른 비율을 기준으로 한다.

ⓔ 종사근로자인 조합원 수 및 비율에 대하여 그 노동조합 중 일부 또는 전부가 이의를 제기하는 경우 종사근로자인 조합원 수의 조사·확인에 관하여는 규정을 준용한다.

ⓜ 공동교섭대표단 구성에 참여하는 노동조합은 사용자와 교섭하기 위하여 법에 따라 노동위원회가 결정한 인원수에 해당하는 교섭위원을 각각 선정하여 사용자에게 통지하여야 한다.

ⓗ 공동교섭대표단을 구성할 때에 그 공동교섭대표단의 대표자는 공동교섭대표단에 참여하는 노동조합이 합의하여 정한다. 다만, 합의되지 않은 경우에는 종사근로자인 조합원 수가 가장 많은 노동조합의 대표자로 한다.

③ 교섭단위 결정(영 제14조의10)
  ㉠ 교섭대표노동조합을 결정하여야 하는 단위는 하나의 사업 또는 사업장으로 한다.
  ㉡ 하나의 사업 또는 사업장에서 현격한 근로조건의 차이, 고용형태, 교섭 관행 등을 고려하여 교섭단위를 분리하거나 분리된 교섭단위를 통합할 필요가 있다고 인정되는 경우에 노동위원회는 노동관계 당사자의 양쪽 또는 어느 한쪽의 신청을 받아 교섭단위를 분리하거나 분리된 교섭단위를 통합하는 결정을 할 수 있다.
  ㉢ 노동위원회의 결정에 대한 불복절차 및 효력은 중재재정의 규정을 준용한다.
  ㉣ 교섭단위를 분리하거나 분리된 교섭단위를 통합하기 위한 신청 및 노동위원회의 결정 기준·절차 등에 관하여 필요한 사항은 대통령령으로 정한다.

④ 교섭단위 분리의 결정(영 제14조의11)
  ㉠ 노동조합 또는 사용자는 교섭단위를 분리하거나 분리된 교섭단위를 통합하여 교섭하려는 경우에는 다음에 해당하는 기간에 노동위원회에 교섭단위를 분리하거나 분리된 교섭단위를 통합하는 결정을 신청할 수 있다.
    • 사용자가 교섭요구 사실을 공고하기 전
    • 사용자가 교섭요구 사실을 공고한 경우에는 교섭대표노동조합이 결정된 날 이후
  ㉡ 신청을 받은 노동위원회는 해당 사업 또는 사업장의 모든 노동조합과 사용자에게 그 내용을 통지해야 하며, 그 노동조합과 사용자는 노동위원회가 지정하는 기간까지 의견을 제출할 수 있다.
  ㉢ 노동위원회는 신청을 받은 날부터 30일 이내에 교섭단위를 분리하거나 분리된 교섭단위를 통합하는 결정을 하고 해당 사업 또는 사업장의 모든 노동조합과 사용자에게 통지하여야 한다.

SEMI-NOTE

관련 판례

'교섭단위를 분리할 필요가 있다고 인정되는 경우'란 하나의 사업 또는 사업장에서 별도로 분리된 교섭단위에 의하여 단체교섭을 진행하는 것을 정당화할 만한 현격한 근로조건의 차이, 고용형태, 교섭 관행 등의 사정이 있고, 이로 인하여 교섭대표노동조합을 통하여 교섭창구를 단일화하는 것이 오히려 근로조건의 통일적 형성을 통해 안정적인 교섭체계를 구축하고자 하는 교섭창구 단일화 제도의 취지에도 부합하지 않는 결과를 발생시킬 수 있는 예외적인 경우를 의미한다(대판 2015두39361).

ⓓ 통지를 받은 노동조합이 사용자와 교섭하려는 경우 자신이 속한 교섭단위에 단체협약이 있는 때에는 그 단체협약의 유효기간 만료일 이전 3개월이 되는 날부터 필요한 사항을 적은 서면으로 교섭을 요구할 수 있다.

ⓜ 교섭단위 분리의 결정 신청에 대한 노동위원회의 결정이 있기 전에 교섭 요구가 있는 때에는 교섭단위를 분리하거나 분리된 교섭단위를 통합하는 결정이 있을 때까지 제14조의3에 따른 교섭요구 사실의 공고 등 교섭창구단일화절차의 진행은 정지된다.

ⓗ 교섭단위를 분리하거나 분리된 교섭단위를 통합하는 결정 신청 및 그 신청에 대한 결정 등에 관하여 필요한 사항은 고용노동부령으로 정한다.

(7) 공정대표의무 등

① 차별금지

교섭대표노동조합과 사용자는 교섭창구 단일화 절차에 참여한 노동조합 또는 그 조합원 간에 합리적 이유 없이 차별을 하여서는 아니 된다(법 제29조의2 제1항).

관련 판례 공정대표의무

공정대표의무의 취지와 기능 등에 비추어 보면, 공정대표의무는 단체교섭의 과정이나 그 결과물인 단체협약의 내용뿐만 아니라 단체협약의 이행과정에서도 준수되어야 한다고 봄이 타당하다. 또한 교섭대표노동조합이나 사용자가 교섭창구 단일화 절차에 참여한 다른 노동조합 또는 그 조합원을 차별한 것으로 인정되는 경우, 그와 같은 차별에 합리적인 이유가 있다는 점은 교섭대표노동조합이나 사용자에게 주장·증명책임이 있다(대판 2017다218642).

법 제89조 제2호
확정되거나 행정소송을 제기하여 확정된 구제명령에 위반한 자는 3년 이하의 징역 또는 3천만원 이하의 벌금에 처한다.

② 시정요청

노동조합은 교섭대표노동조합과 사용자가 차별한 경우에는 그 행위가 있는 날(단체협약의 내용의 일부 또는 전부가 단체협약 체결일을 말한다)부터 3개월 이내에 대통령령으로 정하는 방법과 절차에 따라 노동위원회에 그 시정을 요청할 수 있다(법 제29조의2 제2항).

③ 시정명령

노동위원회는 신청에 대하여 합리적 이유 없이 차별하였다고 인정한 때에는 그 시정에 필요한 명령을 하여야 한다(법 제29조의2 제3항).

④ 구제명령 준용

노동위원회의 명령 또는 결정에 대한 불복절차 등에 관하여는 구제명령의 규정을 준용한다(법 제29조의2 제4항).

관련 판례 안정적 단체교섭 체계 구축

노동조합 및 노동관계조정법이 복수 노동조합에 대한 교섭창구 단일화 제도를 도입하여 단체교섭 절차를 일원화하도록 한 것은, 복수 노동조합이 독자적인 단체교섭권을 행사할 경우 발생할 수도 있는 노동조합 간 혹은 노동조합과 사용자 간 반목·갈등, 단체교섭의 효율성 저하 및 비용 증가 등의 문제점을 효과적으로 해결함으로써, 효율적이고 안정적인 단체교섭 체계를 구축하는 데에 주된 취지 내지 목적이 있다(대판 2017두37772).

3. 단체교섭의 대상과 방법

(1) 단체교섭의 대상

① 의의

노동조합과 사용자가 교섭의 대상으로 삼을 수 있는 사항

② 교섭대상의 판단기준

교섭대상은 근로조건에 관한 사항과 단체협약의 체결 기타 관련된 사항으로 근로조건의 개선가능성, 집단성, 사용자의 처분가능성, 단체협약 체결 관련성 등

관련 판례 단체교섭의 대상

단체교섭의 대상이 되는 단체교섭사항에 해당하는지 여부는 헌법 제33조 제1항과 노동조합및노동관계조정법 제29조에서 근로자에게 단체교섭권을 보장한 취지에 비추어 판단하여야 하므로 일반적으로 구성원인 근로자의 노동조건 기타 근로자의 대우 또는 당해 단체적 노사관계의 운영에 관한 사항으로 사용자가 처분할 수 있는 사항은 단체교섭의 대상인 단체교섭사항에 해당한다(대판 2003두8906).

③ 교섭대상의 범위

㉠ **개별적 근로관계에 관한 사항** : 임금, 근로시간, 휴일, 안전, 위생 등 근로조건과 밀접한 관련

㉡ **집단적 노사관계에 관한 사항** : 단체교섭이나 쟁의행위의 절차, 노동조합에 대한 편의제공 등의 집단적 노사관계에 관한 사항이 포함

㉢ **경영 및 인사사항** : 회사가 그 산하 시설관리사업부를 폐지시키기로 결정한 것은 적자가 누적되고 시설관리계약이 감소할 뿐 아니라 계열사와의 재계약조차 인건비 상승으로 인한 경쟁력 약화로 불가능해짐에 따라 불가피하게 취해진 조치로서 이는 경영주체의 경영의사 결정에 의한 경영조직의 변경에 해당하여 그 폐지 결정 자체는 단체교섭사항이 될 수 없다(대판 93다30242).

관련 판례 단체협약으로서의 효력인정

정리해고나 사업조직의 통폐합 등 기업의 구조조정의 실시 여부는 경영주체에 의한 고도의 경영상 결단에 속하는 사항으로서 원칙적으로 단체교섭의 대상이 될 수 없으나, 사용자의 경영권에 속하는 사항이라 하더라도 노사는 임의로 단체교섭을 진행하여 단체협약을 체결할 수 있고, 그 내용이 강행법규나 사회질서에 위배되지 않는 이상 단체협약으로서의 효력이 인정된다(대판 2011두20406).

④ **권리분쟁에 관한 사항** : 법령, 단체협약, 취업규칙 등 규범의 해석·적용·이행에 관한 당사자의 분쟁도 교섭대상에 포함

SEMI-NOTE

절차

단체교섭의 기일, 시간, 장소 등은 노사가 자율적으로 결정하여야 할 사항이고 관행이 있으면 관행에 따름

02장

노동조합 및 노동관계조정법

(2) 교섭방법

① 성실교섭의 의무

- ㉠ 의의 : 노동조합과 사용자 또는 사용자단체는 신의에 따라 성실히 교섭하고 단체협약을 체결하여야 하며 그 권한을 남용하여서는 아니된다(법 제30조 제1항).

- ㉡ 내용
  - 노동조합과 사용자 또는 사용자단체는 정당한 이유없이 교섭 또는 단체협약의 체결을 거부하거나 해태하여서는 아니된다(법 제30조 제2항).
  - 국가 및 지방자치단체는 기업·산업·지역별 교섭 등 다양한 교섭방식을 노동관계 당사자가 자율적으로 선택할 수 있도록 지원하고 이에 따른 단체교섭이 활성화될 수 있도록 노력하여야 한다(법 제30조 제3항).

② 성실교섭의 의무위반

- ㉠ 사용자가 위반한 경우 : 쟁의행위는 단체교섭을 촉진하기 위한 수단으로서의 성질을 가지므로 쟁의기간 중이라는 사정이 사용자가 단체교섭을 거부할 만한 정당한 이유가 될 수 없고, 한편 당사자가 성의 있는 교섭을 계속하였음에도 단체교섭이 교착상태에 빠져 교섭의 진전이 더 이상 기대될 수 없는 상황이라면 사용자가 단체교섭을 거부하더라도 그 거부에 정당한 이유가 있다고 할 것이지만, 위와 같은 경우에도 노동조합측으로부터 새로운 타협안이 제시되는 등 교섭재개가 의미 있을 것으로 기대할 만한 사정변경이 생긴 경우에는 사용자로서는 다시 단체교섭에 응하여야 하므로, 위와 같은 사정변경에도 불구하고 사용자가 단체교섭을 거부하는 경우에는 그 거부에 정당한 이유가 있다고 할 수 없다(대판 2005도8606).

관련 판례 사용자의 의무위반

사용자의 단체교섭 거부행위가 원인과 목적, 과정과 행위태양, 그로 인한 결과 등에 비추어 건전한 사회통념이나 사회상규상 용인될 수 없다고 인정되는 경우에는 부당노동행위로서 단체교섭권을 침해하는 위법한 행위로 평가되어 불법행위의 요건을 충족하는바, 사용자가 노동조합과의 단체교섭을 정당한 이유 없이 거부하다가 법원으로부터 노동조합과의 단체교섭을 거부하여서는 아니 된다는 취지의 집행력 있는 판결이나 가처분결정을 받고도 이를 위반하여 노동조합과의 단체교섭을 거부하였다면, 그 단체교섭 거부행위는 건전한 사회통념이나 사회상규상 용인할 수 없는 행위로서 헌법이 보장하고 있는 노동조합의 단체교섭권을 침해하는 위법한 행위이므로 노동조합에 대하여 불법행위가 된다(대판 2004다11070).

- ㉡ 노동조합이 위반한 경우 : 노조의 성실교섭의무 위반은 사용자가 단체교섭을 거부할 수 있는 사유에 해당하고 부당노동행위에는 해당 안 됨

③ 폭력, 파괴행위 금지

노동조합이 단체교섭·쟁의행위 기타의 행위로서 목적을 달성하기 위하여 한 정당한 행위에 대하여 적용된다. 다만, 어떠한 경우에도 폭력이나 파괴행위는 정당한 행위로 해석되어서는 아니 된다(법 제4조).

4. 단체협약

(1) 의의와 법적 성질

① 의의

노동조합과 사용자 사이에서 근로조건 그 밖의 근로자의 경제적 · 사회적 지위에 관하여 합의된 문서를 말함

② 법적 성질

단체협약은 계약적 성질과 규범적 성질을 가지고 있는데 단체협약에 정한 근로조건 기타 근로자의 대우에 관한 기준에 위반하는 취업규칙 또는 근로계약의 부분은 무효로 한다(법 제33조 제1항)고 하여 규범적 효력을 부여하였다고 보는 것이 타당함

(2) 단체협약의 성립요건

① 당사자

단체협약을 체결할 수 있는 능력을 가진 자로 실질적 요건을 갖춘 노동조합, 지부 및 분회(상부단체, 하부단체)와 사용자 또는 사용자단체

② 내용

내용은 의무적 교섭대상 및 임의적 교섭대상 중 당사자가 합의한 내용이 되고, 금지 교섭대상을 단체협약으로 한 경우는 무효

③ 단체협약의 작성(법 제31조)

㉠ 단체협약은 서면으로 작성하여 당사자 쌍방이 서명 또는 날인하여야 한다.

㉡ 단체협약의 당사자는 단체협약의 체결일부터 15일 이내에 이를 행정관청에게 신고하여야 한다.

㉢ 행정관청은 단체협약중 위법한 내용이 있는 경우에는 노동위원회의 의결을 얻어 그 시정을 명할 수 있다.

관련 판례 단체협약의 작성 및 효력 인정

노동조합 및 노동관계조정법 제31조 제1항이 단체협약은 서면으로 작성하여 당사자 쌍방이 서명날인 하여야 한다고 규정하고 있는 취지는 단체협약의 내용을 명확히 함으로써 장래 그 내용을 둘러싼 분쟁을 방지하고 아울러 체결당사자 및 그의 최종적 의사를 확인함으로써 단체협약의 진정성을 확보하기 위한 것이므로, 그 방식을 갖추지 아니하는 경우 단체협약은 효력을 가질 수 없다고 할 것인바, 강행규정인 위 규정에 위반된 단체협약의 무효를 주장하는 것이 신의칙에 위배되는 권리의 행사라는 이유로 이를 배척한다면 위와 같은 입법 취지를 완전히 몰각시키는 결과가 될 것이므로 특별한 사정이 없는 한 그러한 주장이 신의칙에 위반된다고 볼 수 없다고 보아야 할 것이다(대판 2001다15422).

SEMI-NOTE

영 제15조

단체협약의 신고는 당사자 쌍방이 연명으로 해야 한다.

합의
단체협약이 유효하기 위해서는 당사자의 합의가 필요

(3) 단체협약의 내용과 효력

① 규범적 부분

규범적 부분은 근로조건 기타 근로자의 대우에 관한 기준에 관한 사항으로 단체협약의 핵심적 기능을 실현하는 본질적 부분

② 기준의 효력(법 제33조)

㉠ 단체협약에 정한 근로조건 기타 근로자의 대우에 관한 기준에 위반하는 취업규칙 또는 근로계약의 부분은 무효로 한다.

㉡ 근로계약에 규정되지 아니한 사항 또는 무효로 된 부분은 단체협약에 정한 기준에 의한다.

③ 단체협약의 채무적 효력

단체협약의 당사자, 즉 노동조합과 사용자 사이의 단체협약상의 권리·의무가 발생하여 이를 준수하여야할 의무를 말한다.

> **관련 판례** 쟁의행위의 정당성
>
> 단체협약에서 이미 정한 근로조건이나 기타 사항의 변경·개폐를 요구하는 쟁의행위를 단체협약의 유효기간 중에 하여서는 아니된다는 이른바 평화의무를 위반하여 이루어진 쟁의행위는 노사관계를 평화적·자주적으로 규율하기 위한 단체협약의 본질적 기능을 해치는 것일 뿐 아니라 노사관계에서 요구되는 신의성실의 원칙에도 반하는 것이므로 정당성이 없다(대판 94다4042).

④ 단체협약의 제도적 효력

단체협약의 제도적 부분에 관하여 단체협약의 당사자를 규율하는 효력

(4) 단체협약의 해석

① 단체협약의 해석(법 제34조)

㉠ 단체협약의 해석 또는 이행방법에 관하여 관계 당사자간에 의견의 불일치가 있는 때에는 당사자 쌍방 또는 단체협약에 정하는 바에 의하여 어느 일방이 노동위원회에 그 해석 또는 이행방법에 관한 견해의 제시를 요청할 수 있다.

㉡ 노동위원회는 요청을 받은 때에는 그 날부터 30일 이내에 명확한 견해를 제시하여야 한다.

㉢ 노동위원회가 제시한 해석 또는 이행방법에 관한 견해는 중재재정과 동일한 효력을 가진다.

② 처분문서의 해석원칙

처분문서는 진정성립이 인정되면 특별한 사정이 없는 한 처분문서에 기재되어 있는 문언의 내용에 따라 당사자의 의사표시가 있었던 것으로 객관적으로 해석하여야 하나, 당사자 사이에 계약의 해석을 둘러싸고 이견이 있어 처분문서에 나타난 당사자의 의사해석이 문제되는 경우에는 문언의 내용, 그와 같은 약정이 이루어진 동기와 경위, 약정에 의하여 달성하려는 목적, 당사자의 진정한 의사 등을 종합적으로 고찰하여 논리와 경험칙에 따라 합리적으로 해석하여야 한다. 한편 단체협약과 같은 처분문서를 해석할 때에는, 단체협약이 근로자의 근로조건

단체협약의 해석요청
단체협약의 해석 또는 이행방법에 관한 견해제시의 요청은 해당 단체협약의 내용과 당사자의 의견 등을 적은 서면으로 하여야 한다(영 제16조).

을 유지 · 개선하고 복지를 증진하여 경제적 · 사회적 지위를 향상시킬 목적으로 근로자의 자주적 단체인 노동조합과 사용자 사이에 단체교섭을 통하여 이루어지는 것이므로, 명문의 규정을 근로자에게 불리하게 변형 해석할 수 없다(대판 2009다102452).

③ 불리한 해석금지

갑 주식회사와 노동조합이 체결한 단체협약 가운데 '임금 미지급분에 대해서는 출근 시 당연히 받아야 할 임금은 물론 평균임금의 100%를 가산 지급'하기로 하는 규정의 해석이 문제된 사안에서, 가산보상금 규정의 내용과 형식, 도입 경위와 개정 과정, 위 규정에 의하여 노 · 사 양측이 달성하려는 목적, 특히 가산보상금 규정이 갑 회사의 부당징계를 억제함과 아울러 징계가 부당하다고 판명되었을 때 근로자를 신속히 원직 복귀시키도록 간접적으로 강제하기 위한 것인 점 등에 비추어 보면, 미지급 임금 지급 시 가산 지급되는 '평균임금의 100%'는 근로자가 위와 같은 부당해고 등 부당징계로 인하여 해고 등 당시부터 원직복직에 이르기까지의 전 기간에 걸쳐 지급받지 못한 임금을 의미하는 것으로 보아야 한다고 한 사례(대판 2009다102452)

(5) 단체협약의 효력확장

① 일반적 구속력

하나의 사업 또는 사업장에 상시 사용되는 동종의 근로자 반수 이상이 하나의 단체협약의 적용을 받게 된 때에는 당해 사업 또는 사업장에 사용되는 다른 동종의 근로자에 대하여도 당해 단체협약이 적용된다(법 제35조).

㉠ 하나의 사업 또는 사업장 : 단체협약이 사업장별로 체결되는 현실을 감안한 규정

㉡ 상시 사용되는 동종의 근로자 : 상시 사용되는 동종의 근로자라 함은 하나의 단체협약의 적용을 받는 근로자가 반수 이상이라는 비율을 계산하기 위한 기준이 되는 근로자의 총수로서 근로자의 지위나 종류, 고용기간의 정함의 유무 또는 근로계약상의 명칭에 구애됨이 없이 사업장에서 사실상 계속적으로 사용되고 있는 동종의 근로자 전부를 의미하므로, 단기의 계약기간을 정하여 고용된 근로자라도 기간만료시마다 반복갱신되어 사실상 계속 고용되어 왔다면 여기에 포함되고, 또한 사업장 단위로 체결되는 단체협약의 적용범위가 특정되지 않았거나 협약 조항이 모든 직종에 걸쳐서 공통적으로 적용되는 경우에는 직종의 구분 없이 사업장 내의 모든 근로자가 동종의 근로자에 해당된다(대판 92누13189).

② 지역적 구속력

㉠ 하나의 지역에 있어서 종업하는 동종의 근로자 3분의 2 이상이 하나의 단체협약의 적용을 받게 된 때에는 행정관청은 당해 단체협약의 당사자의 쌍방 또는 일방의 신청에 의하거나 그 직권으로 노동위원회의 의결을 얻어 당해 지역에서 종업하는 다른 동종의 근로자와 그 사용자에 대하여도 당해 단체협약을 적용한다는 결정을 할 수 있다(법 제36조 제1항).

반수 이상이 하나의 단체협약의 적용을 받게 된 때
모든 동종 근로자 가운데 하나의 단체협약을 적용받는 근로자의 수가 반수 이상이어야 한다는 것

ⓛ 행정관청이 결정을 한 때에는 지체없이 이를 공고하여야 한다(법 제36조 제2항).

관련 판례 지역적 구속력

지역적 구속력 제도의 목적을 어떠한 것으로 파악하건 적어도 교섭권한을 위임하거나 협약체결에 관여하지 아니한 협약 외의 노동조합이 독자적으로 단체교섭권을 행사하여 이미 별도의 단체협약을 체결한 경우에는 그 협약이 유효하게 존속하고 있는 한 지역적 구속력 결정의 효력은 그 노동조합이나 그 구성원인 근로자에게는 미치지 않는다고 해석하여야 할 것이고, 또 협약 외의 노동조합이 위와 같이 별도로 체결하여 적용받고 있는 단체협약의 갱신체결이나 보다 나은 근로조건을 얻기 위한 단체교섭이나 단체행동을 하는 것 자체를 금지하거나 제한할 수는 없다고 보아야 할 것이다(대판 92도2247).

(6) 단체협약의 종료

① 단체협약 유효기간의 상한(법 제32조)
  ㉠ 단체협약의 유효기간은 3년을 초과하지 않는 범위에서 노사가 합의하여 정할 수 있다.
  ㉡ 단체협약에 그 유효기간을 정하지 아니한 경우 또는 기간을 초과하는 유효기간을 정한 경우에 그 유효기간은 3년으로 한다.
  ㉢ 단체협약의 유효기간이 만료되는 때를 전후하여 당사자 쌍방이 새로운 단체협약을 체결하고자 단체교섭을 계속하였음에도 불구하고 새로운 단체협약이 체결되지 아니한 경우에는 별도의 약정이 있는 경우를 제외하고는 종전의 단체협약은 그 효력만료일부터 3월까지 계속 효력을 갖는다. 다만, 단체협약에 그 유효기간이 경과한 후에도 새로운 단체협약이 체결되지 아니한 때에는 새로운 단체협약이 체결될 때까지 종전 단체협약의 효력을 존속시킨다는 취지의 별도의 약정이 있는 경우에는 그에 따르되, 당사자 일방은 해지하고자 하는 날의 6월전까지 상대방에게 통고함으로써 종전의 단체협약을 해지할 수 있다.
  ㉣ 기간의 만료 : 존속기간의 만료로 효력이 종료된다.

② 당사자의 변경
  ㉠ 사용자의 변경 : 해산, 합병, 양도 등으로 회사가 변경·소멸하더라도 조직의 일체성이 인정되면 단체협약은 승계됨
  ㉡ 노조의 변경 : 노동조합이 합병·분할·변경 등으로 변경·소멸하더라도 조직의 일체성이 인정되면 단체협약은 승계됨

③ 단체협약 종료 후의 근로관계
  단체협약이 실효되었다고 하더라도 임금, 퇴직금이나 노동시간, 그 밖에 개별적인 노동조건에 관한 부분은 그 단체협약의 적용을 받고 있던 근로자의 근로계약의 내용이 되어 그것을 변경하는 새로운 단체협약, 취업규칙이 체결, 작성되거나 또는 개별적인 근로자의 동의를 얻지 아니하는 한 개별적인 근로자의 근로계약의 내용으로서 여전히 남아 있어 사용자와 근로자를 규율한다고 할 것이므로, 새로운 단체협약이 늦게 체결됨에 따라 근로자가 기존 단체협약의 임금에 관한

단체협약의 취소, 해제, 해지

• **단체협약의 취소** : 단체협약의 중요부분에 착오가 있거나 사기·강박에 의한 경우 단체협약을 취소할 수 있음
• **단체협약의 해제, 해지** : 단체협약의 존재의의가 상실될만한 중대한 위반이나 사정변경이 있는 경우 합의로 단체협약을 해지할 수 있음

민법 제109조 제1항

의사표시는 법률행위의 내용의 중요부분에 착오가 있는 때에는 취소할 수 있다. 그러나 그 착오가 표의자의 중대한 과실로 인한 때에는 취소하지 못한다.

부분을 1년 넘게 적용받는 결과가 된다고 하여 임금에 관한 단체협약의 유효기간을 1년으로 정하고 있는 구 노동조합법 제35조에 위반된 것이라고 할 수 없다(대판 98다13747).

04절 쟁의행위

1. 쟁의행위

(1) 쟁의행위의 의의

① 쟁의행위

파업·태업·직장폐쇄 기타 노동관계 당사자가 그 주장을 관철할 목적으로 행하는 행위와 이에 대항하는 행위로서 업무의 정상적인 운영을 저해하는 행위를 말한다(법 제2조 제6호).

관련 판례 쟁의행위의 정당성

쟁의행위에서 추구하는 목적이 여러 가지이고 그 중 일부가 정당하지 못한 경우에는 주된 목적 내지 진정한 목적의 당부에 의하여 그 쟁의목적의 당부를 판단하여야 하고, 부당한 요구사항을 제외하였다면 쟁의행위를 하지 않았을 것이라고 인정되는 경우에는 그 쟁의행위 전체가 정당성을 갖지 못한다고 보아야 한다(대판 2007두12859).

② 노동쟁의

노동조합과 사용자 또는 사용자단체간에 임금·근로시간·복지·해고 기타 대우등 근로조건의 결정에 관한 주장의 불일치로 인하여 발생한 분쟁상태를 말한다. 이 경우 주장의 불일치라 함은 당사자간에 합의를 위한 노력을 계속하여도 더이상 자주적 교섭에 의한 합의의 여지가 없는 경우를 말한다(법 제2조 제5호).

(2) 쟁의행위 종류

① 근로자측의 쟁의행위

ⓐ 파업 : 근로제공을 전면적으로 거부하는 전형적인 방법으로, 파업은 파업에 참가하는 범위에 따라 총파업, 전면파업, 부분파업, 지명파업으로 구분됨

ⓑ 태업 : 노동조합이 형식적으로 노동력을 제공하지만 고의적으로 불성실하게 근무함으로써 업무능률을 저하시키는 행위

ⓒ 생산관리 : 사업장 또는 공장을 점거하여 직접 기업경영을 행하는 쟁의행위

ⓓ 준법투쟁 : 근로자들이 그들의 주장을 관철하기 위하여 법규를 엄격히 준수하거나 법규에 주어진 권리를 동시에 집단적으로 행사하여 사용자의 업무를 저해하는 행위

Sabotage

통상적인 태업과 달리 적극적으로 생산, 사무활동을 방해하거나 원자재나 생산시설을 파괴하는 행위

한눈에 쏙~

준법투쟁 행위

- 집단적 월차휴가 사용
- 집단적 휴일근로 거부
- 법규 준수형 준법투쟁
- 연장근로 거부

부수적인 쟁의행위

- Boycott : 사용자 또는 그와 거래관계가 있는 제3자의 상품구입 또는 시설이용을 거절하거나 그들과의 근로계약 체결을 거절할 것을 호소하는 행위
- Picketing : 쟁의행위의 효과를 높일 목적으로 다른 근로자나 시민들에게 쟁의 중임을 알리고 근로자 측에 유리한 여론을 형성하거나, 쟁의행위에서 근로자의 이탈을 방지하고 비조합원 등의 사업장 출입을 저지하고 파업에 동조하도록 호소하는 행위
- **직장점거** : 파업할 때 사용자의 의사에 반하여 사업장에 체류하는 행위

② **사용자측의 쟁의행위**

　㉠ **직장폐쇄** : 사용자가 근로자측의 쟁의행위에 대항하는 행위로서 업무의 정상적인 운영을 저해하는 행위

　㉡ **직장폐쇄의 요건(법 제46조)**

　　• 사용자는 노동조합이 쟁의행위를 개시한 이후에만 직장폐쇄를 할 수 있다.

　　• 사용자는 직장폐쇄를 할 경우에는 미리 행정관청 및 노동위원회에 각각 신고하여야 한다.

　㉢ **직장폐쇄의 요건** : 직장폐쇄의 선언만으로 성립한다는 것과 사실행위로 이어져야 한다는 견해가 대립되며 행정관청 및 노동위원회에 각각 신고하여야 성립한다는 것으로 구분됨

　㉣ **정당성 판단** : 대항성(시기), 방어성

관련 판례 사용자의 직장폐쇄 인정

사용자의 직장폐쇄는 사용자와 근로자의 교섭태도와 교섭과정, 근로자의 쟁의행위의 목적과 방법 및 그로 인하여 사용자가 받는 타격의 정도 등 구체적인 사정에 비추어 근로자의 쟁의행위에 대한 방어수단으로서 상당성이 있어야만 사용자의 정당한 쟁의행위로 인정될 수 있는데, 노동조합의 쟁의행위에 대한 방어적인 목적을 벗어나 적극적으로 노동조합의 조직력을 약화시키기 위한 목적 등을 갖는 선제적, 공격적 직장폐쇄에 해당하는 경우에는 정당성이 인정될 수 없고, 직장폐쇄가 정당한 쟁의행위로 평가받지 못하는 경우에는 사용자는 직장폐쇄 기간 동안의 대상 근로자에 대한 임금지불의무를 면할 수 없다(대판 2012다85335).

　㉤ **직장폐쇄의 효과** : 임금지급의 면제, 사업장 출입배제 및 점거의 배제

2. 쟁의행위에 대한 법령상 특징 ⭐빈출개념

(1) 쟁의행위 보호규정

① 손해배상 청구의 제한

사용자는 이 법에 의한 단체교섭 또는 쟁의행위로 인하여 손해를 입은 경우에 노동조합 또는 근로자에 대하여 그 배상을 청구할 수 없다(법 제3조).

② 정당행위

노동조합이 단체교섭·쟁의행위 기타의 행위로서 근로자의 목적을 달성하기 위하여 한 정당한 행위에 대하여 적용되나, 어떠한 경우에도 폭력이나 파괴행위는 정당한 행위로 해석 불가

③ 근로자의 구속제한

근로자는 쟁의행위 기간중에는 현행범외에는 이 법 위반을 이유로 구속되지 아니한다(법 제39조).

④ 불이익 금지

근로자가 정당한 단체행위에 참가한 것을 이유로 하거나 또는 노동위원회에 대하여 사용자가 이 조의 규정에 위반한 것을 신고하거나 그에 관한 증언을 하거나 기타 행정관청에 증거를 제출한 것을 이유로 그 근로자를 해고하거나 그 근로자에게 불이익을 주는 행위(법 제81조 제1항 제5호)

⑤ 사용자의 채용제한

㉠ 채용 및 대체금지 : 사용자는 쟁의행위 기간중 그 쟁의행위로 중단된 업무의 수행을 위하여 당해 사업과 관계없는 자를 채용 또는 대체할 수 없다(법 제43조 제1항).

㉡ 중단된 업무 도급 또는 하도급금지 : 사용자는 쟁의행위 기간중 그 쟁의행위로 중단된 업무를 도급 또는 하도급 줄 수 없다(법 제43조 제2항).

⑥ 근로자 파견의 금지

파견사업주는 쟁의행위 중인 사업장에 그 쟁의행위로 중단된 업무의 수행을 위하여 근로자를 파견하여서는 아니 된다(파견근로자 보호 등에 관한 법률 제16조 제1항).

(2) 쟁의행위 제한 규정

① 쟁의행위의 제한

쟁의행위는 목적, 주체, 수단, 방법, 절차적인 면에서 정당성이 인정되어야 함

② 주체에 의한 제한

공무원, 교원, 주요방위산업체 근로자 중 일부, 선원의 경우 쟁의행위에 제한받음

관련 판례 쟁의행위의 제한

주요방위산업체의 원활한 가동이 국가의 안전보장에 필수불가결한 요소라는 점에서 법률로써 주요방위산업체 종사자의 단체행동권을 제한하거나 금지하는 것이 불가피한 면은 있으나, 헌법 제37조 제2항이 규정하는 기본권 제한입법에 관한 최소침해의 원칙과 비례의 원칙, 죄형

법정주의의 원칙에서 파생되는 형벌법규 엄격해석의 원칙에 비추어 볼 때 노동조합법 제41조 제2항에 의하여 쟁의행위가 금지됨으로써 기본권이 중대하게 제한되는 근로자의 범위는 엄격하게 제한적으로 해석하여야 한다(대판 2016도3185).

실력up 쟁의행위와 관련된 법규

- 공무원인 근로자는 법률이 정하는 자에 한하여 단결권·단체교섭권 및 단체행동권을 갖는다(헌법 제33조 제2항).
- 법률이 정하는 주요방위산업체에 종사하는 근로자의 단체행동권은 법률이 정하는 바에 의하여 제한되거나 인정하지 아니할 수 있다(헌법 제33조 제3항).
- 공무원은 노동운동이나 그 밖에 공무 외의 일을 위한 집단 행위를 하여서는 아니 된다. 다만, 사실상 노무에 종사하는 공무원은 예외로 한다(국가공무원법 제66조 제1항).
- 공무원은 노동운동이나 그 밖에 공무 외의 일을 위한 집단행위를 하여서는 아니 된다. 다만, 사실상 노무에 종사하는 공무원은 예외로 한다(지방공무원법 제58조 제1항).
- 노동조합과 그 조합원은 파업, 태업 또는 그 밖에 업무의 정상적인 운영을 방해하는 어떠한 쟁의행위(爭議行爲)도 하여서는 아니 된다(교원의 노동조합 설립 및 운영 등에 관한 법률 제8조).
- 방위사업법에 의하여 지정된 주요방위산업체에 종사하는 근로자중 전력, 용수 및 주로 방산물자를 생산하는 업무에 종사하는 자는 쟁의행위를 할 수 없으며 주로 방산물자를 생산하는 업무에 종사하는 자의 범위는 대통령령으로 정한다(법 제41조 제2항).

(3) 필수유지업무에 대한 쟁의행위제한

① 필수유지업무에 대한 쟁의행위의 제한(법 제42조의2)
  ㉠ 필수유지업무는 필수공익사업의 업무 중 그 업무가 정지되거나 폐지되는 경우 공중의 생명·건강 또는 신체의 안전이나 공중의 일상생활을 현저히 위태롭게 하는 업무로서 대통령령이 정하는 업무를 말한다.
  ㉡ 필수유지업무의 정당한 유지·운영을 정지·폐지 또는 방해하는 행위는 쟁의행위로서 이를 행할 수 없다.
② 필수유지업무협정
  노동관계 당사자는 쟁의행위기간 동안 필수유지업무의 정당한 유지·운영을 위하여 필수유지업무의 필요 최소한의 유지·운영 수준, 대상직무 및 필요인원 등을 정한 협정을 서면으로 체결하여야 한다. 이 경우 필수유지업무협정에는 노동관계 당사자 쌍방이 서명 또는 날인하여야 한다(법 제42조의3).
③ 필수유지업무 유지·운영 수준 등의 결정(법 제42조의4)
  ㉠ 노동관계 당사자 쌍방 또는 일방은 필수유지업무협정이 체결되지 아니하는 때에는 노동위원회에 필수유지업무의 필요 최소한의 유지·운영 수준, 대상직무 및 필요인원 등의 결정을 신청하여야 한다.
  ㉡ 신청을 받은 노동위원회는 사업 또는 사업장별 필수유지업무의 특성 및 내용 등을 고려하여 필수유지업무의 필요 최소한의 유지·운영 수준, 대상직무 및 필요인원 등을 결정할 수 있다.
  ㉢ 노동위원회의 결정은 특별조정위원회가 담당한다.

ⓔ 노동위원회의 결정에 대한 해석 또는 이행방법에 관하여 관계당사자간에 의견이 일치하지 아니하는 경우에는 특별조정위원회의 해석에 따른다. 이 경우 특별조정위원회의 해석은 제2항의 규정에 따른 노동위원회의 결정과 동일한 효력이 있다.

ⓜ 노동위원회의 결정에 대한 불복절차 및 효력에 관하여는 중재에 관한 규정을 준용한다.

④ 필수유지업무 유지 · 운영 수준 등의 결정 신청 등(영 제22조의3)

㉠ 노동관계 당사자가 필수유지업무 유지 · 운영 수준, 대상직무 및 필요인원 등의 결정을 신청하면 관할 노동위원회는 지체 없이 그 신청에 대한 결정을 위한 특별조정위원회를 구성하여야 한다.

ⓛ 노동위원회는 필수유지업무 수준 등 결정을 하면 지체 없이 이를 서면으로 노동관계 당사자에게 통보하여야 한다.

ⓒ 노동관계 당사자의 쌍방 또는 일방은 결정에 대한 해석이나 이행방법에 관하여 노동관계 당사자 간 의견이 일치하지 아니하면 노동관계 당사자의 의견을 첨부하여 서면으로 관할 노동위원회에 해석을 요청할 수 있다.

ⓔ 해석 요청에 대하여 해당 특별조정위원회가 해석을 하면 노동위원회는 지체 없이 이를 서면으로 노동관계 당사자에게 통보하여야 한다.

ⓜ 필수유지업무 수준 등 결정의 신청 절차는 고용노동부령으로 정한다.

⑤ 노동위원회의 결정에 따른 쟁의행위

노동위원회의 결정이 있는 경우 그 결정에 따라 쟁의행위를 한 때에는 필수유지업무를 정당하게 유지 · 운영하면서 쟁의행위를 한 것으로 본다(법 제42조의5).

⑥ 필수유지업무 근무 근로자의 지명(법 제42조의6)

㉠ 노동조합은 필수유지업무협정이 체결되거나 노동위원회의 결정이 있는 경우 사용자에게 필수유지업무에 근무하는 조합원 중 쟁의행위기간 동안 근무하여야 할 조합원을 통보하여야 하며, 사용자는 이에 따라 근로자를 지명하고 이를 노동조합과 그 근로자에게 통보하여야 한다. 다만, 노동조합이 쟁의행위 개시 전까지 이를 통보하지 아니한 경우에는 사용자가 필수유지업무에 근무하여야 할 근로자를 지명하고 이를 노동조합과 그 근로자에게 통보하여야 한다.

ⓛ 통보 · 지명시 노동조합과 사용자는 필수유지업무에 종사하는 근로자가 소속된 노동조합이 2개 이상인 경우에는 각 노동조합의 해당 필수유지업무에 종사하는 조합원 비율을 고려하여야 한다.

(4) 살쾡이파업의 금지

① 쟁의의 기본원칙

조합원은 노동조합에 의하여 주도되지 아니한 쟁의행위를 하여서는 아니된다(법 제37조 제2항).

② 교섭창구 단일화 관련 사항

교섭대표노동조합이 있는 경우에 "노동조합"은 "교섭대표노동조합"으로 본다(법 제29조의5).

(5) 목적에 따른 제한

① 쟁의행위 기간중의 임금지급 요구의 금지

노동조합은 쟁의행위 기간에 대한 임금의 지급을 요구하여 이를 관철할 목적으로 쟁의행위를 하여서는 아니된다(법 제44조 제2항).

관련 판례 쟁의행위시의 임금 지급

쟁의행위시의 임금 지급에 관하여 단체협약이나 취업규칙 등에서 이를 규정하거나 그 지급에 관한 당사자 사이의 약정이나 관행이 있다고 인정되지 아니하는 한, 근로자의 근로 제공 의무 등의 주된 권리·의무가 정지되어 근로자가 근로 제공을 하지 아니한 쟁의행위 기간 동안에는 근로 제공 의무와 대가관계에 있는 근로자의 주된 권리로서의 임금청구권은 발생하지 않는다고 하여야 하고, 그 지급청구권이 발생하지 아니하는 임금의 범위가 임금 중 이른바 교환적 부분에 국한된다고 할 수 없으며, 사용자가 근로자의 노무 제공에 대한 노무지휘권을 행사할 수 있는 평상적인 근로관계를 전제로 하여 단체협약이나 취업규칙 등에서 결근자 등에 관하여 어떤 임금을 지급하도록 규정하고 있거나 임금 삭감 등을 규정하고 있지 않고 있거나 혹은 어떤 임금을 지급하여 온 관행이 있다고 하여, 근로자의 근로 제공 의무가 정지됨으로써 사용자가 근로자의 노무 제공과 관련하여 아무런 노무지휘권을 행사할 수 없는 쟁의행위의 경우에 이를 유추하여 당사자 사이에 쟁의행위 기간 중 쟁의행위에 참가하여 근로를 제공하지 아니한 근로자에게 그 임금을 지급할 의사가 있다거나 임금을 지급하기로 하는 내용의 근로계약을 체결한 것이라고는 할 수 없다(대판 94다26721).

---

② 근로시간면제자

사용자로부터 급여를 지급받는 근로자는 사업 또는 사업장별로 종사근로자인 조합원 수 등을 고려하여 결정된 근로시간 면제 한도를 초과하지 아니하는 범위에서 임금의 손실 없이 사용자와의 협의·교섭, 고충처리, 산업안전 활동 등 이 법 또는 다른 법률에서 정하는 업무와 건전한 노사관계 발전을 위한 노동조합의 유지·관리업무를 할 수 있다(법 제24조 제2항).

(6) 수단, 방법에 따른 제한

① 폭력행위등의 금지

법 제89조 제1호
폭력이나 파괴행위 또는 생산 기타 주요 업무에 관련되는 시설을 점거하는 행위를 한 자는 3년 이하의 징역 또는 3천만 원 이하의 벌금에 처한다.

㉠ 쟁의행위는 폭력이나 파괴행위 또는 생산 기타 주요업무에 관련되는 시설과 이에 준하는 시설로서 대통령령이 정하는 시설을 점거하는 형태로 이를 행할 수 없다(법 제42조 제1항).

㉡ 폭력행위 등의 신고(영 제18조)
- 사용자는 쟁의행위가 노동조합의 지도와 책임, 폭력행위등의 금지에 위반되는 경우에는 즉시 그 상황을 행정관청과 관할 노동위원회에 신고하여야 한다.
- 신고는 서면·구두 또는 전화 기타의 적당한 방법으로 하여야 한다.

② 점거가 금지되는 시설(영 제21조)

법 제91조
사업장의 안전보호시설의 유지·운영을 정지·폐지 또는 방해하는 행위를 한 자는 1년 이하의 징역 또는 1천만 원 이하의 벌금에 처한다.

㉠ 전기·전산 또는 통신시설

㉡ 철도(도시철도를 포함한다)의 차량 또는 선로

ⓒ 건조·수리 또는 정박중인 선박. 다만, 선원법에 의한 선원이 당해 선박에 승선하는 경우를 제외한다.

ⓔ 항공기·항행안전시설 또는 항공기의 이·착륙이나 여객·화물의 운송을 위한 시설

ⓜ 화약·폭약 등 폭발위험이 있는 물질 또는 유독물질을 보관·저장하는 장소

ⓗ 기타 점거될 경우 생산 기타 주요업무의 정지 또는 폐지를 가져오거나 공익상 중대한 위해를 초래할 우려가 있는 시설로서 고용노동부장관이 관계중앙행정기관의 장과 협의하여 정하는 시설

③ 사업장의 안전보호시설

ⓒ 사업장의 안전보호시설에 대하여 정상적인 유지·운영을 정지·폐지 또는 방해하는 행위는 쟁의행위로서 이를 행할 수 없다(법 제42조 제2항).

ⓒ 행정관청은 쟁의행위가 행위에 해당한다고 인정하는 경우에는 노동위원회의 의결을 얻어 그 행위를 중지할 것을 통보하여야 한다. 다만, 사태가 급박하여 노동위원회의 의결을 얻을 시간적 여유가 없을 때에는 그 의결을 얻지 아니하고 즉시 그 행위를 중지할 것을 통보할 수 있다(법 제42조 제3항).

④ 노동조합의 지도와 책임(법 제38조)

ⓒ 쟁의행위는 그 쟁의행위와 관계없는 자 또는 근로를 제공하고자 하는 자의 출입·조업 기타 정상적인 업무를 방해하는 방법으로 행하여져서는 아니되며 쟁의행위의 참가를 호소하거나 설득하는 행위로서 폭행·협박을 사용하여서는 아니된다.

ⓒ 작업시설의 손상이나 원료·제품의 변질 또는 부패를 방지하기 위한 작업은 쟁의행위 기간중에도 정상적으로 수행되어야 한다.

ⓒ 노동조합은 쟁의행위가 적법하게 수행될 수 있도록 지도·관리·통제할 책임이 있다.

(7) 절차에 따른 제한

① 조정의 전치(법 제45조 제2항)

쟁의행위는 조정절차(조정종료 결정 후의 조정절차를 제외한다)를 거치지 아니하면 이를 행할 수 없다. 다만, 기간내에 조정이 종료되지 아니하거나 기간내에 중재재정이 이루어지지 아니한 경우에는 그러하지 아니하다.

② 조정기간(법 제54조)

ⓒ 조정은 조정의 신청이 있는 날부터 일반사업에 있어서는 10일, 공익사업에 있어서는 15일 이내에 종료하여야 한다.

ⓒ 조정기간은 관계 당사자간의 합의로 일반사업에 있어서는 10일, 공익사업에 있어서는 15일 이내에서 연장할 수 있다.

③ 중재시의 쟁의행위의 금지

노동쟁의가 중재에 회부된 때에는 그 날부터 15일간은 쟁의행위를 할 수 없다(법 제63조).

SEMI-NOTE

행정관청의 통보
행정관청은 지체없이 노동위원회의 사후승인을 얻어야 하며 그 승인을 얻지 못한 때에는 그 통보는 그때부터 효력을 상실한다(법 제42조 제4항).

02장

노동조합 및 노동관계조정법

④ 긴급조정시의 쟁의행위 중지

관계 당사자는 긴급조정의 결정이 공표된 때에는 즉시 쟁의행위를 중지하여야
하며, 공표일부터 30일이 경과하지 아니하면 쟁의행위를 재개할 수 없다(법 제
77조).

⑤ 조정안의 해석 또는 이행

조정안의 해석 또는 이행방법에 관한 견해가 제시될 때까지는 관계 당사자는 당
해 조정안의 해석 또는 이행에 관하여 쟁의행위를 할 수 없다(법 제60조 제5조).

⑥ 조정안의 해석요청

노동관계당사자는 조정안의 해석 또는 그 이행방법에 관하여 견해의 제시를 요
청하는 경우에는 해당 조정안의 내용과 당사자의 의견 등을 적은 서면으로 해야
한다(영 제27조).

(8) 쟁의행위 투표 및 신고

① 쟁의행위 투표

노동조합의 쟁의행위는 그 조합원(교섭대표노동조합이 결정된 경우에는 그 절차
에 참여한 노동조합의 전체 조합원)의 직접·비밀·무기명투표에 의한 조합원
과반수의 찬성으로 결정하지 아니하면 이를 행할 수 없다. 이 경우 조합원 수 산
정은 종사근로자인 조합원을 기준으로 한다(법 제41조 제1항).

관련 판례 절차를 위반한 쟁의행위

근로자가 쟁의행위를 함에 있어 조합원의 직접·비밀·무기명투표에 의한 찬성결정이라는
절차를 거쳐야 한다는 노동조합 및 노동관계조정법 제41조 제1항의 규정은 노동조합의 자주적
이고 민주적인 운영을 도모함과 아울러 쟁의행위에 참가한 근로자들이 사후에 그 쟁의행위의
정당성 유무와 관련하여 어떠한 불이익을 당하지 않도록 그 개시에 관한 조합의사의 결정에
보다 신중을 기하기 위하여 마련된 규정이므로 위의 절차를 위반한 쟁의행위는 그 절차를 따
를 수 없는 객관적인 사정이 인정되지 아니하는 한 정당성이 상실된다(대판 2005도8005).

② 쟁의행위의 신고

노동조합은 쟁의행위를 하고자 할 경우에는 고용노동부령이 정하는 바에 따라
행정관청과 관할노동위원회에 쟁의행위의 일시·장소·참가인원 및 그 방법을
미리 서면으로 신고하여야 한다(영 제17조).

3. 쟁의행위의 정당성

(1) 쟁의행위의 기본원칙

① 법령 기타 사회질서 준수

쟁의행위는 그 목적·방법 및 절차에 있어서 법령 기타 사회질서에 위반되어서
는 아니된다(법 제37조 제1항).

② 노동조합의 주도

조합원은 노동조합에 의하여 주도되지 아니한 쟁의행위를 하여서는 아니된다(법 제37조 제2항).

관련 판례 근로자의 쟁의행위의 정당성

근로자의 쟁의행위가 정당성을 갖추기 위하여는, 그 주체가 단체교섭이나 단체협약 체결능력이 있는 자, 즉 노동조합이어야 하고, 그 목적이 근로조건의 향상을 위한 노사간의 자치적 교섭을 조성하기 위한 것이어야 하며, 그 시기는 사용자가 근로자의 근로조건 개선에 관한 구체적인 요구에 대하여 단체교섭을 거부하거나 단체교섭의 자리에서 그러한 요구를 거부하는 회답을 했을 때 개시하되, 특별한 사정이 없는 한 법령이 정하는 바에 따라 조합원의 찬성결정 및 노동쟁의 발생신고를 거쳐야 하고, 그 방법은 소극적으로 노무의 제공을 전면적 또는 부분적으로 정지하여 사용자에게 타격을 주는 것이어야 하며, 노사관계의 신의성실의 원칙에 비추어 공정성의 원칙에 따라야 하고, 사용자의 기업시설에 대한 소유권 기타의 재산권과 조화를 이루어야 함은 물론 폭력이나 파괴행위를 수반하여서는 아니되는 것이다(대판 91다43800).

---

③ 조업방해 금지

노동조합은 사용자의 점유를 배제하여 조업을 방해하는 형태로 쟁의행위를 해서는 아니 된다(법 제37조 제3항).

(2) 주체의 정당성

① 노동조합

근로자의 쟁의행위가 정당성을 갖추기 위해서는 주체가 노동조합이어야 함

② 법외노조

노동조합법이 정한 요건을 갖추지 못해 법적으로 인정받지 못하는 노조이지만 실질적인 자주성을 갖추고 있어 쟁의행위의 주체가 됨

③ 쟁의단

㉠ 다수의 근로자가 근로조건의 유지·개선 또는 사회·경제적 지위 개선을 목적으로 일시적으로 결합한 단체를 미조직 근로자집단이라 말함

㉡ 판례는 쟁의단의 정당성을 부정

④ 살쾡이파업

노동조합에 주도되지 않은 쟁의행위. 조합원은 노동조합에 의하여 주도되지 아니한 쟁의행위를 하여서는 아니된다(법 제37조 제2항).

⑤ 지부 및 분회 등

독자적인 규약과 집행기관을 갖춘 지부 및 분회는 단위노조와 동일하게 취급하므로 독자적으로 단체교섭권을 행사할 수 있고 쟁의행위의 주체가 됨

(3) 목적의 정당성

① 원칙

쟁의행위는 근로조건의 향상을 위한 목적으로 행사되어야 함

② 쟁의행위의 목적이 될 수 없는 사유

정치파업, 동정파업, 경영사항, 인사사항, 과다한 요구

관련 판례 목적의 정당성

근로조건의 유지 또는 향상을 주된 목적으로 하지 않는 쟁의행위는 노동쟁의조정법의 규제대상인 쟁의행위에 해당하지 않는다고 보아야 할 것인바, 피고인이 노동조합의 위원장으로서 조합원들과 함께 한 집단조퇴, 월차휴가신청에 의한 결근 및 집회 등 쟁의행위가 주로 구속 근로자에 대한 항소심구형량이 1심보다 무거워진 것에 대한 항의와 석방 촉구를 목적으로 이루어진 것이라면 피고인의 행위는 근로조건의 유지 또는 향상을 주된 목적으로 한 쟁의행위라고 볼 수 없어 노동쟁의조정법의 적용대상인 쟁의행위에 해당하지 않는다고 할 것이다(대판 90도2852).

(4) 쟁의행위의 시기 및 절차의 정당성

① **시기의 정당성**

쟁의행위는 단체교섭을 거부하거나 단체교섭에서 요구를 거부했을 때에 개시하여야 함

② **절차의 정당성**

㉠ **조정절차의 전치** : 조정전치에 따른 절차를 거치지 않았다고 하여 무조건 정당성이 결여되는 것은 아니고 부당한 결과를 초래할 우려가 있는지의 여부 등을 구체적으로 살펴야함

㉡ **조합원의 찬반투표** : 노동조합의 쟁의행위는 그 조합원(교섭대표노동조합이 결정된 경우에는 그 절차에 참여한 노동조합의 전체 조합원)의 직접·비밀·무기명투표에 의한 조합원 과반수의 찬성으로 결정하지 아니하면 이를 행할 수 없다. 이 경우 조합원 수 산정은 종사근로자인 조합원을 기준으로 한다(법 제41조 제1항).

㉢ **노동쟁의의 통보** : 노동관계 당사자는 노동쟁의가 발생한 때에는 어느 일방이 이를 상대방에게 서면으로 통보하여야 한다(법 제45조 제1항).

㉣ **쟁의행위의 신고** : 노동조합은 쟁의행위를 하고자 할 경우에는 고용노동부령이 정하는 바에 따라 행정관청과 관할노동위원회에 쟁의행위의 일시·장소·참가인원 및 그 방법을 미리 서면으로 신고하여야 한다(법 제17조).

(5) 쟁의행위의 수단 및 형태의 정당성

① **정당행위**

노동조합이 단체교섭·쟁의행위 기타의 행위로서 근로조건의 목적을 달성하기 위하여 한 정당한 행위에 대하여 적용된다. 다만, 어떠한 경우에도 폭력이나 파괴행위는 정당한 행위로 해석되어서는 아니 된다(법 제4조).

② **폭행·협박금지**

쟁의행위는 그 쟁의행위와 관계없는 자 또는 근로를 제공하고자 하는 자의 출입·조업 기타 정상적인 업무를 방해하는 방법으로 행하여져서는 아니되며 쟁의행위의 참가를 호소하거나 설득하는 행위로서 폭행·협박을 사용하여서는 아니된다(법 제38조 제1항).

③ 폭력행위등의 금지(법 제42조)

    ㉠ 쟁의행위는 폭력이나 파괴행위 또는 생산 기타 주요업무에 관련되는 시설과 이에 준하는 시설로서 대통령령이 정하는 시설을 점거하는 형태로 이를 행할 수 없다.

    ㉡ 사업장의 안전보호시설에 대하여 정상적인 유지 · 운영을 정지 · 폐지 또는 방해하는 행위는 쟁의행위로서 이를 행할 수 없다.

    ㉢ 행정관청은 쟁의행위가 정상적인 유지 · 운영을 정지 · 폐지 또는 방해하는 행위에 해당한다고 인정하는 경우에는 노동위원회의 의결을 얻어 그 행위를 중지할 것을 통보하여야 한다. 다만, 사태가 급박하여 노동위원회의 의결을 얻을 시간적 여유가 없을 때에는 그 의결을 얻지 아니하고 즉시 그 행위를 중지할 것을 통보할 수 있다.

    ㉣ 행정관청은 지체없이 노동위원회의 사후승인을 얻어야 하며 그 승인을 얻지 못한 때에는 그 통보는 그때부터 효력을 상실한다.

④ 점거가 금지되는 시설(영 제21조)

    ㉠ 전기 · 전산 또는 통신시설

    ㉡ 철도(도시철도를 포함한다)의 차량 또는 선로

    ㉢ 건조 · 수리 또는 정박중인 선박. 다만, 선원이 당해 선박에 승선하는 경우를 제외한다.

    ㉣ 항공기 · 항행안전시설 또는 항공기의 이 · 착륙이나 여객 · 화물의 운송을 위한 시설

    ㉤ 화약 · 폭약 등 폭발위험이 있는 물질 또는 유독물질을 보관 · 저장하는 장소

    ㉥ 기타 점거될 경우 생산 기타 주요업무의 정지 또는 폐지를 가져오거나 공익상 중대한 위해를 초래할 우려가 있는 시설로서 고용노동부장관이 관계중앙행정기관의 장과 협의하여 정하는 시설

⑤ 중지통보

행정관청은 쟁의행위를 중지할 것을 통보하는 경우에는 서면으로 하여야 한다. 다만, 사태가 급박하다고 인정하는 경우에는 구두로 할 수 있다(영 제22조).

4. 위법한 쟁의행위와 책임

(1) 형사책임

① 정당한 쟁의행위

    ㉠ 헌재의 판례 : 형법상 업무방해죄는 모든 쟁의행위에 대하여 무조건 적용되는 것이 아니라, 단체행동권의 내재적 한계를 넘어 정당성이 없다고 판단되는 쟁의행위에 대하여만 적용되는 조항임이 명백하다고 할 것이므로, 그 목적이나 방법 및 절차상 한계를 넘어 업무방해의 결과를 야기시키는 쟁의행위에 대하여만 이 사건 법률조항을 적용하여 형사 처벌하는 것은 헌법상 단체행동권을 침해하였다고 볼 수 없다(2009헌바168).

ⓛ 대법원의 판례 : 근로자는 원칙적으로 헌법상 보장된 기본권으로서 근로조건 향상을 위한 자주적인 단결권·단체교섭권 및 단체행동권을 가지므로(헌법 제33조 제1항), 쟁의행위로서 파업이 언제나 업무방해죄에 해당하는 것으로 볼 것은 아니고, 전후 사정과 경위 등에 비추어 사용자가 예측할 수 없는 시기에 전격적으로 이루어져 사용자의 사업운영에 심대한 혼란 내지 막대한 손해를 초래하는 등으로 사용자의 사업계속에 관한 자유의사가 제압·혼란될 수 있다고 평가할 수 있는 경우에 비로소 집단적 노무제공의 거부가 위력에 해당하여 업무방해죄가 성립한다고 보는 것이 타당하다(대판 2007도482).

② 형사책임의 귀속

ㄱ 노동조합의 책임 : 법인 또는 단체의 대표자, 법인·단체 또는 개인의 대리인·사용인 기타의 종업원이 그 법인·단체 또는 개인의 업무에 관하여 위반행위를 한 때에는 행위자를 벌하는 외에 그 법인·단체 또는 개인에 대하여도 각 해당 조의 벌금형을 과한다. 다만, 법인·단체 또는 개인이 그 위반행위를 방지하기 위하여 해당 업무에 관하여 상당한 주의와 감독을 게을리하지 아니한 경우에는 그러하지 아니하다(법 제94조).

ⓛ 조합원의 책임 : 조합원이 노동조합의 승인없이 또는 그 지시에 반하여 쟁의행위를 하는 경우 형사상 책임 발생

ⓒ 조합간부의 책임 : 위법한 쟁의행위를 한 경우에 이를 주도한 간부에 대하여 업무방해죄가 해당 가능

(2) 민사책임

① 노동조합의 책임

민사상 배상책임이 면제되는 손해는 정당한 쟁의행위로 인한 손해에 국한된다고 풀이하여야 할 것이고, 정당성이 없는 쟁의행위는 불법행위를 구성하고 이로 말미암아 손해를 입은 사용자는 노동조합이나 근로자에 대하여 그 손해배상을 청구할 수 있다(대판 93다32828, 32835).

② 조합간부의 책임

노동조합의 간부들이 불법쟁의행위를 기획, 지시, 지도하는 등으로 주도한 경우에 이와 같은 간부들의 행위는 조합의 집행기관으로서의 행위라 할 것이므로 이러한 경우 민법 제35조 제1항의 유추적용에 의하여 노동조합은 그 불법쟁의행위로 인하여 사용자가 입은 손해를 배상할 책임이 있고, 한편 조합간부들의 행위는 일면에 있어서는 노동조합 단체로서의 행위라고 할 수 있는 외에 개인의 행위라는 측면도 아울러 지니고 있고, 일반적으로 쟁의행위가 개개 근로자의 노무정지를 조직하고 집단화하여 이루어지는 집단적 투쟁행위라는 그 본질적 특징을 고려하여 볼 때 노동조합의 책임 외에 불법쟁의행위를 기획, 지시, 지도하는 등으로 주도한 조합의 간부들 개인에 대하여도 책임을 지우는 것이 상당하다(대판 93다32828, 32835).

③ 조합원의 책임

일반 조합원이 불법쟁의행위시 노동조합 등의 지시에 따라 단순히 노무를 정지한 것만으로는 노동조합 또는 조합 간부들과 함께 공동불법행위책임을 진다고 할 수 없다. 다만, 근로자의 근로내용 및 공정의 특수성과 관련하여 그 노무를 정지할 때에 발생할 수 있는 위험 또는 손해 등을 예방하기 위하여 그가 노무를 정지할 때에 준수하여야 할 사항 등이 정하여져 있고, 근로자가 이를 준수함이 없이 노무를 정지함으로써 그로 인하여 손해가 발생하였거나 확대되었다면, 그 근로자가 일반 조합원이라고 할지라도 그와 상당인과관계에 있는 손해를 배상할 책임이 있다(대판 2005다30610).

5. 쟁의행위와 근로관계

(1) 쟁의행위 참가자의 임금

① 쟁의행위 기간 중의 임금지급 요구의 금지(법 제44조)

㉠ 사용자는 쟁의행위에 참가하여 근로를 제공하지 아니한 근로자에 대하여는 그 기간 중의 임금을 지급할 의무가 없다.

㉡ 노동조합은 쟁의행위 기간에 대한 임금의 지급을 요구하여 이를 관철할 목적으로 쟁의행위를 하여서는 아니 된다.

② 파업참가 시 임금삭감의 범위

근로자의 근로제공의무가 정지됨으로써 사용자가 근로자의 노무제공과 관련하여 아무런 노무지휘권을 행사할 수 없는 쟁의행위의 경우에 이를 유추하여 당사자 사이에 쟁의행위기간 중 쟁의행위에 참가하여 근로를 제공하지 아니한 근로자에게 그 임금을 지급할 의사가 있다거나 임금을 지급하기로 하는 내용의 근로계약을 체결한 것이라고는 할 수 없다(대판 96다5346).

관련 판례 쟁의행위와 근로

근로자의 쟁의행위는 근로조건에 관한 노동관계 당사자간의 주장의 불일치로 인하여 생긴 분쟁상태를 유리하게 전개하기 위하여 사용자에 대하여 집단적·조직적으로 노무를 정지하는 투쟁행위로서, 쟁의행위 기간 동안 근로자는 사용자에 대한 주된 의무인 근로 제공 의무로부터 벗어나는 등 근로계약에 따른 근로자와 사용자의 주된 권리·의무가 정지됨으로 인하여 사용자는 근로자의 노무 제공에 대하여 노무지휘권을 행사할 수 없게 되는 데 반하여 평상시의 개별 근로자의 결근·지각·조퇴 등에 있어서는 이와는 달리 위와 같이 근로관계가 일시 정지되는 것이 아니고 경우에 따라 단순히 개별 근로자의 근로 제공 의무의 불이행만이 남게 되는 것으로서 사용자는 여전히 근로자의 노무 제공과 관련하여 노무지휘권을 행사할 수 있는 것이므로 쟁의행위의 경우와는 근본적으로 그 성질이 다르다(대판 94다26721).

SEMI-NOTE

쟁의행위

쟁의행위는 헌법상 보장된 권리이므로 근로관계는 그대로 유지되지만 일시적으로 정지된다는 것이 지배적인 학설

02장

노동조합 및 노동관계조정법

③ 쟁의행위와 주휴수당

쟁의행위시의 임금 지급에 관하여 단체협약이나 취업규칙 등에서 이를 규정하거나 그 지급에 관한 당사자 사이의 약정이나 관행이 있다고 인정되지 아니하는 한, 근로자의 근로 제공 의무 등 주된 권리·의무가 정지되어 근로자가 근로 제공을 하지 아니한 쟁의행위 기간 동안에는 근로 제공 의무와 대가관계에 있는 근로자의 주된 권리로서의 임금청구권은 발생하지 않는다고 하여야 한다(대판 2007다73277).

(2) 파업종료 후의 근로관계

부당노동행위로서 금지하고 있는 바와 같이, 사용자는 근로자가 정당한 단체행동에 참여한 것을 이유로 그 근로자에게 해고 기타 불이익을 줄 수 없으므로, 정당한 쟁의행위에 참가한 근로자는 쟁의행위가 종료된 후 직장에 복귀할 권리가 있고 사용자는 이를 거부하지 못함. 다만 조업형태의 특수성 등으로 정상가동에 상당한 시일이 소요되어 즉각 조업을 재개할 수 없는 특별한 사정이 있다면, 이는 그 자체로 휴업이기에 사용자의 귀책 사유 인정 여부에 따른 휴업수당 지급 문제가 발생함

05절 노동쟁의의 조정

1. 통칙

(1) 조정제도의 의의와 목적

① 조정제도의 의의

노사간의 분쟁을 국가가 개입하여 미연에 방지하거나 해결하는 제도

② 목적

노사관계는 단체교섭에 의한 단체협약에 의하여 평화적으로 규율되는 것이 가장 이상적이지만, 노사의 이해대립이 언제나 평화적·자율적으로 해결되기는 현실적으로 어려움. 또한 노사분쟁(勞使紛爭)의 결과는 당사자는 물론 국민경제에 미치는 영향이 심각하기 때문에 부득이 국가기관이 이에 개입함

(2) 노동쟁의 조정의 원칙

① 자주적 조정의 노력

노동쟁의의 조정의 규정은 노동관계 당사자가 직접 노사협의 또는 단체교섭에 의하여 근로조건 기타 노동관계에 관한 사항을 정하거나 노동관계에 관한 주장의 불일치를 조정하고 이에 필요한 노력을 하는 것을 방해하지 아니한다(법 제47조).

② 당사자의 책무

노동관계 당사자는 단체협약에 노동관계의 적정화를 위한 노사협의 기타 단체교

섭의 절차와 방식을 규정하고 노동쟁의가 발생한 때에는 이를 자주적으로 해결
하도록 노력하여야 한다(법 제48조).

③ 국가등의 책무

국가 및 지방자치단체는 노동관계 당사자간에 노동관계에 관한 주장이 일치하지
아니할 경우에 노동관계 당사자가 이를 자주적으로 조정할 수 있도록 조력함으
로써 쟁의행위를 가능한 한 예방하고 노동쟁의의 신속 · 공정한 해결에 노력하여
야 한다(법 제49조).

④ 신속한 처리

이 법에 의하여 노동관계의 조정을 할 경우에는 노동관계 당사자와 노동위원회
기타 관계기관은 사건을 신속히 처리하도록 노력하여야 한다(법 제50조).

⑤ 공익사업등의 우선적 취급

국가 · 지방자치단체 · 국공영기업체 · 방위산업체 및 공익사업에 있어서의 노동
쟁의의 조정은 우선적으로 취급하고 신속히 처리하여야 한다(법 제51조).

(3) 조정의 유형

① 구속력에 따른 유형

㉠ 조정 : 해결안을 당사자 모두 수락하여야 구속력을 가짐

㉡ 중재 : 해결안이 당사자의 의사와 관계없이 구속력을 가짐

② 조정개시에 따른 유형

㉠ 임의조정 : 당사자 쌍방의 신청이 있어야 개시되는 조정

㉡ 강제조정 : 국가기관에 의하여 조정이 강제되는 조정

③ 조정기관에 따른 유형

㉠ 사적 조정 : 분쟁해결에 관하여 당사자 쌍방이 합의하거나 단체협약 등으로
정해진 민간의 제3자에게 조정을 의뢰하는 조정

㉡ 공적 조정 : 국가나 법률에 의하여 분쟁해결의 절차를 규정하고 있는 경우 공
적 기관이나 당사자의 발의로 조정 및 중재하는 것

실력up 사적 조정 · 중재

• 노동관계 당사자가 쌍방의 합의 또는 단체협약이 정하는 바에 따라 각각 다른 조정 또는
중재방법에 의하여 노동쟁의를 해결하는 것을 방해하지 않음
• 노동관계 당사자는 제1항의 규정에 의하여 노동쟁의를 해결하기로 한 때에는 이를 노동위
원회에 신고해야 함
• 노동쟁의를 해결하기로 한 때에는 다음의 규정이 적용됨
  − 조정에 의하여 해결하기로 한 때에는 조정의 전치 및 조정기간의 규정. 이 경우 조정
  기간은 조정을 개시한 날부터 기산함
  − 중재에 의하여 해결하기로 한 때에는 중재시의 쟁의행위의 금지의 규정. 이 경우 쟁의
  행위의 금지기간은 중재를 개시한 날부터 기산함
• 조정 또는 중재가 이루어진 경우에 그 내용은 단체협약과 동일한 효력을 가짐
• 사적조정등을 수행하는 자는 저정담당 공익위원의 자격을 가진 자로 정하며, 이 경우 사적조
정 등을 수행하는 자는 노동관계 당사자로부터 수수료, 수당 및 여비 등을 받을 수 있음

2. 조정

(1) 조정의 의의

관계당사자의 일방적 신청에 의해 개시되는 것으로 노동쟁의를 평화적으로 해결하기 위한 제도

조정기간

- 조정은 조정의 신청이 있는 날부터 일반사업에 있어서는 10일, 공익사업에 있어서는 15일 이내에 종료하여야 한다(법 제54조 제1항).
- 조정기간은 관계 당사자간의 합의로 일반사업에 있어서는 10일, 공익사업에 있어서는 15일 이내에서 연장 가능

(2) 조정의 개시

① 당사자 일방의 신청

노동위원회는 관계 당사자의 일방이 노동쟁의의 조정을 신청한 때에는 지체없이 조정을 개시하여야 하며 관계 당사자 쌍방은 이에 성실히 임하여야 한다(법 제53조 제1항).

② 자주적인 분쟁 해결 지원

노동위원회는 조정신청 전이라도 원활한 조정을 위하여 교섭을 주선하는 등 관계 당사자의 자주적인 분쟁 해결을 지원할 수 있음

특별조정위원회 설치

공익사업의 노동쟁의의 조정을 위하여 노동위원회에 특별조정위원회를 둔다 (법 제72조 제항).

(3) 조정 담당자

① 조정위원회의 구성(법 제55조)

㉠ 노동쟁의의 조정을 위하여 노동위원회에 조정위원회를 둔다.

㉡ 조정위원회는 조정위원 3인으로 구성한다.

㉢ 조정위원은 당해 노동위원회의 위원 중에서 사용자를 대표하는 자, 근로자를 대표하는 자 및 공익을 대표하는 자 각 1인을 그 노동위원회의 위원장이 지명하되, 근로자를 대표하는 조정위원은 사용자가, 사용자를 대표하는 조정위원은 노동조합이 각각 추천하는 노동위원회의 위원 중에서 지명하여야 한다. 다만, 조정위원회의 회의 3일전까지 관계 당사자가 추천하는 위원의 명단제출이 없을 때에는 당해 위원을 위원장이 따로 지명할 수 있다.

㉣ 노동위원회의 위원장은 근로자를 대표하는 위원 또는 사용자를 대표하는 위원의 불참 등으로 인하여 조정위원회의 구성이 어려운 경우 노동위원회의 공익을 대표하는 위원 중에서 3인을 조정위원으로 지명할 수 있다. 다만, 관계 당사자 쌍방의 합의로 선정한 노동위원회의 위원이 있는 경우에는 그 위원을 조정위원으로 지명한다.

② 조정위원회의 위원장(법 제56조)

㉠ 조정위원회에 위원장을 둔다.

㉡ 위원장은 공익을 대표하는 조정위원이 된다. 다만, 조정위원회의 위원장은 조정위원 중에서 호선한다.

③ 단독조정(법 제57조)

㉠ 노동위원회는 관계 당사자 쌍방의 신청이 있거나 관계 당사자 쌍방의 동의를 얻은 경우에는 조정위원회에 갈음하여 단독조정인에게 조정을 행하게 할 수 있다.

㉡ 단독조정인은 당해 노동위원회의 위원 중에서 관계 당사자의 쌍방의 합의로 선정된 자를 그 노동위원회의 위원장이 지명한다.

(4) 조정방법

① 주장의 확인 등

조정위원회 또는 단독조정인은 기일을 정하여 관계 당사자 쌍방을 출석하게 하여 주장의 요점을 확인하여야 한다(법 제58조).

② 출석금지

조정위원회의 위원장 또는 단독조정인은 관계 당사자와 참고인외의 자의 출석을 금할 수 있다(법 제59조).

③ 조정안의 작성(법 제60조)

ㄱ. 조정위원회 또는 단독조정인은 조정안을 작성하여 이를 관계 당사자에게 제시하고 그 수락을 권고하는 동시에 그 조정안에 이유를 붙여 공표할 수 있으며, 필요한 때에는 신문 또는 방송에 보도등 협조를 요청할 수 있다.

ㄴ. 조정위원회 또는 단독조정인은 관계 당사자가 수락을 거부하여 더 이상 조정이 이루어질 여지가 없다고 판단되는 경우에는 조정의 종료를 결정하고 이를 관계 당사자 쌍방에 통보하여야 한다.

ㄷ. 조정안이 관계 당사자의 쌍방에 의하여 수락된 후 그 해석 또는 이행방법에 관하여 관계 당사자간에 의견의 불일치가 있는 때에는 관계 당사자는 당해 조정위원회 또는 단독조정인에게 그 해석 또는 이행방법에 관한 명확한 견해의 제시를 요청하여야 한다.

ㄹ. 조정위원회 또는 단독조정인은 요청을 받은 때에는 그 요청을 받은 날부터 7일 이내에 명확한 견해를 제시하여야 한다.

ㅁ. 해석 또는 이행방법에 관한 견해가 제시될 때까지는 관계 당사자는 당해 조정안의 해석 또는 이행에 관하여 쟁의행위를 할 수 없다.

(5) 조정의 효력

① 조정안의 서명 또는 날인

조정안이 관계 당사자에 의하여 수락된 때에는 조정위원 전원 또는 단독조정인은 조정서를 작성하고 관계 당사자와 함께 서명 또는 날인하여야 한다(법 제61조 제1항).

② 중재재정과 동일한 효력

조정위원회 또는 단독조정인이 제시한 해석 또는 이행방법에 관한 견해는 중재재정과 동일한 효력을 가진다(법 제61조 제3항).

(6) 조정지원 및 종료 후의 조정

① 조정지원

노동위원회는 조정신청 전이라도 원활한 조정을 위하여 교섭을 주선하는 등 관계 당사자의 자주적인 분쟁 해결을 지원할 수 있다(법 제53조 제2항).

② 조정종료 결정 후의 조정(법 제61조의2)

ㄱ. 노동위원회는 조정의 종료가 결정된 후에도 노동쟁의의 해결을 위하여 조정을 할 수 있다.

ㄴ. 조정에 관하여는 조정위원회의 구성 내지 조정의 효력의 규정을 준용한다.

SEMI-NOTE

조정서의 효력
조정서의 내용은 단체협약과 동일한 효력을 가진다(법 제61조 제2항).

3. 중재

(1) 중재의 의의

중재위원회가 당사자의 의사와 관련 없이 노동쟁의에 관한 해결안을 작성하여 노사
분쟁을 해결하는 방법

(2) 중재의 개시

노동위원회는 다음의 어느 하나에 해당하는 때에는 중재를 행한다(법 제62조).
① 관계 당사자의 쌍방이 함께 중재를 신청한 때
② 관계 당사자의 일방이 단체협약에 의하여 중재를 신청한 때

(3) 개시요건

① 임의중재
  ㉠ 관계 당사자의 쌍방이 함께 중재를 신청한 때
  ㉡ 관계 당사자의 일방이 단체협약에 의하여 중재를 신청한 때
  ㉢ 긴급조정시 관계당사자의 쌍방으로부터 중재신청이 있는 때
② 직권중재
  필수공익사업의 노·사 양측이 단체협약 등을 둘러싸고 합의된 조정안을 도출해
  내지 못할 경우 중앙노동위원회가 직권으로 중재안을 제시하는 것

(4) 중재위원회의 구성(법 제64조)

① 노동쟁의의 중재 또는 재심을 위하여 노동위원회에 중재위원회를 둔다.
② 중재위원회는 중재위원 3인으로 구성한다.
③ 중재위원은 당해 노동위원회의 공익을 대표하는 위원중에서 관계 당사자의 합의
 로 선정한 자에 대하여 그 노동위원회의 위원장이 지명한다. 다만, 관계 당사자
 간에 합의가 성립되지 아니한 경우에는 노동위원회의 공익을 대표하는 위원중에
 서 지명한다.

(5) 중재방법

① 주장의 확인등(법 제66조)
  ㉠ 중재위원회는 기일을 정하여 관계 당사자 쌍방 또는 일방을 중재위원회에 출
   석하게 하여 주장의 요점을 확인하여야 한다.
  ㉡ 관계 당사자가 지명한 노동위원회의 사용자를 대표하는 위원 또는 근로자를
   대표하는 위원은 중재위원회의 동의를 얻어 그 회의에 출석하여 의견을 진술
   할 수 있다.
② 출석금지
  중재위원회의 위원장은 관계 당사자와 참고인외의 자의 회의출석을 금할 수 있
  다(법 제67조).

(6) 중재의 종료

① 중재재정(법 제68조)
　㉠ 중재재정은 서면으로 작성하여 이를 행하며 그 서면에는 효력발생 기일을 명시하여야 한다.
　㉡ 중재재정의 해석 또는 이행방법에 관하여 관계 당사자간에 의견의 불일치가 있는 때에는 당해 중재위원회의 해석에 따르며 그 해석은 중재재정과 동일한 효력을 가진다.

② 중재재정서의 송달(영 제29조)
　㉠ 노동위원회는 중재를 한 때에는 지체 없이 그 중재재정서를 관계 당사자에게 각각 송달해야 한다.
　㉡ 중앙노동위원회는 지방노동위원회 또는 특별노동위원회의 중재재정을 재심한 때에는 지체 없이 그 재심결정서를 관계 당사자와 관계 노동위원회에 각각 송달해야 한다.

③ 중재재정등의 확정(법 제69조)
　㉠ 관계 당사자는 지방노동위원회 또는 특별노동위원회의 중재재정이 위법이거나 월권에 의한 것이라고 인정하는 경우에는 그 중재재정서의 송달을 받은 날부터 10일 이내에 중앙노동위원회에 그 재심을 신청할 수 있다.
　㉡ 관계 당사자는 중앙노동위원회의 중재재정이나 재심결정이 위법이거나 월권에 의한 것이라고 인정하는 경우에는 그 중재재정서 또는 재심결정서의 송달을 받은 날부터 15일 이내에 행정소송을 제기할 수 있다.
　㉢ 기간내에 재심을 신청하지 아니하거나 행정소송을 제기하지 아니한 때에는 그 중재재정 또는 재심결정은 확정된다.
　㉣ 중재재정이나 재심결정이 확정된 때에는 관계 당사자는 이에 따라야 한다.

④ 중재재정 등의 효력(법 제70조)
　㉠ 중재재정의 내용은 단체협약과 동일한 효력을 가진다.
　㉡ 노동위원회의 중재재정 또는 재심결정은 중앙노동위원회에의 재심신청 또는 행정소송의 제기에 의하여 그 효력이 정지되지 아니한다.

4. 공익사업등의 조정에 관한 특칙

(1) 공익사업의 범위 등

① 공익사업
이 법에서 공익사업이라 함은 공중의 일상생활과 밀접한 관련이 있거나 국민경제에 미치는 영향이 큰 사업으로서 다음의 사업을 말한다(법 제71조 제1항).
　㉠ 정기노선 여객운수사업 및 항공운수사업
　㉡ 수도사업, 전기사업, 가스사업, 석유정제사업 및 석유공급사업
　㉢ 공중위생사업, 의료사업 및 혈액공급사업
　㉣ 은행 및 조폐사업
　㉤ 방송 및 통신사업

② **필수공익사업**

이 법에서 필수공익사업이라 함은 제1항의 공익사업으로서 그 업무의 정지 또는 폐지가 공중의 일상생활을 현저히 위태롭게 하거나 국민경제를 현저히 저해하고 그 업무의 대체가 용이하지 아니한 다음 각 호의 사업을 말한다(법 제71조 제2항).

㉠ 철도사업, 도시철도사업 및 항공운수사업

㉡ 수도사업, 전기사업, 가스사업, 석유정제사업 및 석유공급사업

㉢ 병원사업 및 혈액공급사업

㉣ 한국은행사업

㉤ 통신사업

(2) 조정기간

① **공익사업 조정기간**

조정은 조정의 신청이 있은 날부터 일반사업에 있어서는 10일, 공익사업에 있어서는 15일 이내에 종료하여야 한다(법 제54조 제1항).

② **공익사업 조정기간 연장**

조정기간은 관계 당사자간의 합의로 일반사업에 있어서는 10일, 공익사업에 있어서는 15일 이내에서 연장할 수 있다(법 제54조 제2항).

(3) 특별조정위원회

① **특별조정위원회의 구성(법 제72조)**

㉠ 공익사업의 노동쟁의의 조정을 위하여 노동위원회에 특별조정위원회를 둔다.

㉡ 특별조정위원회는 특별조정위원 3인으로 구성한다.

㉢ 특별조정위원은 그 노동위원회의 공익을 대표하는 위원 중에서 노동조합과 사용자가 순차적으로 배제하고 남은 4인 내지 6인중에서 노동위원회의 위원장이 지명한다. 다만, 관계 당사자가 합의로 당해 노동위원회의 위원이 아닌 자를 추천하는 경우에는 그 추천된 자를 지명한다.

② **특별조정위원회의 위원장(법 제73조)**

㉠ 특별조정위원회에 위원장을 둔다.

㉡ 위원장은 공익을 대표하는 노동위원회의 위원인 특별조정위원 중에서 호선하고, 당해 노동위원회의 위원이 아닌 자만으로 구성된 경우에는 그중에서 호선한다. 다만, 공익을 대표하는 위원인 특별조정위원이 1인인 경우에는 당해 위원이 위원장이 된다.

(4) 필수공익사업에 관한 특칙

① **필수유지업무에 대한 쟁의행위의 제한**

필수유지업무의 정당한 유지·운영을 정지·폐지 또는 방해하는 행위는 쟁의행위로서 이를 행할 수 없다(법 제42조의2 제2항).

② 사용자의 채용제한 예외

　㉠ 필수공익사업의 사용자가 쟁의행위 기간 중에 한하여 당해 사업과 관계없는 자를 채용 또는 대체하거나 그 업무를 도급 또는 하도급 주는 경우에는 적용하지 아니한다(법 제43조 제3항).

　㉡ 사용자는 당해 사업 또는 사업장 파업참가자의 100분의 50을 초과하지 않는 범위 안에서 채용 또는 대체하거나 도급 또는 하도급 줄 수 있다. 이 경우 파업참가자 수의 산정 방법 등은 대통령령으로 정한다(법 제43조 제4항).

5. 긴급조정

(1) 긴급조정의 의의

쟁의가 공익사업에 관한 것 또는 대규모 혹은 특별한 성질의 사업에 관한 것이기 때문에 쟁의행위로 인하여 그 업무가 정지되면, 국민경제의 안전이 현저하게 저해되거나 국민의 일상생활이 크게 위태롭게 될 염려가 있는 경우에 대하여 그 위험이 현존하는 경우에 중앙노동위원회가 행하는 조정

(2) 긴급조정의 결정

① 긴급조정의 결정
고용노동부장관은 쟁의행위가 공익사업에 관한 것이거나 그 규모가 크거나 그 성질이 특별한 것으로서 현저히 국민경제를 해하거나 국민의 일상생활을 위태롭게 할 위험이 현존하는 때에는 긴급조정의 결정을 할 수 있다(법 제76조 제1항).

② 의견청취
고용노동부장관은 긴급조정의 결정을 하고자 할 때에는 미리 중앙노동위원회 위원장의 의견을 들어야 한다(법 제76조 제2항).

③ 긴급조정의 통고
고용노동부장관은 긴급조정을 결정한 때에는 지체 없이 그 이유를 붙여 이를 공표함과 동시에 중앙노동위원회와 관계 당사자에게 각각 통고하여야 한다(법 제76조 제3항).

④ 긴급조정의 공표
긴급조정 결정의 공표는 신문·라디오 기타 공중이 신속히 알 수 있는 방법으로 하여야 한다(영 제32조).

(3) 긴급조정의 절차

① 중앙노동위원회의 조정
중앙노동위원회는 통고를 받은 때에는 지체없이 조정을 개시하여야 한다(법 제78조).

② 중앙노동위원회의 중재회부 결정권(법 제79조)
중앙노동위원회의 위원장은 조정이 성립될 가망이 없다고 인정한 경우에는 공익위원의 의견을 들어 그 사건을 중재에 회부할 것인가의 여부를 결정하여야 한다.

③ 중앙노동위원회의 중재

중앙노동위원회는 당해 관계 당사자의 일방 또는 쌍방으로부터 중재신청이 있거나 중재회부의 결정을 한 때에는 지체없이 중재를 행하여야 한다(법 제80조).

(4) 긴급조정 시의 쟁의행위 중지

관계 당사자는 긴급조정의 결정이 공표된 때에는 즉시 쟁의행위를 중지하여야 하며, 공표일부터 30일이 경과하지 아니하면 쟁의행위를 재개할 수 없다(법 제77조).

6. 사적 조정제도

(1) 의의

노사관계 당사자의 의사에 의하여 개시되고, 단체교섭을 하면서 제3자의 조력을 받으므로, 노사자치주의에 부합

(2) 사적 조정 · 중재

① 조정, 중재 규정과 사적 조정 · 중재

이 법의 조정, 중재 규정은 노동관계 당사자가 쌍방의 합의 또는 단체협약이 정하는 바에 따라 각각 다른 조정 또는 중재방법에 의하여 노동쟁의를 해결하는 것을 방해하지 아니한다(법 제52조 제1항).

② 노동위원회에 신고

노동관계 당사자는 노동쟁의를 해결하기로 한 때에는 이를 노동위원회에 신고하여야 한다(법 제52조 제2항).

③ 사적 조정 · 중재에 적용되는 규정

노동쟁의를 해결하기로 한 때에는 다음의 규정이 적용된다(법 제52조 제3항).

㉠ 조정에 의하여 해결하기로 한 때에는 조정의 전치 및 조정기간의 규정. 이 경우 조정기간은 조정을 개시한 날부터 기산한다.

㉡ 중재에 의하여 해결하기로 한 때에는 중재개시의 규정. 이 경우 쟁의행위의 금지기간은 중재를 개시한 날부터 기산한다.

④ 단체협약과 동일한 효력

조정 또는 중재가 이루어진 경우에 그 내용은 단체협약과 동일한 효력을 가진다(법 제52조 제4항).

(3) 사적 조정 · 중재의 신고

① 관할노동위원회에 신고

노동관계당사자는 사적 조정 · 중재에 의하여 노동쟁의를 해결하기로 한 경우에는 고용노동부령이 정하는 바에 따라 관할노동위원회에 신고하여야 한다(영 제23조 제1항).

② 조정 또는 중재가 진행중인 경우

조정 또는 중재가 진행중인 경우에도 할 수 있다(영 제23조 제2항).

③ 노동쟁의가 해결되지 아니한 경우

노동관계당사자는 사적 조정·중재에 의하여 노동쟁의가 해결되지 아니한 경우에는 노동쟁의를 조정 또는 중재하여 줄 것을 고용노동부령이 정하는 바에 따라 관할 노동위원회에 신청할 수 있다. 이 경우 관할 노동위원회는 지체 없이 조정 또는 중재를 개시하여야 한다(영 제23조 제3항).

④ 노동쟁의의 조정 등의 신청(영 제24조)

　ㄱ 노동관계당사자는 조정 또는 중재를 신청할 경우에는 고용노동부령으로 정하는 바에 따라 관할 노동위원회에 신청하여야 한다.

　ㄴ 신청을 받은 노동위원회는 그 신청내용이 조정 또는 중재의 대상이 아니라고 인정할 경우에는 그 사유와 다른 해결방법을 알려주어야 한다.

⑤ 조정의 통보

노동위원회는 조정과 중재를 하게 된 경우에는 지체 없이 이를 서면으로 관계당사자에게 각각 통보하여야 한다(영 제25조).

⑥ 조정위원회의 구성

노동위원회는 노동쟁의의 조정을 하게 된 경우에는 지체 없이 당해 사건의 조정을 위한 조정위원회 또는 특별조정위원회를 구성하여야 한다(영 제26조).

06절　부당노동행위

1. 총설

(1) 의의

사용자 측이 근로자의 근로3권(단결권·단체교섭권·단체행동권) 행사를 방해하는 침해행위

(2) 부당노동행위 연혁

① 와그너법

1933년에 제정된 단결권·단체교섭권·최저임금제 등을 규정한 전국산업부흥법이 독점자본의 반대로 연방최고법원에 의하여 위헌이라는 판결을 받아 실효된 뒤에 제정된 법으로, 근로자의 단결권 및 단체교섭권을 보호하기 위하여 부당노동행위제도와 교섭단위제도를 설정함

② 태프트 하틀리법

1947년에 제정된 미국의 노사관계법으로 주요 내용은 노동조합의 부당노동행위 금지 규정, 클로즈드 숍 제의 금지(유니온 숍만 인정), 국민의 건강과 안전을 위협하는 쟁의에 대한 긴급조정제도의 도입, 각 주에 대한 노동입법권의 부여, 연방공무원과 정부기업 종업원의 파업 금지 등이 있음

부당노동행위제도의 목적
헌법에서 보장하고 있는 노동3권을 구체적으로 보호하기 위한 것

SEMI-NOTE

③ ILO조약

국제적인 협력을 통해 근로자의 지위향상을 꾀하려는 국제기구로 각국의 노동입법, 적정한 노동시간, 임금, 노동자의 보건, 위생 등에 관한 권고나 지도를 하고 국제노동기준을 제정, 가입국이 그것을 준수하도록 감독하며 노동자의 생활에 관한 조사연구를 함

④ 우리나라의 부당노동행위제도

1953년 노동조합법에서는 사용자와 노동조합의 부당노동행위를 규정하였으나 이후 사용자의 부당노동행위만을 규정함

(3) 부당노동행위제도의 주체

① 부당노동행위 금지의 수규자로서의 사용자

부당노동행위의 주체는 사용자이므로 사용자는 사업주, 사업의 경영담당자 또는 그 사업의 근로자에 관한 사항에 대하여 사업주를 위하여 행동하는 자를 말한다 (법 제2조 제2호).

② 부당노동행위 구제명령의 수규자로서의 사용자

부당노동행위 구제명령의 수규자로서의 사용자는 고용주인 사용자

2. 부당노동행위 유형

(1) 불이익취급

① 의의

근로자가 노동조합에 가입 또는 가입하려고 하였거나 노동조합을 조직하려고 하였거나 기타 노동조합의 업무를 위한 정당한 행위를 한 것을 이유로 그 근로자를 해고하거나 그 근로자에게 불이익을 주는 행위(법 제81조 제1항 제1호), 근로자가 정당한 단체행위에 참가한 것을 이유로 하거나 또는 노동위원회에 대하여 사용자가 신고하거나 그에 관한 증언을 하거나 기타 행정관청에 증거를 제출한 것을 이유로 그 근로자를 해고하거나 그 근로자에게 불이익을 주는 행위(법 제81조 제1항 제5호)

② 불이익취급의 성립요건

○ 근로자가 노동조합에 가입 또는 가입하려고 하였거나 노동조합을 조직하려고 한 행위

○ 기타 노동조합의 업무를 위한 정당한 행위

불이익취급의 유형

징계처분, 인사상의 불이익, 경제상의 불이익, 정신상의 불이익 등

관련 판례 불이익취급의 인정

노동조합원이 조합대의원으로 출마한 행위는 노동조합의 행위에 해당함이 분명하고, 취업규칙과 노사협의에 의하여 지급하도록 정하여진 목욕권과 예비군훈련기간의 수당을 지급하지 않는다고 노동부에 진정한 행위는 노동조합의 목적인 근로조건의 유지개선, 기타 근로자의 경제적 지위향상을 도모하기 위한 행위로서 조합의 묵시적 승인 내지 수권을 얻은 행위라고 보아야 할 것이므로 근로조합의 업무를 위한 정당한 행위로 볼 것이다(대판 89누8217).

SEMI-NOTE

ⓒ 근로자가 정당한 단체행위에 참가한 것을 이유로 하거나 또는 노동위원회에 대하여 사용자가 신고하거나 그에 관한 증언을 하거나 기타 행정관청에 증거를 제출

③ 인과관계

부당노동행위가 성립하기 위해서는 근로자들의 정당한 노동3권 행사와 사용자의 해고 및 기타 불이익취급 사이에 인과관계가 존재해야 함. 인과관계에 대한 판단은 불이익처분 당시의 제반사정을 종합적·구체적으로 고려해야 함

④ 불이익취급 원인의 경합

사용자가 근로자를 해고함에 있어서 표면적으로 내세우는 해고사유와는 달리 실질적으로는 근로자의 정당한 노동조합 활동을 이유로 해고한 것으로 인정되는 경우에 있어서는 그 해고는 부당노동행위라고 보아야 할 것이고, 근로자의 노동조합 업무를 위한 정당한 행위를 실질적인 해고사유로 한 것인지의 여부는 사용자 측이 내세우는 해고사유와 근로자가 한 노동조합 업무를 위한 정당한 행위의 내용, 해고를 한 시기, 사용자와 노동조합과의 관계, 동종의 사례에 있어서 조합원과 비조합원에 대한 제재의 불균형 여부, 종래의 관행에 부합 여부, 사용자의 조합원에 대한 언동이나 태도, 기타 부당노동행위 의사의 존재를 추정할 수 있는 제반 사정 등을 비교 검토하여 판단하여야 한다(대판 99두4273).

⑤ 입증책임

부당노동행위에 대한 입증책임은 부당행위를 주장하는 자에게 있음

관련 판례

부당노동행위가 성립하기 위해서는 근로자가 "노동조합의 업무를 위한 정당한 행위"를 하고, 회사가 이를 이유로 근로자를 해고한 경우라야 하고, 같은 사실의 주장 및 입증책임은 부당노동행위임을 주장하는 근로자에게 있다(대판 91누2557).

(2) 황견계약

① 의의

황견계약은 근로자가 어느 노동조합에 가입하지 아니할 것 또는 탈퇴할 것을 고용조건으로 하거나, 특정한 노동조합의 조합원이 될 것을 고용조건으로 하는 행위를 말하는데 이를 비열계약, 반조합계약이라고도 함

② 요건

근로자가 어느 노동조합에 가입하지 아니할 것 또는 탈퇴할 것을 고용조건으로 하거나 특정한 노동조합의 조합원이 될 것을 고용조건으로 하는 행위. 다만, 노동조합이 당해 사업장에 종사하는 근로자의 3분의 2 이상을 대표하고 있을 때에는 근로자가 그 노동조합의 조합원이 될 것을 고용조건으로 하는 단체협약의 체결은 예외로 하며, 이 경우 사용자는 근로자가 그 노동조합에서 제명된 것 또는 그 노동조합을 탈퇴하여 새로 노동조합을 조직하거나 다른 노동조합에 가입한 것을 이유로 근로자에게 신분상 불이익한 행위를 할 수 없다(법 제81조 제1항 제2호).

③ 종류

㉠ 조합불가입을 고용조건으로 하는 경우

㉡ 조합탈퇴를 고용조건으로 하는 경우

㉢ 특정한 노동조합의 조합원이 될 것을 고용조건으로 하는 경우

㉣ 조합활동 금지를 고용조건으로 하는 경우

④ 유니온숍 제도

㉠ 의의 : 노동조합이 사용자와의 단체협약으로 근로자가 고용되면 일정 기간 내에 노동조합에 가입하여 조합원 자격을 가져야 하고, 노동조합에 가입하지 않거나 탈퇴 또는 제명된 경우에는 해고하도록 정한 방법

㉡ 내용 : 단체협약을 통해 종업원인 미가입 근로자에게 조합가입을 강제하며, 또한 노동조합의 탈퇴·제명으로 조합원자격을 상실한 자에 대하여 사용자에게 해고의무를 지움으로써 조직강화를 기하려는 것

㉢ 효력

- 사용자의 해고의무 : 유니언 숍(Union Shop) 협정은 노동조합의 단결력을 강화하기 위한 강제의 한 수단으로서 근로자가 대표성을 갖춘 노동조합의 조합원이 될 것을 '고용조건'으로 하고 있는 것이므로 단체협약에 유니언 숍 협정에 따라 근로자는 노동조합의 조합원이어야만 된다는 규정이 있는 경우에는 다른 명문의 규정이 없더라도 사용자는 노동조합에서 탈퇴한 근로자를 해고할 의무가 있다(대판 96누16070).

- 사용자의 해고의무 위반시 부당노동행위의 성립 여부 : 단체협약상의 유니언 숍 협정에 의하여 사용자가 노동조합을 탈퇴한 근로자를 해고할 의무는 단체협약상의 채무일 뿐이고, 이러한 채무의 불이행 자체가 노동조합에 대한 지배·개입의 부당노동행위에 해당한다고 단정할 수 없다(대판 96누16070).

관련 판례 부당해고의 인정

신규로 입사한 근로자가 노동조합 선택의 자유를 행사하여 지배적 노동조합이 아닌 노동조합에 이미 가입한 경우에는 유니온 숍 협정의 효력이 해당 근로자에게까지 미친다고 볼 수 없고, 비록 지배적 노동조합에 대한 가입 및 탈퇴 절차를 별도로 경유하지 아니하였더라도 사용자가 유니온 숍 협정을 들어 신규 입사 근로자를 해고하는 것은 정당한 이유가 없는 해고로서 무효로 보아야 한다(대판 2019두47377).

3. 단체교섭 거부

(1) 의의

노동조합의 대표자 또는 노동조합으로부터 위임을 받은 자와의 단체협약체결 기타의 단체교섭을 정당한 이유 없이 거부하거나 해태하는 행위(법 제81조 제1항 제3호)

관련 판례 사용자의 단체교섭 거부

사용자가 노동조합의 대표자 또는 노동조합으로부터 위임을 받은 자와의 단체협약 체결 기타의 단체교섭을 정당한 이유 없이 거부하거나 해태할 수 없다고 규정하고 있는바, 단체교섭에 대한 사용자의 거부나 해태에 정당한 이유가 있는지 여부는 노동조합측의 교섭권자, 노동조합측이 요구하는 교섭시간, 교섭장소, 교섭사항 및 그의 교섭태도 등을 종합하여 사회통념상 사용자에게 단체교섭의무의 이행을 기대하는 것이 어렵다고 인정되는지 여부에 따라 판단하여야 한다(대판 2005도8606).

(2) 교섭 등의 원칙(법 제30조)

① 노동조합과 사용자 또는 사용자단체는 신의에 따라 성실히 교섭하고 단체협약을 체결하여야 하며 그 권한을 남용하여서는 아니 된다.

② 노동조합과 사용자 또는 사용자단체는 정당한 이유 없이 교섭 또는 단체협약의 체결을 거부하거나 해태하여서는 아니 된다.

③ 국가 및 지방자치단체는 기업·산업·지역별 교섭 등 다양한 교섭방식을 노동관계 당사자가 자율적으로 선택할 수 있도록 지원하고 이에 따른 단체교섭이 활성화될 수 있도록 노력하여야 한다.

(3) 성립요건

① 단체교섭의 거부, 해태의 당사자 : 노동조합과 사용자 또는 사용자단체

② 정당한 이유 없이 거부하거나 해태하는 행위 : 단체교섭 자체를 거부하는 것뿐만 아니라 성실하게 교섭하지 않고 해태하는 경우도 포함

정당한 이유 없이 거부하거나 해태하는 행위

쟁의행위는 단체교섭을 촉진하기 위한 수단으로서의 성질을 가지므로 쟁의기간 중이라는 사정이 사용자가 단체교섭을 거부할 만한 정당한 이유가 될 수 없고, 한편 당사자가 성의 있는 교섭을 계속하였음에도 단체교섭이 교착상태에 빠져 교섭의 진전이 더 이상 기대될 수 없는 상황이라면 사용자가 단체교섭을 거부하더라도 그 거부에 정당한 이유가 있다고 할 것이지만, 위와 같은 경우에도 노동조합측으로부터 새로운 타협안이 제시되는 등 교섭재개가 의미 있을 것으로 기대할 만한 사정변경이 생긴 경우에는 사용자로서는 다시 단체교섭에 응하여야 하므로, 위와 같은 사정변경에도 불구하고 사용자가 단체교섭을 거부하는 경우에는 그 거부에 정당한 이유가 있다고 할 수 없다(대판 2005도8606).

(4) 단체교섭거부의 정당한 이유

부당노동행위는, 사용자가 아무런 이유 없이 단체교섭을 거부 또는 해태하는 경우는 물론이고, 사용자가 단체교섭을 거부할 정당한 이유가 있다거나 단체교섭에 성실히 응하였다고 믿었더라도 객관적으로 정당한 이유가 없고 불성실한 단체교섭으로 판정되는 경우에도 성립한다고 할 것이고, 한편 정당한 이유인지의 여부는 노동조합측의 교섭권자, 노동조합 측이 요구하는 교섭시간, 교섭장소, 교섭사항 및 그의 교섭태도 등을 종합하여 사회통념상 사용자에게 단체교섭의무의 이행을 기대하는 것이 어렵다고 인정되는지 여부에 따라 판단할 것이다(대판 97누8076).

4. 지배, 개입, 운영비 원조행위

(1) 의의

근로자가 노동조합을 조직 또는 운영하는 것을 지배하거나 이에 개입하는 행위와 노동조합의 전임자에게 급여를 지원하거나 노동조합의 운영비를 원조하는 행위(법 제81조 제1항 제4호)

(2) 예외

근로자가 근로시간 중에 노동조합 전임자의 활동을 하는 것을 사용자가 허용함은 무방하며, 또한 근로자의 후생자금 또는 경제상의 불행 그 밖에 재해의 방지와 구제 등을 위한 기금의 기부와 최소한의 규모의 노동조합사무소의 제공 및 그 밖에 이에 준하여 노동조합의 자주적인 운영 또는 활동을 침해할 위험이 없는 범위에서의 운영비 원조행위는 예외로 한다(법 제81조 제1항 제4호 단서).

(3) 지배 · 개입의 성립

지배 · 개입의 결과발생
지배 · 개입으로서의 부당노동행위의 성립은 조합활동을 보호하기 위한 것으로 반드시 근로자의 단결권 침해라는 결과의 발생까지 요하는 것은 아님

① **주체** : 근로계약상의 제반 이익에 대하여 실질적인 지배력 내지 영향력을 지니고 있는 자

> **관련 판례** 지배 · 개입의 성립
>
> 원청회사가 개별도급계약을 통하여 사내 하청업체 근로자들의 기본적인 노동조건 등에 관하여 고용사업주인 사내 하청업체의 권한과 책임을 일정 부분 담당하고 있다고 볼 정도로 실질적이면서 구체적으로 지배 · 결정할 수 있는 지위에 있고 사내 하청업체의 사업폐지를 유도하는 행위와 그로 인하여 사내 하청업체 노동조합의 활동을 위축시키거나 침해하는 지배 · 개입 행위를 하였다면, 원청회사는 노동조합 및 노동관계조정법 제81조 제4호에서 정한 부당노동행위의 시정을 명하는 구제명령을 이행할 주체로서의 사용자에 해당한다고 한 사례(대판 2007두8881)

② **대상** : 지배 · 개입으로부터 보호받는 행위로서 근로자가 노동조합을 조직 및 운영하는 것

③ **지배 · 개입의사** : 지배 · 개입에 의한 부당노동행위가 되려면 사용자에게 근로자가 노동조합을 조직 또는 운영하려는 것을 지배하거나 개입할 의사가 있어야 하고, 적극적으로 침해하려는 의도가 있어야 하는 것은 아님

④ **운영비의 원조** : 노동조합법 제81조 제4호 단서에서 정한 행위를 벗어나서 주기적이나 고정적으로 이루어지는 사용자의 노동조합 운영비에 대한 원조 행위는 노동조합의 전임자에게 급여를 지원하는 행위와 마찬가지로 노동조합의 자주성을 잃게 할 위험성을 지닌 것으로서 노동조합법 제81조 제4호 본문에서 금지하는 부당노동행위라고 해석되고, 비록 운영비 원조가 노동조합의 적극적인 요구 내지 투쟁으로 얻어진 결과라 하더라도 이러한 사정만으로 달리 볼 것은 아니다(대판 2012두12457).

> **관련 판례** 운영비의 원조
>
> 사용자의 노동조합에 대한 운영비 원조에 관한 사항은 대등한 지위에 있는 노사가 자율적으로 협의하여 정하는 것이 근로3권을 보장하는 취지에 가장 부합한다. 따라서 운영비 원조 행위에 대한 제한은 실질적으로 노동조합의 자주성이 저해되었거나 저해될 위험이 현저한 경우에 한하여 이루어져야 한다(헌재 2012헌바90).

(4) 지배 · 개입의 유형

① **반조합적인 발언** : 사용자 또한 자신의 의견을 표명할 수 있는 자유를 가지고 있으므로, 사용자가 노동조합의 활동에 대하여 단순히 비판적 견해를 표명하거나 근로자를 상대로 집단적인 설명회 등을 개최하여 회사의 경영상황 및 정책방향 등 입장을 설명하고 이해를 구하는 행위 또는 비록 파업이 예정된 상황이라 하더라도 파업의 정당성과 적법성 여부 및 파업이 회사나 근로자에 미치는 영향 등을 설명하는 행위는 거기에 징계 등 불이익의 위협 또는 이익제공의 약속 등이 포함되어 있거나 다른 지배 · 개입의 정황 등 노동조합의 자주성을 해칠 수 있는 요소가 연관되어 있지 않은 한, 사용자에게 <u>노동조합의 조직이나 운영 및 활동을 지배하거나 이에 개입하는 의사가 있다고 가볍게 단정할 것은 아니다</u>(대판 2011도15497).

② **위장폐업** : 부당노동행위가 되기 위한 위장폐업은 사용자가 진실한 폐업의 의사가 없고 노동조합을 와해시키기 위한 수단으로 폐업하는 것

③ **타당성 없이 과다한 급여의 지급** : 단체협약 등 노사 간 합의에 의한 경우라도 타당한 근거 없이 과다하게 책정된 급여를 근로시간 면제자에게 지급하는 사용자의 행위는 노동조합 및 노동관계조정법 제81조 제4호 단서에서 허용하는 범위를 벗어나는 것으로서 노조전임자 급여 지원 행위나 노동조합 운영비 원조 행위에 해당하는 부당노동행위가 될 수 있다(대판 2014두11137).

④ 개별 교섭 절차가 진행되던 중에 사용자가 특정 노동조합과 체결한 단체협약의 내용에 따라 해당 노동조합의 조합원에게만 금품을 지급한 경우, 사용자의 이러한 금품 지급 행위가 다른 노동조합의 조직이나 운영을 지배하거나 이에 개입하는 의사에 따른 것이라면 부당노동행위에 해당할 수 있다(대판 2017두33510).

5. 부당노동행위 구제

(1) 구제제도의 특징

① **원상회복주의와 처벌주의**
  ㉠ **원상회복주의** : 부당노동행위를 범죄로 보지 않고 이에 대한 구제를 중시하는 제도
  ㉡ **처벌주의** : 부당노동행위를 범죄로 보고 처벌하여 이러한 행위를 사전에 예방 및 억제하자는 제도

② **행정적 구제와 사법적 구제**
  ㉠ **행정적 구제** : 노동위원회에 의한 부당노동행위를 구제하는 제도
  ㉡ **사법적 구제** : 부당노동행위의 결과발생에 대하여 <u>노사 간의 권리 · 의무관계를 확정하고 손해의 전보 등을 법원의 판단에 의해 구제하는 제도</u>

노동조합의 자주적 운영 또는 활동을 침해할 위험 여부를 판단할 때에는 고려할 사항(법 제81조 제2항)

• 운영비 원조의 목적과 경위
• 원조된 운영비 횟수와 기간
• 원조된 운영비 금액과 원조방법
• 원조된 운영비가 노동조합의 총수입에서 차지하는 비율
• 원조된 운영비의 관리방법 및 사용처 등

02장

노동조합 및 노동관계조정법

(2) 구제신청

① 신청인

이 법에 의하여 설립된 노동조합이 아니면 노동위원회에 노동쟁의의 조정 및 부당노동행위의 구제를 신청할 수 없다(법 제7조 제1항).

② 구제신청

사용자의 부당노동행위로 인하여 그 권리를 침해당한 근로자 또는 노동조합은 노동위원회에 그 구제를 신청할 수 있다(법 제82조 제1항).

③ 신청기간

구제의 신청은 부당노동행위가 있은 날(계속하는 행위는 그 종료일)부터 3월 이내에 이를 행하여야 한다(법 제82조 제2항).

(3) 조사 등

① 조사와 심문

노동위원회는 구제신청을 받은 때에는 지체없이 필요한 조사와 관계 당사자의 심문을 하여야 한다(법 제83조 제1항).

② 증인 출석

노동위원회는 심문을 할 때에는 관계 당사자의 신청에 의하거나 그 직권으로 증인을 출석하게 하여 필요한 사항을 질문할 수 있다(법 제83조 제2항).

③ 관계 당사자에 기회 부여

노동위원회는 심문을 함에 있어서는 관계 당사자에 대하여 증거의 제출과 증인에 대한 반대심문을 할 수 있는 충분한 기회를 주어야 한다(법 제83조 제3항).

(4) 구제명령

① 구제명령(법 제84조) ★빈출개념

㉠ 노동위원회는 심문을 종료하고 부당노동행위가 성립한다고 판정한 때에는 사용자에게 구제명령을 발하여야 하며, 부당노동행위가 성립되지 아니한다고 판정한 때에는 그 구제신청을 기각하는 결정을 하여야 한다.

㉡ 판정 · 명령 및 결정은 서면으로 하되, 이를 당해 사용자와 신청인에게 각각 교부하여야 한다.

㉢ 관계 당사자는 명령이 있을 때에는 이에 따라야 한다.

② 화해의 권고 등(노동위원회법 제16조의3)

㉠ 노동위원회는 판정 · 명령 또는 결정이 있기 전까지 관계 당사자의 신청을 받아 또는 직권으로 화해를 권고하거나 화해안을 제시할 수 있다.

㉡ 노동위원회는 화해안을 작성할 때 관계 당사자의 의견을 충분히 들어야 한다.

㉢ 노동위원회는 관계 당사자가 화해안을 수락하였을 때에는 화해조서를 작성하여야 한다.

구제명령등의 효력
노동위원회의 구제명령 · 기각결정 또는 재심판정은 중앙노동위원회에의 재심신청이나 행정소송의 제기에 의하여 그 효력이 정지되지 아니한다(법 제86조).

ㄹ 화해조서에는 다음의 사람이 모두 서명하거나 날인하여야 한다.

　• 관계 당사자

　• 화해에 관여한 부문별 위원회(단독심판을 포함한다)의 위원 전원

ㅁ 화해조서는 민사소송법에 따른 재판상 화해의 효력을 갖는다.

ㅂ 화해의 방법, 화해조서의 작성 등에 필요한 사항은 중앙노동위원회가 제정하는 규칙으로 정한다.

③ **구제명령의 확정(법 제85조)** ★빈출개념

ㄱ 지방노동위원회 또는 특별노동위원회의 구제명령 또는 기각결정에 불복이 있는 관계 당사자는 그 명령서 또는 결정서의 송달을 받은 날부터 10일 이내에 중앙노동위원회에 그 재심을 신청할 수 있다.

ㄴ 중앙노동위원회의 재심판정에 대하여 관계 당사자는 그 재심판정서의 송달을 받은 날부터 15일 이내에 행정소송법이 정하는 바에 의하여 소를 제기할 수 있다.

ㄷ 기간내에 재심을 신청하지 아니하거나 행정소송을 제기하지 아니한 때에는 그 구제명령 · 기각결정 또는 재심판정은 확정된다.

ㄹ 기각결정 또는 재심판정이 확정된 때에는 관계 당사자는 이에 따라야 한다.

ㅁ 사용자가 행정소송을 제기한 경우에 관할법원은 중앙노동위원회의 신청에 의하여 결정으로써, 판결이 확정될 때까지 중앙노동위원회의 구제명령의 전부 또는 일부를 이행하도록 명할 수 있으며, 당사자의 신청에 의하여 또는 직권으로 그 결정을 취소할 수 있다.

6. 벌칙

(1) 5년 이하의 징역 또는 5천만원 이하의 벌금(법 제88조)

주요방위산업체에 종사하는 근로자중 전력, 용수 및 주로 방산물자를 생산하는 업무에 종사하는 자가 쟁의행위를 한 경우(법 제41조 제2항)

(2) 3년 이하의 징역 또는 3천만원 이하의 벌금(법 제89조)

① 노동조합에 의하여 주도되지 아니한 조합원의 쟁의행위(제37조 제2항), 쟁의행위의 참가를 호소하거나 설득하는 행위로서 폭행 · 협박(제38조 제1항), 쟁의행위로 시설물의 점거(제42조 제1항), 필수유지업무에 대한 쟁의행위의 제한(제42조의2제2항)의 규정에 위반한 자

② 확정되거나 행정소송을 제기하여 확정(제85조 제3항)된 구제명령에 위반한 자

(3) 2년 이하의 징역 또는 2천만원 이하의 벌금(법 제90조)

쟁의행위 기간에 대한 임금의 지급을 요구(제44조 제2항), 중재재정이나 재심결정이 확정(제69조 제4항), 긴급조정시의 쟁의행위 중지(제77조) 또는 부당노동행위(제81조 제1항)의 규정에 위반한 자

법 제89조 제2호

구제명령이 확정된 사항에 대하여 행정소송을 제기하여 확정된 구제명령에 위반한 자는 3년 이하의 징역 또는 3천만원 이하의 벌금에 처한다.

(4) 1년 이하의 징역 또는 1천만원 이하의 벌금(법 제91조)

쟁의행위 기간중에도 작업시설의 손상이나 원료 · 제품의 변질 또는 부패를 방지(제 38조 제2항), 쟁의행위 투표(제41조 제1항), 쟁의행위의 폭력행위등의 금지(제42조 제2항), 쟁의행위 기간 중 채용제한, 도급 또는 하도급 제한, 100분의 50을 초과하지 않는 범위 안에서 채용 또는 대체하거나 도급 또는 하도급(제43조 제1항 · 제2항 · 제4항), 조정의 전치(제45조 제2항 본문), 직장폐쇄의 요건(제46조 제1항) 또는 중재시의 쟁의행위의 금지(제63조)의 규정을 위반한 자

(5) 1천만원 이하의 벌금(법 제92조)

① 체결된 단체협약의 내용중 다음에 해당하는 사항을 위반한 자
  ㉠ 임금 · 복리후생비, 퇴직금에 관한 사항
  ㉡ 근로 및 휴게시간, 휴일, 휴가에 관한 사항
  ㉢ 징계 및 해고의 사유와 중요한 절차에 관한 사항
  ㉣ 안전보건 및 재해부조에 관한 사항
  ㉤ 시설 · 편의제공 및 근무시간중 회의참석에 관한 사항
  ㉥ 쟁의행위에 관한 사항
② 조정서의 내용 또는 중재재정서의 내용을 준수하지 아니한 자

(6) 500만원 이하의 벌금(법 제93조)

① 노동조합이 아니면서 노동조합의 명칭 사용금지에 위반한 자
② 규약 및 결의처분의 시정 또는 위법한 단체협약 시정 명령에 위반한 자

(7) 과태료(법 제96조)

① 500만원 이하의 과태료
  ㉠ 서류를 비치 또는 보존하지 아니한 자
  ㉡ 보고를 하지 아니하거나 허위의 보고를 한 자
  ㉢ 직장폐쇄의 신고를 하지 아니한 자
② 변경사항의 신고, 노동조합 해산신고 또는 단체협약 작성 신고 또는 통보를 하지 아니한 자는 300만원 이하의 과태료에 처한다.
③ 과태료는 대통령령이 정하는 바에 의하여 행정관청이 부과 · 징수한다.

(8) 양벌규정

법인 또는 단체의 대표자, 법인 · 단체 또는 개인의 대리인 · 사용인 기타의 종업원이 그 법인 · 단체 또는 개인의 업무에 관하여 벌칙의 위반행위를 한 때에는 행위자를 벌하는 외에 그 법인 · 단체 또는 개인에 대하여도 각 해당 조의 벌금형을 과한다. 다만, 법인 · 단체 또는 개인이 그 위반행위를 방지하기 위하여 해당 업무에 관하여 상당한 주의와 감독을 게을리하지 아니한 경우에는 그러하지 아니하다(법 제94조).

(9) 과태료

① 500만원 이하의 금액의 과태료

법원의 명령에 위반한 자는 500만원 이하의 금액의 과태료에 처한다(법 제95조).

② 500만원 이하의 과태료(법 제96조 제1항)

㉠ 노동조합이 서류를 비치 또는 보존하지 아니한 자

㉡ 노동조합의 해산을 보고를 하지 아니하거나 허위의 보고를 한 자

㉢ 직장폐쇄 신고를 하지 아니한 자

③ 300만원 이하의 과태료

노동조합의 변경사항 신고, 노동조합 해산신고 또는 단체협약 체결의 신고 또는 통보를 하지 아니한 자는 300만원 이하의 과태료에 처한다(법 제96조 제2항).

④ 과태료 부과 및 징수

과태료는 대통령령이 정하는 바에 의하여 행정관청이 부과·징수한다(법 제96조 제3항).

It is confidence in our bodies, minds and spirits that allows us
to keep looking for new adventures, new directions to grow in,
and new lessons to learn - which is what life is all about.
자신의 몸, 정신, 영혼에 대한 자신감이야말로 새로운 모험, 새로운 성장 방향,
새로운 교훈을 계속 찾아나서게 하는 원동력이며, 바로 이것이 인생이다.

– 오프라 윈프리 –

나두공
직렬별 써머리 동영상 강의
5만원 가격파괴

국어+영어+한국사	국어+영어+한국사	국어+영어+한국사
행정법총론+행정학개론	행정법총론+교육학개론	행정법총론+노동법개론
일반행정직(5만원)	교육행정직(5만원)	고용노동직(5만원)
국어+영어+한국사	국어+영어+한국사	국어+영어+한국사
노동법개론+직업상담심리학개론	교정학개론+형사소송법개론	행정법총론+사회복지학개론
직업상담직(5만원)	교정직(5만원)	사회복지직(5만원)

구성 및 특징

핵심이론

시험에 출제되는 핵심 내용만을 모아 효율적인 학습이 가능하도록 구성하였습니다. 반드시 알아야 할 내용에 대한 충실한 이해와 체계적 정리가 가능합니다.

빈출개념

시험에서 자주 출제되는 개념들을 표시하여 중요한 부분을 한 눈에 들어올 수 있도록 하였습니다. 합격에 필요한 핵심이론을 깔끔하게 학습하시기 바랍니다.

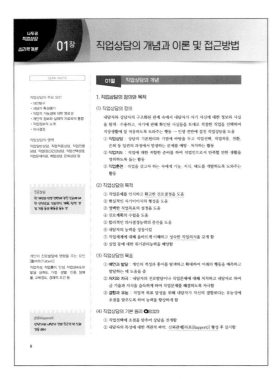

한눈에 쏙~

흐름이나 중요 개념들이 한눈에 쏙 들어올 수 있도록 도표로
정리하여 수록하였습니다. 한눈에 키워드와 흐름을 파악하여
수험에 도움이 되도록 하였습니다.

실력 up

더 알아두면 좋을 내용을 실력 up에 배치하고, 보조단에는
SEMI－NOTE를 배치하여 본문에 관련된 내용이나 중요한 개
념들을 수록하였습니다.

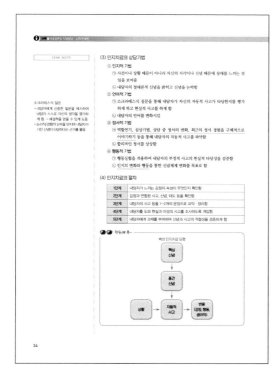

목 차

01장 직업상담의 개념과 이론 및 접근방법

01절 직업상담의 개념 ·························· 8
02절 여러 가지 상담이론 ·························· 16
03절 직업상담의 접근방법 ·························· 36

02장 직업상담의 기법

01절 초기면담 ·························· 48
02절 직업상담의 기초기법 ·························· 52
03절 구조화된 면담법 ·························· 57
04절 내담자 사정 ·························· 62
05절 목표설정 및 진로시간전망 ·························· 67
06절 내담자의 인지적 명확성 사정 ·························· 70
07절 대안개발과 의사결정 ·························· 77

03장 직업상담사의 윤리

01절 상담 윤리강령 ·························· 84
02절 윤리강령의 내용 ·························· 85

04장 직업선택 및 발달이론

01절 학자별 이론 ·························· 106
02절 새로운 진로 발달이론 ·························· 126

직업심리검사

05장

01절	직업심리검사의 이해	136
02절	규준과 점수해석	141
03절	신뢰도와 타당도	145
04절	심리검사의 개발과 활용	152
05절	주요 심리검사	154

직무분석 및 경력개발과 직업전환

06장

01절	직무분석	172
02절	경력개발	178
03절	직업전환과 직업지도 및 진로지도	182

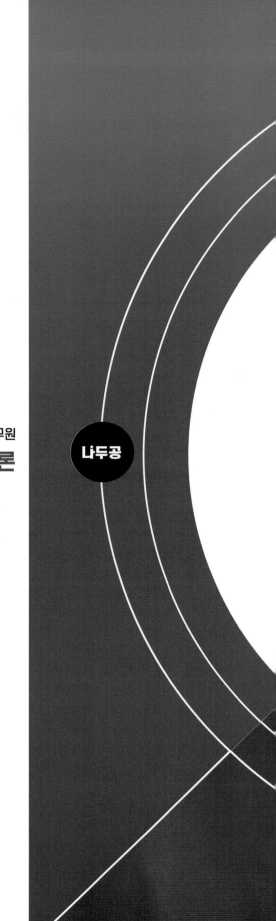

9급공무원

직업상담 · 심리학개론

나두공

01장 직업상담의 개념과 이론 및 접근방법

01절 직업상담의 개념

02절 여러 가지 상담이론

03절 직업상담의 접근방법

직업상담의 개념과 이론 및 접근방법

직업상담의 주요 요인
- 대안탐구
- 내담자 특성평가
- 직업적 가능성에 대한 명료성
- 개인적 정보와 실제적 자료와의 통합
- 직업정보의 소개
- 의사결정

직업상담의 영역
직업일반상담, 직업적응상담, 직업전환
상담, 직업(정신)건강상담, 직업선택상담,
직업문제치료, 취업상담, 은퇴상담 등

진로상담
*한 개인의 인생 전반에 걸친 진로에 대
한 상담으로, 진로인식, 계획, 탐색, 결
정, 적응 등의 활동을 돕는 것*

**개인의 진로발달에 영향을 주는 요인
[톨버트(Tolbert)]**
직업적성, 직업흥미, 인성, 직업성숙도와
발달, 성취도, 가정·성별·인종, 장애
물, 교육정도, 경제적 조건 등

라포(Rapport)
*상담자와 내담자 간의 친근감 및 신뢰
감을 의미*

01절 · 직업상담의 개념

1. 직업상담의 정의와 목적

(1) 직업상담의 정의

내담자와 상담자의 구조화된 관계 속에서 내담자가 자기 자신에 대한 정보와 사실
을 탐색·수용하고, 자기에 관해 확인된 사실들을 토대로 적절한 직업을 선택하여
직장생활에 잘 적응하도록 도와주는 행동 → 인생 전반에 걸친 직업상담을 도움
① **직업상담** : 상담의 기본원리와 기법에 바탕을 두고 직업선택, 직업적응, 전환,
은퇴 등 일련의 과정에서 발생하는 문제를 예방·처치하는 활동
② **직업지도** : 직업에 대한 적합한 준비를 하여 직업인으로서 만족할 만한 생활을
영위하도록 돕는 활동
③ **직업훈련** : 직업을 갖고자 하는 자에게 기능, 지식, 태도를 개발하도록 도와주는
활동

(2) 직업상담의 목적

① 직업문제를 인식하고 확고한 진로결정을 도움
② 현실적인 자기이미지의 형성을 도움
③ 명백한 직업목표의 설정을 도움
④ 진로계획의 수립을 도움
⑤ 합리적인 의사결정능력의 증진을 도움
⑥ 내담자의 능력을 성장시킴
⑦ 직업세계에 대해 올바르게 이해하고 성숙한 직업의식을 갖게 함
⑧ 실업 등에 대한 위기관리능력을 배양함

(3) 직업상담의 목표

① **예언과 발달** : 개인의 적성과 흥미를 탐색하고 확대하여 미래의 행동을 예측하고
발달하는 데 도움을 줌
② **처치와 자극** : 내담자의 진로발달이나 직업문제에 대해 처치하고 내담자로 하여
금 기술과 지식을 습득하게 하여 직업문제를 해결하도록 자극함
③ **결함과 유능** : 직업적 목표 달성을 위해 내담자가 자신의 결함보다는 유능성에
초점을 맞추도록 하여 능력을 향상하게 함

(4) 직업상담의 기본 원리 ⭐빈출개념

① 직업선택에 초점을 맞추어 상담을 전개함
② 내담자의 특성에 대한 객관적 파악, 신뢰관계[라포(Rapport)] 형성 후 실시함

③ 내담자의 의사결정과정에 도움을 주어야 함

④ 변화하는 직업세계의 이해와 진로정보활동의 중심임

⑤ 각종 심리검사를 활용하여 합리적인 결과를 도출할 수 있지만 지나친 의존을 하면 안 됨

⑥ 상담윤리 강령을 준수함

⑦ 진로발달이론에 근거한 상담을 함

⑧ 내담자의 전생애적 발달과정을 반영해야 함

⑨ 내담자에 대한 차별적 진단과 지원의 자세를 견지해야 함

(5) 직업상담사의 역할

① **상담자** : 내담자의 직업과 관련한 상담을 수행함

② **정보분석자** : 분석을 통해 직업정보의 수집, 분석, 가공, 관리, 환류에 의한 정보를 축적하고 내담자에게 제공함

③ **(검사도구) 해석자** : 내담자의 직업과 관련된 심리검사를 해석함

④ **(직업문제) 처치자** : 내담자의 직업문제를 진단 및 분류하고 처치함

⑤ **조언자** : 내담자의 직업관련 문제를 해결할 수 있도록 조언함

⑥ **(직업지도 프로그램) 개발자** : 다양한 직업지도 프로그램을 개발함

⑦ **지원자** : 프로그램을 실제로 적용하고 결과 평가를 통해 프로그램을 보완함

⑧ **협의자** : 직업정보 기관 및 단체들과 유기적인 관계를 구축하고 협의함

⑨ **관리자** : 상담 과정에서 일어나는 일련의 업무를 관리하고 통제함

⑩ **연구 및 평가자** : 직업관련 변화에 따라 주기적인 조사·연구를 하고, 상담 프로그램 개발을 위한 연구를 하고 평가함

실력UP 미국 경력개발협회(NCDA)에 의한 직업상담사의 역할

• 상담 과정을 통해 내담자들이 인생과 직업의 목표를 명확히 할 수 있도록 도움

• 내담자의 흥미, 능력, 적성 등을 평가하고 내담자가 선택할 수 있는 직업대안들을 찾기 위해 관련 검사나 항목표를 실시하고 해석함

• 과제물 이행, 직업계획 작성 등의 경험을 통하여 내담자에게 직업에 대한 탐색활동 장려

• 직업계획 시스템이나 직업정보 시스템을 활용하여 내담자로 하여금 직업세계에 대해 더 잘 이해할 수 있도록 도움

• 의사결정기술을 향상시킬 수 있는 기회 제공

• 내담자 스스로 자신의 직업계획을 개발할 수 있도록 조력

• 내담자에게 직업탐색 전략과 기술을 가르치고 스스로 이력서를 작성할 수 있도록 도움

• 인간관계 기술을 훈련시켜 직장에서의 잠재적 갈등을 해결할 수 있도록 도움

• 내담자로 하여금 직업과 삶의 역할을 통합하도록 도움

• 직무 스트레스, 직무상실, 직업전환 등으로 인해 겪는 부정적 감정을 해소하도록 내담자 지지

(6) 직업상담사가 갖추어야 할 지식

① 진로발달 및 의사결정이론에 대한 지식

② 직업정보를 수집하고 보충하여 전달하는 전략에 대한 지식

③ 변화하는 남녀의 역할, 일, 가족, 여가의 관련성에 대한 지식

④ 상담기술, 직업상담 연구 및 평가능력, 직업상담에 대한 기본 지식

⑤ 교육, 국가정책, 노동시장, 인구구조 등에 대한 지식

실력up 직업상담사가 갖추어야 할 지식과 능력(김병숙)

- 상담의 의미, 상담이론, 상담기술, 직업상담기법, 의사결정방법 등에 대한 기초적 지식과 상담 수행 능력
- 인간의 진로발달, 적성·흥미·가치·성격 등에 대한 이해와 측정도구의 사용 및 해석능력
- 직업문제를 갖고 있는 내담자에 대한 심리치료 능력
- 직업의 종류, 일의 성격, 직무수준, 작업조건 및 안전, 요구되는 정신적·신체적 특질, 자격요건 등 직업에 관한 지식
- 국가 정책, 인구구조 변화, 인력수급 추계, 산업발전 추세, 미래사회 특징 등에 관한 지식
- 조직 문화와 특징, 노동시장 행태 등에 관한 지식
- 우리나라 직업발달에 관한 역사적 지식
- 직업관, 직업윤리, 직업태도 등에 관한 지식
- 직업정보를 계획적·체계적으로 수용·가공·관리하는 지식 및 능력
- 직업상담을 위한 프로그램 개발 및 수행 능력
- 상담실과 관련된 관리능력
- 직업상담의 연구 및 평가능력

직업상담사에게 요구되는 기술영역 [미국국립직업지도협회(NVGA)]

- 일반상담능력
- 정보분석과 적용능력
- 개인 및 집단검사 실시능력
- 관리능력
- 실행능력
- 조언능력

직업상담사의 직무영역 및 업무

- 직업상담과 직업지도 업무의 기획 및 평가
- 구인·구직·직업적응·경력개발 등 직업관련 상담
- 직업지도 프로그램 운영
- 직업관련 심리검사(적성검사, 흥미검사 등) 실시 및 해석
- 노동시장, 직업세계 등과 관련된 직업정보의 수집·분석·가공·제공 등

(7) 직업상담사의 직무내용[헤어(Herr)]

① 상담의 목적 및 상담사와 내담자의 역할을 확인

② 특수한 상담기법을 통해서 내담자가 문제를 확인하도록 함

③ 직업선택이 근본적인 관심이라면 직업상담 실시를 확정

④ 의사결정 틀을 설명

⑤ 좋은 결정을 가져오기 위한 예비행동을 설명

⑥ 내담자가 충분한 동기를 가지고 있는가를 확인

⑦ 내담자에게 가능한 모든 대안을 확인하도록 함

⑧ 내담자가 원하고 윤리적으로 적절한 부가적 대안을 확인

⑨ 내담자에 관한 모든 정보를 종합

⑩ 내담자에 관한 부가적 정보를 종합

⑪ 가능한 직업결정과 관련하여 내담자에 관한 정보를 제시

⑫ 확인된 대안에 대한 장·단점을 내담자에게 설명하도록 함

⑬ 내담자의 마음속에 일어나는 부가적 장·단점을 확인

⑭ 내담자가 대안을 평가하도록 함

⑮ 내담자에게서 가장 가망 있는 대안에 대한 부가적 정보를 얻음

⑯ 내담자가 가장 가망 있는 대안을 실행하도록 함

⑰ 선택한 대안이 만족스러운지를 확인

⑱ 상담관계를 종결

2. 직업상담의 구조화와 단계

(1) 상담의 구조화

① 상담자는 내담자와 상담의 기본을 맞추어가며 내담자의 상담에 대한 불안감을 감소시킬 수 있음
② 상담자는 내담자에게 상담 주기와 시간, 상담 내용과 비밀 보장 등에 대해 설명함
③ 상담자는 내담자에게 상담의 성격, 상담자의 역할과 한계, 내담자의 태도 등을 설명하고 인식시킴
④ 상담자는 내담자에게 검사도구의 기능과 한계에 대해 설명함
⑤ 상담자는 내담자가 상담내용을 잘 이행할 것을 기대하고 있음을 분명히 함

(2) 라포(Rapport) 형성

① 상담자와 내담자 간 친근감을 의미
② 상담초기에 이루어짐
③ 신뢰와 존경을 바탕으로 하는 감정의 교류에서 이루어지는 인간관계임
④ 상담자와 내담자 간의 상호책임을 전제로 함
⑤ 실직자의 불안감 등을 해소하기 위해 우선으로 고려해야 함

(3) 일반적인 직업상담의 과정1

① 관계형성과 구조화
　㉠ 내담자와 상담자 간 상호존중과 라포를 형성
　㉡ 이해와 존중의 자세를 취하며 구조화 작업이 이루어지도록 함
② 진단과 측정
　㉠ 직업문제와 심리검사를 통해 내담자의 특성 파악
　㉡ 표준화된 심리검사도구를 이용하여 개인의 흥미, 적성, 가치 등을 측정함으로써 내담자가 자신의 문제를 진단할 수 있도록 도움
③ 목표설정 : 진단을 통해 내담자가 바라는 목표를 함께 설정
④ 개입과 중재 : 내담자가 목표를 달성할 수 있도록 개입 또는 중재
⑤ 평가 : 상담자의 중재가 얼마나 효과적으로 적용되었는지 평가

(4) 일반적인 직업상담의 과정2

① 관계수립 및 문제의 평가
　㉠ 상담자는 내담자에 대한 수용, 공감적 반영, 진실성을 통해 허용적인 분위기에서 상담이 이루어지도록 하며 촉진적인 상담관계를 수립함
　㉡ 내담자의 문제를 평가
② 상담목표의 설정 : 상담자는 내담자의 상황 및 직업선택 등에 따라 상담의 목표 설정
③ 문제해결을 위한 개입 : 직업정보의 수집, 과제물 부여, 의사결정 촉진, 보유기술의 파악 등의 적극적인 개입을 통해 내담자의 목표달성을 도움

상담의 구조화를 위한 요소
- 상담의 목표 및 절차와 수단
- 상담의 성격
- 상담자의 역할 및 책임
- 내담자의 역할 및 책임
- 상담주기와 시간 및 장소
- 상담비용

라포(Rapport) 형성을 위한 요소
- 자연스러운 분위기 조성
- 인간존중의 가치관을 가지고 내담자를 대함
- 은혜를 베푼다는 인상을 주지 않고 동등한 입장을 취해야 함
- 내담자의 말에 공감하며 내담자를 있는 그대로 수용해야 함
- 내담자를 비판하지 않으며, 적극적이고 친절해야 함

직업상담의 과정
직업상담 과정은 한 가지 유형으로 정해진 것이 아니라 다양하기 때문에 하나를 기준으로 다른 여러 가지 유형을 유추해야 함

상담과정 시 유의사항
- 내담자가 갖는 문제의 정서적, 인지적인 요인에도 신경을 써야 함
- 적절한 의사소통과 상담기법을 사용해야 함
- 적절한 자기 노출로 상담 관계를 강화해야 함
- 즉각 반응으로 상담 관계를 강화하고 문제를 명확화해야 함

④ 훈습 : 개입의 연장선으로, 내담자의 진로탐색 및 직업준비 등이 효율적으로 실천될 수 있도록 확인 및 점검

⑤ 종결 및 추수지도

    ㉠ 목표가 충분히 이루어졌는지 확인하고, 앞으로의 문제를 예측하여 대비

    ㉡ 내담자의 진로선택 및 의사결정에 대한 만족도를 파악하고 필요한 조치를 취함

직업상담의 8단계

상담목표 설정 시 주의사항

• 행동보다는 결과적·성취적 목표로 설정해야 함
• 목표는 검증이 가능하며 구체적인 행동으로 이어질 수 있어야 함
• 목표는 내담자의 능력을 고려한 현실적인 것이어야 함
• 목표 달성을 위한 현실적인 기간설정이 되어야 함
• 내담자의 가치에 알맞은 목표를 세워야 함

한눈에 쏙~

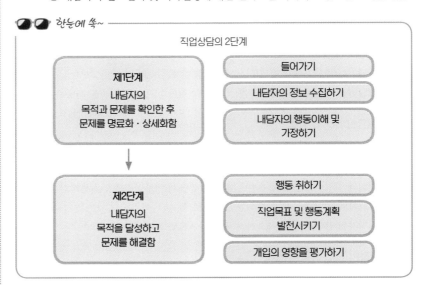

직업상담의 2단계

(5) 직업상담의 과정에 따른 고려사항

초기	내용	• 앞으로 나아갈 방향과 목표를 설정하고 확인 • 상담자와 내담자 간 라포(Rapport) 형성
	고려 사항	• 상담관계(라포) 형성 • 심리적인 문제 파악 • 목표 설정과 전략 수립 • 상담의 구조화
중기	내용	• 상담의 개입이 적극적으로 이루어짐 • 대안을 탐색하고 해결을 시도함
	고려 사항	• 문제해결을 위한 구체적 시도 • 내담자의 저항 해결
종결	내용	• 종결에 따른 평가 • 목표 달성의 확인과 지속적인 지도를 통해 변화를 유지
	고려 사항	• 합의한 목표 달성 평가 • 종결 문제 다루기 • 이별 감정 다루기

3. 집단직업상담

(1) 집단직업상담의 의의

① 상담자는 적은 시간에 많은 내담자를 상담할 수 있음
② 내담자 간 감정을 공유하고 서로 피드백을 할 수 있음
③ 타인의 노력을 학습하는 등 내담자 간 상호관계를 형성할 수 있음
④ 협력을 기대하는 등 내담자의 공동체의식을 함양시키고 자기이해를 향상시킬 수 있음

(2) 집단상담자의 자질

① **자기수용** : 자기를 있는 그대로 받아들이고 인정하는 것 → 내면에 대한 반성과 성찰을 전제로 함. 사소한 실수에 낙심하지 않으며 집단 구성원에게 자신의 약한 부분과 한계를 기꺼이 드러냄
② **개방적 소양(개방적 태도)** : 새로운 경험이나 자신과 다른 삶의 방식과 가치를 기꺼이 수용하는 자세
③ **공감적 이해 능력** : 상대의 감정을 함께 경험하고 나누는 것 → 동정·동일시와는 다름
④ **타인의 복지에 대한 관심** : 다른 사람의 복지에 대해 관심을 갖는 것 → 타인을 배려하고 기꺼이 보살피는 행동
⑤ **기타** : 자발적 모범, 새로운 경험 추구, 유머 감각, 심리적 에너지, 객관성, 창의성, 호의, 배려, 인내, 정직 등

(3) 상담 시 고려사항

① **구성**
　㉠ 내담자의 성격과 배경, 연령 등을 고려해야 함
　㉡ 구성원이 이질적이면 다양한 자극을 받을 수 있으나, 갈등이 생길 수 있음
　㉢ 구성원이 동질적이면 서로를 이해하는 데 도움이 되나, 새로이 변화하는 데 어려움이 있을 수 있음
　㉣ 집단 내 집단상담자는 리더 1명이며, 보조진행자를 두기도 함
② **크기** : 한 상담자에게 6~10명 정도의 인원이 적절
③ **횟수** : 상담은 가능한 최소화하는 것이 좋음(주에 한두 번이 적절)
④ **환경** : 외부의 방해를 받지 않으면서 신체활동이 자유로운 공간이 좋음
⑤ **기타**
　㉠ 집단발달과정을 촉진하기 위해 게임을 활용할 수 있음
　㉡ 회기가 끝난 후 각자 경험보고서를 쓰게 할 수 있음

01장

직업상담의 개념과 이론 및 접근방법

집단직업상담의 요소(Tolbert)
목표, 과정, 비밀유지, 집단구성, 리더, 일정 등

톨버트(Tolbert)가 제시한 집단직업상담 활동
- **자기탐색** : 구성원들은 상호 수용적으로 자신의 가치와 태도 등을 탐색
- **상호작용** : 구성원들은 자신의 계획과 목표에 대해 서로 피드백
- **개인정보의 검토 및 목표의 연결** : 구성원들은 피드백을 통해 개인정보를 검토하고 목표와 연결
- **직업정보의 획득과 검토** : 목표를 이루기 위해 자신의 관심 직업정보를 획득하고 구성원들과 함께 자료를 검토
- **의사결정** : 개인정보와 직업정보를 토대로 구체적인 실행을 위한 의사결정

부처(Butcher)가 제시한 집단직업상담 3단계 모델

- **탐색단계** : 자신의 흥미, 적성에 대한 탐색과 탐색결과에 대한 피드백
- **전환단계** : 집단구성원들은 자기 지식을 직업세계와 연결하고 가치관의 변화를 시도하여, 자신의 가치와 피드백 간의 불일치를 해결
- **행동단계** : 목표를 설정하고 목표달성을 위해 정보를 수집, 공유하여 행동으로 옮김

(4) 집단상담의 장단점

장점	단점
• 시간적 · 경제적으로 효율적임 • 일대일 상담보다 부담이 적고 상호 영향을 받기 때문에 더 쉽게 받아들임 • 내담자의 성장을 촉진함 • 서로 관찰하고 피드백을 주고받을 수 있음 • 피드백을 받아 자신에 대한 통찰력이 생김 • 성숙도가 낮은 내담자에게 적합 • 대인관계능력과 사회성을 키울 수 있음 • 소속감을 느낄 수 있음	• 개인에게 신경 쓸 수 있는 시간이 적어져 개인적인 문제를 충분히 다룰 수 없음 • 비밀유지가 어려움 • 구성원 모두를 만족시킬 수 없음 • 압력으로 피드백을 강요받을 수 있음 • 개인의 개성이 사라질 수 있음 • 목적에 맞는 집단을 구성하기 어려움 • 상담자의 역량에 따라 집단상담의 운영이 어려울 수 있음

grup 집단상담에 적합하지 않은 내담자

- 내담자가 위기에 처한 경우
- 내담자의 보호를 위해 비밀이 보장되어야 하는 경우
- 내담자의 대인관계기술이 현저히 떨어지는 경우
- 내담자가 자신의 감정, 사고 등에 대한 인식이 매우 부족한 경우
- 일탈적인 성적 행동의 가능성이 있거나 과거력이 있는 경우

4. 사이버 직업상담

(1) 사이버 직업상담기법의 필요성

① 인터넷을 통한 상담으로 경제적이고 효율적임
② 익명성이 보장되어 심리적 부담이 적고 솔직한 상담이 가능함
③ 자료를 쉽게 찾아볼 수 있음
④ 가명을 사용하여 상담사례를 소개하고 대처방안을 제시할 수 있음
⑤ 시간적 여유가 생기므로 내담자 주도에 의한 자기성찰 능력이 향상됨

사이버 상담기법의 단계

> 주요 진로논점 파악하기
> ▼
> 핵심 진로논점 분석하기
> ▼
> 진로논점 유형 정하기
> ▼
> 답변내용 구상하기
> ▼
> 직업정보 가공하기
> ▼
> 답변 작성하기

사이버 상담의 특징

단회성, 신속성, 익명성, 개방성, 경제성, 문자 중심의 상호작용, 자발성 · 주도성, 시 · 공간의 초월성, 자기성찰 기회 제공

(2) 사이버 상담의 장단점

장점	단점
• 개인의 신상을 공개하지 않아도 되므로 전달 내용 자체에 귀를 기울일 수 있음 • 대면상담에 비해 내담자의 자발적 참여가 높아 문제해결에 대한 동기가 높아짐 • 얼굴을 직접 마주하지 않으므로 자신의 행동이나 감정에 대한 즉각적인 판단이나 비판을 신경 쓰지 않아도 됨 • 대면 상담에 비해 비용이 저렴함 • 상담 내용의 저장, 검색, 재검토 등이 용이함	• 내담자가 자신의 정보를 선택적으로 공개할 수 있어 정보가 제한됨 • 내담자가 언제든 상담을 종료할 수 있음 • 대면상담에 비해 깊이 있는 소통이 어려움 • 상담자가 내담자의 상담 내용을 신뢰하기 어려움 • 네트워크 시스템의 불안정에 따른 문제가 생길 수 있음 • 익명성에 따른 부적절한 대화가 문제될 수 있음 • 습관적으로 상담을 요청할 수 있음

실력up 전화상담의 특징

- 응급상황에 있는 내담자에게 도움을 줌
- 민감하고 사적인 문제를 상담하는 데 좋음(예 청소년의 성문제)
- 익명성이 보장됨 → 신분노출을 꺼리는 내담자에게 적합
- 상담관계가 불안정함
- 내담자에 대한 시각적, 비언어적 정보를 얻을 수 없음

5. 직업상담의 문제유형

(1) 윌리암슨(Williamson)의 직업선택 문제유형 ★빈출개념

① **무선택(전혀 선택하지 않는 경우)**
  ㉠ 내담자 자신이 무엇을 원하는지 모르는 경우로 진로에 대한 인식이 부족한 상태
  ㉡ 원하는 몇 가지 직업이 있지만 선택을 못하는 경우

② **불확실한 결정(직업선택의 확신이 부족한 경우)**
  ㉠ 선택한 직업에 대해 확신이 부족한 상태
  ㉡ 자신감이 없으며 타인으로부터 성공할 것이라는 위안을 받으려는 상태
  ㉢ 실패에 대한 두려움과 자신에 대한 불신과 이해부족으로 확신이 부족한 상태

③ **모순 또는 차이(흥미와 적성의 불일치)**
  ㉠ 내담자 자신의 흥미와 적성이 일치하지 않는 선택을 한 경우
  ㉡ 흥미는 있으나 적성이 부족하거나, 적성은 있으나 흥미를 느끼지 못하는 상태

④ **어리석은 선택(현명하지 못한 직업선택)**
  ㉠ 흥미가 별로 없거나 적성이 맞지 않는 분야를 선택한 경우
  ㉡ 성격과 부합하지 않는 직업을 선택한 경우
  ㉢ 야망을 채우기 위해 직업을 선택하려는 경우
  ㉣ 작은 성공 가능성만을 가지고 직업을 선택하는 경우
  ㉤ 지나치게 안정적인 직업만을 선택하는 경우
  ㉥ 본인의 능력보다 더 높거나 낮은 역량을 요하는 직업을 선택하는 경우

(2) 보딘(Bordin)의 직업선택 문제유형

① **의존성** : 자신이 해결해야 하는 직업 문제를 다른 사람에게 의존함으로써 스스로 해결하지 못하는 유형
② **정보의 부족** : 직업선택과 관련된 정보가 부족하여 문제 해결에 어려움이 있는 유형
③ **자아갈등(내적갈등)** : 자아개념과 심리기능 사이의 갈등으로 인해 직업선택 등 중요한 결정을 내려야 하는 상황에서 갈등하는 유형
④ **선택의 불안** : 자신이 원하는 일이 사회적인 요구에서 벗어날 때 선택에 따른 문제를 경험하는 유형
⑤ **확신 부족** : 직업 결정에 확신이 부족하여 스스로 답을 내린 후에도 단지 확인을 위해 상담자를 찾는 유형

직업선택에서 내담자가 우유부단함을 보이는 일반적인 이유

- 자신이 선택한 직업에서 실패할 가능성에 대한 두려움
- 자신의 선택이 중요한 다른 사람에게 부정적인 결과를 줄 수도 있다는 죄의식
- 자신이 선택한 직업이 자신의 욕구를 완벽하게 충족시켜주지 못할 것이라는 생각
- 다양한 분야에 관심과 재능을 보이는 경우(다재다능함)
- 자신이 선택하려는 직업 중 좋은 직업이 없는 경우

직업상담의 문제와 진단
- 내담자의 문제
  - 내담자의 부적응 행동의 원인이 됨
  - 내담자의 합리적 의사결정을 방해함
- 진단
  - 내담자의 문제를 찾는 과정
  - 이를 통해 내담자의 문제에 개입하고 해결할 수 있음

(3) 크릿츠(Crites)의 직업선택 문제유형

① 적응 문제(적응성)
- ㉠ 적응형 : 흥미와 적성이 일치하는 유형
- ㉡ 부적응형 : 흥미가 일치하지 않거나 적성이 일치하지 않는 유형

② 결정 문제(결정성, 우유부단 문제)
- ㉠ 우유부단형 : 흥미와 적성에 관계없이 직업을 결정하지 못하는 유형
- ㉡ 다재다능형 : 재능이 많아 흥미와 적성 사이에서 직업을 갈등하는 유형

③ 현실 문제(현실성)
- ㉠ 불충족형 : 흥미를 느끼지만 자신의 적성보다 낮은 적성을 요구하는 직업을 선택하는 유형
- ㉡ 강압형 : 흥미는 없지만 적성에 따라 어쩔 수 없이 직업을 선택하는 유형
- ㉢ 비현실형 : 흥미를 느끼지만 적성이 없는 유형 또는 자신의 적성보다 높은 적성을 요구하는 직업을 선택하는 유형

실력UP 필립스(Phillips)의 진로문제 분류

- **자기탐색과 발견** : 자신의 능력이 어느 정도인지 어떤 진로를 원하는지 등 자기탐색과 발견이 필요한 경우에 초점
- **선택을 위한 준비** : 흥미와 적성과 직업 간의 관계, 관심 있는 직업에 대한 정보 등이 필요한 경우에 초점
- **의사결정 과정** : 진로선택 또는 직업선택 방법의 습득, 선택과 결정에의 장애요소 발견 등이 필요한 경우에 초점
- **선택과 결정** : 진로를 선택해야만 하는 상황에서 만족할만한 결정이 필요한 경우에 초점
- **실천** : 선택에 대한 만족 여부와 확신의 정도를 확인하는 경우에 초점

02절 여러 가지 상담이론

1. 정신분석 상담

(1) 개념

① 정의적 접근을 하는 상담이론들은 대부분 프로이트의 정신분석이론에서 출발했다고 볼 수 있음

② 프로이트의 정신분석학은 인간을 결정론적이며 욕망에 의해 동기화된 존재로 가정하였음

③ 통찰을 통해 현재의 문제를 이해하고 이를 해결하기 위해서 어린 시절 아동기의 경험과 무의식을 중요시함

④ 인간의 적응을 방해하는 요소를 억압된 충동으로 봄

(2) 특징

① 인생 초기의 아동기 과정을 중요시하며, 문제의 근원을 과거 경험에서 찾음
② 심리성적결정론에 기초함
③ 내담자의 유아기적 갈등과 감정을 중요시함
④ 무의식을 의식적 수준으로 끌어올려 문제를 만들어낸 원인을 제거하고자 함
⑤ 내담자의 심리적 문제는 증상 형성에서 비롯됨
⑥ 무의식적 자료와 방어를 탐색하는 작업임
⑦ 자유연상, 꿈의 분석, 저항의 분석 등 직관적인 방법을 활용
⑧ 상담자의 '텅 빈 스크린(Blank - Screen)'으로서의 역할을 강조

(3) 성격의 구조

① 원초아(Id) : 인간의 무의식에 자리하고 있는 일종의 본능, 충동 → 쾌락을 따르며 현실의 여건을 고려하지 않고 즉각적인 즐거움을 얻는 것이 목적
② 자아(Ego) : 사고, 감정, 의지 등을 주관 → 현실적 여건을 고려하여 판단하며, 원시적 충동과 현실을 중재함
③ 초자아(Superego) : 도덕, 윤리 등 사회나 이상의 측면과 관련 → 도덕적 원리에 따라 옳고 그름을 판단, 죄책감에 의해 통제, 벌에 대한 두려움 등이 기준

(4) 상담기법

① 자유연상 : 내담자로 하여금 마음속에 떠오르는 생각과 감정 등을 의식을 거치지 않고 표현하도록 하는 것
② 전이의 분석
　㉠ 전이 : 내담자가 과거에 느꼈던 감정이나 생각을 상담자에게 옮기는 것
　㉡ 상담자는 전이를 분석하여 내담자의 무의식적인 갈등과 감정의 문제를 해소하도록 도움
③ 통찰 : 내담자의 문제행동의 원인과 해결방법을 이해하고 수용하는 과정으로 무의식 속에 있던 것들의 의미를 깨닫게 함
④ 저항의 분석
　㉠ 변화를 거부하고 현 상태를 유지하려는 의식적 · 무의식적 생각, 태도, 감정, 행동 등
　㉡ 저항을 분석함으로써 내담자가 무의식적으로 숨기고자 하는 것, 피하고자 하는 것 등을 파악할 수 있음 → 내담자가 무의식적으로 저항을 하는 이유, 의미를 인식하도록 도움
⑤ 해석
　㉠ 자유연상이나 꿈, 저항, 전이 등을 분석하고 그 속에 담긴 행동상의 의미를 내담자에게 지적하고 설명
　㉡ 해석을 통해 자유연상이 촉진됨

SEMI-NOTE

심리성적 발달단계

구강기
↓
항문기
↓
남근기
↓
잠복기
↓
생식기

의식의 수준
• 의식 : 현재 경험하여 느낄 수 있는 모든 감각과 행위, 감정, 경험 등
• 무의식 : 거의 의식되지 않는 본능이나 억압된 감정 등
• 전의식 : 현재 의식하고 있지는 않지만, 주의를 기울이게 되면 즉시 의식 수준으로 떠오를 수 있는 기억

SEMI-NOTE

불안의 3가지 유형(Freud)

• **도덕적 불안** : 원초아와 초자아 간 갈등에 의해 발생

• **신경증적 불안** : 자아가 본능적 충동인 원초아를 통제하지 못할 경우 발생할 수 있는 불상사에 대해 위협을 느낌으로써 나타남

• **현실적 불안** : 외부세계에서 실제적인 위협을 지각함으로써 발생. 객관적 불안이라고도 함

⑥ 꿈의 분석

ㄱ 수면 중에는 방어가 약화되므로 억압된 욕망과 감정의 의식이 나타남 → 꿈은 무의식적 동기를 이해하는 데 중요한 수단이 됨

ㄴ 상담자는 현재몽 속에 상징화되어 감추어진 잠재몽의 정체를 밝혀야 함 → 잠재몽은 현재몽에 대한 자유연상을 통해 더 쉽게 이해할 수 있음

⑦ 훈습

ㄱ 내담자의 갈등과 방어를 탐색하고 이를 해석해 나가는 것

ㄴ 반복, 정교화, 확대 등의 활동들로 이루어지며 이전에는 회피하였던 무의식적 자료를 이해하고 활용할 수 있을 때까지 반복

ㄷ 바인셸(Weinshel)의 훈습 단계 : 내담자의 저항 → 상담자의 저항에 대한 해석 → 내담자의 해석에 대한 반응

합격UP 주요 방어기제

• **억압(Repression)** : 원초아를 자아가 억압하여 의식 밖으로(무의식으로) 추방하는 것 → 프로이트는 억압을 방어기제 중 가장 중요한 것으로 보았음

• **반동형성(Reaction Formation)** : 나타내기 힘든 감정이나 행동을 정반대의 형태로 표현하는 것

• **투사(Projection)** : 자기 마음속에 두면 불안하고 받아들일 수 없는 것으로 외부의 환경 탓으로 돌리는 것

• **부정(Denial)** : 이별이나 질병 등 받아들이기 힘든 사실을 무의식으로 부정하는 것

• **전위(Displacement)** : 어떤 대상에 대하여 느낀 감정을 다른 대상에게 표출하는 것

• **퇴행(Regression)** : 성장이나 정지가 아니라 오히려 저급한 초기단계의 상태나 행동으로 후퇴하는 것

• **주지화(Intellectualization)** : 감정적으로 부담스러운 일을 추상적 · 관념적으로 바꾸어 생각하는 것

• **동일시(Identification)** : 타인의 특성을 받아들여 자신의 일부로 만드는 것

• **대치(Substitution)** : 본능의 욕구 충족을 위한 최초의 본능적 선택대상이 장애 때문에 이루어질 수 없게 될 때 강한 억압이 없다면 새로운 대상 추구가 생김

• **합리화(Rationalization)** : 실패에 대하여 그럴듯한 변명을 함으로써 긴장을 해소하려는 것 (신포도의 논리)

• **승화(Sublimation)** : 본능적인 욕구나 원시적 에너지 등을 사회적으로 인정될 수 있는 행동방식으로 표출하는 것

• **보상(Compensation)** : 다른 데서 과잉 충족하는 것

• **격리(Isolation)** : 부정적인 감정을 의식으로부터 격리시켜 무의식 속에 억압하는 것

개인주의 상담에서의 인간

• **사회적 존재** : 인간은 소속되고자 하는 욕구를 가지고 있으며 사회 속에 존재할 때 의미가 있음

• **총체적 존재** : 초기기억, 신념, 가치 등의 총체로 작용하며 통합적 의식을 가짐

• **열등감** : 열등감은 동기의 근원이 되며 자기완성을 위해서는 열등감을 극복해야 함

• **우월성의 추구** : 자아실현을 이루게 하며 열등감을 보상하려는 심리에서 나옴

2. 개인주의 상담

(1) 개념

① 프로이트를 떠나 아들러(Adler)와 그의 후계자들에 의해 발달된 성격이론

② 인간에 대해 사회적으로 동기화된다고 보았음

③ 인간의 성장가능성과 잠재력을 중시함

④ 개인의 행동은 무의식에 지배되는 것이 아닌 의식에 의한 것으로 봄

(2) 특징

① 사회적 관계와 사회적 동기를 강조

② 내담자의 잘못된 가치와 목표수정을 도우며 행동수정보다는 동기수정에 초점을 둠

③ 내담자가 열등감을 극복할 수 있도록 도움

④ 내담자가 건전한 사회적 관심을 갖고 사회의 구성원으로 기여할 수 있도록 도움

⑤ 상담과정에서 주관적 해석을 중시함

⑥ 의식적인 선택과 책임, 삶의 의미 등을 강조함

실력UP 정신분석 상담과 개인주의 상담의 비교

정신분석 상담이론	개인주의 상담이론
• 생물학적 욕구와 초기 경험 중시 • 인간을 원초아, 자아, 초자아로 구분 • 결정론(인간의 행동은 결정되어 있음) • 인간은 무의식과 본능의 지배를 받는 존재이자 무기력한 존재 • 인간은 성적인 충동에 의해 동기화됨	• 과거에 대한 지각이 행동에 영향을 미침 • 인간의 성격은 통합적인 관점에서 분리될 수 없음 • 인간은 합리적인 결정과 목표를 지향하며 행동하고 변화하는 창조적인 존재 • 인간은 사회적인 충동에 의해 동기화됨

(3) 생활양식

① **개념** : 삶의 목적, 자아개념, 가치관 등을 포함한 삶을 살아가는 기본 태도로, 개인의 독특성에서 비롯됨

② **유형**

구분	활동수준	사회적 관심	특징
지배형	높음	낮음	• 타인에게 지배적 • 독선적, 공격적임
획득형 (기생형)	중간	낮음	• 타인에게 의존적 • 기생적 방식으로 욕구 충족함
회피형	낮음	낮음	• 타인에게 회피적 • 자신감이 없고 부정적, 도피적임
사회형 (사회적 유용형)	높음	높음	• 타인과 협력하여 자신과 타인의 욕구를 동시에 충족 • 심리적으로 건강함

(4) 상담과정

① **상담관계 형성** : 내담자와 협력적, 우호적 관계를 형성하고 치료목표 · 치료과정을 구성함

② **개인의 역동성 탐색** : 생활양식, 가족환경, 개인적 신념, 부정적 감정 등을 파악하여 내담자의 역동성을 이해하고 이것이 현재 삶에 있어서 어떻게 기능하는지 파악

출생순서와 가족 구조

• 어린 시절의 가족 경험과 출생 순서가 성격형성에 영향을 미친다고 보았음

• 가족 내의 서열은 자신과 세상에 대한 관점 및 생활양식을 발달시키는 중요한 역할을 함

개인주의 상담의 목표

• 사회적 관심(관계)을 강조

• 패배감을 극복하고 열등감을 감소시킴

• 내담자의 잘못된 사회적 가치를 바꾸도록 함으로써 건전한 사회의 구성원으로 기여하도록 도움

• 내담자의 잘못된 가치, 목표, 동기를 수정하는 데 초점을 둠

• 상담자와 내담자 간의 상호계약과 협력을 중시하며, 내담자가 다른 사람과 동등한 감정을 갖도록 도움

③ **통찰** : 파악한 자료를 바탕으로 해석하고 내담자가 스스로 생활양식을 자각하고 통찰하도록 함

④ **재교육** : 내담자의 통찰이 실제 행동으로 전환되도록 도움

(5) 상담기법

① **초인종(단추) 누르기** : 내담자로 하여금 초인종을 눌러 행복한 상상, 우울한 상상을 떠올리게 요구함

② **수프에 침 뱉기** : 내담자가 바람직하지 못한 생각이나 행동을 할 때 자극을 주어 생각과 감정을 전환시킴

③ **격려하기** : 내담자를 존중하고 격려하여 용기를 북돋아 주고 믿음을 보여줌

④ **타인을 즐겁게 하기** : 타인을 위한 좋은 일을 하게 함으로써 공동체의식과 사회적 관심을 갖게 함

3. 실존주의 상담

(1) 개념

① 이론적 모델보다는 실존주의 철학을 적용한 것

② 인간은 자기인식능력이 있으며, 이를 통해 자신의 삶을 선택할 책임이 있음

③ 자유와 책임의 양면에 대한 자각을 중시함

④ 대면적 관계를 중시함

(2) 목표

① 내담자가 자신의 선택에 대해 책임질 수 있는 방법으로 행동하도록 도움

② 실질적인 치료 대신 내담자가 현재를 인식하고 피해자적 역할에서 벗어날 수 있도록 도움

③ 내담자가 자신의 가치를 판단할 수 있도록 하고, 인생에 대한 방향설정을 할 수 있도록 도움

(3) 인간 본성에 대한 가정

① 인간은 과거와 자기 자신을 초월할 수 있는 능력이 있음

② 인간은 정적인 존재가 아닌 변화 · 발전하는 계속적인 존재임

③ 인간은 언젠간 자신이 존재하지 않게 될 것이라는 것을 알며 그러한 유한성과 죽음에 대해 불안을 가짐

④ 인간은 자유를 가지고 선택하며 그에 대한 책임을 져야 함

⑤ 인간은 자각하는 능력을 가지고 있음

(4) 상담관계의 기본원리

① **비도구성의 원리** : 상담은 수단이나 도구가 아니므로 상담자와 내담자의 관계가 도구적 · 지시적이어서는 안 됨

인간의 궁극적 관심사
• **자유와 책임** : 인간은 선택할 능력과 책임을 가짐
• **삶의 의미성** : 삶이 무엇인가 하는 질문에 대한 내적 갈등으로 사람의 중요성과 목적을 향한 노력
• **죽음과 비존재** : 인간의 삶에 의미를 주는 가장 강력한 요인이 죽음과 비존재라는 것을 자각
• **진실성** : 진실적인 존재로 있다는 것은 우리의 삶을 긍정적으로 정의하고 생각하는 데 필수적인 요소임

얄롬(Yalom)이 제시한 인간의 궁극적 관심사
죽음, 자유, 소외, 무의미성

② **자아중심성의 원리** : 실존주의 상담에서는 내담자의 자아에 초점을 맞춤 → 개인의 자아세계와 내면의 심리적 실체인 자아중심성을 중심으로 상담이 이루어져야 함

③ **만남의 원리** : '여기 – 지금'에서의 상담자와 내담자의 만남을 중시함 → 만남을 통해 과거에는 알 수 없던 것을 현재 알 수 있게 됨

④ **치료할 수 없는 위기의 원리** : 실존주의 상담의 목적은 적응이나 치료가 아님 → 인간의 주체성과 인간 존재의 순정성 회복이 목표임

SEMI-NOTE

실존주의 상담에 대한 평가

• 의의
  – 철학적 배경에서 인간의 삶의 의미와 방향성을 제시함
  – 자유와 책임을 강조하고, 보다 능동적인 삶을 제시함
  – 개인 주관성을 강조하고, 창조적인 삶 등 인간의 긍정적인 면을 이해함

• 한계
  – 철학적 측면에 치우쳐 체계적이지 못함
  – 이론이 추상적이며 구체적이지 못함

> **실력UP** **내담자의 자기인식능력 증진을 위한 상담자의 치료원리**
>
> • 죽음의 실존적 상황에 직면하도록 격려
> • 삶에 대한 자유와 책임을 자각하도록 촉진
> • 자신의 인간관계 양식을 점검하도록 도움
> • 삶의 의미를 발견하고 창조하도록 도움

4. 형태주의 상담

(1) 개념

① 펄스(Perls)에 의해 발전된 이론으로 '게슈탈트(Gestalt) 상담'이라고도 함

② 실존주의 철학과 인본주의 관점을 근거로 '여기 – 지금(Here and Now)'에서의 경험에 대한 자각과 개인의 책임을 강조함

③ 인간은 환경에 의해 결정되는 존재가 아니며, 현재의 감정, 사고, 행동 등의 통합을 추구하는 존재로 봄

④ 현재 상황에 대한 자각에 초점을 둠

⑤ 인간은 전체성과 통합을 추구하는 존재로 완성되려는 경향이 있다고 봄

게슈탈트(Gestalt)

독일어로 전체 또는 형태를 의미. 부분이 전체로 통합되는 지각형태를 통하는 것으로 자신의 욕구나 감정 등을 전체로 조직하여 지각하는 것

(2) 주요 개념

① **여기 – 지금(Here and Now)**

    ㉠ 현재를 중시하고 개인의 자각을 강조

    ㉡ 현재를 온전히 음미하고 경험하는 학습을 강조 → 지금 여기에서 무엇을 어떻게 경험하느냐가 중요

② **신경증의 층** : 심리적으로 성숙해지기 위해서는 신경증의 층을 벗겨야 함

형태주의 상담의 목표

• 자각에 의한 성숙과 통합을 성취하게 함
• 자유로운 선택을 하도록 돕고 그에 따른 책임감을 가지게 함
• 잠재력의 실현에 따른 변화와 성장을 도모하게 함

허위층	진실성 없이 거짓된 상태
공포층(연기층)	주위의 기대에 따라 역할을 수행하는 상태
곤경층(난국층)	역할연기를 자각하며 허탈감과 공포, 무력감을 체험하는 상태
내적파열층	그동안 억압되었던 욕구를 드러내지 못하고 안에서 억제하는 상태
외적파열층	욕구를 더 이상 억압하지 않고 외부로 표출하는 상태

③ 미해결과제

ⓐ 완성되지 않은 게슈탈트로, 표현하지 못한 감정을 포함

ⓑ 미해결과제는 신체적 · 심리적 장애로 이어질 수 있음

④ 전경과 배경

ⓐ 관심의 초점을 '전경', 관심 밖으로 밀려나는 부분을 '배경'이라고 함

ⓑ 전경으로 떠올랐던 게슈탈트를 해소하면 전경은 배경이 되어 새로운 전경이 떠오르는 순환과정이 생김

(3) 접촉장애 유형

① 내사 : 외부로부터 무비판적으로 받아들이면서 발생

② 투사 : 개인의 생각이나 욕구 등을 타인의 것으로 생각

③ 반전 : 타인이 자신에게 해주기를 바라는 행동이나 자신이 타인에게 해주고 싶은 행동을 자기 자신에게 하는 것

④ 융합 : 밀접한 관계의 두 사람이 서로 동일하다고 느끼면서 발생

⑤ 편향 : 감당하기 힘든 자극에 노출될 때 압도당하지 않으려 자신의 감각을 둔화시켜 노출을 피하거나 약화시키는 것

(4) 상담기법

① 빈 의자 기법 : 현재 상담장면에 와 있지 않은 사람과 상호작용할 필요가 있을 때 사용하는 기법으로 두 개의 의자가 사용되는데 내담자는 두 의자에 번갈아 앉으며 상대방이 맞은 편 의자에 앉아 있다고 상상하며 대화를 나눔 → 상대방을 이해하고 자신이 감정을 자각하도록 하는 기법

② 직면 : 내담자의 진정한 동기를 직면시키는 기법

③ 역할연기 : 내담자에게 어떤 장면을 상상하여 실제로 연출해보이도록 하는 기법

④ 머물러있기 : 내담자에게 감정들을 회피하지 않고 견디도록 하는 기법

⑤ 반전(반대로 하기) : 내담자에게 평소와 반대로 행동을 해보도록 함으로써 통제해온 부분을 표출하도록 하는 기법

⑥ 꿈 작업 : 일상 속으로 꿈을 가지고 와 그것이 지금 일어난 것인 것처럼 재생시키는 것으로 꿈이 현재 사건인 것처럼 각 부분을 연기하게 하는 기법

⑦ 과장하기 : 행동이나 언어를 과장하여 표현함으로써 자신의 무의식적인 욕구나 감정 혹은 행동을 명료하게 자각하도록 돕는 기법

⑧ 욕구와 감정의 자각 : 지금 – 여기에서 일어나는 욕구와 감정을 자각하도록 하는 기법

⑨ 환경자각 : 내담자로 하여금 환경을 자각하도록 함으로써 새로운 관심과 흥미를 유발하는 기법

⑩ 언어자각 : 내담자의 말에서 행동의 책임소재가 불명확한 경우 자신의 감정과 동기에 책임을 지는 문장으로 말하도록 함

⑪ 신체자각 : 자신의 신체감각에 대해 자각하도록 함으로써 자신의 욕구나 감정 혹은 무의식적인 생각을 알아차리도록 함

형태주의 상담의 특징

· 현재 상황에 대한 자각에 초점

· 지금 여기에서 무엇을 어떻게 경험하느냐와 각성을 중시

· 자신의 내부와 주변에서 일어나는 일들을 충분히 자각할 수 있다면 자신이 당면하는 삶의 문제들을 스스로 효과적으로 다룰 수 있다고 가정함

· 현재를 온전히 경험하는 학습 강조

· 개인의 발달 초기에서의 문제를 중요시한다는 점에서 정신분석적 상담과 유사

· 인간이 사고, 감정, 느낌, 행동의 전체성과 통합성을 추구하는 존재로 기능을 발휘할 수 있도록 함

형태주의 상담에 대한 평가

· 의의

– 과거를 현재로 가져와 현재의 관점에서 재경험 하도록 도움

– 개인의 성장에 도움을 주며 비교적 단시간에 자신을 각성하게 함

· 한계 : 인지적 요소는 무시되고 정서적 측면만 강조되는 경우가 생김

⑫ 자기 부분들 간의 대화 : 내담자가 자신 안에 있는 상반된 자아와 대화를 하도록
유도하는 기법

5. 행동주의 상담

(1) 개념

① 인간의 행동은 학습에 의한 것이며 환경과 학습을 통해 변화시킬 수 있다고 가정함
② 의식은 관찰과 측정이 불가하나 행동은 가능함
③ 파블로프(Pavlov)의 고전적 조건형성, 스키너(Skinner)의 조작적 조건형성, 반두라(Bandura)의 사회학습이론으로 발전함

(2) 기본 가정

① 인간은 환경에 의해 통제되는 수동적인 입장임
② 환경과 상호작용하는 경험, 환경의 변화 등은 인간의 행동에 영향을 줌
③ 인간의 행동은 수정이 가능함

(3) 파블로프(Pavlov)의 고전적 조건형성

① 개념
  ㉠ 파블로프에 의해 연구된 것으로, 개에게 종소리를 들려준 후 먹이를 주는 행동을 반복하니 이후에는 종소리만 들어도 개가 침을 흘리는 실험에서 비롯됨 → 특정 자극에 반응유발능력을 주어 조건자극이 되게 하고, 반응적 행동을 유발함
  ㉡ 무조건 자극(먹이) → 무조건 반응(먹이로 인한 침), 조건 자극(조건화 된 후의 종소리) → 조건 반응(종소리로 인한 침)
② 변별자극과 자극의 일반화
  ㉠ 변별자극 : 유사한 자극에서 나타나는 차이에 따라 서로 다른 반응을 하도록 유도하는 학습기법 → 어떤 행동을 해야 좋은 결과를 얻을 수 있을 것인지를 알 수 있게 함
  ㉡ 자극의 일반화 : 특정 조건 자극에 대해 조건 반응이 성립되면 그와 비슷한 다른 자극을 받았을 때 다시 같은 반응을 보임

(4) 스키너(Skinner)의 조작적 조건형성

① 개념
  ㉠ 스키너가 조건적 조건형성을 발전시킨 것으로, 스키너 상자 실험을 통해 구체화됨
  ㉡ 행동의 원인과 결과를 통해 원인(자극)을 조정함으로써 결과(반응)를 통제할 수 있음 → 어떤 행동에 대한 결과가 다음 행동의 원인이 되며 행동은 결과에 의해 유지 또는 통제됨

행동주의 상담의 특징
• 실험에 기초한 과학적(귀납적) 접근방법에 의하며 행동은 통제와 자료의 계량화가 가능하다고 봄
• 인간의 행동을 '자극 – 반응'의 과정으로 설명함
• 상담자의 지시적 · 능동적인 역할을 강조함

행동주의 상담의 목적
• 인간의 행동은 학습을 통해 획득된 것이므로 적응 행동(바람직함)과 부적응 행동(바람직하지 않음)으로 구분하고 보다 바람직한 행동을 학습하도록 함
• 바람직하고 효과적인 행동의 학습에 도움이 되는 조건을 찾아내고 이를 조성하기 위해 노력함

01장
직업상담의 개념과 이론 및 접근방법

강화계획

• 계속적 강화계획 : 원하는 반응이 나타날 때까지 반응의 빈도에 관계없이 강화를 부여

• 간헐적 강화계획 : 시간과 강도에 변화를 주어 강화를 부여하여 원하는 반응에 대한 빈도를 증가시킬 수 있음

반두라의 인과적 모형

• **개인적 요인** : 개인과 신체적 속성(신체적 특성, 인지적 능력, 성격, 신념, 태도 등)

• **환경적 변수** : 외부 환경(물리적 환경, 가족과 친구, 기타 사회적 영향 등)

• **행동적 변수** : 외형적 행동(운동 반응, 언어 반응, 정서적 반응, 사회적 상호작용 등)

② 강화와 처벌

㉠ 강화 : 반응 행동의 빈도수를 강화시킴

㉡ 처벌 : 반응 행동의 빈도수를 약화시킴

정적 강화	유쾌한 자극을 부여하여 바람직한 반응의 확률을 높임 ㉠ 숙제를 잘 해온 학생에게 상을 줌
부적 강화	불쾌한 자극을 제거하여 바람직한 반응의 확률을 높임 ㉠ 숙제를 잘 해온 학생에게 청소를 면제해 줌
정적 처벌	불쾌한 자극을 부여하여 바람직하지 못한 반응의 확률을 낮춤 ㉠ 숙제를 안 해온 학생에게 벌청소를 시킴
부적 처벌	유쾌한 자극을 제거하여 바람직하지 못한 반응의 확률을 낮춤 ㉠ 숙제를 안 해온 학생에게 자유시간을 금지함

③ 강화계획(강화스케줄)

고정간격 강화계획	일정 시간이 경과하면 강화를 부여 ㉠ 월급, 주급, 일당 등
변동간격 강화계획	불규칙한 시간으로 강화를 부여 ㉠ 비정기적 포상 등
고정비율 강화계획	일정한 횟수의 원하는 반응이 나타난 다음 강화를 부여 ㉠ 성과급 등
변동비율 강화계획	변동적인 비율을 적용하여 불규칙한 횟수의 원하는 행동이 나타난 다음 강화를 부여 ㉠ 슬롯머신, 복권 등

(5) 반두라(Bandura)의 사회학습이론

① 개념

㉠ 인간은 환경적 자극에 의해서가 아니라 <u>타인의 행동을 관찰 · 모방함으로써 학습하게 된다는 이론</u>

㉡ 강화나 보상은 인간의 행동을 절대적으로 통제하지는 못하며 학습을 위해서 실질적 행동을 반드시 수행할 필요는 없다고 봄

② 주요 개념

㉠ 모델링 : 타인의 행동을 관찰하면서 자극을 받고 이를 모방함

㉡ 대리학습 : 자신이 직접 경험하는 것이 아니라 타인의 경험을 관찰하여 간접적 강화를 받음

㉢ 자기조절 : 자신의 행동을 스스로 평가 · 감독함

㉣ 자기강화 : 자신이 통제 가능한 보상을 스스로에게 주며 행동을 유지 · 변화시킴

㉤ 자기효능감 : 자신이 어떤 행동을 성공적으로 수행할 수 있다는 신념

㉥ 상호결정론 : 인간의 성격은 개인 · 행동 · 환경의 상호작용에 의한 것임

(6) 상담기법

① 체계적 둔감법(체계적 둔감화)
　　㉠ 특정한 상황에서 형성된 불안에 대해 자극을 단계적으로 높여감으로써 내담 자의 불안반응을 경감 또는 제거함
　　㉡ 병존할 수 없는 새로운 반응을 통해 부적응적 반응을 제지하는 상호제지의 원 리를 사용
② 스트레스 접종 : 예상되는 신체적 · 정신적 긴장을 약화시켜 내담자가 충분히 자 신의 문제를 다룰 수 있도록 준비시킴
③ 인지적 재구조화 : 부정적 사고 대신 긍정적인 자기적응적 사고를 가지도록 함
④ 자기주장훈련 : 대인관계에 있어 불안을 해소하기 위한 방법으로, 불안 이외의 감정을 표현하도록 하여 대인관계에서의 불안을 제거함
⑤ 토큰경제 : 목적행동을 할 때마다(바람직한 행동이 이루어졌을 때) 보상으로 토 큰을 제공하고 이를 내담자가 원하는 물건으로 교환할 수 있도록 함
⑥ 자기관리프로그램 : 내담자가 자기지시적인 삶을 영위하고 상담자에게 의존하지 않도록 상담자가 내담자와 지식을 공유하며 자기강화기법을 적극적으로 활용함
⑦ 모델링 : 내담자가 다른 사람의 바람직한 행동을 관찰해서 학습한 것을 수행하도 록 하여 문제행동을 수정하거나 학습을 촉진시킴
⑧ 행동조성 : 목표에 도달하기 위한 하위과정의 행동들을 단계적으로 학습
⑨ 타임아웃 : 부적절한 행동 시 모든 정적 강화를 차단하여 바람직하지 못한 행동 을 없앰
⑩ 사고정지(사고중지) : 내담자가 부정적인 인지를 억압하거나 제거함으로써 비생 산적이고 자기패배적인 사고와 심상을 통제하도록 도우며, 불안제거에 사용함
⑪ 행동계약 : 외적인 행동변화 촉진기법으로 두 사람이나 그 이상의 사람들이 정해 진 기간 내에 각자가 해야 할 행동을 분명하게 정해놓은 후, 그 내용을 서로가 지키기로 계약을 맺음
⑫ 혐오치료 : 부적절한 행동에 대해 혐오자극을 제시하여 바람직하지 못한 행동을 억제시킴
⑬ 과잉교정 : 문제행동에 대한 대안행동이 거의 없거나 효과적인 강화인자가 없을 때 유용한 기법으로서 파괴적이고 폭력적인 행동을 수정하는 데 효과적임
⑭ 역할연기 : 행동적 심리극, 행동시연 등으로 실제 생활에서 구체적인 행동이 어 려운 장면에 대해 역할 행동을 해보도록 하여 부적절한 행동을 수정하게 함
⑮ (근육) 이완훈련 : 근육과 정신의 이완을 통해 일상의 스트레스나 불안과 관련된 문제를 해결함
⑯ 정서적 상상 : 내담자에게 실제장면이나 행동에 대한 정서적인 느낌이나 감정을 마음속으로 상상해보도록 하여 공포나 불안을 제거함

SEMI-NOTE

체계적 둔감화의 3단계
• 1단계(근육이완훈련) : 근육이완 상태 에서는 불안이 일어나지 않는다는 원 리에 따라 내담자가 자유자재로 근육 의 긴장을 이완시킬 수 있도록 훈련시 킴(예 명상법, 호흡법 등)
• 2단계(불안위계목록 작성) : 불안의 유 발상황에 대한 위계목록을 낮은 수준 의 자극에서 높은 수준의 자극으로 10~20개 정도 작성함
• 3단계(둔감화) : 이완상태에서 목록 중 가장 약한 정도에서 출발하여 가장 강 한 자극으로 상상하면서 불안이 완전 하게 사라질 때까지 반복하여 실시하 고 불안이 사라지면 마침(상상하기 – 이완하기 – 자극 강도 높이기 – 마침)

모델링
• 인지적 모델링 : 상담자가 내담자에게 먼저 시범을 보이고 내담자가 반복적 으로 수행하게 함
• 내적 모델링 : 상담자가 내담자에게 지시에 따라 행동을 수행하는 모델을 상상하게 함

행동주의 상담에 대한 평가
• 의의
　– 구체적이고 다양한 상담기법, 행동 기법을 제공 · 발전시킴
　– 인간의 구체적 행동 변화를 조장함
• 한계
　– 기법과 현재 문제에 지나치게 집중 하여 문제행동에 대한 근본적인 치 료는 어려움
　– 감정과 정서를 경시함

실력UP 행동변화기법의 구분

내적	외적
• 사고정지 • 정서적 상상 • 체계적 둔감법 • (근육)이완훈련 • 인지적 재구조화 • 스트레스 접종 • 인지적 모델링	• 토큰경제 • 모델링 • 혐오치료 • 행동계약 • 타임아웃 • 역할연기 • 자기주장훈련 • 자기관리프로그램

6. 교류분석 상담

교류분석 상담의 특징

• 개인 간, 개인 내부의 자아 간 상호작용을 분석하기 위한 구조를 제공
• 인간을 자율적인 존재, 자유로운 존재, 선택할 수 있는 존재, 책임질 수 있는 존재로 봄
• 자아상태 분석을 함

(1) 개념

① 번(Bern)은 과거의 결정의 변화 가능성과 현재 새로운 결정을 내릴 수 있는 개인의 능력을 강조함
② 대부분의 다른 이론들과 달리 계약적이고 의사결정적임
③ 내담자의 삶에 방향에 대한 새로운 의사결정을 도와주며, 어린 시절 결정된 부적절한 방식에 대한 대안 학습을 격려함
④ 인간의 성격을 '부모자아', '성인자아', '어린이자아'로 구분

(2) 성격구조

① 부모자아(어버이 자아, P ; Parent)
　　㉠ 5세 이전에 부모로부터 받은 영향을 그대로 재현하는 자아
　　㉡ '비판적 부모 자아'와 '양육적 부모 자아'로 구분

비판적 부모 자아 (CP ; Critical Parent)	• 너무 엄격, 비판적, 강한 편견, 독선적 • 도덕적, 윤리적, 이상을 추구
양육적 부모 자아 (NP ; Nurturing Parent)	• 지나친 간섭, 과보호, 타협적, 지나친 참견 • 상냥함, 보호, 도움을 주려 애씀, 공감적, 지지적, 따뜻함

② 성인자아(어른자아, A ; Adult)
　　㉠ 정상적으로 기능하는 자아로, 합리적이고 현실적이며 적절한 해결책을 찾음
　　㉡ 부모자아와 어린이 자아의 갈등을 중재
③ 어린이자아(아동자아, C ; Child)
　　㉠ 어린아이처럼 행동하는 자아
　　㉡ '자유로운 어린이자아', '순응적 어린이자아', '어린이 교수자아'로 구분

자유로운 어린이자아 (FC ; Free Child)	• 제멋대로, 충동적, 본능적, 자기중심적 • 명랑, 활발, 열정, 창조성, 호기심 풍부

순응적 어린이자아 (AC ; Adapted Child)	• 규칙과 상식에 얽매임, 남의 평가에 신경 씀, 위축, 자신 감 부족 • 기대에 부응하려 노력, 규율과 상식 이해, 협력을 잘함
어린이 교수자아 (LP ; Little Professor)	• 어른자아의 축소판 • 탐구적, 창조적

(3) 주요 분석

① 구조분석

　㉠ 부모자아, 성인자아, 어린이자아를 구분하고 이해와 적절한 활용을 도움

　㉡ 오염과 배제의 문제가 발생

② 교류분석

　㉠ 상보교류 : 상호교류하고 있어 상대방에게 기대한 대로 반응이 오는 경우 →
　　자아가 서로 지지하고 있는 상호보완적 교류

> 예 A : 우리 같이 놀이터에 놀러 가자.
> 　B : 응, 그래 같이 가자.

　㉡ 교차교류 : 두 사람의 교류가 기대한 대로 반응이 오지 않는 경우 → 자아가
　　서로 일치하지 못하여 갈등과 단절이 유발될 수 있음

> 예 A : 우리 같이 놀이터에 놀러 가자.
> 　B : 곧 비가 올 것 같은데 무슨 놀이터니?

　㉢ 이면교류 : 두 사람의 교류가 표면상 의미와 숨어 있는 의미를 동반하는 경우
　　→ 두 가지 종류의 메시지가 전달되며 숨어 있는 의사를 교류

> 예 〈표면적 교류〉
> A : 우리 같이 놀이터에 놀러 가자.
> B : 응, 그래 비가 오면 옷이 젖더라도 젖은 흙을 가지고 놀자.
>
> 〈암시적 교류(잠재적 교류)〉
> A : 우리 같이 놀이터에 놀러 가자.
> B : 비가 올 것 같은데 젖은 놀이터에서 놀기 싫어.

③ 게임분석

　㉠ 이면교류를 정형화한 것 → 무의식적이고 반복적으로 이루어지는 게임은 좋
　　지 않은 결과 초래

　㉡ 애정이나 인정 자극(Stroke)을 얻기 위해 게임을 함 → 대부분 좋지 않은 결
　　과로 끝남

④ 각본분석(생활각본분석)

　㉠ 각본신념을 깨닫고 '여기 – 지금'의 인생유형을 확인

오염과 배제
• 오염 : 다른 자아를 침범하는 것
• 배제 : 자아 간 폐쇄적인 상태로
한 또는 두 가지의 자아를 제대로
사용하지 못하는 것

게임과 라켓, 스트로크
• 게임 : 라켓 감정을 유발하는 이면교류
• 라켓
　– 자신의 진실된 감정이 아닌 부모가
　　허용한 감정
　– 자신의 각본분석과 결정을 정당화
　　하기 위한 여러 가지 감정
• 스트로크
　– 감정, 태도, 언어 등 여러 형태의 행
　　동으로 상대방에 대한 반응을 알리
　　는 단위
　– 양육자로부터의 스트로크는 개인의
　　성격형성에 영향을 줌
　– 긍정적 스트로크 : "참 잘했어요."
　– 부정적 스트로크 : "실망스럽네요."

ⓛ 인생각본은 어린 시절 사고, 행동을 반복하는 것으로 이를 변화시키는 과정
→ 부적응적 사고를 효율적으로 변화시킴

ⓒ 각본분석을 통해 내담자의 각본 형성 과정과 함께 각본에 따른 삶의 양상과
각본을 정당화시키기 위해 사용하는 라켓감정과 게임을 밝힐 수 있음

ⓔ 내담자가 생애 초기에 경험한 것들에서 비롯한 초기결정을 토대로 함

⑤ **생활자세**

자기긍정, 타인긍정 (I'm OK, You're OK)	• 타인을 있는 그대로 수용 • 생산적인 인간관계 → 자신과 타인에 대한 긍정적인 삶의 태도를 가짐
자기긍정, 타인부정 (I'm OK, You're not OK)	• 타인의 열등성 비난 • 공격적 인간관계 → 자신의 우월성 강조, 타인에 대해 서는 불신, 증오, 비난 등의 태도를 가짐
자기부정, 타인긍정 (I'm not OK, You're OK)	• 타인이 자신보다 우월하다 여김 • 피해자적 인간관계 → 자신과 타인을 비교하며 자기 비하적 태도를 보임
자기부정, 타인부정 (I'm not OK, You're not OK)	• 인생의 희망, 삶의 의미를 상실함 • 파괴적 인간관계 → 자포자기, 극단적 태도를 보임

교류분석 상담에 대한 평가
• 의의
  - 개인치료뿐만 아니라 집단치료에도
    적합함
  - 의사소통의 질을 개선할 수 있는
    구체적 방안 제시
  - 계약과 내담자의 결단을 중시하여
    자유와 책임을 갖게 함
• 한계
  - 창의적인 면이 있긴 하나 추상적이
    어서 실제 적용에 어려움이 있음
  - 지능이 낮은 내담자에게는 부적절
    할 수 있음
  - 실증적 연구가 있긴 하나 과학적
    증거로 보긴 어려움

한눈에 쏙~

교류분석의 상담과정

계약 ▶ 구조분석 ▶ 교류분석 ▶ 게임분석 ▶ 각본분석 ▶ 재결단

7. 인지 · 정서 · 행동적 상담(REBT)

(1) 개념

① 엘리스(Ellis)에 의해 개발된 이론으로서 인지이론과 행동주의적 요소를 결합한 것

② 인간이 합리적인 사고는 할 수 있지만 비합리적인 사고도 할 수 있다고 봄

③ 내담자의 비합리적인 사고에 대한 합리적인 논박을 통해 사고를 변화시키고자 함

④ 상담자의 교육적 접근을 강조하며, 비합리적이거나 비논리적인 내담자에게 효율
적임

⑤ 과학적 사고를 통해 구체적으로 행동함

⑥ 인간의 심리 중에서 인지를 가장 중요한 요소로 봄

⑦ 역기능적 사고는 정서장애의 중요한 결정요인임

⑧ 과거보다는 현재에 초점을 둠

⑨ 문제에 초점을 두고 교육적 접근을 강조함

인지 · 정서 · 행동적 상담의 목표
• 내담자의 비합리적 · 비논리적 신념
  을 합리적인 신념으로 전환하려 함
• 내담자의 행동적 · 정서적 문제를 해
  결하고자 함
• 내담자로 하여금 자기책임감을 갖게
  하고 문제에 직면하게 함
• 내담자에게 현실적이고 관대한 철학
  을 갖게 함

(2) ABCDE(ABCDEF) 모델

① A ; Activating Event(선행사건) : 내담자의 정서적 혼란을 가져오게 되는 사건

② B ; Belief System(신념체계) : 선행사건에 의해 경험하게 되는 내담자의 비합리적 신념체계

③ C ; Consequence(결과) : 비합리적 신념을 통해 사건을 해석함으로써 불안, 초조, 분노 등 정서적·행동적 결과가 나타나는 것

④ D ; Dispute(논박) : 비합리적 신념의 결과를 논리적·현실적인 원리를 제시하여 반박하는 것

⑤ E ; Effect(효과) : 논박의 결과로 내담자의 비합리적 신념의 결과가 해소되며, 합리적 신념으로 전환되는 것

⑥ F ; Feeling(감정) : 논박의 효과로 인한 합리적인 신념에서 비롯된 수용적이고 긍정적인 태도, 감정

SEMI-NOTE

👓👓 한눈에 쏙~

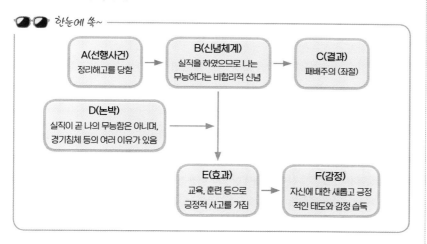

(3) 비합리적 신념의 유형

① 우리는 주위의 모든 사람들에게 항상 사랑과 인정을 받아야 함

② 우리는 모든 영역에서 뛰어나고 성취적이어야 함

③ 어떤 사람은 악하고 나쁘고 야비하므로 그에 대한 저주와 처벌을 받아야 함

④ 내가 바라는 대로 일이 되지 않는 것은 끔찍한 파멸임

⑤ 인간의 불행은 외부환경 때문이며 인간의 힘으로는 통제불가함

⑥ 위험하거나 두려운 일은 언제든 일어날 수 있으므로 항상 가능성을 생각해야 함

⑦ 인생에서 난관이나 책임을 직면하는 것보다 회피하는 것이 더 쉬움

⑧ 우리는 타인에게 의지해야 하고 내가 의지할 만한 더 강한 누군가가 있어야 함

⑨ 우리의 현재 행동은 과거의 경험이나 사건에 의해 결정되며 과거의 영향에서 벗어날 수 없음

비합리적 신념의 당위성

• **자신에 대한 당위성** : 나는 반드시 어떤 사람이 되어야 한다는 신념(예 나는 반드시 일을 훌륭하게 수행해야 한다.)

• **타인에 대한 당위성** : 타인에 대한 당위적 신념(예 부모니까 나를 사랑해 주어야 한다.)

• **세상(조건)에 대한 당위성** : 상황이나 환경이 내가 원하는 대로 돌아가야 한다는 신념(예 나는 항상 공정한 세상에서 살아가야 한다.)

⑩ 우리는 주변인물에게 어려움이 닥쳤을 때 당황할 수밖에 없음

⑪ 모든 문제에는 완벽한 해결책이 있고, 그것을 찾지 못하는 것은 유감스러운 일임

⑫ 세상은 반드시 공평해야 하며 정의는 반드시 승리해야 함

⑬ 항상 고통 없이 편안해야 함

⑭ 나는 아마 미쳐가고 있는지도 모르지만 그것을 견딜 수 없기 때문에 미쳐서는 안 됨

8. 내담자중심 상담(인간중심 상담)

(1) 개념

① 로저스(Rogers)의 상담이론에서 시작되어 인간중심 상담 또는 비지시적 상담으로 불림

② 인간의 본능적인 욕구를 강조하며 인본주의를 기반으로 하는 비지시적 접근방법 강조

③ 내담자가 가진 문제해결능력, 잠재력, 자기성장능력 등을 활용하도록 유도함 → 내담자 스스로 성장할 수 있게 도움

④ 개인이 나아갈 삶의 방향을 찾고 의미 있는 변화를 이끌 수 있다고 봄

(2) 특징

① 인간의 주관적 경험인 자기인식을 강조함

② 상담자중심이 아닌 내담자중심 상담을 중시함

③ 기법보다는 태도를 강조함

④ 상담자와 내담자 사이의 관계형성과 허용적 분위기를 강조함 → 조력관계를 통해 내담자의 성장을 촉진함

⑤ 상담자와 내담자는 동등한 관계라는 입장을 고수함

⑥ 내담자가 자신의 감정을 깨닫게 돕고 존중받고 있음을 느끼게 함

⑦ 동일한 상담 원리를 정상적인 상태에 있는 사람이나 정신적으로 부적응 상태에 있는 사람 모두에게 적용함

⑧ 상담은 모든 건설적인 대인관계의 실제 사례 중 하나에 불과함

⑨ 상담의 과정과 그 결과에 대한 연구조사를 통해 개발되어 왔음

⑩ 내담자를 3가지 자아 간의 불일치 때문에 불안을 경험한 사람으로 봄

(3) 목표

① 내담자들이 경험에 개방적이 되도록 도움

② 내적 기준에 대한 신뢰를 증가시킴

③ 지속적인 성장 경향성을 촉진시켜줌

내담자중심 상담의 기본가정
• 인간의 개별성과 독자성을 존중함
• 치료적 관계 그 자체가 성장의 경험임
• 인간은 성장, 건강, 적응을 이루려는 기본적 충동과 자기실현을 이루려는 경향을 가지고 있음
• 적응의 지적 측면보다 정서적 측면을 강조함
• 유년기의 외상적 경험보다 현재의 직접적인 장면(경험)을 강조함

(4) 상담자가 갖추어야 할 태도

진실성 (일치성)	• 내담자로 하여금 개방적 자기탐색을 촉진하여 '지금 – 여기'에서 경험하는 감정을 자각하도록 하고, 상담자는 자신의 감정이나 태도를 솔직하게 표현하는 태도 • 내담자와의 관계에서 상담자의 감정이나 생각을 있는 그대로 인정하고 일치화 시키되 있는 그대로 솔직하게 표현하는 것
공감적 이해	• 내담자의 감정과 경험을 마치 상담자 자신의 경험인 것처럼 이해하고자 하는 태도 • 상담기간 동안 상호작용을 통해 나타나는 내담자의 경험과 감정을 민감하고 정확하게 이해하는 것
무조건적 수용	• 내담자의 말을 비판하거나 평가하지 않고 그대로 수용함으로써 내담자를 존중하는 상담자의 태도 • 내담자의 감정이나 생각, 행위의 좋고 나쁨의 평가와 판단에 의해 영향을 받지 않는다는 점에서 무조건적임

(5) 현상학적 장

① 경험적 세계 또는 주관적 경험을 의미(어떤 순간에 개인이 지각하고 경험하는 모든 것을 의미)

② 개인에게 있어 현상학적 장은 즉 현실 세계이며, '여기 – 지금'에서의 주관적 경험을 의미함

③ 동일한 경험을 한 두 사람도 각각 다르게 행동할 수 있음 → 모든 개인은 서로 다른 독특한 특성을 보임

④ 과거경험에 관해 현재 어떻게 해석하는지 여부가 현재의 행동을 결정함

(6) 실현화 경향성

① 인간뿐 아니라 모든 유기체에서 공통적으로 드러나는 경향으로 단순에서 복잡으로, 의존에서 독립으로, 경직성에서 유연성으로 변화하고자 하는 경향성을 의미

② 유기체의 성장과 발달, 향상을 촉진하고 지지함

③ 유기체를 향상시키는 활동으로부터 도출된 기쁨과 만족을 강조

④ 성장의 모든 국면에 영향을 줌

(7) 완전히 기능하는 사람

자신의 잠재력을 인식하고 능력을 충분히 발휘하여 자기실현을 이루어 나가는 사람을 의미함

① 경험에 개방적임

② 실존적인 삶을 살아감

③ 자신을 신뢰함

④ 창조적으로 살아감

⑤ 자유로움

내담자중심 상담기법
• 특정 기법을 사용하기보다는 상담자와 내담자 간 안전하고 허용적인 관계를 중시함
• 적극적 경청, 감정의 반영, 명료화, 공감적 이해 등이 사용됨

자아실현의 경향성
• 자아를 유지하고 발전하며 잠재력을 발휘하려는 경향성
• 이를 통해 인간은 삶의 의미를 찾을 수 있음

실현화 경향성에서의 유기체
로저스(Rogers)는 인간중심상담의 주요 개념을 말하면서 모든 유기체는 자신을 유지하고 실현하며 향상시키려는 하나의 기본적인 경향성(실현화 경향성)을 가지고 있다고 설명하였음. 즉, 실현화 경향성은 사람뿐 아니라 동물을 비롯한 살아있는 모든 유기체에게서 찾아볼 수 있음

SEMI-NOTE

내담자중심 상담에 대한 평가
• 의의
 – 상담자의 태도와 상담자 – 내담자
  간의 관계를 중시함
 – 내담자가 능동적으로 상담에 참여
  하게 하였음
• 한계 : 지적 측면이 무시됨

(8) 상담으로 기대할 수 있는 결과

① 내담자는 불일치의 경험이 감소됨
② 내담자는 문제해결에 있어 보다 더 능률적이게 됨
③ 자아 지각의 정도가 높아지며 현실적 · 객관적이게 됨
④ 현실적이게 되면서 상담목표의 성취 가능성이 높아짐
⑤ 타인을 더 잘 수용하게 됨

9. 인지치료

(1) 개념

① 벡(Beck)에 의한 인지행동 상담기술로서 정보처리 과정상의 인지적 왜곡에 초점을 둠
② 내담자의 역기능적이고 자동적인 사고, 스키마, 신념, 가정의 대인관계 행동에서 영향력을 강조하며, 이를 수정하여 내담자의 정서나 행동을 변화시키는 데 역점을 둠
③ 단기적이고 구조화된 치료로서 상담자는 '여기 – 지금' 내담자가 가진 문제를 파악하고 내담자에 대해 보다 적극적이고 교육적인 치료를 함
④ 인간의 사고와 행동은 서로 밀접한 연관이 있다고 봄
⑤ 개인이 정보를 수용하여 처리하고 반응하기 위한 지적 능력을 개발하는 데 몰두함

(2) 인지적 오류(왜곡)의 주요 유형

① 선택적 추상
 ㉠ 중요한 부분은 무시한 채 사소한 부분에 초점을 맞춤으로써 부정적인 일부 세부사항에 근거하여 결론을 내리고 전체를 이해하는 것
 ㉡ 상황의 긍정적인 양상을 여과하고 극단적으로 부정적인 세부사항에 머무름
  예 자신이 한 요리에 대해 칭찬은 듣지 않고 부정적인 반응에만 신경 쓰는 경우
② 임의적 추론(자의적 추론)
 ㉠ 어떤 결론을 지지하는 증거가 없음에도 임의적으로 그와 같은 결론을 내리는 것
 ㉡ 대체로 확실한 근거도 없이 어떠한 상황을 부정적으로 해석함
  예 상대방이 바빠서 자신의 전화를 받지 않자 자신을 미워하여 일부러 피한다고 판단하는 경우
③ 긍정 격하
 ㉠ 자신의 긍정적 경험이나 능력을 객관적으로 평가하지 않고 격하시켜 평가하는 것
 ㉡ 부정적인 경험으로 전환하거나 자신의 능력을 낮추어 봄
  예 상대방이 자신에게 칭찬을 하자 그 사람이 착해서 누구에게나 칭찬을 한다고 치부하는 경우

④ 과도한 일반화(과잉일반화)

  ㉠ 한두 사건에 근거하여 일반적인 결론을 내리고, 관계없는 상황에도 그 결론을 적용시키는 것

  ㉡ 어떠한 사건의 결과를 이와 무관한 상황에 적용해 일반화함

    예 수학시험을 망쳤으니 이번 시험 전체도 망칠 것이라고 생각하는 경우

⑤ 잘못된 명명

  ㉠ 과도한 일반화의 극단적인 형태

  ㉡ 한두 사건에 기초하여 자신을 완전히 부정적으로 상상함

    예 이번 시험에서 실수를 하나 했다고 실수쟁이라는 별명을 붙이는 경우

⑥ 흑백논리(이분법적 사고)

  ㉠ 모든 경험을 한두 개의 범주로만 이해하고 흑백논리로만 현실을 파악하는 것

  ㉡ 사고의 판단과정을 단순히 이분법화하여 중간이 없는 경우

    예 상대방이 나를 사랑한다고 하지 않았으니 나를 증오한다고 생각하는 경우

⑦ 개인화

  ㉠ 실제 자신과 관련 없는 문제임에도 불구하고 자신이 직접적인 원인제공을 했다고 여기는 것

  ㉡ 자신과 관련이 없는 상황임에도 자신과 관련지음

    예 옆집 사람이 이사를 간 것이 이웃인 내가 마음에 들지 않아서라고 생각하는 경우

⑧ 의미의 확대와 축소

  ㉠ 어떤 사건을 실제 중요성과는 무관하게 과장하거나 축소하는 것

  ㉡ 자신의 실수 또는 다른 사람의 성공은 과장하고 자신의 성공 또는 다른 사람의 실수는 축소하여 열등감을 가짐

    예 자신이 이번 시험에서 100점을 맞은 것은 이번 시험이 유난히 쉬웠기 때문이라고 생각하는 경우

⑨ 정서적 추론

  ㉠ 객관적 사실보다는 느낌을 토대로 그 자신, 세계 또는 미래에 관해 추론하는 것

  ㉡ 자신의 정서적 경험이 실제를 반영하는 것으로 간주하여 미래를 그릇되게 추리함

    예 시험에서 떨어진 후 우울감에 빠져 나는 뭘 해도 안 될 것이라고 단정하는 경우

⑩ 재앙화(파국화)

  ㉠ 개인이 걱정하는 한 사건에 대해서 지나치게 과장하며 두려워하는 것

  ㉡ 항상 최악을 생각하며 두려워함

    예 졸업을 했는데 곧바로 취직하지 못했으므로 굶어 죽을 것이라고 생각하는 경우

SEMI-NOTE

소크라테스식 질문

- 내담자에게 신중한 질문을 제시하여 내담자 스스로 자신의 생각을 평가하게 함 → 해결책을 얻을 수 있게 도움
- 논리적/경험적 논박을 던지며 내담자가 가진 신념이 타당하다는 근거를 물음

(3) 인지치료의 상담기법

① 인지적 기법
  ㉠ 사건이나 상황 때문이 아니라 자신의 지각이나 신념 때문에 장애를 느끼는 것임을 보여줌
  ㉡ 내담자의 절대론적 신념을 밝히고 신념을 논박함

② 언어적 기법
  ㉠ 소크라테스식 질문을 통해 내담자가 자신의 자동적 사고가 타당한지를 평가하게 하고 현실적 사고를 하게 함
  ㉡ 내담자의 언어를 변화시킴

③ 정서적 기법
  ㉠ 역할연기, 심상기법, 상담 중 정서의 변화, 최근의 정서 경험을 구체적으로 이야기하기 등을 통해 내담자의 자동적 사고를 파악함
  ㉡ 합리적인 정서를 상상함

④ 행동적 기법
  ㉠ 행동실험을 적용하여 내담자의 부정적 사고의 현실적 타당성을 검증함
  ㉡ 인지의 변화와 행동을 통한 신념체계 변화를 목표로 함

(4) 인지치료의 절차

1단계	내담자가 느끼는 감정의 속성이 무엇인지 확인함
2단계	감정과 연합된 사고, 신념, 태도 등을 확인함
3단계	내담자의 사고 등을 1~2개의 문장으로 요약 · 정리함
4단계	내담자를 도와 현실과 이성의 사고를 조사하도록 개입함
5단계	내담자에게 과제를 부여하여 신념과 사고의 적절성을 검증하게 함

👓👓 한눈에 쏙~

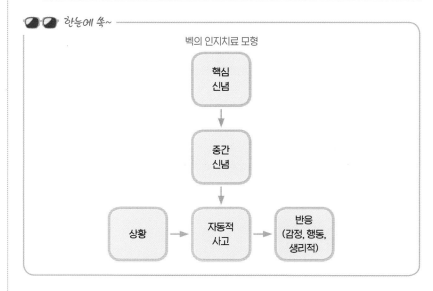

벡의 인지치료 모형

10. 현실치료(현실주의 상담)

(1) 개념

① 글래서(Glasser)가 현실치료모델을 토대로 정신분석의 결정론적 입장에 반대하여 개발함
② 인간은 자신의 욕구충족을 위해 행동하며 이는 인간이 스스로 선택하고 결정한 것임을 강조함
③ 인간은 5가지 기본적인 욕구를 가지고 있음
④ 인간은 자유롭고 자신을 둘러싼 환경을 통제할 수 있으므로 책임감 있는 행동을 해야 함
⑤ 내담자로 하여금 계획을 세우고 수행할 수 있도록 하며 결과에 대해 책임질 것을 강조함

> **STEP UP 글래서(Glasser)의 인간의 5가지 기본적인 욕구**
>
> • 생존의 욕구
> • 소속의 욕구
> • 힘(성취감, 존중, 인정 등)에 대한 욕구
> • 자유에 대한 욕구
> • 즐거움에 대한 욕구

(2) 특징

① 과거 · 미래보다 현재에 중점을 둠
② 내담자가 현실적이고 책임감 있는 행동을 하도록 강조함
③ 책임감과 자율성을 획득하게 하여 성공적인 정체감을 이루도록 함
④ 개입의 초점을 문제의 행동에 맞춤
⑤ 내담자의 책임감 없는 행동이나 변명, 합리화를 금지함

(3) WDEP 체계

W (Want 욕구)	내담자가 충족시키길 원하는 욕구 및 바람 등 특정 욕구를 명확히 파악함(예 당신이 지금 원하는 것은 무엇입니까?)
D (Doing 행동)	내담자의 욕구를 충족하기 위한 현재의 행동에 초점을 맞추고 행동양식에 대해 알아봄(예 당신은 지금 무엇을 하고 있습니까?)
E (Evaluation 평가)	내담자로 하여금 자신의 행동을 평가하도록 하고, 현재의 행동양식을 평가함(예 당신이 지금 하는 행동은 당신에게 도움이 됩니까?)
P (Planning 계획)	계획과 행동, 계획에 따른 행동으로 좀 더 효과적인 행동양식을 갖게 하기 위한 계획을 세움(예 당신이 오늘 당장 실천할 수 있는 일은 무엇입니까?)

SEMI-NOTE

현실주의 상담의 3R
• 현실(Reality)
• 책임(Responsibility)
• 옳고 그름(Right and Wrong)

매슬로우(Maslow)의 욕구 5단계
• 생리 욕구
• 안전의 욕구
• 애정과 소속의 욕구
• 자기존경의 욕구
• 자아실현의 욕구

현실치료의 목표
• 내담자가 현실적이고 책임질 수 있는 행동을 하도록 함
• 자율성을 획득하도록 함
• 행동에 대한 가치판단과 자기결정을 할 수 있게 함

SEMI-NOTE

우볼딩(Wubbolding)의 실천계획의 효율적 달성을 위한 계획의 구성요소 (SAMIC3) ★빈출개념

• 계획은 단순해야 함(Simple)
• 달성 가능해야 함(Attainable)
• 측정 가능해야 함(Measurable)
• 즉시 할 수 있어야 함(Immediate)
• 계획자에 의해 통제돼야 함(Controlled)
• 일관성이 있어야 함(Consistent)
• 이행에 대한 언약이 있어야 함(Committed)
• 이상의 모든 계획은 계획자의 책임에 달려있음(Planner)

(4) 치료기법

① 질문
　㉠ 내담자의 욕구와 바람이 무엇인지 등을 알기 위해 숙련된 질문을 사용함
　㉡ '당신의 욕구와 바람은 무엇입니까?', '당신의 욕구를 충족하기 위하여 무엇을 하고 있습니까?', '당신이 세운 계획은 얼마나 현실성이 있습니까?' 등
② 유머
　㉠ 상담과정에서 관계의 형성과 긴장해소를 위해 적절한 유머를 사용함
　㉡ 내담자의 비합리적 행동을 지적하거나 상담자의 실수로 인한 긴장감 등을 풀어주는 데도 도움이 됨
③ 역설적 기법
　㉠ 상담자가 기대하는 것과는 반대되는 방향을 제시하여줌
　㉡ 강한 저항을 논박하기 위하여 사용함
④ 직면
　㉠ 내담자의 행동에 대해 책임을 지도록 하기 위한 방법
　㉡ 내담자가 현실적 책임과 모순을 보일 때(책임을 회피하려 할 때) 질문을 던져 본인의 선택에 대한 책임을 지게 하며 변화를 촉진함
⑤ 토의와 논쟁 : 내담자의 답변이 현실성이 없거나 합리성이 결여되어 있음을 알려줄 때 사용함

03절　직업상담의 접근방법

1. 특성 – 요인 직업상담

특성 – 요인 직업상담에서의 인간

• 인간은 선한 존재이기도 하고 악한 존재이기도 함
• 인간은 타인의 도움을 필요로 함
• 인간은 누구나 자신의 독특한 세계관을 가짐
• 인간의 선한 생활을 결정하는 것은 자기 자신임
• 선의 본질은 자아의 완전한 실현임

(1) 개념

① 윌리암슨(Williamson)이 발전시킨 상담으로 파슨스(Parsons)의 직업이론모델에 기초함
② 개인, 직업 그리고 개인과 직업 사이의 관계성을 연결하는 것에 초점
③ 특성 : 적성, 흥미, 가치관 등 검사에 의해 측정 가능한 개인의 특징
④ 요인 : 직업에서 요구하는 성실성, 책임감 등의 특징

특성 – 요인 직업상담의 목표

• 내담자가 자신의 문제를 해결하도록 함
• 내담자가 자신의 가능성을 확인하고 그것을 활용하게 함
• 내담자가 자신이 필요로 하는 정보를 수집, 분석, 종합하도록 함
• 합리적인 과정을 통해 올바른 직업을 선택하도록 함

(2) 특징

① 내담자에 대한 객관적 이해에 중점을 둠
② 개개인은 신뢰할 만하고 타당하게 측정될 수 있는 고유한 특성의 집합이라고 봄
③ 상담자중심의 상담으로서, 상담자는 교육자로서 내담자의 인지적 측면에 주로 관여하며 주도적인 역할을 수행함
④ 과학적이고 객관적인 자료를 중시하고 합리적인 문제해결 방법을 따름
⑤ 직업과 사람을 연결시키는 심리학적 관점을 토대로 함

⑥ 사례나 사례연구를 중요한 자료로 삼으며 심리검사나 객관적 수단을 통해 개인적 흥미나 능력을 밝혀냄

⑦ 직업의 선택은 직선적인 과정이며, 매칭이 가능함

실력UP 특성 – 요인 이론의 쟁점

- Tryon&Anastasi : 특성 – 요인이론이 가정하는 특성의 안정성과 지속성에 대해 의문을 제기하면서 특성은 학습된 것이며 특정 상황에 대해서만 타당한 것으로 간주하였음
- Herr&Crammer : 특성 – 요인적 접근이 통계적인 정교함과 검사의 세련화에도 불구하고 특정 직업에서의 개인의 성공을 예언하는 데 있어 부정확하다고 주장하였음

(3) 윌리암슨(Williamson)의 상담과정

분석	• 내담자의 현재 상태 및 미래의 가능성을 종합적으로 이해하기 위해 정보와 자료를 수집하는 단계 • 적성 · 흥미 · 동기 등의 요소들과 관련된 심리검사가 주로 사용됨
종합	• 내담자의 적응 · 부적응, 장단점 등을 분석하기 위해 자료를 요약하고 체계적으로 정리하는 단계 • 내담자의 성격, 장단점, 욕구, 태도 등에 대한 정보를 수집하고 종합함
진단	• 내담자의 반응과 논리적 결과를 검토하여 객관적이고 주관적인 자료에 기초한 해결 방안을 검토하는 단계 • 내담자의 직업문제에 대한 원인을 탐색하며 이에 대한 해결책을 검토함
예측(예후) 또는 처치와 처방	가능한 선택을 기초로 하여 미래와 관련된 것으로 대안적 조치의 성공 가능성과 중점사항을 예측하는 단계
상담 또는 치료	내담자의 바람직한 적응을 위해 상담에서 배운 학습을 모든 문제 상황에 적용할 수 있도록 도우며 재교육하는 단계
추수지도 (사후지도)	상담에서 학습했던 것을 일상생활에 적용할 때 바람직한 행동계획을 실행하도록 도우며 재평가하고 점검하는 단계

(4) 윌리암슨(Williamson)의 상담기법

① 직접충고

 ㉠ 검사결과를 토대로 상담자가 느끼는 솔직한 견해를 직접적으로 전달하는 기법

 ㉡ 내담자가 상담자에게 지나치게 솔직한 의견을 요구하거나 실패와 좌절을 가져올 직업선택을 강요해 줄 것을 요구할 경우 상담자는 직접적인 충고를 함

② 설득

 ㉠ 상담자가 검사자료와 수집한 정보를 분석하여 합리적 의사결정을 하도록 설득하는 기법

 ㉡ 상담자는 내담자에게 합리적이고 논리적인 방법으로 검사자료를 제공하며 내담자에게 진단과 경과의 의미를 이해하도록 설득함

특성 – 요인 이론의 3가지 요소[파슨스(Parsons)]

- **내담자 분석** : 면담을 통해 자신의 적성, 흥미, 성격, 가치관, 능력 등에 대해 이해할 수 있게 도움
- **직업세계 분석** : 직업세계에 대한 다양한 정보(보수, 승진제도, 변화양상 등)를 제공함
- **과학적 조언을 통한 매칭** : 과학적이고 합리적인 의사결정을 통해 자신과 직업의 합리적 연결이 가능하게 함

Brayfield의 직업정보의 기능

- **정보적 기능** : 정보를 제공함으로써 내담자의 직업선택 지식 증가
- **재조정 기능** : 내담자의 직업선택 점검 기초 마련
- **동기화 기능** : 의사결정과정에의 적극적 참여를 위해 동기화시킴

SEMI-NOTE

Darley의 상담자의 상담원칙
• 내담자를 가르치려는 거만한 자세
는 삼가야 함
• 상담초기에는 정보제공의 범위를
좁힘
• 정보를 제공하기 전에 내담자가 그
것을 정말 알고 싶어하는지 확인함

상담자가 갖추어야 할 태도
• 일치성과 진실성
• 공감적 이해
• 무조건적 수용

③ 설명
　㉠ 검사자료 및 정보에 대해서 상담자가 내담자에게 이해할 수 있도록 설명하는 기법
　㉡ 상담자는 검사자료뿐만 아니라 내담자에 대한 다양한 자료들을 해석함으로써 내담자가 가능한 직업선택을 할 수 있도록 설명하는 것으로 윌리암슨은 설명을 가장 완전하고 만족스러운 방법으로 보았음

(5) 윌리암슨(Williamson)의 상담기술

① **촉진적 관계형성** : 내담자와 신뢰관계를 형성함
② **자기이해의 신장** : 특징들에 대한 문제해결의 통찰력
③ **행동계획의 설계** : 내담자의 특성을 고려하여 실제적인 행동계획을 설계하도록 도움
④ **계획의 수행** : 직업선택에 도움이 되는 제안을 하여 내담자의 선택을 도움
⑤ **위임** : 합리적인 문제해결을 위해 다른 상담자도 만나보도록 권유

2. 내담자중심 직업상담

(1) 개념

① 로저스(Rogers)의 내담자중심 상담이론에 뿌리를 두고 있음
② 내담자들은 선천적인 잠재력과 자기실현 경향성을 가지고 있다고 봄
③ 내담자들은 스스로 문제를 해결하고 의사결정을 할 수 있다고 봄
④ 특성 – 요인 직업상담과 반대의 입장을 취함 → 비지시적, 내담자 주도, 개별적, 현상적

실력up **특성 – 요인 직업상담과 내담자중심 직업상담의 비교**

특성 – 요인 직업상담	내담자중심 직업상담
내담자는 문제를 스스로 해결할 수 없는 나약한 존재임	내담자는 문제를 스스로 해결할 수 있는 능력이 있음
상담자중심	내담자중심(상담자는 보조)
관계 형성이 중요	공감과 라포 형성이 중요
지시적, 충고와 설득	비지시적, 수용적 분위기
내담자의 감정적 측면을 소홀히 하는 경향	객관적 자료의 중요성을 간과하는 경향
개인의 과거경험을 중시	개인의 현재상태를 중시
문제를 중시	개인을 중시
상담 전 심리진단이 필요	상담 전 심리진단이 필요하지 않음

(2) 특징

① 비지시적 상담이 원칙

② 자기와 직업에 대한 경험의 부족 또는 정보의 왜곡으로 인해 의사결정에 어려움이 있다고 봄

③ 내담자는 자기와 경험의 불일치로 인해 어려움이 있으므로 직업문제를 진단하는 것은 불필요하며 개인이 경험한 세계에 초점을 맞춤

④ 내담자의 내적 기준에 대한 신뢰를 향상시키도록 도움

⑤ 몇몇 내담자중심 상담사들은 일반적 적응과 직업적 적응 사이에 관련성이 크지 않다고 봄

⑥ 경험에 대해 개방적이 되도록 돕고 성장을 촉진시킴

⑦ 일치성 회복을 위해 내담자의 불안을 줄이고 자기의 책임을 수용하도록 도움

⑧ 일치성의 정도에 따라 내담자중심 직업상담의 결과가 달림

(3) 반응의 범주화

① 안내를 수반하는 범주

　㉠ 상담자가 내담자로 하여금 이야기해야 할 것이 무엇인지 제시

　㉡ 면접의 방향을 결정짓는 범주

② 감정에 대한 비지시적 반응범주 : 해석이나 충고, 비평이나 제안 없이 내담자가 표현하는 감정을 재진술하게 하는 범주

③ 감정에 대한 준지시적 반응범주

　㉠ 내담자의 감정에 대해 해석하는 범주

　㉡ 내담자의 정서나 반응에 대한 상담자의 의미부여 또는 해석 등의 반응이 포함됨

④ 지시적 상담범주 : 상담자가 내담자의 생각을 변화시키려 시도하거나 내담자의 생각에 상담자의 가치를 주입하려 하는 범주

(4) 검사의 사용과 해석

① 상담자는 심리검사의 장단점과 제한점을 알고 있어야 함

② 검사결과 해석에 내담자가 참여하도록 함

③ 내담자가 알고자 하는 정보와 관련된 검사의 가치와 제한점을 설명함

④ 검사결과를 입증하기 위한 더 많은 자료가 수집될 때까지는 시험적인 태도로 조심스럽게 제시되어야 함

⑤ 내담자의 요청이 있을 시 내담자에게 필요한 정보를 제공하기 위해 사용함

⑥ 결과를 전할 때 평가적인 말투를 사용해서는 안 됨

⑦ 직업정보 제공 시 내담자에게 영향을 주거나 내담자를 조작하기 위해 사용하지 않음

(5) 직업정보 활용의 원리[패터슨(Patterson)]

① 내담자의 입장에서 필요할 때에만 제공되어야 함

② 내담자에게 영향을 주거나 내담자를 조작하기 위해 사용해서는 안 됨

반응의 범주화

스나이더(Snyder)는 상담자가 내담자중심 직업상담을 하는 동안 보일 수 있는 반응을 구분하고, 그에 따라 어떤 반응 범주를 사용할지에 대한 체계를 개발함

로저스와 패터슨

로저스(Rogers)는 상담 전 심리검사가 필요하지 않다고 보았지만, 패터슨(Patterson) 등 몇몇 내담자중심 직업상담자들은 내담자에 대한 객관적 이해가 목적이 아닌 내담자의 자기명료화를 위해 필요하다고 제안하였음

패터슨의 직업정보 활용의 원리

패터슨은 내담자중심 직업상담에서 직업정보 활용의 원리와 검사 해석의 원리는 동일하다고 하였음

③ 내담자의 자발성을 유도하여 내담자 스스로 얻도록 격려함

④ 직업과 일에 대한 내담자의 감정과 태도가 자유롭게 표현되어야 함

3. 정신역동적 직업상담

(1) 개념

① 정신분석학과 특성 – 요인 이론 및 직업상담의 개념을 통합한 것으로 보딘 (Bordin)에 의해 발전됨

② 정신분석학에 뿌리를 두고 내담자중심 직업상담에 영향을 받음

③ 심리학적 요인을 중시하는 이론으로서 내담자의 욕구와 발달과정에 초점을 두며, 욕구를 직업선택의 주요 요인으로 간주

④ 내담자의 내적세계와 직업선택에 미치는 내적 요인의 영향을 강조

⑤ 특성 – 요인 이론과 마찬가지로 개인과 직업 사이의 관계성을 연결하는 것에 초점

(2) 보딘(Bordin)의 직업상담 과정

① **탐색과 계약 설정의 단계**

ㄱ 상담전략에 대한 합의가 이루어지는 단계

ㄴ 충고보다는 온정적 관심을 보여야 함

② **핵심결정의 단계**

ㄱ 내담자의 목표를 성격 변화 등으로 확대할 것인지 고민하는 단계

ㄴ 개인의 성격에 맞추어 직업을 변경할 것인지, 직업에 맞추어 성격을 변화할 것인지 결정

③ **변화를 위한 노력의 단계**

ㄱ 내담자가 선택한 부분에 대하여 지속적인 변화를 모색하고 자아인식 및 자아 이해를 확대해나가는 단계

ㄴ 내담자가 어느 정도 인성 변화를 일으키게 될 것이라 가정

(3) 보딘의 직업상담 기법 ⭐ 빈출개념

① **명료화**

ㄱ 직업문제와 관련된 내담자의 생각이 어떤 것인지에 초점을 두고 요약

ㄴ 상담자는 개방형 질문, 부드러운 명령, 단순화된 진술 등의 형태를 취함

② **비교**

ㄱ 두 가지 이상의 주제들에 우선순위를 두어 내담자의 현재 문제와 과거의 역동 적 현상들 사이의 유사성이나 차이점들을 보다 분명하게 부각시키기 위해 대 비시킴

ㄴ 개인의 발달과 진로 발달의 상호관계를 설명할 때뿐만 아니라 새로운 방향을 찾기 위해 내담자의 과거 행동과 현재 행동을 비교할 수도 있어 직업상담의 중간 단계에서 많이 사용됨

검사결과의 활용

• 내담자에 대한 진단적 정보로 활용

• 내담자가 직업상담에 대해 현실적 기 대감을 가지도록 도움

• 내담자가 평가자료에 대해 거부감을 갖지 않도록 도움

• 내담자가 깊이 있는 자기탐색을 할 수 있도록 도움

상담자의 반응범주(보딘)

• 명료화

• 비교

• 소망 – 방어체계에 대한 해석

③ 소망 – 방어체계에 대한 해석
　　㉠ 상담자는 내담자의 내적 동기 상태와 진로결정 과정 사이의 관계를 자각하도
　　　 록 인식시킴
　　㉡ 내담자의 자기인식을 돕는 과정으로 다른 두 가지 기법에 비해 치료적인 목적
　　　 을 가지고 있음

4. 발달적 직업상담

(1) 개념

① 내담자의 생애단계를 통한 진로발달의 측면을 중시
② 내담자의 개인적 및 사회적 발달이 촉진될 수 있도록 도움
③ 직업의사결정 문제와 직업성숙도 사이의 긴밀한 관계에 초점을 둠
④ 진로발달은 전 생애에 걸쳐 이루어지는 과정이므로 과거와 현재 그리고 미래까
　 지 고려해야 한다고 봄
⑤ 진로발달은 행동의 변화 가능성을 전제로 하며, 진로발달을 개인과 환경의 상호
　 작용에 의한 적응 과정이라고 봄
⑥ 진로선택의 과정을 개인의 발달과정 및 발달단계에 부합하는 과정 즉, 전체 발달
　 과정의 일부로 봄
⑦ 수퍼는 내담자의 잠재력에도 중점을 두어 '문제의 평가', '개인의 평가', '예언
　 평가'를 제시하였음

실력UP ▶ 내담자의 잠재력 3가지 평가유형(수퍼)

수퍼는 내담자의 잠재력에 초점을 두어 다음 세 가지 평가유형을 제시하였음
• **문제의 평가** : 내담자가 겪고 있는 어려움이나 직업상담에 대한 내담자의 기대를 평가
• **개인의 평가** : 통계자료, 심리검사, 사례연구 등을 통한 내담자의 심리적 · 사회적 · 신체적
　분석이 이루어짐
• **예언평가** : 내담자의 문제와 직업적, 개인적 평가를 토대로 내담자가 성공하고 만족할 수
　있는 것에 대한 예언이 이루어짐

(2) 발달적 직업상담에서 정보가 갖추어야 할 조건

① 부모와 개인의 직업적 수준과 그 차이, 그리고 그들의 적성, 흥미, 가치들 간의
　 관계
② 사회경제적 측면에서 수준별 직업의 유형 및 그러한 직업들의 특성
③ 직업의 이동 방향과 비율을 결정하는 요인에 대한 정보
④ 특정 직업분야의 접근가능성과 개인의 적성, 가치관, 성격특성 등의 요인들 간
　 의 관계

SEMI-NOTE

발달적 직업상담을 설명한 학자
• 긴즈버그(Ginzberg), 수퍼(Super), 고
　트프레드슨(Gottfredson), 타이드만
　(Tiedeman), 터크맨(Tuckman) 등
• 수퍼의 이론을 좁은 의미의 발달적 직
　업상담으로 제시하기도 함

수퍼(Super)
수퍼는 '평가'라는 표현이 '진단'보다
더 포괄적이고 긍정적이기 때문에 '진
단(Diagnosis)'이라는 표현 대신 '평가
(Appraisal)'라는 용어를 사용하였음

발달적 직업상담의 기법

- **진로자서전** : 내담자가 과거에 어떤 진로의사 결정을 하였는지 알아보기 위해 학과 선택, 일상의 경험 등의 내용을 자유롭게 기술하게 함
- **의사결정일기** : 진로자서전의 보충역할로, 일상적인 자신의 의사결정에 대해 의사결정 방식을 작성해보도록 함

굿스타인(Goodstein)

굿스타인은 의사결정 문제의 원인으로 불안을 강조하고 내담자의 문제 유형을 우유부단과 무결단성으로 구분하였음

행동주의 상담과 행동주의 직업상담

행동주의 직업상담의 기법은 행동주의 상담의 기법을 따르는데, 상담기법 구분 방법에 차이가 있음

- **행동주의 상담**
  - 내적 행동변화 촉진
  - 외적 행동변화 촉진
- **행동주의 직업상담**
  - 불안감소기법
  - 학습촉진기법

(3) 수퍼(Super)의 발달적 직업상담의 6단계

1단계 문제 탐색 및 자아개념 묘사	비지시적 방법으로 문제를 탐색하고 자아개념을 묘사
2단계 심층적 탐색	지시적 방법으로 진로탐색을 위한 문제를 설정
3단계 자아 수용 및 통찰	비지시적 방법으로 사고와 감정을 명료화
4단계 현실 검증	지시적 방법으로 심리검사, 직업정보, 과외활동 경험 등을 통해 수집된 사실적 자료들을 탐색
5단계 태도, 감정의 탐색과 처리	비지시적인 방법으로 현실검증에서 얻은 태도, 감정을 탐색하고 처리
6단계 의사 결정	비지시적인 방법으로 의사결정을 위한 대안과 행동을 검토하고 직업을 결정

5. 행동주의 직업상담

(1) 개념

① 직업의사결정에 영향을 미치는 학습과정을 다룸
② 내담자의 부적응행동의 원인을 밝히고 바람직한 적응행동으로 대치시키는 데 초점을 둠
③ 의사결정문제의 원인이 되는 불안을 감소(제거)하고 새로운 적응행동을 학습시키며 직업결정기술을 습득하는 것을 목표로 함
④ 내담자의 진로문제와 부적응 행동을 학습된 것으로 봄

실력UP 굿스타인의 내담자 문제유형

- 우유부단
  - 진로발달이 미성숙하여 정보의 결핍이 원인임
  - 정보를 제공하면 결정력이 상승함
  - 불안은 우유부단의 결과
- 무결단성
  - 직업선택에 있어 환경의 요구나 압력으로 인해 무력감을 경험하는 것
  - 정보가 주어지고 상담이 끝나도 결정을 내리지 못함
  - 불안은 무결단성의 선행요인이자 결과

(2) 불안감소기법

① 체계적 둔감법
  ㉠ 불안과 공포를 가진 환자의 자극에 대한 위계목록을 작성한 다음 낮은 수준의 자극에서 높은 수준의 자극으로 불안조건을 점차로 노출시켜 둔감화시킴
    • 1단계(근육이완훈련) : 근육이완 상태에서는 불안이 일어나지 않는다는 원

리에 따라 내담자가 자유자재로 근육의 긴장을 이완시킬 수 있도록 훈련시킴(예 명상법, 호흡법 등)

- 2단계(불안위계목록 작성) : 불안의 유발상황에 대한 위계목록을 낮은 수준의 자극에서 높은 수준의 자극으로 10~20개 정도 작성함
- 3단계(둔감화) : 이완상태에서 목록 중 가장 약한 정도에서 출발하여 가장 강한 자극으로 상상하면서 불안이 완전하게 사라질 때까지 반복하여 실시하여 불안이 사라지면 마침(상상하기 – 이완하기 – 자극 강도 높이기 – 마침)
  ⓒ 널리 사용되고 있는 고전적 기법
② **금지조건형성** : 내담자에게 추가적 강화 없이 불안반응을 일으킬 만한 단서를 지속적으로 제시함으로써 불안감정을 점차적으로 소거
③ **주장훈련** : 대인관계에서 오는 불안을 해소하는 방법으로서 내담자로 하여금 불안 이외의 감정을 표현하도록 하여 불안을 제거
④ **홍수법** : 불안과 공포를 가진 환자에게 단번에 강한 공포자극을 지속적으로 노출시켜 불안을 제거
⑤ **혐오치료** : 내담자의 바람직하지 못한 행동에 대해 혐오자극을 줌으로써 부적응적인 행동을 제거

(3) 학습촉진기법

① 행동조성
  ㉠ 행동을 세분화하여 단계별로 구분한 후 각 단계마다 강화를 제공
  ㉡ 원하지 않는 행동에 대해서는 강화를 받지 못하도록 하기 때문에 결국 원하는 행동을 할 수 있게 됨
② 변별학습
  ㉠ 둘 이상의 자극을 서로 구별하는 것
  ㉡ 자신의 능력과 태도 등을 변별하고 비교하게 하는 방법
③ 토큰경제 : 널리 사용되고 있는 방법으로 바람직한 행동이 일어날 때 보상을 하는 방법
④ 강화 : 내담자의 행동에 따라 긍정적 반응이나 부정적 반응을 보임으로써 내담자의 바람직한 행동을 유도
⑤ 모델링
  ㉠ 다른 사람의 행동이나 결과를 관찰하고 모방하게 함으로써 내담자가 직업결정 행동을 학습하게 하는 방법
  ㉡ 주로 집단상담에서 쓰임

6. 포괄적 직업상담

(1) 개념

① 크릿츠(Crites)가 제시한 것으로 특성 – 요인이론, 정신분석이론, 행동주의이론, 인간중심이론 등 다양한 상담이론을 절충하고 통합하였음

행동주의 직업상담에 대한 평가
- 의의
  – 내담자의 불안을 감소시키고 바람직한 행동을 촉진하는 데에는 효과적
  – 정보획득 부족으로 인한 우유부단함 치료에 효과적
- 한계 : 직업결정 문제의 원인으로 인한 불안에 대한 이해와 불안을 규명하는 방법이 결여되어 있음

포괄적 직업상담에서의 직업상담 과정

진단
↓
문제분류
↓
문제 구체화
↓
문제해결

② 논리적인 것과 경험적인 것을 절충시킨 모형

③ 진단은 변별적이고 역동적인 성격을 가지고 있음

④ 검사의 역할을 중시하며 검사를 효율적으로 사용함

⑤ 직업적성검사, 직업흥미검사 등을 활용하여 내담자의 문제를 분류함

⑥ 진로성숙도검사(CMI ; Career Maturity Inventory)와 같은 도구를 이용하여 내담자의 직업선택에 대한 능력과 태도를 검토

⑦ '진로선택', '의사결정기술의 습득', '일반적 적응의 고양' 등이 목적임

⑧ '면담', '검사해석', '직업정보' 등의 과정을 통해 목적을 달성함

(2) 상담과정

1단계 진단	• 내담자의 진로문제를 진단하기 위한 단계 • 내담자에 대한 검사자료와 상담을 통해 자료를 수집
2단계 명료화 또는 해석	• 내담자의 문제를 분류하고 명료화하는 단계 • 직업심리검사를 통해 내담자의 의사결정과정을 방해하는 행동을 확인하고 명료화함 • 상담자와 내담자가 협력해서 대안을 탐색
3단계 문제해결	• 문제해결을 위해 취해야 할 행동을 적극적으로 참여하여 결정하는 단계 • 도구적 학습에 초점을 둠 • 상담자는 얻어진 자료를 바탕으로 직업문제 해결을 위해 직업정보를 제공할 수 있음

(3) 포괄적 직업상담의 기법(단계별 접근법)

① **초기단계** : 발달적 접근법과 내담자중심 접근법을 활용해 내담자의 문제 원인과 탐색을 촉진

② **중간단계** : 정신역동적 접근법을 활용해 문제의 원인이 되는 요인을 명료히 밝혀 제거

③ **마지막단계** : 특성 – 요인적 접근법과 행동주의적 접근법을 활용해 상담자는 능동적·지시적 태도로 내담자의 문제해결에 개입

> **실력up 진단검사의 유형**
>
> • **변별적 진단검사** : 직업성숙검사, 직업적성검사, 직업흥미검사 등을 실시하여 직업상 문제를 찾음
> • **역동적 진단검사** : 다양한 자료를 통해 심리측정 자료에 의한 통계적 오류를 보완
> • **결정적 진단검사** : 직업선택과 의사결정과정에서 나타나는 문제를 체계적으로 분석

한눈에 쏙~

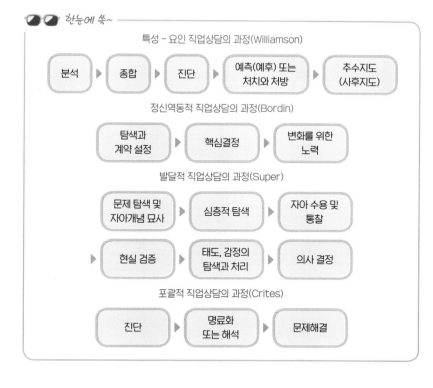

특성 – 요인 직업상담의 과정(Williamson)

분석 ▶ 종합 ▶ 진단 ▶ 예측(예후) 또는 처치와 처방 ▶ 추수지도 (사후지도)

정신역동적 직업상담의 과정(Bordin)

탐색과 계약 설정 ▶ 핵심결정 ▶ 변화를 위한 노력

발달적 직업상담의 과정(Super)

문제 탐색 및 자아개념 묘사 ▶ 심층적 탐색 ▶ 자아 수용 및 통찰

▶ 현실 검증 ▶ 태도, 감정의 탐색과 처리 ▶ 의사 결정

포괄적 직업상담의 과정(Crites)

진단 ▶ 명료화 또는 해석 ▶ 문제해결

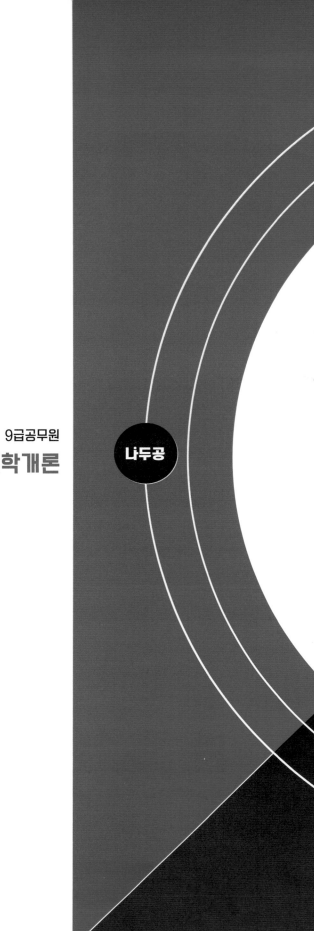

9급공무원

직업상담 · 심리학개론

나두공

나두공

02장 직업상담의 기법

01절   초기면담

02절   직업상담의 기초기법

03절   구조화된 면담법

04절   내담자 사정

05절   목표설정 및 진로시간전망

06절   내담자의 인지적 명확성 사정

07절   대안개발과 의사결정

SEMI-NOTE

초기면담
상담자와 내담자 간의 신뢰를 쌓고 친근한 관계형성이 이루어지기 때문에 매우 중요한 과정임

초기면담의 단계

관계형성
▼
내담자의 문제 파악
(심리적 문제 파악)
▼
상담목표 및 전략 수립
▼
상담의 구조화

상담자의 질문요령

• 단답형 답변을 끌어내는 질문보다는 개방형 질문이 바람직함
• 내담자를 고려하지 않고 질문공세를 퍼부으면 안 됨
• '왜?'라는 질문은 가급적 금지

01절 초기면담

1. 초기면담의 개념 및 유형

(1) 개념

① 직업상담에서 내담자와 상담자가 만난 초기에 실시하는 면담
② 상담자는 내담자의 문제를 이해하고 다룰 수 있을지 평가하며, 내담자는 상담자를 신뢰할 수 있을지 생각함

(2) 유형

① 내담자 대 상담자 솔선수범 면담
  ㉠ 내담자에 의해 시작된 면담 : 상담자는 내담자의 목적을 파악하기 위해 경청해야 함
  ㉡ 상담자에 의해 시작된 면담 : 상담자는 내담자에게 상담을 실시하는 이유를 설명하여 내담자의 불안과 긴장을 완화시켜야 함
② 정보지향적 면담
  ㉠ 초기면담이 목적이 정보수집에 있다면 상담자에게 초점을 맞추어 진행해야 함
  ㉡ 상담자는 탐색하기, 개방형 질문, 폐쇄형 질문을 사용할 수 있음

탐색하기	• '누가, 무엇을, 어디서, 어떻게'로 시작하는 질문 • '왜'라는 질문은 내담자를 방어적인 위치에 두기 때문에 삼가는 것이 좋음
개방형 질문	• 내담자에 말할 수 있는 시간을 충분히 부여하여 가능한 많은 대답을 얻음 • 심층적인 정보를 얻는 데 효과적이나, 질문에 익숙하지 않은 내담자에게는 부담을 줄 수 있음 예 어제 무슨 일이 있었습니까? 　당신은 이 활동에서 무엇이 가장 흥미로웠습니까? 　이 상황에 대해서 어떻게 생각하십니까?
폐쇄형 질문	• '예', '아니요'와 같이 제한된 응답을 요구 • 단시간에 많은 정보를 얻는 데 효과적이나 정교하고 구체적인 정보를 얻는 데 한계가 있음 예 당신은 직업을 갖고 싶은가요? 　당신은 동생을 좋아하지요?

③ 관계지향적 면담
  ㉠ 재진술 : 내담자가 말한 내용을 재진술하는 것으로서 내담자의 메시지에 초점을 두고 적극적으로 듣고 있음을 알려줌 → 내담자에 대한 반사적 반응
  ㉡ 감정의 반향 : 내담자의 메시지 이면의 정서적 요소를 표현 → 여러 수준에서 이루어지며 공감을 전달함

실력UP 개방형 질문과 폐쇄형 질문

개방형 질문	폐쇄형 질문
• 질문의 범위가 포괄적이며 넓음 • 내담자로 하여금 모든 반응의 길을 열어 놓음 • 내담자의 시야를 보다 넓게 유도함 • 바람직한 촉진관계를 열어 놓음 • 내담자의 심층적 정보를 추출하는데 효과적임	• 질문의 범위가 한정적이며 좁음 • 내담자로 하여금 특정한 답변을 요구함 • 내담자의 시야를 좁게 함 • 바람직한 촉진 관계를 닫아 놓음 • 내담자의 정교화된 정보를 입수하기 어려움

SEMI-NOTE

초기면담 수행 시 유의사항
• 면담 시작 전 가능한 모든 사례자료 검토
• 내담자와의 만남
• 내담자의 초기목표 명확화
• 내담자의 직업상담에 대한 기대 결정
• 내담자가 상담자의 기대를 얼마나 잘 수용하는지 관찰
• 비밀유지에 대한 설명
• 요약하기
• 과제물 부여하기
• 상담 시 필수질문 확인 등

2. 초기면담의 주요 요소

(1) 라포 형성(신뢰관계 형성)

① 상담자와 내담자 간의 친근감을 의미
② 이를 위해서는 자연스런 분위기 조성하고, 인간존중의 가치관을 가지고 내담자를 대해야 함
③ 내담자를 비판하지 않으며, 친절해야 함
④ 은혜를 베푼다는 인상을 주지 않고 동등한 입장을 취해야 함
⑤ 상담관계에 필요한 사항과 진행 방향에 대해 안내를 함으로써 내담자의 불안을 감소시키고 긴장감을 풀어주며 친밀감을 형성함

02장
직업상담의 기법

초기면담 주요 요소
라포형성, 언어적·비언어적 행동, 감정이입, 즉시성, 직면, 계약, 상담자 노출하기, 리허설, 유머 등

(2) 언어적·비언어적 행동

① **언어적 행동** : 내담자에게 중요한 것이 무엇인지 논의하거나 이해시키려는 열망을 보여주는 것(예 의사소통, 재진술, 이해 가능한 언어 사용, 적절한 호칭의 사용, 유머의 사용, 개방적 질문 사용 등)
② **비언어적 행동** : 상담자가 관심을 가지고 열린 상태가 되어 내담자를 끌어들이는 매우 효과적인 방법(예 미소, 몸짓, 기울임, 눈 맞춤, 끄덕임, 내담자와 유사한 언어 사용, 경청하는 태도 등)

실력UP 상담 시 도움이 되지 않는 행동

언어적 행동	비언어적 행동
타이르기, 비난하기, 권유하기, 충고하기, 달래기, 광범위한 질문, 과도한 해석, 지시하기, 요구하기, 생색내기, 내담자가 이해하지 못하는 단어 사용하기, 자신에 대해 많이 이야기하기 등	조소하기, 입을 꽉 다물기, 단호히 결단하기, 하품하기, 내담자를 멀리 쳐다보기, 언짢은 표정 짓기, 내담자로부터 돌아앉거나 떨어져 앉기, 손가락질하기 등

(3) 감정이입

① 상담자가 길을 잃어버리지 않고 마치 자신이 내담자 세계에서의 경험을 하는 듯한 능력을 의미

② 내담자의 입장에서 공감을 가질 수 있으며 지각, 의미소통의 기법 등이 있음

(4) 즉시성

① 상담자가 자신의 바람은 물론 내담자의 느낌, 인상, 기대 등에 대해 깨닫고 대화를 나누는 것 → 이를 상담과정의 주제로 삼음

② 상담이 생산적으로 전개되도록 하는 상담자의 기술

③ 즉시성의 종류

관계 즉시성	상담자와 내담자 간 관계가 긴장되어 있는지, 지루한지, 생산적인지 등 그 관계의 질에 대해 내담자와 이야기를 나누는 상담자의 능력
지금 - 여기에서의 즉시성	• 현재 발생하고 있는 어느 특정 교류에 대해 의논하는 것 • 내담자는 특정 사실을 공개하거나 숨기고 있는 자신에 대해 상담자가 어떻게 생각하는지를 알고자 할 수 있음 → 상담자는 그 순간 내담자의 생각과 느낌을 탐색

④ 즉시성이 유용하게 사용되는 경우

  ㉠ 방향감이 없는 경우

  ㉡ 신뢰성에 문제가 제기될 경우

  ㉢ 상담자와 내담자 간 상당한 사회적 거리감이 있는 경우

  ㉣ 상담자와 내담자 간 친화력이 있는 경우

  ㉤ 내담자의 의존성이 있는 경우

  ㉥ 내담자의 역의존성이 있는 경우

  ㉦ 긴장감이 감도는 경우

(5) 직면(맞닥뜨림)

① 내담자로 하여금 행동의 특정 측면을 검토해 보고 수정하게 하며 통제하도록 도전하게 하는 것

② 내담자는 외부에 비친 자신의 모습을 되돌아보고, 현재 상황과 그 결과를 분명하게 알 수 있음

③ 통찰의 순간을 경험하게 되며 효율적인 생활과 타인과의 바람직한 관계형성을 위해 어떻게 변화하는지 각성할 수 있음

④ 약점보다는 강점을 직면시키는 것이 좋음

⑤ 적절한 직면은 내담자의 성장을 유도할 수 있으나 상담자가 직면에 실패하면 내담자에게 해로울 수 있음

(6) 계약

① 목표 달성에 포함된 과정과 최종결과에 초점을 두는 것
② 내담자의 행동, 사고 등의 변화를 촉진하는 계약이 강조
③ 상담자는 계약의 초점이 내담자의 변화에 있음을 강조해야 함

(7) 상담자 노출하기

① 자신의 사적인 정보를 드러내 보임으로써 자기 자신을 다른 사람이 알 수 있도록 하는 것
② 내담자의 측면에서는 성공적인 상담을 위해 유용한 반면, 상담자 측면에서는 꼭 필요한 것은 아니며, 언제 어느 정도로 노출할지 충분한 숙고가 필요함

(8) 리허설(연습)

① 내담자에게 선정된 행동을 연습하거나 실천하도록 함으로써 내담자가 계약을 실행하는 기회를 최대화하도록 도와주는 것
② 리허설의 유형

명시적 리허설	내담자가 하고자 하는 것을 말로 표현하거나 행위로 보이는 것
암시적 리허설	원하는 것을 상상하거나 숙고해보는 것

(9) 유머

상담과정에서의 긴장감을 없애고 내담자의 저항이나 심리적 고통을 경감하며, 내담자에게 상황을 분명하게 지각하도록 할 수 있음

3. 초기면담의 종결

(1) 종결과정에서 수행되어야 할 사항

① 상담과정에 필요한 과제물 부여
② 상담과정에 대한 비밀유지, 상호 동의 내용, 준수사항, 기대사항 등을 명확히 함
③ 상담자는 내담자에 대해 조급한 결론을 내리면 안 됨
④ 내면적 가정이 외면적 가정을 논박하지 못하도록 수행
⑤ 자료평가 방법을 결정
⑥ 상담자는 내담자에 대한 마음의 준비를 하고, 긍정적인 관계를 형성할 수 있도록 함

(2) 초기면담 종결 후 검토해야 할 사항

① 사전자료를 토대로 내렸던 내담자에 대한 결론은 얼마나 정확했는가?
② 상담에 대한 내담자의 기대와 상담자의 기대는 얼마나 일치했는가?
③ 내담자에 대하여 어떤 점들을 추가적으로 평가해야 할 것인가?
④ 다음 상담회기를 어떻게 시작할 것인가?

상담에서 대화의 의미
- 효과적인 직업상담을 위해 상담의 기본원리와 기법을 따라야 함
- 직업상담은 일상적인 대화가 아닌 내담자의 적응을 돕기 위한 목적이 있으므로 상담자와 내담자 간 일대일 관계를 통해 내담자를 심리적으로 돕는 생산적 관계가 되어야 함

공감적 이해
공감(내용+감정 반영)은 상대를 인정하는 것으로 시작하여 점차적으로 감정을 존중하는 것으로 마감됨

02절 직업상담의 기초기법

1. 효과적인 직업상담을 위한 기법

(1) 도움이 되는 상담자의 면담 태도

① 내담자를 편안하게 만드는 태도
② 내담자에게 공감하고 내담자를 이해하는 태도
③ 내담자의 말을 경청하는 태도
④ 내담자와 유사한 언어를 사용하는 태도
⑤ 분석하고 충고하려는 태도는 지양해야 함

(2) 도움이 되지 않는 상담자의 면담 태도

① **상담자 경험의 진술** : 상담자와 내담자가 똑같은 상황에서 똑같은 경험을 하기는 어려우므로 상담자가 자신의 경험을 진술하는 것은 좋지 않음
② **가르치기** : 상담자의 가르치기는 내담자의 의존적 태도나 방어적 태도를 유발하기 때문에 상담 시 내담자를 가르치듯이 대화를 하는 것은 좋지 않음
③ **너무 이른 조언** : 상담 초기에 내담자의 특성을 알지 못하는 상황에서 상담자의 조언은 부적합함
④ **지나친 질문** : 질문은 내담자를 수동적인 위치에 두게 하므로 가능한 한 줄이는 것이 좋음

2. 기본상담기법(기본 방법)

(1) 공감(공감적 이해)

① 상담자가 자신이 직접 경험하지 않고도 내담자의 감정을 거의 같은 수준으로 이해하는 능력
② 내담자가 전달하려는 내용에서 한 걸음 더 나아가 그 내면적 감정에 대해 반영하는 것
③ 상담자는 내담자의 세계를 상담자 자신의 세계인 것처럼 경험하지만 객관적 위치에서 벗어나면 안 됨
④ 지금 – 여기에서의 내담자의 감정과 경험을 정확하게 이해하는 것
⑤ 내담자의 자기 탐색과 수용을 촉진시킴

실력UP 공감적 이해의 5가지 수준

수준 1	• 내담자의 언어 및 행동 표현에 대해 별다른 주의를 기울이지 않아 내담자가 표현한 내용으로부터 벗어났음 • 내담자가 명백하게 표현한 감정조차도 제대로 인식하지 못함 예 네가 지난번에 처리했던 일이 아마 잘못 됐었지?
수준 2	• 내담자가 표현한 표면적인 감정에 반응하긴 하나 내담자의 의도와 관련된 중요한 감정이나 의사를 제외하고 소통을 함 • 내담자가 표현한 의미를 왜곡시키기 때문에 내담자가 표현한 것과 일치하지 않음 예 네 기분이 나쁘더라도 상사의 지시대로 하는 게 좋을 것 같아.
수준 3	• 내담자가 표현한 것과 본질적으로 같은 정서와 의미를 표현하여 상호 교류함 • 대인관계 기능을 촉진하는 기초 수준의 공감 반응이나, 보다 내면적인 감정에는 반응하지 못함 예 네가 알아서 할 일을 내가 부당하게 간섭한다고 생각하지 않았으면 좋겠어.
수준 4	• 내담자 스스로 표현한 것보다 더 내면적인 감정을 표현하면서 의사소통을 함 • 이전에는 표현할 수 없었던 감정을 더 표현하면서 경험하도록 독려함 예 네 업무에 대해 이야기하는 것이 간섭받는다는 기분이 들어서 속이 상했구나.
수준 5	• 내담자의 표면적 감정은 물론 내면적인 감정에 대해 정확하게 반응함 • 이렇게 함으로써 내담자의 내면적인 자기탐색과 동일한 몰입 수준에서 의사소통이 가능하며, 이전에는 깨닫지 못했던 감정들을 명료하게 경험함 예 믿고 맡겨준다면 잘 할 수 있을 것 같은데, 간섭받는다는 기분이 들어 불쾌했구나.

👓👓 한눈에 쏙~

공감적 이해의 적용

A : 우리 집은 왜 그리 시끄러운지 모르겠어요. 집에서 영 공부할 마음이 없어요.

수준1 : 공부하기 싫으니까 핑계도 많구나.

↓

수준2 : 시끄러워도 좀 참고 하지 그러니.

↓

수준3 : 그래, 집이 시끄러우니까 공부하는데 많이 힘들지?

↓

수준4 : 네가 공부할 때에는 식구들이 좀 조용히 해주면 좋을 것 같다는 말이구나.

↓

수준5 : 식구들이 좀 더 조용히 해주면 공부를 더 잘 할 수 있을 것 같다는 말이구나.

02장 직업상담의 기법

불일치와 모순

불일치와 모순은 말 – 행동, 감정 – 행동, 행동 – 행동, 현실 – 이상 등에서 다양하게 나타남

예 "○○씨는 웃고 있지만 계속해서 손톱을 물어뜯고 있군요." → 행동 – 행동 불일치

예 "○○씨는 친구와 더는 친해지고 싶지 않다고 하면서 꾸준히 연락을 주고받는군요." → 감정 – 행동 불일치

요약의 종류

• **수집요약** : 언급된 내용을 종합
• **연결요약** : 다음 내용으로 자연스럽게 연결되도록 유도
• **전환요약** : 내용과 주제를 다른 것으로 바꿈

요약과 재진술vs명료화
'요약과 재진술'은 내담자가 말한 이야기에 요점을 그대로 재확인시키기 위한 것이며, '명료화'는 내담자가 말한 이야기의 요점을 더욱 분명하고 명확하게 부각시키기 위한 것임

(2) 직면

① 내담자가 모르고 있거나 인정하기를 거부하는 생각과 느낌에 대해 주목하게 함
② 상담자는 내담자의 말과 행동 사이의 불일치가 있는 경우나 말에 모순이 있는 경우 직접적으로 지적
③ 내담자의 문제를 있는 그대로 확인 시켜 주어 내담자가 자신의 문제를 회피하지 않고 현실적인 대처방안을 찾을 수 있도록 도전시킴
④ 내담자에 대해 평가하거나 비판하는 인상을 주어서는 안 되며, 내담자가 보인 객관적인 행동과 인상에 대해 서술적으로 표현하는 것이 바람직함

실력UP 직면의 사례

집단모임에서 여러 명의 집단원들로부터 부정적인 피드백을 받은 한 집단원에게 다른 집단원이 그의 느낌을 묻자 아무렇지도 않다고 하지만 그의 얼굴 표정이 몹시 굳어있을 때, 지도자가 이를 직면하고자 함
→ "○○씨는 아무렇지도 않다고 말하지만, 지금 얼굴이 아주 굳어있고 목소리가 떨리는군요. 내적으로 지금 어떤 불편한 감정이 있는 것 같은데, ○○씨의 반응이 궁금하군요."

(3) 요약과 재진술

① 내담자가 전달하는 이야기의 표면적 의미를 상담자가 다른 말로 바꾸어서 말하는 것
② 상담자는 내담자가 전달하려는 내용을 다른 말과 용어를 사용하여 내담자에게 되돌려 줌으로써 상담자가 내담자의 이야기에 귀를 기울이면서 그를 이해하려 노력하고 있음을 내담자에게 전달할 수 있음
③ 내담자의 이야기를 요약하고 재진술할 때에는 내용에 초점을 맞추어야 함

(4) 명료화

① 내담자의 말 속에 포함되어 있는 불분명한 측면을 상담자가 분명하게 밝혀 자기 이해를 촉진시킴
② 어떤 문제의 밑바닥에 깔려 있는 혼란스러운 감정과 갈등을 가려내어 분명히 해 주는 것
③ 내담자가 말한 내용 이상의 추가적인 의미를 부여하지 않는다는 점에서 '요약과 재진술'과 유사함

실력UP 명료화 반응이 필요한 경우

• 내담자가 좀 더 구체적으로 말하도록 돕고자 할 경우
• 내담자가 한 말을 정확하게 들었는지 확인하고자 할 경우
• 모호하거나 혼동되는 말을 명확하게 하고자 할 경우
• 상담자가 이해한 의미를 내담자에게 투사하는 것을 막고자 할 경우

(5) 수용(수용적 존중)

① 내담자의 이야기에 주의를 집중하고, 내담자를 인격적으로 존중하고 있음을 보여주는 것
② 내담자의 감정, 경험 및 한 인간으로서의 가치와 자유인으로서의 잠재력에 대해 긍정적인 존중과 관심을 전달하는 것

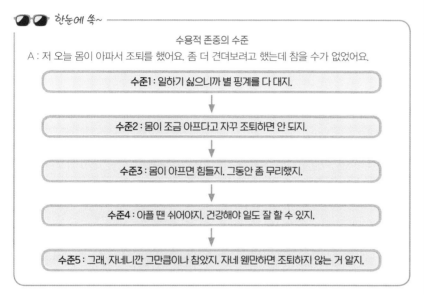

한눈에 쏙~

수용적 존중의 수준

A : 저 오늘 몸이 아파서 조퇴를 했어요. 좀 더 견뎌보려고 했는데 참을 수가 없었어요.

수준1 : 일하기 싫으니까 별 핑계를 다 대지.

↓

수준2 : 몸이 조금 아프다고 자꾸 조퇴하면 안 되지.

↓

수준3 : 몸이 아프면 힘들지. 그동안 좀 무리했지.

↓

수준4 : 아플 땐 쉬어야지. 건강해야 일도 잘 할 수 있지.

↓

수준5 : 그래, 자네니깐 그만큼이나 참았지. 자네 웬만하면 조퇴하지 않는 거 알지.

(6) 반영

① 내담자의 감정, 생각, 태도 말 등을 상담자가 다른 참신한 말로 부연하는 것
② 말로 표현된 내용 자체보다는 표현에 담긴 밑바탕에 흐르는 감정을 파악하여 그대로 되돌려 주는 것이 효과적
③ 내담자가 전달하고자 하는 의사의 본질을 스스로 볼 수 있음
④ 내담자의 태도를 거울에 비추어 주듯이 보여줌으로써 내담자의 자기 이해를 도와줄 뿐만 아니라 내담자로 하여금 자기가 이해받고 있다는 인식을 줄 수 있음
⑤ 내담자의 말뿐만 아니라 비언어적 행동인 자세, 몸짓, 목소리, 눈빛 등에서 나타나는 감정까지도 반영해야 함

(7) 해석

① 내담자가 직접 진술하지 않은 내용이나 개념을 그의 과거 경험이나 진술을 토대로 하여 추론해서 말하는 것
② 내담자가 자기의 문제를 새로운 각도에서 이해하도록 경험과 행동의 의미를 설명함
③ 내담자가 자신의 문제에 대한 통찰력을 갖게 하며 사건들을 스스로 해석하도록 도움

SEMI-NOTE

효과적인 경청지침

• 내담자의 음조 경청
• 언어적, 비언어적 반응을 수반
• 내담자에게 항상 세심하게 주목
• 내담자의 표현의 불일치나 왜곡에 주목

(8) 경청

① 내담자의 감정과 생각을 이해하기 위해 내담자의 말을 주의 깊게 듣는 것
② 내담자의 말과 행동에 비중을 두어야할 것을 선택하여 주목
③ 경청할 때 적극적으로 선택하여 듣는 것만이 중요한 것은 아니며, 상담자는 내담자의 말을 주목하여 듣고 있음을 전달할 필요가 있음
④ 적극적인 경청자세로 내담자는 상담자가 자신을 존중하고 있으며, 자신의 이야기에 관심이 있다고 느낄 수 있음
⑤ 내담자의 음조를 인식하며 일반화, 빠뜨린 내용, 왜곡 등을 경청함으로써 내담자의 표현의 불일치를 인식

실력 up 경청의 종류

• **반영적 경청** : 내담자가 말하는 것을 조용히 들어 주는 것에서 더 나아가 상담자가 적절히 반응하는 것
• **적극적 경청** : 내담자의 말은 물론 내담자의 심정까지 파악하는 것. 즉, 내담자가 표현하는 언어적인 의미 외에 비언어적인 의미까지 이해하는 것

(9) 질문

① 내담자의 생각을 구체화하고 내담자의 상황을 더 명확히 이해하기 위해 사용됨
② 내담자가 자기노출을 하도록 격려함
③ 상담자 개인의 호기심 충족이나 내담자에 대한 정보를 얻기 위함보다는 내담자의 감정을 이끌어내고 문제를 명료화하기 위함이어야 함
④ '예', '아니요'와 같이 제한된 응답을 요구하는 폐쇄형 질문보다는 많은 대답이 가능한 개방형 질문을 해야 함

실력 up 질문하기의 유의점

• 상담자의 추측이 담겨 있거나 상담자 개인의 호기심이 담긴 질문은 자제해야 함
• 한 번에 여러 개의 질문은 자제해야 함
• 특정한 응답을 유도하는 질문은 자제해야 함
• "왜?" 질문은 유의해야 함 → 내담자를 비난하는 것으로 느낄 수 있음
• 내담자가 질문의 방향을 명확히 인지할 수 있도록 질문해야 함

침묵의 원인

• 내담자의 사고 중단
• 내담자의 생각 정리
• 대화의 소재 부재
• 상담자에 대한 적대감, 저항

(10) 침묵

① 내담자가 깊이 생각을 하거나 머릿속을 정리하는 과정에서 침묵이 발생할 수 있음 → 의미 있는 침묵이므로 침묵을 섣불리 깨려 하지 말고 인내심을 가지고 기다려야 함
② 상담자에 대한 적대감이나 저항, 불안 때문에 침묵이 발생할 수 있음 → 무조건 기다릴 것이 아니라 침묵의 원인이 되는 내담자의 감정과 태도를 다루어야 함
③ 상담 이전에 일어난 침묵은 보통 부정적이므로 거절의 형태로 해석할 수 있음

03절 구조화된 면담법

1. 생애진로사정(LCA ; Life Career Assessment)

(1) 생애진로사정의 개념과 특징

① 상담자와 내담자가 처음 만났을 때 이용할 수 있는 구조화된 면접기법으로서 내담자의 정보나 행동을 이해하고 해석할 수 있는 질적인 평가절차

② 가장 기초적인 직업상담 정보를 얻을 수 있음 → 검사해석의 예비적 단계에서 특히 유용함

③ 아들러의 개인심리학에 기초를 둔 것으로 내담자와 환경과의 관계를 이해할 수 있는 정보를 제공함

④ 비교적 짧은 시간 내에 내담자에 대한 정보를 수집하는 단계

⑤ 작업자, 학습자, 개인의 역할 등을 포함한 다양한 생애역할에 대한 정보를 탐색

⑥ 직업상담의 주제와 관심을 표면화하는 데 덜 위험적인 방법의 단계로서 내담자와 긍정적인 관계를 형성하는 데 도움이 됨

⑦ 내담자 생애에 대한 근본적인 접근(태도, 신념, 가치관 등)을 통해 내담자 스스로 생애를 이해하도록 도움

⑧ 인쇄물이나 소책자, 지필도구 등 표준화된 진로사정 도구는 학교나 훈련기관에서의 부정적인 선입견을 가지고 있을 가능성이 있으므로 가급적 사용을 삼가야 함

⑨ '진로사정, 전형적인 하루, 강점과 장애, 요약'으로 이루어짐

(2) 생애진로사정의 구조

① 진로사정

㉠ 내담자가 일의 경험 또는 훈련이나 학습 과정에서 가장 좋았던 것과 싫었던 것에 대해 질문하며 여가시간의 활용, 우정관계 등을 탐색함

㉡ 내담자의 직업경험(시간제, 전임, 유·무보수), 교육, 훈련과정, 관심사, 여가활동 등에 대해 사정함

생애진로사정을 통해 얻을 수 있는 정보
• 내담자의 직업경험 및 교육수준의 객관적 정보
• 내담자의 가치관 및 자기인식의 정도
• 내담자의 기술과 유능성에 대한 자기평가 및 상담자의 평가 정보

직업경험	• 이전 직업 • 가장 좋았던/싫었던 점
교육 또는 훈련과정과 관련된 문제	• 그간의 교육 및 훈련에 대한 평가 • 가장 좋았던/싫었던 점 • 지식, 기술, 기능 등의 수준
여가활동	• 여가시간 활용 • 사회활동 • 사랑과 우정 관계

② 전형적인 하루

㉠ 내담자가 생활을 어떻게 조직하는지를 시간의 흐름에 따라 체계적으로 기술

ⓛ 내담자가 의존적인지 독립적인지, 자발적(임의적)인지 체계적인지 자신의 성격차원을 파악하도록 도움

의존적 – 독립적 차원	• 의존 강도 • 타인에게 의사결정 주장
자발적 – 체계적 차원	• 안정적이고 틀에 박힌 일 • 끈기 있고 주의 깊음

③ 강점과 장애

㉠ 내담자가 스스로 생각하는 3가지 주요 강점 및 장애에 대해 질문

㉡ 내담자가 직면하고 있는 문제나 환경적 장애를 탐구하며, 이를 극복하기 위해 가지고 있는 대처자원이나 잠재력을 탐구

주요 강점	• 내담자가 가지고 있는 자원 • 내담자에게 요구되는 자원
주요 장애	• 강점과 관련된 장애 • 주제와 관련된 장애

④ 요약

㉠ 내담자 스스로 자신에 대해 알게 된 내용을 요약해보도록 함으로써 자기 인식을 증진시킴

㉡ 내담자의 문제 해결과 장애 극복을 위해 목표달성계획을 세울 수 있도록 함

요약	• 생애주제에 동의 • 내담자 자신의 용어 사용 • 목표설정과 연결

(3) 생애진로주제

① 사람들이 자신과 타인, 세계관에 관한 생각, 태도 등을 나타내기 위해 사용하는 개념

② 내담자의 표상적 체계에 대한 이미지를 제공하고, 사고과정을 이해함으로써 내담자의 정보와 행동에서 통찰을 얻도록 도움

③ 생애역할을 확인, 분석하여야 함

실력up   내담자의 생애진로주제를 확인하는 데 도움이 되는 자료

• **작업자 역할**
 – 자료 – 관념 – 사람 – 사물(프레디저)
 – 직업적 성격 및 작업환경(홀랜드)
 – 기술 확인(볼레스)
• **학습자 역할**
 – 학습자 형태(콜브)
 – 학습 형태(캔필드)
• **개인 역할**
 – 생애 형태(아들러)
 – 대뇌반구의 기능

(4) 생애진로주제의 역할모형

① 작업자 역할

    ㉠ 자료 – 관념 – 사람 – 사물[프레디저(Prediger)]

        • 작업영역을 '자료(Data), 관념(Idea), 사람(People), 사물(Thing)'의 4가지 대상으로 구분함

        • '자료 – 관념', '사람 – 사물'로 구분되는 이차원적인 체계에 해당함

    ㉡ 직업적 성격 및 작업환경[홀랜드(Holland)]

        • 직업적 분류체계를 '현실형, 탐구형, 예술형, 사회형, 진취형, 관습형'의 6가지 모형으로 구분함

        • 홀랜드 모형은 많은 흥미검사에서 사용됨

    ㉢ 기술 확인[볼레스(Bolles)]

        • 기술의 범주로 '자기관리 기술, 기능적 · 전환적 기술, 일의 내용 기술'의 3가지를 제시함

② 학습자 역할

    ㉠ 학습자 형태[콜브(Kolb)]

        • 개인에게 나타나는 학습형태는 유전의 결과, 과거생활 경험, 가족, 학교 등과 같은 현재 환경의 요구 등에 의해 결정된다고 봄

        • 학습이 어떻게 지각되고 어떤 과정을 통해 전개되는가에 기초하여 학습모형을 개발하였음

        • 학습형태검사(LSI ; Learning Style Inventory)라고 불리는 자기보고식 검사를 개발하고 다음의 학습유형을 제시하였음

집중형	• 추상적 개념화와 활동적 실험에 유용 • 생각을 실제적으로 적용하는 데 강점이 있음 • 비정서적이고 사람보다 사물을 다루는 것을 좋아함 예 기술자 등
확산형	• 확고한 경험과 사려 깊은 관찰에 유용 • 상상력과 다양한 관계의 구조화에 강점이 있음(집중형과 상반된 강점을 가짐) • 사람에 관심이 많고 정서적인 경향이 있음 예 상담자, 관리자 등
동화형	• 추상적 개념화와 사려 깊은 관찰에 유용 • 관찰을 통해 귀납적 이론을 이끌어내는 데 강점이 있음 • 사람에 대한 관심은 적고 추상적 개념에 관심이 많음 • 실제적 적용에 관한 응용과학보다는 기초과학과 수학에 더 적합 예 연구자, 기획자 등
적응형	• 확고한 경험과 활동적 실험에 유용 • 새로운 경험을 통해 실험과 계획을 이끌어내는 데 강점이 있음(동화형과 상반된 강점을 가짐) • 분석적 능력보다는 시행착오나 직관을 통해 문제를 해결하려는 경향이 있음 예 기업가, 판매자 등

SEMI-NOTE

작업자 역할모형

• 작업자 역할에서는 프레디저와 볼레스, 홀랜드가 서로의 모형들을 혼합하여 사용하기도 하였음

• 프레디저는 '자료 – 관념 – 사람 – 사물'과 홀랜드의 6가지 모형(직업분류체계)을 혼합하였음

• 볼레스는 기술분류 과정에 홀랜드의 6가지 모형(직업분류체계)을 혼합하였음

02장

직업상담의 기법

ⓛ 학습 형태[캔필드(Canfield)]
- 조건, 내용, 양식, 기대를 학습 형태 분류변인으로 제시함

한눈에 쏙~

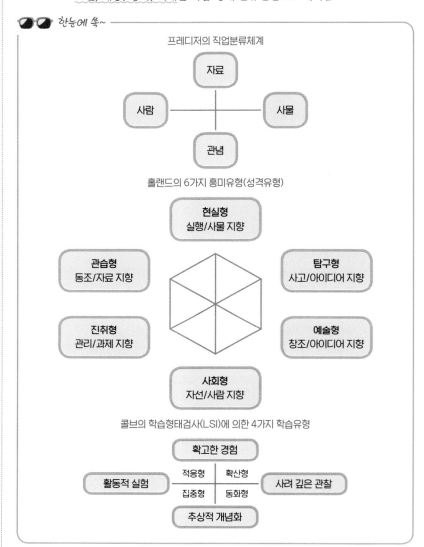

프레디저의 직업분류체계

자료

사람 ─ 사물

관념

홀랜드의 6가지 흥미유형(성격유형)

현실형
실행/사물 지향

관습형
동조/자료 지향

탐구형
사고/아이디어 지향

진취형
관리/과제 지향

예술형
창조/아이디어 지향

사회형
자선/사람 지향

콜브의 학습형태검사(LSI)에 의한 4가지 학습유형

확고한 경험

활동적 실험 ── 적응형 | 확산형 ── 사려 깊은 관찰
집중형 | 동화형

추상적 개념화

③ 개인 역할

㉠ 생애 형태[아들러(Adler)]
- 세계와 개인의 관계에 관한 세 가지 인생과제로 일, 사회, 성(性)을 제시하고 개인은 인생과제에 반응해야 한다고 하였음
- 개인이 사회적 환경에서 자신의 위치를 발견하기 위해 노력해야 함
- 개인은 각자 주위환경을 다루기 위해 개인적 논리를 가지고 있다고 보았음
- 한 가정에서 태어난 두 아이는 결코 동일한 상황에서 자라는 아이로 볼 수 없다고 하였음

ⓛ 대뇌반구의 기능
- 좌반구 : 언어를 구상하고 언어정보를 저장하며, 가치를 배우고 사회적 역량의 근원을 준비하는 것 등과 연결됨
- 우반구 : 공간과 지각형태, 방향적 지향성, 시각적 묘사 등을 포함한 비언어적 통합기능과 연결됨

2. 직업가계도(Genogram)

(1) 직업가계도의 개념 및 특징

① 직업과 관련된 내담자의 가족력을 알아보는 기법으로, 내담자의 가족 3대에 나타나는 직업특징을 파악하여 내담자의 직업의식, 직업선택, 직업태도에 대한 가족의 영향력을 분석하는 질적 평가기법
② 내담자의 가족이나 선조들의 직업 특징에 대한 시각적 표상을 얻기 위해 도표를 만듦
③ 개인에게 심리적인 압박으로 작용하는 가족의 미완성된 과제를 발견할 수 있음
④ 직업선택과 관련된 무의식적인 과정을 밝히는 데 도움을 받을 수 있음
⑤ 가족구조 역할이라는 폭넓은 시각에서 내담자의 정보를 이해하는 데 도움을 받을 수 있음
⑥ 오키쉬(Okishi)는 직업선택이 가족 간 상호작용의 영향을 받는다고 강조하였음
⑦ 주로 직업상담 초기과정에서 내담자에 대한 정보수집을 위해 사용됨

(2) 직업가계도의 활용

① 직업에 대한 고정관념을 알아볼 수 있음
② 직업적 가치와 흥미에 대한 근본적인 원인을 알아볼 수 있음
③ 내담자에게 영향을 미친 모델이 누구인지 탐색할 수 있음
④ 직업기회의 결과에 대한 기대를 알아볼 수 있음

(3) 직업가계도를 그릴 때 관심을 가져야 할 요인

① 3~4세대 가계에 있어서의 대표적 직업
② 여러 가족 구성원들의 직업에 전형적으로 두드러진 지위와 가치의 서열화
③ 가족 구성원들의 진로선택 형태와 방법
④ 가족의 경제적 기대와 압력
⑤ 가족의 일의 가치
⑥ 내담자가 성장할 때의 또래 집단 상황

직업가계도에서의 가족
가족은 개인이 직업을 선택하는 방식 또는 자신을 지각하는 데에 영향을 끼침

직업가계도 주의사항
3세대 내에 포함된 가족들이 가장 선호한 직업이 반드시 내담자에게도 무난한 직업이 될 것이라고 보는 것은 적절하지 않음

한눈에 쏙~

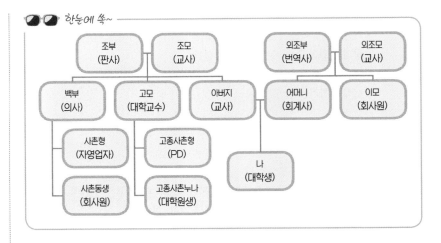

04절 내담자 사정

1. 동기사정 · 역할사정

(1) 동기사정 · 역할사정의 개요

① 동기와 역할을 사정하는 데 자기보고법이 가장 많이 사용됨

② 동기가 부족한 경우 인지적 명확성 부족이 많은 영향을 끼침

③ 자기보고법은 인지적 명확성이 있는 내담자에게 효과적이며, 인지적 명확성이 낮은 경우 개인상담을 실시한 후 직업상담으로 전환하는 것이 바람직함

④ 역할사정은 여러 가지 생애역할 중에서 어떤 역할들이 상호보완적이며, 보상적 혹은 상충적인지를 확인하는 것을 의미함

> **실력UP** 인지적 명확성 결여에 대한 사정
>
> • 상황의 중요성 사정
> • 자기효능감 기대
> • 결과 기대
> • 수행에 대한 기준

(2) 낮은 동기를 가지고 있을 때 대처방안

① 진로선택에 대한 중요성 증가시키기

② 좋은 선택이나 전환을 할 수 있는 자기효능감 증가시키기

③ 기대한 결과를 이끌어 낼 수 있는지에 대한 확신 증가시키기

④ 높은 수준의 수행을 강화시켜 수행기준의 필요성 인식시키기(내담자의 낮은 자기효능감 증진)

(3) 상호역할관계 사정

질문을 통해 사정하기	• 내담자가 개입하고 있는 생애역할 나열 • 내담자의 가치들을 이용해 순위 결정 • 각 역할에 소요되는 시간의 양 추정 • 상충적 · 보충적 · 보완적 역할 찾아내기
동그라미로 역할관계 그리기	• 내담자의 삶에서 여러 가지 역할관계상의 문제, 즉 가치갈등, 역할과부하 등을 파악 • 내담자의 가치순위에 따라 그 크기를 달리하여 그려보거나 이상적인 역할관계를 그려보도록 함으로써 이를 최소화 함
생애 – 계획연습으로 전환시키기	• 각 생애단계에서 내담자의 가치와 시간의 요구 간의 갈등이 발생하는지 탐색하고 이 경우 갈등의 속성은 무엇인지 탐색 • 내담자 또한 삶의 다양한 역할들 간의 관계를 파악할 수 있는지 탐색 • 마음속에 떠오르는 생애계획을 토대로 개선욕구를 알 수 있는지 탐색

실력UP 일반적인 상담 과정의 사정 단계 유형

단순형	• 1단계 : 인지적 명확성 – 있음 • 2단계 : 내담자의 동기 존재 – 있음 • 3단계 : 내담자의 자기진단 – 제공 • 4단계 : 내담자의 자기진단 탐색 – 확인
복잡형	• 1단계 : 자기진단의 제시 • 2단계 : 자기진단을 확인하지 못함 → 인지적 명확성을 문제점으로 진단 • 3단계 : 개인적 문제를 인식 • 4단계 : 내담자의 자기진단을 다시 제시 • 5단계 : 자기진단을 확인하지 못함 • 6단계 : 내담자가 상담자의 견해 수용

2. 가치사정

(1) 가치사정의 개요

① 가치란 사람의 기본 신념을 말함

② 가치는 환경에 의해 학습되는 경향이 있음

③ 가치는 동기의 원천이자 개인의 일상적인 만족의 근거가 됨

④ 전반적인 달성목표의 원천이나 개인의 수행기준이 되기도 함

⑤ 일반적으로 자기보고식 사정기법을 이용함

⑥ 자기보고식 가치사정기법에는 과거의 선택 회상하기, 자유시간과 금전의 사용, 존경하는 사람 기술하기, 백일몽 말하기, 절정경험 조사하기, 체크목록 가치에 순위 매기기가 있음

SEMI-NOTE

직업상담의 사정단계

• 1단계(인지적 명확성 존재) : 내담자에게 인지적 명확성이 있는가?

• 2단계(내담자의 동기 존재) : 내담자에게 동기가 있는가?

• 3단계(내담자의 자기진단) : 내담자가 자기진단을 통해 자신을 노출하고 있는가?

• 4단계(내담자의 자기진단 탐색) : 내담자가 자기진단을 확인했는가 안 했는가?

가치사정의 용도

• 자기인식 발견

• 현재의 직업적 불만족의 근거 탐색

• 역할갈등의 근거 확인

• 저수준의 동기 또는 성취의 근거 탐색

• 개인의 다른 측면(흥미, 성격 등)에 대한 예비사정 용도

• 진로선택 또는 직업전환의 기틀을 제시하기 위한 용도

(2) 자기보고식 가치사정법

과거의 선택 회상하기	직업선택, 여가선택 등 과거 선택에 있어서의 경험을 파악하며, 그것을 선택한 기준에 대해 조사
자유시간과 금전의 사용	자신에게 자유시간이 주어지는 경우 또는 예상치 못한 돈이 주어지는 경우 이를 어떠한 목적으로 어떻게 사용할 것인지 상상하도록 함
존경하는 사람 기술하기	자신이 존경하는 사람이 누구인지를 기술하게 함
백일몽 말하기	자신이 가지고 있는 개인적인 환상으로서의 백일몽을 이야기하도록 함
절정경험 조사하기	자신이 겪은 최고의 경험에 대해 회상 또는 상상하게 하고 그 과정에 대해 설명하도록 함
체크목록 가치에 순위 매기기	목록 중 중요하다고 생각되는 가치와 중요하지 않다고 생각되는 가치에 대해 +, − 표시를 하도록 하여 그 결과에 대해 순위를 매김

3. 흥미사정

(1) 흥미사정의 개요

① 흥미란 개인의 관심, 호기심 등을 일으키는 어떠한 것을 말함

② 흥미사정의 목적

　㉠ 자기인식 발전시키기

　㉡ 여가선호와 직업선호 구별하기

　㉢ 직업대안 규명하기

　㉣ 직업 · 교육상 불만족 원인 규명하기

　㉤ 직업탐색 조장하기

(2) 흥미사정 기법[수퍼(Super)]

① 표현된 흥미

　㉠ 내담자에게 직업에 대해 '좋다', '싫다'를 말하도록 묻는 질문을 통해 흥미를 파악하는 방법

　㉡ 직업분야에 대해 어느 정도 좋아하는지 분류하거나 체크리스트 등을 통해 파악할 수 있음

② 조사된 흥미

　㉠ 가장 많이 사용하는 방법으로 다양한 활동에 대해 좋고 싫음을 묻는 표준화된 심리검사를 통해 흥미를 파악하는 방법

　㉡ 특정 직업에 종사하는 사람들의 흥미와 유사성의 정도를 비교함

③ 조작된 흥미

　㉠ 개인의 흥미는 자신이 좋아하거나 즐기는 활동과 연관된다는 가정에 기초하였음

ⓛ 활동에 대해 질문을 하거나 활동에 참여하는 사람들이 어떻게 시간을 보내는
지 관찰하는 방법

ⓒ 작업경험에 대한 분석을 통해 파악이 가능함

(3) 일반적인 흥미사정 기법

① **직업선호도검사** : 홀랜드의 6각형 이론(6가지 흥미유형)과 관련하여 내담자의 흥
미를 사정하는 기법

② **작업경험의 분석** : 내담자의 가치, 기술, 생활방식 선호도, 인생의 진로 주제들
등을 규명하는 데 사용됨

③ **흥미평가기법** : 내담자에게 알파벳에 맞추어 흥밋거리를 기입하도록 하여 흥미
를 사정하는 기법

④ **직업카드분류법**

㉠ 직업(진로)상담에서 동기, 가치, 흥미를 측정하기 위한 것

㉡ 직업카드를 내담자가 좋아하는 것, 관심 없는 것, 싫어하는 것으로 분류하도
록 하고 이를 통해 직업적 흥미, 동기, 가치를 탐색하는 기법

실격UP 직업카드분류법(OCS)

- **직업카드분류법의 목적**
  - 진로 및 직업탐색에 있어서 기초가 되는 동기, 흥미, 가치 등 자신의 특성을 질적으로
    탐색하도록 함
  - 진로 및 직업탐색에 흥미를 가지도록 하여 활동과정에 자발적으로 참여하도록 함
  - 구체적으로 직업정보를 탐색하도록 함
  - 직업의 다양성과 그 종류를 이해하도록 함
  - 직업세계를 이해하기 위하여 중요한 요소들을 파악하도록 함
- **직업카드분류법의 장점**
  - 내담자의 능동적인 참여가 가능함
  - 즉각적인 피드백을 제공함
  - 상담자가 내담자의 여러 특징에 대한 의미 있는 정보를 얻을 수 있음
  - 표준화 검사는 내담자가 제한적으로 반응하도록 구성되어 있는데 비해 다양한 문화, 인
    종, 민족적 배경을 가진 사람들에게 적용할 수 있음
  - 친밀한 관계 형성을 도움
  - 복잡한 과제로 혼란스러워하는 내담자에게 한 단계 한 단계 접근할 수 있는 방법이 됨

4. 성격사정

(1) 성격사정의 개요

① 성격은 직업선택과 직업적응에서 핵심적인 설명변인임

② **성격사정의 목적**

㉠ 자기인식 증진

㉡ 작업 불만족의 근원 확인

㉢ 좋아하는 일과 역할, 작업기능, 작업환경 등을 확인

SEMI-NOTE

작업경험의 분석 단계

내담자가 과거 경험해 본
직무를 확인함
▼
각 직무의 과제를 서술함
▼
내담자가 좋아하는/싫어하는
과제를 분류함
▼
직무만족에 대해 총정리함

직업카드분류 시 고려할 점

상담자가 직업카드 자료를 개발하려는
경우에는 홀랜드의 분류 체계, 한국직업
사전 분류 체계, 교육적 수준을 균형있
게 고려해야 함

(2) 홀랜드(Holland)의 유형

유형	성격	선호활동
현실형 (R)	솔직함, 실제적, 검소, 구체적, 말수가 적음	• 질서정연한 활동 • 기계를 조작하는 활동 • 신체적 · 기술적 활동
탐구형 (I)	분석적, 지적, 합리적, 소극적, 내성적, 호기심 많음	• 연구 활동 • 탐구 활동
예술형 (A)	직관적, 감성적, 개방적, 창조적, 개성적, 비순응적, 상상력이 풍부함	• 자유롭고 상징적인 활동 • 예술적 창조와 표현 활동
사회형 (S)	친절, 우호적, 관대, 외향적, 협동적, 이해심 많음	타인의 문제를 돕고 치료해주는 활동
진취형 (E)	모험적, 과시적, 외향적, 지배적, 지도력이 있음, 말을 잘함	• 타인을 지도, 계획, 통제, 관리하는 활동 • 인정받는 활동
관습형 (C)	정확, 빈틈없음, 질서정연, 순응적, 보수적, 상상력이 없음	정해진 원칙 속에서 계획, 정리, 조직하는 활동

(3) 마이어스 – 브릭스(Myers – Briggs)의 성격유형검사(MBTI)

① 융(Jung)의 성격유형이론(심리유형론)을 근거로 마이어스와 브릭스가 연구개발한 인간 성격 유형검사

② 세계적으로 널리 사용되고 있으며 가장 많이 연구되어 있는 객관적 자기보고식 성격검사

③ 내담자가 선호하는 작업역할, 기능환경을 찾는 데 유용함

④ 4가지 양극차원으로 분류하며, 검사 결과로 16가지 성격 유형을 제시하고 있음

⑤ MBTI 성격 유형 ★ 빈출개념

　㉠ 외향형(E) – 내향형(I) : 에너지의 방향(세상에 대한 일반적인 태도)

외향형(E ; Extroversion)	내향형(I ; Introversion)
• 외부세계(사람, 사건 등)에 관심이 많음 • 폭넓은 대인관계 유지 • 사교적, 활동적, 열정적	• 내부세계(관념 등)에 관심이 많음 • 깊이 있는 대인관계 유지 • 신중함, 조용함, 집중력

　㉡ 감각형(S) – 직관형(N) : 정보수집, 인식기능

감각형(S ; Sensing)	직관형(N ; Intuition)
• 오감을 통해 인식하고 실제 경험을 중시함 • 지금, 현재, 사실, 자료 등에 초점 • 정확하고 철저한 일처리	• 육감, 직감을 통해 인식하고 미래지향적임 • 미래, 가능성, 직관, 아이디어 등에 초점 • 신속하고 비약적인 일처리

ⓒ 사고형(T) – 감정형(F) : 의사결정, 판단기능

사고형(T ; Thinking)	감정형(F ; Feeling)
• 논리와 이성에 따라 판단 • 진실, 사실, 객관적, 분석적, 원리원칙 • 맞다/틀리다	• 사람의 관계 및 가치에 따라 판단 • 사람, 관계, 의미, 영향, 상황, 포괄적 • 좋다/나쁘다

ⓔ 판단형(J) – 인식형(P) : 생활양식, 행동양식

판단형(J ; Judging)	인식형(P ; Perceiving)
• 분명한 목적과 방향을 계획적, 체계적으로 수행 • 정리정돈, 통제, 조정, 뚜렷한 기준 • 의지적 추진, 신속한 결론	• 상황에 따라 변하는 목적과 방향을 융통성 있게 수행 • 개방성, 융통성, 적응, 포용성 • 이해와 수용, 유유자적한 과정

실력UP 융(Jung)의 분석심리학

• 개념
  – 성격발달 : 자기(self)를 실현하는 과정
  – 인생 전반기에는 자기의 방향이 외부로 지향(분화)되고 인생 후반기에는 자기의 방향이 내부로 지향(통합)됨 → 개성화
  – 의식 : 인식하고 알아차리는 정신의 부분으로, 의식의 중심에는 자아(Ego)가 있음
  – 개인 무의식 : 자아에 의해 인정받지 못한 경험, 감정 등으로 여기에 저장된 내용들이 연합하여 복합체를 이룬 것을 콤플렉스(complex)라고 함
  – 집단 무의식 : 역사, 문화, 종교 등을 통해 공유해 온 인류 보편적인 심리 성향
• 원형 : 경험을 자각하고 구성하는 방식
  – 페르소나 : 환경의 요구에 조화를 이루려는 적응의 원형, 개인이 가진 사회적 역할 및 배우가 연기하는 캐릭터로, 페르소나를 통해 타인과 관계하면서 좋은 인상을 남기거나 자신을 은폐하기도 함
  – 아니마 : 남자 안에 있는 여성 인물, 다정함, 감성적 정서, 상상·공상·놀이에 비중
  – 아니무스 : 여성 안에 있는 남성 인물, 논리, 합리성, 의식·권위·존경에 초점
  – 그림자 : 성격의 부정적인 부분 즉, 어둡거나 사악한 부분을 나타내는 원형, 이것은 완전히 없앨 수 있는 것이 아니며 그림자가 적절히 표현될 시 창조력, 영감의 원천이 되기도 하나 과도하게 억압할 시 불안과 긴장에 빠질 수 있음
  – 자기 : 의식과 무의식을 포함한 성격 전체의 중심이며 성격 전체를 포함하기도 함

SEMI-NOTE

융이 제안한 4단계 치료과정
• 고백 – 명료화 – 교육 – 변형
• **고백단계** : 내담자의 강렬한 정서 방출과 상담적 관계를 형성
• **명료화단계** : 내담자는 명료화 과정을 통해 문제의 기원을 알게 됨
• **교육단계** : 내담자가 사회적 존재로서 부적응 혹은 불균형적 삶을 초래한 발달과정의 문제에 초점을 둠
• **변형단계** : 내담자와 상담자 간의 역동적인 상호작용을 통해 단순히 사회에 대한 적응을 넘어서 자아실현의 변화가 도모됨

05절 목표설정 및 진로시간전망

1. 목표설정

(1) 목표설정의 의의

① 상담전략의 선택이나 개입에 관한 상담의 방향을 제시함
② 내담자의 욕구에 의해 결정됨

③ 상담자와 내담자가 협조하여 함께 목표 실현 가능성을 탐색함

④ 상담자는 개입을 통해 내담자의 목표달성을 촉진하고 도와야 함

(2) 상담목표설정의 방향

① 구체적이어야 함 → 추상적인 목표를 세워서는 안 됨

② 내담자가 원하고 바라는 것이어야 함 → 내담자의 기대를 반영해야 하며 내담자가 바라는 긍정적인 변화를 목표로 설정함

③ 실현가능해야 함 → 가능한 현실적이어야 하며, 이상적 관점에서 목표를 세워서는 안 됨

④ 상담자의 기술과 양립 가능해야 함 → 상담자 능력 이상의 도움이 필요할 경우 다른 상담자에게 의뢰하는 것이 좋음

(3) 내담자의 목표설정 확인

① 현존하는 문제를 평가하고 나서 목표설정과정으로 들어감

② 내담자의 목표를 끌어내기 위한 기법으로 '면접안내'가 있음

③ 목표가 설정되면 상담자는 내담자와 함께 실현가능성을 탐색함

④ 하위목표에 대한 안내를 확립함

⑤ 목표에 대한 내담자의 몰입도를 평가함

(4) 내담자의 목표 몰입도 확인을 위한 질문

① 목표와 행위목표를 구체화할 수 있는가?

② 목표 성취에 대한 계획이 있는가?

③ 목표달성을 위해 상담자와 협응할 수 있는가?

④ 동기에 방해가 될 만한 요인은 무엇인가?

(5) 내담자의 목표 실현성 확인을 위한 질문

① 자신을 얼마나 통제할 수 있는가?

② 목표가 달성 가능한 것인가?

③ 목표를 달성하기 위해 해야 할 일은 무엇인가?

④ 목표를 성취하지 못하도록 방해하는 요인은 무엇인가?

⑤ 언제까지 목표를 성취해야 한다고 생각하는가?

상담의 목표설정 과정

- 전반적인 목표는 내담자의 욕구에 의해 결정됨
- 현존하는 문제를 평가하고 나서 목표설정 과정으로 들어가야 함
- 상담사는 목표설정에 개입하여 내담자가 명확하고 구체적인 목표를 설정할 수 있도록 도와야 함
- 내담자의 목표를 끌어내기 위해서 면접안내 기법을 사용함

실력UP 면접안내를 위한 질문

- 상담의 결과물로 무엇을 원하는가?
- 상담으로 무엇을 달성하고자 하는가?
- 상담이 끝나면 어떻게 달라져 있을 것 같은가?

2. 진로시간전망

(1) 진로시간전망의 의의

① 진로에 관한 과거, 현재, 미래의 정신적인 상을 의미
② 미래에 대한 내담자의 관심을 증가시키고 현재의 행동을 미래의 목표에 연결시키며 미래에 초점을 맞추어 자신의 미래를 설계하는 것

(2) 진로시간전망 검사지의 사용 목적

SEMI-NOTE

미래 지향적 목적	• 미래의 방향 설정을 가능하게 함 • 미래에 대한 희망을 갖도록 함 • 미래가 실제인 것처럼 느끼게 함 • 현재의 행동을 미래의 결과와 연계시킴
계획기술 연습하기	• 진로계획에 대한 긍정적 태도를 강화함 • 진로계획의 기술을 연습시킴
목표설정 촉구하기	• 목표설정을 촉구함 • 진로의식을 높여줌

(3) 시간차원에 따른 진로결정

① 미래에 초점을 둠
  ㉠ 진로결정의 초점을 미래에 두어 현재나 과거에 무엇이 좋았는지보다는 미래에 무엇이 가장 좋을 것인지에 따라 진로를 선택하는 경향이 있음
  ㉡ 미래의 직업을 설계하기 위한 방법으로 직업상담을 하고자 함
② 과거에 초점을 둠
  ㉠ 진로결정의 초점을 과거에 두어 가족의 전통에 부합하는 직업을 찾기 위해 고심을 함
  ㉡ 다른 사람에 의해 자신의 역할이 결정되는 경우 스스로 그 역할을 수행함
  ㉢ 직업선택을 위한 직업상담을 하기보다는 세습된 목표를 성취하기 위해 직업상담을 하고자 함
③ 현재에 초점을 둠
  ㉠ 진로결정의 초점을 현재에 두어 미래보다는 당장 의식주의 해결이나 생존문제, 금전, 오락 등에 관심을 가짐
  ㉡ 지금 당장 직업이 필요하여 직업상담을 하고자 함

3. 원형검사 ★빈출개념

(1) 원형검사의 의미

① 코틀(Cottle)의 진로시간전망 검사방법
② 가장 효과적인 시간전망 개입도구

코틀의 원형검사
• 원 : 과거, 현재, 미래
• 원의 크기 : 시간차원에 대한 상대적 친밀감
• 원의 배치 : 시간차원의 연관성

③ 과거, 현재, 미래를 뜻하는 세 개의 원을 이용하여 개개인의 시간전망을 어떤 시간차원이 지배하는지, 개개인이 어떻게 시간차원과 연관되는지 평가할 수 있음

④ 진로시간전망 개입은 시간에 대한 심리적 경험의 세 가지 측면으로 방향성, 변별성, 통합성을 제시함

(2) 진로시간전망 개입의 3가지 측면

① **방향성**

　㉠ 시간차원의 전망으로 과거, 현재, 미래에 대한 개념을 사용하며, 각각의 전망은 삶의 질에 대해 무엇인가 다른 측면에 기여한다는 원리를 기초로 함

　㉡ 미래지향성을 증진시키기 위해 미래에 대한 낙관적인 입장을 구성하는 것을 목표로 함

② **변별성**

　㉠ 시간차원 내 사건의 강화와 확장의 원리를 기초로 함

　㉡ 변별된 미래는 개인의 목표설정에 의미 있는 맥락을 제공함

　㉢ 미래를 현실처럼 느끼도록 하고 미래 계획에 대한 긍정적 태도를 강화시키며 목표설정이 신속히 이루어지도록 하는 것을 목표로 함

③ **통합성**

　㉠ 시간차원의 관계성을 기초로 함

　㉡ 현재 행동과 미래의 결과를 연결시키며, 계획한 기법의 실습을 통해 진로인식을 증진시키는 것을 목표로 함

(3) 원의 배치에 따른 시간관계성

① **시간차원의 고립** : 어떤 것도 서로 접해 있지 않은 원(분리)

② **시간차원의 연결** : 중복되지 않고 경계선에 접해 있는 원들(연계)

③ **시간차원의 연합** : 부분적으로 중첩된 원들(일부분 영향을 줌)

④ **시간차원의 통합** : 완전히 중첩된 원들(완전한 영향을 줌)

06절　내담자의 인지적 명확성 사정

1. 인지적 명확성의 이해

(1) 인지적 명확성의 의미

① 자신의 강점과 약점을 객관적으로 평가하고, 그 평가를 환경적 상황에 연결시킬 수 있는 능력

② 내담자에게 인지적 명확성이 없는 경우 → 개인상담 후 직업상담 실시

③ 인지적 명확성이 늦은 사람은 상대적으로 자기이해 능력이 부족하기 때문에 직업문제 인식 및 해결에 어려움을 겪을 수 있음

④ 내담자에게 인지적 명확성이 있는 경우 → 바로 직업상담 실시

⑤ 인지적 명확성이 높은 사람은 자기이해 능력이 높아 자기지식을 환경에 적용할 수 있음

(2) 인지적 명확성 사정 시 고려사항

① 심리적 문제로 인지적 명확성이 부족한 경우 진로문제에 대한 결정은 당분간 보류하는 것이 좋음

② 직장을 처음 구하는 사람, 직업전환을 하는 사람, 직업적응 중에 있는 사람의 직업상담에 관한 접근은 서로 다름

③ 내담자의 동기를 고려해야 함

④ 직장인으로서의 역할은 다른 생애 역할과 복잡하게 얽혀 있으므로 직업계획이나 재적응을 생각할 때 다른 생애 역할도 고려해야 함

⑤ 직장을 처음 구하는 사람에게 상담자는 가장 먼저 내담자의 자기인식 수준을 탐색해야 함

(3) 인지적 명확성에서의 사정단계

① 1단계

　㉠ 인지적 명확성 존재

　㉡ 인지적 명확성이 있는가?

② 2단계

　㉠ 내담자의 동기 존재 여부

　㉡ 동기가 있는가?

③ 3단계

　㉠ 내담자의 자기진단

　㉡ 자기진단을 통해 자신을 노출하고 있는가?

④ 4단계

　㉠ 내담자의 자기진단 탐색

　㉡ 자기진단을 확인했는가?

 한눈에 쏙~

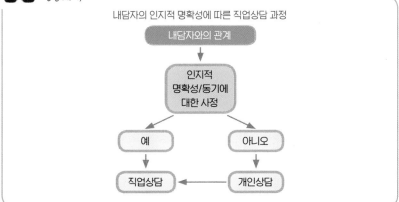

내담자의 인지적 명확성에 따른 직업상담 과정

(4) 인지적 명확성의 원인과 그에 따른 직업상담 과정

① 정보결핍 → 직업상담을 실시

㉠ 단순 지식의 부족

㉡ 읽기 문제나 학습장애 등 정보사용 불능에 의한 성장결핍

㉢ 필요정보와 불필요정보의 변별력 불능에 의한 과도한 정보

㉣ 정보능력이 부족하거나 왜곡된 정보에 집착하는 경우

② 경미한 정신건강 문제 → 다른 치료 후 직업상담을 실시

㉠ 낮은 효능감이 다른 선택사항에 대한 고려를 방해하는 경우

㉡ 잘못된 결정방식이 진지한 결정을 방해하는 경우

㉢ 비논리적 사고나 다른 배재적 사고유형에서 의사결정 방해가 나타나는 경우

㉣ 공포증, 말더듬 등의 문제가 직업 선택을 방해하는 경우

③ 심각한 정신건강 문제 → 다른 치료 후 직업상담을 실시

㉠ 정신증으로 인해 직업선택 능력이 심각하게 손상된 경우

㉡ 심각한 약물 남용 장애

④ 외적 요인 → 개인상담 후 직업상담 실시

㉠ 일시적 위기(사별, 불화 등)

㉡ 일시적 또는 장기적 스트레스(실업 등)

⑤ 고정관념 → 직업상담 실시

㉠ 경험부족

㉡ 가치관 고착 또는 심리적 문제에 따른 고정성

㉢ 의무감에 대한 집착

2. 인지적 명확성 부족의 유형과 면담기법

(1) 단순 오정보 → 정확한 정보 제공

> 내담자 : 그 대학은 강남권 학생에게 유리해요.
> 상담자 : 학생은 그 대학에 대해 부정적인 감정을 가지고 있군요. 그 대학 학생 중 강남 출신은 10% 밖에 안 되는데요. 과거에는 강남 출신이 많았는데 점차 바뀌고 있어요.

(2) 복잡한 오정보 → 논리적 분석

> 내담자 : 전 아직 결정을 못했어요. 그 대학에 다니는 3명의 학생들을 아는데 그들 모두 강남 출신인걸요.
> 상담자 : 학생이 말한 것을 논리적인 입장에서 생각해 봅시다. 그 대학의 전체 학생 수는 약 5,000명이에요. 학생은 그들 중 3명만 만나고는 그와 같은 결론을 내린 거예요. 사실에 근거해서 결정을 내리는 것이 중요해요.

(3) 구체성 결여 → 구체화시키기

> 내담자 : 사람들은 요즘 취직을 하기가 어렵다고들 해요.
> 상담자 : 어떠한 사람들을 이야기하시는지 짐작이 안 되네요.
> 내담자 : 모두 다예요. 제가 상의할 수 있는 상담자, 담당 교수님들, 심지어는 친척들까지도요. 정말 그런가요?
> 상담자 : 그래요? 그럼 사실이 어떤지 알아보도록 하죠.

(4) 가정된 불가능 · 불가피성 → 논리적 분석 및 격려

> 내담자 : 난 이번 시험에 합격할 수 없을 것 같아요.
> 상담자 : 그동안 학생은 공부를 매우 열심히 한 걸로 아는데요.
> 내담자 : 하지만 단념했어요. 내 친구는 시험이 어렵다고 했어요.
> 상담자 : 시험에 불합격할 것이라고 생각하고 있군요. 그 이유는 친구가 어렵다고 했기 때문이고요. 그러면 친구와 학생의 공통점을 알아보기로 하죠.

(5) 원인과 결과 착오 → 논리적 분석

> 내담자 : 난 사업을 할까 생각중이에요. 그런데 그 분야에서 일하는 여성들은 대부분 이혼을 한대요.
> 상담자 : 선생님은 사업을 하면 이혼을 할까봐 두려워하시는군요. 직장여성들의 이혼율과 다른 분야에 종사하는 여성들에 대한 통계를 알아보도록 하죠.

(6) 파행적 의사소통 → 저항에 초점 맞추기

> 상담자 : 제가 내준 과제인 진로일기를 작성하는 데 많은 어려움이 있다고 하셨지요. 지금 하는 일을 조절하도록 도와드리면 도움이 될 것 같네요.
> 내담자 : 그거 괜찮은 생각 같네요. 그런데 오늘 제가 새 컴퓨터를 사려고 봐둔 것이 있어요. 그 생각만 하면 즐거워요.
> 상담자 : 진로문제가 선생님의 주요 관심사 같은데요. 제가 그러한 것을 제안할 때마다 선생님께서는 회피하시는 것 같군요. 진로일기를 작성하고 나서 선생님의 진로문제가 해결되면 어떤 느낌이 들까요?

(7) 양면적 사고 → 역설적 사고

> 내담자 : 나는 기계공학 전공 말고는 아무것도 생각할 수 없어요. 그 외의 일을 한다는 것을 생각해 본적도 없어요.
> 상담자 : 학생이 기술자가 되지 못한다면 재앙이라도 일어날 것처럼 들리는군요. 그런데 학생은 기계공학을 하기에는 성적이 좋지 않군요.
> 내담자 : 그래서 미칠 것 같아요. 난 낙제할 것 같아요.
> 상담자 : 학생 인생에서 다른 대안을 생각해보지 않는다면 정말 문제가 되겠네요. 그렇다면 다음 주까지 "난 기계공학이 아니면 안 돼."라는 생각을 계속해 보는 거예요. 생각을 바꿀 필요가 있다고 동의했지만, 그렇게 하지 않도록 해 보는 거예요.

(8) 자기인식의 부족 → 은유 또는 비유 사용

> 내담자 : 난 호의를 가지고 사람들을 대하는데, 그들이 왜 그렇게 반응하는지 이해할 수 없어요.
> 상담자 : 사람들이 선생님의 기대에 부응하지 않을 때 화가 좀 나시겠어요.
> 내담자 : 네, 곧 우울해져요. 난 사무실에서 왕따예요.
> 상담자 : 사람들이 선생님을 어떻게 보는지에 대해서 이야기나 속담, 동화를 비유해서 말씀해 보시겠어요?
> 내담자 : 이건 좀 이상하게 들릴텐데요. 난 미운 오리새끼 같아요.
> 상담자 : 미운 오리새끼는 나중에 아름다운 백조가 되어 모두에게 환영받잖아요.

(9) 강박적 사고 → 인지·정서·행동기법(REBT)의 합리적 논박 사용

> 내담자 : 전 의사가 될 거예요. 저희 집안은 모두 의사들이거든요.
> 상담자 : 학생은 의사가 될 것으로 확신하고 있네요.
> 내담자 : 예, 물론이지요.
> 상담자 : 의사가 되지 못한다면 어떻게 되나요?
> 내담자 : 한 번도 그런 경우를 생각해 보지 못했습니다. 의사가 안 된다면 내 인생은 매우 끔찍할 것입니다.
> 상담자 : 학생은 학생이 하길 바라는 것을 하지 못했을 때 끔찍하게 느끼는군요. 그럼 ABCDE모형에 맞춰서 이야기를 해 보도록 하죠.

(10) 그 외의 명확성 사정을 위한 면담기술

① 걸러내기 → 재구조화
② 비난하기 → 직면, 논리적 분석
③ 잘못된 의사결정방식 → 의사결정 도움

3. 내담자의 정보 및 행동에 대한 이해기법

(1) 전이된 오류 정정하기

내담자가 가지고 있는 정보의 오류, 한계의 오류, 논리적 오류를 정정하는 것을 말하며, 직업상담에서는 전이된 오류가 자주 발생함

① **정보의 오류**

ㄱ 내담자가 실제 경험과 행동을 이야기함에 있어서 제대로 이야기하지 않을 때 나타남

ㄴ 내담자가 직업세계에 대해 충분한 정보를 알고 있다고 잘못 생각하는 경우 상담자는 보충질문을 하거나 되물음으로써 잘못을 정확히 인식시켜주어야 함

이야기 삭제	내담자의 경험을 이야기함에 있어 중요한 부분이 빠졌을 경우 예 내 상사가 그러는데 나는 책임감이 없대요. → 무엇에 대한 책임감을 말하는 거죠?
불확실한 인물의 인용	내담자가 명사나 대명사를 잘못 사용했을 경우 예 사람들은 나를 미워해요. → 누가 그런다고 생각하나요?

불분명한 동사의 사용	내담자가 모호한 동사를 사용했을 경우 ⑩ 내 친구는 나를 우습게 봐요. → 어떤 점에서 그런 생각이 드나요?
참고자료의 불충분한 사용	내담자가 어떤 사람이나 장소, 사건을 구체적으로 이야기하지 않을 경우
제한된 어투의 사용	내담자가 자기 자신을 제한시키는 경우

② 한계의 오류
  ㉠ 제한된 기회 및 선택에 대한 견해를 갖고 있는 내담자들이 스스로 자신의 견해를 제한하기 위해 사용함
  ㉡ 내담자가 경험이나 느낌의 한정된 정보만을 노출시킬 때 일어남

예외 인정하지 않기	'항상, 절대로, 모두, 아무도' 등 사용
불가능을 가정하기	'할 수 없다, 안 된다, 해서는 안 된다' 등 사용
어쩔 수 없음을 가정하기	'해야만 한다, 선택의 여지가 없다' 등 사용

③ 논리적 오류
  ㉠ 내담자가 논리적으로 맞지 않는 말을 진술함으로써 의사소통까지 방해하는 경우에 일어남
  ㉡ 내담자가 상담과정을 왜곡되게 생각하고 있을 경우에 일어남

잘못된 인간관계 오류	자신이 선택이나 통제에 개입할 수 없으므로 책임감도 없다는 식으로 생각하는 경우
마음의 해석	다른 사람의 마음을 읽을 수 있다고 생각하는 경우
제한된 일반화	한 사람의 견해가 모든 사람들에게 공유된다는 개인적으로 생각하는 경우

(2) 가정 사용하기

① 내담자의 행동을 예측하기 위해 내담자에게 그 행동이 존재했다는 것처럼 가정하고 이야기함
② 가정에는 단순한 지시가 적절함
③ 내담자의 방어를 최소화하고 내담자의 행동을 추측할 수 있음
  ⑩ 당신은 계획을 갖고 있나요? → 당신의 계획은 어떤 것인가요?(이미 계획이 존재한다고 가정함)

(3) 왜곡된 사고 확인하기

① 결론 도출, 재능에 대한 지각, 지적 및 정보의 부적절, 부분적인 일반화 그리고 관념 등에서 정보의 한 부분만을 보는 경우
② 여과하기, 정당화하기, 극단적인 생각, 과도한 일반화, 인격화, 인과응보의 오류, 마음 읽기 등에 의해 사고가 왜곡됨

(4) 의미 있는 질문 사용하기

① 질문은 강제적인 응답의 의지를 담기보다는 공손한 명령 형태를 띰
② 내담자의 주의를 요하는 질문들을 사용하며 대답의 범위를 열어 놓으며 내담자의 자유롭고 다양한 반응을 유도하여 대답하기 쉽게 느끼도록 함

(5) 저항감 재인식하기 및 다루기

① 내담자가 직설, 불신, 상담자의 능력과 방법 헐뜯기, 함축에 대한 도전, 책임에 대한 도전 등 다양한 전술로 의사소통을 고의로 방해할 경우 전략을 통해 내담자를 이해함
② 변형된 오류 수정하기, 내담자와 친숙해지기, 은유 사용하기, 대결하기 등의 전략이 있음

(6) 근거 없는 믿음 확인하기

① 확신을 갖고는 있지만 근거는 제시할 수 없는 경우
② 내담자에게 그 믿음이 근거가 없는 잘못된 것이라는 것을 알게 함으로써 다른 대안을 찾게 함
③ 거절에 대하여 상처를 받거나 두려워할 필요가 없음을 인지시키고 모든 사람이 각자 원하는 직업을 다 갖는 것은 아니며, 거절당한다는 것은 단지 특별한 직업을 갖지 못한다는 것임을 깨닫게 함

(7) 분류 및 재구성하기

① 내담자에게 자신의 세계를 다른 각도에서 볼 수 있도록 기회를 제공함
② 역설적 의도 기법은 내담자가 수행불안이나 예기불안이 있는 행동을 할 때 도움을 줄 수 있음
③ 역설적 의도 기법은 내담자의 표현을 분류하고 재구성하기 위해 사용함

수행불안과 예기불안

- 수행불안 : 어떤 특별한 일을 수행할 때 몸이 긴장되고 불안해하는 것 (예) 대인면접)
- 예기불안 : 자신에게 어떤 상황이 다가온다고 생각되는 경우에 생기는 불안(예) 새로운 집단에 들어갈 때 이 집단에 잘 수용될 수 있을 것인지 걱정)

실력UP 역설적 의도의 원칙

- 저항하기
- 시간 제한하기
- 변화 꾀하기
- 목표행동 정하기
- 변화전략 세우기
- 내담자 언어 재구성하기
- 이해하는 것 잊기
- 결정하기
- 증상 기록하기
- 재발 예견하기
- 지시이행의 동의 구하기

(8) 반성의 장 마련하기

① 내담자의 독단적인 사고를 밝히는 것에서부터 시작해 지식의 불확실성, 일반화된 지식과의 비교 등의 과정을 통해 전반적인 반성적 판단이 이루어지게끔 함
② 내담자 자신, 타인, 세계 등에 대한 부정적인 판단을 내리는 과정을 알 수 있도록 상황을 만들어 줌

SEMI-NOTE

실력up Welfel의 7단계 진행 모형

• 1단계 : 상담자가 내담자의 독단적인 사고를 밝히는 단계
• 2단계 : 현재의 대안적인 개념에 대하여 어느 정도 알기(지식) 시작하는 단계
• 3단계 : 절대적인 지식이 존재하지만 진리가 출현될 때 받아들이지 않는 단계
• 4단계 : 주위 모든 지식에 대하여 불확실성을 깨닫는 단계
• 5단계 : 점차적으로 숙고하고 평가하며 새 지식을 습득하는 단계
• 6단계 : 자신의 판단체계를 벗어나 일반화된 지식을 비교하고 대조하는 단계
• 7단계 : 전반적으로 반성적인 판단이 이루어지는 단계

웰펠(Welfel)
웰펠은 반성의 장 마련하기에서 7단계 진행 모형을 제안하였음

❶
02장
직업상담의 기법

(9) 변명에 초점 맞추기

① 자신의 행동의 부정적인 면을 줄이고 자신의 긍정적인 면을 계속 유지하는 것
② 스나이더(Snyder) 등은 내담자의 변명을 다음과 같이 구분하였음
ㄱ **책임 회피하기** : 부정, 알리바이, 비난 등
ㄴ **결과를 다르게 조직하기** : 축소, 훼손, 정당화 등
ㄷ **책임 변형시키기** : "그렇게 할 수밖에 없었어요.", "이건 정말 제가 아니에요." 등

07절 대안개발과 의사결정

1. 직업정보 수집과 대안선택

(1) 대안선택의 의의

① 내담자의 의사결정을 돕기 위함임
② 대안개발은 직업정보를 자료로 사용할 수 있음
③ 대안개발에 사용되는 자료는 표준화된 직업정보가 적합함

(2) 직업정보 수집 및 대안개발의 4단계

1단계 직업분류 제시하기	내담자에게 직업분류체계를 제공함
2단계 대안 목록 만들기	내담자와 함께 직업대안들에 대한 광범위한 목록을 작성함

3단계 목록 줄이기	내담자와 함께 2~5개의 가장 적당한 대안으로 목록을 줄임
4단계 직업정보 수집하기	내담자에게 줄어든 목록 각각의 대안들에 관한 정보를 수집하도록 지시함

(3) 내담자의 대안목록의 직업들이 실현 불가능할 때 상담전략

① 상담자의 견해는 내담자의 상황을 토대로 해야 함

② 브레인스토밍 과정을 통해 내담자의 대안직업 대다수가 부적절한 것임을 명확히 함

③ 내담자가 실현 불가능한 직업들에 정서적 열정을 소모하기 전에 신속히 개입해야 함

④ 객관적 증거나 논리를 바탕으로 대화함

⑤ 내담자에게 대안 직업에 대한 인식의 폭을 넓히도록 유도함

⑥ 어떠한 경우에든 내담자를 특정 방향으로 가도록 설득할 권리가 없음을 명심함

⑦ 최종의사결정은 내담자가 해야 함을 확실히 함

2. 직업대안 선택하기

(1) 직업선택을 위한 평가과정[요스트(Yost)]

① 원하는 성과연습

ㄱ 내담자의 선호도 목록(직책, 급여, 자율성 등)에 준하여 각 직업들을 점검하는 것

ㄴ 도표의 좌측에 선호사항을, 우측에 직업들의 목록을 나열함

② 찬반연습

ㄱ 내담자로 하여금 각 직업들의 장기적 · 단기적 장단점을 생각해 보도록 하는 것

ㄴ 특정 직업에 대한 찬성의견, 반대의견을 작성함

③ 대차대조표연습

ㄱ 특정 직업의 선택으로 인해 영향을 받게 될 영역이나 사람들에 초점을 두는 것

ㄴ 도표의 좌측에 가족, 건강 등을, 우측에 긍정적 · 부정적 효과를 작성함

④ 확률추정연습

ㄱ 내담자가 예상한 결과들이 실제적으로 어느 정도 나타날 것인지를 추정해 보도록 하는 것

ㄴ 각 직업마다 나타날 수 있는 긍정적 · 부정적 결과를 열거하고 확률을 추정해봄

⑤ 미래를 내다보는 연습

ㄱ 내담자로 하여금 상상을 통해 미래의 직업에 대해 5년, 10년, 15년 후의 양상을 그리게 함

ㄴ 대안의 결과에 대한 미래 혹은 어느 한 직업의 결과, 동일 직업의 미래 등을 상상함

(2) 대안개발과 의사결정 시 내담자의 부정적 인지에 대한 인지치료 과정

① 내담자가 느끼는 감정의 속성 확인

② 내담자의 감정과 연합된 사고, 신념, 태도 등을 확인

③ 내담자의 사고 등을 한두 가지 문장으로 요약, 정리

④ 내담자를 도와 현실과 사고를 조사하도록 개입

⑤ 내담자에게 과제를 부여하여 사고와 신념의 적절성 검증

3. 직업선택의 결정모형

(1) 진로의사결정 유형[하렌(Harren)]

① 합리적 유형

ㄱ 의사결정 시 장기적 전망을 지니고, 결정을 예견하고 논리적으로 결정하며, 자신을 인식하는 유형

ㄴ 자신과 상황에 대한 정확한 정보 수집, 체계적이고 논리적으로 접근하는 의사결정 수행

ㄷ 의사결정에 대해 자신이 책임을 짐

② 직관적 유형

ㄱ 현재의 감정을 중시하고, 결정에 대한 책임은 수용하나 결정을 예견하지는 않으며, 감정적으로 자신을 인식하고 환상을 이용하는 유형

ㄴ 의사결정의 기초로 상상력 사용, 현재의 감정에 주의를 기울이며 정서적 자각 사용

ㄷ 선택에 대한 확신은 비교적 빨리 내리지만 그 결정의 적절성은 내적으로만 느낄 뿐 설명하지 못하는 경우가 있음

③ 의존적 유형

ㄱ 의사결정에 대한 개인의 책임을 부정하고 그 책임을 외부로 돌리는 경향

ㄴ 의사결정과정에서 타인의 영향을 많이 받고 수동적이며 순종적임

ㄷ 사회적 인정에 대한 욕구가 높음

(2) 처방적 직업결정 모형

① 겔라트(Gelatt)의 모형

ㄱ 직업선택의 결과보다 과정을 중시

ㄴ 3차원으로 분리된 '예언적 체계', '가치체계', '결정준거'에서 각 체계마다 정보를 입수함으로써 훌륭한 선택결정이 가능하다고 보았음

ㄷ 의사결정과정

• 목표의식 : 직업목표를 수립

• 정보수집 : 관련 직업정보를 수집

• 대안열거 : 선택 가능한 직업목록을 작성

• 대안의 결과 예측 : 선택했을 때 예상되는 결과를 예측

• 대안의 실현 가능성 예측 : 각 결과들의 실현 가능성을 예측

직업선택 결정모형

직업선택 결정모형은 직업적 행위에 대한 개념들을 상호 비교하여 설명하기 위해 정리된 방법을 제공함

• **기술적 직업결정모형** : 일반적인 방식을 나타내고자 시도한 이론

• **처방적 직업결정모형** : 실수를 감소시키고 더 나은 선택을 할 수 있도록 돕는 의도에서 시도된 이론

SEMI-NOTE

- 가치평가 : 결과들의 가치평가를 함
- 의사결정 : 대안을 선택
- 평가 및 재투입 : 의사결정에 대한 평가와 피드백을 함

한눈에 쏙~

겔라트 의사결정과정 순서

② **카츠(Katz)의 모형** : 직업결정자는 자신의 특성요인을 나열 및 개발하고 가치와 중요도에 따라 서로 비교하고 그 특성에 맞는 대안을 선택한 후 그 대안이 제공하는 보수에 따라 평가해야 한다고 주장함
③ **칼도와 쥐토우스키(Kaldor&Zytowski)의 모형**
  ㉠ 직업적 유용도를 함수로 설명함
  ㉡ 직업결정자는 대안에 대해 무제한의 정보를 갖게 된다고 강조

(3) 기술적 직업결정 모형

① **타이드만과 오하라(Tiedeman&O'Hara)의 모형**
  ㉠ 진로발달을 '자기정체감 분화', '발달과업 수행', '심리사회적 위기 해결의 지속적인 과정'으로 보았음
  ㉡ 직업선택을 결정하는 기간을 '기대의 기간(예상기)'과 '실행 및 조정의 기간(실천기)'으로 구분함
  ㉢ 진로발달단계를 자기정체감을 지속적으로 구별해내고 발달과제를 처리하는 과정으로 설명하며 시간의 틀 내에서 개념화함
② **힐튼(Hilton)의 모형**
  ㉠ 복잡한 정보에 접근하게 되는 구조에 근거를 둔 이론
  ㉡ 진로결정과정을 계획과 전제 간의 불균형점을 조사해보고 부조화가 없을 때 행위화시키는 과정으로 설명함
  ㉢ 직업선택결정단계를 '전제 단계', '계획 단계', '인지부조화 단계'로 구분함
    - 전제 단계 : 직업 선택하기 전 조사 단계
    - 계획 단계 : 특정 직업에서 요구하는 행동을 상상하며 계획
    - 인지부조화 단계 : 자신이 가진 특성과 반대되는 직업을 가짐으로써 생겨나는 행동을 시험
③ **브룸(Vroom)의 모형** : 브룸의 기대이론은 동기이론의 과정을 중시한 이론의 하나로서 기대감이나 수단성이 충족될 때 동기가 더 크게 부여된다는 이론임
④ **슈(Hsu)의 모형** : 직업결정자는 선택과 목표 사이의 불균형을 극소화시키려고 시도한다고 가정

타이드만과 오하라의 직업발달 과정

브룸(Vroom) 기대이론

구성원 개인의 모티베이션의 강도를 성과에 대한 기대와 성과의 유의성에 의해 설명하는 이론. 조직의 구성원은 1차적 산출인 성과를 기대하면서 노력하고, 성과는 2차적 산출인 보상(승진, 급료 등)을 기대함

⑤ 플레처(Fletcher)의 모형

　　㉠ 개념학습에 대한 생각에 근거를 둠

　　㉡ 하나의 직업은 흥미, 가치관 등 여러 가지 요인의 조합으로 이루어진다고 봄

　　㉢ 직업개념을 '특수성 대 일반성', '구체성 대 추상성'으로 구분함

실력up **직업선택 결정모형의 구분**

처방적 직업결정모형	기술적 직업결정모형
• 겔라트(Gelatt) • 카츠(Katz) • 칼도와 쥐토우스키(Kaldor&Zytowski)	• 타이드만과 오하라(Tiedeman&O'Hara) • 힐튼(Hilton) • 브룸(Vroom) • 슈(Hsu) • 플레처(Fletcher)

(4) 6개의 생각하는 모자 기법(Six Thinking Hats)

① 에드워드 드 보노(Edward de Bono)가 개발한 의사결정 촉진방법

② 내담자에게 6가지 색의 생각하는 모자를 써보게 하여 각각의 모자의 색에 해당하는 역할을 수행하게 하고 의사결정을 용이하게 하는 것

③ 단순명료하고 효과적으로 사고하기 위해 고안됨

④ 브레인스토밍과 같은 아이디어 회의를 할 경우, 뾰족한 아이디어가 떠오르지 않은 채 회의가 지루하게 전개되는 경우 사용할 수 있는 방법임

⑤ 6개의 모자와 사고유형

백색 (하양)	• 본인과 직업들에 대한 사실만을 고려 • 중립적, 객관적 사고를 반영 • 순수, 객관적, 중립적, 사실정보
적색 (빨강)	• 직관에 의존하고 직감에 따라 행동 • 직관에 의한 감정과 느낌을 반영 • 피, 정열, 비이성적 측면, 감정, 직관, 느낌
흑색 (검정)	• 모든 일이 잘 안 될 것이라고 생각 • 비관적, 부정적, 비판적인 느낌을 반영 • 긴장감, 어둠, 부정적 측면, 비판적 사고
황색 (노랑)	• 모든 일이 잘 될 것이라고 생각 • 낙관적인 느낌을 반영 • 어린이, 밝음, 긍정적 측면, 낙관적 사고
녹색 (초록)	• 새로운 대안들을 찾으려고 노력하고 문제를 다른 각도에서 바라봄 • 창조적, 아이디어 생산을 반영 • 식물, 자연, 새로운 아이디어, 창조적 사고
청색 (파랑)	• 다른 모자의 사용법을 조절하는 사회자로서의 역할을 반영 • 이성적, 합리적으로 생각, 모든 의견의 최종 요약정리 및 방향제시 • 조절, 통제, 사회자, 차분함, 이성

SEMI-NOTE

밀러 – 타이드만(A. Miller – Tideman & D. Tideman)의 진로의사 결정이론
★ 빈출개념

• 사람들이 정보를 처리하고 그러한 과정을 통해 의사결정을 할 수 있다고 가정하였음

• 자기 내면에 귀 기울이기의 중요성을 강조하면서 사적 현실과 공적 현실을 구분하였음

• 내담자 생애진로에 영향을 미치는 진로의사결정에 있어서 내담자의 역할을 중시하였음

02장
직업상담의 기법

9급공무원

직업상담 · 심리학개론

나두공

03장 직업상담사의 윤리

01절 상담 윤리강령

02절 윤리강령의 내용

직업상담사의 윤리

01절　상담 윤리강령

1. 상담 윤리강령의 개요

(1) 상담 윤리강령의 역할과 기능

① 내담자의 복리 증진
② 지역사회의 도덕적 기대 존중
③ 전문직으로서의 상담기능 보장
④ 상담자 자신의 사생활과 인격 보호
⑤ 직무수행 중의 갈등 해결 지침 제공

(2) 상담 윤리강령의 원칙

① 상담사는 윤리강령을 숙지해야 할 의무가 있음
② 윤리강령에 대해 모르고 있거나 잘못 이해했다고 하여도 비윤리적 행위가 정당화될 수는 없음
③ 상담사는 현행법이 윤리강령을 제한할 경우, 현행법을 우선으로 적용함
④ 특정 상황이나 행위가 윤리강령에 위배되는지 여부가 불분명하다면 상담사는 다른 상담사 또는 해당 권위자 및 상벌윤리 위원회의 자문을 구해야 함
⑤ 상담사는 사실이 아닌 일을 꾸미거나 과장하여 위반 사례로 신고하면 안 됨
⑥ 직무수행 중 윤리위반의 해결지침으로 사용해야 함

(3) 상담 윤리강령 활용의 한계

① 모든 문제가 상담 윤리강령으로 해결되지는 않을 수 있음
② 상담 윤리강령으로 인한 갈등이 발생할 수 있음
③ 법정판결이 상담 윤리강령에서 기대했던 것과는 다를 수 있음
④ 상담 윤리강령을 회원들에게 지키도록 강요하는 것이 쉽지 않음
⑤ 상담 윤리강령 제정 과정에서 내담자의 관심은 반영하지 못함

상담 윤리강령의 필요성
- 정부로부터 상담자로서의 직업을 보호받음
- 내부의 불일치와 다툼을 조정함
- 직업 내부의 안정성 증진
- 일반인으로부터의 소송과 관련하여 상담사를 보호함

상담의 일반적 윤리 원칙[키치너 (Kitchener)]
- **자율성** : 타인의 권리를 해치지 않는 한 내담자가 자신의 행동을 선택할 권리가 있음
- **선행** : 내담자와 타인을 위해 선한 일을 하는 것
- **무해성** : 내담자에게 해를 끼치는 행동을 하지 않는 것
- **공정성** : 모든 내담자는 평등하며 성별 · 인종 · 지위에 관계 없이 공정한 대우를 받아야 함
- **충실성** : 상담자는 내담자에게 믿음과 신뢰를 주며 상담관계에 충실해야 함

실력up　직업상담사의 반윤리적 행동[레빈슨(Levenson)]

- 비밀누설
- 자신의 전문적 능력 초월
- 자신이 갖지 않은 전문성의 주장
- 내담자에게 자신의 가치 속이기
- 내담자에게 의존성 심기

- 내담자와의 성적 행위
- 이해갈등
- 의심스런 계약
- 부당한 광고
- 과중한 요금
- 태만함

02절 윤리강령의 내용

1. 직업상담사의 윤리강령(출처 : 한국카운슬러협회)

(1) 개별원칙

① 카운슬러는 내담자가 자기 및 타인에 대한 이해를 통하여 보다 바람직한 사회생활을 할 수 있도록 도움
② 이러한 역할을 수행하는 과정에서, 카운슬러는 자기의 도움을 청하는 내담자의 복지를 보호함
③ 내담자를 돕는 과정에서 카운슬러는 문의 및 의사소통의 자유를 갖되, 그에 대한 책임을 지며 동료의 관심 및 사회 공익을 위하여 최선을 다함

(2) 일반원칙

① 사회관계
  ㉠ 카운슬러는 자기가 속한 기관의 목적 및 방침에 모순되지 않는 활동을 할 책임이 있음. 만일 그의 전문적 활동이 소속 기관의 목적과 모순되고, 윤리적 행동 기준에 관하여 직무수행 과정에서의 갈등을 해소할 수 없을 경우에는 그 소속 기관과의 관계를 종결해야 함
  ㉡ 카운슬러는 사회 윤리 및 자기가 속한 지역 사회의 도덕적 기준을 존중하며, 사회공익과 자기가 종사하는 전문직의 바람직한 이익을 위하여 최선을 다해야 함
  ㉢ 카운슬러는 자기가 실제로 갖추고 있는 자격 및 경험의 수준을 벗어나는 인상을 타인에게 주어서는 안 되며, 타인이 실제와 다른 인식을 가지고 있을 경우 이를 시정해 줄 책임이 있음
② 전문적 태도
  ㉠ 카운슬러는 카운슬링에 대한 이론적, 경험적 훈련과 지식을 갖추는 것을 전제로 하며, 내담자를 보다 효과적으로 도울 수 있는 방법에 관하여 꾸준히 연구, 노력하는 것을 의무로 삼아야 함

용어설명
- 카운슬러(Counsellor) : 상담자 또는 상담사
- 카운슬링(Counseling) : 상담

03장
직업상담사의 윤리

ⓛ 카운슬러는 내담자의 성장 촉진 및 문제의 해결 및 예방을 위하여 시간과 노력상의 최선을 다해야 함

ⓒ 카운슬러는 자기의 능력 및 기법의 한계를 인식하고, 전문적 기준에 위배되는 활동을 하지 않음. 만일, 자신의 개인 문제 및 능력의 한계 때문에 도움을 주지 못하리라고 판단될 경우에는 다른 전문직 동료 및 기관에게 의뢰해야 함

③ 개인 정보의 보호

ⓞ 카운슬러는 내담자 개인 및 사회에 임박한 위험이 있다고 판단될 때 극히 조심스러운 고려 후에만, 내담자의 사회생활 정보를 적정한 전문인 혹은 사회당국에 공개해야 함

ⓛ 카운슬링에서 얻은 임상 및 평가 자료에 관한 토의는 사례 당사자에게 도움이 되는 경우 및 전문적 목적에 한하여 할 수 있음

ⓒ 내담자에 관한 정보를 교육장면이나 연구용으로 사용할 경우에는, 내담자와 합의 한 후 그의 정체가 전혀 노출되지 않도록 해야 함

④ 내담자의 복지

ⓞ 카운슬러는 카운슬링 활동의 과정에서 소속 기관 및 비전문인과의 갈등이 있을 경우, 내담자의 복지를 우선적으로 고려하고 자신의 전문적 집단의 이익은 부차적인 것으로 간주해야 함

ⓛ 카운슬러는 내담자가 자기로부터 도움을 받지 못하고 있음이 분명할 경우에는 카운슬링을 종결하려고 노력해야 함

ⓒ 카운슬러는 카운슬링의 목적에 위배되지 않는 경우에 한하여, 검사를 실시하거나 내담자 이외의 관련 인물을 면접함

⑤ 카운슬링 관계

ⓞ 카운슬러는 카운슬링 전에 카운슬링의 절차 및 있을 수 있는 주요 국면에 관하여 내담자에게 설명해야 함

ⓛ 카운슬러는 자신의 주관적 판단에만 의존하지 않고, 내담자와의 협의 하에 카운슬링 관계의 형식, 방법 및 목적을 설정하고 결과를 토의해야 함

ⓒ 카운슬러는 내담자가 이해, 수용할 수 있는 한도에서 카운슬링의 기법을 활용해야 함

⑥ 타 전문직과의 관계

ⓞ 카운슬러는 상호 합의한 경우를 제외하고는 타 전문인으로부터 도움을 받고 있는 내담자에게 카운슬링을 하지 않음. 공동으로 도움을 줄 경우에는 타 전문인과의 관계와 조건에 관하여 분명히 할 필요가 있음

ⓛ 카운슬러는 자기가 아는 비전문인의 윤리적 행동에 관하여 중대한 의문을 발견했을 경우 그러한 상황을 시정하는 노력을 할 책임이 있음

ⓒ 카운슬러는 자신의 전문적 자격이 타 전문분야에서 오용되는 것을 피하며, 자신의 이익을 위해 타 전문직을 손상시키는 언어 및 행동을 삼가야 함

2. 상담심리사의 윤리규정(출처 : 한국상담심리학회)

(1) 전문가로서의 태도

① 전문적 능력
- ㉠ 상담심리사는 자신의 능력의 한계를 인정하고 교육과 수련, 경험 등에 의해 준비된 역량의 범위 안에서 전문적인 서비스와 교육을 제공해야 함
- ㉡ 상담심리사는 자신이 가진 능력 이상의 것을 주장하거나 암시해서는 안 되며, 타인에 의해 능력이나 자격이 오도되었을 때에는 수정해야 할 의무가 있음
- ㉢ 상담심리사는 문화, 신념, 종교, 인종, 성적 지향, 성별 정체성, 신체적 또는 정신적 특성에 대한 자신의 편견을 자각하고, 이를 극복하기 위해 노력해야 함. 특히 위와 같은 편견이 상담 과정을 방해할 우려가 있을 경우 자문, 사례 지도 및 상담을 요청해야 함
- ㉣ 상담심리사는 자신의 활동분야에 있어서 최신의 과학적이고 전문적인 정보와 지식을 유지하기 위해 지속적인 교육과 연수의 필요성을 인식하고 참여해야 함
- ㉤ 상담심리사는 자신의 전문적 능력에 대해 정확히 인식하고 정기적으로 전문인으로서의 능력과 효율성에 대해 자기점검 및 평가를 해야 함. 상담자로서 직무를 수행하는데 방해가 되는 개인적 문제나 능력의 한계를 인식하게 될 경우 지도감독이나 전문적 자문을 받을 책무가 있음

② 성실성
- ㉠ 상담심리사는 자신의 신념체계, 가치, 제한점 등이 상담에 미칠 영향력을 자각해야 함
- ㉡ 상담심리사는 내담자에게 상담의 목표와 이점, 한계와 위험성, 상담료 지불 방법 등을 명확히 알려야 함
- ㉢ 상담심리사는 능력의 한계나 개인적인 문제로 내담자를 적절하게 도와줄 수 없을 때, 전문적 자문과 지원을 받는 등의 적절한 조치를 취한 뒤, 직무수행을 제한할지 아니면 완전히 중단할지 여부를 결정해야 함
- ㉣ 상담심리사는 자신의 질병, 죽음, 이동, 퇴직으로 인한 상담의 갑작스런 중단 가능성에 대비하고 있어야 하며, 또한 내담자의 이동이나 재정적 한계 등과 같은 요인에 의해 상담이 중단될 경우, 이에 대해 적절한 조치를 취해야 함
- ㉤ 상담심리사는 내담자가 더 이상 도움을 필요로 하지 않거나, 상담을 지속하는 것이 더 이상 내담자에게 도움이 될 가능성이 없거나, 오히려 내담자에게 해가 될 것이 분명하다면 상담 관계를 종결해야 함. 내담자가 다른 전문가를 필요로 할 경우에는 적절한 과정을 거쳐 의뢰하거나 관련 정보를 제공해야 함
- ㉥ 상담심리사는 개인의 이익을 위해 상담전문직의 가치와 품위를 훼손하는 행동을 해서는 안 됨

SEMI-NOTE

ⓐ 상담심리사는 자신이 지도감독 내지 평가 하거나 기타의 권위를 행사하는 대상, 즉 내담자, 학생, 수련생, 연구 참여자 및 피고용인을 물질적, 신체적, 업무상으로 착취하지 않아야 함

ⓑ 상담심리사는 자신의 기술이나 자료가 다른 사람들에 의해 오용될 가능성이 있는 활동에 참여해서는 안 되며, 이런 일이 일어난 경우에는 이를 바로잡거나 최소화하는 조치를 취해야 함

③ 자격관리

㉠ 상담심리사는 자신의 자격급수와 상담경력을 정확히 알려야 하며, 자신의 자격을 과장하지 않아야 함

㉡ 상담심리사는 자신이 상담 관련 분야에서 취득한 최종 학위 및 전공을 정확히 명시하고, 그 이외의 분야에서 취득한 학위가 있더라도 그것을 마치 상담 관련 학위인 것처럼 알리지 않아야 함

㉢ 상담심리사는 자신의 전문자격을 유지하기 위하여 지속적인 교육, 연수를 받아야 함. 만약 자격이 정지되었을 경우에는 이에 따른 책임을 지며 자격을 회복하기 위해 노력해야 함

(2) 사회적 책임

① 사회와의 관계

㉠ 상담심리사는 사회의 윤리와 도덕기준을 존중하고, 사회공익과 상담분야의 발전을 위해 최선을 다해야 함

㉡ 상담심리사는 필요시 무료 혹은 저가의 보수로 자신의 전문성을 제공하는 사회적 공헌 활동에 참여해야 함

㉢ 상담비용을 책정할 때 상담심리사들은 내담자의 재정상태를 고려하여야 함. 책정된 상담료가 내담자에게 적절하지 않을 때에는, 대안적 서비스를 받을 수 있도록 도와야 함

㉣ 상담심리사는 상담자 양성에 도움이 되는 다양한 전문적 활동에 참여해야 함

② 고용 기관과의 관계

㉠ 상담심리사는 자신이 종사하는 기관의 목적과 방침에 공헌할 수 있는 활동을 할 책임이 있음. 기관의 목적과 방침이 상담자 윤리와 상충될 때에는 이를 해결하기 위해 노력해야 함

㉡ 상담심리사는 근무기관의 관리자 및 동료들과 상담업무, 비밀보장, 직무에 대한 책임, 공적 자료와 개인자료의 구별, 기록된 정보의 보관과 처분에 관하여 상호 협의해야 함. 상호 협의한 관계자들은 협의 내용을 문서화하고 공유해야 함

㉢ 상담심리사는 자신이 속한 기관의 효율성에 제한을 줄 수 있는 상황에 대해 미리 알려주어야 함

③ 상담 기관 운영자

㉠ 상담기관 운영자는 기관 내에서 이루어지는 제반 상담활동을 관리 감독함에 있어, 내담자의 권리와 복지를 최우선으로 고려해야 함

ⓛ 상담기관 운영자는 방음, 편안함, 주의집중 등을 고려하여 상담 및 심리평가에 적합한 독립된 공간을 제공해야 함

ⓒ 상담기관 운영자는 상담심리사를 포함한 피고용인의 권리와 복지 보장 및 전문성 제고를 위해 최선의 노력을 다 할 책임이 있음

ⓔ 상담기관 운영자는 업무에 적합한 전문성을 갖춘 상담심리사를 고용하고, 이들의 증명서, 자격증, 업무내용, 기타 상담자와 관련된 다른 정보 등을 정확하게 파악하고 관리하여야 함

ⓜ 상담기관 운영자는 직원들에게 기관의 목표와 활동에 대해 알려주어야 함

ⓗ 상담기관 운영자는 고용, 승진, 인사, 연수 및 지도 시에 성별, 장애, 나이, 성적 지향, 성별 정체성, 사회적 신분, 외모, 인종, 가족형태, 종교 등을 이유로 차별적인 행동을 해서는 안 됨

ⓢ 상담기관 운영자는 고용을 빌미로 상담심리사가 원치 않는 유료 상담, 유료 교육, 내담자 모집을 강제해서는 안 됨

④ 다른 전문직과의 관계

㉠ 상담심리사는 함께 일하는 다른 전문적 집단의 특성을 존중하고, 상호 협력적 관계를 도모해야 함

㉡ 공적인 자리에서 개인 의견을 말할 경우, 상담심리사는 그것이 개인적 의견에 불과하며 상담심리사 전체의 견해나 입장이 아님을 분명히 해야 함

㉢ 상담심리사는 내담자가 다른 정신건강 전문가의 서비스를 받고 있음을 알게 되면, 내담자로 하여금 상담 사실을 그 전문가에게 알리도록 권유하고, 긍정적이고 협력적인 치료관계를 맺도록 노력해야 함

㉣ 상담심리사는 내담자 의뢰나 소개와 관련한 비용을 수취하거나 요구하지 않아야 함

⑤ 자문

㉠ 자문이란 개인, 집단, 사회단체가 전문적인 조력자의 도움이 필요하여 요청한 자발적인 관계를 말함. 상담심리사는 자문을 요청한 개인이나 기관의 문제 혹은 잠재된 문제를 규명하고 해결하는데 도움을 줌

㉡ 상담심리사는 자신이 자문에 참여하는 개인 또는 기관에게 도움을 주는데 필요한, 자질과 능력을 갖추었는지를 스스로 검토하고 자문에 임해야 함

㉢ 상담심리사는 자문에 임할 때 자신의 가치관, 지식, 기술, 한계성이나 욕구에 대한 깊은 자각이 있어야 하고, 자문의 초점은 문제를 가진 사람이 아니라 풀어나가야 할 문제 자체에 두어야 함

㉣ 자문 관계는 자문 대상자가 스스로 성장해 나가도록 격려하고 고양하는 것이어야 함. 상담심리사는 이러한 역할을 일관성 있게 유지해야 하고, 자문 대상자가 스스로의 의사결정자가 되도록 도와주어야 함

㉤ 상담활동에서 자문의 활용에 대해 홍보할 때는 학회의 윤리강령을 성실하게 준수해야 함

(3) 내담자의 복지와 권리에 대한 존중

① 내담자 복지
- ⊙ 상담심리사의 일차적 책임은 내담자의 복지를 증진하고 존엄성을 존중하는 것임
- ⓛ 상담심리사는 내담자의 잠재력을 개발하여 건강한 삶을 영위하도록 도움을 주며, 어떤 방식으로도 해를 끼치지 않아야 함
- ⓒ 상담심리사는 상담관계에서 오는 친밀성과 책임감을 인식해야 함. 상담심리사의 개인적 욕구충족을 위해서 내담자를 희생시켜서는 안 되며, 내담자로 하여금 의존적인 상담관계를 형성하지 않도록 노력해야 함
- ⓔ 상담심리사는 직업 문제와 관련하여 내담자의 능력, 일반적인 기질, 흥미, 적성, 욕구, 환경 등을 고려하면서 내담자와 함께 노력하지만, 내담자의 일자리를 찾아주거나 근무처를 정해줄 의무가 있는 것은 아님

② 내담자의 권리와 사전 동의
- ⊙ 내담자는 상담 계획에 참여할 권리, 상담을 거부하거나 상담 개입방식의 변화를 거부할 권리, 그러한 거부에 따른 결과에 대해 고지 받을 권리, 자신의 상담 관련 정보를 요청할 권리 등이 있음
- ⓛ 상담심리사는 상담을 시작할 때 내담자가 충분한 설명을 듣고 선택할 수 있도록 적절한 정보를 제공해야 하고, 상담자와 내담자 모두의 권리와 책임에 대해서 알려줄 의무가 있음. 이러한 사전 동의 절차는 상담과정의 중요한 부분이며, 내담자와 논의하고 합의된 내용을 적절하게 문서화해야 함
- ⓒ 상담심리사가 내담자에게 설명해야 할 사전 동의 항목으로는 상담자의 자격과 경력, 상담 비용과 지불 방식, 치료기간과 종결 시기, 비밀보호 및 한계 등이 있음
- ⓔ 상담심리사는 내담자에게 상담 과정의 녹음과 녹화 가능성, 사례지도 및 교육에의 활용 가능성에 대해 설명하고, 내담자에게 동의 또는 거부할 권리가 있음을 알려야 함
- ⓜ 내담자가 미성년자 혹은 자발적인 동의를 할 수 없는 경우, 상담심리사는 내담자의 최상의 복지를 고려하여, 보호자 또는 법정 대리인의 사전 동의를 구해야 함
- ⓗ 상담심리사는 미성년인 내담자를 상담할 때, 필요하면 부모나 보호자가 상담에 참여 할 수 있음을 내담자에게 알려야 함. 이 경우, 상담자는 부모 혹은 보호자의 참여에 앞서 그 영향을 고려하고 내담자의 권익을 보호하도록 함

③ 다양성 존중
- ⊙ 상담심리사는 모든 인간의 기본적인 권리, 존엄성, 가치를 존중하며 성별, 장애, 나이, 성적 지향, 성별 정체성, 사회적 신분, 외모, 인종, 가족형태, 종교 등을 이유로 내담자를 차별하지 않아야 함

ⓒ 상담심리사는 내담자의 다양한 문화적 배경을 이해하려고 적극적으로 시도해야 하며, 상담심리사 자신의 고유한 문화적 정체성이 상담과정에 어떤 영향을 주는지 인식해야 함

ⓒ 상담심리사는 자신의 고유한 가치, 태도, 신념, 행위를 인식하고, 내담자에게 자신의 가치를 강요하지 않아야 함

SEMI-NOTE

(4) 상담관계

① 다중 관계

ⓐ 상담심리사는 객관성과 전문적인 판단에 영향을 미칠 수 있는 다중 관계는 피해야 함. 가까운 친구나 친인척, 지인 등 사적인 관계가 있는 사람을 내담자로 받아들이면 다중 관계가 되므로, 다른 전문가에게 의뢰하여 도움을 줌. 의도하지 않게 다중 관계가 시작된 경우에도 적절한 조치를 취해야 함

ⓑ 상담심리사는 상담 할 때에 내담자와 상담 이외의 다른 관계가 있다면, 특히 자신이 내담자의 상사이거나 지도교수 혹은 평가를 해야 하는 입장에 놓인 경우라면 그 내담자를 다른 전문가에게 의뢰해야 함

ⓒ 상담심리사는 내담자와 상담실 밖에서 연애 관계나 기타 사적인 관계(소셜미디어나 다른 매체를 통한 관계 포함)를 맺거나 유지하지 않아야 함

ⓓ 상담심리사는 내담자와의 관계에서 상담료 이외의 어떠한 금전적, 물질적 거래를 해서는 안 됨

ⓔ 상담심리사는 내담자의 선물로 인해 발생할 수 있는 문제를 숙고해야 함. 선물의 수령 여부를 결정함에 있어서 상담 관계에 미치는 영향, 선물의 의미, 내담자와 상담자의 동기, 현행법 위반 여부 등을 신중하게 고려해야 함

② 성적 관계

ⓐ 상담심리사는 내담자 및 내담자의 보호자, 친척 또는 중요한 타인에게 자신의 지위를 이용하여 성희롱 또는 성추행을 포함한 성적 접촉을 해서는 안 됨

ⓑ 상담심리사는 내담자 및 내담자의 보호자, 친척, 또는 중요한 타인과 성적 관계를 가져서는 안 됨

ⓒ 상담심리사는 이전에 연애 관계 또는 성적인 관계를 가졌던 사람을 내담자로 받아들이지 않아야 함

ⓓ 상담심리사는 상담관계가 종결된 이후 적어도 3년 동안은 내담자와 성적 관계를 맺지 않아야 함. 그 후에라도 가능하면 내담자와 성적인 관계는 갖지 않아야 함

③ 여러 명의 내담자와의 관계

ⓐ 상담심리사가 두 명 이상의 사람들에게 상담 서비스를 제공하는 경우(예 남편과 아내, 부모와 자녀), 누가 내담자이며 각각의 사람들과 어떤 관계를 맺어 갈지를 명확히 하고 상담을 시작해야 함

ⓑ 만약에 상담심리사가 내담자들 사이에서 상충되는 역할을 해야 된다면, 상담심리사는 그 역할에 대해서 명확히 하거나, 조정하거나, 그 역할로부터 벗어나도록 해야 함

④ **집단상담**

　㉠ 상담심리사는 집단 목표에 부합하는 집단원들을 모집하여 집단상담이 원활히 진행되도록 해야 함

　㉡ 상담심리사는 집단참여자를 물리적 피해나 심리적 외상으로부터 보호하기 위해 충분한 주의를 기울여야 함

　㉢ 집단리더는 지위를 이용하여 집단원의 권리와 복지를 훼손하지 않아야 함. 또한, 집단 과정에서 집단원의 선택의 자유를 존중하고, 이들이 집단 압력으로부터 보호 받을 권리가 있음을 유념해야 함

　㉣ 집단 리더는 다중관계가 될 수 있는 가까운 친구나 친인척, 지인 등을 집단원으로 받아들이지 않음. 또한, 집단상담이 끝난 후 집단원과 사적인 관계를 맺거나 유지하지 않아야 함

(5) 정보의 보호 및 관리

① **사생활과 비밀보호**

　㉠ 상담심리사는 상담과정에서 알게 된 내담자의 민감 정보를 다룰 때 특별히 주의해야 하고, 상담과 관련된 모든 정보의 관리에 있어 개인정보 보호와 관련된 법을 준수해야 함

　㉡ 상담심리사는 사생활과 비밀유지에 대한 내담자의 권리를 최대한 존중해야 할 의무가 있음

　㉢ 내담자의 사생활 보호에 대한 권리는 존중되어야 하나, 때로 내담자나 내담자가 위임한 법정 대리인의 요청에 의해 제한될 수 있음

　㉣ 내담자의 사생활 보호가 제한되는 경우라 하더라도, 상담심리사는 내담자의 사생활 침해를 최소화하기 위해 노력해야 하고, 문서 및 구두 보고 시 사생활에 관한 정보를 포함시켜야 할 경우 그 목적과 밀접한 관련이 있는 정보만을 포함시켜야 함

　㉤ 상담심리사는 강의, 저술, 동료자문, 대중매체 인터뷰, 사적 대화 등의 상황에서 내담자의 신원확인이 가능한 정보나 비밀 정보를 공개하지 않아야 함

　㉥ 상담심리사는 상담 기관에 소속된 모든 구성원과 관계자들에게도 내담자의 사생활과 비밀이 보호되도록 주지시켜야 함

② **기록**

　㉠ 상담기관이나 상담심리사는 상담의 기록, 보관 및 폐기에 관한 규정을 마련하고 준수해야 함

　㉡ 상담심리사는 법, 규정 혹은 제도적 절차에 따라, 상담기록을 일정기간 보관함. 보관 기간이 경과된 기록은 파기해야 함

　㉢ 공공기관이나 교육기관 등은 각 기관에서 정한 기록 보관 연한을 따르고, 이에 해당하지 않는 경우에는 3년 이내 보관을 원칙으로 함

　㉣ 상담심리사는 상담의 녹음 및 기록에 관해 내담자의 동의를 구해야 함

ⓜ 상담심리사는 면접기록, 심리검사자료, 편지, 녹음 파일, 동영상, 기타 기록 등 상담과 관련된 기록들이 내담자를 위해 보존된다는 것을 인식하며, 상담 기록의 안전과 비밀보호에 책임을 져야 함

ⓗ 상담심리사는 내담자가 합당한 선에서 기록물에 대한 열람을 요청할 경우, 열람할 수 있도록 함. 단, 상담심리사는 기록물에 대한 열람이 내담자에게 해악을 끼친다고 사료될 경우 내담자의 기록 열람을 제한해야 함

ⓢ 상담심리사는 내담자의 기록 열람에 대한 요청을 문서화하며, 기록의 열람을 제한할 경우, 그 이유를 명기해야 함

ⓞ 복수의 내담자의 경우, 상담심리사는 각 개별 내담자에게 직접 해당되는 부분만을 공개하며, 다른 내담자의 정보에 관련된 부분은 노출되지 않도록 함

ⓩ 상담심리사는 기록과 자료에 대한 비밀보호가 자신의 죽음, 능력상실, 자격박탈 등의 경우에도 보호될 수 있도록 미리 계획을 세워야 함

ⓣ 상담심리사는 상담과 관련된 기록을 보관하고 처리하는데 있어서 비밀을 보호해야 하며, 이를 타인에게 공개할 때에는 내담자의 직접적인 동의를 받아야 함

③ 비밀보호의 한계

㉠ 내담자의 생명이나 타인 및 사회의 안전을 위협하는 경우, 내담자의 동의 없이도 내담자에 대한 정보를 관련 전문인이나 사회에 알릴 수 있음

㉡ 내담자가 감염성이 있는 치명적인 질병이 있다는 확실한 정보를 가졌을 때, 상담심리사는, 그 질병에 위험한 수준으로 노출되어 있는 제삼자(내담자와 관계 맺고 있는)에게 그러한 정보를 공개할 수 있음. 상담심리사는 제삼자에게 이러한 정보를 공개하기 전에, 내담자가 자신의 질병에 대해서 그 사람에게 알렸는지, 아니면 스스로 알릴 의도가 있는지를 확인해야 함

㉢ 법원이 내담자의 동의 없이 상담심리사에게 상담관련 정보를 요구할 경우, 상담심리사는 내담자의 권익이 침해되지 않도록 법원과 조율하여야 함

㉣ 상담심리사는 내담자 정보를 공개할 경우, 정보 공개 사실을 내담자에게 알려야 함. 정보 공개가 불가피할 경우라도 최소한의 정보만을 공개함

㉤ 여러 전문가로 구성된 팀이 개입하는 상담의 경우, 상담심리사는 팀의 존재와 구성을 내담자에게 알려야 함

㉥ 비밀보호의 예외 및 한계에 관한 타당성이 의심될 때에 상담심리사는 동료 전문가 및 학회의 자문을 구해야 함

④ 집단상담과 가족상담

㉠ 집단 상담을 할 경우, 상담심리사는 그 특정 집단에 대한 비밀 보장의 중요성과 한계를 명백히 설명해야 함

㉡ 가족상담에서 상담심리사는 각 가족 구성원의 사생활 보호에 대한 권리를 존중해야 함. 한 가족 구성원에 대한 정보는, 해당 구성원의 허락 없이는 다른 구성원에게 공개될 수 없음. 단, 미성년자 혹은 심신미약자가 포함된 경우, 이들에 대한 비밀보장은 위임된 보호자에 의해 제한될 수 있음

그 외의 규정
심리평가, 수련감독 및 상담자 교육, 윤리문제 해결, 회원의 의무에 대한 내용은 생략하였음

윤리강령 비교
한국상담학회의 윤리강령과 한국상담심리학회의 윤리강령은 내용상 상당 부분 유사함

⑤ 상담 외 목적을 위한 내담자 정보의 사용
　㉠ 교육이나 연구 또는 출판을 목적으로 상담관계로부터 얻어진 자료를 사용할 때에는 내담자의 동의를 구해야 하며, 각 개인의 익명성이 보장되도록 자료 변형 및 신상 정보의 삭제와 같은 적절한 조치를 취하여 내담자에게 피해를 주지 않도록 해야 함
　㉡ 다른 전문가의 자문을 구할 경우, 상담심리사는 사전에 내담자의 동의를 구해야 하며, 적절한 조치를 통해 내담자의 사생활과 비밀을 보호하도록 노력해야 함
⑥ 전자 정보의 관리 및 비밀보호
　㉠ 전자기기 및 매체를 활용하여 상담관련 정보를 기록·관리하는 경우, 상담심리사는 기록의 유출 또는 분실 가능성에 대해 경각심과 주의의무를 가져야 하며 내담자의 정보보호를 위해 적극적인 노력을 해야 함
　㉡ 내담자의 기록이 전산 시스템으로 관리되는 경우, 상담심리사는 접근 권한을 명확히 설정하여 내담자의 신상이 드러나지 않도록 조치를 취해야 함

3. 상담의 윤리강령(출처 : 한국상담학회)

(1) 전문적 태도

① 전문적 능력
　㉠ 상담자는 상담에 대한 지식, 실습, 교수, 임상, 연구를 통해 전문성을 발달시키기 위해 지속적으로 노력해야 함
　㉡ 상담자는 자신의 능력 및 기법의 한계를 인식하고, 전문적 기준에 위배되는 활동을 하지 않아야 함. 만일, 자신의 개인 문제 및 능력의 한계 때문에 도움을 주지 못하리라고 판단될 경우에는 내담자에게 동의를 구한 후, 다른 동료 전문가 및 관련 기관에 의뢰해야 함
　㉢ 상담자는 자신의 활동분야에 있어서 최신의 과학적이고 전문적인 정보와 지식을 유지하기 위해 지속적인 교육과 연수에 참여해야 함
　㉣ 상담자는 윤리적 책임이나 전문적 상담에 대해 의문이 생길 때 다른 상담자나 관련 전문가들에게 자문을 구하는 절차를 따라야 함
　㉤ 상담자는 정기적으로 전문가로서의 능력과 효율성에 대해 자기반성과 자기평가를 해야 하며, 필요한 경우 자신의 효율성을 증진시키기 위해 지도감독을 받아야 함
② 충실성
　㉠ 상담자는 내담자를 보다 효과적으로 도울 수 있는 방법에 관하여 꾸준히 연구 노력하고, 내담자의 성장촉진과 문제의 해결 및 예방을 위하여 최선을 다해야 함
　㉡ 상담자는 자신의 능력의 한계나 개인적인 문제로 내담자를 적절하게 도와줄 수 없을 때에는 상담을 시작해서는 안 되며, 다른 전문가에게 의뢰하는 등의 적절한 방법으로 내담자를 도와야 함

ⓒ 상담자는 자신의 질병, 사고, 이동, 또는 내담자의 질병, 사고, 이동이나 재정적 한계 등과 같은 요인에 의해 상담을 중단할 경우, 이에 대한 적절한 조치를 취해야 함

ⓔ 상담자는 상담을 종결하는 데 있어서 어떤 이유보다도 우선적으로 내담자의 관점과 요구에 대해 고려해야 하며, 내담자가 다른 전문가를 필요로 할 경우에는 적절한 과정을 통해 의뢰해야 함

ⓜ 상담자는 자신의 기술이나 자료가 다른 사람들에 의해 오용될 가능성이 있거나, 개선의 여지가 없는 활동에 참여해서는 안 되며, 이런 일이 일어난 경우에는 이를 시정하여야 함

SEMI-NOTE

(2) 정보의 보호

① 비밀보장

ⓐ 상담자는 사생활과 비밀유지에 대한 내담자의 권리를 최대한 존중해야 할 의무가 있음

ⓑ 상담자는 내담자 또는 내담자의 법정대리인에게 비밀보장의 예외와 한계에 대해 설명해야 함

ⓒ 상담자는 비밀보장의 한계를 제외하고는, 내담자의 서면 동의 없이는 제삼의 개인이나 단체에게 상담기록을 공개하거나 전달해서는 안 됨

② 집단 및 가족상담의 비밀보장

ⓐ 상담자는 특정 집단을 대상으로 집단상담을 시작할 때 비밀보장의 중요성과 한계를 명확하게 설명해야 함

ⓑ 상담자는 집단 및 가족상담시 개인의 비밀보장에 대한 권리와 그 비밀보장을 유지해야 할 의무와 관련해 참여한 모든 사람으로부터 동의를 구해야 함

ⓒ 상담자는 자발적인 동의 능력이 불가능하거나 미성년인 내담자를 상담할 때, 부모 또는 대리인의 동의를 받고, 그들이 참여할 수 있음을 알려야 함

③ 전자 정보의 비밀보장

ⓐ 상담자는 컴퓨터를 사용한 자료 보관의 장점과 한계를 알아야 함

ⓑ 상담자는 내담자의 기록이 전자 정보의 형태로 보존되어 제 삼자가 내담자의 동의 없이 접근할 가능성이 있을 때, 적절한 방법을 통해 내담자의 신상이 드러나지 않도록 조치를 취해야 함

ⓒ 상담자는 컴퓨터, 이메일, 팩시밀리, 전화, 음성메일, 자동응답기 그리고 다른 전자 테크놀로지를 사용해 정보를 전송할 때는 비밀이 유지될 수 있도록 사전에 주의를 기울여야 함

④ 상담기록

ⓐ 상담자는 내담자에게 전문적인 서비스를 제공하기 위해 내담자에 대한 상담기록 및 보관을 본 학회의 윤리강령 및 시행세칙에 따라 시행해야 함. 또한 상담기록을 안전하게 보관하고 허가된 사람 이외에는 기록에 접근할 수 없도록 해야 함

ⓛ 상담자는 상담내용의 녹음 혹은 녹화에 관해 내담자 또는 대리인의 동의를 구해야 함

ⓒ 상담자는 상담내용의 사례지도나 발표, 혹은 출판 시 내담자의 동의를 구해야 함

ⓔ 상담자는 내담자가 상담기록의 열람을 요구할 경우, 그 기록이 내담자에게 잘못 이해될 가능성이 없고 내담자에게 해가 되지 않으면 응하도록 함. 다만 여러 명의 내담자를 상담하는 경우, 내담자 자신과 관련된 부분에 대해서만 공개할 수 있음. 다른 내담자와 관련된 사적인 정보는 제외하고 열람하거나 복사하도록 해야 함

ⓜ 상담자는 상담과 관련된 기록을 보관하고 처리하는 데 있어서 비밀을 유지해야 하며, 이를 타인에게 공개할 때에는 내담자의 동의를 구해야 함. 내담자에게 해를 끼치지 않는 범위 내에서 공개해야 함

⑤ 비밀보장의 한계

ⓐ 상담자는 아래와 같은 내담자 개인 및 사회에 임박한 위험이 있다고 판단될 때 내담자에 관한 정보를 사회 당국 및 관련 당사자에게 제공해야 함

- 내담자가 자신이나 타인의 생명 혹은 사회의 안전을 위협하는 경우
- 내담자가 감염성이 있는 치명적인 질병이 있다는 확실한 정보를 가졌을 경우
- 미성년인 내담자가 학대를 당하고 있는 경우
- 내담자가 아동학대를 하는 경우
- 법적으로 정보의 공개가 요구되는 경우

ⓑ 상담자는 만약 내담자에 대한 상담이 여러 전문가로 구성된 집단에 의한 지속적인 관찰을 포함하고 있다면, 그러한 집단의 존재와 구성을 내담자에게 알릴 의무가 있음

ⓒ 상담자는 내담자의 사적인 정보의 공개가 요구될 때 기본적인 정보만을 공개해야 함. 더 많은 사항을 공개하기 위해서는 사적인 정보의 공개에 앞서 내담자에게 알리고 동의를 얻어야 함

ⓓ 상담자는 비밀보장의 예외 및 한계에 관한 타당성이 의심될 때에는 다른 전문가나 지도감독자 및 본 학회 윤리위원회의 자문을 구해야 함

(3) 내담자의 복지

① 내담자 권리 보호

ⓐ 상담자의 최우선적 책임은 내담자의 존엄성을 존중하고 내담자의 복지를 증진시키는 것임

ⓑ 상담자는 상담활동의 과정에서 소속 기관 및 비전문가와의 갈등이 있을 경우, 내담자의 복지를 우선적으로 고려하고 자신이 소속된 전문적 집단의 이익은 부차적인 것으로 간주해야 함

ⓒ 상담자는 내담자에게 전문적인 도움을 주는 것이 어렵다고 판단되면 상담자는 상담관계를 시작하지 말아야 하며, 이미 시작된 상담관계인 경우는 즉시 종결하여야 함. 이 경우 상담자는 내담자에게 적절한 다른 대안을 제시해 주어야 함

ⓔ 상담자는 내담자의 잠재력을 개발하여 건강한 삶을 영위하도록 도움을 주며, 어떤 방식으로도 해를 끼치지 않아야 함

ⓜ 상담자는 상담관계에서 오는 친밀성과 책임감을 인식하고, 전문가로서의 개인적 욕구충족을 위해서 내담자를 희생시켜서는 안 되며, 내담자로 하여금 의존적인 상담관계를 형성하지 않도록 노력하여야 함

② 내담자 다양성 존중

㉠ 상담자는 모든 인간의 기본적인 권리, 존엄성, 가치를 존중하며 연령이나 성별, 인종, 종교, 성적 선호, 장애 등의 어떤 이유로든 내담자를 차별하지 않아야 함

㉡ 상담자는 내담자의 발달단계와 문화에 적합한 방식으로 정보를 전달해야 함

㉢ 상담자가 사용하는 언어를 내담자가 이해하는 데 어려움이 있을 때는 내담자가 명확하게 이해할 수 있도록 통역자나 번역자를 배치하여 필요한 서비스를 제공해야 함

㉣ 상담자는 자신의 고유한 가치, 태도, 신념, 행위가 사회에서 어떻게 적용되는지를 인식하고 내담자에게 자신의 가치를 강요하지 않아야 함

㉤ 상담자는 훈련이나 수련감독 실천에 다문화/다양성 역량 배양을 위한 내용을 적극적으로 포함시키고 수련생들이 이에 대한 인식, 지식, 기술을 습득할 수 있도록 적극적으로 훈련시켜야 함

(4) 상담관계

① **정보제공 및 동의** : 상담자는 상담을 제공할 때에, 내담자에게 상담관련 정보를 제공하고 이에 대한 동의를 받아야 함

② 다중관계

㉠ 상담자는 내담자와의 친밀한 관계를 인식하고, 내담자에 대한 존중감을 유지하며 내담자를 이용하여 상담자 개인의 필요를 충족하고자 하는 활동 및 행동을 하지 않아야 함

㉡ 상담자는 객관성과 전문적인 판단에 영향을 미칠 수 있는 다중 관계를 피해야 함. 상담자가 내담자를 지도하거나 평가를 해야 하는 경우라면 그 내담자를 다른 전문가에게 의뢰해야 함. 단, 내담자의 복지를 위해 상담자와 내담자가 사전 동의를 한 경우와 그에 대한 자문이나 감독이 병행될 때는, 상담관계를 맺을 수도 있음

㉢ 상담자는 특별한 경우를 제외하고는, 내담자와 상담실 밖에서 사적인 관계를 맺지 않아야 함

㉣ 상담자는 내담자와의 관계에서 상담료 이외의 어떠한 금전적, 물질적 거래관계도 맺지 않아야 함

③ 성적 관계

㉠ 상담자는 내담자 또는 내담자의 가족들과 성적 관계를 갖거나 어떤 형태의 친밀한 관계를 갖지 않아야 함

SEMI-NOTE

ⓛ 상담자는 내담자 또는 내담자의 가족과 성적 관계를 맺었거나 유지하는 경우 상담 관계를 형성하지 않아야 함

ⓒ 상담자는 상담관계가 종결된 이후에도 최소 2년 내에는 내담자와 성적 관계를 맺지 않아야 함

ⓔ 상담자는 상담 종결 이후 2년이 지난 후에 내담자와 성적관계를 맺게 되는 경우에도 이 관계가 착취적이 아니라는 것을 철저하게 검증할 책임이 있음

ⓜ 상담자는 다른 상담자가 자신의 내담자와 성적관계를 맺는 것을 알았을 경우 묵과하지 않고 적절한 조치를 취해야 함

사회적 책임 – 홍보

· 상담기관 운영자는 상담기관을 홍보하고자 할 때 일반인들에게 해당 상담기관의 전문적 활동, 상담 분야, 관련 자격 등을 정확하게 알려주어야 함

· 상담기관 운영자는 내담자나 교육생을 모집하기 위해 개인상담소를 고용이나 기관가입의 장소로 이용하지 않아야 함

(5) 사회적 책임

① **사회관계**

㉠ 상담자는 사회윤리 및 자신이 속한 지역사회의 도덕적 기준을 존중하며, 사회 공익과 자신이 종사하는 전문직의 올바른 이익을 위하여 최선을 다해야 함

㉡ 상담자는 경제적 이득이 없는 경우라 하더라도 전문적 활동에 헌신함으로써 사회에 봉사해야 함

㉢ 상담자는 내담자의 재정 상태를 고려하여 상담료를 적정 수준으로 정하여야 함. 정해진 상담료가 내담자의 재정 상태에 비추어 적정 수준을 벗어날 경우에는, 가능한 비용으로 적합한 상담 서비스를 받을 수 있도록 내담자를 도와야 함

㉣ 상담자는 수련생에게 적절한 훈련과 지도감독을 제공하고, 수련생이 이 과정을 책임 있고 유능하게 수행할 수 있도록 도와야 함

② **고용 기관과의 관계**

㉠ 상담자는 자신이 재직하고 있는 상담기관의 설립 목적에 기여할 수 있는 활동을 할 책임이 있음

㉡ 상담자는 자신의 전문적 활동이 재직하고 있는 상담기관의 목적과 모순되고, 직무수행에서 갈등이 해소되지 않을 때는 상담기관과의 관계를 종결해야 함

㉢ 상담자는 자신이 재직하고 있는 상담기관의 관리자 및 동료들과의 관계를 통해서 상담업무, 비밀보장, 기록된 정보의 보관과 처리, 업무분장, 책임에 대해 상호간의 동의를 구해야 함. 상담자가 재직하고 있는 상담기관과 비밀보장이나 정보의 보관과 처리 등 윤리적인 문제로 마찰이 생기는 경우 윤리위원회에 중재를 의뢰할 수 있음

㉣ 상담자는 자신이 재직하고 있는 상담기관의 고용주에게 해를 끼칠 수 있는 상황 혹은 기관의 효율성에 제한을 줄 수 있는 상황에 대해 미리 통보를 하여야 함

㉤ 상담자는 해당 기관의 상담 활동에 적극적으로 종사하고 있지 않다면, 자신의 이름이 상업적인 광고나 홍보에 사용되지 않도록 해야 함

③ **상담기관 운영**

㉠ 상담기관 운영자는 상담 기관에 소속된 상담자의 증명서나 자격증은 그 중 최고 수준의 것으로 하고, 자격증의 유형, 주소, 연락처, 직무시간, 상담의 유형과 종류, 그와 관련된 다른 정보 등이 정확하게 기록된 목록을 작성해 두어야 함

ⓛ 상담기관 운영자는 자신과 현재 종사하고 있는 직원의 발전에 책임 의식을 가져야 하고, 직원들에게 상담 기관의 목표와 상담 프로그램에 대해 알려주어야 함

ⓒ 상담기관 운영자는 고용, 승진, 인사, 연수 및 지도감독 시에 연령, 성별, 문화, 장애, 인종, 종교, 혹은 사회경제적 지위 등을 이유로 차별하지 않아야 함

④ **타 전문직과의 관계**

㉠ 상담자는 상호 합의한 경우를 제외하고는 타 상담전문가로부터 도움을 받고 있는 내담자를 대상으로 상담을 하지 않음

ⓛ 상담자는 자신의 전문적 자격이 타 전문분야에서 오용되는 것에 적절하게 대처하며, 자신의 이익을 위해 타 전문직을 손상시키는 언어 및 행동을 삼가야 함

ⓒ 상담자는 자신의 상담 접근 방식과 차이가 있는 다른 전문가의 접근 방식 및 전통과 관례를 존중해야 함

ⓡ 상담자는 상담 전문가로서의 자신의 관점, 가치, 경험과 다른 학문 분야에 종사하는 동료의 관점, 가치, 경험을 활용하여 내담자의 복지에 영향을 미칠 수 있는 결정에 참여하고 기여해야 함

4. 미국상담학회 윤리강령(2014 ACA Code of Ethics) ★빈출개념

① 상담관계(Section A)

㉠ 내담자 복지(Client Welfare)

ⓛ 상담 관계에서의 사전 동의(Informed Consent in the Counseling Relationship)

ⓒ 다른 사람이 서비스하는 내담자(Clients Served by Others)

ⓡ 피해 및 가치강요의 금지(Avoiding Harm and Imposing Values)

⑩ 비상담적 역할과 관계의 금지(Prohibited Noncounseling Roles and Relationships)

ⓗ 경계 및 전문 관계의 관리 및 유지(Managing and Maintaining Boundaries and Professional Relationships)

SEMI-NOTE

그 외의 규정
상담연구, 심리검사, 윤리문제 해결, 회원의 의무에 대한 내용은 생략하였음

기출 유형
2021년 기출에는 윤리강령의 영역과 그 실천기준이 잘못 짝지어진 것을 고르는 문제가 나왔으므로 이를 중점으로 공부해야 함

    ⓐ 개인, 그룹, 기관, 사회적 수준에서의 역할 및 관계(Roles and Relationships at Individual, Group, Institutional, and Societal Levels)

    ⓞ 다중 내담자(Multiple Clients)

    ⓩ 그룹워크(Group Work)

    ⓩ 수수료 및 연습(Fees and Business Practices)

    ⓣ 종료 및 추천(Termination and Referral)

    ⓔ 유기 및 내담자 무시(Abandonment and Client Neglect)

② 비밀보장과 사생활 보호(Section B)

    ㉠ 내담자 권리 존중(Respecting Client Rights)

    ㉡ 예외(Exceptions)

    ㉢ 다른 사람과 공유 정보(Information Shared With Others)

    ㉣ 그룹 및 가족(Groups and Families)

    ㉤ 정보에 입각한 동의를 제공하기 어려운 내담자(Clients Lacking Capacity to Give Informed Consent)

    ㉥ 기록 및 문서화(Records and Documentation)

    ㉦ 사례 상담(Case Consultation)

③ 전문적 책임(Section C)

    ㉠ 표준에 대한 지식 및 준수(Knowledge of and Compliance With Standards)

    ㉡ 전문적 역량(Professional Competence)

    ㉢ 광고 및 호객행위(Advertising and Soliciting Clients)

    ㉣ 전문가 자격(Professional Qualifications)

    ㉤ 무차별(Nondiscrimination)

    ㉥ 공공의 책임(Public Responsibility)

    ㉦ 치료 양식(Treatment Modalities)

    ㉧ 다른 전문가에 대한 책임(Responsibility to Other Professionals)

④ 다른 전문가들과의 관계(Section D)

    ㉠ 동료, 사용자, 피고용인과의 관계(Relationships With Colleagues, Employers, and Employees)

    ㉡ 자문 서비스 제공(Provision of Consultation Services)

⑤ 평가 · 사정 · 해석(Section E)

    ㉠ 보편적인(General)

    ㉡ 평가 도구의 사용 및 해석 역량(Competence to Use and Interpret Assessment Instruments)

    ㉢ 사정 사전 동의(Informed Consent in Assessment)

    ㉣ 자격 있는 작업자에게 데이터 공개(Release of Data to Qualified Personnel)

    ㉤ 정신 질환 진단(Diagnosis of Mental Disorders)

    ㉥ 도구 선택(Instrument Selection)

    ㉦ 평가관리 조건(Conditions of Assessment Administration)

    ㉧ 다문화 이슈/평가 다양성(Multicultural Issues/Diversity in Assessment)

ⓩ 평가 채점 및 해석(Scoring and Interpretation of Assessments)

ⓩ 보안 평가(Assessment Security)

㉣ 더 이상 사용되지 않는 평가 및 오래된 결과(Obsolete Assessment and Outdated Results)

㉤ 평가 구성(Assessment Construction)

㉥ 법의학적 평가 : 소송절차 평가(Forensic Evaluation : Evaluation for Legal Proceedings)

⑥ 슈퍼비전, 훈련 및 교육(Section F)

㉠ 상담 슈퍼비전 및 내담자 복지(Counselor Supervision and Client Welfare)

㉡ 상담 슈퍼비전 역량(Counselor Supervision Competence)

㉢ 슈퍼비전적 관계(Supervisory Relationship)

㉣ 슈퍼비전적 책임(Supervisor Responsibilities)

㉤ 학생 및 슈퍼비저의 책임(Student and Supervisee Responsibilities)

㉥ 상담 슈퍼비전 평가, 문제해결, 승인(Counseling Supervision Evaluation, Remediation, and Endorsement)

㉦ 상담 교육자의 책임(Responsibilities of Counselor Educators)

㉧ 학생 복지(Student Welfare)

㉨ 평가 및 문제해결(Evaluation and Remediation)

㉩ 상담 교육자와 학생 사이의 역할 및 관계(Roles and Relationships Between Counselor Educators and Students)

㉪ 다문화/다양성 역량 교육훈련 프로그램(Multicultural/Diversity Competence in Counselor Education and Training Programs)

⑦ 연구 및 출판(Section G)

㉠ 연구 책임(Research Responsibilities)

㉡ 연구 참여자의 권리(Rights of Research Participants)

㉢ 경계 관리 및 유지 관리(Managing and Maintaining Boundaries)

㉣ 보고 결과(Reporting Results)

㉤ 출판물 및 프레젠테이션(Publications and Presentations)

⑧ 원격 상담, 기술, 소셜미디어(Section H)

㉠ 지식과 법적 고려 사항(Knowledge and Legal Considerations)

㉡ 사전 동의 및 보안(Informed Consent and Security)

㉢ 고객 확인(Client Verification)

㉣ 원거리 상담 관계(Distance Counseling Relationship)

㉤ 기록 및 웹유지 관리(Records and Web Maintenance)

㉥ 소셜미디어(Social Media)

⑨ 윤리문제 해결(Section I)

㉠ 표준과 법(Standards and the Law)

㉡ 위반이 의심되는 경우(Suspected Violations)

㉢ 윤리 위원회와의 협력(Cooperation With Ethics Committees)

실력UP **한국의 상담 · 심리학회의 상담윤리 강령 구성요소**

한국 카운슬러 협회	• 사회관계 • 전문적 태도 • 개인 정보의 보호 • 내담자의 복지 • 카운슬링 관계 • 타 전문직과의 관계
한국 상담심리 학회 (KCPA)	• 전문가로서의 태도 : 전문적 능력/성실성/자격관리 • 사회적 책임 : 사회와의 관계/고용 기관과의 관계/상담기관 운영 자/다른 전문직과의 관계/자문/홍보 • 내담자의 복지와 권리에 대한 존중 : 내담자 복지/내담자의 권리와 사전 동의/다양성 존중 • 상담관계 : 다중 관계/성적 관계/여러 명의 내담자와의 관계/집단 상담 • 정보의 보호 및 관리 : 사생활과 비밀보호/기록/비밀보호의 한계/ 집단상담과 가족상담/상담 외 목적을 위한 내담자 정보의 사용/전 자 정보의 관리 및 비밀보호 • 심리평가 • 수련감독 및 상담자 교육 • 윤리문제 해결 • 회원의 의무
한국 상담학회 (KCA)	• 전문적 태도 : 전문적 능력/충실성 • 정보의 보호 : 비밀보장/집단 및 가족상담의 비밀보장/전자 정보의 비밀보장/상담기록/비밀보장의 한계 • 내담자의 복지 : 내담자 권리 보호/내담자 다양성 존중 • 상담관계 : 정보제공 및 동의/다중관계/성적 관계 • 사회적 책임 : 사회관계/고용 기관과의 관계/상담기관 운영/타 전 문직과의 관계/홍보 • 상담연구 • 심리검사 • 윤리문제 해결 • 회원의 의무

실력UP 미국의 상담윤리 강령 구성요소

미국 상담학회 (ACA)	• 상담관계 : 내담자 복지/상담 관계에서의 사전 동의/다른 사람이 서비스하는 내담자/피해 및 가치강요의 금지/비상담적 역할과 관계의 금지/경계 및 전문 관계의 관리 및 유지/개인, 그룹, 기관, 사회적 수준에서의 역할 및 관계/다중 내담자/그룹워크/수수료 및 연습/종료 및 추천/유기 및 내담자 무시 • 비밀보장과 사생활 보호 : 내담자 권리 존중/예외/다른 사람과 공유 정보/그룹 및 가족/정보에 입각한 동의를 제공하기 어려운 내담자/기록 및 문서화/사례 상담 • 전문적 책임 : 표준에 대한 지식 및 준수/전문적 역량/광고 및 호객 행위/전문가 자격/무차별/공공의 책임/치료 양식/다른 전문가에 대한 책임 • 다른 전문가들과의 관계 : 동료, 사용자, 피고용인과의 관계/자문 서비스 제공 • 평가 · 사정(측정) · 해석 : 보편적인/평가 도구의 사용 및 해석 역량/사정 사전 동의/자격 있는 작업자에게 데이터 공개/정신 질환 진단/도구 선택/평가관리 조건/다문화 이슈 · 평가 다양성/평가 채점 및 해석/보안 평가/더 이상 사용되지 않는 평가 및 오래된 결과/평가 구성/법의학적 평가 : 소송절차 평가 • 슈퍼비전, 훈련 및 교육 : 상담 슈퍼비전 및 내담자 복지/상담 슈퍼비전 역량/슈퍼비전적 관계/슈퍼비전적 책임/학생 및 슈퍼비저의 책임/상담 슈퍼비전 평가, 문제해결, 승인/상담 교육자의 책임/학생 복지/평가 및 문제해결/상담 교육자와 학생 사이의 역할 및 관계/다문화 · 다양성 역량 교육훈련 프로그램 • 연구 및 출판 : 연구 책임/연구 참여자의 권리/경계 관리 및 유지 관리/보고 결과/출판물 및 프레젠테이션 • 원격상담, 기술, 소셜미디어 : 지식과 법적 고려 사항/사전 동의 및 보안/고객 확인/원거리 상담 관계/기록 및 웹유지 관리/소셜미디어 • 윤리문제 해결 : 표준과 법/위반이 의심되는 경우/윤리 위원회와의 협력

직업상담사의 윤리

9급공무원

직업상담 · 심리학개론

나두공

04장 직업선택 및 발달이론

01절 학자별 이론

02절 새로운 진로 발달이론

직업선택 및 발달이론

01절 학자별 이론

1. 특성 – 요인이론

(1) 특성 – 요인이론의 개념

① 파슨스(Parsons)의 직업지도모델에 기초한 것으로 윌리암슨(Williamson), 헐(Hull) 등이 발전시킨 이론
② 파슨스는 각 개인들의 측정된 능력을 과학적이고 합리적인 방법을 통하여 직업에서 요구하는 요인과 연결시키면 가장 좋은 선택이 된다고 주장하였음
③ 개인적 흥미나 능력 등을 심리검사나 객관적 수단을 통해 밝혀내고자 하며 진단과정을 매우 중요시함
④ 심리검사이론과 개인차 심리학에 기초함
⑤ 모든 사람은 자신에게 옳은 하나의 직업이 존재한다는 가정에서 출발하며 자신의 성격에 맞는 직업을 찾아야 만족하게 된다고 주장함
⑥ 정신역동적 직업상담이나 내담자중심 직업상담에서와 같은 가설적 구성개념을 가정하지 않음

(2) 파슨스의 직업선택 3요인

① **자신에 대한 이해**
　㉠ 자신의 흥미, 적성, 능력, 가치관 등 자신에 대해 명확히 이해함
　㉡ 내담자 특성의 객관적 분석을 의미 → 자신에 대한 올바른 이해 강조
　㉢ 상담자는 내담자가 내담자 자신의 특성을 올바르게 이해할 수 있도록 도와야 함
② **직업세계에 대한 이해**
　㉠ 직업에서의 성공, 이점, 보상, 자격요건, 기회 등 직업세계에 대한 지식을 습득함
　㉡ 현대사회의 다양화·복잡화로 인한 직업의 분업화·전문화에서 비롯됨
　㉢ 상담자는 내담자에게 직업에 대한 정보를 제공하고 변화 양상에 대해 올바르게 이해하도록 도와야 함
③ **자신과 직업의 합리적 연결**
　㉠ 개인적인 요인과 직업관련 자격요건, 보수 등의 정보를 기초로 한 현명한 선택
　㉡ 합리적 추론을 통해 개인의 특성과 직업의 특성을 연결함
　㉢ 상담자는 내담자가 최종 진로선택 결정단계에서 과학적이고 합리적인 의사결정으로 최선의 선택을 할 수 있도록 도와야 함

특성 – 요인 상담과정

분석
▼
종합
▼
진단
▼
예측
▼
상담
▼
추수지도

(3) 기본 가설[클레인과 위너(Klein&Weiner)]

① 개인은 신뢰할 만하고 타당하게 측정될 수 있는 독특한 특성들의 집합임
② 다양한 특성을 지닌 개인들이 주어진 직무를 성공적으로 수행해낸다 할지라도, 직업은 그 직업에서의 성공을 위한 매우 구체적인 특성을 지닐 것을 요구함
③ 모든 직업마다 성공에 필요한 독특한 특성을 가지고 있음
④ 진로선택은 다소 직접적인 인지과정이므로 개인의 특성과 직업의 특성을 짝짓는 것이 가능함
⑤ 개인의 직업선호는 직선적 과정이며, 특성과의 연결에 의해 좌우됨
⑥ 개인의 특성과 직업의 요구사항이 서로 밀접하게 관련을 맺을수록 직업적 성공의 가능성은 커짐

2. 홀랜드(Holland)의 인성이론

(1) 인성이론의 개념

① 개인의 성격과 진로선택의 관계를 기초로 한 모델로서, 홀랜드는 사람들의 인성과 환경을 현실형, 탐구형, 예술형, 사회형, 진취형, 관습형으로 구분하고 효과적인 직업결정 방법을 제시하였음
② "직업적 흥미는 일반적으로 성격이라고 불리는 것의 일부분이기 때문에 개인의 직업적 흥미에 대한 설명은 개인의 성격에 대한 설명이다."라는 가정에 기초하고 있음
③ 직업선택은 타고난 유전적 소질과 환경적 요인 간 상호작용의 산물임
④ 직업선택은 개인 인성의 반영이며 직업선택 시 개인적인 만족을 주는 환경을 선택하고자 함
⑤ 진로선택에서 어떤 직업을 수용할 것인지 또는 거부할 것인지 스스로 계속 비교해보는 것이 중요함
⑥ 개인의 특성과 직업세계의 특징 간의 최적의 조화를 강조하며, 개인과 환경의 일치성은 개인의 흥미유형이 직업선택이나 직업적응과 밀접한 관계가 있다고 봄
⑦ 사람들은 능력을 발휘하여 자신의 가치관에 따라 일할 수 있는 직업환경을 찾음

(2) 4가지 기본 가정

① 사람들의 성격은 현실형, 탐구형, 예술형, 사회형, 진취형, 관습형 중 하나로 구분할 수 있음
② 환경도 현실적 환경, 탐구적 환경, 예술적 환경, 사회적 환경, 진취적 환경, 관습적 환경으로 구분할 수 있으며 대부분 각 환경에는 그 성격유형과 일치하는 사람들이 있음
③ 사람들은 자신의 능력과 기술을 발휘하고 태도와 가치를 표현하여 자신에게 맞는 역할을 수행할 수 있는 환경을 찾음
④ 개인의 행동은 성격과 환경의 상호작용에 의해 결정됨

SEMI-NOTE

특성 – 요인이론

특성 – 요인이론에 대한 자세한 설명은 01장(직업상담의 개념과 이론 및 접근방법)의 03절(직업상담의 접근방법)에 나와 있으니 참고 → p.36

홀랜드의 진로탐색검사

홀랜드는 RIASEC라는 육각형 모형을 통해 성공적인 진로결정을 위한 효과적이고 체계적인 방법을 제시하였음

04장

직업선택 및 발달이론

SEMI-NOTE

롤랜드의 6가지 직업성격유형

6가지 성격유형들은 서로 완전히 배타적인 특징을 가지는 것이 아니므로 어느 특징 하나로 특정 유형을 한정할 수 없고, 대표직업이 어느 하나의 유형에만 분류된다고 볼 수 없음

(3) 6가지 직업성격유형

① 현실형(R ; Realistic Type)

성격	• 솔직함, 성실, 지구력, 건강 • 말수가 적고 고집이 셈, 직선적, 단순함
선호 활동	• 연장, 기계, 도구에 관한 체계적인 조직활동과 신체적인 현장 일을 선호 • 분명하고 질서정연하며 체계적인 일 선호 • 사회적 기술 부족, 대인관계가 요구되는 일에서 어려움을 느낌
대표 직업	기술자, 정비사, 조종사, 농부, 엔지니어, 전기 · 기계기사, 운동선수, 경찰, 건축사, 생산직, 운전자, 조사연구원, 목수 등

② 탐구형(I ; Investigative Type)

성격	• 논리적, 분석적, 합리적, 추상적, 과학적, 관찰적, 상징적, 체계적 • 지적 호기심이 많고 비판적, 내성적이고 신중함
선호 활동	• 과제 지향적, 탐구를 수반하는 활동에 흥미, 과학적 탐구활동 선호 • 사회적인 일에는 관심이 없고 창조적 탐구를 수반하는 일에 흥미가 있음 • 리더십 기술 부족
대표 직업	과학자, 생물학자, 물리학자, 인류학자, 지질학자, 의료기술자, 약사, 의사, 연구원, 대학교수, 환경분석가, 분자공학자 등

③ 예술형(A ; Artistic Type)

성격	• 자유분방, 개방적, 비순응적, 독창적, 개성적 • 풍부한 표현과 상상력, 예민한 감수성
선호 활동	• 변화와 다양성을 좋아하고 틀에 박힌 것을 싫어함 • 규범적인 기술 부족 • 모호하고 자유롭고 상징적인 활동 선호
대표 직업	예술가, 사진사, 시인, 만화가, 작곡가, 음악가, 무대감독, 작가, 배우, 소설가, 미술가, 무용가, 디자이너 등

④ 사회형(S ; Social Type)

성격	• 사람과 어울리기 좋아함, 뛰어난 대인관계 • 친절, 이해심, 봉사적 • 감정적, 이상주의, 사회적, 교육적
선호 활동	• 다른 사람을 돕는 것을 즐김 • 과학적이거나 도구 · 기계를 다루는 활동 능력 부족
대표 직업	사회복지사, 사회기업가, 교육자, 교사, 종교지도자, 상담사, 바텐더, 임상치료사, 간호사, 언어재활사, 물리치료사, 서비스직 등

⑤ 진취형(E ; Enterprising Type)

성격	• 지배적, 지도력, 말을 잘하고 설득적 • 경쟁적, 야심적, 외향적, 낙관적, 열성적
선호 활동	• 이익을 얻기 위해 타인을 선도, 통제, 관리하는 일 • 위신, 인정, 권위에 흥미 • 관찰적, 상징적, 체계적 활동은 흥미가 없으며 과학적 능력 부족

대표 직업	정치가, 사업가, 기업경영인, 판사, 영업사원, 보험회사원, 관리자, 연출가, 펀드매니저, 부동산중개인, 언론인, 외교관 등

SEMI-NOTE

⑥ 관습형(C ; Conventional Type)

성격	• 정확함, 세밀함, 조심성, 계획성 • 완고함, 책임감, 보수적이고 변화를 좋아하지 않으며 책임감이 강함
선호 활동	• 자료를 정리하고 구조화된 환경 선호, 사무적 · 계산적 활동에 흥미 • 정해진 원칙과 계획에 따라 자료를 기록, 정리하는 일 선호 • 변화에 약하고 융통성 부족
대표 직업	공인회계사, 경제분석가, 사서, 은행원, 세무사, 법무사, 감사원, 경리사원, 일반공무원 등

(4) 육각형 모델

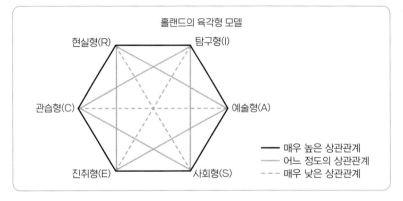

① 육각형상의 대각선에 위치하면 서로 대비되는 특성을 가지고 있다고 볼 수 있음
  ㉠ 현실형(R)과 사회형(S)
  ㉡ 탐구형(I)과 진취형(E)
  ㉢ 예술형(A)과 관습형(C)
② 육각형상에서 거리가 가까우면 상대적으로 유사한 직업 성격을 지닌다고 볼 수 있음

(5) 육각형 모델과 주요 개념 ⭐빈출개념

① 일관성
  ㉠ 유형 간의 내적 일관성을 말하는 것으로서 서로 얼마나 유사한가를 의미함
  ㉡ 성격유형과 환경모형 간의 관련 정도를 의미함
  ㉢ 육각형 둘레의 인접한 유형들은 유사성이 높으며, 떨어져 있는 유형들은 유사성이 거의 없음(예 관습형과 현실형의 쌍은 관습형과 탐구형의 쌍보다 더 많은 공통점이 있음)
② 변별성(차별성)
  ㉠ 특정 유형의 점수가 다른 유형의 점수보다 높은 경우 변별성도 높음

변별성(차별성)

한 개의 유형과는 유사성이 많이 나타나지만 다른 유형과는 별로 유사성이 나타나지 않으며, 차별성은 자기방향탐색(SDS) 또는 직업선호도검사(VPI)로 측정됨

SEMI-NOTE

정체성
정체성은 자기직업상황(MVS)으로 측정됨

홀랜드의 인성이론에 대한 평가
• 의의
  – 직업흥미를 이해하는 데 있어 흥미와 개인의 인성을 연관 지어 밝혀냄
  – 직업선택에 사용할 수 있는 유용한 검사도구들을 개발함(VPI, SDS, VEIK, MVS, CDM 등)
• 한계
  – 성격요인만이 편파적으로 강조되어 다른 개인적 · 환경적 요인이 무시됨
  – 검사도구가 남녀차별적인(성적 편파적인) 문제를 가지고 있음
  – 진로 가치관의 발달과정에 대한 설명이 없음
  – 구체적인 절차가 없음(상담자와 내담자의 대면관계에서 사용할 수 있는 과정 및 기법에 대한 안내가 없음)
  – 개인이 성격을 변화시킬 수 있고 환경 극복 능력이 있음을 간과하고 있음

ⓒ 유형의 점수가 비슷한 경우 변별성이 낮다고 할 수 있음

ⓒ 찌그러진 유형이 더 차별성이 있음. 모든 유형이 비슷한 유사성을 나타낸다면 그 사람은 특징이 없는 사람이라고 생각할 수 있음.

③ 정체성
  ㉠ 성격적 측면에서 개인의 목표, 흥미, 재능에 대한 명확한 청사진을 의미함
  ㉡ 환경적 측면에서 조직의 투명성과 안정성, 보상의 통합을 의미함
  ㉢ 자기직업상황(MVS)의 직업정체성 척도는 개인의 정체성을 측정하는 것이므로 이 검사점수가 높으면 직업목표를 가진 사람이라고 볼 수 있음

④ 일치성
  ㉠ 개인의 유형과 소속되고자 하는 환경의 유형이 서로 부합하는 정도를 의미함
  ㉡ 개인의 유형과 비슷한 환경에서 일하거나 생활할 때 일치성이 높아짐

⑤ 계측성
  ㉠ 유형들 내 또는 유형들 간의 관계는 육각형 모델 안에서 계측됨
  ㉡ 유형들 간의 거리는 이론적인 관계에 반비례함
  ㉢ 육각형은 이론의 본질을 설명할 수 있는 것으로 상담자로 하여금 그 이론을 이해할 수 있도록 해줌

(6) 검사도구

① **직업선호도검사**(VPI ; Vocation Preference Inventory)
  ㉠ 내담자가 160개의 직업목록에 흥미 정도를 표시하는 것
  ㉡ 대부분의 사람들이 직업목록에 있는 직업에 대한 좋고 싫음을 표시할 수 있음

② **자기방향탐색 또는 자가흥미탐색검사**(SDS ; Self Directed Search)
  ㉠ 내담자가 점수를 기록하는 1시간용 측정 워크북과 소책자로 구성되어 있음
  ㉡ 스스로 자신의 흥미유형을 탐색할 수 있음
  ㉢ 워크북 : 직업상의 활동, 능력, 구체적 직업에 대한 태도, 자아평가 능력을 다룸
  ㉣ 원점수 : 위계적으로 3개 문자 요약코드로 구성, 첫 번째 문자는 특정 유형에 대한 높은 선호도를 나타냄

③ **직업탐색검사**(VEIK ; Vocational Exploration and Insight Kit)
  ㉠ 관심은 있으나 카드에 미포함되었던 추가 직업들을 증가시켜 분류하고 일련의 질문에 대한 응답을 기록하게 함
  ㉡ 미래 진로문제에 대해 스트레스를 받는 내담자에게 사용하기 위하여 개발됨
  ㉢ 과거 경험과 현재 직업의 목표가 어떻게 관련되는지를 알 수 있게 함

④ **자기직업상황검사 또는 개인직업상황검사**(MVS ; My Vocational Situation)
  ㉠ 20개의 질문으로 구성되어 있으며 스스로 실시할 수 있고 쉽게 점수를 기록할 수 있음
  ㉡ 직업정체성, 직업정보에 대한 필요 정도, 선택된 직업목표에 대한 장애 등을 측정하는 것이 목표

⑤ **경력의사결정검사**(CDM ; Career Decision Making)
  ㉠ 홀랜드의 육각형 모델에 따라 흥미점수가 도출됨 → 원점수가 가장 높은 두세 가지 흥미척도가 탐색대상 직업군이 됨

ⓛ 능력, 근로가치, 미래계획 등을 자가평가한 결과를 직업관련 의사결정 시스템 전반에 통합시킴

3. 데이비스와 롭퀴스트(Dawis&Lofquist)의 직업적응이론

(1) 직업적응이론의 개념

① 미네소타 대학의 데이비스와 롭퀴스트(Dawis&Lofquist)가 직업적응 프로젝트의 일환으로 연구해 성과를 토대로 성립한 이론으로서, 심리학적 분류체계인 미네소타 직업분류체계Ⅲ(MOCS Ⅲ)와 관련하여 발전한 이론임

② 직업적응 프로젝트는 근로자의 적응이 직업만족과 연관된다는 관점에서 출발하였음

③ 직업적응이론은 개인의 욕구와 능력을 환경에서의 요구사항과 연관 지어 직무만족이나 직무유지 등의 진로행동에 대해 설명함

④ 개인과 환경 간의 상호작용을 통한 욕구충족을 강조함

⑤ 인간은 일을 통해 개인적 욕구를 성취하도록 동기화됨을 강조함

⑥ '개인 – 환경 조화 상담'이라고도 함

개인 – 환경 조화 상담

• 조화(Correspondence) : 개인의 욕구와 환경의 욕구가 동시에 충족되는 경우
• 부조화(Discorrespondence) : 개인의 욕구와 환경의 욕구가 동시에 충족되지 못하는 경우

실력up 미네소타 직업분류체계 Ⅲ

• 직업을 능력 범주와 강화물 범주로 구성된 2차원 매트릭스로 분류함
• 한 축에는 직업의 능력 요건(지각적 · 인지적 · 운동적 요건)을, 다른 축에는 강화물 요건(내부적 · 사회적 · 환경적 요건)을 묘사함
• 능력 수준, 능력 유형 등에 대한 지표를 제공 → 작업기술과 작업요건을 일치시키는 수단으로 사용됨

(2) 직업적응양식

① 직업성격적 측면

민첩성	과제 완성도(과제를 얼마나 빨리 완성하느냐)에 대한 측면으로 정확성보다 속도를 중시함
역량	평균 활동수준을 의미하며 에너지 소비량과 연관됨
리듬	활동에 대한 다양성을 의미함
지구력	다양한 활동 수준의 기간을 의미하며 환경과의 상호작용 시간과 연관됨

② 직업적응방식적 측면

끈기 (인내)	자신에게 맞지 않는 환경에서 얼마나 오랫동안 견딜 수 있는지의 정도
적극성	작업환경을 개인방식과 더 조화롭게 만들어가려고 노력하는 정도
융통성	작업환경과 개인환경 간의 부조화를 참아내는 정도
반응성	작업성격의 변화로 인해 작업환경에 반응하는 정도

직업적응이론에서의 만족과 충족

⭐ **빈출개념**

• 만족(Satisfaction)
– 조화의 내적 지표
– 직업환경이 개인의 욕구를 얼마나 채워주고 있는지에 대한 개인의 평가
– 개인의 욕구에 대한 작업환경의 강화가 적절히 이루어질 때 높아짐

• 충족(Satisfacoriness)
– 조화의 외적 지표
– 직업에서 요구하는 과제와 이를 수행하는 개인의 능력에 대한 개념
– 개인이 직업환경에서 요구하는 과제를 수행할 수 있는 기술(능력)을 가지고 있을 때 충족된다고 봄

04장

직업선택 및 발달이론

(3) 관련검사도구

① 미네소타 중요성 질문지(MIQ ; Minnesota Importance Questionnaire)
- ㉠ 개인이 작업환경에 대해 지니는 20가지 욕구와 6가지 가치관을 측정하는 도구로 190문항으로 구성되어 있음
- ㉡ 개인의 가치와 작업환경의 강화요인 간의 조화를 측정하는 데 사용함
- ㉢ 미네소타 중요성 질문지(MIQ)의 6가지 가치관(가치차원, 직업가치)

성취 (Achievement)	능력을 사용하고 성취에 대한 느낌을 얻으려는 욕구
지위 (Status)	타인으로부터 인정받는 것과 사회적 명성에 대한 욕구
편안함 (Comfort)	스트레스를 받지 않고 편안한 환경에 대한 욕구
이타심 (Altruism)	타인을 돕고 타인과 조화를 이루려는 욕구
자율성 (Autonomy)	자유롭게 생각 · 결정하고 독립적으로 존재하려는 욕구
안정성 (Safety)	질서 있고 예측이 가능한 환경에서 일하려는 욕구

② 미네소타 직무기술 질문지(MJDQ 또는 JDQ ; Minnesota Job Description Questionnaire)
- ㉠ 일의 환경이 MIQ에서 정의한 20가지 욕구를 만족시켜 주는 정도를 측정하는 도구
- ㉡ 하위척도는 MIQ와 동일함
③ 미네소타 만족 질문지(MSQ ; Minnesota Satisfaction Questionnaire)
- ㉠ 직무만족의 원인이 되는 강화요인을 측정하는 도구
- ㉡ 능력의 사용, 성취, 승진, 다양성, 활동, 작업조건, 회사의 명성, 인간자원의 관리체계 등의 척도로 구성되어 있음

(4) 직업적응이론의 시사점

① 직업적응은 개인이 환경과의 조화를 이루고 노력하는 역동적인 과정임
② 평가과정에서 주관적 평가를 먼저 실시한 후 검사도구를 통한 객관적 평가의 실시를 권유함
③ 부조화의 정도가 받아들일 수 없는 범위 : 대처행동(적극성, 반응성)을 통해 부조화를 줄이려고 함 → 끈기와 연관됨
④ 부조화의 정도를 받아들일 수 있는 범위 : 융통성을 발휘하여 별다른 대처행동 없이 환경에 적응함
⑤ 부조화가 개인의 범위를 넘어서는 것 : 퇴사나 이직을 고려하게 됨

4. 긴즈버그(Ginzberg)의 진로발달이론

(1) 진로발달이론의 개념

① 긴즈버그는 직업선택을 발달 과정으로 제시하였음
② 진로선택 과정은 일생동안 계속 이루어지는 장기적인 발달과정이기 때문에 다양한 단계에서 도움이 필요함
③ 각 단계의 결정은 전후 단계의 결정과 밀접한 관련이 있음
④ 직업선택은 가치관, 정서적 요인, 교육의 양과 종류, 환경 영향 등의 상호작용으로 결정되며 일련의 결정들이 계속적으로 이루어지는 과정임
⑤ 직업선택과정은 바람(wishes)과 가능성(possibility) 간의 타협임
⑥ 직업발달단계를 '환상기 – 잠정기 – 현실기' 3단계로 설명하였음

(2) 직업발달단계

① 환상기(6~11세 또는 0~11세)
   ㉠ 아동은 직업선택에 있어 자신의 능력이나 현실여건 등은 고려하지 않은 채 자신의 욕구를 중시함(비현실적인 선택)
   ㉡ 놀이와 상상을 통해 직업에 대해 생각하며 초기에 놀이중심의 단계에서 마지막에서는 놀이가 일 중심으로 변화되기 시작함

② 잠정기(11~17세)
   ㉠ 아동 및 청소년은 직업선택에 있어 자신의 흥미나 취미에 따라 직업을 선택하는 경향이 있음
   ㉡ 이 단계의 후반에서는 능력과 가치관 등의 요인도 고려하지만 현실적인 여건은 그다지 고려하지 않기 때문에 여전히 비현실적임(잠정적인 성격)
   ㉢ 직업이 요구하는 수준의 조건에 대하여 점차 인식함

흥미단계	• 흥미나 취미에 따라 좋고 싫음이 나뉨 • 흥미가 직업선택에 있어 중요한 요소임
능력단계	• 자신이 흥미를 느끼는 분야에서 성공할 수 있는 능력을 지니고 있는지 시험해보기 시작함 • 직업에 대한 열망과 능력을 인식함 • 다양한 직업이 있음을 깨닫고 직업마다 보수, 조건 등이 다르다는 사실을 처음으로 의식함
가치단계	• 직업선택에 있어 다양한 요인을 고려하게 된다는 점을 인식함 • 직업에 대한 가치를 인식하게 되며, 그 직업이 자신의 가치관 및 생애목표에 부합하는지 평가함
전환단계	• 직업선택에 대한 책임을 인식함 • 직업선택 요인이 주관적 요인에서 현실적 요인으로 확장됨

③ 현실기(18세~성인 초기 또는 청·장년기)
   ㉠ 청소년은 직업선택에 있어 자신의 개인적 요구와 능력 등 현실적인 요인을 직업에서 요구하는 조건과 부합함

SEMI-NOTE

내적요인 외적요인

긴즈버그의 진로발달이론에서 진로선택은 개인의 내적요인과 외적요인 간의 타협으로 이루어짐
• **내적요인** : 자신의 욕구, 능력, 가치관, 흥미 등
• **외적요인** : 가정환경, 부모의 영향, 직업조건 등

현실기

능력과 흥미의 통합단계로, 가치의 발달, 직업적 선택의 구체화, 직업적 패턴의 명료화가 이루어짐

ⓛ 능력과 흥미를 통합하여 직업선택을 구체화시킴

ⓒ 개인의 정서 상태, 경제적 여건 등 현실적인 요인으로 인해 직업선택이 늦어지기도 함

탐색단계	• 진로범위가 훨씬 좁혀진 상태 • 교육과 경험을 쌓으며 본격적인 직업탐색이 시작됨(아르바이트 등)
구체화단계	직업목표를 구체화하고 직업결정에 있어 내적 · 외적 요인을 고려하여 특정 직업분야에 몰두함(예 ○○대학에 갈 거야.)
특수화단계 (정교화단계)	진로결정에 있어 세밀한 계획을 세우고 고도로 세분화 · 전문화된 의사결정을 하게 됨(예 ○대학의 ☆☆학과에 갈 거야.)

긴즈버그의 발달이론 단계

환상기 → 잠정기 → 현실기

👓👓 한눈에 쏙~

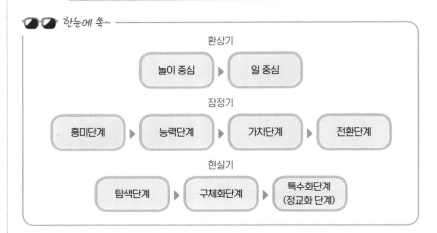

5. 수퍼(Super)의 진로발달이론

(1) 진로발달이론의 개념

① 긴즈버그의 진로발달이론을 비판하며 보완한 이론

② 진로선택은 자아개념의 실현과정으로 전 생애를 걸쳐 진로가 발달한다는 이론

③ 진로발달은 '성장기 – 탐색기 – 확립기 – 유지기 – 쇠퇴기'의 순환과 재순환단계를 거침

④ 진로성숙은 개인이 속해 있는 연령단계에서 이루어져야 할 직업발달 과업에 대한 준비도로 간주됨

⑤ 진로성숙은 생애단계 내에서 성공적으로 수행된 발달과업을 통해 획득됨

⑥ '전 생애', '생애역할', '자아개념'의 세 가지 개념을 통해 진로발달을 설명함

자아개념(Self – Concept)

수퍼의 진로발달이론의 중심이 되는 개념으로서, 인간은 자신의 자아 이미지와 일치하는 직업을 선택한다고 봄. 즉, "나는 이런 사람이다."라고 느끼며 생각하던 바를 이룰 수 있는 직업을 선택함

(2) 기본 가정

① 개인은 능력, 흥미, 성격에 있어서 각기 차이점을 가지고 있음

② 개인은 각각에 적합한 직업적 능력을 가지고 있음

③ 각 직업군에는 그 직업에 요구되는 능력, 흥미, 성격특성이 있음

④ 개인의 진로유형의 본질은 지적 능력, 인성적 특성, 경제적 수준 등에 따라 결정됨

⑤ 개인의 직업적 특성, 직업 선호성, 자아개념은 선택적 적응의 과정을 통해 발달함

⑥ 직업발달은 자아개념을 발달시키고 실천해 나가는 것임

⑦ 일련의 생애단계인 '성장기, 탐색기, 확립기, 유지기, 쇠퇴기'로 구분됨

(3) 진로발달단계(직업발달단계) ★빈출개념

① 성장기(~14세)

　㉠ 자기에 대한 지각이 생기며, 직업세계에 대한 기본적인 이해가 이루어지는 단계

　㉡ 가정이나 학교에서 주요 인물과 동일시하여 자아개념을 발달시킴

　㉢ 초기에는 욕구와 환상이 지배적이나 사회참여와 현실검증력의 발달로 점차 흥미와 능력을 중시하게 됨

　㉣ 하위단계

환상기	욕구가 지배적이며 환상적인 역할수행이 중시됨
흥미기	취향과 흥미가 진로의 목표와 내용을 결정하는 데 있어 중요요인임
능력기	직업의 요구조건을 고려하며 능력을 더욱 중시함

② 탐색기(15~24세)

　㉠ 미래에 대한 계획을 세우는 단계

　㉡ 학교생활, 여가활동, 시간제 일 등을 통해 자아를 검증하고 역할을 수행하며 직업탐색을 시도함

　㉢ 주요 발달과업 : 결정화, 구체화, 실행화

잠정기	자신의 욕구, 흥미, 능력, 가치 등을 고려하면서 잠정적으로 진로를 선택함
전환기	교육이나 훈련을 받으며, 직업선택에 있어서 보다 현실적인 요인을 중시함
시행기	적합하다고 판단되는 직업을 선택하여 종사하기 시작하며, 그 직업이 자신에게 적합한지 여부를 시험함

③ 확립기(25~44세)

　㉠ 자신에게 적합한 직업을 발견해서 종사하고 사회적 기반을 다지려고 노력함

　㉡ 주요 발달과업 : 안정화, 공고화, 발전

시행기	자신이 선택한 일의 분야가 적합하지 않을 경우 적합한 일을 발견할 때까지 변화를 시도함
안정기	직업세계에서 안정과 만족감, 소속감, 지위 등을 갖게 됨

④ 유지기(45~64세)

　㉠ 직업세계에서 자신의 위치가 확고해지고 자리를 유지하기 위해 노력하며 안정된 삶을 살아감

　㉡ 주요 발달과업 : 보유, 갱신, 혁신

⑤ 쇠퇴기 또는 은퇴기(65세 이후)

　㉠ 정신적·육체적 기능이 쇠퇴함에 따라 직업전선에서 은퇴하게 되며, 다른 새로운 역할과 활동을 찾게 됨

　㉡ 주요 발달과업 : 퇴화, 은퇴계획, 은퇴생활

진로발달과업(직업발달과업)

• 결정화(14~17세) : 자신과 직업에 대한 정보가 축적되며 자신이 하고 싶은 일이 무엇인지 깨닫고 계획과 목적을 형성하는 단계

• 구체화(18~24세) : 특정 직업에 대한 선호가 생기고 구체화하며 진로계획을 특수화하는 단계

• 실행화(22~24세) : 선호하는 특정 직업을 결정하고 그에 대한 노력(교육훈련, 취업 등)을 하는 단계

• 안정화(25~35세) : 실제로 일을 수행하며 진로선택이 적절한 것임을 보여주고 자신의 위치를 확립하는 과업의 단계

• 공고화(35세 이후) : 승진, 지위획득, 경력개발 등을 통해 진로를 안정시키는 과업의 단계

04장

직업선택 및 발달이론

생애역할과 개인극장

생애역할	자녀, 학생, 여가인, 시민, 근로자, 배우자, 주부, 부모, 은퇴자
개인극장	가정, 학교, 직장, 지역사회

(4) 후기 진로발달이론

① 개념
  ㉠ 수퍼(Super)의 초기 이론은 '성장기 – 탐색기 – 확립기 – 유지기 – 쇠퇴기'의 5단계를 거친다고 하였으나 후기에 가서 이를 대폭 수정하였음
  ㉡ 후기에 수퍼는 연령의 발달과 진로발달이 거의 관련이 없다는 입장을 취하게 되었으며, 단계를 마쳐서 얻어진 심리적 변화가 반드시 영속적인 것은 아니라고 보았음
  ㉢ 진로발달은 순환과 재순환의 단계를 거치며 인생에서 진로발달 과정은 전 생애에 걸쳐 계속됨
  ㉣ 진로발달은 성장, 탐색, 정착, 유지, 쇠퇴 등의 대주기를 거치며, 대주기 외에 각 단계마다 성장, 탐색, 정착, 유지, 쇠퇴로 구성된 소주기가 있다고 보았음

② 생애공간이론
  ㉠ 사람은 동시에 여러 가지 역할을 수행하며 발달단계마다 다른 역할에 비해 중요한 역할이 있음
  ㉡ 수퍼는 개인의 9가지 주요 생애역할과 4가지 개인극장을 제시하였음
  ㉢ 개인이 전 생애의 여러 역할들에 항상 효과적으로 참여하기는 어려우므로 다양한 시점에서 우선권이 주어질 필요가 있음
  ㉣ 사람은 생애역할들이 서로 조화를 이루며 삶의 가치를 적절히 표현할 수 있게 되면 행복감을 느끼지만, 생애역할들이 서로 어긋나고 추구하는 삶의 가치를 표현할 기회가 적어지면 불행감을 느끼게 됨

실력UP 생애진로무지개

- 전 생애적, 생애공간적 접근을 통해 삶의 단계와 역할을 묶고 다양한 역할들의 진로를 포괄적으로 나타낸 것
- 개인은 특정 시기에 사회적 관계 속에서 발생하는 다양한 생애역할을 수행함
- 전생애 발달과정 중 특정 시기에 생애역할 간의 갈등을 겪을 수 있음
- **생애역할 중요성을 설명하는 개념** : 참여, 전념, 지식, 가치기대 등
- **생애진로무지개의 2가지 차원**

진로성숙	• 생애와 삶의 과정의 대순환 • 외부의 띠는 삶의 주요 단계와 대략적인 나이를 보여줌 • 각 발달단계에 이른 사람들에 대한 사회의 기대와 생물적 · 사회적 발달에 따른 발달과업에 대처하는 개인의 준비도로 정의됨
역할현저성	• 삶의 공간으로, 사람들에 의해 수행되는 역할과 직위의 배열을 나타냄 • 역할은 광범위하고 보상적이며 중립적임

③ 진로아치문모델

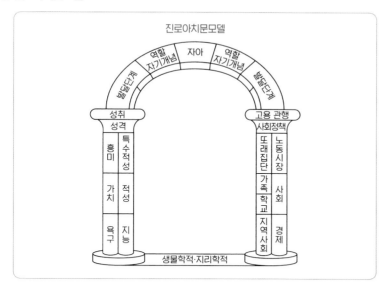

진로아치문모델

⊙ 인간발달의 생물학적, 심리학적, 사회경제적 결정인자로 직업발달이론을 설명함

ⓛ 아치문의 각 부문들이 서로 상호작용하면서 정중앙의 자아개념이 발달한다고 설명함

아치문의 바닥	생물학적 · 지리학적 측면을 의미
아치문의 지붕	발달단계와 역할에 대한 자아개념으로 이루어진 상호작용적 측면을 의미
아치의 양쪽 끝	• 왼쪽 : 아동기와 청소년기를 의미 • 오른쪽 : 성년기와 장년기를 의미
아치문의 왼쪽 기둥	'개인기둥'으로 불리며 욕구, 지능, 가치, 흥미 등으로 이루어진 개인의 성격적 측면을 의미
아치문의 오른쪽 기둥	'사회기둥'으로 불리며 경제자원, 사회제도, 노동시장 등으로 이루어진 사회 정책적 측면을 의미

6. 고트프레드슨(Gottfredson)의 직업포부 발달이론

(1) 직업포부 발달이론의 개념

① 개인의 진로결정과 자아개념을 설명하는 이론
② 진로발달 측면에서 사람이 어떻게 특정 직업에 매력을 느끼게 되는가를 설명함
③ 직업발달에서 자아개념은 진로선택의 중요한 요인임
④ 직업세계에서 자신의 사회적 공간, 지적 수준, 성 유형에 맞는 직업을 선택한다고 보았음

수퍼의 진로발달단계

성장기
▼
탐색기
▼
확립기
▼
유지기
▼
쇠퇴기

⑤ 진로결정에 있어 제한(한계)과 타협(절충)이라는 개념을 중시하여 '제한 – 타협 이론'으로도 불림

⑥ 자아개념이 발달하면서 직업포부에 대한 한계를 설정하는 방향으로 나아감

실력up 제한과 타협(한계와 절충) ★ 빈출개념

• 용어설명
 – 제한(한계) : 자아개념과 일치하지 않는 직업들을 사전에 배제하는 과정
 – 타협(절충) : 제한을 통해 선택된 선호하는 직업대안들 중 자신이 극복할 수 없는 문제를 가진 직업을 어쩔 수 없이 포기하는 것
• 개인이 진로장벽에 부딪힐 때 자신의 포부를 제한하고 의사결정 시 타협을 함
• **타협의 과정** : 성역할, 사회적 지위(권위, 명성 등), 흥미의 순서로 중요도를 매김 → 직업에 대한 흥미가 가장 먼저 희생되고, 사회적 지위, 성역할 순으로 희생됨

고트프레드슨의 직업포부 발달이론 단계

힘과 크기 지향성
▼
성역할 지향성
▼
사회적 가치 지향성
▼
내적, 고유한 자아 지향성

(2) 직업포부 발달단계

1단계(3~5세) 힘과 크기 지향성	• 서열획득 단계이며 사고과정이 구체화됨 • 어른이 된다는 것의 의미를 알게 됨 • 자신의 미래 직업에 대해 긍정적인 입장을 취하게 됨
2단계(6~8세) 성역할 지향성	• 성역할을 획득하는 단계이며 성의 발달에 의해 자아개념이 영향을 받음 • 동성의 성인이 수행하는 직업을 선호하게 됨 • 자신이 선호하는 직업에 대해 보다 엄격한 평가를 내림
3단계(9~13세) 사회적 가치 지향성	• 사회계층에 대한 개념이 생기고 사회적 가치를 인지하게 됨 • 상황 속 자아를 인식하게 됨 • 사회적 명성과 능력 등에 부합하는 직업을 추구하게 됨(사회적 명성 수준의 하한선을 정하고 미달하는 직업을 제한함)
4단계(14세~) 내적, 고유한 자아 지향성	• 자아인식 및 자아정체감이 발달하여 자아성찰과 사회계층의 맥락에서 직업적 포부가 더욱 발달하게 됨 • 타인에 대한 개념이 생겨 타인의 감정이나 생각, 의도를 이해함 • 자신의 능력, 현실적인 기준 등에 근거한 합리적인 선택을 하게 되며 가능한 대안들 중 최선을 선택하게 됨

7. 타이드만과 오하라(Tiedeman&O'Hara)의 진로발달이론

(1) 진로발달이론의 개념

① 에릭슨의 심리사회적 발달이론과 수퍼의 이론에 영향을 받았음

② 진로발달을 직업정체감을 형성해가는 연속적 과정으로 보았음 → 새로운 경험을 쌓을수록 개인의 정체감이 발달하며 연령보다는 문제의 성질이 중요하다고 봄

③ 진로발달은 자신을 동일시하면서 계속적으로 분화와 통합의 과정을 거치면서 형성됨

④ 개인이 연속적인 의사결정 과정을 통해 자아를 실현시키는 방법을 고려하면서 진로를 결정하는 방식으로 '의사결정 발달이론'이라고도 함

실력UP 에릭슨(Erikson)의 심리사회적 발달이론 단계

- 에릭슨은 자아의 발달이 성격의 발달이라고 보고, 심리사회적 발달의 각 단계는 개인에게 성격적 강점이 발달할 기회를 제공한다고 보았음
- 개인의 심리적 발달수준과 사회가 가지는 기대가 위기를 발생시킴 → 균형이 중요

발달단계	시기	위기	강점
1단계	영아기(~1세)	신뢰감 대 불신감	희망
2단계	유아 전기(1~3세)	자율성 대 수치심	의지
3단계	유아 후기(3~6세)	주도성 대 죄책감	목적
4단계	학령기(6~12세)	근면성 대 열등감	유능성
5단계	청소년기(12~18세)	자아 정체감 대 정체감 혼란	충실성
6단계	성인 초기(18~35세)	친밀감 대 고립감	사랑
7단계	중년기(35~55세)	생산성 대 침체감	배려
8단계	노년기(55세~)	자아 통합 대 절망감	지혜

※ 에릭슨의 심리사회적 발달이론 단계의 시기별 명칭 및 연령은 교재마다 약간씩 다르므로 대략적 연령을 토대로 구분해야 함

(2) 직업정체감 형성과정

① 예상기(전직업기) : 문제를 한정하고 정보를 수집하여 대안들을 평가하고 선택하는 과정

탐색기	• 잠정적인 진로목표를 설정하고 직업대안들을 탐색함 • 진로목표를 위한 자신의 능력과 여건에 대해 예비평가를 함
구체화기	• 진로방향을 정하고 직업대안들을 구체화함 • 가치관과 목표, 진로의 보수 등을 고려해 방향을 구체화함
선택기	• 하고 싶은 일과 하고 싶지 않은 일을 알게 되며 명확한 의사결정이 이루어짐 • 구체화된 대안 중 직업목표를 결정하고 의사결정에 임함
명료화기	• 선택한 의사결정을 분석하고 검토함 • 검토과정에서 미흡한 점이 있을 경우 이를 명확히 함

② 실천기(적응기) : 앞에서 내린 잠정적 결정을 실천에 옮기는 과정

순응기	• 사회적 인정을 받고 조직에 적응하고자 하며, 수용적인 자세를 취함 • 조직에 적응하기 위해 자신의 일면을 수정하거나 버리기도 함
개혁기	• 순응기보다 강경하고 주장적임 • 능동적 태도를 보이게 되며 자신의 의지로 조직을 개혁하고자 하는 마음을 갖게 됨
통합기	• 집단에 소속된 일원으로서 새로운 자아개념을 형성함 • 조직의 요구에 자신의 욕구를 균형있게 조절함 → 타협과 통합을 이룸

타이드만과 오하라의 진로발달이론 단계

8가지 직업군, 직업수준 6단계

미네소타 직업평가척도(MORS)에서 힌트를 얻어 직업을 흥미에 기초해 8개의 군집으로 나누었으며 이를 각 직업에서의 곤란도와 책무성을 고려하여 6단계로 나누었음
• 8가지 직업군 : 서비스직, 비즈니스직, 단체직, 기술직, 옥외활동직, 과학직, 예능직, 일반문화직
• 직업수준 6단계 : 고급 전문관리, 중급 전문관리, 준전문관리, 숙련직, 반숙련직, 비숙련직

5가지 가설

로는 초기 가정환경이 이후의 직업선택에 큰 영향을 미친다고 보고, 유아기의 경험과 직업선택에 대한 5가지 가설을 수립하였음

부모 – 자녀 관계유형

로는 부모와 자녀 간 상호작용 유형에 따라 자녀의 욕구유형이 달라진다고 보았음

8. 로(Roe)의 욕구이론

(1) 욕구이론의 개념 ⭐ 빈출개념

① 사회와 환경의 영향을 상대적으로 많이 고려하는 이론임
② 매슬로우의 욕구위계이론에 기초함
③ 개인의 욕구와 함께 초기 아동기의 경험이 직업선택에 있어 중요하다고 봄
④ 욕구의 차이는 어린 시절의 부모 – 자녀 관계에 기인한다고 주장함
⑤ 진로방향의 결정은 가족과의 초기관계에 있으며, 발달 초기 부모 행동으로서 부모의 유형이나 양육방식이 미치는 영향에 주목하였음
⑥ 직업을 8개의 장(직업군, field)과 6가지 수준(level)으로 나누고 목록을 작성함
⑦ 심리적 에너지를 흥미를 결정하는 중요한 요소로 봄
⑧ 로의 이론은 진로발달이론이라기보다는 진로선택이론에 가까움

(2) 5가지 가설

① 개인이 가지고 있는 여러 가지 잠재적 특성의 발달에는 한계가 있음
② 개인의 유전적 특성의 발달은 개인의 유일하고 특수한 경험과 사회, 경제적 배경 및 문화적 배경 등에 영향을 받음
③ 개인의 흥미나 태도는 유전의 제약을 비교적 덜 받으며 주로 개인의 경험에 따라 발달유형이 결정됨
④ 심리적 에너지는 흥미를 결정하는 중요한 요소임
⑤ 개인의 욕구와 만족 그리고 그 강도는 성취동기의 유발 정도에 따라 결정됨

(3) 부모 – 자녀 관계와 직업선택

① 관계유형

수용형	• 무관심형 : 수용적으로 대하지만 부모 – 자녀 간 친밀감이 형성되지 않음. 자녀의 욕구에 대해 그리 민감하지 않으며 자녀가 어떤 것을 잘 하도록 강요하지도 않음 • 애정형 : 수용적으로 대하며 부모 – 자녀 간 친밀감을 형성함. 관심을 기울이며 자녀의 요구에 응하고 독립심을 길러줌
회피형	• 무시형 : 자녀와 그다지 접촉이 없으며 부모로서 책임을 회피함 • 거부형 : 자녀에게 냉담하고 자녀의 의견을 전적으로 무시함. 부족한 면을 지적하며 자녀의 요구를 거부함
정서집중형	• 과보호형 : 자녀를 과보호함으로써 자녀를 의존적으로 만듦 • 과요구형 : 자녀에게 엄격한 훈련을 시키고 무리한 요구를 함

② 직업선택
　㉠ 부모의 사랑을 받은 따뜻한 관계에서 성장한 사람 : 인간지향적인 직종 선호 (예) 서비스직, 단체직 등) → 사람과의 접촉 많음
　㉡ 부모의 사랑을 제대로 받지 못한 차가운 관계에서 성장한 사람 : 비인간지향적인 직종 선호(예) 기술직, 과학직 등) → 사람과의 접촉 적음

04장 직업선택 및 발달이론

(4) 직업분류체계 8가지 직업군

서비스직	다른 사람의 욕구와 복지에 관심을 가지며 복지와 봉사에 관련된 직업군 예 사회산업 등 서비스 직업, 가이던스 등
비즈니스직	상대방을 설득하며 거래를 성사하는 직업군 예 공산품, 투자상품, 부동산 판매 등
단체직	기업의 조직과 효율적인 기능에 관련된 직업군 예 사업, 제조업, 행정에 종사하는 관리직 등
기술직	상품과 재화의 생산 · 유지 · 운송과 관련된 직업군, 대인관계는 상대적으로 덜 중요하며 사물을 다루는 데 관심을 둠 예 운송, 공학, 기능, 기계무역, 정보통신 등
옥외활동직	농산물, 수산자원, 지하자원 기타 천연자원 등을 개발 · 보존 · 수확하는 직업군, 축산업에 관련한 직업군
과학직	기술직과 달리 과학이론 및 그 이론을 특정한 환경에 적용하는 직업군
예능직	창조적인 예술과 연예에 관련된 특별한 기술을 사용하는 직업군
일반문화직	개인보다 인류의 활동에 흥미를 가지며 문화유산의 보존 및 전수에 관련된 직업군 예 법률, 언론인, 교육 등

(5) 직업분류체계 6단계 직업수준

① 책임, 능력, 기술, 정교화, 보수 등의 정도에 따라 6단계로 나누었음 → 6개의 단계는 서로 위계적 체계를 이루고 있음
② 수준1은 가장 높은 수준으로 전문직 혹은 관리직을 의미하고 수준6은 가장 낮은 수준으로 비숙련직을 의미함
③ 수준이 높을수록 영역 간 심리적 특성의 유사성이 멀어지고 수준이 낮을수록 영역 간 심리적 특성의 유사성이 가까움 → 낮은 수준의 직업은 영역 간 이동이 쉽지만 높은 수준에서는 영역 간 이동이 어려움을 의미함

고급 전문관리	• 정책을 만들며 박사나 그에 준하는 교육수준이 요구됨 • 중요하고 독립적이며 다양한 책임이 있음 • 최고 경영자, 관리자, 정책 책임자 등이 속함
중급 전문관리	• 정책을 집행하거나 해석하며 석사학위 이상 또는 박사보다 낮은 교육수준이 요구됨 • 부분적으로 독립된 지위를 갖거나 중간 정도의 책임이 있음
준전문관리	• 정책을 적용하거나 자신만을 위한 의사결정을 하며, 고등학교나 기술학교 또는 그에 준하는 교육수준이 요구됨 • 낮은 수준의 책임이 있음
숙련직	견습이나 다른 특수한 훈련 및 경험이 필요
반숙련직	숙련직에 비해 낮은 수준의 훈련과 경험 필요
비숙련직	단순반복적인 활동에 종사하기 위한 능력 이상이 요구되지 않음

SEMI-NOTE

직업분류체계 – 8가지 직업군
원형의 구조를 이루어 영역 간 거리는 심리적 유사성을 뜻함 → 거리가 가까울수록 영역 간에는 심리적 특성이 유사하여 이직을 할 때는 가까운 거리에 있는 영역으로 옮기려는 경향이 있다는 것을 뜻함

로의 욕구이론에 대한 평가
• 의의
 – 성격과 직업분류를 통합하였음
 – 독특한 방식의 직업분류모델을 제시함
 – 부모 – 자녀 관계 질문지(PCR)를 개발하여 부모와 자녀의 관계를 측정하는 도구로 사용됨
• 한계
 – 실증적인 근거가 결여되어 있음
 – 검증하기가 매우 어려움
 – 진로상담을 위한 구체적 절차는 제공하지 못함

용어설명
• 자기관찰 일반화 : 자신에 대해 관찰한 결과 얻어진 것으로, 태도나 가치관, 흥미, 능력 수준 등에 대한 일반화를 말함
• 세계관 일반화 : 환경에 대해 관찰한 결과 얻어진 것으로, 이를 토대로 다른 환경조건이나 미래에 있어서 일어날 행동에 대해 예측할 수 있게 됨

사회학습이론에서 개인의 진로에 영향을 미치는 요인

• 유전적 요인과 특별한 능력
• 환경조건과 사건
• 학습경험
• 과제접근기술

사회학습이론의 진로상담 방안
내담자들이 진로문제 해결을 하기 어렵게 만드는 신념을 명료화하도록 도와야 함

9. 크롬볼츠(Krumboltz)의 사회학습이론

(1) 사회학습이론의 개념

① 크롬볼츠는 학습이론의 원리를 직업선택의 문제에 적용하여 행동주의 방법을 통해 진로선택을 도와야 한다고 주장하였음
② 기존의 강화이론, 고전적 행동주의이론, 인지적 정보처리이론에 영향을 받음
③ 진로결정 요인들이 상호작용하여 '자기관찰 일반화'와 '세계관 일반화'를 형성하고 이를 토대로 미래의 사건을 예측하거나 현재의 진로결정을 이해할 수 있음
④ 학과 전환 등 진로의사결정과 관련된 개인의 행위들에 대해 관심을 둠
⑤ 개인의 독특한 학습경험을 통해 성격과 행동을 설명할 수 있다고 가정함
⑥ 진로선택결정에 영향을 미치는 삶의 사건들에 관심을 두고 개인의 신념과 일반화를 사회학습 모형에서 중요시하였음
⑦ 진로결정에 영향을 미치는 요인으로 유전적 요인과 특별한 능력, 환경조건과 사건, 학습경험, 과제접근기술을 제시하였음 → 서로 영향을 주고받아 결과적으로 자기관찰에 의한 일반화에 이름
⑧ 특정한 직업을 얻게 되는 것은 단순한 선호나 선택의 기능이 아니라 개인이 통제할 수 없는 복잡한 환경적 요인에 의한 것임

(2) 진로결정에 영향을 미치는 요인 ⭐빈출개념

① **환경적 요인**
 ㉠ 개인에게 영향을 미치거나 개인이 통제할 수 있는 영역 밖에 있는 것으로 '유전적 요인과 특별한 능력', '환경조건과 사건'을 제시하였음
 ㉡ 상담을 통한 변화가 불가능함

유전적 요인과 특별한 능력	• 개인의 진로기회를 제한하는 타고난 것 • 물려받거나 생득적인 개인의 특성을 포함함 예 인종, 성별, 신체적 특징, 지능, 재능 등
환경조건과 사건	• 개인의 통제를 벗어나는 환경상의 조건, 특정한 사건 • 사회적 · 정치적 · 문화적 상황 등 • 기술개발, 활동, 진로선호 등 개인의 진로에 영향을 미침 예 고용창출 여부, 사회정책, 훈련 가능 분야 등

② **심리적 요인**
 ㉠ 개인의 생각과 감정에 의해 행동을 결정할 수 있는 영역으로 '학습경험'과 '과제접근기술'을 제시하였음
 ㉡ 상담을 통한 변화가 가능함

학습경험	• 과거에 학습한 경험은 현재 또는 미래의 교육적 · 직업적 의사결정에 영향을 미침 • 도구적 학습경험 : 행동이나 인지적 활동에 대한 정적 · 부적 강화에 의해 학습됨 • 연상적 학습경험 : 연상에 의한 결과로 타인의 행동 관찰, 영화 등에 의해 학습됨

과제접근 기술	• 환경적 조건, 학습경험의 상호작용 등 개인이 환경을 이해하고 대처하며 미래를 예견하는 능력이나 경향을 의미함 • 목표 설정, 대안 형성, 정보획득 등을 포함하는 기술 • 개인이 발달시켜온 기술 일체(예 일하는 습관, 정보수집 능력, 인지적 과정 등)를 포함하는 것이지만 종종 바람직한 혹은 바람직하지 못한 결과를 통해 수정되기도 함

SEMI-NOTE

> **과제접근기술의 예시**
> 신입사원 A는 직무 매뉴얼을 참고하여 업무수행을 한다. 그러나 이전 방법을 통해 신입사원 때는 좋은 결과를 얻더라도, 승진하여 새로운 업무를 수행할 때는 기존의 업무수행 방법을 수정해야 할지도 모른다.

(3) 진로결정 요인의 상호작용 결과

① **자기관찰 일반화** : 자신의 흥미, 가치 등을 평가하는 자기진술로, 선행 학습경험에 영향을 받고, 새로운 학습경험의 결과에도 영향을 끼침

② **세계관 일반화** : 자신을 둘러싼 환경을 관찰하고 일반화하여 다른 환경에서는 어떤 일이 일어날지에 대해 예측하는 데 이용함

③ **과제접근기술** : 과제에 대한 현실적 파악, 다양한 대안의 도출, 정보수집 등

④ **행위의 산출** : 의사결정과 관련된 특수한 행위들로 구성되며 특정 교육훈련에의 지원, 전공의 변경, 학과 전환 등이 포함됨

(4) 우연한 일들이 진로에 도움이 되게 하기 위한 기술

① **호기심**
  ㉠ 새로운 학습기회를 탐색하게 함
  ㉡ 성장과 충족감을 느끼게 함

② **인내심** : 좌절에도 불구하고 꾸준히 노력하게 함

③ **융통성**
  ㉠ 태도와 상황을 변화시키는 것
  ㉡ 다양한 관점으로 세상과 상황을 바라보는 태도

④ **낙관성** : 새로운 기회를 긍정적으로 받아들이는 것

⑤ **위험감수** : 불확실한 결과와 실패의 위험을 감수하더라도 실행을 계속하게 함

사회학습이론에서 직업상담사의 역할
• 내담자의 능력과 흥미를 확장시킴
• 직업의 변화에 대비하도록 준비시킴
• 내담자에 대한 진단과 행동을 유도함
• 모든 직업 및 진로 문제를 다룸

실력UP 계획된 우연

• 사람들은 살아가며 수많은 우연한 사건(예측할 수 없는 사건)을 경험하게 되는데 이러한 경험은 삶에서 긍정적 또는 부정적으로 작용함
• 이 경험을 긍정적 기회 혹은 부정적 기회로 만드는 것은 개인의 노력에 달려있음
• 이때 자신의 진로에 긍정적 효과를 끼치는 경우를 '계획된 우연'이라 함
• 개인이 우연한 사건에 대비하는 요인으로는 호기심, 인내심, 융통성, 낙관성, 위험감수 등이 있음

크롬볼츠의 사회학습이론에 대한 시사점

• 상담자는 내담자가 해결할 수 있는 문제가 존재한다는 사실 자체를 인식하지 않을 수 있다는 점을 유의해야 함
• 진로결정은 학습된 기술이며 진로선택을 했다고 주장하는 사람들에게도 도움이 필요함

10. 레빈슨(Levinson)의 발달이론

(1) 발달이론의 개념

① 레빈슨은 사람이 보편적으로 경험하는 발달단계를 성인의 인생구조(Life Structure) 또는 인생주기(Life Cycle)로 나타내었음

② 연령에 따라 4시기로 이루어진 인간생애 모형을 제시하였음

③ 인생구조의 구분

성인 이전기 (~22세)	태어나서 청년 후기까지의 형성단계
성인 전기 (17~45세)	인생에서 중요한 선택들을 하며 최고의 힘을 발휘하는 동시에 가장 스트레스를 많이 경험하는 단계
성인 중기 (40~65세)	생물학적 능력은 감소하지만 사회적 책임은 더 커지는 단계
성인 후기 (60세~)	인생의 마지막 단계

인생주기모형

• 인생구조의 구분
  – 성인 이전기(성인 이전 시기)
  – 성인 전기(성인 초기)
  – 성인 중기
  – 성인 후기(성인 말기)
• 각 시기 간에는 5년의 전환기(과도기)가 있음
• 전환기(과도기)는 이전 시기의 삶을 재평가하고 다음 시기를 설계하는 기간임
• 각 시기마다 초보기, 전환기, 절정기로 구분된 인생구조가 있음

(2) 인생주기모형(성인발달단계)

① 성인 전기 전환기(17~22세)
  ㉠ 부모로부터 독립하고 성인으로 변화하기 위한 시작 단계
  ㉡ 성역할과 자아정체성이 형성되며 다양한 가능성을 탐색하고 수행함
② 성인 전기 초보기(22~28세)
  ㉠ 성인으로서 자신의 생활양식을 형성하는 단계
  ㉡ 새로운 영역에 도전하고 자신의 창조력과 잠재력을 표출하지만, 상당수가 심각한 위기를 경험함
③ 30세 전환기(28~33세)
  ㉠ 초기의 생활양식을 재평가하고 수정하며 다음 인생구조를 계획하는 단계
  ㉡ 현실적 삶으로의 과도기이며 인생구조의 문제점을 인식함
④ 성인 전기 절정기(33~40세)
  ㉠ 성인 전기 단계가 완성되고 안정되는 단계
  ㉡ 직업 경력의 정점을 위해 노력하나 간헐적으로 좌절의 느낌을 경험하기도 함
⑤ 성인 중기 전환기(40~45세)
  ㉠ 중년시기로의 새로운 이동이 시작되는 단계
  ㉡ 상실감, 회의와 무력감을 경험하기도 하지만, 새로운 목적이 생기고 활력의 전조가 되기도 함
⑥ 성인 중기 초보기(45~50세)
  ㉠ 새로운 시기에 알맞은 새로운 생활양식을 형성하는 단계
  ㉡ 여러 가능성과 전망과 가치를 인식하고 창조적이며 활력적인 시도를 하기도 함
⑦ 50세 전환기(50~55세)
  ㉠ 인생구조를 재평가하고 다시 계획하는 단계
  ㉡ 불안과 방향상실감을 경험하기도 하지만, 지나치게 일에 몰두하여 미처 느끼지 못하고 넘어가기도 함

⑧ 성인 중기 절정기(55~60세)

㉠ 중년의 인생이 완성되는 단계

㉡ 성공적인 절정인생구조가 형성되면 만족에 이르지만 '생산성 대 침체감'의 위기를 겪기도 함

㉢ 중년기의 야망과 목표를 실현함

⑨ 성인 후기 전환기(60~65세)

㉠ 중기와 후기 사이를 연결하는 단계

㉡ 발달주기에서 중요한 전환점에 해당하며 쇠퇴감과 우울감, 장래에 대한 불안, 두려움을 느끼기도 함

㉢ 은퇴와 노년기를 준비하며 과거를 재평가하고 새로운 시대로 전환해가는 시기

실력UP 인생주기모형

성인 이전기(~22세)	성인 전기 전환기
성인 전기(17~45세)	성인 전기 초보기
	30세 전환기
	성인 전기 절정기
성인 중기(40~65세)	성인 중기 전환기
	성인 중기 초보기
	50세 전환기
	성인 중기 절정기
성인 후기(60세~)	성인 후기 전환기

성인발달단계의 특징
• 연령에 따라 안정과 변화의 계속적 과정을 거쳐가며 발달함
• 계절이 바뀌는 것처럼 인간의 발달도 순환과정, 구조적인 변화를 갖는다고 봄

11. 하렌(Harren)의 진로의사결정이론

(1) 진로의사결정이론의 개념

① 개인의 진로결정 과정과 방법에 영향을 미치는 요인을 설명하는 이론

② 의사결정과정에 영향을 미치는 개인적인 특징으로 의사결정유형과 자아개념을 제안하였음

③ 의사결정이 필요한 과제를 인식하고 그에 반응하는 개인의 특징적 유형과 의사결정 방식을 의사결정유형이라고 하였음

진로의사결정
하렌은 진로의사결정이란, 개인이 정보를 조직하고 여러 가지 대안들을 신중하게 검토하여 진로선택을 위한 행동과정에 전념하는 심리적인 과정이라고 하였음

하렌의 진로의사결정과정

(2) 의사결정유형

합리적 유형	• 의사결정 시 장기적 전망을 지니고, 결정을 예견하고 논리적으로 결정하며, 자신을 인식하는 유형 • 자신과 상황에 대한 정확한 정보 수집, 체계적이고 논리적으로 접근하는 의사결정 수행 • 의사결정에 대해 자신이 책임을 짐
직관적 유형	• 현재의 감정을 중시하고, 결정에 대한 책임은 수용하나 결정을 예견하지는 않으며, 감정적으로 자신을 인식하고 환상을 이용하는 유형 • 의사결정의 기초로 상상력 사용, 현재의 감정에 주의를 기울이며 정서적 자각 사용 • 선택에 대한 확신은 비교적 빨리 내리지만 그 결정의 적절성은 내적으로만 느낄 뿐 설명하지 못하는 경우가 있음
의존적 유형	• 의사결정에 대한 개인의 책임을 부정하고 그 책임을 외부로 돌리는 경향 • 의사결정과정에서 타인의 영향을 많이 받고 수동적이며 순종적임 • 사회적 인정에 대한 욕구가 높음

02절 　 새로운 진로 발달이론

1. 인지적 정보처리이론(CIP ; Cognitive Information Processing)

(1) 인지적 정보처리이론의 개념

① 피터슨(Peterson), 샘슨(Sampson), 리어든(Reardon)에 의해 개발된 이론
② 개인이 어떻게 정보를 이용해서 자신의 진로문제해결 능력과 의사결정 능력을 향상시킬 수 있는가에 대해 중점을 둠
③ 진로문제를 개인의 인지적 의사결정 문제로 보며, 개인에게 학습 기회를 제공함으로써 개인의 처리능력을 발전시키는 것이 목적임
④ 진로선택 과정을 정보처리 과정으로 간주하며 진로선택 자체의 적절성보다는 인지적으로 정보를 처리하는 인간의 사고과정을 중요시함
⑤ 진로발달과 선택에서 내담자로 하여금 욕구를 분류하고 지식을 획득하여 자신의 욕구가 무엇인지 알 수 있도록 도움

(2) 기본 가정(주요 전제)

① 진로선택은 인지적 및 정의적 과정의 상호작용 결과임
② 진로를 선택한다는 것은 하나의 문제해결 활동임
③ 진로발달은 지식 구조의 끊임없는 성장과 변화를 포함
④ 진로문제 해결은 고도의 기억력을 요하는 과제임
⑤ 진로상담의 최종목표는 진로문제의 해결이자 의사결정자인 내담자의 잠재력을 증진시키는 것임
⑥ 진로성숙은 진로문제를 해결할 수 있는 자신의 능력에 달려 있음
⑦ 진로문제를 해결하는 능력은 지식뿐만 아니라 인지적 조작의 가용성에 달려 있음

⑧ 진로문제를 더 잘 이해하려는 욕구는 자신과 직업세계에 대한 이해를 높여 직업 선택에 만족을 얻고자 하는 것임

⑨ 진로정체성은 자기를 얼마나 아느냐에 달려 있음

⑩ 진로상담의 궁극적 목표는 정보처리기술의 향상임

(3) 진로문제 해결 과정(CASVE)

① **의사소통(Communication)** : 질문을 받아들여 부호화하며 이를 송출함

② **분석(Analysis)** : 하나의 개념적 틀 안에서 문제를 찾고 이를 분류함

③ **종합 또는 통합(Synthesis)** : 일련의 행위를 형성함

④ **가치부여 또는 평가(Valuing)** : 성공과 실패의 확률에 따라 각각의 행위를 판단하며, 다른 사람에게 미칠 파급효과를 평가함

⑤ **실행 또는 집행(Execution)** : 책략을 통해 계획을 실행함

(4) 진로정보처리 영역 피라미드

진로문제 해결 과정(CASVE)

의사소통
▼
분석
▼
종합(통합)
▼
가치부여(평가)
▼
실행(집행)

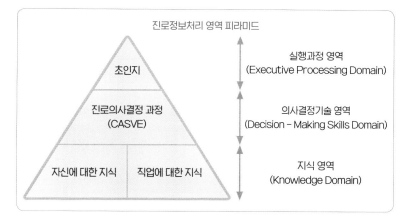

① 진로문제해결 및 의사결정과 관련된 진로정보처리 영역을 피라미드 모형으로 제시한 것

② 지식 영역(Knowledge Domain), 의사결정기술 영역(Decision – Making Skills Domain), 실행과정 영역(Executive Processing Domain)으로 구분됨

초인지 (Meta Cognition)	• 직무를 수행할 때 문제를 해결하기 위한 사고기능 • 진로의사결정 과정 전체를 조망하는 능력 • 자기대화, 자기인식, 모니터링, 통제 등을 통해 자신이 어떤 생각을 하고 있는지 사고하는 것을 의미
진로의사결정 과정 (CASVE)	• 효과적인 진로의사결정을 위해 5가지 의사결정과정 단계가 있음 • 의사소통 – 분석 – 종합 – 가치부여 – 실행
자신에 대한 지식 (Self Knowledge)	직업선택과 관련하여 자신의 흥미, 기술, 가치 등 자신에 대한 이해가 필수적 요소임
직업에 대한 지식 (Occupational Knowledge)	자신의 흥미, 기술, 가치관 등에 적합한 직업을 선택하기 위해서는 직업에 대한 구체적인 정보가 반드시 있어야 함

04장
직업선택 및 발달이론

127

SCCT와 반두라의 사회학습이론
사회인지적 진로이론(SCCT)은 반두라
의 사회학습이론에 토대를 두어 환경,
개인적 요인, 행동 사이의 상호작용을
중시하였음

2. 사회인지적 진로이론(SCCT ; Social Cognitive Career Theory)

(1) 사회인지적 진로이론의 개념

① 반두라(Bandura)의 사회학습이론을 토대로 헥케트(Hackett), 브라운(Brown) 등에 의해 확장되었음

② 진로발달과 선택에서 진로와 관련된 자신에 대한 평가와 믿음의 인지적 측면을 강조

③ 인지적 측면의 변인으로서 결과기대와 개인적 목표가 자기효능감과 상호작용하여 개인의 진로 방향을 결정함

④ 개인의 삶은 외부환경요인, 개인과 신체적 속성 및 외형적 행동 간의 관계로 보고 환경, 개인적 요인, 행동 사이의 상호작용을 중시함

⑤ 개인의 진로선택과 수행에 영향을 미치는 성(Gender)과 문화적 이슈 등에 민감함

⑥ 개인이 사고와 인지는 기억과 신념, 선호, 자기지각에 영향을 미치며 이는 진로 발달과정의 일부임

자기효능감에 영향을 미치는 요인
• 성취경험
• 간접경험(대리경험)
• 언어적 설득(사회적 설득)
• 생리적 · 정서적 상태

(2) 진로발달의 결정요인 ⭐빈출개념

반두라의 사회인지이론은 '자기효능감(자아효능감)', '결과기대', '개인적 목표' 등의 주요 요인을 가짐

자기 효능감	• 목표한 과업을 완성하기 위한 자신의 능력에 대한 신념 • 자기효능감 수준이 높은 사람 : 수행을 긍정적으로 이끌어가고 문제해결도 수월하게 할 수 있음 • 자기효능감 수준이 낮은 사람 : 일이 잘못될 것을 생각하여 수행 동기가 약화되는 경향이 있음
결과 기대	어떤 과업을 수행했을 때 자신이나 타인에게 일어날 일에 대한 평가와 믿음, 개인의 예측
개인적 목표	• 결과를 성취하기 위한 개인의 의도 • 특정 행동에 몰입하거나 미래의 성과를 이루겠다는 결심

3축 호혜성 인과적 모형
• 개인과 환경 간 상호작용하는 인지적 영향을 분류하고 개념화하기 위한 모형
• 진로발달을 단순한 결과물이 아닌 '개인적 · 신체적 속성', '외부환경요인', '외형적행동'의 끊임없는 상호작용의 결과로 간주함
• '개인 – 행동 – 상황의 상호작용'에 의해 진로발달의 역동적 주체가 됨

실력UP 자기효능감 이론[헥케트와 베츠(Hackett&Betz)]

• 반두라의 사회학습이론을 토대로 하였음
• 자기효능감 수준이 낮은 여성들의 경우 진로이동과 진로선택 모두에 제약을 받음
• 여성들이 자신의 행위에 대한 보상을 제대로 받지 못하는(남성과 동등하게 받지 못하는) 경우 자기효능감 개발에 방해를 받게 됨
• 자기효능감은 선택권의 제한과 능력발휘를 제대로 하지 못하는 환경 등에 영향을 받음
• 자기효능감이 낮은 여성들의 경우 진로결정 포기, 지연, 회피 등의 경향을 보임

(3) 3가지 영역모형

흥미 모형	• 개인은 자신이 성공할 수 있을 것이라 생각되는 것에 지속적인 흥미를 느끼며, 그 활동을 수행하기 위해 지속적으로 노력함 • 자기효능감과 결과기대와 함께 목표를 예언하고 수행결과로 이어짐
선택 모형	• 개인적 배경(성별, 인종, 성격 등) 및 환경이 학습경험에 영향을 주며, 학습경험은 자기효능감과 결과기대에 영향을 줌 • 진로선택은 자기효능감, 결과기대, 흥미, 개인 및 환경 변인 등에 의해 영향을 받음
수행 모형	• 자기효능감, 결과기대, 수행목표, 능력 등은 개인의 수행 수준 및 수행 지속성을 설명함 • 수행 수준은 직업적 과제에 대한 성공 정도나 숙련도를 의미, 수행 지속성은 행동을 계속해서 유지해 나가는 정도를 의미함

3. 가치중심적 진로접근 모형

(1) 가치중심적 진로접근 모형의 개념

① 인간행동이 개인의 가치에 의해서 상당 부분 영향을 받는다는 가정에서 시작
② 브라운(Brown)이 개발한 것으로서 다른 이론들과 달리 흥미는 진로결정에 큰 영향을 미치지 않는 것으로 보았음
③ 가치가 행동역할을 합리화하는 데 매우 강력한 결정요인이라고 보았음
④ 가치는 개인의 물려받은 특성과 경험의 상호작용에 의해 형성됨
⑤ 개인의 행동을 이끄는 중요도에 따라 가치에 우선순위가 매겨짐

(2) 기본 명제

① 개인이 우선권을 부여하는 가치들은 그리 많지 않음
② 가치는 환경 속에서 가치를 담은 정보를 획득함으로써 학습됨
③ 생애만족은 중요한 모든 가치들을 만족시키는 생애역할들에 의존함
④ 생애역할에서 성공은 학습된 기술, 인지적·정의적·신체적 적성 등 많은 요인들에 의해 결정됨
⑤ 한 역할의 특이성(현저성)은 역할 내에 있는 필수적인 가치들의 만족 정도와 직접 관련됨

4. 맥락주의

(1) 맥락주의의 개념

① 진로연구와 진로상담에 대한 맥락상의 행위설명을 확립하기 위해 고안되었음
② 구성주의 철학적 입장을 토대로 한 것으로, 내담자가 현재의 행위와 후속적인 경험으로부터 어떻게 개인적인 의미를 구성하는지를 파악하고자 하는 것
③ 진로환경에 관심을 가지며 진로에 영향을 미치는 다양한 환경적 요소를 고려함
④ 진리와 지식은 개인의 주관적인 흥미와 관심에 초점을 맞춘 것으로 보며, 환경 안에서 개인의 선택을 중시함

가치중심적 진로접근 모형
생애역할에서의 성공은 외적요인보다 개인적 요인에 의해 더 잘 결정됨

맥락주의에서 고려하는 다양한 사항
산업화, 세계화, 기술발전, 노동시장 등

용어설명
- 투사 : 사건들 간의 행위에 대한 일
  종의 함의
- 진로 : 행위들 간의 연결을 통한 계
  획, 목표, 정서 및 인지의 결과

구성주의 진로이론의 16가지 가정
- 사회는 사회적 역할을 통해 개인의 삶
  의 과정을 구성함
- 직업은 핵심적인 역할을 부여하고 성
  격 조직의 중심이 됨
- 개인의 진로유형은 부모의 사회경제적
  지위, 교육수준, 능력, 성격, 자아개념,
  기회에 대한 적응능력 등에 달려있음
- 능력, 성격, 자기개념은 개인차가 존
  재함
- 각 직업이 요구하는 직업관련 특성은
  서로 다름
- 사람은 다양한 직업을 가질 자질을 가
  지고 있음
- 일에서의 역할이 자신의 직업관련 특
  성과 일치하는 정도가 직업의 성공을
  좌우함
- 만족감과 직업적 자아개념 실현 가능
  성은 비례함
- 진로구성과정은 직업적 자아개념의
  발달 및 실현의 과정임
- 자아개념과 직업적 선호는 계속 변함
- 진로는 '성장 – 탐색 – 확립 – 유지 –
  쇠퇴'의 과정을 순환함
- 전환기에는 '성장 – 탐색 – 확립 – 유
  지 – 쇠퇴'의 과정이 반복됨
- 진로성숙도는 발달과업의 수행정도로
  정의함
- 진로적응도는 발달과업을 수행할 수
  있는 준비도와 자원임
- 진로구성은 진로발달과업에 의해 시작
  되고 발달과업에 대한 반응으로 완성됨
- 발달과업은 대화, 적응력 훈련, 자아
  개념을 명료화하는 활동으로 촉진가
  능함

진로적응도를 구성하는 4가지 차원
- 관심(Concern)
- 통제(Control)
- 호기심(Curiosity)
- 자신감(Confidence)

(2) 주요 개념

① 개인과 환경의 상호작용
- ㉠ 맥락적 그물 안에서 이들 간의 관계와 상호작용에 초점을 둠
- ㉡ 개인과 환경을 분리할 수 없는 하나의 단위로 봄

② 행위
- ㉠ 맥락주의의 주요 관심대상
- ㉡ 행위란 인지적 · 사회적으로 결정되며 일상의 경험을 반영하는 것

③ 행위체계
- ㉠ '투사'와 '진로'로 구성됨
- ㉡ 진로는 투사에 비해 더 많은 행위를 포함하고 장기적 시간에 걸쳐 확장됨
- ㉢ 이러한 복잡한 행위들이 더 큰 사회적 의미를 포함시켜 직업의 관념에 근접하게 됨

5. 구성주의 진로이론

(1) 구성주의 진로이론의 개념

① 수퍼의 초기 진로발달이론에서 출발하여 사비카스(Savickas)에 의해 고안됨
② 사람은 진로에 관련된 행동에 의미를 부여하며 스스로 진로를 구성한다고 주장함
   → 이렇게 구성한 진로는 행동을 위한 동기로 작용함
③ 내담자가 교육, 경험 등 진로에 대한 자신의 이야기를 함으로써 내담자의 직업적
   성격, 생애주제, 진로적응도 등을 찾아나가며 삶의 의미를 확인할 수 있도록 하
   는 스토리텔링 방식을 가짐
④ 일괄적으로 미리 결정된 학습목표를 거부하며 개인의 주체적인 선택을 중시함
⑤ 구체적이고 세부적인 목표는 스스로 자신의 흥미와 관심, 수준 등을 고려하여 결정함

(2) 구성주의 진로이론의 요인

직업적 성격	• 진로와 관련된 개인의 능력, 가치, 욕구, 흥미 등을 의미함 • 경험에 대한 개인적 관점을 중요시함 • 직업적 성격은 개인의 삶에서 개발되는 것이므로 개인의 삶을 통해 직업적 선호도 역시 파악할 수 있음
생애주제	• 개인이 고유한 생애 주제를 활용하여 이야기를 통합 · 검토함으로써 생애주제를 찾아나갈 수 있음 • 진로와 관련된 행동을 하게 하며 생애역할에 의미를 부여해줌
진로 적응도	• 변화에 대한 개인의 적응능력으로 개인의 태도, 행동(신념), 능력 등을 의미 • 진로를 구성해나가는 과정에서의 극복 과정을 강조함

(3) 사비카스의 진로양식면접 구성 질문 ★ 빈출개념

영역	질문 및 의도
교과목	내담자가 선호하는 직무와 근로환경을 확인함 예 좋아하거나 싫어한 교과목은 무엇인가요?

명언	내담자의 생애에서 중요한 주제가 무엇인지 확인함 예) 좋아하는 명언이나 좌우명이 있나요?
생애 초기기억	내담자가 무엇에 몰두하고 있는지를 확인함 예) 아주 어렸을 때의 기억 중 생각나는 3가지를 말해볼까요?
여가와 취미	자기표현을 다루고 겉으로 드러난 흥미가 무엇인지 나타냄 예) 여가시간을 어떻게 보내고 싶은가요?
역할모델	내담자가 추구하는 이상적 자아를 확인함 예) 가장 존경한 사람은 누구인가요? 예) 어떤 사람의 삶을 따라서 살고 싶은가요?
잡지/ TV프로그램	개인의 생활양식에 맞는 환경에 대한 선호를 확인함 예) 가장 좋아하는 TV프로그램은 무엇인가요?
준비도	상담의 목표설정에 활용함 예) 상담 시간을 진로에 어떻게 활용할 수 있을까요?
책/영화	같은 문제에 당면한 주인공이 어떻게 문제를 다루어 나가는지를 보여줌 예) 좋아하는 책이나 영화에 대해 이야기해 주세요.

6. 동기이론 및 직무만족 관련 이론

(1) 매슬로우(Maslow)의 욕구위계이론

① 개념

  ㉠ 인간은 충족되지 못한 욕구들을 만족시키기 위하여 동기화된다고 주장함

  ㉡ 인간은 누구나 더 나은 욕구 충족을 위해 행동함

  ㉢ 욕구위계에서 하위수준에 해당하는 욕구의 강도가 가장 높고 우선적이며 상위수준으로 갈수록 욕구의 강도가 낮아짐

  ㉣ 하위수준의 욕구는 생존에 필요하고 상위수준의 욕구는 성장에 필요함

  ㉤ 상위수준의 욕구는 전 생애 발달과정에서 후반에 점차 나타나며 만족이 지연될 수 있고, 더 좋은 외적 환경을 요구함

② 욕구위계 5단계

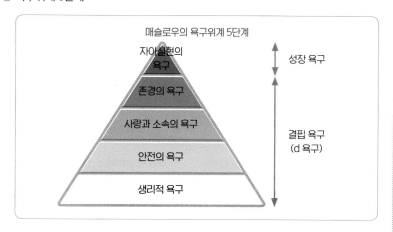

매슬로우의 욕구위계
하위수준의 욕구가 어느 정도 충족되지 않으면 상위수준의 욕구는 나타나지 않음

안전의 욕구 포함 영역
• 개인적인 안정
• 재정적인 안정
• 건강과 안녕
• 사고나 병으로부터의 안전망

1단계 생리적 욕구	• 가장 기본적이고 강력한 욕구로 본능에 가까운 단계 • 배고픔, 목마름, 호흡, 배설, 수면, 종족 보존 등과 같은 의식주 및 생리적 욕구를 해결하고자 함
2단계 안전의 욕구 (안정의 욕구)	• 신체나 정신이 고통이나 위험으로부터 안전하기를 추구하는 단계 • 질서, 예측 가능한 환경, 안정적인 환경 추구 • 추위, 질병, 위험, 불안, 공포 등으로부터 건강과 안전을 지키고자 하며 전쟁, 범죄, 자연재해 등의 상황에서도 나타남
3단계 사랑과 소속의 욕구 (애정과 소속의 욕구)	• 가족이나 친구모임 등 어떤 단체에 소속되어 사랑받고 싶어 하는 단계 • 미충족 시 고독, 소외감, 우울증이 수반됨 • 종교단체, 교우 관계, 직장 동료, 스포츠 팀, 연인 관계, 멘토, 가족 관계 등
4단계 존경의 욕구 (존중의 욕구)	• 타인에게 지위, 명예 등을 인정받고 존중받고 싶어 하는 단계 • 미충족 시 자아존중감이 낮아지고 열등감이 생김 • 자기 스스로가 중요하다고 느끼면서 타인에게도 인정받아야 궁극적 의미에서의 존경의 욕구가 충족되었다고 볼 수 있음
5단계 자아실현의 욕구	• 가장 상위인 욕구로 자기완성, 삶의 보람, 자기만족 등을 느끼는 단계 • 능력, 성장, 잠재력 등을 충분히 발휘하려는 노력을 하며 사람마다 개인차가 크고 각기 다르게 구현됨 • 가장 바람직하고 성숙한 인간 동기임

존경의 욕구
• **낮은 수준** : 타인으로부터 존중받고자 하는 욕구로 지위, 인정, 명성, 주목 등 외적으로 형성된 존중감
• **높은 수준** : 자신으로부터 존중받고자 하는 욕구로 성취, 능력, 독립, 자신감, 숙달 등의 가치를 갖고자 함

실력UP 매슬로우가 제시한 자기실현자의 특징

• 자신의 소망, 감정, 욕망으로 인해 현실을 왜곡하지 않고 사람과 사물을 객관적으로 지각함
• 어려움에 괴로워하거나 도망가려고 하지 않고 어려움과 역경을 문제해결을 위한 기회로 삼음
• 많은 것을 경험하려 함
• 깊은 인간관계를 가지며 사회적 관심이 있고 자기 자신을 사랑함
• 환경과 문화에 영향을 받지 않고 주위환경에 의해 쉽게 바뀌지 않음
• 사회적인 압력에 굴하지 않음
• 자신이 하는 일에 몰두하고 만족스러워함
• 즐거움과 아름다움을 느낄 수 있는 감상능력이 있음

알더퍼의 ERG이론
감정과 퇴행이라는 요소를 추가하여, 고차원 욕구가 좌절되었을 때는 오히려 저차원 욕구의 중요성이 커진다고 주장함

(2) 알더퍼(Alderfer)의 ERG이론

① 개념
　㉠ 매슬로우의 욕구위계이론과 유사한 직무동기이론임
　㉡ 좌절 – 퇴행의 욕구전개를 주장함
　㉢ 매슬로우의 5단계 욕구를 3가지 범주로 구분함
② 범주의 구분
　㉠ **존재의 욕구** : 생리적 욕구+안전의 욕구
　㉡ **관계의 욕구** : 사랑과 소속의 욕구+존경의 욕구(일부)
　㉢ **성장의 욕구** : 존경의 욕구(일부)+자아실현의 욕구

(3) 맥클리랜드(McCelland)의 성취동기이론

① 개념

   ⑤ 개인의 성격은 행위를 유발하는 잠재적 요소인 '성취욕구', '권력욕구', '친교욕구'로 구성되어 있다고 봄 → 이 중 성취욕구를 가장 중요시함

   ⓛ 높은 성취욕구를 가진 사람은 문제해결을 위해 개인적 책임을 부여하는 상황을 선호하며 성과에 대한 빠른 피드백을 받을 수 있는 상황을 원함

   ⓒ 타인의 행동이나 우연에 의한 일보다는 자신이 도전하여 성과에 대해 책임지는 일을 원함

② 세 가지 잠재적 요소

성취욕구	• 어려운 일을 스스로 성취하고 목표를 달성하려는 욕구 • 일을 신속 · 독자적으로 해내려 함
권력욕구	• 타인을 통제, 관리하고 지시하려는 욕구 • 영향력을 행사하여 자신이 원하는 그림대로 이끌려고 함
친교욕구	• 타인과 친근한 관계를 맺으려는 욕구 • 좋은 인간관계를 유지하려 하며 친절하고 동정심이 많음

(4) 허즈버그(Herzberg)의 2요인이론(동기 – 위생이론)

① 개념

   ⑤ 인간의 욕구는 서로 상호 독립되어 있는 '동기요인'과 '위생요인'을 가짐

   ⓛ 직무만족을 결정하는 요인과 직무불만족을 결정하는 요인은 서로 다르다는 이론

   ⓒ 동기요인은 직무 그 자체를 말하며 만족에 영향을 주고, 위생요인은 불만족에 영향력이 한정되어 있음

② 동기요인과 위생요인

동기요인	• 직무만족을 가져오는 요인 • 조직구성원에게 만족을 주고 동기를 유발하는 요인으로, 동기요인을 충족하면 직무성과가 올라감 → 동기요인을 불충족시킨다 하더라도 불만족이 유발되는 것은 아님 ⓔ 성취, 인정, 직무내용, 책임, 승진, 승급, 성장 등
위생요인	• 직무불만족을 가져오는 요인 • 욕구 충족이 되지 않을 시 조직구성원에게 불만족을 초래함 → 위생요인을 충족시킨다 하더라도 적극적인 동기가 유발되지는 않음 ⓔ 조직의 정책과 방침, 관리 감독, 상사와의 관계, 근무환경, 보수, 동료와의 관계, 개인 생활, 부하직원과의 관계, 지위, 안전 등

(5) 데시(Deci)의 내적동기이론(인지평가이론)

① 개념

   ⑤ 인간은 서로 상호보완되는 내적동기와 외적동기에 의해 영향을 받음 → 데시는 내적동기를 더 중요시하였음

SEMI-NOTE

성취동기이론

성취동기이론에서 성취욕구는 자아실현의 욕구와 비슷하며 친교욕구는 사랑과 소속의 욕구와 비슷함

내적동기이론
이 이론에 의하면 금전적 보상이 오히려 직무동기를 낮추는 요인이 될 수도 있음

ⓛ 이미 직무를 수행하고 있는 사람에게 외적인 보상을 주게 되면, 원래 가지고 있던 내적 동기가 약화된다는 이론

ⓒ 특히 내적동기에 의한 경우, 외적동기에 의해 움직이는 사람들보다 성취도가 더 높음

② 외적동기와 내적동기

ⓐ 외적동기 : 돈과 같은 외적 보상에 의해 행동을 하는 것(예 공부를 열심히 하여 좋은 직장에 들어가는 것)

ⓛ 내적동기 : 행위 그 자체 또는 단순히 성공적으로 해내고 싶다는 욕구 때문에 행동을 하는 것(예 공부를 하는 그 자체의 즐거움)

(6) 그 외의 기타 이론

브룸(Vroom)의 기대이론	• 조직의 구성원은 1차적 산출인 성과를 기대하면서 노력하고, 성과는 2차적 산출인 보상(승진, 급료 등)을 기대한다는 이론(노력 → 성과 → 보상) • 행위선택에 영향을 미치는 변수 : 유의성(Valence), 수단성(Instrumentality), 기대(Expectancy)
아담스(Adams)의 공정성 이론	• 종업원들이 직무에 공헌한 정도에 따라 조직으로부터 보상을 받을 때, 자신이 받은 보상과 타인이 받은 보상을 비교하여 공정성을 지각한다는 이론 → 공정성을 유지하는 방향으로 동기부여됨 • 개인이 얼마다 동기화되는가는 타인이 기울인 노력과 자신이 기울인 노력의 비교를 통해 정해짐
로크와 래덤 (Locke&Latham)의 목표설정이론	• 목표가 보다 구체적으로 설정될 때 직무수행이 높아진다는 이론 • 목표에 대한 몰입과 목표의 난이도는 비례함 • 성과에 대한 피드백을 받게 되면 직무수행 수준이 높아짐

05장 직업심리검사

01절   직업심리검사의 이해

02절   규준과 점수해석

03절   신뢰도와 타당도

04절   심리검사의 개발과 활용

05절   주요 심리검사

심리검사의 용도 및 목적
- 진단(분류)
- 개성 및 적성의 발견
- 자기이해 증진
- 조사 및 연구
- 예측

심리검사 도구 선정 시 고려사항
- 검사의 목표를 분명히 하고 이에 알맞은 도구를 선정해야 함
- 표준화된 검사를 사용해야 함
- 신뢰도와 타당도가 충족되는지 검토해야 함
- 검사 도구의 실용성(간편성, 시간, 비용 등)을 고려해야 함

내적 타당도와 외적 타당도
- **내적 타당도** : 종속변인에 의한 변화가 독립변인의 영향 때문이라고 추론할 수 있는 정도
- **외적 타당도** : 연구 결과에 의해 드러난 인과관계가 연구대상 이외의 경우로 확대·일반화될 수 있는 정도

01절 · 직업심리검사의 이해

1. 심리검사의 개요

(1) 심리검사의 의의

① 알아보려는 심리특성을 대표하는 행동진술문들을 표집해 놓은 측정도구

② 심리적 특성을 파악하기 위해 양적 또는 질적으로 측정, 평가하는 절차

③ 객관적 측정을 위해 표준화된 절차에 따라 실시함

> **실력up 심리검사 해석 시 주의사항**
>
> - 검사 결과가 악용되지 않도록 주의를 기울여야 함
> - 전문적인 자질과 경험을 갖춘 사람이 해석해야 함
> - 다른 검사나 관련 자료를 종합적으로 고려하여 결론을 내려야 함
> - 검사결과에 대해 객관적이고 표준화된 자료를 활용하며 규준에 따라 해석되어야 함
> - 자기충족 예언을 해서는 안 되며 내담자에게 명령하거나 낙인찍기를 하지 않아야 함
> - 검사결과에 대해 내담자가 이해하기 쉬운 용어를 사용해야 함
> - 해석에 대한 내담자의 반응을 고려해야 함
> - 검사결과에 대한 내담자의 방어를 최소화해야 함
> - 검사결과에 대해 중립적인 입장을 취하고 주관적인 판단을 배제해야 함
> - 내담자의 점수범위를 고려하여 말해 주고 내담자 스스로 자신의 진로를 결정하도록 도와야 함

(2) 주요 개념

① **측정**

㉠ 일정한 규칙에 따라 대상이나 사건에 수치를 할당하는 것

㉡ 인간의 물리적 속성(몸무게, 키 등), 심리적 속성(지능, 흥미, 성격 등)을 수치로 나타내는 것

② **분류와 분류변인**

㉠ 분류는 측정대상을 속성에 따라 범주화하는 것이다.

㉡ 독립변인은 분류변인과 처치변인으로 나뉨

- 분류변인 : 연령, 지능, 성격 등 피험자의 속성에 관한 개인차에 해당
- 처치변인 : 연구자가 통제하거나 변경시킬 수 있는 것

㉢ 분류변인은 통제가 어려워 기본적으로 내적 타당도가 낮으며 독립변인으로 사용 시 외적 타당도가 낮아짐

③ **표준화**

㉠ 검사실시와 채점절차의 동일성을 유지하는 데 필요한 세부사항들을 잘 정리

한 것으로, 표준화를 통해 검사에 영향을 미치는 외적 변인들을 가능한 한 제거해야 함

    ⓛ 검사재료, 검사순서, 검사장소 등 검사실시의 모든 과정과 응답한 내용을 어떻게 점수화하는가 하는 채점절차를 세부적으로 명시하는 것

    ⓒ 심리검사 표준화를 통해 검사자 변인, 채점자 변인, 실시상황 변인은 통제할 수 있지만 피검자(수검자) 변인은 통제하기 어려움

    ⓔ 표준화 검사와 비표준화 검사

표준화 검사	비표준화 검사
• 정해진 절차에 따라 실시되고 채점 → 모든 검사 조건이 수검자마다 동일하기 때문에 객관적임 • 신뢰도와 타당도가 높아 비교적 일관되고 정확히 측정할 수 있음 • 규준집단에 비교해서 피검사자의 상대적 위치를 알 수 있음 • 비통제적인 외부요인으로 인해 일어날 수 있는 무선적 오차를 완전히 제거하기는 어려움	• 기준을 갖추고 있지 않으며 검사의 실시와 채점이 주관적임 • 표준화검사에 비해 신뢰도와 타당도는 낮지만 수검자의 일상생활, 주관적 생각 등 표준화 검사에서 다루기 힘든 내용을 융통성 있게 다룰 수 있음 • 규준집단에 비교하기보다는 피검사자의 고유한 특성을 파악하는 데 도움이 됨

④ 심리적 구성개념

    ⓐ 인간속성을 설명하기 위해 연구자들이 만들어낸 추상적이고 가설적인 개념

    ⓑ 어떤 구체적인 행동을 관찰 가능한 형태로 정의한 후 관찰하여 개인의 심리적 구성개념을 추론함

⑤ 행동표본과 타당화 과정

    ⓐ **행동표본** : 인간의 심리적 작용을 설명해주는 지표인 행동을 정량적으로 수집·측정하는 것

    ⓑ **타당화 과정** : 특정 종류의 검사로 측정하려는 행동표본이 삶에서 드러나는 행동을 얼마나 잘 대표하는지를 해결하는 것

2. 심리검사의 분류

(1) 실시방식에 따른 분류

① 도구에 따른 분류

지필검사	• 수검자가 종이에 인쇄된 문항에 연필로 응답하는 방식 • 손쉽게 실시할 수 있음 예) 운전면허 필기시험, 국가자격시험의 필기시험, 미네소타 다면적 인성검사(MMPI), 마이어스 – 브릭스 성격유형검사(MBTI), 캘리포니아 성격검사(CPI) 등
수행검사	• 수검자가 대상이나 도구를 직접 다루어야 하는 방식 • 직접 행동을 하는 방식도 있음 예) 운전면허 주행시험, 한국판 웩슬러 지능검사(K – WAIS), 일반 직업적성검사(GATB)의 동작성 검사 등

무선적 오차와 체계적 오차
• 무선적 오차 : 검사과정에서 통제되지 않은 요인들에 의해 우연히 발생하는 오차
• 체계적 오차 : 응답자 개인이나 검사 자체의 특성으로 인해 발생하는 오차

05장

직업심리검사

좋은 검사도구의 조건
• 신뢰도(Reliability)
• 타당도(Validity)
• 객관도(Objectivity)
• 실용도(Usability)

SEMI-NOTE

주제통각검사와 로샤검사

- **주제통각검사(TAT)** : 인물이 등장하는 모호한 내용의 그림자극 제시 후 그에 대한 이야기를 구성해보는 검사
- **로샤검사(Rorschach Test)** : 10장의 잉크반점 카드(무채색 흑백카드, 무채색에 일부 붉은 색채 카드, 유채색의 색채카드)로 구성되어 있는데 이를 본 사람들의 반응으로 반응영역, 발달질, 결정인, 형태질, 반응내용, 평범반응, 조직화점수, 특수점수 등을 채점함

적성검사

적성검사는 교과과정과 무관하게 개인의 잠재적 능력을 검사하고자 하는 반면, 성취검사는 제한된 교과과정에서 학습된 내용을 평가하고자 함

② 시간에 따른 분류

속도검사	• 시간제한을 두고 쉬운 문제로 구성함 • 문제해결력보다는 숙련도를 측정 예 한국판 웩슬러 지능검사의 소검사는 어렵다기보다는 시간이 부족해서 못 푸는 경우가 있음
역량검사	• 시간제한이 없고 어려운 문제로 구성함 • 숙련도보다는 문제해결력을 측정 예 수학경시대회 문제의 경우 시간이 부족하다기보다는 어려워서 못 푸는 경우가 있음

③ 인원에 따른 분류

개인검사	• 한 명의 수검자와 한 명의 검사자에 의한 일대일 방식 • 수검자 개인에 대한 심층적 분석에 유리함 예 한국판 웩슬러 지능검사(K – WAIS), 일반 직업적성검사(GATB), 주제통각검사(TAT), 로샤검사(Rorschach Test) 등
집단검사	• 한 번에 여러 명의 수검자들을 대상으로 실시하는 방식 • 시간 및 비용 면에서 효율적임 예 미네소타 다면적 인성검사(MMPI), 마이어스 – 브릭스 성격유형검사(MBTI), 캘리포니아 성격검사(CPI) 등

(2) 측정내용에 따른 분류

① 인지적 검사(능력검사)

   ⊙ 일정한 시간 내 자신의 능력을 최대한 발휘하도록 하는 극대수행검사

   ⓛ 능력 전체가 아닌 일부를 측정하는 능력검사이며 수검자의 최대한의 능력발휘를 요구함

   ⓒ 정답이 있으며 시간제한이 있음

   ⓔ 지능검사, 적성검사, 성취도검사 등이 해당됨

인지적 검사	지능검사	• 한국판 웩슬러 성인용 지능검사(K – WAIS) • 한국판 웩슬러 아동용 지능검사(K – WISC) • 스탠포드 – 비네 지능검사
	적성검사	• 일반(직업)적성검사(GATB) • 차이적성검사(DAT) • 특수적성검사
	성취도 검사	• 학업성취도검사 • 표준학력검사 • TOEFL, TOEIC

② 정서적 검사(성향검사)

   ⊙ 일상생활에서의 습관적인 행동을 검토하는 습관적 수행검사

   ⓛ 인지능력 이외의 정서, 흥미, 태도 등을 측정하며 정직한 답변을 요구함

   ⓒ 정답이 없으며 시간제한도 없음

ㄹ 성격검사, 흥미검사, 태도검사 등이 해당됨

정서적 검사	성격검사	• 마이어스 – 브릭스 성격유형검사(MBTI) • 미네소타 다면적 인성검사(MMPI) • 캘리포니아 성격검사(CPI) • 성격 5요인검사(Big – 5) • 이화방어기제검사(EDMT) • 로샤검사(Rorschach Test)
	흥미검사	• 스트롱 – 캠벨 흥미검사(SCII) • 쿠더 직업흥미검사(KOIS) • 직업선호도검사(VPI) • 자기탐색검사(SDS)
	태도검사	• 직무만족도검사(JSS) • 구직욕구검사 • 부모양육태도검사(PAT) • 의사소통태도검사(CAT)

(3) 사용목적에 따른 분류

① 규준참조검사
  ㉠ 개인의 점수를 다른 사람의 점수와 비교해서 상대적으로 어떤 수준인지를 알아보는 검사
  ㉡ 일반적으로 대부분의 심리검사가 규준참조검사임
  ㉢ 결과에 백분위, 표준점수 등이 있으면 대부분 규준참조검사임

② 준거참조검사
  ㉠ 검사점수를 다른 사람들과 비교하는 것이 아니라, 어떤 기준점수와 비교해서 이용하려는 검사
  ㉡ 기준점수는 검사를 사용하는 기관, 조직의 특성, 검사의 시기, 목적 등에 따라 달라질 수 있음
  ㉢ 규준참조검사와 달리 규준을 갖고 있지 않으며 특정 당락점수만 가지고 있음
  ㉣ 대부분의 국가자격시험이 준거참조검사에 해당함

(4) 객관적 검사와 투사적 검사

① 객관적 검사
  ㉠ 구조화된 절차와 표준화된 채점 과정을 사용하여 일정한 형식에 따라 제시되는 과제에 반응하도록 하는 검사
  ㉡ 개인을 상대적으로 비교하려는 목적을 지니며 표준화된 심리검사가 이에 해당함

② 투사적 검사
  ㉠ 인간 내면의 무의식적 심리(다양한 욕구, 갈등, 성격 등)를 투사하는 비구조화된 검사

ⓛ 로샤검사, 주제통각검사, 문장완성검사 등이 해당함

실력UP 객관식 검사와 투사적 검사의 장단점

구분	객관적 검사	투사적 검사
장점	• 검사의 실시, 채점, 해석이 간편함 • 신뢰도와 타당도가 매우 높음 • 객관성이 보장됨	• 다양하고 독특한 반응을 이끌어낼 수 있음 • 검사에 대한 방어를 무력하게 함 • 무의식적 내용을 끌어낼 수 있음
단점	• 사회적 바람직성의 영향을 받음 • 반응 경향성이나 묵종 경향성에 따라 반응이 오염될 수 있음	• 신뢰도와 타당도가 매우 낮음 • 검사반응이 상황에 영향을 받음

용어설명
• 반응 경향성 : 수검자가 의도적으로 일정한 성격이나 흐름으로 반응하는 것
• 묵종 경향성 : 수검자가 문항과 상관없이 일괄적으로 '네' 또는 '아니요'라 반응하는 것

(5) 주요 질적 측정도구

① **자기효능감척도**
  ㉠ 어떤 과제를 어느 정도 수준으로 수행할 수 있는 능력을 갖추었다고 스스로 판단하는지의 정도를 측정
  ㉡ 내담자가 과제를 잘 수행할 수 있는지를 과제의 난이도와 내담자의 확신도로 파악함

② **직업카드분류**
  ㉠ 직업카드를 개발하고 이를 분류하는 활동
  ㉡ 내담자의 직업에 대한 선호 및 흥미, 직업선택의 동기와 가치를 질적으로 탐색하는 방법
  ㉢ 내담자의 가치관, 흥미, 직무기술, 라이프스타일 등의 선호형태를 측정하는 데 유용함

직업카드분류
직업카드분류에 대한 자세한 설명은 02장(직업상담의 기법)의 04절(내담자 사정)에 나와 있으니 참고 → p.63

③ **직업가계도(제노그램)**
  ㉠ 직업과 관련된 내담자의 가족 내 계보를 알아보는 도구로서 내담자의 고정관념, 직업의식, 직업가치, 직업선택 등에 대한 가족의 영향력을 분석하고 근본원인을 파악함
  ㉡ 내담자의 가족이나 선조들의 직업특징에 대한 도표를 만듦
  ㉢ 가족치료에 활용할 수 있음

직업가계도
직업가계도에 대한 자세한 설명은 02장(직업상담의 기법)의 03절(구조화된 면담법)에 나와 있으니 참고 → p.59

④ **역할놀이(역할극)**
  ㉠ 내담자에게 수행행동을 나타낼 수 있는 가상의 업무 상황을 제시해줌
  ㉡ 취업에 필요한 면담이나 사용자와의 대화 등 다양한 영역에서 발휘되는 내담자의 사회적 기술들을 측정하기 위해 활용됨

02절 규준과 점수해석

1. 기본개념

(1) 변인과 척도

① **변인(변수)** : 서로 다른 수치를 부여하는 대상의 속성으로, 성별, 교육수준 등과 같이 둘 이상의 값을 가짐

② **척도**

    ㉠ **명명척도** : 단지 측정 대상의 구분을 위하여 숫자나 기호를 할당한 것 → 양적인 분석이나 대소 비교 등 유의미한 통계적 쓰임은 없음(**예** 한 반에 있는 남자들을 구분하기 위하여 남자1, 남자2, 남자3이라 할당하면 이들은 서로 같은 사람이 아니라는 차이정보만을 제공할 뿐임)

    ㉡ **서열척도** : 숫자의 차이가 측정한 속성의 차이에 관한 정보뿐 아니라 그 순위관계에 대한 정보도 포함하고 있음(**예** 달리기 시합에서 들어온 순서대로 1등, 2등, 3등을 할당하면 2등은 1등보다는 늦게 들어왔으나 3등보다는 빨리 들어왔다는 서열정보를 제공함)

    ㉢ **등간척도** : 속성에 대한 순위를 부여하되 순위 사이의 간격이 동일한 척도 → 명명척도와 서열척도의 특징을 모두 가지고 있음(**예** 어제는 아침엔 15℃ 저녁엔 10℃였고, 오늘은 아침엔 10℃ 저녁엔 5℃로 내려갔다면 오늘의 기온이 어제의 기온보다 전반적으로 5℃ 내려갔다고 볼 수 있음)

    ㉣ **비율척도** : 차이정보, 서열정보, 등간정보 외에 수의 비율에 관한 정보까지 담고 있는 척도 → 특히 절대영점을 가짐으로써 비율의 성격을 지님(**예** 남자1의 몸무게가 90kg이고 남자2의 몸무게가 45kg이라면 남자1의 몸무게는 남자2의 몸무게의 두 배임)

(2) 대푯값

① **중심경향치로서의 대푯값**

평균	• 집단에 속하는 모든 점수의 합을 전체 사례 수로 나누어 얻은 값 • 통계적 조작이 쉽고 가장 널리 사용됨 **예** 사례가 2, 3, 7, 8인 경우 → 모두 더하여 사례수인 4로 나눔 (2 + 3 + 7 + 8)÷4 = 5, 평균은 '5'임

중앙치
(중앙값)
	• 점수를 크기순으로 배열했을 때 위치상 가장 중앙에 있는 값
	• 한 집단의 점수분포에서 전체 사례를 상위반과 하위반 즉, 상위 50%로 나누는 점
	• 중앙치를 중심으로 전체 사례의 반이 이 점의 상위에, 나머지 반은 이 점의 하위에 있게 됨
	예 사례가 1, 2, 4, 5, 6, 8, 9인 경우 → 사례수가 홀수임
	    그 중간에 위치한 '5'가 중앙치임
	예 사례가 1, 2, 4, 5, 6, 8인 경우 → 사례수가 짝수임
	    그 중간에 위치한 두 수의 평균인 (4+5)÷2=4.5가 중앙치임

절대영점(절대 '0'점)

값이 존재하지 않는 것을 의미함

• 절대영점이 없음 : 0은 상대적 의미를 가짐(**예** 0시라는 것은 시간이 없다는 것이 아니라 23시 59분 59초 이후 정각을 의미함)
• 절대영점이 있음 : 0은 값이 없다는 것을 의미함(**예** 어제 공부를 0시간 했다는 것은 아예 안 했다는 것을 의미함)

대칭적 분포
사례가 대칭적으로 분포되어 있는 경우에는 평균과 중앙치가 동일함

최빈치 (최빈값)	• 점수 분포상에서 가장 자주 나오는 숫자 즉, 빈도가 많은 점수 • 최빈치는 서열, 등간, 비율정보를 갖지 않으며 모든 점수의 빈도가 같을 경우에는 최빈값이 존재하지 않음 **예** 사례가 10, 11, 12, 12, 12, 13, 14, 14, 18인 경우 12의 빈도가 3으로 가장 많으므로 최빈치가 됨

② 산포도

범위	• 구간의 크기를 의미 • 공식 : 최댓값 − 최솟값 + 1
분산	• 점수들이 서로 흩어져 있는 정도를 의미 • 분산이 작을수록 해당 집단은 동질적이며 클수록 이질적임 • 공식 : (표준편차)^2
표준 편차	• 각 점수들이 평균에서 얼마나 벗어났는지를 의미 • 표준편차가 작을수록 해당 집단은 동질적이며 클수록 이질적임 • 산포도 중에 가장 많이 활용됨
사분 편차	• 점수를 크기순으로 나열하여 작은 쪽에서 1/4지점, 3/4지점에 해당하는 위치에 있는 자료를 선택하고 그 차이를 2로 나눈 값 • 극단한 점수의 영향을 받는 경우, 이를 보완하기 위한 방법임

③ 표준오차

    ㉠ 표본의 평균이 실제 모집단의 평균과 얼마나 떨어져 있는지를 나타내는 수치

    ㉡ 검사의 표준오차는 검사점수의 신뢰도를 나타냄

    ㉢ 표준오차가 작을수록 표본의 대표성이 높기 때문에 표준오차는 작을수록 좋음

    ㉣ 표준오차를 고려할 때 오차 범위 안의 점수 차이는 무시해도 됨 → 다만, 표준오차가 너무 크다면 검사 자체가 무의미해짐

④ 정규분포(정상분포)

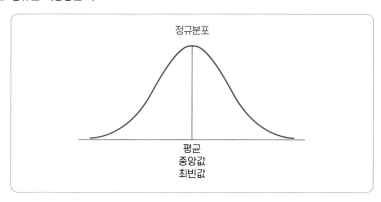

    ㉠ 통계학에서 대표적인 연속 확률분포로, 가우스분포라고도 함

    ㉡ 사례수가 충분할 경우 평균을 중심으로 연속적이고 대칭인 종모양의 형태를 띰

    ㉢ 평균, 중앙값이 일치함

    ㉣ 정규분포를 따르는 검사에서 규준에 비추었을 때 중앙값을 얻었다면 같은 연령집단의 점수분포에서 평균점수를 얻은 것으로 볼 수 있음

실력up 정규분포의 표준편차

- **1표준편차** : 평균을 중심으로 전체 사례의 약 68.3%가 포함됨
- **2표준편차** : 평균을 중심으로 전체 사례의 약 95.4%가 포함됨
- **3표준편차** : 평균을 중심으로 전체 사례의 약 99.7%가 포함됨

⑤ 상관계수

　㉠ 두 변인이 서로 관련성이 있는지의 정도(상관관계의 정도)를 나타내는 수

　㉡ 상관계수는 −1에서 +1 사이의 값을 가짐

　　• 정적상관(+1) : 한 변인이 증가할 때 다른 변인도 증가하는 관계

　　• 상관없음(0) : 두 변인 간 관계가 없음

　　• 부적상관(−1) : 한 변인이 증가할 때 다른 변인은 감소하는 관계

　㉢ 두 변인 간 관련성이 있다는 것은 한 변인이 변함에 따라 다른 변인에도 영향을 주는 것을 의미함

(3) 원점수

① 검사를 실시해 얻는 최초의 점수를 의미

② 검사에 따라 원점수는 매우 다양하므로 그 자체로는 아무런 정보를 주지 못함

③ 서로 다른 검사의 결과를 동등하게 비교할 수 없음

④ 척도의 종류로 볼 때 서열척도에 불과하며 등간척도가 아님

⑤ 기준점이 없기 때문에 특정 점수의 크기를 표현하기 어려움

2. 규준

(1) 규준의 개념

① 대표집단에서 실시한 검사 점수를 일정한 분포도로 작성하여 특정 검사 점수의 해석에 기준이 되는 자료를 의미함

② 한 개인의 점수와 다른 사람의 점수를 비교할 때 비교가 되는 점수이기도 함

③ 다른 검사점수를 참고하여 개인점수의 상대적 위치를 앎으로써 검사점수의 상대적인 해석이 가능함

④ 한 개인이 서로 다른 검사에서 얻은 결과를 비교할 수도 있음

⑤ 특정 모집단을 대표하는 표본을 구성한 후 이들에게 검사를 실시하여 얻은 점수를 체계적으로 분석하여 만듦

실력up 여러 가지 표집방법

- **단순무선표집** : 모집단의 구성원이 표본으로 추출될 확률이 동일하도록 무작위로(random) 선택하는 방법
- **층화표집(유층표집)** : 모집단 안에 여러 개의 하위집단이 있을 경우, 모집단을 계층으로 구분하고 각 계층에서 단순무선표집을 하는 방법

상관계수와 결정계수

- 두 변수의 관계를 알아보기 위해서는 결정계수를 구해야 함
- 결정계수 = (상관계수)^2
- 예 지능검사 점수와 학교성적 간의 상관계수가 0.40일 경우, 결정계수는 $(0.4)^2 = 0.16$, 즉 16%이므로 학교성적에 대한 변량의 16%는 지능검사로 설명할 수 있음

05장 직업심리검사

규준 제작 시 유의사항

- 규준은 절대적이거나 보편적이거나 영구적인 것이 아님
- 규준집단은 모집단에 대한 대표성을 잘 갖춰야 함
- 표본 수가 너무 작거나 지역이 편중되거나 제작 시기가 너무 길면 안 됨

발달규준

수검자가 발달경로상에서 어느 정도 위치에 있는지를 표현하는 방식으로 원점수에 의미를 부여함(예 정신연령규준, 학년규준, 서열규준, 추적규준 등)

집단 내 규준점수

원점수는 서열척도에 불과한 반면, 집단 내 규준점수는 등간척도의 성질도 가짐

T점수

음수값과 소수점을 가지는 Z점수를 친숙한 수치로 변환하여 만든 점수를 T점수라 함

• **군집표집** : 모집단이 어떤 하위집단으로 구성되어 있는 경우, 하위집단을 표집의 단위로 사용함(예) '경기도의 중학생'이라는 모집단 조사를 위해 학생 개별이 아닌 '경기도의 각 중학교'라는 하위집단 자체를 표본으로 추출)
• **편의표집** : 연구자의 편의대로 표집가능한 표본을 구하는 비확률적인 표집방법
• **목표표집** : 표본의 크기가 모집단에 비하여 너무 작은 경우, 연구자의 이론에 따라 목표집단을 편의로 선정하는 방법
• **체계적표집** : 표집목록에 비추어 목록에서 일정한 순서에 있는 표본을 표집하는 방법

(2) 집단 내 규준점수

① 백분위 점수
  ㉠ 특정 원점수 이하에 속하는 사례의 비율을 통해 나타내는 상대적 위치 → 특정 집단에서 차지하는 상대적 위치를 의미
  ㉡ 개인의 점수를 100개의 동일한 구간에서 순위를 정함(예) 백분위 95는 내담자의 점수보다 낮은 사람들이 전체의 95%가 된다는 의미 즉 내담자는 상위 5%의 위치)
  ㉢ 단순하고 직접적이며 집단 내에서 개인의 상대적인 위치를 살펴보는 데 적합함

② 표준점수
  ㉠ 개인의 점수가 평균으로부터 떨어져 있는 거리를 의미
  ㉡ 원점수를 표준점수로 변환함으로써 상대적인 위치를 파악하고 검사 결과를 비교할 수 있음

Z점수	• 평균이 0이고 표준편차가 1인 Z분포상의 점수로 변환한 점수를 의미 • Z점수 0은 원점수와 평균이 같다는 의미이고, Z점수 −2.5는 원점수가 평균으로부터 하위 2.5표준편차만큼 떨어져 있다는 의미 • Z점수 $= \dfrac{\text{원점수} - \text{평균}}{\text{표준편차}}$
T점수	• 원점수를 평균 50, 표준편차 10으로 하는 점수분포로 변환한 점수 • T점수$=10 \times$ Z점수$+50$

③ 표준등급
  ㉠ 모든 원점수를 1~9등급으로 나눈 것으로, 스테나인 점수라고도 함(예) 내신등급)
  ㉡ 원점수를 크기 순서로 배열한 후 각각의 구간에 일정한 점수나 등급을 부여함
  ㉢ 학교에서 실시하는 성취도검사나 적성검사의 점수를 정해진 범주에 집어넣어 학생들 간의 점수 차가 작을 때 생길 수 있는 지나친 확대해석을 미연에 방지할 수 있음

표준등급	1	2	3	4	5	6	7	8	9
백분율(%)	4	7	12	17	20	17	12	7	4

| 03절 | 신뢰도와 타당도 |

1. 신뢰도

(1) 개요

① 신뢰도의 개념

㉠ 동일한 대상에 대해 같거나 유사한 측정도구를 사용하여 반복 측정할 경우 동일한 결과를 얻을 수 있는 정도를 의미 → 즉, 일관성의 정도를 뜻함

㉡ 측정오차가 작을수록 신뢰도는 높은 경향이 있음

② 신뢰도 계수

㉠ 결과의 일관성을 보여주는 값

㉡ 0에서 1 사이의 값을 가지며 0에 가까울수록 신뢰도는 낮고, 1에 가까울수록 신뢰도가 높음

㉢ 신뢰도 계수는 신뢰도 추정방법에 따라 달라질 수 있음

(2) 신뢰도에 영향을 주는 요인

① **문항수** : 검사 문항수가 증가할수록 신뢰도는 증가함(단, 무작정 늘린다고 해서 정비례하여 커지는 것은 아님)

② **반응수** : 문항에 대한 반응수가 적정 크기를 유지할수록 신뢰도 계수 증가함(적정 크기를 초과할 경우 신뢰도는 향상하지 않음)

③ **개인차** : 개인차가 클수록 신뢰도 계수는 커짐

④ **변별도** : 문항의 변별도가 높으면 신뢰도는 증가함

⑤ **신뢰도 계산 방법** : 신뢰도 계산 방법에 따라 신뢰도의 크기가 달라질 가능성이 높음

⑥ **신뢰도 추정 방법** : 신뢰도 추정 방법에 따라 신뢰도 계수는 달라질 수 있음

⑦ 속도검사의 경우 신뢰도를 추정하는 것이 바람직하지 않음

⑧ 문항의 난이도가 지나치게 높거나 낮으면 신뢰도가 낮아짐

(3) 검사 – 재검사 신뢰도

① 개념

㉠ 하나의 검사(동일한 검사)를 동일한 수검자에게 시간 간격을 두고 두 번 실시하여 얻은 두 검사 점수 간의 상관계수에 의해 신뢰도를 추정하는 방법

㉡ 신뢰도계수는 시간의 변화에 따라 얼마나 일관성이 있는지를 의미하므로 '안정성 계수'라고도 함

㉢ 오차의 근원은 시간 간격(검사 실시 간격)임

SEMI-NOTE

진점수
심리검사를 여러 번 반복하여 실시할 경우 나타나는 전체 점수의 범위로 각 점수 간의 차이를 의미함

② 충족요건
  ㉠ 측정 내용 자체는 시간이 경과하더라도 변하지 않는다고 가정할 수 있어야 함
  ㉡ 앞서 받은 검사의 경험이 뒤에 받은 검사에 영향을 미치지 않는다는 확신이 있어야 함
  ㉢ 검사와 재검사 사이의 어떤 학습활동이 두 번째 검사에 영향을 미치지 않는다고 가정할 수 있어야 함

③ 주요 단점(한계점)

이월효과 (기억효과)	두 검사 사이의 시간 간격이 너무 짧을 경우 앞에서 답한 것을 기억해서 활용할 수 있음
성숙효과	두 검사 사이의 시간 간격이 너무 길 경우 측정대상의 속성이나 특성이 변화할 수 있음
반응민감성	검사를 치른 경험이 개인의 진점수를 변화시킬 수 있음
물리적 환경의 변화	날씨, 소음, 환경 등 기타 방해요인으로 인해 두 검사결과의 차이가 발생할 수 있음
개인적 요인	검사 시 심리적 · 육체적 상태 검사 결과에 영향을 미칠 수 있음
통제 불가능한 사건	서로 다른 시기에 실시하기 때문에 외생변수가 발생할 수 있음

(4) 동형검사 신뢰도

① 개념
  ㉠ 하나의 검사와 동일한 검사를 하나 더 개발해서 두 점수 간의 상관계수를 구하는 방법
  ㉡ 두 검사의 동등성 정도를 나타낸다는 점에서 '동등성 계수'라고도 함
  ㉢ 오차변량의 원인을 특정 문항의 표집에 기인한 것으로 가정함
  ㉣ 이미 신뢰성이 입증된 유사한 검사 점수와의 상관계수를 검토함

② 충족요건
  ㉠ 두 검사가 근본적으로 측정하고자 하는 영역에서 동일한 내용이 표집되어야 함
  ㉡ 두 검사의 문항형태, 문항수, 난이도, 변별도, 문항내용, 시간제한, 구체적 설명 등이 동일해야 함
  ㉢ 문항 간 동질성이 높은 검사에서 적용하는 것이 좋음

③ 주요 단점(한계점)
  ㉠ 실제로 완벽한 동형검사를 제작하기 어려움
  ㉡ 연습효과에 취약함

연습효과
동일한 검사를 동일한 수검자에게 반복 시행함으로써 수검자의 수행이 향상되는 것을 의미 → 첫 번째 시행에서의 경험을 바탕으로 두 번째 시행에서 자신들의 실제 능력보다도 더 나은 수행을 보이는 경우

(5) 반분 신뢰도

① 개념
  ㉠ 전체 문항수를 반으로 나누어 두 부분이 같은 개념을 측정하는지 일치성 · 동질성 정도를 비교하는 방법

ⓛ 개인별로 두 개의 점수를 구하여(일관성) 두 점수 간 상관계수를 계산함

ⓒ 한 검사를 어떤 집단에서 실시하고 그 검사 문항을 동형이 되도록 두 개의 검사로 나눈 다음 두 부분의 점수가 어느 정도 일치하는가를 상관계수를 통해 추정함

ⓔ 하나의 검사로 한 번만 검사를 실시하므로 시간에 영향을 받지 않으며 비용면에서 장점이 있음

ⓜ 둘로 구분된 문항이 얼마나 일관성이 있는가를 측정한다는 점에서 '내적합치도 계수'라고도 함

ⓗ 검사 문항을 둘로 분리하기 위해 다양한 방법이 사용된다.

ⓢ 반분법에 따라 신뢰도계수가 달라질 수 있다.

② 주요 추정 방법

전후반분법 (전후절반법, 전후양분법)	• 문항순서에 따라 전반부와 후반부로 반분하는 방법 • 문항수가 적고 문항의 난이도가 고른 분포일 경우 적합 • 문항수가 많거나 속도검사인 경우 또는 난이도에 따라 문항이 구성된 경우 적합하지 못함
기우반분법 (기우절반법, 기우양분법)	• 홀수와 짝수에 따라 반분하는 방법 • 문항수가 많고 난이도에 따라 배열되어 있는 경우 적합 • 다른 신뢰도 추정방법에 비해 계수가 불합리하게 높게 나오는 경향이 있음
짝진 임의배치법 (임의적 짝짓기법)	• 문항의 난이도와 문항 – 총점 간의 상관계수를 토대로 반분하는 방법 • 통계치의 산포도를 작성하여 좌표상 가까이 위치한 문항끼리 짝을 지은 후 그중 한 문항을 임의로 선택하고 양분하는 방법

③ 주요 단점(한계점)

㉠ 문항수와 상관계수는 비례하므로 반분하면 상관계수도 작아짐

㉡ 신뢰도가 낮을 경우 이질적인 문항들을 제거하거나 동질적인 문항을 개발하여 부가할 필요가 있음

㉢ 양분된 두 문항을 완전히 동등하게는 할 수 없으므로 신뢰도에 의문이 제기될 수 있음

(6) 문항내적합치도

① 개념

㉠ 단일의 신뢰도 계수를 계산할 수 없는 반분법의 문제점을 고려하여 가능한 모든 반분신뢰도를 구한 다음 그 평균값을 신뢰도로 추정하는 방법

㉡ 한 검사에 포함된 문항들이 동질성이 있는지를 측정하고자 할 때 사용하며 '동질성 계수'라고도 함

㉢ 한 검사 내의 각 문항들을 독립된 별개의 검사로 간주하고 문항들 간 일관성이나 합치성의 상관계수를 구함

SEMI-NOTE

내적합치도 계수

내적합치도 계수가 낮으면 검사가 성질상 매우 다른 속성을 측정하는 문항들로 구성되어 있다고 볼 수 있음

속도검사

속도검사에서는 반분 신뢰도가 작용하면 안 됨

• 전후반분법을 사용하면 대부분의 수검자들이 시간부족으로 인해 후반부 문항들에 대해 제대로 답하지 못하는 경우가 생기기 때문

• 기우양분법을 사용하면 신뢰도 계수가 과대 추정되는 경향이 생기기 때문

05장

직업심리검사

크론바흐 알파계수

크론바흐 알파계수가 크다는 것의 의미는 검사 문항들이 동질적이라는 뜻임

② 주요 추정 방법

크론바흐 알파계수 (Cronbach's α)	• 문항이 세 개 이상의 보기로 구성된 검사에 사용하며 논문형, 평정형 등 이분법적으로 채점되지 않는 경우에 사용할 수 있음 • 0~1의 값을 가지며 값이 클수록 신뢰도가 높음
쿠더 – 리차드슨 계수	• 응답문항이 '네', '아니요' 등 두 가지일 경우 사용함 • 문항 간 정답과 오답의 일관성을 종합적으로 추정

③ 주요 단점(한계점)

　㉠ 문항의 난이도가 일정하지 않다면 신뢰도는 약해짐

　㉡ 단일 요인이 아닌 여러 요인을 검사하는 도구라면 일관성 부족으로 인한 오차인지, 검사 내용의 이질성으로 인한 오차인지 분간하기 어려움

(7) 채점자 간 신뢰도

① 개념

　㉠ 채점자의 채점을 어느 정도 믿을 수 있는지와 일관성이 있는지를 나타낸 상관계수

채점자에게 많은 재량권이 있는 검사

에세이 검사, 행동관찰, 투사적 검사 등

　㉡ 채점자에게 많은 재량권이 있는 검사의 경우에는 채점자에 따라 동일한 수검자에 대하여도 점수가 다르게 나타날 수 있음 → 채점자 간 신뢰도 낮음

　㉢ 사지선다형 등 표준화된 절차가 있는 경우에는 채점자 간 신뢰도가 높음

② 채점자 오류 유형

관용의 오류	채점자가 일반적으로 후한 점수를 주는 경향
논리적 오류	특정 행동의 특성에 대해 판단한 것이 관련 있어 보이는 다른 특성의 평정에 영향을 미치는 경우
중앙집중경향의 오류	아주 높거나 아주 낮은 점수를 피하고 대체로 중간 점수를 주는 경향
후광효과의 오류	수검자에 대한 인상이 채점이나 평정에 영향을 미치는 경우

측정오차

검사의 신뢰성을 높이기 위해서는 측정 오차를 줄여야 함

실력up 측정오차를 줄이는 방법

• 표준화된 측정도구를 이용함(검사와 채점과정 모두 표준화함)
• 측정자의 태도와 측정 방식의 일관성을 유지함
• 신뢰도에 나쁜 영향을 끼치는 문항을 제거함
• 문항수를 늘림

2. 타당도 ⭐ 빈출개념

(1) 개요

① 타당도의 개념
  ㉠ 측정하고자 하는 개념이 실제로 측정되었는지, 얼마나 정확하게 측정되고 있는지의 정도를 의미함 → 측정의 정확성을 의미
  ㉡ 검사 점수를 이용하여 그 검사가 측정하려는 속성에 대해 추론하는 것이 타당한 일인지를 결정해주는 것

② 신뢰도와 타당도
  ㉠ 타당도가 있으면 반드시 신뢰도가 있으며, 타당성 있는 측정은 항상 신뢰도가 있음
  ㉡ 타당도가 낮다고 하여 신뢰도도 낮은 것은 아님(타당도가 낮아도 신뢰도는 높을 수 있음)
  ㉢ 타당도가 높으면 신뢰도도 높음
  ㉣ 신뢰도가 낮으면 타당도도 낮음
  ㉤ 신뢰도가 높다고 하여 반드시 타당도가 높은 것은 아님

실력up 신뢰도와 타당도

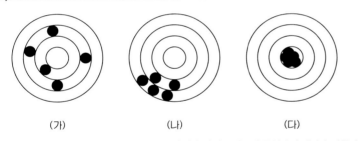

(가)   (나)   (다)

- **(가)** : 과녁에 꽂힌 점들이 분산되어 있어 일관성이 있지도 않으며 중앙에서 벗어나 정확하지도 않음 → 신뢰도도 낮고 타당도도 낮음
- **(나)** : 점들이 과녁의 같은 장소에 일관되게 꽂혀져 있으므로 일관성은 높으나 중앙에서 많이 벗어났으므로 정확성은 떨어짐 → 신뢰도는 높으나 타당도는 낮음
- **(다)** : 모든 점들이 과녁의 정중앙에 꽂혀져 있으므로 정확성도 높고 일관성도 높음 → 신뢰도와 타당도가 모두 높음

(2) 내용타당도

① 검사의 문항들이 그 검사가 측정하고자 하는 내용 영역을 얼마나 잘 반영하고 있는지를 의미
② 논리적 사고에 입각한 논리적인 분석과정으로 판단하는 주관적 타당도
③ 본질적으로 해당 분야 전문가의 판단에 의존함
④ 객관적인 자료에 근거하지 않으므로 타당도 계수를 산출하기 어려움
⑤ 성취도검사의 타당도를 평가하는 방법으로 많이 사용됨

타당도의 문제

운전면허 필기시험 문항 중 대학수학능력을 측정하는 문항이 섞여있을 때와 같은 경우는 타당도에 문제가 있는 경우에 해당됨

신뢰도와 타당도의 관계

타당도는 신뢰도의 충분조건이며, 신뢰도는 타당도를 높이기 위한 필요조건임
- 신뢰도가 높다고 해서 타당도도 반드시 높다고 할 수는 없지만, 타당도가 높기 위해서는 반드시 신뢰도가 높아야 함
- 신뢰도가 낮으면 타당도 역시 낮지만, 신뢰도가 높다고 반드시 타당도가 높은 것은 아님

신뢰도vs타당도
신뢰도는 일관성을, 타당도는 정확성을 의미함

05장
직업심리검사

내용타당도의 예시
어떤 과목의 시험에서 지엽적인 문제 또는 중요하지 않은 문제가 나왔다는 학생들의 주장에 대해 이 문제가 그 과목의 전반에 걸쳐 일반적으로 배운 내용을 대표하는 정도를 평가하려는 것

(3) 안면타당도(액면타당도)

① 내용타당도와 마찬가지로 검사의 문항들이 측정하고자하는 내용대로 실제로 측정하고 있는가 하는 것을 의미

② 내용타당도는 전문가의 판단에 의존하지만 안면타당도는 일반인의 일반적인 상식에 준하여 분석함

③ 실제로 무엇을 측정하느냐의 문제라기보다는 검사를 받는 사람들에게 그 검사가 타당한 것처럼 보이는가, 즉 검사문항이 잰다고 하는 것을 제대로 재는 것처럼 보이는지의 문제임

(4) 준거타당도

① 개념

㉠ 어떤 심리 검사가 특정 준거에 근거해 어느 정도 관련성이 있는지를 확인하는 것

㉡ 이미 전문가가 만들어 놓은 신뢰도와 타당도가 검증된 측정도구에 의한 측정 결과를 준거로 활용함

㉢ 검사와 준거 간의 상관관계를 분석해서 타당도를 확인함

㉣ '준거관련타당도', '기준타당도'라고도 함

② 예언타당도(예측타당도)

㉠ 검사의 점수를 가지고 다른 준거점수들을 얼마나 잘 예측해 낼 수 있는가 하는 정도를 의미

㉡ 미래행동에 대한 예측으로 새로 개발한 검사점수와 미래에 그 사람이 실제로 수행을 할 때의 수행수준 간의 상관 정도에 의해 결정됨

㉢ 타당도 중에서 수치로 나타낼 수 있음

③ 동시타당도(공인타당도)

㉠ 기존에 타당성을 인정받고 있는 검사와 새로 만든 검사 간의 상관관계에 의해 결정됨

㉡ 새로 개발되는 검사가 기존의 검사와 상관관계가 높다면 새로 개발되는 검사가 높은 타당도를 갖는다고 결론지을 수 있음

실력up 준거타당도와 직업상담

- 준거타당도는 내담자의 직업선택에 있어 명확한 근거를 가진 정보를 제공함
- 준거타당도를 바탕으로 해당 직업에서의 성공이나 성과 등을 예측할 수 있음
- 선발, 배치, 평가, 훈련 등의 인사 과정에서 효율성과 공정성을 높일 수 있음
- 준거타당도의 크기에 영향을 미치는 요인
  - 표집오차 : 표본이 모집단을 제대로 대표하지 못하는 경우, 표집오차는 커지고 타당도 계수는 낮아짐 → 표본의 크기가 작아지면 표집오차가 급격히 증가함
  - 범위제한 : 준거타당도 계산을 위해 얻은 자료들이 검사점수와 준거점수의 전체 범위를 포괄하지 않고 일부 범위만을 포괄하는 경우, 상관계수의 크기가 실제 상관계수보다 작게 나타남
  - 준거측정치의 신뢰도 : 준거측정치의 신뢰도가 낮으면 검사의 준거타당도도 낮아짐
  - 준거측정치의 타당도 : 준거결핍과 준거오염과 같은 준거왜곡이 준거측정치의 타당도에 영향을 미침

(5) 구성타당도

① 개념
- ㉠ 검사가 추상적 개념인자들을 제대로 측정하고 있는 정도를 나타냄
- ㉡ 적성, 흥미, 동기, 성격 등 객관적 관찰이 어려운 추상적인 개념을 얼마나 잘 측정하는지를 나타냄
- ㉢ 추상적 구성개념들을 관찰 가능한 행동 표본들로 구성한 것으로서 행동 표본들이 실제 그 검사로 측정하고자 하는 구성개념을 잘 반영하였는가 하는 것
- ㉣ 계량적 방법에 의해 검증되며 과학적이고 객관적임
- ㉤ '구인타당도', '개념타당도'라고도 함

② 수렴타당도(집중타당도)
- ㉠ 어떤 검사가 측정하고자 하는 개념과 관계있는 문항들의 상관관계를 보는 것
- ㉡ 검사의 결과가 이론적으로 관련이 있는 속성과 높은 상관이 있는지를 측정
- ㉢ 상관계수가 높을수록 타당도가 높음

③ 변별타당도(판별타당도)
- ㉠ 어떤 검사가 측정하고자 하는 개념과 관계없는 문항들의 상관관계를 보는 것
- ㉡ 검사의 결과가 이론적으로 관련이 없는 속성과 낮은 상관이 있는지를 측정
- ㉢ 상관계수가 낮을수록 타당도가 높음

④ 요인분석법
- ㉠ 검사문항이나 변인들 간의 상관관계를 분석해서 상관이 높은 문항이나 변인들을 묶어주는 통계적 방법
- ㉡ 검사의 구성타당도를 알아보기 위해 많이 사용함

한눈에 쏙~

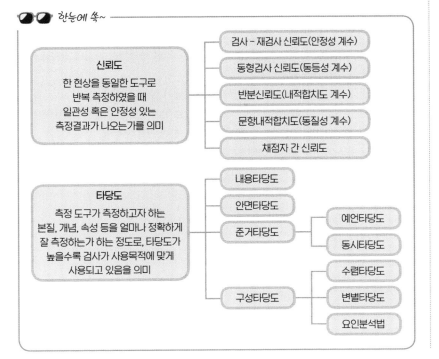

타당도 마무리

내용타당도	전문가에 의해 측정. 내용을 얼마나 잘 반영하고 있느냐
안면타당도	일반인에 의해 측정. 검사가 얼마나 타당해 보이느냐
예언타당도	검사점수를 가지고 다른 점수를 얼마나 예측할 수 있느냐
동시타당도	새로운 검사 도구가 기존에 타당성을 인정받은 검사와 얼마나 상관이 있느냐
수렴타당도	관계있는 변인들과 얼마나 높은 상관관계가 있는지의 정도
변별타당도	관계없는 변인들과 얼마나 낮은 상관관계가 있는지의 정도
요인분석법	서로 상관이 높은 문항들을 묶는 통계적 방법

SEMI-NOTE

심리검사

심리검사에 대한 자세한 설명은 05장
(직업심리검사)의 01절(심리검사의 이해)
에 나와 있으니 참고 → p.134

심리검사의 실시

검사의 구체적 절차와 구두 지시사항
을 충분히 숙지하고 검사도구를 미리
준비해야 하여 소음이나 방해가 없는
곳에서 검사를 실시하고 피검자가 검
사에 성실히 임하도록 해야 함

윤리적 문제와 관련한 유의사항

• 목적과 절차를 충분히 설명해야 함
• 새로운 기법을 개발하고 표준화할 때 기
  존의 과학적 절차를 충분히 따라야 함
• 신뢰도, 타당도에 관한 모든 제한점을
  지적해야 함
• 평가 결과가 시대에 뒤떨어질 수 있음
  을 인정해야 함
• 적절한 훈련이나 교습, 감독을 받지
  않은 사람들이 심리검사 기법을 자유
  롭게 이용하지 않도록 해야 함

04절 심리검사의 개발과 활용

1. 심리검사의 개발

(1) 심리검사의 개발과정

① 검사의 사용목적 파악 → 구성개념의 영역 규정 → 범주별 중요도 결정 → 표본
문항의 작성(문항개발 및 문항검토) → 사전검사 실시 → 검사 실시 → 자료분석
및 신뢰도와 타당도 평가 → 규준개발

② 대표적인 심리검사 : 객관적 검사와 투사적 검사로 나뉨

(2) 심리검사의 선택 시 유의사항

① 검사의 목적을 분명히 하고 일치성을 확인해야 함
② 검사의 문제점, 유용성, 적절성 등을 확인하고 사용여부를 결정해야 함
③ 검사를 선택할 때 내담자를 포함해야 함
④ 신뢰도와 타당도, 적합성, 비용, 시간 등을 모두 고려하여야 함

(3) 심리검사의 결과 해석 및 통보 시 유의사항

① 해석에 대한 내담자의 반응을 고려해야 함
② 내담자에게 결과를 이야기할 때 가능한 이해하기 쉬운 언어를 사용해야 함
③ 내담자의 방어를 최소화하기 위해 중립적이고 무비판적인 자세를 견지해야 함
④ 상담자의 주관적 판단은 배제하고 검사점수에 대하여 중립적인 입장을 취해야 함
⑤ 검사점수를 직접적으로 말해주기보다는 내담자의 진점수의 범위를 말해주는 것
이 좋음
⑥ 상담자가 일방적으로 해석하기보다 내담자 스스로 생각해서 자신의 진로를 결정
하도록 도와주어야 함
⑦ 객관적이고 표준화된 자료를 활용하여 설명해야 함
⑧ 검사가 측정하는 것이 무엇인지, 측정하지 않는 것이 무엇인지 명확히 제시해야 함
⑨ 기계적으로 전달하지 않으며 해석과 설명을 함께 전달해야 함
⑩ 내담자가 도출된 결론을 오해하지 않도록 주의해야 함
⑪ 검사결과의 통보에 따른 정서적 반응까지 고려해야 함

2. 문항분석

(1) 문항의 난이도

① **개념** : 문항의 쉽고 어려운 정도를 나타냄

② **난이도 지수**

　㉠ 전체 응답자 중 특정 문항을 맞힌 사람들의 비율로, P로 나타냄

　㉡ $P = \dfrac{R}{N} \times 100$ (N : 총 사례 수, R : 정답자 수)

③ P는 0.00~1.00 사이의 값을 가지며 지수가 높을수록 쉬운 문항임 → 1.00은 모든 피검자가 답을 맞히기 쉬운 문항임

④ 문항이 어려울수록 검사점수의 변량이 낮아져 검사의 신뢰도가 낮아짐

⑤ P = 0.50일 때 검사 점수의 분산도가 최대가 됨

⑥ 문항의 난이도는 0.50이 바람직하나 각 문항들의 난이도를 모두 0.50으로 만들기는 어려울뿐더러 0.50으로 만들 필요는 없음 → 평균값이 0.50이 되도록 검사를 구성하면 좋음

⑦ 정답이 있는 사지선다형의 문항분석에서 주로 사용됨

(2) 문항 변별도

① **개념** : 그 검사에서 높은 점수를 얻은 피검자와 낮은 점수를 얻은 피검자를 식별 또는 구별해 줄 수 있는 변별력을 의미함

② **변별도 지수** : 상위점수집단과 하위점수집단 각각에서 문항을 맞춘 사람들의 백분율 차이 값으로, D로 나타냄

③ D는 −1.00~1.00 사이의 값을 가짐

④ 문항 변별도가 높으면 검사의 신뢰도를 향상시킬 수 있음

⑤ 문항 변별도가 높다는 것은 높은 점수를 맞은 사람과 낮은 점수를 맞은 사람을 잘 구분 한다는 의미임

⑥ 좋은 점수를 얻은 피검자가 답을 대부분 답을 맞히고, 낮은 점수를 얻은 피검자는 대부분 답을 틀릴 경우, 그 문항은 변별도가 높다고 볼 수 있음

(3) 문항 추측도와 오답의 능률도(매력도)

① **문항 추측도** : 문제를 해결할 능력이나 지식이 전혀 없는 상태에서 답을 맞힐 확률

② **오답의 능률도(매력도)** : 피검자가 각문항의 답지(정답지와 오답지)에 어떻게 반응을 하는지 분석하는 것으로, 오답지를 정답으로 선택할 가능성을 말함

SEMI-NOTE

문항분석
- 각 문항의 응답을 분석하여 문항의 난이도, 변별도, 곤란도 등에 대한 자료를 얻는 것
- 검사개발에서 문항분석을 통해 검사의 길이를 줄이고 검사의 신뢰도와 타당도를 향상시킬 수 있음

05장

직업심리검사

지능검사의 발달

- 비네 – 시몽(Binet – Simon) 검사 : 최초의 지능검사로, 정상 아동과 지체 아동을 구별하는 방법을 토대로 정신박약아를 선별해내는 도구로 사용
- 스탠포드 – 비네(Stanford – Binet) 검사 : 비네 – 시몽 검사를 발전시킨 검사로, 비율지능(Ratio IQ)을 도입하여 아동의 지적지체를 탐지하고 성인의 정신박약 등을 확인하는 도구로 사용
- 성인용 지능검사 : 제1차 세계대전을 계기로 급속도로 발전하였으며 집단용 언어적 검사인 군대용 α식(언어 사용)과 비언어적 검사인 군대용 β식(기호, 도형, 숫자 등 사용), 작업검사식 등이 있음

05절 주요 심리검사

1. 지능검사

(1) 지능에 대한 이론

① 카텔(Cattell)의 이론
　㉠ 성인기에 지능이 쇠퇴한다는 과거의 관점을 수정한 이론
　㉡ 유동적 지능과 결정적 지능으로 구분함

유동적 지능	결정적 지능
• 유전적, 선천적으로 주어진 능력(지능) • 청소년기(14~15세)까지 발달하다가 이후 퇴보함 • 특정한 문화나 학교의 학습 등과는 관련이 적음 • 즉각적인 적응력과 융통성을 활용하여 문제를 해결하는 능력 ⓔ 속도, 기계적 암기, 지각속도, 수리능력, 추론능력 등	• 환경, 경험, 훈련, 문화적 영향에 의해 발달하는 능력(지능) • 나이가 들수록 더욱 발달함 • 문화적 · 교육적 경험에 의해 계속 발달하며 환경에 따라 40세 이후에도 발달 가능함 • 학업성취력의 기초가 됨 ⓔ 언어이해능력, 문제해결능력, 논리적 추리력, 상식 등

② 스피어만(Spearman)의 2요인 이론
　㉠ 요인분석을 사용하여 지능의 구조를 일반요인과 특수요인으로 구분함
　㉡ 일반요인과 특수요인
　　• 일반요인 : 개인이 공통적으로 가지고 있는 능력으로 모든 지적 활동에 포함되어 있는 단일한 능력(ⓔ 기억력, 암기력 등)
　　• 특수요인 : 어떤 특정한 분야에 대한 구체적인 능력(ⓔ 수리능력, 공간적 능력, 기계적 능력, 음악적 재능 등)

③ 스턴버그(Sternberg)의 삼원지능 이론
　㉠ 전통적 지능개념에 개인, 행동, 상황적 요소를 모두 포함한 실제적 지능이론
　㉡ 성공한 사람은 학습능력뿐만 아니라 환경을 선택 · 변형하는 능력이 뛰어나다는 사실에 주목하여 성공지능(SI)의 개념을 제시
　㉢ 성공지능은 분석적 능력 · 창의적 능력 · 실제적 능력으로 구성되며 성공지능 이론은 삼원지능 이론을 토대로 발전하였음

요소하위이론	메타요소, 수행요소, 지능습득요소 → 분석적 능력
경험하위이론	선택적 부호화, 선택적 결합, 선택적 비교 → 창의적 능력
맥락하위이론	기존 환경에 적응하기, 기존 환경을 변형하기, 새로운 환경을 선택하기 → 실적 능력

④ 가드너(Gardner)의 다중지능 이론
　㉠ 지적 능력은 서로 독립적이며 상이한 여러 가지 능력으로 구성됨
　㉡ 문화와 상황에 따라 다른 지능이 요구됨

지능획득요소

- 선택적 부호화 : 새로운 장면에 적절한 주의를 기울이는 능력(주의집중)
- 선택적 결합 : 서로 관련 없는 요소들을 연관시켜 새로운 것을 창조해 내는 능력
- 선택적 비교 : 이미 있는 것을 새로운 각도에서 보고, 이로부터 새로운 것을 유추해 낼 수 있는 능력

ⓒ 지능이 높으면 모든 영역에서 우수하다고 보는 종래의 지능이론을 비판함

ⓔ 전통적 지능검사는 언어능력과 논리 · 수학능력만을 지나치게 강조한다고 비판함

ⓜ 지능은 문화의존적이며 상황의존적이고, 문제해결을 위해 서로 상호작용함

ⓗ 지능은 교육 및 훈련을 통해 촉진 가능하며 잠재적 지능의 실현정도는 환경에 의존함

ⓢ 지능의 발달속도는 종류에 따라 다르며 한 종류의 지능발달에 과도하게 집중하는 경우 다른 지능발달이 늦어짐

실력UP 지능의 9가지 유형 [가드너(Gardner)]

언어지능	• 단어의 의미와 소리에 대한 민감성 • 문장구성의 숙련 • 언어 사용방법의 통달 예) 시인, 연설가, 교사
논리 – 수학 지능	• 대상과 상징 · 용법 • 용법 간의 관계 이해(분류 및 범주화, 패턴 이해, 체계적 추리) • 문제 이해능력 예) 수학자, 과학자
공간지능	• 공간적 정보의 정확한 지각 능력 • 자신의 지각변형능력 • 시각경험의 재생능력 • 균형 · 구성에 대한 민감성 • 유사한 양식을 감식하는 능력 예) 예술가, 조각가, 기술자, 건축가
신체운동 지능	• 감정이나 의도를 표현하기 위해 신체를 숙련하게 사용 • 사물을 능숙하게 다루는 능력 예) 무용가, 공예인, 운동선수, 배우
음악지능	• 음과 음절에 대한 민감성 • 음과 음절을 리듬이나 구조로 결합하는 방법 이해 • 음악의 정서적 측면 이해 예) 작곡가, 연주가, 성악가
대인관계 지능	• 타인의 기분과 기질, 동기, 의도를 파악하는 능력 • 타인에 대한 지식에 따라 행동할 수 있는 잠재능력 예) 정치가, 종교인, 사업가, 행정가
자기이해 지능	• 자신의 내적과정과 특성에 대한 이해, 통찰, 통제 능력 예) 소설가, 임상가, 종교인
자연탐구 지능	• 동식물이나 주변 사물을 관찰하여 공통점과 차이점을 분석하는 능력 예) 생물학자, 지리학자, 탐험가, 사냥꾼
실존지능	• 인간의 존재이유, 삶과 죽음, 희로애락, 인간의 본성 및 가치에 대한 철학적 · 종교적 사고 능력 예) 종교인, 철학자

지능지수와 지능검사에 대한 바른 이해

• 지능검사는 타고난 지능만을 측정하는 것이 아님
• 지능지수는 발달과정에서 변함(5세까지 변화 정도가 심하며, 그 후에도 변화가능)
• 지능검사는 잠재능력이 아닌, 특정 시점에서의 개인의 인지적 기능에 대한 측정임
• 어떠한 단일 검사로 개인의 지적능력 전체에 대한 정보를 알 수 없음
• 완전한 신뢰도를 갖춘 지능검사는 없으며, 검사점수는 능력에 대한 추정치에 불과함
• 지능지수가 절대적인 것이 아니므로, 지수가 높다고 모든 교과목이나 학교활동에서 우수하리라고 기대할 수는 없음

감성지능(EI)

• 감정을 정확히 지각하고 인식하며 표현하는 능력, 감정을 생성하거나 이용하여 사고를 촉진시키는 능력, 감정과 감정지식을 이해하는 능력, 감성발달과 지적 발달을 촉진시키기 위하여 감정을 조절하는 능력
• 가드너(Gardner)의 다중지능이론에 기초(대인관계지능과 자기이해지능)
• 최근 지능지수(IQ)에 상대되는 개념으로 사용되는 감성지수(EQ)도 이와 관련된 개념

수렴적 사고와 확산적 사고
- **수렴적 사고** : 어떤 문제에 대해 정해 져 있는 대답을 찾아내는 능력
- **확산적 사고** : 문제에 대해 가능한 다 양한 해답 · 해결책을 찾아내는 능력 (창의력과 유사)

비네 검사
- 학습부진아 판별도구로 아동의 기 억력 · 상상력 · 집중력 · 이해력 등 의 정신능력을 측정하는 검사
- 연령별로 성취학생과 비성취학생 을 구분하기 위한 검사를 구성하여 정신연령을 측정함

언어성 검사
기본지식, 공통성문제, 이해문제, 어휘 문제는 결정성 지능과 관련 있음

⑤ 서스톤(Thurstone)의 다요인 이론
  ㉠ 지능이란 다양한 정보를 전달하는 능력임
  ㉡ 기본정신능력 : 언어이해(V), 지각속도(P), 추리 · 논리(R), 수 · 수리(N), 기억 (M), 단어유창성(W), 공간시각화(S)

⑥ 길포드(Guilford)의 지능구조 모델
  ㉠ 지능이란 다양한 방법으로 상이한 정보를 처리하는 능력의 체계적 집합체임
  ㉡ 내용차원 5가지와 조작차원 6가지와 산출차원 6가지, 총 $5 \times 6 \times 6 = 180$가지 의 다른 종류의 지능 요인(지적 능력)을 형성함
    - 내용차원 : 시각, 청각, 상징, 의미, 행동 → 사고의 대상
    - 조작차원 : 평가, 기억저장, 기억파지, 인지, 수렴적 사고, 확산적 사고 → 사고하는 방식
    - 산출차원 : 단위, 분류, 관계, 체계, 전환, 함축 → 사고의 방식과 대상의 결과

(2) 스탠포드 – 비네 지능검사(Stanford – Binet Intelligence Scale)

① 비네 검사를 토대로 스탠포드 대학의 터만(Terman) 교수가 고안한 언어 중심의 개인지능검사
② 지능지수(IQ)라는 개념을 처음으로 도입한 심리검사 → 비율 지능지수(Ratio IQ) 를 도입
③ 연령의 증가에 따라 정신연령의 범위가 증가해 정신연령의 변산도(퍼진 정도)도 증가하게 되므로 다른 연령의 아동과 비교가 곤란함

(3) 한국판 웩슬러 성인용 지능검사(K – WAIS ; Korean Wechsler Adult Intelligence Scale)

① 개념
  ㉠ 인지적 검사로 인지적 능력수준과 인지기능의 특성을 파악할 수 있음
  ㉡ 반응 양식이나 검사행동 양식으로 개인의 독특한 심리 특성을 파악할 수 있음
  ㉢ 신뢰도와 타당도가 높은 편임
  ㉣ 평균 100, 표준편차 15를 적용함
  ㉤ 편차 IQ(Deviation IQ)라는 개념을 도입하였음
  ㉥ 내담자의 직무능력을 언어성 능력과 동작성 능력으로 구분하여 분석하며 11 개의 하위검사로 구성되어 있음

언어성 검사	동작성 검사
• 조직화된 경험과 지식에 바탕을 둠 • 기본지식, 숫자외우기, 산수문제, 공통 성문제, 이해문제, 어휘문제	• 비교적 덜 조직화되어 있으면서 보다 즉각적인 문제해결능력을 요구 • 빠진 곳 찾기, 차례 맞추기, 토막 짜기, 모양 맞추기, 바꿔 쓰기

실력up 비율 지능지수 VS 편차 지능지수

- **비율 지능지수(Ratio IQ)**
  - 실제 연령에 비해 정신연령이 얼마나 높은지 판단
  - 공식 : $\dfrac{정신연령}{생활연령} \times 100$
- **편차 지능지수(Deviation IQ)**
  - 같은 연령대에서 어느 위치에 있는지를 판단
  - 웩슬러 지능검사에 쓰임

② 웩슬러 지능검사의 실시

　㉠ 웩슬러는 지능을 개인이 목적 달성을 위해 행동하고 합리적으로 사고하고 환경을 효율적으로 처리하는 전체적인 능력이라고 하였음

　㉡ 웩슬러 지능검사의 목적
- 개인의 전반적인 지적 능력을 평가
- 개인의 인지적 특성을 파악
- 임상적 진단을 명료화
- 기질적 뇌손상의 유무 또는 뇌손상으로 인한 인지적 손상을 파악
- 합리적 치료목표 수립

　㉢ 주의사항
- 검사의 표준 절차를 잘 지켜야 함
- 피검자의 최대 능력이 발휘될 수 있는 분위기와 조용하고 환기가 잘 되는 환경을 조성해 주어야 함
- 피검자에게 정답 여부를 가르쳐주지 않아야 함
- 특별한 이유가 없는 한 검사를 한 번에 끝내는 것이 좋으며 노인, 뇌손상 환자 등의 경우에는 소검사 단위로 나누어 시행할 수 있음

실력up 한국판 웩슬러 성인용 지능검사 4판(K – WAIS – IV)

- 기존 1992년에 번안된 원판과는 구성이 다름
- 언어이해, 지각추론, 작업기억, 처리속도 등 4요인 구조와 전체 지능지수에 대한 측정이 이루어짐
- 보충 소검사 실시가 필요한 경우
  - 핵심 소검사에서 얻은 점수가 실시 오류에 의한 경우
  - 최근에 해당 검사를 받은 적 있는 경우
  - 신체적 한계 혹은 감각 결함의 문제로 대체 검사가 필요한 경우
  - 적절하지 못한 반응 태도로 인한 경우

웩슬러 지능검사의 절차
- **의뢰** : 검사의 실시 목적과 검사 결과의 용도를 파악함
- **면담 및 행동 관찰** : 일종의 수행과제이므로 다양한 비지능적 요인을 관찰할 수 있음
- **검사 실시**
  - 일반적 지침을 제공하고 내담자와 라포형성을 해야함
  - 검사도구와 기록지 등을 사전준비 해두고 검사를 소개한 후 시행함
- **채점** : 요강에 따라 채점함
- **해석**
  - 실시 및 채점이 적절하게 이루어졌다는 가정 하에 해석을 실시함
  - 양적 분석과 질적 분석을 적절히 통합하여 해석해야 하며 앞선 면담에서의 정보를 활용하면 더욱 풍부한 해석이 가능해짐

• 15개의 소검사와 10개의 핵심 소검사, 5개의 보충 소검사로 이루어져 있음

구분		소검사	
		핵심 소검사	보충 소검사
일반능력지수	언어이해	• 공통성 • 어휘 • 상식	이해
	지각추론	• 토막짜기 • 행렬추론 • 퍼즐	• 무게비교 • 빠진 곳 찾기
인지효능지수	작업기억	• 숫자 • 산수	순서화
	처리속도	• 동형찾기 • 기호쓰기	지우기

K – WAIS – Ⅳ의 지수척도

• **언어이해** : 언어를 활용한 이해능력, 처리능력, 학습능력 등을 측정
• **지각추론** : 언어를 사용하지 않고 시각적 자극을 통하여 주의 · 집중력, 시공간 능력, 비언어적 능력 등을 측정
• **작업기억** : 청각적 자극을 통하여 주의 · 집중력, 청각적 기억, 단기기억, 암기 전략 등을 측정
• **처리속도** : 시각 · 지각적 변별 · 추론 능력, 조직화 능력 등을 측정

2. 성격검사

(1) 성격 5요인 검사(Big – 5)

① 골드버그(Goldberg)에 의해 기존의 성격 5요인이 새롭게 발전되었음

② 코스타(Costa)와 맥크레이(McCrae)는 성격 5요인을 기반으로 NEO인성검사를 개발하였음

③ 이상자(異常者)의 진단, 학교에서의 부적응, 문제아의 발견, 진로 자료, 사원 채용과 배치 등에서 널리 이용됨

④ 성격 5요인 검사의 5가지 차원

외향성	• 타인과의 상호작용을 원하고 타인의 관심을 끌고자 하는 정도 • 점수가 높은 사람은 사교적, 활동적이며 자기주장이 강함
호감성	• 타인과 편안하고 조화로운 관계를 유지하는 정도 • 점수가 높은 사람은 이타적이고 타인과 공감을 잘 하며 상대방을 잘 도와줌
성실성	• 사회적 규칙, 규범, 원칙 등을 기꺼이 지키려는 정도 • 점수가 높은 사람은 강한 목표 의지를 가지며 신뢰적이고 꼼꼼하고 정확함
정서적 불안정성	• 정서적으로 얼마나 안정되어 있으며 세상을 얼마나 잘 통제할 수 있는지 정도 • 점수가 높은 사람은 불안, 좌절, 공포, 스트레스 정도가 높음
경험에 대한 개방성	• 세계에 대한 관심 및 호기심, 다양한 경험에 대한 추구 및 포용성의 정도 • 점수가 높은 사람은 다양한 경험을 좋아하고 새로운 가치관을 잘 받아들임

(2) 마이어스 – 브릭스 성격유형검사(MBTI ; Myers – Briggs Type Indicator)

① 융(Jung)의 분석심리학에 의한 심리유형론을 토대로 자기보고식의 강제선택검사
② 내담자가 선호하는 작업역할, 기능, 환경을 찾아내는 데 유용함
③ 4가지 양극차원(선호지표)
　　㉠ 외향형(E) – 내향형(I) : 에너지의 방향(세상에 대한 일반적인 태도)
　　㉡ 감각형(S) – 직관형(N) : 정보수집, 인식기능
　　㉢ 사고형(T) – 감정형(F) : 의사결정, 판단기능
　　㉣ 판단형(J) – 인식형(P) : 생활양식, 행동양식
④ 16가지 성격 유형

ISTJ	ISFJ	INFJ	INTJ
• 책임감 강함 • 현실적, 보수적 • 사실에 근거하여 사고함	• 차분하고 헌신적 • 인내심이 강함 • 타인의 감정에 주의를 기울임	• 높은 통찰력 • 공동체의 이익을 중시함 • 영감이 샘솟음	• 의지가 강함 • 독립적 • 분석력이 뛰어남
ISTP	**ISFP**	**INFP**	**INTP**
• 과묵함 • 분석적, 대담함 • 적응력 강함	• 온화함, 겸손함 • 겸손함, 융통성 있음 • 삶의 여유를 즐김	• 성실함, 개방적 • 이해심 많음 • 내적 신념이 강함	• 지적 호기심 높음 • 잠재력과 가능성을 중시함
ESTP	**ESFP**	**ENFP**	**ENTP**
• 관용적 • 타협을 잘 함 • 현실문제해결에 능숙	• 호기심이 많음 • 개방적, 에너지 넘침 • 구체적 사실을 중시함	• 상상력이 풍부함 • 순발력이 좋음 • 활발하며 타인과 어울리기 좋아함	• 박학다식 • 독창적 • 새로운 도전을 함
ESTJ	**ESFJ**	**ENFJ**	**ENTJ**
• 체계적으로 일함 • 규칙 준수 • 사실적 목표설정에 능함	• 사람에 관심이 많음 • 친절함, 세심함 • 동정심이 많음	• 사교적 • 타인의 의견을 존중 • 청중을 압도하는 리더기질	• 철저한 준비를 함 • 활동적, 단호함 • 통솔력이 있음

실력up 융의 심리유형론

구분		기능 유형			
		인식기능		판단기능	
		감각	직관	사고	감정
태도 유형	내향성	내향적 감각형	내향적 직관형	내향적 사고형	내향적 감정형
	외향성	외향적 감각형	외향적 직관형	외향적 사고형	외향적 감정형

SEMI-NOTE

MBTI ★ 빈출개념

MBTI에 대한 자세한 설명은 02장(직업 상담 기법의 04절(내담자 사정)에 나와 있으니 참고 → p.64

05장

직업심리검사

MMPI 자격 및 조건
- **검사자 자격**
  - 교육과 훈련을 받은 전문가에 의해 실시되어야 함
  - 매뉴얼과 해석 절차를 숙지해야 함
- **수검자 조건**
  - 최소 초등학교 6학년 수준 이상의 독해력 필요
  - 검사 수행을 방해하는 신체적 · 정서적 문제가 없어야 함
- **채점과 해석**
  - 검사결과만으로 진단적 평가를 내려서는 안 됨
  - 면담 및 다른 검사를 통해 얻은 정보를 통합해야 함

(3) 미네소타 다면적 인성검사(MMPI ; Minnesota Multiphasic Personality Inventory)

① 정신건강에 문제가 있는 사람을 측정하고 구별하기 위해 사용하는 자기보고식 검사
② 정신과적 진단분류를 위한 검사이지만 성격특성에 관한 유추도 어느 정도 가능함
③ 실제 환자들의 반응을 토대로 경험적 제작방법에 의해 만들어졌음
④ T점수가 70점 이상이면 임상적으로 유의미한 증상을 가진 것으로 해석함
⑤ 검사태도를 측정하는 4가지 타당도 척도와 비정상행동을 측정하는 10가지 임상 척도로 구성됨

타당도 척도	? 척도 (무응답 척도 ; Cannot saty)	무반응문항과 '예', '아니요' 모두 대답한 문항을 합하여 태도 측정
	L 척도 (부인 척도 ; Lie)	좋게 보이기 위한 고의적, 부정적 시도 측정
	F 척도 (비전형 척도 ; Infrequency)	비전형적인 방식으로 응답하는 일반적인 생각이나 경험과 다른 정보 측정
	K 척도 (교정 척도 ; Correction)	정신적인 장애를 지니면서도 정상적인 프로파일을 보이는 사람 식별
임상 척도	척도1 (건강염려증)	신체에 대해 과도한 불안이나 집착 같은 신경증적인 걱정이 있는지를 측정
	척도2 (우울증)	행복감, 흥미 상실, 절망감, 자기패배적 사고 등의 우울증상을 측정
	척도3 (히스테리)	부정적 감정을 잘 표현하지 못하고 부인하며 심인성 감각장애 등을 보이는지 측정
	척도4 (반사회성)	반사회적인 성격을 지닌 환자를 진단하는 척도
	척도5 (남성성 – 여성성)	남성성과 여성성의 정도를 측정
	척도6 (편집증)	편집증적 상태, 피해의식, 의심, 지나친 예민성 등을 측정
	척도7 (강박증)	강박적 사고, 두려움, 불안 등을 측정
	척도8 (정신분열증)	조현병 환자를 감별하고 정신적 혼란의 정도를 측정
	척도9 (경조증)	과잉활동, 정서적 흥분성 같은 경조증 증상을 측정
	척도10 (내향성)	내향성 – 외향성 차원과 관련된 특징들을 측정

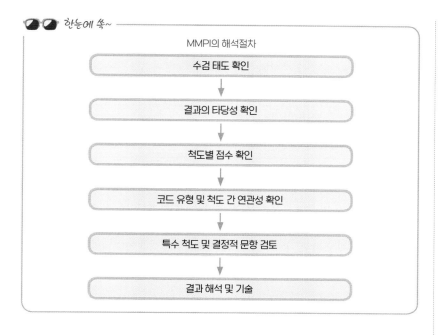

한눈에 쏙~

MMPI의 해석절차

수검 태도 확인

↓

결과의 타당성 확인

↓

척도별 점수 확인

↓

코드 유형 및 척도 간 연관성 확인

↓

특수 척도 및 결정적 문항 검토

↓

결과 해석 및 기술

SEMI-NOTE

MMPI − 2

• MMPI에 대한 여러 문제점을 개선하여 기본 형식은 유지하되, 시대의 변화에 맞게 기존 문항을 변경·삭제하고 새로운 문항을 추가하여 출시함

• **새로 추가된 타당도 척도**
  − VRIN : 무선반응 비일관성
  − TRIN : 고정반응 비일관성
  − F(B) : 비전형 − 후반부
  − F(P) : 비전형 − 정신병리
  − FBS : 증상 타당도
  − S : 과장된 자기제시

(4) 16성격요인 검사(16PF ; 16 Personality Factor Questionnaire)

① 카텔(Cattell)이 개발한 성격검사로, 일반인의 성격이해에 적합함

② 요인분석 방법을 통해 16가지 성격특성을 측정할 수 있음

③ 성격특징을 기술하는 형용사를 바탕으로 요인분석함

(5) 캘리포니아 성격 검사(CPI ; California Psychological Inventory)

① 고프(Gough)에 의하여 개발된 검사로, MMPI에서 사용한 논리성에 기초하여 정상인(보통 사람)을 준거집단으로 제작된 검사 중 가장 대표적인 검사

② 고등학생과 대학생을 대상으로 검사를 실시할 목적으로 만들었음

③ MMPI와 동일한 문항이 있음

④ 4개의 척도군과 20개의 하위척도로 구성됨

⑤ '예', '아니요' 식의 문항으로 구성됨

(6) 기질 및 성격검사(TCI ; Temperament and Character Inventory)

① 클로닝거(Cloninger)의 심리생물학적 인성모델을 바탕으로 개발됨

② 만 3세에서 성인까지 측정할 수 있음

③ 기질 유형을 이해하고 성격장애를 진단·예측하며 성격장애의 발생과정을 설명함

16PF의 16가지 요인

• 온정성(Warmth)
• 추리력(Reasoning)
• 정서안정성(Emotional Stability)
• 지배성(Dominance)
• 쾌활성(Liveliness)
• 규칙준수성(Rule − Consciousness)
• 대담성(Social Boldness)
• 민감성(Sensitivity)
• 불신감(Vigilance)
• 추상성(Abstractedness)
• 개인주의(Privateness)
• 걱정(Apprehension)
• 변화개방성(Openness to Change)
• 독립심(Self − Reliance)
• 완벽주의(Perfectionism)
• 긴장감(Tension)

05장

직업심리검사

④ 4개의 기질과 3개의 성격으로 구성됨

기질 차원	• 자극추구(NS) • 위험회피(HA) • 보상 의존성(RD) • 인내력(P)
성격 차원	• 자율성(SD) • 협동성(C) • 자기초월(ST)

(7) PAI(Personality Assessment Inventory)

① 모리(Morey)가 개발한 성격검사로, 환자나 내담자의 다양한 정신병리를 측정함
② 환자와 정상인 모두의 성격을 평가할 수 있음
③ 4개의 타당성 척도, 11개의 임상 척도, 5개의 치료고려 척도, 2개의 대인관계 척도로 구성됨

타당성 척도	• 비일관성(ICN) • 저빈도(INF) • 부정적 인상(NIM) • 긍정적 인상(PIM)
임상 척도	• 신체적 호소(SOM) • 불안(ANX) • 불안관련장애(ARD) • 우울(DEP) • 조증(MAN) • 망상(PAR) • 정신분열병(SCZ) • 경계선적 특징(BOR) • 반사회적 특징(ANT) • 음주문제(AC) • 약물사용(DRG)
치료고려 척도	• 공격성(AGG) • 자살관념(SUI) • 스트레스(STR) • 비지지(NON) • 치료거부(RXR)
대인관계 척도	• 지배성(DOM) • 온정성(WRM)

(8) NEO - PI(NEO Personality Inventory - Revised)

① 5요인모델을 기본으로 개발된 검사

② 정상인의 성격을 측정하기 위해 개발되었고, 성격뿐 아니라 정신건강, 학업성취, 심리치료의 경과 예측 등에도 사용됨

③ 5개의 요인과 각 요인별로 6개의 하위요인이 있으며 그 하위요인별로 8개의 문항으로 구성됨

요인	하위요인
신경증 (N ; Neuroticism)	불안, 적대감, 우울, 자의식, 충동성, 심약성
외향성 (E ; Extraversion)	온정, 사교성, 주장성, 활동성, 자극 추구성, 긍정적 정서
개방성 (O ; Openness to experience)	상상, 심미성, 감정의 개방성, 행동의 개방성, 사고의 개방성, 가치의 개방성
우호성 (A ; Agreeableness)	신뢰성, 솔직성, 이타성, 순응성, 겸손, 동정
성실성 (C ; Conscientiousness)	유능성, 질서정연성, 충실성, 성취에 대한 갈망, 자기규제성, 신중성

3. 적성검사

(1) 직업적성검사의 의의

① 개인이 맡은 특정 직무를 성공적으로 수행할 수 있는지를 측정함

② 어떤 직업에서 얼마만큼 성공할 수 있을지 예측할 수 있음

③ 적성이란 개인에게 요구되는 특수한 능력이나 잠재력을 의미하며 지능과 구분됨

(2) 일반적성검사(GATB ; General Aptitude Test Battery)

① 미국에서 개발한 검사를 토대로 표준화한 것으로서 여러 특수검사를 포함하고 있음

② 15개의 하위검사를 통해 9가지 분야의 적성을 측정할 수 있음

③ 15개의 하위검사 중 11개는 지필검사이고 4개는 기구를 사용하는 수행검사임

④ 현재 세계적으로 가장 널리 쓰이는 일반적성검사임

GATB
일반적성검사 혹은 직업적성검사라고 함

직업심리검사

(3) GATB에서 검출되는 9개의 적성

지능(G)	• 일반적인 학습능력 및 원리이해 능력, 추리, 판단하는 능력 • 설명이나 지도내용, 원리를 이해하는 능력
형태지각(P)	실물이나 도해 또는 표에 나타나는 것을 세부까지 바르게 지각하는 능력
사무지각(Q)	문자나 인쇄물, 전표 등의 세부를 식별하는 능력
공간적성(S)	공간상의 형태를 이해하고 평면과 물체의 관계를 이해하는 능력
언어능력(V)	언어의 뜻과 함께 그와 관련된 개념을 이해하고 사용하는 능력
운동반응(K)	눈과 손 또는 눈과 손가락을 함께 사용하여 빠르고 정확하게 운동할 수 있는 능력
수리능력(N)	신속하고 정확하게 계산하는 능력
손의 재치(M)	손을 마음대로 정교하게 조절하는 능력
손가락 재치(F)	• 손가락을 정교하고 신속하게 움직이는 능력 • 작은 물건을 신속·정확하게 다루는 능력

(4) GATB의 구성 요소

하위검사	적성	측정방식
기구대조검사	형태지각(P)	지필검사
형태대조검사	형태지각(P)	지필검사
명칭비교검사	사무지각(Q)	지필검사
타점속도검사	운동반응(K)	지필검사
표식검사	운동반응(K)	지필검사
종선기입검사	운동반응(K)	지필검사
평면도판단검사	공간적성(S)	지필검사
입체공간검사	공간적성(S), 지능(G)	지필검사
어휘검사	언어능력(V), 지능(G)	지필검사
산수추리검사	수리능력(N), 지능(G)	지필검사
계수검사	수리능력(N)	지필검사
환치검사	손의 재치(M)	수행검사
회전검사	손의 재치(M)	수행검사
조립검사	손가락 재치(F)	수행검사
분해검사	손가락 재치(F)	수행검사

4. 흥미검사

(1) 흥미검사의 의의

① 흥미는 어떤 대상에 마음이 끌리는 정서나 감정의 상태를 의미함
② 직업관련 흥미검사는 홀랜드의 개인 – 환경 간 모형을 토대로 함
③ 흥미검사는 특정 직업 활동에 대한 선호를 측정하기 위함임

(2) Strong 진로탐색검사

① 진로성숙도검사와 직업흥미검사로 구성되어 있음

진로성숙도검사	진로정체감, 가족일치도, 진로준비도, 진로합리성, 정보습득률 등 파악
직업흥미검사	직업, 활동, 과목, 여가활동, 능력, 성격 등에 대한 문항을 통해 흥미 유형을 포괄적으로 파악

② Strong 직업흥미검사

㉠ 미국의 스트롱 흥미검사의 한국판
㉡ 개인의 흥미영역 세분화에 초점을 둠
㉢ 구체적인 직업탐색 및 경력개발 등에 활용할 수 있도록 만들어짐
㉣ 검사의 구성 및 척도

일반직업분류 (GOT)	• 홀랜드의 6가지 유형(RIASEC)으로 구성됨 • 수검자의 포괄적인 흥미 패턴을 측정하고 정보를 제공함
기본흥미척도 (BIS)	• 일반직업분류를 세분화한 것으로 6가지의 흥미 유형이 총 25개의 세부항목으로 구분됨 • 특정활동, 주제에 대한 개인의 흥미활동
개인특성척도 (PSS)	• 4개의 척도로 일상생활 및 직업 환경과 관련된 광범위한 특성들에 대한 개인의 선호를 측정함 • 4개의 척도 : 업무유형, 학습유형, 리더십유형, 모험심유형

(3) 직업선호도검사(VPI : Vocational Preference Inventory)

① 홀랜드의 모형을 기초로 개발된 검사로서 직업 활동에 대한 선호도를 측정함
② 개인에게 적합한 직업선정이 목표임
③ 검사결과에 반영되지 않은 자신의 능력, 적성, 가치관 등을 함께 고려하여 진로를 결정해야 함
④ 워크넷 제공 직업선호도검사는 L형과 S형으로 구분됨
㉠ L(Long)형 : 직업흥미검사, 성격검사, 생활사검사로 구성됨

직업흥미검사	홀랜드 모형을 기초로 현실형, 탐구형, 예술형, 사회형, 진취형, 관습형으로 분류하여 개인이 적합한 직업을 선정할 수 있도록 도움
성격검사	일상생활 속에서의 개인의 성향을 측정하는 것으로서 5가지 요인(외향성, 호감성, 성실성, 정서적 불안정성, 경험에 대한 개방성)으로 분류함

SEMI-NOTE

직업흥미검사의 주요 종류
• 스트롱(Strong) 방식 : 기존 직업인들의 직업선호도와 개인의 직업선호도의 일치 정도를 판단
• 쿠더(Kuder) 방식 : 특정 직업군에서 나타나는 동질적 내용의 활동들을 토대로 개인의 직업선호도를 판단
• 홀랜드(Holland) 방식 : 사람들의 성격과 직업 활동의 유형을 분석

홀랜드의 6가지 유형(RIASEC)
• 현실형(R) : 기계를 만지거나 조작하는 것을 좋아하며, 몸을 움직이는 활동을 선호
• 탐구형(I) : 정확하고 분석적이며, 지적 호기심이 많고 체계적인 활동을 선호
• 예술형(A) : 변화와 다양성을 좋아하고 자유롭고 창의적 활동을 선호
• 사회형(S) : 다른 사람들과 어울리는 것을 좋아하고, 다른 사람들을 도와주는 활동을 선호
• 진취형(E) : 지도력과 통솔력이 있으며, 말을 잘하고 다른 사람들을 관리하는 활동을 선호
• 관습형(C) : 계획에 따라 일하기 좋아하며, 계산적인 능력을 발휘하는 활동을 선호

생활사검사	직업선택 시 고려될 수 있는 개인의 과거나 현재의 생활특성을 검사하는 것으로서 개인의 생활특성을 9가지 요인(대인관계지향, 독립심, 가족친화, 야망, 학업성취, 예술성, 운동선호, 종교성, 직무만족)으로 분류함

ⓒ S(Short)형 : 직업흥미검사로만 구성되며 가장 많이 활용되는 홀랜드의 흥미 이론을 기초로 함

실력up 워크넷 제공 직업심리검사

구분	심리검사명	실시가능
청소년 심리검사	• 청소년 직업흥미검사 • 고등학생 적성검사 • 직업가치관 검사 • 청소년 진로발달검사 • 초등학생 진로인식검사 • 청소년 인성검사	인터넷, 지필
	대학 전공(학과) 흥미검사	인터넷
성인용 심리검사	• 직업선호도검사 L형 • 직업선호도검사 S형 • 구직준비도검사 • 창업적성검사 • 직업가치관검사 • 영업직무 기본역량검사 • IT직무 기본역량검사 • 대학생 진로준비도검사 • 성인용 직업적성검사	인터넷, 지필
	• 준고령자 직업선호도검사 • 이주민 취업준비도검사 • 중장년 직업역량검사	인터넷

5. 진로성숙검사

(1) 진로성숙검사의 의의

① 진로성숙이란 자기주도적 진로탐색에서 요구되는 능력과 태도, 행동 등을 의미함
② 자아의 이해, 일과 직업세계의 이해를 토대로 함
③ 각 단계마다 수행해야 할 발달과업이 있는데 이러한 발달과업의 인지 및 수행 여부를 파악하고 이를 통해 다음 단계로의 발달을 촉진 및 이해하는 데 중요한 조건으로 간주됨

④ 진로성숙은 자신의 진로계획과 진로선택을 통합·조정해 나아가는 발달단계의 연속임

⑤ 진로성숙검사는 진로선택과 관련된 태도나 능력의 발달정도를 측정하는 검사임

(2) 진로성숙도검사(CMI ; Career Maturity Inventory)

① 진로탐색 및 선택에 있어 태도와 능력이 얼마나 발달하였는지를 측정하는 표준화된 진로발달 검사도구

② 크릿츠(Crites)가 개발하였으며 객관적으로 점수화되고 표준화된 진로발달검사임

③ 태도척도와 능력척도로 구성됨

　㉠ 태도척도

결정성	선호하는 진로의 방향에 대한 확신의 정도 예 나는 선호하는 진로를 자주 바꾸고 있다.
참여도	진로선택 과정에 능동적으로 참여하는 정도 예 나는 졸업할 때까지는 진로선택 문제에 별로 신경을 쓰지 않겠다.
독립성	진로선택을 독립적으로 할 수 있는 정도 예 나는 부모님이 정해 주시는 직업을 선택하겠다.
지향성 (성향)	진로결정에 필요한 사전 이해와 준비의 정도 예 일하는 것이 무엇인지에 대해 생각한 바가 거의 없다.
타협성	진로선택 시 욕구와 현실에 타협하는 정도 예 나는 하고 싶기는 하나 할 수 없는 일을 생각하느라 시간을 보내곤 한다.

　㉡ 능력척도

자기평가	자신의 흥미, 성격 등을 명확히 이해하는 능력
직업정보	자신의 관심 분야의 직업세계에 대한 정보의 획득 및 분석 능력
목표선정	자신의 정보와 직업세계의 연결을 통한 합리적인 직업목표의 선정 능력
계획	자신의 직업목표를 달성하기 위한 실제적 계획 능력
문제해결	진로선택이나 의사결정과정에서 겪는 다양한 문제들을 해결하는 능력

(3) 진로발달검사(CDI ; Career Development Inventory)

① 수퍼(Super)의 진로발달의 이론적 모델에 근거하였음

② 진로발달 및 직업성숙도, 진로결정을 위한 준비도, 경력관련 의사결정에 대한 참여 준비도 등을 측정

③ 8개의 하위척도로 구성되어 있음

　㉠ CP(Career Planning) : 진로계획

　㉡ CE(Career Exploration) : 진로탐색

　㉢ DM(Decision Making) : 의사결정

　㉣ WW(Word of Work Information) : 일의 세계에 대한 정보

　㉤ PO(Knowledge of Preferred Occupational group) : 선호직업군에 대한 지식

하위척도의 조합

• CP, CE, DM, WW, PO의 5개 항목은 진로발달 특수영역을 측정하기 위해 만들어졌고, 나머지 CDA, CDK, COT는 5개 하위척도 중 같은 특성을 측정하는 척도의 조합으로 만들어졌음
• CDA → CP + CE
• CDK → DM + WW
• COT → CP + CE + DM + WW

ⓗ CDA(Career Development Attitude) : 진로발달태도
ⓢ CDK(Career Development Knowledge and skills) : 진로발달 지식과 기술
ⓞ COT(Career Orientation Total) : 총체적 진로성향

6. 경력진단검사

(1) 경력진단의 의의

① 경력개발상의 문제를 측정함
② 경력진단은 포괄적 의미를 갖기 때문에 진로성숙도검사, 진로발달검사 등도 넓은 의미에서는 경력진단검사에 포함된다고 볼 수 있음

(2) 주요 경력진단검사

① 진로결정척도(CDS ; Career Decision Scale)
  ㉠ 오시포(Osipow)가 개발한 것
  ㉡ 개인의 진로결정에 장애가 되는 요인 파악, 교육 및 진로 미결정의 선행요인을 알아냄
② 진로발달검사(CDI ; Career Development Inventory)
  ㉠ 수퍼(Super)의 진로발달이론에 기초한 것
  ㉡ 진로발달 및 진로성숙도, 진로결정을 위한 준비도, 교육 및 진로 계획수립의 도움 등을 측정함
③ 진로신념검사(CBI ; Career Beliefs Inventory)
  ㉠ 크롬볼츠(Krumbolts)가 개발한 것
  ㉡ 진로결정과정에서의 비합리적 · 비논리적인 신념을 확인함
  ㉢ 내담자로 하여금 자아인식 및 세계관에 대한 문제를 확인하게 함
④ 자기직업상황(MVS ; My Vocational Situation)
  ㉠ 홀랜드(Holland) 등이 개발한 것
  ㉡ 직업적 정체성 형성 여부, 직업선택에 필요한 정보 및 환경, 개인적 장애 등을 측정함
⑤ 진로성숙도검사(CMI ; Career Maturity Inventory)
  ㉠ 크릿츠(Crites)의 진로발달모델에 기초한 것으로 태도척도와 능력척도로 구성됨
  ㉡ 진로선택과정에 대한 피검자의 태도와 진로결정에 영향을 미치는 성향적 반응 경향성을 측정함

합격UP 기타 여러 가지 심리검사 ★ 빈출개념

- **진로사고검사**(CTI ; Career Thoughts Inventory)
  - 진로결정 및 문제해결에 대한 의사결정 과정에서 개인이 정보를 처리하는 방법을 파악 하기 위한 검사
  - 진로결정에 장애가 되는 부정적 사고를 측정하여 긍정적인 사고로 전환하도록 도움
  - 의사결정혼란, 수행불안, 외적갈등의 3가지 하위요인으로 구성됨
- **진로전환검사**(CTI ; Career Transitions Inventory)
  - 해프너(M. Heppner) 등에 의해 개발된 검사로 자기중심적인지 관계중심적인지를 측정 하는 검사
  - 준비도, 자신감, 지지, 통제, 독립 – 상호의존성의 5가지 요인으로 구성됨
- **진로태도 및 전략검사**(CASI ; Career Attitudes and Strategies Inventory)
  - 일반적인 태도나 신념뿐 아니라 직업, 가족, 동료 등에게 대처하기 위한 전략을 포함한 업무 상황에 대한 포괄적인 검사
  - 직업 만족도, 대인 관계 남용, 직장 참여, 가족 헌신, 기술 개발, 위험 감수 유형, 우세한 유형, 지리적 장벽, 진로에 대한 걱정 등을 측정
- **성인진로욕구검사**(ACCI ; Adult Career Concerns Inventory)
  - 발달적 진로과업과 단계를 평가하기 위한 검사
  - 수퍼(Super)의 진로발달단계에 따른 4개의 상위척도(탐색기, 확립기, 유지기, 쇠퇴기)와 각각 3개씩 총 12개의 하위단계로 구성되어 있음

05장

직업심리검사

9급공무원

직업상담 · 심리학개론

나두공

❶나두공

06장 직무분석 및 경력개발과 직업전환

01절 직무분석

02절 경력개발

03절 직업전환과 직업지도 및 진로지도

직무분석 및 경력개발과 직업전환

01절 직무분석

1. 직무분석의 개념

(1) 직무분석의 의의

① 직무 관련 정보를 수집·분석하여 조직적·과학적으로 체계화하고 필요한 직무 정보를 제공함

② 직무를 구성하고 있는 내용과 직무를 수행하기 위해 요구되는 조건을 밝히는 절차

③ 테일러(Taylor)의 시간연구와 길브레스(Gilbreth)의 동작연구에서 시작되었음

④ 제1차 세계대전 중 미군의 인사분류위원회에서 직무분석의 용어를 가장 먼저 사용함

⑤ 다양한 목적으로 활용할 수 있으며, 특히 직업정보로 활용하는 데 기초적인 자료를 제공함

⑥ 작업방법, 작업공정의 개선, 직업소개 등 다양한 목적으로 활용됨

⑦ 인사관리 및 노무관리를 원활히 수행해 나가기 위해 필요한 정보를 획득하는 데 유용함

(2) 직무분석의 용어

① **작업요소(요소작업)**

㉠ 직무와 연관된 동작, 움직임, 정신적 과정 등 작업활동 중 더 이상 나뉠 수 없는 최소 단위의 작업

㉡ 가장 세밀한 수준에 위치함

② **직무**

㉠ 한 사람이 수행하는 임무나 작업

㉡ 주어진 업무와 과업이 매우 높은 유사성을 갖는 것을 말함

③ **직위(Position)**

㉠ 작업자 한 사람, 한 사람에게 임무·일·책임이 분명하게 존재하여 작업이 수행될 경우 그 한 사람, 한 사람의 작업을 의미함

㉡ 직무상의 지위를 의미함

㉢ 어떤 조직이건 작업자의 수만큼 직위가 존재함

④ **과업(Task)** : 어떤 목적을 달성하기 위해 하는 신체적·정신적 노력으로서의 구체적이고 명확한 작업활동

(3) 직무분석 자료분석의 원칙

① 여러 가지 목적으로 활용될 수 있어야 함

② 가장 최신의 정보를 반영해야 함

③ 사실 그대로를 반영해야 함

④ 정보를 마음대로 가공해서는 안 됨

⑤ 논리적으로 체계화되어야 함

(4) 직무분석의 단계와 유형

① 직무분석 3단계

　㉠ 1단계 – 직업분석 : 직업이 요구하는 연령, 성별, 교육, 신체적 특질 등을 명시한 직업명세서를 작성함

　㉡ 2단계 – 직무분석 : 직무를 구성하고 있는 내용과 직무를 수행하기 위해 요구되는 조건을 기술하기 위해 직무명세서를 작성함 → 직무명세서를 토대로 작업명세서를 작성함

　㉢ 3단계 – 작업분석 : 작업의 공정과 방법을 개선하거나 표준화하는 것이 목적으로, 작업요소별 동작이나 시간 등을 분석하여 불필요한 동작을 제거함

② 직무분석의 절차

1단계 행정적 단계, 준비단계	• 어떤 직무를 분석할 것인지 결정함 • 직무분석을 왜 하는지 결정함 • 조직원들에게 직무분석의 필요성을 인식시킴 • 직무분석에서 수집할 정보의 종류와 범위를 명시함 • 실제로 담당할 사람들의 역할과 책임을 할당함
2단계 직무분석 설계단계	• 직무에 관한 자료를 얻을 출처와 인원수를 결정함 • 자료수집 방법을 결정함(예) 관찰법, 면접법, 설문지법 등) • 설문지법 사용 시 설문지를 직접 만들 것인지 혹은 구입해서 쓸 것인지를 결정함 • 직무분석 방법을 결정함
3단계 자료수집과 분석단계	• 직무분석의 목적에 따라 어떤 정보를 수집할 것인지 분명히 함 • 직무분석의 목적과 관련된 직무요인의 특성을 찾음 • 직무정보 출처로부터 실제 자료들을 수집함 • 수집된 정보의 타당성 여부를 현직자나 상사들이 재검토함 • 직무와 관련하여 수집된 정보를 분석하고 종합함
4단계 결과정리 단계	• 직무기술서를 작성함 • 작업자 명세서를 작성함 • 작업자의 직무수행평가에 사용할 평가요인 및 수행기준을 결정함 • 직무평가에 사용할 보상요인을 결정함 • 유사한 직무들을 묶어서 직무군으로 분류함
5단계 직무분석 결과의 배포단계	• 직무분석 결과를 조직 내 실제로 사용할 관련 부서들에 배포함 • 관련 부서들은 그 결과를 모집, 채용, 배치, 교육, 고과, 인력수급 계획 등에 활용함
6단계 통제단계, 최신의 정보로 수정하는 단계	• 시간의 흐름에 따른 직무상의 변화를 반영하여 직무정보를 최신화함 • 조직 내 직무기술서 및 작업자명세서의 사용자로부터 피드백을 받음 • 이러한 통제단계는 다른 모든 단계에 영향을 미칠 수 있음

직무기술서와 직무명세서

• 직무기술서 : 분석대상이 되는 직무에서 어떤 과제가 이루어지는지 또는 작업조건이 어떠한지 기술한 것으로 직무의 명칭, 조직 내 위치, 임금, 직무정의, 직무 목적, 직무 요약, 직무 환경 등이 포함됨

• 직무명세서 : 직무를 수행하는 사람에게 요구되는 인간적 요건이 무엇인지 제시한 것으로 적성, 지식, 능력, 성격, 가치, 태도 경험 등이 포함됨

06장

직무분석 및 경력 개발과 직업전환

③ 직무분석의 유형

작업자중심 직무분석	• 직무를 수행하는 데 요구되는 지식, 기술, 능력 등 작업자의 재능에 초점을 둠 • 직무 자체의 내용보다 직무요건 중 특히 인적 요건을 중점적으로 다루는 직무명세서를 작성하는 데 중요한 정보를 제공함 • 직무에 관계없이 표준화된 분석도구를 만들기가 비교적 용이함 • 직무들에서 요구되는 인간 특성의 유사 정도를 양적으로 비교하는 것이 가능함 • 직책(직위)분석설문지를 통해 직무분석을 실시할 수 있음
과제중심 직무분석	• 직무에서 수행하는 과제나 활동이 어떠한 것들인지 파악하는 데 초점을 둠 • 직무 자체의 내용을 중점적으로 다루는 직무기술서를 작성하는 데 중요한 정보를 제공함 • 직무에서 이루어지는 과제나 활동들이 직무마다 다르기 때문에 분석하고자 하는 직무 각각에 대해 표준화된 분석도구를 만들기 어려움

직책분석설문지(PAQ)

• 작업자중심 직무분석의 대표적인 예
• 표준화된 분석도구로 직무수행에 요구되는 지식, 기술, 능력 등 인간적 요건을 밝히는 데 초점을 둠
• 각 직무마다 어느 정도 수준의 인간적인 요건이 요구되는지 양적으로 알려줌
• 194개의 문항으로 구성되며 187개의 작업자 활동과 관련된 항목과 7개의 임금 관련 항목이 있음
• '정보입력, 정신과정, 작업결과, 타인들과의 관계, 직무맥락, 직무요건'의 6가지 주요 범주가 있음

실력UP 능력요구척도와 기능적 직무분석

• 능력요구척도(직무능력조사표)
  – 작업자중심 직무분석의 대표적인 예
  – 52가지 능력 요인들에 대한 행동 중심 평가척도로 구성됨
  – 인지능력 중에서 지각속도, 공간지향, 시각화는 기계적 능력과도 연관됨
• 기능적 직무분석
  – 과제중심 직무분석의 대표적인 예
  – 직무정보를 모든 직무에 존재하는 자료(Date), 사람(People), 사물(Things) 차원으로 분석함
  – 작업자의 직무활동을 정확하게 정의하고 측정하기 위한 비표준화된 분석도구임

2. 직무분석의 방법

(1) 최초분석법

최초분석법의 개요

• 직접 작업현장을 방문해 분석하는 것으로 참고문헌이나 자료가 적거나 그 분야에 많은 경험과 지식을 갖춘 사람이 거의 없을 때 실시함
• 시간과 노력이 많이 소요됨
• 직무내용이 단순하고 반복작업인 경우 적합함

① 중요사건기법(결정적 사건법)
  ㉠ 직무적성과 관련된 효과적인 행동과 비효과적인 행동의 사례를 수집하고 직무성과에 효과적인 수행요건을 추출하여 분류하는 방법
  ㉡ 직무수행에 중요한 역할을 한 사건을 중심으로 구체적 행동을 범주별로 분류하고 분석함

장점	단점
• 직무행동과 직무성과 간 관계를 직접적으로 파악할 수 있음 • 직무를 성공적으로 수행하는 데 중요한 역할을 하는 행동들을 밝힐 수 있음	• 일상적인 수행과 관련된 지식, 기술, 능력이 배제될 수 있음 • 과거의 결정적 사건들에 대해 왜곡하여 기술할 가능성이 있음 • 직무분석가의 주관이 개입될 수 있음

② 관찰법

  ㉠ 직무분석가가 직접 사업장을 방문하여 직무활동을 관찰하고 그 결과를 기술함
  ㉡ 비교적 단순하고 반복적인 직무를 분석하는 데 적합함

장점	단점
• 직접 목격하면서 실제적인 내용을 파악하기 때문에 정확한 결과를 얻을 수 있음 • 직무분석가가 그 직업에 대한 풍부한 경험을 가지고 있을 시 예리한 통찰력으로 많은 자료를 수집할 수 있음 • 작업자의 설명을 들으면서 분석할 수 있으므로 보다 실질적이고 정확한 결과를 얻을 수 있음	• 정신적인 활동이 주를 이루는 직무에는 적합하지 않음 • 많은 시간이 소요되는 직무에 적용하기 어려움 • 직무분석가의 주관이 개입될 수 있음

③ 설문지법(질문지법)

  ㉠ 설문지를 배부하여 직무의 내용과 특징을 기술하도록 함
  ㉡ 직무수행에 요구되는 지식, 기술, 능력 등이 얼마나 자주 사용되는지 또는 얼마나 중요한지 등을 평가함

장점	단점
• 모든 직무에 적용이 가능함 • 비교적 저렴하고 면접법과 달리 수량화된 정보를 얻을 수 있음 • 많은 사람들로부터 짧은 시간 내에 분석이 필요한 경우 유용함	• 설문지 작성을 위해 직무에 대한 어느 정도 사전지식이 요구됨 • 응답자의 응답 태도 및 낮은 회수율이 문제될 수 있음

④ 녹화법

  ㉠ 녹화된 작업장면을 보며 분석하는 방법
  ㉡ 반복 단순 직무이면서 소음, 진동, 분진 등으로 인해 작업환경을 장시간 관찰하기 어려울 경우에 사용함

장점	단점
• 쾌적한 환경에서 충분한 시간을 가지고 분석할 수 있음 • 중요한 장면을 반복하여 보거나 정지하여서 철저히 분석할 수 있음	• 녹화를 위한 장비와 촬영전문가가 필요함 • 직무분석가가 분석대상의 직업에 대한 전문적 지식을 갖추어야 함

⑤ 면접법 : 특정 직무에 대해 숙련된 기술과 지식을 가지고 있는 작업자를 방문하여 면담을 통해 직무수행 활동이나 직무수행에 필요한 기술을 파악·분석함

장점	단점
• 보다 완전하고 정확한 직무자료를 얻을 수 있음 • 직무수행자의 정신적 활동까지 파악할 수 있음	• 분석해야 할 직무가 많을 경우 시간과 노력이 다소 소요됨 • 면접에 참여시켜야 하는 인원이 많을 경우 적합하지 않음 • 수량화된 정보를 얻는 데 적합하지 않음

설문지 선택의 평가준거
신뢰성, 타당성, 만능성, 표준성, 실용성

06장
직무분석 및 경력개발과 직업전환

직무분석을 위한 면접 시 유의사항

• 면접대상자들의 상사를 통하여 대상자들에게 면접을 한다는 사실과 일정을 알려주도록 해야 함
• 면접대상자들에게 면접의 목적을 명확히 알려주어야 함
• 노사 간의 불만이나 갈등에 관한 주제에 어느 한쪽의 편을 들지 않아야 함
• 작업자가 방금 한 이야기를 요약하거나 질문을 반복함으로써 작업자와의 대화가 끊기지 않도록 해야 함
• 예, 아니요로만 대답하는 폐쇄형 질문보다는 개방형 질문을 사용해야 함

⑥ **체험법** : 직무분석가 자신이 직접 직무활동에 참여하여 체험함으로써 직무자료를 얻음

장점	단점
• 의식의 흐름, 감각적인 내용 등 직무의 내부구조에 이르기까지 분석이 가능함 • 직접 체험을 통해 생생한 자료를 얻을 수 있음	• 상당한 기간 동안 체험이 어렵고 실제 종사하고 있는 담장자의 심리상태에 도달하기 힘듦 • 일시적 체험이기 때문에 전반으로 확대 해석하는 것에는 한계가 있음 • 주관적 체험이 근거가 되므로 정확성과 객관성이 떨어짐

⑦ **작업일지법** : 작업자가 매일 작성하는 작업일지를 통해 직무에 대한 정보를 수집하는 방법

장점	단점
• 직무에 대한 포괄적인 정보를 얻을 수 있음 • 전반적인 업무의 흐름을 알 수 있음	• 작업일지에 작업자의 의도적인 왜곡이 들어가 있을 수도 있음 • 문장력에 대한 개인차가 있을 수 있음

(2) 비교확인법

① 분석된 자료를 참고로 하여 현재의 직무상태를 비교 및 확인하는 방법
② 대상 직무에 대한 참고문헌이 충분하고 일반적으로 널리 알려진 경우 유용함
③ 수행작업이 다양하고 범위가 넓어 단시간 관찰을 통한 분석이 어려운 경우 적합한 방법임
④ 한 가지 비교만으로는 직무분석을 완전히 수행할 수 없으며 다른 방법과 상호 보완하는 것이 바람직함

(3) 데이컴법(DACUM ; Developing A Currirulum)

① 그룹토의법의 한 종류로 교과과정을 개발할 때 주로 사용하는 방법
② 교육훈련을 목적으로 교육목표와 교육내용을 비교적 단시간 내에 추출하는 데 효과적임
③ 8~12명의 분석협조자로 구성된 데이컴 위원회가 사전에 준비한 쾌적한 장소에 모여 2박 3일 정도의 집중적인 워크숍으로 데이컴 차트를 완성함으로써 작업을 마침
④ 데이컴 분석가가 진행을 맡으며 진행 과정에서 서기나 옵저버의 의견은 반영되지 않음
⑤ 소집단의 브레인스토밍 기법을 활용함

• 소규모의 전문가 집단이 자유로운 토의를 통해 직무분석을 함
• 진행이 빠르고 비용이 적게 듦
• 참가자의 지식 수준에 따라 분석 내용이 좌우될 수 있음

3. 직무평가

(1) 직무평가의 의의

① 직무의 내용과 성질을 고려하여 직무들 간 상대적 가치를 결정하는 것

② 각 직무에 대해 공정하고 적절한 임금수준을 결정하기 위한 것

③ 직무의 상대적 가치를 결정하므로 직무분석과는 달리 직무에 대한 가치판단이 개입될 수 있음

④ 직무평가 방법들 간의 차이는 조직 성공 기여도, 노력 정도, 작업 조건 등 주로 비교과정에 어떠한 준거를 사용하는지에 달려 있음

(2) 직무평가의 방법

① 질적 평가방법

서열법	• 가장 오래되고 간단한 방법으로 전체적 관점에서 각 직무를 비교하여 순위를 정함 • 지식, 숙련도, 책임 등을 고려하였을 때 중요하고 가치가 있는 직무일수록 상위권에, 상대적으로 단순한 직무일수록 하위권에 배정함 • 신속하고 간편하나 직무의 수가 많고 복잡할 경우 실효성이 없음 • 직무의 어떤 요소가 특별히 가치 있는지 보편적인 지침이 없음
분류법	• 서열법에서 발전된 방식으로 기준에 따라 사전에 만들어 놓은 등급에 각 직무를 맞추어 넣음 • 직무내용이 표준화되어 있지 않은 직무의 경우에도 평가가 용이함 • 상세분석이 불가능하고 분류기준이 명확하지 않을 수 있음

② 양적 평가방법

점수법	• 직무를 구성요소로 분해하고 요소별로 중요도에 따라 점수를 부여하여 점수를 계산함 • 고려되는 요인은 숙련도, 정신적 · 육체적 노력의 정도, 책임, 작업조건 등임 • 직무의 상대적 가치를 객관적으로 비교 가능하나 적합한 평가요소의 선정이 어렵고 시간과 비용이 많이 소요됨
요인 비교법	• 핵심이 되는 몇 개의 대표직무를 정해 요소별로 직무평가를 한 후, 다른 직무들을 대표직무의 평가요소와 비교하여 상대적 가치를 결정함 • 유사직무 간 비교가 용이하며 기업의 특수직무에 적합하도록 설계 가능함 • 대표직무에 대한 평가의 정확성이 떨어질 경우 전체 직무평가에 영향을 미침 • 측정 척도의 구성이 어렵고 비용이 많이 소요됨

06장

직무분석 및 경력개발과 직업전환

경력

일과 관련된 경력, 즉 조직에서 축적한 개인 특유의 경험, 직위 등 이력서에 나타난 직무들의 집합을 의미함

경력개발 단계

• 초기단계
 – 조직에 적응하도록 방향을 설정, 지위와 책임을 깨닫고 만족스런 수행을 증명, 개인적인 목적과 승진기회의 관점에서 경력개발 탐색, 승진 또는 지위변경 계획 실행 등
 – 인턴십, 경력워크숍, 사전직무안내, 후견인 프로그램, 종업원 오리엔테이션 등 필요

• 중기단계
 – 직업적응이 이루어짐, 일의 세계에서 개인역할로 초점이 옮겨감, 직무능력 전문성에 중점을 둠, 경력목표의 점검 등
 – 직무순환제, 경력상담, 전문훈련 프로그램 등 필요

• 후기단계
 – 은퇴시기를 예측, 효과적 계획 수립, 개인의 일 역할 감소를 수용
 – 은퇴 전 프로그램, 유연성 있는 작업계획(파트타임, 변형근무제, 직무순환 등) 등이 필요

02절 경력개발

1. 경력개발의 개요

(1) 경력개발의 개념

① 자신의 진로를 결정하고 실행에 옮기는 것을 돕기 위해 평가, 상담, 계획수립 및 훈련 등을 실시하는 것을 의미함
② 조직의 욕구와 개인의 욕구가 일치될 수 있도록 개인이 경력을 개발해야 함
③ 인사이동의 동기부여가 되며 생산성 증대 효과를 거둘 수 있음
④ 기본개념
 ㉠ 경력계획 : 목표를 설정하고 이를 달성하기 위해 구체적으로 경로를 선택하는 것
 ㉡ 경력경로 : 경력을 쌓으며 수행한 직무의 배열
 ㉢ 경력개발제도 : 조직의 인재육성을 위해 입사부터 퇴직까지의 경력경로를 개인과 조직이 함께 설계하고 관리하는 제도, 시스템
 ㉣ 경력관리 : 경력목표를 달성할 수 있도록 관리하는 인사관리제도

(2) 경력개발의 목적

① 개인적 측면
 ㉠ 개인의 능력개발 · 자기개발을 통해 심리적 만족과 경력욕구를 충족할 수 있음
 ㉡ 성취동기를 유발하며 직업에 대한 안정감을 통해 미래를 설계하고 자신의 경쟁력을 향상시킬 수 있음
② 조직적 측면(기업적 측면)
 ㉠ 인적자원의 효율적인 확보 및 활용이 가능함
 ㉡ 조직의 효율성을 높여 기업경쟁력을 향상시킬 수 있음

(3) 홀(Hall)의 경력개발 4단계

탐색기 (진입단계)	25세 이전	자아개념을 정립하고 진로의 방향을 결정하며 그 직업을 위한 교육 및 훈련을 받음
확립기 (경력 초기단계)	25~45세	선택한 분야에 정착하고 기술을 습득하며 적응하려 노력함
유지기 (경력 중기단계)	45~65세	생산의 시기로, 전문성과 업무상 확고한 지위를 유지하려 하며 여러 생애역할들이 균형을 이룸
쇠퇴기 (경력 후기단계)	65세 이후	은퇴를 준비하며 직업생활을 통합하고자 함

여러 가지 경력개발 단계

- **홀(Hall)** : 탐색기 → 확립기 → 유지기 → 쇠퇴기
- **수퍼(Super)** : 성장기 → 탐색기 → 확립기 → 유지기 → 쇠퇴기
- **밀러와 폼(Miler&Form)** : 작업시기준비 → 최초의 작업시기 → 시작 → 안정 → 퇴직 단계
- **샤인(Schein)** : 성장 → 탐색단계 → 작업세계로의 입사 → 기초훈련 → 경력초기 → 중기경력 → 중기경력의 위기 → 경력말기 → 쇠퇴 → 퇴직단계

2. 경력개발 프로그램

(1) 경력개발 프로그램을 위한 조사연구

① 요구분석, 니즈평가
　㉠ 현 시점에서 어떤 훈련이 필요한지에 대해 조사함 → 누구를 대상으로 어떤 프로그램을 만들 것인지 우선적으로 알아보는 것
　㉡ 가장 중요한 문제점이 무엇인지 파악할 수 있으며 가장 먼저 고려되는 과정

② 파일럿 연구
　㉠ 특정 경력개발 프로그램을 대규모로 적용하기 전에 소규모 집단에 시범적으로 실시하는 것
　㉡ 프로그램에 대한 피드백을 받을 수 있으며 개발된 경력개발 프로그램을 본격적으로 정착시키는 데 활용할 수 있음

(2) 경력개발 프로그램의 유형

① 자기평가도구
　㉠ 대부분 조직들이 경력개발 프로그램을 실시하고자 할 때 최초로 시행하며 자신의 역할, 흥미, 태도 등을 묻는 질문지를 활용함
　㉡ 경력워크숍과 경력연습책자

경력 워크숍	• 신입사원을 대상으로 부서 배치 후 6개월 이내에 자신의 미래의 모습을 목표로 정하고 목표 달성을 위한 계획을 작성하여 제출하게 함 • 자율적으로 경력목표를 달성할 수 있도록 지원함
경력 연습책자	• 개인의 자기평가도구 중 하나 • 자신의 장단점을 파악하고 목표를 명확히 하여 구체적인 계획을 세우는 과제들로 구성된 책자

② 개인상담
　㉠ 자신의 경력목표를 설정하고 목표달성 방법과 가능성을 명확히 함
　㉡ 종업원의 흥미, 목표, 현재 직무활동, 경력목표 등에 상담 내용 초점을 둠

06장

직무분석 및 경력개발과 직업전환

SEMI-NOTE

③ 정보제공

　㉠ 조직의 각종 경력정보를 쉽고 자세하게 알려줄 수 있는 방법

　㉡ 사내공모제도와 경력자원기관, 기술목록

사내 공모제도	• 신규사업 진출, 결원충원 등을 위해 사내에서 인재를 모집하는 제도 • 기존의 서열을 무시하고 의욕있고 능력있는 인재를 발굴한다는 점에서 직무생산성과 직원의 사기를 향상시킬 수 있음
경력 자원기관	• 근로자의 경력개발을 위한 다양한 자료를 비치하고 있는 소규모의 도서관 형태 • 직무기술서, 교육훈련 프로그램 안내서, 퇴직계획관련 안내서 등이 비치되어 있음
기술목록	• 근로자의 기술, 능력, 경험, 교육 등에 관한 정보를 자세하게 기술한 자료 • 컴퓨터를 이용하여 쉽게 찾을 수 있음

④ 종업원평가

　㉠ 과거에는 조직에서 평가 프로그램이 인사관리에만 주로 사용되었으나, 종업원의 성장과 개발 잠재력을 평가함으로써 경력개발에 유용한 정보를 제시할 수 있다는 인식이 늘어나고 있음

　㉡ 평가기관제도와 조기발탁제

평가기관 제도	• 조직구성원의 경력개발을 위해 전문가로부터 개인의 종합적인 평가를 받음 • 기업의 새로운 인재를 선발하기 위해 직원들의 관리능력을 평가함 • 일반적으로 2~3일에 걸쳐 지필검사, 면접, 리더 없는 집단토의, 경영게임 등 다양한 형태의 연습을 실습을 통해 한 뒤 복수의 전문가들에게 종합적인 평가를 받음 • 미국의 AT&T사에서 처음 운영하였음
조기 발탁제	• 우수한 직원들을 조기에 승진시키는 능력중심의 인사관리제도 • 잠재력이 높은 종업원을 초기에 발견하고 특별한 경력경험을 제공함

직무의 확대, 확충, 재분류

• **직무확대** : 직무의 다양성을 위하여 직무를 양적으로 확대하는 것을 의미함
• **직무확충** : 단조롭고 낮은 수준의 직무수행자에게 자율성, 독립성 등의 재량권을 부여하여 직무를 질적으로 확대하는 것을 의미함
• **직무재분류** : 조직진단 및 직무분석을 통해 직무의 종류와 중요도에 따라 단위직무를 재분류 하는 것을 의미함

⑤ 종업원개발

　㉠ 종업원의 자기개발과 만족을 위한 프로그램

　㉡ 후견인 프로그램(멘토십 시스템)과 직무순환제, 훈련프로그램

후견인 프로그램 (멘토십 시스템)	• 신입사원이 쉽게 조직에 적응하도록 상사가 후견인이 되어 도와주는 시스템 • 경력을 쌓는 데 도움이 될뿐더러 조언을 통해 심적으로 안정감을 얻을 수도 있음 • 경우에 따라 동료 간에서도 가능함
직무 순환제	• 다양한 직무를 경험하게 함으로써 여러 분야의 능력을 개발시킬 수 있음 • 조직의 유연성을 높이고 융복합적이고 다기능적인 전문가를 육성하기 위해 순환보직을 제도화하는 기업이 늘고 있음 • 직무유형별로 체계적으로 시행하여야 함
훈련 프로그램	• 경력개발을 위한 다양한 훈련 프로그램 • 훈련을 실시할 때 어떤 훈련이 필요한지에 대한 니즈평가를 가장 먼저 고려해야 함

다양한 경력개발 프로그램

- 개별적 경력개발 방법
  - 최고경영자 프로그램(AMP) : 유망한 중간관리자를 후보로 선발하여 사내 프로그램 참 가, 리더십, 문제해결방법, 동기부여방법 등 관리기법을 습득하게 함
  - 경영자개발 위원회 : 부서의 장, 부사장, 사장으로 구성하여 종업원들 간 이동을 감독하 고 매년 각 근로자들의 강점과 약점을 검토함
  - 계획적 경력경로화 : 경력 없는 사람을 대상으로 일정기간(9~12개월)마다 타 부서로 이 동시켜 여러 가지 경험을 쌓게 한 후 한 단계 높은 직무를 맡김 → 새로운 경력경로를 제시함
  - 중간경력 쇄신 : 중간경력관리자들의 최신기술습득을 위한 프로그램으로 특별 세미나 등이 있음
  - 예비퇴직상담 : 퇴직준비자에게 퇴직 관련 세미나를 퇴직 1년 전 참석시키는 프로그램 으로 연금, 사회보장제도, 여가활동 등으로 구성됨
- 조직단위 경력개발 방법
  - 직무중심의 경력개발제도 : 경력개발에 가장 큰 영향을 미치는 것은 직무이며 다른 직 무는 다른 숙련의 개발을 필요로 함
  - 인적평가센터제도 : 인사고과 · 심리테스트의 결점을 보완하여 인간의 능력 · 적성을 종 합적 · 객관적으로 발견하고 육성하기 위한 제도이며 일정기간 합숙하여 여러 가지 연 습, 면접, 시험, 토의 등을 함
  - 직능자격제도 : 직무를 수행할 수 있는 능력에 따라 등급을 부여하고 그 자격을 획득한 자에 대응하여 지위를 부여하는 제도
  - 생애 · 경력개발제도 : 경력개발은 근로자의 일에 대한 경험뿐 아니라 근로자 인생의 모 든 측면을 포함함

3. 다운사이징 시대의 경력개발

(1) 다운사이징(Downsizing)의 개념

① 조직의 축소화를 의미하는 것으로서 불경기로 인해 기업의 규모를 축소하거나 감원하는 구조조정

② 단기전략이 아닌 장기경영전략으로 흑자를 내기 위해 의도적으로 기구를 축소 · 단순화하거나 폐쇄함

(2) 다운사이징 시대의 경력개발 방향

① 장기고용이 어렵고 고용기간이 점차 짧아지기 때문에 다른 부서나 분야로의 수 평이동에 중점을 두어야 함

② 융통성을 갖춘 인력이 필요하며 변화되는 환경에 적응하기 위해 끊임없이 학습 하고 대처능력을 가져야 하며 변화하는 직무를 해낼 수 있어야 함

③ 기술, 제품, 개인의 숙련주기가 짧아져 경력개발은 단기, 연속 학습단계로 이어짐

④ 조직구조의 수평화로 개인의 자율권 신장과 능력개발에 초점을 두어야 함

⑤ 일시적인 경력개발이 아니라 계속적인 평생학습이 요구됨

⑥ 새로운 직무를 수행하는 데 관련된 재교육이 요구됨

⑦ 불가피하게 퇴직한 사람들을 위한 퇴직자 관리 프로그램이 필요함

다운사이징 시대의 종업원 경력개발 프로그램

직무를 통해서 다양한 능력을 본인 스 스로 학습할 수 있도록 많은 프로젝트에 참여시켜야 함

06장

직무분석 및 경력개발과 직업전환

SEMI-NOTE

직업전환

내담자의 성격이 직업의 요구와 달라 생기는 직업적응문제가 생긴다면 직업 전환을 고려하는 것이 바람직함

03절 직업전환과 직업지도 및 진로지도

1. 직업전환

(1) 직업전환의 의의

① 실업이나 기타 이유 등으로 인해 다른 직업으로 전환하는 것을 의미
② 전체 노동인구 중 젊은 층의 비율이 높은 경우, 경제구조가 완전고용 상태일 경우, 단순직 근로자의 비율이 높은 경우, 여성근로자의 비율이 높은 경우 직업전환이 촉진될 수 있음

(2) 실업자의 직업전환 상담

① 직업상담에서 실업자에게 생애훈련적 사고를 갖도록 조언하고 촉구하며 참여하도록 권고해야 함
② 조직에서 청년기, 중년기, 정년 전 등 직업경력의 전환점에서 적절한 훈련 내지 조언을 실시하는 경력개발계획을 추진해야 함
③ 청년기 실업자는 직업전환이 많은 편이므로 경력, 학력, 관심사항 등 일반적인 평가방법에 의존해도 큰 무리가 없음
④ 실업자는 나이가 많을수록 직업전환이 불리하므로 청년기에서 성인기로 갈수록 직업전환을 고려하지 않는 경향이 있음

(3) 직업전환 상담 시 고려사항

① 직업을 전환하려는 내담자의 변화에 대한 인지능력을 우선적으로 탐색해야 함
② 내담자가 전환할 직업에 대한 기술과 능력, 나이와 건강, 직업전환에 대한 동기화 여부 등을 일차적으로 고려해야 함
③ 실직에 대한 충격완화, 직업상담 및 적응을 위한 프로그램, 직업정보의 제공, 은퇴 후의 진로 계획을 돕는 것이 병행되어야 함

진로전환
• 굿맨(Goodman)과 슐로스버그 (Schlossberg), 앤더슨(Anderson) 이 제시한 모델임
• 4S : 진로전환에 영향을 주는 네 가지 요소
  - 자아(Self)
  - 지원(Support)
  - 상황(Situation)
  - 전략(Strategies)

실력UP **진로전환 과정의 단계** ★ 빈출개념

1단계 입직 단계	• 신입사원일 때 주로 겪음 • 일의 요령 배우기, 일과 문화에 대한 기대, 명시적 또는 암묵적 규준, 주변인의 느낌
2단계 승진 단계	• 승진정체 또는 고속승진 상황에 놓여있음 • 외로움과 경쟁, 지루함, 요구에 부응하기 위한 경쟁
3단계 퇴사 단계	• 강제 인원삭감으로 인한 해고, 은퇴, 명예퇴직 등 • 떠나기와 애도하기, 노력하기, 목표 상실과 재형성, 양가감정의 표현
4단계 재취업을 위한 노력 단계	• 실업상태에 놓여 재취업을 하려 함 • 좌절과 절망, 소외감

2. 직업지도(Vocational Guidance)와 진로지도(Career Guidance)

(1) 직업지도

① 개념

  ㉠ 직업지도 : 직업적 문제에 초점을 맞추어 직업 선택부터 준비, 직업생활 유지까지 전문적인 도움을 주는 것을 의미함

  ㉡ 직업지도 프로그램 : 직업탐색, 직업준비, 직업적응·전환 및 퇴직 등을 도와주기 위해 특별히 구조화된 조직적인 상담체제를 의미함

② 주요 직업지도 프로그램

자신에 대한 탐구 프로그램	• 진로미결정자 또는 우유부단한 내담자에게 유용함 • 자신에 대한 탐구, 타인이 판단하는 자신의 모습, 자신의 능력 평가, 과거 위인의 생애와 자신의 생애 비교 등으로 구성됨
직업세계 이해 프로그램	개인의 일 경험, 선호하는 일, 자격 및 면허조건, 직업세계의 탐색, 작업환경 및 근로조건 등 직업세계에 대해 유용하고 다양한 정보를 제공함
직장 스트레스 대처 프로그램	• 전직을 예방하기 위해 퇴직의사 보유자에게 실시함 • 직무에서 오는 스트레스를 해결하기 위한 적절한 기술을 찾고 건강한 삶을 유지하기 위한 태도를 기르게 함
실업충격 완화 프로그램	• 실업으로 인한 정신적 충격을 완화하기 위해 실시함 • 스트레스 해소를 위한 여러 방법을 제시하고 실업에의 대처능력을 함양시키고 긍정적인 태도를 갖게 함
직업 적응 프로그램	• 변화되는 직무에 적응하기 위한 태도 변화를 이해시킴 • 직장 동료와의 인간관계를 원활하게 하고 직무몰입을 통해 경쟁력을 높여줌
조기퇴직 프로그램	• 정년 전에 조기퇴직하는 사람들을 대상으로 함 • 불안감을 해소시켜주며 퇴직 이후의 삶을 계획해 나갈 수 있도록 도움
은퇴 후 경력계획 프로그램	은퇴 후의 새로운 진로경로 개척을 위한 계획을 세우고 실천될 수 있도록 수정·보완함
생애계획 프로그램	생애주기에 따른 생애계획을 세우고 이를 수정·보완하여 보다 발전적인 생애계획이 이루어지도록 도움
취업알선 프로그램	취업에 관한 정보를 제공하고 취업자리를 알선해주며 취업준비를 위한 기술을 쌓도록 도움

(2) 진로지도

① 개념

  ㉠ 직업, 취미, 결혼, 여가활동 등 광범위한 인간 생애에 관련된 문제를 지도함

  ㉡ 진로계획 수립 도구 : 진로일기, 진로수첩, 진로서류철 등

06장

직무분석 및 경력개발과 직업전환

진로계획 수립 도구

• **진로일기**
 – 생애주기를 파악하여 인생의 목표를 설정함
 – 미래에 대해 계획적이고 구체적으로 일기를 씀
• **진로수첩**
 – 진로와 관련된 정보와 자료를 명확하게 조직하여 작성한 소책자
 – 자기 평가를 통해 자신감과 자기인식을 증진시키고, 일 관련 태도 및 흥미에 대한 지식을 증진시킴
 – 다양한 경험들이 어떻게 직무관련 태도나 기술로 전환될 수 있는지에 대해 이해를 발전시킴
• **진로서류철**
 – 자신에 대한 자료를 서류화하여 보관하는 것
 – 적성과 흥미, 가치관, 경력사항, 자격증, 학교 성적표, 졸업장, 상장, 수료증 등을 기록하고 보관함

② 진로교육 실시를 위한 지도단계

1단계 진로인식	• 6~12세경의 초등학교 수준 • 일의 세계와 일의 소중함에 대한 인식 • 일과 사회에 대한 기초적인 가치관 형성
2단계 진로탐색	• 12~15세경의 중학교 수준 • 자신의 능력과 적성에 대해 이해 • 잠정적인 장래의 직업계획 수립
3단계 진로준비	• 15~22세의 고등학교 · 대학교 수준 • 흥미와 소질, 취미와 적성을 정확히 파악 • 진로계획 수립 및 실천
4단계 취업	• 대략 18세 또는 22세 이후의 고등학교 · 대학교 졸업 후의 수준 • 성공적인 직업수행을 위해 노력 • 직업을 통해 자아실현

③ 진로지도 단계

자기이해를 돕는 단계	• 직업과 관련된 여러 검사를 실시하여 자기이해를 도움 • 자기분석법, 자기점검 등을 통해 자신에 대해 탐구함
직업세계 이해를 돕는 단계	• 직업세계에 대한 정보를 수집하고 분석함 • 여러 직업인과 면담하고 직업생활을 관찰하여 직업세계를 이해함
미래사회 이해를 돕는 단계	• 미래사회의 특징을 탐구하여 파악함 • 미래 유망직업, 향후 국가 발전 계획 등을 탐색함
진로계획 수립단계	• 미래에 대한 종합적이고 구체적인 진로계획을 수립함 • 의사결정법, 진로일기, 진로수첩, 진로서류철 등이 있음